本书系

国家自然科学基金重点项目（71932005）阶段性成果

国家自然科学基金面上项目（71972171）阶段性成果

国家自然科学基金青年项目（72202052）阶段性成果

国家社会科学基金一般项目（22BGL305）阶段性成果

SUPPLY CHAIN MANAGEMENT

Theory and Methodology of Competition and Cooperation

供应链管理

竞争与合作理论及方法

蔡建湖 周青 胡晓青 等著

中国财经出版传媒集团
经济科学出版社
Economic Science Press

图书在版编目（CIP）数据

供应链管理：竞争与合作理论及方法/蔡建湖等著
．--北京：经济科学出版社，2022.11
ISBN 978－7－5218－4345－3

Ⅰ.①供… Ⅱ.①蔡… Ⅲ.①供应链管理－研究
Ⅳ.①F252.1

中国版本图书馆CIP数据核字（2022）第220638号

责任编辑：程辛宁
责任校对：李 建 靳玉环
责任印制：张佳裕

供应链管理：竞争与合作理论及方法
蔡建湖 周 青 胡晓青 等著
经济科学出版社出版、发行 新华书店经销
社址：北京市海淀区阜成路甲28号 邮编：100142
总编部电话：010－88191217 发行部电话：010－88191522
网址：www.esp.com.cn
电子邮箱：esp@esp.com.cn
天猫网店：经济科学出版社旗舰店
网址：http：//jjkxcbs.tmall.com
北京季蜂印刷有限公司印装
710×1000 16开 55.75印张 950000字
2022年12月第1版 2022年12月第1次印刷
ISBN 978－7－5218－4345－3 定价：280.00元
（图书出现印装问题，本社负责调换。电话：010－88191510）

序　一

党的二十大报告提出，要加快建设制造强国、质量强国、航天强国、交通强国、网络强国、数字中国，并强调着力提升产业链供应链韧性和安全水平。供应链的集成管理与整合优化逐渐成为支撑强国目标实现的重要基石，是引导中国制造业、服务业持续提升竞争力的关键之所在。近年来，中国的供应链管理实践不断往前推进，出现了很多新的管理问题和理论研究难题，亟需对供应链竞争与合作理论及方法进行系统梳理，为持续推进供应链管理理论在新经济环境下的发展提供强劲动力。本书在供应链管理的框架下，结合当前供应链实践中的典型管理问题，系统梳理和剖析竞争与合作理论及方法，为供应链相关企业的运营决策、学术界的持续理论创新提供了重要的参考依据。

本书内容丰富，共八篇，从对供应链管理理论和实践的理解出发，围绕当前供应链实践中的特色管理问题展开系列研究。研究视角多样化且具有系统性，以产出不确定这一对供应链韧性具有重要挑战的管理问题分析为主，考虑决策者风险态度、运营能力驱动力、信息不对称等重要供应链实践问题，形成了布局合理的框架结构。本书紧密结合现实案例开展建模分析，综合应用供应链管理理论、博弈论、概率论与数理统计、优化理论与方法、管理经济学、计算科学等多学科理论及方法，从竞争的视角对不同供应链的均衡决策进行分析，并在此基础上引入多样化的供应链契约来引导不同类型的供应链搭建更加高效的合作机制。与此同时，本书以新能源汽车产业为例，综合运用建模与实证分析方法，揭示了新能源汽车供应链的运营管理特色。

本书是供应链管理研究领域又一重要的著作，所取得的创新性成果丰富与拓展了供应链管理理论体系，具有重要的学术价值。同时，研究成果对于企业供应链管理的实践应用也具有重要的指导意义。期待蔡建湖教授团队在本书的基础上，继续在理论研究与实践应用上取得高水平的成果。

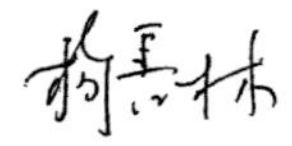

合肥工业大学教授

中国工程院院士

序　二

近年来，受新冠疫情影响，我国产业链供应链面临着严重的冲击和挑战，不确定风险加剧，运行成本不断增加。为了应对这些冲击和挑战，产业链供应链必须持续提升抗风险能力、增强运行的韧性。同时，国家层面不断出台各类方针政策来引导产业链供应链有序健康发展。党的二十大报告指出，要着力提升产业链供应链韧性和安全水平，要坚定维护重要产业链供应链安全。在这样的背景下，基于供应链管理的视角，研究竞争与合作理论及方法具有重要的现实意义。本书主题鲜明、定位准确，直面供应链成员之间存在竞争的现实，研究合作机制的设计与应用，探索背后的理论及方法。这样的研究定位具有重要的理论价值，也适应当前企业界的现实需求。

本书在剖析供应链管理理论核心理念的基础上，以影响供应链运行能力的关键难题作为切入点，研究了产出不确定环境下的供应链竞争与合作机制设计问题。继而运用不同的风险量化工具来量化决策者的风险态度，为风险规避型供应链的管理决策提供理论依据。进一步地，本书基于运营能力驱动、需求信息不对称等视角对供应链竞争与合作理论及方法展开系列研究，并对新能源汽车供应链进行重点讨论，最后提出了供应链管理领域未来的研究趋势。本书围绕提升供应链竞争力这一个关键定位，立足于服装、食品、电子产品、新能源汽车等不同行业，深入挖掘了典型产品供应链的运营管理问题，构建了相应的竞争模型，并提出了合作机制的设计方案。本书的重要特色表现为既考虑了产出不确定等影响供应链韧性的关键因素，也研究了供应链运营能力对市场进行能动响应的作用机理，并在此基础上对其他关联管理问题进行了深入研究。本书形成了针对供应链管理新问题的系统的竞争与合作理论及方法体系，为在当前经济环境下持续提升供应链整体竞争力提供了重要的理论与方法支持。

本书是蔡建湖教授团队多年研究成果的精心凝练，是对供应链管理理论的重要扩展与完善。研究成果对于更有效地推动供应链管理理论的持续创新发展具有很强的支撑作用，也具有重要的实践应用价值。可以预期，本书的出版将在学术界、企业界产生重要影响。

浙江大学求是特聘教授
教育部长江学者特聘教授

前　言

党的二十大报告明确提出，要着力提升产业链供应链韧性和安全水平，确保粮食、能源资源、重要产业链供应链安全，要坚持把发展经济的着力点放在实体经济上，推进新型工业化，加快建设制造强国、质量强国、航天强国、交通强国、网络强国、数字中国。可以说，持续提升产业链供应链的竞争力已经成为我国政府的重要战略，必将对我国经济发展模式产生重大的引导作用。早在2017年，国务院办公厅印发了《关于积极推进供应链创新与应用的指导意见》，首次就供应链创新发展出台指导性文件。至今，国家各级部门出台了一系列政策方针来推动我国供应链的创新发展。这些政策方针在一定程度上揭示了近年来我国众多企业在供应链管理实践中面临的挑战，并且无论是成功的经验还是失败的教训都指向一个结论，即企业的竞争力依赖于供应链的竞争力。从企业的视角来看，通过供应链成员之间的协同来提升供应链的整体竞争力，从而实现帕累托改进成为了普遍共识。因此，在不同的产业中，尽管供应链的运作方式存在着较大差异，但是合作共赢的理念得到了企业家们的广泛认可。实际上，供应链管理理论的学术研究与实践应用在我国已经经历了20多年的发展，在各个领域取得了丰富的理论与应用成果。然而，随着供应链实践的不断发展，新的管理问题层出不穷，尤其是产出不确定、信息不对称等对供应链韧性带来巨大考验的管理难题阻碍着供应链性能的持续改善。在这样的背景下，学术界与企业界亟待在理论与方法上进行新的系统性研究与总结。

本书书名为《供应链管理：竞争与合作理论及方法》。采用该书名是基于这样的思维：在供应链管理实践中，竞争与合作始终是不可分割的，在竞争均衡分析的基础上再导入合作机制是提升供应链竞争力的关键。这样的研究思维有助于增强研究成果落地应用的可能性，更切合企业的现实需求。本书共八篇，每一篇分别涵盖了若干章节的研究内容。

第一篇为供应链管理理论概述，包括第一章到第四章。本篇首先围绕低碳供应链、平台供应链等特色供应链，又结合农产品供应链，阐述了供应链管理的最新研究现状与核心理念。继而重点讨论了供应链竞争与合作的关键内容，对不同类型的供应链竞争模型、供应链契约进行了论述。最后，本篇重点分析了服装供应链、食品供应链的特色运营方式，挖掘了这些供应链的关键业务流程、面临的主要管理问题等。这部分内容将供应链管理理论与典型行业供应链的运营管理进行了对接，确定了全书的总体建设思维，即理论研究面向实践应用。

第二篇为产出不确定环境下的供应链管理：核心理念与典型模型，包括第五章到第八章。本篇首先论述了产出不确定环境下的供应链管理新理念，通过典型案例描述，揭示了产出不确定对供应链管理带来的重要挑战，强调增强供应链对产出不确定的应对能力本质上就是在提升供应链的韧性。继而，本篇对产出不确定环境下的供应链竞争与合作理论进行了文献综述，梳理了当前的最新研究成果，并进行了展望。接下来，以案例描述为基础，构建了产出不确定环境下一个典型的供应链投入决策模型，并应用承诺契约对供应链性能进行了优化，形成了以投入量决策为核心的典型建模方案，为产出不确定环境下的供应链决策提供了基础研究框架。最后，本篇研究了两次生产机会对供应链性能的影响，为进一步提升产出不确定环境下的供应链性能提供了管理思路。

第三篇为产出不确定环境下的供应链竞争与合作机制设计，包括第九章到第十一章。本篇通过系列模型的构建，系统研究了产出不确定环境下的供应链竞争模型与合作机制。首先针对需求确定与不确定两种不同情形构建了相应的投入决策模型，继而引入期权契约、补贴契约来实现供应链协调，并探讨了补货策略对供应链性能的影响。在此基础上，从更一般化的角度出发描述了承诺契约的重要管理思想，探讨了承诺契约对产出不确定环境下供应链的影响，并设计了实现供应链协同共赢的承诺契约方案。接着，将交货时间不确定引入供应链中，扩展了对产出不确定的理解，揭示了供应不确定的多样化表现形式，并引入不同的契约方案来实现供应链协调。

第四篇为决策者风险态度影响下的供应链竞争与合作机制设计，包括第十二章到第十四章。本篇正视了决策者可能持有风险态度的实际情况，引入不同的风险量化工具来测度决策者的风险规避态度，在此基础上构建相应的决策模型。首先，基于下行风险量化工具来测度决策者的风险态度，分析了产出不确定环境下供应链的最优投入决策方案，并引入收益分享契约来协调供应链：重点分析了购买商下行风险规避且主导供应链时的契约设计方案，以及供应商下行风险规避且主导供应链时的契约设计方案，进一步扩展研究了需求不确定时的决策情形。其次，引入均值－方差法来量化决策者的风险态度，研究了产出不确定环境下风险规避的集成供应链以及分散供应链中供应商如何在不同风险承受能力下做出最优投入决策，继而引入成本共担－批发价折扣联合契约和期权契约来优化供应链的性能，获得了实现供应链成员协同合作的契约参数条件。最后，引入条件风险价值工具来量化决策者的风险态度，研究了不同库存管理模式下电商平台供应链的最优决策方案，并引入成本共担契约来提升供应链竞争力。

第五篇为运营能力驱动下的供应链竞争与合作机制设计，包括第十五章到第十七章。本篇关注了一个重要的管理活动，即供应链能够通过自身的运营管理活动对市场作出主动响应，从而提升竞争力。首先关注了销售努力驱动下的供应链，比较分析了供应商投入销售努力模式和零售商投入销售努力模式的差异性，并引入成本共担契约来提高供应链在不同销售努力模式下的性能。其次，本篇讨论了绿色努力驱动下的供应链，同时考虑供应链成员的风险规避态度，继而引入收益分享和成本共担联合契约来实现供应链成员之间的协同合作。最后，本篇针对企业可能会拥有不同跨期库存能力的现实情况，讨论了跨期运营驱动下的供应链竞争与合作机制设计，并比较分析了动态批发价契约和承诺批发价契约对供应链性能的不同影响，这部分的研究为今后从多期视角研究供应链成员之间的竞争与合作理论及方法提供了重要支撑。

第六篇为需求信息不对称环境下的供应链竞争与合作机制设计，包括第十八章到二十章。本篇首先对需求信息不对称环境下的供应链管理理论进行了深入讨论，通过对文献的计量分析探索了当前的最新发展趋势。其次，引入一个典型的供应链需求信息共享模型，假设拥有私有信息的零售商具有风险规避态度，研究了定价决策与订购决策的差异性，获得了实现信息共享的参数条件。最后，考虑供应链上游制造商拥有私有需求信息的实际情况，从零售商的视角出发设计了两部定价契约和质量激励契约来实现信息共享。

第七篇为典型行业的供应链管理：以新能源汽车为例，包括第二十一章和第二十二章。首先，调研分析了新能源汽车供应链网络结构的关键特征，形成了对新能源汽车供应链的系统性认识。其次，应用实证研究的手段分析了政府政策对新能源汽车供应链关联主体决策的影响，包括消费者购买意愿和新能源汽车企业研发投入决策，进一步厘清了新能源汽车供应链的关键特征。最后，针对新能源汽车共享平台供应链，以讨论供应链融资策略为核心，综合考虑新能源汽车共享平台供应链中决策者的风险态度、资金约束问题等，比较了新能源汽车共享平台采用重资产模式和轻资产模式的差异，形成了一个综合的建模方案，为实现新能源汽车制造商和新能源汽车共享平台之间的协同合作提供了理论支持。

第八篇为研究展望，包括第二十三章到第二十五章。本篇展望了新能源汽车共享平台供应链管理的核心理念与发展趋势，讨论了低碳供应链管理理论与研究趋势，研究了供应链的数字化转型问题。本篇结合本书的研究发现和重要结论，通过详实的文献评述，将供应链面临的具有一定的独立性又相互关联的管理问题抽取出来，形成了对未来重要供应链管理问题研究的合理展望。本篇的研究工作可望为未来在本领域开展持续研究提供重要支撑。

参加本书研究和编辑的成员有（以章节为序）：前言蔡建湖、周青、胡晓青；第一篇蔡建湖、周青、胡晓青；第二篇蔡建湖、胡晓青、黄卫来、邓丽丽、韩毅、尔古打机、蒋飞颖、孙海宁、薛婷婷、赵利平、李雪娇；第三篇蔡建湖、周青、胡晓青、黄卫来、Jennifer Shang、钟曼、蒋飞颖、张晓阳、宣丽园、张玉洁、徐芳；第四篇蔡建湖、周青、胡晓青、Jennifer Shang、Pandu R Tadikamalla、贾利爽、陈科、王楠楠、姚丹妹；第五篇蔡建湖、周青、胡晓青、林华珍、董瑞、张玉洁、薛婷婷、曾志军、平敏艳；第六篇蔡建湖、胡晓青、孙海宁、马香媛、贾利爽、金康杰、平敏艳；第七篇蔡建湖、贾利爽、胡晓青、平敏艳、李思情、钱弘盛、寿涌毅、吴昶；第八篇蔡建湖、周青、胡晓青、蒋飞颖、贾利爽、曹朕纲、杨梦园。本书的编撰和校对工作凝结着众多研究生的心血，特别感谢曹朕纲、董瑞、竺梦依、蒋乐、颜玲、丁玉姣、谢东泽、李丹丹、刘易灵等同学。

本书在整个漫长的撰写过程中，非常荣幸得到了众多专家学者的帮助与支持。合肥工业大学杨善林院士、浙江大学华中生教授两位专家接受我们的邀请，欣然为本书作序，这是对我们团队研究工作的巨大支持，在此向两位专家表示衷心的感谢。感谢经济科学出版社编辑程辛宁在本书出版过程中的帮助与支持。本书引用了大量前人的学术成果，并在书中进行了翔实的标注，在此向为本成果提供了前期研究支撑的各位学者表示深深的敬意！

本书是国家自然科学基金重点项目“面向‘一带一路’的企业技术标准联盟创新发展与管理研究”（71932005），国家自然科学基金面上项目“供方拥有私有信息背景下基于契约的信息共享模型”（71972171），国家自然科学基金青年项目“面向分时租赁服务的汽车共享平台供应链竞争模型与融资策略研究”（72202052），国家社会科学基金一般项目“数字经济驱动农产品供需匹配的机理、溢出效应与路径优化研究”（22BGL305）的阶段性研究成果。

目 录

第一篇
供应链管理理论概述

本篇为供应链管理理论概述，包括第一章到第四章，将供应链管理理论与典型行业供应链的运营管理进行了对接，确定了全书的总体建设思维，即理论研究面向实践应用。

首先，本篇对供应链管理理论进行了重新审视和评述。在我国，随着数字技术的广泛应用，以及经济可持续发展的需要，供应链管理逐渐向绿色低碳和平台化发展。因此，本篇以文献评述为重要手段，对低碳供应链和平台供应链管理问题进行了关键特征的剖析。通过挖掘低碳供应链运行中面临的碳政策、消费者低碳偏好等实际问题，以及以电商平台供应链、众包服务平台供应链、租赁服务平台供应链为代表的平台供应链特色问题，展示了供应链管理领域最新的研究观点。继而讨论了供应链管理的核心理念，并以农产品供应链为例，重点关注农产品新鲜度、消费者绿色偏好、产出不确定、数字技术等因素对农产品供应链管理带来的挑战以及供应链的应对策略。

其次，本篇揭示了供应链竞争与合作理论的关键内容与核心思维。我们认为，在供应链实践中，竞争与合作存在着密切关系，只有理解了供应链成员之间竞争的本质，才能设计出更具有生命力的合作机制来提升供应链的竞争力。为此，本篇讨论了一些典型的供应链竞争模型，重点对斯坦伯格模型、古诺模型、伯川德模型、豪泰林模型等竞争模型的应用场景、决策流程与建模方案进行了分析。在此基础上，讨论了提升供应链合作水平的契约设计理论。实际上，契约通过事先的约定来约束供应链成员的决策行为，从而影响供应链的整体竞争力，是搭建供应链成员之间高效合作机制的重要手段。因此，本篇对当前供应链契约理论相关研究成果进行了梳理，重点介绍了批发价契约、两部定价契约、收益分享契约、成本共担契约、数量折扣契约、回购契约、期权契约等在不同供应链实践环境中的应用方案，总结了这些契约在应用过程中的关键决策方案与管理思维。

最后，本篇对服装供应链和食品供应链进行了调研与运营案例整理。服装行业作为我国传统支柱行业之一，在国民经济中处于重要地位。从产业链的视角来看，服装产业链主要分为上游的原材料供应及印染、中游的设计生产、下游的销售。特别是随着电子商务的发展，进一步开拓了服装的销售渠道。以淘宝、京东为代表的电商平台已经成为服装销售的重要渠道，而大型服装企业也开始建设自己的线上电商平台，以扩大销售市场。本篇首先展示了服装供应链的典型运作流程，剖析了服装供应链的关键运行特征，继而对两个典型服装企业进行了实地调研，分析其所处供应链的运营情况、面临的管理问题及相应的解决方案。通过典型案例分析，挖掘出了服装供应链运营中存在的诸多典型管理问题，为本书的理论建模研究提供了丰富的案例支撑材料。接着，考虑到当前经济环境下，人们对食品的消费已经呈现出多品种、少数量、绿色健康的需求趋势，因此对食品供应链进行了调研与案例分析，深入研究了食品供应链管理在实践中的应用情况。分析显示，食品供应链关联企业面临着以下几方面的挑战：食品对环境依赖性强、对储运设备和管理要求高、生命周期短、市场需求不确定、消费者对质量安全要求高等。因此，不管是出于保证食品质量、降低运营成本，还是提高客户忠诚度等方面的考虑，构建完善的供应链管理体系已经成为食品行业相关企业的共识。

第一章 供应链管理理论

2020 年 4 月，商务部等八部门联合印发《关于进一步做好供应链创新与应用试点工作的通知》，强调建立跨区域、跨部门、跨产业的信息沟通、设施联通、物流畅通、资金融通、人员流通、政务联动等协同机制，充分发挥供应链资源整合和高效协同优势，重点推动复工复产、稳定全球供应链、助力脱贫攻坚等。目前，供应链创新管理已经广泛应用于农业、制造业、批发和零售业、金融业等行业中，对我国社会经济的高质量发展起到了重要的支撑作用。早在 2017 年 10 月，国务院印发的《关于积极推进供应链创新与应用的指导意见》指出，要增强供应链在促进降本增效、供需匹配和产业升级中的作用。目前，供应链管理领域已经形成了一批适应不同行业发展需求的创新模式。但是，企业仍然面临着社会、经济、技术、自然、政治等多方面因素带来的挑战。特别是随着数字经济和平台经济等新业态新模式的迅速发展，企业在转型过程中更需要强有力的供应链支撑。在这些方面，众多学者结合实际情况开展了一系列研究，通过增强供应链性能的方式来提升成员企业的竞争力，助力企业的转型升级，适应当前市场发展的需求。为此，本章重点对低碳供应链管理和平台供应链管理这两方面的文献研究进行综述。

第一节 低碳供应链管理

企业在运营过程中产生的碳排放被认为是造成环境破坏和全球变暖的主

要原因（Lou and Man，2018；Liu et al.，2015；Dong et al.，2017）。特别是随着极端天气的频繁出现，如何降低碳排放量已经成为全球关注的热点问题。根据《温室气体协议》，碳排放可以划分为直接排放（范畴一）、电力产生的间接排放（范畴二）、其他排放（范畴三）三个范畴。其中，范畴三涉及的碳排放与供应链活动紧密相关。迈因伦肯等（Meinrenken et al.，2020）指出，范畴三涉及的碳排放量占产品价值链中碳排放总量的70%以上。由此可见，单个企业的碳减排能力是有限的，需要基于供应链视角来实现碳排放量的整体性降低。在此背景下，众多学者开始基于供应链的视角研究企业的碳减排决策以及合作机制设计等问题。总体来看，目前的相关研究可以分为以下几个方面：碳减排政策、碳减排策略和消费者低碳偏好。

一、碳减排政策

目前，企业实施碳减排还需要政府相关政策的激励与约束。很多学者对我国碳政策体系进行了深入研究。刘力纬等（Liu et al.，2015）指出，我国碳交易体系存在着功能性碳交易市场缺失、碳配额分配不准确、交易机制不完善、立法落后等问题。董会娟等（Dong et al.，2017）认为，在当前经济环境下，通过传统的控制手段来实现碳减排目标是不可行的。实际上，制定适合我国国情的有效碳减排政策，一方面需要借鉴国外先进的政策，另一方面还需要强有力的理论支撑。关于碳排放权交易，曹开颖等（Cao et al.，2017）通过模型构建，研究了碳减排水平与碳交易价格和碳配额之间的关系，发现碳减排水平随着碳交易价格的增加而增加，但与低碳补贴额不相关。王一雷等（2022）发现，从长期来看，与没有碳交易相比，实施基于企业碳排放历史数据的碳交易政策能够提升制造商的碳减排水平。关于碳税政策，张桂涛等（Zhang et al.，2021）研究表明，政府可以通过合理设置较高水平的碳税和累进碳税政策，促进制造商提高碳减排水平。杨玉香等（2021）比较研究了统一碳排放税收政策、累进排放税收政策和政府管控排放标准税收政策这三种碳税政策对企业生产和减排策略的影响，以及对网络碳排放总量控制、成员企业支付碳税及成员企业利润的影响。科克等（Kok et al.，2018）发现，碳税有利于促进企业碳减排，但可能导致可再生能源投资减少。

二、碳减排策略

很多学者重点研究了供应链成员企业的碳减排策略。例如，柏庆国等（Bai et al.，2021）构建由一个生产两种可替代产品的制造商和一个零售商组成的供应链，比较分析了制造商实施碳减排和不实施碳减排时的供应链竞争决策。研究发现，在一定条件下，制造商实施碳减排能够使得供应链成员均获得更高的利润。张玲红等（2021）构建由一个制造商和一个零售商组成的供应链，其中制造商进行碳减排，零售商进行广告宣传，且消费者具有环保意识。在此基础上，他们考虑了零售商公平中性和公平关切两种情形，并根据零售商是否分担碳减排成本建立了四个竞争模型，分别求解了不同模型下制造商的碳减排策略、零售商的广告努力水平；进一步分析了消费者环保意识、零售商分担的碳减排成本比例和公平关切系数对供应链成员企业的影响。唐瑞红和杨磊（Tang and Yang，2020）构建了由制造商和零售商组成的供应链，研究了碳排放约束条件下制造商的最优碳减排技术投资策略。孙立成等（Sun et al.，2020）研究了低碳供应链的碳排放转移策略，分析了碳排放转移行为对供应链成员碳减排水平决策的影响。周艳菊和叶欣（Zhou and Ye，2018）研究发现，联合减排作为一种供应链碳减排合作方式，可以有效降低产品价值链中的碳排放量。陈旭等（Chen et al.，2019）认为，当所有供应链成员共同负责碳减排时，他们将更有利可图。贺勇等（2022）构建了由供应商、制造商和消费者组成的绿色供应链，并考虑制造商自主研发和外包减排任务两种情形，分别研究政府补贴形式下的供应链竞争决策和减排策略。目前，越来越多的学者开始关注碳政策影响下供应链成员企业的减排策略。王文宾等（Wang et al.，2019）研究了碳配额政策下供应链的碳减排策略。杨惠霄和欧锦文（2020）以政府征收碳税且消费者偏好低碳产品为背景，研究了收益分享及谈判权力对生产商碳减排决策及成员利润的影响。还有部分学者研究了契约在低碳供应链中的协调作用。王芹鹏等（Wang et al.，2016）构建了由一个制造商和一个零售商组成的博弈模型，发现成本共担和批发价补贴联合契约可以促进供应链整体碳减排水平的提升，并提高供应链性能。汪忠瑞等（Wang et al.，2020）基于零售商的视角设计了两种不同的碳减排成本分担契约，以此来激励制造商提升碳减排水平和低碳供应链的整体利润。徐松等（Xu et al.，2021）设计了能源管理契约，发现供应商通过为制造商提供能源管理服务，能够更好地帮助制造商实现碳减排目标。

三、消费者低碳偏好

随着消费者环境保护意识的增强，消费者对低碳产品的偏好也引起了企业的重视。有实证研究表明，一些消费者愿意为低碳产品支付更高的价格（Gao and Souza，2022；Xu et al.，2020；Golob and Kronegger，2019）。因此，供应链成员企业可能具有碳减排的动力。目前，一些学者关注了消费者低碳偏好对企业碳减排水平以及低碳产品生产和定价决策的影响。例如，杜少甫等（Du et al.，2016）发现，当消费者具有强烈的低碳偏好时，制造商在没有碳减排成本经济优势的情况下仍然愿意进行碳减排。特别地，由于零售商直接面向需求市场，因此存在着碳减排动机。纪静娜等（Ji et al.，2017）研究表明，当消费者具有低碳偏好时，即使没有制造商的激励，零售商也愿意实施低碳促销。夏良杰等（Xia et al.，2018）考虑碳规制的影响，发现消费者的低碳偏好有利于激励供应链成员进行碳减排。刘峥等（Liu et al.，2021a）研究了农产品供应链的碳减排策略，并认为消费者低碳偏好有利于提升制造商的利润。武丹和杨玉香（2021）考虑消费者低碳偏好和碳交易政策，比较分析了分散决策和集中决策情形下碳减排量的最优轨迹。他们发现，随着消费者低碳偏好的增加，供应商和制造商的减排量以及供应链的利润均得到提升。徐小平等（Xu et al.，2017）考虑消费者的低碳偏好，构建了一个由制造商和零售商组成的定制系统，其中制造商受到碳管制并通过投入绿色技术来控制碳排放量。庞庆华等（2020）研究了考虑碳税和消费者具有低碳偏好时的供应链减排策略，并在收益分享契约的基础上引入数量折扣策略，从而实现了供应链协调。

第二节　平台供应链管理

近年来，大数据、人工智能、物联网等信息技术的进步加快了平台经济的发展，在不同行业中涌现了大量线上平台。总体来看，线上平台可以分为电商平台（Zhang et al.，2020；Chen et al.，2020a）、众包服务平台（Zhao et al.，2020a；刘伟等，2019）、租赁服务平台（Feng et al.，2020；Gal－Or，2018）及其他类型的平台。从供应链的视角来看，这些平台均处于特定的供应链运行模式中，且表现出不同的管理特色。在当前经济环境下，平台供应链管理逐渐得到业界和学术界的重视。本节针对电商、众包服务、租赁服务这三种典型的平台供应链，对相关文献研究进行综述。

一、电商平台供应链

在电商平台供应链的研究中，许多学者关注电商平台为卖家和消费者之间的交易提供服务的实际情况，研究了平台的收费策略（Economides and Katsamakas，2006；Geng et al.，2007）。例如，夏建德等（2021）将电商平台对卖家的收费形式总结为注册费、交易费和两部费这三类，并基于此提出了三种收费制度，构建了两个竞争电商平台的六种收费制度组合模型，分析了不同条件下电商平台的收费制度选择策略。

目前，电商平台在市场中的主导作用不断凸显，研究新经济环境下的电商平台供应链管理显得尤为重要。其中，广告宣传和价格促销已经成为电商平台供应链提升竞争力的重要方式。张嘉君等（Zhang et al.，2020）通过随机试验，研究了价格促销对消费者行为的影响，发现电商平台的促销活动可以提高消费者日常的产品浏览量以及购买率。实际上，促销会通过影响消费者的购买行为，进而影响供应链的运作决策。陈萍萍等（Chen et al.，2020a）分析了促销影响下电商平台和卖家对经销模式和代销模式的选择策略。其中，在经销模式中，电商平台向卖家采购产品再进行销售；而在代销模式中，卖家通过电商平台直接销售产品，并向平台支付一定的佣金。电商平台供应链的特性还体现在其对市场需求的准确预测。随着大数据等信息技术的应用，电商平台掌握了有助于卖家进行运营决策的大量信息，因此有许多卖家通过与电商平台进行合作来提高利润（Xiao et al.，2020）。刘伟华等（Liu et al.，2020）考虑到多数电商平台的营销策略是基于大数据分析制定的，因此将市场需求函数与数据营销质量进行了关联，并假设需求是关于数据营销质量的递增函数。基于此，他们构建了由电商平台和制造商组成的供应链，比较分析了经销和代销这两种不同模式下，供应链成员的最优决策和利润。研究发现，当数据营销效率较高时，电商平台倾向于选择经销模式。肖迪等（Xiao et al.，2020）关注平台数据赋能对卖家市场需求的影响，构建了由一个电商平台和多个卖家组成的供应链，分析批发价契约和收益分享契约下供应链成员的竞争决策。进一步探讨了卖家接受平台数据赋能的动机，对比研究了不同契约下供应链成员的利润。此外，还有其他学者对电商平台供应链进行了相关的研究（Cao et al.，2019；Li et al.，2020；Liu et al.，2021b）。

二、众包服务平台供应链

目前，越来越多的学者开始关注众包服务平台供应链中的实际问题，并进行了相关研究。实际上，众包这一概念是由美国《连线》杂志的记者杰夫·豪（Jeff Howe）于2006年首次提出的。埃斯特莱斯-阿罗拉斯（Estellés-Arolas，2012）综合讨论了不同学者关于众包的研究，总结归纳了众包的定义：众包是一种分布式的问题解决机制，其采用互联网召集参与者通过协作的方式完成某项任务。其中，众包服务平台是众包服务供应链的重要成员之一，它使得企业或个人可以比较容易获得服务或者提供服务（Zhao et al.，2020a）。在实践中，众包服务平台可以服务于设计、制造、销售、配送等不同环节。戴鑫等（Dai et al.，2013）构建了由零售商和设计师组成的供应链，其中零售商搭建众包服务平台，设计师在平台上发布设计样品，然后消费者通过平台预定产品。当预定数量超过最小生产量时，零售商安排产品的生产并将其配送给消费者。他们通过模型构建，重点分析了设计师的最优定价决策和零售商的最小生产量决策。黎继子等（Li et al.，2021）考虑零售商在线上平台销售众包产品，在线下实体店销售非众包产品的情形，为了有效匹配消费者的需求，制造商和消费者都可以在众包产品生产之前进行在线评论。基于以上假设，他们重点分析了零售商对众包产品和非众包产品的销售价格决策和激励消费者在线评论的投入决策，以及制造商的批发价格和在线评论水平决策。浦东平等（2019）通过分析企业、会员、平台这三个供应链关联主体的目标函数，构建了一个多目标规划定价模型，在此基础上采用精英蜂群算法，对某一众包平台的数据进行实证研究，给出了众包的定价策略。研究表明，该定价策略可以实现任务聚合效应和会员激励作用。赵道致等（Zhao et al.，2020a）以航天云网为例，构建了由供应商、众包服务平台运营商、制造商组成的供应链，其中平台运营商主要为供应商和制造商提供供需对接服务。基于此，他们重点分析了供应商的产品承诺质量、制造商的订购量、平台运营商的交易费用决策。马玉洁等（Ma et al.，2020）基于开放式的制造电子商务平台，研究了可重构工艺规划的众包合同，运用双层协调优化方法求得了最优众包合同，并发现通用性对开放制造中的最优众包合同和可重构工艺规划决策有显著影响。因此，他们建议平台将通用性整合到过程计划活动中，以提高平台企业的生产效率和竞争力。孟秀丽等（2021）针对众包物流配送，构建了服务平台和接包方之间的斯坦伯格博弈模型，分析了服务平台的最优服务价格和质量控制水平，以及接包方的质量控制水平。他们进一步设计了成本共担契约，使得双方的质量控制水平、需求和总利润均达到集中状态下的最优值。此外，还有其他学者对面向不同行业的众包服务平台供应链进行了相关研究（刘伟等，2019；Li et al.，2018a；黎继子等，2020）。

三、租赁服务平台供应链

共享经济的发展对消费者的消费观念产生了深远的影响，越来越多的消费者通过租赁来获得产品的使用权。随着租赁这种商业模式的兴起，租赁服务平台应运而生（Yuan and Shen，2019）。现有租赁服务平台主要包括服装租赁平台、客房短期租赁平台、汽车租赁平台、日常用品/工具租赁平台等。一些学者针对租赁服务平台供应链开展了相关研究。冯艺璇等（Feng et al.，2020）假设供应商可以通过直接销售产品和利用租赁平台出租产品这两种方式来获得收益，构建由一个品牌供应商和一个服装租赁平台组成的两级供应链，分别研究了批发价契约和收益分享契约下供应商和租赁平台的竞争决策。研究发现，供应商引入租赁服务总是能够获得更多的收益，并且收益分享比例和产品残值会对供应商和租赁平台的契约选择产生重要影响。实际上，在服装租赁服务平台的运营过程中，对限量版的产品信息进行披露是吸引消费者的一个关键因素。为此，蔡灿明等（Choi et al.，2020）构建由两个出租可替代奢侈品包的租赁平台组成的双寡头模型，分析了两个平台产品信息披露的纳什博弈均衡，发现在信息审计成本足够小的情况下，两个平台都应该尽可能多地披露产品信息。除了服装租赁平台，客房短期租赁平台近年来也受到了部分学者的关注。加尔奥（Gal-Or，2018）考虑由一个客房短期租赁平台和一个传统酒店组成的竞争模型，刻画了以下两类均衡：市场部分覆盖均衡（平台制定高费率，仅吸引一部分户主通过平台分享房源）和市场完全覆盖均衡（平台制定低费率，吸引所有户主将闲置房源通过平台分享）。通过对比分析平台进入市场前和进入市场后的决策，得到如下结论：如果平台提供的房源主要来自户主由于度假而闲置的自用房屋，则平台的进入将提高传统酒店的利润；如果平台提供的房源主要来自无其他用途的闲置性房屋，则平台的进入将降低传统酒店的利润。此外，还有一些学者针对其他产品租赁平台的具体特性进行了相关研究（Zhang and Mi，2018；徐寅峰等，2021；Martin et al.，2021）。

第三节　特定行业供应链管理核心理念——以农产品为例

由于不同行业相关企业经营的产品特性不同，其面临的政策环境和技术环境等方面存在着差异性，供应链管理体现出较强的行业特色。本节以农业为例，阐述农产品供应链管理的核心理念。

随着生活水平的提高，消费者对农产品的质量要求也越来越高，即希望购买到绿色新鲜的农产品。为了满足消费者对农产品的质量要求，绿色生产、冷链物流等概念在农产品生产与供应过程中不断被强调，这对企业运营带来了新的挑战。例如，为了提高农产品的新鲜度，深圳某公司一方面与上游种植基地合作，通过物联网、人工智能等信息技术对种植基地优质果品进行定制化生产，另一方面投入大量的冷链物流设施设备，构建全程冷链系统。目前，我国农产品供应链在数字技术上的应用、合作模式上的创新以及销售渠道上的拓展等方面有了新的突破，但仍存在着诸多管理问题尚未解决。如何将绿色新鲜的农产品及时、安全地送到消费者手中已经得到了业界和学术界的普遍关注。总体来看，学者们对农产品供应链管理进行了众多研究，并且主要关注以下几方面因素的影响：产品新鲜度、消费者绿色偏好、产出不确定、数字技术等。

一、新鲜度影响下的农产品供应链管理

很多情况下，农产品新鲜度是消费者关注的重要问题，同时这也对农产品供应链管理带来了重要影响。目前，已经有大量学者考虑新鲜度的影响，研究了农产品供应链的最优决策与合作机制设计。例如，郑宇婷等（2019）认为分销商对冷藏设备和保鲜努力的投入会影响生鲜产品到达市场时的存活率和新鲜度，进而影响市场需求和销售价格。他们通过加法形式将分销商的保鲜努力与需求进行关联，在此基础上构建由一个生产商和一个分销商组成的两级供应链，分别考虑保鲜努力外生、零售价格外生和订货数量外生这三种情况，研究了供应链成员之间的竞争决策。颜波等（Yan et al.，2020）构建由制造商和零售商组成的生鲜农产品供应链，考虑策略型消费者的影响，并假设产品新鲜度会随销售周期的延长而下降，且价格会随着周期的延长连续降低。基于此，他们分析了集成供应链和分散供应链的最优决策，并引入收益分享契约来协调供应链。现实中，第三方物流服务提供商（Third Party Logistics，TPL）拥有专业的冷链设备，因此在农产品保鲜方面具有重要作用。一些学者将 TPL 引入农产品供应链中，重点研究了供应链成员的竞争决策和优化方案。陈柳鑫等（2021）构建由供应商、TPL 和零售商组成的三级农产品供应链，假设农产品新鲜度越高，其市场需求越大，当新鲜度降低到一定程度时，零售商将进行降价销售。他们发现，零售商的利润随着农产品到达零售商时的新鲜度的增加而增加，并且为了激励 TPL 提高农产品的保鲜

水平，零售商愿意进行收益分享。马雪丽等（Ma et al.，2019）考虑到大多数农产品是典型的季节性产品，供应商会在 TPL 处储存部分农产品来维持新鲜度，并在非生产季节时进行销售。基于上述背景，他们构建了由供应商、TPL 和零售商组成的三级农产品供应链，假设市场需求与销售价格、农产品新鲜度和其他随机变量相关，分析了集中决策模型和分散决策模型。最后，设计了成本共担和收益分享联合契约来协调供应链。宋子龙和何世伟（Song and He，2019）在电子商务环境下考虑新鲜农产品损耗的情形，假设农产品市场需求取决于新鲜度和在线销售价格，研究了由新鲜农产品电商企业、TPL 和社区便利店组成的三级供应链。研究发现，新鲜农产品电商企业和社区便利店的期望利润随着农产品新鲜度的增加而递增。因此，设计了保鲜成本共担与收益分享联合契约来激励 TPL 优化保鲜工作，并实现供应链协调。

二、消费者绿色偏好影响下的农产品供应链管理

随着环境保护和食品安全问题不断强调，消费者的绿色消费意识不断增强，在农产品消费过程中体现出一定的绿色偏好。陈冠如等（Chen et al.，2019）采用二分选择条件估值方法，对美国不同地区的 1510 名消费者进行随机信息处理，通过评估购买从可生物降解地膜上种植出来的草莓的意愿，研究了消费者支付意愿的影响因素，他们发现消费者对可生物降解地膜作为土壤覆盖物而种植出来的草莓具有一定偏好，而消费者的这种偏好会进一步影响供应链上游企业的生产决策。由此可见，消费者的绿色偏好对农产品生产企业及其供应链管理会带来重要影响。叶永刚和刘晓峰（2020）将消费者的绿色偏好与农产品估价进行关联，在此基础上分别讨论单寡头（市场中只有一个生产非绿色产品的企业或一个生产绿色产品的企业）情形下企业的最优定价决策，以及双寡头（市场中同时存在生产非绿色产品和绿色产品两个企业）竞争环境下生产企业的最优定价决策，探讨了消费者绿色偏好支付系数、产品绿色度、单位成本等参数对农产品生产企业最优决策的影响。刘峥等（Liu et al.，2021a）考虑碳税和合作减排的成本，构建了由制造商和零售商组成的两级农产品供应链，分析了制造商和零售商非合作减排模型和合作减排模型。进一步对比分析了两种模型中零售商和制造商之间的最优决策和

利润。段彩泉等（2022）研究由多个农民合作社、零售商和需求市场组成的可持续农产品供应链网络均衡问题。基于农民合作社秸秆回收及还田，考虑单位回收补贴制度、规制回收补贴制度及累进制回收补贴制度这三种秸秆回收补贴制度下农产品供应链的均衡策略。

三、产出不确定环境下的农产品供应链管理

农产品存在着生产周期长、深受天气等自然条件影响的特性，在种植和加工过程中普遍存在着产出不确定问题，并严重影响着供应链成员的运作决策。目前，已经有许多学者关注到了农产品供应链面临的产出不确定问题，并开展了相关的理论研究。黄建辉等（2017）基于随机产出环境，考虑农业企业在融资过程中可能存在的破产风险，探讨了政府不提供补贴时零售商、农业企业双方的最优决策，进一步分析了政府提供补贴时，政府、零售商、农业企业三方的最优决策，最后分析了政府补贴对产出不确定环境下农产品供应链成员的影响。一些学者考虑到面临产出不确定时，农户或者企业往往持有一定的风险态度，因此在农产品供应链管理研究中考虑决策者的风险态度。彭红军和庞涛（Peng and Pang，2019）针对产出不确定环境，构建了由风险规避的农户、风险中性的供应商和风险中性的分销商组成的三级农产品供应链，分别研究了在政府单一补贴和双边补贴这两种农业补贴政策下，农户、供应商和分销商的最优竞争决策。进一步分析了农业补贴、风险规避程度和产出不确定对农产品供应链最优决策和期望利润的影响。史立刚等（Shi et al.，2021）在产量保险和保费补贴机制下，构建了由风险规避的农户和风险中性的交易商组成的两级供应链。假设农户受到资金约束且面临产出不确定，为了降低产出不确定带来的风险，农户可以购买产量保险。同时，政府为鼓励农户购买保险，会为其提供保费补贴。基于上述假设，他们分析了保费补贴、融资率、风险规避程度和产出不确定对农产品供应链最优决策和期望利润的影响，并讨论了产量保险对农户的价值。邱慧等（2022）研究了由超市和农户组成的两级农产品供应链，分析了产出不确定影响销售价格时农产品供应链的协调问题。他们首先通过分析集中决策模型和分散决策模型，发现分散决策下农产品供应链存在着双边际效应，进一步对比研究了两部定

价契约和 Shapley 值法分配契约这两种契约对农产品供应链的协调能力。

四、基于数字技术的农产品供应链管理

电商平台是数字技术应用的一个重要场景，且对农产品销售带来了新的契机。2022 年《中国农产品电商发展报告》显示，2021 年，我国农村网络零售额达 20500 亿元，同比增长 14.23%，截至 2021 年 9 月，我国淘宝村达到 7023 个，淘宝镇达到 1598 个。① 由此可见，电商平台促进了农产品电商业务的发展。很多农产品供应商或者农户为了扩大其销量，开始从线下零售单渠道转向线下线上相结合的双渠道运营模式。

目前，很多学者研究了双渠道农产品供应链的竞争决策与协调机制设计。例如，曹晓宁等（2021）假定供应商的保鲜努力水平会刺激市场需求，基于此研究了供应商主导的双渠道供应链竞争决策，分别设计了两部定价契约、批发价协调契约和由成本分担与补偿策略组成的混合协调契约这三种契约方案，来实现供应链协调。陈琪等（2022）考虑消费者绿色偏好，研究由零售商和制造商组成的双渠道农产品供应链，发现线上线下市场份额合理分配是双渠道供应链存在的必要条件。此外，他们分析了分散供应链中零售商和制造商的最优决策，发现零售商可以通过提高销售价格获利，而制造商可以通过提高批发价格获利，但这样会导致消费者面临更高的价格却不能得到绿色度更高的农产品。最后，他们设计了一个两部定价契约方案来实现供应链协调。孙文婷和彭红军（2022）分别研究了农户在本地市场销售以及代销和转销两种电商模式下农产品供应链的最优决策，进一步讨论了电商平台和消费者助农偏好、农户相对贫困程度、物流成本等因素对农产品供应链最优决策的影响。研究发现，与本地市场销售相比，通过电商销售可以使得农户的收益得到提升。

实际上，电商平台不仅可以开拓农产品的销售渠道，还可以帮助涉农中小企业缓解融资困难的问题。近年来，针对农产品供应链关联企业资金薄弱

① 《2022 中国农产品电商发展报告》发布 探索农产品电商发展新路径［N］. 中国食品报，2022-04-18.

的问题，线上农产品供应链金融融资模式应运而生。徐鹏等（2022）考虑了银行和电商平台合作开展线上农产品供应链金融服务的情形，其中银行负责提供资金并委托电商平台对农业型融资企业资质、电子信用等资格进行审查。他们假设如果平台对融资企业审查不做任何努力，则会导致银行收益降低。基于此，分别构建电商平台公平关切和不公平关切时的线上农产品供应链金融激励契约设计模型。研究发现，公平关切能提高电商平台努力水平，银行的激励系数也受电商平台公平关切影响，但当公平关切超过一个阈值后对银行激励系数有反向作用。

除了电子商务发展之外，区块链、大数据等数字技术不断应用于农产品供应链管理中，对农产品的生产和销售等带来了新的变革。曹裕等（Cao et al.，2022）构建由农民合作社和购买商组成的两级农产品供应链，对比分析了引入区块链平台和不引入区块链平台时的农产品供应链竞争决策。研究表明，区块链平台的参与可以增加农产品供应链的产量和总盈余，也可以激励供应链成员进行更多的绿色投资，从而提高农产品的绿色度。

第二章 供应链竞争与合作

第一节　典型的供应链竞争模型

博弈论主要研究发生直接相互作用的主体之间的决策行为，是供应链竞争与合作领域的重要研究工具。根据决策者掌握的信息情况不同，博弈论可以分为完全信息博弈和不完全信息博弈两大类，且这两种博弈广泛应用于信息对称和信息不对称环境下的供应链管理研究中。实际上，博弈论既是一种理论，也是一种方法，可以有效应用于分析供应链成员之间的竞争问题。从理论上来说，博弈论强调了交易各方之间决策的相互关联性，并确定了这些关联性的逻辑结构。从方法上来说，博弈论为分析供应链成员之间的竞争关系提供了量化思路，以及均衡解的求解方案。

在供应链管理研究领域，学者们采用的典型博弈模型主要包括以下四种：第一，斯坦伯格（stackelberg）模型。该模型假设企业之间存在着从属关系，其中一方为博弈的领导者，而另一方为博弈的跟随者，即企业之间的决策具有先后顺序。逆向归纳法是求解斯坦伯格竞争均衡的典型方法。第二，古诺（Cournot）模型。该模型通常假设市场中有两个或两个以上地位平等的企业，且同时进行数量（订购量、库存量、生产量等）决策来实现自身利益的最大化。第三，伯川德（Bertrand）模型。该模型与古诺模型类似，但假设企业之间进行价格竞争。第四，豪泰林（Hotelling）模型。该模型从消费者的角度分析，认为每个企业生产的产品位于地理或者产品特性空间中的某一特定位置，越接近则相互替代性就越强，基于此假设来量化企业各自面临的市场需求，进一步分析企业之间的竞争决策。

上述这些竞争模型能够反映不同情境下供应链成员之间的决策逻辑，并提供获得均衡解的求解方法。在实践中，企业之间很多竞争情形都能通过以上竞争模型得到清晰的分析。但需要说明的是，有时供应链成员之间的竞争结构十分复杂，需要综合应用以上竞争模型的逻辑结构来进行讨论分析；有时也需要应用新的竞争模型来反映企业之间新的竞争关系。在这方面，学者们已经做了大量工作。因此，上述四种竞争模型仅代表了典型的竞争结构，但并不完全涵盖了所有情况。下面，我们期望通过进一步的文献梳理，明确以上四种典型竞争模型的应用情况，并且展示一些新的竞争逻辑。尤其需要说明的是，供应链管理的逻辑思维对竞争模型的实际结构也会产生重要影响。此外，供应链管理强调成员企业之间的合作，鼓励企业引入各种形式的契约方案来优化供应链性能。因此，在引入各种不同的契约之后，契约的设计方案也会对竞争模型的决策流程产生影响。本章也会对供应链契约引入之后的竞争模型进行文献梳理，期望能够厘清实现供应链协同的契约设计机理。

一、斯坦伯格模型

斯坦伯格模型是学者们普遍采用的竞争模型，基于该模型已经出现了众多重要的理论研究成果。马利克和萨卡尔（Malik and Sarkar，2020）建立了由一个供应商和一个购买商组成的供应链，基于产品提前期可控的假设，研究了斯坦伯格模型中供应商和购买商的最优决策，并提出了供应商和购买商之间的成本共担方案，以此来优化供应链。斯坦伯格模型不仅用于研究单渠道供应链管理，还广泛用于研究双渠道供应链管理。李禹琦和卢涛（2020）考虑由一个供应商和一个零售商组成的双渠道供应链，假设零售商为斯坦伯格竞争的领导者，而供应商为跟随者。基于渠道竞争和随机需求的运营环境，考虑零售商拥有不同初始资本的情形，研究了供应链成员的最优决策，进一步分析了交易信用对双渠道供应链的影响。韩同银等（2022）考虑由一个制造商和一个公平关切的零售商组成的双渠道绿色供应链，基于政府不补贴和政府补贴两种情形，分别构建了以制造商和零售商为主体的两阶段斯坦伯格模型，以及以政府、制造商和零售商为主体的三阶段博弈模型，对比分析了两种情形下零售商公平关切对供应链最优定价和绿色水平决策以及供应链成员利润的影响。王伟等（Wang et al.，2021）研究了由一个风险规避零售商和一个风险规避供应商组成的绿色供应链，假设零售商作为斯坦伯格竞争的主导者先决定产品销售价格，然后供应商作为跟随者决定产品的绿色水平。他们分别讨论了批发价契约、无目标绿色水平的激励契约和有目标绿色水平的激励契约这三种不同契约方案下供应链成员的最优决策，分析了零售商激励对供应商绿色水平决策的影响，以及风险规避态度对供应链性能的影响。蹇洁等（Jian et al.，2021）考虑零售商投入销售努力，制造商投入绿色水平并公平关切的情形，基于斯坦伯格模型分析了供应链成员的最优决策，并设计了收益分享契约来协调成员公平关切时的供应链。闫彦超和马祖军（2022）考虑由一个进行线上销售/回收的制造商和一个线下服务商组成的闭环供应链，其中制造商与服务商之间基于收益分享契约搭建交易关系。基于此，他们分别研究了制造商主导、服务商主导和双方对等这三种不同情形下供应链成员的最优销售价格/回收定价决策和最优正/逆向服务水平决策。其中，在制造商主导和服务商主导的供应链中，采用的即是斯坦伯格模型。孙铭君等（Sun et al.，2018）考虑由一个生产木材、一个拥有林业碳汇的林业公司、一个消耗木材和进行碳减排的制造商组成的供应链，通过构建由制造商主导的斯坦伯格模型，研究了碳汇成本分摊机制和碳减排成本分摊机制对供应链碳减排决策、利润、碳排放总量、森林规模的影响。彭红军等（Peng et al.，2018）考虑由一个供应商和一个制造商组成的低碳供应链，其中消费者具有低碳偏好，制造商在生产过程中需要进行碳排放且面临着产出不确定。他们构建了一个斯坦伯格模型，研究了分散供应链中制造商产出的波动对供应链成员的碳减排决策、批发价格决策和生产量决策的影响。

二、古诺模型

古诺模型是一种经典的竞争模型，通常用于解决双寡头垄断条件下企业之间的数量竞争问题，该模型也能较为容易地推广至多个企业之间的竞争研究。例如，霍忻和刘黎明（2019）采用双寡头古诺模型研究了一家国内企业和一家跨国企业之间的横向竞争问题。根据企业是否对外投资或通过海外投资进行转移定价形成四种策略组合，比较分析了两企业在不同策略选择下的收益情况。研究发现，两企业均对外开放，开展海外投资活动是最优的博弈策略。

在供应链管理中，古诺模型用于描述多个上游成员之间的横向竞争或多个下游成员之间的横向竞争。例如，卡塔洛 - 洛佩斯和布里托（Catalao-Lopes and Brito，2021）研究两级分散供应链中企业横向合并对企业和消费者的影响，基于古诺模型讨论了企业是否选择横向合并策略。研究表明，横向合并总是有利可图的，且在其他条件相同的情况下，供应链下游合并比上游合并更有利。胡赛尼 - 莫特拉格等（Hosseini-Motlagh et al.，2018）研究了由一个制造商和两个零售商组成的供应链，其中制造商致力于提升产品的绿色质量，两个零售商向消费者提供绿色产品以及相应的保修服务。他们对比分析了零售商之间进行古诺竞争、共谋和斯坦伯格竞争这三种情形下供应链成员的最优决策和供应链性能，并提出了一种基于补偿的多边批发价契约以协调多个成员的决策。当然，古诺模型也可以用于描述供应链上下游成员之间的竞争关系。例如，买凤霞等（Mai et al.，2020）考虑了一个两级供应链，原始设备制造商（Original Equipment Manufacturer，OEM）将自己的生产外包给原始设计制造商（Original Design Manufacturer，ODM），ODM 同时生产自己的品牌产品，最后上游 ODM 和下游 OEM 在市场上进行古诺竞争。他们构建了有限理性下的动态重复博弈模型，研究了在动态重复博弈和一次博弈下 OEM 调整生产策略的速度对企业利润的影响。彭扬等（Peng et al.，2021）考虑一个两级供应链，其中零售商从供应商处采购产品，并在同一个市场中进行古诺竞争。他们讨论了随机收益率如何影响供应商的市场进入策略、零售商的订购策略以及两个成员的利润。

近年来，随着社会公众和企业环保意识的逐渐增强，低碳供应链和闭环供应链管理已经成为研究的热点。由于低碳产品与普通产品之间具有一定的差异，且相互之间具有替代性，因此可以用古诺模型来描述生产低碳产品和生产普通产品的企业之间的竞争关系。夏西强等（Xia et al.，2020）研究了一个闭环供应链，其中一个企业只生产低碳产品，而另一个企业同时生产低碳产品和普通产品，在此基础上分析了碳交易对产品销售价格、销售量、利润和消费者剩余的影响。董兴林和李晓菲（2021）基于碳税 - 碳交易背景，构建了两条由制造商和零售商组成的竞争供应链。他们考虑供应链集成和供应链分散两种不同情形，研究了分散—分散、集中—分散、集中—集中这三种模型，分别分析了供应链的碳减排决策和价格决策。其中，他们采用古诺模型来描述制造商与制造商、零售商与零售商之间的竞争关系。史成东等（2015）考虑了包含制造商、零售商和两个第三方回收商组成的闭环供应链，采用 Loss-averse 函数来量化零售商的风险规避态度，并应用古诺模型来刻画第三方回收商之间的竞争关系，基于此研究了供应链决策，并分析了零售商风险态度、政府补贴以及第三方回收商之间的竞争对供应链成员决策的影响。萨巴尼亚和塔利扎德（Sabbaghnia and Taleizadeh，2021）构建了由一个制造商和一个再制造商组成的两阶段闭环供应链。在第一阶段，双方均参与产品的生产；在第二阶段，双方都参与旧产品的回收。假设制造商向再制造商提供固定费用、特许权使用费用和两部定价许可这三种方案。他们基于古诺模型分析了制造商和再制造商在三种方案下的最优决策。周晓阳等（2022）研究了由一个制造商和两个竞争零售商组成的闭环供应链，并假设零售商之间有不同的竞争行为：古诺竞争和斯坦伯格竞争。他们分别研究了这两种竞争行为下供应链成员的最优决策。

三、伯川德模型

伯川德模型主要用于研究两个或两个以上企业在价格竞争过程中地位平等时的决策问题。这种模型通常用于分析多样化的供应链竞争结构，例如零售商价格竞争、供应商价格竞争、双渠道供应链中零售商和供应商之间的价格竞争等。肖剑等（2010）考虑由一个制造商和一个零售商组成的双渠道供应链，其中制造商的线上销售渠道与零售商的传统销售渠道在销售价格和服务方面具有竞争关系。他们根据制造商和零售商的竞争地位不同，分别建立了制造商主导的斯坦伯格模型和伯川德模型，研究了两种竞争结构对供应链成员收益的影响以及两种竞争结构下双渠道供应链服务合作定价策略。聂佳佳和石纯来（2017）研究了制造商规模不经济对制造商直销渠道选择的影响，分别建立单渠道和基于伯川德模型的双渠道供应链，对比分析了不同类型供应链中的产品批发价格、销售价格以及制造商和零售商的最优利润。伊斯梅利和戈巴迪（Esmaeili and Ghobadi，2018）构建由多个供应商和一个回收旧产品的制造商组成的闭环供应链，假设供应商的零部件可能存在缺陷。他们考虑供应商之间进行伯川德竞争，而制造商与供应商之间进行静态博弈或者由制造商主导的动态博弈，在此基础上研究了不同博弈模型中供应链成员的定价决策。卞文良等（Bian et al.，2016）分析了制造商和零售商均拥有私有需求信息的两条竞争供应链中制造商和零售商的双边信息共享问题，其中供应链与供应链之间进行伯川德竞争，而同一供应链中制造商和零售商之间进行斯坦伯格竞争。王利莎等（Wang et al.，2017）构建了由两个制造商和一个零售商组成的双渠道供应链，假设制造商生产的产品是互补的。他们分别考虑两个制造商进行伯川德竞争和斯坦伯格竞争时的供应链竞争决策。吴江华和姜帆（2021）考虑了由两个零售商和一个制造商组成的供应链，其中制造商为两个零售商提供可替代产品，两个零售商则在需求不确定环境下进行价格竞争。通过伯川德－斯坦伯格模型的构建，研究了供应链成员的最优决策。张斌等（2021）考虑了由两个供应商和单个采购商组成的两级供应链，其中供应商和采购商之间进行先后决策的斯坦伯格博弈，供应商之间进行同时决策的伯川德博弈，基于此研究了双源采购策略下采购商投资、供应商定价以及采购商采购的最优决策，进一步分析了供应成本、供应稳定性以及投资改进效应对供应链成员最优决策的影响。楼振凯等（2022）构建了由政府、制造商、新产品销售商和再制造产品销售商组成的三阶段决策模型，其中两个销售商之间进行伯川德博弈。他们重点研究了有限政府补贴下，同时销售新产品和再制造产品时供应链的最优定价决策。

四、豪泰林模型

许多学者采用豪泰林模型来研究差异化产品之间的市场竞争问题。邵婧等（Shao et al.，2014）考虑由一个生产两种差异化产品的制造商和两个相互竞争的零售商组成的供应链。通过构建豪泰林模型，研究了当制造商在分散供应链中分销两种产品时零售商的价格激励问题，并且探讨了供应链的最优定价策略以及消费者的选择参数对价格扭曲的影响。万方和周茜（2015）结合豪泰林模型分析了产品差异化战略带来的竞争优势及潜在问题，发现在宣传成本相对较高的情况下，产品差异化战略的重点可能不是在于产品本身的差异化，而是在于产品的价格差异化。通过该研究，他们解释了我国部分中小厂商的山寨模仿行为。柴李梦等（Chai et al.，2021）构建了由一个制造商和两个零售商组成的双渠道供应链，其中一个零售商进行线下销售，另一个零售商进行线上销售，且均从制造商处购买国内品牌的产品。他们主要基于豪泰林模型展开了相关研究。黄祖庆等（2020）基于豪泰林模型研究了普通供应链和低碳供应链在正向产品销售和逆向回收竞争中，消费者偏好对供应链定价决策和供应链利润的影响。

第二节 供应链合作机制设计

契约是构建供应链竞争模型的基础，也是搭建供应链成员之间高效合作机制的重要手段，影响着供应链的整体竞争力。在供应链管理领域，学者们通过构建竞争模型，设计并引入多样化的契约方案来优化或者协调面临不同环境的供应链。总体来看，典型的供应链契约方案包括：批发价契约、两部定价契约、收益分享契约、成本共担契约、数量折扣契约、回购契约、期权契约等。本节重点对上述契约在供应链管理领域中的应用进行综述。

一、批发价契约

批发价契约简单易执行，被广泛应用于供应链实践中，是构建供应链竞争模型的典型基础契约。目前，众多学者基于批发价契约研究了多样化的供应链管理问题（Xu and Bisi，2012；Niederhoff and Kouvelis，2016；Fan et al.，2017；Zhao et al.，2017）。王竞奇和茜恩（Wang and Shin，2014）基于一般化的批发价契约和依赖质量的批发价契约，构建了由供应商和制造商组成的两级供应链，并考虑供应商致力于创新投资的情形。在此基础上，分析了两种批发价契约下供应链成员的竞争决策，以及两种批发价契约对供应链的协调能力。刘云志和樊治平（2016）考虑供应商存在不利与有利不公平厌恶的情况，构建了经营单一时令产品的两级 VMI（Vendor-Managed Inventory）供应链，并基于批发价契约分析了供应链的最优决策以及协调机制。他们发现，在供应商存在不利不公平厌恶的情形下，批发价契约无法使供应链达到协调状态；但在供应商存在有利不公平厌恶的情形下，批发价契约在一定条件下能够实现供应链协调。值得注意的是，批发价契约能够比较容易地引入复杂供应链结构中，因此引起了众多学者的关注（Iida，2012；李晓静等，2016；吕飞和马士华，2017）。例如，穆恩和冯雪皓（Moon and Feng，2017）基于批发价契约研究了由一个供应商和多个零售商组成的供应链竞争模型，其中供应商决定产品的批发价格和配送路线，零售商决定产品的订购量和销售价格。他们进一步提出了批发价格和拼车（Wholesale-Price-and-Carpooling，WPC）契约，其中供应商收取较低的批发价格，零售商分担配送路线的运输成本。研究表明，WPC 契约可以有效协调供应链并在成员之间任意分配供应链利润。他们还发现，收益分享契约也可以实现供应链协调，但是供应链的利润不能任意分配。此外，学者们基于批发价契约研究了供应链金融融资决策（Yang et al.，2021；Chen and Wang，2011）、碳减排决策（杨惠霄和骆建文，2016；范如国等，2020；Li et al.，2022a）等。

二、两部定价契约

两部定价契约是在批发价契约的基础上引入一次性转移支付这一参数的契约方案，是一种典型的交易与合作机制。相对于批发价契约而言，两部定价契约在提升供应链性能方面具有一定的优势。在信息对称领域，一些学者引入两部定价契约来提升或者协调供应链。例如，李媛与赵道致（2014）研究了具有公平偏好的制造商向零售商提供两部定价契约时的供应链协调问题。研究发现，当仅有制造商具有公平偏好时，两部定价契约可以实现供应链协调；当制造商和零售商均具有公平偏好时，在竞争型渠道中，特定参数制约下两部定价契约不能够协调供应链，而在和谐型渠道中两部定价契约能够协调供应链。邱慧等（2022）构建了由一个超市和一个农户组成的农产品供应链，假设农产品产出不确定且影响销售价格，他们通过引入两部定价契约实现了供应链性能的提升。陈旭等（Chen et al.，2017）假设消费者对碳排放和销售价格均有一定敏感性，研究了三种不同的供应链权力结构：制造商主导的斯坦伯格竞争、垂直纳什竞争和零售商主导的斯坦伯格竞争。他们设计了两部定价契约来提升不同权力结构下的供应链性能。柏庆国等（Bai et al.，2017）研究表明，基于碳排放限额与交易管制，两部定价契约能够完美协调考虑易腐产品的两级可持续供应链。郑本荣等（2018）考虑企业社会责任（Corporate Social Responsibility，CSR）对供应链成员决策的影响，研究了由单一制造商与单一零售商组成的闭环供应链。他们对比分析了无 CSR 投入、制造商投入 CSR、零售商投入 CSR、制造商和零售商同时投入 CSR 这四种决策模型，且发现两部定价契约能够有效协调考虑 CSR 的闭环供应链。王能民等（Wang et al.，2020）构建由零售商、制造商、第三方回收商组成的闭环供应链，发现无论是零售商与第三方回收商回收旧产品，还是制造商与第三方回收商回收旧产品，两部定价契约均能够有效协调闭环供应链。

在信息不对称领域，两部定价契约是实现信息共享的有效方案。吕飞和海峰（2019）研究了由一个供应商和一个制造商组成的供应链，其中制造商掌握着私有的需求信息和成本信息。他们基于委托代理模型设计了两部定价契约来实现制造商私有信息的共享，并最大化供应商的利润。吕飞等（Lv et al.，2019）研究由一个装配商和两个供应商组成的装配系统，其中一个供应商拥有私有成本信息。通过对比数量－转移支付契约和两部定价契约这两种契约发现，协调两个供应商的采购数量并不总是能够增加渠道和装配商的利润；此外，在数量－转移支付契约下，装配商可以获得最高利润；最后，拥有私人信息的供应商和渠道都倾向于两部定价契约。

三、收益分享契约

收益分享契约是供应链成员对销售产品获得的收益通过一定比例进行分摊的契约方案。在该契约下，供应链下游企业往往不需要在产品采购阶段向上游企业支付批发价格，或者以较低的批发价格获得产品，因此可以降低其资金压力。在供应链管理研究领域，收益分享契约得到了众多学者的关注。

收益分享契约可以作为基础契约来关联供应链成员，且与批发价契约的作用十分类似，因此部分学者对这两种契约方案下的供应链决策进行了对比分析。例如，王文隆等（2020）构建了由制造商和零售商组成的双渠道供应链，其中制造商投入低碳努力。他们对比分析了制造商和零售商在批发价契约和收益分享契约下的最优决策。研究表明，制造商偏好批发价契约，而零售商偏好收益分享契约，但这两种契约均不能实现供应链协调。因此，进一步设计了包含补偿的收益分享契约，从而实现了双渠道供应链协调。刘晓婧等（Liu et al.，2020）在低碳经济背景下分别考虑制造商主导和零售商主导这两种不同的供应链，并基于批发价契约和收益分享契约构建了四种不同的两级供应链竞争决策模型。通过对比分析供应链最优决策，发现收益分享契约有利于激励制造商降低碳排放量。李治雯等（Li et al.，2022b）研究了区块链支持下的由制造商和零售商组成的奢侈品供应链，并基于批发价契约、收益分享契约和混合契约分析了产品信息披露和订购的最优联合决策。钟远光等（Zhong et al.，2022）考虑由一个供应商和一个零售商组成的两级供应链，假设供应商面临产出不确定，零售商面临需求不确定。他们基于寄售的收益分享契约分析了供应商和零售商之间的竞争决策，发现供应链存在着双边际化效应。因此，设计了一种基于收益分享契约的补贴机制，以改善供应链性能，实现了帕累托改进。类似的研究还可以在其他学者的工作中看到（Cai et al.，2017；Hou et al.，2022）

收益分享契约也可以作为一种优化契约方案引入供应链中。例如，沈滨等（Shen et al.，2018）研究了由一个制造商和一个零售商组成的两级供应链，假设供应链销售两种需求独立的产品，发现通过合理的设计，两部定价契约和收益分享契约均可以协调供应链。他们将模型扩展到以下两种情况：第一，两种产品具有替代性；第二，零售商持有风险规避态度。研究表明，两部定价契约和收益分享契约在供应链协调方面仍然有效。龚本刚等（2019）构建了由单个制造商和单个零售商组成的双渠道供应链，其中制造商拥有线上直销渠道和传统零售渠道。他们考虑产能约束，设计并引入收益分享契约来消除供应链双边际效应，从而实现供应链的协调与帕累托改进。赵天艺等（Zhao et al.，2020b）研究发现，不考虑需求中断的情况下，收益分享契约不能协调供应链，而线性数量折扣契约可以协调供应链。考虑需求中断，且当需求大幅增加或减少时，线性数量折扣契约可以协调供应链，而当需求略有增加时，收益共享契约可以协调供应链。李忠萍等（Li et al.，2022c）研究了考虑公平关切的双渠道供应链，在批发价契约的基础上引入收益分享契约实现了供应链协调。还有其他学者结合不同的实际问题，设计并引入收益分享契约来实现供应链竞争力的提升（Luo and Chen，2016；Xu et al.，2022）。

四、成本共担契约

在成本共担契约中，供应链成员通过共同分担产品的生产成本、促销成本、质量成本、研发成本等方式来降低资金投入方的压力，从而提升供应链的性能。成本共担契约在实践中实施较简单，已经得到了很多企业家和学者的关注，在供应链管理中起到了重要的作用。例如，冯颖等（2018）构建了以零售商为主导者、第三方物流服务提供商和供应商为追随者的序贯非合作博弈模型。他们引入了批发价格和物流服务成本共担契约，发现该契约可以有效提升物流服务水平并降低销售价格。随着市场竞争日益激烈，供应链成员会通过投入销售努力等主观能动作用来影响市场需求，从而提高竞争力。因此，一些学者对考虑销售努力的供应链进行了研究，并提出通过成本共担契约来优化供应链。例如，王小斌等（Wang et al.，2019）研究了由一个供应商和一个零售商组成的两级供应链协调问题，假设零售商负责投入销售努力，且市场需求为依赖于销售努力的模糊变量。研究表明，回购契约和促销成本共担契约都无法协调供应链。他们进一步将回购契约与促销成本共担契约相结合，设计了一个复合契约来协调供应链。曹（Tsao，2015）考虑市场需求不确定且制造商投入销售努力的情形，研究了供应链协调问题。并且发现，促销成本共担契约不仅可以激励制造商提高销售努力水平，而且可以激励零售商订购更多产品。但是，当且仅当销售价格为内生变量时，零售商才愿意分担制造商的促销成本。谢夏等（Xie et al.，2021）考虑产品召回和需求不确定的情形，构建了由一个供应商和一个零售商组成的供应链，并将收益分享契约和三种不同的成本共担契约进行结合来协调生产数量和召回努力，这些成本共担包括：固定比例的成本共担（契约 F）、线性成本共担（契约 L）和基于阈值的成本共担（契约 T）。结果表明：当召回成本相对较小（或相对较大）时，契约 T（或契约 F）对供应商来说是最优的。此外，当召回努力的成本系数足够大时，契约 L 可能会过度激励供应链成员投入召回努力。

当前，成本共担契约被很多学者引入低碳供应链中，一方面激励供应链投入更多的绿色努力或者碳减排努力，另一方面提升供应链整体竞争力。例如，戈什和萨阿（Ghosh and Shah，2015）研究了成本共担契约对绿色供应链成员决策的影响。其中，分别考虑了零售商提供成本共担契约和制造商与零售商就成本共担契约进行谈判这两种方案。研究发现，成本共担契约可以提升绿色水平，并提高供应链各成员及整体的利润。同时，与零售商提供成本共担契约相比，制造商与零售商就成本共担契约进行谈判的方案有利于提高绿色水平和供应链利润，但是零售商的利润却降低了。李友东等（2016）研究了一个受政府碳排放规制的供应链，其中零售商为了扩大需求，可以采取两种契约方案来激励供应商加大碳减排投资，即分享减排所增收益契约和分担减排投资成本契约。研究发现，分担减排投资成本契约能够使供应商的碳减排更加彻底，且该契约下，两个成员的利润均有所提高；而在分享减排所增收益契约下，两个成员的利润变化要依据参数来确定。支帮东等（2017）研究了在碳限额交易机制背景下由制造商和供应商组成的供应链，并考虑供应商进行碳减排的情形。研究发现，成本共担契约可以实现供应链协调，但成本共担契约的可操作性受到供应商碳减排技术水平以及产品碳属性的影响。何鹏等（He et al.，2020）研究了一个服务供应链，其中包括负责碳减排的服务提供商（SP）和负责低碳广告的服务集成商（SI）。他们研究了三种不同的契约方案，即不分担 SP 的任何成本（契约 PA）、分担 SP 的减排成本（契约 PAIE）、分担 SP 的服务成本（契约 PAIS）。结果表明，契约 PAIE 和契约 PAIS 可以使服务供应链及其成员均受益。

在资金受约束的低碳供应链中，成本共担契约也是一种有效的优化方案。秦娟娟等（Qin et al.，2018）研究了由一个制造商和一个零售商组成的供应链，其中制造商进行碳减排但受到资金约束。为了缓解制造商的资金压力，他们提出了零售商的成本共担契约和银行的绿色融资这两种方案，并讨论了以下四种情况：情形 A1，制造商没有进行绿色融资，也没有成本共担；情形 A2，制造商进行绿色融资，但没有成本共担；情形 B1，制造商没有进行绿色融资，但有成本共担；情形 B2，制造商进行绿色融资且有成本共担。通过对比研究发现，在成本共担因子较低的情况下，情形 B1 下供应链成员的利润均不低于情形 B2。吴成锋等（Wu et al.，2022）考虑了由一个资金受约束的制造商和一个零售商组成的低碳供应链。假设制造商因碳减排而导致资金不足时，零售商会分担其减排成本。进一步构建了三种情形下的供应链竞争模型：资金充足、贸易信贷融资、银行信贷融资。研究发现，供应链成员总是能够在贸易信贷融资策略下获得优于银行信贷融资策略下的利润，且成本共担契约可以提高供应链成员的利润。

五、数量折扣契约

数量折扣契约是一种经典的供应链契约方案，且在现实中应用比较广泛。彭红军和周梅华（Peng and Zhou，2013）研究了产出和需求不确定环境下的服装供应链，分析了制造商主导和零售商主导时的供应链竞争决策。他们发现，数量折扣契约能够优化供应链，降低产出和需求不确定带来的负面影响。齐西斯等（Zissis et al.，2015）考虑了由一个制造商和一个零售商组成的供应链，其中零售商拥有私有的库存持有成本信息，他们通过合理的数量折扣契约设计，实现了供应链协调。孙彩虹等（2016）基于数量折扣契约，研究了由单个供应商和单个零售商组成的两级供应链，并且分析了存在零售商退出风险时的供应链协调问题。研究发现，零售商退出风险会对传统数量折扣契约协调供应链的能力产生冲击，降低供应链整体运作效率，而改进后的数量折扣契约可以实现供应链协调。彭红军等（Peng et al.，2018）研究了一个在碳排放限额与交易计划下由供应商和制造商组成的供应链，其中制造商面临产出不确定。通过分析发现，数量折扣契约可以有效协调低碳供应链。柳等（Yoo et al.，2014）考虑了一个闭环供应链，其中零售商从具有更大议价能力的供应商处购买产品并销售给消费者，而消费者的购买和退货行为受到退货政策的影响。他们基于委托代理模型，分别研究了批发价契约、回购契约和数量折扣契约对零售商的定价和退货策略、供应链整体及其成员利润的影响。大卫和阿迪达（David and Adida，2015）研究了双渠道供应链的竞争决策与协调问题，其中供应商既经营直销渠道，又通过多个差异化零售商来销售产品。研究表明，线性数量折扣契约能够有效协调具有对称零售商的双渠道供应链，且对于不对称零售商的双渠道供应链而言，即使无法协调，线性数量折扣契约也可以提升供应链的性能。

六、回购契约

回购契约是指供应链上游企业在销售季节结束时以一定的价格回购剩余产品的一种契约方案。在一定条件下，回购契约可以激励下游企业增加产品的订购量，从而提升供应链竞争力。目前，回购契约已经引起许多学者的关注，并在供应链性能优化方面起到了重要作用。戴廷龙等（Dai et al.，2016）发现，在美国流感疫苗供应链运作过程中，疫苗的生产、交付、需求等方面均面临着不确定性。他们引入两种契约方案来优化供应链，即交货时间相关的数量弹性契约和延迟回扣契约。但是，由于双边际化效应与提前生产激励之间存在着一定冲突，因此这两种契约均无法协调供应链。他们进一步在延迟回扣契约的基础上引入回购契约，最终实现了供应链协调，并促进了协调利润在成员之间的灵活分配。谢磊等（Xie et al.，2020）研究了一个由卖方和购买商组成的两级供应链，其中购买商面临不确定需求和收益。他们引入回购契约，并分析了收益不确定和买卖双方相对议价能力对回购契约协调能力的影响。结果表明，当卖方的讨价还价能力相对较高且收益较稳定时，回购契约能够协调供应链。相反，当卖方的讨价还价能力相对较低或收益不稳定时，回购契约无法协调供应链。因此，进一步提出了回购－收益分享契约，并完美协调了供应链。此外，维平和艾米特（Vipin and Amit，2021）构建了由风险中性的供应商和具有损失中性参照依赖（Loss Neutral-Reference Dependent）行为的零售商组成的供应链，发现回购契约能够协调供应链。

一些学者的研究表明，合理的回购契约方案设计有助于提升受资金约束供应链的性能。例如，库韦利斯和赵文辉（Kouvelis and Zhao，2016）研究了由一个供应商和一个零售商组成的两级供应链，其中两个成员均受到资金约束，因此需要向银行进行贷款，且偿还失败会导致破产并造成违约成本。他们假设违约成本包括可变成本和固定成本两部分，在此基础上分析了供应链成员之间的竞争决策和融资策略。研究发现，在没有违约成本的情况下，收益分享契约、回购契约和数量折扣契约这些简单契约可以协调供应链。此外，在有可变违约成本的情况下，回购契约仍然可以协调供应链。肖爽等（Xiao et al.，2017）考虑了一个资金受约束的供应链，其中供应商作为主导者向零售商销售产品，而零售商由于信用评级低而无法获得银行融资。其中的一种解决方案是：供应商向银行贷款，并向零售商提供贸易信贷，从而缓解零售商的资金压力。基于此，他们探讨了收益分享契约、回购契约协调受资金约束供应链的能力。

七、期权契约

期权契约有助于供应链应对不确定的市场需求，且在实践中得到了应用。例如，惠普公司35%的采购是通过期权采购实现的（代建生和刘悦，2022）。刘忠轶等（Liu et al.，2020）考虑零售商基于期权契约向供应商进行采购来满足不确定市场需求的情形，构建由一个风险中性供应商和一个风险规避零售商组成的两级供应链，分析了供应商主导和零售商主导的两种供应链中各成员的最优决策。研究发现，在零售商主导的供应链中，零售商会以较低的批发价格采购更多的产品；而在两种供应链结构中，供应商的生产数量始终保持不变。

在供应链管理研究中，一些学者分析了期权契约对供应链的协调作用。例如，蔡建湖等（Cai et al.，2015）引入期权契约来协调VMI供应链，并与补贴契约的协调能力进行了对比研究。他们发现，期权契约和补贴契约均能有效协调供应链，且这两种契约之间存在着一一对应关系。比斯瓦斯和阿维塔图尔（Biswas and Avittathur，2019）研究由一个供应商和多个异质购买商组成的供应链的协调问题，发现期权契约不仅可以协调供应链，还可以消除由于价格和库存竞争产生的渠道冲突。此外，与回购契约相比，期权契约在利润分配方面为供应商提供了更好的灵活性。黄福友等（Huang et al.，2020）研究了需求不确定环境下由一个零售商和一个风险规避制造商组成的两级供应链，其中零售商投入营销努力来提高市场需求。他们设计了一种由期权契约和风险共担契约组成的复合契约来协调供应链，并且发现只有当制造商的风险规避程度较低时，才能实现供应链协调。胡本勇等（Hu et al.，2018）考虑供应商决定期权价格和执行价格，零售商决定产品的销售价格和订购量的情形，发现期权契约不能协调供应链；因此进一步设计了具有联合定价机制的期权契约来协调供应链。

实际上，期权契约的表现形式是多样化的，包括单向和双向期权契约，看涨和看跌契约等。彭巧玉等（Peng et al.，2020）研究了需求不确定环境下由一个制造商和一个零售商组成的供应链，重点分析了供应链成员的碳减排决策和订购决策，分别提出单向期权契约和双向期权契约来协调供应链。其中，在单向期权契约中，当实际需求高于初始订购量时，零售商可以在执行的期权价格下发起第二次订购，而订购量不超过期权订购量；在双向期权契约中，零售商不仅可以在不超过期权订购量的情况下增加第二次订购量，还可以在需求小于总订购量的情况下，以相同的执行价格取消或退回不超过期权订购量的已购产品数量。结果表明，这两种期权契约均能有效提高供应链成员的期望利润，并降低供应链的碳排放量。此外，单向期权契约对制造商更有利，而双向期权契约对零售商和供应链整体更有利。李绩才等（Li et al.，2018b）考虑制造商通过零售商向终端市场销售季节性产品的情形，假设需求和产出均不确定。他们引入承诺－单向看涨期权契约和承诺－双向期权契约，研究了零售商的最优订购决策和制造商的最优生产决策。进一步讨论了需求不确定性、生产收益率可变性、即时采购价格波动以及期权契约的价格参数对供应链成员最优决策和供应链性能的影响。贾登和王冲（Jia and Wang，2022）研究了生鲜农产品供应链，假设随机市场需求依赖于零售商的保鲜努力水平，并引入看涨期权、看跌期权和双向期权契约来降低零售商的风险。研究发现，看涨期权契约可以降低订购不足的风险，看跌期权契约可以降低订购过度的风险，双向期权契约则可以降低双边风险。陈旭等（Chen et al.，2020b）构建了由一个供应商和一个零售商组成的供应链，其中零售商承诺提供一定的服务水平。他们在服务水平约束下，分析了有无期权契约时零售商的最优订购决策和供应商的最优生产策略。研究表明，看跌期权契约有利于激励零售商提供更高的服务水平并获得更高的期望利润，且需求波动较大时，这种影响更为显著。但是，看跌期权契约并不总是对供应商有利，尤其是在服务水平约束较高的情况下。

第三节　本章小结

在供应链管理领域，众多学者基于案例分析，深入挖掘企业面临的管理问题，通过理论竞争模型构建，分析不同成员企业的最优决策，进一步设计并引入多样化的契约方案来优化供应链，从而提升企业的竞争力。上述总结了典型的供应链竞争模型和合作机制设计方案（主要是指供应链契约）及其在不同供应链中的应用情况。实际上，还有一些竞争模型尚未涉及，也有许多契约以及不同契约的组合方案没有归纳，例如承诺契约（Commitment Contracts）。实际上，承诺契约是一种具有高度灵活性和实际应用价值的契约形式。之所以称为承诺契约，关键在于承诺契约中包含有一个或多个具有特殊性质的承诺条款。当传统正式契约中的条款部分或全部被承诺性质的条款所替代，契约的灵活性将得到增强。此外，承诺契约往往建立在交易双方的合作与相互信任基础之上，通过双方的约定来实现不确定环境下契约条款的设置与实施。在今后的研究中，可以根据不同的供应链运作结构来构建供应链竞争模型，并设计一些灵活性较强的契约方案来搭建成员之间高效的合作机制，提升供应链成员对复杂环境的应对能力。

第三章 服装供应链运营案例

第一节 服装行业的发展概况

服装行业作为我国传统支柱行业之一，在国民经济中处于重要地位，其发展得到了众多政策的大力支持。2015 年国务院发布的《中国制造 2025》提到，要促进纺织产业向价值链高端发展；2020 年发布的《国务院办公厅关于推进对外贸易创新发展的实施意见》强调，鼓励服装行业形成一批竞争力强的“小巨人”企业，推动纺织、服装等劳动密集型产业高端化、精细化发展；2021 年《中华人民共和国国民经济和社会发展第十四个五年规划和 2035 年远景目标纲要》提出，要开展中国品牌创建行动，保护和发展中华老字号，提升自主品牌影响力和竞争力，率先在服装等消费品领域培育一批高端品牌。此外，中国服装协会于 2021 年发布的《中国服装行业“十四五”发展指导意见和 2035 年远景目标》指出，2035 年我国服装行业要成为世界服装科技的主要驱动者、全球时尚的重要引领者、可持续发展的有力推进者。总体来看，我国服装行业政策体系不断完善，保障了行业的稳定发展。

近年来，尽管受新冠肺炎疫情影响，但服装行业总体上仍然呈现稳步发展的态势。国家统计局数据显示，2021 年全国限额以上服装鞋帽、针纺织品类零售总额达 13842 亿元，同比增长 12.7%。[①] 同时，由于消费者开始追求个性化、高品质的服装，因此对服装企业的产品质量以及市场响应能力提出了更高的要求。从产业链的视角来看，服装产业链主要分为上游的原材料供应及印染、中游的设计生产、下游的销售。随着电子商务的发展，又进一步拓展了服装的销售渠道。目前以淘宝、京东为代表的电商平台已经成为服装销售的重要渠道，而大型服装企业也开始建设自己的线上电商平台，进一步扩大销售市场。

在服装供应链的典型运作流程中，首先由上游棉花、化纤等生产企业生产原材料并供应给下游面料生产企业；然后面料生产企业经过纺纱、织造形成坯布，再通过针织、梭织等方式形成面料，进行加工后印花染色；服装制造企业则向面料和辅料生产企业进行采购，根据需求预测进行服装的设计与生产，并通过线下零售门店或线上平台等渠道销售给消费者。在整个过程中，棉花、化纤、面料、服装成衣等各个生产环节均面临着产出不确定风险，而最终的市场需求也存在着不确定性。因此，对于服装行业相关企业而言，在运作过程中面临着许多挑战，需要强有力的供应链管理理论支撑。

接下来，本章以 W 公司和 Y 公司为例，分析其所处服装供应链的运营情况、面临的管理问题及相应的解决方案。通过典型案例的分析，挖掘服装供应链中存在的管理问题，为理论研究提供丰富的案例支持，进而提升理论研究的实践应用价值。

第二节　W 公司的特色供应链运营

一、W 公司概况及所处供应链结构

W 公司是一家在时尚科技赋能下，致力于打造全新时尚生态系统的服装

① 2021 年社会消费品零售总额增长 12.5% [EB/OL]. 国家统计局，http://www.stats.gov.cn/xxgk/sjfb/zxfb2020/202201/t20220117_1826441.html，2022-01-17.

企业。公司致力于时尚品牌的设计研发、产品组合、品牌建设推广、敏捷供应链管理、品牌运营销售及品牌投资孵化等。如图 3.1 所示，以 W 公司为核心的供应链主要由三部分主体构成，具体包括：上游供应商、W 公司、下游零售商。其中，上游供应商包含了面料和纽扣等辅料供应商。下游销售渠道分为线上和线下两种，其中线上通过在天猫、唯品会和抖音等电商平台上开设官方旗舰店来销售产品，线下主要通过在全国范围内设立实体门店来销售产品，且线下门店分为直营店和联营店两类。对于联营店而言，W 公司采取铺货的形式与零售商进行合作，即零售商为 W 公司提供店铺，当产品销售出去后进行收益分成。其中，联营店产生的物流费用、仓储费用等均由零售商来承担，而总部的仓储费用则由 W 公司来承担。此外，联营店需要向 W 公司缴纳产品押金以及合作保证金。

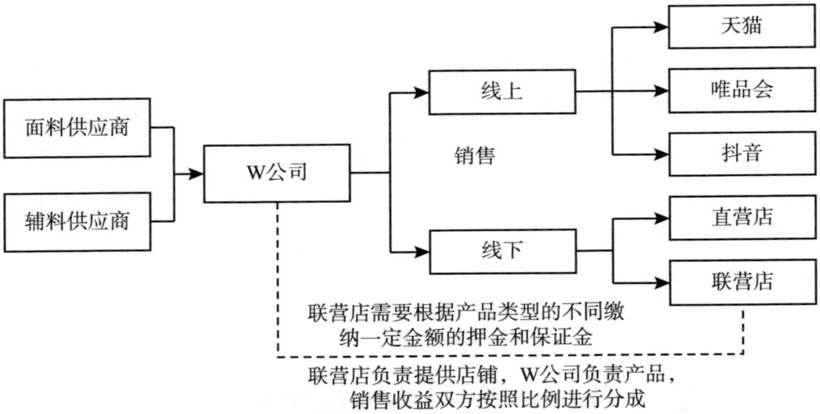

图 3.1　以 W 公司为核心的服装供应链结构

资料来源：根据实地调研整理得到。

二、W 公司关键部门

为了支持供应链运营，W 公司设立了四个关键部门，分别为数据洞察部、信息部、商品部和供应链部。数据洞察部不断收集数据，并建立模型，此时有两方面的工作：即需要把简单加工的数据信息（利润销售增长数据，门店运营数据等）反馈给商品部；也需要把数据提供给信息部，信息部则利用软件优势来对数据进行深层次分析，提供最重要的翻单量预测数据给商品部。其中，“翻单”是服装企业提升快速响应能力的关键词，其内涵是重新订购上次订购的商品，并且翻单量可以是订购量的一倍、两倍等。商品部包括两个部门：一是商品企划部，主要负责提供数据和流行款式等要素给设计部；二是商品计划部，主要负责拆解年度销售目标、管理直营店人员和联营店货品，为供应链部下属采购部规划采买数量提供依据，同时还负责管理库存并根据预测更新数据给供应链部。供应链部则包括五个部门：采购部、物流部、生产计划部、跟单部、品控部。其中，采购部、物流部、生产计划部主要负责细化商品计划部的计划；跟单部主要负责对接工厂和原材料供应商；品控部主要负责品质监控，此外，供应部还同时管理面辅料库存，为商品部提供库存周期并商讨是否需要翻单，并且考核库存周期以及产品销量，保证产品不会缺货。

三、W 公司面临的问题及解决方案

（一）供应商选择问题

由于面料生产需要较长的周期，而服装又是典型的季节性产品，其销售周期十分短暂，因此选择合适的供应商对服装企业提升市场需求响应能力具有重要的支撑作用。实际上，面料生产是一个比较复杂的过程，很多供应商的供应周期是不稳定的，这将影响服装企业的生产以及上新时间。同时，如果面料版布和实际大货的手感及颜色有差别，也将影响服装企业后续的成衣生产。因此，如何通过供应商选择来确保稳定的面料供应，是众多服装企业面临的难题。其中，作为快时尚服装巨头之一的优衣库在选择面料供应商时，将供货周期作为一个重要的指标进行考核筛选，即与优衣库合作的主要面料供应商，其供货周期均为一周左右。W 公司也将供应周期作为选择面料供应商的关键指标。在理想状态下，W 公司主要选择面料周期短的供应商，这样就可以确保其能够较快获得所需的面料。但是，面料供应周期也不是一个强制约束条件，否则可能会对设计师的设计产生影响。因此，W 公司将面料供应周期短的供应商控制在一定比例范围内。

（二）面料库存风险问题

面料库存风险问题是众多服装企业面临的主要问题之一。这些企业常规的解决方案有以下两种：一是使用供应商现有的面料库存。这种方式成本低、速度快、供应商配合度高；但存在的问题也很明显，即可选择的面料有限且补货麻烦。二是找知名品牌的指定工厂尾随下单。这种方式的优点是面料品质非常高，补单追加很方便且产品宣传效果好。就 W 公司而言，其解决面料库存风险问题的方法是通过与供应商协商来共同承担库存风险，从而降低损失。

如图 3.2 所示，这里以一个典型例子来说明 W 公司库存风险共担的具体方案。针对某一服装产品，W 公司在采购过程中首先向供应商下单 1000 米面料，而供应商会额外多储备 500 米。因此，W 公司虽然只下单了 1000 米，但实际可用的面料为 1500 米。在 W 公司运营过程中，如果实际需求量为 $x \leq 1000$ 米，则 W 公司承担（$1000 - x$）米的库存，供应商承担 500 米库存；如果实际需求量为 1000 米 $< x \leq 1500$ 米，则 W 公司不需要承担库存，供应商需要承担（$1500 - x$）米的库存；如果实际需求量为 $x > 1500$ 米，则 W 公司不能满足（$x - 1500$）米的需求。

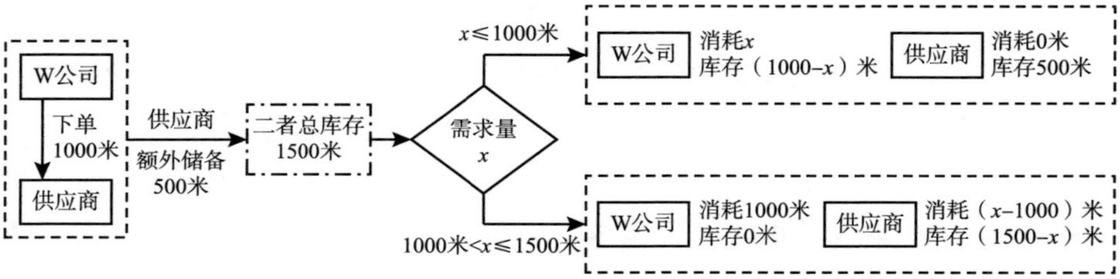

图 3.2　库存风险共担方案

为了更加清晰地体现出这种风险共担方式的优势，接下来对传统的面料订购方案与上述方案进行对比分析，具体如表 3.1 所示。这里，仍然假设市场需求为 x，在传统订购方案中，分为两种情形，即订购 1000 米面料和 1500 米面料。若 W 公司订购 1000 米面料，对比两种方案可以发现，当市场需求小于 1000 米时，两种方案中 W 公司的损失一样；当市场需求大于 1000 米时，则库存风险共担方案满足市场需求的能力更强。若 W 公司订购 1500 米面料，对比两种方案可以发现，当市场需求小于 1500 米时，库存风险共担方案中 W 公司积压的库存更少甚至不承担库存积压风险；当市场需求大于 1500 米时，两种方案中 W 公司的损失一样。总体而言，若市场需求较高，则 W 公司在库存风险共担方案中满足需求的能力较强；若市场需求较低，则 W 公司在库存风险共担方案中积压的库存较少。

表 3.1　　W 公司在不同方案下的库存风险

方案		市场需求		
		$x \leqslant 1000$ 米	1000 米 $< x \leqslant 1500$ 米	$x > 1500$ 米
传统订购方案	下单 1000 米	$(1000 - x)$ 米	无法满足 $(x - 1000)$ 米的需求	无法满足 $(x - 1000)$ 米的需求
	下单 1500 米	$(1500 - x)$ 米	$(1500 - x)$ 米	无法满足 $(x - 1500)$ 米的需求
库存风险共担方案	W 公司下单 1000 米，供应商额外准备 500 米	$(1000 - x)$ 米	不承担库存风险	无法满足 $(x - 1500)$ 米的需求

（三）产品库存风险问题

库存积压和供应不足是会给众多服装企业造成很大的利润损失。例如，雅戈尔 2021 年半年报显示，其存货价值超 10 亿元。太平鸟自上市以来，仅在 2018 年一年存货出现 0.12% 的降低，其余年份存货均有不同程度的增长，账面价值从 2011 年的 6.64 亿元不断增长至 2021 年上半年的 23.64 亿元，占总资产的 27.77%。① 产品库存积压不仅占用公司的运营资金，还增加了公司的管理成本和获利成本，拉长产品的周转周期，从而降低公司的整体利润。面对庞大的库存量，关闭经营不善的门店和打折促销成为了大多数服装企业去库存的典型做法。W 公司也面临着成品库存风险问题，其在处理库存时，

① 8 家服装龙头库存均超 10 亿元！库存危机或将拖垮市场［EB/OL］. https：//cj. sina. com. cn/articles/view/5617133817/14ecea8f900100u6kn，2021-09-13.

通常将库存分为两种类型，即普通款和畅销款。对积压的普通款库存，利用添加装饰或修改图案等手段，使款式与之前有所不同，进行再销售，这样消费者就不会认为该款式是商家在清理库存，同时那些忠实的消费者不会因感觉到产品降价而降低忠诚度；当然，也可以采取降价的方式进行销售。对于畅销款的库存而言，W 公司保持原价售卖。

第三节　Y 公司的供应链管理

一、Y 公司概况及其所处供应链结构

Y 公司是一家集研发、生产、营销、物流于一体的专业女装公司。依托国际化的经营管理理念、专业化的研发设计、规模化的生产，Y 公司已发展成为一家现代化时尚服装企业。目前，公司设有研发中心、营运中心、营销中心、品牌中心、财务中心、管理中心六大主要职能部门，并且严格按照现代化企业管理模式进行运营。Y 公司的产品从设计到上市整个过程中，其运作流程大致分为信息收集、企划、设计出稿、产品实现、发布会、采购及生产、上市等阶段。其中，各个阶段的具体工作如下：在信息收集阶段，重点在于进行商品需求分析，为后续阶段做好准备；在商品企划阶段，主要是商品企划案的启动和确认输出，以及廓形、测试样下稿等；在设计企划阶段，主要是完成第一次和第二次设计出稿下稿、设计企划案的启动和完成、第一次下集中面料等；在设计出稿阶段，重点是完成第三次和第四次设计出稿下稿、第二次下面料等；在产品实现阶段，重点是完成第五次、第六次、第七次和第八次设计出稿下稿、审样会等；在发布会前准备阶段，主要进行换料、改板、齐色截稿等，最终完成样衣；在订单产生及拍摄阶段，对订货会样衣进行入仓管理等；在采购下单准备阶段，进行面料价格单的整理以及报价单的梳理等；在价格签单及合同签订阶段，主要是将合同下发并进行签订等工作；在物料验收及生产计划阶段，主要进行物料品质管理等工作；在大货生产及品质把关阶段，重点是对大货成品进行品质检验等工作；在成品入库及

商品上市阶段，主要是确定产品发货上市时间等。

Y 公司一系列工作的完成，离不开供应链运作的支撑。在 Y 公司的运营过程中，其服装产品以自主研发生产为主，少量是直接采购来再进行销售的，还有部分产品是与供应商联合研发的。总体来看，以 Y 公司为核心的供应链运行结构如图 3.3 所示。其中，在自主研发中，Y 公司向上游的面料和辅料供应商采购原材料，并投入生产，最终将产成品通过加盟店和直营店进行销售；在直接采购中，Y 公司直接向其他服装生产商采购合适的款式来销售；在联合研发中，Y 公司首先在供应商提供的款式中挑选，然后供应商提供贴牌生产，最终经 Y 公司的销售渠道来销售服装。Y 公司的销售网络以国内一线及二三线城市为主，采用直营与加盟相结合的形式，且为了避免价格竞争，直营店、加盟店的定价决策均由总部确定。加盟商采取订单制的形式进行订货，直营店则由公司直接备货。特别是，Y 公司会对品牌加盟商的准入条件进行严格把关，并对其进行管理。品牌加盟商的加盟会根据加盟商的自身资质、当地影响力及其对标品牌等条件进行筛选；品牌加盟商由区域经理进行需求管理，如是否需要补货、政策支持等。管理中的基本条款，如折扣要求、店铺陈列要求等则由对应区域的督导进行对接。此外，加盟商出于资金、产品的市场需求程度两方面的考虑，会确定是否进行提前订购。例如，针对早冬产品，Y 公司对提早订购的加盟商提供一定的便利，即选择订购早冬产品的加盟商可以在秋季早点发货；如果没有提前订购，则会在冬季正式开始的时候出货。此外，提前订购的加盟商在退货率上有一定的优惠。一般来说，当一季销售结束，加盟商最多可以退回 15% 的产品到 Y 公司；而 Y 公司将提早订购的加盟商的退货比例提升至 20%。

二、Y 公司的运营特色

（一）自主研发

Y 公司自主研发服装的生产运作流程为：设计—订购开放—原材料采购—按订单规模生产—仓储—零售商及门店配送，具体如图 3.4 所示。其中，在

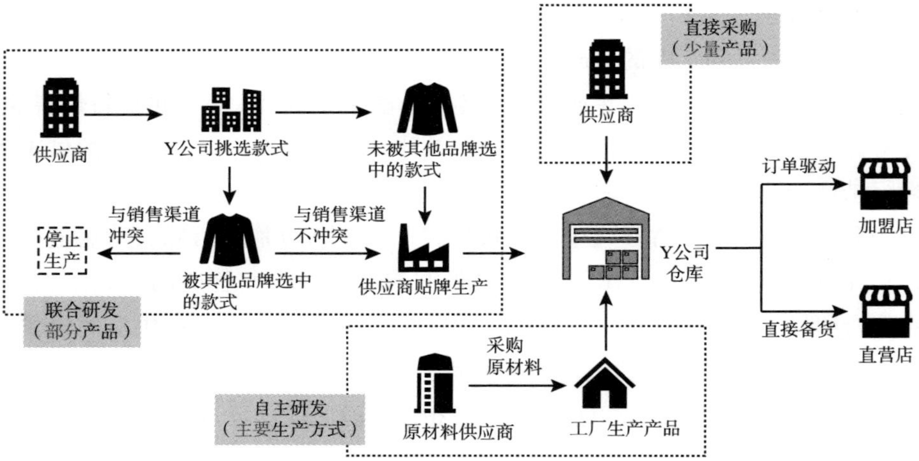

图 3.3　以 Y 公司为核心的供应链运行结构

资料来源：根据实地调研整理得到。

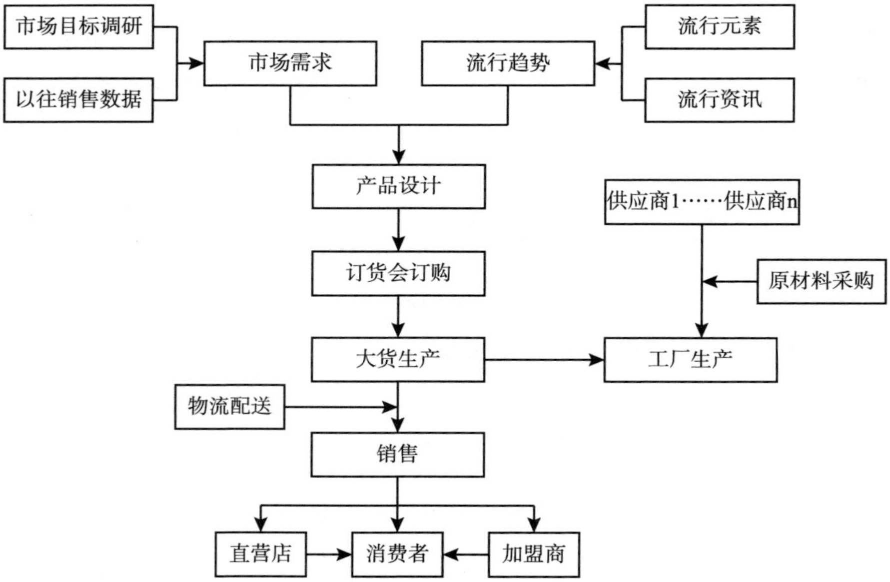

图 3.4　Y 公司自主研发服装产品的流程

资料来源：根据实地调研整理得到。

服装设计之前，根据以往的销售数据对市场需求进行趋势预测，同时通过参加时装周等方式感知未来的时尚元素和时尚趋势，上述两方面的信息为服装设计提供有力支撑。Y 公司在产品设计完成后，通过订货会来获取零售商的订单，进而采购所需原材料，并在湖北的工厂进行服装生产，最后运往各地的门店进行销售。其中，服装产品的生产数量依据每季度订货会上加盟商的订单以及直营店的需求来确定。Y 公司在每年的不同时间段都会举办订货会，主要针对每个季度的产品订购，如一般在 3 月，Y 公司就会召开秋季服装订货会。原材料采购则需要结合供应周期和上市需求是否匹配再进行判断。若供应周期较短，则可以等订货数量出来后再下单；若供应周期较长，则需要在前期做预测，并提前采购部分原材料。

（二）联合研发

Y 公司部分产品采取与供应商联合研发的形式来实现，具体运作流程如图 3.5 所示。

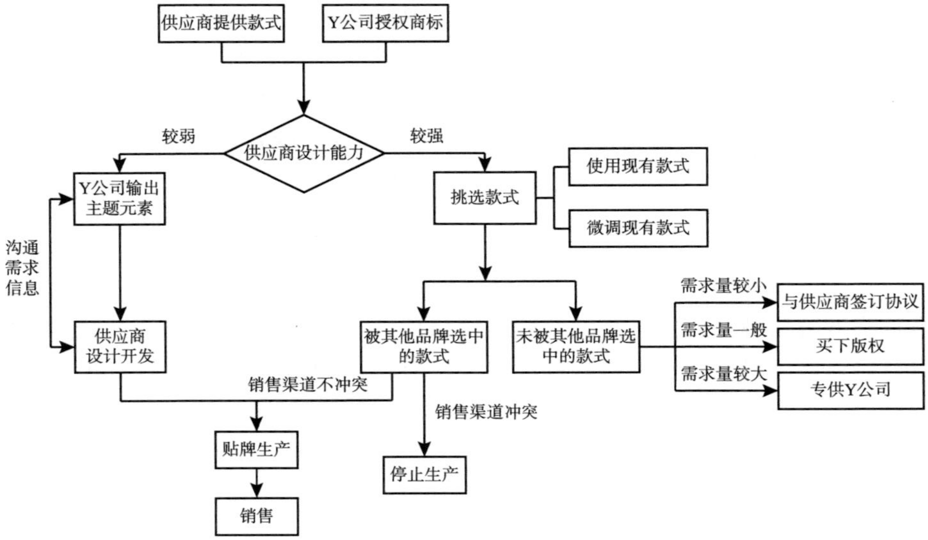

图 3.5　联合研发的具体流程

资料来源：根据实地调研整理得到。

其中，供应商拿出部分款式供 Y 公司挑选，然后 Y 公司把自己的商标授权给他们，确定后由供应商进行贴牌生产。这里，主要有两种方式：

方式一，当供应商设计能力较弱时，Y 公司输出主题和元素，供应商在此基础上进行设计，且 Y 公司和供应商的设计师进行对接，季前充分沟通需求，保证每一周或每两周持续沟通面料、版型等信息，最终设计出新的款式。

方式二，当供应商设计能力较强时，Y 公司主要挑选供应商提供的款式或者进行一些小修改，最终确定新款式。

另外，Y 公司在挑选服装款式的时候，会和供应商对接清楚，根据款式是否已经被其他品牌方选中，则会出现下面两种情况：

第一，如果已经被其他品牌方选中了，Y 公司会进一步了解具体的品牌，然后考虑是否与他们的销售渠道有冲突。如果没有冲突，则继续销售。

第二，如果还没有被其他品牌方选中，则需要根据 Y 公司的需求情况来跟供应商协商：①若需求量不大，Y 公司会与供应商签订协议，如果后续别的品牌也选中此款式，则供应商需要和 Y 公司进行沟通，如果最后与该品牌销售渠道不冲突，则可以一起销售。②若需求量中等，当 Y 公司处于较强势的地位，则可以直接协商该款式不要推给其他品牌；否则，Y 公司可以先修改该款式，且让供应商保证修改后的款式不泄露，但针对原款式，供应商可以正常处理。③若需求量足够大，Y 公司可以提出让供应商将这个款式专供给 Y 公司，以此避免出现同一款式在同一区域内不同品牌店内销售的情况。此外供应商与 Y 公司在合作过程中，需要有契约精神。供应商的违背行为一旦被发现，Y 公司将终止合作并要求供应商支付违约金。

在联合研发中，Y 公司与供应商的收益分配机制如下：直接将成本量化，利润由双方协商。例如，某款式服装由供应商全权研发，若参与研发工作较多，则会额外提高几个点的利润，或者加设计管理费到每一件衣服里，若供应商没有参与研发工作，则不计研发费用。

（三）供应商的选择

一般情况下，Y 公司会选择与多家供应商进行合作，以此来保证供货的稳定性和快速的市场响应能力。例如，Y 公司在服装的采购中，分别与两家羽绒服供应商进行合作，即供应商 A 和供应商 B。当市场整体行情不佳时，

Y 公司的订购量比较保守。由于两家供应商自身的实力不同，就会出现以下两种情况：实力较强的供应商 A 会根据自己的市场预测进行备料生产，而实力较弱的供应商 B 只能根据现有的订单进行生产。到了出货的季节，市场需求会变得更加明朗，Y 公司可能需要临时增加订购量，此时由于供应商 A 前期准备了更多的库存，因此可以满足 Y 公司的追单需求，而 Y 公司也愿意支付更高的批发价格来进行购买，这对双方而言是双赢的。

（四）波段式上新

Y 公司在运营过程中，考虑到服装的季节性较强，更新换代速度较快，因此采用波段式上新的方式来推出新产品。具体情况如下：在实际运作中，Y 公司会根据色系以及款式的厚薄度和各个款式品类，形成不同波段的货品组合。总体来看，每个季度的产品大致可分为 6 ~7 个波段在不同时间进行上新，每一波段的上新时间相隔不远，往往是 15 天一个周期。Y 公司在每一个波段配备不同的货品，形成足够多的搭配，这样可以确保每个波段上新的服装能够更加贴近市场需求，适应了服装这种短生命周期产品的市场需求。

特别地，除了同一季度不同波段之间的过渡，由于每季度最后一波产品衔接下一季度，这里还存在一个较为特殊的波段过渡期。比如在秋冬季的过渡阶段，秋季的最后一个波段产品上新，冬季的第一个波段产品也同时进行上新。

（五）折扣和清仓处理

Y 公司的实体店会进行折扣活动来吸引消费者。商场在“618”、“双 11”等活动期间有整体折扣时，需要提前上报审批；VIP 客户享受 VIP 折扣，不同等级的 VIP 客户享受的折扣力度也不一样；除此之外，正常情况不允许进行打折销售，有严格监管机制，保护品牌。针对季末未销售的产品，加盟商可以根据约定按照一定的比例进行退货。退回公司的产品主要以电商处理为主，款式旧的产品会通过奥莱店铺（工厂处理尾货、过季、断码、下架等方式）进行处理。

三、Y 公司运营管理中面临的问题及解决方案

（一）需求不确定

原材料的采购时间需要根据供应周期和服装产品的上市时间进行判断。若供应周期较短，可以等加盟商的订货数量出来后再下单；若供应周期较长，则需要在前期做预测，并提前采购部分原材料。但在供应链运作过程中，由于诸多风险因素，会导致 Y 公司对面料的需求是不确定的。下面，我们主要介绍 Y 公司面对该问题的解决方案，分别为补货策略、供应链合作、提前备料等。

1. 补货策略

为了降低市场需求波动产生的负面影响，Y 公司在很多情况下选择补货策略。其中，在面料追加购入的过程中，按照销售时间线可以分为两种情况：一是在销售后追加订单之后再次销售，因此追加订单和初始订单的产品销售时间是不同的；二是在第一次销售前进行追加订单，因此追加订单和初始订单的产品在销售季节同时销售。在这种补货策略下，Y 公司往往会面临补货订单的批发价格高于常规订单的批发价格。

2. 供应链合作

在面料开发过程中，为了消耗库存，供应链合作起到了重要作用。例如，供应商为 Y 公司特定开发一种面料，供应商对 Y 公司进行承诺，该面料具有专利保护和排他性。Y 公司订购了 500 件衣服的面料，供应商实际生产了 600 件衣服的面料。由于 Y 公司的销售渠道较多，供应商希望 Y 公司能够帮其将多余的 100 件衣服的面料消耗掉。如果消耗不掉可以将面料退回给供应商，且此过程 Y 公司无须承担退货费用，但若存在 Y 公司自行租赁仓库等行为，则需要承担存放费等费用。倘若能够消耗掉，供应商可以降低批发价格。在这种情况下，供应商采取了降低价格换取销售量的策略，以此提高利润。

在一些情况下，Y 公司与供应商协商或者供应商主动提前备料，以实现快速响应。例如，在羊毛衫的生产过程中，白色纱线染成绿色需要 20 天时间，线再织成面料需要 15 天时间（面料可以分批交货）。现在 Y 公司向供应

商订购 500 米面料，并预测到市场需求比较大，可能还需要再订购 200 米面料。因为考虑到从白色纱线到成衣的生产周期比较长，一般需要 40 天，供应商会主动备一些绿色的纱线。那么，在 Y 公司追加订单的时候，供应商可以直接将染色的纱线做成面料，从而缩短生产时间。这个过程中，供应商主动承担了一部分的库存风险，这就是供应链成员相互合作达到的一种优化状态。在库存无法消化掉的情况下，供应商承担大部分风险，由此产生的成本需要与 Y 公司进行协商处理。

（二）产出不确定

Y 公司生产服装时面临着产出不确定，即会受生产工艺、面料瑕疵等问题的影响。例如，有两款 2017 年秋季款，款号 1734326000 的订单为 333 件，吊牌价为 2999 元，款号 1734926100 的订单为 157 件，吊牌价为 4999 元。两款总计需要面料为 631 米，另外为满足后期的补单，备料 300 米，采购整体订单下单为 950 米。实际大货生产中，因该面料为毛呢提花，生产工艺十分复杂，大货出货的最后环节出现质量事故，报次率达 30%，导致此面料交货只有 680 米，虽刚好满足订单，但备料却没有了。面对这种情况，只能先满足商品订单，然后立刻要求供应商补料生产。这种产出不确定是服装面料生产中的普遍问题，而供应链成员仍然没有找到一种很好的方案来解决该问题。

第四节　本章小结

通过对上述两家服装企业进行深度剖析，本章认为在服装供应链运作过程中，上下游企业之间的合作以及信息共享是十分必要的，有利于增强供应链对不确定市场需求的快速响应能力。

一、设计强有力的合作机制，提升供应链整体竞争力

服装作为一种季节性产品，款式更新十分快速，对产品从原材料到最终产成品的整个供应过程提出了较高的要求，而实现快速的响应需要强有力的

供应链支撑。特别是，本章通过案例分析发现，在服装供应链中，供应端面临产出不确定，并影响服装的生产周期；而需求端也面临着很大的需求不确定。如何在这样的情境下搭建强有力的供应链合作机制已经成为服装行业相关企业亟待解决的重要问题。

二、构建高效的信息共享机制，提高供应链的灵活性

在服装供应链运作过程中，上游企业掌握了原材料生产与供应方面的私有信息，下游企业掌握了产品生产与销售方面的私有信息。当然，也有可能上下游企业均掌握一定的市场需求信息。特别是随着企业的数字化转型，数字技术以及信息管理系统的应用使得企业获取和处理信息的能力变得越来越强，一方面提升了企业自身的运作能力，另一方面也导致了服装供应链成员之间的信息不对称加剧。虽然在技术上实现成员之间的信息共享是可行的，但拥有私有信息的一方是否愿意共享信息仍然是一个亟待解决的关键难题。因此，十分有必要基于实际案例的调研与分析，构建适应服装供应链的信息共享模型，提升供应链对市场需求的响应能力。

第四章
食品供应链运营案例

随着经济的快速发展以及生活水平的提高，人们对食品的消费已经呈现出多品种、少数量、绿色健康的趋势。近年来，我国实施了一系列措施来推动食品行业的持续发展。例如，2020 年 9 月，《国务院办公厅关于以新业态新模式引领新型消费加快发展的意见》提出，加快推广农产品“生鲜电子商务 + 冷链宅配”“中央厨房 + 食材冷链配送”等服务新模式。[①] 2021 年 3 月，《中华人民共和国国民经济和社会发展第十四个五年规划和 2035 年远景目标纲要》提出，加强和改进食品安全监管制度，完善食品安全法律法规和标准体系，探索建立食品安全民事公益诉讼惩罚性赔偿制度，深入实施食品安全战略，推进食品安全放心工程建设攻坚行动，加大重点领域食品安全问题联合整治力度，加强食品安全风险监测、抽检和监管执法等。同年 5 月，国务院关于积极推进“互联网 +”行动的指导意见强调，开展生鲜农产品和农业生产资料电子商务试点，促进农业大宗商品电子商务发展。在国家政策的引领下，我国食品行业逐渐规模化、规范化，食品安全也得到了提升。2020 年和 2021 年国家市场监管部门的食品安全监督抽检结果显示，食品合格率均超过了 97% 。[②]

尽管如此，食品安全事件仍然不断出现在公众视线中，引起了社会各界的普遍关注。目前，消费者对食品质量还是缺乏信心，对我国食品行业相关企业敲响了警钟。深入分析食品安全“乱象丛生”的原因，主要还是由于在

---

① 国务院办公厅关于以新业态新模式引领新型消费加快发展的意见 [EB/OL]. http://www.gov.cn/zhengce/content/2020-09/21/content_5545394.htm, 2020-09-21.

② 国家食品安全抽检合格率连续 5 年超 97% [N]. 新京报，2022-08-09.

市场经济驱动下企业单纯追求利润导致的。因此，破解食品安全问题的关键还是在于企业自身。从供应链的视角来看，如何通过构建高效的合作机制来提升成员企业的竞争力，从而提高企业的利润，是向消费者提供安全可口食品的重要途径。

实际上，供应链管理理念已经在食品行业中得到了广泛应用。早在1996年，学者们就提出了食品供应链的概念，即由食品初级生产者到消费者各环节的经济利益主体所组成的网链结构，具体环节包括食品原材料供应、生产加工、物流、销售等。而食品供应链管理主要是指从农田到餐桌的各节点企业降低物流成本、提高产品质量安全和物流服务水平而进行的垂直一体化运作模式。由于食品行业自身拥有的特性，食品供应链在运作过程中面临着以下挑战：第一，消费者对于食品质量的要求越来越严格，一旦出现质量问题，消费者就会对品牌失去信赖，因此企业要从源头把握食品的质量安全问题；第二，很多食品具有易腐的特点，对运输、存储等过程中的温控技术要求比较高，因此需要企业投入大量的冷链设施设备来保持食品的新鲜度；第三，由于大部分食品的保质期较短，如果需求预测不准确，比较容易造成库存积压，从而给企业带来巨大的利润损失，因此对供应链成员企业的需求信息预测与共享提出了较高的要求。目前，越来越多的食品企业意识到供应链管理的重要作用。本章通过对食品行业中典型企业的供应链管理现状分析，深入研究食品供应链管理在实践中的应用情况。实际上，本书第一章第三节涉及的农产品供应链就是食品供应链的一部分，这些学者重点关注的是生鲜农产品供应链管理问题。实际上，食品供应链的范围更大，涉及的主体也更多。接下来，我们关注一些典型的食品企业，对其所处供应链的运营管理进行深入剖析。

第一节 A公司的供应链运营管理

A公司于2012年在安徽芜湖成立，是一家以坚果、干果、茶叶等产品的研发、分装及网络销售为主的食品企业。A公司凭借专业的运营团队与成熟的供应链管理体系，基于信息化平台，对产品的研发、采购、生产、质检、仓储物流和销售等各个环节进行全链路和全方位的深层次把控。特别地，为了确保产品的质量安全问题，A 公司专门成立质量中心，并且下设 5 个部门，分别为供应商质量管理部、制造质量保障部、中创检测部、供应链质量管理部、体系标准部。总体而言，A 公司所处供应链具备以下几个重要的特征：

1. 从源头开始把控产品质量。在采购环节，A 公司与核心产区农户、合作社等供应链上游供应商直接对接，建立了长期的合作关系。通过深度参与原材料的生产，并在一定程度上控制原材料的质量和批发价格。同时，基于信息管理系统，对市场需求进行预测，用于指导采购过程。此外，为了确保稳定的供应，保障产品的质量，A 公司制定了供应商目录和一套完善的供应商评价机制，实现对供应商的动态管理。

2. 实现生产全过程的质量把控。在产品的生产方面，A 公司委派质量控制人员进行驻场，并通过远程监控实施监督，从而确保生产全过程的透明化。同时，还要求合作加工厂商填写过程监控供应流程表和参数记录表，并在发货时提供相关记录。此外，为了增强对供应商的控制，经常进行例行和突击检查。

3. 充分利用仓储物流来支撑供应链运作。在仓储环节，A 公司借助信息化平台优势对库存数据以及订单信息进行实时监控，掌握精准的库存需求，实现对原材料、半成品以及产成品的精细化管理。特别地，由于坚果、干果等食品对仓储环境的温度和湿度具有较高要求，A 公司优化仓储设施，从而把控温度及湿度环境，最大限度地保障产品的品质和新鲜度。此外，A 公司主要通过自建和租赁的方式设置配送中心，并与第三方仓配服务商共建合作仓，从而实现物流网络的全面覆盖。总体而言，A 公司凭借高效的订单汇集处理、分拣打包以及与第三方物流服务商的协同，有效提升了配送时效，为消费者提供便捷的在线购物体验。

4. 采用多渠道均衡发展的销售策略。近年来，主流电商平台流量边际增量放缓，呈现去中心化的趋势。线下渠道也因为具备便利、社交互动、体验感强等优势，具有良好的发展态势。因此，A 公司从过去单一的电商渠道转向线上线下全渠道运营，除了主流的电商平台之外，还开拓新分销、门店、直播带货等多种销售模式。

第二节　数字赋能下的 B 公司供应链转型升级

B 公司作为杭州百年名店，凭借着经营传统杭州点心小吃与杭帮菜肴赢得了消费者的青睐。目前已在杭州及周边地区开设各类连锁店 80 余家，是杭州最具知名度的餐饮企业之一。面对日益激烈的市场竞争，B 公司借助电商平台与数字技术，在供应链各个环节全面进行数字化转型。B 公司采用 G 供应链系统来支持其日常运营，该系统覆盖了生产经营全过程，提高了管理效率，并实现了精细化和数据化管理。

从供应链的视角来看，B 公司的运作流程包括食品计划、原材料采购、食品生产、配送、终端销售、售后等，具体如图 4.1 所示。通过 G 系统，B 公司各门店与配送中心、食品加工厂实现数据对接，对各种采购、生产、配送、销售数据进行实时反馈，各个节点环环相扣，促进整个产销过程流畅、高效的运作。

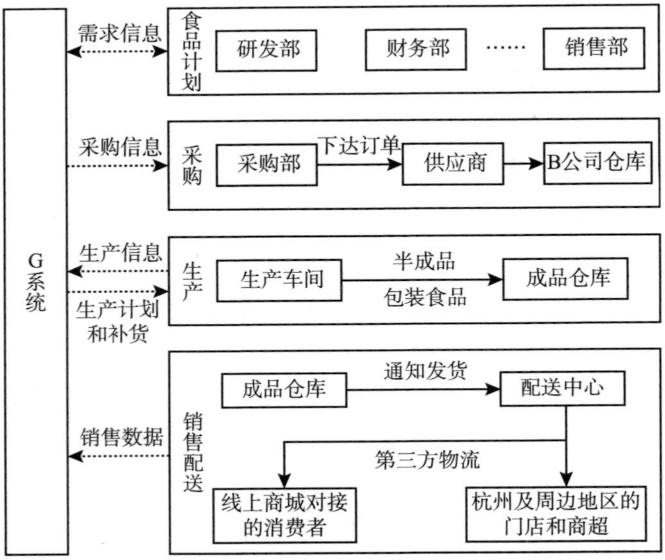

图 4.1　B 公司所处供应链运作流程

资料来源：根据网络资料整理得到。

B 公司所处供应链分为前端和后端两个重要模块。其中，前端主要包括计划、采购、生产。企业根据需求预测和库存情况形成采购数据，由采购部向供应商采购原材料，并由生产部门进行生产。后端主要包括销售、配送、售后。企业根据线上线下不同渠道的订单决定自有物流配送或由第三方物流进行配送，并且处理因产品过期或质量问题导致的退货问题。总体来看，在数字技术支持下，B 公司所处供应链正逐步进行数字化转型，并且表现出以下几方面的特征：

1. 借助 G 系统实现供应链信息共享。通过该系统将供应链上、中、下游串联起来，让供应链中各企业之间的联系变得如同企业部门间的业务往来一样方便，并将其规范化、标准化、流程化、智能化。其中，要货、采购、销售不再凭经验随意决策，而是基于大数据分析来进行科学决策，从而降低资源浪费、提升企业绩效。具体体现如下：第一，在销售方面，线上线下渠道的销售数据实时输入 G 系统，从而提高需求预测的速度和精确度。同时，管理部门可以实时掌握产品的销售情况，及时调整销售计划。第二，在生产方面，引进 G 系统之后，公司的需求预测可以支持生产部门及时调整生产计划；同时，该系统的应用有利于公司更加便捷地收集生产数据，提升了生产效率。第三，在库存管理方面，由于 G 系统集成了实时的销售数据、生产信息和库存信息，因此可以为企业管理人员的补货决策提供依据。通过这种方式，可以降低 B 公司缺货、生产过剩等问题发生的概率，降低库存、生产、销售等各方面的成本。第四，在配送方面，G 系统还可以支持调度室实时获取仓储和配送数据，优化配送路径，实现成本与效率的最佳契合。

2. 通过线上线下双渠道销售模式开拓市场。B 公司开通了线上和线下双渠道。其中，线下销售渠道提供各种小吃点心、卤味熟食以及易包装食品等；线上渠道则选择保质期较长、包装便于运输的产品，主要为粽子、糯米藕、东坡肉、酱鸭等真空包装熟食，以及绿豆糕、龙井酥等小吃糕点，还有用于节日送礼的杭州特产大礼包。此外，为了支撑线下门店的销售，B 公司在浙江省拥有一家食品工厂和一家配送中心，杭州市内外卖店和堂吃店售卖的所有产品全部由配送中心负责配送。总体来看，配送中心日单据处理量可达 1000 张，日均出货量价值 900 万元，最高出车 120 次/天。食品工厂则主要配送省内距杭州 200 公里范围内的区域以及上海地区。针对线上销售，B 公司则采用外包模式进行配送。具体过程是：B公司的工作人员对订单食品进行打包，与处理好的单据信息一起交给快递公司，主要由顺丰冷链、德邦、百世等快递公司负责配送，且全国范围内都可送达。

特别地，随着互联网技术与“新零售”商业模式的兴起，面向年轻消费群体的线上旗舰店运营为B公司带来了广阔的发展空间。在这样的契机之下，B公司一方面开设新零售体验店，提供试吃和现场售卖；另一方面在天猫等电商平台开设旗舰店，与体验店内的智能云货架进行关联，使得消费者在购物过程中可以享受现场体验、网上购物、快递送货到家的服务。

3. 严格管控食品安全，退货流程责任细分。B公司业务不断发展的过程中，产品质量问题仍然是重中之重。特别是食品这种短生命周期产品，对于过期产品或者退货产品的回收和处理也是十分必要的。图4.2为B公司的具体退货流程。一般情况下，直营店的熟食上架保质期为一到两天，到期未销售的产品与简易包装产品下架后统一由物流部调配车辆送回至配送中心或加

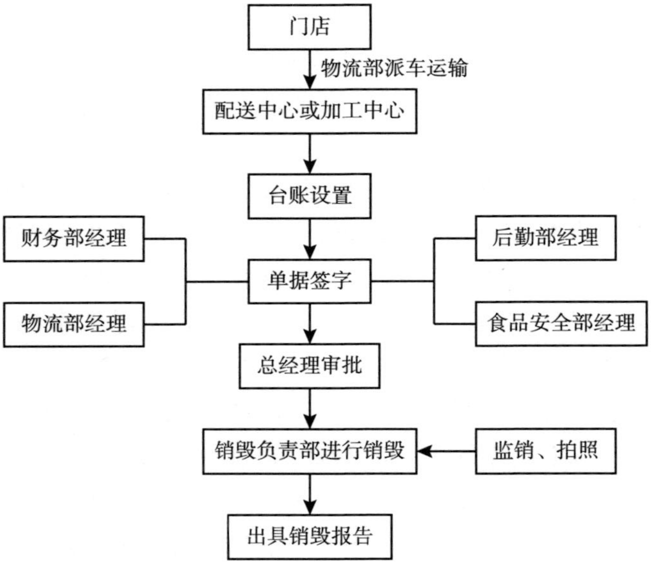

图4.2　B公司的退货流程

资料来源：根据网络资料和实地调研整理得到。

工中心。而这两个中心都要对过期产品回收做台账记录，并产生一张处置过期产品的单据，要求财务部、后勤部、物流部、食品安全部四个部门的经理签字，明确各自责任。然后再交由总经理审核批准，销毁负责部在得到总经理批准后进行销毁并由监销人员拍摄销毁过程，将照片留存。这样做的原因是为了响应政府对食品安全严格把控的政策要求，台账、照片的留存可以备食品安全部门检查之需，确保企业食品安全管控严格。最后，销毁中心还要出具一份销毁报告，其中含有总重量、处理方式及日期、销毁照片等信息。

第三节　C 公司的供应链创新模式

近年来，我国生鲜电商市场规模保持稳步增长。图 4. 3 为 2016 ~ 2023 年我国生鲜电商市场的规模及预测情况。随着消费者对生鲜电商行业的信任度加深以及受新冠肺炎疫情的影响，2021 年我国生鲜电商行业市场规模为 3117. 4 亿元，较 2020 年上涨 18. 2% 。[①] 在有如此庞大潜力的市场之下，C 公司作为一家集生鲜产品买卖、餐饮、包装配送为一体的商超成为新网红电商企业。

C 公司是生鲜行业发展新零售的一次尝试，以生鲜产品具有刚需和高频消费的特点作为切入点，通过 App 和线下门店覆盖生鲜食品和餐饮服务。线下门店可以给消费者带来实际体验，吸引客流量，而消费者可以通过 App 选择需要的产品进行配送，即利用大数据以及相应的智能技术实现线下体验、线上下单的闭环消费模式，具体如图 4. 4 所示。实际上，C 公司已经成为我国 “超市 + 餐饮” 模式下新零售业态的开创者，不仅满足消费者对于 “吃” 的场景化需求，还覆盖日用消费品类。

① 艾瑞咨询 . 2021 年中国生鲜电商行业研究报告 [R]. 2021.

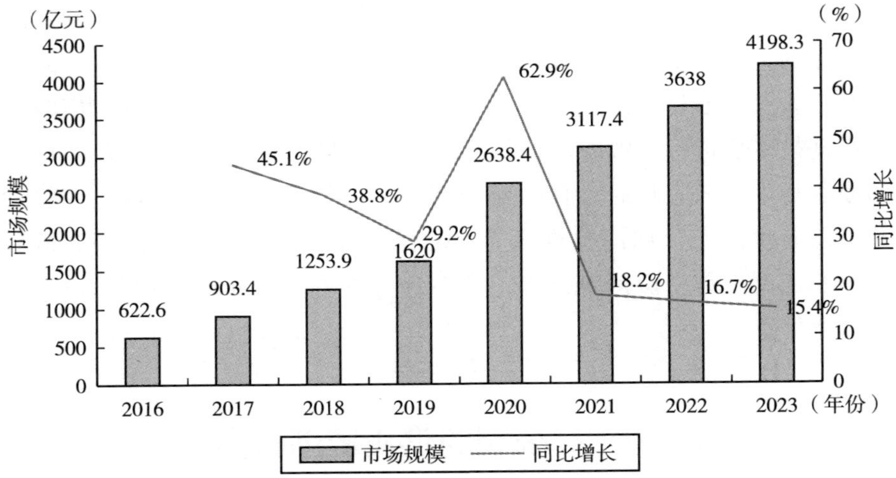

图 4.3　2016～2023 年中国生鲜电商市场规模及预测

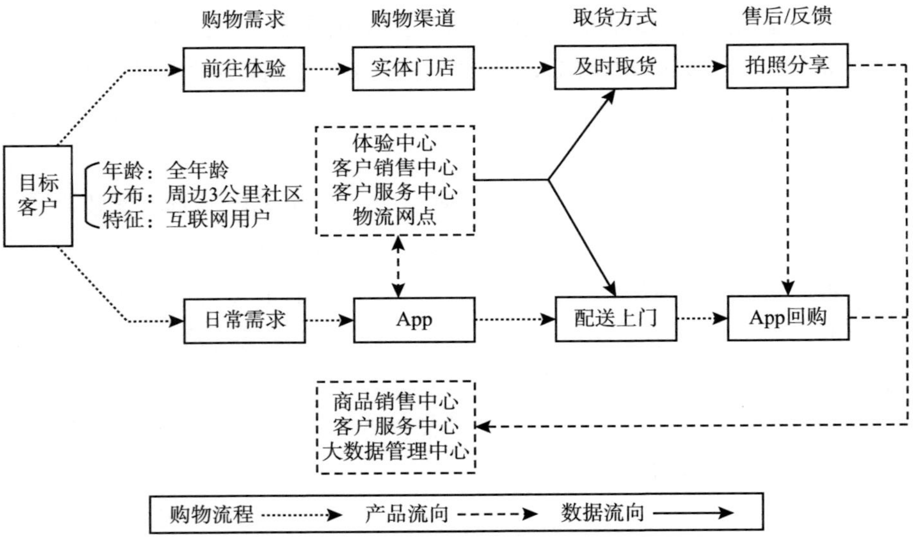

图 4.4　C 公司提出的闭环消费模式

资料来源：根据网络资料整理得到。

C公司创新消费模式的成功，离不开供应链强有力的支持。实际上，C公司所处供应链的本质是以“O2O类型的供应链模式+B2C类型的供应链模式”的组合为主框架，兼有B2B类型供应链模式特征的新零售背景下的供应链创新模式。具体可以分为供应端、中央加工检查中心以及门店和物流这几个关键部分，具体供应链运行结构如图4.5所示。

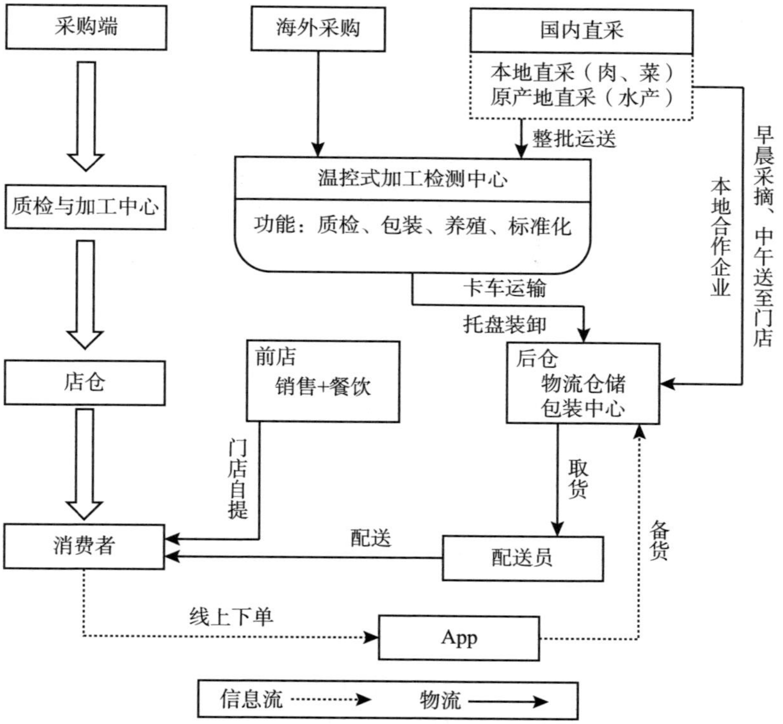

图4.5　C公司所处供应链运行结构

资料来源：根据网络资料整理得到。

C公司在供应链运作过程中，具体体现出以下几方面的特征：

第一，C公司采用产地直采和本地直采的方式来确保产品的新鲜度。C公司从世界各地采购产品，并且逐步构建全球性农产品基地。例如，在海外采购方面，C公司从世界各地寻找优质生鲜产品货源，并通过冷链运输把产品运至各个门店。在国内采购方面，主要分为两种情况：一种是团队直接前往产地做品控质检，然后进行采购，如赣南橙、阿克苏苹果等，部分产品还实现与天猫统一采购；另一种则专门针对作为日常消费大类的蔬菜及肉类，直接与本地企业合作，当日采摘/宰杀，当日销售，确保“日日鲜”。① 相对于其他普通的供应模式，C 公司的直采模式省去了中间各级经销商，直接从源头开始运输，不仅降低了成本，保证了产品的质量，还减少了产品的损耗。同时，C 公司不收取任何渠道费用，吸引了众多生鲜产品供应商入驻，提升了消费者的购物体验。

第二，C 公司实现实体店和仓库一体化建设。仓储是支撑供应链快速运作的重要因素。为了提高供应链的效率，C 公司采用店仓一体化模式，其门店又被称为店仓，既是销售加餐饮的一体化互动式体验门店，也是线上销售的仓储和物流中心，人员和场地都可以重复使用。在这样的模式下，消费者可以到店消费，现挑现做现吃，也可以在 App 下单，享受 30 分钟送达、半日达与次日达等多种方式的极速送达服务。此外，多个电商平台设有 C 公司的入口，进行线上引流，吸引消费者到店体验，熟悉产品特征后在线上持续回购下单。

第三，C 公司不断提升供应链的快速响应能力。为了给消费者提供快速便捷的服务，C 公司对配送环节进行优化，提高对消费者需求的响应能力。借助成熟的大数据技术和精良的算法设计，优化配送人员的调度，向消费者提供 3 公里范围内 30 分钟送货到家的服务，保证了生鲜产品的新鲜度。C 公司 30 分钟订单履行过程如图 4.6 所示，主要包括四个环节：第一个环节是当用户下单后对订单信息进行分解；第二个环节是通过算法计算，确定最优的配送路径以及对不同的配送员派送合适的订单；第三个环节是根据不同批次对生产作业进行分拣，如果出现缺货，及时进行补货；第四个环节是在确定所有的订单之后，将订单所包含的物品交给配送员，并且按照最优路径来进行配送。

① 疫情考验下，中国冷链价值再发现［EB/OL］. http：//news. sohu. com/a/557119940_653523，2022 – 06 – 14.

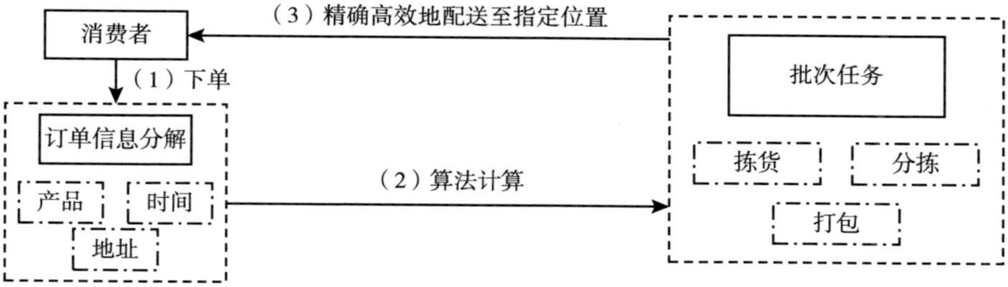

图 4.6　C 公司 30 分钟订单履行过程

资料来源：根据网络资料整理得到。

第四，提供完善的售后服务。C 公司的售后服务流程如图 4.7 所示。如果消费者在验收过程中发现产品不新鲜，可以直接拨打售后电话的方式进行解决。除此之外，也可以通过 C 公司 App 的后台服务进行解决。而 C 公司收到信息后，一般会在 24 小时内处理完毕。

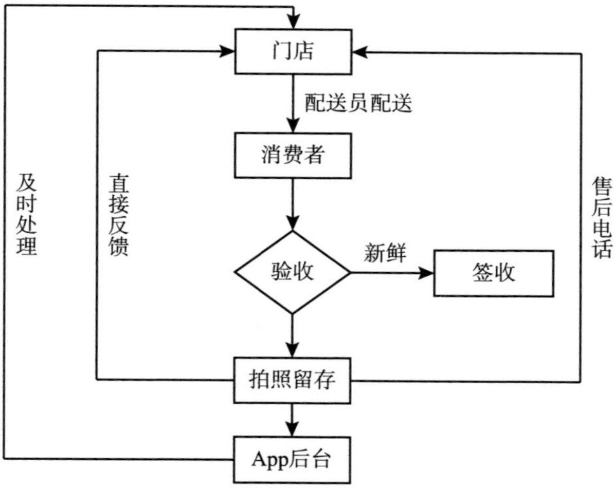

图 4.7　C 公司售后流程

资料来源：根据网络资料整理得到。

第四节　本 章 小 结

现如今，企业之间的竞争本质上是供应链之间的竞争。在食品行业，企业面临着以下几方面的挑战：食品对环境依赖性强、对储运设备和管理要求高、产品生命周期短、市场需求不确定、消费者对质量安全要求高等。因此，不管是基于保证食品质量、降低运营成本，还是出于提高客户忠诚度等方面的考虑，构建一个完善的供应链管理体系已经成为食品行业相关企业的共识。在数字经济时代，食品供应链提升竞争力的重要途径是数字化转型升级。但是，我国食品供应链整体信息化水平仍然较低，严重影响了相关企业的运作效率，延缓了我国食品供应链与国际接轨的进程。可以说，加快食品供应链数字化转型迫在眉睫。

本篇参考文献

［1］曹晓宁，王永明，薛方红，等．供应商保鲜努力的生鲜农产品双渠道供应链协调决策研究［J］．中国管理科学，2021，29（3）：109－118.

［2］陈柳鑫，黄磊，马利军．运费成本共担下TPL参与的农产品供应链收益共享契约研究［J］．管理工程学报，2021，35（6）：218－225.

［3］陈琪，姚慧丽，李晓萍．考虑绿色度的双渠道农产品供应链决策协调研究［J］．江苏科技大学学报（自然科学版），2022，36（2）：86－93.

［4］代建生，刘悦．公平偏好和销售努力下供应链期权契约协调［J］．中国管理科学，2022，30（7）：20－30.

［5］董兴林，李晓菲．混合碳政策下双寡头供应链不同竞争模式的低碳生产决策［J］．物流科技，2021，44（5）：129－134.

［6］段彩泉，姚锋敏，夏莹，等．不同秸秆回收补贴制度下可持续农产品供应链网络均衡［J］．中国管理科学，2022，DOI：10.16381/j.cnki.issn1003－207x.2021.2117.

［7］范如国，林金钗，朱开伟．基于批发价格契约的低碳供应链协调研究——考虑互惠和利他偏好的分析视角［J］．商业研究，2020（6）：46－54.

［8］冯颖，李智慧，张炎治．零售商主导下TPL介入的生鲜农产品供应链契约效率评价［J］．管理评论，2018，30（3）：215－225.

［9］龚本刚，汤家骏，程晋石．产能约束下考虑消费者偏好的双渠道供应链决策与协调［J］．中国管理科学，2019，27（4）：79－90.

［10］韩同银，刘丽，金浩．考虑政府补贴和公平关切的双渠道绿色供应链决策研究［J］．中国管理科学，2022，30（4）：194－204.

[11] 贺勇，陈志豪，廖诺．政府补贴方式对绿色供应链制造商减排决策的影响机制［J］．中国管理科学，2022，30（6）：87－98.
[12] 黄建辉，叶飞，林强．随机产出下考虑资金约束的农产品供应链补贴机制研究［J］．管理学报，2017，14（2）：277－285.
[13] 黄祖庆，蒋连杰，孟丽君．供应链竞争下考虑消费者偏好的最优决策机制研究［J］．工业工程与管理，2020，25（6）：71－79.
[14] 霍忻，刘黎明．跨国公司国际转移定价问题研究——基于古诺博弈模型的策略分析［J］．数理统计与管理，2019，38（1）：154－171.
[15] 黎继子，库瑶瑶，刘春玲，等．众包与供应链耦合：众包供应链演化与驱动模式［J］．科研管理，2020，41（7）：42－49.
[16] 李晓静，艾兴政，唐小我．基于交叉销售的竞争供应链纵向契约研究［J］．管理科学学报，2016，19（10）：117－126.
[17] 李友东，谢鑫鹏，营刚．两种分成契约下供应链企业合作减排决策机制研究［J］．中国管理科学，2016，24（3）：61－70.
[18] 李禹琦，卢涛．基于斯塔克伯格模型和交易信用合约的双渠道供应链协调研究［J］．科技促进发展，2020，16（7）：746－752.
[19] 李媛，赵道致．考虑公平偏好的低碳化供应链两部定价契约协调［J］．管理评论，2014，26（1）：159－167.
[20] 刘伟，丁凯文，刘德海．基于微分博弈的网络众包违约风险控制机制研究［J］．系统工程理论与实践，2019，39（10）：2559－2568.
[21] 刘云志，樊治平．不公平厌恶下 VMI 供应链的批发价格契约与协调［J］．中国管理科学，2016，24（4）：63－73.
[22] 楼振凯，楼旭明，侯福均．考虑政府补贴的新产品与再制造产品定价模型［J］．控制与决策，2022，37（1）：196－204.
[23] 吕飞，海峰．双重信息不对称下供应链中的信息揭示机制［J］．计算机集成制造系统，2019，25（10）：2676－2684.
[24] 吕飞，马士华．供应商成本信息不对称下装配系统协同问题研究［J］．运筹与管理，2017，26（2）：57－67.
[25] 孟秀丽，杨静，吴一凡．考虑奖惩机制和成本互担的众包物流服务质量最优控制［J］．中国管理科学，2021，DOI：10.16381/j.cnki.

issn1003 –207x. 2020. 0746.
[26] 聂佳佳，石纯来．规模不经济对制造商开通直销渠道的影响［J］. 运筹与管理，2017，26（2）：68 –75.
[27] 庞庆华，周未沫，向敏．碳税情形下考虑低碳偏好的收益共享契约协调模型［J］. 工业工程，2020，23（6）：75 –82.
[28] 浦东平，樊重俊，袁光辉，等．精英蜂群算法及考虑利益相关者的众包定价模型［J］. 计算机应用研究，2019，36（4）：1039 –1044.
[29] 邱慧，李雷，杨怀珍．考虑产出率影响销售价格的农产品供应链利益协调模型［J］. 系统科学学报，2022，30（2）：81 –85.
[30] 史成东，闫秀霞，闫厚强，等. Loss-averse 测度下考虑政府补贴的双第三方回收再制造闭环供应链［J］. 中国管理科学，2015，23（7）：152 –158.
[31] 孙彩虹，田真真，于辉．零售商退出风险的供应链冲击与协调契约分析［J］. 中国管理科学，2016，24（6）：38 –45.
[32] 孙文婷，彭红军．电商助农背景下农产品生产与销售策略研究［J］. 中国管理科学，2022，DOI：10. 16381/j. cnki. issn1003 –207x. 2021. 1927.
[33] 万方，周茜．产品差异化战略的缺陷与选择——基于霍特林模型的分析［J］. 技术经济与管理研究，2015（6）：49 –52.
[34] 王文隆，王福乐，张涑贤．考虑低碳努力的双渠道供应链协调契约研究［J］. 管理评论，2020，24（9）：1 –13.
[35] 王一雷，夏西强，张言．碳交易政策下供应链碳减排与低碳宣传的微分对策研究［J］. 中国管理科学，2022，3（4）：155 –166.
[36] 吴江华，姜帆．供应链中纵向信息获取和横向信息共享策略研究［J］. 中国管理科学，2021，29（8）：161 –173.
[37] 武丹，杨玉香．考虑消费者低碳偏好的供应链减排微分博弈模型研究［J］. 中国管理科学，2021，29（4）：126 –137.
[38] 夏建德，王勇，段玉兰．双寡头电商平台的收费制度选择博弈［J］. 管理工程学报，2021，35（1）：142 –151.
[39] 肖剑，但斌，张旭梅．双渠道供应链中制造商与零售商的服务合作定价策略［J］. 系统工程理论与实践，2010，30（12）：2203 –2211.

[40] 徐鹏，王琦，刘轶群．公平关切影响银行激励决策吗？——基于线上农产品供应链金融的分析［J］．财经理论与实践，2022，43（1）：9－16.

[41] 徐寅峰，智荣腾，郑斐峰，等．考虑共享机器租借费用的在线订单加工策略及竞争分析［J］．中国管理科学，2021，DOI：10. 16381/j. cnki. issn1003－207x. 2020. 1663.

[42] 闫彦超，马祖军．“线上销售/回收＋线下服务”的闭环供应链定价与服务决策［J］．中国管理科学，2022，30（1）：175－184.

[43] 杨惠霄，骆建文．碳税政策下的供应链减排决策研究［J］．系统工程理论与实践，2016，36（12）：3092－3102.

[44] 杨惠霄，欧锦文．收入共享与谈判权力对供应链碳减排决策的影响［J］．系统工程理论与实践，2020，40（9）：1323－1344.

[45] 杨玉香，张宝友，孟丽君，等．不同碳税政策对供应链网络均衡的影响研究［J］．计算机集成制造系统，2021，27（10）：3036－3048.

[46] 叶永刚，刘晓峰．消费者估价下绿色农产品供应链中企业最优决策［J］．商业研究，2020（9）：92－99.

[47] 张斌，张欢，王夏阳．基于采购商投资的双源采购与供应商定价决策［J］．中国管理科学，2021，29（4）：104－114.

[48] 张玲红，刘方媛，朱立龙，等．考虑零售商公平关切与广告努力水平的碳减排策略研究［J］．中国管理科学，2021，29（4）：138－148.

[49] 郑本荣，杨超，杨珺．CSR 投入对闭环供应链定价与协调决策的影响［J］．中国管理科学，2018，26（10）：64－78.

[50] 郑宇婷，李建斌，陈植元，等．不确定需求下的冷链分销商最优决策［J］．管理科学学报，2019，22（1）：94－106.

[51] 支帮东，陈俊霖，刘晓红．碳限额与交易机制下基于成本共担契约的两级供应链协调策略［J］．中国管理科学，2017，25（7）：48－56.

[52] 周晓阳，陈可欣，温浩宇，等．政府补贴下考虑零售商不同竞争行为的闭环供应链决策及合同选择［J］．中国管理科学，2022，30（3）：176－188.

[53] Bai Q，Chen M，Nikolaidis Y，et al. Improving sustainability and social re-

sponsibility of a two-tier supply chain investing in emission reduction technology [J]. Applied Mathematical Modelling, 2021, 95: 688 –714.

[54] Bai Q, Chen M, Xu L. Revenue and promotional cost-sharing contract versus two-part tariff contract in coordinating sustainable supply chain systems with deteriorating items [J]. International Journal of Production Economics 2017, 187: 85 –101.

[55] Bian W, Shang J, Zhang J. Two-way information sharing under supply chain competition [J]. International Journal of Production Economics, 2016, 178: 82 –94.

[56] Biswas I, Avittathur B. Channel coordination using options contract under simultaneous price and inventory competition [J]. Transportation Research Part E: Logistics and Transportation Review, 2019, 123: 45 –60.

[57] Cai J, Hu X, Han Y, et al. Supply chain coordination with an option contract under vendor-managed inventory [J]. International Transactions in Operational Research, 2015, 23 (6): 1163 –1183.

[58] Cai J, Hu X, Tadikamalla P R, et al. Flexible contract design for VMI supply chain with service-sensitive demand: Revenue-sharing and supplier subsidy [J]. European Journal of Operational Research, 2017, 261 (1): 143 –153.

[59] Cao K, Xu X, Bian Y, et al. Optimal trade-in strategy of business-to-consumer platform with dual-format retailing model [J]. Omega, 2019, 82: 181 –192.

[60] Cao K, Xu X, Wu Q, et al. Optimal production and carbon emission reduction level under cap-and-trade and low carbon subsidy policies [J]. Journal of Cleaner Production, 2017, 167: 505 –513.

[61] Cao Y, Yi C, Wan G, et all. An analysis on the role of blockchain-based platforms in agricultural supply chains [J]. Transportation Research Part E: Logistics and Transportation Review, 2022, 163: 102731.

[62] Catalao-Lopes M, Brito D. Post-merger internal organization in multitier decentralized supply chains [J]. Journal of Economics, 2021, 132 (3):

251 – 289.

[63] Chai L, Wu D, Dolgui A, et al. Pricing strategy for B&M store in a dual-channel supply chain based on Hotelling model [J]. International Journal of Production Research, 2021, 59 (18): 5578 – 5591.

[64] Chen K J, Marsh T L, Tozer P R, et al. Biotechnology to sustainability: Consumer preferences for food products grown on biodegradable mulches [J]. Food Research International, 2019, 116: 200 – 210.

[65] Chen P, Zhao R, Yan Y, et al. Promotional pricing and online business model choice in the presence of retail competition [J]. Omega, 2020a, 94: 102085.

[66] Chen X, Luo J, Wang X, et al. Supply chain risk management considering put options and service level constraints [J]. Computers & Industrial Engineering, 2020b, 140: 106228.

[67] Chen X, Wang G. The effect of financing on a budget-constrained supply chain under wholesale price contract [J]. Asia-Pacific Journal of Operational Research, 2011, 28 (4): 457 – 485.

[68] Chen X, Wang X, Chan H. Manufacturer and retailer coordination for environmental and economic competitiveness: A power perspective [J]. Transportation Research Part E: Logistics and Transportation Review, 2017, 97: 268 – 281.

[69] Chen X, Wang X, Zhou M. Firms' green R&D cooperation behaviour in a supply chain: Technological spillover, power and coordination [J]. International Journal of Production Economics, 2019, 218: 118 – 134.

[70] Choi T M, Feng L, Li R. Information disclosure structure in supply chains with rental service platforms in the blockchain technology era [J]. International Journal of Production Economics, 2020, 221: 107473.

[71] Dai T, Cho S H, Zhang F. Contracting for on-time delivery in the U. S. influenza vaccine supply chain [J]. Manufacturing & Service Operations Management, 2016, 18 (3): 332 – 346.

[72] Dai X, Chow P S, Zheng J, et al. Crowdsourcing new product design on the

web: An analysis of online designer platform service [J]. Mathematical Problems in Engineering, 2013 (4): 1-13.

[73] David A, Adida E. Competition and coordination in a two-channel supply chain [J]. Production and Operations Management, 2015, 24 (8): 1358-1370.

[74] Dong H, Dai H, Geng Y, et al. Exploring impact of carbon tax on China's CO_2 reductions and provincial disparities [J]. Renewable and Sustainable Energy Reviews, 2017, 77: 596-603.

[75] Du S, Hu L, Song M. Production optimization considering environmental performance and preference in the cap-and-trade system [J]. Journal of Cleaner Production, 2016, 112: 1600-1607.

[76] Economides N, Katsamakas E. Two-sided competition of proprietary vs. Open source technology platforms and the implications for the software industry [J]. Management Science, 2006, 52 (7): 1057-1071.

[77] Esmaeili M, Ghobadi S N. A game theory model for pricing and supplier selection in a closed-loop supply chain [J]. International Journal of Procurement Management, 2018, 11 (4): 472-494.

[78] Estellés-Arolas E. Towards an integrated crowdsourcing definition [J]. Journal of Information Science, 2012, 38 (2): 189-200.

[79] Fan J, Ni D, Tang X. Product quality choice in two-echelon supply chains under post-sale liability: Insights from wholesale price contracts [J]. International Journal of Production Research, 2017, 55 (9): 2556-2574.

[80] Feng Y, Tan Y, Duan Y, et al. Strategies analysis of luxury fashion rental platform in sharing economy [J]. Transportation Research Part E: Logistics and Transportation Review, 2020, 142: 102065.

[81] Gal-Or E. Peer-to-peer sharing in the lodging market: Evaluating implications for social welfare and profitability [J]. Journal of Economics & Management Strategy, 2018, 27 (4): 686-704.

[82] Gao F, Souza G C. Carbon offsetting with eco-conscious consumers [J]. Management Science, 2022, DOI: 10.1287/mnsc.2021.4293.

[83] Geng X, Tan Y R, Wei L. How add-on pricing interacts with distribution contracts [J]. Production & Operations Management, 2007, 27 (4): 605 - 623.

[84] Ghosh D, Shah J. Supply chain analysis under green sensitive consumer demand and cost sharing contract [J]. International Journal of Production Economics, 2015, 164: 319 - 329.

[85] Golob U, Kronegger L. Environmental consciousness of European consumers: A segmentation-based study [J]. Journal of Cleaner Production, 2019, 221: 1 - 9.

[86] He P, He Y, Shi C, et al. Cost-sharing contract design in a low-carbon service supply chain [J]. Computers & Industrial Engineering, 2020, 139: 106160.

[87] Hosseini-Motlagh S M, Nematollahi M, Nouri M. Coordination of green quality and green warranty decisions in a two-echelon competitive supply chain with substitutable products [J]. Journal of Cleaner Production, 2018, 196: 961 - 984.

[88] Hou X, Li J, Liu Z, et al. Pareto and Kaldor-Hicks improvements with revenue-sharing and wholesale-price contracts under manufacturer rebate policy [J]. European Journal of Operational Research, 2022, 298 (1): 152 - 168.

[89] Hu B, Qu J, Meng C. Supply chain coordination under option contracts with joint pricing under price-dependent demand [J]. International Journal of Production Economics, 2018, 205: 74 - 86.

[90] Huang F, He J, Lei Q. Coordination in a retailer-dominated supply chain with a risk-averse manufacturer under marketing dependency [J]. International Transactions in Operational Research, 2020, 27 (6): 3056 - 3078.

[91] Iida T. Coordination of cooperative cost-reduction efforts in a supply chain partnership [J]. European Journal of Operational Research, 2012, 222 (2): 180 - 190.

[92] Ji J, Zhang Z, Yang L. Carbon emission reduction decisions in the retail-/

dual-channel supply chain with consumers' preference [J]. Journal of Cleaner Production, 2017, 141: 852 - 867.

[93] Jia D, Wang C. Option contracts in fresh produce supply chain with freshness-keeping effort [J]. Mathematics, 2022, 10 (8): 1287.

[94] Jian J, Li B, Zhang N, et al. Decision-making and coordination of green closed-loop supply chain with fairness concern [J]. Journal of Cleaner Production, 2021, 298: 126779.

[95] Kok G, Shang K, Yucel S. Impact of electricity pricing policies on renewable energy investments and carbon emissions [J]. Management Science, 2018, 64 (1): 131 - 138.

[96] Kouvelis P, Zhao W. Supply chain contract design under financial constraints and bankruptcy costs [J]. Management Science, 2016, 62 (8): 2341 - 2357.

[97] Li C, Chu M, Zhou C, et al. Two-period discount pricing strategies for an e-commerce platform with strategic consumers [J]. Computers & Industrial Engineering, 2020, 147: 106640.

[98] Li H, Li R, Shang M, et al. Cooperative decisions of competitive supply chains considering carbon trading mechanism [J]. International Journal of Low-Carbon Technologies, 2022a, 17: 102 - 117.

[99] Li J, Liu C, Zeng X, et al. Optimization and coordination of crowdsourcing supply chain in fast fashion industry [J]. Mathematical Problems in Engineering, 2018a, 2018: 8123169.

[100] Li J, Yu Y, Liu C. Product design crowdsourcing in a dual-channel supply chain: Joint reviews from manufacturer and consumers [J]. International Transactions in Operational Research, 2021, 28 (2): 784 - 808.

[101] Li J, Zhou Y, Huang W. Production and procurement strategies for seasonal product supply chain under yield uncertainty with commitment-option contracts [J]. International Journal of Production Economics, 2018b, 183: 208 - 222.

[102] Li Z, Wang J, Perera S, et al. Coordination of a supply chain with Nash

bargaining fairness concerns [J]. Transportation Research Part E: Logistics and Transportation Review, 2022c, 159: 102627.

[103] Li Z, Xu X, Bai Q, et al. Optimal joint decision of information disclosure and ordering in a blockchain-enabled luxury supply chain [J]. Annals of Operations Research, 2022b, DOI: 10.1007/s10479 -022 -04703 -6.

[104] Liu L, Chen C, Zhao Y, et al. China's carbon-emissions trading: Overview, challenges and future [J]. Renewable and Sustainable Energy Reviews, 2015, 49: 254 -266.

[105] Liu W, Long S, Xie D, et al. How to govern the big data discriminatory pricing behavior in the platform service supply chain? An examination with a three-party evolutionary game model [J]. International Journal of Production Economics, 2021b, 231: 107910.

[106] Liu W, Yan X, Li X, et al. The impacts of market size and data-driven marketing on the sales mode selection in an Internet platform based supply chain [J]. Transportation Research Part E: Logistics and Transportation Review, 2020, 136: 101914.

[107] Liu X, Du W, Sun Y. green supply chain decisions under different power structures: Wholesale price vs. revenue sharing contract [J]. International Journal of Environmental Research and Public Health, 2020, 17 (21): 7737.

[108] Liu Z, Hua S, Zhai X. Supply chain coordination with risk-averse retailer and option contract: Supplier-led vs. Retailer-led [J]. International Journal of Production Economics, 2020, 223: 107518.

[109] Liu Z, Lang L, Hu B, et al. Emission reduction decision of agricultural supply chain considering carbon tax and investment cooperation [J]. Journal of Cleaner Production, 2021a, 294: 126305.

[110] Lou W, Man J. Complexity of sales effort and carbon emission reduction effort in a two-parallel household appliance supply chain model [J]. Applied Mathematical Modelling, 2018, 64: 398 -425.

[111] Luo J, Chen X. Coordination of random yield supply chains with improved

revenue sharing contracts [J]. European Journal of Industrial Engineering, 2016, 10 (1): 81-102.

[112] Lv F, Xiao L, Xu M, et al. Quantity-payment versus two-part tariff contracts in an assembly system with asymmetric cost information [J]. Transportation Research Part E: Logistics and Transportation Review, 2019, 129: 60-80.

[113] Ma X, Wang S, Islam S M N, et al. Coordinating a three-echelon fresh agricultural products supply chain considering freshness-keeping effort with asymmetric information [J]. Applied Mathematical Modelling, 2019, 67: 337-356.

[114] Ma Y, Gang D, Jiao R J. Optimal crowdsourcing contracting for reconfigurable process planning in open manufacturing: A bilevel coordinated optimization approach [J]. International Journal of Production Economics, 2020, 228: 107884.

[115] Mai F, Zhang J, Sun X. Analysis of dynamic Cournot game in a coopetition supply chain [J]. Discrete Dynamics in Nature and Society, 2020, 2020: 4168395.

[116] Malik A I, Sarkar B. Coordination supply chain management under flexible manufacturing, stochastic leadtime demand, and mixture of inventory [J]. Mathematics, 2020, 8 (6): 911.

[117] Martin M, Heiska M, Bjorklund A. Environmental assessment of a product-service system for renting electric-powered tools [J]. Journal of Cleaner Production, 2021, 281: 125245.

[118] Meinrenken C J, Chen D, Esparza R A, et al. Carbon emissions embodied in product value chains and the role of life cycle assessment in curbing them [J]. Scientific Reports, 2020, 10 (1): 6184.

[119] Moon I, Feng X. Supply chain coordination with a single supplier and multiple retailers considering customer arrival times and route selection [J]. Transportation Research Part E: Logistics and Transportation Review, 2017, 106: 78097.

[120] Niederhoff J A, Kouvelis P. Generous, spiteful, or profit maximizing suppliers in the wholesale price contract: A behavioral study [J]. European Journal of Operational Research, 2016, 253 (2): 372-382.

[121] Peng H, Pang T, Cong J. Coordination contracts for a supply chain with yield uncertainty and low-carbon preference [J]. Journal of Cleaner Production, 2018, 205: 291-302.

[122] Peng H, Pang T. Optimal strategies for a three-level contract-farming supply chain with subsidy [J]. International Journal of Production Economics, 2019, 216: 274-286.

[123] Peng H, Zhou M. Quantity discount supply chain models with fashion products and uncertain yields [J]. Mathematical Problems in Engineering, 2013, 1: 895784.

[124] Peng Q, Wang C, Xu L. Emission abatement and procurement strategies in a low-carbon supply chain with option contracts under stochastic demand [J]. Computers & Industrial Engineering, 2020, 144: 106502.

[125] Peng Y, Yan X, Jiang Y, et al. Competition and coordination for supply chain networks with random yields [J]. International Journal of Production Economics, 2021, 239: 108204.

[126] Qin J, Zhao Y, Xia L. Carbon Emission reduction with capital constraint under greening financing and cost sharing contract [J]. International Journal of Environmental Research and Public Health, 2018, 15 (4): 750.

[127] Sabbaghnia A, Taleizadeh A A. Quality, buyback and technology licensing considerations in a two-period manufacturing-remanufacturing system: A closed-loop and sustainable supply chain [J]. International Journal of Systems Science: Operations & Logistics, 2021, 8 (2): 167-184.

[128] Shao J, Krishnan H, Mccormick S T. Price incentives and coordination in a two-product decentralized supply chain [J]. Decision Sciences, 2014, 45 (3): 507-533.

[129] Shen B, Xu X, Choi T M. Simplicity is beauty: Pricing coordination in two-product supply chains with simplest contracts under voluntary compli-

ance [J]. International Journal of Production Research, 2018, 57 (9): 2769 - 2787.

[130] Shi L, Pang T, Peng H. Optimal strategies for a capital constrained contract-farming supply chain with yield insurance [J]. RAIRO-Operations Research, 2021, 55 (2): 521 - 544.

[131] Song Z, He S. Contract coordination of new fresh produce three-layer supply chain [J]. Industrial Management & Data Systems, 2019, 119 (1): 148 - 169.

[132] Sun L, Cao X, Alharthi M, et al. Carbon emission transfer strategies in supply chain with lag time of emission reduction technologies and low-carbon preference of consumers [J]. Journal of Cleaner Production, 2020, 264: 121664.

[133] Sun M, Peng H, Wang S. Cost-sharing mechanisms for a wood forest product supply chain under carbon cap-and-trade [J]. Sustainability, 2018, 10 (12): 1 - 19.

[134] Tang R, Yang L. Impacts of financing mechanism and power structure on supply chains under cap-and-trade regulation [J]. Transportation Research Part E: Logistics and Transportation Review, 2020, 139: 101957.

[135] Tsao Y C. Cooperative promotion under demand uncertainty [J]. International Journal of Production Economics, 2015, 167: 45 - 49.

[136] Vipin B, Amit R K. Wholesale price versus buyback: A comparison of contracts in a supply chain with a behavioral retailer [J]. Computers & Industrial Engineering, 2021, 162: 107689.

[137] Wang J, Shin H. The impact of contracts and competition on upstream innovation in a supply chain [J]. Production and Operations Management, 2014, 24 (1): 134 - 146.

[138] Wang L, Song H, Wang Y. Pricing and service decisions of complementary products in a dual-channel supply chain [J]. Computers & Industrial Engineering, 2017, 105: 223 - 233.

[139] Wang N, Song Y, He Q, et al. Competitive dual-collecting regarding con-

sumer behavior and coordination in closed-loop supply chain [J]. Computers & Industrial Engineering, 2020, 144: 106481.

[140] Wang Q, Zhao D, He L. Contracting emission reduction for supply chains considering market low-carbon preference [J]. Journal of Cleaner Production, 2016, 120: 72-84.

[141] Wang W, Zhang Y, Zhang W, et al. Incentive mechanisms in a green supply chain under demand uncertainty [J]. Journal of Cleaner Production, 2021, 279 (10): 123636.

[142] Wang W, Zhou C, Li X. Carbon reduction in a supply chain via dynamic carbon emission quotas [J]. Journal of Cleaner Production, 2019, 240: 118244.

[143] Wang X, Liu Z, Chen H. A composite contract for coordinating a supply chain with sales effort-dependent fuzzy demand [J]. International Journal of Machine Learning and Cybernetics, 2019, 10 (5): 949-965.

[144] Wang Z, Brownlee A E I, Wu Q. Production and joint emission reduction decisions based on two-way cost-sharing contract under cap-and-trade regulation [J]. Computers & Industrial Engineering, 2020, 146: 106549.

[145] Wu C, Xu C, Zhao Q, et al. Research on financing strategy of low-carbon supply chain based on cost-sharing contract [J]. Environmental Science and Pollution Research, 2022, 29: 48358-48375.

[146] Xia L, Hao W, Qin J, et al. Carbon emission reduction and promotion policies considering social preferences and consumers' low-carbon awareness in the cap-and-trade system [J]. Journal of Cleaner Production, 2018, 195: 1105-1124.

[147] Xia X, Li C, Zhu Q. Game analysis for the impact of carbon trading on low-carbon supply chain [J]. Journal of Cleaner Production, 2020, 276 (10): 123220.

[148] Xiao D, Kuang X, Chen K. E-commerce supply chain decisions under platform digital empowerment-induced demand [J]. Computers & Industrial Engineering, 2020, 150: 106876.

[149] Xiao S, Sethi S P, Liu M, et al. Coordinating contracts for a financially Constrained supply chain [J]. Omega, 2017, 72: 71 -86.

[150] Xie L, Ma J, Goh M. Supply chain coordination in the presence of uncertain yield and demand [J]. International Journal of Production Research, 2020, 59 (14): 4342 -4358.

[151] Xie X, Dai B, Du Y, et al. Contract design in a supply chain with product recall and demand uncertainty [J]. IEEE Transactions on Engineering Management, 2021: 1 -17.

[152] Xu S, Fang L, Govindan K. Energy performance contracting in a supply chain with financially asymmetric manufacturers under carbon tax regulation for climate change mitigation [J]. Omega, 2021, 106: 102535.

[153] Xu S, Tang H, Lin Z, et al. Pricing and sales-effort analysis of dual-channel supply chain with channel preference, cross-channel return and free riding behavior based on revenue-sharing contract [J]. International Journal of Production Economics, 2022, 249: 1008506.

[154] Xu X, He P, Xu H, et al. Supply chain coordination with green technology under cap-and-trade regulation [J]. International Journal of Production Economics, 2017, 183: 433 -442.

[155] Xu X, Wang S, Yu Y. Consumer's intention to purchase green furniture: Do health consciousness and environmental awareness matter [J]. Science of the Total Environment, 2020, 704: 135275.

[156] Xu Y, Bisi A. Wholesale-price contracts with postponed and fixed retail prices [J]. Operations Research Letters, 2012, 40 (4): 250 -257.

[157] Yan B, Chen X, Cai C, et al. Supply chain coordination of fresh agricultural products based on consumer behavior [J]. Computers & Operations Research, 2020, 123: 105038.

[158] Yang H, Zhuo W, Shao L, et al. Mean-variance analysis of wholesale price contracts with a capital-constrained retailer: Trade credit financing vs. Bank credit financing [J]. European Journal of Operational Research, 2021, 294 (2): 525 -542.

[159] Yoo S H, Kim D, Park M S. Pricing and return policy under various supply contracts in a closed-loop supply chain [J]. International Journal of Production Research, 2014, 53 (1): 106 - 126.

[160] Yuan Q, Shen B. Renting fashion with strategic customers in the sharing economy [J]. International Journal of Production Economics, 2019, 218: 185 - 195.

[161] Zhang D, Dai H, Dong L, et al. The long-term and spillover effects of price promotions on retailing platforms: Evidence from a large randomized experiment on Alibaba [J]. Management Science, 2020, 66 (6): 2589 - 2609.

[162] Zhang G, Cheng P, Sun H, et al. Carbon reduction decisions under progressive carbon tax regulations: A new dual-channel supply chain network equilibrium model [J]. Sustainable Production and Consumption, 2021, 27: 1077 - 1092.

[163] Zhang Y, Mi Z. Environmental benefits of bike sharing: A big data-based analysis [J]. Applied Energy, 2018, 220: 296 - 301.

[164] Zhao D, Han H, Shang J, et al. Decisions and coordination in a capacity sharing supply chain under fixed and quality-based transaction fee strategies [J]. Computers & Industrial Engineering, 2020a, 150: 106841.

[165] Zhao T, Xu X, Chen Y, et al. Coordination of a fashion supply chain with demand disruptions [J]. Transportation Research Part E: Logistics and Transportation Review, 2020b, 134: 101838.

[166] Zhao Y, Choi T, Cheng T C E, et al. Mean-risk analysis of wholesale price contracts with stochastic price-dependent demand [J]. Annals of Operations Research, 2017, 257 (1 - 2): 491 - 518.

[167] Zhong Y, Liu J, Zhou Y, et al. Robust contract design and coordination under consignment contracts with revenue sharing [J]. International Journal of Production Economics, 2022, 253: 108543.

[168] Zhou Y, Ye X. Differential game model of joint emission reduction strategies and contract design in a dual-channel supply chain [J]. Journal of

Cleaner Production, 2018, 190: 592 –607.

[169] Zissis D, Ioannou G, Burnetas A. Supply chain coordination under discrete information asymmetries and quantity discounts [J]. Omega, 2015, 53: 21 –29.

第二篇
产出不确定环境下的供应链管理：核心理念与典型模型

本篇为产出不确定环境下的供应链管理：核心理念与典型模型，包括第五章到第八章。本篇抓住了产出不确定这一特色管理问题，从管理理念梳理到建模方案设计进行了初步探索，为产出不确定环境下的供应链管理提供了基础研究框架。

首先，本篇论述了产出不确定环境下的供应链管理新理念，通过典型案例描述，揭示了产出不确定给供应链管理带来的重要挑战，强调了增强供应链对产出不确定的应对能力本质上就是在提升供应链韧性。为此，本篇揭示了产出不确定环境下供应链管理必须关注的管理思维：运用科学的方法评判供应链的产出不确定现状；创新应用供应链管理中的经典技术与方法；选择有竞争力的合作伙伴，构建面向长期合作的供应链网络；运用科学的管理决策模型指导实际管理工作。在现实中，企业家往往忽视了决策模型的重要意义，而在产出不确定环境下，合理构建决策模型可以帮助企业家更好地判断可能出现的管理情形，并运用仿真数据帮助企业制定更科学的管理决策。在此基础上，我们用文献综述的方式讨论了产出不确定环境下供应链建模方案与合作机制设计的研究现状，继而提出了未来需要重点关注的研究方向，包括引入更为创新的契约模式，关注消费者策略选择行为，以及针对中国的典型案例进行建模并设计协调机制等。

其次，本篇在案例调研的基础上，引入了一个供应商面临两个零售商时的两级供应链模型。首先描述了产出不确定环境下的典型决策流程，并据此构建了模型Ⅰ：一是在产出不确定环境下，供应商决定投入量；二是供应商完成生产，并观察到实际产出；在此基础上，供应商确定批发价格；三是零售商根据供应商给出的批发价格，并考虑供应商的实际产出，确定订购量。在模型Ⅰ基础上，进一步假设供应商向零售商承诺将满足其所有订购量，构建了模型Ⅱ。研究发现，供应商的供货承诺在一定条件下可以提升供应商的收益，并改进供应链的整体效益，但零售商的收益可能会受损。为了提升供应链的性能，供应商可以考虑与零售商进行收益分享，以吸引零售商参与供应链运作。

最后，本篇研究了两次生产机会对供应链性能的影响，为进一步改进产出不确定环境下的供应链提供管理思路。我们深入剖析浙江 YX 公司，发现其在服装制造过程中面临着产出不确定问题，且如果第一次生产的实际产量不能满足需求，会主动进行第二次生产来满足需求。针对此，我们对供应商选择第二次生产的行为进行了关键特征分析，假设供应商在第一次和第二次生产时均面临产出不确定。在此基础上，构建了考虑供应商只有一次生产机会的基本模型，以及供应商拥有两次生产机会时的决策模型。进一步引入收益分享契约实现了两次生产模式下的供应链协调。研究显示：首先，供应商总是可以从两次生产机会中获益，但零售商不一定能从中获益；其次，虽然两次生产机会可以提高供应商的服务水平，但当且仅当满足一定条件时，供应商才愿意进行两次生产；最后，在需求和产出不确定环境下，两次生产具有一定的复杂性，传统的协调机制很难提高供应链性能。我们通过设计合理的收益分享契约来分配供应链期望利润，且这样的收益分享契约可以促使供应商做出最大化整体供应链期望利润的最优决策。

第五章
产出不确定环境下的供应链管理新理念

2020 年 12 月 11 日，中共中央召开的政治局会议重点提出，要扭住供给侧结构性改革，同时注重需求侧改革，打通堵点，补齐短板，贯通生产、分配、流通、消费各环节，形成需求牵引供给、供给创造需求的更高水平动态平衡，提升国民经济体系整体效能。但是，近年来疫情防控、政治因素、国际形势等使得产业链供应链频繁受到冲击，导致供应链中断风险陡增（盛昭瀚等，2022）。中共中央政治局 2021 年 12 月 6 日召开会议，强调结构政策要着力畅通国民经济循环，提升制造业核心竞争力，增强供应链韧性。党的二十大进一步提出，要着力提升产业链供应链韧性和安全水平。现实中，从疫情初期防疫物资短缺和生产停摆，到疫苗供应不足和制造业“缺芯”，社会各界开始关注产出不确定、供应中断等供应链风险。“增强产业链供应链自主可控能力”已经成为当前国家面临的一项迫在眉睫的重要任务。《中华人民共和国国民经济和社会发展第十四个五年规划和 2035 年远景目标纲要》也明确提出，要坚持自主可控、安全高效、推进产业基础高级化、产业链现代化。在这样的背景下，从提升供应链韧性的视角开展供应链管理理论和方法的研究变得越来越重要。

影响供应链韧性的因素非常复杂且具有多样化特性，选择一个合适的切入点来开展研究就变得特别重要。结合作者多年的研究基础和研究成果，本章将产出不确定定位为影响供应链韧性的一个关键难题，并将产出不确定环境下的供应链管理作为本章的一个重要研究主题。对购买商来说，供应商的产出不确定介于“断链”和“不断链”的中间地带，是其必须要面对的供应链管理难题。因此，对于供应链而言，打造供应链系统的韧性，提升产出不确定环境下的竞争力就变得非常重要。特别地，从建模的视角来看，产出不确定涵盖的管理问题是非常广泛的，既可以指制造商在生产过程中的不稳定，也可以指运输过程中的损耗问题等，并且产出不确定也可以包括供应中断这种极端情况。因此，产出不确定是供应不确定的重要组成部分，是供应链上任何一个企业都可能会直接面对的管理难题。

基于以上背景，本章从供应链的视角出发，分析产出不确定对企业带来的影响，重点通过契约方案的设计来搭建高效的供应链合作机制，从而提升供应链韧性。

第一节　产出不确定环境下的管理困境

产出不确定是企业面临的普遍问题。2021 年“双 11”到来之前，国内各互联网巨头和网上卖家便开始了声势浩大的广告宣传，激发了消费者的无穷消费潜力。根据阿里巴巴公布的数据显示，2021 年，天猫“双 11”成交金额高达 5403 亿元。这个数据是 2009 年“双 11”首次启动时 5200 万元的 103904 倍，而相比 2020 年的 4982 亿元又新增了 421 亿元。① 目前，“双 11”已经成为中国互联网最大规模的商业活动，是网上零售商、电商平台合力通过投入销售努力产生巨大回报的经典例子。但在这个过程中，我们也观察到一些销售火爆背后的故事。例如，2021 年 11 月 1 日，小米公司表示“双 11”活动首日支付金额突破 70 亿元；OPPO 公司当天手机销售额超 2020 年“双 11”全周期销售额；vivo 公司当天销量同比增长 586%。但是，这些手机品牌的芯片面临着严重的缺货问题，导致手机产量不高，因此并不能全然享受这场消费盛宴。②

2014 年“双 11”期间，一些企业已经面临着需求激增以及产出不确定

① 天猫双 11 交易额 5403 亿元！[N]. 杭州日报，2021 - 11 - 12.

② 消费电子“双 11”卖爆！缺芯仍严峻　这些芯片公司正在积极备货 [N]. 中国证券报，2021 - 11 - 02.

带来的巨大挑战。例如，2014 年，乐视 TV 在“双 11”期间的总销量达 6.4 万台，但在 11 日中午 12 点之前，所有仓库的库存都基本卖光了，这使得乐视 TV 的很多订单都要延迟发货，这在一定程度上影响了销量的增长。① 而在 2013 年初，乐视网就与富士康达成了战略合作，即乐视 TV 超级电视以及互联网机顶盒产品交由富士康提供全套解决方案。通过遍布全国的零部件供应体系，集成乐视的软件设计理念，通过富士康的组装完成产品的最终实现。② 在这个供应链体系中，从零部件的供应到最后的组装生产，存在着诸多的不确定性，并影响着乐视 TV 的最终产量。实际上，在当前的市场环境下，尽管有时企业确实能够接到客户的精确订单，但是在产品制造和供应过程中，产出不确定是普遍存在的，这给企业带来了巨大的挑战。总体来说，产出不确定将促使企业进一步关注供货能力，并谋求构建更高效的供应链合作机制。越来越多的案例表明，在接到客户订单或者进行精确需求预测之后，能否准确及时地将产品交付给客户事关企业的长期发展。尤其是在中国制造业向高质量转型的关键时期，企业更应该清晰地认识到产出不确定带来的风险，并引入强有力的供应链合作模式加以应对。

第二节　产出不确定环境下典型企业的管理模式

在应对产出不确定方面，延迟制造技术是比较典型的管理对策。戴尔公司在这方面就做得比较好，其制造商首先生产高标准化部件，这些部件可以依托成熟的信息系统和规范化的管理方法来进行规模化生产，从而最大限度地降低产出不确定的影响。因此，戴尔公司可以接受来自线上线下各种类型的个性化订单，根据订单的信息，再对标准化部件进行准确、高效的组装。此时，由于标准化部件经历了规范化的生产流程，具有较好的可靠性，大大降低了产品测试与质检工作量，增强了供货能力。当然，很多时候企业面临的环境并不是仅仅依靠延迟制造就可以解决的。国内一家生产特种材料的 W

---

① 乐视：双十一最大的痛苦就是电视缺货［EB/OL］. 光明网，2014－11－15.

② 乐视网与富士康合作　打造超级电视［EB/OL］. 21 世纪网，2013－03－06.

公司也碰到了类似的决策问题。W 公司生产的一种核电缆料，其客户为电缆厂，最终用户包括核电厂等。这种核电缆料主要依赖进口，而为了摆脱国外进口，W 公司开始尝试研发并生产这类核电缆料。生产这种电缆料的关键原材料涉及两个来源：一是从国外直接进口；二是向国内石化企业定制。当国内客户向 W 公司定制一定量的核电缆料时，W 公司在接单时必须要考虑产出不确定的风险。首先，这种核电缆料本身存在着研发风险，很多原材料配方需要重新研发，技术上存在风险。其次，这种核电缆料的部分原材料需要从国外进口，但是国外供应商是否愿意供应原材料，或者能够供应多少量，难以保证。如果 W 公司选择向国内石化企业定制原材料，那么国内石化企业生产这种原材料的过程中又存在着产出不确定的风险。同时，该核电缆料研发出来之后，其生产运营存在着一定的不确定性，例如生产线不稳定。通过长期的新产品供应经验，W 公司在一定程度上可以将研发、原材料采购、生产本身的不确定综合为一个统一的产出不确定指标。因此，W 公司在接受定制化产品的订单之后，产出不确定就成为了其进行最优化决策必须要考虑的因素。在这样的背景下，供应链管理所倡导的合作共赢理念扮演着重要角色，是应对产出不确定的重要理论基础。W 公司和电缆厂能否建立有效的合作模式，直接影响着能否顺利地生产出这种核电缆料，从而摆脱对国外公司的依赖。实际上，从电缆供应链这个案例中，我们可以观察到以下事实：

1. 供需双方均有强烈的合作与共赢期盼。一方面，从电缆厂的角度来讲，其向 W 公司定制该核电缆料后，如果研发顺利、产能设置合理、生产过程稳定，则电缆厂可以以较低的价格获得数量充足的核电缆料，摆脱对国外进口的依赖。同时，电缆厂还可能从 W 公司获得独家供应的承诺。另一方面，从 W 公司的角度来看，电缆厂往往不仅愿意分担一定的研发费用，从而降低 W 公司的研发成本，也愿意为产品研发、试验、生产与应用，承担检测与试用任务，一定程度上为 W 公司提供了生产支持。只要产品研发成功，并生产出符合质量要求的充足产品，W 公司能确保稳定的需求。

2. 由于产出的不确定，核电缆料的供应存在着风险。一旦出现某个环节的流程中断或者波动，可能会导致实际产出量不足以满足电缆厂需求。W 公司将难以弥补产品的投入成本，并极可能丧失市场最佳时机，而电缆厂将不得不以更高的价格从国外进口。因此，在这样的不确定背景下，更需要供需双方构建高效的合作机制，提升供应链的整体竞争力。

为了提升合作力度，W公司和电缆厂等客户进行了密切的沟通，双方长期的合作经历也给彼此提供了信任的基础。为此，他们从以下几个方面构建创新合作模式：第一，建立畅通的信息交流渠道，确保产品研发、测试、生产与需求波动信息的即时沟通；第二，通过事先的约定来确保双方的关键合作条款，例如供货保证、订货承诺、价格约定等，同时又保证约定具有一定的柔性，充分考虑到核电缆料研发生产的不确定性特征；第三，供需双方在产品设计、测试、生产、销售方面进行协同合作，降低产出不确定带来的负面影响。

第三节　产出不确定环境下的供应链管理核心理念

在当前的市场环境下，拥有稳定、可靠的供货能力越来越依赖于供应链成员之间的合作与配合。例如，华为每一款成功的电子产品必须要经历市场需求和供货能力的双重考验。而需求不确定与产出不确定之间是密切相关的，企业在重点关注需求不确定的同时，也必须要把应对产出不确定放到供应链管理的战略层次上来。为此，供应链必须关注以下几个方面的管理思路：

1. 运用科学的方法评判供应链的产出不确定现状。改变传统企业只强调对企业内部生产能力评估分析的模式，而将视野扩展到整条供应链。通过即时的信息分享，确保供应链能够获得准确及时的运营现状评价。特别地，应建立有效的合作机制，确保供应链上每个成员都能获得更高的收益。

2. 创新应用供应链管理中的经典技术与方法。例如，精益物流、快速反应、有效客户响应、延迟制造对增强供应链竞争力具有重要作用。但是在应用过程中，企业必须要根据供应链的实际情形进行创新应用。很多产品要求供应链成员在不确定环境下进行零部件设计、生产能力配置，很多时候甚至难以用明确的契约确定双方的关键交易参数。而如果不提前准备，生产能力可能将难以满足市场需求。这就要求供应链具备更强的灵活性，能创新应用经典技术与方法。

3. 选择有竞争力的合作伙伴，构建面向长期合作的供应链网络。例如，东芝往往在产品设计初期，向电子元件供应商非正式地承诺电子元件的价格，从而给供应商提供足够的时间来为生产做准备。凭借东芝自身的信誉，以及和供应商多次交易表现出的诚信，使得供应商可以相信东芝的承诺，并据此提前进行生产准备。这样的合作方式将确保东芝产品的竞争力可以得到最大程度的体现，将产出不确定的影响降到了最低程度。

4. 运用科学的管理决策模型指导管理行为。企业家往往忽视了决策模型的重要意义，而在产出不确定环境下，合理构建决策模型可以帮助企业家更好地判断可能出现的管理情形，并用仿真数据帮助企业制定更科学的管理决策。

第六章 产出不确定环境下供应链竞争与合作理论

在当前的市场经济活动中，企业与企业之间的竞争很多时候表现为供应链与供应链之间的竞争。而供应链的竞争力更多地依赖于成员企业之间高效的合作模式，这种合作模式需要考虑到企业追求自身利润最大化的内生动力，将企业之间的竞争与合作有机地统一起来。与此同时，企业之间的合作模式面临着越来越复杂的市场环境带来的考验，这种环境的复杂性很多时候表现为供应与需求的不确定。一个值得关注的事实是，当前市场中产品更新换代的速度越来越快，企业必须要不断研发新产品，留住老客户、吸引新客户。然而，企业一方面面临着市场需求的不确定，另一方面企业自身的生产过程也面临着产出的不确定，有时企业的交货过程也可能是不确定的。在这样的背景下，为了更好地与供应链其他成员合作，企业必须真正理解其面临的不确定因素，并采取有效的应对措施，构建出新的合作模式。

在当前的学术研究中，学者们对需求不确定的关注较多，且形成了一系列需求不确定环境下的供应链竞争模型与协调机制研究成果。在该领域中，很多学者从竞争角度分析供应链成员之间的博弈过程，在此基础上研究供应链性能优化的途径。例如，拉里维尔和波蒂厄斯（Lariviere and Porteus，2001）建立了纯批发价契约下供应商与零售商之间的斯坦伯格模型，假设供应商占据博弈的主导者地位，求解了博弈的均衡解及其约束条件。实际上，斯坦伯格模型已经被众多学者采用，成为分析供应链其他复杂博弈过程的重要基础。有学者研究了结构较为复杂的竞争模型，分析了成员之间存在的斯坦伯格竞争、古诺竞争，并综合应用收益分享契约与补贴契约，在实现协调供应链的同时，提升所有成员的收益水平（Gerchak and Wang，2004）。遵循类似的研究思路，不同的学者在需求不确定环境下提出了多样化的契约方案来优化供应链性能，或者协调供应链，涉及的契约包括回收契约、收益分享契约、补贴契约、数量契约、通道回扣契约、期权契约等（Webster and Weng，2000；Taylor，2002；Cachon，2003；Wu，2005；Cachon and Lariviere，2005；Wang and Liu，2007；严帅等，2013；谢勇等，2013）。

第一节　产出不确定对供应链运营的影响

产出不确定的产生与很多因素有关，在不同的行业中也有不同的表现形式。在农业中，产出不确定主要是因为农产品受到气候条件、种植技术等方面的影响，有可能对农业及整个地区带来严重的损失。例如，2021 年 7 月，在河南特大暴雨的洪涝中，农作物受灾面积高达 1515 万亩，占秋作物总面积的 19.9%，成灾面积 978 万亩，绝收面积 521 万亩。① 此次涝灾一方面引发了市场波动，并且波及饲料粮以及畜产品的价格；另一方面，从农产品供应链的角度来看，给受降雨影响较大的河南多个大中城市的成品粮油供应带来了短期冲击。可以说，农产品供应链上的农户、批发商、零售商、承运商等关联成员都受到了由产出不确定带来的不同程度影响。

电子产品领域也普遍存在着产出不确定现象。例如，小米公司自 2012 年以来，主要凭借预售模式快速推出新产品，但在满足预售订单的销售过程中，经常因为产出不确定而导致供货不足，被认为是“饥饿营销”策略导致的，对其声誉产生了影响。例如，2019 年 2 月 20 日，小米以起售价 2999 元发布小米 9，在发售几秒钟便售完，而此后的几轮抢购中也比较难抢。在一些非官方平台上出现了在发售价的基础上加价几百元进行销售的情况。实际上，在 2 月预售之后的正常销售过程中，小米之所以长期供货不足的原因是相机模组的良率过低导致新品产出不足。此外，小米 9 的元器件搭载的是同时期

① 河南省副省长武国定：暴雨洪灾致 1515 万亩农作物受灾　全省粮食全年总产量仍有望达 1300 亿斤［EB/OL］. 央视财经，2021－09－26.

比较稀缺的芯片，需要向高通进口，而其他的手机厂商也需要从本就产能不高的高通手中抢夺芯片资源，进一步造成小米 9 的芯片供应不足。[①] 可以说，小米 9 的生产是集研发、采购、生产、装配等一系列过程共同作用的结果，产出不确定可能是由其中某一环节不稳定造成的。此外，对于像手机这种更新速度较快、生命周期较短的季节性产品，产出不确定还可能表现为交货过程的不确定。

从小米的例子中可以看到，智能手机的产出不确定主要是由于芯片供应不足造成的。由于芯片这种半导体产品的制造需要在绝对条件下进行，而空气中存在的灰尘，以及加工过程中可能出现的流程中断等都会造成实际产出偏离预计产出的现象。因此，不管在运作管理中投入多少努力水平，其产出不确定仍然是不可避免的（Nahmias，2009）。此外，半导体行业具有三个重要特征：第一，由于复杂的制造过程、较高的质量要求等，制造商的实际产出往往会偏离其初始规划产量；第二，半导体产品的需求往往是不确定的；第三，半导体产品通常都是短生命周期产品，集成电路芯片在其生命周期的前 6 个月将贬值 60%，同时生产这些产品又需要 2 ~ 3 个月的生产提前期（Wang，2009）。这些特征决定了半导体产品供应链管理的复杂性。因此，将产出不确定引入供应链管理的研究范畴中，能适应当前市场经济发展的实际需求。

产出不确定是企业在生产经营中经常面临的一个实际问题，在工业企业的生产安排中常见的损耗率估算，实际上也是属于产出不确定的应对策略。在当前的市场环境下，产品更新换代速度越来越快，新产品层出不穷，产出不确定特征变得越来越明显。同时，正如前文案例中所描述的，不仅是创新性产品，易受气候、种植技术等因素影响的农产品也面临着产出不确定的考验。因此，产出不确定的引入将促使众多企业进一步关注供货能力，并谋求构建更高效的供应链合作机制。越来越多的案例表明，在接到客户订单或者进行精确需求预测之后，能否准确及时地将产品交付给客户事关企业的长期发展。尤其是在中国制造业向产业高端升级的关键时期，我们更应该清晰地认识到产出不确定带来的风险，并引入强有力的供应链合作模式加以应对。

---

① 小米 9 又缺货？“缺货”成常态，供应链问题一直未解决［EB/OL］. 观察者网，2019 - 03 - 18.

第二节　产出不确定环境下的竞争模型

当前，产出不确定已经得到许多学者的关注，也出现了多样化的数学量化方式，可以适用于不同的模型中（Yano and Lee，1995）。例如，可以用单位投入产出一定概率合格品的形式来反映产出不确定，并用伯努利过程来描述企业的总投入与总产出过程。也可以用一个随机变量来描述企业的总体产出率，这样就可以用均值和方差来分析随机产出率的性质，此时实际产出为随机产出率和计划产量的乘积，这可以称为随机比例产出。产出不确定的存在一方面会影响制造商在投入、产品批发价格等方面的决策，另一方面也会影响购买商在订购量、销售价格方面的决策。同时，产出不确定也将影响甚至改变供应链成员之间的竞争模式。因此，传统的仅关注需求不确定的供应链决策机制不足以反映当前众多企业面临的现实问题。在当前的供应链管理研究中，产出不确定已经得到了部分国内外学者的关注，他们从不同角度对产出不确定进行了研究，剖析了供应链成员在不同竞争模式下的最优决策。总体来看，目前关于产出不确定的研究主要包括以下几个方面：

一、产出不确定、需求确定的供应链竞争模型

由于产出的不确定，意味着一定量的投入，其产出是一个随机变量，那么投入就成为了制造商要面对的决策问题。凯伦（Keren，2009）针对季节性产品，构建了一个产出不确定、需求确定的库存决策模型，并将计划产量作为制造商的决策变量，而实际产出表现为计划产量与一个随机变量的函数组合。进一步将这种产出不确定现象描述为“生产风险”，并根据计划产量与随机变量不同的函数关系，定义了两种形式的生产风险，即乘积形式和加法形式。在此基础上，对制造商的最优计划产量决策进行了讨论。研究发现，产出不确定会影响下游中间商的订购决策。对中间商来说，制造商的产出不确定就意味着供应的不确定，中间商必须据此调整其订购决策，因此凯伦（Keren，2009）进一步对中间商的订购决策进行了讨论。居尔吕等

（Güllü et al.，1997）从购买商的角度研究如何应对供应商的产出不确定。他们认为，为了更好地应用准时制等先进生产技术，企业不仅需要关注需求不确定问题，同时也要重视供应端的不确定问题。为此，他们研究了一个需求确定而产出不确定的定期审查库存决策模型，并用伯努利过程来描述产出不确定。

针对上游供应商的产出不确定问题，下游购买商可以通过采取一定的措施来应对。例如，在季节性产品领域，由于产出不确定、运输延迟等问题，零售商往往很难明确在销售季节开始前是否能够收到预订数量的产品。很多时候，零售商实际收到的合格产品数量总是小于等于其预订量，这反映出供应商生产、运输过程中存在着一定的产品缺损率。为了应对供应商的这种产出不确定问题，零售商可以通过订购决策和定价策略来优化自身运营管理，而紧急订购也是一种有效的应对方式（Tang and Yin，2007）。唐瑜和库韦利斯（Tang and Kouvelis，2011）将产出不确定的随机产出率限定在区间［0，1］内，针对一个多供应商对多购买商的两级供应链，引入古诺竞争来描述购买商之间的数量竞争。他们的研究主要在于分析购买商在面临其他购买商的古诺竞争时，如何从多个供应商处合理选择订购量以降低产出不确定带来的负面影响，从而最优化自身期望利润。

部分学者开始尝试引入多样化的契约方案来协调产出不确定环境下的供应链。王道平等（2012）以农产品供应链为例，采用风险共担契约对生产商和销售商的协同优化进行建模分析，分别求出了集中决策下的最优计划生产量、分散决策时的纳什均衡解，并在此基础上证明了风险共担契约能够协调供应链。他们所构建的风险共担契约是通过生产商和销售商相互支付补贴的形式实现的，当生产商产出过剩时补贴由销售商支付给生产商，而当生产商产出不足时补贴由生产商支付给销售商。廖莉等（2010）研究了随机产出环境下，生产商为主导者且面对确定性需求时的供应链契约设计方案，他们讨论了批发价契约、批发价加缺货惩罚契约、批发价加剩余原材料收购契约、批发价加剩余原材料收购加缺货惩罚契约四种契约下的供应链协调模型。齐默（Zimmer，2002）研究了一种特定形式的产出不确定，即供应短缺。由于供应短缺给供应链上不同成员带来的损失是不一样的，因此必须设计出合理的协调机制来解决冲突，确保供应链整体最优化。考虑了由一个供应商和一个制造商组成的两级供应链，假设制造商面临的需求是确定的，而供应商由于生产能力的不确定，可能最终会导致制造商的订购量无法全部满足，即存在供应不确定。进一步通过引入惩罚和奖励机制来实现成本的柔性分配，最终实现供应链协调。

二、产出与需求均不确定的供应链竞争模型

供应链很多时候同时面临着产出不确定与需求不确定，这方面也引起了学者们的广泛关注。赵恒珠和邓兆生（Cho and Tang，2013）在供应链建模时，同时考虑了产出不确定与需求不确定。在他们的模型中，由于面临着较长的生产提前期，制造商必须在销售季节开始前很长一段时间就确定其生产能力并进行生产。他们采用一个随机比例产出模型来反映产出不确定现象，即制造商的实际产出为一个随机变量与生产能力的乘积。另一方面，零售商面临的需求也是不确定的，他们将一个随机变量引入销售价格与供应量之间的线性函数中。在此基础上，构建了三种不同形式的斯坦伯格模型，包括提前销售策略、常规销售策略和动态销售策略，并综合比较分析了制造商在批发价格、零售商在订购量方面的最优决策。也有些学者通过限定产出不确定因素的波动范围来研究特定的供应链管理问题。克桑索普洛斯等（Xanthopoulos et al.，2012）引入介于0～1的一个随机变量来描述产出不确定，研究了两个供应商和一个零售商所组成的两级供应链模型，假设两个供应商的供应渠道都容易受到中断风险（原材料供应、生产过程或自然灾害等）的影响，因此供应商的产出是不确定的，且产出随机变量相互独立，零售商必须确定在每个供应商处的订购量。不同于唐瑜和库韦利斯（Tang and Kouvelis，2011），克桑索普洛斯等（Xanthopoulos et al.，2012）分析了产出损失对零售商风险中性和风险规避时的决策带来的影响。

在产出不确定环境下，若零售商面临着需求不确定，则产出不确定风险与需求不确定风险就可以分解为供应商与零售商分别承担的独立决策问题。当产出不确定风险由供应商独自承担时，供应商必须要为可能的缺货进行紧急生产以确保满足零售商的采购需求，从而产生较高的再生产成本。因此，为了优化供应链，可以设计不同的契约方案来实现零售商对供应商产出不确

定风险的分担。实际上，这样的契约方案是存在的，且可以提高供应商和零售商的期望收益，具体的契约方案包括紧急生产成本共担契约和系列批发价契约（He and Zhang，2008）。

库存管理模式的不同也会影响产出不确定环境下供应链的性能。查尔斯·王（Wang，2009）采用随机比例产出来描述半导体行业中的随机产出现象，同时考虑需求不确定。在此背景下，比较分析了两种不同库存管理模式下供应链成员的最优决策：一种是传统的零售商管理库存模式（Retailer Managed Inventory，RMI），即由配送商负责库存决策，而制造商负责生产决策；另一种是供应商管理库存模式（Vendor-Managed Inventory，VMI），即由制造商负责生产与库存决策。

部分学者研究了特定行业中的产出不确定问题。阿里夫奥卢等（Arifoglu et al.，2012）研究了美国的流感疫苗供应链，分析了其中存在的产出不确定现象。流感疫苗制造商生产周期较长（一般为 6 ~ 8 个月），而疫苗制造过程中会受到培育环境的影响而呈现产出不确定。为此，他们引入一个产出率随机变量（定义在区间［0，+∞）内）来描述实际产出与计划产出之间的关系。在他们的模型中，消费者的疫苗购买行为受到了疾病感染成本（为一随机变量）的影响，并可以据此划分为不同的类别。可以看到，该决策模型在考虑产出不确定情形时，对消费者的需求进行了更接近实际的描述。赵恒珠和邓兆生（Cho and Tang，2013）的研究实际上也是基于对美国流感疫苗供应链的实践而设计的。

在产出不确定和需求不确定环境下，契约在优化供应链性能方面仍然可以扮演积极角色。凌六一等（2011）研究了“农超对接”背景下，产出和需求都呈随机分布的农产品供应链管理问题，他们设计了利润共享契约来实现供应链协调。赵霞和吴方卫（2009）在面对产出和需求均不确定的农产品供应链协调问题时，以产出和需求的随机变量均服从区间为［0，1］的均匀分布这一特殊情形为例，深入探讨了收益分享契约在农产品供应链协同和利益分配方面的重要作用。

第三节　产出不确定环境下的供应链协调机制

一些学者开始重点关注产出不确定环境下供应链协调与性能改进的问题，且供应链契约成为了重要的协调工具。切克等（Chick et al.，2008）以流感疫苗供应链为例，分析了由作为购买者的政府和作为供应商的流感疫苗制造商组成的供应链协调问题。他们采用随机比例产出模型来反映流感疫苗的产出不确定现象，并定义了一个系列博弈模型来反映流感疫苗制造商与购买商（政府）之间的决策过程。制造商的决策变量为计划生产量，而政府作为竞争的主导者需要确定最优的订购量（实际上就是要确定特定地区人口总数的计划接种人口比例），基于该博弈过程分析了纳什均衡解。此外，在分析供应链协调机制时，发现批发价和回收契约不能协调流感疫苗供应链。为此，切克等（Chick et al.，2008）采用成本共担契约来改进供应链的性能，在该契约中，购买商（政府）向制造商生产的单位产品支付一个分担费用。通过这种契约的合理设计，供应链可以实现协调。可以看到，在产出不确定环境下，对供应链契约的设计提出了新的要求，传统供应链契约很难直接应用。

引入契约来协调供应链时也需要考虑产出不确定的具体表现形式，有时产出不确定的表现形式会带来不同的契约设计方案和管理结论。李响等（Li et al.，2013）用投入水平的线性函数再结合一个随机变量来描述随机产出，分别讨论了需求确定与需求不确定两种不同的情形。该研究构建了零售商确定订购量和供应商决定投入量的斯坦伯格模型，其中零售商处于决策的主导者地位。在需求确定情形下，引入了缺货惩罚契约来协调供应链，即供应商需要为可能的缺货向零售商支付惩罚费用。通过引入该契约，可以在协调供应链的同时，实现供应链总利润在成员之间的任意分配。不同于切克等（Chick et al.，2008），李响等（Li et al.，2013）的研究结论表明，供应商通过承担缺货惩罚可以促使其选择最优的供应链投入量。李响等（Li et al.，2013）进一步认为，在需求不确定情形下，缺货惩罚契约必须增加一些限定条件才能协调供应链，即要求零售商接受供应商所有可能的产出，但此时无法实现供应链协调利润在成员之间的任意分配，只能找到帕累托改进区间。

从这一例子可以看出，在产出不确定环境下，尤其是同时面临需求不确定时，供应链契约的设计与应用变得比较复杂，需要引入更加高效、灵活的契约设计方案。

胡飞等（Hu et al.，2013）基于一种特殊的订购策略，设计了一个较为复杂的契约方案来协调产出不确定环境下的供应链竞争模型。在该契约中，集成使用了订购惩罚与回扣契约、收益分享契约。按照该契约方案，供应商首先设定一个数量目标：如果供应商的实际配送量小于该数量目标，则供应商为配送短缺部分向制造商支付惩罚费用；如果制造商订购量高于该数量目标，则供应商为高于数量目标部分的订购量向制造商支付一个单位回扣。他们发现，通过引入该契约，供应链可以得到协调，并实现协调利润在成员之间的任意分配。一方面，该契约吸收了传统契约的特性，如收益分享契约的应用模式是与传统产出确定供应链的应用模式一致的；另一方面，该契约又针对产出不确定特性，通过设定数量目标来协调供需双方的生产、订购决策。廖莉等（2010）对批发价契约进行了改进，通过增加惩罚条款，有效提升了产出不确定供应链的性能。齐默（Zimmer，2002）对产出不确定环境下供应链的契约设计机理进行了讨论，认为供应短缺给供应链不同成员带来的损失存在着差异性，必须有针对性地来设计契约条款。此外，凌六一等（2011），赵霞和吴方卫（2009）讨论了收益分享契约对产出不确定环境下的供应链的协调能力。

也有学者开始关注契约创新对供应链性能的影响，尤其是在产出与需求均不确定环境下，引入更加灵活的供应链契约就显得尤为重要了。例如，在供应商产出与需求不确定环境下，承诺契约被证实可以用来实现供应链成员之间产出不确定的风险分担。在该承诺契约中，供应商向零售商保证一个最小的承诺供应量。由于承诺供应量可以小于等于零售商的订购量，从而在供应商缺货惩罚费用上可以进行分段设置，这使得承诺契约在一定程度上可以降低供应商的产出不确定风险（He and Zhang，2010）。另外，胡飞等（Hu et al.，2014）运用期权契约来构建产出不确定环境下制造商与零售商之间的交易关系，并将零售商的初始订购量、期权订购量和制造商的正常生产量、紧急生产量有机结合，分析供应链成员的动态决策过程。研究表明，期权契约较好地适应了产出不确定带来的复杂决策环境，能帮助供应链更加灵活地应对不确定环境。尽管以上关于契约创新设计的研究没有具体讨论供应链的协调机制，但是这种承诺契约可以有效改进供应链的性能，其设计理念和方法对今后的研究具有重要的启示。

第四节　本章小结

在产出不确定环境下，供应链成员之间的竞争模式，以及供应链协调机制都具有新的特征，越来越多的学者开始关注到产出不确定对供应链管理的重要影响。学者们在对供应链竞争结构充分讨论的基础上，研究了供应链成员的最优决策，并运用契约来协调供应链，或者提升供应链整体性能。从目前的文献研究来看，尽管国内外学者对产出不确定环境下供应链竞争模型与协调机制有了一定的研究，但仍然存在着以下不足，这些不足正是今后可以扩展的研究方向。

一、产出不确定环境下，需要引入更为创新的契约模式

目前，关于产出不确定环境下的研究较多涉及竞争过程的描述和均衡解的分析，而关注协调供应链的契约设计方案的系统研究较少。在现有的研究中，供应链契约形式主要借鉴传统契约的设计模式，在协调产出不确定环境下的供应链时存在着一定的困境，契约的灵活性仍然不足。因此，当前迫切需要引入更加灵活的契约模式，例如承诺契约、期权契约等。其中，承诺契约作为一种灵活性较强的契约方案，已经得到了很多关注。一般情况下，承诺契约满足以下特征中的一项，或者同时满足几项：第一，承诺契约中的承诺条款强调在不确定环境下的事先约定，而不一定按照时间顺序依次确定；第二，承诺契约中的承诺条款强调参数取值放宽在某个约定的范围，形式往往是“至少”“最低”“最高”“最多”，或者指定在某个特定的区域范围；第三，承诺契约中的承诺条款可以不遵守，但是交易双方往往会事先明确违反承诺的惩罚机制；第四，当承诺契约中的承诺条款应用于两期及更多期交易模式中时，便具有了关系型契约的特征，此时，交易双方对第二期或今后

长远交易的期盼也可能成为成员承诺条款履行的约束机制之一。部分学者对承诺契约进行了一定的研究，并认可承诺契约给供应链交易带来的灵活性。杜兰戈－科恩和亚诺（Durango-Cohen and Yano，2006）研究了制造商和购买商之间的承诺契约设置机制，在该承诺契约下，购买商提供一个需求预测，并承诺至少购买预测值的一部分，而制造商将承诺一个最小的供应量。通过引入承诺契约，制造商与购买商可以在不确定环境下就各种条款进行事先约定，从而为供应链合作带来灵活性与可行性。甘湘华等（Gan et al.，2010）研究的承诺契约涉及的主要承诺条款为最小购买量与短缺惩罚，另外再附加一个常规的批发价。按照该契约，零售商必须事先承诺一个最小购买量，并承受需求小于最小承诺购买量的风险。作为回报，供应商承诺为可能的缺货向零售商支付一个惩罚费用。研究表明，这种承诺契约可以为供应链带来更稳定的供应与需求。泰勒和普兰贝克（Taylor and Plambeck，2007）认为承诺契约比较适合应用于电子和半导体等创新性产品行业，他们设计的承诺契约中的承诺条款为批发价格和购买量，即购买商向供应商承诺以一定的批发价格购买一定量的产品。他们也研究了购买商仅承诺批发价格时的决策情形。类似的研究也可以在其他学者的工作中找到（Xie et al.，2010；Krishnan and Bhattacharya，2002；Anand et al.，2008；Zhao et al.，2007）。

二、产出不确定的特性决定了需要更加关注消费者策略选择行为

供应链的产品最终是提供给消费者使用的，而消费者对价格、供应量都是非常敏感的，不同的价格和供应水平会导致消费者采取完全不一样的决策。尤其是在当前的市场经济中，可供消费者选择的产品品种越来越多，且消费者的转换成本也变得越来越低。因此，消费者在购买产品的过程中，开始更多地关注自己的主动权，期望通过策略选择行为来最大化自身的效用。比较典型的消费者策略选择行为有：

1. 消费者对产品可获得性的策略选择行为。消费者在寻找产品的过程中，一旦在首选的零售商处没有得到想要的产品，会转向其他有货的零售商，并且消费者的购物经历会持续影响他们下次购物时的零售商选择。在这样的背景下，很多零售商期望通过充足的库存水平来保证供货能力，吸引消费者

前来购买。目前，一种普遍的量化方式是将零售商的服务水平与库存量关联起来，而服务水平的高低将影响策略型消费者的购买行为。考虑到消费者到零售商处购买产品需要花费一定的成本（包括交通成本、时间成本等），如果预料到零售商的服务水平较低，则策略型消费者可能会放弃访问该零售商。另一方面，过高的服务水平将给零售商增加成本。为此，零售商必须合理选择库存量与销售价格，以最大化期望收益（Su and Zhang，2009）。

2. 消费者对产品低价期待的策略选择行为。有些消费者会表现出对产品低价期待的策略选择行为，即消费者会考虑是在季中以常规的价格购买所需要的产品，还是等到季末以较低的处理价购买所需要的产品（Su，2007）。卡琼和斯温尼（Cachon and Swinney，2009）的研究证实，消费者的这类策略选择行为会影响零售商的库存决策、产品定价决策和利润。

以上两类是比较有代表性的消费者策略选择行为表现形式，但在实际建模过程中，不同的案例背景可能会表现出不同的特征。例如，消费者对产品的评价也可能是比较复杂的。同样的产品，有些消费者可能觉得产品价值相对较高，而有些消费者可能觉得产品的价值相对较低，可以用随机变量来反映消费者的这种行为差异。特别地，很多时候消费者的等待耐心也是不同的，表现在成本上有差异。因此，需要假设不同消费者的等待耐心和对产品的价值估计，在此基础上分析零售商最大化利润的最优决策（Su，2007）。类似地，还有其他学者从不同角度对消费者的策略选择行为进行了讨论（Yin et al.，2009；Jerath et al.，2010；Yang，2012；Guo et al.，2009）。

实际上，消费者策略选择行为影响的不仅仅是零售商，对包括供应商在内的整个供应链都会产生影响。供应链成员应该意识到消费者的策略选择行为，引入新的合作机制，采用更加灵活的契约形式来增强应对能力。传统的供应链研究很多时候将消费者的这些策略选择行为归类于需求不确定，研究视角主要定位在零售商与消费者之间的竞争上，较难反映出供应商的积极作用。而在产出不确定环境下，供应端的不确定使得供应链更加难以确保其服务水平，这给供应链应对消费者策略选择行为带来了新的挑战。为此，供应商与零售商必须在生产投入、库存管理、定价等方面进行合作，运用灵活多样的契约形式来协调成员的决策行为，实现供应链最优化。

三、针对中国的典型案例进行产出不确定建模与协调机制设计

目前的文献研究中，较少对中国企业面临的典型案例展开深入调研分析，并据此建模与优化。在产出不确定研究工作中，由于涉及产出不确定的多样化描述、需求不确定（或确定）的多样化描述，使得理论研究涉及较为复杂的数学建模工作，这容易导致管理问题导向被忽视。如果能够结合典型案例建模，研究的现实意义将进一步增强，也不会演变成单纯的数学推导与算法研究。实际上，国外的学者也非常关注现实案例的应用。在产出不确定供应链管理领域，比较典型的是学者们在研究中反复引用了美国流感疫苗供应链作为典型案例，并从不同角度进行了讨论。赵恒珠（Cho，2010）详细描述了美国流感疫苗的市场背景和政府监管情况，研究视角就是要帮助政府监管部门更好地确定疫苗的更新换代政策。切克等（Chick et al.，2008）也将美国流感疫苗供应链作为建模的案例背景，他们主要讨论作为购买者的政府和作为供应商的流感疫苗制造商之间的供应链协调问题。此外，德奥和科比特（Deo and Corbett，2009）、赵恒珠和邓兆生（Cho and Tang，2013）、阿里夫奥卢等（Arifoglu et al.，2012）都以流感疫苗供应链为例进行建模与分析，详细分析了流感疫苗供应链的运作机制，剖析其存在的产出不确定特征，对供应链关联企业之间的交易体系进行了深入探讨，并据此构建供应链竞争模型、分析最优决策，寻找供应链性能改进的途径。这为产出不确定环境下的供应链管理提供了很好的实践基础，具有重要的现实意义。部分研究也引用了其他领域的案例来说明产出不确定性，例如日本任天堂公司2007年圣诞节在美国推出的家用电视游戏机 Nintendo Wii 的销售案例，美国的教科书市场等（He and Zhang，2010）。相对而言，国内学者们在挖掘国内案例方面还有待于改进，目前多以农产品供应链为例来进行说明，在案例的深度与特色挖掘方面存在着不足。

第七章 供应链投入决策建模方案与管理策略

在传统工业企业的生产经营活动中，产出不确定通常表现为不确定的损耗率，企业基于对损耗率的估算来决定投入量。现在，随着市场环境的变化，众多产品的产出不确定表现形式更为复杂，对企业的影响也越来越大，引起了学者们的广泛关注（王道平等，2012；姚冠新和徐静，2015；左晓露等，2014；Begen et al.，2016；Takamichi et al.，2015）。在这样的背景下，很多学者开始关注产出不确定环境下供应链的协调问题，并且引入不同形式的契约方案来优化供应链性能（赵道致和吕昕，2012；刘聘和谢铁军，2013；赵霞等，2014；凌六一等，2013；朱宝琳等，2016；于建红等，2012）。此外，供应链结构的复杂性也开始得到了关注。例如，李果等（2011）研究了供应商产出不确定环境下两个供应商、一个制造商基于惩罚策略的协调供货模型。薛巍立等（Xue et al.，2016）对由多个供应商和一个制造商组成的供应链模型，采用多样化策略方案，着重研究了制造商的风险偏好和供应商的产出不确定对制造商订货决策的影响。这些研究成果从不同角度对产出不确定环境下的供应链决策进行了讨论，专家们的共识是，产出不确定环境下的供应链运营模式具有特殊性，需要供应链成员有策略性地加以应对。

在应对产出不确定方面，供应商通常会借助外协商的帮助来确保稳定的产品供应。在浙江省，众多外贸型企业都是通过这样的形式来确保订单的按时按量满足。例如，位于嵊州的著名领带制造商巴贝集团拥有数量众多的外协商，包括织造加工商、整形加工商、领带制作加工商等，这使得巴贝集团能够在产出不确定的情形下，确保订单的顺利交付。另外，浙江省集群式的产业生存业态使得企业寻找外协商合作成为了可能。这些外协商彼此依赖，在产出不足的情形下可以相互调货，并且可以向零售商承诺供货量，确保零售商的订购量得到满足。这样的库存再调节行为本质上是一种再补货机制，在供应链管理中也比较常见（Tang and Yin，2007；He and Zhang，2010；Tang and Kouvelis，2011）。但供应商不得不考虑的是，通过外协商采购的产品单位成本往往比自己生产出来的高，这也会使得本该由自己获取的利润出现外流。

本章拟构建由一个供应商和两个零售商组成的两级供应链，假设零售商处于同一个市场中，市场出清价格与两个零售商的总供货量呈线性相关。在不考虑供货承诺情形下，分析供应商与零售商之间的动态竞争行为；重点关注供应商供货承诺行为对供应链竞争结构的影响，并构建供应链竞争模型；最后对以上竞争模型的均衡解进行深入分析，进行丰富的数值分析，并得到相应的管理启示。

第一节　基本模型的建立（模型Ⅰ）

考虑由一个供应商和两个零售商构成的两级供应链，其中供应商向两个零售商提供单一产品。零售商扮演着中间商的角色，他们从供应商处拿到产品后，会对产品进行加工处理，然后销售给消费者。两个零售商对于供应商来说没有优先之分，且供应商和零售商都是风险中性的。w 表示供应商向零售商销售产品时的单位批发价格，c_0 表示供应商的单位生产成本。假设供应商的产出是不确定的，即如果投入量为 Q，则其实际产出量为 xQ。这里 x 为随机变量，服从均匀分布，其概率密度函数为 $f(x)$，均值为 μ，累积分布函数 $F(x)$ 可微且严格递增。x 满足 $0 \leqslant \theta \leqslant x \leqslant \beta$，其中 θ 和 β 均为常数，且有 $F(\theta)=0$，$F(\beta)=1$。考虑两个零售商处在同一个市场中，且存在着数量竞争关系，因此假设市场逆需求函数为：

$$p=a-bq \tag{7-1}$$

其中，p 表示零售商的销售价格（即市场出清价格），q 表示市场总销量，且 $q=q_i+q_j$，q_i 为零售商 i 的订购量，q_j 为零售商 j 的订购量。这里，

$i=1$，2，$j=3-i$。类似的假设可以在其他学者的研究中看到（Mishra and Raghunathan，2004；Cai et al.，2010）。

现在考虑一个传统的动态决策情形，即供应链成员依次确定相关契约参数，双方之间没有提供任何形式的承诺机制。为方便下文的表达，本章将这类模型称为模型Ⅰ。其中，供应链成员的博弈过程可以描述如下：

1. 在产出不确定环境下，供应商决定投入量；

2. 供应商完成生产，并观察到实际产出；在此基础上，供应商向零售商提出批发价格；

3. 零售商根据供应商给出的批发价格，并考虑到供应商的实际产出，确定产品的订购量。

假设两个零售商的单位加工处理成本均为 c_1。采用逆向归纳法来分析上述竞争模型，则零售商 i 的利润函数表达式为：

$$\pi_i^I(q_i)=(a-b(q_i+q_j)-w-c_1)q_i,\ i=1,\ 2 \tag{7-2}$$

对 $\pi_i^I(q_i)$ 求导并联立求解，易知在供应商供货充足的情况下，即 $xQ>\frac{2(a-w-c_1)}{3b}$时，零售商 i 的最优订购量为 $q_{i1}=\frac{a-w-c_1}{3b}$，$i=1$，2；在供应商供货不足的情况下，即 $xQ\leqslant\frac{2(a-w-c_1)}{3b}$时，由于两个零售商对于供应商没有优先之分，他们最终将平分供应商的供货量，因此单个零售商的最优订购量为 $q_{i1}=\min\left\{\frac{a-w-c_1}{3b},\ \frac{xQ}{2}\right\}$，$i=1$，2。

在上面的模型中，零售商之间进行了数量竞争。因为市场需求量大于0，即需满足 $q_{i1}=\frac{a-w-c_1}{3b}>0$，因此有 $0<w<a-c_1$。根据最优订购量，可以确定两个零售商的最优销售价格为 p_1，即

$$p_1=\begin{cases}\frac{a+2(w+c_1)}{3},\ xQ>\frac{2(a-w-c_1)}{3b}\\ a-bxQ,\ xQ\leqslant\frac{2(a-w-c_1)}{3b}\end{cases} \tag{7-3}$$

由此可知，当供货充足时，最优销售价格 p_1 是关于批发价格 w 的递增函数，即 w 越大，零售商的销售价格越高，意味着当供应商提高批发价格 w

后，零售商的单位采购成本上升，因此将会通过降低订购量和提升销售价格来应对；当供货不足时，最优销售价格 p_1 与批发价格 w 无关，而是关于实际产出量 xQ 的递减函数，且两个零售商将平分供应商的供货量。在明确实际产出，并预料到零售商最优反应函数的基础上，供应商将确定最优批发价格。此时，供应商的利润函数可以表示为：

$$\pi_{s1}^{I}(w, x) = w(q_{i1} + q_{j1}) - c_0 Q \tag{7-4}$$

结合（7-3）式中零售商的最优反应函数，可以将供应商的利润函数转换为：

$$\pi_{s1}^{I}(w, x) = \begin{cases} \dfrac{2w(a-w-c_1)}{3b} - c_0 Q, & xQ > \dfrac{2(a-w-c_1)}{3b} \\ wxQ - c_0 Q, & xQ \leqslant \dfrac{2(a-w-c_1)}{3b} \end{cases} \tag{7-5}$$

由于供应商在产出确定之后进行批发价格决策，此时供应商已知实际产出量 xQ，因此需要考虑以下两种决策情形：

1. 当 $xQ > \dfrac{2(a-w-c_1)}{3b}$ 时，供应商的目的是最大化利润函数 $\pi_{s1}^{I}(w, x) = \dfrac{2w(a-w-c_1)}{3b} - c_0 Q$。此时，$\pi_{s1}^{I}(w, x)$ 是关于 w 的凹函数，可以得到供应商的最优批发价格为 $w_{a1} = \dfrac{a-c_1}{2}$。

2. 当 $xQ \leqslant \dfrac{2(a-w-c_1)}{3b}$ 时，供应商的目的是最大化利润函数 $\pi_{s1}^{I}(w, x) = wxQ - c_0 Q$。由于 $\dfrac{\partial \pi_{s1}^{I}(w, x)}{\partial w} = xQ > 0$，即供应商的利润随着 w 的增加而递增。并且，考虑到 $w \leqslant a - c_1 - \dfrac{3bxQ}{2}$，可以得到供应商的最优批发价格为 $w_{b1} = a - c_1 - \dfrac{3bxQ}{2}$。

因此，模型 I 中供应商的最优批发价格为：

$$w_1 = \begin{cases} w_{a1}, & xQ > \dfrac{a-c_1}{3b} \\ w_{b1}, & xQ \leqslant \dfrac{a-c_1}{3b} \end{cases} \tag{7-6}$$

供应商在预料到自身的最优批发价格决策行为后，将在产出不确定环境下确定最优的投入量。结合众多产品的实际情况，针对条件 $\theta \leqslant x \leqslant \beta$，进一步假设产出不确定随机变量的波动下限 θ 值相对较小。这样的假设意味着实际产出有可能会出现一个较低值，这也反映了众多产出不确定因素的实际情形。事实上，很多学者将产出不确定随机变量的波动范围限定在［0，1］之间，这是 $\theta=0$，$\beta=1$ 的特殊情形。根据以上假设，总是可以得到 $\theta \leqslant \frac{a-c_1}{3bQ}$。将（7－6）式代入（7－5）式，可以得到供应商的利润函数为：

$$\pi_{s2}^{I}(Q)=\begin{cases}\dfrac{(a-c_1)^2}{6b}-c_0Q, & xQ>\dfrac{a-c_1}{3b}\\ \left(a-c_1-\dfrac{3}{2}bxQ\right)xQ-c_0Q, & xQ\leqslant\dfrac{a-c_1}{3b}\end{cases} \tag{7-7}$$

这里，需要考虑以下两种情形：

1. 如果供应商认为 $\beta \leqslant \frac{a-c_1}{3bQ}$，即 $Q \leqslant \frac{a-c_1}{3b\beta}$，此时供应商预料到其在产出确定之后选择的批发价格为 w_{b1}。因此，供应商的期望利润函数为：

$$\begin{aligned}E[\pi_{s2}^{I}(Q)] &= \int_{\theta}^{\beta}\left[\left(a-c_1-\frac{3}{2}bxQ\right)xQ-c_0Q\right]f(x)\,\mathrm{d}x\\ &= \frac{(a-c_1)(\beta+\theta)}{2}Q-\frac{(\beta^2+\theta^2+\theta\beta)b}{2}Q^2-c_0Q\end{aligned} \tag{7-8}$$

易知，$E[\pi_{s2}^{I}(Q)]$ 是关于 Q 的凹函数，在 Q 没有取值限制情形下，必定存在着唯一的一个 Q_{a1}，使得 $E[\pi_{s2}^{I}(Q)]$ 取到最大值。其中，$Q_{a1}=\frac{(a-c_1)(\beta+\theta)-2c_0}{2b(\theta^2+\beta^2+\theta\beta)}$。

由于还需满足 $Q \leqslant \frac{a-c_1}{3b\beta}$，则供应商的最优投入量为 $Q_{a1}^{*}=\min\left\{Q_{a1},\frac{a-c_1}{3b\beta}\right\}$。

2. 如果供应商认为 $\beta > \frac{a-c_1}{3bQ}$，即 $Q > \frac{a-c_1}{3b\beta}$，此时供应商预料到其在产出确定之后选择的批发价格为 $\{w_{a1}, w_{b1}\}$。因此，供应商的期望利润函数为：

$$
\begin{aligned}
E[\pi_{s2}^{I}(Q)] &= \int_{\theta}^{\frac{a-c_1}{3bQ}} \left[\left(a - c_1 - \frac{3}{2}bxQ\right)xQ - c_0 Q\right] f(x)\,\mathrm{d}x \\
&\quad + \int_{\frac{a-c_1}{3bQ}}^{\beta} \left[\frac{(a - c_1)^2}{6b} - c_0 Q\right] f(x)\,\mathrm{d}x \\
&= \int_{\theta}^{\frac{a-c_1}{3bQ}} \left[\left(a - c_1 - \frac{3}{2}bxQ\right)xQ\right] f(x)\,\mathrm{d}x + \frac{(a - c_1)^2}{6b} \\
&\quad - c_0 Q - \frac{(a - c_1)^2}{6b} F\left(\frac{a - c_1}{3bQ}\right) \\
&= \frac{(a - c_1)^2}{6b} - c_0 Q - (a - c_1) Q \int_{\theta}^{\frac{a-c_1}{3bQ}} F(x)\,\mathrm{d}x + 3bQ^2 \int_{\theta}^{\frac{a-c_1}{3bQ}} xF(x)\,\mathrm{d}x
\end{aligned}
\tag{7-9}
$$

同样地，$E[\pi_{s2}^{I}(Q)]$ 是关于 Q 的凹函数，在 Q 没有取值限制情形下，必定存在着唯一的一个 Q_{b1}，使 $E[\pi_{s2}^{I}(Q)]$ 取到最大值。这里，Q_{b1} 满足下列条件：

$$
\frac{\theta^3 bQ_{b1}}{\beta - \theta} - \frac{(a - c_1)\theta^2}{2(\beta - \theta)} + \frac{(a - c_1)^3}{54Q_{b1}^2 b^2(\beta - \theta)} - c_0 = 0 \tag{7-10}
$$

由于还需满足 $Q > \frac{a - c_1}{3b\beta}$，又已知供应商的期望利润函数是连续的，则供应商的最优投入量为 $Q_{b1}^* = \max\left\{Q_{b1},\ \frac{a - c_1}{3b\beta}\right\}$。

综合以上可知，供应商对最优投入量的选择过程如下：首先，求出 Q_{a1}^* 和 Q_{b1}^*；然后，计算投入量分别为 Q_{a1}^* 和 Q_{b1}^* 时，供应商对应的期望利润；最后，选择使期望利润取到最大时的投入量。令 Q_1^* 表示供应商的最优投入量，并且用 q_{i1}^*、p_1^*、w_1^* 分别代表均衡时的订购量、销售价格和批发价格，则得到以下命题。

命题 7.1 供应商的单位生产成本 c_0 越高，最优期望利润 $E[\pi_{s2}^{I}(Q_1^*)]$ 越小。

证明：显然，供应商的最优投入量为：

$$
Q_1^* = \begin{cases} Q_{a1}^*, & \beta \leqslant \dfrac{a - c_1}{3bQ} \\ Q_{b1}^*, & \beta > \dfrac{a - c_1}{3bQ} \end{cases} \tag{7-11}
$$

因此，供应商的最优期望利润有以下三种可能：

1. 当 $Q_1^* = Q_{a1}$ 时，将 $Q_1^* = \frac{(a-c_1)(\beta+\theta)-2c_0}{2b(\theta^2+\beta^2+\theta\beta)}$ 代入（7－8）式中，得到供应商的最优期望利润为 $E[\pi_{s2}^I(Q_1^*)] = \frac{b(\theta^2+\beta^2+\theta\beta)Q_{a1}^2}{2}$。由于

$$\frac{\partial E[\pi_{s2}^I(Q_1^*)]}{\partial c_0} = -\frac{(a-c_1)(\beta+\theta)-2c_0}{2b(\theta^2+\beta^2+\theta\beta)} < 0$$

所以 c_0 越大，$E[\pi_{s2}^I(Q_1^*)]$ 就越小。

2. 当 $Q_1^* = \frac{a-c_1}{3b\beta}$ 时，将 $Q_1^* = \frac{(a-c_1)}{3b\beta}$ 代入（7－8）式或（7－9）式中，得到供应商的最优期望利润为 $E[\pi_{s2}^I(Q_1^*)] = \frac{(a-c_1)^2}{6b} - \frac{(a-c_1)^2(\beta-\theta)^2}{18b\beta^2} - \frac{(a-c_1)}{3b\beta}c_0$。由于

$$\frac{\partial E[\pi_{s2}^I(Q_1^*)]}{\partial c_0} = -\frac{(a-c_1)}{3b\beta} < 0$$

所以 c_0 越大，$E[\pi_{s2}^I(Q_1^*)]$ 就越小。

3. 当 $Q_1^* = Q_{b1}$ 时，结合（7－9）式和（7－10）式，得到供应商的最优期望利润为 $E[\pi_{s2}^I(Q_1^*)] = \frac{(a-c_1)^2}{6b} - \frac{(a-c_1)^3}{27b^2Q_{b1}(\beta-\theta)} - \frac{\theta^3bQ_{b1}^2}{2(\beta-\theta)} + \frac{(a-c_1)^2\theta}{6b(\beta-\theta)}$。同时根据（7－10）式，令 $y(Q_{b1}) = \frac{\theta^3bQ_{b1}}{\beta-\theta} - \frac{(a-c_1)\theta^2}{2(\beta-\theta)} + \frac{(a-c_1)^3}{54Q_{b1}^2b^2(\beta-\theta)}$。易知，$E[\pi_{s2}^I(Q_1^*)]$ 是关于 Q_{b1} 的递增函数，$y(Q_{b1})$ 是关于 Q_{b1} 的递减函数，$y^{-1}(Q_{b1})$ 是关于 Q_{b1} 的递减函数。由于 $y(Q_{b1}) = c_0$，因此 c_0 越大，则 Q_{b1} 越小，$E[\pi_{s2}^I(Q_1^*)]$ 就越小。**证毕。**

此时，模型Ⅰ中供应链期望利润函数为 $E[TS_1^*] = E[\pi_{s2}^I(Q_1^*)] + \sum_{i=1}^{2} E[\pi_i^I(q_{i1}^*)]$。

第二节　供货承诺情形下的竞争模型（模型Ⅱ）

假设供应商向零售商承诺将满足其所有订购量，且所有成员依次进行决策。为方便下文表达，本章将这类模型称为模型Ⅱ。模型Ⅱ反映了供应商对零售商的数量承诺行为。此时，供应商与零售商之间的动态博弈过程可以描述如下：

1. 在产出不确定环境下，供应商决定投入量，并向零售商承诺将确保零售商的订购量得到满足，即如果供应商的实际产出量小于零售商的订购量，供应商将向外协商采购补充不足的量；

2. 供应商生产完成，并观察到实际产出。在此基础上，供应商向零售商提出产品的批发价格；

3. 零售商根据供应商给出的批发价格，并考虑到供应商做出的供应承诺，确定自己的订购量；

4. 供应商根据零售商的订购量向其配送货物，若供应商的实际产出量低于零售商的订购量，则供应商需外购单价为 $\tilde{w}$ 的产品进行补货。

这里，同样采用逆向归纳法来分析以上竞争模型。此时，零售商 i 的利润函数表达式为：

$$\pi_i^{II}(q_i) = [a - b(q_i + q_j) - w - c_1]q_i,\ i = 1,\ 2 \tag{7-12}$$

易得在供货承诺下，零售商 i 的最优订购量为：

$$q_{i2} = \frac{a - w - c_1}{3b},\ i = 1,\ 2$$

与模型Ⅰ类似，因为每个零售商的市场需求量大于0，则有 $0 < w < a - c_1$。又因为供应商对零售商的订购量进行了全部满足的事先承诺，所以认为 q_{i2} 的取值与供应商的投入量 Q 无关。根据最优订购量，可以确定零售商的最优销售价格为 p_2，这里有 $p_2 = \frac{a + 2(w + c_1)}{3}$。由此可知，$p_2$ 是关于批发价格 w 的递增函数。这意味着供应商提高批发价格 w 后，零售商的单位采购成本上升，因此将会通过降低订购量和提升销售价格来应对。

在明确了实际产出，并预料到零售商最优反应函数的基础上，供应商将确定批发价格。此时，供应商的期望利润函数可以表示为：

$$\pi_{s1}^{II}(w,\ x)=w(q_{i2}+q_{j2})-\tilde{w}\max\{q_{i2}+q_{j2}-xQ,\ 0\}-c_0Q \quad (7-13)$$

根据零售商的最优反应函数，可得供应商的期望利润函数为：

$$\pi_{s1}^{II}(w,\ x)=\frac{2w(a-w-c_1)}{3b}-\tilde{w}\max\left\{\frac{2(a-w-c_1)}{3b}-xQ,\ 0\right\}-c_0Q \quad (7-14)$$

由于供应商将在产出确定之后进行批发价格决策，因此在批发价格决策时能够观察到实际产出，从而面临的是一个确定的决策环境。这里需要考虑两种决策情形：

1. 当$\frac{2(a-w-c_1)}{3b}-xQ\leqslant 0$，即 $x\geqslant\frac{2(a-w-c_1)}{3bQ}$时，供应商面临的决策函数为：

$$\pi_{s1}^{II}(w,\ x)=\frac{2w(a-w-c_1)}{3b}-c_0Q$$

易知，$\pi_{s1}^{II}(w,\ x)$ 是关于批发价格 w 的凹函数。可以得到供应商的最优批发价格为 $w_{a2}=\frac{a-c_1}{2}$。

2. 当$\frac{2(a-w-c_1)}{3b}-xQ>0$，即 $x<\frac{2(a-w-c_1)}{3bQ}$时，供应商面临的决策函数为：

$$\pi_{s1}^{II}(w,\ x)=\frac{2w(a-w-c_1)}{3b}-\tilde{w}\left[\frac{2(a-w-c_1)}{3b}-xQ\right]-c_0Q$$

同样地，$\pi_{s1}^{II}(w,\ x)$ 也是关于批发价格 w 的凹函数。可以得到供应商的最优批发价格为 $w_{b2}=\frac{a-c_1+\tilde{w}}{2}$。

命题 7.2 供应商对批发价格的选择受到了其所观察到的实际产出率的影响，且一定存在着一个批发价格 $w^*\in(w_{a2},\ w_{b2})$，满足以下条件：当 $x>\frac{2(a-w^*-c_1)}{3bQ}$时，供应商的最优批发价格为 $w_2=w_{a2}$；当 $x<\frac{2(a-w^*-c_1)}{3bQ}$时，供应商的最优批发价格为 $w_2=w_{b2}$；当 $x=\frac{2(a-w^*-c_1)}{3bQ}$时，供应商的最

优批发价格为 $\{w_{a2},\ w_{b2}\}$。

证明：当 $x > \frac{2(a - w_{a2} - c_1)}{3bQ}$ 时，供应商的最优批发价格为 w_{a2}；当 $x < \frac{2(a - w_{b2} - c_1)}{3bQ}$ 时，供应商的最优批发价格为 w_{b2}。当 $\frac{2(a - w_{b2} - c_1)}{3bQ} \leqslant x \leqslant \frac{2(a - w_{a2} - c_1)}{3bQ}$ 时，引入以下函数：

$$Y(x) = \pi_{s1}^{II}(w_{a2},\ x) - \pi_{s1}^{II}(w_{b2},\ x) \tag{7-15}$$

则有

$$Y\left(x = \frac{2(a - w_{a2} - c_1)}{3bQ}\right) = \pi_{s1}^{II}\left(w_{a2},\ x = \frac{2(a - w_{a2} - c_1)}{3bQ}\right) - \pi_{s1}^{II}\left(w_{b2},\ x = \frac{2(a - w_{a2} - c_1)}{3bQ}\right) > 0$$

$$Y\left(x = \frac{2(a - w_{b2} - c_1)}{3bQ}\right) = \pi_{s1}^{II}\left(w_{a2},\ x = \frac{2(a - w_{b2} - c_1)}{3bQ}\right) - \pi_{s1}^{II}\left(w_{b2},\ x = \frac{2(a - w_{b2} - c_1)}{3bQ}\right) < 0$$

对任意的 $x \in \left[\frac{2(a - w_{b2} - c_1)}{3bQ},\ \frac{2(a - w_{a2} - c_1)}{3bQ}\right]$，可以得到 $\frac{\partial Y(x)}{\partial x} = \tilde{w} Q > 0$。因此，$Y(x)$ 在区间 $x \in \left[\frac{2(a - w_{b2} - c_1)}{3bQ},\ \frac{2(a - w_{a2} - c_1)}{3bQ}\right]$ 内为 x 的单调递增函数，且有 $Y\left(x = \frac{2(a - w_{b2} - c_1)}{3bQ}\right) < 0$，$Y\left(x = \frac{2(a - w_{a2} - c_1)}{3bQ}\right) > 0$。故一定存在一个批发价格 $w^* \in (w_{a2},\ w_{b2})$ 满足 $Y\left(x = \frac{2(a - w^* - c_1)}{3bQ}\right) = 0$。因此，当 $x > \frac{2(a - w^* - c_1)}{3bQ}$ 时，供应商的最优批发价格为 $w_2 = w_{a2}$；当 $x < \frac{2(a - w^* - c_1)}{3bQ}$ 时，供应商的最优批发价格为 $w_2 = w_{b2}$；当 $x = \frac{2(a - w^* - c_1)}{3bQ}$ 时，供应商的最优批发价格取 w_{a2} 和 w_{b2} 均可。**证毕**。

根据命题 7.2，令 $Y\left(x = \frac{2(a - w^* - c_1)}{3bQ}\right) = 0$，可得 $w^* = \frac{2a - 2c_1 + \tilde{w}}{4}$，

对应的产出率为 $x^* = \frac{2(a - w^* - c_1)}{3bQ} = \frac{2a - 2c_1 - \tilde{w}}{6bQ}$。这里需要解释的是，尽管 x 被假设为一个随机变量，但是供应商在确定批发价格时已经观察到了 x 的实际值。因此，供应商在进行批发价格决策时，面临的 x 为一个确定值，且此时供应商对批发价格的选择依赖于 x 的不同取值。

最后，供应商将在产出不确定环境下确定其最优投入量。类似于模型Ⅰ，假设产出不确定随机变量的波动下限 θ 值相对较小，因此 $\theta \leqslant \frac{a - c_1 - \tilde{w}}{3bQ}$ 成立。此时，供应商需要考虑以下几种决策情形：

1. 如果供应商认为 $\beta \leqslant \frac{a - c_1 - \tilde{w}}{3bQ}$，此时 $x^* = \frac{2a - 2c_1 - \tilde{w}}{6bQ} > \beta$，则供应商预料到其在产出确定之后选择的批发价格为 w_{b2}。因此，供应商的期望利润函数为：

$$
\begin{aligned}
E[\pi_{s2}^{II}(Q)] &= \int_{\theta}^{\beta} \left\{ \frac{2w_{b2}(a - w_{b2} - c_1)}{3b} - \tilde{w}\left[\frac{2(a - w_{b2} - c_1)}{3b} - xQ\right] - c_0 Q \right\} f(x)\mathrm{d}x \\
&= \int_{\theta}^{\beta} \left[\frac{(a - c_1 - \tilde{w})^2}{6b} + \tilde{w}xQ - c_0 Q \right] f(x)\mathrm{d}x \\
&= \frac{(a - c_1 - \tilde{w})^2}{6b} + \left(\frac{\beta + \theta}{2}\tilde{w} - c_0 \right) Q \qquad (7-16)
\end{aligned}
$$

对（7－16）式求关于 Q 的一阶导，可得 $\frac{\partial E[\pi_{s2}^{II}(Q)]}{\partial Q} = \frac{\beta + \theta}{2}\tilde{w} - c_0$。

当 $c_0 \geqslant \frac{\beta + \theta}{2}\tilde{w}$ 时，有 $\frac{\partial E[\pi_{s2}^{II}(Q)]}{\partial Q} \leqslant 0$，即供应商的期望利润函数是关于 Q 的递减函数。因此，供应商的最优决策为 $Q_{a2} = 0$，即供应商选择不投入，而通过向外协商购买的形式来满足零售商的所有订购需求；当 $c_0 < \frac{\beta + \theta}{2}\tilde{w}$ 时，有 $\frac{\partial E[\pi_{s2}^{II}(Q)]}{\partial Q} > 0$。此时，供应商的最优投入量为 $Q_{a2} = \frac{a - c_1 - \tilde{w}}{3b\beta}$。

2. 如果供应商认为 $\frac{a - c_1 - \tilde{w}}{3bQ} < \beta < \frac{2a - 2c_1 - \tilde{w}}{6bQ}$，此时 $x^* = \frac{2a - 2c_1 - \tilde{w}}{6bQ} >$

β，即供应商预料到其在产出确定之后选择的批发价格仍为 w_{b2}。因此，供应商的期望利润函数为：

$$E[\pi_{s2}^{II}(Q)] = \int_{\theta}^{\beta}\Big[\frac{2w_{b2}(a-w_{b2}-c_1)}{3b} - \tilde{w}\max\Big\{\frac{2(a-w_{b2}-c_1)}{3b} - xQ, 0\Big\}$$

$$- c_0 Q\Big]f(x)\,\mathrm{d}x$$

$$= \int_{\theta}^{\beta}\Big[\frac{(a-c_1)^2-\tilde{w}^2}{6b} - c_0 Q\Big]f(x)\,\mathrm{d}x$$

$$- \int_{\theta}^{\frac{a-c_1-\tilde{w}}{3bQ}} \tilde{w}\Big(\frac{a-c_1-\tilde{w}}{3b} - xQ\Big)f(x)\,\mathrm{d}x$$

$$= \frac{(a-c_1)^2-\tilde{w}^2}{6b} - c_0 Q - \int_{\theta}^{\frac{a-c_1-\tilde{w}}{3bQ}} \tilde{w}\Big(\frac{a-c_1-\tilde{w}}{3b} - xQ\Big)f(x)\,\mathrm{d}x \tag{7-17}$$

对（7－17）式求关于 Q 的一阶导，可得：

$$\frac{\partial E[\pi_{s2}^{II}(Q)]}{\partial Q} = \frac{\tilde{w}\ (a-c_1-\tilde{w})^2}{18b^2Q^2(\beta-\theta)} - \frac{\theta^2\tilde{w}}{2(\beta-\theta)} - c_0$$

易知，$E[\pi_{s2}^{II}(Q)]$ 是关于 Q 的凹函数。因此必定存在着最优投入量 Q_{b2}，使得供应商获得最大的期望利润。这里，Q_{b2} 还应满足 $\frac{a-c_1-\tilde{w}}{3b\beta} \leqslant Q_{b2} \leqslant \frac{2a-2c_1-\tilde{w}}{6b\beta}$。当 $c_0 \geqslant \frac{\beta+\theta}{2}\tilde{w}$ 时，供应商的最优投入量为 $Q_{b2} = \frac{a-c_1-\tilde{w}}{3b\beta}$；当 $c_0 < \frac{\beta+\theta}{2}\tilde{w}$ 时，供应商的最优投入量为 $Q_{b2} = \frac{(a-c_1-\tilde{w})}{3b\sqrt{2c_0(\beta-\theta)/\tilde{w}+\theta^2}}$。

3. 如果供应商认为 $\frac{2a-2c_1-\tilde{w}}{6bQ} \leqslant \beta \leqslant \frac{a-c_1}{3bQ}$，此时 $x^* = \frac{2a-2c_1-\tilde{w}}{6bQ} \leqslant \beta$，则供应商预料到其在产出确定之后选择的批发价格为 $\{w_{a2}, w_{b2}\}$。因此，供应商的期望利润函数为：

$$E[\pi_{s2}^{II}(Q)] = \int_{\theta}^{\frac{2a-2c_1-\tilde{w}}{6bQ}} \Big[\frac{2w_{b2}(a-w_{b2}-c_1)}{3b} - \tilde{w}\max\Big\{\frac{2(a-w_{b2}-c_1)}{3b} - xQ,\ 0\Big\}$$

$$- c_0 Q\Big]f(x)\,\mathrm{d}x + \int_{\frac{2a-2c_1-\tilde{w}}{6bQ}}^{\beta}\Big[\frac{2w_{a2}(a-w_{a2}-c_1)}{3b}$$

$$
- \tilde{w} \max\left\{\frac{2(a - w_{a2} - c_1)}{3b} - xQ, 0\right\} - c_0 Q \Big] f(x)\mathrm{d}x
$$

$$
= \frac{(a-c_1)^2}{6b} - \frac{(a-c_1)\tilde{w}}{3b} + \left[\frac{(\beta+\theta)}{2}\tilde{w} - c_0\right]Q
$$

$$
+ \frac{\tilde{w}(2a-2c_1-\tilde{w})}{6b}F\left(\frac{2a-2c_1-\tilde{w}}{6bQ}\right)
$$

$$
- \frac{(a-c_1-\tilde{w})\tilde{w}}{3b}F\left(\frac{a-c_1-\tilde{w}}{3bQ}\right) - \tilde{w}Q\int_{\frac{a-c_1-\tilde{w}}{3bQ}}^{\frac{2a-2c_1-\tilde{w}}{6bQ}} xf(x)\mathrm{d}x \tag{7-18}
$$

此时，$\frac{2a-2c_1-\tilde{w}}{6b\beta} \leqslant Q \leqslant \frac{a-c_1}{3b\beta}$。当 $c_0 \geqslant \frac{\beta+\theta}{2}\tilde{w}$ 时，有 $\frac{\partial E[\pi_{s2}^{II}(Q)]}{\partial Q} < 0$，供应商的最优投入量为 $Q_{c2} = \frac{2a-2c_1-\tilde{w}}{6b\beta}$。当 $c_0 < \frac{\beta+\theta}{2}\tilde{w}$ 时，有 $\frac{\partial^2 E[\pi_{s2}^{II}(Q)]}{\partial Q^2} > 0$，供应商的最优投入量为 $Q_{c2} = \frac{2a-2c_1-\tilde{w}}{6b\beta}$ 或 $Q_{c2} = \frac{a-c_1}{3b\beta}$。

4. 如果供应商认为 $\beta > \frac{a-c_1}{3bQ}$，此时 $x^* = \frac{2a-2c_1-\tilde{w}}{6bQ} \leqslant \beta$，则供应商预料到其在产出确定之后选择的批发价格为 $\{w_{a2}, w_{b2}\}$。因此，供应商的期望利润函数为：

$$
E[\pi_{s2}^{II}(Q)] = \int_{\theta}^{\frac{2a-2c_1-\tilde{w}}{6bQ}} \left[\frac{2w_{b2}(a-w_{b2}-c_1)}{3b} - \tilde{w}\max\left\{\frac{2(a-w_{b2}-c_1)}{3b} - xQ, 0\right\}\right.
$$

$$
\left. - c_0 Q\right] f(x)\mathrm{d}x + \int_{\frac{2a-2c_1-\tilde{w}}{6bQ}}^{\beta} \left[\frac{2w_{a2}(a-w_{a2}-c_1)}{3b}\right.
$$

$$
\left. - \tilde{w}\max\left\{\frac{2(a-w_{a2}-c_1)}{3b} - xQ, 0\right\} - c_0 Q\right] f(x)\mathrm{d}x
$$

$$
= \frac{(a-c_1)^2}{6b} - \frac{(a-c_1-\tilde{w})\tilde{w}}{3b}F\left(\frac{a-c_1-\tilde{w}}{3bQ}\right)
$$

$$
+ \frac{(2a-2c_1-\tilde{w})\tilde{w}}{6b}F\left(\frac{2a-2c_1-\tilde{w}}{6bQ}\right)
$$

$$
- \frac{(a-c_1)\tilde{w}}{3b}F\left(\frac{a-c_1}{3bQ}\right) + \tilde{w}Q\left[\int_{\theta}^{\frac{a-c_1-\tilde{w}}{3bQ}} xf(x)\mathrm{d}x\right.
$$

$$+\int_{\frac{2a-2c_1-\tilde{w}}{6bQ}}^{\frac{a-c_1}{3bQ}} xf(x)\,\mathrm{d}x\Big]-c_0Q \tag{7-19}$$

易知，$E[\pi_{s2}^{II}(Q)]$ 是关于 Q 的凹函数。必定存在着最优的投入量 Q_{d2}，使得供应商获得最大的期望利润。供应商期望利润函数为连续函数，且还应满足 $Q_{d2}>\frac{a-c_1}{3b\beta}$。因此，当 $c_0\geqslant\frac{\beta+\theta}{2}\tilde{w}$ 时，供应商的最优投入量为 $Q_{d2}=\frac{a-c_1}{3b\beta}$；当 $c_0<\frac{\beta+\theta}{2}\tilde{w}$ 时，供应商的最优投入量为 $Q_{d2}=\frac{\sqrt{[2(a-c_1)-\tilde{w}]^2+2\tilde{w}^2}}{6b\sqrt{2c_0(\beta-\theta)/\tilde{w}+\theta^2}}$。

与模型 I 中类似，令 Q_2^* 表示模型 II 中供应商的最优投入量，用 q_{i2}^*、p_2^*、w_2^* 分别代表该模型下均衡时的订购量、销售价格和批发价格，则得到以下命题。

命题 7.3 $c_0\geqslant\frac{\beta+\theta}{2}\tilde{w}$ 时，供应商的最优决策是不投入。

证明：

1. 当 $c_0\geqslant\frac{\beta+\theta}{2}\tilde{w}$ 时，供应商在 Q 的不同取值范围内的最优投入量如下：

$$Q_2^*=\begin{cases}0,\ 0<Q<\dfrac{a-c_1-\tilde{w}}{3b\beta}\\ \dfrac{a-c_1-\tilde{w}}{3b\beta},\ \dfrac{a-c_1-\tilde{w}}{3b\beta}\leqslant Q<\dfrac{2a-2c_1-\tilde{w}}{6b\beta}\\ \dfrac{2a-2c_1-\tilde{w}}{6b\beta},\ \dfrac{2a-2c_1-\tilde{w}}{6b\beta}\leqslant Q<\dfrac{a-c_1}{3b\beta}\\ \dfrac{a-c_1}{3b\beta},\ Q\geqslant\dfrac{a-c_1}{3b\beta}\end{cases} \tag{7-20}$$

可以发现：

$$E[\pi_{s2}^{II}(0)]-E\left[\pi_{s2}^{II}\left(\frac{a-c_1-\tilde{w}}{3b\beta}\right)\right]=\frac{(a-c_1-\tilde{w})[2c_0-(\beta+\theta)\tilde{w}]}{6b\beta}\geqslant 0$$

$$E\left[\pi_{s2}^{II}\left(\frac{a-c_1-\tilde{w}}{3b\beta}\right)\right]-E\left[\pi_{s2}^{II}\left(\frac{2a-2c_1-\tilde{w}}{6b\beta}\right)\right]$$

$$=\frac{\beta^2\tilde{w}^2+(\beta-\theta)(2a-2c_1-\tilde{w})[2c_0-(\beta+\theta)\tilde{w}]}{12b\beta(\beta-\theta)(2a-2c_1-\tilde{w})}>0$$

$$E\left[\pi_{s2}^{II}\left(\frac{a-c_1-\tilde{w}}{3b\beta}\right)\right]-E\left[\pi_{s2}^{II}\left(\frac{a-c_1}{3b\beta}\right)\right]$$
$$=\frac{3\beta^2\tilde{w}^2+4(a-c_1)(\beta-\theta)[2c_0-(\beta+\theta)\tilde{w}]}{24b\beta(\beta-\theta)(a-c_1)}>0$$

因此，当 $c_0\geqslant\frac{\beta+\theta}{2}\tilde{w}$ 时，供应商的最优投入量为 $Q_2^*=0$，此时供应商的期望利润最大。

2. 当 $c_0<\frac{\beta+\theta}{2}\tilde{w}$ 时，供应商在 Q 的不同取值范围内的最优投入量如下：

$$Q_2^*=\begin{cases}\frac{a-c_1-\tilde{w}}{3b\beta},\ 0<Q<\frac{a-c_1-\tilde{w}}{3b\beta}\\ \frac{a-c_1-\tilde{w}}{3b\sqrt{2c_0(\beta-\theta)/\tilde{w}+\theta^2}},\ \frac{a-c_1-\tilde{w}}{3b\beta}\leqslant Q<\frac{2a-2c_1-\tilde{w}}{6b\beta}\\ \frac{2a-2c_1-\tilde{w}}{6b\beta}\text{或}\frac{a-c_1}{3b\beta},\ \frac{2a-2c_1-\tilde{w}}{6b\beta}\leqslant Q<\frac{a-c_1}{3b\beta}\\ \frac{\sqrt{(2a-2c_1-\tilde{w})^2+2\tilde{w}^2}}{6b\sqrt{2c_0(\beta-\theta)/\tilde{w}+\theta^2}},\ Q\geqslant\frac{a-c_1}{3b\beta}\end{cases}\tag{7-21}$$

此时，供应商的最优投入量与函数中各个参数的取值有关。**证毕。**

这里，$\frac{c_0}{u}$可以理解为期望成本，类似的假设可以在其他学者的研究中看到（Pan and So，2015）。其中，$u=\frac{\beta+\theta}{2}$。根据命题 7.3，当 $c_0\geqslant\frac{\beta+\theta}{2}\tilde{w}$ 时，即$\frac{c_0}{u}\geqslant\tilde{w}$，可以认为供应商的期望成本不低于外购成本，此时供应商的最优决策是不投入。

综上，模型Ⅱ中供应链的期望利润为 $E[TS_2^*]=E[\pi_{s2}^{II}(Q_2^*)]+\sum_{i=1}^{2}E[\pi_i^{II}(q_{i2}^*)]$。

第三节　数值分析

本节将通过数值分析来展示本章的相关研究结论。考虑到单位外购成本 $\tilde{w}$ 对供应链决策的重要影响，灵敏度分析主要以单位外购成本 $\tilde{w}$ 为可变参数。假设产出率 x 服从区间［0.5，1.5］内的均匀分布，即 $x \sim U[0.5, 1.5]$；需求函数中的参数设置为 $a=10$，$b=0.01$；零售商单位可变成本 $c_1=0.3$，单位生产成本 $c_0=1$；外购成本 $\tilde{w} \in (c_0, 3c_0)$。由此可得，模型Ⅰ中供应商的最优投入量为 $Q_1^*=304$，供应商的最优期望利润为 $E[\pi_{s2}^I(Q_1^*)]=1182.6$。

一、外购成本 $\tilde{w}$ 对供应商决策的影响

首先，分析模型Ⅱ中供应商决策受外购成本 $\tilde{w}$ 的影响。由命题 7.3 可知，当 $c_0 \geqslant \frac{\beta+\theta}{2}\tilde{w}$ 时，供应商的最优投入量为 $Q_2^*=0$；当 $c_0 < \frac{\beta+\theta}{2}\tilde{w}$ 时，供应商的最优投入量如（7－21）式所示，Q_2^* 在不同取值范围内时供应商的最优期望利润分别为：$\pi_{sa}^{II}=E\left[\pi_{s2}^{II}\left(Q_2^*=\frac{a-c_1-\tilde{w}}{3b\beta}\right)\right]$，$\pi_{sb}^{II}=E\left[\pi_{s2}^{II}\left(Q_2^*=\frac{a-c_1-\tilde{w}}{3b\sqrt{2c_0(\beta-\theta)/\tilde{w}+\theta^2}}\right)\right]$，$\pi_{sc1}^{II}=E\left[\pi_{s2}^{II}\left(Q_2^*=\frac{2a-2c_1-\tilde{w}}{6b\beta}\right)\right]$，$\pi_{sc2}^{II}=E\left[\pi_{s2}^{II}\left(Q_2^*=\frac{a-c_1}{3b\beta}\right)\right]$，$\pi_{sd}^{II}=E\left[\pi_{s2}^{II}\left(Q_2^*=\frac{\sqrt{(2a-2c_1-\tilde{w})^2+2\tilde{w}^2}}{6b\sqrt{2c_0(\beta-\theta)/\tilde{w}+\theta^2}}\right)\right]$。从图 7.1 中可以发现，当 $1<\tilde{w}<3$ 时，π_{sd}^{II} 处于最上方的位置，因此在模型Ⅱ中，供应商选择投入量 $Q_2^*=\frac{\sqrt{(2a-2c_1-\tilde{w})^2+2\tilde{w}^2}}{6b\sqrt{2c_0(\beta-\theta)/\tilde{w}+\theta^2}}$ 总是最优的。

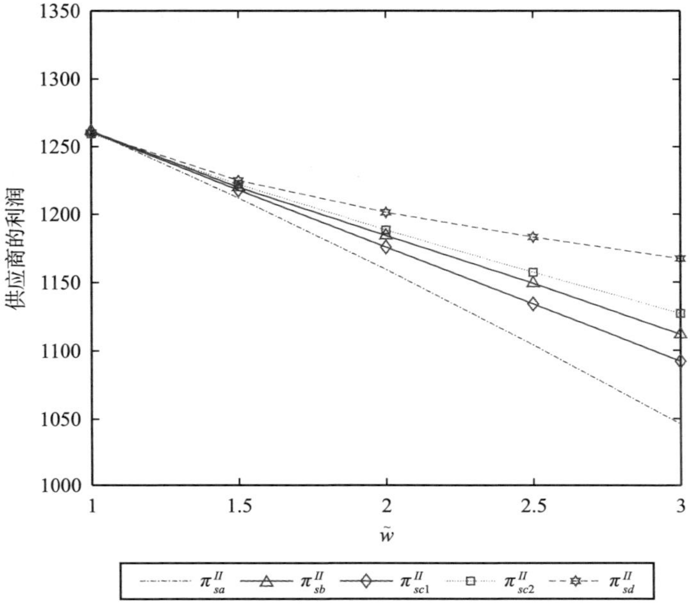

图 7.1　$c_0<(\beta+\theta)\tilde{w}/2$ 时，模型Ⅱ中供应商期望利润与 $\tilde{w}$ 的关系

令 $\Delta\pi_s^*=E[\pi_{s2}^{II}(Q_2^*)]-E[\pi_{s2}^{I}(Q_1^*)]$，$\Delta\pi_s^*$ 表示为模型Ⅱ和模型Ⅰ在均衡情况下，供应商的最优期望利润之差。从图 7.2 可以发现，当 $0<\tilde{w}<2.5$ 时，供应商选择模型Ⅱ的运行模式得到的期望利润较大；当 $2.5<\tilde{w}\leqslant 3$ 时，供应商选择模型Ⅰ的运行模式得到的期望利润较大；当 $\tilde{w}=2.5$ 时，选择模型Ⅰ的运行模式和模型Ⅱ的运行模式对于供应商来说均可。

供应商在外购成本不同的情况下，选择不同契约，同时也将决定自身的最优投入量，这里用 Q^* 来表示供应商的最优投入量。从图 7.3 中可以发现，当 $0\leqslant\tilde{w}\leqslant 1$ 时，供应商将不投入。当 $1<\tilde{w}<2.5$ 时，供应商的最优投入量为 Q_{d2}，且供应商会随着外购成本的增加而增加投入量；当 $\tilde{w}>2.5$ 时，供应商的最优投入量为 Q_1^*，且不受外购成本的影响；当 $\tilde{w}=2.5$ 时，供应商的最优投入量为 Q_{d2} 或 Q_1^* 均可。以上结论符合直觉：当外购成本不是很高时，供应商引入供货承诺可以提高自身的期望利润，此时外购成本若低于生产成本，则供应商将不投入；当外购成本高于生产成本时，外购成本越高，供应商越有意愿加大投入量。当外购成本高到一定水平时，供应商的最优决策是不向零售商进行供货承诺，此时最优投入量固定不变，且与外购成本无关。

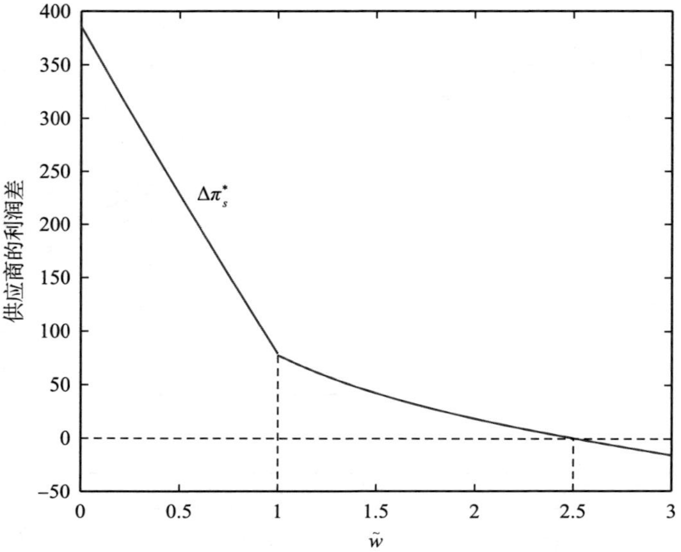

图 7.2　$\Delta\pi_s^*$ 与 $\tilde{w}$ 的关系

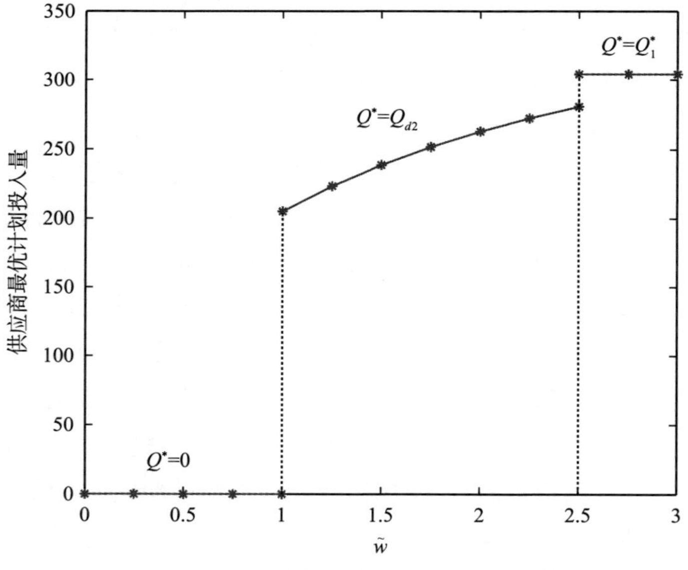

图 7.3　供应商最优投入量 Q^* 与 $\tilde{w}$ 的关系

二、外购成本 $\tilde{w}$ 对零售商期望利润的影响

本部分中，分析两种不同模型中外购成本 $\tilde{w}$ 对零售商期望利润的影响。这里以单个零售商的期望利润为分析对象。

根据图 7.4 可以发现，模型Ⅱ中零售商的最优期望利润 $E[\pi_i^{II}(q_{i2}^*)]$ 随外购成本的增加而递减。当 $\tilde{w}<0.8$ 时，零售商在模型Ⅱ下得到的期望利润较大；当 $0.8<\tilde{w}\leq 3$ 时，零售商在模型Ⅰ下得到的期望利润较大；当 $\tilde{w}=0.8$ 时，选择模型Ⅰ和模型Ⅱ对于零售商来说是一样的。研究发现，当外购成本高于供货商的生产成本时，若供应商采用供货承诺，反而对零售商不利。这是一个比较反直觉的研究结论。

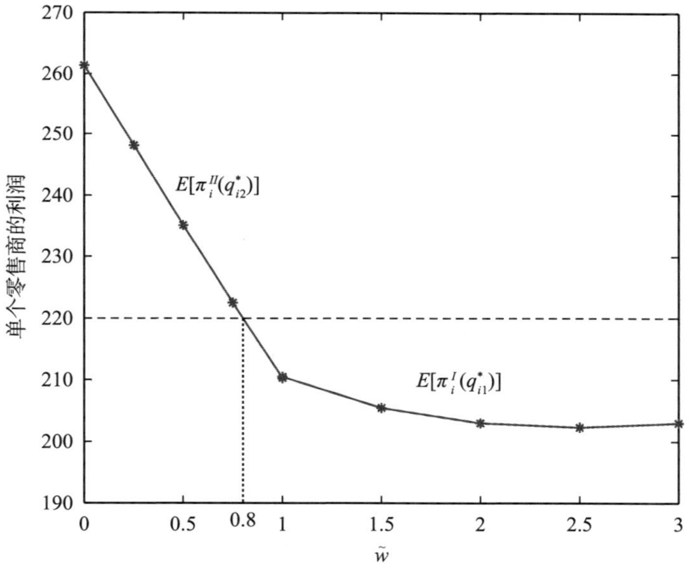

图 7.4　零售商在两种不同模型下期望利润与 $\tilde{w}$ 的关系

三、外购成本 $\tilde{w}$ 对供应链期望利润的影响

为研究外购成本 $\tilde{w}$ 对供应链期望利润的影响，令 $\Delta TS^*=E(TS_2^*)-$

$E(TS_1^*)$，这里 ΔTS^* 表示为模型Ⅱ和模型Ⅰ中供应链期望利润差。观察图 7.5 可以发现，当 $\tilde{w}<1.7$ 时，供应商选择供货承诺可以提高供应链期望利润；当 $\tilde{w}>1.7$ 时，供应商选择供货承诺反而会降低供应链期望利润；当 $\tilde{w}=1.7$ 时，供应商是否选择供货承诺对供应链期望利润没有影响。研究发现，当外购成本不是很高时，供应商引入供货承诺可以提高供应链整体的期望利润；当外购成本较高时，供应商采用供货承诺反而会降低供应链整体的期望利润。

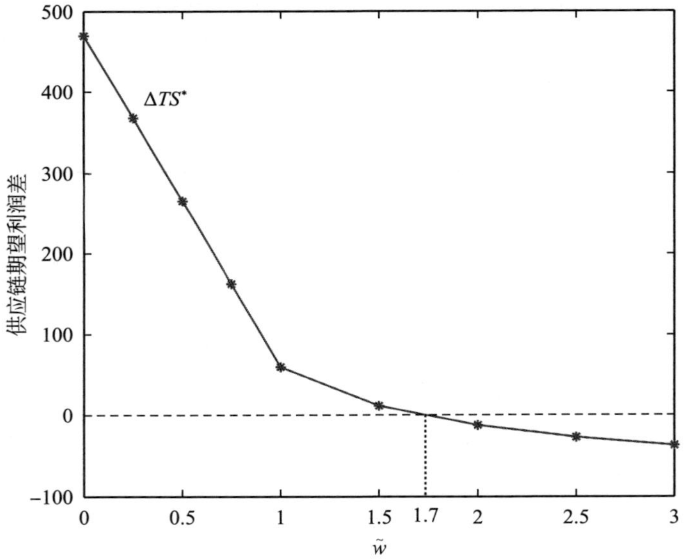

图 7.5 ΔTS^* 与 $\tilde{w}$ 关系

第四节 本章小结

本章研究了产出不确定环境下考虑供应商供货承诺时的竞争模型。研究发现，供应商的供货承诺在一定条件下可以提升供应商的期望利润，并可能改进供应链的期望利润。但是零售商反而可能从供应商的供货承诺行为中受损。为了提升供应链的性能，供应商可以考虑与零售商进行必要的收益分享，吸引零售商参与。本章的研究工作也为今后的探索提供了方向，例如，零售商的需求也可能是不确定的，这将使得决策模型变得更加复杂。这些方面的研究工作将在作者的后续工作中展开，例如第八章和后面章节中的研究内容。

第八章
两次生产机会对供应链性能的影响

产出不确定是众多行业相关企业面临的普遍现象。例如，在疫苗行业中，流感疫苗的生产过程包括在胚胎鸡蛋中培养病毒。由于病毒株生长特性的不确定性，每个鸡蛋可以获得的疫苗数量是不确定的（Tang and Kouvelis，2014）。在中国乳品行业中，获得高质量奶源的不确定性给伊利集团和蒙牛乳业有限公司这两家龙头企业的供应链管理带来了巨大挑战（Fang and Shou，2015）。此外，在半导体、服装、化工等其他行业中，相关企业也面临着产出不确定带来的挑战（Yuan et al.，2020）。本章引入随机产出比例模型来反映现实中的产出不确定特性，这样的量化方式比较简单且有效（Yano and Lee，1995）。

现实中，企业面临产出不确定时可以采取不同的措施来降低供应风险。从零售商的视角来看，双源采购是一种确保供应水平相对稳定的有效方式，且得到了广泛应用（Boulaksil et al.，2021；Zhou et al.，2021）。也有一些零售商通过选择优质供应商来确保较高的供应水平，但他们会付出相对较高的采购成本（Lu et al.，2011；Giri，2011；Lu et al.，2018）。另一方面，供应商也十分关注自身的供应能力。特别地，许多供应链引入了 VMI 模式来搭建供应商和零售商之间紧密的合作关系。在这种模式下，供应商管理库存且对供需问题比较敏感。因此，面临产出和需求不确定时，一些供应商会选择进行第二次生产来提升其供应能力。

在新经济环境下，许多供应链面临着需求和产出同时不确定带来的挑战，而由此产生的供需不匹配会导致严重的供应链利润损失。经典的报童模型中，学者们对需求不确定环境下卖方的最优供应量决策问题进行了丰富的研究（Peridro et al.，2010；Surti et al.，2020；Smirnov et al.，2021；Zhang et al.，2021）。并且，许多学者在此基础上进行了扩展研究，重点关注供应链的最优决策与协调机制设计问题（Wang et al.，2021a；Wang et al.，2021b；Lin et al.，2022；Ding and Chen，2007）。上述学者的研究为本章研究工作的顺利开展奠定了基础。

本章的研究主要受启发于服装行业相关企业面临的管理问题。浙江 YX 公司是一家服装制造企业，且基于 VMI 模式与其部分零售商进行合作。由于生产过程的复杂性和关键原材料供应的不稳定性，YX 公司面临着产出不确定问题。如果第一次生产的实际产量不能满足需求，YX 公司会主动进行第二次生产来满足需求。这一过程中，确定每次生产的投入量是 YX 公司面临的巨大挑战。特别是，第二次生产会产生新的生产能力设置成本和单位生产成本，因此企业需要判断进行二次生产是否有利。值得注意的是，YX 公司所面临的问题往往也是不同行业内相关企业面临的管理难题。因此，考虑需求和产出不确定，研究两次生产模式下的最优投入量决策，并讨论触发第二次生产的条件，具有重要的现实意义。本章中，供应商在进行第二次生产时，具有以下几个典型特征：第一，供应商观察到第一次生产的实际产量少于实际需求，这样供应商才有可能进行第二次生产，并且第二次生产可以在销售旺季开始前及时完成；第二，供应商在第二次生产中仍然面临产出不确定；第三，第二次生产也可能包括供应商向其合作伙伴进行补货的特殊情况。本章将上述所有可能的特征都总结到“第二次生产”中。同时，如果供应商有机会进行第二次生产，就称其拥有补货能力。在大多数情况下，由于在第一次生产中积累了经验，供应商在第二次生产中能够获得更稳定的产出。基于以上考虑，本章试图回答下列三个管理问题：

1. 在需求和产出不确定环境下，供应商面临两次生产机会时的最优投入决策是如何的？

2. 供应商的两次生产机会对 VMI 供应链性能有何影响？

3. 如何设计灵活的契约方案来协调面临两次生产机会且产出不确定的供应链？

为了反映两次生产机会对 VMI 供应链的影响，本章首先建立一个供应商只有一次生产机会的基本模型，分析在需求和产出不确定环境下供应商的最优投入决策。进一步地，考虑供应商拥有两次生产机会的情况，分析供应商在两次生产过程中的最优投入决策。最后，引入契约方案来协调供应链。

目前，由于产出不确定普遍存在于疫苗行业、农业、服装业等不同行业中，已经得到了许多学者的关注，且出现了不同的产出不确定量化方式，例如，随机产出比例、二项式产出等（Liu and Zhang，2018）。许多学者研究产出不确定环境下供应链的最优决策，且主要关注最优的投入决策（Peng et al.，2018；Zhu et al.，2019）。也有一些学者关注如何通过契约方案的设计来提升产出不确定环境下的供应链性能。例如，唐瑜和库韦利斯（Tang and Kouvelis，2014）发现，产出不确定是造成供应链效率低下的主要因素之一，他们认为应引入契约方案来提高供应链性能。罗加蓉和陈旭（Luo and Chen，2016）研究了收益分享契约对产出不确定环境下供应链的协调作用，并提出了一种改进的收益分享契约（收益分享契约和补贴契约的组合契约）来协调供应链，并实现了供应链利润在成员之间的任意分配。谢磊等（Xie et al.，2020）构建了由一个卖方和一个购买商组成的两级供应链，研究了产出不确定和相对议价能力对回购契约绩效的影响。研究表明，当卖方议价能力较强且能够控制不确定产出时，回购契约能够协调供应链。胡飞等（Hu et al.，2013）设计了一个包含订购惩罚和回扣的收益分享契约来协调产出不确定环境下的供应链。古勒和凯斯金（Güler and Keskin，2013）在产出不确定环境下的供应链中研究了五种契约，包括：批发价契约、回购契约、收益分享契约、数量折扣契约、数量弹性契约。他们发现，产出不确定不会改变契约对供应链的协调能力。安德森和蒙雅尔迪诺（Anderson and Monjardino，2019）研究了包括一个供应商、一个种植商和一个购买商的三级农产品供应链，其中种植商面临产出不确定，并提出了一种新型的双折扣契约（Double Discount Contract）来实现帕累托改进。在该契约下，种植商以折扣价购买种子，并同意降低作物的价格。然后，购买商向供应商支付一定金额以补偿供应商提供的折扣。此外，还有许多其他学者也研究了如何在产出不确定环境下设计契约方案来协调供应链（Hu and Feng，2017；Giri and Bardhan，2017；Zhu et al.，2020；Asl-Naja and Yaghoubi，2021；Asl-Najafi et al.，2021；Giri et al.，2021；Chen and Liu，2021）。尽管上述文献研究构建了不同模型来研究产出不确定下的供应链运作管理，但它们主要关注供应链只有一次生产机会的情况。本章假设供应链拥有两次生产机会，且每一次生产均面临产出不确定。

当供应链面临产出不确定时，补货策略是一种降低供应链因缺货而造成利润损失的有效方式。现实中，补货有很多种方式，例如紧急生产、购买替代产品等（Li et al.，2017；Donohue，2000；Cai et al.，2017）。多诺霍（Donohue，2000）发现，当企业的需求量超过预期时，进行二次生产是消除库存不足的一种方式。杨道箭等（Yang et al.，2015）研究了快速响应对供应链性能的影响，在这种快速响应方式中，零售商先选择一个初始订单，然后可以选择在需求更准确时进行二次订购，他们分析得到了最优的初始订购量。在现有关于补货策略的文献中，大多数学者关注的是多周期补货策略，且通常包括补货量、提前期、补货间隔、补货频率等决策问题（Jansen et al.，2018；Duan and Liao，2013；Chen et al.，2016；Verma and Chatterjee，2017）。目前，已经有学者开始关注产出不确定环境下的供应链补货策略。例如，徐和（Xu，2010）考虑产出与需求不确定，构建了由一个制造商和一个供应商组成的供应链，其中供应商拥有通过紧急生产来满足需求的能力，进一步基于期权契约分析了供应链的最优生产和采购策略。马士华等（Ma et al.，2013）考虑产品由两种零部件组成，其中一种零部件的产出是不确定的情况，且零部件生产结束后制造商可以通过现货市场来补充未满足的数量。在他们的模型中，分别比较了零售商管理库存（Retailer-Managed Inventory，RMI）模式和 VMI 模式下的最优投入量、订购量和补货量。本章考虑的补货策略与多诺霍（Donohue，2000）研究的第二次生产相同。但是，本章假设第二次生产也面临产出不确定，并会产生比第一次生产更高的单位生产成本。此外，本章还考虑了两个生产过程中的固定生产能力设置成本。

VMI 模式具有减少缺货、提高销售额、降低零售商的库存水平等优势，得到了许多学者的关注（Sari，2008；Savaşaneril and Erkip，2010）。本章的内容也涉及了这一方面的研究。特别是在产出不确定环境下，VMI 模式使得负责库存管理的供应商对供需匹配更加敏锐。查尔斯·王（Wang，2009）在产出与需求不确定环境下，考虑了由一个制造商和一个分销商组成的供应链，并且描述了两种模式（即 RMI 模式和 VMI 模式）下的最优生产和库存决策。

实际上，VMI 模式的重要性已经被众多学者认可，但 VMI 模式需要合理地应用于供应链中才能发挥其作用。其中，契约在改善 VMI 供应链性能方面起到了重要作用。唐瑜和库韦利斯（Tang and Kouvelis，2014）设计了回报－收益分享契约来协调面临产出与需求不确定的 VMI 供应链。何勇和赵萱（He and Zhao，2016）发现，在产出与需求不确定下，包含生产成本补贴的寄售 VMI 契约可以协调供应链。赛纳坦和格罗埃内维尔特（Sainathan and Groenevelt，2019）研究了五种契约：回购契约、数量弹性契约、数量折扣契约、销售回扣契约和收益分享契约，并分析了这些契约对 VMI 供应链的协调能力。李尽法等（Li et al.，2019）考虑一个多周期的两级 VMI 供应链，设计了一个收益分享契约来实现供应链的协调。柏庆国等（Bai et al.，2019）研究了面向易腐产品的 VMI 供应链，并且发现，当需求取决于制造商的绿色技术水平和两个相互竞争零售商的销售价格时，供应链可以通过收益分享契约实现协调。与上述文献研究不同，本章考虑的 VMI 供应链中，供应商面临产出与需求不确定，且拥有两次生产机会。考虑到供应商直接面向市场且可以快速响应供需不匹配的情况，提出供应商进行两次生产的假设是合理的。特别地，由于第一次生产后未满足的需求是有限的，而第二次生产会引起额外的成本，供应商必须对第二次生产产生的成本和带来的收益进行权衡，从而确定是否组织第二次生产。同时，所有成员有必要引入一个有效的契约方案，来提高供应链性能。

本章内容与徐和（Xu，2010）的研究工作十分相近，但也存在着一些区别。第一，本章考虑了各种成本结构。例如，供应商第一次生产和第二次生产时，均会产生相应的固定生产能力设置成本。第二，本章关注了供应商进行第二次生产的触发条件。也就是说，只有在特定条件下，供应商才会进行第二次生产。第三，本章假设供应商的第二次生产也面临着产出不确定。第四，本章研究发现，供应链可以通过收益分享契约来实现协调。而徐和（Xu，2010）只关注了供应链的竞争决策，并且假设供应商的紧急生产是完美的且没有生产能力设置成本。综上，本章研究的主要贡献有以下三点：

1. 本章研究了供应商在需求和产出不确定环境下，拥有两次生产机会时的最优投入决策。其中，假设每次生产的产出率是不确定的，而这种不完美的生产系统恰当地反映了众多企业面临的现实问题。

2. 本章强调了供应商对第二次生产产生的成本和收益之间进行权衡的重要性，并且分析了供应商愿意进行第二次生产的条件。

3. 本章提出的收益分享契约可以协调供应链，且实现成员对供应链期望利润的灵活分配。这样的契约方案可以较容易地应用于面临产出不确定的VMI 供应链中。

第一节　只有一次生产机会的模式

考虑由一个供应商和一个零售商组成的两级 VMI 供应链。其中，供应商面临产出不确定且只有一次生产机会。假设供应商的产出率是一个随机变量 x_1，且在区间 $x_1 \in [\theta_1, \beta_1]$ 内服从均匀分布。这里，$0 < \theta_1 \leqslant x_1 \leqslant \beta_1 \leqslant 1$。令 $h(x_1)$ 和 $H(x_1)$ 分别表示 x_1 的概率密度函数和累积分布函数。x_1 的均值为 $E(x_1) = \mu_1$。在产出不确定环境下，如果供应商的投入量为 q_1，则实际产出量为 $q_1 x_1$。假设市场需求 D 是随机的，且令 $g(D)$ 和 $G(D)$ 分别为 D 的概率密度函数和累积分布函数。假设 $G(0) = 0$，D 的均值为 $E(D) = \varsigma$。类似的假设也可以在其他文献中看到（Tang and Kouvelis，2014；Zhou et al.，2018）。供应商的单位生产成本为 c_1，未售出产品的单位残值为 v。并且，为了生产产品，供应商会产生一个固定的生产设置成本 K_1。假设产品的批发价格为 w，销售价格为 p，且有 $p > w$。如果出现缺货，则供应商和零售商分别产生单位惩罚成本 h_s 和 h_r。表 8.1 列出了本章模型涉及的主要参数和决策变量。为了确保供应商不会生产无限多的产品，应满足 $c_1 > v\mu_1$。同时，$c_1 < w\mu_1$ 保证了供应商可以从批发给零售商产品中获益。在销售季节开始之前，供应商在需求和产出不确定环境下决定最优的投入量。因此，供应商的期望利润可以表示为：

$$Z_s(q_1) = E[w\min(q_1 x_1, D) - c_1 q_1 + v(q_1 x_1 - D)^+ - h_s(D - q_1 x_1)^+ - K_1] \tag{8-1}$$

表 8.1　　参数和决策变量的符号及其含义

项目	符号	符号含义
参数	x_1	第一次生产中的随机产出率，$x_1 \in [\theta_1, \beta_1]$
	μ_1	x_1 的均值
	D	随机市场需求
	ς	D 的均值
	x_2	第二次生产中的随机产出率，$x_2 \in [\theta_2, \beta_2]$
	μ_2	x_2 的均值
	c_1	第一次生产中的单位生产成本
	c_2	第二次生产中的单位生产成本
	p	销售价格
	φ	收益分享因子
	v	未售出产品的单位残值
	$h(x_1)$	x_1 的概率密度函数
	$H(x_1)$	x_1 的累积分布函数
	$g(D)$	D 的概率密度函数
	$G(D)$	D 的累积分布函数
	$f(x_2)$	x_2 的概率密度函数
	$F(x_2)$	x_2 的累积分布函数
	K_1	第一次生产中的固定生产设置成本
	K_2	第二次生产中的固定生产设置成本
	w	批发价格
	h_s	缺货时供应商的单位惩罚成本
	h_r	缺货时零售商的单位惩罚成本
均衡解	q_1^{ND}	一次生产模式下供应商的最优投入量
	q_1^{RD}	供应商第一次生产时的最优投入量
	q_1^{RC}	集成供应链第一次生产时的最优投入量
	q_1^{NC}	一次生产模式下集成供应链的最优投入量
	q_2^{RD}	供应商第二次生产时的最优投入量
	q_2^{RC}	集成供应链第二次生产时的最优投入量

续表

项目	符号	符号含义
期望利润	Z_s	一次生产模式下供应商的期望利润
	Z_t	一次生产模式下分散供应链的期望利润
	Z_r	一次生产模式下零售商的期望利润
	Z_I	一次生产模式下集成供应链的期望利润
	Π_s	两次生产模式下供应商的期望利润
	Π_t	两次生产模式下分散供应链的期望利润
	Π_s^{φ}	收益分享契约下供应商的期望利润
	Π_r	两次生产模式下零售商的期望利润
	Π_I	两次生产模式下集成供应链的期望利润
	Π_r^{φ}	收益分享契约下零售商的期望利润

这里，(8－1) 式可进一步写成：

$$Z_s(q_1) = w\left[\int_{\theta_1}^{\beta_1} h(x_1)\int_0^{q_1x_1} Dg(D)\mathrm{d}D\mathrm{d}x_1 + \int_{\theta_1}^{\beta_1} h(x_1)\int_{q_1x_1}^{+\infty} q_1x_1g(D)\mathrm{d}D\mathrm{d}x_1\right]$$
$$- c_1q_1 - K_1 + v\int_{\theta_1}^{\beta_1} h(x_1)\int_0^{q_1x_1}(q_1x_1 - D)g(D)\mathrm{d}D\mathrm{d}x_1$$
$$- h_s\int_{\theta_1}^{\beta_1} h(x_1)\int_{q_1x_1}^{+\infty}(D - q_1x_1)g(D)\mathrm{d}D\mathrm{d}x_1 \tag{8－2}$$

因为 $\frac{\partial^2 Z_s(q_1)}{\partial q_1^2} = -(w - v + h_s)\int_{\theta_1}^{\beta_1} x_1^2 g(q_1x_1)h(x_1)\mathrm{d}x_1 < 0$，可得 $Z_s(q_1)$ 是关于 q_1 的凹函数。令 $\frac{\partial Z_s(q_1)}{\partial q_1} = 0$，可以得到供应商的最优投入量为 q_1^{ND}，且满足下式：

$$\mu_1(w + h_s) - c_1 - (w + h_s - v)\int_{\theta_1}^{\beta_1} x_1h(x_1)G(q_1^{ND}x_1)\mathrm{d}x_1 = 0 \tag{8－3}$$

进一步得到零售商的期望利润为：

$$Z_r(q_1^{ND}) = E[(p - w)\min(q_1^{ND}x_1,\ D) - h_r(D - q_1^{ND}x_1)^+] \tag{8－4}$$

接下来，考虑集成供应链的最优决策。这里，集成供应链是指供应链的决策由单个决策者做出的情形。此时，集成供应链的期望利润可以表示为：

$$Z_I(q_1) = E[p\min(q_1x_1,\ D) - c_1q_1 + v(q_1x_1 - D)^+ - (h_r + h_s)(D - q_1x_1)^+] \tag{8-5}$$

因为 $\frac{\partial^2 Z_I(q_1)}{\partial q_1^2} = -(p - v + h_s + h_r)\int_{\theta_1}^{\beta_1} x_1^2 g(q_1x_1)h(x_1)\mathrm{d}x_1 < 0$，可得 $Z_I(q_1)$ 是关于 q_1 的凹函数。令 $\frac{\partial Z_I(q_1)}{\partial q_1} = 0$，可以得到集成供应链的最优投入量为 q_1^{NC}，且满足下式：

$$\mu_1(p + h_r + h_s) - c_1 - (p + h_r + h_s - v)\int_{\theta_1}^{\beta_1} x_1 h(x_1)G(q_1^{NC}x_1)\mathrm{d}x_1 = 0 \tag{8-6}$$

显然，$q_1^{NC} > q_1^{ND}$。令 $Z_t(q_1^{ND}) = Z_s(q_1^{ND}) + Z_r(q_1^{ND})$，可以得到 $Z_I(q_1^{NC}) > Z_t(q_1^{ND})$。

第二节　具有两次生产机会的模式

本节重点考虑供应商拥有两次生产机会的情形。假设供应商第二次生产时的产出率为 x_2，且是不确定的。x_2 是在区间 $x_2 \in [\theta_2,\ \beta_2]$ 内服从均匀分布的随机变量，且满足 $0 < \theta_2 \leqslant x_2 \leqslant \beta_2 \leqslant 1$。令 $f(x_2)$ 和 $F(x_2)$ 分别表示 x_2 的概率密度函数和累积分布函数，且均值为 $E(x_2) = \mu_2$。当供应商进行第二次生产时，也会产生相应的固定生产能力设置成本 K_2，以及单位生产成本 c_2。由于第二次生产时要求供应商在更短的时间内完成，这对供应商的备货等过程提出了更高的要求，因此假设 $c_2 \geqslant c_1$。为了确保供应商在第二次生产中不会生产无限多的产品，应满足 $c_2 > v\mu_2$。此外，$c_2 < w\mu_2$ 保证了供应商可以从第二次生产中获益。基于上述假设，在两次生产模式下，供应链成员之间的博弈过程如下：

1. 在需求和产出不确定的情况下，供应商决定第一次生产时的投入量为 q_1，其实际产出量为 q_1x_1。

2. 在观察第一次生产的实际产出量 q_1x_1 和实际需求 D 之后，供应商决定第二次生产时的投入量 q_2。

接下来，采用逆向归纳法对上述决策模型进行分析。首先，在第二阶段，根据 q_1x_1 和 D 的相对大小考虑以下两种情况：

1. 若 $q_1x_1 \geqslant D$，则市场需求通过第一次生产就可以得到满足。此时，供应商的期望利润可以表示为：

$$\Pi_{s1}(q_1) = E[wD - c_1q_1 + v(q_1x_1 - D) - K_1] \tag{8-7}$$

2. 若 $q_1x_1 < D$，则市场需求无法通过第一次生产来满足。因此，需要考虑以下两种情形：

（1）供应商不通过第二次生产进行补货。此时，供应商的期望利润可以表示为：

$$\Pi_{s2}(q_1) = E[wq_1x_1 - c_1q_1 - h_s(D - q_1x_1) - K_1] \tag{8-8}$$

（2）供应商通过第二次生产进行补货。此时，供应商的期望利润可以表示为：

$$\begin{aligned}\Pi_{s3}(q_1, q_2) = E[&w\min(q_1x_1 + q_2x_2, D) - c_1q_1 - K_1 - c_2q_2 - K_2 \\ &- h_s(D - q_1x_1 - q_2x_2)^+ + v(q_1x_1 + q_2x_2 - D)^+]\end{aligned} \tag{8-9}$$

因为 $\dfrac{\partial^2 \Pi_{s3}(q_1, q_2)}{\partial q_2^2} = -(w + h_s - v)\dfrac{(D - q_1x_1)^2}{q_2^2} f\left(\dfrac{D - q_1x_1}{q_2}\right) < 0$，可得 $\Pi_{s3}(q_1, q_2)$ 是关于 q_2 的凹函数。令 $\dfrac{\partial \Pi_{s3}(q_1, q_2)}{\partial q_2} = 0$，则供应商第二次生产时的最优投入量 q'_{2a} 为：

$$q'_{2a} = (D - q_1x_1)\sqrt{\frac{w + h_s - v}{2(\beta_2 - \theta_2)(c_2 - v\mu_2) + \theta_2^2(w + h_s - v)}} \tag{8-10}$$

令

$$B = \sqrt{\frac{2(\beta_2 - \theta_2)(c_2 - v\mu_2) + \theta_2^2(w + h_s - v)}{w + h_s - v}} \tag{8-11}$$

显然，有 $\theta_2 < B < \beta_2$。那么，第二次生产时供应商的最优投入量可以表示为 $q'_{2a} = \dfrac{D - q_1x_1}{B}$。因此，若供应商选择通过第二次生产进行补货，则其期望利润可以表示为：

$$\Pi_{s3}(q_1, q'_{2a}) = E[w\min(q_1x_1 + q'_{2a}x_2, D) - c_1q_1 - K_1 - c_2q'_{2a} - K_2$$

$$-h_s(D-q_1x_1-q'_{2a}x_2)^+ +v(q_1x_1+q'_{2a}x_2-D)^+]$$

(8－12)

根据（8－8）式和（8－12）式可知，当且仅当满足下列条件时，供应商愿意进行第二次生产：

$$\Pi_{s3}(q_1,\ q'_{2a})\geqslant\Pi_{s2}(q_1) \tag{8-13}$$

根据（8－13）式可得：

$$D\geqslant q_1x_1+\lambda \tag{8-14}$$

这里，

$$\lambda=\frac{(\beta_2-\theta_2)K_2}{\beta_2(w+h_s-v)-\sqrt{(w+h_s-v)[2(\beta_2-\theta_2)(c_2-v\mu_2)+\theta_2^2(w+h_s-v)]}} \tag{8-15}$$

综合考虑（8－11）式和（8－15）式可得：

$$\lambda=\frac{(\beta_2-\theta_2)K_2}{(\beta_2-B)(w+h_s-v)} \tag{8-16}$$

基于上述分析，可以得到如下结论：在观察到实际产出和市场需求后，供应商面临着以下情况：①在区间 $D\in[0,\ q_1x_1]$ 内，供应商不会面临缺货；②在区间 $D\in(q_1x_1,\ q_1x_1+\lambda)$ 内，供应商面临缺货，但不通过第二次生产来进行补货；③在区间 $D\in[q_1x_1+\lambda,\ +\infty)$ 内，供应商面临缺货，并选择第二次生产来进行补货，且第二次生产时的最优投入量为 q'_{2a}。因此，给定 q_1，供应商第二次生产时的最优投入量 q'_2 为：

$$q'_2=\begin{cases}0, & D<q_1x_1+\lambda\\ q'_{2a}, & D\geqslant q_1x_1+\lambda\end{cases}$$

在预料到第二阶段的决策时，供应商需要在需求和产出均不确定的情况下决定第一阶段的最优投入量。为了得到供应商的目标函数，我们考虑供应商在第一阶段可能面临的三种不同情况：

1. 在区间 $D\in[0,\ q_1x_1]$ 内，供应商的期望利润可以表示为：

$$\Pi_{s1}(q_1)=\int_{\theta_1}^{\beta_1}h(x_1)\int_0^{q_1x_1}[wD-c_1q_1+v(q_1x_1-D)-K_1]g(D)\mathrm{d}D\mathrm{d}x_1$$

2. 在区间 $D\in(q_1x_1,\ q_1x_1+\lambda)$ 内，供应商的期望利润可以表示为：

$$\Pi_{s2}(q_1) = \int_{\theta_1}^{\beta_1} h(x_1) \int_{q_1x_1}^{q_1x_1+\lambda} [wq_1x_1 - c_1q_1 - h_s(D - q_1x_1) - K_1] g(D) \mathrm{d}D\mathrm{d}x_1$$

3. 在区间 $D \in [q_1x_1 + \lambda, +\infty)$ 内，综合考虑 $D \geqslant q_1x_1 + \lambda$，$\theta_1 \leqslant x_1 \leqslant \beta_1$ 和 $\theta_2 \leqslant x_2 \leqslant \beta_2$，供应商的期望利润可以表示为：

$$\begin{aligned}
\Pi_{s3}(q_1, q'_{2a}) = & w\Big[\int_{\theta_2}^{B} f(x_2) \int_{\theta_1}^{\beta_1} h(x_1) \int_{q_1x_1+\lambda}^{+\infty} (q_1x_1 + q'_{2a}x_2) g(D) \mathrm{d}D\mathrm{d}x_1\mathrm{d}x_2 \\
& + \int_{B}^{\beta_2} f(x_2) \int_{\theta_1}^{\beta_1} h(x_1) \int_{q_1x_1+\lambda}^{+\infty} Dg(D) \mathrm{d}D\mathrm{d}x_1\mathrm{d}x_2\Big] \\
& - \int_{\theta_1}^{\beta_1} h(x_1) \int_{q_1x_1+\lambda}^{+\infty} (c_1q_1 + c_2q'_{2a} + K_1 + K_2) g(D) \mathrm{d}D\mathrm{d}x_1 \\
& - h_s \int_{\theta_2}^{B} f(x_2) \int_{\theta_1}^{\beta_1} h(x_1) \int_{q_1x_1+\lambda}^{+\infty} (D - q_1x_1 - q'_{2a}x_2) g(D) \mathrm{d}D\mathrm{d}x_1\mathrm{d}x_2 \\
& + v \int_{B}^{\beta_2} f(x_2) \int_{\theta_1}^{\beta_1} h(x_1) \int_{q_1x_1+\lambda}^{+\infty} (q_1x_1 + q'_{2a}x_2 - D) g(D) \mathrm{d}D\mathrm{d}x_1\mathrm{d}x_2
\end{aligned} \tag{8-17}$$

在观察到第一次生产的实际产出和市场需求后，供应商可能面临三种不同的情况。因此，在预料到第二阶段所有可能的决策方案后，供应商在第一阶段的期望利润可表示为：

$$\Pi_s(q_1, q'_2) = \Pi_{s1}(q_1) + \Pi_{s2}(q_1) + \Pi_{s3}(q_1, q'_{2a}) \tag{8-18}$$

通过分析（8－18）式，可以得到如下命题。

命题 8.1　在具有两次生产机会的分散供应链中，供应商的期望利润 $\Pi_s(q_1, q'_2)$ 是关于 q_1 的凹函数，且第一次生产时存在着唯一一个最优的投入量 q_1^{RD}。

证明：（8－18）式可以写成：

$$\begin{aligned}
\Pi_s(q_1, q'_2) = & (w - v)\varsigma - (c_1 - v\mu_1)q_1 - K_1 - K_2 \\
& - \Big[\frac{c_2 - v\mu_2}{B} + \frac{w + h_s - v}{B}\int_{\theta_2}^{B} F(x_2)\mathrm{d}x_2\Big](\varsigma - \mu_1 q_1) \\
& + \Big[K_2 - (w + h_s - v)\lambda + \frac{c_2 - v\mu_2}{B}\lambda + \frac{(w + h_s - v)\lambda}{B}\int_{\theta_2}^{B} F(x_2)\mathrm{d}x_2\Big] \\
& - (w + h_s - v)\int_{\theta_1}^{\beta_1} h(x_1) \int_{0}^{q_1x_1} G(D)\mathrm{d}D\mathrm{d}x_1
\end{aligned}$$

$$+\left[w+h_s-v-\frac{c_2-v\mu_2}{B}-\frac{w+h_s-v}{B}\int_{\theta_2}^{B}F(x_2)\mathrm{d}x_2\right]$$

$$\times\int_{\theta_1}^{\beta_1}h(x_1)\int_{0}^{q_1x_1+\lambda}G(D)\mathrm{d}D\mathrm{d}x_1 \tag{8-19}$$

因为 $q'_{2a}=\frac{D-q_1x_1}{B}$ 是通过求解 $\frac{\partial\Pi_{s3}(q_1,\ q_2)}{\partial q_2}=0$ 得到的，因此有：

$$K_2-(w+h_s-v)\lambda+\frac{c_2-v\mu_2}{B}\lambda+\frac{(w+h_s-v)\lambda}{B}\int_{\theta_2}^{B}F(x_2)\mathrm{d}x_2=0 \tag{8-20}$$

那么，（8－19）式可进一步表示为：

$$\Pi_s(q_1,\ q'_2)=\left(\frac{K_2}{\lambda}-h_s\right)\varsigma+\left(w+h_s-\frac{K_2}{\lambda}\right)\mu_1q_1-c_1q_1-K_1-K_2$$

$$+\frac{K_2}{\lambda}\int_{\theta_1}^{\beta_1}h(x_1)\int_{0}^{q_1x_1+\lambda}G(D)\mathrm{d}D\mathrm{d}x_1$$

$$-(w+h_s-v)\int_{\theta_1}^{\beta_1}h(x_1)\int_{0}^{q_1x_1}G(D)\mathrm{d}D\mathrm{d}x_1$$

$\Pi_s(q_1,\ q'_2)$ 关于 q_1 的一阶导和二阶导分别为：

$$\frac{\partial\Pi_s(q_1,\ q'_2)}{\partial q_1}=\left(w+h_s-\frac{K_2}{\lambda}\right)\mu_1-c_1+\frac{K_2}{\lambda}\int_{\theta_1}^{\beta_1}x_1h(x_1)G(q_1x_1+\lambda)\mathrm{d}x_1$$

$$-(w+h_s-v)\int_{\theta_1}^{\beta_1}x_1h(x_1)G(q_1x_1)\mathrm{d}x_1$$

$$\frac{\partial^2\Pi_s(q_1,\ q'_2)}{\partial q_1^2}=\frac{K_2}{\lambda}\int_{\theta_1}^{\beta_1}x_1^2h(x_1)g(q_1x_1+\lambda)dx_1-(w+h_s-v)$$

$$\int_{\theta_1}^{\beta_1}x_1^2h(x_1)g(q_1x_1)\mathrm{d}x_1$$

这里，假设 $g'(D)\leqslant 0$。指数分布、均匀分布和形参小于1的伽玛分布均满足这一约束条件。基于上述假设，显然有 $g(q_1x_1+\lambda)<g(q_1x_1)$。因此，可以得到：

$$\int_{\theta_1}^{\beta_1}x_1^2h(x_1)g(q_1x_1+\lambda)\mathrm{d}x_1<\int_{\theta_1}^{\beta_1}x_1^2h(x_1)g(q_1x_1)\mathrm{d}x_1$$

根据（8－20）式可得，$\frac{K_2}{\lambda}<w+h_s-v$，进一步得到 $\frac{\partial^2\Pi_s(q_1,\ q'_2)}{\partial q_1^2}<0$，即 $\Pi_s(q_1,\ q'_2)$ 是关于 q_1 的凹函数。**证毕。**

根据命题8.1可知，存在着唯一一个投入量 q_1^{RD} 使得供应商的期望利润 $\Pi_s(q_1, q_2')$ 取到最大值。这里，q_1^{RD} 可以通过求解 $\frac{\partial \Pi_s(q_1, q_2')}{\partial q_1}=0$ 得到，且满足：

$$\frac{K_2}{\lambda}\int_{\theta_1}^{\beta_1} x_1 h(x_1) G(q_1^{RD}x_1 + \lambda)\mathrm{d}x_1 - (w + h_s - v)\int_{\theta_1}^{\beta_1} x_1 h(x_1) G(q_1^{RD}x_1)\mathrm{d}x_1 + \left(w + h_s - \frac{K_2}{\lambda}\right)\mu_1 - c_1 = 0 \tag{8-21}$$

因此，在需求和产出不确定环境下，供应商在第一次生产中的最优投入量为 q_1^{RD}。特别地，在区间 $D \in [q_1^{RD}x_1 + \lambda, +\infty)$ 内，供应商愿意通过第二次生产进行补货，且第二次生产的最优投入量为 q_{2a}^{RD}。这里，q_{2a}^{RD}满足：

$$q_{2a}^{RD} = \frac{(D - q_1^{RD}x_1)}{B} \tag{8-22}$$

因此，给定 q_1^{RD}，供应商第二次生产时的最优投入量 q_2^{RD} 为：

$$q_2^{RD} = \begin{cases} 0, & D < q_1^{RD}x_1 + \lambda \\ q_{2a}^{RD}, & D \geqslant q_1^{RD}x_1 + \lambda \end{cases}$$

在两次生产模式下，供应商的期望利润可以表示为：

$$\begin{aligned}\Pi_s(q_1^{RD}, q_2^{RD}) = & \left(\frac{K_2}{\lambda} - h_s\right)\varsigma - \left(w + h_s - \frac{K_2}{\lambda}\right)\mu_1 q_1^{RD} - c_1 q_1^{RD} - K_1 \\ & - K_2 + \frac{K_2}{\lambda}\int_{\theta_1}^{\beta_1} h(x_1)\int_0^{q_1^{RD}x_1+\lambda} G(D)\mathrm{d}D\mathrm{d}x_1 \\ & - (w + h_s - v)\int_{\theta_1}^{\beta_1} h(x_1)\int_0^{q_1^{RD}x_1} G(D)\mathrm{d}D\mathrm{d}x_1 \end{aligned} \tag{8-23}$$

命题8.2　在两次生产模式下，供应商第一次生产时的最优投入量小于供应商在一次生产模式下的最优投入量，即 $q_1^{RD} < q_1^{ND}$。

证明：根据（8-16）式可得，$\frac{K_2}{\lambda}$的表达式与 K_2 无关。令

$$\begin{aligned}\Psi(i) = & \left(w + h_s - \frac{K_2}{\lambda}\right)\mu_1 - c_1 + \frac{K_2}{\lambda}\int_{\theta_1}^{\beta_1} x_1 h(x_1) G\left(q_1^{RD}x_1 + \frac{\lambda}{K_2}i\right)\mathrm{d}x_1 \\ & - (w + h_s - v)\int_{\theta_1}^{\beta_1} x_1 h(x_1) G(q_1^{RD}x_1)\mathrm{d}x_1 \end{aligned}$$

由此可得，$\frac{\partial \Psi(i)}{\partial i} = \int_{\theta_1}^{\beta_1} x_1 h(x_1) g\left(q_1^{RD} x_1 + \frac{\lambda}{K_2} i\right) \mathrm{d}x_1 > 0$。同时，可以得到 $\lim_{i \to +\infty} \Psi(i) = (w + h_s)\mu_1 - c_1 - (w + h_s - v)\int_{\theta_1}^{\beta_1} x_1 h(x_1) G(q_1^{RD} x_1) \mathrm{d}x_1 > \Psi(K_2)$，且 $\Psi(K_2) = 0$。因此，$(w + h_s)\mu_1 - c_1 - (w + h_s - v)\int_{\theta_1}^{\beta_1} x_1 h(x_1) G(q_1^{RD} x_1) \mathrm{d}x_1 > 0$。

令 $Y(q_1) = (w + h_s)\mu_1 - c_1 - (w + h_s - v)\int_{\theta_1}^{\beta_1} x_1 h(x_1) G(q_1 x_1) \mathrm{d}x_1$，可知 $Y(q_1)$ 随着 q_1 的增加而递减。另外，有 $Y(q_1^{RD}) = \lim_{i \to +\infty} \Psi(i) > 0$ 和 $Y(q_1^{ND}) = 0$。因此，$q_1^{RD} < q_1^{ND}$。**证毕。**

根据命题 8.2 可知，当供应商拥有通过第二次生产进行补货的能力时，其第一次生产时的投入量小于只有一次生产机会时的投入量。这样的结论是直观的，一方面是因为在第一次生产中减少投入量可以降低库存积压的风险，而通过进行第二次生产可以降低库存短缺的风险；另一方面，供应商第一次生产时的最优投入量受到第二次生产的生产能力设置成本和单位生产成本的影响。因此，可以得到如下命题。

命题 8.3 在具有两次生产机会的分散供应链中，供应商第一次生产时的最优投入量随第二次生产时的生产能力设置成本和单位生产成本的增加而递增，即 $\frac{\partial q_1^{RD}}{\partial K_2} > 0$，$\frac{\partial q_1^{RD}}{\partial c_2} > 0$。

证明： 根据（8－21）式可得：

$$\frac{\partial q_1^{RD}}{\partial K_2} = \frac{\lambda \int_{\theta_1}^{\beta_1} x_1 h(x_1) g(q_1^{RD} x_1 + \lambda) \mathrm{d}x_1}{(w + h_s - v)\lambda \int_{\theta_1}^{\beta_1} x_1^2 h(x_1) g(q_1^{RD} x_1) \mathrm{d}x_1 - K_2 \int_{\theta_1}^{\beta_1} x_1^2 h(x_1) g(q_1^{RD} x_1 + \lambda) \mathrm{d}x_1}$$

根据命题 8.1 的证明过程可知，$\frac{\partial q_1^{RD}}{\partial K_2} > 0$。

另外，根据（8－21）式还可以得到：

$$\frac{\partial q_1^{RD}}{\partial c_2} = \frac{\mu_1 - \int_{\theta_1}^{\beta_1} x_1 h(x_1) G(q_1^{RD} x_1 + \lambda) \mathrm{d}x_1 + \lambda \int_{\theta_1}^{\beta_1} x_1 h(x_1) g(q_1^{RD} x_1 + \lambda) \mathrm{d}x_1}{(w + h_s - v)\lambda \int_{\theta_1}^{\beta_1} x_1^2 h(x_1) g(q_1^{RD} x_1) \mathrm{d}x_1 - K_2 \int_{\theta_1}^{\beta_1} x_1^2 h(x_1) g(q_1^{RD} x_1 + \lambda) \mathrm{d}x_1}$$

$$\frac{K_2}{\lambda} \frac{\partial \lambda}{\partial c_2}$$

这里，$\mu_1 - \int_{\theta_1}^{\beta_1} x_1 h(x_1) G(q_1^{RD} x_1 + \lambda) \mathrm{d}x_1 > 0$。结合考虑（8－11）式和（8－16）式，可得$\frac{\partial B}{\partial c_2} > 0$和$\frac{\partial \lambda}{\partial B} > 0$，进一步得到$\frac{\partial \lambda}{\partial c_2} > 0$。因此，$\frac{\partial q_1^{RD}}{\partial c_2} > 0$。**证毕**。

由此可知，补货能力对供应商而言总是有利的。但是，零售商可能会因此遭受损失，具体原因包括：①补货能力促使供应商在第一次生产时降低了投入量；②供应商不愿意补充所有可能的未满足需求。在第五节中，我们进一步通过数值分析表明，与一次生产模式相比，补货能力可能会降低零售商的期望利润。

在一些特殊情况下，补货能力可以同时让两个成员获利。为了说明这样的结论，我们对零售商的期望利润进行了分析。这里，需要讨论三个不同的区间：$D \in [0, q_1 x_1]$，$D \in (q_1 x_1, q_1 x_1 + \lambda)$ 和 $D \in [q_1 x_1 + \lambda, +\infty)$。

1. 在区间 $D \in [0, q_1 x_1]$ 内，供应商不会面临缺货。此时，零售商的期望利润可以表示为：

$$\Pi_{r1}(q_1) = \int_{\theta_1}^{\beta_1} h(x_1) \int_0^{q_1 x_1} (p - w) D g(D) \mathrm{d}D \mathrm{d}x_1$$

2. 在区间 $D \in (q_1 x_1, q_1 x_1 + \lambda)$ 内，供应商面临缺货，但不会选择进行补货。此时，零售商的期望利润可以表示为：

$$\Pi_{r2}(q_1) = \int_{\theta_1}^{\beta_1} h(x_1) \int_{q_1 x_1}^{q_1 x_1 + \lambda} [(p - w) q_1 x_1 - h_r (D - q_1 x_1)] g(D) \mathrm{d}D \mathrm{d}x_1$$

3. 在区间 $D \in [q_1 x_1 + \lambda, +\infty)$ 内，供应商面临缺货，并通过第二次生产来进行补货。此时，零售商的期望利润可以表示为：

$$\begin{aligned}\Pi_{r3}(q_1, q'_{2a}) = (p - w)[&\int_{\theta_2}^{B} f(x_2) \int_{\theta_1}^{\beta_1} h(x_1) \int_{q_1 x_1 + \lambda}^{+\infty} (q_1 x_1 + q'_{2a} x_2) g(D) \mathrm{d}D \mathrm{d}x_1 \mathrm{d}x_2 \\ &+ \int_{B}^{\beta_2} f(x_2) \int_{\theta_1}^{\beta_1} h(x_1) \int_{q_1 x_1 + \lambda}^{+\infty} D g(D) \mathrm{d}D \mathrm{d}x_1 \mathrm{d}x_2] \\ &- h_r \int_{\theta_2}^{B} f(x_2) \int_{\theta_1}^{\beta_1} h(x_1) \int_{q_1 x_1 + \lambda}^{+\infty} (D - q_1 x_1 - q'_{2a} x_2) g(D) \mathrm{d}D \mathrm{d}x_1 \mathrm{d}x_2\end{aligned} \tag{8-24}$$

综合考虑 1 ~3 的讨论，零售商在第一阶段的期望利润可以表示为：

$$\Pi_r(q_1, q_2') = \Pi_{r1}(q_1) + \Pi_{r2}(q_1) + \Pi_{r3}(q_1, q_{2a}') \tag{8-25}$$

命题 8.4 在具有两次生产机会的分散供应链中，零售商的期望利润随着供应商第一次生产时的投入量的增加而递增，即$\frac{\partial \Pi_r(q_1, q_2')}{\partial q_1} > 0$。并且，总是存在着一个投入量的区间 Ω，其中供应商和零售商都可以获得比一次生产模式下更高的期望利润，且供应链实现帕累托改进。

证明： $\Pi_r(q_1, q_2')$ 关于 q_1 的一阶导为：

$$\begin{aligned}\frac{\partial \Pi_r(q_1, q_2')}{\partial q_1} = & \frac{p+h_r-w}{B}\lambda\int_{\theta_2}^{B}F(x_2)\mathrm{d}x_2\int_{\theta_1}^{\beta_1}x_1h(x_1)g(q_1x_1+\lambda)\mathrm{d}x_1 + (p+h_r \\ & -w)\lambda\int_{\theta_1}^{\beta_1}x_1h(x_1)\left[\frac{G(q_1x_1+\lambda)-G(q_1x_1)}{\lambda} - g(q_1x_1+\lambda)\right]\mathrm{d}x_1 \\ & + \frac{p+h_r-w}{B}\int_{\theta_2}^{B}F(x_2)\mathrm{d}x_2\left[\mu_1 - \int_{\theta_1}^{\beta_1}x_1h(x_1)G(q_1x_1+\lambda)\mathrm{d}x_1\right]\end{aligned}$$

给定 $g'(D) \leqslant 0$，可得 $G(D)$ 是关于 D 的凹函数。结合考虑凹函数的特性，可以得到 $\int_{\theta_1}^{\beta_1}x_1h(x_1)\left[\frac{G(q_1x_1+\lambda)-G(q_1x_1)}{\lambda} - g(q_1x_1+\lambda)\right]\mathrm{d}x_1 > 0$。

因此，$\frac{\partial \Pi_r(q_1, q_2')}{\partial q_1} > 0$。

在一次生产模式下，供应商的最优投入量为 q_1^{ND}。如果存在第二次生产，显然有 $\Pi_s(q_1^{ND}, q_2^{RD}) > Z_s(q_1^{ND})$ 和 $\Pi_r(q_1^{ND}, q_2^{RD}) > Z_r(q_1^{ND})$。因为 $\Pi_s(q_1, q_2^{RD})$ 和 $\Pi_r(q_1, q_2^{RD})$ 是关于 q_1 的连续函数，因此在两次生产模式下，总是存在着一个关于投入量的帕累托区间 Ω。给定任意 $q_1 \in \Omega$，与一次生产模式相比，两个成员在两次生产模式下均可以获得更高的期望利润，即供应链性能得到提升。**证毕。**

当供应商在两次生产模式下选择最优投入量 q_1^{RD} 时，零售商的期望利润为 $\Pi_r(q_1^{RD}, q_2^{RD})$。由于可能存在 $\Pi_r(q_1^{RD}, q_2^{RD}) \leqslant Z_r(q_1^{ND})$，因此供应链的性能需要进一步提高。接下来，我们首先分析集成供应链的最优投入量决策。在此基础上，设计收益分享契约来协调供应链。

第三节　集成供应链决策模型与收益分享契约设计

一、集成供应链决策模型

集成供应链的决策顺序如下所示：

1. 集成供应链决定第一次生产时的最优投入量 q_1，而实际产出量为 q_1x_1。

2. 在观察到实际产出量 q_1x_1 和市场需求 D 后，集成供应链决定第二次生产时的投入量。

类似于分散供应链的分析过程，若满足 $D\geqslant q_1x_1+\gamma$，则集成供应链愿意通过第二次生产来补货。这里，γ 的表达式为：

$$\gamma=\frac{(\beta_2-\theta_2)K_2}{\beta_2(p+h_r+h_s-v)-\sqrt{(p+h_r+h_s-v)[2(\beta_2-\theta_2)(c_2-v\mu_2)+\theta_2^2(p+h_r+h_s-v)]}} \tag{8-26}$$

如果供应商进行第二次生产，则最优投入量 q''_{2a} 为：

$$q''_{2a}=(D-q_1x_1)\sqrt{\frac{p+h_r+h_s-v}{2(\beta_2-\theta_2)(c_2-v\mu_2)+\theta_2^2(p+h_r+h_s-v)}} \tag{8-27}$$

令

$$\Im=\sqrt{\frac{2(\beta_2-\theta_2)(c_2-v\mu_2)+\theta_2^2(p+h_r+h_s-v)}{p+h_r+h_s-v}} \tag{8-28}$$

显然，有 $\theta_2<\Im<\beta_2$。此时，集成供应链第二次生产时的最优投入量可以进一步表示为 $q''_{2a}=\dfrac{D-q_1x_1}{\Im}$。给定 q_1，集成供应链第二次生产时的最优投入量 q''_2 为：

$$q''_2=\begin{cases}0, & D<q_1x_1+\gamma\\ q''_{2a}, & D\geqslant q_1x_1+\gamma\end{cases}$$

引理 8.1　与分散供应链相比，集成供应链中触发第二次生产的条件更加宽松，即第一次生产的产出与实际需求之间的差异更小，即 $\lambda > \gamma$。

证明：首先，构建以下函数：

$$y = \frac{(\beta_2 - \theta_2) K_2}{(\beta_2 - \Lambda)\eta} \tag{8-29}$$

这里，Λ 满足：

$$\Lambda = \sqrt{\frac{2(\beta_2 - \theta_2)(c_2 - v\mu_2) + \theta_2^2 \eta}{\eta}} \tag{8-30}$$

其中，y 关于 η 的一阶导为：

$$\frac{\partial y}{\partial \eta} = -\frac{y}{\eta}\left[1 + \frac{(c_2 - v\mu_2) y}{\Lambda K_2}\right] < 0$$

如果 $\eta = w + h_s - v$，则有 $\Lambda = B$ 和 $y = \lambda$；如果 $\eta = p + h_r + h_s - v$，则有 $\Lambda = \Im$ 和 $y = \gamma$。因为 $w + h_s - v < p + h_r + h_s - v$，可得 $\lambda > \gamma$。**证毕**。

根据引理 8.1 可以推断出，若供应商和集成供应链在第一次生产中选择相同的投入量，则集成供应链比供应商更有可能进行第二次生产。

预料到第二次生产时的投入决策后，集成供应链需要在需求和产出不确定环境下决定第一次生产时的最优投入量。此时，集成供应链的期望利润可以表示为：

$$\begin{aligned}\Pi_I(q_1, q_2'') = &\left(\frac{c_2}{\gamma} - h_r - h_s\right)\varsigma + \left(p + h_r + h_s - \frac{c_2}{\gamma}\right)\mu_1 q_1 - c_1 q_1 \\ &- K_1 - K_2 + \frac{K_2}{\gamma}\int_{\theta_1}^{\beta_1} h(x_1)\int_0^{q_1 x_1 + \gamma} G(D)\,\mathrm{d}D\mathrm{d}x_1 \\ &- (p + h_r + h_s - v)\int_{\theta_1}^{\beta_1} h(x_1)\int_0^{q_1 x_1} G(D)\,\mathrm{d}D\mathrm{d}x_1\end{aligned} \tag{8-31}$$

综合考虑命题 8.1 的结论，可以发现$\dfrac{\partial^2 \Pi_I(q_1, q_2'')}{\partial q_1^2} < 0$。因此，集成供应链在第一次生产时的最优投入量 q_1^{RC} 满足：

$$\begin{aligned}&\frac{K_2}{\gamma}\int_{\theta_1}^{\beta_1} x_1 h(x_1) G(q_1^{RC} x_1 + \gamma)\,\mathrm{d}x_1 - (p + h_r + h_s - v)\int_{\theta_1}^{\beta_1} x_1 h(x_1) G(q_1^{RC} x_1)\,\mathrm{d}x_1 \\ &\quad + \left(p + h_r + h_s - \frac{K_2}{\gamma}\right)\mu_1 - c_1 = 0\end{aligned} \tag{8-32}$$

给定 q_1^{RC}，集成供应链第二次生产时的最优投入量 q_2^{RC} 为：

$$q_2^{RC} = \begin{cases} 0, & D < q_1^{RC} x_1 + \gamma \\ q_{2a}^{RC}, & D \geqslant q_1^{RC} x_1 + \gamma \end{cases}$$

这里，q_{2a}^{RC}由以下式子给定：

$$q_{2a}^{RC} = \frac{D - q_1^{RC} x_1}{\mathfrak{I}} \tag{8-33}$$

根据上述讨论，可以进一步得到如下命题。

命题 8.5　在两次生产模式下，集成供应链第一次生产时的最优投入量大于分散供应链中供应商第一次生产时的最优投入量，但小于一次生产模式下集成供应链的最优投入量，即 $q_1^{RD} < q_1^{RC} < q_1^{NC}$。

证明：根据（8-21）式和（8-32）式中方程式的共性，令

$$\frac{K_2}{y}\int_{\theta_1}^{\beta_1} x_1 h(x_1) G(q_1 x_1 + y)\mathrm{d}x_1 - \eta\int_{\theta_1}^{\beta_1} x_1 h(x_1) G(q_1 x_1)\mathrm{d}x_1 + \left(\eta - \frac{K_2}{y}\right)\mu_1 - c_1 + v\mu_1 = 0 \tag{8-34}$$

如果 $\eta = w + h_s - v$，则有 $q_1 = q_1^{RD}$；如果 $\eta = p + h_r + h_s - v$，则有 $q_1 = q_1^{RC}$。根据（8-34）式可得：

$$\frac{\partial q_1}{\partial \eta} = \frac{-\dfrac{K_2}{y}\dfrac{\partial y}{\partial \eta}\displaystyle\int_{\theta_1}^{\beta_1} x_1 h(x_1)\left[\frac{G(q_1x_1 + y) - G(q_1 x_1)}{y} - g(q_1 x_1 + y)\right]\mathrm{d}x_1}{\eta\displaystyle\int_{\theta_1}^{\beta_1} x_1^2 h(x_1) g(q_1 x_1)\mathrm{d}x_1 - \frac{K_2}{y}\int_{\theta_1}^{\beta_1} x_1^2 h(x_1) g(q_1 x_1 + y)\mathrm{d}x_1} + \frac{\left(1 + \dfrac{K_2}{y^2}\dfrac{\partial y}{\partial \eta}\right)\left[\mu_1 - \displaystyle\int_{\theta_1}^{\beta_1} x_1 h(x_1) G(q_1 x_1)\mathrm{d}x_1\right]}{\eta\displaystyle\int_{\theta_1}^{\beta_1} x_1^2 h(x_1) g(q_1 x_1)\mathrm{d}x_1 - \frac{K_2}{y}\int_{\theta_1}^{\beta_1} x_1^2 h(x_1) g(q_1 x_1 + y)\mathrm{d}x_1}$$

回顾引理 8.1 证明过程中得到的$\frac{\partial y}{\partial \eta} = -\frac{y}{\eta}\left[1 + \frac{(c_2 - v\mu_2)y}{\Lambda K_2}\right] < 0$，这里提出假设 I：$1 + \frac{K_2}{y^2}\frac{\partial y}{\partial \eta} \leqslant 0$。由此可得，$\Lambda(\eta y - K_2) \leqslant (c_2 - v\mu_2)y$。类似于命题 8.1 的证明，可知：

$$K_2 - (p + h_r + h_s - v)\gamma + \frac{c_2 - v\mu_2}{\mathfrak{I}}\gamma + \frac{(p + h_r + h_s - v)\gamma}{\mathfrak{I}}\int_{\theta_2}^{\mathfrak{I}} F(x_2)\mathrm{d}x_2 = 0 \tag{8-35}$$

根据（8－20）式和（8－35）式中方程式的共性，可得：

$$K_2 - \eta y + \frac{y(c_2 - v\mu_2)}{\Lambda} + \frac{\eta y}{\Lambda}\int_{\theta_2}^{\Lambda} F(x_2)\mathrm{d}x_2 = 0 \quad (8-36)$$

根据（8－36）式可得：

$$\Lambda(\eta y - K_2) = y(c_2 - v\mu_2) + \eta y\int_{\theta_2}^{\Lambda} F(x_2)\mathrm{d}x_2 > y(c_2 - v\mu_2) \quad (8-37)$$

显然，（8－37）式与假设 I 相矛盾，因此 $1 + \frac{K_2}{y^2}\frac{\partial y}{\partial \eta} > 0$ 始终成立。此外，因为 $\eta y - K_2 > 0$，可以得到 $\eta > \frac{K_2}{y}$。因此，有

$$\eta\int_{\theta_1}^{\beta_1} x_1^2 h(x_1)g(q_1x_1)\mathrm{d}x_1 - \frac{K_2}{y}\int_{\theta_1}^{\beta_1} x_1^2 h(x_1)g(q_1x_1 + y)\mathrm{d}x_1 > 0$$

进一步得到，$\frac{\partial q_1}{\partial \eta} > 0$ 总是成立的，即 $q_1^{RC} > q_1^{RD}$。

类似于命题 8.2 的证明，可得 $q_1^{RC} < q_1^{NC}$ 始终成立。**证毕。**

根据（8－31）式和（8－5）式，可以得到：

$$\Pi_I(q_1, q_2'') - Z_I(q_1) = \frac{K_2}{\gamma}\left[\varsigma - \mu_1 q_1 + \int_{\theta_1}^{\beta_1} h(x_1)\int_0^{q_1x_1+\gamma} G(D)\mathrm{d}D\mathrm{d}x_1 - \gamma\right] > 0 \quad (8-38)$$

给定任意 q_1，有 $\Pi_I(q_1, q_2'') > Z_I(q_1)$。因此，可得 $\Pi_I(q_1^{NC}, q_2^{NC}) > Z_I(q_1^{NC})$。这里，若集成供应链第一次生产时的最优投入量为 q_1^{NC}，则 q_2^{NC} 为第二次生产时的最优投入量。由于 $\{q_1^{RC}, q_2^{RC}\}$ 为集成供应链在两次生产模式下的最优决策，则得到 $\Pi_I(q_1^{RC}, q_2^{RC}) \geqslant \Pi_I(q_1^{NC}, q_2^{NC})$。进一步可以得到 $\Pi_I(q_1^{RC}, q_2^{RC}) > Z_I(q_1^{NC})$。这一结果表明，与一次生产模式相比，两次生产模式可以提高供应链的性能。

二、收益分享契约设计

众多研究表明，收益分享契约适用于 VMI 模式下的供应链协调，且能够较容易地应用于实践中。因此，本节试图引入收益分享契约来提高供应链性能。这里，假设零售商可以利用收益分享契约来有效激励供应商在两次生产

模式下选择更高投入量。令 Π_s^{φ} 和 Π_r^{φ} 分别表示供应商和零售商在收益分享契约下的期望利润。在收益分享契约实施时，供应商和零售商在区间 $\varphi \in [0, 1]$ 内选择合理的收益分享因子 φ，并达成一致协议。此时，零售商的期望利润为 $\Pi_r^{\varphi} = \varphi(\Pi_s^{\varphi} + \Pi_r^{\varphi})$，供应商的期望利润为 $\Pi_s^{\varphi} = (1-\varphi)(\Pi_s^{\varphi} + \Pi_r^{\varphi})$。

在收益分享契约中，最大化供应商的期望利润与最大化供应链的期望利润是一致的。特别地，给定 $D \geqslant q_1x_1 + \gamma$，集成供应链愿意进行第二次生产。因此，可以合理假设，一旦收益分享契约实施，供应商也愿意在相同条件下进行第二次生产。同时，供应商在第二次生产中的最优投入量为 $q''_{2a} = \frac{D - q_1x_1}{\mathfrak{I}}$。此时，供应商的期望利润可以表示为：

$$
\begin{aligned}
\Pi_s^{\varphi}(q_1, q''_{2a}) = & \int_{\theta_1}^{\beta_1} h(x_1) \int_0^{q_1x_1} [wD - c_1q_1 + v(q_1x_1 - D) - K_1] g(D) \mathrm{d}D\mathrm{d}x_1 \\
& + \int_{\theta_1}^{\beta_1} h(x_1) \int_{q_1x_1}^{q_1x_1+\gamma} [wq_1x_1 - c_1q_1 - h_s(D - q_1x_1) - K_1] g(D) \mathrm{d}D\mathrm{d}x_1 \\
& + w \Big[\int_{\theta_2}^{\mathfrak{I}} f(x_2) \int_{\theta_1}^{\beta_1} h(x_1) \int_{q_1x_1+\gamma}^{+\infty} (q_1x_1 + q''_{2a}x_2) g(D) \mathrm{d}D\mathrm{d}x_1\mathrm{d}x_2 \\
& + \int_{\mathfrak{I}}^{\beta_2} f(x_2) \int_{\theta_1}^{\beta_1} h(x_1) \int_{q_1x_1+\gamma}^{+\infty} Dg(D) \mathrm{d}D\mathrm{d}x_1\mathrm{d}x_2 \Big] \\
& - \int_{\theta_1}^{\beta_1} h(x_1) \int_{q_1x_1+\gamma}^{+\infty} (c_1q_1 + c_2q''_{2a} + K_1 + K_2) g(D) \mathrm{d}D\mathrm{d}x_1 \\
& - h_s \int_{\theta_2}^{\mathfrak{I}} f(x_2) \int_{\theta_1}^{\beta_1} h(x_1) \int_{q_1x_1+\gamma}^{+\infty} (D - q_1x_1 - q''_{2a}x_2) g(D) \mathrm{d}D\mathrm{d}x_1\mathrm{d}x_2 \\
& + v \int_{\mathfrak{I}}^{\beta_2} f(x_2) \int_{\theta_1}^{\beta_1} h(x_1) \int_{q_1x_1+\gamma}^{+\infty} (q_1x_1 + q''_{2a}x_2 - D) g(D) \mathrm{d}D\mathrm{d}x_1\mathrm{d}x_2
\end{aligned}
\tag{8-39}
$$

零售商的期望利润可以表示为：

$$
\begin{aligned}
\Pi_r^{\varphi}(q_1, q''_{2a}) = & \int_{\theta_1}^{\beta_1} h(x_1) \int_0^{q_1x_1} (p - w) Dg(D) \mathrm{d}D\mathrm{d}x_1 \\
& + \int_{\theta_1}^{\beta_1} h(x_1) \int_{q_1x_1}^{q_1x_1+\gamma} [(p - w) q_1x_1 - h_r(D - q_1x_1)] g(D) \mathrm{d}D\mathrm{d}x_1 \\
& + (p - w) \Big[\int_{\theta_2}^{\mathfrak{I}} f(x_2) \int_{\theta_1}^{\beta_1} h(x_1) \int_{q_1x_1+\gamma}^{+\infty} (q_1x_1 + q''_{2a}x_2) g(D) \mathrm{d}D\mathrm{d}x_1\mathrm{d}x_2
\end{aligned}
$$

$$+\int_{\Im}^{\beta_2}f(x_2)\int_{\theta_1}^{\beta_1}h(x_1)\int_{q_1x_1+\gamma}^{+\infty}Dg(D)\mathrm{d}D\mathrm{d}x_1\mathrm{d}x_2\Big]$$

$$-h_r\int_{\theta_2}^{\Im}f(x_2)\int_{\theta_1}^{\beta_1}h(x_1)\int_{q_1x_1+\gamma}^{+\infty}(D-q_1x_1-q''_{2a}x_2)g(D)\mathrm{d}D\mathrm{d}x_1\mathrm{d}x_2 \tag{8-40}$$

那么，供应链的期望利润为 $\Pi_I(q_1,\ q''_{2a})$。根据收益分享契约可知，供应商的期望利润可以表示为：

$$\Pi_s^{\varphi}(q_1,\ q''_{2a})=(1-\varphi)\Pi_I(q_1,\ q''_{2a}) \tag{8-41}$$

根据（8－39）式，可以得到：

$$\frac{\partial\Pi_s^{\varphi}(q_1,\ q''_{2a})}{\partial w}=\int_{\theta_1}^{\beta_1}h(x_1)\int_0^{q_1x_1}Dg(D)\mathrm{d}D\mathrm{d}x_1+\int_{\theta_1}^{\beta_1}h(x_1)\int_{q_1x_1}^{q_1x_1+\gamma}q_1x_1g(D)\mathrm{d}D\mathrm{d}x_1$$
$$+\int_{\theta_2}^{\Im}f(x_2)\int_{\theta_1}^{\beta_1}h(x_1)\int_{q_1x_1+\gamma}^{+\infty}(q_1x_1+q''_{2a}x_2)g(D)\mathrm{d}D\mathrm{d}x_1\mathrm{d}x_2$$
$$+\int_{\Im}^{\beta_2}f(x_2)\int_{\theta_1}^{\beta_1}h(x_1)\int_{q_1x_1+\gamma}^{+\infty}Dg(D)\mathrm{d}D\mathrm{d}x_1\mathrm{d}x_2>0$$

因此，$\Pi_s^{\varphi}(q_1,\ q''_{2a})$ 是关于 w 的递增函数。显然，$\Pi_I(q_1,\ q''_{2a})$ 独立于 w。那么，给定任意收益分享因子 φ，存在着唯一一个批发价格 w，即批发价格和收益分享因子之间存在一一对应的关系。本节中，我们称这种收益分享契约为 $\varphi(w)$ 契约。

命题 8.6 在两次生产模式下引入 $\varphi(w)$ 契约可以协调供应链，且可以通过调整批发价格实现供应链期望利润在成员之间的任意分配。

证明： 在有两次生产机会的分散供应链中，我们引入了 $\varphi(w)$ 契约，且收益分享因子与批发价格之间的关系由（8－41）式决定。因此，$\max\Pi_s^{\varphi}(q_1,\ q_2^{RC})=\max[(1-\varphi)\Pi_I(q_1,\ q_2^{RC})]$。供应商选择最优投入量 q_1^{RC} 时，（8－41）式可以写成 $\varphi=1-\dfrac{\Pi_s^{\varphi}(q_1^{RC},\ q_2^{RC})}{\Pi_I(q_1^{RC},\ q_2^{RC})}$。进一步可以得到，$\dfrac{\partial\varphi}{\partial w}=-\dfrac{1}{\Pi_I(q_1^{RC},\ q_2^{RC})}\dfrac{\partial\Pi_s^{\varphi}(q_1^{RC},\ q_2^{RC})}{\partial w}<0$。

当 $w=p$ 时，有 $\Pi_s^{\varphi}(q_1^{RC},\ q_2^{RC},\ w=p)>\Pi_I(q_1^{RC},\ q_2^{RC})$；当 $w=c_1$ 时，有

$$\Pi_s^{\varphi}(q_1^{RC},\ q_2^{RC},\ w=c_1)=\int_{\theta_1}^{\beta_1}h(x_1)\int_0^{q_1^{RC}x_1}[-c_1(q_1^{RC}-D)+v(q_1^{RC}x_1-D)$$

$$
\begin{aligned}
& - K_1] g(D) \mathrm{d}D\mathrm{d}x_1 + \int_{\theta_1}^{\beta_1} h(x_1) \int_{q_1^{RC}x_1}^{q_1^{RC}x_1+\gamma} [c_1 q_1^{RC} x_1 \\
& - c_1 q_1^{RC} - h_s (D - q_1^{RC} x_1) - K_1] g(D) \mathrm{d}D\mathrm{d}x_1 \\
& + c_1 \Big[\int_{\theta_2}^{\Im} f(x_2) \int_{\theta_1}^{\beta_1} h(x_1) \int_{q_1^{RC}x_1+\gamma}^{+\infty} (q_1^{RC} x_1 \\
& + q_2^{RC} x_2) g(D) \mathrm{d}D\mathrm{d}x_1 \mathrm{d}x_2 \\
& + \int_{\Im}^{\beta_2} f(x_2) \int_{\theta_1}^{\beta_1} h(x_1) \int_{q_1^{RC}x_1+\gamma}^{+\infty} D g(D) \mathrm{d}D\mathrm{d}x_1 \mathrm{d}x_2 \Big] \\
& - \int_{\theta_1}^{\beta_1} h(x_1) \int_{q_1^{RC}x_1+\gamma}^{+\infty} (c_1 q_1^{RC} + c_2 q_2^{RC} + K_1 \\
& + K_2) g(D) \mathrm{d}D\mathrm{d}x_1 - h_s \int_{\theta_2}^{\Im} f(x_2) \int_{\theta_1}^{\beta_1} h(x_1) \int_{q_1^{RC}x_1+\gamma}^{+\infty} (D \\
& - q_1^{RC} x_1 - q_2^{RC} x_2) g(D) \mathrm{d}D\mathrm{d}x_1 \mathrm{d}x_2 \\
& + v \int_{\Im}^{\beta_2} f(x_2) \int_{\theta_1}^{\beta_1} h(x_1) \int_{q_1^{RC}x_1+\gamma}^{+\infty} (q_1^{RC} x_1 + q_2^{RC} x_2 \\
& - D) g(D) \mathrm{d}D\mathrm{d}x_1 \mathrm{d}x_2 \qquad (8-42)
\end{aligned}
$$

结合考虑 $\theta_2 \leqslant x_2 \leqslant \beta_2 \leqslant 1$ 和 $c_2 \geqslant c_1$，可以得到 $\Pi_s^{\varphi}(q_1^{RC},\ q_2^{RC},\ w = c_1) < 0$。

随着批发价格从 c_1 增加到 p，供应商的期望利润从一个负数增加到一个大于 $\Pi_I(q_1^{RC},\ q_2^{RC})$ 的值。因此，在区间 $w \in (c_1,\ p)$ 内，存在着唯一一个满足 $\Pi_s^{\varphi}(q_1^{RC},\ q_2^{RC},\ w') = 0$ 的批发价格 w'；且存在着唯一一个满足 $\Pi_s^{\varphi}(q_1^{RC},\ q_2^{RC},\ w'') = \Pi_I(q_1^{RC},\ q_2^{RC})$ 的批发价格 w''。由于收益分享因子随批发价格的减小而递减，因此，给定 $w = w''$，有 $\varphi = 0$；给定 $w = w'$，有 $\varphi = 1$。此时，供应链始终处于协调状态。由此可见，通过调整批发价格，集成供应链的期望利润可以在成员之间任意分配。**证毕。**

$\varphi(w)$ 契约明确了供应链期望利润在供应商和零售商之间的分配比例，因此供应商会选择与集成供应链相同的最优投入量。同时，我们构建了收益分享因子和批发价格之间的一一对应关系，所以供应商只需调整收益分享因子或批发价格，就可以在协调供应链的同时，实现供应链期望利润在成员之间的任意分配。在实际运作中，有时是由零售商决定收益分享因子或批发价格，供应商根据集成供应链的运作模式来安排生产。另外，还有一种十分常见的现象是，零售商与供应商就收益分享因子或批发价格进行协商，然后由供应商决定投入量并进行生产。上述决策可以根据供应链的实际运作情况和供应链成员之间的竞争地位强弱而定。总之，本节的研究表明，$\varphi(w)$ 契约是提高供应链性能的有效方式。

第四节 扩 展 讨 论

通过上述讨论可以发现，在两次生产模式下，影响供应商投入决策的因素有很多。本节重点对单位惩罚成本进行敏感性分析，且比较直观的是，较低的单位惩罚成本意味着较低的缺货损失，因此供应链倾向于选择较低的投入量；相反，给定相对较高的单位惩罚成本，供应链会尽量选择较高的投入量来满足需求，以此来降低缺货风险。特别是供应商负责库存管理时，供应商缺货的单位惩罚成本对其生产决策起着重要的影响。下列命题总结了我们的发现。

命题 8.7 在两次生产模式下，分散供应链和集成供应链第一次生产时的最优投入量均随着单位惩罚成本 h_s 的增加而递增。当 $h_s \to +\infty$时，分散供应链的最优投入量等于集成供应链的最优投入量。此外，还可以得到 $B=\Im=\theta_2$，$\lambda=\gamma=0$。

证明： 由命题 8.5 的证明可得，$\frac{\partial q_1}{\partial \eta}>0$，即 q_1 是 η 的递增函数。给定 $\eta=w+h_s-v$，可得 η 是 h_s 的递增函数。因此，供应商第一次生产时的最优投入量 q_1^{RD} 随 h_s 递增。类似地，集成供应链第一次生产时的最优投入量 q_1^{RC} 随 h_s 递增。因此，（8-34）式可进一步表示成：

$$K_2\int_{\theta_1}^{\beta_1} x_1 h(x_1)\frac{G(q_1x_1+y)-G(q_1x_1)}{y}\mathrm{d}x_1 + \left(\eta-\frac{K_2}{y}\right)\left[\mu_1-\int_{\theta_1}^{\beta_1} x_1 h(x_1) G(q_1x_1)\mathrm{d}x_1\right]-c_1+v\mu_1=0 \quad (8-43)$$

当 $h_s \to +\infty$时，可得 $\eta \to +\infty$。根据（8-30）式可得，$\Lambda=\theta_2$。根据（8-29）式可得，$y=0$。根据（8-29）式和（8-30）式，我们有 $\lim\limits_{h_s\to+\infty}\left(\eta-\frac{K_2}{y}\right)=\frac{c_2-v\mu_2}{\theta_2}$。进一步地，（8-43）式可以写成：

$$K_2\int_{\theta_1}^{\beta_1}x_1h(x_1)g(q_1x_1)\mathrm{d}x_1+\frac{c_2-v\mu_2}{\theta_2}\left[\mu_1-\int_{\theta_1}^{\beta_1}x_1h(x_1)G(q_1x_1)\mathrm{d}x_1\right]-c_1+v\mu_1=0$$

换句话说，当单位惩罚成本 $h_s\to+\infty$时，供应商第一次生产时的最优投入量等于集成供应链第一次生产时的最优投入量。令 q_1^* 表示最优投入量，则 q_1^* 满足

$$K_2\int_{\theta_1}^{\beta_1}x_1h(x_1)g(q_1^*x_1)\mathrm{d}x_1+\frac{c_2-v\mu_2}{\theta_2}\left[\mu_1-\int_{\theta_1}^{\beta_1}x_1h(x_1)G(q_1^*x_1)\mathrm{d}x_1\right]-(c_1-v\mu_1)=0 \tag{8-44}$$

显然，$B=\mathfrak{I}=\theta_2$，$\lambda=\gamma=0$。**证毕**。

这里，条件 $h_s\to+\infty$意味着单位惩罚成本足够大，供应商可能因缺货而蒙受巨大损失。此时，供应商必须尽力满足需求，避免缺货。给定 $h_s\to+\infty$，在两次生产模式下，（8－18）式中供应商的期望利润可以表示为：

$$\begin{aligned}\overline{\Pi}_s(q_1,q'_{2a})=&\int_{\theta_1}^{\beta_1}h(x_1)\int_0^{q_1x_1}[wD-c_1q_1+v(q_1x_1-D)-K_1]g(D)\mathrm{d}D\mathrm{d}x_1\\&+w\int_{\theta_2}^{\beta_2}f(x_2)\int_{\theta_1}^{\beta_1}h(x_1)\int_{q_1x_1}^{+\infty}Dg(D)\mathrm{d}D\mathrm{d}x_1\mathrm{d}x_2\\&-\int_{\theta_1}^{\beta_1}h(x_1)\int_{q_1x_1}^{+\infty}(c_1q_1+c_2q'_{2a}+K_1+K_2)g(D)\mathrm{d}D\mathrm{d}x_1\\&+v\int_{\theta_2}^{\beta_2}f(x_2)\int_{\theta_1}^{\beta_1}h(x_1)\int_{q_1x_1}^{+\infty}(q_1x_1+q'_{2a}x_2-D)g(D)\mathrm{d}D\mathrm{d}x_1\mathrm{d}x_2\end{aligned} \tag{8-45}$$

结合考虑命题 8.1，可以发现$\dfrac{\partial^2\overline{\Pi}_s(q_1,q'_{2a})}{\partial q_1^2}<0$。根据（8－45）式，可以得到存在着唯一一个 q_1^* 使得供应商的期望利润取到最大。这里，q_1^* 由（8－44）式决定。因此，零售商的期望利润为：

$$\overline{\Pi}_r(q_1^*,q'_{2a})=(p-w)\varsigma \tag{8-46}$$

接下来，分析单位惩罚成本足够大即 $h_s\to+\infty$时，集成供应链的最优决策。这里，集成供应链的期望利润可以表示为：

$$\overline{\Pi}_I(q_1,q''_{2a})=\int_{\theta_1}^{\beta_1}h(x_1)\int_0^{q_1x_1}[pD-c_1q_1+v(q_1x_1-D)-K_1]g(D)\mathrm{d}D\mathrm{d}x_1$$

$$+ p\int_{\theta_2}^{\beta_2} f(x_2)\int_{\theta_1}^{\beta_1} h(x_1)\int_{q_1x_1}^{+\infty} Dg(D)\,\mathrm{d}D\mathrm{d}x_1\mathrm{d}x_2$$
$$- \int_{\theta_1}^{\beta_1} h(x_1)\int_{q_1x_1}^{+\infty} (c_1q_1 + c_2q''_{2a} + K_1 + K_2)g(D)\,\mathrm{d}D\mathrm{d}x_1$$
$$+ v\int_{\theta_2}^{\beta_2} f(x_2)\int_{\theta_1}^{\beta_1} h(x_1)\int_{q_1x_1}^{+\infty} (q_1x_1 + q''_{2a}x_2 - D)g(D)\,\mathrm{d}D\mathrm{d}x_1\mathrm{d}x_2 \tag{8-47}$$

可以发现，始终存在着唯一一个 q_1^* 使得集成供应链的期望利润最大，且该最优投入量等于分散供应链中供应商的最优投入量。

因此，得到如下结论：当单位惩罚成本足够大时，供应链应该通过两次生产来尽量满足所有需求。此时，分散供应链和集成供应链的最优投入决策是一致的，且分散供应链的期望利润等于集成供应链的期望利润。此外，如果供应链只有一次生产机会，则应在销售季节开始前选择无限大的投入量，以满足不确定的市场需求。但是，由于企业不可能准备无限多的库存，这进一步强调了现实中进行两次生产的重要性。总体来看，两次生产模式是通过提高供应链抵抗供应风险能力，从而提升供应链性能的有效方式。

第五节　数值分析

本节通过数值分析来验证上述研究结论。首先，设置如下参数：$c_1=10$，$c_2=15$，$p=50$，$w=3$，$v=10$，$h_s=10$，$h_r=10$，$K_1=1000$，$K_2=2500$，$\theta_1=0.5$，$\beta_1=0.6$，$\theta_2=0.56$，$\beta_2=0.66$。假设随机需求 D 服从指数分布，其概率密度函数为 $g(D)=\begin{cases}\varepsilon e^{-\varepsilon D}, & D\geqslant 0\\ 0, & D<0\end{cases}$，累积分布函数为 $G(D)=\begin{cases}1-e^{-\varepsilon D}, & D\geqslant 0\\ 0, & D<0\end{cases}$。令 $\varepsilon=\frac{1}{200}$，则 D 的均值为 $\varsigma=200$。

一、只有一次生产机会的模式

这里，分析一次生产模式下供应链的最优决策及其相应的期望利润。在分散供应链中，供应商选择最优的投入量 $q_1^{ND}=558.07$。此时，供应商和零售商的期望利润分别为 $Z_s(q_1^{ND})=445.40$ 和 $Z_r(q_1^{ND})=1448.61$，供应链的期望利润为 $Z_t(q_1^{ND})=1894.01$。集成供应链的最优投入量为 $q_1^{NC}=724.51$，相应的期望利润为 $Z_I(q_1^{NC})=2094.33$。显然，可以得到 $q_1^{ND}<q_1^{NC}$ 和 $Z_t(q_1^{ND})<Z_I(q_1^{NC})$。

二、具有两次生产机会的模式

当供应链具有两次生产机会时，首先分析供应链愿意进行第二次生产的条件。这里，可以得到 $\lambda=110.33$，即给定 $D-q_1x_1\geqslant 110.33$，供应商愿意进行第二次生产。图 8.1（a）表明，供应商的期望利润是关于第一次生产投入量的凹函数。显然，供应商第一次生产时的最优投入量为 $q_1^{RD}=404.91$，供应商第二次生产时的最优投入量为：

$$q_2^{RD}=\begin{cases}0, & D<404.91x_1+110.33\\ q_{2a}^{RD}, & D\geqslant 404.91x_1+110.33\end{cases}$$

这里，$q_{2a}^{RD}=1.67(D-404.91x_1)$。根据上述分析可得，供应商的期望利润为 $\Pi_s(q_1^{RD},\ q_2^{RD})=1136.51$，零售商的期望利润为 $\Pi_r(q_1^{RD},\ q_2^{RD})=2228.65$，供应链的期望利润为 $\Pi_t(q_1^{RD},\ q_2^{RD})=3365.16$。显然，有 $q_1^{RD}<q_1^{ND}$ 和 $\Pi_s(q_1^{RD},\ q_2^{RD})>Z_s(q_1^{ND})$。因此，两次生产模式下，供应商在第一次生产中投入较少的数量但可以获得更高的期望利润。由图 8.1（b）可知，零售商的期望利润 $\Pi_r(q_1,\ q_2')$ 随着 q_1 的增加而递增。必定存在一个 q_1 的区间，与一次生产模式相比，两个成员在该区间内均能获得更高的期望利润，即实现了帕累托改进。但是，随着 c_2 的增加，零售商的期望利润逐渐降低。

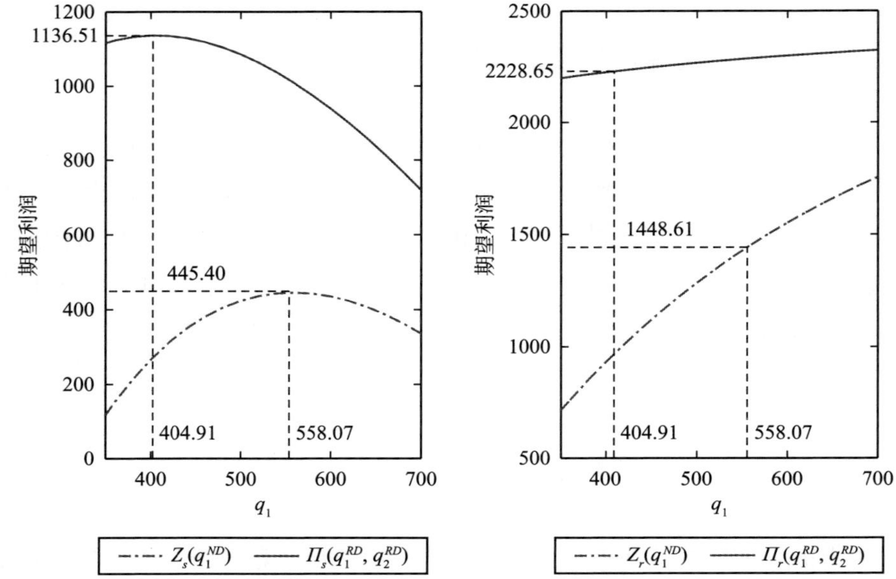

（a）供应商　　（b）零售商

图 8.1　两种模式下供应链成员的期望利润随 q_1 的变化情况

在特定的参数条件下，零售商在两次生产模式下的期望利润低于其在一次生产模式下的期望利润。为了说明这种特殊情况，重新设置 $c_1=10$，$w=33$ 和 $h_s=0$，而其他参数保持不变。在这样的参数条件下，图 8.2 显示了供应链成员的期望利润随 c_2 变化的情况。在区间 $c_2\in[10, 20.1]$ 内，有 $\Pi_s(q_1^{RD}, q_2^{RD})>Z_s(q_1^{ND})$。然而，这一结论并不适用于零售商。可以发现，存在着一个特殊的区间 $c_2\in[19.9, 20.1]$，其中有 $\Pi_r(q_1^{RD}, q_2^{RD})\leqslant Z_r(q_1^{ND})$。因此，在两次生产模式下，如果供应商基于自身利润最大化的视角进行投入决策，零售商可能会受到损害。

接下来，分析两次生产模式下集成供应链的最优决策。这里，可以得到 $\gamma=56.22$，即给定 $D-q_1x_1\geqslant 56.22$，集成供应链愿意进行第二次生产。显然，$\gamma<\lambda$。由于集成供应链在 $D\in[q_1x_1+56.22, +\infty)$ 时会选择第二次生产，

而供应商在 $D \in [q_1 x_1 + 110.33, \ +\infty)$ 时会选择第二次生产，可得集成供应链在面临缺货时更有可能实施补货策略。并且，集成供应链第一次生产时的最优投入量为 $q_1^{RC} = 425.91$，相应的期望利润为 $\Pi_I(q_1^{RC}, \ q_2^{RC}) = 3441.73$。显然，有 $q_1^{RD} < q_1^{RC}$ 和 $\Pi_t(q_1^{RD}, \ q_2^{RD}) < \Pi_I(q_1^{RC}, \ q_2^{RC})$。如图 8.3 所示，可以得到 $q_1^{RC} < q_1^{NC}$ 和 $Z_I(q_1^{NC}) < \Pi_I(q_1^{RC}, \ q_2^{RC})$。这表明，即使在供应链分散的情况下，两次生产模式也可以提高供应链的性能。

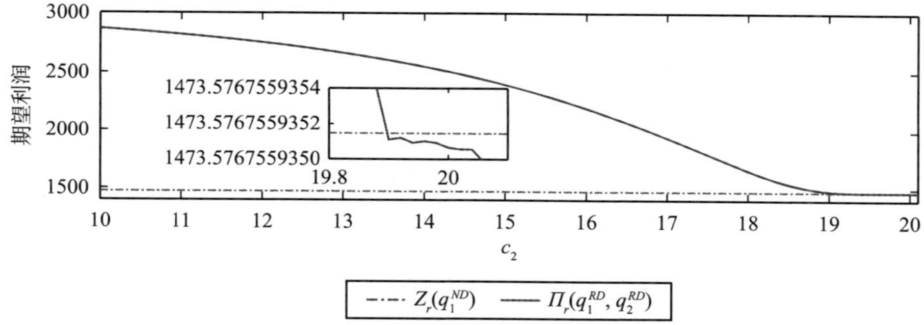

（a）供应商

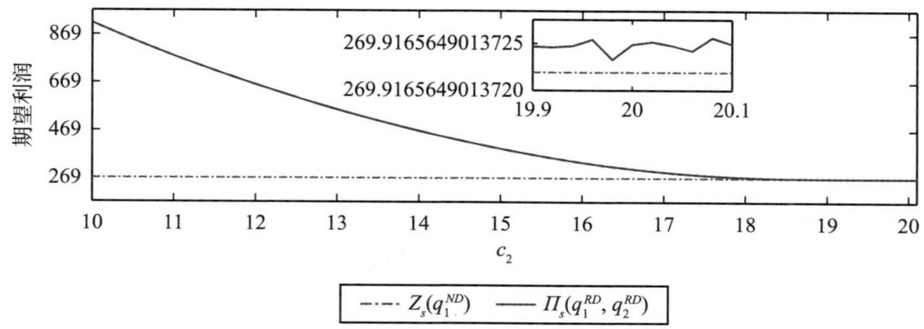

（b）零售商

图 8.2　两种模式下供应链成员的期望利润随 c_2 的变化情况

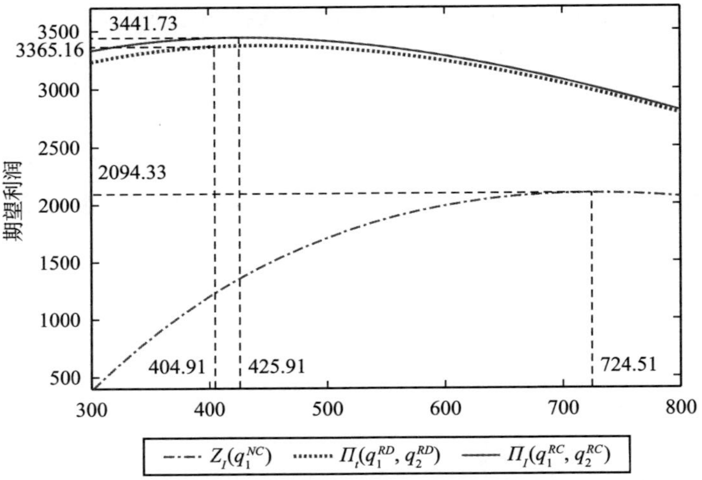

图 8.3　两种模式下供应链的期望利润随 q_1 的变化情况

两次生产模式下，我们引入 $\varphi(w)$ 契约来协调供应链。在该契约下，供应商总是选择最优的投入量 q_1^{RC} 和 q_2^{RC}。给定 $w'=32.46$ 和 $\varphi=1$，可以得到 $\Pi_s(q_1^{RC}, q_2^{RC}, w')=0$ 和 $\Pi_r(q_1^{RC}, q_2^{RC}, w')=\Pi_I(q_1^{RC}, q_2^{RC})$；给定 $w''=49.88$ 和 $\varphi=0$，可以得到 $\Pi_s(q_1^{RC}, q_2^{RC}, w'')=\Pi_I(q_1^{RC}, q_2^{RC})$ 和 $\Pi_r(q_1^{RC}, q_2^{RC}, w'')=0$。如图 8.4 所示，当批发价格从 w' 增加到 w'' 时，供应商的期望利润从 0 增加到 $\Pi_I(q_1^{RC}, q_2^{RC})$，而零售商的期望利润从 $\Pi_I(q_1^{RC}, q_2^{RC})$ 减少到 0。因此，在 $\varphi(w)$ 契约下，供应链总是协调的，且通过调整批发价格，供应链期望利润可以在两个成员之间进行任意分配。

图 8.5 表明，在两次生产模式下，q_1^{RD} 和 q_1^{RC} 均随着单位惩罚成本 h_s 的增加而递增。当单位惩罚成本 $h_s\to+\infty$ 时，分散供应链第一次生产时的最优投入量等于集成供应链第一次生产时的最优投入量，即最优投入量为 $q_1^*=451.97$。此外，供应链的期望利润为 $\overline{\Pi}_I(q_1^*)=3324.14$，零售商的期望利润为 $\overline{\Pi}_r(q_1^*)=2400$，供应商的期望利润为 $\overline{\Pi}_s(q_1^*)=924.14$。

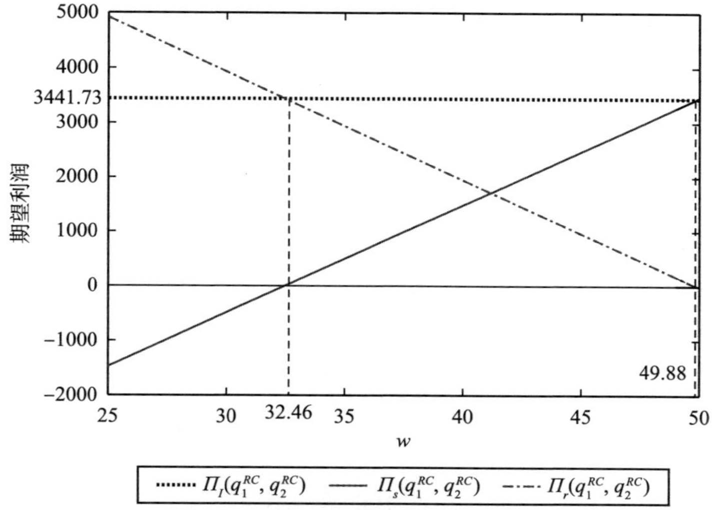

图 8.4 $\varphi(w)$ 契约下供应链成员的期望利润随 w 的变化情况

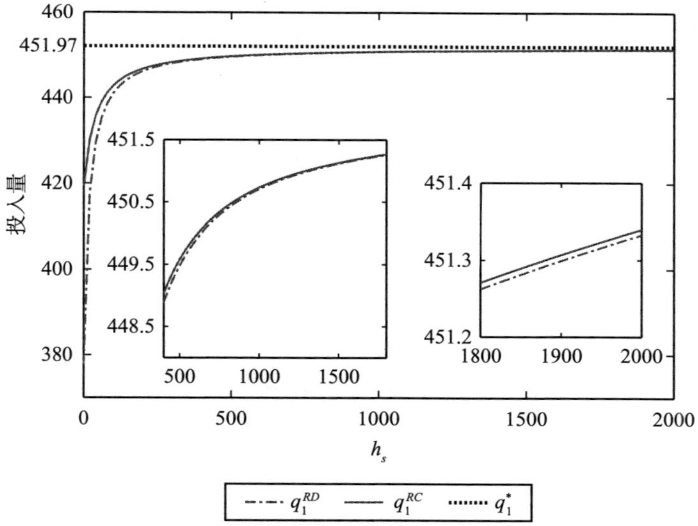

图 8.5 两次生产模式下第一次生产时的投入量随 h_s 的变化情况

第六节　本章小结

本章考虑了由一个拥有两次生产机会的供应商和一个零售商组成的两级供应链，假设供应商在第一次生产和第二次生产时均面临产出不确定。重点分析了供应商的最优投入决策和供应链成员的期望利润。为了分析两次生产机会对供应链带来的影响，构建供应商只有一次生产机会的基本模型，并求得了其最优投入量和供应链成员的期望利润。本章进一步引入收益分享契约实现了两次生产模式下 VMI 供应链的协调，并改进了供应链性能。本章的主要结论和管理启示具体如下：

1. 供应商总是可以从两次生产中获益。但是，零售商不一定能从供应商两次生产中获益。主要原因可能来自两个方面：①两次生产机会使得供应商降低了第一次生产时的投入量；②供应商不愿意补足所有可能未满足的需求。这一结论表明，在选择上游合作伙伴时，零售商需要评估供应商在第二次生产中具体能力的相关信息，如产出率、成本结构等。

2. 虽然两次生产机会可以提高供应商的服务水平，但当且仅当 $D-q_1x_1\geqslant\lambda$ 时，供应商才愿意进行二次生产。这里，λ 是与供应商运作参数相关的一个阈值。为了使第二次生产对供应链整体有利，供应商需要提高生产效率并降低运营成本。

3. 分散供应链的性能低于集成供应链。在需求和产出不确定下，考虑到两次生产的复杂性，传统的协调机制很难提高供应链性能。为了使得协调机制仍然适用，本章通过设计合理的收益分享契约来分配供应链期望利润，且这样的收益分享契约可以促使供应商做出最大化整体供应链的最优决策。

本篇参考文献

[1] 李果，马士华，高韬，等．不确定交货条件下两供应商-单制造商协同供货模型［J］．管理工程学报，2011，25（3）：91-99.

[2] 廖莉，吴耀华，孙国华．随机产量下的二级供应链契约协调［J］．计算机集成制造系统，2010，16（8）：1733-1741.

[3] 凌六一，郭晓龙，胡中菊，等．基于随机产出与随机需求的农产品供应链风险共担合同［J］．中国管理科学，2013，21（2）：50-55.

[4] 凌六一，胡中菊，郭晓龙．随机产出和随机需求下“农超对接”模式的分析与协调［J］．系统工程，2011，29（9）：36-40.

[5] 刘聘，谢铁军．随机产出与需求下的农产品供应链协调［J］．物流技术，2013，32（7）：381-384.

[6] 盛昭瀚，王海燕，胡志华．供应链韧性：适应复杂性——基于复杂系统管理视角［J］．中国管理科学，2022，30（11）：1-7.

[7] 王道平，程蕾，李峰．产出不确定的农产品供应链协调问题研究［J］．控制与决策，2012，27（6）：881-885.

[8] 谢勇，向莉，陈双，等．供应链返利与惩罚契约研究［J］．系统工程学报，2013，28（5）：625-632.

[9] 严帅，李四杰，卞亦文．基于质保服务的供应链契约协调机制［J］．系统工程学报，2013，28（5）：677-685.

[10] 姚冠新，徐静．产出不确定下的农产品供应链参与主体决策行为研究［J］．工业工程与管理，2015，20（2）：16-22.

[11] 于建红，马士华，周奇超．供需不确定下基于 MOI 和 VMI 模式的供应

链协同比较研究［J］. 中国管理科学，2012，20（5）：64－74.

［12］赵道致，吕昕．随机产出与需求下基于风险共享的VMI协同［J］. 系统工程，2012，30（2）：1－8.

［13］赵霞，吴方卫，蔡荣．随机产出与需求下二级供应链协调合同研究［J］. 管理科学学报，2014，17（8）：34－45.

［14］赵霞，吴方卫．随机产出与需求下农产品供应链协调的收益共享合同研究［J］. 中国管理科学，2009，17（5）：88－95.

［15］朱宝琳，戚亚萍，戢守峰，等．产出和需求不确定下三级供应链契约协调模型［J］. 控制与决策，2016，31（12）：2211－2218.

［16］左晓露，刘志学，施文．随机产出与需求条件下的响应性定价策略［J］. 计算机集成制造系统，2014，20（10）：2563－2571.

［17］Anand K，Anupindi R，Bassok Y. Strategic inventories in vertical contracts［J］. Management Science，2008，54（10）：1792－1804.

［18］Anderson E，Monjardino M. Contract design in agriculture supply chains with random yield［J］. European Journal of Operational Research，2019，277（3）：1072－1082.

［19］Arifoglu K，Deo S，Iravani S M R. Consumption externality and yield uncertainty in the influenza vaccine supply chain：Interventions in demand and supply sides［J］. Management Science，2012，58（6）：1072－1091.

［20］Asl-Naja J，Yaghoubi S. A novel perspective on closed-loop supply chain coordination：Product life-cycle approach［J］. Journal of Cleaner Production，2021，289：125697.

［21］Asl-Najafi J，Yaghoubi S，Zand F. Dual-channel supply chain coordination considering targeted capacity allocation under uncertainty［J］. Mathematics and Computers in Simulation，2021，187：566－585.

［22］Bai Q，Gong Y，Jin M，et al. Effects of carbon emission reduction on supply chain coordination with vendor-managed deteriorating product inventory［J］. International Journal of Production Economics，2019，208：83－99.

［23］Begen M A，Pun H，Yan X. Supply and demand uncertainty reduction efforts and cost comparison［J］. International Journal of Production Economics, 2016, 180: 125 - 134.

[24] Boulaksil Y, Hamdouch Y, Ghoudi K, et al. Comparing policies for the stochastic multi-period dual sourcing problem from a supply chain perspective [J]. International Journal of Production Economics, 2021, 232: 107923.

[25] Cachon G P, Lariviere M A. Supply chain coordination with revenue-sharing contracts: Strengths and limitations [J]. Management Science, 2005, 51 (1): 30 - 44.

[26] Cachon G P, Swinney R. Purchasing, pricing, and quick response in the presence of strategic consumers [J]. Management Science, 2009, 55 (3): 497 - 511.

[27] Cachon G P. Supply chain coordination with contracts [M]. Handbooks in Operations Research and Management Science, 2003: 227 - 339.

[28] Cai J, Tadikamalla P R, Shang J, et al. Optimal inventory decisions under vendor managed inventory: Substitution effects and replenishment tactics [J]. Applied Mathematical Modelling, 2017, 43: 611 - 629.

[29] Cai J, Wang L, Han Y, et al. Advance order strategies: Effects on competition structure in a two-echelon supply chain [J]. Applied Mathematical Modelling, 2010, 34 (9): 2465 - 2476.

[30] Chen W, Li J, Jin X. The replenishment policy of agri-products with stochastic demand in integrated agricultural supply chains [J]. Expert Systems with Applications, 2016, 48: 55 - 66.

[31] Chen Z, Liu F. Multi-outsourcing supply chain coordination under yield and demand uncertainties [J]. Expert Systems with Applications, 2021, 181: 115177.

[32] Chick S E, Mamani H, Simchi-Levi D. Supply chain coordination and influenza vaccination [J]. Operations Research, 2008, 56 (6): 1493 - 1506.

[33] Cho S H, Tang C S. Advance selling in a supply chain under uncertain supply and demand [J]. Manufacturing & Service Operations Management, 2013, 15 (2): 305 - 319.

[34] Cho S H. The optimal composition of influenza vaccines subject to random production yields [J]. Manufacturing & Service Operations Management, 2010, 12 (2): 256-277.

[35] Deo S, Corbett C J. Cournot competition under yield uncertainty: The case of the U. S. influenza vaccine market [J]. Manufacturing & Service Operations Management, 2009, 11 (4): 563-576.

[36] Ding D, Chen J. Supply chain coordination with contracts game between complementary suppliers [J]. International Journal of Information Technology & Decision Making, 2007, 6 (1): 163-175.

[37] Donohue K L. Efficient supply contracts for fashion goods with forecast updating and two production modes [J]. Management Science, 2000, 46 (11): 1397-1411.

[38] Duan Q, Liao T. A new age-based replenishment policy for supply chain inventory optimization of highly perishable products [J]. International Journal of Production Economics, 2013, 145 (2): 658-671.

[39] Durango-Cohen E J, Yano C A. Supplier commitment and production decisions under a forecast-commitment contract [J]. Management Science, 2006, 52 (1): 54-67.

[40] Fang Y, Shou B. Managing supply uncertainty under supply chain Cournot competition [J]. European Journal of Operational Research, 2015, 243 (1): 156-176.

[41] Gan X, Sethi S P, Zhou J. Commitment-penalty contracts in drop-shipping supply chains with asymmetric demand information [J]. European Journal of Operational Research, 2010, 204 (3): 449-462.

[42] Gerchak Y, Wang Y. Revenue-sharing vs. Wholesale-price contract in assembly systems with random demand [J]. Production and Operations Management, 2004, 13 (1): 23-33.

[43] Giri B C, Bardhan S. Sub-supply chain coordination in a three-layer chain under demand uncertainty and random yield in production [J]. International Journal of Production Economics, 2017, 191: 66-73.

[44] Giri B C, Majhi J K, Chaudhuri K. Coordination mechanisms of a three-layer supply chain under demand and supply risk uncertainties [J]. RAIRO-Operations Research, 2021, 55: S2593 - S2617.

[45] Giri B C. Managing inventory with two suppliers under yield uncertainty and risk aversion [J]. International Journal of Production Economics, 2011, 133 (1): 80 - 85.

[46] Guo P, Liu J, Wang Y. Intertemporal service pricing with strategic customers [J]. Operations Research Letters, 2009, 37 (6): 420 - 424.

[47] Güler M G, Keskin M E. On coordination under random yield and random demand [J]. Expert Systems with Applications, 2013, 40 (9): 3688 - 3695.

[48] Güllü R, Onol E, Erkiip N. Analysis of a deterministic demand production/inventory system under nonstationary supply uncertainty [J]. IIE Transactions, 1997, 29 (8): 703 - 709.

[49] He Y, Zhang J. Random yield risk sharing in a two-level supply chain [J]. International Journal of Production Economics, 2008, 112 (2): 769 - 781.

[50] He Y, Zhang J. Random yield supply chain with a yield dependent secondary market [J]. European Journal of Operational Research, 2010, 206 (1): 221 - 230.

[51] He Y, Zhao X. Contracts and coordination: Supply chains with uncertain demand and supply [J]. Naval Research Logistics, 2016, 63 (4): 305 - 319.

[52] Hu B, Feng Y. Optimization and coordination of supply chain with revenue sharing contracts and service requirement under supply and demand uncertainty [J]. International Journal of Production Economics, 2017, 183: 185 - 193.

[53] Hu F, Lim C C, Lu Z. Coordination of supply chains with a flexible ordering policy under yield and demand uncertainty [J]. International Journal of Production Economics, 2013, 146 (2): 686 - 693.

[54] Hu F, Lim C C, Lu Z. Optimal production and procurement decisions in a supply chain with an option contract and partial backordering under uncertainties [J]. Applied Mathematics and Computation, 2014, 232 (1): 1225 - 1234.

[55] Jansen L, Diabat A, Sauer J, et al. A stochastic micro-periodic age-based inventory replenishment policy for perishable goods [J]. Transportation Research Part E: Logistics and Transportation Review, 2018, 118: 445 - 465.

[56] Jerath K, Netessine S, Veeraraghavan S K. Revenue management with strategic customers: Last-minute selling and opaque selling [J]. Management Science, 2010, 56 (3): 430 - 448.

[57] Keren B. The single-period inventory problem: Extension to random yield from the perspective of the supply chain [J]. Omega, 2009, 37 (4): 801 - 810.

[58] Krishnan V, Bhattacharya S. Technology selection and commitment in new product development: The role of uncertainty and design flexibility [J]. Management Science, 2002, 48 (3): 313 - 327.

[59] Lariviere M A, Porteus E L. Selling to the newsvendor: An analysis of price-only contracts [J]. Manufacturing & Service Operations Management, 2001, 3 (4): 293 - 305.

[60] Li J, Zhang Y, Wang Z, et al. Multi-period coordination mechanism based on revenue sharing contract in VMI model [J]. Advances in Applied Mathematics and Mechanics, 2019, 11 (4): 980 - 1004.

[61] Li J, Zhou Y, Huang W. Production and procurement strategies for seasonal product supply chain under yield uncertainty with commitment-option contracts [J]. International Journal of Production Economics, 2017, 183: 208 - 222.

[62] Li X, Li Y, Cai X. Double marginalization and coordination in the supply chain with uncertain supply [J]. European Journal of Operational Research, 2013, 226 (2): 228 - 236.

[63] Lin Q, Zhao Q, Lev B. Influenza vaccine supply chain coordination under uncertain supply and demand [J]. European Journal of Operational Research, 2022, 297 (3): 930-948.

[64] Liu K, Zhang Z. Capacitated disassembly scheduling under stochastic yield and demand [J]. European Journal of Operational Research, 2018, 269 (1): 244-257.

[65] Lu F, Xu H, Chen P, et al. Joint pricing and production decisions with yield uncertainty and down conversion [J]. International Journal of Production Economics, 2018, 197: 52-62.

[66] Lu M, Huang S, Shen Z M. Product substitution and dual sourcing under random supply failures [J]. Transportation Research Part B: Methodological, 2011, 45 (8): 1251-1265.

[67] Luo J, Chen X. Coordination of random yield supply chains with improved revenue sharing contracts [J]. European Journal of Industrial Engineering, 2016, 10 (1): 81-102.

[68] Ma S, Yin Z, Guan X. The role of spot market in adecentralised supply chain under random yield [J]. International Journal of Production Economics, 2013, 51: 6410-6434.

[69] Mishra B K, Raghunathan S. Retailer-vs. Vendor-managed inventory and brand competition [J]. Management Science, 2004, 50 (4): 445-457.

[70] Nahmias S. Production and operations analysis [M]. 6th ed. New York: McGraw-Hill, 2009.

[71] Pan W, So K C. Component procurement strategies in decentralized assembly systems under supply uncertainty [J]. IIE Transactions, 2015, 48 (3): 267-282.

[72] Peng H, Pang T, Cong J. Coordination contracts for a supply chain with yield uncertainty and low-carbon preference [J]. Journal of Cleaner Production, 2018, 205: 291-302.

[73] Peridro D, Mula J, Poler R. Fuzzy linear programming for supply chain planning under uncertainty [J]. International Journal of Information Technol-

ogy & Decision Making, 2010, 9 (3): 373 -392.

[74] Sainathan A, Groenevelt H. Vendor managed inventory contracts-coordinating the supply chain while looking from the vendor's perspective [J]. European Journal of Operational Research, 2019, 272 (1): 249 -260.

[75] Sari K. On the benefits of CPFR and VMI: A comparative simulation study [J]. International Journal of Production Economics, 2008, 113 (2): 575 -586.

[76] Savaşaneril S, Erkip N. An analysis of manufacturer benefits under vendor-managed systems [J]. IIE Transactions, 2010, 42 (7): 455 -477.

[77] Smirnov D, Herer Y T, Avrahami A. Two-phase newsvendor with optimally timed additional replenishment: Model, algorithm, case study [J]. Production and Operations Management, 2021, 30 (9): 2871 -2889.

[78] Su X. Intertemporal pricing with strategic customer behavior [J]. Management Science, 2007, 53 (5): 726 -741.

[79] Su X, Zhang F. On the value of commitment and availability guarantees when selling to strategic consumers [J]. Management Science, 2009, 55 (5): 713 -726.

[80] Surti C, Celani A, Gajpal Y. The newsvendor problem: The role of prospect theory and feedback [J]. European Journal of Operational Research, 2020, 287 (1): 251 -261.

[81] Takamichi H, Stephen M D, Srinagesh G. The impact of information sharing, random yield, correlation, and lead times in closed loop supply chains [J]. European Journal of Operational Research, 2015, 246 (3): 827 -836.

[82] Tang C S, Yin R. Responsive pricing under supply uncertainty [J]. European Journal of Operational Research, 2007, 182 (1): 239 -255.

[83] Tang S Y, Kouvelis P. Pay-back-revenue-sharing contract in coordinating supply chains with random yield [J]. Production and Operations Management, 2014, 23 (12): 2089 -2102.

[84] Tang S Y, Kouvelis P. Supplier diversification strategies in the presence of

yield uncertainty and buyer competition [J]. Manufacturing & Service Operations Management, 2011, 13 (4): 439-451.

[85] Taylor T A, Plambeck E L. Simple relational contracts to motivate capacity investment: Price only vs. price and quantity [J]. Manufacturing & Service Operations Management, 2007, 9 (1): 94-113.

[86] Taylor T A. Supply chain coordination under channel rebates with sales effort effects [J]. Management Science, 2002, 48 (8): 992-1007.

[87] Verma N K, Chatterjee A K. A multiple-retailer replenishment model under VMI: Accounting for the retailer heterogeneity [J]. Computers & Industrial Engineering, 2017, 104: 175-187.

[88] Wang C X. Random yield and uncertain demand in decentralized supply chains under the traditional and VMI arrangements [J]. International Journal of Production Research, 2009, 47 (7): 1955-1968.

[89] Wang F, Diabat A, Wu L. Supply chain coordination with competing supplier under price-sensitive stochastic demand [J]. International Journal of Production Economics, 2021a, 234: 108020.

[90] Wang W, Zhang Y, Zhang W, et al. Incentive mechanisms in a green supply chain under demand uncertainty [J]. Journal of Cleaner Production, 2021b, 279: 123636.

[91] Wang X, Liu L. Coordination in a retailer-led supply chain through option contract [J]. International Journal of Production Economics, 2007, 110 (1-2): 115-127.

[92] Webster S, Weng Z K. A risk-free perishable item returns policy [J]. Manufacturing & Service Operations Management, 2000, 2 (1): 100-106.

[93] Wu J. Quantity flexibility contracts under Bayesian updating [J]. Computers & Operations Research, 2005, 32 (5): 1267-1288.

[94] Xanthopoulos A, Vlachos D, Iakovou E. Optimal newsvendor policies for dual-sourcing supply chains: A disruption risk management framework [J]. Computers & Operations Research, 2012, 39 (2): 350-357.

[95] Xie J, Zhou D, Wei J, et al. Price discount based on early order commit-

ment in a single manufacturer-multiple retailer supply chain [J]. European Journal of Operational Research, 2010, 200 (2): 368 -376.

[96] Xie L, Ma J, Goh M. Supply chain coordination in the presence of uncertain yield and demand [J]. International Journal of Production Research, 2020, 59 (14): 4342 -4358.

[97] Xu H. Managing production and procurement through option contracts in supply chains with random yield [J]. International Journal of Production Economics, 2010, 126 (2): 306 -313.

[98] Xue W, Choi T M, Ma L. Diversification strategy with random yield suppliers for a mean-variance risk-sensitive manufacturer [J]. Transportation Research Part E: Logistics and Transportation Review, 2016, 90: 90 -101.

[99] Yang D, Qi E, Li Y. Quick response and supply chain structure with strategic consumers [J]. Omega, 2015, 52: 1 -14.

[100] Yang H. Impact of discounting and competition on benefit of decentralization with strategic customers [J]. Operations Research Letters, 2012, 40 (2): 123 -127.

[101] Yano C A, Lee H L. Lot sizing with random yields: A review [J]. Operations Research, 1995, 43 (2): 311 -334.

[102] Yin R, Aviv Y, Pazgal A, et al. Optimal markdown pricing: Implications of inventory display formats in the presence of strategic customers [J]. Management Science, 2009, 55 (8): 1391 -1408.

[103] Yuan Z, Chen F, Yan X, et al. Operational implications of yield uncertainty in mergers and acquisitions [J]. International Journal of Production Economics, 2020, 219: 248 -258.

[104] Zhang J, Xie W, Sarin S C. Robust multi-product newsvendor model with uncertain demand and substitution [J]. European Journal of Operational Research, 2021, 293 (1): 190 -202.

[105] Zhao X, Xie J, Wei J. The value of early order commitment in a two-level supply chain [J]. European Journal of Operational Research, 2007, 180 (1): 194 -214.

[106] Zhou C, Tang W, Lan Y. Supply chain contract design of procurement and risk-sharing under random yield and asymmetric productivity information [J]. Computers & Industrial Engineering, 2018, 126: 691 - 704.

[107] Zhou J, Zhu J, Wang H. Dual-sourcing and technology cooperation strategies for developing competitive supplier in complex product systems [J]. Computers & Industrial Engineering, 2021, 159: 107482.

[108] Zhu B, Wen B, Ji S, et al. Coordinating a dual-channel supply chain with conditional value-at-risk under uncertainties of yield and demand [J]. Computers & Industrial Engineering, 2020, 139: 106181.

[109] Zhu X, Wang M, Pei J, et al. Investigating remanufacturing competition with yield uncertainty on market share, profit, and consumer surplus [J]. International Transactions in Operational Research, 2019, 27 (5): 2584 - 2615.

[110] Zimmer K. Supply chain coordination with uncertain just-in-time delivery [J]. International Journal of Production Economics, 2002, 77 (1): 1 - 15.

第三篇
产出不确定环境下的供应链竞争与合作机制设计

本篇为产出不确定环境下的供应链竞争与合作机制设计，包括第九章到第十一章。本篇针对不同场景中供应链面临的产出不确定问题，设计多样化的契约方案来搭建成员企业之间高效的合作机制，从而提升供应链在产出不确定环境下对市场需求的响应能力。

首先，本篇通过调研发现，产出与需求的不确定以及供应链成员之间缺乏紧密的合作关系是导致 Mate 7 手机无法满足市场需求，造成华为及其供应链上下游合作伙伴利润损失的重要原因。进一步以世纪联华与农业合作社所组成的供应链为例，来说明农产品产出不确定给供应链管理带来的挑战。在此基础上，构建由一个供应商和一个零售商组成的两级供应链，重点讨论了以下两种情形：第一，产出不确定和需求确定下的供应链协调；第二，产出和需求均不确定下的供应链协调。其中，对比研究了不同决策情形中期权契约和补贴契约的协调方案，并分析了补货策略在提升供应链性能方面的作用。研究发现，如果需求是确定的，合理的期权契约设计能够协调供应链并在成员之间任意分配协调利润。此外，虽然补贴契约也可以协调供应链，但是只有当批发价格内生且由零售商控制时，补贴契约才有效。实际上，批发价格往往是由供应商决定的。因此，相对于补贴契约而言，期权契约的灵活性更强，更容易应用于供应链实践中。

其次，本篇关注了浙江省一个服装企业的实际案例，提出了承诺订购契约的逻辑机理。在该契约下，零售商在销售季节开始之前向供应商承诺一个最小的订购量，以此来激发供应商的投入积极性。根据承诺订单批发价格和常规订单批发价格之间的差异，重点关注了三种承诺契约设计方案：一是承诺订单批发价格等于常规订单批发价格；二是承诺订单批发价格低于常规订单批发价格；三是承诺订单批发价格高于常规订单批发价格。通过对以上不同承诺契约方案的求解分析，获得了一系列管理结论：首先，零售商的订购承诺对供应商的投入决策具有积极影响，但供应商的投入量有可能与零售商的承诺订购量无关，甚至可能会随着零售商承诺订购量的增加而递减。因此，零售商需要选择适当的承诺订购量，来激励供应商投入更多的产品数量。其次，随机产出率的分布特征对供应链成员的最优决策和供应链的性能具有重要影响，且有可能影响成员参与供应链运作的积极性。最后，在特定条件下，承诺订购契约可以有效激励供应链成员之间搭建紧密的合作关系，从而提高供应链的性能。

最后，本篇关注了OS超市南湖店等企业案例，分析了交货时间不确定问题对供应链管理带来的挑战。交货时间不仅与运输效率有关，还与采购、生产、运输等整个运作流程的效率有关，而交货时间不确定与产出不确定存在着较强的关联性，均能够考验供应链的服务能力与运营韧性。为此，我们针对零售商管理库存（Retailer-Managed Inventory，RMI）和供应商管理库存（Vendor-Managed Inventory，VMI）两种不同的库存管理模式，分别求得了准时交货和交货时间不确定两种情形下供应商与零售商之间的竞争均衡。进一步地，设计了批发价格和收益分享因子联合契约、批发价格和剩余补贴联合契约、收益分享因子和剩余补贴联合契约等契约方案，来协调供应链并实现供应链总利润的任意分配，降低交货时间不确定对供应链性能产生的负面影响。

第九章
供应链协调：期权契约、补贴契约和补货策略

产出不确定是农业、化工、电力和机械制造等行业中相关企业普遍面临的现象，对企业的运营决策产生了重要影响，且引起了众多学者的关注。例如，在农产品生产过程中，由于作物的生长需要一个较长的周期，且受到天气因素的影响，导致预期产量与实际产量之间存在明显差异（Hyytiäinen et al.，2011）。又如在木材加工过程中，原木的质量差异也会导致产出不确定（Zanjani et al.，2010）。实际上，产出不确定通常表现为实际生产或收到的产品数量与预期产量或订购数量之间存在差异性，因此随机产出比例是一种常用的量化方式，且被许多学者用于流感疫苗、半导体、芯片等产品的供应链管理理论研究中（Vilches，2009；Wang，2009；Arifoğlu et al.，2012）。为此，本章也采用这种随机产出比例模型。

本章引用电子产品行业中的一个典型例子来说明企业在产出不确定环境下面临的管理问题。华为作为我国知名的手机制造商，常常受到产出不确定带来的负面影响。例如，华为在 2014 年 9 月推出手机 Mate 7，由于其优越的性能在国内获得消费者的热烈追捧。但是，在手机销售过程中出现了严重的缺货问题，使得大多数消费者无法以正常价格买到这款手机。深入挖掘华为手机缺货的原因，主要有以下三方面：一是华为推出 Mate 7 之前，没有预料到市场需求如此之高，这归根结底是由于市场需求不确定造成的；二是 Mate 7 是当时华为新推出的创新性产品，对产品的精密性具有较高的要求，研发、配件供应、装配生产等任何一个环节出错均会对手机的产出带来不确定性，

最终导致了供应不足；三是华为与上游供应商之间的合作不够紧密，当面临产品短缺时，华为无法快速进行补货来响应市场需求。总体来看，产出与需求的不确定以及供应链成员之间缺乏紧密合作是导致 Mate 7 无法满足市场需求，造成华为及其供应链上下游合作伙伴利润损失的重要原因。类似的问题也可以在农产品供应链中见到。由于气候条件、种植技术等方面的影响，农产品的生产总是面临着很大的不确定性，如何提高供应能力来满足市场需求已经成为农产品供应链关联企业亟待解决的重要问题。例如，世纪联华是杭州市一家知名超市，通过 VMI 模式与上游农业合作社建立了紧密合作关系。但是，由于农产品产出不确定，农业合作社无法确保稳定的产品供应，导致世纪联华面临着运营效率低下的问题。因此，如何激励农业合作社加大农产品的投入量对世纪联华而言显得十分重要。综合上述案例分析，在产出不确定环境下寻找一种有效的方式来协调供应链已经成为一个重要议题。

目前，国内外很多学者开始关注产出不确定环境下的供应链决策问题。例如，赵恒珠和邓兆生（Cho and Tang，2013）考虑产出和需求均不确定的情形，分别基于提前销售、常规销售和动态销售策略研究了制造商和零售商之间的竞争决策，并且发现产出不确定会通过降低制造商的定价能力，使得零售商能够从中获利。徐和（Xu，2010）基于期权契约研究了产出不确定环境下的供应链竞争模型。其中，制造商作为主导者首先决定最优的期权订购量，然后供应商作为跟随者决定最优的投入量，并且供应商为了满足制造商的订购量可以进行紧急生产。

有效的契约方案设计有利于提升供应链在产出不确定环境下的供货能力。古勒和凯斯金（Güler and Keskin，2013）研究了批发价格、回购、收益分享、数量折扣和数量弹性等不同契约方案对面临产出不确定环境的供应链的协调作用，并且发现产出不确定不会改变契约的协调能力，但会影响协调契约的设计方案。胡飞等（Hu et al.，2013）考虑产出与需求均不确定的情况，对供应链竞争决策进行了分析，研究发现灵活的订购策略可以降低不确定性对供应链带来的影响，并且提升供应链成员的期望利润。何勇和赵萱（He and Zhao，2012）关注需求和产出不确定的情况，通过合理设计制造商和零售商之间的回收契约以及供应商和制造商之间的批发价契约，有效协调了三级供应链。彭红军和周梅华（Peng and Zhou，2013）针对服装供应链面临的产出与需求不确定问题，设计了数量折扣契约来协调供应链，并发现数量折扣契约可以降低不确定性带来的负面影响。

与上述研究不同，本章重点关注面临产出不确定的 VMI 供应链。实际上，VMI 模式被部分学者定义为“供应商基于零售商或者顾客共享的需求信息来自主确定库存量的模式”（Razmi et al.，2010）。尤其是在产出不确定环境下，供应商的库存决策或者生产决策变得更加重要。当前，众多关于 VMI 供应链的研究成果为本章的研究提供了重要参考。徐克峰等（Xu et al.，2016）以 Caitec（www. Caitec. com）这家制造商为例，阐述了供应链在 VMI 模式下的运作情况，并基于此构建竞争模型，通过决策分析发现，由于制造商可以对产品进行控制，库存寄售是一种降低缺货的有效方式。蔡建湖等（Cai et al.，2016）在 VMI 供应链中通过期权契约的设计实现了供应链协调和帕累托改进。VMI 模式还可以应用于复杂供应链中。例如，余玉刚和黄国全（Yu and Huang，2010）研究了由一个制造商和多个供应商组成的 VMI 供应链竞争模型，其中制造商从多个供应商处采购原材料并生产一系列产品之后将其卖给多个零售商，且制造商决定原材料的采购量、产品配置和产品的补货策略。余玉刚等（Yu et al.，2009）认为供应链成员基于 VMI 模式的合作是为了降低供应链整体的库存以及补货成本，因此建议在 VMI 模式下供应商应该充分利用从多个零售商处获得的需求信息。

也有部分学者开始关注产出不确定环境下的 VMI 供应链管理。唐瑜和库韦利斯（Tang and Kouvelis，2014）通过随机产出比例模型来量化产出不确定，基于此研究了 VMI 供应链的竞争决策和协调机制设计。查尔斯·王（Wang，2009）在产出与需求不确定环境下分析了 RMI 模式和 VMI 模式下的最优生产或库存决策。马士华等（Ma et al.，2013）研究了当供应链面临产出、需求和定价不确定时现货市场的作用，重点分析了传统供应链和 VMI 供应链的最优订购、生产和补货策略。本章结合考虑产出与需求不确定，构建了由一个供应商和一个零售商组成的两级 VMI 供应链，且假设供应商和零售商均为风险中性。重点讨论以下两种情形：

情形一：产出不确定和需求确定下的供应链协调。主要研究内容为：①期权契约设计；②期权契约与补贴契约对比研究；③补货策略。

情形二：产出和需求均不确定下的供应链协调。主要研究内容为：①期权契约设计；②期权契约与补贴契约对比研究；③补货策略。

第一节　模型假设

本章考虑由一个供应商和一个零售商组成的两级 VMI 供应链，其中供应商和零售商均是风险中性的。假设供应商的产出是不确定的，令 q 表示供应商的投入量，则实际产出量为 xq。这里，x 是一个随机变量，其累积分布函数和概率密度函数分别为 $F(x)$ 和 $f(x)$，均值为 $E(x)=\mu$。假设供应商的单位生产成本为 c_1，产品的批发价格为 w_1。进一步假设产品销售价格为 p，未售出产品的残值为 v。根据产出不确定的特性，假设 $p \geqslant w_1 \geqslant \frac{c_1}{\mu} > v$。对于任何未满足的需求，供应商和零售商将分别承受单位惩罚成本 h_s 和 h_r。在 VMI 模式下，供应商负责库存管理并承担所有库存风险。假设供应商和零售商之间是信息对称的，因此供应商和零售商均能获得足够的需求信息。表 9.1 列出了本章模型涉及的参数和决策变量。

表 9.1　　参数和决策变量的符号及其含义

项目	符号	含义
基本模型	q	供应商的投入量
	x	随机产出率，即投入量为 q，则实际产出量为 xq
	$F(x)$	x 的累积分布函数
	$f(x)$	x 的概率密度函数
	μ	x 的均值
	c_1，c_2	产品的单位生产成本和补货策略中的单位采购成本
	w_1，w_2	产品常规生产时的批发价格和补货策略中的批发价格
	p	销售价格
	v	未售出产品的残值

续表

项目	符号	含义
基本模型	h_s	未满足需求时供应商的单位惩罚成本
	h_r	未满足需求时零售商的单位惩罚成本
	o	期权价格
	e	执行价格
产出不确定而需求确定	δ	补贴契约下未售出产品的单位补贴额
	d	确定的需求量
	$\Pi_s(q)$	供应商的期望利润
	$\Pi_r(q)$	零售商的期望利润
	$\Pi_t(q)$	分散供应链的期望利润，$\Pi_t(q)=\Pi_s(q)+\Pi_r(q)$
	$\Pi_T(q)$	集成供应链的期望利润
	$\Pi_{os}(o,q)$	期权契约下供应商的期望利润
	$\Pi_{or}(o,q)$	期权契约下零售商的期望利润
	$\Pi_{\delta s}(q)$	补贴契约下供应商的期望利润
	$\Pi_{\delta r}(q)$	补贴契约下零售商的期望利润
	$\Gamma_c(q)$	补货策略下集成供应链的期望利润
	$\Gamma_s(q)$	补货策略下供应商的期望利润
	$\Gamma_r(q)$	补货策略下零售商的期望利润
	$\Gamma_t(q)$	补货策略下分散供应链的期望利润，$\Gamma_t(q)=\Gamma_s(q)+\Gamma_r(q)$
	$\Gamma_{os}(o,q)$	补货策略和期权契约下供应商的期望利润
	$\Gamma_{or}(o,q)$	补货策略和期权契约下零售商的期望利润
产出和需求均不确定	D	随机需求
	$G(D)$	D 的累积分布函数
	$g(D)$	D 的概率密度函数
	ς	D 的均值
	$L_s(q)$	供应商的期望利润

续表

项目	符号	含义
产出和需求均不确定	$L_r(q)$	零售商的期望利润
	$L_t(q)$	分散供应链的期望利润，$L_t(q)=L_s(q)+L_r(q)$
	$L_T(q)$	集成供应链的期望利润
	$L_{os}(o, q)$	期权契约下供应商的期望利润
	$L_{or}(o, q)$	期权契约下零售商的期望利润
	$L_{\delta s}(q)$	补贴契约下供应商的期望利润
	$L_{\delta r}(q)$	补贴契约下零售商的期望利润
	$T_c(q)$	补货策略下集成供应链的期望利润
	$T_s(q)$	补货策略下供应商的期望利润
	$T_r(q)$	补货策略下零售商的期望利润
	$T_t(q)$	补货策略下分散供应链的期望利润，$T_t(q)=T_s(q)+T_r(q)$
	$T_{os}(o, q)$	补货策略和期权契约下供应商的期望利润
	$T_{or}(o, q)$	补货策略和期权契约下零售商的期望利润

第二节　需求确定下的决策模型

一、批发价契约

本节基于批发价契约构建了供应链竞争模型。这里，令 d 为供应链从消费者处收到的确定需求。此时，供应商的期望利润可以表示为：

$$\begin{aligned}\Pi_s(q) &= E[w_1\min(xq, d) - c_1q + v(xq-d)^+ - h_s(d-xq)^+] \\ &= (w_1-v)d - (c_1-v\mu)q - (w_1-v+h_s)q\int_0^{d/q}F(x)\mathrm{d}x \qquad (9-1)\end{aligned}$$

通过对 $\Pi_s(q)$ 求导，可以得到：

$$\frac{\partial \Pi_s(q)}{\partial q} = -(c_1 - v\mu) - (w_1 - v + h_s)\left[\int_0^{d/q} F(x)\mathrm{d}x - \frac{d}{q}F\left(\frac{d}{q}\right)\right]$$

$$\frac{\partial^2 \Pi_s(q)}{\partial q^2} = -(w_1 - v + h_s)\frac{d^2}{q^3}f\left(\frac{d}{q}\right) < 0$$

因此，$\Pi_s(q)$ 是关于 q 的凹函数。可得供应商的最优投入量 q_a 满足：

$$\int_0^{d/q_a} xf(x)\mathrm{d}x = \frac{c_1 - v\mu}{w_1 - v + h_s} \tag{9-2}$$

满足$\frac{c_1}{\mu} - v \leqslant 0$ 时，供应商可以通过选择无限多的投入量来获得无限高的期望利润。而在大多数情况下，μ 相对较小。因此，本章合理假设$\frac{c_1}{\mu} - v > 0$。同时，为了确保 q_a 始终为正值，假设 $w_1 \in \left[\frac{c_1}{\mu}, p\right]$。若 $w_1 < \frac{c_1}{\mu}$，考虑到 $\lim\limits_{q_a \to 0}\int_0^{d/q_a} xf(x)\mathrm{d}x = \mu$，因此 $\lim\limits_{h_s \to 0}\frac{c_1 - v\mu}{w_1 - v + h_s} > \mu$ 是不合理的。综上，$w_1 \in \left[\frac{c_1}{\mu}, p\right]$确保了无论 h_s 的值有多小，供应商都愿意向零售商销售产品。上述假设是直观的：如果产出率的均值是低的，则供应商会要求一个相对较高的批发价格；如果产出率的均值是相对较高的，则供应商可以接受相对较低的批发价格。

尽管零售商不承担任何库存风险，但仍然面临着缺货风险。因此，零售商的期望利润为：

$$\begin{aligned}\Pi_r(q_a) &= E[(p - w_1)\min(xq_a, d) - h_r(d - xq_a)^+] \\ &= (p - w_1)d - (p - w_1 + h_r)q_a\int_0^{d/q_a} F(x)\mathrm{d}x\end{aligned} \tag{9-3}$$

此时，供应链的期望利润可以表示为 $\Pi_t(q_a) = \Pi_r(q_a) + \Pi_s(q_a)$。在集成供应链中，只有一个决策者从供应链整体的视角出发来决定最优的投入量。此时，集成供应链的期望利润可以表示为：

$$\begin{aligned}\Pi_\tau(q) &= E[p\min(xq, d) - c_1 q + v(xq - d)^+ - (h_r + h_s)(d - xq)^+] \\ &= (p - v)d - (c_1 - v\mu)q - (p - v + h_r + h_s)q\int_0^{d/q} F(x)\mathrm{d}x\end{aligned} \tag{9-4}$$

可以发现，$\Pi_\tau(q)$ 是关于 q 的凹函数。因此，集成供应链的最优投入量

q^* 满足 $\int_0^{d/q^*} xf(x)\,\mathrm{d}x = \frac{c_1 - v\mu}{p - v + h_r + h_s}$。由于 $\int_0^{d/q} xf(x)\,\mathrm{d}x$ 随着 q 的增加而减少，并且有 $\frac{c_1 - v\mu}{w_1 - v + h_s} > \frac{c_1 - v\mu}{p - v + h_r + h_s}$，因此得到 $q^* > q_a$。根据上述讨论可知，批发价格契约下供应链存在着双边际化效应，需要进一步设计契约方案来提升供应链的性能。

二、期权契约

为了激励供应商投入更多的产品数量，零售商通过引入期权契约来改变竞争结构。该期权契约包含了两个参数 $\{o, e\}$，其中零售商向供应商承诺针对所有产出量支付期权价格 o，但只针对实际销售的产品数量 $\min(xq, d)$ 支付执行价格 e。考虑到满足 $\frac{c_1}{\mu} - v \leqslant o$ 时，供应商可以通过选择无限多的投入量来获得无限高的期望利润；满足 $e + h_s \leqslant v$ 时，供应商不愿意向零售商销售产品，因此假设 $\frac{c_1}{\mu} - v > o \geqslant 0$ 和 $e + h_s > v$。此时，供应商的期望利润可以表示为：

$$\begin{aligned}\Pi_{os}(o, q) &= E[oxq - c_1 q + e\min(xq, d) + v(xq - d)^+ - h_s(d - xq)^+] \\ &= (e - v)d - (c_1 - o\mu - v\mu)q - (e - v + h_s)q\int_0^{d/q} F(x)\,\mathrm{d}x\end{aligned} \tag{9-5}$$

通过对 $\Pi_{os}(o, q)$ 求导，可以得到：

$$\frac{\partial \Pi_{os}(o, q)}{\partial q} = -(c_1 - o\mu - v\mu) + (e - v + h_s)\int_0^{d/q} xf(x)\,\mathrm{d}x$$

$$\frac{\partial^2 \Pi_{os}(o, q)}{\partial q^2} = -(e - v + h_s)\frac{d^2}{q^3} f\left(\frac{d}{q}\right) < 0$$

因此，供应商的期望利润是关于 q 的凹函数。令 $\frac{\partial \Pi_{os}(o, q)}{\partial q} = 0$，可得供应商的最优投入量 q_b 满足 $\int_0^{d/q_b} xf(x)\,\mathrm{d}x = \frac{c_1 - o\mu - v\mu}{e - v + h_s}$。

若要实现供应链协调，则需要满足 $q^* = q_b$，即 $\frac{c_1 - v\mu}{p - v + h_r + h_s} = \frac{c_1 - o\mu - v\mu}{e - v + h_s}$。因此，可以得到：

$$e = p + h_r - \frac{(p - v + h_r + h_s)}{c_1 - v\mu}\mu o \tag{9-6}$$

给定（9-6）式，可得 $\frac{\partial e}{\partial \mu} = -\frac{(p - v + h_r + h_s)}{(c_1 - v\mu)^2} o c_1 < 0$。这表明，给定期权价格，若 μ 相对较高，则零售商必须选择相对较低的执行价格。类似地，还可以得到 $\frac{\partial o}{\partial \mu} = -\frac{(p + h_r - e)c_1}{(p - v + h_r + h_s)\mu^2} < 0$。这意味着，给定执行价格，若 μ 相对较高，则零售商必须选择相对较低的期权价格。

命题 9.1 引入期权契约后，满足 $e = p + h_r - \frac{(p - v + h_r + h_s)}{c_1 - v\mu} o\mu$ 时，供应链实现协调。同时，在区间 $o \in [o_1, o_2]$ 内，零售商可以通过选择适当的 $\{o, e\}$ 组合在成员之间任意分配协调利润。

证明： 当 $e = p + h_r - \frac{p - v + h_r + h_s}{c_1 - v\mu} o\mu$ 时，供应链实现协调，且供应商的最优投入量为 q^*。此时，零售商的期望利润可以表示为：

$$\Pi_{or}(o, q^*) = \left[-h_r + \frac{(p - v + h_r + h_s)\mu}{c_1 - \mu v} o \right] d - \mu o q^* - \frac{(p - v + h_r + h_s)\mu o q^*}{c_1 - \mu v} \int_0^{d/q^*} F(x)\mathrm{d}x$$

$$\begin{aligned}
\frac{\partial \Pi_{or}(o, q^*)}{\partial o} &= \frac{(p - v + h_r + h_s)\mu}{c_1 - \mu v} d - \mu q^* - \frac{(p - v + h_r + h_s)\mu q^*}{c_1 - \mu v} \int_0^{d/q^*} F(x)\mathrm{d}x \\
&= [d - q^* \int_0^{d/q^*} F(x)\mathrm{d}x] \frac{(p - v + h_r + h_s)\mu}{c_1 - \mu v} - \mu q^* \\
&= \left\{ \frac{[d - q^* \int_0^{d/q^*} F(x)\mathrm{d}x]}{\int_0^{d/q^*} x f(x)\mathrm{d}x} - q^* \right\} \mu \\
&= \left\{ \frac{\left[d - dF\left(\frac{d}{q^*}\right) + q^* \int_0^{d/q^*} x f(x)\mathrm{d}x \right]}{\int_0^{d/q^*} x f(x)\mathrm{d}x} - q^* \right\} \mu
\end{aligned}$$

$$= \frac{\left[1 - F\left(\frac{d}{q^*}\right)\right]}{\int_0^{d/q^*} xf(x)\mathrm{d}x} d\mu > 0$$

因此，在区间 $o \in \left[0,\ \frac{c_1}{\mu} - v\right)$ 内，$\Pi_{or}(o,\ q^*)$ 随着 o 的增加而增加。当 $o = 0$ 时，可得 $\Pi_{or}(o,\ q^*) = -h_r d < 0$。当 $o \to \frac{c_1}{\mu} - v$ 时，可得：

$$\Pi_{or}\left(o \to \frac{c_1}{\mu} - v,\ q^*\right) = (p - v + h_s)d - (p - v + h_s + h_r)q^* \int_0^{d/q^*} F(x)\mathrm{d}x$$
$$- (c_1 - v\mu)q^*$$
$$= \Pi_\tau(q^*) + h_s d > \Pi_\tau(q^*)$$

根据上述讨论可知，存在着唯一的一个期权价格 $o_1 \in \left[0,\ \frac{c_1}{\mu} - v\right)$ 且满足 $\Pi_{or}(o_1,\ q^*) = 0$。类似地，存在着唯一的一个期权价格 $o_2 \in \left[0,\ \frac{c_1}{\mu} - v\right)$ 且满足 $\Pi_{or}(o_2,\ q^*) = \Pi_\tau(q^*)$。

给定 $e = p + h_r - \frac{p - v + h_r + h_s}{c_1 - \mu v}\mu o$，当 o 从 o_1 增加到 o_2 时，零售商的期望利润从 0 增加到 $\Pi_\tau(q^*)$。并且，供应链始终处于协调状态。因此，供应链的协调利润可以在供应商和零售商之间实现任意分配。**证毕。**

三、期权契约和补贴契约的对比

在批发价契约的基础上引入补贴契约是一种比较简单易实施的方式。在补贴契约下，零售商愿意针对未售出的产品向供应商支付单位补贴额 δ。满足 $\frac{c_1}{\mu} - v \leqslant \delta$ 时，供应商可以通过选择无限多的投入量来获得无限高的期望利润，因此假设 $\frac{c_1}{\mu} - v > \delta \geqslant 0$。在该契约中，供应商的期望利润可以表示为：

$$\Pi_{\delta s}(q) = E[w_1 \min(xq,\ d) - c_1 q + (v + \delta)(xq - d)^+ - h_s(d - xq)^+]$$
$$= (w_1 - v - \delta)d - (c_1 - v\mu - \delta\mu)q$$

$$-(w_1-v-\delta+h_s)q\int_0^{d/q}F(x)\,\mathrm{d}x \tag{9-7}$$

根据上式可得，供应商的最优投入量 q_c 满足 $\int_0^{d/q_c}xf(x)\,\mathrm{d}x=\dfrac{c_1-v\mu-\delta\mu}{w_1-v-\delta+h_s}$。满足$\dfrac{c_1}{\mu}\leqslant w_1\leqslant p$ 和$\dfrac{c_1}{\mu}-v>\delta\geqslant 0$ 时，有 $w_1-v-\delta+h_s>0$。因此，可以得到 $q_c>0$。

为了协调供应链，必须满足 $q_c=q^*$，即$\dfrac{c_1-v\mu-\delta\mu}{w_1-v-\delta+h_s}=\dfrac{c_1-v\mu}{p-v+h_r+h_s}$。因此，

$$\delta=\frac{(c_1-v\mu)(p+h_r-w_1)}{p\mu+h_s\mu+h_r\mu-c_1} \tag{9-8}$$

从（9-8）式中可知，$\dfrac{\partial\delta}{\partial\mu}=-\dfrac{(p+h_s+h_r-v)(p+h_r-w_1)}{(p\mu+h_s\mu+h_r\mu-c_1)^2}c_1<0$。这意味着，供应链协调时，若 μ 相对较高，则零售商必须选择相对较低的单位补贴额。

命题 9.2 引入补贴契约后，满足 $\delta=\dfrac{(c_1-v\mu)(p+h_r-w_1)}{p\mu+h_s\mu+h_r\mu-c_1}$时，供应链实现了协调。并且，存在着一个区间 $w_1\in[w_1',w_1'']$，其中零售商可以通过选择适当的 $\{w_1,\delta\}$ 组合在成员之间任意分配协调利润。

证明： 当 $\delta=\dfrac{(c_1-v\mu)(p+h_r-w_1)}{p\mu+h_s\mu+h_r\mu-c_1}$时，供应链可以实现协调，且供应商的投入量为 q^*。此时，零售商的期望利润为：

$$\Pi_{\delta r}(q^*)=\left[p-w_1+\frac{(c_1-v\mu)(p+h_r-w_1)}{p\mu+h_s\mu+h_r\mu-c_1}\right]d-\frac{(c_1-v\mu)(p+h_r-w_1)}{p\mu+h_s\mu+h_r\mu-c_1}\mu q^*$$
$$-\left[p-w_1+h_r+\frac{(c_1-v\mu)(p+h_r-w_1)}{p\mu+h_s\mu+h_r\mu-c_1}\right]q^*\int_0^{d/q^*}F(x)\,\mathrm{d}x$$

进一步可得：

$$\frac{\partial\Pi_{\delta r}(q^*)}{\partial w_1}=-\left(\frac{p+h_s+h_r-v}{p\mu+h_s\mu+h_r\mu-c_1}\right)\mu d+\frac{c_1-v\mu}{p\mu+h_s\mu+h_r\mu-c_1}\mu q^*$$
$$+\frac{p+h_s+h_r-v}{p\mu+h_s\mu+h_r\mu-c_1}\mu q^*\int_0^{d/q^*}F(x)\,\mathrm{d}x$$

$$= -\left(\frac{p + h_s + h_r - v}{p\mu + h_s\mu + h_r\mu - c_1}\right)\mu d\left[1 - F\left(\frac{d}{q^*}\right)\right]$$

$$< 0$$

因此，零售商的期望利润随着 w_1 的增加而递减。当 $w_1 = \frac{c_1}{\mu}$ 时，可得：

$$\begin{aligned}
\Pi_{\delta r}(q^*) - \Pi_\tau(q^*) &= \frac{(\mu v - c_1)h_s d}{\mu p + \mu h_s + \mu h_r - c_1} + \frac{(c_1 - \mu v)h_s\mu}{\mu p + \mu h_s + \mu h_r - c_1}q^* \\
&\quad + h_s\left[1 + \frac{(c_1 - \mu v)}{\mu p + \mu h_s + \mu h_r - c_1}\right]q^*\int_0^{d/q^*}F(x)\,\mathrm{d}x \\
&> \frac{(\mu v - c_1)h_s d}{\mu p + \mu h_s + \mu h_r - c_1} + \frac{(c_1 - \mu v)h_s\mu}{\mu p + \mu h_s + \mu h_r - c_1}q^* \\
&\quad + \frac{(c_1 - \mu v)h_s}{\mu p + \mu h_s + \mu h_r - c_1}q^*\int_0^{d/q^*}F(x)\,\mathrm{d}x \\
&= \frac{(c_1 - \mu v)h_s}{\mu p + \mu h_s + \mu h_r - c_1}[E(xq^*) - E\min(xq^*, d)]
\end{aligned}$$

因此，$\Pi_{\delta r}(q^*) - \Pi_\tau(q^*) > \frac{(c_1 - \mu v)h_s}{\mu p + \mu h_s + \mu h_r - c_1}[E(xq^*) - E\min(xq^*, d)] \geqslant 0$。给定 $w_1 = \frac{c_1}{\mu}$，我们有 $\Pi_{\delta r}(q^*) > \Pi_\tau(q^*)$。当 $w_1 = p$ 时，零售商的期望利润为：

$$\begin{aligned}
\Pi_{\delta r}(q^*) &= \frac{(c_1 - \mu v)h_r}{\mu p + \mu h_s + \mu h_r - c_1}d - \frac{(c_1 - \mu v)h_r}{\mu p + \mu h_s + \mu h_r - c_1}\mu q^* \\
&\quad - \left[h_r + \frac{(c_1 - \mu v)h_r}{\mu p + \mu h_s + \mu h_r - c_1}\right]q^*\int_0^{d/q^*}F(x)\,\mathrm{d}x \\
&\leqslant \frac{(c_1 - \mu v)h_r}{\mu p + \mu h_s + \mu h_r - c_1}d - \frac{(c_1 - \mu v)h_r}{\mu p + \mu h_s + \mu h_r - c_1}\mu q^* \\
&\quad - \frac{(c_1 - \mu v)h_r}{\mu p + \mu h_s + \mu h_r - c_1}q^*\int_0^{d/q^*}F(x)\,\mathrm{d}x \\
&= -\frac{(c_1 - \mu v)h_r}{\mu p + \mu h_s + \mu h_r - c_1}[E(xq^*) - E\min(xq^*, d)]
\end{aligned}$$

因此，$\Pi_{\delta r}(q^*) < -\frac{(c_1 - \mu v)h_r}{\mu p + \mu h_s + \mu h_r - c_1}[E(xq^*) - E\min(xq^*, d)] \leqslant 0$。

根据上述讨论可知，存在着唯一的一个批发价格 $w_1' \in \left[\frac{c_1}{\mu},\ p\right]$且满足 $\Pi_{\delta r}(q^*)=\Pi_{\tau}(q^*)$。类似地，存在着唯一的一个批发价格 $w_1'' \in \left[\frac{c_1}{\mu},\ p\right]$且满足 $\Pi_{\delta r}(q^*)=0$。由此可得，给定 $\delta=\frac{(c_1-v\mu)(p+h_r-w_1)}{p\mu+h_s\mu+h_r\mu-c_1}$，当 w_1 从 w_1'增加到 w_1''，零售商的期望利润从 $\Pi_{\tau}(q^*)$ 减小到0。并且，供应链始终处于协调状态。因此，供应链的协调利润可以在供应商和零售商之间实现任意分配。**证毕。**

命题 9.3 在协调供应链的过程中，期权契约和补贴契约之间存在着一一对应的关系。给定一个协调供应链的补贴契约方案，可以找到一个对应的期权契约方案，在协调供应链的同时可以确保供应链成员能够获得与补贴契约下相同的期望利润。

证明：若 $o=\delta=\frac{(c_1-v\mu)(p+h_r-w_1)}{p\mu+h_s\mu+h_r\mu-c_1}$，则有 $\Pi_{\delta r}(q^*)=\Pi_{or}(o,\ q^*)$。显然，可以得到 $o+e=w_1$。因此，给定一个补贴契约$\left\{w_1,\ \delta=\frac{(c_1-v\mu)(p+h_r-w_1)}{p\mu+h_s\mu+h_r\mu-c_1}\right\}$，可以找到一个相应的期权契约$\left\{o=\frac{(c_1-v\mu)(p+h_r-w_1)}{p\mu+h_s\mu+h_r\mu-c_1},\ e=w_1-o\right\}$。**证毕。**

四、补货策略

在产出不确定环境下，供应商可能无法满足所有的需求。为了减少由此带来的利润损失，供应商可能会从其他供应商处购买产品，以补充未满足的需求。令 c_2 表示供应商补货时的单位采购成本，w_2 表示补货产品的批发价格，并假设 $p+h_r+h_s-c_2\geqslant 0$。在这种情况下，如果有任何未满足的需求，则供应商均愿意进行补货。基于上述假设，集成供应链的期望利润可以表示为：

$$
\begin{aligned}
\Gamma_c(q) &= E[p\min(xq,\ d)-c_1q+v(xq-d)^+ +(p-c_2)(d-xq)^+] \\
&= (p-v)d-(c_2-v)q\int_0^{d/q}F(x)\mathrm{d}x-(c_1-v\mu)q \qquad (9-9)
\end{aligned}
$$

由上式可知，$\Gamma_c(q)$ 是关于 q 的凹函数。因此，集成供应链的最优投入

量 q_β 满足 $\int_0^{d/q_\beta} xf(x)\,\mathrm{d}x = \frac{c_1 - v\mu}{c_2 - v}$。类似于批发价契约下的决策模型，我们假设$\frac{c_1}{\mu} - c_2 < 0$。

在分散供应链中，当且仅当满足 $p + h_r \geqslant w_2$ 和 $w_2 + h_s \geqslant c_2$ 时，供应商和零售商才愿意进行补货。基于上述假设，供应商的期望利润可以表示为：

$$\begin{aligned}\Gamma_s(q) &= E[w_1 \min(xq, d) - c_1 q + v(xq - d)^+ + (w_2 - c_2)(d - xq)^+] \\ &= (w_1 - v)d - (c_1 - v\mu)q - (c_2 - v - w_2 + w_1)q\int_0^{d/q} F(x)\,\mathrm{d}x\end{aligned} \tag{9-10}$$

我们发现：

$$\begin{aligned}\lim_{(w_2 - c_2) \to \left(w_1 - \frac{c_1}{\mu}\right)^-} \frac{c_1 - v\mu}{c_2 - v - w_2 + w_1} &= \lim_{(w_2 - c_2) \to \left(w_1 - \frac{c_1}{\mu}\right)^-} \frac{c_1 - v\mu}{w_1 - v - (w_2 - c_2)} \\ &= \lim_{(w_2 - c_2) \to \left(w_1 - \frac{c_1}{\mu}\right)^-} \frac{c_1 - v\mu}{\frac{c_1}{\mu} - v} \\ &= \mu\end{aligned}$$

如果 $w_1 - \frac{c_1}{\mu} < w_2 - c_2$，则有 $\frac{c_1 - v\mu}{c_2 - v - w_2 + w_1} > \mu$。但是，由于 $\lim_{q_c \to 0}\int_0^{d/q_c} xf(x)\,\mathrm{d}x = \mu$，上述结论是不合理的。因此，这里假设 $w_1 - \frac{c_1}{\mu} \geqslant w_2 - c_2$；否则供应商只选择通过补货的形式来满足市场需求。进一步地，可以发现 $\Gamma_s(q)$ 是关于 q 的凹函数，因此供应商的最优投入量 q_γ 满足 $\int_0^{d/q_\gamma} xf(x)\,\mathrm{d}x = \frac{c_1 - v\mu}{c_2 - v - w_2 + w_1}$。因为 $\int_0^{d/q} xf(x)\,\mathrm{d}x$ 随着 q 的增加而递减，且有 $\frac{c_1 - v\mu}{c_2 - v - w_2 + w_1} > \frac{c_1 - v\mu}{c_2 - v}$，因此可得 $q_\gamma < q_\beta$。此时，零售商的期望利润为：

$$\begin{aligned}\Gamma_r(q_\gamma) &= E[(p - w_1)\min(xq_\gamma, d) + (p - w_2)(d - xq_\gamma)^+] \\ &= (p - w_1)d - (w_2 - w_1)q_\gamma\int_0^{d/q_\gamma} F(x)\,\mathrm{d}x\end{aligned} \tag{9-11}$$

由此可得，$\Gamma_t(q_\gamma) = \Gamma_r(q_\gamma) + \Gamma_s(q_\gamma) < \Gamma_c(q_\beta)$。

这里，仍然基于 $o\mu + v\mu < c_1$ 和 $e + h_s > v$ 的前提假设，分析期权契约下供应链成员的最优决策。类似于 $w_1 - \frac{c_1}{\mu} \geqslant w_2 - c_2$，进一步假设 $e + o - \frac{c_1}{\mu} \geqslant w_2 - c_2$。因此，供应商的期望利润为：

$$\begin{aligned}\Gamma_{os}(o,\ q) &= E[e\min(xq,\ d) + oxq - c_1 q + v(xq - d)^+ + (w_2 - c_2)(d - xq)^+] \\ &= (e - v)d - (c_1 - o\mu - v\mu)q - (e + c_2 - v - w_2)q\int_0^{d/q} F(x)\mathrm{d}x \end{aligned} \tag{9-12}$$

对 $\Gamma_{os}(o,\ q)$ 进行求导，可以得到：

$$\frac{\partial \Gamma_{os}(o,\ q)}{\partial q} = -(c_1 - o\mu - v\mu) - (e - v + c_2 - w_2)\left[\int_0^{d/q} F(x)\mathrm{d}x - \frac{d}{q}F\left(\frac{d}{q}\right)\right]$$

$$\frac{\partial^2 \Gamma_{os}(o,\ q)}{\partial q^2} = -(e - v + c_2 - w_2)\frac{d^2}{q^3}f\left(\frac{d}{q}\right)$$

考虑到 $o\mu + v\mu < c_1$ 和 $e + o - \frac{c_1}{\mu} \geqslant w_2 - c_2$，可以得到 $(e - v)\mu > e\mu + o\mu - c_1$ 和 $e\mu + o\mu - c_1 > (w_2 - c_2)\mu$，且有 $e - v + c_2 - w_2 > 0$。因此，$\frac{\partial^2 \Gamma_{os}(o,\ q)}{\partial q^2} < 0$。通过求解 $\frac{\partial \Gamma_{os}(o,\ q)}{\partial q} = 0$，可得供应商的最优投入量 q_{os} 满足 $\int_0^{d/q_{os}} xf(x)\mathrm{d}x = \frac{c_1 - o\mu - v\mu}{e - v + c_2 - w_2}$。如果令 $\frac{c_1 - o\mu - \mu v}{e - v + c_2 - w_2} = \frac{c_1 - \mu v}{c_2 - v}$，则有：

$$e = w_2 - \frac{c_2 - v}{c_1 - \mu v}o\mu \tag{9-13}$$

给定（9－13）式，可得 $q_{os} = q_\beta$。

命题 9.4 引入补货策略后，只要满足 $e = w_2 - \frac{c_2 - v}{c_1 - \mu v}o\mu$，期权契约仍然可以协调供应链。并且，存在一个帕累托区间 $o \in [o_1',\ o_2']\left(0 < o_1' < o_2' < \frac{c_1}{\mu} - v\right)$，其中供应商和零售商均可以获得比批发价契约下更高的期望利润。

证明： 当 $e = w_2 - \frac{c_2 - v}{c_1 - \mu v}o\mu$ 时，供应链可以实现协调。此时，零售商的期望利润为：

$$\Gamma_{or}(o, q_\beta) = \left(p - w_2 + \frac{c_2 - v}{c_1 - \mu v}o\mu\right)d - o\mu q_\beta - \frac{c_2 - v}{c_1 - \mu v}o\mu q_\beta\int_0^{d/q_\beta}F(x)\mathrm{d}x$$

由此可得：

$$\begin{aligned}\frac{\partial \Gamma_{or}(o, q_\beta)}{\partial o} &= \frac{c_2 - v}{c_1 - \mu v}\mu d - \mu q_\beta - \frac{c_2 - v}{c_1 - \mu v}\mu q_\beta\int_0^{d/q_\beta}F(x)\mathrm{d}x \\ &= \frac{\mu d - \mu q_\beta\int_0^{d/q_\beta}F(x)\mathrm{d}x - \mu q_\beta\int_0^{d/q_\beta}xf(x)\mathrm{d}x}{\int_0^{d/q_\beta}xf(x)\mathrm{d}x} \\ &= \frac{\mu d - \mu dF(d/q_\beta)}{\int_0^{d/q_\beta}xf(x)\mathrm{d}x} \\ &> 0\end{aligned}$$

根据上式可知，在区间 $o \in \left[0, \frac{c_1}{\mu} - v\right)$ 内，$\Gamma_{or}(o, q_\beta)$ 随着 o 的增加而递增。特别地，可以得到 $\Gamma_{or}(o=0, q_\beta) = (p - w_2)d < \Gamma_r(q_y)$。当 $o \to \frac{c_1}{\mu} - v$ 时，可以得到：

$$\begin{aligned}\Gamma_{or}\left(o \to \frac{c_1}{\mu} - v, q_\beta\right) - \Gamma_r(q_y) &> \Gamma_{or}\left(o \to \frac{c_1}{\mu} - v, q_y\right) - \Gamma_r(q_y) \\ &= (c_2 - v - w_2 + w_1)d - (c_1 - v\mu)q_y - (c_2 - v \\ &\quad - w_2 + w_1)q_y\int_0^{d/q_y}F(x)\mathrm{d}x \\ &= (c_2 - v - w_2 + w_1)[d - dF(d/q_y)] \\ &> 0\end{aligned}$$

因此，存在着唯一一个期权价格 $o_1' \in \left[0, \frac{c_1}{\mu} - v\right)$ 且满足 $\Gamma_{or}(o = o_1', q_\beta) = \Gamma_r(q_y)$。类似地，可以得到 $\Gamma_{os}(o, q_\beta)$ 随着 o 的增加而递减，且有：

$$\begin{aligned}\Gamma_{os}(o = 0, q_\beta) - \Gamma_s(q_y) &> \Gamma_{os}(o = 0, q_y) - \Gamma_s(q_y) \\ &= (w_2 - w_1)d - (w_2 - w_1)q_y\int_0^{d/q_y}F(x)\mathrm{d}x \\ &= (w_2 - w_1)E\min(xq, d) > 0\end{aligned}$$

当 $o \to \frac{c_1}{\mu} - v$ 时，可以得到 $\Gamma_{os}\left(o \to \frac{c_1}{\mu} - v,\ q_\beta\right) = (w_2 - c_2)d < \Gamma_s(q_y)$。因此，存在着唯一的一个期权价格 $o'_2 \in \left[0,\ \frac{c_1}{\mu} - v\right)$ 且满足 $\Gamma_{os}(o = o'_2,\ q_\beta) = \Gamma_s(q_y)$。进一步得到：

$$\begin{aligned}\Gamma_{os}(o = o'_1,\ q_\beta) &= \Gamma_c(q_\beta) - \Gamma_{or}(o = o'_1,\ q_\beta) = \Gamma_c(q_\beta) - \Gamma_r(q_y) \\ &> \Gamma_t(q_y) - \Gamma_r(q_y) = \Gamma_s(q_y)\end{aligned}$$

此外，可得 $\Gamma_{os}(o = o'_2,\ q_\beta) = \Gamma_s(q_y)$。因此 $\Gamma_{os}(o = o'_1,\ q_\beta) > \Gamma_{os}(o = o'_2,\ q_\beta)$。进一步可得 $0 < o'_1 < o'_2 < \frac{c_1}{\mu} - v$。给定 $e = w_2 - \frac{c_2 - v}{c_1 - \mu v} o\mu$，在区间 $o \in [o'_1,\ o'_2]$ 内，供应商和零售商均可以获得比批发价契约下更高的期望利润。**证毕。**

基于上述讨论，我们发现在产出不确定而需求确定的情况下，期权契约可以有效协调 VMI 供应链。但是，当需求也不确定时，供应商将面临更高的库存风险。接下来，本章进一步假设产出和需求均不确定，对供应链决策模型和契约设计方案进行分析。

第三节　需求不确定下的决策模型

当需求不确定时，令 D 表示随机需求，其累积分布函数和概率密度函数分别为 $G(D)$ 和 $g(D)$。假设 D 的均值为 $E(D) = \varsigma$。此时，在批发价契约下，供应商的期望利润可以表示为：

$$L_s(q) = E[w_1 \min(xq,\ D) - c_1 q + v\,(xq - D)^+ - h_s\,(D - xq)^+] \quad (9-14)$$

由此可知，供应商的期望利润是关于 q 的凹函数。通过求解 $\frac{\partial L_s(q)}{\partial q} = 0$，可以得到供应商的最优投入量 q_l 满足 $\int_0^\infty x[1 - G(xq_l)]f(x)\,\mathrm{d}x = \frac{c_1 - v\mu}{w_1 - v + h_s}$。此时，零售商的期望利润为：

$$L_r(q_l) = E[(p - w_1)\min(xq_l,\ D) - h_r\,(D - xq_l)^+] \quad (9-15)$$

供应链的期望利润为 $L_t(q_l) = L_s(q_l) + L_r(q_l)$。进一步地，集成供应链的期望利润可以表示为：

$$L_\tau(q)=E[p\min(xq,\ D)-c_1q+v\ (xq-D)^+-(h_r+h_s)(D-xq)^+] \tag{9-16}$$

可以发现，$L_\tau(q)$ 是关于 q 的凹函数。因此，集成供应链的最优投入量 q_0 满足 $\int_0^\infty x[1-G(xq_0)]f(x)\mathrm{d}x=\frac{c_1-v\mu}{p-v+h_r+h_s}$。因为 $\int_0^\infty x[1-G(xq)]f(x)\mathrm{d}x$ 随着 q 的增加而递减，且有 $\frac{c_1-v\mu}{w_1-v+h_s}>\frac{c_1-v\mu}{p-v+h_r+h_s}$，可以得到 $q_0>q_l$。

引入期权契约后，供应商的期望利润可以表示为：

$$L_{os}(o,\ q)=E[oxq-c_1q+e\min(xq,\ D)+v\ (xq-D)^+-h_s\ (D-xq)^+] \tag{9-17}$$

由此可知，供应商的期望利润是关于 q 的凹函数。通过求解 $\frac{\partial L_{os}(o,\ q)}{\partial q}=0$，可得供应商的最优投入量 q_m 满足 $\int_0^\infty x[1-G(xq_m)]f(x)\mathrm{d}x=\frac{c_1-o\mu-v\mu}{e-v+h_s}$。

若要实现供应链协调，则必须满足 $q_m=q_0$，即 $\frac{c_1-v\mu}{p-v+h_r+h_s}=\frac{c_1-o\mu-v\mu}{e-v+h_s}$。由此可得，$e=p+h_r-\frac{p-v+h_r+h_s}{c_1-v\mu}\mu o$，这与（9-6）式中定义的执行价格一样。

命题 9.5 在产出和需求均不确定下，满足 $e=p+h_r-\frac{(p-v+h_r+h_s)}{c_1-v\mu}\mu o$ 时，期权契约可以协调供应链。同时，在区间 $o\in[o_a,\ o_b]$ 内，零售商可以通过选择适当的 $\{o,\ e\}$ 组合在成员之间任意分配协调利润。

证明：满足 $e=p+h_r-\frac{p-v+h_r+h_s}{c_1-v\mu}o\mu$ 时，供应链可以实现协调，且供应商的最优投入量为 q_0。此时，零售商的期望利润可以表示为：

$$L_{or}(o,\ q_0)=-h_r\varsigma-o\mu q_0+\frac{(p-v+h_s+h_r)\mu o}{c_1-\mu v}\int_0^\infty\int_0^{xq_0}[1-G(D)]f(x)\mathrm{d}D\mathrm{d}x$$

由此可得：

$$\frac{\partial L_{or}(o,\ q_0)}{\partial o}=-\mu q_0+\frac{(p-v+h_s+h_r)\mu}{c_1-\mu v}\int_0^\infty\int_0^{xq_0}[1-G(D)]f(x)\mathrm{d}D\mathrm{d}x$$

$$= \left\{ \frac{\int_0^{\infty}\int_0^{xq_0}[1 - G(D)]f(x)\,\mathrm{d}D\mathrm{d}x}{\int_0^{\infty}\mu[1 - G(uq_0)]f(x)\,\mathrm{d}x} - q_0 \right\}\mu$$

$$= \left\{ \frac{\int_0^{\infty} uq_0[1 - G(xq_0)]f(x)\,\mathrm{d}x + \int_0^{\infty}\int_0^{xq_0} Dg(D)f(x)\,\mathrm{d}D\mathrm{d}x}{\int_0^{\infty} x[1 - G(xq_0)]f(x)\,\mathrm{d}x} - q_0 \right\}\mu$$

$$= \frac{\int_0^{\infty}\int_0^{xq_0} Dg(D)f(x)\,\mathrm{d}D\mathrm{d}x}{\int_0^{\infty} x[1 - G(xq_0)]f(x)\,\mathrm{d}x}\mu > 0$$

因此，在区间 $o \in \left[0, \frac{c_1}{\mu} - v\right)$ 内，$L_{or}(o, q_0)$ 随着 o 的增加而递增。当 $o = 0$ 时，有 $L_{or}(o, q_0) = -h_r\varsigma < 0$。当 $o \to \frac{c_1}{\mu} - v$ 时，有

$$\begin{aligned} L_{or}\left(o \to \frac{c_1}{\mu} - v, q_0\right) &= -h_r\varsigma - (c_1 - v\mu)q_0 + (p - v + h_s \\ &\quad + h_r)\int_0^{\infty}\int_0^{xq_0}[1 - G(D)]f(x)\,\mathrm{d}D\mathrm{d}x \\ &= L_\tau(q_0) + h_s\varsigma > L_\tau(q_0) \end{aligned}$$

基于上述讨论，存在着唯一的一个期权价格 o_a 且满足 $L_{or}(o_a, q_0) = 0$。类似地，存在着唯一的一个期权价格 o_b 且满足 $L_{or}(o_b, q_0) = L_\tau(q_0)$。因此，给定 $e = p + h_r - \frac{p - v + h_r + h_s}{c_1 - \mu v}\mu o$，当 o 从 o_a 增加到 o_b 时，零售商的期望利润从 0 增加到 $L_\tau(q_0)$。并且，供应链始终处于协调状态。因此，供应链的协调利润可以在供应商和零售商之间实现任意分配。**证毕。**

接下来，进一步分析补贴契约对产出和需求均不确定环境下的供应链的协调能力。此时，供应商的期望利润可以表示为：

$$L_{\delta s}(q) = E[w_1\min(xq, D) - c_1 q + (v + \delta)(xq - D)^+ - h_s(D - xq)^+] \quad (9-18)$$

由此可知，供应商的期望利润是关于 q 的凹函数，可得供应商的最优投入量 q_n 满足 $\int_0^{\infty} x[1 - G(xq_n)]f(x)\,\mathrm{d}x = \frac{c_1 - v\mu - \delta\mu}{w_1 - v - \delta + h_s}$。为了协调供应

链，必须满足 $q_n = q_0$，即 $\frac{c_1 - v\mu - \delta\mu}{w_1 - v - \delta + h_s} = \frac{c_1 - v\mu}{p - v + h_r + h_s}$。由此可得，$\delta = \frac{(c_1 - v\mu)(p + h_r - w_1)}{p\mu + h_s\mu + h_r\mu - c_1}$，这与（9-8）式中确定的单位补贴额一致。

命题 9.6 在产出和需求均不确定下，满足 $\delta = \frac{(c_1 - v\mu)(p + h_r - w_1)}{p\mu + h_s\mu + h_r\mu - c_1}$时，补贴契约可以协调供应链。同时，在区间 $w_1 \in [w_a, w_b]$ 内，零售商可以通过选择适当的 $\{w_1, \delta\}$ 组合在成员之间任意分配协调利润。

证明：满足 $\delta = \frac{(c_1 - v\mu)(p + h_r - w_1)}{p\mu + h_s\mu + h_r\mu - c_1}$时，供应链可以实现协调，且供应商的最优投入量为 q_0。此时，零售商的期望利润为：

$$L_{\delta r}(q_0) = -h_r\varsigma - \frac{(c_1 - \mu v)(p + h_r - w_1)}{\mu p + \mu h_s + \mu h_r - c_1}\mu q_0$$
$$+ \left[p - w_1 + h_r + \frac{(c_1 - \mu v)(p + h_r - w_1)}{\mu p + \mu h_s + \mu h_r - c_1}\right]\int_0^{\infty}\int_0^{xq_0}[1 - G(D)]f(x)\mathrm{d}D\mathrm{d}x$$

由此可得：

$$\frac{\partial L_{\delta r}(q_0)}{\partial w_1} = \frac{c_1 - \mu v}{\mu p + \mu h_s + \mu h_r - c_1}\mu q_0 - \frac{\mu p + \mu h_s + \mu h_r - \mu v}{\mu p + \mu h_s + \mu h_r - c_1}\int_0^{\infty}\int_0^{xq_0}[1 - G(D)]f(x)\mathrm{d}D\mathrm{d}x$$

$$= \frac{c_1 - \mu v}{\mu p + \mu h_s + \mu h_r - c_1}\mu q_0 - \left[\frac{(p - v + h_r + h_s)\mu}{c_1 - \mu v}\frac{c_1 - \mu v}{\mu p + \mu h_s + \mu h_r - c_1}\right]$$
$$\left\{\int_0^{\infty}xq_0[1 - G(xq_0)]f(x)\mathrm{d}x + \int_0^{\infty}\int_0^{xq_0}Dg(D)f(x)\mathrm{d}D\mathrm{d}x\right\}$$

$$= \frac{c_1 - \mu v}{\mu p + \mu h_s + \mu h_r - c_1}\mu q_0 - \frac{c_1 - \mu v}{\mu p + \mu h_s + \mu h_r - c_1}$$
$$\frac{\mu\left\{\int_0^{\infty}xq_0[1 - G(xq_0)]f(x)\mathrm{d}x + \int_0^{\infty}\int_0^{xq_0}Dg(D)f(x)\mathrm{d}D\mathrm{d}x\right\}}{\int_0^{\infty}x[1 - G(xq_0)]f(x)\mathrm{d}x}$$

$$= -\frac{c_1 - \mu v}{\mu p + \mu h_s + \mu h_r - c_1}\frac{\mu\int_0^{\infty}\int_0^{xq_0}Dg(D)f(x)\mathrm{d}D\mathrm{d}x}{\int_0^{\infty}x[1 - G(xq_0)]f(x)\mathrm{d}x} < 0$$

因此，零售商的期望利润随着 w_1 的增加而递减。当 $w_1=\frac{c_1}{\mu}$时，有

$$
\begin{aligned}
L_{\delta r}(q_0)-L_\tau(q_0) &= h_s\varsigma+\frac{(c_1-\mu v)h_s\mu}{\mu p+\mu h_s+\mu h_r-c_1}q_0 \\
&\quad -\left[\frac{(c_1-\mu v)h_s}{\mu p+\mu h_s+\mu h_r-c_1}+h_s\right]\int_0^\infty\int_0^{xq_0}[1-G(D)]f(x)\,\mathrm{d}D\mathrm{d}x \\
&= h_sE(D)-h_sE\min(xq_0,D)+\frac{(c_1-\mu v)h_s}{\mu p+\mu h_s+\mu h_r-c_1}E(xq_0) \\
&\quad -\frac{(c_1-\mu v)h_s}{\mu p+\mu h_s+\mu h_r-c_1}E\min(xq_0,D) \\
&\geqslant 0
\end{aligned}
$$

当 $w_1=p$ 时，零售商的期望利润为：

$$
\begin{aligned}
L_{\delta r}(q_0) &= -h_r\varsigma-\frac{(c_1-\mu v)h_r\mu}{\mu p+\mu h_s+\mu h_r-c_1}q_0 \\
&\quad +\left[h_r+\frac{(c_1-\mu v)h_r}{\mu p+\mu h_s+\mu h_r-c_1}\right]\int_0^\infty\int_0^{xq_0}[1-G(D)]f(x)\,\mathrm{d}D\mathrm{d}x \\
&= -h_rE(D)+h_rE\min(xq_0,D)-\frac{(c_1-\mu v)h_r}{\mu p+\mu h_s+\mu h_r-c_1}E(xq_0) \\
&\quad +\frac{(c_1-\mu v)h_r}{\mu p+\mu h_s+\mu h_r-c_1}E\min(xq_0,D) \\
&\leqslant 0
\end{aligned}
$$

因此，存在着唯一的一个批发价格 w_a 且满足 $L_{\delta r}(q_0)=L_\tau(q_0)$。同时，存在着唯一的一个批发价格 w_b 且满足 $L_{\delta r}(q_0)=0$。给定 $\delta=\frac{(c_1-v\mu)(p+h_r-w_1)}{p\mu+h_s\mu+h_r\mu-c_1}$，当 w_1 从 w_a 增加到 w_b 时，零售商的期望利润从 $L_\tau(q_0)$ 减小到0。并且，供应链始终处于协调状态。因此，在区间 $w_1\in[w_a, w_b]$ 内，通过选择不同的 w_1，供应链的协调利润可以在供应商和零售商之间实现任意分配。**证毕。**

命题9.7 在产出和需求均不确定下，供应链协调时，期权契约和补贴契约之间存在一一对应的关系。给定一个协调供应链的补贴契约方案，可以找到一个对应的期权契约方案，在协调供应链的同时可以确保供应链成员能

够获得与补贴契约下相同的期望利润。

证明：如果 $o=\delta=\dfrac{(c_1-v\mu)(p+h_r-w_1)}{p\mu+h_s\mu+h_r\mu-c_1}$，则有 $L_{\delta r}(q_0)=L_{or}(o,\ q_0)$。显然，可以得到 $o+e=w_1$。因此，给定一个补贴契约 $\left\{w_1\delta=\dfrac{(c_1-v\mu)(p+h_r-w_1)}{p\mu+h_s\mu+h_r\mu-c_1}\right\}$，可以找到一个相应的期权契约 $\left\{o=\dfrac{(c_1-\mu v)(p+h_r-w_1)}{\mu p+\mu h_s+\mu h_r-c_1},\ e=w_1-o\right\}$。**证毕。**

进一步引入补货策略，则集成供应链的期望利润可以表示为：

$$T_c(q)=E[p\min(xq,\ D)-c_1q+v\,(xq-D)^+ +(p-c_2)(D-xq)^+] \quad (9-19)$$

由此可知，$T_c(q)$ 是关于 q 的凹函数。可得，供应商的最优投入量 q_α 满足 $\int_0^\infty x[1-G(xq_\alpha)]f(x)\mathrm{d}x=\dfrac{c_1-v\mu}{c_2-v}$。

此外，在分散供应链中，供应商的期望利润为：

$$T_s(q)=E[w_1\min(xq,\ D)-c_1q+v\,(xq-D)^+ +(w_2-c_2)(D-xq)^+] \quad (9-20)$$

易知，$T_s(q)$ 是关于 q 的凹函数，供应商的最优投入量 q_z 满足 $\int_0^\infty x[1-G(xq_z)]f(x)\mathrm{d}x=\dfrac{c_1-\mu v}{c_2-v-w_2+w_1}$。因此，零售商的期望利润为：

$$T_r(q_z)=E[(p-w_1)\min(xq_z,\ D)+(p-w_2)(D-xq_z)^+] \quad (9-21)$$

令 $T_t(q_z)=T_s(q_z)+T_r(q_z)<T_c(q_\alpha)$，并假设 $o\mu+v\mu<c_1$ 和 $e+h_s>v$ 仍然成立。类似于 $w_1-\dfrac{c_1}{\mu}\geqslant w_2-c_2$ 的假设，可以得到 $e+o-\dfrac{c_1}{\mu}\geqslant w_2-c_2$。因此，供应商的期望利润为：

$$T_{os}(o,\ q)=E[e\min(xq,\ D)+oxq-c_1q+v\,(xq-D)^+ +(w_2-c_2)(D-xq)^+] \quad (9-22)$$

给定 $o\mu+v\mu<c_1$ 和 $e+o-\dfrac{c_1}{\mu}\geqslant w_2-c_2$，可得 $\dfrac{\partial^2T_{os}(o,\ q)}{\partial q^2}<0$。令 $\dfrac{\partial T_{os}(o,\ q)}{\partial q}=0$，供应商的最优投入量 q_{oe} 满足 $\int_0^\infty x[1-G(xq_{oe})]f(x)\mathrm{d}x=\dfrac{c_1-o\mu-uv}{c_2+e-v-w_2}$。若要协调供应链，则必须满足 $q_{oe}=q_\alpha$，即 $\dfrac{c_1-o\mu-uv}{c_2+e-v-w_2}=$

$\frac{c_1 - v\mu}{c_2 - v}$。由此可得，$e = w_2 - \frac{c_2 - v}{c_1 - v\mu} o\mu$，这与（9-13）式中确定的执行价格一致。

命题 9.8 在产出和需求均不确定下，满足 $e = w_2 - \frac{c_2 - v}{c_1 - v\mu} o\mu$ 时，期权契约可以协调考虑补货策略的供应链。并且存在着一个帕累托区间 $o \in [o'_a,\ o'_b]$ $\left(0 < o'_a < o'_b < \frac{c_1}{\mu} - v\right)$，其中供应商和零售商均可以获得比批发价契约下更高的期望利润。

证明： 满足 $e = w_2 - \frac{c_2 - v}{c_1 - \mu v} o\mu$ 时，供应链可以实现协调。此时，零售商的期望利润为：

$$T_{or}(o,\ q_\alpha) = (p - w_2)\varsigma - o\mu q_\alpha + \frac{(c_2 - v)\mu}{c_1 - v\mu} o \int_0^\infty \int_0^{xq_\alpha} [1 - G(D)] f(x) \mathrm{d}D \mathrm{d}x$$

由此可得：

$$\begin{aligned}
\frac{\partial T_{or}(o,\ q_\alpha)}{\partial o} &= -\mu q_\alpha + \frac{(c_2 - v)\mu}{c_1 - v\mu} \int_0^\infty \int_0^{xq_\alpha} [1 - G(D)] f(x) \mathrm{d}D \mathrm{d}x \\
&= \left\{ \frac{\int_0^\infty \int_0^{xq_\alpha} [1 - G(D)] f(x) \mathrm{d}D \mathrm{d}x}{\int_0^\infty x[1 - G(xq_\alpha)] f(x) \mathrm{d}x} - q_\alpha \right\} \mu \\
&= \left\{ \frac{\int_0^\infty xq_\alpha [1 - G(xq_\alpha)] f(x) \mathrm{d}x + \int_0^\infty \int_0^{xq_\alpha} Dg(D) f(x) \mathrm{d}D \mathrm{d}x}{\int_0^\infty x[1 - G(xq_\alpha)] f(x) \mathrm{d}x} - q_\alpha \right\} \mu \\
&= \frac{\int_0^\infty \int_0^{xq_\alpha} Dg(D) f(x) \mathrm{d}D \mathrm{d}x}{\int_0^\infty x[1 - G(xq_\alpha)] f(x) \mathrm{d}x} \mu > 0
\end{aligned}$$

在区间 $o \in \left[0,\ \frac{c_1}{\mu} - v\right)$ 内，$T_{or}(o,\ q_\alpha)$ 随着 o 的增加而递增。特别地，我们有 $T_{or}(o = 0,\ q_\alpha) = (p - w_2)\varsigma < T_r(q_z)$。当 $o \to \frac{c_1}{\mu} - v$ 时，有

$$T_{or}\left(o \to \frac{c_1}{\mu} - v,\ q_\alpha\right) - T_r(q_z) > T_{or}\left(o \to \frac{c_1}{u} - v,\ q_z\right) - T_r(q_z)$$

$$
\begin{aligned}
&= -(c_1 - v\mu)q_z + (c_2 - v + w_1 \\
&\quad - w_2)\left\{\int_0^{\infty}\int_0^{xq_z} Dg(D)f(x)\,\mathrm{d}D\mathrm{d}x \right.\\
&\quad \left. + \int_0^{\infty} uq_z[1 - G(xq_z)]f(x)\,\mathrm{d}x\right\}\\
&= (c_2 - v + w_1 - w_2)\int_0^{\infty}\int_0^{xq_z} Dg(D)f(x)\,\mathrm{d}D\mathrm{d}x\\
&> 0
\end{aligned}
$$

因此，存在着唯一的一个期权价格 $o'_a \in \left[0,\ \frac{c_1}{\mu} - v\right)$ 且满足 $T_{or}(o = o'_a,\ q_\alpha) = T_r(q_z)$。类似地，可以发现 $T_{os}(o,\ q_\alpha)$ 随着 o 的增加而递减，且有：

$$
\begin{aligned}
T_{os}(o = 0,\ q_\alpha) - T_s(q_z) &> T_{os}(o = 0,\ q_z) - T_s(q_z)\\
&= (w_2 - w_1)\int_0^{\infty}\int_0^{xq_z}[1 - G(D)]f(x)\,\mathrm{d}D\mathrm{d}x\\
&> 0
\end{aligned}
$$

当 $o \to \frac{c_1}{\mu} - v$ 时，有 $T_{os}\left(o \to \frac{c_1}{u} - v,\ q_\alpha\right) = (w_2 - c_2)\zeta < T_s(q_z)$。因此，存在着唯一的一个期权价格 $o'_b \in \left[0,\ \frac{c_1}{\mu} - v\right)$ 且满足 $T_{os}(o = o'_b,\ q_\alpha) = T_s(q_z)$。进一步可得：

$$T_{os}(o = o'_a,\ q_\alpha) = T_c(q_\alpha) - T_{or}(o = o'_a,\ q_\alpha) = T_c(q_\alpha) - T_r(q_z) > T_t(q_z) - T_r(q_z)$$

$$T_t(q_z) - T_r(q_z) = T_s(q_z) = T_{os}(o = o'_b,\ q_\alpha)$$

由此可得，$T_{os}(o = o'_a,\ q_\alpha) > T_{os}(o = o'_b,\ q_\alpha)$。这里，$0 < o'_a < o'_b < \frac{c_1}{\mu} - v$。因此，给定 $e = w_2 - \frac{c_2 - v}{c_1 - \mu v}o\mu$，在区间 $o \in [o'_a,\ o'_b]$ 内，供应商和零售商均可以获得比批发价契约下更高的期望利润。**证毕。**

本章的解析结论均列在了表 9.2 和表 9.3 中。其中，表 9.2 总结了产出不确定和需求确定下的解析结论，表 9.3 总结了产出和需求均不确定下的解析结论。

表 9.2　产出不确定和需求确定下的主要分析结果

项目	契约	契约参数	初始投入量	供应商利润	零售商利润	供应链利润
无补货策略	批发价契约	w_1，c_1	$\int_0^{d/q_a} xf(x)\mathrm{d}x = \frac{c_1 - \mu v}{w_1 - v + h_s}$	$\Pi_s(q_a)$	$\Pi_r(q_a)$	$\Pi_t(q_a)$
	期权契约	$e = p + h_r - \frac{p - v + h_r + h_s}{c_1 - v\mu}\mu o$	$\int_0^{d/q^*} xf(x)\mathrm{d}x = \frac{c_1 - \mu v}{p - v + h_r + h_s}$	$\Pi_{os}(o, q^*)$	$\Pi_{or}(o, q^*)$	$\Pi_\tau(q^*) > \Pi_t(q_a)$
	补贴契约	$\delta = \frac{(c_1 - v\mu)(p + h_r - w_1)}{p\mu + h_s\mu + h_r\mu - c_1}$	$\int_0^{d/q^*} xf(x)\mathrm{d}x = \frac{c_1 - \mu v}{p - v + h_r + h_s}$	$\Pi_{\delta s}(q^*)$	$\Pi_{\delta r}(q^*)$	$\Pi_\tau(q^*) > \Pi_t(q_a)$
补货策略	批发价契约	w_1，c_1，w_2，c_2	$\int_0^{d/q_y} xf(x)\mathrm{d}x = \frac{c_1 - \mu v}{c_2 - v - w_2 + w_1}$	$\Gamma_s(q_y)$	$\Gamma_r(q_y)$	$\Gamma_t(q_y)$
	期权契约	$e = w_2 - \frac{c_2 - v}{c_1 - v\mu}o\mu$	$\int_0^{d/q_\beta} xf(x)\mathrm{d}x = \frac{c_1 - \mu v}{c_2 - v}$	$\Gamma_{os}(o, q_\beta)$	$\Gamma_{or}(o, q_\beta)$	$\Gamma_c(q_\beta)$

表 9.3　产出不确定和需求不确定下的主要分析结果

项目	契约	契约参数	最优投入量	供应商的期望利润	零售商的期望利润	供应链的期望利润
无补货策略	批发价契约	w_1，c_1	$\int_0^{\infty} x[1-G(xq_l)]f(x)\mathrm{d}x=\frac{c_1-\mu v}{w_1-v+h_s}$	$L_s(q_l)$	$L_r(q_l)$	$L_t(q_l)$
	期权契约	$e=p+h_r-\frac{p-v+h_r+h_s}{c_1-v\mu}\mu o$	$\int_0^{\infty} x[1-G(xq_0)]f(x)\mathrm{d}x=\frac{c_1-\mu v}{p-v+h_r+h_s}$	$L_{os}(o, q_0)$	$L_{or}(o, q_0)$	$L_\tau(q_0)>L_t(q_l)$
	补贴契约	$\delta=\frac{(c_1-v\mu)(p+h_r-w_1)}{p\mu+h_s\mu+h_r\mu-c_1}$	$\int_0^{\infty} x[1-G(xq_0)]f(x)\mathrm{d}x=\frac{c_1-\mu v}{p-v+h_r+h_s}$	$L_{\delta s}(q_0)$	$L_{\delta r}(q_0)$	$L_\tau(q_0)>L_t(q_l)$
补货策略	批发价契约	w_1，c_1，w_2，c_2	$\int_0^{\infty} x[1-G(xq_z)]f(x)\mathrm{d}x=\frac{c_1-\mu v}{c_2-v-w_2+w_1}$	$T_s(q_z)$	$T_r(q_z)$	$T_t(q_z)$
	期权契约	$e=w_2-\frac{c_2-v}{c_1-v\mu}o\mu$	$\int_0^{\infty} x[1-G(xq_\alpha)]f(x)\mathrm{d}x=\frac{c_1-\mu v}{c_2-v}$	$T_{os}(o, q_\alpha)$	$T_{or}(o, q_\alpha)$	$T_c(q_\alpha)$

第四节 数值分析

本节中，通过数值分析来验证上述解析结论。首先，考虑供应链面临需求确定的情况。假设产出率 x 在区间（0.5，ξ）内服从均匀分布，并且考虑 ξ 取到下列三个具体数值的情况：$\xi=1$，$\xi=1.5$，$\xi=2$。假设 $p=100$，$w_1=70$，$c_1=30$，$v=15$，$h_r=3$，$h_s=3$，$w_2=73$，$c_2=70$。

一、需求确定的情况

假设市场需求是确定的，即 $d=250$。当 $\xi=1$ 时，可以得到供应商的最优投入量为 $q_a=264.15$。进一步可得，供应商的期望利润为 $\Pi_s(q_a)=9573.92$，零售商的期望利润为 $\Pi_r(q_a)=7942.94$，分散供应链的期望利润为 $\Pi_t(q_a)=17515.86$。同时，对于集成供应链而言，其最优投入量为 $q^*=296.16$，相应的期望利润为 $\Pi_\tau(q^*)=19242.85$。表 9.4 列出了给定不同 ξ 时的最优决策和相应的期望利润。

表 9.4　　　给定不同 ξ 时的最优决策和相应的期望利润

ξ	μ	q_a	q^*	$\Pi_s(q_a)$	$\Pi_r(q_a)$	$\Pi_t(q_a)$	$\Pi_\tau(q^*)$
1	0.75	264.15	296.16	9573.92	7942.94	17515.86	19242.85
1.5	1.00	228.33	262.69	8948.91	6117.02	15065.93	18408.65
2	1.25	219.28	253.82	9251.71	6344.22	15595.93	18736.91

根据上述参数设置，条件 $\frac{c_1}{\mu}-v>o\geqslant 0$ 和 $e+h_s>v$ 可分别写成 $0\leqslant o<25$ 和 $e>12$。在此基础上，分析产出率 x 在区间（0.5，1）内服从均匀分布时，引入期权契约后的协调机制。根据（9-6）式可知，满足 $e=103-\frac{91}{25}o$ 时，供应链实现协调。在图 9.1 中，当 o 从 $o_1=1.27$ 增加到 $o_2=23.73$ 时，供应

商的期望利润从 $\Pi_\tau(q^*)$ 减小到0，零售商的期望利润从0增加到 $\Pi_\tau(q^*)$。同时，供应链处于协调状态。因此，零售商可以通过选择适当的 $\{o, e\}$ 组合，在成员之间任意分配协调利润。特别地，在区间 $o \in [12.74, 13.08]$ 内，两个成员均可以获得比批发价契约下更高的期望利润。表9.5显示了在期权契约下给定不同 ξ 时的协调条件和帕累托区间。

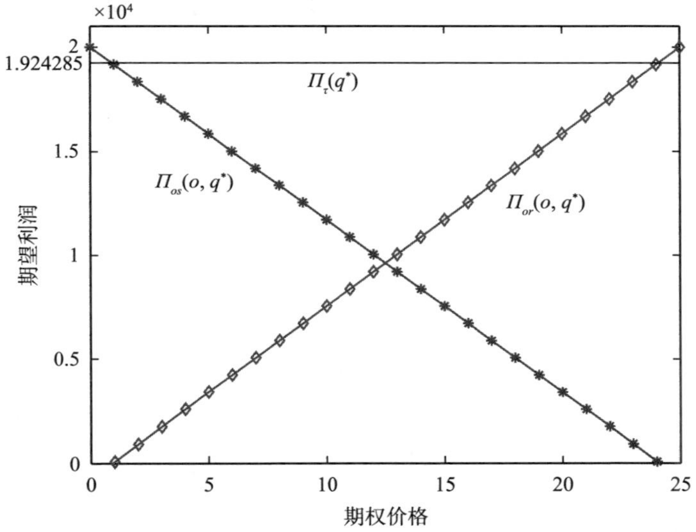

图9.1　期权契约下供应链成员期望利润随期权价格的变化情况

表9.5　期权契约下给定不同 ξ 时的协调条件和帕累托区间

ξ	μ	参数约束	协调条件	o_1	o_2	帕累托区间
1	0.75	$e>12$，$o<25$	$e=103-\frac{91}{25}o$	1.27	23.73	$o \in [12.74, 13.08]$
1.5	1.00	$e>12$，$o<15$	$e=103-\frac{91}{15}o$	0.67	14.33	$o \in [6.77, 6.92]$
2	1.25	$e>12$，$o<9$	$e=103-\frac{91}{9}o$	0.37	8.63	$o \in [3.79, 3.85]$

通过类似的方式，可得给定（9-8）式，补贴契约能够协调供应链。考

虑产出率 x 在区间（0.5，1）内服从均匀分布的情况。由于 w_1 定义在区间 $\left[\frac{c_1}{\mu},\ p\right]$ 内，可以得到 $w_1>40$。根据图 9.2 可知，当 w_1 从 $w_1'=40.35$ 增加到 $w_1''=99.65$ 时，零售商的期望利润从 $\Pi_\tau(q^*)$ 减小到 0，供应商的期望利润从 0 增加到 $\Pi_\tau(q^*)$。此时，供应链始终处于协调状态。由此可得，零售商可以通过选择适当的 $\{w_1,\ \delta\}$ 组合在成员之间任意分配协调利润。特别地，在区间 $w_1\in[68.46,\ 69.36]$ 内，两个成员均可以获得比批发价契约下更高的期望利润。表 9.6 列出了补贴契约下给定不同 ξ 时的协调条件和帕累托区间。

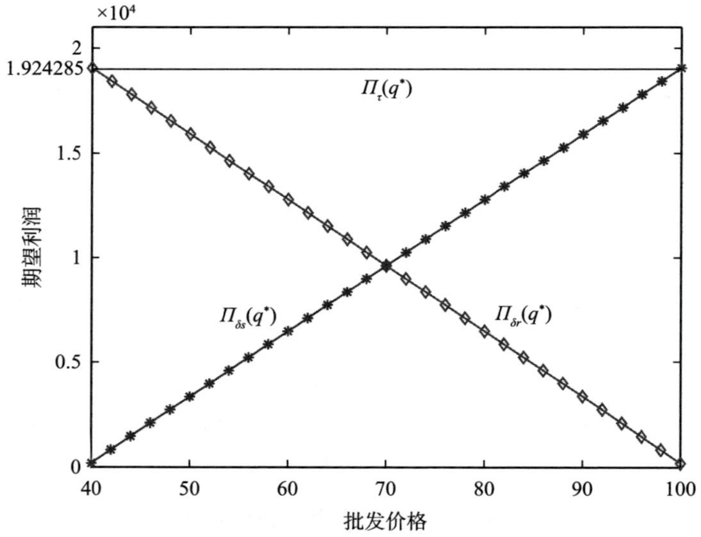

图 9.2　补贴契约下供应链成员期望利润随批发价格的变化情况

表 9.6　补贴契约中给定不同 ξ 时的协调条件和帕累托区间

ξ	μ	参数约束	协调条件	w_1'	w_1''	帕累托区间
1	0.75	$\delta<25$，$w_1\geqslant 40$	$\delta=\frac{2575}{66}-\frac{25}{66}w_1$	40.35	99.65	$w_1\in[68.46,\ 69.36]$
1.5	1.00	$\delta<15$，$w_1\geqslant 30$	$\delta=\frac{1545}{76}-\frac{15}{76}w_1$	30.39	99.61	$w_1\in[67.93,\ 68.70]$

续表

ξ	μ	参数约束	协调条件	w_1'	w_1''	帕累托区间
2	1.25	$\delta<9$，$w_1\geqslant 24$	$\delta=\frac{927}{82}-\frac{9}{82}w_1$	24.35	99.65	$w_1\in[67.91, 68.48]$

接下来，分析产出率 x 在区间（0.5，1）内服从均匀分布时，期权契约和补贴契约之间的一一对应关系。根据命题 9.3 可知，如果 $o=\delta=\frac{(c_1-v\mu)(p+h_r-w_1)}{p\mu+h_s\mu+h_r\mu-c_1}$，则有 $o+e=w_1$ 和 $\Pi_{\delta r}(q^*)=\Pi_{or}(o, q^*)$。给定 $w_1=70$，$o=\delta=12.5$ 和 $e=57.5$，零售商的期望利润为 $\Pi_{or}(o, q_b)=9621.43$，供应商的期望利润为 $\Pi_{os}(o, q_b)=9621.43$。因此，供应链成员可以在这两个契约下获得相等的期望利润。给定 $\xi=1$，$\xi=1.5$，$\xi=2$，表 9.7 比较分析了在不同批发价格下的期权契约与补贴契约的一一对应关系。

表 9.7　给定不同 ξ 时期权契约与补贴契约的对比

ξ	期权契约					补贴契约				
	o	e	$\Pi_{os}(o, q^*)$	$\Pi_{or}(o, q^*)$	供应链期望利润	w_1	δ	$\Pi_{\delta s}(q^*)$	$\Pi_{\delta r}(q^*)$	供应链期望利润
$\xi=1$	14.39	50.61	8050.26	11189.59	19244.24	65.00	14.39	8050.26	11192.86	19243.12
	12.50	57.50	9621.43	9621.43	19244.24	70.00	12.50	9621.43	9621.43	19243.12
	10.61	64.39	11192.59	8053.27	19244.24	75.00	10.61	11192.59	8050.53	19243.12
	8.71	71.29	12764.43	6476.81	19244.24	80.00	8.71	12764.43	6478.69	19243.12
	6.82	78.18	14335.59	4908.65	19244.24	85.00	6.82	14335.59	4907.53	19243.12
$\xi=1.5$	8.49	51.51	7894.55	10518.30	18412.85	60.00	8.49	7894.55	10514.11	18408.66
	7.50	57.50	9204.33	12291.23	18412.85	65.00	7.50	9204.33	9204.33	18408.66
	6.51	63.49	10514.11	7898.44	18412.85	70.00	6.51	10514.11	7894.55	18408.66
	5.53	69.47	11823.89	6588.96	18412.85	75.00	5.53	11823.89	6584.77	18408.66
	4.54	75.46	13133.67	5279.18	18412.85	80.00	4.54	13133.67	5274.99	18408.66

续表

ξ	期权契约					补贴契约				
	o	e	$\Pi_{os}(o, q^*)$	$\Pi_{or}(o, q^*)$	供应链期望利润	w_1	δ	$\Pi_{\delta s}(q^*)$	$\Pi_{\delta r}(q^*)$	供应链期望利润
$\xi=2$	5.27	49.73	7641.02	11099.84	18740.86	55.00	5.27	7641.02	11096.00	18737.02
	4.72	55.28	8874.90	9865.96	18740.86	60.00	4.72	8874.90	9862.12	18737.02
	4.17	60.83	10108.79	8632.07	18740.86	65.00	4.17	10108.79	8628.23	18737.02
	3.62	66.38	11342.67	7389.19	18740.86	70.00	3.62	11342.67	7394.35	18737.02
	3.07	71.93	12576.55	6164.31	18740.86	75.00	3.07	12576.55	6160.47	18737.02

在供应商能够引入补货策略以提高供货能力的情况下，给定 $p=100$，$h_r=3$，$h_s=3$，$w_2=73$ 和 $c_2=70$，供应商和零售商都愿意进行补货。类似地，假设产出率 x 在区间（0.5，1）内服从均匀分布。此时，集成供应链的最优投入量为 $q_\beta=260.18$，相应的期望利润为 $\Gamma_c(q_\beta)=6502.42$。在 VMI 模式下，供应商的最优投入量为 255.96，相应的期望利润为 $\Gamma_s(q_y)=9253.14$。此时，零售商的期望利润为 $\Gamma_r(q_y)=7517.44$，分散供应链的期望利润为 $\Gamma_t(q_y)=16770.58$。表 9.8 列出了补货策略下给定不同 ξ 时的最优决策和相应的期望利润。

表 9.8　　补货策略下给定不同 ξ 时的最优决策和相应的期望利润

ξ	μ	q_β	q_y	$\Gamma_s(q_y)$	$\Gamma_r(q_y)$	$\Gamma_t(q_y)$	$\Gamma_c(q_\beta)$
1	0.75	260.18	255.96	9253.14	7517.44	16770.58	6502.42
1.5	1.00	224.24	219.94	8674.14	7397.49	16071.63	7447.24
2	1.25	215.21	210.93	8689.08	7361.08	16330.16	8178.14

接下来，分析产出率 x 在区间（0.5，1）内服从均匀分布时，引入期权契约后的协调机制。显然，契约参数应满足 $o\in[0, 25)$，$w_2-c_2\leqslant 30$ 和 $e>12$。根据（9－13）式可知，满足 $e=73-\frac{11}{5}o$ 时，供应链实现协调。图 9.3 展示了供应链成员期望利润随期权价格的变化情况。在区间 $o\in[2.64, 2.66]$ 内，两个成员均可以获得比批发价契约下更高的期望利润。表 9.9 列

出了补货策略下给定不同 ξ 时期权契约的协调条件和帕累托区间。

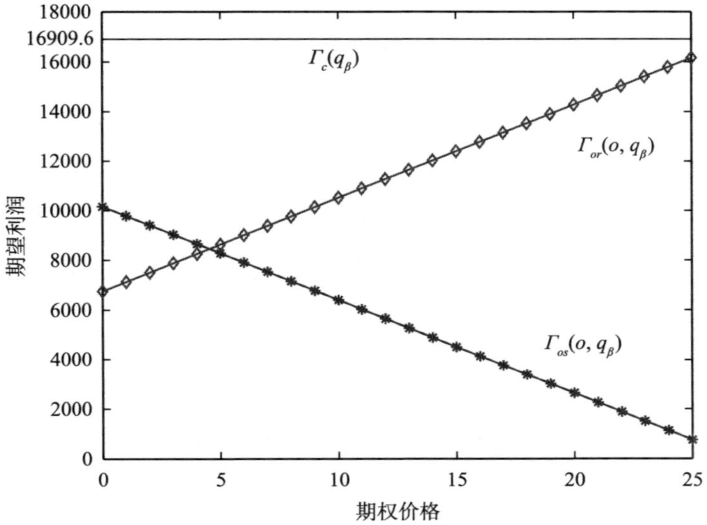

图 9.3　补货策略下供应链成员期望利润随期权价格的变化情况

表 9.9　补货策略下给定不同 ξ 时期权契约的协调条件和帕累托区间

ξ	μ	参数约束	协调条件	帕累托区间
1	0.75	$e>12$，$o<25$，$e+o\geqslant 43$	$e=73-\frac{11}{5}o$	$o\in[2.64,\ 2.66]$
1.5	1.00	$e>12$，$o<15$，$e+o\geqslant 33$	$e=73-\frac{11}{3}o$	$o\in[1.22,\ 1.23]$
2	1.25	$e>12$，$o<9$，$e+o\geqslant 27$	$e=73-\frac{55}{9}o$	$o\in[0.63,\ 0.64]$

二、产出和需求均不确定

本节考虑供应链面临产出和需求不确定的情况。假设需求 D 在区间（50，250）内服从均匀分布。当 $\xi=1$ 时，供应商的最优投入量为 $q_l=210.59$，相应的期望利润为 $L_s(q_l)=38.65$，零售商的期望利润为 $L_r(q_l)=2074.64$。因此，分散供应链的期望利润为 $L_t(q_l)=2113.29$。对于集成供应链而言，其最优投入

量为 $q_0=250.78$，相应的期望利润为 $L_\tau(q_0)=2327.69$。表 9.10 展示了产出和需求均不确定下给定不同 ξ 时的最优决策和相应的期望利润。

表 9.10　需求不确定下给定不同 ξ 时的最优决策和相应的期望利润

ξ	μ	q_l	q_0	$L_s(q_l)$	$L_r(q_l)$	$L_t(q_l)$	$L_\tau(q_0)$
1	0.75	210.59	250.78	38.65	2074.64	2113.29	2327.69
1.5	1.00	183.02	200.34	1549.44	2249.62	3799.06	3872.94
2	1.25	156.40	164.44	2494.78	2226.60	4721.38	4747.11

需求和产出均不确定时，在给定参数条件下引入期权契约来协调供应链，契约参数必须满足 $o\in[0,\ 25)$。根据（9-6）式可知，满足 $e=103-\frac{91}{25}o$ 时，供应链实现协调。当期权价格 o 从 $o_a=3.49$ 增加 $o_b=21.51$ 时，供应商的期望利润从 $L_\tau(q_0)$ 减小到 0，零售商的期望利润从 0 增加到 $L_\tau(q_0)$。并且，供应链始终处于协调状态。因此，零售商可以通过选择适当的 $\{o,\ e\}$ 组合在成员之间任意分配协调利润。特别地，在区间 $o\in[19.55,\ 21.22]$ 内，供应链成员均可以获得比批发价契约下更高的期望利润，具体如图 9.4 所示。表 9.11 列出了产出和需求均不确定下给定不同 ξ 时期权契约的协调条件和帕累托区间。

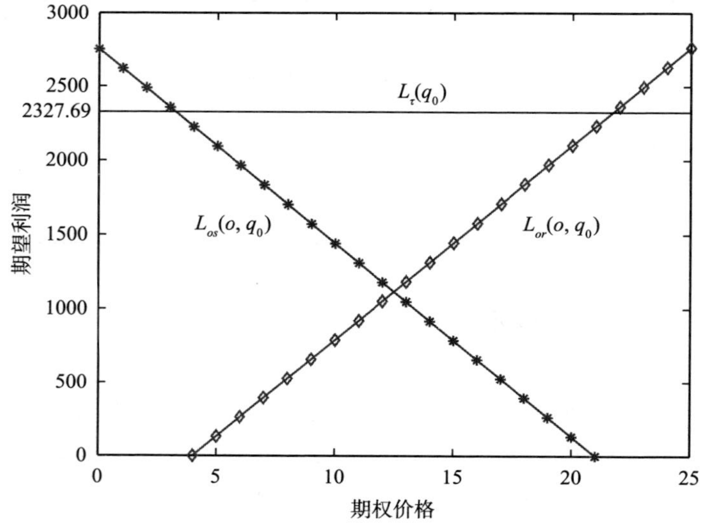

图 9.4　需求不确定下期权契约中供应链成员期望利润随期权价格的变化情况

表 9.11　产出和需求均不确定下给定不同 ξ 时期权契约的协调条件和帕累托区间

ξ	μ	参数约束	协调条件	o_a	o_b	帕累托区间
1	0.75	$e>12$，$o<25$	$e=103-\frac{91}{25}o$	3.49	21.51	$o\in[19.55, 21.22]$
1.5	1.00	$e>12$，$o<15$	$e=103-\frac{91}{15}o$	1.41	13.59	$o\in[8.48, 8.72]$
2	1.25	$e>12$，$o<9$	$e=103-\frac{91}{9}o$	0.72	8.28	$o\in[4.26, 4.31]$

当产出和需求均不确定时，满足（9－8）式，补贴契约也可以有效协调供应链。如图 9.5 所示，当 w_1 从 $w_a=46.20$ 增加到 $w_b=93.79$ 时，零售商的期望利润从 $L_\tau(q_0)$ 减小到 0，供应商的期望利润从 0 增加到 $L_\tau(q_0)$。并且，供应链始终处于协调状态。因此，零售商可以通过选择适当的 $\{w_1, \delta\}$ 组合在成员之间任意分配协调利润。特别地，在区间 $w_1\in[46.99, 51.38]$ 内，供应链成员均可以获得比批发价契约下更高的期望利润。表 9.12 列出了产出和需求均不确定时给定不同 ξ 时补贴契约的协调条件和帕累托区间。

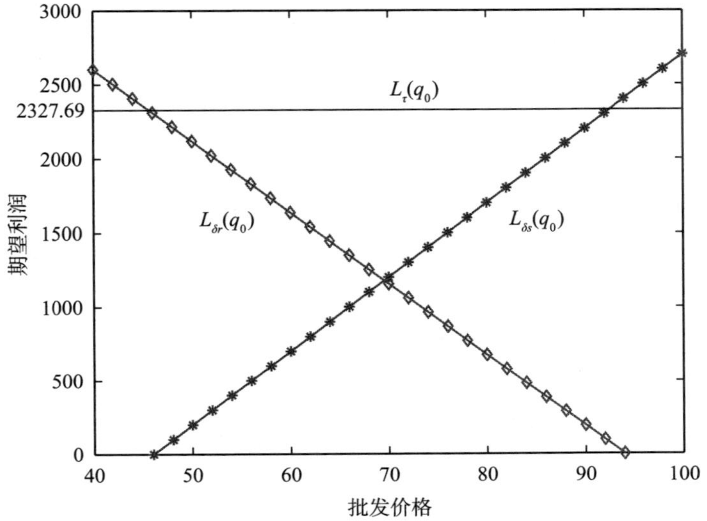

图 9.5　产出和需求均不确定下补贴契约中供应链成员期望利润随批发价格的变化情况

表 9.12 产出和需求均不确定下给定不同 ξ 时补贴契约的协调条件和帕累托区间

ξ	μ	参数约束	协调条件	w_a	w_b	帕累托区间
1	0.75	$\delta<25$，$w_1\geqslant 40$	$\delta=\frac{2575}{66}-\frac{25}{66}w_1$	46.20	93.79	$w_1\in[46.99,\ 51.38]$
1.5	1.00	$\delta<15$，$w_1\geqslant 30$	$\delta=\frac{1545}{76}-\frac{15}{76}w_1$	34.17	95.83	$w_1\in[58.84,\ 60.01]$
2	1.25	$\delta<9$，$w_1\geqslant 24$	$\delta=\frac{927}{82}-\frac{9}{82}w_1$	27.53	96.47	$w_1\in[63.76,\ 64.13]$

接下来，分析产出率 x 在区间（0.5，1）内服从均匀分布时，期权契约和补贴契约之间的一一对应关系。若 $o=\delta=\frac{(c_1-v\mu)(p+h_r-w_1)}{p\mu+h_s\mu+h_r\mu-c_1}$，则有 $o+e=w_1$，$L_{\delta r}(q_0)=L_{or}(q_0)$。给定 $w_1=70$，则有 $o=\delta=12.5$ 和 $o+e=w_1$。因此，零售商的期望利润为 $L_{\delta r}(q_0)=L_{or}(0,\ q_0)=1163.84$，供应商的期望利润为 $L_{\delta s}(q_0)=L_{os}(0,\ q_0)=1163.84$，即供应链成员可以在这两个不同的契约下获得相等的期望利润。给定 $\xi=1$，$\xi=1.5$，$\xi=2$，表 9.13 比较分析了不同批发价格下的期权契约与补贴契约。

表 9.13 产出和需求均不确定下给定不同 ξ 时期权契约与补贴契约的对比

ξ	期权契约					补贴契约				
	o	e	$L_{os}(o,q_0)$	$L_{or}(o,q_0)$	供应链期望利润	w_1	δ	$L_{\delta s}(q_0)$	$L_{\delta r}(q_0)$	供应链期望利润
$\xi=1$	14.39	50.61	919.32	1408.36	2327.69	65.00	14.39	919.32	1408.36	2327.69
	12.50	57.50	1163.84	1163.84	2327.69	70.00	12.50	1163.84	1163.84	2327.69
	10.61	64.39	1408.36	919.32	2327.69	75.00	10.61	1408.36	919.32	2327.69
	8.71	71.29	1652.89	674.80	2327.69	80.00	8.71	1652.89	674.80	2327.69
	6.82	78.18	1897.41	430.28	2327.69	85.00	6.82	1897.41	430.28	2327.69
$\xi=1.5$	8.49	51.51	1622.46	2250.48	3872.94	60.00	8.49	1622.46	2250.48	3872.94
	7.50	57.50	1936.47	1936.47	3872.94	65.00	7.50	1936.47	1936.47	3872.94
	6.51	63.49	2250.48	1622.46	3872.94	70.00	6.51	2250.48	1622.46	3872.94
	5.53	69.47	2564.49	1308.45	3872.94	75.00	5.53	2564.49	1308.45	3872.94
	4.54	75.46	2878.50	994.44	3872.94	80.00	4.54	2878.50	994.44	3872.94

续表

ξ	期权契约					补贴契约				
	o	e	$L_{os}(o, q_0)$	$L_{or}(o, q_0)$	供应链期望利润	w_1	δ	$L_{\delta s}(q_0)$	$L_{\delta r}(q_0)$	供应链期望利润
$\xi=2$	5.27	49.73	1891.48	2855.62	4747.11	55.00	5.27	1891.48	2855.62	4747.11
	4.72	55.28	2235.82	2511.29	4747.11	60.00	4.72	2235.82	2511.29	4747.11
	4.17	60.83	2580.16	2166.95	4747.11	65.00	4.17	2580.16	2166.95	4747.11
	3.62	66.38	2924.49	1822.62	4747.11	70.00	3.62	2924.49	1822.62	4747.11
	3.07	71.93	3268.83	1478.28	4747.11	75.00	3.07	3268.83	1478.28	4747.11

进一步考虑产出和需求均不确定下供应商可以通过引入补货策略来满足市场需求的情况。这里，仍然假设产出率 x 在区间（0.5，1）内服从均匀分布。此时，集成供应链的最优投入量为 $q_\alpha=204.55$，相应的期望利润 $T_c(q_\alpha)=4762.07$。在 VMI 模式下，供应商的最优投入量为 $q_z=197.80$，供应商的期望利润为 $T_s(q_z)=492.03$，零售商的期望利润为 $T_r(q_z)=4266.39$，分散供应链的期望利润为 $T_t(q_z)=4758.43$。表 9.14 列出了产出和需求均不确定下引入补货策略后给定不同 ξ 时的最优决策和相应的期望利润。

表 9.14　产出和需求均不确定下引入补货策略后给定不同 ξ 时的最优决策和相应的期望利润

ξ	μ	q_α	q_z	$T_s(q_z)$	$T_r(q_z)$	$T_t(q_z)$	$T_c(q_\alpha)$
1	0.75	204.55	197.80	492.03	4266.39	4758.43	4762.07
1.5	1.00	180.42	177.51	1962.87	4290.90	6253.77	6255.03
2	1.25	155.19	153.85	2909.62	4291.75	7201.37	7201.81

引入期权契约可以协调补货策略下的 VMI 供应链。假设产出率 x 在区间（0.5，1）内服从均匀分布。显然，契约参数应满足 $o\in[0, 25)$，$w_2-c_2\leqslant 30$ 和 $e>12$。根据（9-13）式可知，满足 $e=73-\frac{11}{5}o$ 时，供应链可以实现协调。图 9.6 展示了供应链成员期望利润随期权价格的变化情况。当 $o\in[20.64,$

20.99]，两个成员均可以获得比批发价契约下更高的期望利润。表 9.15 列出了产出和需求均不确定下给定不同 ξ 时具有补货策略的供应链协调机制。

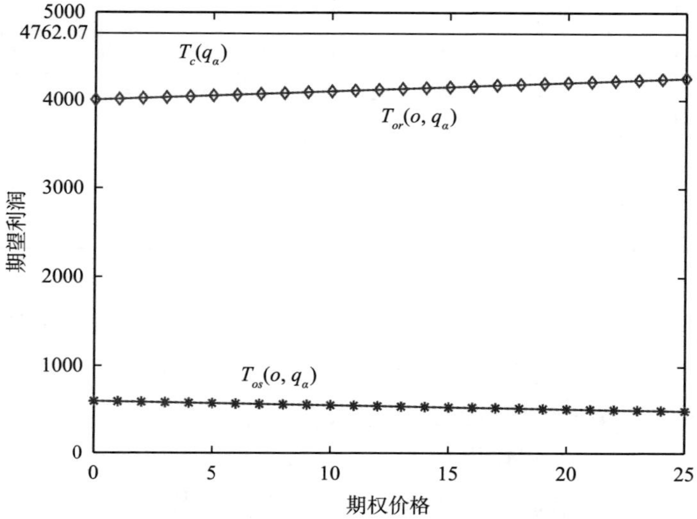

图 9.6　产出和需求均不确定下供应链成员期望利润随期权契约的变化情况

表 9.15　产出和需求均不确定下给定不同 ξ 时具有补货策略的供应链协调机制

ξ	μ	参数约束	协调条件	帕累托区间
1	0.75	$e>12$，$o<25$，$e+o\geqslant 43$	$e=73-\frac{11}{5}o$	$o\in[20.64, 20.99]$
1.5	1.00	$e>12$，$o<15$，$e+o\geqslant 33$	$e=73-\frac{11}{3}o$	$o\in[2.06, 2.07]$
2	1.25	$e>12$，$o<9$，$e+o\geqslant 27$	$e=73-\frac{55}{9}o$	$o\in[0.80, 0.81]$

第五节　本章小结

针对农业、电子产品、医药等行业中普遍存在的产出不确定现象，本章构建了一个 VMI 供应链，重点分析了供应商的投入决策。实际上，随着信息技术和物流技术的发展，这种 VMI 模式已经被广泛应用于企业中。本章的研究主要受启发于中国的农超对接模式。其中，超市作为一个关键成员占据着主导地位，并且决定着农产品的销售价格和给农业合作社的补贴。由于产出不确定，农业合作社作为农产品库存管理者，通常面临着较高的库存风险，并且较难做出准确的投入决策，从而造成了超市和农业合作社双方的利润损失。为此，本章提出设计期权契约来协调面临产出不确定的 VMI 供应链。

在传统的 VMI 供应链中，供应商在给定批发价格的情况下决定最优投入量，由于存在着双边际效应，供应链性能无法达到完美状态。因此，考虑引入包含期权价格和执行价格这两个参数的期权契约来协调供应链。根据该期权契约，零售商向供应商承诺对所有产出数量支付期权价格，并对实际销售的产品支付执行价格。如果供应商接受期权契约，则确定其最优投入量。我们分别假设需求确定和不确定两种情形，设计了能够协调供应链并在成员之间任意分配协调利润的期权契约方案。进一步考虑供应商可以通过补货策略来满足市场需求的情况，发现期权契约仍然可以有效协调供应链。本章还对比研究了期权契约和补贴契约的协调能力。我们发现，虽然补贴契约也可以协调供应链，但是只有当批发价格内生且由零售商控制时，补贴契约才有效。实际上，批发价格和补贴价格往往是分别由供应商和零售商控制。因此，这种补贴契约在很多 VMI 供应链中的灵活性不够。而期权契约的灵活性较好，且更容易应用于 VMI 供应链中。在期权契约下，两个契约参数均由零售商决定，且这种契约方式随着各种大型零售商和零售连锁店的出现而逐渐流行。例如，零售商向供应商承诺对所有产出量支付期权价格，从而确保供应商能够获得比较稳定的利润。

针对本章的研究内容，今后还可以从以下几方面进行扩展。首先，考虑到可能有多个供应商参与，零售商需要决定如何在不同的供应商之间合理分配订购量。另外，还可以进一步考虑供应链成员的风险决策态度。

第十章 基于承诺契约的供应链优化方案

供应链任意一个环节（如生产、库存和运输）的不稳定性，都有可能导致产出不确定。并且，产出不确定是农产品、化学品和电子产品等生产过程中面临的问题（Keren，2009）。在很多情况下，产出不确定表现为实际产出量小于或等于计划投入量。但在一些大批量生产中，实际产出量也有可能会高于计划投入量，例如农业、化学或制药等行业（Snyder and Shen，2019）。因此，本章用随机产出率来量化产出不确定，并将产出率的取值进行一般化处理。

本章的研究基于对服装行业的深入调研。浙江 KY 公司是一家典型的服装生产企业，在服装的生产与销售过程中受到了上游面料供应商产出不确定的影响。2017 年春季，KY 公司收到两款秋装订单，且根据设计方案估算，这两款秋装共需精纺面料 631 米。此外，预计销售季节中可能需要额外 300 米精纺面料，以满足补货需求。因此，KY 公司向上游供应商江苏 DM 公司订购了 930 米精纺面料。由于精纺面料生产过程复杂，尽管 DM 公司预计可能会出现产出损失并投入足够的原材料，但产品不良率（30%）仍高于预期。最终，DM 公司只供应了 KY 公司 680 米的精纺面料。考虑到精纺面料的生产周期为 65 天，虽然这 680 米面料能够满足 KY 公司最初的订单需求，但是无法满足其在销售季节中的快速补货需求，因此导致了 KY 公司和 DM 公司双方的利润损失。在这一过程中，如果 KY 公司向 DM 公司订购的精纺面料数量更多，即使面临较高的产品不良率，也有可能获得更多的面料。但是，如果 KY 公司的订购数量增加，有可能获得高于实际需要的面料。与此同时，如果 DM 公司投入更多的原材料，可以获得更多的面料，但有可能面临着较高的库存积压风险。因此，KY 公司和 DM 公司都期望引入一种有效的合作机制来降低产出不确定带来的影响。

实际上，KY 公司与 DM 公司已经采取一些措施来构建紧密的合作关系。首先，KY 公司与 DM 公司共享需求信息以最大程度支持 DM 公司的生产决策。其次，DM 公司尽最大努力来确保稳定的面料供应，以支持 KY 公司的弹性生产，特别是某些情况下，DM 公司在未收到 KY 公司订单时就通过对产出率和需求信息的分析提前组织生产，这样的模式实际上就是 VMI 模式。最后，KY 公司通过需求信息共享的方式，将传统订购模式转换成承诺订购模式，以期获得 DM 公司的支持。

类似的管理问题也可以在浙江省其他企业中见到。例如，浙江 KL 公司是一家集电机科研、开发、制造、再制造和提供电机低碳节能系统解决方案于一体的专业企业。KL 公司的主营产品中有一种微型电机（直径为 4 ~7 毫米）。由于电机较高的精确度要求，KL 公司生产出来的产品通常存在着部分不合格产品。因此，KL 公司需要在产出和需求不确定环境下决定一个最优的投入量来获得一个较为稳定的供应能力，从而满足市场需求。从供应链的视角来看，KL 公司及其下游购买商之间十分有必要引入一种较为简单且有效的契约方案来提升供应链的竞争力。

为了解决上述问题，本章构建了一个 VMI 供应链，分析产出与需求不确定环境下的供应链最优决策，在此基础上提出了承诺订购契约来优化供应链性能。在该契约下，零售商在销售季节开始之前向供应商承诺一个最小的订购量，以此来提高供应商的投入积极性。根据承诺订单批发价格和常规订单批发价格之间的差异，重点关注了三种契约方案：第一，承诺订单批发价格等于常规订单批发价格。例如，在 KY 公司和 DM 公司的交易中，KY 公司提前订购时的批发价格和常规订购时的批发价格是一样的。第二，承诺订单批发价格低于常规订单批发价格。例如，针对月饼和南瓜饼等节日食品，制造商通常会向包装材料供应商进行两次订购，第一次是以一个折扣的批发价格进行提前订购，第二次是以一个常规批发价格进行紧急订购，而这两次订购的产品均在销售季节开始之前配送给制造商（Chintapalli et al.，2017）。第三，承诺订单批发价格高于常规订单批发价格。一个来自KY公司和YS公司的交易例子可以说明这种情况：2018年12月，YS公司为KY公司生产了一种特殊面料，由于产出和需求不确定，这两家企业协商的承诺订单批发价格就相对较高。而随着销售季节的临近，市场需求呈现出比较乐观的态势，因此KY公司通过一个较低的批发价格来采购高于承诺订购量的产品。综合上述讨论，本章试图解决下列管理问题：

1. 承诺订购契约如何影响供应商的最优投入决策？

2. 随机产出率的分布特征如何影响承诺订购契约下供应链成员的最优决策？

3. 通过引入承诺订购契约能否有效提升供应链性能？

为了解决上述问题，本章采用斯坦伯格博弈模型来构建三种承诺订购契约，并得到了以下重要的研究结论和管理启示：

1. 在承诺订购契约下，零售商的订购承诺对供应商的投入决策具有积极影响。但是，供应商的投入量也可能与零售商的承诺订购量无关，甚至有可能会随着零售商承诺订购量的增加而递减。因此，零售商需要选择适当的承诺订购量，来激励供应商投入更多的产品数量。

2. 随机产出率的分布特征对供应链成员的最优决策和供应链的性能有着重要影响，且有可能影响两个成员是否参与供应链运作。本章的研究得到了两个成员所有可能的最优解及其相应的条件。研究结论可以帮助企业在面临产出和需求不确定时做出更准确的决策。

3. 在特定条件下，承诺订购契约可以有效激励供应链成员之间搭建紧密的合作关系，从而提高供应链的性能。本章研究表明承诺订购契约的有效性与外生的批发价格和产出率密切相关。

实际上，本章的研究涉及产出不确定对供应链性能的影响，且学者们构建了不同类型的供应链来进行研究。马西赫－德黑兰尼等（Masih-Tehrani et al.，2011）在产出不确定环境下，构建了由 m 个制造商和一个零售商组成的供应链运行结构。徐和等（Xu et al.，2015）构建了由一个购买商和两个异质性的供应商组成的供应链，并且考虑其中一个供应商是购买商的长期合作伙伴但面临着产出不确定。方燕尔和寿碧英（Fang and Shou，2015）研究了面临产出不确定时两条供应链之间的古诺竞争。巴鲁等（Baruah et al.，2016）针对购买商面临需求和产出不确定的情况，提出了一种最优的订单修正策略，并且分析了软订单和供应商库存位置信息对购买商的重要价值。贾巴尔扎德等（Jabbarzadeh et al.，2017）提出了一种应对供应中断和需求不确定的生产－分销规划模型。杜少甫等（Du et al.，2018）考虑由一个风险规避供应商和一个风险规避零售商组成的供应链，其中供应商面临产出不确定，而零售商面临需求不确定。他们求解得到了供应链成员的最优决策，并且分析了风险规避和产出不确定对供应链性能的影响。本章构建一个面临产出和需求不确定环境的供应链竞争模型，假设供应商的产出率是不确定的，且实际的产出量是关于投入量与随机比例的乘积，类似的随机产出比例模型已经在许多文献研究中得到广泛应用（Yano and Lee，1995；Guo et al.，2018）。

在产出不确定环境下，设计恰当的契约方案来优化供应链，提高供应能力已经成为企业面临的重要问题，也得到了许多学者的关注。徐和（Xu，2010）构建的供应链中，假设供应商的产出和制造商面临的需求均是随机的。在此基础设计了期权契约来优化供应链性能。谢忠志和吴成汉（Hsieh and Wu，2008）考虑了由原始设备制造商（Original Equipment Manufacturer，OEM）、制造商、分销商组成的供应链，并假设产出和需求均不确定。基于成员之间共享产出和需求不确定信息的情况，构建了实现OEM和制造商、制造商和分销商、OEM和制造商和分销商协调的三种模型，并且发现OEM与制造商协调时可以提高其满足下游需求的可能性和期望利润，但是只与制造商协调而不与经销商协调，对OEM来说是不利的。殷哲和马士华（Yin and Ma，2015）重点关注产出不确定环境下零售商对供应商的产品供应具有服务水平要求的情况，提出了奖励契约来实现供应链的帕累托改进。何勇和赵萱（He and Zhao，2012）考虑一个面临产出与需求不确定的三级供应链。设计了包含批发价格和退货策略的组合契约来协调供应链。彭红军等（Peng et al.，2018）构建了一个考虑碳排放规制的供应链，并假设制造商面临产出不确定。他们设计并引入结合减排补贴的收益分享契约来协调供应链。关于产出不确定环境下的供应链协调研究还可以在其他学者的工作中见到（Güler and Keskin，2013；Giri et al.，2016）。

此外，已有不少学者关注了承诺契约在提升供应链性能方面的有效性和灵活性。库玛等（Kumar et al.，1995）指出，相比于较弱的相互依赖关系而言，完全相互依赖的关系会表现出更高的信任、更强的承诺和更弱的冲突。

尼亚加等（Nyaga et al.，2010）认为，当不完全的契约存在时，由于契约双方都不能基于既定的协议来维护合作关系。此时，较为可靠的承诺可能会产生，而这种信任和承诺可能提高供应链性能。赵先德等（Zhao et al.，2007）通过模型构建分析了两级供应链中提前订购承诺在成本节约方面体现出的重要价值。练肇通和德什穆克（Lian and Deshmukh，2009）考虑市场需求预测会不断更新的供应链，设计了一种承诺订购契约方案，其中购买商可以通过提前承诺订购而获得批发价折扣。谢金星等（Xie et al.，2010）在供应链中引入了承诺订购契约，即零售商提前向制造商承诺一个数量固定的订单。研究发现，基于承诺订购契约的批发价折扣可以降低供应链总成本。李新等（Li et al.，2016）针对化妆品行业，设计了一种特殊的数量柔性契约方案，其中零售商向制造商承诺订购一定数量的新产品。他们发现，供应链成员双方在协同效应的概念下均能够获得最优利润。徐宁雄（Xu，2011）研究了一个包含多个周期的随机库存模型，发现购买商提前承诺订购一定比例的产品数量，可以使其自身获利。

上述学者研究的承诺契约中，均是购买商向供应商承诺订购量。实际上，供应商也可以向购买商进行承诺（Ghijsen et al.，2010）。同时，基于紧密的合作关系，供应商和购买商之间也可以进行相互承诺来提升供应链性能（Durango-Cohen and Yano，2006；Chen et al.，2017）。此外，除了数量承诺，价格承诺也是一种重要的承诺契约。在现实中，品牌制造商会向零售商提供销售价格加价承诺策略，而零售商愿意遵循这种承诺策略（Liu et al.，2014）。目前，也有学者在产出不确定环境下研究了供应商承诺最小供应量对供应链的影响（He and Zhang，2010）。本章重点关注承诺订购契约，其中零售商在销售季节开始之前承诺一个最小订购量，然后供应商决定最优的投入量。在观察到产出和需求后，零售商再决定是否进行二次订购。

第一节 基准模型

考虑由一个供应商和一个零售商组成的两级供应链。假设 p 为产品的销售价格，w_0 为批发价格，c 为供应商的单位生产成本，且满足 $c<w_0<p$。供

应商的产出是不确定的，即供应商的投入量为 q，其实际产出量为 xq。这里，x 为随机产出率，且服从［θ，β］之间的均匀分布，则 x 的均值为 $\mu=\frac{\beta+\theta}{2}$。其中，$0\leqslant\theta\leqslant x\leqslant\beta$，且 θ 和 β 均为常数。令 $f(x)$ 和 $F(x)$ 分别表示 x 的概率密度函数和累积分布函数，且有 $F(\theta)=0$ 和 $F(\beta)=1$。假设市场需求 D 也是不确定的，令 $g(D)$ 和 $G(D)$ 分别表示 D 的概率密度函数和累积分布函数。基于上述假设，本章首先分析基准模型中供应链的运作决策。这里，成员之间的博弈过程可以描述如下：

1. 在产出和需求不确定环境下，供应商决定投入量，并进行生产。

2. 供应链成员得知实际产出量，零售商获取真实的市场需求并确定最终订购量 $\min(D,\ xq)$。

运用逆向归纳法对上述博弈模型进行分析。首先，预料到零售商的最优决策，供应商决定最优的投入量。此时，供应商的期望利润可以表示为：

$$\pi_s^I(q) = w_0\left[\int_\theta^\beta\int_0^{xq} Df(x)g(D)\mathrm{d}D\mathrm{d}x + \int_\theta^\beta\int_{xq}^{+\infty} xqf(x)g(D)\mathrm{d}D\mathrm{d}x\right] - cq \tag{10-1}$$

由上式可知，$\pi_s^I(q)$ 关于 q 的一阶导和二阶导分别为：

$$\frac{\partial\pi_s^I(q)}{\partial q} = \mu w_0 - c - w_0\int_\theta^\beta xf(x)G(xq)\mathrm{d}x$$

$$\frac{\partial^2\pi_s^I(q)}{\partial q^2} = -w_0\int_\theta^\beta x^2f(x)g(xq)\mathrm{d}x \leqslant 0$$

令 q_I^* 表示供应商的最优投入量，进一步考虑如下两种情况：

1. 若 $\mu\leqslant\frac{c}{w_0}$，则 $\frac{\partial\pi_s^I(q)}{\partial q}\leqslant 0$，即 $\pi_s^I(q)$ 是关于 q 的递减函数。因此，供应商最优投入量为 $q_I^*=0$。

2. 若 $\mu>\frac{c}{w_0}$，则 $\left.\frac{\partial\pi_s^I(q)}{\partial q}\right|_{q=0}=\mu w_0-c>0$，$\left.\frac{\partial\pi_s^I(q)}{\partial q}\right|_{q\to+\infty}=-c<0$。因此，$\pi_s^I(q)$ 是关于 q 的凹函数。令 $\frac{\partial\pi_s^I(q)}{\partial q}=0$，可得供应商的最优投入量为 $q_I^*=q_I$，且 q_I 满足：

$$\mu w_0 - c - w_0\int_{\theta}^{\beta} xf(x)G(xq_I)\mathrm{d}x = 0 \qquad (10-2)$$

命题 10.1 若$\mu \leqslant \frac{c}{w_0}$，则供应商不投入生产，即 $q_I^* = 0$；若$\mu > \frac{c}{w_0}$，则供应商的最优投入量为 $q_I^* = q_I$。

在批发价契约下，供应商可以根据零售商共享的需求信息来决定最优的投入量。根据命题 10.1 可知，在产出和需求不确定环境下，供应商需要将批发价格、单位生产成本和产出率均值关联在一起，进而判断是否投入生产。当且仅当满足$\mu > \frac{c}{w_0}$时，供应商愿意选择一个正的投入量。给定供应商的最优投入量，可以得到供应商的最优期望利润为 $\pi_s^I(q_I^*)$，零售商的最优期望利润为 $\pi_r^I(q_I^*)$，供应链的期望利润为 $\pi_T^I(q_I^*) = \pi_s^I(q_I^*) + \pi_r^I(q_I^*)$。

实际上，上述这种供应链运作模式即为 VMI 模式，其反映了零售商对供应商的信息支持，以及供应商对零售商的产品供应支持。但是，由于供应商面临着产出不确定，实际产出的产品数量可能无法满足市场需求，从而造成零售商的利润损失。接下来，为了帮助供应商确定更加合理的投入量，本章基于零售商的视角引入承诺订购契约。

第二节 零售商承诺订购契约

假设零售商在供应商决定投入量之前承诺以批发价格 w_1 订购数量至少为 Q 的产品。在观察到产出和需求后，零售商通过比较实际产出、实际需求和承诺订购量来决定是否以批发价格 w_0 向供应商进行二次订购。在现实经济活动中，w_1 和 w_0 这两个批发价格是在交易开始之前通过供应链成员之间的协商确定的。在协商过程中，行业、市场和产品等因素均有可能影响 w_1 和 w_0 之间的相对大小。因此，本章综合考虑以下三种情形：①$w_1 = w_0$；②$w_1 < w_0$；③$w_1 > w_0$。总的来说，供应商和零售商之间的博弈过程可以描述如下：

1. 在产出和需求不确定环境下，零售商向供应商承诺以批发价格 w_1 订购数量至少为 Q 的产品。

2. 供应商决定产品的投入量 q，并且开始生产。

3. 供应链成员得知实际产出量，零售商获取真实的市场需求信息并确定最终订购量 $\min(xq, \max(D, Q))$。

这里，零售商需要根据供应商的实际产出、市场需求和承诺订购量，来决定是否进行第二次订购。因此，零售商可能面临以下几种不同情形：

1. 若 $xq<Q$，则零售商的最终订购量为 xq，所有产品的批发价格为 w_1；

2. 若 $D<Q<xq$，则零售商的最终订购量为 Q，所有产品的批发价格为 w_1；

3. 若 $Q<D<xq$，则零售商以批发价格 w_1 订购数量为 Q 的产品，并以批发价格 w_0 订购数量为 $D-Q$ 的产品；

4. 若 $Q<xq<D$，则零售商以批发价格 w_1 订购数量为 Q 的产品，并以批发价格 w_0 订购数量为 $xq-Q$ 的产品。

一、$w_1=w_0$

本节考虑 $w_1=w_0$ 的情形，并采用逆向归纳法对上述博弈模型进行分析。因为 $w_1=w_0$，本节所有公式中均用 w_0 来代替 w_1。给定零售商的承诺订购量，供应商首先决定最优投入量。由于在承诺订购契约下，零售商的实际订购量为 $\min(xq, \max(D, Q))$，供应商需要考虑以下不同情形：

1. 当 $\theta \geqslant \frac{Q}{q}$ 时，即 $q \geqslant \frac{Q}{\theta}$，供应商的期望利润可以表示为：

$$\pi_{sa}^{II}(q) = w_0 Q + w_0 \left[\int_{\theta}^{\beta} \int_{Q}^{xq} (D-Q) f(x) g(D) \mathrm{d}D \mathrm{d}x + \int_{\theta}^{\beta} \int_{xq}^{+\infty} (xq-Q) f(x) g(D) \mathrm{d}D \mathrm{d}x \right] - cq \tag{10-3}$$

2. 当 $\theta \leqslant \frac{Q}{q} \leqslant \beta$ 时，即 $\frac{Q}{\beta} \leqslant q \leqslant \frac{Q}{\theta}$，供应商的期望利润可以表示为：

$$\pi_{sa}^{II}(q) = w_0 \left[\int_{\frac{Q}{q}}^{\beta} \int_{xq}^{+\infty} (xq-Q) f(x) g(D) \mathrm{d}D \mathrm{d}x + \int_{\frac{Q}{q}}^{\beta} \int_{Q}^{xq} (D-Q) f(x) g(D) \mathrm{d}D \mathrm{d}x \right] + w_0 \left[\int_{\theta}^{\frac{Q}{q}} \int_{0}^{+\infty} xq f(x) g(D) \mathrm{d}D \mathrm{d}x + \int_{\frac{Q}{q}}^{\beta} \int_{0}^{+\infty} Q f(x) g(D) \mathrm{d}D \mathrm{d}x \right] - cq \tag{10-4}$$

3. 当 $\beta \leqslant \frac{Q}{q}$ 时，即 $q \leqslant \frac{Q}{\beta}$，供应商的期望利润可以表示为：

$$\pi_{sa}^{II}(q) = (\mu w_0 - c)q \tag{10-5}$$

根据上述1～3可知，供应商需要在区间 $q \in [0, +\infty)$ 内决定最优的投入量 q_{II}^{a*} 来最大化自身期望利润。通过分析可知，尽管供应商的期望利润函数表达式在 q 的不同取值范围内是不同的，但在整个区间内是连续可微的。因此，可得供应商在不同条件下随 q 变化的情况，如引理10.1所示。

引理10.1 给定 μ，c 和 w_0，供应商的期望利润随 q 的变化情况如下：

1. 若 $\mu \leqslant \frac{c}{w_0}$，则供应商的期望利润 $\pi_{sa}^{II}(q)$ 是关于 q 的递减函数。

2. 若 $\mu > \frac{c}{w_0}$，则供应商的期望利润 $\pi_{sa}^{II}(q)$ 是关于 q 的凹函数。

证明：在 q 的不同区间内分析供应商的期望利润，可得：

1. 在区间 $q \in \left[\frac{Q}{\theta}, +\infty\right)$ 内，给定（10-3）式，$\pi_{sa}^{II}(q)$ 关于 q 的一阶导和二阶导分别为：

$$\frac{\partial \pi_{sa}^{II}(q)}{\partial q} = w_0 \int_{\theta}^{\beta} x f(x)[1 - G(xq)]\mathrm{d}x - c$$

$$\frac{\partial^2 \pi_{sa}^{II}(q)}{\partial q^2} = -w_0 \int_{\theta}^{\beta} x^2 f(x) g(xq)\mathrm{d}x < 0$$

令 $Y_1(Q) = \int_{\theta}^{\beta} x f(x)\left[1 - G\left(x\frac{Q}{\theta}\right)\right]\mathrm{d}x$，显然有 $\mu \geqslant Y_1(Q)$。因为 $\frac{\partial^2 \pi_{sa}^{II}(q)}{\partial q^2} < 0$，$\left.\frac{\partial \pi_{sa}^{II}(q)}{\partial q}\right|_{q=\frac{Q}{\theta}} = w_0 Y_1(Q) - c$，$\left.\frac{\partial \pi_{sa}^{II}(q)}{\partial q}\right|_{q \to +\infty} = -c < 0$，可得：①若 $Y_1(Q) \leqslant \frac{c}{w_0}$，则 $\pi_{sa}^{II}(q)$ 是关于 q 的递减函数；②若 $Y_1(Q) > \frac{c}{w_0}$，则 $\pi_{sa}^{II}(q)$ 是关于 q 的凹函数。

2. 在区间 $q \in \left[\frac{Q}{\beta}, \frac{Q}{\theta}\right]$ 内，给定（10-4）式，$\pi_{sa}^{II}(q)$ 关于 q 的一阶导和二阶导分别为：

$$\frac{\partial \pi_{sa}^{II}(q)}{\partial q} = \mu w_0 - c - w_0 \int_{\frac{Q}{q}}^{\beta} x f(x) G(xq)\mathrm{d}x$$

$$\frac{\partial^2\pi_{sa}^{II}(q)}{\partial q^2} = -\frac{w_0}{\beta-\theta}\left[\int_{\frac{Q}{q}}^{\beta}x^2 g(xq)\,\mathrm{d}x + \frac{Q^2G(Q)}{q^3}\right] < 0$$

因为$\frac{\partial^2\pi_{sa}^{II}(q)}{\partial q^2}<0$，$\left.\frac{\partial\pi_{sa}^{II}(q)}{\partial q}\right|_{q=\frac{Q}{\beta}}=\mu w_0-c$ 和$\left.\frac{\partial\pi_{sa}^{II}(q)}{\partial q}\right|_{q=\frac{Q}{\theta}}=w_0Y_1(Q)-c$，可得：①若$\mu\leqslant\frac{c}{w_0}$，则 $\pi_{sa}^{II}(q)$ 是关于 q 的递减函数；②若$\mu>\frac{c}{w_0}$，则进一步讨论如下：

（1）如果 $Y_1(Q)\leqslant\frac{c}{w_0}$，则 $\pi_{sa}^{II}(q)$ 是关于 q 的凹函数；

（2）如果 $Y_1(Q)>\frac{c}{w_0}$，则 $\pi_{sa}^{II}(q)$ 是关于 q 的递增函数。

3. 在区间 $q\in\left[0,\ \frac{Q}{\beta}\right]$内，根据（10－5）式可得：①若 $\mu\leqslant\frac{c}{w_0}$，则 $\pi_{sa}^{II}(q)$ 是关于 q 的递减函数；②若$\mu>\frac{c}{w_0}$，则 $\pi_{sa}^{II}(q)$ 是关于 q 的递增函数。

由于供应商的期望利润 $\pi_{sa}^{II}(q)$ 是关于 q 的连续可微函数，综合上述讨论可知：

1. 如果$\mu\leqslant\frac{c}{w_0}$，则 $\pi_{sa}^{II}(q)$ 是关于 q 的递减函数；

2. 如果$\mu>\frac{c}{w_0}$，则①当 $Y_1(Q)\leqslant\frac{c}{w_0}$时，$\pi_{sa}^{II}(q)$ 是关于 q 的凹函数，且在区间 $q\in\left[\frac{Q}{\beta},\ \frac{Q}{\theta}\right]$内取到最大值；②当 $Y_1(Q)>\frac{c}{w_0}$时，$\pi_{sa}^{II}(q)$ 是关于 q 的凹函数，且在区间 $q\in\left[\frac{Q}{\theta},\ +\infty\right)$内取到最大值。**证毕。**

引理 10.1 可以解释如下：首先，给定一个足够小的产出率均值，每投入一单位产品，都会为供应商带来利润损失，即供应商的投入量越大，其承受的损失就越大。因此，无论零售商承诺多少订购量，供应商都不会投入生产。其次，给定一个相对较高的产出率均值，供应商可以选择一个最优的投入量来最大化其自身期望利润。表 10.1 展示了给定不同条件时供应商的期望利润随投入量 q 的变化情况。

表 10.1　　给定 $w_1 = w_0$ 时供应商期望利润随投入量的变化情况

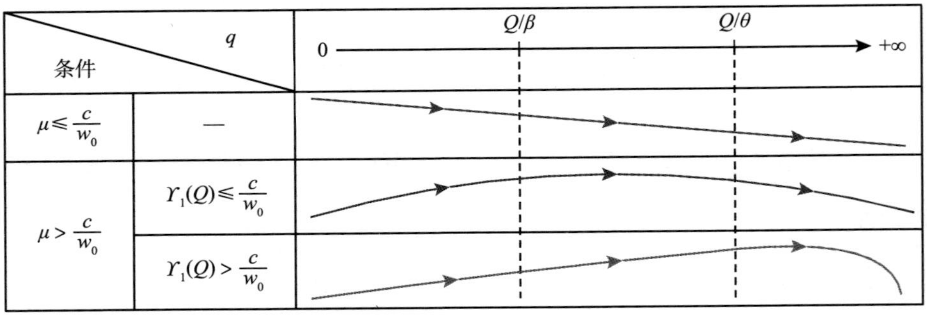

注：箭头的指向为供应商期望利润的变化方向。

为了更清楚地分析最大化供应商期望利润的投入量，本章忽略 $\theta=\beta$ 这种特殊的情况。结合引理 10.1 的结论，进一步讨论供应商的最优投入量如下：

1. 当 $\mu \leqslant \frac{c}{w_0}$ 时，供应商的最优投入量为 $q_{II}^{a^*}=0$。

2. 当 $\mu > \frac{c}{w_0}$ 时，需要考虑以下两种情况：

（1）若 $\Upsilon_1(Q) \leqslant \frac{c}{w_0}$，则供应商的期望利润是关于 q 的凹函数，且在区间 $q \in \left[\frac{Q}{\beta}, \frac{Q}{\theta}\right]$ 内取到最大值。结合（10－4）式，可以得到供应商的最优投入量为 $q_{II}^{a2}(Q)$，且满足：

$$\mu w_0 - c - w_0 \int_{\frac{Q}{q_{II}^{a2}(Q)}}^{\beta} x f(x) G(x q_{II}^{a2}(Q)) \mathrm{d}x = 0 \qquad (10-6)$$

（2）若 $\Upsilon_1(Q) > \frac{c}{w_0}$，则 $\pi_{sa}^{II}(q)$ 是关于 q 的凹函数，且在区间 $q \in \left[\frac{Q}{\theta}, +\infty\right)$ 内取到最大值。结合（10－3）式，可以得到供应商的最优投入量为 $q_{II}^{a^*}=q_I$。

命题 10.2　若 $\mu \leqslant \frac{c}{w_0}$，则供应商不投入生产，即 $q_{II}^{a^*}=0$；若 $\mu > \frac{c}{w_0}$ 和 $\Upsilon_1(Q) \leqslant \frac{c}{w_0}$ 同时成立，则供应商的最优投入量为 $q_{II}^{a^*}=q_{II}^{a2}(Q)$；若 $\mu > \frac{c}{w_0}$ 和

$Y_1(Q)>\frac{c}{w_0}$同时成立，则供应商的最优投入量为 $q_{II}^{a*}=q_I$。

根据 $Y_1(Q)$ 的定义可知，$Y_1(Q)$ 是关于 Q 的递减函数，且有 $Y_1(0)=\mu$ 和 $\lim\limits_{Q\to+\infty}Y_1(Q)=0$。因此，当 $\mu>\frac{c}{w_0}$时，存在着唯一一个 Q_1 且满足 $Y_1(Q_1)=\frac{c}{w_0}$。由此可得，在区间 $Q\in[0,\ Q_1)$ 内，$Y_1(Q)>\frac{c}{w_0}$；在区间 $Q\in[Q_1,\ +\infty)$ 内，$Y_1(Q)\leqslant\frac{c}{w_0}$。根据命题 10.2 可知，在区间 $Q\in[0,\ Q_1)$ 内，$q_{II}^{a*}=q_I$。显然，q_I 与 Q 无关；在区间 $Q\in[Q_1,\ +\infty)$ 内，$q_{II}^{a*}=q_{II}^{a2}(Q)$，且根据 (10－6) 式可得：

$$\frac{\partial q_{II}^{a2}(Q)}{\partial Q}=\frac{Qq_{II}^{a2}(Q)G(Q)}{Q^2G(Q)+[q_{II}^{a2}(Q)]^3\int_{\frac{Q}{q_{II}^{a2}(Q)}}^{\beta}x^2g(xq_{II}^{a2}(Q))\mathrm{d}x}>0$$

综合上述分析，可得供应商最优投入量与零售商承诺订购量之间的关系，具体如命题 10.3 所示。

命题 10.3 当 $\mu>\frac{c}{w_0}$时，①在区间 $Q\in[0,\ Q_1)$ 内，供应商的最优投入量 q_{II}^{a*}与 Q 无关；②在区间 $Q\in[Q_1,\ +\infty)$ 内，供应商的最优投入量 q_{II}^{a*}是关于 Q 的递增函数。

命题 10.3 表明，如果零售商的承诺订购量相对较小（$Q<Q_1$），则供应商的投入决策不受零售商承诺订购量的影响。此时，供应商根据零售商共享的需求信息以及自身的产出率信息来进行投入决策，这种运作模式本质上就是 VMI 模式。如果零售商的承诺订购量相对较大（$Q\geqslant Q_1$），则零售商的承诺订购量越大，供应商的投入量就越大。这一结论比较符合实际情况，即较高的产出率均值$\left(\mu>\frac{c}{w_0}\right)$表示供应商的产出比较稳定，且零售商的承诺订购量越大表示市场需求越乐观。因此，供应链成员均愿意积极参与供应链运作。

预料到供应商的最优投入决策后，零售商决定最优的承诺订购量。此时，应考虑以下几种情况：

1. 当$\mu\leqslant\frac{c}{w_0}$时，零售商预料到 $q_{II}^{a*}=0$，因此不会承诺任何订购量。此

时，供应链成员均不参与供应链运作。

2. 当$\mu > \frac{c}{w_0}$时，供应商的最优投入量为q_I或$q_{II}^{a2}(Q)$，具体讨论如下：

（1）预料到$q_{II}^{a*} = q_I$，即供应商的最优投入量与Q无关，则零售商的最优承诺订购量为0。此时，零售商的期望利润可以表示为：

$$\pi_{ra}^{II}(0) = \int_\theta^\beta \int_0^{xq_I} (p - w_0) D f(x) g(D) \mathrm{d}D\mathrm{d}x + \int_\theta^\beta \int_{xq_I}^{+\infty} (p - w_0) x q_I f(x) g(D) \mathrm{d}D\mathrm{d}x \tag{10-7}$$

（2）预料到$q_{II}^{a*} = q_{II}^{a2}(Q)$，零售商的期望利润可以表示为：

$$\begin{aligned}\pi_{ra}^{II}(Q) = & \int_\theta^\beta \int_{xq_{II}^{a2}(Q)}^{+\infty} (p - w_0) x q_{II}^{a2}(Q) f(x) g(D) \mathrm{d}D\mathrm{d}x \\ & + \int_{\frac{Q}{q_{II}^{a2}(Q)}}^{\beta} \int_Q^{xq_{II}^{a2}(Q)} (p - w_0) D f(x) g(D) \mathrm{d}D\mathrm{d}x \\ & + \int_{\frac{Q}{q_{II}^{a2}(Q)}}^{\beta} \int_0^{Q} (pD - w_0 Q) f(x) g(D) \mathrm{d}D\mathrm{d}x \\ & + \int_\theta^{\frac{Q}{q_{II}^{a2}(Q)}} \int_0^{xq_{II}^{a2}(Q)} [pD - w_0 x q_{II}^{a2}(Q)] f(x) g(D) \mathrm{d}D\mathrm{d}x \end{aligned} \tag{10-8}$$

此时，零售商根据（10－8）式来决定最优的承诺订购量Q_{II}^a，从而最大化自身期望利润。结合$q_{II}^{a2}(Q)$的表达式和（10－8）式可得，$\pi_{ra}^{II}(Q)$关于Q的一阶导为：

$$\frac{\partial \pi_{ra}^{II}(Q)}{\partial Q} = [pY_1(\theta q_{II}^{a2}(Q)) - c] \frac{\partial q_{II}^{a2}(Q)}{\partial Q} - w_0 G(Q)\left[1 - F\left(\frac{Q}{q_{II}^{a2}(Q)}\right)\right]$$

这里，$Y_1(\theta q_{II}^{a2}(Q)) = \int_\theta^\beta x f(x)[1 - G(x q_{II}^{a2}(Q))]\mathrm{d}x$，且$Y_1(\theta q_{II}^{a2}(Q))$关于$Q$的一阶导为$\frac{\partial Y_1(\theta q_{II}^{a2}(Q))}{\partial Q} = -\frac{\partial q_{II}^{a2}(Q)}{\partial Q}\int_\theta^\beta x^2 f(x) g(x q_{II}^{a2}(Q))\mathrm{d}x$。结合考虑$\frac{\partial q_{II}^{a2}(Q)}{\partial Q} > 0$，可得$\frac{\partial Y_1(\theta q_{II}^{a2}(Q))}{\partial Q} \leqslant 0$。因此，在区间$Q \in [Q_1, +\infty)$内，$Y_1(\theta q_{II}^{a2}(Q))$是关于$Q$的递减函数。综合考虑$Y_1(Q_1) = \frac{c}{w_0}$和$q_{II}^{a2}(Q)$的表达式，可以发现$Q_1 = \theta q_{II}^{a2}(Q_1)$，即$Y_1(\theta q_{II}^{a2}(Q_1)) = \frac{c}{w_0}$。同时，可以发

现 $\lim\limits_{Q \to +\infty} Y_1(\theta q_{II}^{a2}(Q)) = 0$。考虑到 $p > w_0$，存在着唯一一个 Q_2 且满足 $Y_1(\theta q_{II}^{a2}(Q_2)) = \frac{c}{p}$。显然，$Q_2 > Q_1$。

根据命题 10.3 可知，零售商的最优承诺订购量 Q_{II}^a 必定落在区间 $Q \in [Q_1, +\infty)$ 内。因此，①当 $Q \in [Q_2, +\infty)$ 时，有 $pY_1(\theta q_{II}^{a2}(Q)) - c \leqslant 0$ 和 $\frac{\partial \pi_{ra}^{II}(Q)}{\partial Q} < 0$，可得 $Q_{II}^a = Q_2$；②当 $Q \in [Q_1, Q_2)$ 时，有 $\lim\limits_{Q \to Q_2} \frac{\partial \pi_{ra}^{II}(Q)}{\partial Q} < 0$。由于无法确定 $\left.\frac{\partial \pi_{ra}^{II}(Q)}{\partial Q}\right|_{Q=Q_1}$ 是正的还是负的，需要考虑以下两种可能的情况：(a) 如果 $\frac{\partial \pi_{ra}^{II}(Q)}{\partial Q} < 0$，则 $Q_{II}^a = Q_1$；(b) 如果存在至少一个极值，令 $Z = \{Q_{IIi}^{a1}\}$，$i = 1, 2, \cdots, n$ 表示在区间 $Q \in [Q_1, Q_2)$ 内满足下列等式的 Q 的解集：

$$[pY_1(\theta q_{II}^{a2}(Q_{IIi}^{a1})) - c]\frac{\partial q_{II}^{a2}(Q_{IIi}^{a1})}{\partial Q_{IIi}^{a1}} - w_0 G(Q_{IIi}^{a1})\left[1 - F\left(\frac{Q_{IIi}^{a1}}{q_{II}^{a2}(Q_{IIi}^{a1})}\right)\right] = 0 \tag{10-9}$$

结合考虑①和②，可得在区间 $Q \in [Q_1, +\infty)$ 内，至少存在着一个最优解 Q_{II}^a，且 $Q_{II}^a \in \{Q_1\} \cup Z$。此时，零售商的最优承诺订购量如下列命题所示。

命题 10.4　预料到 $q_{II}^{a*} = q_{II}^{a2}(Q)$，零售商可以在集合 $Q_{II}^a \in \{Q_1\} \cup Z$ 中找到至少一个最优承诺订购量，其中 $Z = \{Q_{IIi}^{a1}\}$，$i = 1, 2, \cdots, n$，Q_{IIi}^{a1} 由 (10-9) 式决定且在区间 $Q \in [Q_1, Q_2)$ 内。

根据命题 10.4 可知，若零售商为供应链主导者，则可以找到最优的承诺订购量来最大化自身期望利润。总体来看，给定 $w_1 = w_0$，令 Q_{II}^{a*} 表示零售商的最优承诺订购量，可以得到如下结论：当 $\mu \leqslant \frac{c}{w_0}$ 时，零售商的最优承诺订购量为 $Q_{II}^{a*} = 0$；当 $\mu > \frac{c}{w_0}$ 时，零售商的最优承诺订购量为 $Q_{II}^{a*} \in \{0, Q_{II}^a\}$。因此，可以通过下列算法步骤求得零售商的最优承诺订购量。

步骤 1：检查约束条件 $\mu \leqslant \frac{c}{w_0}$ 和 $\mu > \frac{c}{w_0}$。若满足 $\mu \leqslant \frac{c}{w_0}$，则零售商的最优承诺订购量和供应商的最优投入量均为 0，且供应商和零售商的期望利润也为0。若满足$\mu > \frac{c}{w_0}$，则进入步骤2。

步骤2：求解 Q_1 和 Q_{IIi}^{a1}，然后计算相应的零售商期望利润。

步骤3：求解零售商承诺订购量为0时的期望利润。

步骤4：比较步骤2和步骤3中给定不同承诺订购量时零售商的期望利润，然后选择最大化零售商期望利润的承诺订购量。

步骤5：结束。

根据上述求解方法，可以进一步得到供应链的期望利润为：

$$\pi_{Ta}^{II}(q_{II}^{a*}) = (\mu p - c) q_{II}^{a*} - p \int_{\theta}^{\beta} \int_{0}^{x q_{II}^{a*}} f(x) G(D) \mathrm{d}D \mathrm{d}x$$

二、$w_1 < w_0$

本节重点讨论 $w_1 < w_0$ 的情形，并运用逆向归纳法进行分析。类似地，给定零售商的承诺订购量，供应商根据最大化自身期望利润来决定最优投入量。由于 q 的取值范围不同，供应商的期望利润函数表达式不同。因此，讨论如下：

1. 当 $\theta \geqslant \frac{Q}{q}$ 时，即 $q \geqslant \frac{Q}{\theta}$，供应商的期望利润可以表示为：

$$\pi_{sb}^{II}(q) = w_1 Q + w_0 \left[\int_{\theta}^{\beta} \int_{Q}^{xq} (D - Q) f(x) g(D) \mathrm{d}D \mathrm{d}x + \int_{\theta}^{\beta} \int_{xq}^{+\infty} (xq - Q) f(x) g(D) \mathrm{d}D \mathrm{d}x \right] - cq \tag{10-10}$$

$\pi_{sb}^{II}(q)$ 关于 q 的一阶导为：

$$\frac{\partial \pi_{sb}^{II}(q)}{\partial q} = w_0 \int_{\theta}^{\beta} x f(x) [1 - G(xq)] \mathrm{d}x - c$$

由此可得，$\left.\frac{\partial \pi_{sb}^{II}(q)}{\partial q}\right|_{q = \frac{Q}{\theta}} = w_0 Y_1(Q) - c$，$\left.\frac{\partial \pi_{sb}^{II}(q)}{\partial q}\right|_{q \to +\infty} = -c$。因此，可以得到如下结论：

（1）若 $Y_1(Q) \leqslant \frac{c}{w_0}$，则 $\pi_{sb}^{II}(q)$ 是关于 q 的递减函数；

（2）若 $Y_1(Q) > \frac{c}{w_0}$，则 $\pi_{sb}^{II}(q)$ 是关于 q 的凹函数。

2. 当$\theta \leqslant \frac{Q}{q} \leqslant \beta$时，即$\frac{Q}{\beta} \leqslant q \leqslant \frac{Q}{\theta}$，供应商的期望利润可以表示为：

$$\begin{aligned}\pi_{sb}^{II}(q) = & w_0\left[\int_{\frac{Q}{q}}^{\beta}\int_{xq}^{+\infty}(xq - Q)f(x)g(D)\mathrm{d}D\mathrm{d}x + \int_{\frac{Q}{q}}^{\beta}\int_{Q}^{xq}(D - Q)f(x)g(D)\mathrm{d}D\mathrm{d}x\right] \\ & + w_1\left[\int_{\theta}^{\frac{Q}{q}}\int_{0}^{+\infty}xqf(x)g(D)\mathrm{d}D\mathrm{d}x + \int_{\frac{Q}{q}}^{\beta}\int_{0}^{+\infty}Qf(x)g(D)\mathrm{d}D\mathrm{d}x\right] - cq\end{aligned} \tag{10-11}$$

$\pi_{sb}^{II}(q)$ 关于 q 的一阶导为：

$$\begin{aligned}\frac{\partial \pi_{sb}^{II}(q)}{\partial q} = & w_0\left[\beta - \frac{Q}{q}F\left(\frac{Q}{q}\right) - \int_{\frac{Q}{q}}^{\beta}F(x)\mathrm{d}x - \int_{\frac{Q}{q}}^{\beta}xf(x)G(xq)\mathrm{d}x\right] \\ & - w_1\left[\int_{\theta}^{\frac{Q}{q}}F(x)\mathrm{d}x - \frac{Q}{q}F\left(\frac{Q}{q}\right)\right] - c\end{aligned}$$

由此可得，$\left.\frac{\partial \pi_{sb}^{II}(q)}{\partial q}\right|_{q=\frac{Q}{\beta}} = \mu w_1 - c$，$\left.\frac{\partial \pi_{sb}^{II}(q)}{\partial q}\right|_{q=\frac{Q}{\theta}} = w_0 Y_1(\lambda) - c$。进一步可得，$\pi_{sb}^{II}(q)$ 关于 q 的二阶导为：

$$\frac{\partial^2 \pi_{sb}^{II}(q)}{\partial q^2} = w_0\frac{Q^2}{q^3}f\left(\frac{Q}{q}\right)\left[\overbrace{1 - G(Q) - \frac{1}{Q^2}\int_{\frac{Q}{q}}^{\beta}x^2q^3g(xq)\mathrm{d}x}^{Y_2(q)} - \frac{w_1}{w_0}\right]$$

这里，$Y_2(q) = 1 - G(Q) - \frac{1}{Q^2}\int_{\frac{Q}{q}}^{\beta}x^2q^3g(xq)\mathrm{d}x$。显然，$Y_2(q)$ 是关于 q 的递减函数。并且，有 $Y_2\left(\frac{Q}{\beta}\right) = 1 - G(Q)$，$Y_2\left(\frac{Q}{\theta}\right) = 1 - G(Q) - \frac{1}{Q^2}\int_{\theta}^{\beta}x^2\left(\frac{Q}{\theta}\right)^3 g\left(x\frac{Q}{\theta}\right)\mathrm{d}x$。进一步讨论如下：

（1）若 $Y_2\left(\frac{Q}{\beta}\right) > \frac{w_1}{w_0} > Y_2\left(\frac{Q}{\theta}\right)$，则有$\left.\frac{\partial^2 \pi_{sb}^{II}(q)}{\partial q^2}\right|_{\frac{Q}{\beta}} > 0$，$\left.\frac{\partial^2 \pi_{sb}^{II}(q)}{\partial q^2}\right|_{\frac{Q}{\theta}} < 0$。此时，$\frac{\partial \pi_{sb}^{II}(q)}{\partial q}$是关于 q 的凹函数。因此，存在着唯一一个 q_0 满足 $Y_2(q_0) = \frac{w_1}{w_0}$，且使得$\frac{\partial \pi_{sb}^{II}(q)}{\partial q}$取到最大值。此时，需要考虑以下情形：

①若 $\mu > \frac{c}{w_1}$，则可以得到如下结论：（a）当 $Y_1(Q) \leqslant \frac{c}{w_0}$时，$\pi_{sb}^{II}(q)$ 随着

q 的增加先递增后递减；（b）当 $Y_1(Q)>\frac{c}{w_0}$时，$\pi_{sb}^{II}(q)$ 随着 q 的增加而递增。

②若 $\mu\leqslant\frac{c}{w_1}$，则可以得到如下结论：(a) 当 $Y_1(Q)\leqslant\frac{c}{w_0}$和$\left.\frac{\partial\pi_{sb}^{II}(q)}{\partial q}\right|_{q=q_0}>0$ 同时成立时，$\pi_{sb}^{II}(q)$ 随着 q 的增加先递减后递增，最后再递减；（b）当 $Y_1(Q)\leqslant\frac{c}{w_0}$和$\left.\frac{\partial\pi_{sb}^{II}(q)}{\partial q}\right|_{q=q_0}\leqslant 0$ 同时成立时，$\pi_{sb}^{II}(q)$ 随着 q 的增加而递减；（c）当 $Y_1(Q)>\frac{c}{w_0}$时，$\pi_{sb}^{II}(q)$ 随着 q 的增加先递减后递增。

（2）若 $Y_2\left(\frac{Q}{\theta}\right)\geqslant\frac{w_1}{w_0}$，则有$\frac{\partial^2\pi_{sb}^{II}(q)}{\partial q^2}\geqslant 0$，即$\frac{\partial\pi_{sb}^{II}(q)}{\partial q}$随着 q 的增加而递增。此时，需要考虑以下情形：

①若 $\mu>\frac{c}{w_1}$，则可以得到 $Y_1(Q)>\frac{c}{w_0}$，即 $\pi_{sb}^{II}(q)$ 随着 q 的增加而递增。

②若 $\mu\leqslant\frac{c}{w_1}$，则可以得到如下结论：(a) 当 $Y_1(Q)\leqslant\frac{c}{w_0}$时，$\pi_{sb}^{II}(q)$ 随着 q 的增加而递减；(b) 当 $Y_1(Q)>\frac{c}{w_0}$时，$\pi_{sb}^{II}(q)$ 是关于 q 的凸函数。

（3）若 $Y_2\left(\frac{Q}{\beta}\right)\leqslant\frac{w_1}{w_0}$，则有$\frac{\partial^2\pi_{sb}^{II}(q)}{\partial q^2}\leqslant 0$，即$\frac{\partial\pi_{sb}^{II}(q)}{\partial q}$随着 q 的增加而递减。此时，需要考虑以下情形：

①若 $\mu>\frac{c}{w_1}$，则可以得到如下结论：(a) 当 $Y_1(Q)\leqslant\frac{c}{w_0}$时，$\pi_{sb}^{II}(q)$ 是关于 q 的凹函数；(b) 当 $Y_1(Q)>\frac{c}{w_0}$时，$\pi_{sb}^{II}(q)$ 随着 q 的增加而递增。

②若 $\mu\leqslant\frac{c}{w_1}$，则有 $Y_1(Q)\leqslant\frac{c}{w_0}$，即 $\pi_{sb}^{II}(q)$ 随着 q 的增加而递减。

3. 当 $q\leqslant\frac{Q}{\beta}$时，即 $\beta\leqslant\frac{Q}{q}$，供应商的期望利润可以表示为：

$$\pi_{sb}^{II}(q)=(\mu w_1-c)q \tag{10-12}$$

由此可得，①若 $\mu\leqslant\frac{c}{w_1}$，则 $\pi_{sb}^{II}(q)$ 随着 q 的增加而递减；②若 $\mu>\frac{c}{w_1}$，

则 $\pi_{sb}^{II}(q)$ 随着 q 的增加而递增。

供应商需要在区间 $q\in[0,\ +\infty)$ 内决定最优的投入量 q_{II}^{b*} 来最大化自身期望利润 $\pi_{sb}^{II}(q)$。尽管供应商的期望利润函数表达式在 q 的不同取值范围内是不同的，但在整个区间内是连续可微的。综合考虑 1 ~ 3 的分析，进一步讨论如下：

（1）若 $\mu>\frac{c}{w_1}$，则需要讨论以下两种情形：

①当 $Y_1(Q)\leqslant\frac{c}{w_0}$ 时，$\pi_{sb}^{II}(q)$ 是关于 q 的凹函数，且在区间 $q\in\left[\frac{Q}{\beta},\ \frac{Q}{\theta}\right]$ 内取到最大值。

②当 $Y_1(Q)>\frac{c}{w_0}$ 时，$\pi_{sb}^{II}(q)$ 是关于 q 的凹函数，且在区间 $q\in\left[\frac{Q}{\theta},\ +\infty\right)$ 内取到最大值。

（2）若 $\mu\leqslant\frac{c}{w_1}$，则需要讨论以下三种情形：

①当 $Y_1(Q)\leqslant\frac{c}{w_0}$ 时，在区间 $q\in\left[0,\ \frac{Q}{\beta}\right]$ 和 $q\in\left[\frac{Q}{\theta},\ +\infty\right)$ 内，$\pi_{sb}^{II}(q)$ 随着 q 的增加而递减；在区间 $q\in\left[\frac{Q}{\beta},\ \frac{Q}{\theta}\right]$ 内，若 $Y_2\left(\frac{Q}{\beta}\right)>\frac{w_1}{w_0}>Y_2\left(\frac{Q}{\theta}\right)$ 和 $\left.\frac{\partial\pi_{sb}^{II}(q)}{\partial q}\right|_{q=q_0}>0$ 同时成立，则 $\pi_{sb}^{II}(q)$ 随着 q 的增加先递减后递增，最后再递减。

②当 $Y_1(Q)>\frac{c}{w_0}$ 时，在区间 $q\in\left[0,\ \frac{Q}{\beta}\right]$ 内，$\pi_{sb}^{II}(q)$ 随着 q 的增加而递减；在区间 $q\in\left[\frac{Q}{\beta},\ \frac{Q}{\theta}\right]$ 内，$\pi_{sb}^{II}(q)$ 随着 q 的增加先递减后递增；在区间 $q\in\left[\frac{Q}{\theta},\ +\infty\right)$ 内，$\pi_{sb}^{II}(q)$ 是关于 q 的凹函数。

③当 $Y_1(Q)\leqslant\frac{c}{w_0}$ 时，只要满足下列条件之一，则 $\pi_{sb}^{II}(q)$ 随着 q 的增加而递减。

（a）$Y_2\left(\frac{Q}{\beta}\right)>\frac{w_1}{w_0}>Y_2\left(\frac{Q}{\theta}\right)$，$\left.\frac{\partial\pi_{sb}^{II}(q)}{\partial q}\right|_{q=q_0}\leqslant 0$；（b）$Y_2\left(\frac{Q}{\theta}\right)\geqslant\frac{w_1}{w_0}$；

（c） $Y_2\left(\frac{Q}{\beta}\right)\leqslant\frac{w_1}{w_0}$。

综上所述，可以得到供应商期望利润在不同条件下随 q 的变化情况，具体如引理 10.2 所示。

引理 10.2 给定 μ，c，w_0 和 w_1，供应商的期望利润随着 q 的变化情况如下：

1. 若 $\mu>\frac{c}{w_1}$，则供应商的期望利润 $\pi_{sb}^{II}(q)$ 是关于 q 的凹函数。

2. 若 $\mu\leqslant\frac{c}{w_1}$，则存在以下两种情形：

（1）如果满足以下条件之一，则供应商的期望利润 $\pi_{sb}^{II}(q)$ 随着 q 的增加先递减后递增，最后再递减。

①$Y_1(Q)>\frac{c}{w_0}$；②$Y_1(Q)\leqslant\frac{c}{w_0}$，$Y_2\left(\frac{Q}{\beta}\right)>\frac{w_1}{w_0}>Y_2\left(\frac{Q}{\theta}\right)$，$\left.\frac{\partial\pi_{sb}^{II}(q)}{\partial q}\right|_{q=q_0}>0$。

（2）如果满足以下条件之一，则供应商的期望利润 $\pi_{sb}^{II}(q)$ 随着 q 的增加而递减。

①$Y_1(Q)\leqslant\frac{c}{w_0}$，$Y_2\left(\frac{Q}{\beta}\right)>\frac{w_1}{w_0}>Y_2\left(\frac{Q}{\theta}\right)$和$\left.\frac{\partial\pi_{sb}^{II}(q)}{\partial q}\right|_{q=q_0}\leqslant 0$；②$Y_1(Q)\leqslant\frac{c}{w_0}$和 $Y_2\left(\frac{Q}{\theta}\right)\geqslant\frac{w_1}{w_0}$；③$Y_1(Q)\leqslant\frac{c}{w_0}$和 $Y_2\left(\frac{Q}{\beta}\right)\leqslant\frac{w_1}{w_0}$。

引理 10.2 表明，给定 $w_1<w_0$，当 $\mu>\frac{c}{w_1}$时，存在着唯一一个最优的投入量使得供应商的期望利润最大；当 $\mu\leqslant\frac{c}{w_1}$时，供应商的最优投入决策分析比较复杂。但是可以推断，供应商的期望利润与零售商的承诺订购量是密切相关的。此外，存在着以下两种特殊情形：在情形（1）中，有两个条件影响着供应商的最优投入决策。并且，只要满足任意一个条件，就可以在区间范围内找到一个局部极大值，通过比较边界值和局部极大值就可以获得供应商的最优投入量。在情形（2）中，有三个条件影响供应商的最优投入决策。并且，只要满足任意一个条件，供应商的期望利润即随着 q 的增加而递减。因此，无论供应商投入多少产品数量均不能从中获益。表 10.2 展示了给定

$w_1 < w_0$ 时供应商的期望利润在不同条件下随 q 的变化情况。进一步地，可以得到如下命题。

表 10.2　　给定 $w_1 < w_0$ 时供应商期望利润随 q 的变化情况

条件			q
$\mu > \frac{c}{w_1}$	$\Upsilon_1(Q) \leqslant \frac{c}{w_0}$	—	
	$\Upsilon_1(Q) > \frac{c}{w_0}$	—	
$\mu \leqslant \frac{c}{w_1}$	$\Upsilon_1(Q) \leqslant \frac{c}{w_0}$	给定引理10.2中情况2下的情形（1）-（2）	
		给定引理10.2中情况2下的情形（2）	
	$\Upsilon_1(Q) > \frac{c}{w_0}$	—	

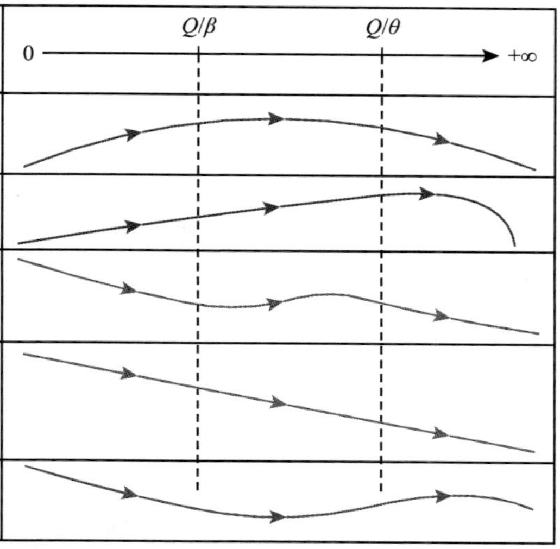

命题 10.5　当 $\mu \leqslant \frac{c}{w_1}$ 时，若 $1 - G(Q) - \frac{1}{Q}\int_{\theta}^{\beta}\int_{Q}^{xq_I} f(x)Dg(D)\mathrm{d}D\mathrm{d}x < \frac{w_1}{w_0}$ 和 $Y_1(Q) > \frac{c}{w_0}$ 同时成立，则供应商的最优投入量为 $q_{II}^{b*} = q_I$；若 $Y_1(Q) \leqslant \frac{c}{w_0}$，$Y_2\left(\frac{Q}{\beta}\right) > \frac{w_1}{w_0} > Y_2\left(\frac{Q}{\theta}\right)$，$\left.\frac{\partial \pi_{sb}^{II}(q)}{\partial q}\right|_{q=q_0} > 0$ 和 $w_0\int_{\frac{Q}{q_{II0}^{b2}(Q)}}^{\beta}\int_{Q}^{xq_{II0}^{b2}(Q)} f(x)Dg(D)\mathrm{d}D\mathrm{d}x > [w_0 - w_0G(Q) - w_1]Q\left[1 - F\left(\frac{Q}{q_{II0}^{b2}(Q)}\right)\right]$ 同时成立，则供应商的最优投入量为 $q_{II}^{b*} = q_{II0}^{b2}(Q)$；否则，供应商不投入生产，即 $q_{II}^{b*} = 0$。当 $\mu > \frac{c}{w_1}$ 时，若 $Y_1(Q) > \frac{c}{w_0}$，则供应商的最优投入量为 $q_{II}^{b*} = q_I$；否则，供应商的最优投入量为 $q_{II}^{b*} = q_{II0}^{b2}(Q)$，其中 $q_{II0}^{b2}(Q)$ 满足下列等式：

$$w_0\left[\beta - \frac{Q}{q_{II0}^{b2}(Q)}F\left(\frac{Q}{q_{II0}^{b2}(Q)}\right) - \int_{\frac{Q}{q_{II0}^{b2}(Q)}}^{\beta} F(x)\,\mathrm{d}x - \int_{\frac{Q}{q_{II0}^{b2}(Q)}}^{\beta} xf(x)G(xq_{II0}^{b2}(Q))\,\mathrm{d}x\right]$$
$$= w_1\left[\int_{\theta}^{\frac{Q}{q_{II0}^{b2}(Q)}} F(x)\,\mathrm{d}x - \frac{Q}{q_{II0}^{b2}(Q)}F\left(\frac{Q}{q_{II0}^{b2}(Q)}\right)\right] + c$$

证明：根据引理 10.2 可知：

1. 当 $\mu \leqslant \frac{c}{w_1}$ 时，考虑以下三种情形：

（1）当 $Y_1(Q) > \frac{c}{w_0}$ 时，$\pi_{sb}^{II}(q)$ 随着 q 的增加先递减后递增，最后再递减。因此，$\pi_{sb}^{II}(q)$ 存在着两种可能的最大值：（a）边界值 $\pi_{sb}^{II}(0)=0$；（b）局部最大值在区间 $q\in\left[\frac{Q}{\theta},\ +\infty\right)$ 内取到，即 $\pi_{sb}^{II}(q_I) = w_0Q\left\{\frac{w_1}{w_0} - \left[1 - G(Q) - \frac{1}{Q}\int_{\theta}^{\beta}\int_{Q}^{xq_I} f(x)Dg(D)\,\mathrm{d}D\mathrm{d}x\right]\right\}$。通过比较 $\pi_{sb}^{II}(0)$ 和 $\pi_{sb}^{II}(q_I)$ 可以得到供应商的最优投入量 q_{II}^{b*}，具体如下：

①若 $1 - G(Q) - \frac{1}{Q}\int_{\theta}^{\beta}\int_{Q}^{xq_I} f(x)Dg(D)\,\mathrm{d}D\mathrm{d}x < \frac{w_1}{w_0}$，则有 $\pi_{sb}^{II}(q_I) > \pi_{sb}^{II}(0)$。因此，供应商的最优投入量为 $q_{II}^{b*}=q_I$。

②若 $1 - G(Q) - \frac{1}{Q}\int_{\theta}^{\beta}\int_{Q}^{xq_I} f(x)Dg(D)\,\mathrm{d}D\mathrm{d}x \geqslant \frac{w_1}{w_0}$，则有 $\pi_{sb}^{II}(q_I) \leqslant \pi_{sb}^{II}(0)$。因此，供应商的最优投入量为 $q_{II}^{b*}=0$。

（2）当 $Y_1(Q) \leqslant \frac{c}{w_0}$，$Y_2\left(\frac{Q}{\beta}\right) > \frac{w_1}{w_0} > Y_2\left(\frac{Q}{\theta}\right)$ 和 $\left.\frac{\partial \pi_{sb}^{II}(q)}{\partial q}\right|_{q=q_0} > 0$ 同时成立时，$\pi_{sb}^{II}(q)$ 随着 q 的增加先递减后递增，最后再递减。因此，$\pi_{sb}^{II}(q)$ 存在着两种可能的最大值：（a）边界值 $\pi_{sb}^{II}(0)=0$；（b）局部最大值在区间 $q\in\left[\frac{Q}{\beta},\ \frac{Q}{\theta}\right]$ 内取到，即供应商的最优期望利润为：

$$\pi_{sb}^{II}[q_{II0}^{b2}(Q)] = (w_1 - w_0)\left[Q - q_{II0}^{b2}(Q)\int_{\theta}^{\frac{Q}{q_{II0}^{b2}(Q)}} F(x)\,\mathrm{d}x\right] + (\mu w_0 - c)q_{II0}^{b2}(Q)$$
$$- w_0\int_{\frac{Q}{q_{II0}^{b2}(Q)}}^{\beta}\int_{Q}^{xq_{II0}^{b2}(Q)} f(x)G(D)\,\mathrm{d}D\mathrm{d}x$$

$$= [w_1 - w_0 + w_0 G(Q)]Q\left[1 - F\left(\frac{Q}{q_{II0}^{b2}(Q)}\right)\right]$$

$$+ w_0 \int_{\frac{Q}{q_{II0}^{b2}(Q)}}^{\beta} \int_{Q}^{x q_{II0}^{b2}(Q)} f(x) D g(D) \mathrm{d}D \mathrm{d}x$$

这里，$q_{II0}^{b2}(Q)$ 满足：

$$w_0\left[\beta - \frac{Q}{q_{II0}^{b2}(Q)} F\left(\frac{Q}{q_{II0}^{b2}(Q)}\right) - \int_{\frac{Q}{q_{II0}^{b2}(Q)}}^{\beta} F(x)\mathrm{d}x - \int_{\frac{Q}{q_{II0}^{b2}(Q)}}^{\beta} x f(x) G(x q_{II0}^{b2}(Q))\mathrm{d}x\right]$$

$$= w_1\left[\int_{\theta}^{\frac{Q}{q_{II0}^{b2}(Q)}} F(x)\mathrm{d}x - \frac{Q}{q_{II0}^{b2}(Q)} F\left(\frac{Q}{q_{II0}^{b2}(Q)}\right)\right] + c$$

通过比较 $\pi_{sb}^{II}(0)$ 和 $\pi_{sb}^{II}[q_{II0}^{b2}(Q)]$ 可得供应商的最优投入量 q_{II}^{b*}，具体如下：

①若 $w_0 \int_{\frac{Q}{q_{II0}^{b2}(Q)}}^{\beta} \int_{Q}^{x q_{II0}^{b2}(Q)} f(x) D g(D) \mathrm{d}D \mathrm{d}x > [w_0 - w_0 G(Q) - w_1]Q\left[1 - F\left(\frac{Q}{q_{II0}^{b2}(Q)}\right)\right]$，则有 $\pi_{sb}^{II}[q_{II0}^{b2}(Q)] > \pi_{sb}^{II}(0)$。因此，供应商的最优投入量为 $q_{II}^{b*} = q_{II0}^{b2}(Q)$。

②若 $w_0 \int_{\frac{Q}{q_{II0}^{b2}(Q)}}^{\beta} \int_{Q}^{x q_{II0}^{b2}(Q)} f(x) D g(D) \mathrm{d}D \mathrm{d}x \leqslant [w_0 - w_0 G(Q) - w_1]Q\left[1 - F\left(\frac{Q}{q_{II0}^{b2}(Q)}\right)\right]$，则有 $\pi_{sb}^{II}[q_{II0}^{b2}(Q)] \leqslant \pi_{sb}^{II}(0)$。因此，供应商的最优投入量为 $q_{II}^{b*} = 0$。

(3) 当 $Y_1(Q) \leqslant \frac{c}{w_0}$ 时，满足下列条件之一，$\pi_{sb}^{II}(q)$ 随着 q 的增加而递减。因此，供应商的最优投入量为 $q_{II}^{b*} = 0$。

①$Y_2\left(\frac{Q}{\beta}\right) > \frac{w_1}{w_0} > Y_2\left(\frac{Q}{\theta}\right)$，$\left.\frac{\partial \pi_{sb}^{II}(q)}{\partial q}\right|_{q=q_0} \leqslant 0$；②$Y_2\left(\frac{Q}{\theta}\right) \geqslant \frac{w_1}{w_0}$；③$Y_2\left(\frac{Q}{\beta}\right) \leqslant \frac{w_1}{w_0}$。

2. 当 $\mu > \frac{c}{w_1}$ 时，$\pi_{sb}^{II}(q)$ 是关于 q 的凹函数，因此考虑以下两种情形：

（1）若 $Y_1(Q) > \frac{c}{w_0}$，则 $\pi_{sb}^{II}(q)$ 在区间 $q \in \left[\frac{Q}{\theta}, +\infty\right)$ 内取到最大值。因此，供应商的最优投入量为 $q_{II}^{b*} = q_I$。

（2）若 $Y_1(Q) \leqslant \frac{c}{w_0}$，则 $\pi_{sb}^{II}(q)$ 在区间 $q \in \left[\frac{Q}{\beta}, \frac{Q}{\theta}\right]$ 内取到最大值。因此，供应商的最优投入量为 $q_{II}^{b*} = q_{II0}^{b2}(Q)$。**证毕**。

命题 10.5 表明，给定 $w_1 < w_0$，即使产出率均值相对较低 $\left(\mu \leqslant \frac{c}{w_1}\right)$，只要零售商承诺适当的订购量，供应商仍然愿意选择一个正的投入量。此外，当产出率均值相对较高 $\left(\mu > \frac{c}{w_1}\right)$ 时，若零售商的承诺订购量相对较小，则供应商的最优投入量为 q_I，此时就如同 VMI 模式；若零售商的承诺订购量足够大，则供应商会结合考虑零售商的承诺订购量来选择最优的投入量。

根据命题 10.5，令 $Y_3(Q) = 1 - G(Q) - \frac{1}{Q}\int_\theta^\beta \int_Q^{xq_I} f(x)Dg(D)\mathrm{d}D\mathrm{d}x$。$Y_3(Q)$ 关于 Q 的一阶导为 $\frac{\partial Y_3(Q)}{\partial Q} = \frac{1}{Q^2}\int_\theta^\beta \int_Q^{xq_I} f(x)Dg(D)\mathrm{d}D\mathrm{d}x$。因为 Q_1 是由 $Y_1(Q_1) = \frac{c}{w_0}$ 决定的，且 $Y_1(Q)$ 随着 Q 的增加而递减，因此当且仅当满足 $\mu > \frac{c}{w_0}$ 时，在区间 $Q \in [0, Q_1)$ 内才有 $Y_1(Q) > \frac{c}{w_0}$。此外，当 $\mu \leqslant \frac{c}{w_0}$ 时，始终有 $Y_1(Q) \leqslant \frac{c}{w_0}$，此时供应商的最优投入量为 $q_{II}^{b*} = 0$。由于 $q_I = \frac{Q_1}{\theta}$，满足 $\frac{c}{w_0} < \mu \leqslant \frac{c}{w_1}$ 时，在区间 $Q \in [0, Q_1)$ 内，有 $\frac{\partial Y_3(Q)}{\partial Q} > 0$。接下来，需要考虑以下两种情形：①若 $\lim\limits_{Q \to Q_1} Y_3(Q) > \frac{w_1}{w_0}$，则存在着唯一一个 Q_3 满足 $Y_3(Q_3) = \frac{w_1}{w_0}$，且在区间 $Q \in [0, Q_3)$ 内，有 $Y_3(Q) < \frac{w_1}{w_0}$；②若 $\lim\limits_{Q \to Q_1} Y_3(Q) \leqslant \frac{w_1}{w_0}$，则在区间 $Q \in [0, Q_1)$ 内，有 $Y_3(Q) < \frac{w_1}{w_0}$。基于上述讨论，可得到如下推论。

推论 10.1 当 $\frac{c}{w_0} < \mu \leqslant \frac{c}{w_1}$ 时，在集合 $\Xi \equiv \left\{Q \middle| Y_1(Q) > \frac{c}{w_0}\right\} \cap$

$\left\{Q \mid Y_3(Q) < \frac{w_1}{w_0}\right\}$内存在着至少一个正的承诺订购量。

证明： 当$\frac{c}{w_0} < \mu \leqslant \frac{c}{w_1}$时，给定 $Y_1(Q) > \frac{c}{w_0}$，若$\lim\limits_{Q \to Q_1} Y_3(Q) > \frac{w_1}{w_0}$，则有$\left\{Q \mid Y_3(Q) < \frac{w_1}{w_0}\right\} \equiv \{Q \mid 0 \leqslant Q < Q_3\}$；若$\lim\limits_{Q \to Q_1} Y_3(Q) \leqslant \frac{w_1}{w_0}$，则有$\left\{Q \mid Y_3(Q) < \frac{w_1}{w_0}\right\} \equiv \{Q \mid 0 \leqslant Q < Q_1\}$。因此，当$\frac{c}{w_0} < \mu \leqslant \frac{c}{w_1}$时，在集合 $\varXi \equiv \left\{Q \mid Y_1(Q) > \frac{c}{w_0}\right\} \cap \left\{Q \mid Y_3(Q) < \frac{w_1}{w_0}\right\}$内至少存在着一个正的承诺订购量。**证毕。**

考虑到$0 < \frac{w_1}{w_0} < 1$，存在着唯一一个 Q_4 满足 $Y_2\left(\frac{Q_4}{\beta}\right) = 1 - G(Q_4) = \frac{w_1}{w_0}$。因此，在区间 $Q \in [0, Q_4)$ 内，有 $Y_2\left(\frac{Q}{\beta}\right) > \frac{w_1}{w_0}$；在区间 $Q \in [Q_4, +\infty)$ 内，有 $Y_2\left(\frac{Q}{\beta}\right) \leqslant \frac{w_1}{w_0}$。同时，令 $Y_4(Q) = w_0 \int_{\frac{Q}{q_{II0}^{b2}(Q)}}^{\beta} \int_{Q}^{xq_{II0}^{b2}(Q)} f(x) D g(D) \mathrm{d}D \mathrm{d}x - [w_0 - w_0 G(Q) - w_1] Q\left[1 - F\left(\frac{Q}{q_{II0}^{b2}(Q)}\right)\right]$。给定$\frac{c}{w_0} < \mu \leqslant \frac{c}{w_1}$，$Y_1(Q) \leqslant \frac{c}{w_0}$和 $Y_2\left(\frac{Q}{\beta}\right) > \frac{w_1}{w_0} > Y_2\left(\frac{Q}{\theta}\right)$，一定存在 $Q_4 > Q_1$，且 Q 落在区间 $Q \in [Q_1, Q_4)$ 内。给定参数组合 $\{\theta, \beta, c, w_1, w_0, p\}$，在集合 $Q \in \Phi$ 中至少存在着一个承诺订购量，其中 $\Phi = \{Q_{IIi}\} \subset [Q_1, Q_4)$，$i = 1, 2, \cdots, n$，且 Q_{IIi}满足 $Y_4(Q_{IIi}) > 0$。因此，给定零售商在集合 $Q \in \Phi$ 中确定的承诺订购量，供应商选择最优的投入量。

由于供应商的期望利润函数是分段连续且可微的，给定承诺订购量的任意一个闭区间，可以得到供应商的最优投入量，具体如引理 10.3 所示。

引理 10.3　给定不同的零售商承诺订购量，供应商的最优投入量如下：

1. 当$\frac{c}{w_0} < \mu \leqslant \frac{c}{w_1}$时，①若 $Y_3(Q_1) > \frac{w_1}{w_0}$，则在区间 $Q \in [0, Q_3]$ 内，供应商的最优投入量为 $q_{II}^{b^*} = q_I$；②若 $Y_3(Q_1) \leqslant \frac{w_1}{w_0}$，则在区间 $Q \in [0, Q_1]$ 内，

供应商的最优投入量为 $q_{II}^{b*}=q_I$；③若存在一个区间 $Q\in[Q_1,\ Q_4]$，则 $Y_2\left(\frac{Q}{\theta}\right)<\frac{w_1}{w_0}$，$\left.\frac{\partial\pi_{sb}^{II}(q)}{\partial q}\right|_{q=q_0}>0$ 和 $Y_4(Q)>0$ 同时成立时，供应商的最优投入量为 $q_{II}^{b*}=q_{II0}^{b2}(Q)$；④否则，供应商的最优投入量为 $q_{II}^{b*}=0$。

2. 当 $\mu\leqslant\frac{c}{w_0}$ 时，供应商的最优投入量为 $q_{II}^{b*}=0$。

3. 当 $\mu>\frac{c}{w_1}$ 时，①在区间 $Q\in[0,\ Q_1]$ 内，供应商的最优投入量为 $q_{II}^{b*}=q_I$；②在区间 $Q\in[Q_1,\ +\infty)$ 内，供应商的最优投入量为 $q_{II}^{b*}=q_{II0}^{b2}(Q)$。

证明：根据命题 10.5，讨论如下：

1. 当 $\frac{c}{w_0}<\mu\leqslant\frac{c}{w_1}$ 时，在区间 $Q\in[0,\ Q_1)$ 内，有 $\frac{\partial Y_3(Q)}{\partial Q}>0$，即 $Y_3(Q)$ 是关于 Q 的递增函数。若 $Y_3(Q)>\frac{w_1}{w_0}$，则在该区间内存在着唯一一个 Q_3 且满足 $Y_3(Q_3)=\frac{w_1}{w_0}$。因此，在 $Q\in[0,\ Q_3)$ 内，有 $Y_3(Q)<\frac{w_1}{w_0}$；且由命题 10.5 可知，供应商的最优投入量为 $q_{II}^{b*}=q_I$。若 $Y_3(Q_1)\leqslant\frac{w_1}{w_0}$，则在区间 $Q\in[0,\ Q_1]$ 内，始终有 $Y_3(Q)\leqslant\frac{w_1}{w_0}$；且由命题 10.5 可知，供应商的最优投入量为 $q_{II}^{b*}=q_I$。结合命题 10.5 和推论 10.1 可知，当 $Q\in[Q_1,\ Q_4]$，且满足 $Y_2\left(\frac{Q}{\theta}\right)<\frac{w_1}{w_0}$，$\left.\frac{\partial\pi_{sb}^{II}(q)}{\partial q}\right|_{q=q_0}>0$ 和 $Y_4(Q)>0$ 时，供应商的最优投入量为 $q_{II}^{b*}=q_{II0}^{b2}(Q)$；否则，供应商的最优投入量为 $q_{II}^{b*}=0$。

2. 当 $\mu\leqslant\frac{c}{w_0}$ 时，始终有 $Y_1(Q)\leqslant\frac{c}{w_0}$。因此，供应商的最优投入量为 $q_{II}^{b*}=0$。

3. 当 $\mu>\frac{c}{w_1}$ 时，①在区间 $Q\in[0,\ Q_1]$ 内，有 $Y_1(Q)>\frac{c}{w_0}$，供应商的最优投入量为 $q_{II}^{b*}=q_I$，且落在区间 $q\in\left[\frac{Q}{\theta},\ +\infty\right)$ 内；②在区间 $Q\in[Q_1,\ +\infty)$

内，有 $Y_1(Q)\leqslant\frac{c}{w_0}$，供应商的最优投入量为 $q_{II}^{b*}=q_{II0}^{b2}(Q)$，且落在区间 $q\in\left[\frac{Q}{\beta},\frac{Q}{\theta}\right]$内。**证毕。**

当且仅当 $Y_3(Q_1)>\frac{w_1}{w_0}$时，存在着 Q_4 满足 $1-G(Q_4)=\frac{w_1}{w_0}$，Q_1 满足 $Y_1(Q_1)=\frac{c}{w_0}$，以及 Q_3 满足 $Y_3(Q_3)=\frac{w_1}{w_0}$。此外，$Q_3\leqslant Q_4$。但是，给定 $\mu>\frac{c}{w_1}$，很难对比分析 Q_4 和 Q_1 的相对大小。进一步分析供应商的最优投入量，可以得到如下命题。

命题 10.6　当 $\mu>\frac{c}{w_1}$时，①在区间 $Q\in[0,Q_1]$ 内，供应商的最优投入量 q_{II}^{b*} 与 Q 无关；②在区间 $Q\in[Q_1,+\infty)$ 内，若 $Q_1>Q_4$，则供应商的最优投入量 q_{II}^{b*} 随着 Q 的增加而递增；若 $Q_1\leqslant Q_4$，则供应商的最优投入量 q_{II}^{b*} 在区间 $Q\in[Q_1,Q_4]$ 内随着 Q 的增加而递减，在区间 $Q\in[Q_4,+\infty)$ 内随着 Q 的增加而递增。

证明：根据引理 10.3 可知，当 $\mu>\frac{c}{w_1}$时，①在区间 $Q\in[0,Q_1]$ 内，供应商的最优投入量为 $q_{II}^{b*}=q_I$。显然，q_I 与 Q 无关；②在区间 $Q\in[Q_1,+\infty)$ 内，供应商的最优投入量为 $q_{II}^{b*}=q_{II0}^{b2}(Q)$，且 $q_{II0}^{b2}(Q)$ 关于 Q 的一阶导为：

$$\frac{\partial q_{II0}^{b2}(Q)}{\partial Q}=\frac{[w_1-w_0+w_0G(Q)]Qq_{II0}^{b2}(Q)}{M}$$

这里，$M=[w_1-w_0+w_0G(Q)]Q^2+w_0[q_{II0}^{b2}(Q)]^3\int_{\frac{Q}{q_{II0}^{b2}(Q)}}^{\beta}x^2g(xq_{II0}^{b2}(Q))\mathrm{d}x$。接下来，讨论以下两种情形：①若 $Q_1>Q_4$，则有 $w_1-w_0-w_0G(Q)>0$。给定 $\beta q_{II0}^{b2}(Q)>Q$，在区间 $Q\in[Q_1,+\infty)$ 内，有 $[q_{II0}^{b2}(Q)]^3\int_{\frac{Q}{q_{II0}^{b2}(Q)}}^{\beta}x^2g(xq_{II0}^{b2}(Q))\mathrm{d}x>0$ 和$\frac{\partial q_{II0}^{b2}(Q)}{\partial Q}>0$；②若 $Q_1\leqslant Q_4$，则在区间 $Q\in[Q_4,+\infty)$ 内，有$\frac{\partial q_{II0}^{b2}(Q)}{\partial Q}\geqslant0$；

在区间 $Q \in [Q_1, Q_4]$ 内，由于 $\dfrac{[q_{II0}^{b2}(Q)]^3\int_{\frac{Q}{q_{II0}^{b2}(Q)}}^{\beta} x^2 g(xq_{II0}^{b2}(Q))\mathrm{d}x}{Q^2} >$ $q_{II0}^{b2}(Q)\int_{\frac{Q}{q_{II0}^{b2}(Q)}}^{\beta} g(xq_{II0}^{b2}(Q))\mathrm{d}x = G(\beta q_{II0}^{b2}(Q)) - G(Q)$，可以得到 $M > [w_1 - w_0 + w_0 G(\beta q_{II0}^{b2}(Q))]Q^2$。令 $T(Q) = [w_1 - w_0 + w_0 G(\beta q_{II0}^{b2}(Q))]Q^2$。由于 $\beta q_{II0}^{b2}(Q) > Q$，给定 $Q_1 \leqslant Q_4$ 时，有 $G(\beta q_{II0}^{b2}(Q_4)) > G(Q_4)$，因此 $T(Q_4) > 0$。考虑到 $Y_1(\theta q_{II0}^{b2}(Q_1)) = \dfrac{c}{w_0}$ 和 $Y_1(Q_1) = \dfrac{c}{w_0}$，可得 $\theta q_{II0}^{b2}(Q_1) = Q_1$。因此，$G(\beta q_{II0}^{b2}(Q_1)) = G\left(\beta \dfrac{Q_1}{\theta}\right) \geqslant G\left(x \dfrac{Q_1}{\theta}\right)$。同时，有 $\int_{\theta}^{\beta} xf(x) G\left(x \dfrac{Q_1}{\theta}\right)\mathrm{d}x = \mu - \dfrac{c}{w_0}$，$\int_{\theta}^{\beta} xf(x) G(Q_4)\mathrm{d}x = \mu - \mu \dfrac{w_1}{w_0}$。给定 $\mu > \dfrac{c}{w_1}$，则 $\mu - \dfrac{c}{w_0} > \mu - \mu \dfrac{w_1}{w_0}$ 成立，因此 $G\left(x \dfrac{Q_1}{\theta}\right) > G(Q_4)$。进一步得到 $G(\beta K_{II0}^{b2}(Q_1)) > G(Q_4)$。综合上述讨论可知，$T(Q_1) > 0$。

接下来，进一步通过反证法来进行证明。首先，提出假设Ⅰ：在区间 $Q \in [Q_1, Q_4]$ 内，至少存在着一个 Q 使得 $M < 0$ 成立。如果假设Ⅰ成立，则至少存在着一个 Q 使得 $T(Q) < 0$。因为 $T(Q_1) > 0$ 和 $T(Q_4) > 0$，存在着一个关于 Q 的区间（令 Ω 表示该区间），其中满足 $\dfrac{\partial T(Q)}{\partial Q} < 0$。又因为 $\dfrac{\partial T(Q)}{\partial Q} = \beta w_0 g(\beta q_{II0}^{b2}(Q)) \dfrac{\partial q_{II0}^{b2}(Q)}{\partial Q} + 2Q[w_1 - w_0 + w_0 G(\beta q_{II0}^{b2}(Q))]$，在区间 Ω 内考虑以下两种可能的情况：

（1）若 $\beta w_0 g(\beta q_{II0}^{b2}(Q)) \dfrac{\partial q_{II0}^{b2}(Q)}{\partial Q} < 0$，由于 $\beta w_0 g(\beta q_{II0}^{b2}(Q)) > 0$，则有 $\dfrac{\partial q_{II0}^{b2}(Q)}{\partial Q} < 0$。

（2）若 $2Q[w_1 - w_0 + w_0 G(\beta q_{II0}^{b2}(Q))] < 0$，则有 $G(\beta q_{II0}^{b2}(Q)) < G(Q_4)$。又因为 $G(\beta q_{II0}^{b2}(Q_1)) > G(Q_4)$ 和 $G(\beta q_{II0}^{b2}(Q_4)) > G(Q_4)$ 始终成立，若 $G(\beta q_{II0}^{b2}(Q)) < G(Q_4)$ 成立，则有 $\dfrac{\partial q_{II0}^{b2}(Q)}{\partial Q} < 0$。

结合考虑（1）和（2），如果假设Ⅰ成立，则在区间 $\Omega(\Omega\subset[Q_1, Q_4])$ 内，可得 $\frac{\partial q_{II0}^{b2}(Q)}{\partial Q}<0$。但是，在区间 $Q\in[Q_1, Q_4]$ 内，始终有 $[w_1-w_0+w_0G(Q)]Qq_{II0}^{b2}(Q)\leqslant 0$。因此，如果假设Ⅰ成立，则有 $\frac{\partial q_{II0}^{b2}(Q)}{\partial Q}\geqslant 0$。

根据上述讨论可知，假设Ⅰ和已知条件是矛盾的。因此，在区间 $Q\in[Q_1, Q_4]$ 内，有 $M>0$。进一步得到 $\frac{\partial q_{II0}^{b2}(Q)}{\partial Q}\leqslant 0$，即在区间 $Q\in[Q_1, Q_4]$ 中，$q_{II0}^{b2}(Q)$ 随着 Q 的增加而递减。**证毕。**

命题 10.6 的结论类似于命题 10.3，给定一个较高的产出率均值 $\left(\mu>\frac{c}{w_1}\right)$，如果零售商的承诺订购量相对较小（$Q\leqslant Q_1$），则供应商基于 VMI 模式决定投入量；如果零售商的承诺订购量足够大，则供应商的投入决策受到零售商承诺订购量的影响。但是，与 $w_1=w_0$ 的情况不同，给定 $w_1<w_0$，供应商在决策时会设置一个承诺订购量门槛（Q_4），并以此来判断零售商的承诺订购量与实际需求之间的关系：

1. 若零售商的承诺订购量大于 $\max\{Q_1, Q_4\}$，则供应商认为市场需求确实很大。因此，零售商的承诺订购量越大，供应商投入的产品数量就越多。

2. 若零售商的承诺订购量满足 $\min\{Q_1, Q_4\}\leqslant Q\leqslant\max\{Q_1, Q_4\}$，则供应商在决定投入量时非常谨慎，并且会考虑以下两种情形：（1）若 $Q_1>Q_4$ 时，则供应商的最优投入量在区间 $Q\in[Q_4, Q_1]$ 内，且与 Q 无关。（2）若 $Q_1\leqslant Q_4$ 时，则供应商的最优投入量在区间 $Q\in[Q_1, Q_4]$ 内，且随着 Q 的增加而递减。这一结论中，比较反直觉的是，供应商的最优投入量随着零售商承诺订购量的增加而递减。实际上这也是合理的，因为供应商引入了承诺订购量门槛（Q_4）。在区间 $Q\in[Q_1, Q_4]$ 内，供应商会认为零售商只是想通过承诺订购量来获得一个比较低的批发价格，而不是真的因为市场前景乐观。因此，在区间 $Q\in[Q_1, Q_4]$ 内，零售商的承诺订购量越大，供应商认为市场前景越不好，导致其决定的投入量就越少。当且仅当零售商的承诺订购量大于 Q_4 时，供应商才会真正认为市场需求是乐观的。

预料到供应商的最优投入量，零售商进一步决定其最优承诺订购量。这里，需要考虑以下几种情形：

1. 当$\mu \leq \frac{c}{w_1}$时，供应商的最优投入量q_{II}^{b*}为集合｛0，q_I，$q_{II0}^{b2}(Q)$｝中的一个取值。令Q_{II}^{b1*}表示零售商最大化自身期望利润的承诺订购量，进一步讨论如下：

（1）预料到$q_{II}^{b*}=0$，零售商不会承诺订购量，即$Q_{II}^{b1*}=0$。此时，供应链成员均不参与供应链运作。

（2）预料到$q_{II}^{b*}=q_I$，零售商的期望利润可以表示为：

$$\begin{aligned}\pi_{rb}^{II}(Q) = &\int_{\theta}^{\beta}\int_{0}^{Q}(pD - w_1Q)f(x)g(D)\mathrm{d}D\mathrm{d}x + \int_{\theta}^{\beta}\int_{Q}^{xq_I}[(p - w_0)D \\ &+ (w_0 - w_1)Q]f(x)g(D)\mathrm{d}D\mathrm{d}x + \int_{\theta}^{\beta}\int_{xq_I}^{+\infty}[(p - w_1)xq_I \\ &+ (w_0 - w_1)Q]f(x)g(D)\mathrm{d}D\mathrm{d}x \qquad (10-13)\end{aligned}$$

由上式可知，$\pi_{rb}^{II}(Q)$是关于Q的凹函数。因此，存在着唯一的一个Q_4使得（10-13）式中的$\pi_{rb}^{II}(Q)$取到最大值。根据引理10.3可知，Q_{II}^{b1*}必定落在区间$Q\in[0, \min\{Q_1, Q_3\}]$内，以此来激励供应商选择一个正的投入量。此外，当且仅当$Y_3(Q_1)>\frac{w_1}{w_0}$时，存在一个Q_3满足$Y_3(Q_3)=\frac{w_1}{w_0}$。并且，如果Q_3存在，有$Q_3\leq Q_4$。因此，零售商可以在集合｛Q_1，Q_3，Q_4｝中找到唯一一个最优的承诺订购量Q_{II}^{b1*}。

（3）预料到$q_{II}^{b*}=q_{II0}^{b2}(Q)$，零售商的期望利润可以表示为：

$$\begin{aligned}\pi_{rb}^{II}(Q) = &\int_{\theta}^{\frac{Q}{q_{II0}^{b2}(Q)}}\int_{0}^{xq_{II0}^{b2}(Q)}[pD - w_1xq_{II0}^{b2}(Q)]f(x)g(D)\mathrm{d}D\mathrm{d}x \\ &+ \int_{\theta}^{\frac{Q}{q_{II0}^{b2}(Q)}}\int_{xq_{II0}^{b2}(Q)}^{Q}(p - w_1)xq_{II0}^{b2}(Q)f(x)g(D)\mathrm{d}D\mathrm{d}x \\ &+ \int_{\theta}^{\frac{Q}{q_{II0}^{b2}(Q)}}\int_{Q}^{+\infty}(p - w_1)xq_{II0}^{b2}(Q)f(x)g(D)\mathrm{d}D\mathrm{d}x \\ &+ \int_{\frac{Q}{q_{II0}^{b2}(Q)}}^{\beta}\int_{0}^{Q}(pD - w_1Q)f(x)g(D)\mathrm{d}D\mathrm{d}x \\ &+ \int_{\frac{Q}{q_{II0}^{b2}(Q)}}^{\beta}\int_{Q}^{xq_{II0}^{b2}(Q)}[(p - w_0)D + (w_0 - w_1)Q]f(x)g(D)\mathrm{d}D\mathrm{d}x\end{aligned}$$

$$+\int_{\frac{Q}{q_{II0}^{b2}(Q)}}^{\beta}\int_{xq_{II0}^{b2}(Q)}^{+\infty}[(p-w_0)xq_{II0}^{b2}(Q)+(w_0-w_1)Q]f(x)g(D)\mathrm{d}D\mathrm{d}x \tag{10-14}$$

结合考虑 $q_{II0}^{b2}(Q)$ 的表达式，可得 $\pi_{rb}^{II}(Q)$ 关于 Q 的一阶导为：

$$\frac{\partial\pi_{rb}^{II}(Q)}{\partial Q}=\{pY_1(\theta q_{II0}^{b2}(Q))-c\}\frac{\partial q_{II0}^{b2}(Q)}{\partial Q}+[w_0-w_0G(Q)-w_1]\left[1-F\left(\frac{Q}{q_{II0}^{b2}(Q)}\right)\right] \tag{10-15}$$

这里，$Y_1(\theta q_{II0}^{b2}(Q))=\int_\theta^\beta xf(x)[1-G(xq_{II0}^{b2}(Q))]\mathrm{d}x$。因为 Q_{II}^{b1*} 落在区间 $Q\in[Q_1,\ Q_4]$ 内，有 $w_1-w_0+w_0G(Q)\leqslant 0$ 和 $\frac{\partial q_{II0}^{b2}(Q)}{\partial Q}<0$，进一步可得 $\frac{\partial Y_1(\theta q_{II0}^{b2}(Q))}{\partial Q}\geqslant 0$。考虑到 $Y_1(\theta q_{II0}^{b2}(Q_1))=\frac{c}{w_0}$，则在区间 $Q\in[Q_1,\ Q_4]$ 内，$Y_1(\theta q_{II0}^{b2}(Q_1))>\frac{c}{p}$ 恒成立。因此，与命题 10.4 类似，可以得到如下结论：预料到 $q_{II}^{b*}=q_{II0}^{b2}(Q)$，零售商可以在集合 $Q_{II}^{b1*}\in\{Q_1\}\cup\Lambda$ 中找到至少一个最优的承诺订购量，其中 $\Lambda=\{Q_{IIi}^{b1}\}$，$i=1,\ 2,\ \cdots,\ n$，Q_{IIi}^{b1} 落在区间 $Q\in[Q_1,\ Q_4]$ 内，且由下列等式决定：

$$[pY_1(\theta q_{II0}^{b2}(Q_{IIi}^{b1}))-c]\frac{\partial q_{II0}^{b2}(Q_{IIi}^{b1})}{\partial Q_{IIi}^{b1}}+[w_0-w_0G(Q_{IIi}^{b1})-w_1]\left[1-F\left(\frac{Q_{IIi}^{b1}}{q_{II0}^{b2}(Q_{IIi}^{b1})}\right)\right]=0 \tag{10-16}$$

2. 当 $\mu>\frac{c}{w_1}$ 时，供应商的最优投入量为集合 $\{q_I,\ q_{II0}^{b2}(Q)\}$ 中的一个。令 Q_{II}^{b2*} 为零售商最大化自身期望利润的承诺订购量，则进一步讨论如下：

（1）预料到供应商的最优投入量为 $q_{II}^{b*}=q_I$，零售商的期望利润由（10-13）式给定。根据引理 10.3 可知，Q_{II}^{b2*} 必定落在区间 $Q\in[0,\ Q_1]$ 内，且零售商可以在集合 $\{Q_1,\ Q_4\}$ 中找到一个最优的承诺订购量。

（2）预料到供应商的最优投入量为 $q_{II}^{b*}=q_{II0}^{b2}(Q)$，零售商的期望利润由（10-14）式给定。根据引理 10.3 可知，Q_{II}^{b2*} 必定落在区间 $Q\in[Q_1,\ +\infty)$

内。此时，零售商的最优承诺订购量如命题 10.7 所示。

命题 10.7 预料到 $q_{II}^{b*}=q_{II0}^{b2}(Q)$，零售商可以在集合 $Q_{II}^{b2*}\in\{Q_1\}\cup N$ 中找到至少一个最优的承诺订购量，其中 $N=\{Q_{IIi}^{b2}\}$，$i=1, 2, \cdots, n$，Q_{IIi}^{b2} 在区间 $Q\in[Q_1, Q_5]$ 内，且由 $\frac{\partial\pi_{rb}^{II}(Q)}{\partial Q}=0$ 决定 $\left(\text{其中} \frac{\partial\pi_{rb}^{II}(Q)}{\partial Q}\text{由（10-15）式给定}\right)$。这里，$Q_5$ 满足 $Y_1(\theta q_{II0}^{b2}(Q_5))=\frac{c}{p}$。

证明：根据（10-15）式中关于$\frac{\partial\pi_{rb}^{II}(Q)}{\partial Q}$的表达式，我们讨论如下：

1. 如果 $Q_1>Q_4$，则在区间 $Q\in[Q_1, +\infty)$ 内，有 $w_0-w_0G(Q)-w_1<0$ 和$\frac{\partial q_{II0}^{b2}(Q)}{\partial Q}>0$。根据$\frac{\partial Y_1(\theta q_{II0}^{b2}(Q))}{\partial Q}<0$，$Y_1(\theta q_{II0}^{b2}(Q_1))=\frac{c}{w_0}$和 $p>w_0$ 可知，存在着唯一一个 Q_5 满足 $Y_1[\theta q_{II0}^{b2}(Q_5)]=\frac{c}{p}$。因此，在区间 $Q\in[Q_5, +\infty)$ 内，有 $Y_1(\theta q_{II0}^{b2}(Q))\leqslant\frac{c}{p}$；在区间 $Q\in[Q_1, Q_5]$ 内，有 $Y_1[\theta q_{II0}^{b2}(Q)]\geqslant\frac{c}{p}$。进一步可得：

（1）在区间 $Q\in[Q_5, +\infty)$ 内，有$\frac{\partial\pi_{rb}^{II}(Q)}{\partial Q}<0$，则 $Q_{II}^{b2*}=Q_5$；

（2）在区间 $Q\in[Q_1, Q_5]$ 内，①如果$\frac{\partial\pi_{rb}^{II}(Q)}{\partial Q}<0$，则 $Q_{II}^{b2*}=Q_1$；②如果存在着至少一个极值，令 $N=\{Q_{IIi}^{b2}\}$，$i=1, 2, \cdots, n$ 表示 Q 的解集，Q_{IIi}^{b2} 落在区间 $Q\in[Q_1, Q_5]$ 内，且由 $\frac{\partial\pi_{rb}^{II}(Q)}{\partial Q}=0$ 决定 $\left(\text{其中} \frac{\partial\pi_{rb}^{II}(Q)}{\partial Q}\text{由（10-15）式给定}\right)$。

根据上述讨论可知，若 $Q_1>Q_4$，则在解集 $\{Q_1\}\cup N$ 中至少存在着一个最优承诺订购量 Q_{II}^{b2*}。

2. 如果 $Q_1\leqslant Q_4$，则在区间 $Q\in[Q_1, Q_4]$ 内，有 $\frac{\partial q_{II0}^{b2}(Q)}{\partial Q}\leqslant 0$ 和 $\frac{\partial Y_1(\theta q_{II0}^{b2}(Q))}{\partial Q}\geqslant 0$；在区间 $Q\in[Q_4, +\infty)$ 内，有 $\frac{\partial q_{II0}^{b2}(Q)}{\partial Q}\geqslant 0$ 和

$\frac{\partial Y_1(\theta q_{II0}^{b2}(Q))}{\partial Q} \leqslant 0$。又因为 $Y_1(\theta q_{II0}^{b2}(Q_1)) = \frac{c}{w_0}$ 和 $Y_1(\theta q_{II0}^{b2}(Q_5)) = \frac{c}{p}$，可知 Q_5 只存在于区间 $Q \in [Q_4,\ +\infty)$ 内，即 $Q_1 \leqslant Q_4 < Q_5$。因此，类似于该证明过程中第一部分的讨论，在解集 $\{Q_1\} \cup N$ 中至少存在着一个最优承诺订购量 Q_{II}^{b2*}。

综上所述，在区间 $Q \in [Q_1,\ +\infty)$ 内，至少存在着一个最优的承诺订购量 $Q_{II}^{b2*} \in \{Q_1\} \cup N$。**证毕。**

给定 $w_1 < w_0$，令 Q_{II}^{b*} 表示零售商的最优承诺订购量。当 $\mu \leqslant \frac{c}{w_1}$ 时，有 $Q_{II}^{b*} = Q_{II}^{b1*}$；当 $\mu > \frac{c}{w_1}$ 时，有 $Q_{II}^{b*} = Q_{II}^{b2*}$。基于上述解析结论，可以进一步得到供应链的期望利润为 $\pi_{Tb}^{II}(q_{II}^{b*}) = (\mu p - c)q_{II}^{b*} - p\int_{\theta}^{\beta}\int_{0}^{xq_{II}^{b*}} f(x)G(D)\mathrm{d}D\mathrm{d}x$。

三、$w_1 > w_0$

当 $w_1 > w_0$ 时，运用逆向归纳法来分析供应链成员之间的竞争决策。给定零售商的承诺订购量，供应商决定最优的投入量。此时，在区间 $q \in \left[0,\ \frac{Q}{\beta}\right]$，$q \in \left[\frac{Q}{\beta},\ \frac{Q}{\theta}\right]$，$q \in \left[\frac{Q}{\theta},\ +\infty\right)$ 内，供应商的期望利润可以用对应区间内的 $\pi_{sb}^{II}(q)$ 来表示，即 $\pi_{sc}^{II}(q) = \pi_{sb}^{II}(q)$。在区间 $q \in [0,\ +\infty)$ 内，供应商需要决定最优的投入量 q_{II}^{c*} 来最大化自身期望利润 $\pi_{sc}^{II}(q)$。接下来，首先分析 $q \in \left[0,\ \frac{Q}{\beta}\right]$，$q \in \left[\frac{Q}{\beta},\ \frac{Q}{\theta}\right]$，$q \in \left[\frac{Q}{\theta},\ +\infty\right)$ 这三个区间内供应商的期望利润随 q 的变化情况。

1. 在区间 $q \in \left[\frac{Q}{\theta},\ +\infty\right)$ 内，若 $Y_1(Q) \leqslant \frac{c}{w_0}$，则 $\pi_{sc}^{II}(q)$ 随着 q 的增加而递减；若 $Y_1(Q) > \frac{c}{w_0}$，则 $\pi_{sc}^{II}(q)$ 是关于 q 的凹函数。

2. 在区间 $q \in \left[\frac{Q}{\beta},\ \frac{Q}{\theta}\right]$ 内，考虑到 $w_1 > w_0$，若 $\mu \leqslant \frac{c}{w_1}$，则有 $\frac{\partial^2 \pi_{sc}^{II}(q)}{\partial q^2} <$

0，即$\frac{\partial \pi_{sc}^{II}(q)}{\partial q}$随着 q 的增加而递减；若$\mu > \frac{c}{w_1}$，则需要讨论以下两种情况：

（1）若 $Y_1(Q) \leqslant \frac{c}{w_0}$，则 $\pi_{sc}^{II}(q)$ 是关于 q 的凹函数；

（2）若 $Y_1(Q) > \frac{c}{w_0}$，则 $\pi_{sc}^{II}(q)$ 随着 q 的增加而递增。

3. 在区间 $q \in \left[0, \frac{Q}{\beta}\right]$内，若 $\mu \leqslant \frac{c}{w_1}$，则 $\pi_{sc}^{II}(q)$ 随着 q 的增加而递减；若$\mu > \frac{c}{w_1}$，则 $\pi_{sc}^{II}(q)$ 随着 q 的增加而递增。

综合上述分析可知，①当$\mu > \frac{c}{w_1}$时，（a）若 $Y_1(Q) \leqslant \frac{c}{w_0}$，则 $\pi_{sc}^{II}(q)$ 是关于 q 的凹函数，且在区间 $q \in \left[\frac{Q}{\beta}, \frac{Q}{\theta}\right]$内取到最大值；（b）若 $Y_1(Q) > \frac{c}{w_0}$，则 $\pi_{sc}^{II}(q)$ 是关于 q 的凹函数，且在区间 $q \in \left[\frac{Q}{\theta}, +\infty\right)$内取到最大值。②当$\mu \leqslant \frac{c}{w_1}$时，则 $\pi_{sc}^{II}(q)$ 随着 q 的增加而递减。引理 10.4 总结了供应商的期望利润在不同条件下随 q 的变化情况。

引理 10.4 给定μ，c 和 w_1，供应商期望利润随 q 的变化情况如下：

1. 若$\mu > \frac{c}{w_1}$，则供应商的期望利润是关于 q 的凹函数。

2. 若$\mu \leqslant \frac{c}{w_1}$，则供应商的期望利润随着 q 的增加而递减。

由引理 10.4 可知，给定一个相对较高的产出率均值$\left(\mu > \frac{c}{w_1}\right)$，供应商可以选择一个最优的投入量来最大化自身期望利润；给定一个相对较低的产出率均值$\left(\mu \leqslant \frac{c}{w_1}\right)$，则供应商不会投入生产。但是，与 $w_1 = w_0$ 的情况不同，给定一个较高的批发价格 w_1，即使产出率均值相对较低，供应商也有可能愿意参与供应链运作。

表 10.3 展示了给定 $w_1 > w_0$ 时供应商期望利润在不同条件下随 q 的变化情况。接下来，进一步讨论不同条件下供应商的最优投入量。

1. 若 $\mu > \frac{c}{w_1}$ 和 $Y_1(Q) \leqslant \frac{c}{w_0}$ 同时成立，则存在着唯一一个 $q_{II}^{c2}(Q)$ 使得 $\pi_{sc}^{II}(q)$ 取到最大值，且 $q_{II}^{c2}(Q)$ 满足 $w_0\int_\theta^\beta xf(x)[1-G(xq_{II}^{c2}(Q))]\mathrm{d}x - c = 0$。此时，供应商的最优投入量为 $q_{II}^{c*} = q_{II}^{c2}(Q)$。

表 10.3　　　　给定 $w_1 > w_0$ 时供应商期望利润随 q 的变化情况

条件 \ q		
$\mu \leqslant \frac{c}{w_1}$	—	
$\mu > \frac{c}{w_1}$	$Y_1(Q) \leqslant \frac{c}{w_0}$	
	$Y_1(Q) > \frac{c}{w_0}$	

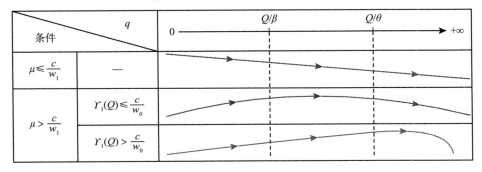

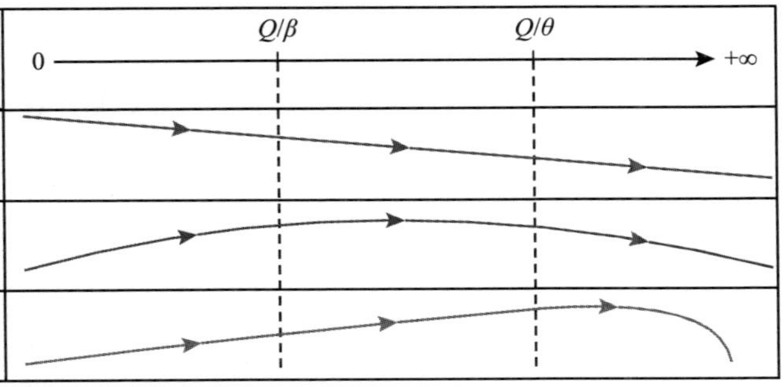

2. 若 $\mu > \frac{c}{w_0}$ 和 $Y_1(Q) > \frac{c}{w_0}$ 同时成立，则供应商的最优投入量为 $q_{II}^{c*} = q_I$。

3. 若 $\mu \leqslant \frac{c}{w_1}$，则供应商的最优投入量为 $q_{II}^{c*} = 0$。

综合上述讨论，命题 10.8 总结了供应商的最优投入量。

命题 10.8　若 $\mu \leqslant \frac{c}{w_1}$，则供应商不会投入生产，即 $q_{II}^{c*} = 0$；若 $\mu > \frac{c}{w_1}$ 和 $Y_1(Q) > \frac{c}{w_0}$ 同时成立，则供应商的最优投入量为 $q_{II}^{c*} = q_I$；若 $\mu > \frac{c}{w_1}$ 和 $Y_1(Q) \leqslant \frac{c}{w_0}$ 同时成立，则供应商的最优投入量为 $q_{II}^{c*} = q_{II}^{c2}(Q)$，其中 $q_{II}^{c2}(Q) = q_{II0}^{b2}(Q)$。

当且仅当满足 $\mu > \frac{c}{w_0}$ 时，Q_1 才存在。因此，进一步分析不同条件下供应商最优投入量与零售商承诺订购量之间的关联性，可以得到如下命题。

命题 10.9　当 $\mu > \frac{c}{w_0}$ 时，①在区间 $Q \in [0, Q_1]$ 内，供应商的最优投入量

q_{II}^{c*} 与 Q 无关；②在区间 $Q\in[Q_1,\ +\infty)$ 内，供应商的最优投入量 q_{II}^{c*} 随着 Q 的增加而递增。当 $\frac{c}{w_1}<\mu\leqslant\frac{c}{w_0}$ 时，供应商的最优投入量 q_{II}^{c*} 随着 Q 的增加而递增。

证明：给定 $w_1>w_0$，显然有 $\frac{c}{w_0}>\frac{c}{w_1}$。当 $\mu>\frac{c}{w_0}$ 时，存在着唯一一个 Q_1 满足 $Y_1(Q_1)=\frac{c}{w_0}$；当 $\frac{c}{w_1}<\mu\leqslant\frac{c}{w_0}$ 时，$Y_1(Q)\leqslant\frac{c}{w_0}$ 恒成立。因此，可以讨论如下：

1. 当 $\mu>\frac{c}{w_0}$ 时，在区间 $Q\in[0,\ Q_1]$ 内，有 $Y_1(Q_1)\geqslant\frac{c}{w_0}$。此时，供应商的最优投入量为 $q_{II}^{c*}=q_I$。显然，q_I 与 Q 无关。在区间 $Q\in[Q_1,\ +\infty)$ 内，有 $Y_1(Q_1)<\frac{c}{w_0}$。此时，供应商的最优投入量为 $q_{II}^{c*}=q_{II0}^{c2}(Q)=q_{II0}^{b2}(Q)$。显然，$q_{II0}^{b2}(Q)$ 随着 Q 增加而递增。

2. 当 $\frac{c}{w_1}<\mu\leqslant\frac{c}{w_0}$ 时，供应商的最优投入量为 $q_{II}^{c*}=q_{II0}^{c2}(Q)=q_{II0}^{b2}(Q)$。显然，$q_{II0}^{b2}(Q)$ 随着 Q 的增加而递增。**证毕。**

根据命题 10.9 可知，给定一个相对较低的产出率均值 $\left(\frac{c}{w_1}<\mu\leqslant\frac{c}{w_0}\right)$，供应商仍然会选择一个正的投入量。因此，在区间 $\mu\in\left(\frac{c}{w_1},\ \frac{c}{w_0}\right]$ 内，承诺订购契约始终能够有效激励供应商参与供应链运作，且供应商的投入量随着零售商承诺订购量的增加而递增。

预料到供应商的最优投入量，零售商决定最优承诺订购量。此时，需要考虑以下情况：

1. 当 $\mu\leqslant\frac{c}{w_1}$ 时，预料到 $q_{II}^{c*}=0$，零售商不进行订购承诺。此时，没有成员愿意参与到供应链的运作中。

2. 当 $\mu>\frac{c}{w_1}$ 时，供应商的最优投入量为 q_I 或 $q_{II}^{c2}(Q)$。因此，讨论如下：

（1）预料到供应商的最优投入量为 $q_{II}^{c*}=q_I$，且与 Q 无关，零售商的承诺订购量为 0。此时，零售商的期望利润为 $\pi_{rc}^{II}(0)=\pi_{ra}^{II}(0)$。

（2）预料到供应商的最优投入量为 $q_{II}^{c*}=q_{II}^{c2}(Q)$，零售商的期望利润为

$\pi_{rc}^{II}(Q)=\pi_{rb}^{II}(Q)$，且由（10－14）式给定。此时，零售商决定最优的承诺订购量 Q_{II}^{c}来最大化自身期望利润。根据命题 10.9 可知，Q_{II}^{c}必定落在区间 $Q\in[\max\{0,\ Q_1\},\ +\infty)$ 内。因此，可以得到如下命题。

命题 10.10　预料到 $q_{II}^{c*}=q_{II}^{c2}(Q)$，零售商可以在集合 $Q_{II}^{c}\in\{0,\ Q_1\}\cup E$ 中找到至少一个最优的承诺订购量，其中 $E=\{Q_{IIi}^{c1}\}$，$i=1,\ 2,\ \cdots,\ n$，Q_{IIi}^{c1} 落在区间 $Q\in[\max\{0,\ Q_1\},\ Q_5]$ 内，且由下列等式确定：

$$\{pY_1[\theta q_{II}^{c2}(Q_{IIi}^{c1})]-c\}\frac{\partial q_{II}^{c2}(Q_{IIi}^{c1})}{\partial Q_{IIi}^{c1}}+[w_0-w_0G(Q_{IIi}^{c1})-w_1]\left\{1-F\left[\frac{Q_{IIi}^{c1}}{q_{II}^{c2}(Q_{IIi}^{c1})}\right]\right\}=0$$

证明：预料到 $q_{II}^{c*}=q_{II}^{c2}(Q)$，在区间 $Q\in[0,\ Q_1]$ 内，供应商的最优投入量 q_{II}^{c*} 与 Q 无关。此时，$Q_{II}^{c2*}=0$。在区间 $Q\in[Q_1,\ +\infty)$ 内时，结合 $q_{II}^{c2}(Q)$ 的表达式可得，$\pi_{rc}^{II}(Q)$ 关于 Q 的一阶导为：

$$\frac{\partial\pi_{rc}^{II}(Q)}{\partial Q}=[pY_1(\theta q_{II}^{c2}(Q))-c]\frac{\partial q_{II}^{c2}(Q)}{\partial Q}+[w_0-w_0G(Q)-w_1]\left[1-F\left(\frac{Q}{q_{II}^{c2}(Q)}\right)\right]$$

这里，$Y_1(\theta q_{II}^{c2}(Q))=\int_{\theta}^{\beta}xf(x)[1-G(xq_{II}^{c2}(Q))]\mathrm{d}x$，且 $Y_1(\theta q_{II}^{c2}(Q))$ 关于 Q 的一阶导为：$\frac{\partial Y_1(\theta q_{II}^{c2}(Q))}{\partial Q}=-\frac{\partial q_{II}^{c2}(Q)}{\partial Q}\int_{\theta}^{\beta}x^2f(x)g(xq_{II}^{c2}(Q))\mathrm{d}x$。

1. 当 $Q_1>Q_4$，则在区间 $Q\in[Q_1,\ +\infty)$ 内，有 $w_0-w_0G(Q)-w_1<0$，即$\frac{\partial q_{II}^{c2}(Q)}{\partial Q}>0$。因此，有$\frac{\partial Y_1(\theta q_{II}^{c2}(Q))}{\partial Q}\leqslant 0$。在区间 $Q\in[Q_1,\ +\infty)$ 内，$Y_1(\theta q_{II}^{c2}(Q))$ 随着 Q 的增加而递减。结合考虑 $Y_1(Q_1)=\frac{c}{w_0}$和 $q_{II}^{c2}(Q)$ 的表达式，可以得到 $Q_1=\theta q_{II}^{c2}(Q_1)$，即 $Y_1(\theta q_{II}^{c2}(Q_1))=\frac{c}{w_0}$。同时，可得 $\lim\limits_{Q\to+\infty}Y_1(\theta q_{II}^{c2}(Q))=0$。在区间 $Q\in[Q_1,\ +\infty)$ 内，$Y_1(\theta q_{II}^{c2}(Q))$ 随着 Q 的增加而递减，且有 $p>w_0$，因此必定存在着唯一一个 Q_5 满足 $Y_1(\theta q_{II}^{c2}(Q_5))=\frac{c}{p}$。显然，$Q_5>Q_1$。

由于零售商的最优承诺订购量 Q_{II}^{c}必定落在区间 $Q\in[Q_1,\ +\infty)$ 内，可得：①当 $Q\in[Q_5,\ +\infty)$ 时，有 $pY_1(\theta q_{II}^{c2}(Q))-c\leqslant 0$ 和$\frac{\partial\pi_{rc}^{II}(Q)}{\partial Q}<0$，因

此 $Q_{II}^{c}=Q_5$。②当 $Q\in[Q_1, Q_5)$ 时，有 $\lim\limits_{Q\to Q_5}\frac{\partial\pi_{rc}^{II}(Q)}{\partial Q}<0$，由于无法确定 $\left.\frac{\partial\pi_{rc}^{II}(Q)}{\partial Q}\right|_{Q=Q_1}$ 是正的还是负的，需要考虑以下两种可能的情况：(a) 若 $\frac{\partial\pi_{rc}^{II}(Q)}{\partial Q}<0$，则有 $Q_{II}^{c}=Q_1$；(b) 若存在至少一个极值，令 $X=\{Q_{IIi}^{c1}\}$，$i=1, 2, \cdots, n$ 表示 Q 的解集，则 Q_{IIi}^{c1} 在区间 $Q\in[Q_1, Q_2)$ 内，且满足下列等式：

$$[pY_1(\theta q_{II}^{c2}(Q_{IIi}^{c1}))-c]\frac{\partial q_{II}^{c2}(Q_{IIi}^{c1})}{\partial Q_{IIi}^{c1}}+[w_0-w_0G(Q_{IIi}^{c1})-w_1]\left[1-F\left(\frac{Q_{IIi}^{c1}}{q_{II}^{c2}(Q_{IIi}^{c1})}\right)\right]=0$$

根据上述讨论可知，当 $Q_1>Q_4$ 时，至少存在着一个最优的承诺订购量 $Q_{II}^{c}\in\{0, Q_1\}\cup X$。

2. 当 $Q_1\leqslant Q_4$ 时，在区间 $Q\in[Q_1, Q_4]$ 内，有 $\frac{\partial q_{II0}^{c2}(Q)}{\partial Q}\leqslant 0$ 和 $\frac{\partial Y_1(\theta q_{II0}^{c2}(Q))}{\partial Q}\geqslant 0$；在区间 $Q\in[Q_4, +\infty)$ 内，有 $\frac{\partial q_{II0}^{c2}(Q)}{\partial Q}\geqslant 0$ 和 $\frac{\partial Y_1(\theta q_{II0}^{c2}(Q))}{\partial Q}\leqslant 0$。又因为 $Y_1(\theta q_{II0}^{c2}(Q_1))=\frac{c}{w_0}$ 和 $Y_1(\theta q_{II0}^{c2}(Q_5))=\frac{c}{p}$，可得 Q_5 只存在于区间 $Q\in[Q_4, +\infty)$ 内，即 $Q_1\leqslant Q_4<Q_5$。因此，在解集 $\{Q_1\}\cup X$ 中至少存在着一个最优的承诺订购量。

综上，可以得到在区间 $Q\in[Q_1, +\infty)$ 内，至少存在着一个最优的承诺订购量 $Q_{II}^{c}\in\{Q_1\}\cup X$。**证毕。**

给定 $w_1>w_0$，令 Q_{II}^{c*} 表示零售商的最优承诺订购量。当 $\mu\leqslant\frac{c}{w_1}$ 时，有 $Q_{II}^{c*}=0$；当 $\mu>\frac{c}{w_1}$ 时，有 $Q_{II}^{c*}\in\{0, Q_{II}^{c}\}$。给定上述解析结论，可以进一步得到供应链的期望利润为 $\pi_{Tc}^{II}(q_{II}^{c*})=(\mu p-c)q_{II}^{c*}-p\int_{\theta}^{\beta}\int_{0}^{xq_{II}^{c*}}f(x)G(D)\mathrm{d}D\mathrm{d}x$。

第三节 数值分析

本节通过数值分析对上述解析结论进行验证，并得出了更丰富的结论。

假设 $c=30$，$w_0=50$，$p=80$；需求 D 服从正态分布，且 $D\sim N(50, 5^2)$；产出率 x 在区间［0.5，β］内服从均匀分布，即 $\theta=0.5$。

一、基准模型

在基准模型中，根据命题 10.1 可知，给定 $\mu\leqslant\frac{c}{w_0}$，即 $\beta\leqslant0.7$，供应商的最优投入量为 $q_I^*=0$；给定 $\mu>\frac{c}{w_0}$，即 $\beta>0.7$，供应商的最优投入量为 $q_I^*=q_I$。表 10.4 列出了 $\beta\leqslant0.7$，$\beta=0.8$，$\beta=0.9$，$\beta=1.0$ 和 $\beta=1.1$ 时供应商的最优投入量，以及供应链成员的最优期望利润。

表 10.4　基准模型中供应商的最优决策及供应链成员的最优期望利润

β 值	q_I^*	$\pi_s^I(q_I^*)$	$\pi_r^I(q_I^*)$	$\pi_T^I(q_I^*)$
$\beta\leqslant0.7$	0	0	0	0
$\beta=0.8$	60.16	141.24	1167.61	1308.85
$\beta=0.9$	57.01	264.62	1184.88	1449.50
$\beta=1.0$	53.68	369.77	1181.74	1551.51
$\beta=1.1$	50.65	460.19	1187.83	1648.02

二、$w_1=w_0$ 时的承诺订购契约

在该契约中，根据引理 10.1 可知，给定 $\beta\leqslant0.7$，供应商的期望利润 $\pi_{sa}^{II}(q)$ 是关于 q 的递减函数。给定 $\beta>0.7$，供应商的期望利润 $\pi_{sa}^{II}(q)$ 是关于 q 的凹函数。给定零售商的承诺订购量分别为 $Q=10$ 和 $Q=60$，图 10.1 展示了不同 $\beta(\beta>0.7)$ 取值时，供应商的期望利润 $\pi_{sa}^{II}(q)$ 随 q 的变化情况。同时，可以在相应的区间内找到供应商的最优投入量，具体如表 10.5 所示。例如，当 $Q=60$，$\beta=0.8$ 时，供应商的最优投入量是 $q_{II}^{a*}=76.85$，且相应的

约束条件均得到满足，即$\mu > \frac{c}{w_0}$，$Y_1(Q) \leqslant \frac{c}{w_0}$和$q_{II}^{a*} \in \left[\frac{Q}{\beta}, \frac{Q}{\theta}\right]$。

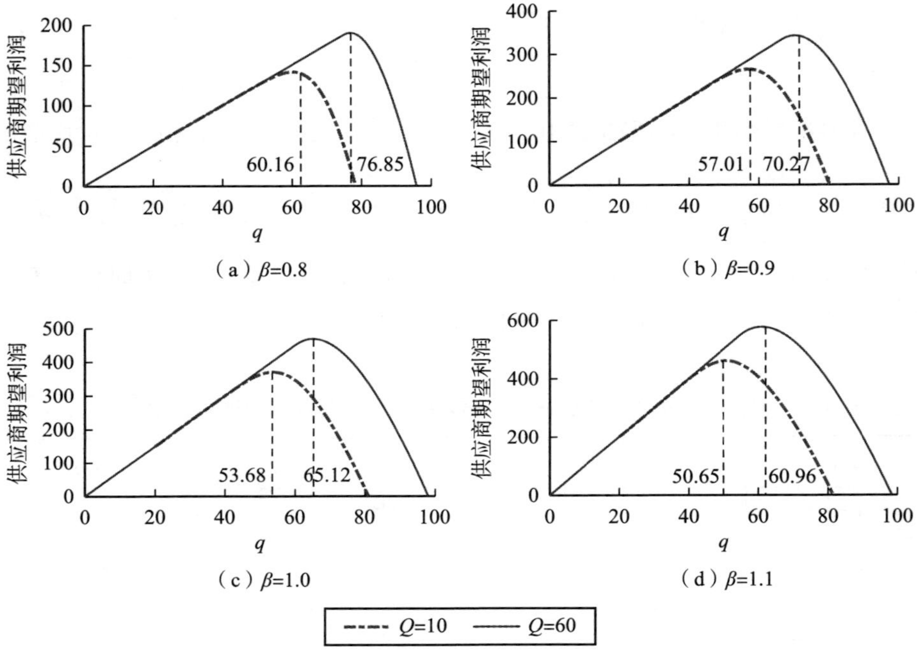

图 10.1　给定 $w_1 = w_0$ 时供应商期望利润随 q 的变化情况

表 10.5　给定 $w_1 = w_0$、不同 β 和关于 Q 的约束条件时，供应商的最优投入量

变量	β 值								
	0.8		0.9		1.0		1.1		≤0.7
Q_1	30.08		28.51		26.84		25.33		—
Q	[0, 30.08)	[30.08, +∞)	[0, 28.51)	[28.51, +∞)	[0, 26.84)	[26.84, +∞)	[0, 25.33)	[25.33, +∞)	—
$Y_1(Q)$	$Y_1(Q) >$ 0.6	$Y_1(Q) \leqslant$ 0.6	$Y_1(Q) >$ 0.6	$Y_1(Q) \leqslant$ 0.6	$Y_1(Q) >$ 0.6	$Y_1(Q) \leqslant$ 0.6	$Y_1(Q) >$ 0.6	$Y_1(Q) \leqslant$ 0.6	—
q_{II}^{a*}	q_I	$q_{II}^{a2}(Q)$	q_I	$q_{II}^{a2}(Q)$	q_I	$q_{II}^{a2}(Q)$	q_I	$q_{II}^{a2}(Q)$	0

根据命题 10.2，给定$\beta \leq 0.7$，供应商的最优投入量为 $q_{II}^{a^*}=0$；给定$\beta >0.7$，若满足 $Y_1(Q) \leq 0.6$，则供应商的最优投入量为 $q_{II}^{a^*}=q_{II}^{a2}(Q)$；若满足 $Y_1(Q)>0.6$，则供应商的最优投入量为 $q_{II}^{a^*}=q_I$。给定$\beta=0.8$，$\beta=0.9$，$\beta=1.0$ 和$\beta=1.1$，表 10.5 展示了不同 $Y_1(Q)$ 取值范围时供应商的最优投入量。通过求解 $Y_1(Q)=0.6$，可以得到不同$\beta(\beta>0.7)$下的 Q_1。由此可知，①在区间 $Q\in[0, Q_1)$ 内，供应商的最优投入量为 $q_{II}^{a^*}=q_I$；②在区间 $Q\in[Q_1, +\infty)$ 内，供应商的最优投入量为 $q_{II}^{a^*}=q_{II}^{a2}(Q)$。例如，给定$\beta=0.8$，有 $Q_1=30.08$。因此，在区间 $Q\in[0, 30.08)$，供应商的最优投入量为 $q_{II}^{a^*}=q_I$；在区间 $Q\in[30.08, +\infty)$，供应商的最优投入量 $q_{II}^{a^*}=q_{II}^{a2}(Q)$。根据图 10.2 可知，在区间 $Q\in[Q_1, +\infty)$ 内，供应商的最优投入量 $q_{II}^{a2}(Q)$ 随着 Q 增加而递增，正如命题 10.3 所述。

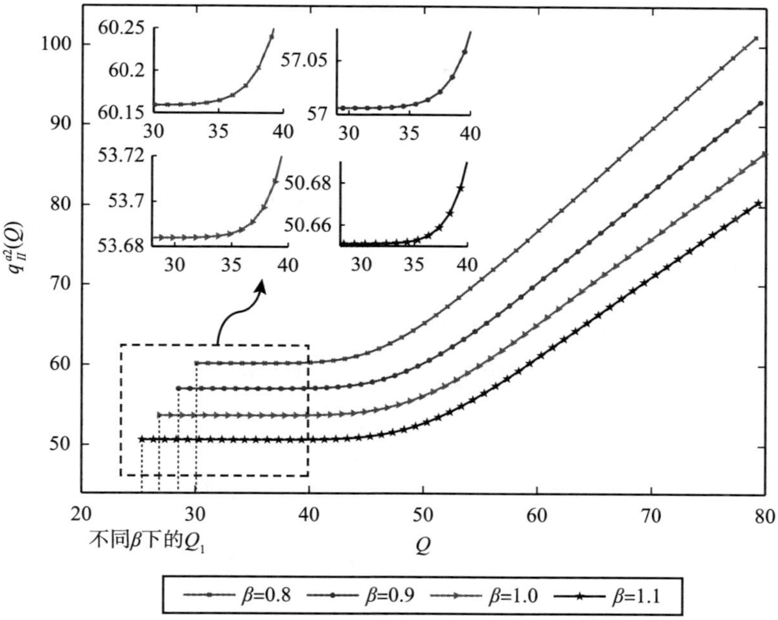

图 10.2 给定 $w_1=w_0$ 时，在区间 $Q\in[Q_1, +\infty)$ 内 $q_{II}^{a2}(Q)$ 随 Q 的变化情况

下面讨论零售商在不同条件下的最优承诺订购量。给定$\beta \leq 0.7$，零售商的最优承诺订购量为 $Q_{II}^{a^*}=0$。正如引理 10.2 所述，给定$\beta>0.7$，零售商可能会选择一个正的承诺订购量来最大化自身期望利润。给定 $\beta \leqslant 0.7$，$\beta = 0.8$，$\beta = 0.9$，$\beta = 1.0$ 和 $\beta = 1.1$，表 10.6 根据算法求解了零售商的最优承诺订购量，以及供应商的最优投入量和供应链成员的最优期望利润。

表 10.6　$w_1 = w_0$ 时的承诺订购契约下供应链最优决策和供应链成员的最优期望利润

β 值	Q_{II}^{a*}	q_{II}^{a*}	$\pi_{sa}^{II}(q_{II}^{a*})$	$\pi_{ra}^{II}(Q_{II}^{a*})$	$\pi_{Ta}^{II}(q_{II}^{a*})$
$\beta \leqslant 0.7$	0	0	0	0	0
$\beta = 0.8$	55.43	71.18	171.64	1254.67	1426.31
$\beta = 0.9$	54.88	64.62	313.94	1225.15	1539.09
$\beta = 1.0$	53.79	58.99	422.75	1203.75	1626.45
$\beta = 1.1$	52.04	53.97	506.49	1189.51	1696.00

三、$w_1 < w_0$ 时的承诺订购契约

$w_1 < w_0$ 表示零售商提前承诺订购时的批发价格小于常规订购时的批发价格，即供应商给予零售商承诺订购量一定的批发价折扣。假设 $w_1 = 49$，则 $\mu > \frac{c}{w_1}$就相当于$\beta > 0.72$。如引理 10.3 中第 1 条的结论所述，给定$\beta > 0.72$，供应商的期望利润是关于 q 的凹函数。给定 $Q = 10$ 和 $Q = 60$，图 10.3 展示了给定不同$\beta(\beta > 0.72)$ 取值时供应商期望利润随 q 的变化情况。进一步可以得到在相应区间内供应商的最优投入量，如表 10.7 所示。例如，给定 $Q = 60$ 和 $\beta = 0.8$ 时，供应商的最优投入量为 $q_{II}^{b*} = 76.39$，且约束条件$\mu > \frac{c}{w_1}$，$Y_1(Q) \leqslant \frac{c}{w_0}$和 $q_{II}^{b*} \in \left[\frac{Q}{\beta}, \frac{Q}{\theta}\right]$均得到满足。与 $w_1 = w_0$ 时的承诺订购契约不同的是，给定一个相对较小的$\beta(\beta \leqslant 0.72)$，供应商仍然可能在特定条件下选择一个正的投入量。如引理 10.3 第 2 条中的结论所述，图 10.4 展示了给定$\beta = 0.72$，以及 $Q = 10$，$Q = 29$ 和 $Q = 60$ 时，供应商期望利润随 q 的变化情况。此时，可以得到在相应区间内供应商的最优投入量，如表 10.7 所示。例如，给定 $Q =$

10 和$\beta=0.72$时，供应商的最优投入量为$q_{II}^{b^*}=59.87$，且约束条件$\beta>\frac{c}{w_1}$，$Y_1(Q)\leqslant\frac{c}{w_0}$和$q_{II}^{b^*}\in\left[\frac{Q}{\theta},\ +\infty\right)$均得到满足。

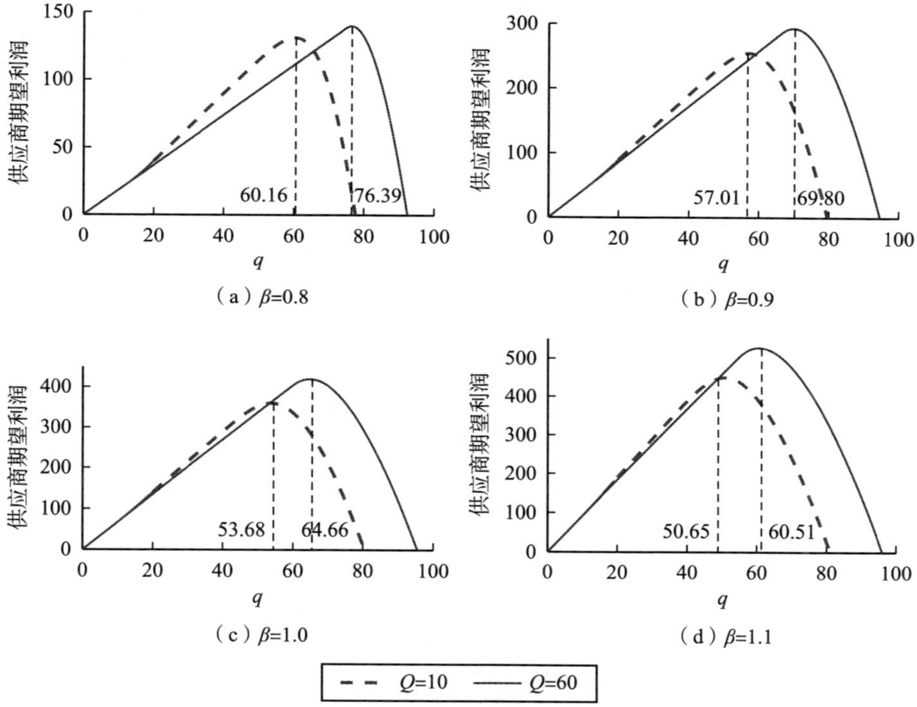

图 10.3　给定$w_1<w_0$时供应商期望利润随q的变化情况

表 10.7　给定$w_1<w_0$、不同β和关于Q的约束条件时，供应商的最优投入量

变量	β值								
	0.72	0.8		0.9		1.0		1.1	
Q_1	29.94	30.08		28.51		26.84		25.33	
Q_3	28.47	—		—		—		—	
Q	[0, 28.47)	[0, 30.08)	[30.08, +∞)	[0, 28.51)	[28.51, +∞)	[0, 26.84)	[26.84, +∞)	[0, 25.33)	[25.33, +∞)

续表

变量	β值								
	0.72	0.8		0.9		1.0		1.1	
$Y_1(Q)$	>0.6	>0.6	≤0.6	>0.6	≤0.6	>0.6	≤0.6	>0.6	≤0.6
$Y_3(Q)$	<0.98	—		—		—		—	
q_{II}^{b*}	q_I	q_I	$q_{II0}^{b2}(Q)$	q_I	$q_{II0}^{b2}(Q)$	q_I	$q_{II0}^{b2}(Q)$	q_I	$q_{II0}^{b2}(Q)$

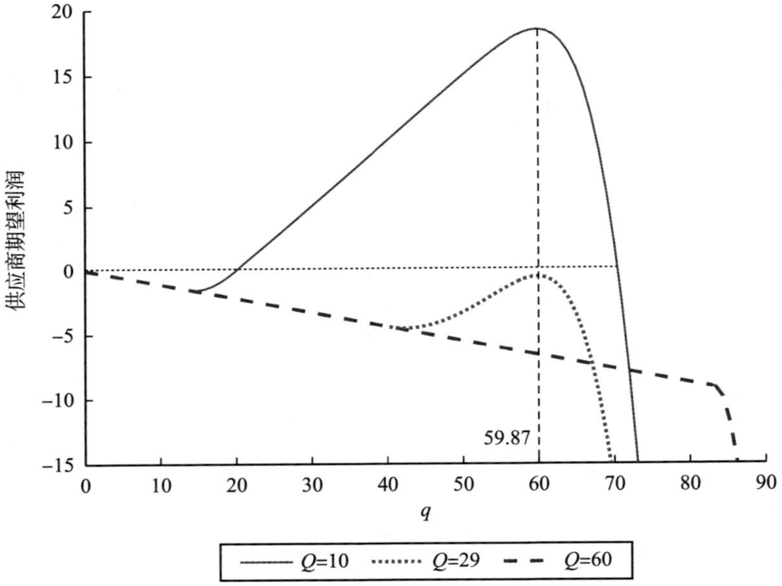

图 10.4　给定 $w_1 < w_0$ 和 $\beta = 0.72$ 时供应商期望利润随 q 的变化情况

根据命题 10.5 可知，①给定 $\beta \leqslant 0.72$，若 $Y_1(Q) > 0.6$ 和 $Y_3(Q) < 0.98$ 同时成立，则供应商的最优投入量为 $q_{II}^{b*} = q_I$；否则，供应商的最优投入量为 $q_{II}^{b*} = 0$。②给定 $\beta > 0.72$，若 $Y_1(Q) > 0.6$，则供应商的最优投入量为 $q_{II}^{b*} = q_I$；否则，供应商的最优投入量为 $q_{II}^{b*} = q_{II0}^{b2}(Q)$。特别地，$\beta = 0.72$ 满足条件 $\frac{c}{w_0} < \mu \leqslant \frac{c}{w_1}$，进一步证实了推论 10.1 的合理性。给定 $\beta = 0.8$，$\beta = 0.9$，$\beta = 1.0$ 和 $\beta = 1.1$，表 10.7 展示了在不同的 Q 取值范围内供应商的最优投入量。

同时，$Y_1(Q)$ 的不同取值范围也相应地列出来了，且表 10.7 的第二列展示了给定 $\beta=0.72$ 时，$Y_1(Q)$ 和 $Y_3(Q)$ 不同取值范围内供应商的最优投入量。如引理 10.3 所述，给定 $\beta>0.72$，在区间 $Q\in[0,\ Q_1)$ 内，供应商的最优投入量为 $q_{II}^{b^*}=q_I$；在区间 $Q\in[Q_1,\ +\infty)$ 内，供应商的最优投入量为 $q_{II}^{b^*}=q_{II0}^{b2}(Q)$。例如，给定 $\beta=0.9$，有 $Q_1=28.51$。进一步可得，在区间 $Q\in[0,\ 28.51)$ 内，供应商的最优投入量为 $q_{II}^{b^*}=q_I$；在区间 $Q\in[28.51,\ +\infty)$ 内，供应商的最优投入量为 $q_{II}^{b^*}=q_{II0}^{b2}(Q)$。给定 $w_1=49$ 和 $w_0=50$，通过求解 $1-G(Q_4)=\frac{w_1}{w_0}$，可以得到 $Q_4=39.73$。进一步得到，给定不同的 $\beta(\beta>0.72)$ 取值，$Q_4>Q_1$ 始终成立。根据图 10.5 可知，在区间 $Q\in[Q_1,\ Q_4]$ 内，$q_{II0}^{b2}(Q)$ 随着 Q 的增加而递减；在区间 $Q\in[Q_4,\ +\infty)$ 内，$q_{II0}^{b2}(Q)$ 随着 Q 的增加而递增，进一步验证了命题 10.6 的结论。

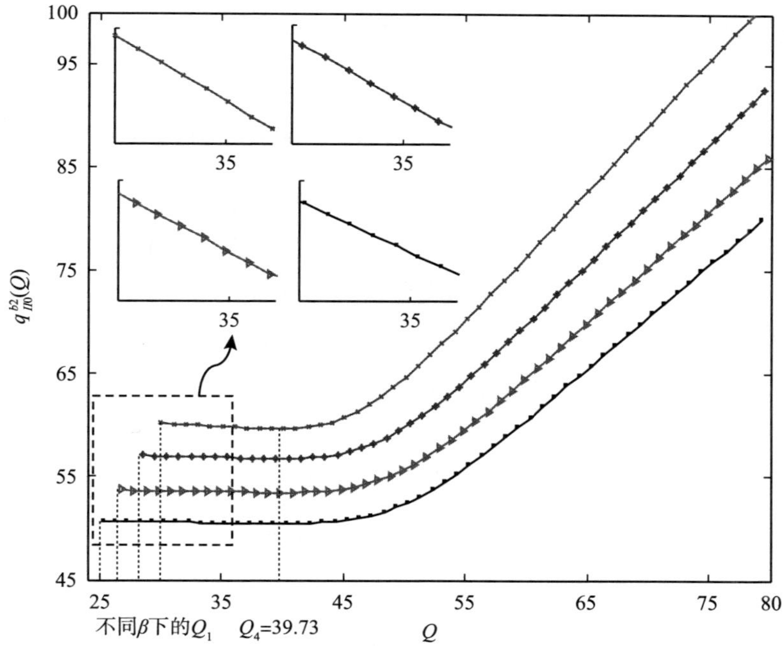

图 10.5　给定 $w_1<w_0$ 时，在区间 $Q\in[Q_1,\ +\infty)$ 内 $q_{II0}^{b2}(Q)$ 随 Q 的变化情况

接下来，讨论零售商在不同条件下的最优承诺订购量。给定 $\beta=0.7$，$\beta=0.8$，$\beta=0.9$，$\beta=1.0$ 和 $\beta=1.1$，表 10.8 求解了零售商的最优承诺订购量、供应商的最优投入量和供应链成员的最优期望利润。

表 10.8　$w_1<w_0$ 时的承诺订购契约下供应链最优决策和供应链成员的最优期望利润

β 值	Q_{II}^{b*}	q_{II}^{b*}	$\pi_{sb}^{II}(q_{II}^{b*})$	$\pi_{rb}^{II}(Q_{II}^{b*})$	$\pi_{Tb}^{II}(q_{II}^{b*})$
$\beta=0.72$	28.47	59.87	0	1123.16	1123.16
$\beta=0.8$	56.14	71.58	131.12	1300.00	1431.12
$\beta=0.9$	55.74	66.08	272.35	1268.23	1540.58
$\beta=1.0$	54.83	59.49	385.61	1244.60	1630.21
$\beta=1.1$	53.49	54.62	474.61	1228.08	1702.69

四、$w_1>w_0$ 时的承诺订购契约

假设 $w_1=51$，则 $\mu>\frac{c}{w_1}$可以表示为 $\beta>0.68$。如引理 10.4 的结论所述，给定 $\beta>0.68$，供应商的期望利润是关于 q 的凹函数；给定 $\beta\leqslant0.68$，供应商的期望利润随着 q 的增加而递减。给定不同 $\beta(\beta>0.68)$ 的取值，$Q=10$ 和 $Q=60$ 时，供应商期望利润随 q 的变化情况与 $w_1=w_0$ 时类似。在此基础上，可以得到相应区间内供应商的最优投入量，具体如表 10.9 所示。例如，给定 $Q=60$，$\beta=0.8$ 时，供应商的最优投入量为 $q_{II}^{c*}=77.31$，且约束条件 $\mu>\frac{c}{w_1}$，$Y_1(Q)\leqslant\frac{c}{w_0}$和 $q_{II}^{c*}\in\left[\frac{Q}{\beta},\ \frac{Q}{\theta}\right]$均得到满足。

根据命题 10.8 可知，①给定 $\beta\leqslant0.68$，供应商的最优投入量为 $q_{II}^{c*}=0$。②给定 $\beta>0.68$，若 $Y_1(Q)\leqslant0.6$，则供应商的最优投入量为 $q_{II}^{c*}=q_{II}^{c2}(Q)$；否则，供应商的最优投入量为 $q_{II}^{c*}=q_I$。给定 $\beta=0.8$，$\beta=0.9$，$\beta=1.0$ 和 $\beta=1.1$，表 10.9 展示不同 Q 取值范围内供应商的最优投入量。即在区间 $Q\in[0,\ Q_1)$ 内，供应商的最优投入量为 $q_{II}^{c*}=q_I$；在区间 $Q\in[Q_1,\ +\infty)$ 内，供应

商的最优投入量为 $q_{II}^{c*}=q_{II}^{c2}(Q)$。与其他两种承诺订购契约不同，给定一个相对较低的$\beta$，供应商在该契约下仍然愿意选择一个正的投入量。其中，表 10.9 的第二列显示了给定 $\beta=0.7$ 时供应商的最优投入量 $q_{II}^{c2}(Q)$。根据图 10.6 可知，给定$\beta=0.8$ 时，在区间 $Q\in[0,\ +\infty)$ 内，$q_{II}^{c2}(Q)$ 随着 Q 的增加而递增；给定$\beta=0.7$ 时，在区间 $Q\in[Q_1,\ +\infty)$ 内，$q_{II}^{c2}(Q)$ 随着 Q 的增加递增，验证了命题 10.9 的结论。

表 10.9　给定 $w_1>w_0$、不同β 和关于 Q 的约束条件时，供应商的最优投入量

变量	β值								
	0.7	0.8		0.9		1.0		1.1	
Q_1	—	30.08		28.51		26.84		25.33	
Q	$[0,+\infty)$	$[0,30.08)$	$[30.08,+\infty)$	$[0,28.51)$	$[28.51,+\infty)$	$[0,26.84)$	$[26.84,+\infty)$	$[0,25.33)$	$[25.33,+\infty)$
$Y_1(Q)$	—	$Y_1(Q)>0.6$	$Y_1(Q)\leq 0.6$	$Y_1(Q)>0.6$	$Y_1(Q)\leq 0.6$	$Y_1(Q)>0.6$	$Y_1(Q)\leq 0.6$	$Y_1(Q)>0.6$	$Y_1(Q)\leq 0.6$
q_{II}^{c*}	$q_{II}^{c2}(Q)$	q_I	$q_{II}^{c2}(Q)$	q_I	$q_{II}^{c2}(Q)$	q_I	$q_{II}^{c2}(Q)$	q_I	$q_{II}^{c2}(Q)$

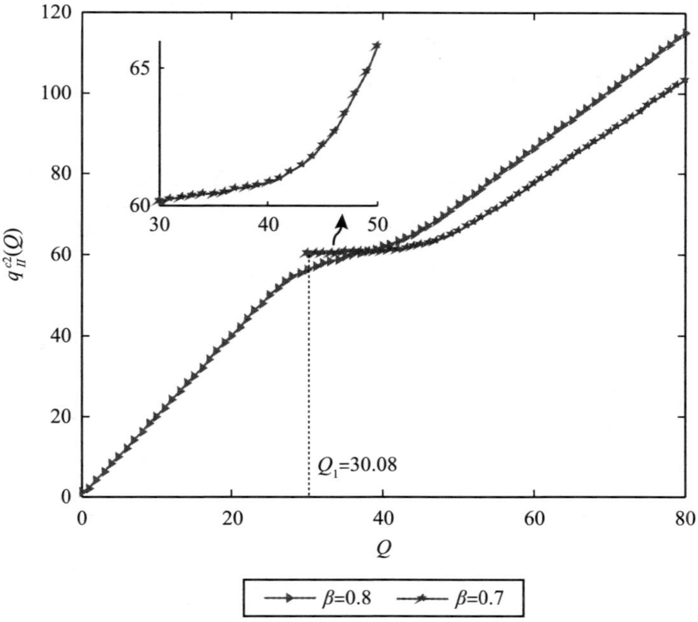

图 10.6　给定 $w_1>w_0$ 时，$q_{II}^{c2}(Q)$ 随 Q 的变化情况

下面讨论零售商在不同条件下的最优承诺订购量。如表 10. 10 所示，给定$\beta=0.7$，$\beta=0.8$，$\beta=0.9$，$\beta=1.0$ 和$\beta=1.1$ 时，求解得到了零售商的最优承诺订购量、供应商的最优投入量和供应链成员的最优期望利润。

表 10. 10　$w_1>w_0$ 时的承诺订购契约下供应链最优决策和供应链成员的最优期望利润

β 值	Q_{II}^{b*}	q_{II}^{b*}	$\pi_{sb}^{II}(q_{II}^{b*})$	$\pi_{rb}^{II}(Q_{II}^{b*})$	$\pi_{Tb}^{II}(q_{II}^{b*})$
$\beta=0.7$	54. 56	78. 40	46. 90	1245. 06	1291. 96
$\beta=0.8$	54. 7	70. 76	219. 12	1209. 90	1429. 02
$\beta=0.9$	—	57. 01	264. 62	1184. 88	1449. 50
$\beta=1.0$	—	53. 68	369. 77	1181. 74	1551. 51
$\beta=1.1$	—	50. 65	460. 19	1187. 83	1648. 02

接下来，通过比较分析来讨论三种不同承诺订购契约的性能。表 10. 11 列出了给定不同θ 和β 时供应链成员在四个模型中的最优决策（即基准模型，$w_1=w_0$ 时的承诺订购契约，$w_1<w_0$ 时的承诺订购契约，$w_1>w_0$ 时的承诺订购契约）。相应的最优期望利润如表 10. 12 所示。

表 10. 11　给定不同θ 和β 时供应链成员在四个模型中的最优决策

模型	β 值	零售商的最优承诺订购量			供应商的最优投入量		
		$\theta=0.5$	$\theta=0.6$	$\theta=0.7$	$\theta=0.5$	$\theta=0.6$	$\theta=0.7$
基准模型	$\beta=0.7$	—	—	—	—	65. 07	63. 80
	$\beta=0.8$	—	—	—	60. 16	61. 57	60. 62
	$\beta=0.9$	—	—	—	57. 01	57. 69	57. 07
	$\beta=1.0$	—	—	—	53. 68	54. 11	53. 70
	$\beta=1.1$	—	—	—	50. 65	50. 96	50. 65
$w_1=w_0$ 时的承诺订购契约	$\beta=0.7$	—	50. 96	0	—	74. 05	63. 80
	$\beta=0.8$	55. 42	51. 82	48. 54	71. 18	67. 76	63. 84
	$\beta=0.9$	54. 88	51. 84	—	64. 63	62. 21	57. 07
	$\beta=1.0$	53. 79	—	—	58. 98	54. 11	53. 70
	$\beta=1.1$	52. 04	—	—	53. 97	50. 96	50. 65

续表

模型	β值	零售商的最优承诺订购量			供应商的最优投入量		
		$\theta=0.5$	$\theta=0.6$	$\theta=0.7$	$\theta=0.5$	$\theta=0.6$	$\theta=0.7$
$w_1<w_0$ 时的承诺订购契约	$\beta=0.7$	—	51.40	39.73	—	74.34	63.80
	$\beta=0.8$	56.14	52.47	49.14	71.59	68.19	64.19
	$\beta=0.9$	55.74	52.47	48.59	65.07	62.42	59.07
	$\beta=1.0$	54.83	51.59	39.73	58.98	57.26	53.68
	$\beta=1.1$	53.49	48.58	39.73	53.97	52.03	50.61
$w_1>w_0$ 时的承诺订购契约	$\beta=0.7$	54.56	50.51	0	78.40	73.74	63.80
	$\beta=0.8$	54.70	—	—	70.76	61.57	60.62
	$\beta=0.9$	—	—	—	57.01	57.69	57.07
	$\beta=1.0$	—	—	—	53.68	54.11	53.70
	$\beta=1.1$	—	—	—	50.65	50.96	50.65

与基准模型相比，通过引入 $w_1=w_0$ 时的承诺订购契约，供应链成员可以得到帕累托改进。而与 $w_1=w_0$ 时的承诺订购契约相比，零售商在 $w_1<w_0$ 时的承诺订购契约中可以获得更高的期望利润。对于供应商而言，较低的承诺订单批发价格 w_1 可能会降低其期望利润，且供应商可能获得比其在基准模型中更低的期望利润。例如，给定 $\theta=0.5$ 和 $\beta=0.8$，供应商在基准模型中的期望利润为 141.24，在 $w_1=w_0$ 时的承诺订购契约中的期望利润为 175.56，而在 $w_1<w_0$ 时的承诺订购契约中的期望利润为 131.12。但在特定情况下，一个较低的 w_1 可以激励零售商进行订购承诺，从而使供应商获得更高的期望利润。例如，给定 $\theta=0.6$ 和 $\beta=1.0$，供应商在基准模型中的期望利润为 495.90，在 $w_1=w_0$ 时的承诺订购契约中的期望利润为 495.90，而在 $w_1<w_0$ 时的承诺订购契约中的期望利润达到了 501.19。引入 $w_1<w_0$ 时的承诺订购契约后，供应链的总期望利润也可以得到提升。例如，给定 $\theta=0.5$ 和 $\beta=0.9$，供应链在基准模型中的期望利润为 1551.51，在 $w_1=w_0$ 时的承诺订购契约中的期望利润为 1626.49，在 $w_1<w_0$ 时的承诺订购契约中的期望利润为 1630.21。因此，$w_1<w_0$ 时的承诺订购契约能够提升供应链性能。

表 10.12　给定不同 θ 和 β 时，供应链成员在四个模型中的最优期望利润

模型	β 值	零售商的期望利润			供应商的期望利润			供应链的期望利润		
		$\theta=0.5$	$\theta=0.6$	$\theta=0.7$	$\theta=0.5$	$\theta=0.6$	$\theta=0.7$	$\theta=0.5$	$\theta=0.6$	$\theta=0.7$
基准模型	$\beta=0.7$	—	1263.60	1328.84	—	153.80	300.73	—	1417.40	1629.57
	$\beta=0.8$	1167.61	1281.00	1346.72	141.24	288.00	425.83	1308.85	1569.00	1772.55
	$\beta=0.9$	1184.88	1278.74	1345.05	264.62	400.62	529.54	1449.50	1679.36	1874.59
	$\beta=1.0$	1181.74	1271.59	1336.32	369.77	495.90	616.34	1551.51	1767.49	1952.66
	$\beta=1.1$	1187.83	1263.87	1325.93	460.19	577.63	690.29	1648.02	1841.50	2016.22
$w_1=w_0$ 时的承诺订购契约	$\beta=0.7$	—	1336.35	1328.84	—	183.57	300.73	—	1519.92	1629.57
	$\beta=0.8$	1254.66	1312.70	1349.03	171.56	331.45	467.47	1430.22	1644.15	1816.50
	$\beta=0.9$	1225.15	1288.95	1345.05	313.95	449.61	529.54	153910	1738.56	1874.59
	$\beta=1.0$	1203.75	1271.59	1336.32	422.74	495.90	616.34	1626.49	1767.49	1952.66
	$\beta=1.1$	1189.51	1263.87	1325.93	506.51	577.63	690.29	1696.02	1841.50	2016.22
$w_1<w_0$ 时的承诺订购契约	$\beta=0.7$	—	1383.90	1366.73	—	136.69	262.84	—	1520.59	1629.57
	$\beta=0.8$	1300.00	1358.43	1395.18	131.12	287.53	424.32	1431.12	1645.96	1819.50
	$\beta=0.9$	1268.23	1322.50	1383.02	273.00	407.63	521.71	1541.23	1740.13	1904.73
	$\beta=1.0$	1244.60	1311.03	1373.82	385.61	501.19	578.48	1630.21	1812.22	1952.30
	$\beta=1.1$	1228.08	1295.18	1362.77	474.60	564.07	652.60	1702.68	1839.25	2015.37
$w_1>w_0$ 时的承诺订购契约	$\beta=0.7$	1245.06	1289.19	1328.84	46.90	229.81	300.73	1291.96	1519.00	1629.57
	$\beta=0.8$	1209.90	1281.00	1346.72	219.14	288.00	425.83	1429.02	1569.00	1772.55
	$\beta=0.9$	1184.88	1278.74	1345.05	264.62	400.62	529.54	1449.50	1679.36	1874.59
	$\beta=1.0$	1181.74	1271.59	1336.32	369.77	495.90	616.34	1551.51	1767.49	1952.66
	$\beta=1.1$	1187.83	1263.87	1325.93	460.19	577.63	690.29	1648.02	1841.50	2016.22

对于 $w_1 > w_0$ 时的承诺订购契约而言，虽然一个较高的批发价格 w_1 可能会让零售商不愿意承诺订购量，但在一些特殊情况下，这是一种激励供应商参与供应链运作的有效方式。以集成电路行业为例，由于芯片研发周期长、产出率低等因素，国内很少有公司愿意参与芯片的研发与生产。但实际上，芯片是许多电子产品的关键组成部分。此时，下游企业可以通过引入承诺订购契约，并设定较高的承诺订单批发价格，以此来激励供应商投入生产芯片，从而促进集成电路产业的发展。本节的数值分析表明，给定 $\theta = 0.5$ 和 $\beta = 0.7$，供应商仍然愿意参与供应链的运作。这表明，当产出率均值较低时，供应商和零售商均可以获得利润。

第四节　本章小结

本章考虑了产出和需求不确定环境下的供应链竞争模型。以 KY 公司为例来阐述本章要解决的管理问题，即在 VMI 模式下，供应商必须在产出和需求不确定的情况下决定最优投入量，这不利于供应链获得稳定的产品供应，因此供应链成员渴望构建灵活性较强的合作机制来提升其在不确定环境下对市场需求的响应能力。在本章中，我们引入承诺订购契约来构建成员之间的合作关系，并考虑了三种可能的契约方案：①承诺订单批发价格等于常规订单批发价格；②承诺订单批发价格低于常规订单批发价格；③承诺订单批发价格高于常规订单批发价格。

在上述契约下，构建了供应商和零售商之间的斯坦伯格博弈模型，其中零售商决定承诺订购量，供应商决定投入量。通过逆向归纳法，得到了不同条件下供应商的最优投入量和零售商的最优承诺订购量。进一步分析发现，零售商的承诺订购量对供应商的投入量决策具有重要影响。特别地，在特定条件下，供应商的投入量可能会随着零售商承诺订购量的增加而递减，因此零售商应选择适当的承诺订购量来激励供应商进行产品的投入生产。

本章进一步通过数值分析表明，不同的承诺订购契约可以用于优化供应链在不同随机产出率环境下的性能。特别是，当供应商的产出率很低时，$w_1 > w_0$ 时的承诺订购契约表现更好，它可以激励供应商参与供应链的运作。

当供应商的产出相对较高时，$w_1 < w_0$ 时的承诺订购契约表现更好，它可以鼓励零售商做出承诺订购，进而激励供应商增加投入量。当产出率为中等水平时，$w_1 = w_0$ 时的承诺订购契约表现更好。因此，企业可以根据实际情况选择合适的承诺订购契约，从而有效降低产出不确定的影响，进而提高供应链成员的期望利润。本章的主要贡献包括以下几方面：

1. 将随机产出率假设为一般化的均匀分布，这种设定方案更加符合有关产出不确定的实际问题。

2. 设计的承诺订购契约可以十分方便地引入基于批发价契约的 VMI 供应链中。

3. 求解获得了所有不同条件下的竞争均衡解，相关的研究结论可以较容易地被企业采用，从而支持企业的运营管理。

在本章中，我们提出了基于承诺订购契约在零售商和供应商之间构建紧密合作关系的有效方案，来应对不同的不确定环境。今后，还可以从以下几个方面来进行扩展研究：引入多个供应商或零售商之间的横向竞争关系。在大多数情况下，供应链成员之间的信息是不对称的，而考虑信息不对称时，竞争结构将变得更加复杂。此外，具有多个交易周期的模型将更加贴近现实情况。

第十一章 交货时间不确定与供应链协调

随着消费者需求层次的不断提升，市场竞争日趋激烈，产品更新换代的速度越来越快，产品生命周期也变得越来越短（Li et al.，2015）。本章将研究对象定位于短生命周期产品，这类产品往往只有一个相对较短的最佳销售季节，且到了季末将贬值。例如，在电子产品行业，当新一代产品推出后，已上市产品的价值就会下降，并逐步在主流市场中淘汰，因此开发商不得不加快产品的研发进程，以应对越来越短的销售周期。在乳制品行业，随着生活水平的提高和饮食结构的改善，人们对短生命周期乳制品（如酸奶、纯牛奶等）的消费需求呈现出高速增长的态势，而这些短生命周期乳制品大多具有易变质的特点，且需要在生产、加工、运输过程中保证全程冷链。因此，如果产品不能及时配送到零售商处，将会影响其实际销售周期。在疫苗行业，疫苗的市场需求波动比较频繁，如流感疫苗往往还具有很强的季节性，即过了这个季节后将不能再使用，这给疫苗供应链管理带来了巨大挑战。因此，对短生命周期产品而言，供应商能否准时交货是影响客户需求和供应链性能的关键因素（Zhou et al.，2017；郭传好等，2017；Chick et al.，2008；Li et al.，2017）。一旦交货延迟，产品将无法按时销售，从而缩短实际销售周期，影响供应链成员的利润并造成浪费（Gan et al.，2018）。

本章关注了现实中的交货时间不确定问题。浙江省嘉兴 OS 超市南湖店几乎所有销售的水果都是由嘉兴水果市场供应的。2019 年受早春冻害天气的影响，很多水果与 2018 年同期相比出现产量减少、成熟期变晚等情况，因此当嘉兴 OS 超市南湖店发出订单后，嘉兴水果市场无法按时配送的情况时有发生，由于无法及时供货，嘉兴 OS 超市南湖店中该品类的水果就无法按时上架，消费者需求也无法及时满足，从而影响了超市的业绩。除了生鲜农产品以外，交货延期的问题在电子产品市场也时有发生。宁波 YH 进出口有限公司在 2018 年 2 月初接到了一笔来自荷兰 A 超市的订单，订单为 5 万个在万圣节前夕出售的“魔镜”儿童玩具，A 超市要求订单必须在 2018 年 7 月初完成交付。货物从宁波运送至荷兰的海运周期一般为 35 天，这就意味着该笔订单需要在 5 月底之前完成生产，宁波 YH 随即与镇海 JM 工艺品有限公司签订了生产合同，由镇海 JM 代为生产。但由于技术不成熟，镇海 JM 生产的“魔镜”儿童玩具中大部分电子元件都是外购的，这些外购的电子元件在组装时出现了很多质量问题，最终完成生产已经是 2018 年 6 月底。为此，宁波 YH 不得不选择价格十分昂贵的空运来加快交货速度，并为此承担了近 30 万元的损失。因此，交货时间不仅与运输效率有关，还与采购、生产、运输等整个供应链运作流程的效率有关。类似的例子还可以在浙江吉利控股集团、苏州艾吉威机器人有限公司、浙江珂楹实业有限公司等企业的实践中观察到。

目前，已有一些学者开始关注交货时间不确定环境下的供应链管理问题。申成霖等（2010）讨论了由一个制造商和两个零售商组成的两阶段供应链，并假设制造商的实际交货期大于承诺交货期时会产生一个延迟交货成本。他们主要研究了需求对价格和时间均敏感时的供应链定价与交货期联合决策模型，并求解了基于斯坦伯格博弈的供应链最优定价和承诺交货期决策。萨法伊等（Safaei et al.，2014）通过定义 PERT 网络中关键路径的方法来研究交货时间不确定的复杂供应链网络模型，为管理者控制和监控复杂供应链网络提供技术支持。赵思思等（Zhao et al.，2018）研究了电子商务环境下两个零售商之间的价格竞争和承诺交货提前期竞争，他们假设产品会受到交货时间不确定的影响，并将产品回收考虑在内，检验了竞争中是否存在纳什均衡。翁和麦克鲁格（Weng and Mcclurg，2003）研究了由单个供应商和单个购买商组成的两级供应链，假设分散供应链中供应商需要在销售季节开始之前交付货物，若货物未能及时交付，则需要通过降低批发价格来补偿购买商的期望利润损失；而在集成供应链中供应商和购买商共享成本和需求信息，并同时决定库存量。研究发现，当需求服从均匀分布时，集成供应链的期望利润总是高于分散供应链的期望利润。戴廷龙等（Dai et al.，2016）构建了由一个流感疫苗生产企业和一个零售商组成的两级供应链，其中疫苗生产企业采用提前生产和常规生产这两种生产模式，而零售商面临着不确定的市场需求。研究表明，提前生产模式保证了疫苗的及时交货，但由于疫苗生产企业不参与疫苗成分的设计（设计由疫苗咨询委员会负责），生产的疫苗面临着全部报废的风险；常规生产模式生产的疫苗全部可用，但面临着交货时间不确定的风险。为了激励疫苗生产企业提前生产和降低双边际化效应，他们设计了一个回购和延迟补偿联合契约来协调供应链，并实现了供应链总利润在疫苗生产企业和零售商之间的任意分配。雷等（Ray et al.，2005）构建了由一个经销商和一个零售商组成的两级供应链，同时考虑经销商的交货时间不确定和市场需求不确定，主要聚焦于分析集成和分散供应链的最优定价和库存决策。以上研究主要从购买商负责库存管理的视角出发来构建模型，属于零售商管理库存（Retailer Managed Inventory，RMI）模式，较少涉及 VMI 模式。事实上，随着信息技术的发展，VMI 模式在实践中得到了越来越多的应用。与 RMI 模式不同，VMI 模式中零售商将库存决策权转移给上游供应商，且与供应商实时分享市场需求信息。雷扎等（Rad et al.，2014）研究了由一个供应商和两个买家组成的两级供应链模型，其中供应商以有限的生产速率向两个买家提供相同的产品，研究发现，相对于 RMI 模式，VMI 模式可以大幅度地降低供应链的总成本。余海燕等（Yu et al.，2015）基于经济订货批量（Economic Order Quantity，EOQ）模型研究了 VMI 模式在全球环境下的性能，并假设零售商的需求和供应商的汇率均不确定。研究表明，与 RMI 模式相比，VMI 模式可以通过确定更合适的订购量来提高供应链的性能。

契约是改善供应链性能的有效手段。阿文德和哈利（Arvind and Harry，2019）研究了由单一供应商和单一零售商组成的简单报童模型，并引入五种常见的供应链协调契约：回购、数量柔性、数量折扣、销售折扣和收益分享契约。研究发现，虽然这些契约在 RMI 模式下都能够协调供应链，但在 VMI 模式下，数量柔性和销售折扣契约不能协调供应链。经有国等（2018）从供应链的视角出发，考虑了一个由新能源汽车租赁企业和政府组成的新能源汽车租赁系统，在需求随机且与推广努力水平相关的市场环境下，探讨了分散决策、集中决策下的最优车队配置和推广努力水平，并通过构建收益分享和成本共担契约来协调供应链，使成员获得帕累托改进。克里希南和温特

（Krishnan and Winter，2011）研究了由一个供应商和两个零售商组成的两级供应链，其中零售商可以将剩余库存保留至下一阶段进行销售，他们发现收益分享契约能够协调与优化该供应链。帕尔苏莱－德赛（Palsule-Desai，2013）提出的两种收益分享契约均能有效协调供应链，同时在收益潜力平稳下降时，供应链成员更加倾向于选择收益依赖型的收益分享契约。李涛等（Li et al.，2019）研究了收益分享契约和成本共担契约对碳减排努力和企业利润的影响，并讨论了纳什议价模型下的均衡解。蔡建湖等（Cai et al.，2017）研究了考虑消费者策略选择行为的 VMI 供应链，在收益分享契约的基础上结合其他契约参数协调了供应链，并实现了供应链期望利润的合理分配。李绩才等（2015）将双向期权契约引入产出不确定的两级供应链中，研究发现，双向期权契约在对供应商生产量和零售商订购量的调控方面具有良好的柔性，能有效控制不确定因素对供应链产生的影响。

本章针对 RMI 和 VMI 两种不同的库存管理模式，分别求得了准时交货和交货时间不确定两种情形下供应商与零售商之间的斯坦伯格竞争均衡解。同时，在交货时间不确定情形下，引入收益分享契约和剩余补贴契约来实现供应链的协调。通过对比现有的研究，本章的创新点概括如下：

1. 目前已有文献综合考虑交货时间和需求不确定环境下 RMI 供应链的库存决策问题，但鲜有文献涉及 VMI 供应链。本章同时考虑 RMI 和 VMI 两种模式，分析不同库存管理模式下供应链的协调问题。

2. 本章主要研究如何设计不同的契约（共 4 种契约）来协调供应链，从而降低交货时间不确定对供应链性能的负面影响。本章设计的批发价和收益分享因子联合契约、批发价和剩余补贴联合契约、收益分享因子和剩余补贴联合契约，均可以在协调供应链的同时实现供应链期望利润的任意分配。

3. 目前鲜有文献关注交货时间不确定程度对供应链契约有效性的影响，本章对此进行了扩展研究。研究表明，如果以供应商交货时间确定时的分散供应链为比较基准，则当交货时间不确定程度满足一定范围时，本章设计的联合契约能够实现供应链性能的帕累托改进。

4. 本章在不同的库存管理模式下提供了多样化的契约设计方案，使本章的研究成果能适应供应链在不同情形下的运行过程。这样的研究思路，增强了本章研究成果在实践中的应用价值。

第一节　模型的建立

考虑由一个供应商和一个零售商组成的两级供应链，零售商销售一种具有明确销售起点和销售终点的产品，销售季节的总时间长度为 b，即一共有 b 个销售时间单位，假设每个时间单位销售一个单位产品，则 b 个时间单位一共销售 b 个单位的产品。用 y 表示订单完成时间，即供应商在 y 时间点完成订单配送。$y=0$ 表示刚好在销售季节开始的时间点完成交货。因此，当 $y\leqslant 0$ 时，表示供应商能够准时交货；当 $y>0$ 时，表示供应商不能准时交货，并延长了 y 个时间单位，如图 11.1 所示。

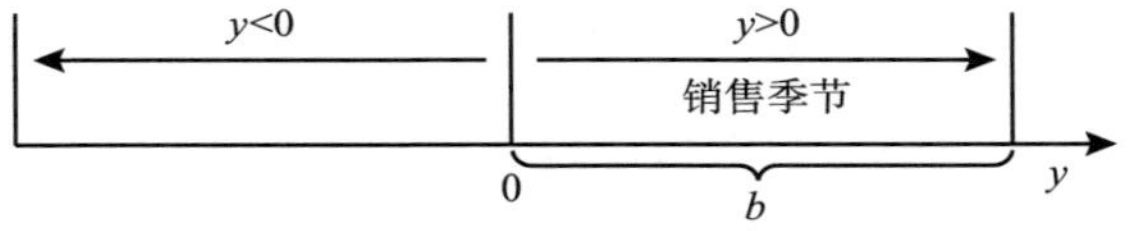

图 11.1　订单完成时间轴

本章假设市场需求 D 是随机的，并服从均匀分布。在短生命周期行业，经常通过均匀分布来预测需求。例如，李凯等（2012）认为短生命周期商品的需求函数服从均匀分布是合理的，生活中很多的季节性商品（如圣诞树、农业种子、重大节日纪念品等）的需求都符合均匀分布的假设，类似的假设还可以在翁和麦克鲁格（Weng and Mcclurg，2003）的研究中看到。基于以上理论和现实依据，本章假设 D 服从 $[0,\ b]$ 区间内的均匀分布。因此，供应商准时交货时，需求 D 的概率密度函数和累积分布函数分别为 $f(x\mid y,\ y\leqslant 0)=\dfrac{1}{b}$ 和 $F(x\mid y,\ y\leqslant 0)=\dfrac{x}{b}$；供应商延迟交货时，需求 D 的概率密度函数和累积分布函数分别为 $f(x\mid y,\ y>0)=\dfrac{1}{b-y}$ 和 $F(x\mid y,\ y>0)=\dfrac{x}{b-y}$。假设 α 为供应商交货时间的不确定程度，且 $\alpha\in[0,\ 1]$，则供应商实际订单完成时间 y 在

$[-\alpha b, \alpha b]$ 内服从均匀分布，即 $g(y)=\frac{1}{2\alpha b}$。假设产品的销售价格为 p，单位生产成本为 c，季末剩余产品的残值为 s。在集成情况下，供应链在销售季节开始前决定库存量 Q_j，且期望利润为：

$$
\begin{aligned}
\pi_j(Q_j) &= pE\min(Q_j, D) - cQ_j + sE(Q_j - D)^+ \\
&= p\Big[\int_{-\alpha b}^{0}\int_{0}^{Q_j} xf(x|y, y \leqslant 0)g(y)\mathrm{d}x\mathrm{d}y + \int_{-\alpha b}^{0}\int_{Q_j}^{b} Q_j f(x|y, y \leqslant 0)g(y)\mathrm{d}x\mathrm{d}y \\
&\quad + \int_{0}^{\alpha b}\int_{0}^{Q_j} xf(x|y, y > 0)g(y)\mathrm{d}x\mathrm{d}y + \int_{0}^{\alpha b}\int_{Q_j}^{b-y} Q_j f(x|y, y > 0)g(y)\mathrm{d}x\mathrm{d}y\Big] \\
&\quad - cQ_j + s\Big[\int_{-\alpha b}^{0}\int_{0}^{Q_j}(Q_j - x)f(x|y, y \leqslant 0)g(y)\mathrm{d}x\mathrm{d}y \\
&\quad + \int_{0}^{\alpha b}\int_{0}^{Q_j}(Q_j - x)f(x|y, y > 0)g(y)\mathrm{d}x\mathrm{d}y\Big] \\
&= p\left[Q_j - \frac{Q_j^2}{2b}\frac{\alpha + \ln(1-\alpha)^{-1}}{2\alpha}\right] - cQ_j + \frac{sQ_j^2}{2b}\frac{\alpha + \ln(1-\alpha)^{-1}}{2\alpha} \qquad (11-1)
\end{aligned}
$$

令 $\tau=\frac{\alpha+\ln(1-\alpha)^{-1}}{2\alpha}$，显然可以得到 $\tau \in [1, +\infty)$，且 τ 是关于 α 的递增函数。此时，集成供应链的期望利润可表示为：

$$\pi_j(Q_j) = p\left(Q_j - \frac{Q_j^2\tau}{2b}\right) - cQ_j + \frac{Q_j^2 s\tau}{2b} \qquad (11-2)$$

易得 $\frac{\partial^2\pi_j(Q_j)}{\partial Q_j^2} = -\frac{\tau}{b}(p-s) < 0$，则集成供应链的均衡库存量为 $Q_j^* = \frac{b(p-c)}{\tau(p-s)}$。此时，集成供应链的期望利润为 $\pi_j(Q_j^*) = \frac{b(p-c)^2}{2\tau(p-s)}$。在分散供应链中，供应商和零售商往往通过一个纯批发价契约来建立联系。同时，根据库存管理者的不同，分散供应链通常可以分为 RMI 模式和 VMI 模式。接下来，本章针对这两种不同的库存管理模式，引入多样化的契约方案，分析供应链的协调与优化。

第二节　RMI 模式下的决策模型

在 RMI 模式中，首先由供应商决定批发价格 w_1，然后由零售商决定订购

量 Q_r，同时在销售季节结束后由零售商处理未售完的产品，易得供应商的均衡批发价格为 $w_1^* = \frac{p+c}{2}$，零售商的均衡订购量为 $Q_r^* = \frac{b(p-w_1^*)}{\tau(p-s)}$。显然，这里有 $Q_r^* < Q_j^*$。用 $\pi_r^R(Q_r^*)$ 和 $\pi_s^R(w_1^*)$ 分别表示零售商和供应商的期望利润，则供应链的期望利润为 $\pi_t^R(Q_r^*, w_1^*) = \pi_r^R(Q_r^*) + \pi_s^R(w_1^*)$。

特别地，当供应商交货时间确定时，供应商的均衡批发价格仍为 $w_1^* = \frac{p+c}{2}$，而零售商的均衡订购量为 $\overline{Q}_r^* = \frac{b(p-w_1^*)}{(p-s)}$。用 $\Gamma_r^R(\overline{Q}_r^*)$ 和 $\Gamma_s^R(w_1^*)$ 分别表示零售商和供应商的均衡期望利润，则供应链总期望利润为 $\Gamma_t^R(\overline{Q}_r^*, w_1^*) = \Gamma_r^R(\overline{Q}_r^*) + \Gamma_s^R(w_1^*)$。显然，$\pi_r^R(Q_r^*) < \Gamma_r^R(\overline{Q}_r^*)$。因此，当市场上出现交货时间确定的供应商时，零售商存在一个机会成本，即他有可能会重新选择供应商，以期获得更高的期望利润。

首先考虑一个常见的收益分享契约来协调供应链，即在批发价格 w_a 的基础上引入一个收益分享因子 $\varphi_a(0 \leqslant \varphi_a \leqslant 1)$。为方便起见，将上述契约记为 $\{w_a, \varphi_a\}$ 契约。根据 $\{w_a, \varphi_a\}$ 契约，零售商在订购产品时向供应商支付批发价格 w_a，当产品销售出去后再与供应商进行收益分享。每销售一个销售价格为 p 的产品，供应商获得收益 $\varphi_a p$，而零售商获得收益 $(1-\varphi_a)p$。同样地，对季末剩余产品，每处理一单位产品，供应商获得收益 $\varphi_a s$，零售商获得收益 $(1-\varphi_a)s$。在 RMI 模式下，供应链成员之间的博弈过程可以描述如下：

1. 由供应商决定批发价格 w_a 和收益分享因子 φ_a；
2. 零售商根据供应商给出的批发价格和收益分享因子决定订购量 Q_{R_1}。

根据逆向归纳法，在给定供应商契约参数条件下，零售商的期望利润为：

$$
\begin{aligned}
\pi_{r_1}^R(Q_{R_1}) &= (1-\varphi_a)pE\min(Q_{R_1}, D) - w_a Q_{R_1} + (1-\varphi_a)sE(Q_{R_1} - D)^+ \\
&= (1-\varphi_a)p\Big[\int_{-\alpha b}^{0}\int_{0}^{Q_{R_1}} xf(x|y, y \leqslant 0)g(y)\mathrm{d}x\mathrm{d}y \\
&\quad + \int_{-\alpha b}^{0}\int_{Q_{R_1}}^{b} Q_{R_1}f(x|y, y \leqslant 0)g(y)\mathrm{d}x\mathrm{d}y + \int_{0}^{\alpha b}\int_{0}^{Q_{R_1}} xf(x|y, y > 0)g(y)\mathrm{d}x\mathrm{d}y \\
&\quad + \int_{0}^{\alpha b}\int_{Q_{R_1}}^{b-y} Q_{R_1}f(x|y, y > 0)g(y)\mathrm{d}x\mathrm{d}y\Big] \\
&\quad - w_a Q_{R_1} + (1-\varphi_a)s\Big[\int_{-\alpha b}^{0}\int_{0}^{Q_{R_1}} (Q_{R_1} - x)f(x|y, y \leqslant 0)g(y)\mathrm{d}x\mathrm{d}y
\end{aligned}
$$

$$+\int_0^{\alpha b}\int_0^{Q_{R_1}}(Q_{R_1}-x)f(x\,|\,y,\ y>0)g(y)\mathrm{d}x\mathrm{d}y] \tag{11-3}$$

易得 $\frac{\partial^2\pi_{r_1}^R(Q_{R_1})}{\partial Q_{R_1}^2}=-\frac{(1-\varphi_a)\tau}{b}(p-s)<0$。那么，零售商的最优订购量为：

$$Q_{R_1}^*=\frac{b[(1-\varphi_a)p-w_a]}{(1-\varphi_a)\tau(p-s)} \tag{11-4}$$

为了协调供应链，供应商在第一阶段设计契约时，必须要满足 $Q_{R_1}^*=Q_j^*$，由此可得：

$$w_a=(1-\varphi_a)c \tag{11-5}$$

当（11－5）式成立时，供应商的期望利润为：

$$\begin{aligned}\pi_{s_1}^R(\varphi_a)&=\varphi_a pE\min(Q_{R_1}^*,D)-cQ_{R_1}^*+w_aQ_{R_1}^*+\varphi_a sE(Q_{R_1}^*-D)^+\\&=\frac{b\varphi_a\,(p-c)^2}{2\tau(p-s)}\end{aligned} \tag{11-6}$$

零售商的期望利润为：

$$\pi_{r_1}^R(Q_{R_1}^*)=\frac{b(1-\varphi_a)(p-c)^2}{2\tau(p-s)} \tag{11-7}$$

命题 11.1 在 $\{w_a,\ \varphi_a\}$ 契约下，满足 $w_a=(1-\varphi_a)c$ 时，供应链总是处于协调状态。同时，供应商可以通过调节收益分享因子和批发价格来实现供应链期望利润在成员之间的任意分配。

证明：根据（11－6）式可得 $\frac{\partial\pi_{s_1}^R(\varphi_a)}{\partial\varphi_a}=\frac{b\,(p-c)^2}{2\tau(p-s)}>0$，因此供应商的期望利润在区间 $\varphi_a\in[0,\ 1]$ 内随 φ_a 单调递增。当 $\varphi_a=0$ 时，有 $\pi_{s_1}^R(\varphi_a)=0$；当 $\varphi_a=1$ 时，有 $\pi_{s_1}^R(\varphi_a)=\pi_j(Q_j^*)$。同理，根据（11－7）式可得 $\frac{\partial\pi_{r_1}^R(Q_{R_1}^*)}{\partial\varphi_a}=-\frac{b\,(p-c)^2}{2\tau(p-s)}<0$，因此零售商的期望利润在区间 $\varphi_a\in[0,\ 1]$ 内随 φ_a 单调递减。当 $\varphi_a=0$ 时，有 $\pi_{r_1}^R(Q_{R_1}^*)=\pi_j(Q_j^*)$；当 $\varphi_a=1$ 时，有 $\pi_{r_1}^R(Q_{R_1}^*)=0$。因此，满足 $w_a=(1-\varphi_a)c$ 时，供应链总是协调的，且供应商可以通过选择合理的收益分享因子和批发价格来实现供应链期望利润在成员之间的任意分配。**证毕。**

根据命题 11.1，在 $\{w_a, \varphi_a\}$ 契约下，必定存在着一个帕累托区间，其中供应商可以在该区间内选择合适的收益分享因子和批发价格，使得供应链成员的期望利润与未引入契约之前相比都得到提升，从而降低交货时间不确定对供应商和零售商造成的影响。

在对浙江 KY 公司进行调研时，发现在一些“战略开发”项目中，面料供应商会首先向 KY 公司收取一个较低的批发价格，等服装卖出去后，再按照一定的比例向 KY 公司收取销售收益分成。这样的交易方式可以激励 KY 公司多订购一些面料，并在一定程度上帮助 KY 公司和面料供应商降低延期交货带来的影响，这与命题 11.1 的结论相符。

除了收益分享契约以外，剩余补贴契约也同样可以协调供应链，即零售商在订购产品时首先向供应商支付批发价格 w_a，针对销售季节结束后未销售完的产品供应商再给零售商单位补贴费用 v，将上述契约记为 $\{w_a, v\}$ 契约。根据 $\{w_a, v\}$ 契约，在 RMI 模式下，供应链成员之间的博弈过程可以描述如下：

1. 供应商决定批发价格 w_a 和单位补贴费用 v；
2. 零售商根据供应商给出的批发价格和单位补贴费用决定订购量 Q_{R_2}。

根据逆向归纳法可知，此时零售商的期望利润为：

$$\begin{aligned}\pi_{r_2}^{R}(Q_{R_2}) &= pE\min(Q_{R_2}, D) - w_a Q_{R_2} + (s+v)E(Q_{R_2} - D)^{+} \\ &= p\Big[\int_{-\alpha b}^{0}\int_{0}^{Q_{R_2}} xf(x|y, y\leqslant 0)g(y)\mathrm{d}x\mathrm{d}y + \int_{-\alpha b}^{0}\int_{Q_{R_2}}^{b} Q_{R_2}f(x|y, y\leqslant 0)g(y)\mathrm{d}x\mathrm{d}y \\ &\quad + \int_{0}^{\alpha b}\int_{0}^{Q_{R_2}} xf(x|y, y>0)g(y)\mathrm{d}x\mathrm{d}y + \int_{0}^{\alpha b}\int_{Q_{R_2}}^{b-y} Q_{R_2}f(x|y, y>0)g(y)\mathrm{d}x\mathrm{d}y\Big] \\ &\quad - w_a Q_{R_2} + (s+v)\Big[\int_{-\alpha b}^{0}\int_{0}^{Q_{R_2}} (Q_{R_2} - x)f(x|y, y\leqslant 0)g(y)\mathrm{d}x\mathrm{d}y \\ &\quad + \int_{0}^{\alpha b}\int_{0}^{Q_{R_2}} (Q_{R_2} - x)f(x|y, y>0)g(y)\mathrm{d}x\mathrm{d}y\Big] \qquad (11-8)\end{aligned}$$

这里 $p > s+v$，即保证零售商不会进行无限制订购，易得 $\frac{\partial^2 \pi_{r_2}^{R}(Q_{R_2})}{\partial Q_{R_2}^2} = -\frac{[p-(s+v)]\tau}{b} < 0$。那么，零售商选择的最优订购量为：

$$Q_{R_2}^{*} = \frac{b(p - w_a)}{\tau[p-(s+v)]} \qquad (11-9)$$

为协调供应链，供应商在第一阶段设计契约时，必须满足 $Q_{R_2}^* = Q_j^*$，可得：

$$w_a = \frac{(p-c)v}{p-s} + c \tag{11-10}$$

当（11－10）式成立时，供应商的期望利润为：

$$\pi_{s_2}^R(v) = w_a Q_{R_2}^* - cQ_{R_2}^* - vE(Q_{R_2}^* - D)^+ = \frac{b\,(p-c)^2 v}{2\tau\,(p-s)^2} \tag{11-11}$$

零售商的期望利润为：

$$\pi_{r_2}^R(Q_{R_2}^*) = \frac{b\,(p-c)^2(p-s-v)}{2\tau\,(p-s)^2} \tag{11-12}$$

命题 11.2 在 $\{w_a, v\}$ 契约下，满足 $w_a = \frac{(p-c)v}{p-s} + c$ 时，供应链总是处于协调状态。同时，供应商可以通过调节批发价格和单位补贴费用来实现供应链期望利润在成员之间的任意分配。

证明：根据（11－11）式可得 $\frac{\partial \pi_{s_2}^R(v)}{\partial v} = \frac{b\,(p-c)^2}{2\tau\,(p-s)^2} > 0$，因此供应商的期望利润在区间 $v \in [0, p-s]$ 内随 v 单调递增。当 $v=0$ 时，有 $\pi_{s_2}^R(v)=0$；当 $v=p-s$ 时，有 $\pi_{s_2}^R(v) = \pi_j(Q_j^*)$。同理，根据（11－12）式可得 $\frac{\partial \pi_{r_2}^R(Q_{R_2}^*)}{\partial v} = -\frac{b\,(p-c)^2}{2\tau\,(p-s)^2} < 0$，因此零售商的期望利润在区间 $v \in [0, p-s]$ 内随 v 单调递减。当 $v=0$ 时，有 $\pi_{r_2}^R(Q_{R_2}^*) = \pi_j(Q_j^*)$；当 $v=p-s$ 时，有 $\pi_{r_2}^R(Q_{R_2}^*)=0$。因此，满足 $w_a = \frac{(p-c)v}{p-s} + c$ 时，供应链总是协调的，且供应商可以通过选择合理的批发价格和单位补贴费用来实现供应链期望利润的任意分配。**证毕。**

根据命题 11.2 可知，$\{w_a, v\}$ 契约具有与 $\{w_a, \varphi_a\}$ 契约类似的性能，即相对于交货时间不确定的分散供应链，在 $\{w_a, v\}$ 契约中必定存在一个帕累托区间，使得零售商和供应商的期望利润都得到提高。

在翁和麦克鲁格（Weng and Mcclurg，2003）的研究中，为确保零售商的期望利润不受交货时间不确定的影响，供应商不得不降低批发价格，但是他们没有考虑如何通过优化供应链整体性能来提升供应链成员的利润。而通

过 $\{w_a, \varphi_a\}$ 契约或者 $\{w_a, v\}$ 契约，供应商在一定条件下可以确保零售商的期望利润不受损，这实际上在增强供应商竞争力的同时，也提升了供应链的性能。如果将 $\{w_a, \varphi_a\}$ 契约和 $\{w_a, v\}$ 契约下的供应链性能与准时交货 RMI 供应链的性能做比较，可以得到以下命题。

命题 11.3　在 $\{w_a, \varphi_a\}$ 契约和 $\{w_a, v\}$ 契约下，与供应商具有准时交货能力的 RMI 分散供应链相比：①当交货时间不确定程度满足 $\alpha \in [0, 0.6758]$ 时，供应商不但可以通过合理设计契约来确保零售商的期望利润不受交货时间不确定的影响，同时也能保证自身的期望利润不受损，甚至有所增加；②当交货时间不确定程度满足 $\alpha \in (0.6758, 0.9991]$ 时，供应商可以通过合理设计契约来确保零售商的期望利润不受交货时间不确定的影响，但此时供应商自身的期望利润会降低；③当交货时间不确定程度满足 $\alpha \in (0.9991, 1]$ 时，供应商无法通过契约设计来确保零售商的期望利润不受损。

证明：在 $\{w_a, \varphi_a\}$ 契约下：

1. 若 $\pi_j(Q_j^*) \geqslant \Gamma_t^R(\overline{Q}_r^*, w_1^*)$，易得 $1 \leqslant \frac{\alpha + \ln(1-\alpha)^{-1}}{2\alpha} \leqslant \frac{4}{3}$。此时，供应商可以通过合理设计契约来确保零售商期望利润不受交货时间不确定的影响，同时也能保证自身的期望利润不受损，甚至有所增加。

2. 若 $\Gamma_r^R(\overline{Q}_r^*) \leqslant \pi_j(Q_j^*) < \Gamma_t^R(\overline{Q}_r^*, w_1^*)$，易得 $\frac{4}{3} < \frac{\alpha + \ln(1-\alpha)^{-1}}{2\alpha} \leqslant 4$。此时，供应商可以通过合理设计契约来确保零售商的期望利润不受损，同时得到集成供应链的剩余期望利润。

3. 若 $\pi_j(Q_j^*) < \Gamma_r^R(\overline{Q}_r^*)$，易得 $\frac{\alpha + \ln(1-\alpha)^{-1}}{2\alpha} > 4$。此时，无论供应商如何调整批发价格和收益分享因子组合，零售商获得的期望利润都比供应商能准时交货时低。因此，该区间内供应商无法通过合理设计契约来确保零售商的期望利润不受交货时间不确定的影响。$\{w_a, v\}$ 契约下的证明过程和 $\{w_a, \varphi_a\}$ 契约类似，此处省略。**证毕。**

根据命题 11.3 中的结论①可知，当交货时间不确定程度 α 较低（即满足 $\alpha \in [0, 0.6758]$）时，供应商不但可以确保零售商的期望利润不受损，而且消除了交货时间不确定对自身期望利润造成的负面影响；根据命题 11.3 中的结论②可知，当交货时间不确定程度 α 相对较高（即满足 $\alpha \in (0.6758,

0.9991]）时，供应商可以通过合理设计契约使零售商的期望利润不受损，同时自己获得集成供应链的剩余期望利润；根据命题11.3中的结论③可知，当交货时间不确定程度 α 很高（即满足 $\alpha\in(0.9991,\ 1]$）时，契约失效。此时，若市场上有其他供应商出现，则零售商可能会转而选择其他供货能力更强的供应商。显然，交货时间不确定程度很高的供应商在市场中将缺乏竞争力。命题11.3表明，相对于交货时间确定的RMI分散供应链，供应商可以通过设计合理的契约来有效提升交货时间不确定的RMI供应链性能。特别地，当供应商的交货时间不确定程度较低时，契约能完全消除供应商交货时间不确定带来的负面影响。

命题11.3中，$\{w_a,\ \varphi_a\}$ 契约和 $\{w_a,\ v\}$ 契约很好地扮演了风险共担的角色，使得供应链成员在做决策时能从供应链整体的角度出发，增强交货时间不确定供应链的竞争力。供应链成员通过契约建立合作关系后，即使市场上出现能力更强（例如，交货时间更稳定）的供应商，成员之间的这种合作关系也很难被打破。例如，很多大型超市在与供应商合作时，首先会确定合作模式，这些合作模式可通过收益分享契约、批发价契约，剩余补贴契约等形式建立。一旦合同签订，即使市场上出现其他供货更稳定的供应商，这些大型超市也不会贸然更换供应商。

虽然 $\{w_a,\ \varphi_a\}$ 契约和 $\{w_a,\ v\}$ 契约均能协调供应链，但是在供应链的实际运作过程中，两种契约也存在一些不同之处：

1. 在其他契约参数相同的情况下，$\{w_a,\ \varphi_a\}$ 契约中供应商决定的批发价格 $w_a=(1-\varphi_a)c\leqslant c$，小于 $\{w_a,\ v\}$ 契约中供应商决定的批发价格 $w_a=\dfrac{(p-c)v}{p-s}+c\geqslant c$。这是因为，在 $\{w_a,\ \varphi_a\}$ 契约中，供应商分享了零售商的收益（包括季中产品销售额和季末残值），而在 $\{w_a,\ v\}$ 契约中，供应商没有分享零售商的任何收益。因此，在决定批发价格时，相对于 $\{w_a,\ v\}$ 契约，$\{w_a,\ \varphi_a\}$ 契约中供应商会给一个相对较低的批发价格，以此来刺激零售商增加订购量。

2. 在其他契约参数相同的情况下，供应商选择 $\{w_a,\ \varphi_a\}$ 契约能够获得的帕累托区间为 $\dfrac{1}{4}c$，而选择 $\{w_a,\ v\}$ 契约能够获得的帕累托区间为 $\dfrac{p-c}{4}$。

因此，①当 $p<2c$ 时，供应商选择 $\{w_a, \varphi_a\}$ 契约能够获得的帕累托区间比较大；②当 $p>2c$ 时，供应商选择 $\{w_a, v\}$ 契约能够获得的帕累托区间比较大；③当 $p=2c$ 时，供应商选择两种契约获得的帕累托区间相同。这说明，当批发价格和单位生产成本之间相差比较小时，$\{w_a, \varphi_a\}$ 契约更加灵活，适用性强；反之，当批发价格和单位生产成本之间相差比较大时，$\{w_a, v\}$ 契约更加灵活，适用性强。

第三节　VMI 模式下的决策模型

除了 RMI 模式，VMI 模式在供应链运作中也得到了广泛应用。在 VMI 模式中，假设零售商作为主导者首先决定批发价格 w_2，然后供应商决定库存量 Q_v，并且在销售季节结束后由供应商处理未售完产品。显然，必须满足 $p>w_2>c>s$。易得在 VMI 模式下，零售商的均衡批发价格 w_2^* 满足下式：

$$w_2^{*3}-3sw_2^{*2}+(4s^2-2sc+c^2)w_2^*+sc(4p+c-2s)-2p(s^2+c^2)=0 \tag{11-13}$$

命题 11.4　在分散供应链中，有且仅有一个批发价格 w_2^* 满足（11－13）式，且 $w_2^*\in(c, (p+c)/2)$。

证明： 令 $K(w_2^*)=w_2^{*3}-3sw_2^{*2}+(4s^2-2sc+c^2)w_2^*+sc(4p+c-2s)-2p(s^2+c^2)$，易得 $\frac{\partial^2K(w_2^*)}{\partial(w_2^*)^2}=6w_2^*-6s>0$。因此，$\frac{\partial K(w_2^*)}{\partial w_2^*}$ 随 w_2^* 单调递增。因为 $w_2^*\in(c, p)$，故有 $\frac{\partial K(w_2^*)}{\partial w_2^*}>\frac{\partial K(w_2^*=c)}{\partial w_2^*}=(c-s)^2>0$。由此可得，$K(w_2^*)$ 随 w_2^* 单调递增。又因为 $K(w_2^*=s)=-2(p-s)(c-s)^2<0$，$K(w_2^*=(p+c)/2)=\frac{1}{8}(p-c)^2(p+5c-6s)>0$，即 $K(w_2^*=s)\cdot K(w_2^*=(p+c)/2)<0$。因此，根据零点定理可得，有且仅有一个 $w_2^*\in(c, (p+c)/2)$ 满足（11－13）式。**证毕。**

供应商的均衡库存量为 $Q_v^*=\frac{b(w_2^*-c)}{\tau(w_2^*-s)}$。同样地，这里有 $Q_v^*<Q_j^*$。用

$\pi_r^V(w_2^*)$ 和 $\pi_s^V(Q_v^*)$ 分别表示 VMI 模式下零售商和供应商的均衡期望利润，则供应链的期望利润为 $\pi_t^V(Q_v^*, w_2^*) = \pi_r^V(w_2^*) + \pi_s^V(Q_v^*)$。

当供应商具有准时交货能力时，零售商的均衡批发价格仍满足（11－13）式，而供应商的均衡库存量为 $\overline{Q}_v^* = \frac{b(w_2^* - c)}{(w_2^* - s)}$。用 $\Gamma_r^V(w_2^*)$ 和 $\Gamma_s^V(\overline{Q}_v^*)$ 分别表示零售商和供应商的均衡期望利润，则供应链的期望利润为 $\Gamma_t^V(\overline{Q}_v^*, w_2^*) = \Gamma_r^V(w_2^*) + \Gamma_s^V(\overline{Q}_v^*)$。显然，$\pi_r^V(w_2^*) < \Gamma_r^V(w_2^*)$。同样地，零售商也存在一个机会成本，即如果市场上存在着交货能力更强的供应商，则零售商会将这个时候的期望利润作为机会成本。

在 VMI 模式中，可以得到：

$$\Gamma_r^V(w_2^*) - \Gamma_s^V(\overline{Q}_v^*) = \frac{b(w_2^* - c)[(p - 2w_2^* + c)(w_2^* - s) + (p - w_2^*)(c - s)]}{2(w_2^* - s)^2}$$

结合命题 11.4 可得，$w_2^* < \frac{p+c}{2}$。因此，$\Gamma_r^V(w_2^*) - \Gamma_s^V(\overline{Q}_v^*) > 0$，即此时零售商往往占有竞争优势，且总是能获得比供应商更高的期望利润。同样地，在 RMI 模式中，供应商往往占有竞争优势，且总是能获得比零售商更高的期望利润。

接下来，同样考虑一个常见的收益分享契约来优化供应链性能。在 VMI 模式下，批发价格 w_b 和收益分享因子 $\varphi_b(0 \leqslant \varphi_b \leqslant 1)$ 的决定权掌握在零售商的手中，而由供应商来选择最优的库存量。与 RMI 模式类似，假设每销售单位产品，供应商获得收益 $\varphi_b p$，零售商获得收益 $(1 - \varphi_b)p$。同时，每处理单位产品，供应商获得收益 $\varphi_b s$，零售商获得收益 $(1 - \varphi_b)s$。为方便起见，将上述契约记为 $\{w_b, \varphi_b\}$ 契约。在 $\{w_b, \varphi_b\}$ 契约下，供应链成员之间的博弈过程可以描述如下：

1. 零售商决定批发价格 w_b 和收益分享因子 φ_b；

2. 供应商根据零售商给出的批发价格和收益分享因子决定库存量 Q_{V_1}。

根据逆向归纳法可知，此时供应商的期望利润为：

$$\begin{aligned}\pi_{s_1}^V(Q_{V_1}) &= \varphi_b p E\min(Q_{V_1}, D) + (w_b - c)Q_{V_1} + \varphi_b s E(Q_{V_1} - D)^+ \\ &= \varphi_b p[\int_{-\alpha b}^{0}\int_{0}^{Q_{V_1}} x f(x|y, y \leqslant 0) g(y) \mathrm{d}x\mathrm{d}y\end{aligned}$$

$$+\int_{-\alpha b}^{0}\int_{Q_{V_1}}^{b} Q_{V_1} f(x|y,\ y\leqslant 0)g(y)\mathrm{d}x\mathrm{d}y + \int_{0}^{\alpha b}\int_{0}^{Q_{V_1}} xf(x|y, y>0)g(y)\mathrm{d}x\mathrm{d}y$$

$$+\int_{0}^{\alpha b}\int_{Q_{V_1}}^{b-y} Q_{V_1} f(x|y,\ y>0)g(y)\mathrm{d}x\mathrm{d}y]$$

$$+(w_b-c)Q_{V_1}+\varphi_b s[\int_{-\alpha b}^{0}\int_{0}^{Q_{V_1}}(Q_{V_1}-x)f(x|y,\ y\leqslant 0)g(y)\mathrm{d}x\mathrm{d}y$$

$$+\int_{0}^{\alpha b}\int_{0}^{Q_{V_1}}(Q_{V_1}-x)f(x|y,\ y>0)g(y)\mathrm{d}x\mathrm{d}y] \quad (11-14)$$

易得$\frac{\partial^2\pi_{s_1}^V(Q_{V_1})}{\partial Q_{V_1}^2}=-\frac{\varphi_b\tau(p-s)}{b}<0$，此时供应商的均衡库存量为：

$$Q_{V_1}^*=\frac{b(\varphi_b p+w_b-c)}{\varphi_b\tau(p-s)} \quad (11-15)$$

为了协调供应链，零售商在第一阶段设计契约时，必须要满足 $Q_{V_1}^*=Q_j^*$，由此可得：

$$w_b=(1-\varphi_b)c \quad (11-16)$$

此时，零售商的期望利润为：

$$\pi_{r_1}^V(\varphi_b)=(1-\varphi_b)pE\min(Q_{V_1}^*,\ D)-w_bQ_{V_1}^*+(1-\varphi_b)sE(Q_{V_1}^*-D)^+$$
$$=\frac{b(1-\varphi_b)(p-c)^2}{2\tau(p-s)} \quad (11-17)$$

供应商的期望利润为：

$$\pi_{s_1}^V(Q_{V_1}^*)=\frac{b\varphi_b(p-c)^2}{2\tau(p-s)} \quad (11-18)$$

命题 11.5　在 $\{w_b,\ \varphi_b\}$ 契约中，满足 $w_b=(1-\varphi_b)c$ 时，供应链总是协调的。同时，零售商可以通过调节收益分享因子和批发价格来实现供应链期望利润的任意分配。

证明：根据（11-18）式可得$\frac{\partial\pi_{s_1}^V(Q_{V_1}^*)}{\partial\varphi_b}=\frac{b(p-c)^2}{2\tau(p-s)}>0$，因此供应商的期望利润在区间 $\varphi_b\in[0,\ 1]$ 内随 φ_b 单调递增。当 $\varphi_b=0$ 时，有 $\pi_{s_1}^V(Q_{V_1}^*)=0$；当 $\varphi_b=1$ 时，有 $\pi_{s_1}^V(Q_{V_1}^*)=\pi_j(Q_j^*)$。同理，根据（11-17）式可得 $\frac{\partial\pi_{r_1}^V(\varphi_b)}{\partial\varphi_b}=-\frac{b(p-c)^2}{2\tau(p-s)}<0$，因此零售商的期望利润在区间 $\varphi_b\in[0,\ 1]$ 内随

φ_b 单调递减。当 $\varphi_b=0$ 时，有 $\pi_{r_1}^V(\varphi_b)=\pi_j(Q_j^*)$；当 $\varphi_b=1$ 时，有 $\pi_{r_1}^V(\varphi_b)=0$。因此，满足 $w_b=(1-\varphi_b)c$ 时，供应链总是协调的。同时，零售商可以通过选择合理的收益分享因子和批发价格来实现供应链期望利润的任意分配。因此，也必然存在一个帕累托区间，使得零售商和供应商的期望利润都得到提高。**证毕。**

尽管通过调节批发价格和收益分享因子能够协调供应链，但是在零售商主导的 VMI 模式中，很多零售商都会认为这样的交易方式太过于复杂，因为其必须先向供应商支付部分批发价格，在销售完毕之后再向供应商支付部分收益份额。因此，不设置批发价格这种交易模式在零售商主导的 VMI 模式中非常普遍，即供应商在向零售商售货时，将不能得到货款，而是等到销售季节结束，供应商直接按照一定的比例从零售商处得到相应的收益分成。此时，零售商首先决定收益分享因子 φ_b，供应商再决定库存量 Q_{V_2}。

根据逆向归纳法可知，供应商的期望利润为：

$$\begin{aligned}\pi_{s_2}^V(Q_{V_2}) &= \varphi_b pE\min(Q_{V_2}, D)-cQ_{V_2}+\varphi_b sE(Q_{V_2}-D)^+\\&=\varphi_b p\Big[\int_{-\alpha b}^{0}\int_{0}^{Q_{V_2}}xf(x|y,\ y\leqslant 0)g(y)\mathrm{d}x\mathrm{d}y\\&\quad+\int_{-\alpha b}^{0}\int_{Q_{V_2}}^{b}Q_{V_2}f(x|y,\ y\leqslant 0)g(y)\mathrm{d}x\mathrm{d}y\\&\quad+\int_{0}^{\alpha b}\int_{0}^{Q_{V_2}}xf(x|y,\ y>0)g(y)\mathrm{d}x\mathrm{d}y\\&\quad+\int_{0}^{\alpha b}\int_{Q_{V_2}}^{b-y}Q_{V_2}f(x|y,\ y>0)g(y)\mathrm{d}x\mathrm{d}y\Big]\\&\quad-cQ_{V_2}+\varphi_b s\Big[\int_{-\alpha b}^{0}\int_{0}^{Q_{V_2}}(Q_{V_2}-x)f(x|y,\ y\leqslant 0)g(y)\mathrm{d}x\mathrm{d}y\\&\quad+\int_{0}^{\alpha b}\int_{0}^{Q_{V_2}}(Q_{V_2}-x)f(x|y,\ y>0)g(y)\mathrm{d}x\mathrm{d}y\Big]\end{aligned}\tag{11-19}$$

易得 $\dfrac{\partial^2\pi_{s_2}^V(Q_{V_2})}{\partial Q_{V_2}^2}=-\dfrac{\varphi_b\tau(p-s)}{b}<0$，那么供应商的均衡库存量为：

$$Q_{V_2}^*=\frac{b(\varphi_b p-c)}{\varphi_b\tau(p-s)}\tag{11-20}$$

预料到供应商的反应函数，零售商的期望利润为：

$$\pi_{r_2}^V(\varphi_b)=(1-\varphi_b)pE\min(Q_{V_2}^*,\ D)+(1-\varphi_b)sE(Q_{V_2}^*-D)^+$$

$$=\frac{b(1-\varphi_b)(\varphi_b^2p^2-c^2)}{2\varphi_b^2\tau(p-s)} \tag{11-21}$$

易得 $Q_{V_2}^*<Q_j^*$，且有 $\pi_{s_2}^V(Q_{V_2}^*)+\pi_{r_2}^V(\varphi_b)<\pi_j(Q_j^*)$。

为增加供应商的库存量，这里引入剩余补贴契约来协调供应链，即对供应商季末未售出的产品，零售商提供给供应商一个单位补贴费用 v，这里将该契约称为 $\{v,\varphi_b\}$ 契约。此时，供应链成员之间的博弈过程可以描述如下：

1. 零售商决定收益分享因子 φ_b 和单位补贴费用 v；

2. 供应商根据零售商给出的收益分享因子和单位补贴费用决定库存量 Q_{V_3}。

给定零售商设定的契约参数条件，供应商的期望利润为：

$$\begin{aligned}\pi_{s_3}^V(Q_{V_3}) &= \varphi_b pE\min(Q_{V_3},D)-cQ_{V_3}+(\varphi_b s+v)E(Q_{V_3}-D)^+\\ &=\varphi_b p\Big[\int_{-\alpha b}^{0}\int_0^{Q_{V_3}}xf(x|y,y\leqslant 0)g(y)\mathrm{d}x\mathrm{d}y\\ &\quad+\int_{-\alpha b}^{0}\int_{Q_{V_3}}^{b}Q_{V_3}f(x|y,y\leqslant 0)g(y)\mathrm{d}x\mathrm{d}y\\ &\quad+\int_0^{\alpha b}\int_0^{Q_{V_3}}xf(x|y,y>0)g(y)\mathrm{d}x\mathrm{d}y\\ &\quad+\int_0^{\alpha b}\int_{Q_{V_3}}^{b-y}Q_{V_3}f(x|y,y>0)g(y)\mathrm{d}x\mathrm{d}y\Big]\\ &\quad-cQ_{V_3}+(\varphi_b s+v)\Big[\int_{-\alpha b}^{0}\int_0^{Q_{V_3}}(Q_{V_3}-x)f(x|y,y\leqslant 0)g(y)\mathrm{d}x\mathrm{d}y\\ &\quad+\int_0^{\alpha b}\int_0^{Q_{V_3}}(Q_{V_3}-x)f(x|y,y>0)g(y)\mathrm{d}x\mathrm{d}y\Big]\end{aligned} \tag{11-22}$$

为保证供应商可以获利但不会无限制生产，假设 $\varphi_b s+v\leqslant c\leqslant\varphi_b p$。易得 $\frac{\partial^2\pi_{s_3}^V(Q_{V_3})}{\partial Q_{V_3}^2}=-\frac{\tau}{b}[\varphi_b p-(\varphi_b s+v)]<0$，那么供应商的均衡库存量为：

$$Q_{V_3}^*=\frac{b(\varphi_b p-c)}{[\varphi_b p-(\varphi_b s+v)]\tau} \tag{11-23}$$

为了协调供应链，零售商在第一阶段设计契约时，必须要满足 $Q_{V_3}^*=Q_j^*$，由此可得：

$$v = \frac{p-s}{p-c}(1-\varphi_b)c \tag{11-24}$$

此时，零售商的期望利润为：

$$\begin{aligned}\pi_{r_3}^{V}(\varphi_b) &= (1-\varphi_b)pE\min(Q_{V_3}^*,\ D) + [(1-\varphi_b)s - v]E(Q_{V_3}^* - D)^+ \\ &= \frac{b(1-\varphi_b)p(p-c)}{2\tau(p-s)}\end{aligned} \tag{11-25}$$

供应商的期望利润为：

$$\pi_{s_3}^{V}(Q_{V_3}^*) = \frac{b(p-c)(\varphi_b p - c)}{2\tau(p-s)} \tag{11-26}$$

命题 11.6 在 $\{v,\ \varphi_b\}$ 契约中，满足 $v = \frac{p-s}{p-c}(1-\varphi_b)c$ 时，供应链总是协调的。同时，零售商可以通过调节收益分享因子和单位补贴费用来实现供应链期望利润的任意分配。

证明：根据（11－26）式可得 $\frac{\partial \pi_{s_3}^{V}(Q_{V_3}^*)}{\partial \varphi_b} = \frac{bp(p-c)}{2\tau(p-s)} > 0$，因此供应商的期望利润在区间 $\varphi_b \in \left[\frac{c}{p},\ 1\right]$ 内随 φ_b 单调递增。当 $\varphi_b = \frac{c}{p}$ 时，有 $\pi_{s_3}^{V}(Q_{V_3}^*) = 0$；当 $\varphi_b = 1$ 时，有 $\pi_{s_3}^{V}(Q_{V_3}^*) = \pi_j(Q_j^*)$。同理，由（11－25）式可得 $\frac{\partial \pi_{r_3}^{V}(\varphi_b)}{\partial \varphi_b} = -\frac{bp(p-c)}{2\tau(p-s)} < 0$，因此零售商的期望利润在区间 $\varphi_b \in \left[\frac{c}{p},\ 1\right]$ 内随 φ_b 单调递减。当 $\varphi_b = 1$ 时，有 $\pi_{r_3}^{V}(\varphi_b) = 0$；当 $\varphi_b = \frac{c}{p}$ 时，有 $\pi_{r_3}^{V}(\varphi_b) = \pi_j(Q_j^*)$。因此，满足 $v = \frac{p-s}{p-c}(1-\varphi_b)c$ 时，供应链总是协调的，且零售商可以通过选择合理的收益分享因子和单位补贴费用组合来实现供应链期望利润的任意分配。因此，也必然存在一个帕累托区间，使得零售商和供应商的期望利润都得到提高。**证毕**。

根据命题 11.5 和命题 11.6 可知，$\{v,\ \varphi_b\}$ 契约具有与 $\{w_b,\ \varphi_b\}$ 契约类似的性能，即能够改进 VMI 供应链的性能，并且能在一定范围内降低交货时间不确定对供应商与零售商造成的影响。此时，如果零售商所处的市场中供应商的供应能力均不稳定，则作为博弈主导者的零售商只能通过契约来改进供应链本身的性能；而如果零售商所处的市场中有供应稳定的供应商，则零售商也同样有一个机会成本去选择交货能力更强的供应商。将 $\{v, \varphi_b\}$ 契约和 $\{w_b, \varphi_b\}$ 契约下的供应链性能与准时交货 VMI 供应链的性能进行比较，可以得到如下命题。

命题 11.7　在 $\{w_b, \varphi_b\}$ 契约和 $\{v, \varphi_b\}$ 契约下，与具有准时交货能力的 VMI 供应链相比：

1. 当交货时间不确定程度满足 $1 \leqslant \frac{\alpha + \ln(1-\alpha)^{-1}}{2\alpha} \leqslant \frac{b(p-c)^2}{2(p-s)\Gamma_t^V(\overline{Q}_v^*, w_2^*)}$ 时，零售商可以通过契约来完全消除交货时间不确定对自身期望利润带来的影响，而且也能保证供应商的期望利润不受损；

2. 当交货时间不确定程度满足 $\frac{b(p-c)^2}{2(p-s)\Gamma_t^V(\overline{Q}_v^*, w_2^*)} < \frac{\alpha + \ln(1-\alpha)^{-1}}{2\alpha} \leqslant \frac{b(p-c)^2}{2(p-s)\Gamma_r^V(w_2^*)}$ 时，零售商可以通过契约来消除交货时间不确定对自身期望利润带来的影响，但无法帮助供应商消除因为交货时间不确定而造成的利润损失；

3. 当交货时间不确定程度满足 $\frac{\alpha + \ln(1-\alpha)^{-1}}{2\alpha} > \frac{b(p-c)^2}{2(p-s)\Gamma_r^V(w_2^*)}$ 时，零售商无法通过合理设计契约来完全消除交货时间不确定对自身期望利润带来的负面影响。

证明：在 $\{w_b, \varphi_b\}$ 契约下：

1. 当 $\pi_j(Q_j^*) \geqslant \Gamma_r^V(w_2^*) + \Gamma_s^V(\overline{Q}_v^*)$ 时，有：

$$1 \leqslant \frac{\alpha + \ln(1-\alpha)^{-1}}{2\alpha} \leqslant \frac{b(p-c)^2}{2(p-s)\Gamma_t^V(\overline{Q}_v^*, w_2^*)}$$

此时，零售商不但可以通过合理设计契约来确保自身期望利润不受损，同时也能消除交货时间不确定对供应商期望利润造成的负面影响。

2. 当 $\Gamma_r^V(w_2^*) \leqslant \pi_j(Q_j^*) < \Gamma_t^V(\overline{Q}_v^*, w_2^*)$ 时，有：

$$\frac{b(p-c)^2}{2(p-s)\Gamma_t^V(\overline{Q}_v^*, w_2^*)} < \frac{\alpha + \ln(1-\alpha)^{-1}}{2\alpha} \leqslant \frac{b(p-c)^2}{2(p-s)\Gamma_r^V(w_2^*)}$$

此时，零售商可以通过合理设计契约来确保自身期望利润不受损，同时让供应商得到集成供应链的剩余利润。

3. $\pi_j(Q_j^*) < \Gamma_r^V(w_2^*)$ 时，有：

$$\frac{\alpha+\ln(1-\alpha)^{-1}}{2\alpha}>\frac{b(p-c)^2}{2(p-s)\Gamma_r^V(w_2^*)}$$

此时即使将供应链的期望利润都转移给零售商，也低于供应商具有准时交货能力时零售商获得的期望利润。$\{v,\ \varphi_b\}$ 契约的证明过程和 $\{w_b,\ \varphi_b\}$ 契约类似，此处省略。

特别地，$\frac{b(p-c)^2}{2(p-s)}$即为交货时间不发生延迟时集成供应链的期望利润，而 $\Gamma_t^V(\overline{Q}_v^*,\ w_2^*)$ 为交货时间不发生延迟时分散供应链的期望利润。由此可知，$\frac{b(p-c)^2}{2(p-s)\Gamma_t^V(\overline{Q}_v^*,\ w_2^*)}>1$ 恒成立，因此这三个区间一定存在。**证毕。**

命题 11.7 表明，相对于供应商准时交货的 VMI 分散供应链，零售商可以通过合理设计契约来改善供应商交货时间不确定的 VMI 供应链性能。特别地，当供应商的交货时间不确定程度较低时，契约能完全消除供应商交货时间不确定带来的负面影响。因此，在 VMI 模式中，和命题 11.3 类似，$\{w_b,\ \varphi_b\}$ 契约和 $\{v,\ \varphi_b\}$ 契约为构建供应链成员之间的紧密合作关系创造了有利条件，实现了供应链协调以及协调利润在成员之间的任意分配。

命题 11.8 在 $\{v,\ \varphi_b\}$ 和 $\{w_b,\ \varphi_b\}$ 契约下，若零售商选择相同的收益分享因子 φ_b，则为协调供应链，有 $v>w_b$。

证明：对比（11－16）式和（11－24）式，易得此命题。**证毕。**

根据命题 11.8，在 $\{v,\ \varphi_b\}$ 和 $\{w_b,\ \varphi_b\}$ 契约下，当供应链处于协调状态时，若零售商选择相同的收益分享因子 φ_b，则有 $v>w_b$。此时，在 $\{v,\ \varphi_b\}$ 契约下零售商向供应商支付的补贴费用要高于在 $\{w_b,\ \varphi_b\}$ 契约下零售商向供应商支付的批发价格。这样的性质表明，尽管两种契约都可以协调供应链，但是在实际应用中有着不同的特性。若供应链成员之间采用 $\{v,\ \varphi_b\}$ 契约，供应商在向零售商供货时，将无法得到批发价格，只能当产品卖出去之后才能得到一定比例的收益分成，因此其有可能会为了防范供应链风险而选择比较低的库存水平，而零售商为了鼓励供应商提升库存水平，会选择相对较高的补贴费用，来提升供应链性能。

本章所有的解析结论如表11.1所示。

表11.1　　本章相关的解析结论

<table>
<tr><th colspan="4">决策模型</th><th>最优决策</th><th>期望利润</th><th>重要结论</th></tr>
<tr><td colspan="4">集成供应链的决策模型</td><td>Q_j^*</td><td>$\pi_j(Q_j^*)$</td><td>—</td></tr>
<tr><td rowspan="4">RMI模式</td><td rowspan="2">批发价契约</td><td colspan="2">交货时间不确定</td><td>Q_r^*，w_1^*</td><td>$\pi_r^R(Q_r^*)$，$\pi_s^R(w_1^*)$</td><td rowspan="4">①$Q_r^* < Q_j^*$，$Q_{R_1}^* = Q_{R_2}^* = Q_j^*$，$\pi_s^R(w_1^*) < \Gamma_s^R(w_1^*)$，$\pi_r^R(Q_r^*) < \Gamma_r^R(\bar{Q}_r^*)$
②在{w_a，φ_a}契约下，满足$w_a = (1-\varphi_a)c$时，可实现供应链协调和利润任意分配
③在{w_a，v}契约下，满足$w_a = \frac{(p-c)v}{p-s}+c$时，可实现供应链协调和利润任意分配
④当α满足不同的区间时，契约对改进供应链性能的效果不同
⑤在其他契约参数相同的情况下，相对于{w_a，v}契约，{w_a，φ_a}契约下供应商决定的批发价格较小</td></tr>
<tr><td colspan="2">准时交货</td><td>$\bar{Q}_r^*$，w_1^*</td><td>$\Gamma_r^R(\bar{Q}_r^*)$，$\Gamma_s^R(w_1^*)$</td></tr>
<tr><td rowspan="2">引入优化契约</td><td colspan="2">{w_a，φ_a}</td><td>$Q_{R_1}^*$，$w_a = (1-\varphi_a)c$</td><td>$\pi_{r_1}^R(Q_{R_1}^*)$，$\pi_{s_1}^R(\varphi_a)$</td></tr>
<tr><td colspan="2">{w_a，v}</td><td>$Q_{R_2}^*$，$w_a = \frac{(p-c)v}{p-s}+c$</td><td>$\pi_{r_2}^R(Q_{R_2}^*)$，$\pi_{s_2}^R(v)$</td></tr>
<tr><td rowspan="5">VMI模式</td><td rowspan="2">批发价契约</td><td colspan="2">交货时间不确定</td><td>Q_v^*，w_2^*</td><td>$\pi_r^V(w_2^*)$，$\pi_s^V(Q_v^*)$</td><td rowspan="5">①有且仅有一个批发价格w_2^*满足（11－13）式
②$Q_v^* < Q_j^*$，$Q_{V_2}^* < Q_j^*$，$Q_{V_1}^* = Q_{V_3}^* = Q_j^*$，$\pi_r^V(w_2^*) < \Gamma_r^V(w_2^*)$，$\pi_s^V(Q_v^*) < \Gamma_s^V(\bar{Q}_v^*)$，$\pi_{s_2}^V(Q_{V_2}^*) + \pi_{r_2}^V(\varphi_b) < \pi_j(Q_j^*)$
③在{w_b，φ_b}契约下，满足$w_b = (1-\varphi_b)c$时，可实现供应链协调和利润任意分配
④在{v，φ_b}契约下，满足$v = \frac{p-s}{p-c}(1-\varphi_b)c$时，可实现供应链协调和利润任意分配
⑤当α满足不同的区间时，契约对改进供应链性能的效果不同
⑥当φ_b给定时，有$v \geq w_b$</td></tr>
<tr><td colspan="2">准时交货</td><td>$\bar{Q}_v^*$，w_2^*</td><td>$\Gamma_r^V(w_2^*)$，$\Gamma_s^V(\bar{Q}_v^*)$</td></tr>
<tr><td rowspan="3">引入优化契约</td><td>$w_b \neq 0$</td><td>{w_b，φ_b}</td><td>$Q_{V_1}^*$，$w_b = (1-\varphi_b)c$</td><td>$\pi_{s_1}^V(Q_{V_1}^*)$，$\pi_{r_1}^V(\varphi_b)$</td></tr>
<tr><td rowspan="2">$w_b = 0$</td><td>纯收益分享契约</td><td>$Q_{V_2}^*$，φ_b</td><td>$\pi_{s_2}^V(Q_{V_2}^*)$，$\pi_{r_2}^V(\varphi_b)$</td></tr>
<tr><td>{v，φ_b}</td><td>$Q_{V_3}^*$，$v = \frac{p-s}{p-c}(1-\varphi_b)c$</td><td>$\pi_{s_3}^V(Q_{V_3}^*)$，$\pi_{r_3}^V(\varphi_b)$</td></tr>
</table>

第四节 数值分析

一、交货时间不确定程度 α 给定时契约对供应链成员期望利润的影响

假设供应链所处的市场环境中，供应商的交货时间普遍不能确定，且供应商之间的竞争力大致相同（即交货不确定程度 α 给定且相等），此时供应链成员之间引入契约一定能够实现供应链性能的帕累托改进，即供应链成员都能获得更高的期望利润。首先，假设第一组参数 $\omega_1=\{p=50, c=10, s=5, b=100, \alpha=0.2\}$，其中 $b=100$ 表示销售时间有 100 个单位，且每个时间单位销售一单位产品，$\alpha=0.2$ 表示交货时间不确定程度为 0.2。

以 RMI 模式为例，首先求解得到集成供应链的均衡库存量为 $Q_j^*=84.03$，均衡期望利润为 $\pi_j(Q_j^*)=1680.54$。在批发价契约下，供应商首先决定均衡批发价格 $w_1^*=30$，则零售商的均衡订购量为 $Q_r^*=42.01$，供应商的期望利润为 $\pi_s^R(w_1^*)=840.27$，零售商的期望利润为 $\pi_r^R(Q_r^*)=420.14$，供应链的期望利润为 $\pi_t^R(Q_r^*, w_1^*)=1260.41$。显然，这里有 $Q_r^*<Q_j^*$，$\pi_t^R(Q_r^*, w_1^*)<\pi_j(Q_j^*)$。

若引入 $\{w_a, \varphi_a\}$ 契约来协调供应链，则必须满足 $w_a=(1-\varphi_a)c$。根据命题 11.1 的结论，此时供应商和零售商的期望利润随 φ_a 的变动情况如图 11.2 所示。

从图 11.2 中可以发现，供应商的期望利润随着 φ_a 的增加而递增，零售商的期望利润随着 φ_a 的增加而递减。由此可知，$\varphi_a\in[\varphi_{a2}^*, \varphi_{a1}^*]$ 为帕累托区间。其中，φ_{a1}^* 在 $\pi_{r_1}^R(Q_{R_1}^*)=\pi_r^R(Q_r^*)$ 时取到，φ_{a2}^* 在 $\pi_{s_1}^R(\varphi_a)=\pi_s^R(w_1^*)$ 时取到。在引入 $\{w_a, \varphi_a\}$ 契约后，当供应商占据主导者地位时，供应商的最优决策显然是 $\varphi_a=\varphi_{a1}^*$。此时，零售商的期望利润与分散供应链中的期望利润相等，即 $\pi_r^R(Q_r^*)=\pi_{r_1}^R(Q_{R_1}^*)=420.14$，而供应商的期望利润为 $\pi_{s_1}^R(\varphi_a)=$

1260.40，与分散供应链中的期望利润相比，供应商显然能从 $\{w_a, \varphi_a\}$ 契约中获得额外利润 $\pi_{s_1}^R(\varphi_a) - \pi_s^R(w_1^*) = 420.13$。

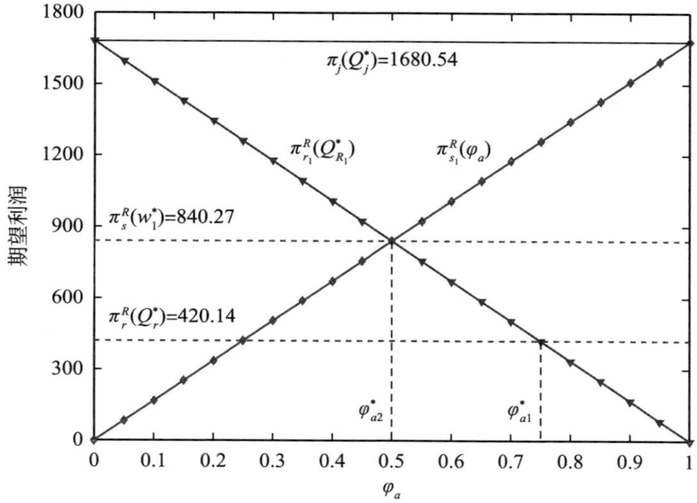

图 11.2　$\{w_a, \varphi_a\}$ 契约下供应链成员期望利润随 φ_a 的变动情况

同理，在其他几个协调契约中，供应商与零售商的期望利润变动与图 11.2 类似，不过在 VMI 模式下，零售商掌握着博弈的主导权。

特别地，在 $\{v, \varphi_b\}$ 和 $\{w_b, \varphi_b\}$ 两种不同的契约下，若零售商选择相同的收益分享因子 $\varphi_b = 0.6$，其他参数条件设置和 ω_1 相同，则为协调供应链，有 $w_b = 4$，$v = 4.5$，这里 $v > w_b$，符合命题 11.8 的结论。

二、交货时间不确定程度 α 未给定时契约对供应链成员期望利润的影响

假设供应链所处的市场环境中，存在其他有稳定交货能力的供应商。此时，供应链成员之间引入契约能在一定条件下改善供应链的性能，增强交货时间不确定供应链的竞争力。

在 RMI 模式中，假设第二组参数 $\omega_2 = \{p = 50, c = 10, s = 5, b = 100\}$，

分析 α 满足不同的取值区间时契约的有效性。首先，求解得到供应商具有准时交货能力时，供应商和零售商的期望利润分别为 $\Gamma_s^R(w_1^*)=888.89$，$\Gamma_r^R(\overline{Q}_r^*)=444.44$，供应链的期望利润为 $\Gamma_t^R(\overline{Q}_r^*)=1333.33$。令 $\Delta\pi=\pi_j(Q_j^*)-\Gamma_t^R(\overline{Q}_r^*, w_1^*)$，若 $\Delta\pi\geqslant0$，则发生延期交货时，供应商可以通过合理设计契约来确保零售商的期望利润不受损，同时也能保证自身的期望利润不受损；若 $\Delta\pi<0$，则发生延期交货时，供应商无法通过合理设计契约来确保供应链成员的期望利润均不受损，这取决于交货时间不确定程度 α 的高低。如表 11.2 所示，将交货时间不确定参数分别赋值为 $\alpha=0.1$，$\alpha=0.3$，$\alpha=0.5$，$\alpha=0.7$，$\alpha=0.9$，进一步分析供应链的库存决策以及 $\Delta\pi$ 的变化情况。

表 11.2　交货时间不确定程度 α 的变化对供应链的库存量及 $\Delta\pi$ 的影响

α	库存量			期望利润		
	集成 Q_j^*	分散（延期） Q_r^*	分散（准时） $\overline{Q}_r^*$	集成 $\pi_j(Q_j^*)$	分散 $\pi_t^R(\overline{Q}_r^*, w_1^*)$	$\Delta\pi$
0.1	86.57	43.28	44.44	1731.37	1333.33	398.04
0.3	81.22	40.61	44.44	1624.35	1333.33	291.01
0.5	74.50	37.25	44.44	1489.99	1333.33	156.66
0.7	65.36	32.68	44.44	1307.21	1333.33	−26.13
0.9	49.96	24.98	44.44	999.19	1333.33	−334.14

从表 11.2 中可以看出，交货时间不确定程度 α 的增加会导致集成和分散供应链中的库存量和供应链的期望利润均下降，这说明随着交货时间不确定程度的增加，决策者会适当减少库存量以防范不确定带来的风险。同时，随着交货时间不确定程度 α 的不断增加，$\Delta\pi$ 也不断下降，这说明契约对改进供应链性能的有效性随着 α 的增加而不断减弱。

为了更加直观地表示交货时间不确定程度 α 对契约有效性的影响，本章结合命题 11.3，分析 α 在不同区间时，引入契约是否能有效改善供应链的性能。$\Delta\pi$ 随 α 的变动情况如图 11.3 所示。

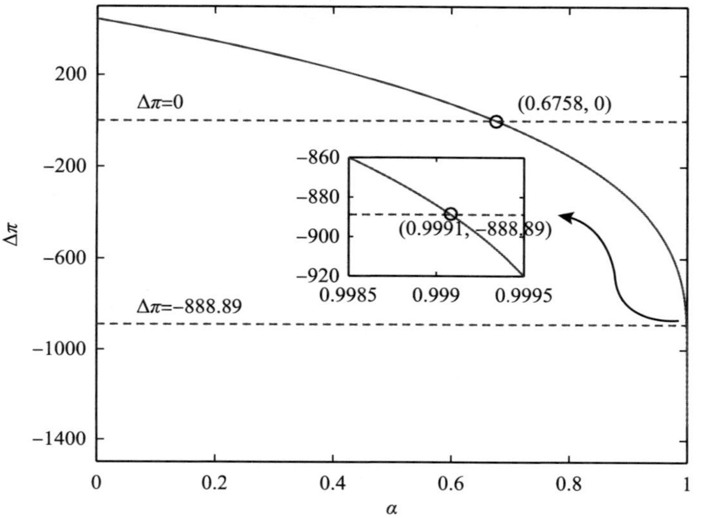

图 11.3　$\Delta\pi$ 随 α 的变动情况

从图 11.3 中可以发现，①当 α 在区间 $\alpha\in[0,\ 0.6758]$ 内变动时，$\Delta\pi\geqslant0$，即契约能完全消除交货时间不确定带来的风险。此时，供应商可以通过合理设计契约来确保零售商的期望利润不受交货时间不确定的影响，同时也能保证自身的期望利润不受损。特别地，当 $\alpha<0.6758$ 时，供应商在确保零售商的期望利润不受损的同时，自身的期望利润还能有所增加。②当 α 在区间 $\alpha\in(0.6758,\ 0.9991]$ 内变动时，$-888.89\leqslant\Delta\pi<0$，即契约只能消除交货不确定带来的部分风险，此时供应商可以通过合理设计契约来确保零售商的期望利润不受损，但自身的利润会有所下降。③当 α 在区间 $\alpha\in(0.9991,\ 1]$ 内变动时，$\Delta\pi<-888.89$，即契约不能保证零售商的期望利润不受损，此时零售商可能会转而选择其他供货能力更强的供应商。

在 VMI 模式中，假设第三组参数 $\omega_2=\{p=50,\ c=20,\ s=5,\ b=100\}$，分析当 α 满足不同的取值区间时契约的有效性。首先，求解得到供应商具有准时交货能力时，零售商的均衡批发价格为 $w_2^*=29.52$，这里 $c<w_2^*<(p+c)/2$，这与命题 11.4 的结论相符。进一步求得供应商和零售商的期望利润分别为 $\Gamma_s^V(w_2^*)=184.67$，$\Gamma_r^R(\overline{Q}_v^*)=640.79$。令 $\Delta\Gamma=\pi_j(Q_j^*)-\Gamma_t^V(\overline{Q}_v^*,\ w_2^*)$，若 $\Delta\Gamma\geqslant0$，则发生延期交货时，零售商可以通过合理设计契约来确保

自身的期望利润不受交货时间不确定的影响，同时也能保证供应商的期望利润不受损；若 $\Delta\Gamma<0$，则发生延期交货时，零售商无法通过合理设计契约来确保供应链成员的期望利润均不受损，这取决于交货时间不确定程度 α 的高低。同样地，如表 11.3 所示，将交货时间不确定参数分别赋值为 $\alpha=0.1$，$\alpha=0.3$，$\alpha=0.5$，$\alpha=0.7$，$\alpha=0.9$，进一步分析供应链的库存决策以及 $\Delta\Gamma$ 的变化情况。

表 11.3　　交货时间不确定程度 α 的变化对供应链的库存量及 ΔΓ 的影响

α	库存量			期望利润		
	集成 Q_j^*	分散（延期） Q_v^*	分散（准时） $\overline{Q}_v^*$	集成 $\pi_j(Q_j^*)$	分散 $\Gamma_t^V(\overline{Q}_v^*,\ w_2^*)$	$\Delta\Gamma$
0.1	64.93	20.59	21.15	973.90	825.45	148.44
0.3	60.91	19.32	21.15	913.69	825.45	88.24
0.5	55.87	17.72	21.15	838.12	825.45	12.67
0.7	49.02	15.55	21.15	735.30	825.45	-90.15
0.9	37.47	11.88	21.15	562.05	825.45	-263.41

从表 11.3 中可以看出，交货时间不确定程度 α 的增加会导致集成和分散供应链的库存量、供应链的期望利润均下降。这说明随着交货时间不确定程度的增加，决策者会适当减少库存量以防范不确定带来的风险。同时，随着交货时间不确定程度 α 的不断增加，$\Delta\Gamma$ 也不断下降，这说明契约对改进供应链性能的有效性随着 α 的增加而不断减弱。

为更加直观地表示出交货时间不确定程度 α 对契约有效性的影响，本章结合命题 11.7，分析 α 在不同的区间时，引入契约是否能有效改善供应链的性能。$\Delta\Gamma$ 随 α 的变动情况如图 11.4 所示。

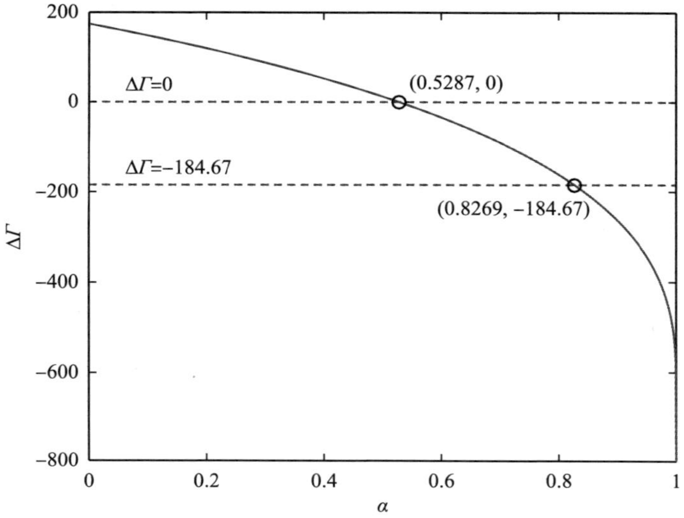

图 11.4 $\Delta\Gamma$ 随 α 的变动情况

从图 11.4 中可以发现：①当 α 在区间 $\alpha\in[0, 0.5287]$ 内变动时，$\Delta\Gamma\geqslant0$，即契约能完全消除交货时间不确定带来的影响。此时，零售商可以通过合理设计契约来确保自身的期望利润不受损，同时也能保证供应商的期望利润不受损。特别地，当 $\alpha<0.5287$ 时，零售商在确保供应商的期望利润不受损的同时，自身的期望利润还能有所增加。②当 α 在区间 $\alpha\in(0.5287, 0.8269]$ 内变动时，$-184.67\leqslant\Delta\Gamma<0$，即契约只能消除交货时间不确定带来的部分影响。此时，零售商可以通过合理设计契约来确保自身的期望利润不受损，但无法保证供应商的利润不受交货时间不确定的影响。③当 α 在区间 $\alpha\in(0.8269, 1]$ 内变动时，$\Delta\Gamma<-184.67$，即契约不能保证零售商的期望利润不受损。此时，零售商可能会转而选择其他供货能力更强的供应商。

最后，为了更加直观地说明交货时间不确定程度 α 改变时，博弈主导者如何通过契约来改进供应链性能。以 RMI 模式为例，分析 α 和 φ_a 同时变动时，供应商和零售商期望利润的变化情况。这里，取第二组参数 $\omega_2=\{p=50, c=10, s=5, b=100\}$，分析 α 在区间 $\alpha\in[0, 1]$，φ_a 在区间 $\varphi_a\in[0, 1]$ 内变动时，供应链成员期望利润的变化趋势，具体如图 11.5 所示。其中，$\pi_1=(0.2000, 0.3000, 1176.00)$，$\pi_2=(0.5250, 0.2000, 1176.00)$，$\pi_3=$

(0.2000，0.3000，504.20)，π_4 =(0.6333，0.3664，504.20）为图 11.5 中的四个点，π_1 和 π_2 分别表示取不同的（α，φ_a）组合时，零售商能够获得的期望利润；π_3 和 π_4 表示取不同的（α，φ_a）组合时，供应商能够获得的期望利润。对比 π_1 和 π_2 发现，当交货时间不确定程度 α 从 0.2000 增加至 0.5250 时，作为博弈主导者的供应商如果将收益分享因子从 0.3 调至 0.2，就能使零售商的期望利润保持不变，即始终为 1176.00；同理，对比 π_3 和 π_4 发现，当交货时间不确定程度 α 从 0.2000 增加至 0.6333 时，作为博弈主导者的供应商如果将收益分享因子从 0.3000 调至 0.3664，就能使自身的期望利润保持不变，即始终为 504.20，这也进一步说明了契约对降低交货时间不确定所带来的风险的有效性。

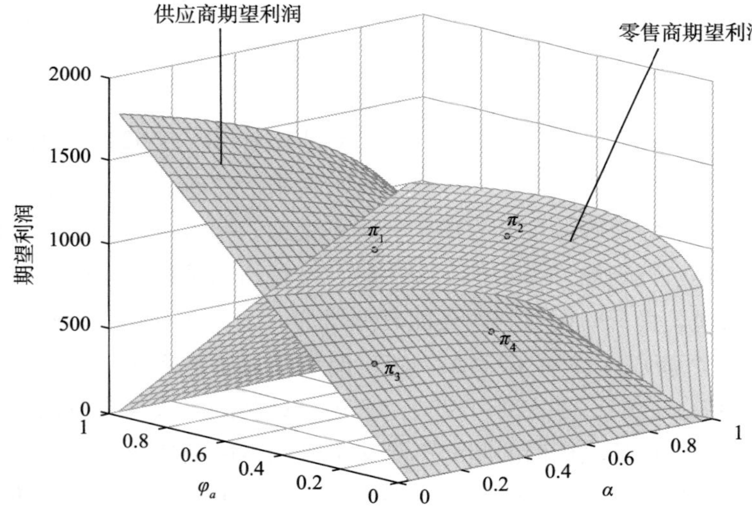

图 11.5　供应商和零售商的期望利润随 α 和 φ_a 的变动情况

第五节　本章小结

本章研究了交货时间不确定环境下两级供应链的竞争模型和契约设计方案。研究发现，在 RMI 和 VMI 两种不同的库存管理模式下，批发价和收益分享因子联合契约、批发价和剩余补贴联合契约、收益分享因子和剩余补贴联合契约，均可以在协调供应链的同时实现供应链期望利润的任意分配，从而降低交货时间不确定对供应链性能的负面影响。这里，契约的影响包含两个方面：①相对于交货时间不确定环境下的分散供应链，契约一定能够实现供应链性能的帕累托改进，即供应链成员都能获得更高的期望利润；②相对于能准时交货的分散供应链，契约也能在一定的条件下改善供应链的性能，增强面临交货时间不确定的供应链竞争力。当供应商的交货时间不确定时，也有零售商会通过选择多个供应商来降低缺货风险。因此，在一个两级供应链系统中，研究多个供应商如何协调供货是今后可以扩展的一个方向。

本篇参考文献

[1] 郭传好，陈芳，单而芳．短生命周期乳制品供应链网络成本与收益优化研究［J］. 中国管理科学，2017，25（2）：87－97.

[2] 经有国，郭培强，秦开大．需求率受推广努力水平影响的新能源汽车租赁系统协调契约［J］. 中国管理科学，2018，26（3）：94－100.

[3] 李绩才，李昌文，郭金森．随机产出和紧急订购价格下基于期权契约的供应链生产与订购策略［J］. 工业工程，2015，18（6）：75－82.

[4] 李凯，张迎冬，严建援．需求均匀分布条件下的供应链渠道协调——基于奖励与惩罚的双重契约［J］. 中国管理科学，2012，20（3）：131－137.

[5] 申成霖，卿志琼，张新鑫．零售商竞争环境下分散式供应链的定价与交货期联合决策模型［J］. 中国管理科学，2010，18（3）：38－44.

[6] Arifoğlu K，Deo S，Iravani S M R. Consumption externality and yield uncertainty in the influenza vaccine supply chain：Interventions in demand and supply sides［J］. Management Science，2012，58（6）：1072－1091.

[7] Arvind S，Harry G. Vendor managed inventory contracts-coordinating the supply chain while looking from the vendor's perspective［J］. European Journal of Operational Research，2019，272（1）：249－260.

[8] Baruah P，Chinnam R B，Korostelev A，et al. Optimal soft-order revisions under demand and supply uncertainty and upstream information［J］. International Journal Production Economics，2016，182：14－25.

[9] Cai J，Hu X，Han Y，et al. Supply chain coordination with an option con-

tract under vendor-managed inventory [J]. International Transactions in Operational Research, 2016, 23 (6): 1163 – 1183.

[10] Cai J, Hu X, Tadikamalla P R, et al. Flexible contract design for VMI supply chain with service-sensitive demand: Revenue-sharing and supplier subsidy [J]. European Journal of Operational Research, 2017, 261 (1): 143 – 153.

[11] Chen J, Hu Q, Song J. Supply chain models with mutual commitments and implications for social responsibility [J]. Production and Operations Management, 2017, 26 (7): 1268 – 1283.

[12] Chick S E, Mamani H, Simchi-Levi D. Supply chain coordination and influenza vaccination [J]. Operations Research, 2008, 56 (6): 1493 – 1506.

[13] Chintapalli P, Disney S M, Tang C S. Coordinating supply chains via advance-order discounts, minimum order quantities, and delegations [J]. Production and Operations Management, 2017, 26 (12): 2175 – 2186.

[14] Cho S H, Tang C S. Advance selling in a supply chain under uncertain supply and demand [J]. Manufacturing & Service Operations Management, 2013, 15 (2): 305 – 319.

[15] Dai T, Cho S, Zhang F. Contracting for on-time delivery in the U. S. influenza vaccine supply chain [J]. Manufacturing & Service Operations Management, 2016, 18 (3): 332 – 346.

[16] Du S, Zhu Y, Nie T, et al. Loss-averse preferences in a two-echelon supply chain with yield risk and demand uncertainty [J]. Operational Research, 2018, 18 (2): 361 – 388.

[17] Durango-Cohen E J, Yano C A. Supplier commitment and production decisions under a forecast-commitment contract [J]. Management Science, 2006, 52 (1): 54 – 67.

[18] Fang Y, Shou B. Managing supply uncertainty under supply chain Cournot competition [J]. European Journal of Operational Research, 2015, 243 (1): 156 – 176.

[19] Gan S S, Pujawan I N, Suparno, et al. Pricing decisions for short life-cycle product in aclosed-loop supply chain with random yield and random demands [J]. Operations Research Perspectives, 2018, 5: 174 - 190.
[20] Ghijsen P W T, Semeijn J, Ernstson S. Supplier satisfaction and commitment: The role of influence strategies and supplier development [J]. Journal of Purchasing & Supply Management, 2010, 16 (1): 17 - 26.
[21] Giri B C, Bardhan S, Maiti T. Coordinating a three-layer supply chain with uncertain demand and random yield [J]. International Journal of Production Research, 2016, 54 (8): 2499 - 2518.
[22] Guo Z, Zhou M, Peng H. Financing strategies for coal-electricity supply chain under yield uncertainty [J]. International Journal of Mining Science and Technology, 2018, 28: 353 - 358.
[23] Güler M G, Keskin M E. On coordination under random yield and random demand [J]. Expert Systems with Applications, 2013, 40: 3688 - 3695.
[24] He Y, Zhang J. Random yield supply chain with a yield dependent secondary market [J]. European Journal of Operational Research, 2010, 206 (1): 221 - 230.
[25] He Y, Zhao X. Coordination in multi-echelon supply chain under supply and demand uncertainty [J]. International Journal of Production Economics, 2012, 139 (1): 106 - 115.
[26] Hsieh C C, Wu C. Capacity allocation, ordering, and pricing decisions in a supply chain with demand and supply uncertainties [J]. European Journal of Operational Research, 2008, 184 (2): 667 - 684.
[27] Hu F, Lim C C, Lu Z. Coordination of supply chains with a flexible ordering policy under yield and demand uncertainty [J]. International Journal of Production Economics, 2013, 146 (2): 686 - 693.
[28] Hyytiäinen K, Niemi J K, Koikkalainen K, et al. Adaptive optimization of crop production and nitrogen leaching abatement under yield uncertainty [J]. Agricultural Systems, 2011, 104 (8): 634 - 644.
[29] Jabbarzadeh A, Fahimnia B, Sheu J B. An enhanced robustness approach

for managingsupplyand demand uncertainties [J]. International Journal Production Economics, 2017, 183: 620 -631.

[30] Keren B. The single-period inventory problem: Extension to random yield from the perspective of the supply chain [J]. Omega, 2009, 37 (4): 801 - 810.

[31] Krishnan H, Winter R A. On the role of revenue-sharing contract in supply chains [J]. Expert System with Applications, 2011, 39 (1): 28 -31.

[32] Kumar N, Scheer L K, Steenkamp J B E M. The effects of perceived interdependence on dealer attitudes [J]. Journal of Marketing Research, 1995, 32 (3): 348 -358.

[33] Li J, Zhou Y, Huang W. Production and procurement strategies for seasonal product supply chain under yield uncertainty with commitment-option contracts [J]. International Journal of Production Economics, 2017, 183: 208 -222.

[34] Li T, Zhang R, Zhao S, et al. Low carbon strategy analysis under revenue-sharing and cost-sharing contracts [J]. Journal of Cleaner Production, 2019, 212: 1462 -1477.

[35] Li X, Lian Z, Choong K K, et al. A quantity-flexibility contract with coordination [J]. International Journal Production Economics, 2016, 179: 273 -284.

[36] Li Y, Ye F, Lin Q. Optimal lead time policy for short life cycle products under Conditional Value-at-Risk criterion [J]. Computers & Industrial Engineering, 2015, 88: 354 -365.

[37] Lian Z, Deshmukh A. Analysis of supply contracts with quantity [J]. European Journal of Operational Research, 2009, 196 (2): 526 -533.

[38] Liu H, Lei M, Liu X. Manufactory's uniform pricing and channel choice with a retail price makeup commitment strategy [J]. Journal of Systems Science and Systems Engineering, 2014, 23 (1): 111 -126.

[39] Ma S, Yin Z, Guan X. The role of spot market in a decentralised supply chain under random yield [J]. International Journal of Production Research,

2013, 51 (21): 6410 -6434.

[40] Masih-Tehrani B, Xu S H, Kumara S, et al. A single-period analysis of a two-echelon inventory system with dependent supply uncertainty [J]. Transportation Research Part B: Methodological, 2011, 45 (8): 1128 -1151.

[41] Nyaga G N, Whipple J M, Lynch D F. Examining supply chain relationships: Do buyer and supplier perspectives on collaborative relationships differ? [J]. Journal of Operations Management, 2010, 28 (2): 101 -114.

[42] Palsule - Desai O D. Supply chain coordination using revenue-dependent revenue sharing contracts [J]. Omega, 2013, 41 (4): 780 -796.

[43] Peng H, Pang T, Cong J. Coordination contracts for a supply chain with yield uncertainty and low-carbon preference [J]. Journal of Cleaner Production, 2018, 205: 291 -302.

[44] Peng H, Zhou M. Quantity discount supply chain models with fashion products and uncertain yields [J]. Mathematical Problems in Engineering, 2013, 1: 895784.

[45] Rad R H, Razmi J, Sangari M S et al. Optimizing an integrated vendor-managed inventory system for a single-vendor two-buyer supply chain with determining weighting factor for vendor's ordering cost [J]. International Journal of Production Economics, 2014, 153: 295 -308.

[46] Ray S, Li S, Song Y. Tailored supply chain decision making under price-sensitive stochastic demand and delivery uncertainty [J]. Management Science, 2005, 51 (12): 1873 -1891.

[47] Razmi J, Rad R H, Sangari M S. Developing a two-echelon mathematical model for a vendor-managed inventory (VMI) system [J]. The International Journal of Advanced Manufacturing Technology, 2010, 48 (5): 773 - 783.

[48] Safaei M, Mehrsai A, Thoben K D. A computational method in analyzing of delivery time uncertainty for highly complex supply networks [J]. Measurement, 2014, 55: 549 -563.

[49] Snyder L V, Max Shen Z J. Fundamentals of supply chain theory [M]. Wi-

ley, 2019.

[50] Tang S Y, Kouvelis P. Pay-back-revenue-sharing contract in coordinating supply chains with random yield [J]. Production and Operations Management, 2014, 23 (12): 2089 – 2102.

[51] Vilches J. TSMC 40nm yield issues to affect AMD and Nvidia [EB/OL]. TechSpot, http://www.techspot.com/news/36781-tsmc-40nm-yield-issues-to-affect-amd-and-nvidia.html, 2009 – 10 – 30.

[52] Wang C X. Random yield and uncertain demand in decentralised supply chains under the traditional and VMI arrangements [J]. International Journal of Production Research, 2009, 47 (7): 1955 – 1968.

[53] Weng Z K, Mcclurg T. Coordinated ordering decisions for short life cycle products withuncertainty in delivery time and demand [J]. European Journal of Operational Research, 2003, 151 (1): 12 – 24.

[54] Xie J, Zhou D, Wei J C, et al. Price discount based on early order commitment in a single manufacturer-multiple retailer supply chain [J]. European Journal of Operational Research, 2010, 200 (2): 368 – 376.

[55] Xu H, Zuo X L, Liu Z. Configuration of flexibility strategies under supply uncertainty [J]. Omega, 2015, 51: 71 – 82.

[56] Xu H. Managing production and procurement through option contracts in supply chains with random yield [J]. International Journal Production Economics, 2010, 126 (2): 306 – 313.

[57] Xu K, Yin R, Dong Y. Stockout recovery under consignment: The role of inventory ownership in supply chains [J]. Decision Sciences, 2016, 47 (1): 94 – 124.

[58] Xu N. Myopic optimal policy for a multi-period, two-delivery-lead-times, stochastic inventory problem with minimum cumulative commitment and capacity [J]. International Journal Production Economics, 2011, 133 (2): 719 – 727.

[59] Yano C A, Lee H L. Lot sizing with random yields: A review [J]. Operational Research, 1995, 43 (2): 311 – 334.

[60] Yin Z, Ma S. Incentives to improve the service level in a random yield supply chain: The role of bonus contracts [J]. European Journal of Operational Research, 2015, 244 (3): 778 – 791.

[61] Yu H, Tang L, Xu Y, et al. How much does VMI better than RMI in a global environment? [J]. International Journal of Production Economics, 2015, 170: 268 – 274.

[62] Yu Y, Chu F, Chen H. A Stackelberg game and its improvement in a VMI system with a manufacturing vendor [J]. European Journal of Operational Research, 2009, 192 (3): 929 – 948.

[63] Yu Y, Huang G. Nash game model for optimizing market strategies, configuration of platform products in a vendor managed inventory (VMI) supply chain for a product family [J]. European Journal of Operational Research, 2010, 206 (2): 361 – 373.

[64] Zanjani M K, Ait-Kadi D, Nourelfath M. Robust production planning in a manufacturing environment with random yield: A case in sawmill production-planning [J]. European Journal of Operational Research, 2010, 201 (3): 882 – 891.

[65] Zhao S, Wu F, Jia T, et al. The impact of product returns on price and delivery time competition in online retailing [J]. Computers & Industrial Engineering, 2018, 125: 658 – 667.

[66] Zhao X, Xie J, Wei J C. The value of early order commitment in a two-level supply chain [J]. European Journal of Operational Research, 2007, 180 (1): 194 – 214.

[67] Zhou L, Gupta S M, Kinoshita Y, et al. Pricing decision models for remanufactured short-life cycle technology products with generation consideration [J]. Procedia CIRP, 2017, 61: 195 – 200.

第四篇

决策者风险态度影响下的供应链竞争与合作机制设计

本篇为决策者风险态度影响下的供应链竞争与合作机制设计，包括第十二章到第十四章。本篇正视了决策者可能持有风险态度的实际情况，引入不同的风险量化工具来测度决策者的风险规避态度，在此基础上构建相应的决策模型。

首先，本篇调研了浙江万马、舜宇集团等企业案例，以及我国的农超对接模式，分析了供应链中普遍存在的产出不确定现象，以及由此带来的决策者风险规避问题。在文献分析的基础上，采用下行风险来描述决策者风险态度，并假设决策者的利润低于某一门槛的概率不超过一个特定的水平，从而控制因产出损失带来的风险。基于以上假设，研究了一个面临产出损失和风险规避的供应链。其中，购买商作为供应链主导者，通过选择最优的投入量来优化供应链整体性能，并控制低产出率风险，继而设计收益分享契约来协调风险规避时的供应链。进一步地，分析了供应商作为主导者时的最优决策，发现收益分享契约也能够协调供应链。同时，我们还扩展研究了需求不确定的情形。

其次，本篇调研了盒马鲜生所处供应链、疫苗供应链等实际案例，确定了一个新的研究定位，即基于产出不确定环境下供应商不同的风险承受能力，为供应商投入决策的制定以及购买商激励供应商生产投入的契约方案设计提供有力支撑。因此，构建了由一个购买商和一个面临产出不确定且持有风险规避态度的供应商组成的供应链，并采用均值－方差模型对决策者的风险规避态度进行量化。继而讨论了集成供应链和分散供应链在不同风险承受能力下的最优投入决策，研究了分散供应链中引入成本共担－批发价折扣联合契约和期权契约时供应链的协调和优化情况，分析了实现供应链协调的契约参数条件。研究显示，当风险中性时，引入成本共担－批发价折扣联合契约和期权契约总是能够实现供应链的协调和帕累托改进。而当风险规避时，由于集成供应链以及供应商的最优投入决策可能受到风险承受能力的限制，成本共担－批发价折扣联合契约和期权契约只能在特定条件下才能实现供应链协调和帕累托改进。并且，在不同的风险承受能力组合下，上述两种契约的帕累托改进区间以及能够实现的改进程度存在差异。通过调整上述两种契约的参数，能够实现集成供应链的期望利润在供应商和购买商之间的合理分配。

最后，本篇关注了电商平台供应链，并通过案例分析提出了一个现实的管理问题：供应商投入销售努力和电商平台投入销售努力对供应链性能会造成怎样的差异性影响？为了解答该问题，我们在假设库存管理者风险规避的前提下，构建由一个电商平台和一个供应商组成的两级供应链，比较了电商平台或供应商投入销售努力时供应链的供应量和销售努力水平决策。其中，采用条件风险价值工具来衡量库存管理者的风险规避态度。研究发现，在不同的批发价格下，供应链成员对销售努力投入的偏好是不同的，且当批发价格处于中间水平时，没有一种销售努力模式能够实现供应商和电商平台的双赢。此外，当供应商的风险规避程度较低时，供应链成员在 VMI 模式下能获得更高的期望效用；而当电商平台的风险规避程度较低时，供应链成员在 RMI 模式下能获得更高的期望效用。为了改进供应链的性能，我们将成本共担契约引入上述不同供应链中，并且发现总是存在着一个合适的成本共担比例区间，其中供应链成员的期望效用均得到提升。

第十二章
基于下行风险量化的供应链管理策略

技术、自然环境、物流、磨损、报废和产品易腐特性等因素都是造成产出损失的原因。例如，在半导体行业，由于复杂的生产过程和严格的质量要求，制造商经常面临产出损失问题。总体而言，产出损失即产品最终产量小于初始投入量，并对企业在满足市场需求的过程带来影响。因此，企业在决定投入量时需要考虑产出损失的风险。在浙江省，也有很多企业面临着产出损失。例如，万马联合控股集团有限公司（http：//wmidgroup. com/）是一家从事电气电缆和新材料生产的知名企业，且通常采用按订单生产的模式。由于产品在研发和生产过程中的不确定性，万马的产品实际产出量总是与计划产出量存在一定的差距。预料到这种产出损失后，投入多少产品数量成为了万马在生产过程中的一个重要决策。又如，舜宇集团（https：//www. sunnyoptical. com）有限公司也面临着同样的决策问题。舜宇是中国领先的综合光学产品制造商，生产的产品包括平面镜、棱镜等光学零件，手机相机模组等光电产品和其他的光学仪器等。尽管舜宇在生产决策中已经考虑了产出损失，但实际的产出量还是有可能小于计划产出量，从而对其自身和供应链上下游成员带来严重的利润损失。因此，供应链成员企业期望能够找到一种简单有效的契约方案来搭建紧密的合作关系，降低产出不确定带来的风险，提升对市场需求的响应能力。

产出损失也经常出现在农业中。2008 年，我国商务部和农业部组织开展“农超对接”试点工作，为优质农产品进入超市搭建平台，积极发展农产品现代流通方式。实质上，“农超对接”模式搭建了农业合作社与超市之间的合作关系，其中农业合作社组织农户进行农产品种植与生产，并将农产品直供给超市。但是，由于缺乏先进技术的支持，以及受到自然灾害及其他人为因素的影响，农户的种植往往是比较低效的，且农产品的产出比较低。在这一模式中，超市在农产品供应链中起到了主导作用，且企业管理者迫切希望帮助农户确定合理的投入量来降低产出损失造成的利润损失。因此，引入有效的合作机制，提高农产品的预期产量就变得十分重要。结合上述案例分析，本章引入收益分享契约来协调面临产出损失的供应链。特别地，面临产出损失时，企业往往是风险规避的。因此，本章采用下行风险工具来量化供应链成员的风险规避态度。在此基础上，分别从供应商和购买商的视角出发来分析供应链的最优投入决策。

目前，产出不确定环境下的供应链协调问题已经得到了许多学者的关注。他们设计了多样化的契约方案来提升供应链性能，包括回购契约、收益分享契约、数量折扣契约、数量弹性契约、单位奖励契约、固定奖励契约、带有订购惩罚和回扣契约的收益分享策略、剩余补贴和收益分享组合契约等（Güler and Keskin，2013；Hu et al.，2013；Yin and Ma，2015；Luo and Chen，2016；Li et al.，2015a；Giri and Bardhan，2015；Giri and Sarker，2017；Li et al.，2017）。但是，这些学者的研究均假设决策者是风险中性的。本章将决策者的风险规避态度考虑在内，研究面临产出不确定的供应链协调问题，具有一定的创新性。

当决策者持有风险规避态度时，不再只关注期望利润最大化问题（Schweitzer and Cachon，2000）。在风险态度量化方面，已经出现了许多研究成果，为本章的工作奠定了理论基础。其中，均值－方差法（Mean Variance，MV）是衡量风险态度的典型方法（Choi et al.，2008a，2008b，2008c；Choi and Chiu，2012）。在 MV 框架下，魏莹和蔡灿明（Wei and Choi，2010）基于批发价和收益分享契约构建了供应链竞争模型，并且发现由于信息不对称的存在，零售商可以从风险规避中获益。赵俊雄等（Chiu et al.，2015）采用 MV 来量化多个零售商的风险态度，并提出了一种包括固定订购量的目标销售折扣契约清单来实现供应链的协调。颜波等（Yan et al.，2018）在双渠道供应链中采用 MV 来量化供应商的风险规避态度，分析了供应链在需求中断和不中断这两种情形下的最优定价和生产决策。除了 MV 之外，风险价值

（Value at Risk，VaR）也是一种主要的量化工具。塔皮尔罗（Tapiero，2005）基于 VaR 分析了供应链的库存决策。后藤和高野（Gotoh and Takano，2007）引入条件风险价值（Conditional Value at Risk，CVaR）来分析需求不确定环境下的供应链库存决策。埃斯坎达扎德（Eskandarzadeh et al.，2016）在产出不确定环境下采用 CVaR 来量化决策者风险规避态度，并提出了分析供应链最优决策的算法。此外，效用函数也通常被用于量化决策者的风险态度（Lau，1980；Wang and Webster，2009）。

本章采用下行风险（Downside Risk Aversion，DRA）来描述决策者风险态度。其中，DRA 中的下行风险约束通常被认为是机会约束（Charnes and Cooper，1959）。甘湘华等（Gan et al.，2005）认为，DRA 与 VaR 这两种量化工具十分相似。与其他类型的风险量化工具相比，DRA 在构建风险规避决策模型时比较简单且易于理解，因此引起了学者们的关注。特别是，DRA 能够有效控制不确定带来的风险，且这种风险控制的总成本较小（Felfel et al.，2016）。本章中，我们认为企业通常是风险规避的，尤其是在面临产出损失时，因此引入 DRA 来量化决策者的风险态度。基于该风险量化工具，假设供应链主导者的利润低于某一门槛的概率不超过一个特定的水平，从而控制因产出损失带来的风险。因此，供应链主导者的目的为：①最大化供应链的利润；②在成员之间公平分配供应链利润；③控制供应链面临的风险。特别地，本章引入收益分享契约来协调供应商和购买商，并在产出不确定环境下优化主导者的最优投入决策。

第一节 模型构建

在产出不确定环境下，令 x 表示产出率，为区间 $[\theta, \beta]$ 内服从均匀分布的随机变量。考虑到在一些产品的生产中，供应商的实际产出总是小于预期产出，如万马集团，因此有 $0 \leqslant \theta < \beta \leqslant 1$。假设 $f(x)$ 和 $F(x)$ 分别为 x 的概率密度函数和累积分布函数，x 的均值为 μ，即 $\mu = \frac{\beta + \theta}{2}$。假设计划投入量为 q，则由于产出不确定，实际产出量为 qx。产品的单位生产成本为 c，销售

价格为 p，销售季节的市场需求为 d。在此基础上，构建由供应商和购买商组成的供应链，并且引入 DRA 来量化决策者的风险规避态度。根据甘湘华等（Gan et al.，2005）的研究，如果供应链的期望利润最大化，且下行风险约束得到满足，则供应链实现协调。据此，本章考虑决策者风险规避态度，分析购买商主导和供应商主导时的供应链投入决策，进一步设计收益分享契约来协调供应链。这里，为了反映决策者风险态度带来的影响，还考虑了决策者风险中性的情形。最后，将模型扩展到需求不确定的情形。

第二节　购买商主导时供应链的最优决策

在购买商主导的供应链中，购买商的目标是通过协调和利润分配来优化供应链性能。首先，求得了使供应链期望利润最大的投入决策。其次，分析了收益分享契约下分散供应链中供应商的最优投入决策。在此基础上，分析了购买商实现供应链协调及帕累托改进的收益分享契约最优设计方案。本节重点关注了购买商风险中性和风险规避这两种不同情形。

一、购买商风险中性

购买商风险中性时，不需要考虑风险约束。此时，购买商通过决定最优的投入量来最大化供应链的期望利润：

$$\pi_{Ir}(q)=p\min(d,\ qx)-cq=pd-cq-pq\left(\frac{d}{q}-x\right)^{+} \tag{12-1}$$

作为一个理性的决策者，购买商决定的投入量必须满足 $pd\geqslant cq$，即 $0\leqslant q\leqslant\frac{pd}{c}$。给定 d 和 q 之间不同的大小关系，购买商的目标函数具体如下：

1. 当 $d\leqslant q\leqslant\frac{pd}{c}$ 时，购买商的期望利润为：

$$E[\pi_{Ir}(q)]=pd-cq-pq\int_{\theta}^{\frac{d}{q}}\left(\frac{d}{q}-x\right)f(x)dx=pd-cq-\frac{p(d-\theta q)^2}{2(\beta-\theta)q} \tag{12-2}$$

显然，$E[\pi_{Ir}(q)]$ 是关于 q 的凹函数。令 $\frac{\partial E[\pi_{Ir}(q)]}{\partial q}=0$，可得购买商的最优投入量为 $q_I=d\sqrt{\frac{p}{2c(\beta-\theta)+p\theta^2}}$。为了确保购买商的最优投入量满足 $q_I\geqslant d$，$p\geqslant\frac{2c(\beta-\theta)}{1-\theta^2}$ 必须成立。

2. 当 $0\leqslant q\leqslant d$ 时，购买商的期望利润为：

$$E[\pi_{Ir}(q)]=pd-cq-pq\left(\frac{d}{q}-\mu\right)=q(p\mu-c) \tag{12-3}$$

若满足 $p\geqslant\frac{c}{\mu}$，则 $E[\pi_{Ir}(q)]$ 是关于 q 的递增函数，可得购买商的最优投入量为 $q_I=d$。若满足 $p<\frac{c}{\mu}$，则 $E[\pi_{Ir}(q)]$ 是关于 q 的递减函数，可得购买商的最优投入量为 $q_I=0$。

命题 12.1 当产出不确定且满足 $p\geqslant\frac{2c(\beta-\theta)}{1-\theta^2}$ 时，购买商风险中性时的最优投入量为 $q_I=d\sqrt{\frac{p}{2c(\beta-\theta)+p\theta^2}}$。

根据以上 1 ~ 2 的讨论，可以合理假设 $d\leqslant q\leqslant\frac{pd}{c}$。显然，若满足 $p\geqslant\frac{2c(\beta-\theta)}{1-\theta^2}$，则 $d<q_I=d\sqrt{\frac{p}{2c(\beta-\theta)+p\theta^2}}<\frac{pd}{c}$。

二、购买商风险规避

当购买商风险规避时，要求利润低于门槛 α 的概率不大于 κ，其中 $\kappa\in(0,1]$。此时，购买商的问题可以被描述为：

$$\max E[\pi_{Ir}(q)]$$
$$\text{s.t. } P\{\pi_{Ir}(q)\leqslant\alpha\}\leqslant\kappa \tag{12-4}$$

因为，$\pi_{Ir}(q)\leqslant pd-cq$，可以得到：

$$\begin{cases} 若\dfrac{d}{q} < x \leqslant \beta，则\ \pi_{Ir}(q) = pd - cq \\ 若\ \theta < x \leqslant \dfrac{d}{q}，则\ \pi_{Ir}(q) = pqx - cq \\ 若\ x = \theta，则\ \pi_{Ir}(q) = pq\theta - cq \end{cases}$$

面临产出不确定时，购买商希望通过引入约束条件（12－4）来控制风险，因此可能会出现以下情况：

1. $\alpha > pd - cq$，即 $q > \dfrac{pd - \alpha}{c}$。此时，给定任意 $x \in [\theta, \beta]$，可以得到 $P\{\pi_{Ir}(q) \leqslant \alpha\} = 1$。

2. $\alpha < \theta pq - cq$，即 $q > \dfrac{\alpha}{\theta p - c}$。此时，给定任意 $x \in [\theta, \beta]$，可以得到 $P\{\pi_{Ir}(q) \leqslant \alpha\} = 0$。

3. $\theta pq - cq \leqslant \alpha \leqslant pd - cq$，即 $q \leqslant \dfrac{\alpha}{\theta p - c}$ 且 $q \leqslant \dfrac{pd - \alpha}{c}$。这里，$\dfrac{pd - \alpha}{c} \leqslant \dfrac{\alpha}{\theta p - c}$ 恒成立。因此，只要满足 $q \leqslant \dfrac{pd - \alpha}{c}$ 即可。接下来，需要讨论一下两种情形：

（1）若满足 $\dfrac{d}{q} < x \leqslant \beta$，则 $P\{\pi_{Ir}(q) \leqslant \alpha\} = 0$，因此 $\pi_{Ir}(q) > \alpha$ 总是成立，且购买商的最优投入量为 q_I。此时，$\dfrac{d}{q} < x \leqslant \beta$ 不在购买商需要控制的风险区间，即约束条件（12－4）是无效的。

（2）若满足 $\theta \leqslant x \leqslant \dfrac{d}{q}$，则有：

$$P\{\pi_{Ir}(q) \leqslant \alpha\} = P\left\{pd - cq - pq\left(\frac{d}{q} - x\right) \leqslant \alpha\right\} = F\left(\frac{\alpha + cq}{pq}\right)$$

此时，$P\{\pi_{Ir}(q) \leqslant \alpha\} \leqslant \kappa$ 可以表示为 $F\left(\dfrac{\alpha + cq}{pq}\right) \leqslant \kappa$。因为 x 是区间 $[\theta, \beta]$ 内服从均匀分布的随机变量，进一步可得：

$$\kappa \geqslant \frac{\alpha + cq - \theta pq}{pq(\beta - \theta)} \tag{12-5}$$

因此，风险规避的购买商在确定投入量 q 时需要确保约束条件（12－5）成立。当 $c > \theta p$ 时，为了确保利润为正（$\alpha > 0$），概率 κ 应该落在区间

$\kappa \in \left(\frac{c-\theta p}{p(\beta-\theta)},\ 1\right]$内。因此，约束条件（12－5）可写成：

$$q \geqslant \frac{\alpha}{\kappa p(\beta-\theta)-c+\theta p} \tag{12-6}$$

设 $M=\frac{\alpha}{\kappa p(\beta-\theta)-c+\theta p}$，则购买商的问题可进一步表示为：

$$\max_{d \leqslant q \leqslant \frac{pd}{c}} E[\pi_{Ir}(q)]$$

$$\text{s. t. } q \geqslant M \tag{12-7}$$

约束条件（12－7）表明，为了将低产出风险控制在 x 的水平$\left(\text{这里，} \theta \leqslant x \leqslant \frac{d}{q}\right)$，购买商需要确保 $\alpha \in (0,\ pd-cq)$ 以及 $\kappa \in \left(\frac{c-\theta p}{p(\beta-\theta)},\ 1\right]$。由于前面假设了 $q \leqslant \frac{pd-\alpha}{c}$，则得到 $\frac{pd-\alpha}{c} > \frac{\alpha}{\kappa p(\beta-\theta)-c+\theta p}$，即 $\kappa > \frac{cd-\theta pd+\alpha\theta}{(pd-\alpha)(\beta-\theta)}$。因此，如果参数集｛$\kappa$，$\alpha$｝满足 $\kappa > \frac{cd-\theta pd+\alpha\theta}{(pd-\alpha)(\beta-\theta)}$，则约束条件（12－7）有效。给定任意 $\kappa \in \left(0,\ \frac{c-\theta p}{p(\beta-\theta)}\right]$，购买商无法设定一个正的利润 α 作为门槛。表 12.1 总结了购买商的最优决策，且从中可以得到如下命题。

表 12.1　　购买商风险规避时的最优决策

<table>
<tr><td>产出率区间</td><td>$x \in [\theta,\ \beta]$</td><td colspan="2">$x \in \left[\theta,\ \frac{d}{q_I}\right]$</td><td>$x \in \left(\frac{d}{q_I},\ \beta\right]$</td></tr>
<tr><td rowspan="3">参数条件</td><td>$\frac{pd-\alpha}{c} \leqslant q_I$</td><td>$M \leqslant q_I \leqslant \frac{pd-\alpha}{c}$</td><td>$q_I < M \leqslant \frac{pd-\alpha}{c}$</td><td>$q_I \leqslant \frac{pd-\alpha}{c}$</td></tr>
<tr><td rowspan="2">$\kappa=1$</td><td colspan="2">$\kappa \in \left(\frac{cd-\theta pd+\alpha\theta}{(pd-\alpha)(\beta-\theta)},\ 1\right]$</td><td rowspan="2">$\kappa=0$</td></tr>
<tr><td colspan="2">$\alpha \in (0,\ pd-cd)$</td></tr>
<tr><td>购买商的最优决策</td><td>—</td><td>q_I</td><td>M</td><td>q_I</td></tr>
<tr><td>风险控制的结果</td><td>$P\{\pi_{Ir}(q_I) \leqslant \alpha\}=1$</td><td>$P\{\pi_{Ir}(q_I) \leqslant \alpha\}$
$=\frac{\alpha+cq_I-\theta pq_I}{pq_I(\beta-\theta)} \leqslant \kappa$</td><td>$P\{\pi_{Ir}(M) \leqslant \alpha\}=\kappa$</td><td>$P\{\pi_{Ir}(q_I) \leqslant \alpha\}=0$</td></tr>
</table>

命题 12.2　在区间 $x \in \left[\theta, \frac{d}{q_I}\right]$ 内，购买商可以通过约束条件（12-7）来控制低产出风险。此时，购买商的最优投入量 q_I^* 是关于利润门槛 α 和概率门槛 κ 的函数。给定 $q_I = d\sqrt{\frac{p}{2c(\beta-\theta)+p\theta^2}}$，当 $q_I \geqslant M$ 时，购买商的最优投入量为 $q_I^* = q_I$；当 $q_I < M$ 时，购买商的最优投入量为 $q_I^* = M$。

证明：此证明过程比较简单，这里予以省略。**证毕。**

本章提出的下行风险约束是控制低产出风险的有效方法。关键参数 M 是投入量的下限值。较高的利润门槛 α 和较低的概率门槛 κ 可能会导致较高的 M。面临产量损失时，购买商自然会设置较高的投入量以确保利润，但是投入量需要控制在 $\frac{pd-\alpha}{c}$ 以内。

三、购买商主导型供应链中供应商的最优决策

我们假设购买商是协调供应链的主导者。给定主导者地位，购买商提出了包含参数（w，φ）的收益分享契约，并承诺购买供应商生产出来的所有合格产品。给定契约（w，φ），供应商决定最优投入量。在不同（w，φ）组合下，供应商可能选择不同的投入量。因此，设计合适的契约来协调供应链对购买商来说是很重要的。

该收益分享契约下，对于销售出去的每一单位产品，供应商获得 $\varphi(\varphi \in [0, 1])$ 比例的收益额，购买商获得 $1-\varphi$ 比例的收益额。尽管供应商是产品的实际生产者，购买商作为供应链主导者仍然可以通过设定合适的契约参数来激励供应商遵守契约。其中，购买商购买所有合格产品的承诺是至关重要的，因为这可以激励供应商大胆选择投入量。此时，供应商的期望利润可表示为：

$$
\begin{aligned}
E[\pi_s(q)] &= \varphi pd + (w\mu - c)q - \varphi pd\int_{\theta}^{\frac{d}{q}} f(x)\,\mathrm{d}x + \varphi pq\int_{\theta}^{\frac{d}{q}} xf(x)\,\mathrm{d}x \\
&= \varphi pd + (w\mu - c)q - \frac{\varphi p(d-\theta q)^2}{2(\beta-\theta)q} \qquad (12-8)
\end{aligned}
$$

显然，$E[\pi_s(q)]$ 是关于 q 的凹函数。令 $\frac{\partial E[\pi_s(q)]}{\partial q}=0$，可得 $q_{s1}=d\sqrt{\frac{\varphi p}{2(\beta-\theta)(c-w\mu)+\varphi p\theta^2}}$。

命题 12.3 在收益分享契约下，满足 $w<\frac{c}{\mu}$时，供应商的最优投入量为 $q_{s1}=d\sqrt{\frac{\varphi p}{2(\beta-\theta)(c-w\mu)+\varphi p\theta^2}}$。

第三节 购买商主导时供应链的协调策略

上述研究表明，供应商的最优投入量可能不等于购买商的最优投入量，即供应商的投入决策与购买商的投入决策存在着偏差。特别是购买商在风险规避时，这种偏差尤其明显。为了协调供应链，必须引入有效的契约方案来激励供应商选择使得供应链整体最优的投入量。下面，我们分析收益分享契约协调风险中性和风险规避供应链的能力。

一、购买商风险中性

购买商风险中性时，其最优投入量为 $q_I=d\sqrt{\frac{p}{2c(\beta-\theta)+p\theta^2}}$；基于收益分享契约的分散供应链中供应商的最优投入量为 $q_{s1}=d\sqrt{\frac{\varphi p}{2(\beta-\theta)(c-w\mu)+\varphi p\theta^2}}$。满足$\frac{c}{\mu}-\frac{\varphi p(1-\theta^2)}{2\mu(\beta-\theta)}\leqslant w<\frac{(1-\varphi)c}{\mu}$时，有 $q_I>q_{s1}$；满足$\frac{(1-\varphi)c}{\mu}\leqslant w<\frac{c}{\mu}-\frac{\varphi p(c^2-p^2\theta^2)}{2p\mu(\beta-\theta)}$时，有 $q_I<q_{s1}$。可以看出，供应商的最优投入量受批发价格 w 和收益分享因子 φ 的联合影响。为了协调供应链，必须满足 $d\sqrt{\frac{\varphi p}{2(\beta-\theta)(c-w\mu)+\varphi p\theta^2}}=d\sqrt{\frac{p}{2c(\beta-\theta)+p\theta^2}}$，即

$$\varphi = \frac{c - w\mu}{c} \tag{12-9}$$

满足（12-9）式时，供应链实现协调。此时，供应商的期望利润可以表示为：

$$E[\pi_s(q_I)] = \varphi pd - \varphi cq_I - \frac{\varphi p(d - \theta q_I)^2}{2(\beta - \theta)q_I} \tag{12-10}$$

由此可得：

$$\frac{\partial E[\pi_s(q_I)]}{\partial \varphi} = \frac{d}{\beta - \theta}\{\beta p - \sqrt{p[2(\beta - \theta)c + p\theta^2]}\}$$

这里，令 $K(\theta, \beta) = \beta p - \sqrt{p[2(\beta - \theta)c + p\theta^2]}$。进一步得到如下海塞矩阵：

$$H(\theta, \beta) = \begin{pmatrix} \dfrac{\partial K^2(\theta, \beta)}{\partial \theta^2} & \dfrac{\partial K^2(\theta, \beta)}{\partial \theta \partial \beta} \\ \dfrac{\partial K^2(\theta, \beta)}{\partial \beta \partial \theta} & \dfrac{\partial K^2(\theta, \beta)}{\partial \beta^2} \end{pmatrix}$$

因为 $\dfrac{\partial K^2(\theta, \beta)}{\partial \theta^2} = \sqrt{\dfrac{p}{2(\beta - \theta)c + p\theta^2}}\left[\dfrac{(p\theta - c)^2}{2(\beta - \theta)c + p\theta^2} + p\right] > 0$，且有 $|H(\theta, \beta)| = \dfrac{c^2p^2}{[2(\beta - \theta)c + p\theta^2]^2} > 0$，因此该海塞矩阵是一个正定矩阵，即 $K(\theta, \beta)$ 是关于 θ 和 β 的联合凸函数。令 $\dfrac{\partial K(\theta, \beta)}{\partial \theta} = 0$ 和 $\dfrac{\partial K(\theta, \beta)}{\partial \beta} = 0$，可以得到 $\theta = \beta = \dfrac{c}{p}$。此时，$K(\theta, \beta)$ 取到最小值。进一步得到，给定 $0 \leqslant \theta < \beta \leqslant 1$，始终有 $K(\theta, \beta) > 0$，即 $\dfrac{\partial E[\pi_s(q_I)]}{\partial \varphi} > 0$。

因此，满足 $\varphi = \dfrac{c - w\mu}{c}$ 时，供应链始终处于协调状态，且供应商的期望利润随 φ 的增加而递增。特别地，可以得到：

$$E[\pi_s(q_I, \varphi = 1)] = pd - cq_I - \frac{p(d - \theta q_I)^2}{2(\beta - \theta)q_I} = E[\pi_{Ir}(q_I)] \tag{12-11}$$

$$E[\pi_s(q_I, \varphi = 0)] = 0 \tag{12-12}$$

命题 12.4　满足 $\varphi = \dfrac{c - w\mu}{c}$ 时，收益分享契约可以实现供应链协调。且

购买商可以通过调整批发价格和收益分享因子在供应链成员之间任意分配供应链期望利润。

证明：（12－11）式和（12－12）式表明，在不同的批发价格和收益分享因子组合下，供应商的期望利润在 0 到 $E[\pi_{Ir}(q_I)]$ 之间波动，且供应链处于协调状态。**证毕。**

二、购买商风险规避

命题 12.2 表明，购买商风险规避时的最优投入量 q_I^* 是关于利润门槛 α 和概率门槛 κ 的函数。基于约束条件（12－6），当 $q_I \geqslant M\left(\text{这里，} M = \dfrac{\alpha}{\kappa p(\beta-\theta)-c+p\theta}\right)$时，购买商的最优投入量为 $q_I^* = q_I$；当 $q_I < M$ 时，购买商的最优投入量为 $q_I^* = M$。而在基于收益分享契约的分散供应链中，供应商的最优投入量为 q_{s1}。为了协调供应链，需要讨论以下两种可能的情况：

1. $q_{s1} = q_I^* = q_I \geqslant M$。满足 $q_{s1} = q_I^* = q_I$ 时，供应链可以实现协调。此时，得到 $\varphi = \dfrac{c-w\mu}{c}$。又因为 $q_I \geqslant \dfrac{\alpha}{\kappa p(\beta-\theta)-c+p\theta}$ 必须成立，所以有 $\dfrac{\alpha+(c-\theta p)q_I}{pq_I(\beta-\theta)} \leqslant \kappa \leqslant 1$。由此可知，一个相对较小的 α 和一个相对较大的 κ 可以确保 $q_{s1} = q_I \geqslant M$。

命题 12.5 当 $\dfrac{\alpha+(c-\theta p)q_I}{pq_I(\beta-\theta)} \leqslant \kappa \leqslant 1$ 时，满足 $\varphi = \dfrac{c-w\mu}{c}$，收益分享契约可以实现供应链协调。且购买商可以通过调整批发价格和收益分享因子在成员之间分配供应链期望利润。

证明：证明过程比较简单，这里予以省略。**证毕。**

2. $q_{s1} = q_I^* = M \geqslant q_I$。为了协调供应链，以下两个条件必须满足：

$$\begin{cases} d\sqrt{\dfrac{\varphi p}{2(\beta-\theta)(c-w\mu)+\varphi p\theta^2}} = \dfrac{\alpha}{\kappa p(\beta-\theta)-c+p\theta} & (12-13\text{a}) \\ d\sqrt{\dfrac{\varphi p}{2(\beta-\theta)(c-w\mu)+\varphi p\theta^2}} \geqslant d\sqrt{\dfrac{p}{2c(\beta-\theta)+p\theta^2}} & (12-13\text{b}) \end{cases}$$

约束条件（12－13b）表明：

$$\varphi > \frac{c - w\mu}{c} \tag{12-14}$$

当（12－13a）式和约束条件（12－13b）都成立时，供应链实现了协调。从（12－13a）式中可以得到，存在着一个特殊的收益分享因子，即

$$\varphi_R = \frac{2(\beta-\theta)(c-w\mu)\alpha^2}{pd^2\left[\kappa p(\beta-\theta)-c+\theta p\right]^2 - p\theta^2\alpha^2} \tag{12-15}$$

约束条件（12－14）和（12－15）式意味着 $\kappa \leqslant \frac{\alpha+(c-\theta p)q_I}{pq_I(\beta-\theta)}$，因此可得到如下命题。

命题 12.6　当 $\kappa \leqslant \frac{\alpha+(c-\theta p)q_I}{pq_I(\beta-\theta)}$ 时，存在着唯一一个批发价格 $w' \in \left[0, \frac{c}{\mu}\right)$。给定任意 $w'' \in \left[w', \frac{c}{\mu}\right)$，购买商可以确定唯一一个收益分享因子 $\varphi_R(w'')$（如（12－15）式所示），来协调供应链。

证明：（12－15）式表明，收益分享因子 φ_R 是关于批发价格 w 的递减函数，且有 $\lim\limits_{w\to\frac{c}{\mu}}\varphi_R=0$。当 $w=0$ 时，可以得到：

$$\varphi_R(w=0) = \frac{2(\beta-\theta)c\alpha^2}{pd^2\left[\kappa p(\beta-\theta)-c+\theta p\right]^2 - p\theta^2\alpha^2} \tag{12-16}$$

根据（12－13a）式、（12－16）式和约束条件（12－13b），可以得到：

$$\varphi_R(w=0) \geqslant 1 \tag{12-17}$$

因此，存在着唯一一个批发价格 $w' \in \left[0, \frac{c}{\mu}\right)$，且满足 $\varphi_R(w')=1$。因此，给定任意 $w'' \in \left[w', \frac{c}{\mu}\right)$，购买商总是可以根据（12－15）式确定一个收益分享因子 $\varphi_R(w'')$，从而协调供应链。此外，$(w'', \varphi_R(w''))$ 同时满足（12－13a）式和约束条件（12－13b）。**证毕。**

命题 12.7　当 $\kappa \leqslant \frac{\alpha+(c-\theta p)q_I}{pq_I(\beta-\theta)}$ 时，满足 $\varphi_R = \frac{2(\beta-\theta)(c-u\mu)\alpha^2}{pd^2\left[\kappa p(\beta-\theta)-c+\theta p\right]^2-p\theta^2\alpha^2}$，收益分享因子可以实现供应链协调。且购买商可以通过调整批发价格和收益分享因子，在成员之间分配供应链期望利润。

证明： 满足 $\kappa \leqslant \frac{\alpha+(c-\theta p)q_I}{p(\beta-\theta)q_I}$ 和 $\varphi_R = \frac{2(\beta-\theta)(c-w\mu)\alpha^2}{pd^2\left[\kappa p(\beta-\theta)-c+\theta p\right]^2-p\theta^2\alpha^2}$ 时，

供应商的最优投入量为 $q_{s1}=M=\dfrac{\alpha}{\kappa p(\beta-\theta)-c+p\theta}>q_I$。此时，在风险规避约束下，购买商的期望利润最大。购买商主导下供应链的期望利润可表示为：

$$E[\pi_{Ir}(M)]=pd-cM-\frac{p(d-\theta M)^2}{2(\beta-\theta)M} \tag{12-18}$$

根据约束条件（12－14）可知，供应商的期望利润为：

$$\begin{aligned}E[\pi_s(M)]&=\varphi_R pd+(w\mu-c)M-\varphi_R\frac{p(d-\theta M)^2}{2(\beta-\theta)M}\\&>\frac{c-w\mu}{c}\left[pd-cM-\frac{p(d-\theta M)^2}{2(\beta-\theta)M}\right]\end{aligned} \tag{12-19}$$

令 $B(w)=\dfrac{c-w\mu}{c}\left[pd-cM-\dfrac{p(d-\theta M)^2}{2(\beta-\theta)M}\right]$。显然，$B(w)$ 随着 w 的增加而递减。因为 $B(w=0)=E[\pi_{Ir}(M)]$，可以得到 $E[\pi_s(M,\ w=0)]>E[\pi_{Ir}(M)]$。因此，存在着唯一一个 w''' 满足 $E[\pi_s(M,\ w''')]=E[\pi_{Ir}(M)]$，并且有 $w'''\in\left[w',\ \dfrac{c}{\mu}\right)$。同时，还可以得到 $\lim\limits_{w\to\frac{c}{\mu}}E[\pi_s(M)]=0$。

根据上述讨论可以发现，当批发价格从 w''' 增加到 $\dfrac{c}{\mu}$ 时，供应商的期望利润从 $E[\pi_{Ir}(M)]$ 减小到 0，而供应链始终处于协调状态。因此，购买商也可以通过调整批发价格和收益分享因子，在成员之间实现供应链期望利润的任意分配。**证毕。**

第四节　供应商主导时供应链的最优决策

在一些情况下，供应商可能充当供应链主导者，例如那些拥有创新性产品或专利的供应商。在本节中，我们重点关注供应商主导的供应链。由于供应链的利润表达式与谁主导无关，因此仍然用 $\pi_{Ir}(q)$ 来表示供应商的利润。那么，供应商的问题类似于购买商主导时其决策问题，且目标也是协调供应链。

接下来，供应商提出包含参数（w，φ）的收益分享契约来协调供应链。给定契约（w，φ），购买商决定最优的投入量，并承诺会购买供应商生产出来的所有合格产品。在（w，φ）的不同组合下，购买商可能选择不同的投入量。因此，对于供应商而言，设计合适的契约方案来协调供应链是十分重要的。本节中，我们仍然假设每销售出去一单位产品，供应商获得 φ 比例的收益，而购买商获得 $1-\varphi$ 比例的收益。

一、供应商风险中性

在参数为（w，φ）的收益分享契约下，购买商的期望利润可以表示为：

$$E[\pi_r(q)] = (1-\varphi)pd - w\mu q - (1-\varphi)pd\int_{\theta}^{\frac{d}{q}} f(x)\mathrm{d}x + (1-\varphi)pq\int_{\theta}^{\frac{d}{q}} xf(x)\mathrm{d}x \tag{12-20}$$

可以发现，$E[\pi_r(q)]$ 是关于 q 的凹函数。令 $\frac{\partial E[\pi_r(q)]}{\partial q}=0$，购买商的最优投入量为 $q_{r1}=d\sqrt{\frac{(1-\varphi)p}{2(\beta-\theta)w\mu+(1-\varphi)p\theta^2}}$。这表明，如果购买商愿意以批发价格 w 从供应商那里购买所有质量合格的产品，则供应商的最优投入量为 q_{r1}。为了优化供应链性能，供应商需要建立一种机制来激励购买商选择合理的投入量。由于购买商的最优投入量受批发价格 w 和收益分享因子 φ 的联合影响，若要协调供应链，则必须满足 $d\sqrt{\frac{p}{2(\beta-\theta)c+p\theta^2}}=d\sqrt{\frac{(1-\varphi)p}{2(\beta-\theta)w\mu+(1-\varphi)p\theta^2}}$，即 $\varphi=\frac{c-w\mu}{c}$。此时，购买商的期望利润可以表示为：

$$E[\pi_r(q_I)] = (1-\varphi)pd-(1-\varphi)cq_I-\frac{(1-\varphi)p(d-\theta q_I)^2}{2(\beta-\theta)q_I} \tag{12-21}$$

显然，购买商的期望利润随着 φ 的增加而递减。特别地，可以得到：

$$E[\pi_r(q_I,\varphi=0)] = pd-cq_I-\frac{p(d-\theta q_I)^2}{2(\beta-\theta)q_I}=E[\pi_{Ir}(q_I)]$$

$$E[\pi_r(q_I,\ \varphi=1)]=0$$

根据上述讨论，可以得到如下命题。

命题 12.8　满足 $\varphi=\frac{c-w\mu}{c}$ 时，供应链可以实现协调。且风险中性的供应商可以通过调整批发价格和收益分享因子，在供应链成员之间任意分配期望利润。

二、供应商规避风险

这里，假设供应商风险规避，而购买商风险中性。此时，供应商根据以下两种情况来优化供应链的性能。

1. $q_{r1}=q_I^*=q_I>M$。此时，满足 $q_{r1}=q_I^*=q_I>M$，供应链可以实现协调，并且得到如下命题。

命题 12.9 当$\dfrac{\alpha+(c-\theta p)q_I}{pq_I(\beta-\theta)}<\kappa\leqslant 1$ 时，满足 $\varphi=\dfrac{c-w\mu}{c}$，收益分享契约可以实现供应链协调。且风险规避的供应商可以通过调整批发价格和收益分享因子在成员之间分配供应链期望利润。

证明：证明过程比较简单，这里予以省略。**证毕。**

2. $q_{r1}=q_I^*=M>q_I$。若要协调供应链，则要满足以下两个条件：

$$\begin{cases} d\sqrt{\dfrac{(1-\varphi)p}{2(\beta-\theta)w\mu+(1-\varphi)p\theta^2}}=\dfrac{\alpha}{\kappa p(\beta-\theta)-c+\theta p} & (12-22a) \\ d\sqrt{\dfrac{(1-\varphi)p}{2(\beta-\theta)w\mu+(1-\varphi)p\theta^2}}\geqslant d\sqrt{\dfrac{p}{2(\beta-\theta)c+p\theta^2}} & (12-22b) \end{cases}$$

约束条件（12-22b）表明：

$$\varphi<\frac{c-w\mu}{c} \tag{12-23}$$

当（12-22a）式和（12-22b）式成立时，供应链实现了协调。根据（12-22a）式可知，存在着一个特殊的收益分享因子，即

$$\varphi_S=1-\frac{2(\beta-\theta)w\mu\alpha^2}{pd^2\left[\kappa p(\beta-\theta)-c+\theta p\right]^2-p\theta^2\alpha^2} \tag{12-24}$$

根据约束条件（12-23）和（12-24）式，可以得到 $\kappa\leqslant\dfrac{\alpha+(c-\theta p)q_I}{pq_I(\beta-\theta)}$。因此，可以得到如下命题。

命题 12.10 当 $\kappa\leqslant\dfrac{\alpha+(c-\theta p)q_I}{pq_I(\beta-\theta)}$ 时，存在着唯一一个批发价格

$w^* \in \left[0, \frac{c}{\mu}\right)$。给定任意 $w^{**} \in [0, w^*]$，风险规避的供应商总是可以找到唯一一个收益分享因子 $\varphi_S(w^{**})$（如（12－24）式所示）来协调供应链。

证明：（12－24）式表明，收益分享因子 φ_S 随着 w 的增加而递减。并且，有 $\varphi_S(w=0)=1$；当 $w \to \frac{c}{\mu}$ 时，有：

$$\varphi_S = 1 - \frac{2(\beta-\theta)c\alpha^2}{pd^2[\kappa p(\beta-\theta)-c+\theta p]^2 - p\theta^2\alpha^2} \leqslant 0 \tag{12-25}$$

因此，存在着唯一一个批发价格 $w^* \in \left[0, \frac{c}{\mu}\right)$，满足 $\varphi_S(w^*)=0$。此时，给定任意 $w^{**} \in [0, w^*]$，供应商总能找到唯一一个收益分享因子 $\varphi_S(w^{**})$ 来协调供应链，这也表明（w^{**}，$\varphi_S(w^{**})$）同时满足（12－22a）式和约束条件（12－22b）。**证毕。**

命题 12.11 当 $\kappa \leqslant \frac{\alpha+(c-\theta p)q_I}{pq_I(\beta-\theta)}$ 时，满足 $\varphi_S = 1 - \frac{2(\beta-\theta)w\mu\alpha^2}{pd^2[\kappa p(\beta-\theta)-c+\theta p]^2 - p\theta^2\alpha^2}$，收益分享契约可以实现供应链协调。且风险规避的供应商可以通过调整批发价格和收益分享因子在成员之间分配供应链期望利润。

证明：当 $\kappa \leqslant \frac{\alpha+(c-\theta p)q_I}{pq_I(\beta-\theta)}$ 且满足 $\varphi_S = 1 - \frac{2(\beta-\theta)w\mu\alpha^2}{pd^2[\kappa p(\beta-\theta)-c+\theta p]^2 - p\theta^2\alpha^2}$ 时，购买商的最优投入量为 $q_{r1} = M = \frac{\alpha}{\kappa p(\beta-\theta)-c+\theta p} > q_I$。此时，供应商的期望利润在风险约束下实现最大化。而集成供应链的最优期望利润可以表示为 $E[\pi_{Ir}(M)]$。根据约束条件（12－23），可以得到购买商的期望利润为：

$$\begin{aligned} E[\pi_r(M)] &= (1-\varphi_S)pd - w\mu M - (1-\varphi_S)\frac{p(d-\theta M)^2}{2(\beta-\theta)M} \\ &> w\mu\left[pd - cM - \frac{p(d-\theta M)^2}{2(\beta-\theta)M}\right] \end{aligned} \tag{12-26}$$

令 $\Re(w) = w\mu\left[pd - cM - \frac{p(d-\theta M)^2}{2(\beta-\theta)M}\right]$。显然，$\Re(w)$ 随着 w 的增加而递增。因为 $\lim\limits_{w \to \frac{c}{\mu}} \Re(w) = E[\pi_{Ir}(M)]$，可以得到 $\lim\limits_{w \to \frac{c}{\mu}} E[\pi_r(M)] > E[\pi_{Ir}(M)]$。因此，存在着唯一一个 w^{***} 满足 $E[\pi_r(M, w^{***})] = E[\pi_{Ir}(M)]$，且 $w^{***} \in [0,$

w^{*}]。同时，还可以得到 $E[\pi_r(M, w=0)]=0$。

根据上述讨论可以发现，当批发价格从 0 增加到 w^{***} 时，购买商的期望利润从 0 增加到 $E[\pi_{Ir}(M)]$，且供应链始终处于协调状态。因此，供应商可以通过调整批发价格和收益分享因子在成员之间任意分配供应链期望利润。**证毕**。

第五节　扩展研究

在本节中，我们扩展讨论需求不确定的情形。此时，假设市场需求 D 为一个随机变量，在区间 $D\in[0, \xi]$ 内服从均匀分布。令 $g(D)$ 和 $G(D)$ 分别表示 D 的概率密度函数和累积分布函数。这里，重点讨论风险规避的购买商作为主导者时的供应链决策模型。

一、随机需求下的最优投入决策

当购买商风险规避时，其决策问题可以表示为：

$$\max_{q\geqslant 0} E[\Pi_{Ir}(q)]$$
$$\text{s. t. } P\{\Pi_{Ir}(q)\leqslant\alpha\}\leqslant\kappa \tag{12-27}$$

首先，分析购买商在没有风险约束时的最优投入决策。这里，考虑以下三种情况：

1. 当 $\xi\geqslant\beta q$，即 $q\leqslant\dfrac{\xi}{\beta}$ 时，购买商的期望利润可表示为：

$$E[\Pi_{Ir}(q)] = p\int_{\theta}^{\beta} f(x)\,\mathrm{d}x\int_{0}^{xq} Dg(D)\,\mathrm{d}D + p\int_{\theta}^{\beta} f(x)\,\mathrm{d}x\int_{xq}^{\xi} xqg(D)\,\mathrm{d}D - cq \tag{12-28}$$

显然，(12－28) 式可以通过 $q'_{I1}=\dfrac{3\xi(p\mu-c)}{p(\beta^2+\theta^2+\beta\theta)}$ 实现最大化。

2. 当 $\theta q\leqslant\xi\leqslant\beta q$，即 $\dfrac{\xi}{\beta}\leqslant q\leqslant\dfrac{\xi}{\theta}$ 时，购买商的期望利润可表示为：

$$E[\Pi_{Ir}(q)] = p\int_{\theta}^{\frac{\xi}{q}} f(x)\,\mathrm{d}x\int_{0}^{xq} Dg(D)\,\mathrm{d}D + p\int_{\theta}^{\frac{\xi}{q}} f(x)\,\mathrm{d}x\int_{xq}^{\xi} xqg(D)\,\mathrm{d}D + p\int_{\frac{\xi}{q}}^{\beta} f(x)\,\mathrm{d}x\int_{0}^{\xi} Dg(D)\,\mathrm{d}D - cq \tag{12-29}$$

由此可知，（12－29）式可以通过 q'_{I2} 实现最大化，其中 q'_{I2} 满足：

$$p\theta^3 q'^3_{I2} - [3p\theta^2\xi + 6\xi c(\beta-\theta)]q'^2_{I2} + \xi^3 p = 0$$

3. 当 $\xi \leqslant \theta q$，即 $q \geqslant \frac{\xi}{\theta}$ 时，购买商的期望利润可表示为：$E[\Pi_{Ir}(q)] = \frac{p\xi}{2} - cq$。可以发现，$E[\Pi_{Ir}(q)]$ 随着 q 的增加而递减。

由上述讨论可知，购买商的期望利润在整个区间内是可微且连续的。令 $K_1 = \frac{6c\beta}{\beta^2 + \beta\theta - 2\theta^2}$，其中 $0 \leqslant \theta < \beta \leqslant 1$。为进一步分析购买商的期望利润随 q 的变化情况，需要考虑以下两个条件：$p \leqslant K_1$，$p > K_1$。所有结果如表 12.2 所示。

表 12.2　在不同的条件下购买商的期望利润随 q 的变化情况

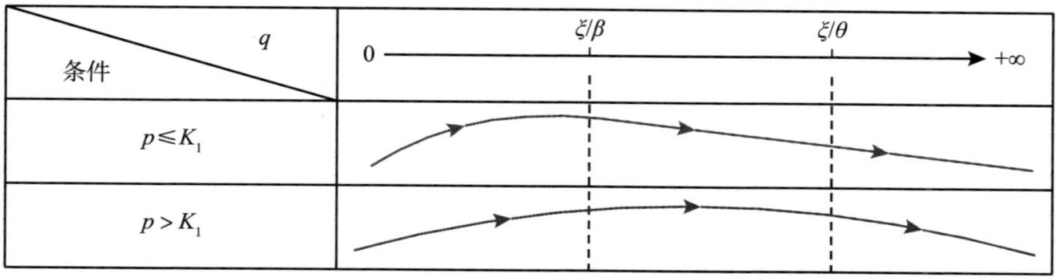

接下来，可以得出以下结论：

（1）当 $p \leqslant K_1$ 时，购买商的最优投入量为 $q'_I = q'_{I1}$；

（2）当 $p > K_1$ 时，购买商的最优投入量为 $q'_I = q'_{I2}$。

接下来，进一步考虑风险约束条件 $P\{\Pi_{Ir}(q) \leqslant \alpha\} \leqslant \kappa$。该约束条件可扩展为：

$$P[\overbrace{\{pqx - cq \leqslant \alpha\} \cap \{D \geqslant qx\}}^{(\mathrm{I})}] + P[\overbrace{\{pD - cq \leqslant \alpha\} \cap \{D < qx\}}^{(\mathrm{II})}] \leqslant \kappa \tag{12-30}$$

由约束条件（12－30）中（I）可知，当 $D \geqslant qx$ 时，购买商的利润为

$\Pi_{Ir}(q)=(px-c)q$。因为 $\theta\leqslant x\leqslant\beta$，给定一个特定的投入量$\mathbb{Q}$，总是可以得到 $\Pi_{Ir}(\mathbb{Q})<(p\beta-c)\mathbb{Q}$。因此，必须满足 $\alpha<(p\beta-c)q$；否则，有 $P\{\pi_{Ir}(q)\leqslant\alpha\}=1$。

由约束条件（12－30）中（Ⅱ）可知，当 $D<qx$ 时，购买商的利润为 $\Pi_{Ir}(q)=pD-cq$。因为 $D\in[0,\xi]$，给定一个特定的投入量$\mathbb{Q}$，总是可以得到 $\Pi_{Ir}(\mathbb{Q})<p\xi-c\mathbb{Q}$。因此，必须满足 $\alpha<p\xi-cq$；否则，有 $P\{\pi_{Ir}(q)\leqslant\alpha\}=1$。

不考虑风险约束时，购买商总是在区间 $q\in\left[0,\ \frac{\xi}{\theta}\right]$内选择最优的投入量。从表 12.2 中可以发现 $\Pi_{Ir}(q)>\Pi_{Ir}\left(\frac{\xi}{\theta}\right)=\frac{p\xi}{2}-c\frac{\xi}{\theta}$。这意味着，若 $\alpha<\frac{p\xi}{2}-c\frac{\xi}{\theta}$，则 $P\{\pi_{Ir}(q)\leqslant\alpha\}=0$。

因此，引入风险约束条件后，购买商的最优投入量可以在区间 $q\in\left[0,\ \frac{\xi}{\theta}\right]$内找到。进一步假设 $\alpha<(p\beta-c)q$，$\alpha<p\xi-cq$ 和 $\alpha\geqslant\frac{p\xi}{2}-c\frac{\xi}{\theta}$同时成立。那么，约束条件（12－30）可以表示为：

$$P\left[\left\{\theta\leqslant x\leqslant\frac{\alpha+cq}{pq}\right\}\cap\{0\leqslant D\leqslant\xi\}\right]\cup P\left[\left\{\frac{\alpha+cq}{pq}\leqslant x\leqslant\beta\right\}\cap\left\{0\leqslant D\leqslant\frac{\alpha+cq}{p}\right\}\right]\leqslant\kappa \tag{12-31}$$

上述约束条件可进一步写成：

$$\int_{\theta}^{\frac{\alpha+cq}{pq}}f(x)\,\mathrm{d}x\int_{0}^{\xi}g(D)\,\mathrm{d}D+\int_{\frac{\alpha+cq}{pq}}^{\beta}f(x)\,\mathrm{d}x\int_{0}^{\frac{\alpha+cq}{p}}g(D)\,\mathrm{d}D\leqslant\kappa \tag{12-32}$$

为了确保约束条件（12－32）有效，必须满足以下条件之一：

①$1-\frac{\left[\sqrt{(c-p\beta)(\alpha-\xi p)}-\sqrt{c\alpha}\right]^2}{(\beta-\theta)\xi p^2}<\kappa\leqslant1$；

②$0<\kappa\leqslant\max\left\{0,\ 1-\frac{\left[\sqrt{(c-p\beta)(\alpha-\xi p)}+\sqrt{c\alpha}\right]^2}{(\beta-\theta)\xi p^2}\right\}$。

通过求解约束条件（12－30），可以找到两个根。令 q_1 和 q_2 分别表示这两个根，并假设 $q_1\leqslant q_2$。

同时，可以发现 $K_1\geqslant5.334c$。对于大多数产品来说，销售价格 p 总是定在一个特殊的范围内。例如，浙江 KY 公司大多数服装的销售价格都定在 $2.6c\leqslant$

$p \leqslant 3c$ 范围内。因此，本节假设 $p \leqslant K_1$ 始终成立。那么，可以得到如下命题。

命题 12.12　当 $p \leqslant K_1$ 时，满足条件①和条件②中的任意一个，购买商风险规避时的最优投入量为

$$q_I'^{*} = \begin{cases} q_{I1}', & \text{若 } q_1 < q_{I1}' < q_2 \\ q_1, & \text{若 } q_{I1}' \leqslant q_1 \\ q_2, & \text{若 } q_{I1}' \geqslant q_2 \end{cases}$$

二、随机需求下购买商主导时供应链的协调策略

这里，引入包含参数（w，φ）的收益分享契约来协调供应链。在购买商主导的供应链中，供应商决定投入量。类似地，需要考虑以下三种情况：

1. 当 $\xi \geqslant \beta q$，即 $q \leqslant \dfrac{\xi}{\beta}$ 时，供应商的期望利润可以表示为：

$$E[\Pi_s(q)] = \varphi p\int_{\theta}^{\beta} f(x)\,\mathrm{d}x\int_{0}^{xq} Dg(D)\,\mathrm{d}D + \varphi p\int_{\theta}^{\beta} f(x)\,\mathrm{d}x\int_{xq}^{\xi} xqg(D)\,\mathrm{d}D + w\mu q - cq \tag{12-33}$$

显然，（12－33）式可以通过 $q_{s1}' = \dfrac{3\xi(\varphi p\mu + w\mu - c)}{p\varphi(\beta^2 + \theta^2 + \beta\theta)}$ 实现最大化。

2. 当 $\theta q \leqslant \xi \leqslant \beta q$，即 $\dfrac{\xi}{\beta} \leqslant q \leqslant \dfrac{\xi}{\theta}$ 时，供应商的期望利润可以表示为：

$$E[\Pi_s(q)] = \varphi p\int_{\theta}^{\frac{\xi}{q}} f(x)\,\mathrm{d}x\int_{0}^{xq} Dg(D)\,\mathrm{d}D + \varphi p\int_{\theta}^{\frac{\xi}{q}} f(x)\,\mathrm{d}x\int_{xq}^{\xi} xqg(D)\,\mathrm{d}D + \varphi p\int_{\frac{\xi}{q}}^{\beta} f(x)\,\mathrm{d}x\int_{0}^{\xi} Dg(D)\,\mathrm{d}D + w\mu q - cq \tag{12-34}$$

显然，（12－34）式可以通过选择 q_{s2}' 实现最大化。这里，q_{s2}' 满足：

$$2\varphi p\theta^3 q_{s2}'^3 - (3\varphi p\theta^2\xi + 6\xi(c - w\mu)(\beta - \theta))q_{s2}'^2 + \varphi\xi^3 p = 0$$

3. 当 $\xi \leqslant \theta q$，即 $q \geqslant \dfrac{\xi}{\theta}$ 时，供应商的期望利润为 $E[\Pi_s(q)] = \dfrac{\varphi p\xi}{2} + w\mu q - cq$。

为了确保供应商不会选择无限大的投入量，必须满足 $w\mu < c$。令 $K_2 = \dfrac{6\beta(c - w\mu)}{\varphi(\beta^2 + \beta\theta - 2\theta^2)}$，则得到供应商的最优投入量如下：

①当 $p \leqslant K_2$ 时，供应商的最优投入量为 $q_s' = q_{s1}'$；

②当 $p > K_2$ 时，供应商的最优投入量为 $q'_s = q'_{s2}$。

类似地，假设 $p \leqslant K_2$，则供应商的最优投入量为 $q'_s = q'_{s1} = \frac{3\xi(\varphi p\mu + w\mu - c)}{p\varphi(\beta^2 + \theta^2 + \beta\theta)}$。为了协调供应链，我们讨论如下：

（1）$q_1 < q'_{s1} = q'_{I1} < q_2$。满足 $q'_{s1} = q'_{I1}$，供应链可以实现协调。由此可得，$\varphi = \frac{c - w\mu}{c}$。给定 $w < \frac{c}{\mu}$，购买商可以通过调整批发价格和收益分享因子，在成员之间任意分配供应链期望利润。

（2）$q'_{s1} = q_1 > q'_{I1}$。若要协调供应链，必须满足以下条件：

$$\begin{cases} \frac{3\xi(\varphi p\mu + w\mu - c)}{p\varphi(\beta^2 + \theta^2 + \beta\theta)} = q_1 & (12-35\text{a}) \\ \frac{3\xi(p\mu - c)}{p(\beta^2 + \theta^2 + \beta\theta)} < q_1 & (12-35\text{b}) \end{cases}$$

由约束条件（12-35b）可得，$\varphi > \frac{c - w\mu}{c}$，且有 $K_1 < K_2$。因此，为了满足 $q'_I = q'_{I1}$ 和 $q'_s = q'_{s1}$，$p \leqslant K_1$ 必须成立。当（12-35a）式和约束条件（12-35b）都成立时，供应链是协调的。根据（12-35a）式可得，存在着一个特殊的收益分享因子，即

$$\varphi'_{RU} = \frac{3\xi(c - w\mu)}{3\xi p\mu - p(\beta^2 + \theta^2 + \beta\theta)q_1} \quad (12-36)$$

命题 12.13 存在着唯一一个批发价格 $\hat{w} \in \left[0, \frac{c}{\mu}\right)$，给定任意 $\hat{w}' \in \left[\hat{w}, \frac{c}{\mu}\right)$，购买商可以通过确定一个收益分享因子 φ'_{RU} 来协调供应链。且通过调整（$\hat{w}'$，φ'_{RU}）组合，购买商可以在成员之间任意分配供应链期望利润。

（3）$q'_{s1} = q_2 < q'_I$。若要协调供应链，必须满足以下条件：

$$\begin{cases} \frac{3\xi(\varphi p\mu + w\mu - c)}{p\varphi(\beta^2 + \theta^2 + \beta\theta)} = q_2 & (12-37\text{a}) \\ \frac{3\xi(p\mu - c)}{p(\beta^2 + \theta^2 + \beta\theta)} > q_2 & (12-37\text{b}) \end{cases}$$

根据约束条件（12-37b）可得，$\varphi < \frac{c - w\mu}{c}$。同时，为了使得 $q'_I = q'_{I1}$ 和

$q_s' = q_{s1}'$，$p \leqslant K_1$ 必须成立。因此，当（12－37a）式和约束条件（12－37b）都成立时，供应链是协调的。根据（12－37a）式，可以得到一个特殊的收益分享因子，即

$$\varphi''_{RU} = \frac{3\xi(c - w\mu)}{3\xi p\mu - p(\beta^2 + \theta^2 + \beta\theta)q_2} \tag{12-38}$$

显然，φ''_{RU}随着 w 的增加而递减。同时考虑约束条件（12－37b）和（12－38）式，可以得到 $\varphi''_{RU} < \frac{c - w\mu}{c}$。进一步得到：

$$E[\Pi_s(q_2)] < \varphi''_{RU} p\int_\theta^\beta f(x)\,\mathrm{d}x\int_0^{xq_2} Dg(D)\,\mathrm{d}D + \varphi''_{RU} p\int_\theta^\beta f(x)\,\mathrm{d}x\int_{xq_2}^{\xi} xq_2 g(D)\,\mathrm{d}D - \varphi''_{RU} cq_2$$

令 $N(\varphi''_{RU}) = \varphi''_{RU} p\int_\theta^\beta f(x)\,\mathrm{d}x\int_0^{xq_2} Dg(D)\,\mathrm{d}D + \varphi''_{RU} p\int_\theta^\beta f(x)\,\mathrm{d}x\int_{xq_2}^{\xi} xq_2 g(D)\,\mathrm{d}D - \varphi''_{RU} cq_2$。显然，$N(\varphi''_{RU})$ 随着 φ''_{RU}的增加而递增。当 $w \to \frac{c}{\mu}$时，可得 $\varphi''_{RU} \to 0$，进一步得到 $N(\varphi''_{RU}) \to 0$；当 $w = 0$ 时，可得 $\varphi''_{RU} < 1$，进一步得到 $N(\varphi''_{RU}) < E[\Pi_{Ir}(q_2)]$。因此，$E[\Pi_s(q_2)] < E[\Pi_{Ir}(q_2)]$ 始终成立。

通过上述讨论，可以发现批发价格在 $w \in \left[0, \frac{c}{\mu}\right)$范围内变化时，供应商的期望利润始终满足 $E[\Pi_s(q_2)] < E[\Pi_{Ir}(q_2)]$。因此，当需求与产出同时不确定时，购买商可以通过引入收益分享契约来协调供应链，但不能在成员之间任意分配供应链期望利润。

第六节 数值分析

假设确定需求为 $d = 500$，产品的销售价格为 $p = 16$，单位生产成本为 $c = 4$。假设 $\theta = 0$，$\beta = 1$。在购买商主导的供应链中，当购买商风险中性时，其最优投入量为 $q_I = 707.11$，供应链的最优期望利润为 $E[\pi_{Ir}(q_I)] = 2343.15$。

一、需求确定时购买商的决策

给定一个正的利润门槛 $\alpha > 0$ 和一个概率门槛 $\kappa \in \left(\frac{1}{4}, 1\right]$，满足$\frac{2000}{8000 - \alpha} <$

$\kappa \leqslant 1$ 时，约束条件有效。给定不同 κ 和 α，可以得到不同的 M，具体如表 12.3 所示。由此可知，如果购买商选择 $\left\{\kappa = \frac{7}{16},\ \alpha = 2500\right\}$ 作为风险门槛，则其最优投入量为 $q_I^* = 833.33$。因此，对于低产出率 $0 \leqslant x \leqslant \frac{d}{q_I} = 0.71$，购买商可以通过设定约束条件来规避风险，且该约束条件规定利润低于 $\alpha = 2500$ 的概率不超过 $\kappa = \frac{7}{16}$。

表 12.3　　给定不同 κ 和 α 时的 M 值

κ 值	α 值										
	500	1000	1500	2000	2500	3000	3500	4000	4500	5000	5500
5/16	500	**1000**	**1500**	—	—	—	—	—	—	—	—
6/16	250	500	**750**	**1000**	**1250**	—	—	—	—	—	—
7/16	166.67	333.33	500	666.67	**833.33**	**1000**	—	—	—	—	—
8/16	125	250	375	500	625	**750**	**875**	—	—	—	—
9/16	100	200	300	400	500	600	700	**800**	—	—	—
10/16	83.33	166.67	250	333.33	416.67	500	583.33	666.67	**750**	—	—
11/16	71.43	142.86	214.29	285.71	357.14	428.57	500	571.43	642.86	**714.29**	—
12/16	62.5	125	187.5	250	312.5	375	437.5	500	562.5	625	—
13/16	55.56	111.11	166.67	222.22	277.78	333.33	388.89	444.44	500	555.56	611.11
14/16	50	100	150	200	250	300	350	400	450	500	550
15/16	45.45	90.91	136.36	181.82	227.27	272.73	318.18	363.64	409.09	454.55	500
16/16	41.67	83.33	125	166.67	208.33	250	291.67	333.33	375	416.67	458.33
$\frac{pd-\alpha}{c}$	1875	1750	1625	1500	1375	1250	1125	1000	875	750	625

注：粗体数字表示最优投入量 $q_I^* = M$。

二、购买商主导供应链时的协调机制

供应链成员均风险中性时，满足 $w = 8 - 8\varphi$，供应链可以实现协调。图 12.1 显示，供应商的期望利润 $E[\pi_s(q_I)]$ 随着 φ 的增加而递增。显然，购买商实际的期望利润为 $E[\pi_{Ir}(q_I)] - E[\pi_s(q_I)]$。因此，购买商可以通过调整批发价格 w 和收益分享因子 φ 实现供应链期望利润在成员之间的任意分配，命题 12.4 即得到了验证。

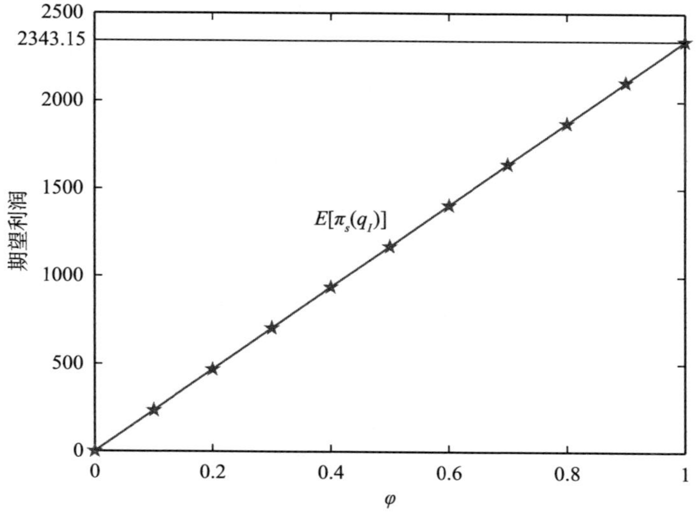

图 12.1　给定 $w = 8 - 8\varphi$ 时供应商期望利润随 φ 的变化情况

当 $\frac{\alpha + cq_I}{pq_I} < \kappa \leqslant 1$ 时，命题 12.5 也可以得出类似的结论。此外，由约束条件（12 - 14）和（12 - 15）式可得 $\kappa \leqslant \frac{\alpha + cq_I}{pq_I} = \frac{\alpha + 2828.44}{11313.76}$，那么供应商的最优投入量为 $q_{s1} = q_I^* = M > q_I$。

表 12.4 显示了给定不同 α 时 κ 的上限。在表 12.5 中，我们给出了不同 $\{\alpha, \kappa\}$ 组合下满足 $\kappa \leqslant \frac{\alpha + cq_I}{pq_I} = \frac{\alpha + 2828.44}{11313.76}$ 要求的 w' 和 M。

表 12.4　给定不同 α 时 κ 的上限

α	500	1000	1500	2000	2500	3000	3500	4000	4500	5000	5500
$\frac{\alpha + cq_I}{pq_I}$	0.29	0.34	0.38	0.43	0.47	0.52	0.56	0.60	0.65	0.69	0.74

表 12.5 给定不同 {α, κ} 组合时的 w'和 M

κ值	α值										
	500	1000	1500	2000	2500	3000	3500	4000	4500	5000	5500
0.27	(6.36, 1562.50)	(7.59, 3125.00)	(7.82, 4687.50)	(7.90, 6250.00)	(7.93, 7812.50)	(7.95, 9375.00)	(7.97, 10937.50)	(7.97, 12500.00)	(7.98, 14062.50)	(7.98, 15625.00)	(7.99, 17187.50)
0.32	—	(2.98, 892.86)	(5.77, 1339.29)	(6.75, 1785.71)	(7.20, 2232.14)	(7.44, 2678.57)	(7.59, 3125.00)	(7.69, 3571.43)	(7.75, 4017.86)	(7.80, 4464.29)	(7.83, 4910.71)
0.36	—	—	(2.49, 852.27)	(4.90, 1136.36)	(6.02, 1420.45)	(6.62, 1704.55)	(6.99, 1988.64)	(7.23, 2272.73)	(7.39, 2556.82)	(7.50, 2840.91)	(7.59, 3125.00)
0.41	—	—	—	(1.45, 781.25)	(3.81, 976.56)	(5.09, 1171.88)	(5.86, 1367.19)	(6.36, 1562.5)	(6.71, 1757.81)	(6.95, 1953.13)	(7.13, 2148.44)
0.45	—	—	—	—	(1.45, 781.25)	(3.45, 937.50)	(4.66, 1093.75)	(5.44, 1250.00)	(5.98, 1406.25)	(6.36, 1562.5)	(6.65, 1718.75)
0.50	—	—	—	—	—	(0.89, 750.00)	(2.78, 875.00)	(4.00, 1000.00)	(4.84, 1125.00)	(5.44, 1250.00)	(5.88, 1375.00)
0.54	—	—	—	—	—	—	(0.97, 754.31)	(2.62, 862.07)	(3.75, 969.83)	(4.56, 1077.59)	(5.15, 1185.34)
0.58	—	—	—	—	—	—	—	(1.03, 757.58)	(2.49, 852.27)	(3.54, 946.97)	(4.31, 1041.67)
0.63	—	—	—	—	—	—	—	—	(0.70, 740.13)	(2.09, 822.37)	(3.11, 904.61)
0.67	—	—	—	—	—	—	—	—	—	(0.77, 744.05)	(2.03, 818.45)
0.72	—	—	—	—	—	—	—	—	—	—	(0.52, 731.38)

接下来，考虑一种特殊情况。当 $0 \leqslant x \leqslant \frac{d}{q_I} = 0.71$ 时，购买商可以通过设定约束条件来控制低产出率带来的风险，即规定利润低于 $\alpha = 2500$ 的概率不超过 $\kappa = 0.41$。进一步可以得到购买商的最优投入量为 $q_I^* = M = 976.56$，以及供应链的最优期望利润为 $E[\pi_{Ir}(M)] = 2045.75$。尽管期望利润有一定程度的降低，即 $E[\pi_{Ir}(M)] = 2045.75 < E[\pi_{Ir}(q_I)] = 2343.15$，但低产出风险得到了显著降低。从命题 12.7 中可以发现，购买商可以通过引入收益分享契约且令 $\varphi_R = 2(c - w\mu)\left(\frac{\alpha}{\kappa p - c}\right)^2 \frac{1}{pd^2}$来实现供应链的协调，且有 $w''' = 5.80 > w' = 3.81$。图 12.2 显示，供应商的期望利润 $E[\pi_s(M)]$ 在区间 $w \in [5.80, 8)$ 内随着 w 的增加而递减。由于购买商的实际期望利润为 $E[\pi_{Ir}(M)] - E[\pi_s(M)]$，因此购买商可以通过调整批发价格和收益分享因子实现供应链期望利润在成员之间的任意分配。

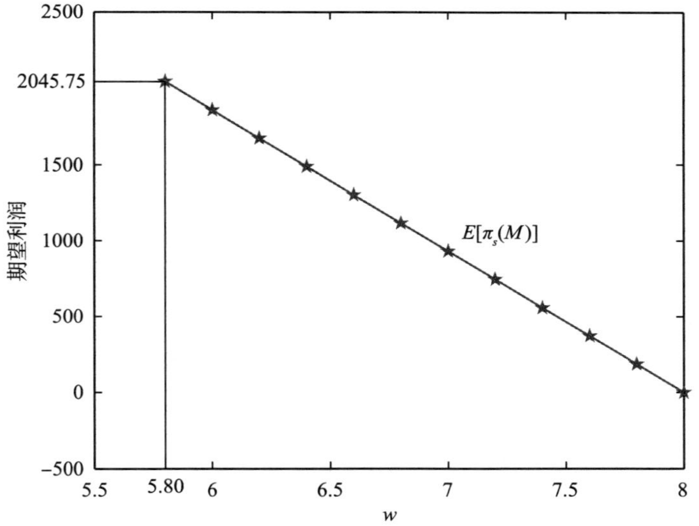

图 12.2　给定 $\varphi = \varphi_R$ 时供应商期望利润随 w 的变化情况

三、供应商主导供应链时的协调机制

两个成员均风险中性时，满足 $w=2c-2\varphi c$，可以实现供应链协调。图12.3表明，购买商的期望利润 $E[\pi_r(q_I)]$ 随着 φ 的增加而递减。此时，供应商的实际期望利润为 $E[\pi_{Ir}(q_I)]-E[\pi_r(q_I)]$。因此，供应商可以通过调整批发价格 w 和收益分享因子 φ 在成员之间任意分配供应链期望利润，进一步验证了命题12.8的结论。当 $\frac{\alpha+cq_I}{pq_I}<\kappa\leqslant 1$ 时，命题12.9也可以得到类似的结论。

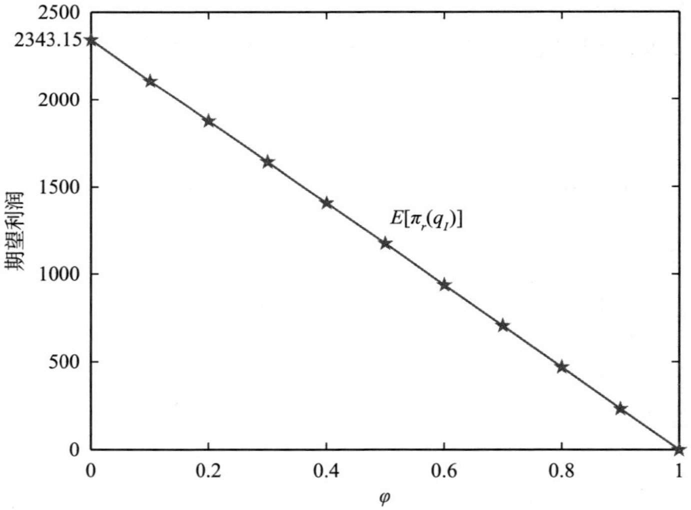

图12.3　给定 $w=8-8\varphi$ 时购买商期望利润随 φ 的变化情况

现在，考虑购买商最优投入量为 $q_{r1}=q_I^*=M>q_I$ 的情况。当 $\kappa\leqslant\frac{\alpha+cq_I}{pq_I}=\frac{\alpha+2828.44}{11313.76}$ 时，结合不同的 $\{\alpha,\ \kappa\}$ 组合可以得到不同的 w^* 和 M，具体如表12.6所示。

表 12.6　给定不同 {α, κ} 组合时的 w^* 和 M

κ 值	α 值										
	500	1000	1500	2000	2500	3000	3500	4000	4500	5000	5500
0. 27	(1. 64, 1562. 50)	(0. 41, 3125. 00)	(0. 18, 4687. 50)	(0. 1, 6250. 00)	(0. 07, 7812. 50)	(0. 05, 9375. 00)	(0. 03, 10937. 5)	(0. 03, 12500. 00)	(0. 02, 14062. 50)	(0. 02, 15625. 00)	(0. 01, 17187. 50)
0. 32	—	(5. 02, 892. 86)	(2. 23, 1339. 29)	(1. 25, 1785. 71)	(0. 8, 2232. 14)	(0. 56, 2678. 57)	(0. 41, 3125. 00)	(0. 31, 3571. 43)	(0. 25, 4017. 86)	(0. 2, 4464. 29)	(0. 17, 4910. 71)
0. 36	—	—	(5. 51, 852. 27)	(3. 1, 1136. 36)	(1. 98, 1420. 45)	(1. 38, 1704. 55)	(1. 01, 1988. 64)	(0. 77, 2272. 73)	(0. 61, 2556. 82)	(0. 5, 2840. 91)	(0. 41, 3125. 00)
0. 41	—	—	—	(6. 55, 781. 25)	(4. 19, 976. 56)	(2. 91, 1171. 88)	(2. 14, 1367. 19)	(1. 64, 1562. 50)	(1. 29, 1757. 81)	(1. 05, 1953. 13)	(0. 87, 2148. 44)
0. 45	—	—	—	—	(6. 55, 781. 25)	(4. 55, 937. 50)	(3. 34, 1093. 75)	(2. 56, 1250. 00)	(2. 02, 1406. 25)	(1. 64, 1562. 50)	(1. 35, 1718. 75)
0. 50	—	—	—	—	—	(7. 11, 750. 00)	(5. 22, 875. 00)	(4. 00, 1000. 00)	(3. 16, 1125. 00)	(2. 56, 1250. 00)	(2. 12, 1375. 00)
0. 54	—	—	—	—	—	—	(7. 03, 754. 31)	(5. 38, 862. 07)	(4. 25, 969. 83)	(3. 44, 1077. 59)	(2. 85, 1185. 34)
0. 58	—	—	—	—	—	—	—	(6. 97, 757. 58)	(5. 51, 852. 27)	(4. 46, 946. 97)	(3. 69, 1041. 67)
0. 63	—	—	—	—	—	—	—	—	(7. 30, 740. 13)	(5. 91, 822. 37)	(4. 89, 904. 61)
0. 67	—	—	—	—	—	—	—	—	—	(7. 23, 744. 05)	(5. 97, 818. 45)
0. 72	—	—	—	—	—	—	—	—	—	—	(7. 48, 731. 38)

针对供应商主导的供应链，给定 $0 \leqslant x \leqslant \frac{d}{q_I} = 0.71$，供应商可以通过设置约束条件来控制低产出率的风险，即规定利润低于 $\alpha = 3000$ 的概率不超过 $\kappa = 0.45$。此时，供应商风险规避时的最优投入量为 $q_I^* = M = 937.50$，以及供应链的期望利润为 $E[\pi_{Ir}(M)] = 2116.67 < E[\pi_{Ir}(q_I)] = 2343.15$。虽然供应链的期望利润降低了，但其风险也得到了规避。从命题 12.11 中可知，供应商可以通过设置 $\varphi_S = 1 - 2w\mu\left(\frac{\alpha}{\kappa p - c}\right)^2 \frac{1}{pd^2}$ 来协调供应链。同时，还有 $w^{***} = 2.58 < w^* = 4.55$。图 12.4 表明，给定 $w \in [0, 2.58]$，购买商的期望利润 $E[\pi_r(M)]$ 随着 w 的增加而递增。由于供应商的实际期望利润为 $E[\pi_{Ir}(M)] - E[\pi_r(M)]$，供应商可以通过调整批发价格和收益分享因子在成员之间任意分配供应链期望利润。

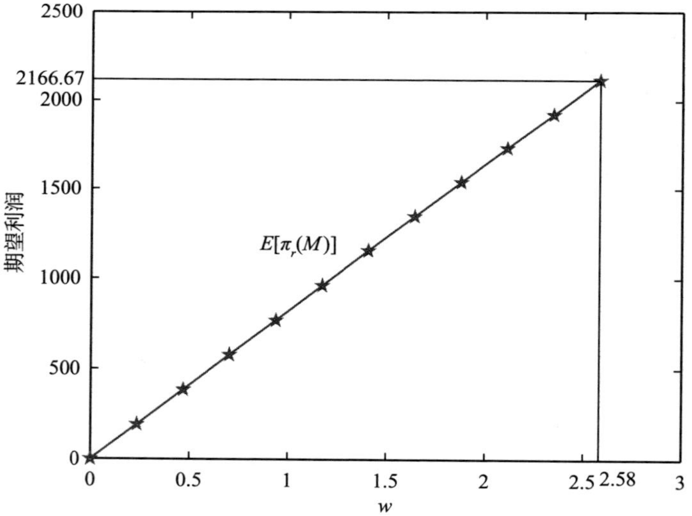

图 12.4　给定 $\varphi = \varphi_S$ 时购买商期望利润随 w 的变化情况

四、随机需求下购买商主导供应链时的最优投入决策与协调机制

假设随机需求 D 在区间 $D \in [0, 1000]$ 内服从均匀分布。产品的销售价

格为 $p=16$，且满足 $p \leqslant K_1$。那么，在购买商主导供应链时，若没有风险约束，则购买商的最优投入量为 $q'_{I1}=750$。

为确保风险约束有效，必须满足以下四个条件：①$\alpha<12q$；②$\alpha<16000-6q$；③$\alpha \geqslant 8000-\frac{4000}{\theta}$；④$1-\frac{(\sqrt{192000-12\alpha}-\sqrt{4\alpha})^2}{256000} \leqslant \kappa \leqslant 1$ 或 $0 \leqslant \kappa \leqslant \max\left\{0,\ 1-\frac{(\sqrt{192000-12\alpha}+\sqrt{4\alpha})^2}{256000}\right\}$。根据命题 12.12 的结论，可以得到购买商的最优投入量：

$$q_I'^{*}=\begin{cases} q'_{I1}, & 若\ q_1<q'_{I1}<q_2 \\ q_1, & 若\ q'_{I1}<q_1 \\ q_2, & 若\ q'_{I1} \geqslant q_2 \end{cases}$$

为了得到 q_1 和 q_2，首先分析给定不同 α 时 κ 的上限，具体如表 12.7 所示。

表 12.7　　给定不同 α 时 κ 的上限

条件	α 值										
	500	1000	1500	2000	2500	3000	3500	4000	4500	5000	5500
$1-\frac{(\sqrt{192000-12\alpha}-\sqrt{4\alpha})^2}{256000}$	0.42	0.49	0.55	0.60	0.64	0.68	0.72	0.75	0.78	0.81	0.83
$1-\frac{(\sqrt{192000-12\alpha}+\sqrt{4\alpha})^2}{256000}$	0.11	0.07	0.04	0.03	0.01	0.01	0.00	—	0.00	0.00	0.01

通过设置不同的 κ 和 α，可以得到对应的 q_1 和 q_2，具体如表 12.8 所示。

表 12.8　给定不同 $\{\alpha, \kappa\}$ 组合时的 q_1 和 q_2

κ 值	α 值										
	500	1000	1500	2000	2500	3000	3500	4000	4500	5000	5500
0.42	**(322, 501)**	—	—	—	—	—	—	—	—	—	—
0.46	(191, 846)	—	—	—	—	—	—	—	—	—	—
0.50	(146, 1104)	(417, 750)	—	—	—	—	—	—	—	—	—
0.54	(120, 1343)	(286, 1094)	—	—	—	—	—	—	—	—	—
0.58	(103, 1574)	(229, 1364)	(413, 1097)	—	—	—	—	—	—	—	—
0.62	(90, 1800)	(194, 1613)	(324, 1400)	(522, 1118)	—	—	—	—	—	—	—
0.66	(80, 2024)	(169, 1851)	(272, 1664)	(402, 1451)	(602, 1168)	—	—	—	—	—	—
0.70	(72, 2245)	(150, 2083)	(237, 1913)	(337, 1729)	(462, 1521)	(650, 1250)	—	—	—	—	—
0.74	(66, 2464)	(135, 2311)	(210, 2153)	(294, 1986)	(389, 1808)	(505, 1608)	(670, 1360)	—	—	—	—

续表

κ 值	α 值										
	500	1000	1500	2000	2500	3000	3500	4000	4500	5000	5500
0.78	(60, 2683)	(123, 2537)	(190, 2387)	(261, 2232)	(340, 2070)	(428, 1899)	(533, 1710)	(672, 1488)	**(1035, 1042)**	—	—
0.82	(56, 2901)	(113, 2760)	(173, 2617)	(236, 2471)	(303, 2320)	(375, 2165)	(455, 2001)	(548, 1826)	(662, 1628)	**(836, 1371)**	—
0.86	(52, 3118)	(105, 2982)	(159, 2844)	(216, 2704)	(274, 2562)	(336, 2417)	(402, 2268)	(473, 2114)	(553, 1951)	(646, 1774)	**(766, 1571)**
q_n'	750	750	750	750	750	750	750	750	750	750	750

注：粗体数字表示最优投入量不在区间 $q \in (q_1, q_2)$ 内。

基于此，可以通过 q'_{I1} 与 q_1，q_2 的比较，得到购买商风险规避时的最优投入量。例如，给定 $\{\alpha = 500, \kappa = 0.42\}$，得到 $q_1 = 322$ 和 $q_2 = 501$。因为 $q'_{I1} = 750 > q_2$，购买商风险规避时的最优投入量为 $q_I'^{*} = q_2 = 501$。接下来，考虑以下三种情况：

1. 购买商设置约束条件，规定利润低于 $\alpha = 2000$ 的概率不超过 $\kappa = 0.70$。那么，购买商的最优投入量为 $q_I'^{*} = q'_{I1} = 750$，供应链的期望利润为 $E[\Pi_{Ir}(q'_{I1})] = 1500$。显然，满足 $\varphi = \frac{c - w\mu}{c}$ 时，可以实现供应链协调。如图12.5所示，供应商的期望利润 $E[\Pi_s(q'_{I1})]$ 在区间 $w \in [0, 8)$ 内随着 w 的增加而递减。由于购买商的实际期望利润为 $E[\Pi_{Ir}(q'_{I1})] - E[\Pi_s(q'_{I1})]$，因此购买商可以通过调整批发价格和收益分享因子实现供应链期望利润在成员之间的任意分配。

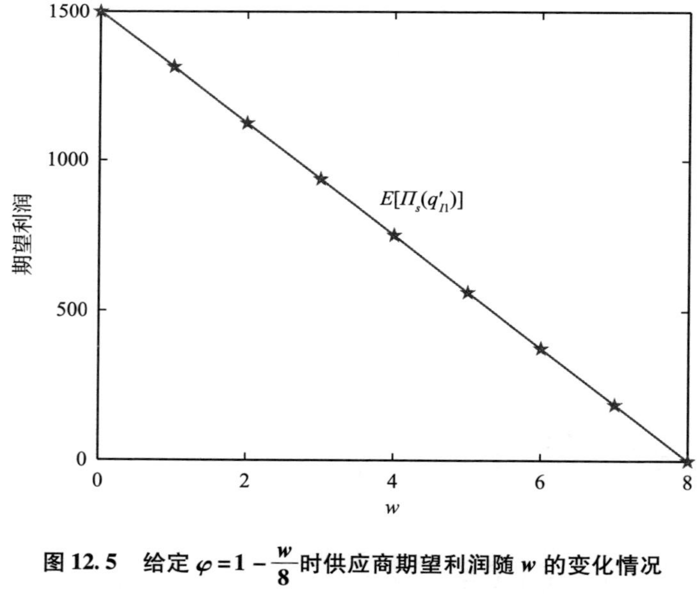

图 12.5　给定 $\varphi = 1 - \frac{w}{8}$ 时供应商期望利润随 w 的变化情况

2. 购买商设置约束条件，规定利润低于 $\alpha = 5000$ 的概率不超过 $\kappa = 0.82$。那么，购买商的最优投入量为 $q_{I1}'^{*} = q_1 = 836$，供应链的期望利润为

$E[\Pi_{Ir}(q_1)] = 1480.28$。从命题 12.13 可知，满足 $\varphi'_{RU} = \dfrac{3\xi(c - w\mu)}{3\xi p\mu - p(\beta^2 + \theta^2 + \beta\theta)q_1}$ 时，可以实现供应链协调。当 $E[\Pi_s(q_1)] = 1480.28$ 时，得到 $\hat{w} = 2.37 < 8$。图 12.6 表明，供应商的期望利润 $E[\Pi_s(q_1)]$ 在区间 $w \in [2.37, 8)$ 内随着 w 的增加而递减。由于购买商的实际期望利润为 $E[\Pi_{Ir}(q_1)] - E[\Pi_s(q_1)]$，因此购买商可以通过调整批发价格和收益分享因子实现供应链期望利润在成员之间的任意分配。

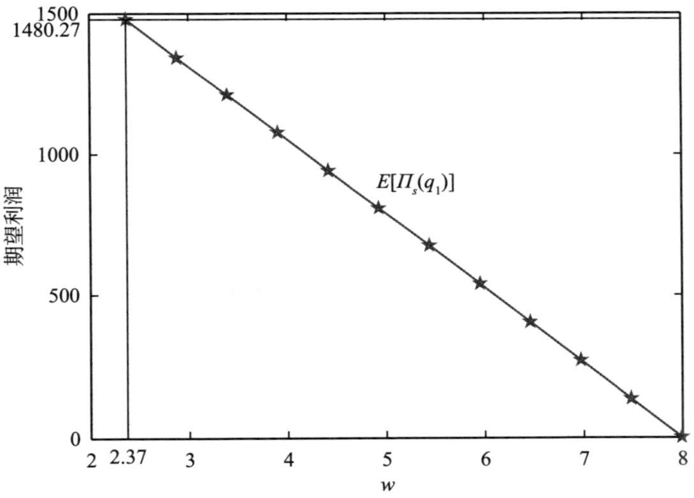

图 12.6　给定 $\varphi = \varphi'_{RU}$ 时供应商期望利润随 w 的变化情况

3. 购买商设置约束条件，规定利润低于 $\alpha = 500$ 的概率不超过 $\kappa = 0.42$。那么，购买商的最优投入量为 $q'^*_{I1} = q_2 = 501$，供应链的期望利润为 $E[\pi_{Ir}(q_2)] = 1334.66$。可以发现，满足 $\varphi''_{RU} = \dfrac{3\xi(c - w\mu)}{3\xi p\mu - p(\beta^2 + \theta^2 + \beta\theta)q_2}$ 时可以实现供应链协调。图 12.7 表明，在区间 $w \in [0, 8)$ 内，供应商的期望利润 $E[\Pi_s(q_2)]$ 从 500 减小到 0。购买商的实际期望利润为 $E[\Pi_{Ir}(q_2)] - E[\Pi_s(q_2)]$。因此，购买商不能通过调整批发价格和收益分享因子实现供应链期望利润在成员之间的任意分配。

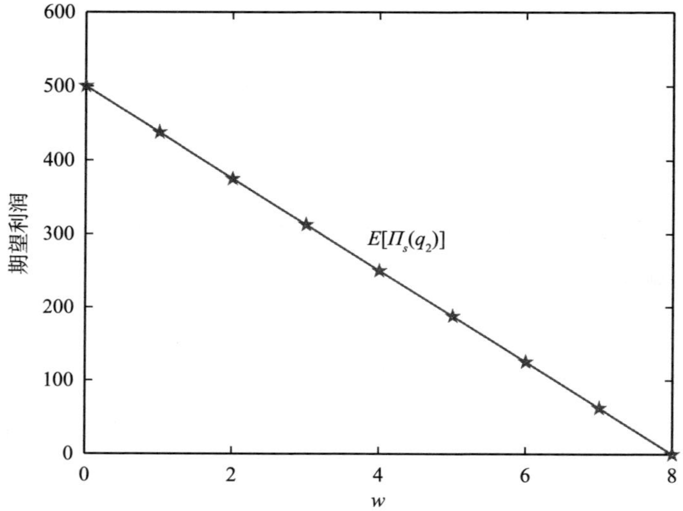

图 12.7　给定 $\varphi=\varphi''_{RU}$ 时供应商期望利润随 w 的变化情况

第七节　本章小结

本章研究了一个面临产出损失和风险规避的供应链。为了反映决策者的风险规避态度，引入了下行风险规避约束条件。在此基础上，考虑购买商主导供应链的情形，分析其最优投入决策，并设计收益分享契约来协调风险中性和风险规避时的供应链。进一步地，分析了供应商作为主导者时的最优决策，并发现收益分享契约也能够协调供应链。本章还将决策模型扩展至需求不确定的情形，并得到了有趣的结论。

在现实中，产出损失的情况是非常常见的，且有许多供应链都面临这样的困境。本模型首先强调了购买商或供应商在供应链中的重要作用，并提出具有较强应用能力的收益分享契约来协调供应链。此外，本章采用的下行风险量化工具也能够较容易地被供应链成员理解，且能有效反映购买商的风险规避态度。研究发现，面临产出损失且决策者持有风险规避态度时，供应链能够通过设计合理的收益分享契约实现协调，且成员之间可以通过对批发价格和收益分享因子的协商，实现供应链期望利润的合理分配。总体来看，通过引入收益分享契约可以实现供应链性能的提升并且有效控制产出损失带来的风险。而这样的收益分享契约不仅可以应用于购买商主导的供应链，也可以应用于供应商主导的供应链中。

在今后的研究中，还可以综合考虑不同的供应不确定问题。例如，在创新性产品供应过程中，可能存在着研发不确定。还可以采用不同的风险量化工具来量化产出和需求不确定环境下的供应链成员风险规避态度。此外，考虑供应链成员均持有风险规避态度也将是具有重要的现实意义。

第十三章
基于均值－方差风险量化的供应链管理策略

产出不确定在一定程度上给供应链关联企业带来了运营管理风险（Golmohammadi and Hassini，2019；Lin et al.，2022；黄河等，2020）。尤其是在一些供应链中，业务多元化的购买商处于主导地位，他们采用供应商管理库存（Vendor-Managed Inventory，VMI）模式将库存压力转移给供应商，从而降低库存管理成本。由于产出不确定的存在，供应商的实际产出与投入量会出现偏差。因此，确定最优投入量成为了供应商的一个重要决策。在很多关于产出不确定的文献研究中，投入量不仅可以表述为计划生产量，还可以表述为生产能力，但总体的建模思维是一致的（Yano and Lee，1995；Arifoğlu et al.，2012；Xiao，2020）。由于众多 VMI 供应链中的供应商规模较小、资金实力较弱，其不得不在进行产品投入决策时考虑自身风险承受能力（Golmohammadi and Hassini，2019；Huang et al.，2019）。类似的情况在盒马鲜生与其上游农产品供应商的合作中较为常见。盒马鲜生以“新零售”经营模式实现线上线下一体化销售，并采用 VMI 模式实现低库存甚至零库存的理想状态。在与上游农业合作社的合作过程中，盒马鲜生直接向上游农业合作社订购新鲜的水果和蔬菜，而农业合作社则根据订单将产品供应给盒马鲜生所在城市的中心仓，为其提供 VMI 支持。[①] 但是，受气候环境、病虫灾害等因素

① 徐晋，江宜璁．这是一套“玩转新零售”的最完整攻略［EB/OL］．界面新闻，https：//www.jiemian.com/article/1898441.html，2018－01－23.

的影响，农产品的生产面临着产出不确定问题。作为小微企业的农业合作社在VMI模式中面临着来自自然和市场的双重风险，因此在制定投入决策时往往会考虑自身的风险承受能力，以避免出现过多的损失（Golmohammadi and Hassini，2019；伏红勇等，2020）。除农业以外，医药行业中许多产品的供应也面临着同样的问题（Lin et al.，2022；陈旭和李珊珊，2019）。例如，在政府采购部门作为主导者的VMI疫苗供应链中，疫苗的产出由于受到病毒株生长特性等因素的影响存在着不确定性，这意味着疫苗制造商可能面临产出不确定而导致的库存积压或缺货损失。因此，疫苗制造商进行生产投入决策时，需要在期望利润和风险之间进行权衡，从而在其风险承受能力范围内尽可能最大化期望利润（Lin et al.，2022；Tang and Kouvelis，2014）。以上来自不同行业的案例表明，供应商在产出不确定环境下的风险规避问题普遍存在于各个行业。本章考虑产出不确定环境下供应商不同的风险承受能力，为供应商投入决策的制定提供理论支持，并为购买商设计能够有效激励供应商进行生产投入的契约方案。

当前产出不确定环境下VMI供应链管理的相关文献，主要围绕投入决策和供应链性能提升策略等视角展开研究。戈尔穆哈马迪和哈辛尼（Golmohammadi and Hassini，2019）针对面临产出不确定的农产品供应链，对农产品的生产投入和定价策略进行研究，并且分析了决策者风险规避态度对农产品最优价格和投入量的影响。唐瑜和库韦利斯（Tang and Kouvelis，2014）在产出不确定环境下研究了VMI供应链的协调问题。他们在由单个供应商与单个零售商组成的供应链中，假设需求确定，通过引入回购契约来激励供应商扩大生产规模并实现供应链协调；进一步考虑两个竞争零售商的情形，发现需要设计回购和收益分享联合契约来协调供应链；最后，考虑单个供应商与单个零售商组成的需求不确定的供应链，发现需要对回购和收益分享联合契约进行修正才能协调供应链。殷哲和马士华（Yin and Ma，2015）考虑制造商面临产出不确定且零售商面临需求不确定的情况，通过引入单位奖励和一次性奖励这两种奖励契约来激励制造商提高服务水平，从而保证了产品的可得性，并实现了供应链的帕累托改进。实际上，产出不确定带来的风险将对供应链的高效运作产生较大影响。针对此，本章将决策者风险态度引入产出不确定环境下的VMI供应链中，基于此研究供应链成员的最优决策。

已经有学者开始关注产出不确定环境下考虑决策者风险态度的供应链管理问题。吉里（Giri，2011）考虑风险规避的购买商向两个供应商购买产品的情况，其中一级供应商面临产出不确定但产品价格便宜，二级供应商的供应完全可靠但产品价格较高。进一步运用指数效用函数来量化购买商的风险态度，研究了购买商风险规避情况下一级供应商的最优订购量和二级供应商最优预留量的决策问题。舒磊等（Shu et al.，2015）探讨了风险规避的零售商在产出和需求均不确定环境下的订购和库存策略选择问题。薛巍立等（Xue et al.，2016）采用 MV 模型来量化购买商的风险态度，研究了供应商成本或产出率的变化对风险规避的购买商订购决策和客户服务水平的影响。上述研究中，大部分学者考虑了供应链下游企业的风险态度。在 VMI 供应链中，上游供应商在面临产出不确定的同时，还直接面向市场需求，即面临着来自供应端和需求端的双重风险。因此，在 VMI 供应链中，关注供应商风险规避时的投入决策具有重要的理论价值和现实意义。实际上，一些学者已经开始关注产出不确定环境下供应商的风险规避态度。叶飞等（Ye et al.，2017）构建了由一个农业公司和多个产出不确定的农产品供应商组成的供应链，将农产品供应商的风险规避态度通过 CVaR 模型进行量化，并在此基础上研究了供应链协调契约方案的设计问题。研究发现，当供应商风险规避程度相对较低时，通过 RPG（Revenue Sharing-Production Cost Sharing-Guaranteed Money）联合契约能够实现供应链协调。安德森和蒙贾迪诺（Anderson and Monjardino，2019）研究了包含肥料供应商、产出不确定的生产商和购买商在内的三级供应链，利用效用函数对生产商的风险态度进行量化，并引入批发价折扣和补偿联合契约实现了供应链协调。以上研究中使用的量化方法均将风险量化为供应商可能遭受的利润损失（Chiu and Choi，2016）。

MV 模型认为，风险应包括两个组成部分，即预期的不利结果和相关的不确定性水平。其中，期望的度量可以显示“预期的不利结果”的大小，但不能显示不确定性的水平。因此，仅仅优化期望的度量方式可能无法真正地解决问题，应当在分析框架中纳入其他分析措施，以便在考虑风险的情况下得出最佳控制措施。MV 模型背后的基本思维是在分析中既考虑预期收益（即“均值”）又考虑收益的变化（即“方差”），其中“方差”代表与投入决策问题相关的风险（Fagundes et al.，2020）。在运营管理领域，MV 模型可以帮助研究者分别从作为风险规避的分析手段以及作为衡量相关业务利润风险的绩效指标这两个角度出发进行运营管理问题的分析。目前，MV 模型已经成为随机供应链运营模型中进行风险分析的成熟方法。同时，从决策理论的角度来看，与使用效用函数、CVaR 等风险量化方法相比，MV 模型概念清晰且计算简便，具有良好的对称性和分解特性（Rubio and Baykal，2020）。针对风险的两个组成部分，即预期的不利结果和相关的不确定性水平，MV 模型都进行了清晰的度量，而其他风险量化方法不具有这种特性。从实际应用的角度来看，MV 模型具有更小的抽样误差，和其他风险度量方式相比具有更好的稳定性（Grootveld and Hallerbach，1999）。目前，很多学者通过 MV 模型来量化需求不确定环境下决策者的风险态度。例如，卓文焱等（Zhuo et al.，2018）采用 MV 模型对需求不确定下零售商的风险态度进行量化，研究了期权契约如何协调考虑风险约束时的供应链。蔡灿明等（Choi et al.，2008b）通过该量化方法，分析了回购契约在不同风险承受能力下的供应链协调和风险控制问题中的运用。MV 模型的应用还可以在魏莹和蔡灿明（Wei and Choi，2010）、柏庆国等（Bai et al.，2020）等学者的研究中看到。不同于以上研究，本章采用 MV 模型来量化产出不确定环境下供应商的风险规避态度，并在此基础上分析了供应链成员之间的竞争决策以及供应链协调问题。

综合考虑以上文献分析，本章构建了产出不确定环境下的 VMI 供应链最优投入决策模型，并采用 MV 模型来量化供应商的风险规避态度。重点关注以下几个问题：

1. 在产出不确定环境下，风险规避的集成供应链以及 VMI 供应链中风险规避的供应商如何在不同风险承受能力下做出最优投入决策？

2. 在 VMI 供应链中，当供应商风险承受能力不同时，购买商如何选择合适的契约参数实现供应链的协调？

3. 基于不同的集成供应链和供应商风险承受能力组合，协调契约实现供应链帕累托改进的程度和改进的区间是否存在差异？

第一节 基本模型

考虑由一个供应商和一个购买商组成的两级 VMI 供应链，购买商根据确定的市场需求 d 向供应商进行订货，供应商结合自身实际生产能力进行生产。由于受技术水平、外界环境等因素的影响，供应商在产品生产时面临产出不确定的风险，其投入量和实际产出之间存在差异。此时，供应商作为追随者决定投入量为 q，其实际产出为 xq。其中，x 为产出率随机变量，且服从 $x \in [0, 1]$ 区间内的均匀分布（Fan et al.，2019；Adhikari et al.，2020；Li et al.，2017）。令 $f(x)$ 表示 x 的概率密度函数，$F(x)$ 表示 x 的累积分布函数。具体的博弈过程如下：首先，购买商作为供应链主导者按照产品的市场需求 d 向供应商进行订货。然后，供应商作为追随者决定投入量为 q，且其实际产出为 xq。供应商每投入一单位产品所需的单位生产成本为 c，生产结束后以批发价格 w 将其所产出的产品全部出售给购买商，购买商则以销售价格 p 在市场中进行销售。当产品供应不足时，供应商的单位缺货成本为 h_s，而购买商的单位缺货成本为 h_r。当产品的供应超出市场需求时，由于多余的库存对于供应商而言没有价值，因此将多余库存的残值设为 0，此时供应商将面临由于库存积压带来的利润损失（He，2017；Zhou et al.，2018a；Lin and He，2019；Xie et al.，2020）。

一、集成供应链最优投入决策模型

首先考虑集成供应链的决策情形。集成供应链的决策目标是实现供应链整体利润最大化。此时，集成供应链的随机利润为：

$$\begin{aligned}\pi_{sc}(q) &= p\min(xq,\ d) - cq - (h_s + h_r)(d - xq)^+ \\ &= pd - cq - (p + h_s + h_r)(d - xq)^+ \end{aligned} \tag{13-1}$$

令 $SD[\cdot]$ 表示标准差，$E[\cdot]$ 表示数学期望，则集成供应链利润的标准差 $SD[\pi_{sc}(q)] = A\sqrt{\xi(q)}$。其中，$A = p + h_r + h_s$，且 $\xi(q)$ 的表达式为：

$$\xi(q) = \mathrm{Var}(d - xq)^{+} = q^{2}\left\{2\int_{0}^{\frac{d}{q}}\left(\frac{d}{q} - x\right)F(x)\mathrm{d}x - \left[\int_{0}^{\frac{d}{q}}F(x)\mathrm{d}x\right]^{2}\right\} \tag{13-2}$$

集成供应链风险中性时，期望利润可表示为：

$$E[\pi_{sc}(q)] = pd - cq - (p + h_{s} + h_{r})q\int_{0}^{\frac{d}{q}}F(x)\mathrm{d}x \tag{13-3}$$

由于$\frac{\partial^{2}E[\pi_{sc}(q)]}{\partial q^{2}}<0$，显然集成供应链的期望利润 $E[\pi_{sc}(q)]$ 是关于 q 的凹函数。因此，当集成供应链风险中性时，存在着唯一的最优投入量 $q^{*}_{sc,n} = d\sqrt{\frac{A}{2c}}$。

集成供应链风险规避时，采用 MV 模型进行风险规避态度量化。本章参考蔡灿明等（Choi et al.，2008a）提出的 MV 模型构建方式：以期望利润最大化为目标，通过引入利润标准差约束进行风险控制（Zhuo et al.，2018；Choi et al.，2008a；Ray and Jenamani，2016）。因此，集成供应链的 MV 模型如下：

$$\begin{cases}\max\limits_{q\geqslant 0}E[\pi_{sc}(q)]\\ \text{s. t. } SD[\pi_{sc}(q)]\leqslant k_{sc}\end{cases} \tag{13-4}$$

其中，$SD[\pi_{sc}(q)]$ 为集成供应链选择某一特定投入量 q 时面临的风险，它反映了集成供应链投入 q 时所面临的利润波动。另外，k_{sc}表示集成供应链的风险承受能力，k_{sc}越小表示集成供应链的风险承受能力较低，风险规避程度越高；当 k_{sc}趋于正无穷时，集成供应链风险中性。

显然，给定投入量 q，集成供应链面临的风险随着产品销售价格和单位缺货成本的增加而不断增大。同时，假设集成供应链期望利润小于 0 时，供应链将不会进行生产经营活动。令 $E[\pi_{sc}(q)]=0$，即 $pd - cq - Aq\int_{0}^{\frac{d}{q}}F(x)\mathrm{d}x = 0$，可得 $q_{sc1} = \frac{pd - d\sqrt{p^{2} - 2Ac}}{2c}$，$q_{sc2} = \frac{pd + d\sqrt{p^{2} - 2Ac}}{2c}$。这一结论表明，当集成供应链期望利润为 0 时，存在两种投入决策的备选方案，且选择投入量 q_{sc1}或 q_{sc2} 时随机利润的标准差不同。这里，用 $k^{0}_{sc} = \min\{SD[\pi_{sc}(q_{sc1})],\ SD[\pi_{sc}(q_{sc2})]\}$

表示取较小的标准差作为集成供应链期望利润为 0 时所面临的风险，进一步假设集成供应链的风险承受能力总是满足 $k_{sc} \geqslant k_{sc}^{0}$。

引理 13.1 在产出不确定下，集成供应链面临的风险 $SD[\pi_{sc}(q)]$ 是关于投入量 q 的拟凹函数，且一定存在着唯一的投入量 q'_{sc}，使得集成供应链的风险取到最大值。

证明： 因为 $\xi(q) = \mathrm{Var}(d - xq)^{+} = \dfrac{4d^3q - 3d^4}{12q^2}$，可以得到 $\sqrt{\xi(q)} = \dfrac{d\sqrt{4dq - 3d^2}}{2\sqrt{3}q}$，这里 $q \geqslant \dfrac{3}{4}d$。求 $\sqrt{\xi(q)}$ 关于 q 的一阶导，可得 $\dfrac{\partial\sqrt{\xi(q)}}{\partial q} = \dfrac{3\sqrt{3}d^3 - 2\sqrt{3}d^2}{6\sqrt{3}\sqrt{4dq - 3q^2}}$。令 $\dfrac{\partial\sqrt{\xi(q)}}{\partial q} = 0$，易得 $q'_{sc} = \dfrac{3}{2}d$。当 $q \in \left(\dfrac{3}{4}d,\ q'_{sc}\right)$ 时，随着 q 的增加，$\sqrt{\xi(q)}$ 不断增大，且 $\lim\limits_{q \to \frac{3}{4}d}\sqrt{\xi(q)} = \lim\limits_{q \to \frac{3}{4}d}\dfrac{d\sqrt{4dq - 3d^2}}{2\sqrt{3}q} = 0$；当 $q \in (q'_{sc},\ +\infty)$ 时，随着 q 的增加，$\sqrt{\xi(q)}$ 不断减小，且 $\lim\limits_{q \to +\infty}\sqrt{\xi(q)} = \lim\limits_{q \to +\infty}\dfrac{d\sqrt{4dq - 3d^2}}{2\sqrt{3}q} = 0$。此时存在着唯一的 q'_{sc}，使得 $\sqrt{\xi(q)}$ 取值最大，即 $\sqrt{\xi(q'_{sc})} = \dfrac{d}{3}$。因此，在区间 $\left(\dfrac{3}{4}d,\ +\infty\right)$ 内，$\sqrt{\xi(q)}$ 和 q 之间存在着一一对应的关系。又因为 $SD[\pi_{sc}(q)] = (p + h_r + h_s)\sqrt{\xi(q)}$，故集成供应链的利润标准差 $SD[\pi_{sc}(q)]$ 随着投入量 q 的增加先增大后减小，为拟凹函数。**证毕。**

引理 13.1 表明，当集成供应链风险规避时，产出不确定造成的风险随着投入量的增加先增大后减小。这是由于随着投入量不断增加，产出不确定造成的利润波动幅度不断增大；当投入量达到一定的水平并持续增加时，市场需求更容易得到满足，此时产出不确定造成的利润波动幅度不断减小。

根据引理 13.1 可知，存在一个投入量 q'_{sc} 使得集成供应链的利润标准差取值最大，该标准差即为 $k'_{sc} = SD[\pi_{sc}(q'_{sc})] = \dfrac{1}{3}\mathrm{dA}$。当风险承受能力 $k_{sc} > k'_{sc}$ 时，集成供应链风险承受能力较强，此时风险约束条件无效，即集成供应链不受风险约束。当 $k_{sc} \leqslant k'_{sc}$ 时，集成供应链受到风险约束。如果集成供应链风险规避时的最优投入量等于其风险中性时的最优投入量 $q^{*}_{sc,n}$，可得其面临的

风险为 $k_{sc}^* = SD[\pi_{sc}(q_{sc,n}^*)] = Ad\sqrt{\frac{T_1}{3}-\frac{c}{2A}}$，这里 $T_1=\sqrt{\frac{2c}{p+h_s+h_r}}$。

引理 13.2　集成供应链的投入量 q'_{sc} 和 $q_{sc,n}^*$ 满足：①当 $c \geqslant \frac{2A}{9}$ 时，$q'_{sc} \geqslant q_{sc,n}^*$；②当 $c<\frac{2A}{9}$ 时，$q'_{sc}<q_{sc,n}^*$。

证明： 集成供应链在风险中性时的最优投入量为 $q_{sc,n}^* = d\sqrt{\frac{A}{2c}}$，由引理 13.1 可知 $q'_{sc}=\frac{3}{2}d$。比较 q'_{sc} 和 $q_{sc,n}^*$ 的大小显然可得，当 $c \geqslant \frac{2A}{9}$ 时，$q_{sc,n}^* \leqslant q'_{sc}$；当 $c<\frac{2A}{9}$ 时，$q'_{sc}<q_{sc,n}^*$。**证毕。**

结合引理 13.2，进一步对集成供应链期望利润为 0 时所面临的风险 k_{sc}^0，投入 $q_{sc,n}^*$ 所面临的风险 k_{sc}^*，以及集成供应链可能面临的最高风险 k'_{sc} 的大小进行比较，得到命题 13.1。

命题 13.1　集成供应链的风险值满足 $k_{sc}^0 \leqslant k_{sc}^* \leqslant k'_{sc}$。

证明：

1. 当 $c=\frac{2A}{9}$ 时，$q'_{sc}=q_{sc,n}^*$。此时，存在 $SD[\pi_{sc}(q'_{sc})] = SD[\pi_{sc}(q_{sc,n}^*)]$，即 $k_{sc}^* = k'_{sc}$。

2. 当 $q'_{sc} \neq q_{sc,n}^*$ 时，由于 q'_{sc} 为集成供应链风险最高时所对应的投入量，总是存在 $SD[\pi_{sc}(q'_{sc})] > SD[\pi_{sc}(q_{sc,n}^*)]$，进一步讨论如下：

（1）当 $c>\frac{2A}{9}$ 时，$q'_{sc}>q_{sc,n}^*$，由于当 $q<q'_{sc}$ 时，集成供应链的风险随着 q 的增加而单调递增，此时 $SD[\pi_{sc}(q_{sc1})] \leqslant k_{sc}^* < k'_{sc}$，进而得到 $\min\{SD[\pi_{sc}(q_{sc1})], SD[\pi_{sc}(q_{sc2})]\} \leqslant k_{sc}^* < k'_{sc}$，即 $k_{sc}^0 \leqslant k_{sc}^* < k'_{sc}$。

（2）当 $c<\frac{2A}{9}$ 时，$q'_{sc}<q_{sc,n}^*$，由于当 $q>q'_{sc}$ 时，集成供应链的风险随着 q 的增加而单调递减，此时 $SD[\pi_{sc}(q_{sc2})] \leqslant k_{sc}^* < k'_{sc}$，进而得到 $\min\{SD[\pi_{sc}(q_{sc1})], SD[\pi_{sc}(q_{sc2})]\} \leqslant k_{sc}^* < k'_{sc}$，即 $k_{sc}^0 \leqslant k_{sc}^* < k'_{sc}$。

综上，集成供应链的风险值满足 $k_{sc}^0 \leqslant k_{sc}^* \leqslant k'_{sc}$。**证毕。**

由命题 13.1 可得，集成供应链在期望利润最大时所面临的风险小于或等于其可能面临的最大风险。这表明在产出不确定的情况下，集成供应链在风险最高时获得的期望利润并不一定最大。这和经典投资理论通常认为的“较高的利润总伴随着较大的风险”这一观点存在偏差（Zhuo et al.，2018）。因此，在产出不确定下，风险规避的决策者想要获得最高的期望利润，并不能简单地选择最大风险时对应的投入量。

为更好地说明引理 13.1、引理 13.2 和命题 13.1 的结论，本章通过图 13.1 来进一步展示集成供应链的期望利润和面临的风险随投入量 q 的变化情况，以及上述不同投入量的相对位置。图 13.1 表明，集成供应链面临的风险 $SD[\pi_{sc}(q)]$ 是关于投入量 q 的拟凹函数，且在 q'_{sc} 达到最大值。风险中性时最优投入量 $q^*_{sc,n}$ 可能与 q'_{sc} 相同或出现在 q'_{sc} 的左右两侧；而对风险规避的集成供应链来说，如果选择投入量 $q^*_{sc,n}$，其面临的风险总是小于或等于 k'_{sc}。

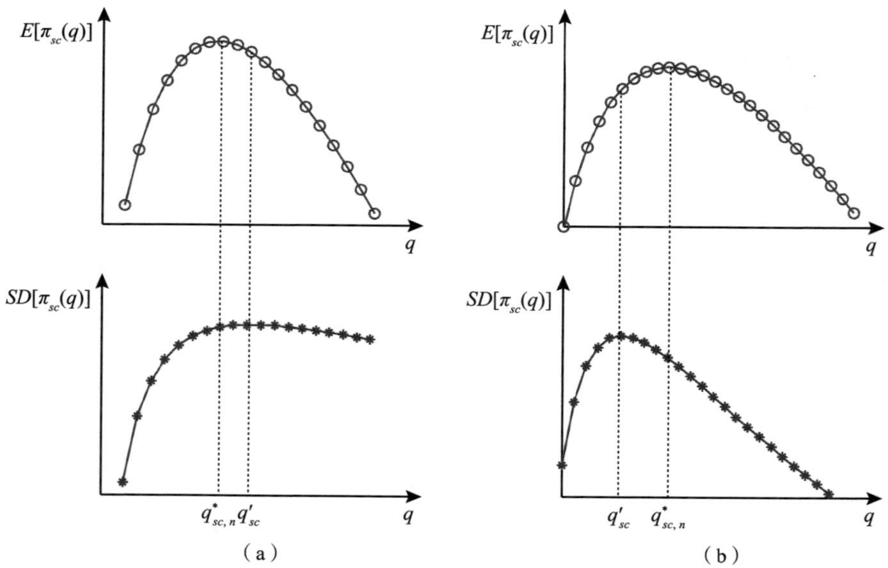

图 13.1　集成供应链的期望利润与面临的风险

由于在风险规避情况下，风险规避的决策者在制定投入决策时将受到风险承受能力的约束，集成供应链可以获得的期望利润可能无法达到风险中性情况下的最优期望利润。特别地，当 $k_{sc}^0 \leqslant k_{sc} < k_{sc}^*$ 时，集成供应链的最优投入决策必然受到风险约束的影响。为表述方便起见，这里用 $q_{sc,sd}^*$ 代表集成供应链在其风险承受能力满足 $k_{sc}^0 \leqslant k_{sc} < k_{sc}^*$ 时的最优决策。当集成供应链的风险承受能力为 k_{sc}（这里 $k_{sc}^0 \leqslant k_{sc} < k_{sc}^*$）时，令 $SD[\pi_{sc}(q)] = k_{sc}$，可得集成供应链面临的风险等于风险承受能力 k_{sc} 时，其对应的投入量可能为 $q_{sc,sd1} = \frac{d^2A}{6k_{sc}^2}(dA - \sqrt{d^2A^2 - 9k_{sc}^2})$ 或 $q_{sc,sd2} = \frac{d^2A}{6k_{sc}^2}(dA + \sqrt{d^2A^2 - 9k_{sc}^2})$。可以得到 $E[\pi_{sc}(q_{sc,sd1})] = pd - cq_{sc,sd1} - (p + h_r + h_s)\frac{d^2}{2q_{sc,sd1}}$，$E[\pi_{sc}(q_{sc,sd2})] = pd - cq_{sc,sd2} - (p + h_r + h_s)\frac{d^2}{2q_{sc,sd2}}$。显然，集成供应链选择这两种投入量所获得的期望利润并不一定相同。进一步令 $E[\pi_{sc}(q_{sc,sd1})] = E[\pi_{sc}(q_{sc,sd2})]$，得到 $\tilde{k}_{sc} = d\sqrt{\frac{Ac}{2}}$。$\tilde{k}_{sc}$ 表示集成供应链选择投入量 $q_{sc,sd1}$ 或 $q_{sc,sd2}$ 能够获得相同期望利润时所面临的风险。通过对 $\tilde{k}_{sc}$ 处于不同范围时集成供应链选择投入量 $q_{sc,sd1}$ 或 $q_{sc,sd2}$ 所能获得的期望利润进行比较，可以得到如下命题。

命题 13.2　在产出不确定环境下，集成供应链的最优投入量 q_{sc}^* 满足：

1. 当 $k_{sc} \geqslant k_{sc}^*$ 时，$q_{sc}^* = q_{sc,n}^*$；

2. 当 $k_{sc}^0 \leqslant k_{sc} < k_{sc}^*$ 时，$q_{sc}^* = q_{sc,sd}^*$，其中：

（1）当 $\tilde{k}_{sc} \geqslant k_{sc}^*$ 时，$q_{sc,sd}^* = q_{sc,sd1}$；

（2）当 $k_{sc}^0 \leqslant \tilde{k}_{sc} < k_{sc}^*$ 时，

$$q_{sc,sd}^* = \begin{cases} q_{sc,sd1}, & k_{sc} < \tilde{k}_{sc} \\ q_{sc,sd1} \text{或} q_{sc,sd2}, & k_{sc} = \tilde{k}_{sc} \\ q_{sc,sd2}, & k_{sc} > \tilde{k}_{sc} \end{cases} \tag{13-5}$$

（3）当 $\tilde{k}_{sc} < k_{sc}^0$ 时，$q_{sc,sd}^* = q_{sc,sd2}$。

证明：在产出不确定环境下，集成供应链的最优投入量 q_{sc}^* 满足：

1. 当 $k_{sc} \geqslant k_{sc}^*$ 时，集成供应链不受风险约束，此时的最优投入量等于其风险中性时的最优投入量，即 $q_{sc}^* = q_{sc,n}^*$。

2. 当 $k_{sc}^0 \leqslant k_{sc} < k_{sc}^*$ 时，$q_{sc}^* = q_{sc,sd}^*$，其中 $q_{sc,sd}^*$ 为集成供应链受到风险约束时

的最优投入量。进一步考虑以下情形：

（1）若 $\tilde{k}_{sc} \geqslant k_{sc}^{*}$，则集成供应链在风险承受范围内始终有 $E[\pi_{sc}(q_{sc,sd2})] \leqslant E[\pi_{sc}(q_{sc,sd1})]$，因此选择的唯一最优投入量为 $q_{sc,sd}^{*} = q_{sc,sd1}$。

（2）若 $\tilde{k}_{sc} < k_{sc}^{0}$，则集成供应链在期望利润大于 0 的情况下始终有 $E[\pi_{sc}(q_{sc,sd2})] > E[\pi_{sc}(q_{sc,sd1})]$，因此选择的唯一最优投入量为 $q_{sc,sd}^{*} = q_{sc,sd2}$。

（3）若 $k_{sc}^{0} \leqslant \tilde{k}_{sc} < k_{sc}^{*}$，则

①当 $k_{sc} = \tilde{k}_{sc}$ 时，集成供应链选择投入量 $q_{sc,sd1}$ 和 $q_{sc,sd2}$ 能够获得相同的期望利润。

②当 $k_{sc} > \tilde{k}_{sc}$ 时，$E[\pi_{sc}(q_{sc,sd2})] > E[\pi_{sc}(q_{sc,sd1})]$，集成供应链的最优投入量为 $q_{sc,sd}^{*} = q_{sc,sd2}$。

③当 $k_{sc} < \tilde{k}_{sc}$ 时，$E[\pi_{sc}(q_{sc,sd2})] < E[\pi_{sc}(q_{sc,sd1})]$，集成供应链的最优投入量为 $q_{sc,sd}^{*} = q_{sc,sd1}$。

证毕。

根据命题 13.2 可知，集成供应链的最优投入决策与其风险承受能力密切相关。当集成供应链的风险承受能力较大（$k_{sc} \geqslant k_{sc}^{*}$）时，其投入决策不受风险约束，即选择风险中性时的最优投入量。而当其风险承受能力较小（$k_{sc}^{0} \leqslant k_{sc} < k_{sc}^{*}$）时，其投入决策受到风险约束，即选择风险承受范围内的最优投入量 $q_{sc,sd1}$ 或 $q_{sc,sd2}$。当选择投入 $q_{sc,sd1}$ 时，集成供应链出现缺货的可能性相对较大，主要面临缺货造成的利润损失；当选择投入 $q_{sc,sd2}$ 时，集成供应链出现库存积压的可能性相对较大，主要面临库存积压造成的利润损失。因此，集成供应链需要在 $q_{sc,sd1}$ 和 $q_{sc,sd2}$ 之间进行权衡，选择能够使其获得最大期望利润的投入量。当集成供应链风险承受能力为 $\tilde{k}_{sc}$ 时，选择 $q_{sc,sd1}$ 时由缺货造成的损失和选择 $q_{sc,sd2}$ 时由库存积压造成的损失相等，此时选择 $q_{sc,sd1}$ 或 $q_{sc,sd2}$ 没有区别。命题 13.2 表明，风险规避时，集成供应链首先需要对自身风险承受能力进行判断。当风险承受能力较高时，在制定投入决策时可能并不受到风险约束。当风险承受能力相对较低时，需要对选择较大投入量能够获得的期望利润以及选择较小投入量能够获得的期望利润进行权衡，从而制定最优的投入决策。

进一步分析集成供应链风险承受能力对其最优投入量的影响，发现当集

成供应链受到风险约束时，其最优投入量随风险承受能力的变化如命题 13.3 所示。

命题 13.3　当集成供应链的风险承受能力满足 $k_{sc}^{0} \leqslant k_{sc} < k_{sc}^{*}$ 时，最优投入量 $q_{sc,sd}^{*}$ 和风险承受能力 k_{sc} 的关系满足：$q_{sc,sd1}$ 随 k_{sc} 的增加而单调递增；$q_{sc,sd2}$ 随 k_{sc} 的增加而单调递减。

证明：由命题 13.2 可知，当 $k_{sc}^{0} \leqslant k_{sc} < k_{sc}^{*}$ 时，集成供应链受到风险约束，此时其最优投入量 $q_{sc,sd}^{*}$ 为 $q_{sc,sd1}$ 或 $q_{sc,sd2}$。分别求 $q_{sc,sd1}$ 和 $q_{sc,sd2}$ 关于 k_{sc} 的一阶导，可得：

$$\frac{\partial q_{sc,sd1}}{\partial k_{sc}} = -\frac{d^2A}{3k_{sc}^3}(dA - \sqrt{d^2A^2 - 9k_{sc}^2}) + \frac{3d^2A}{2k_{sc}\sqrt{d^2A^2 - 9k_{sc}^2}}$$

$$= \frac{d^3A(d^2A^2 - \sqrt{d^2A^2 - 9k_{sc}^2})}{3k_{sc}^3\sqrt{d^2A^2 - 9k_{sc}^2}} > 0$$

$$\frac{\partial q_{sc,sd2}}{\partial k_{sc}} = -\frac{d^2A(dA + \sqrt{d^2A^2 - 9k_{sc}^2})}{3k_{sc}^3} - \frac{3}{2\sqrt{d^2A^2 - 9k_{sc}^2}} < 0$$

即当 $k_{sc}^{0} \leqslant k_{sc} < k_{sc}^{*}$ 时，$q_{sc,sd1}$ 随着 k_{sc} 的增加而单调递增；$q_{sc,sd2}$ 随着 k_{sc} 的增加而单调递减。**证毕。**

由命题 13.3 可知，当集成供应链受到风险约束时，其最优投入量与自身风险承受能力相关：①当最优投入量为 $q_{sc,sd1}$ 时，集成供应链更有可能面临由于缺货造成的利润损失。同时，随着投入量的增加，产出不确定造成的风险（利润波动幅度）不断增大。此时，当集成供应链风险承受能力较大时，其对于产出不确定造成的风险具有更强的承受能力，因此会选择增加投入量来减小缺货的可能性，从而获得更高的期望利润；②当最优投入量为 $q_{sc,sd2}$ 时，集成供应链更有可能面临由于库存积压造成的利润损失。同时，随着投入量的增加，产出不确定造成的风险（利润波动幅度）不断减小。此时，当集成供应链风险承受能力较大时，其对产出不确定造成的风险具有更强的承受能力，因此会选择减小投入量来降低库存积压的可能性，从而获得更高的期望利润。

二、VMI 供应链最优投入决策模型

在 VMI 供应链中，购买商根据观察到的市场需求向供应商确定订购量为 d 的订单，供应商根据自身的产能和风险承受能力确定投入量 q，并以批发价格 w 将产品销售给购买商。当供应商的实际产出大于购买商的订购量时，供应商面临由于库存积压造成的利润损失。当供应商的实际产出小于购买商的订购量时，供应商和购买商均受到缺货惩罚。基于以上假设，风险中性供应商的期望利润可表示如下：

$$E[\pi_s(q)] = wd - cq - (w + h_s)q\int_0^{\frac{d}{q}} F(x)\,\mathrm{d}x \tag{13-6}$$

易得，供应商的最优投入量为 $q_{s,n}^* = d\sqrt{\frac{w+h_s}{2c}}$。同样，采用 MV 模型来量化供应链成员的风险规避态度，且供应商面临的风险为 $SD[\pi_s(q)] = (w + h_s)\sqrt{\xi(q)}$。此时，购买商的期望利润为 $E[\pi_r(q)] = (p - w)d - (p - w + h_r)q\int_0^{\frac{d}{q}} F(x)\,\mathrm{d}x$，且面临的风险为 $SD[\pi_r(q)] = (p - w + h_r)\sqrt{\xi(q)}$。给定任意投入量 q，可得 $SD[\pi_{sc}(q)] = SD[\pi_s(q)] + SD[\pi_r(q)]$，即 VMI 供应链面临的风险等于供应商和购买商所面临风险的总和。这说明在供应链的运作过程中，由产出不确定造成的风险并不会因为供应链运作方式的变化而发生改变，这与蔡灿明等（Choi et al.，2008b）对需求不确定造成风险的研究结论一致。本章接下来重点考虑供应商风险规避时的投入决策，并假设购买商保持风险中性，即购买商的风险承受能力趋于正无穷，因此其决策不会受到风险约束。

供应商风险规避时的决策目标是在风险承受能力范围内实现期望利润最大化。因此，构建供应商的 MV 模型如下：

$$\begin{cases} \max\limits_{q\geq 0} E[\pi_s(q)] \\ \text{s. t. } SD[\pi_s(q)] \leq k_s \end{cases} \tag{13-7}$$

这里，k_s 表示供应商的风险承受能力，k_s 越小表示供应商的风险承受能力越低，风险规避程度越高；当 k_s 趋于正无穷时，供应商风险中性。

假设供应商期望利润小于 0 时，将不会继续参与供应链运作。令 $E[\pi_s(q)]=0$，即 $wd-cq-(w+h_s)q\int_0^{\frac{d}{q}}F(x)\mathrm{d}x=0$，可得 $q_{s1}=wd-\frac{\sqrt{d(w^2-2cw-2ch_s)}}{2c}$和 $q_{s2}=wd+\frac{\sqrt{d(w^2-2cw-2ch_s)}}{2c}$。这一结论表明，当供应商期望利润为 0 时，存在两种投入决策的备选方案，而选择投入量 q_{s1} 和 q_{s2} 时随机利润的标准差是不同的。用 $k_s^0=\min\{SD[\pi_s(q_{s1})],\ SD[\pi_s(q_{s2})]\}$ 表示供应商期望利润为 0 时面临的风险，并假设参与供应链运作的供应商风险承受能力总是满足 $k_s\geqslant k_s^0$。当供应商期望利润最大时，其面临的风险表示为 $k_s^*=SD[\pi_s(q_{s,n}^*)]=Bd\sqrt{\frac{T_2}{3}-\frac{c}{2B}}$，这里 $T_2=\sqrt{\frac{2c}{w+h_s}}$，$B=w+h_s$。与集成供应链类似，在产出不确定的情况下，供应商面临的风险 $SD[\pi_s(q)]$ 是关于投入量 q 的拟凹函数，且一定存在着唯一的投入量 q_s'使得供应商的风险取到最大值 k_s'。对比供应商风险中性时的最优投入量 $q_{s,n}^*$，能够得出当 $c\geqslant\frac{2B}{9}$时，$q_s'\geqslant q_{s,n}^*$；当 $c<\frac{2B}{9}$时，$q_s'<q_{s,n}^*$。进一步对供应商期望利润为 0 时所面临风险 k_s^0，投入风险中性时最优投入量所面临的风险 k_s^* 以及供应商所面临的最高风险 k_s'的大小进行比较，得到命题 13.4。

命题 13.4　供应商的风险值满足 $k_s^0\leqslant k_s^*\leqslant k_s'$。

证明：

1. 因为$\xi(q)=\mathrm{Var}(d-xq)^+=q^2\left\{2\int_0^{\frac{d}{q}}\left(\frac{d}{q}-x\right)F(x)\mathrm{d}x-\left[\int_0^{\frac{d}{q}}F(x)\mathrm{d}x\right]^2\right\}=\frac{4d^3q-3d^4}{12q^2}$，可以得到$\sqrt{\xi(q)}=\frac{d\sqrt{4dq-3d^2}}{2\sqrt{3}q}$，这里 $q\geqslant\frac{3}{4}d$。求$\sqrt{\xi(q)}$关于 q 的一阶导，可得$\frac{\partial\sqrt{\xi(q)}}{\partial q}=\frac{3\sqrt{3}d^3-2\sqrt{3}d^2}{6\sqrt{3}\sqrt{4dq-3q^2}}$。令$\frac{\partial\sqrt{\xi(q)}}{\partial q}=0$，易得 $q_s'=\frac{3}{2}d$。当 $q\in\left(\frac{3}{4}d,\ q_s'\right)$时，随着 q 的增加，$\sqrt{\xi(q)}$不断增大，且 $\lim\limits_{q\to\frac{3}{4}d}\sqrt{\xi(q)}=\lim\limits_{q\to\frac{3}{4}d}\frac{d\sqrt{4dq-3d^2}}{2\sqrt{3}q}=0$；当 $q\in(q_s',\ +\infty)$ 时，随着 q 的增加，$\sqrt{\xi(q)}$不断减

小，且 $\lim\limits_{q\to+\infty}\sqrt{\xi(q)}=\lim\limits_{q\to+\infty}\frac{d\sqrt{4dq-3d^2}}{2\sqrt{3}q}=0$。此时，存在着唯一的 q'_s，使得 $\sqrt{\xi(q)}$ 取值最大，即 $\sqrt{\xi(q'_s)}=\frac{d}{3}$。因此，在区间 $\left(\frac{3}{4}d,\ +\infty\right)$ 内，$\sqrt{\xi(q)}$ 和 q 之间存在着一一对应的关系。又因为 $SD[\pi_s(q)]=(w+h_s)\sqrt{\xi(q)}$，故供应商的利润标准差 $SD[\pi_s(q)]$ 随着投入量 q 的增加先增加后减小，为拟凹函数。

2. $\frac{\partial E[\pi_s(q)]}{\partial q}=-c-(w+h_s)\left[\int_0^{\frac{d}{q}}F(x)\mathrm{d}x-\frac{d}{q}F\left(\frac{d}{q}\right)\right]$，$\frac{\partial^2E[\pi_s(q)]}{\partial q^2}=-\frac{w+h_s}{q^3}<0$，能够得到供应商在风险中性时的最优投入量为 $q^*_{s,n}=d\sqrt{\frac{w+h_s}{2c}}$。由于 $q'_s=\frac{3}{2}d$，进一步比较 q'_s 和 $q^*_{s,n}$ 的大小显然可得，当 $c\geqslant\frac{2(w+h_s)}{9}$ 时，$q'_s\geqslant q^*_{s,n}$；当 $c<\frac{2(w+h_s)}{9}$ 时，$q'_s<q^*_{s,n}$。

3. 考虑如下几种情形：

（1）当 $c=\frac{2(w+h_s)}{9}$ 时，$q'_s=q^*_{s,n}$。存在 $SD[\pi_s(q'_s)]=SD[\pi_s(q^*_{s,n})]$，即 $k^*_s=k'_s$。

（2）当 $q'_s\neq q^*_{s,n}$ 时，由于 q'_s 为集成供应链风险最高时的投入量，因此总是存在着 $SD[\pi_s(q'_s)]>SD[\pi_s(q^*_{s,n})]$，进一步讨论如下：

①当 $c>\frac{2(w+h_s)}{9}$ 时，$q^*_{s,n}<q'_s$，由于当 $q<q'_s$ 时，集成供应链的风险随着 q 的增加而单调递增。此时，$SD[\pi_s(q_{s1})]\leqslant k^*_s<k'_s$，进而得到 $\min\{SD[\pi_s(q_{s1})],\ SD[\pi_s(q_{s2})]\}\leqslant k^*_s<k'_s$，即 $k^0_s\leqslant k^*_s<k'_s$。

②当 $c<\frac{2(w+h_s)}{9}$ 时，$q^*_{s,n}>q'_s$，由于当 $q>q'_s$ 时，集成供应链的风险随着 q 的增加而单调递减。此时，$SD[\pi_s(q_{s2})]\leqslant k^*_s<k'_s$，进而得到 $\min\{SD[\pi_s(q_{s1})],\ SD[\pi_s(q_{s2})]\}\leqslant k^*_s<k'_s$，即 $k^0_s\leqslant k^*_s<k'_s$。

综上，集成供应链的风险值满足 $k^0_s\leqslant k^*_s<k'_s$。**证毕。**

由命题 13.4 可知，供应商在期望利润最大时所面临的风险小于或等于其可能面临的最大风险。这与命题 13.1 关于集成供应链的结论类似。这也表明，在产出不确定的情况下，供应商在风险最高时获得的期望利润并不一定最大。此时，风险规避的供应商想要获得最高的期望利润，并不能简单地选择最大风险对应的投入量。

当 $k_s^0 \leqslant k_s < k_s^*$ 时，供应商的最优投入决策必然受到风险约束的影响，这里用 $q_{s,sd}^*$来表示供应商在其风险承受能力满足 $k_s^0 \leqslant k_s < k_s^*$ 时的最优决策。当 $k_s^0 \leqslant k_s < k_s^*$ 时，令 $SD[\pi_s(q)] = k_s$，可得 $q_{s,sd1} = \frac{Bd^2}{6k_s^2}(Bd - \sqrt{B^2d^2 - 9k_s^2})$，$q_{s,sd2} = \frac{Bd^2}{6k_s^2}(Bd + \sqrt{B^2d^2 - 9k_s^2})$。类似于集成供应链的分析，此时存在 $\tilde{k}_s = d\sqrt{\frac{Bc}{2}}$ 使得 $E[\pi_s(q_{s,sd1})] = E[\pi_s(q_{s,sd2})]$，即供应商投入 $q_{s,sd1}$ 或 $q_{s,sd2}$ 面临相同的风险 $\tilde{k}_s$ 时能够获得相同的期望利润。进一步分析可得供应商的最优投入量 q_s^*，如命题 13.5 所示。

命题 13.5　在产出不确定下，供应商的最优投入量 q_s^* 满足：

1. 当 $k_s \geqslant k_s^*$ 时，$q_s^* = q_{s,n}^*$。

2. 当 $k_s^0 \leqslant k_s < k_s^*$ 时，$q_s^* = q_{s,sd}^*$，其中：

（1）当 $\tilde{k}_s \geqslant k_s^*$ 时，$q_{s,sd}^* = q_{s,sd1}$；

（2）当 $k_s^0 \leqslant \tilde{k}_s < k_s^*$ 时，

$$q_{s,sd}^* = \begin{cases} q_{s,sd1}, & k_s < \tilde{k}_s \\ q_{s,sd1} \text{或} q_{s,sd2}, & k_s = \tilde{k}_s \\ q_{s,sd2}, & k_s > \tilde{k}_s \end{cases} \tag{13-8}$$

（3）当 $\tilde{k}_s < k_s^0$ 时，$q_{s,sd}^* = q_{s,sd2}$。

证明：在产出不确定环境下，供应商的最优投入量 q_s^* 满足：

1. 当 $k_s \geqslant k_s^*$ 时，供应商不受风险约束，此时的最优投入量等于其风险中性时的最优投入量，即 $q_s^* = q_{s,n}^*$。

2. 当 $k_s^0 \leqslant k_s < k_s^*$ 时，$q_s^* = q_{s,sd}^*$，其中 $q_{s,sd}^*$为供应商受到风险约束时的最优投入量。进一步考虑以下情形：

（1）若 $\tilde{k}_s \geqslant k_s^*$，则供应商在风险承受范围内始终有 $E[\pi_s(q_{s,sd2})] < E[\pi_s(q_{s,sd1})]$，因此选择的唯一最优投入量为 $q_{s,sd}^* = q_{s,sd1}$。

（2）若 $\tilde{k}_s < k_s^0$，则供应商在期望利润大于 0 的情况下始终有 $E[\pi_s(q_{s,sd2})] > E[\pi_s(q_{s,sd1})]$，因此选择的唯一最优投入量为 $q_{s,sd}^* = q_{s,sd2}$。

（3）若 $k_s^0 \leqslant \tilde{k}_s < k_s^*$，则

①当 $k_s = \tilde{k}_s$ 时，供应商选择投入量 $q_{s,sd1}$ 和 $q_{s,sd2}$ 能够获得相同的期望利润。

②当 $k_s > \tilde{k}_s$ 时，$E[\pi_s(q_{s,sd2})] > E[\pi_s(q_{s,sd1})]$，供应商的最优投入量 $q_{s,sd}^* = q_{s,sd2}$。

③当 $k_s < \tilde{k}_s$ 时，$E[\pi_s(q_{s,sd2})] < E[\pi_s(q_{s,sd1})]$，供应商的最优投入量 $q_{s,sd}^* = q_{s,sd1}$。

证毕。

命题 13.5 表明供应商的最优投入决策与其风险承受能力密切相关。当供应商的风险承受能力较大（$k_s \geqslant k_s^*$）时，其投入决策不受风险约束，即选择风险中性时的最优投入量。当供应商风险承受能力较小（$k_s^0 \leqslant k_s < k_s^*$）时，其投入决策受到风险约束，将选择风险承受范围内的最优投入量 $q_{s,sd1}$ 或 $q_{s,sd2}$。选择投入量 $q_{s,sd1}$ 时，供应商更可能面临缺货损失；而选择投入量 $q_{s,sd2}$ 时，供应商更可能面临库存积压带来的损失。此时供应商将会在 $q_{s,sd1}$ 和 $q_{s,sd2}$ 之间进行权衡，选择能够使其获得最大期望利润的投入量。因此，当投入 $q_{s,sd1}$ 面临的缺货损失大于投入 $q_{s,sd2}$ 面临的库存积压损失时，供应商选择 $q_{s,sd2}$；反之，供应商会选择 $q_{s,sd1}$。当供应商风险承受能力为 $\tilde{k}_s$ 时，供应商投入 $q_{s,sd1}$ 面临的缺货损失和投入 $q_{s,sd2}$ 面临的库存积压损失相等，此时投入 $q_{s,sd1}$ 和 $q_{s,sd2}$ 能够获得相等的期望利润。

第二节　VMI 供应链契约设计及协调策略

在纯批发价契约下，购买商和供应商之间处于竞争关系，双方的决策目标均为实现自身利益的最大化，且双边际化效应显著。因此，需要设计合理

的契约方案，促进供应链成员之间的高效合作，从而实现供应链性能的改进。本节针对 VMI 供应链的特性，基于购买商的视角研究契约设计方案，并分析不同契约下供应商的最优投入决策。

一、成本共担－批发价折扣联合契约的设计及协调策略

首先，考虑在纯批发价契约的基础上引入批发价折扣 β 和成本共担因子 α 这两个契约参数来优化供应链性能。为简便起见，将其称为成本共担－批发价折扣联合契约（$\{w, \alpha, \beta\}$ 契约）。在该契约下，为激励供应商增加投入量以满足市场需求，购买商主动分担部分生产成本，且成本共担比例 α 满足 $0 \leqslant \alpha \leqslant 1$。同时，购买商要求供应商为其提供一个批发价折扣 β，且满足 $0 \leqslant \beta \leqslant 1$。假定 $\{w, \alpha, \beta\}$ 契约的参数均为外生变量，可以由作为供应链主导者的购买商单独决定，也可以由购买商和供应商共同协商决定。在引入 $\{w, \alpha, \beta\}$ 契约后，供应链的决策流程描述如下：购买商根据观察到的市场需求向供应商确定订购量为 d 的订单，并提供 $\{w, \alpha, \beta\}$ 契约；供应商考虑自身产能和风险承受能力，确定投入量 q。接下来，本节重点对 $\{w, \alpha, \beta\}$ 契约在供应商风险规避情形下的供应链协调和优化能力进行分析。

根据以上竞争描述，购买商首先分担供应商的生产成本 αcq，在供应商生产完成后，购买商根据实际交付的产品数量向供应商支付折扣批发价格 $(1-\beta)w$。因此，在引入 $\{w, \alpha, \beta\}$ 契约之后，供应商的期望利润可表示为：

$$E[\pi_{s(w,\alpha,\beta)}(q)] = (1-\beta)wd - (1-\alpha)cq - [(1-\beta)w + h_s]q\int_0^{\frac{d}{q}} F(x)\mathrm{d}x \tag{13-9}$$

购买商的期望利润可表示为：

$$E[\pi_{r(w,\alpha,\beta)}(q)] = [p-(1-\beta)w]d - \alpha cq - [p-(1-\beta)w + h_r]q\int_0^{\frac{d}{q}} F(x)\mathrm{d}x \tag{13-10}$$

此时，供应商所面临的风险为 $SD[\pi_{s(w,\alpha,\beta)}(q)] = [(1-\beta)w + h_s]\sqrt{\xi(q)}$。显然，给定任意投入量 q，随着批发价折扣 β 的增加，供应商面临

的风险将不断降低。

下面对 $\{w, \alpha, \beta\}$ 契约下，供应商在不同风险承受能力下的最优投入决策进行讨论。当供应商风险中性时，存在着唯一的最优投入量 $q^*_{s(w,\alpha,\beta),n} = d\sqrt{\frac{(1-\beta)w+h_s}{2(1-\alpha)c}}$。当供应商风险规避时，其决策目标是在利润标准差约束下获得最高期望利润。此时，供应商的 MV 模型如下：

$$\begin{cases}\max\limits_{q\geqslant 0} E[\pi_{s(w,\alpha,\beta)}(q)] \\ \text{s. t. } SD[\pi_{s(w,\alpha,\beta)}(q)] \leqslant k_s\end{cases} \tag{13-11}$$

在 $\{w, \alpha, \beta\}$ 契约下，将供应商期望利润为 0 时面临的最低风险表示为 $k^0_{s(w,\alpha,\beta)}$；另外，当供应商期望利润最大时，其面临的风险可表示为 $k^*_{s(w,\alpha,\beta)} = SD[\pi_{s(w,\alpha,\beta)}(q^*_{s(w,\alpha,\beta),n})] = Gd\sqrt{\frac{T_3}{3} - \frac{(1-\alpha)c}{2G}}$。这里 $T_3 = \sqrt{\frac{2(1-\alpha)c}{G}}$，$G = (1-\beta)w + h_s$。当 $k^0_{s(w,\alpha,\beta)} \leqslant k_s < k^*_{s(w,\alpha,\beta)}$ 时，供应商受到风险约束，用 $q^*_{s(w,\alpha,\beta),sd}$ 来代表供应商在其风险承受能力满足 $k^0_{s(w,\alpha,\beta)} \leqslant k_s < k^*_{s(w,\alpha,\beta)}$ 时的最优决策。此时，令 $SD[\pi_{s(w,\alpha,\beta)}(q)] = k_s$，可得 $q_{s(w,\alpha,\beta),sd1} = \frac{d^2G}{6k_s^2}(dG - \sqrt{d^2G^2 - 9k_s^2})$，$q_{s(w,\alpha,\beta),sd2} = \frac{d^2G}{6k_s^2}(dG + \sqrt{d^2G^2 - 9k_s^2})$。同时，存在着一个 $\tilde{k}_{s(w,\alpha,\beta)} = d\sqrt{\frac{G(1-\alpha)c}{2}}$，使得 $E[\pi_{s(w,\alpha,\beta)}(q_{s(w,\alpha,\beta),sd1})] = E[\pi_{s(w,\alpha,\beta)}(q_{s(w,\alpha,\beta),sd2})]$。根据以上分析，可以得到供应商的最优投入量 $q^*_{s(w,\alpha,\beta)}$，如命题 13.6 所示。

命题 13.6 在 $\{w, \alpha, \beta\}$ 契约下，供应商的最优投入量 $q^*_{s(w,\alpha,\beta)}$ 满足：

1. 当 $k_s \geqslant k^*_{s(w,\alpha,\beta)}$ 时，$q^*_{s(w,\alpha,\beta)} = q^*_{s(w,\alpha,\beta),n}$。
2. 当 $k^0_{s(w,\alpha,\beta)} \leqslant k_s < k^*_{s(w,\alpha,\beta)}$ 时，$q^*_{s(w,\alpha,\beta)} = q^*_{s(w,\alpha,\beta),sd}$，其中：

（1）当 $\tilde{k}_{s(w,\alpha,\beta)} \geqslant k^*_{s(w,\alpha,\beta)}$ 时，$q^*_{s(w,\alpha,\beta),sd} = q_{s(w,\alpha,\beta),sd1}$；

（2）当 $k^0_{s(w,\alpha,\beta)} \leqslant \tilde{k}_{s(w,\alpha,\beta)} < k^*_{s(w,\alpha,\beta)}$ 时，

$$q^*_{s(w,\alpha,\beta),sd} = \begin{cases} q_{s(w,\alpha,\beta),sd1}, & k_s < \tilde{k}_{s(w,\alpha,\beta)} \\ q_{s(w,\alpha,\beta),sd1} \text{或} q_{s(w,\alpha,\beta),sd2}, & k_s = \tilde{k}_{s(w,\alpha,\beta)} \\ q_{s(w,\alpha,\beta),sd2}, & k_s > \tilde{k}_{s(w,\alpha,\beta)} \end{cases} \tag{13-12}$$

（3）当 $\widetilde{k}_{s(w,\alpha,\beta)}<k^0_{s(w,\alpha,\beta)}$时，$q^*_{s(w,\alpha,\beta),sd}=q_{s(w,\alpha,\beta),sd2}$。

证明：命题 13.6 的证明过程与命题 13.5 类似，这里予以省略。**证毕。**

引入｛w，α，β｝契约之后，供应商受到风险约束时的最优投入决策与自身风险承受能力 k_s、批发价折扣 β 密切相关，但与成本共担因子 α 无关。这是由于购买商需要分担供应商全部投入量的生产成本，此时改变成本共担因子尽管会造成供应商期望利润的变化，但与产出不确定带来的风险并不相关。而批发价折扣 β 是供应商针对购买商实际购买产品所给出的折扣，对于给定投入量，增加批发价折扣 β 将会导致产出不确定造成的供应商利润波动变小，进而降低其面临的风险。命题 13.7 显示了供应商受到风险约束时，其最优投入量随批发价折扣 β 的变化情况。

命题 13.7　在｛w，α，β｝契约下，当供应商风险承受能力满足 $k^0_{s(w,\alpha,\beta)}\leqslant k_s<k^*_{s(w,\alpha,\beta)}$时，最优投入量 $q^*_{s(w,\alpha,\beta),sd}$和批发价折扣 β 的关系满足：$q_{s(w,\alpha,\beta),sd1}$随着批发价折扣 β 的增加而单调递增；$q_{s(w,\alpha,\beta),sd2}$随着批发价折扣 β 的增加而单调递减。

证明：由命题 13.6 可知，当 $k^0_{s(w,\alpha,\beta)}\leqslant k_s<k^*_{s(w,\alpha,\beta)}$时，供应商受到风险约束，此时其最优投入量 $q^*_{s(w,\alpha,\beta),sd}$为 $q_{s(w,\alpha,\beta),sd1}$或 $q_{s(w,\alpha,\beta),sd2}$。分别求 $q_{s(w,\alpha,\beta),sd1}$和 $q_{s(w,\alpha,\beta),sd2}$关于 β 的一阶导，可得：

$$\frac{\partial q_{s(w,\alpha,\beta),sd1}}{\partial\beta}=\frac{d^2w}{6k_s^2}\left[\frac{(d^2G^2-9k_s^2)+d^2G^2-2dG\sqrt{d^2G^2-9k_s^2}}{\sqrt{d^2G^2-9k_s^2}}\right]$$

$$=\frac{d^2w\left(\sqrt{d^2G^2-9k_s^2}-dG\right)^2}{6k_s^2\sqrt{d^2G^2-9k_s^2}}>0$$

$$\frac{\partial q_{s(w,\alpha,\beta),sd2}}{\partial\beta}=-\frac{d^2w}{6k_s^2}\left(dG+\sqrt{d^2G^2-9k_s^2}\right)-\frac{d^2wG}{6k_s^2}\left[d+\frac{d^2G}{\sqrt{d^2G^2-9k_s^2}}\right]<0$$

由此可知，当 $k^0_{s(w,\alpha,\beta)}\leqslant k_s<k^*_{s(w,\alpha,\beta)}$时，$q_{s(w,\alpha,\beta),sd1}$随着批发价折扣 β 的增加而单调递增；$q_{s(w,\alpha,\beta),sd2}$随着批发价折扣 β 的增加而单调递减。**证毕。**

由命题 13.7 可以发现：①当供应商的最优投入量为 $q_{s(w,\alpha,\beta),sd1}$时，供应商更有可能面临由于缺货造成的利润损失。在给定投入量情形下，随着批发价折扣的增加，供应商产出不确定造成风险（利润波动幅度）不断降低。这意味着，给定一个较高的批发价折扣，供应商能够在风险承受范围内选择一个相对较高的投入量来降低缺货可能造成的利润损失，从而获得更高的期望利润；②当供应商的最优投入量为 $q_{s(w,\alpha,\beta),sd2}$ 时，供应商更有可能面临由于库存积压造成的利润损失。在给定投入量的情形下，随着批发价折扣的增加，供应商产出不确定造成的风险（利润波动幅度）不断降低。这意味着，给定一个较高的批发价折扣，供应商能够在风险承受范围内选择一个相对较低的投入量来降低库存积压造成的利润损失，从而获得更高的期望利润。

下面进一步讨论引入 $\{w, \alpha, \beta\}$ 契约后供应链的协调情况。本章假设供应商的最优投入量等于集成供应链的最优投入量，且供应商和集成供应链面临的风险均处于自身承受能力范围内时，供应链即实现了协调。类似的协调方案可以在其他学者的研究中看到（Zhuo et al., 2018; Wei and Choi, 2010）。

在引入 $\{w, \alpha, \beta\}$ 契约之后，供应链的协调目标如图 13.2 所示。通过选择合适的批发价折扣 β 和成本共担因子 α，使得供应商的最优投入量等于集成供应链的最优投入量。

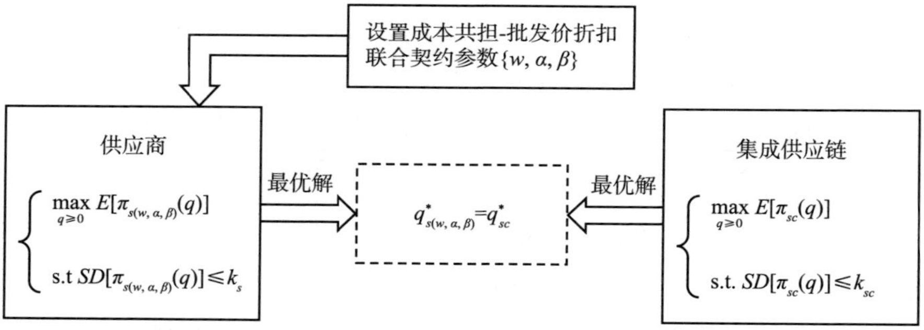

图 13.2　成本共担 - 批发价折扣联合契约下 VMI 供应链的协调目标

当集成供应链和 VMI 供应链中供应商均为风险中性时，满足 $\beta = \frac{w-(p+h_r+h_s)(1-\alpha)+h_s}{w}$，则实现供应链协调；当集成供应链和 VMI 供应链中供应商均为风险规避时，实现供应链协调的 $\{w, \alpha, \beta\}$ 契约如命题 13.8 所示。

命题 13.8　①若 $SD[\pi_s(q_{sc}^*)] > k_s$，则该契约始终无法协调供应链。

②若$SD[\pi_s(q_{sc}^*)]\leqslant k_s$，则有：(a) 当供应商不受风险约束时，满足$\beta=1-\frac{2(1-\alpha)cq_{sc}^{*2}}{wd^2}+\frac{h_s}{w}$，始终有 $q_{s(w,\alpha,\beta)}^*=q_{s(w,\alpha,\beta),n}^*=q_{sc}^*$ 成立，此时供应链实现协调；(b) 当供应商受到风险约束时，满足$\beta=1-\frac{2\sqrt{3}k_sq_{sc}^*}{dw\sqrt{4dq_{sc}^*-3d^2}}+\frac{h_s}{w}$，始终有 $q_{s(w,\alpha,\beta)}^*=q_{s(w,\alpha,\beta),sd}^*=q_{sc}^*$ 和 $SD[\pi_s(q_{s(w,\alpha,\beta)}^*)]=k_s$ 成立，此时供应链实现协调。

证明：将 $\{w,\ \alpha,\ \beta\}$ 契约下供应商的最优投入量用 $q_{s(w,\alpha,\beta)}^*$ 表示。其中，设供应商不受风险约束（即总是满足 $SD[\pi_{s(w,\alpha,\beta)}(q)]\leqslant k_s$）时的最优投入量为 $q_{s(w,\alpha,\beta),n}^*$，此时 $SD[\pi_{s(w,\alpha,\beta)}(q_{s(w,\alpha,\beta),n}^*)]\leqslant k_s$ 总是成立。设供应商受到风险约束（即 $SD[\pi_{s(w,\alpha,\beta)}(q)]>k_s$）时的最优投入量为 $q_{s(w,\alpha,\beta),sd}^*$，此时 $q_{s(w,\alpha,\beta),sd}^*$满足 $SD[\pi_{s(w,\alpha,\beta)}(q_{s(w,\alpha,\beta),sd}^*)]=k_s$。

1. 若集成供应链的最优投入量 q_{sc}^* 满足 $SD[\pi_s(q_{sc}^*)]>k_s$，则供应商选择集成供应链的最优投入量 q_{sc}^* 时面临的风险将会超过自身风险承受范围，此时 $\{w,\ \alpha,\ \beta\}$ 契约始终无法协调供应链。

2. 若集成供应链的最优投入量 q_{sc}^* 满足 $SD[\pi_s(q_{sc}^*)]\leqslant k_s$，则供应商选择集成供应链的最优投入量 q_{sc}^* 时面临的风险将处于风险承受范围内。进一步讨论如下：

(1) 当供应商不受风险约束时，其最优投入量为 $q_{s(w,\alpha,\beta)}^*=q_{s(w,\alpha,\beta),n}^*=d\sqrt{\frac{(1-\beta)w+h_s}{2(1-\alpha)c}}$。令 $q_{s(w,\alpha,\beta),n}^*=q_{sc}^*$，可得 $\beta=1-\frac{2(1-\alpha)cq_{sc}^{*2}}{wd^2}+\frac{hs}{w}$。此时，若集成供应链的最优投入量 q_{sc}^* 满足 $SD[\pi_s(q_{sc}^*)]\leqslant k_s$，显然 $q_{s(w,\alpha,\beta)}^*=q_{s(w,\alpha,\beta),n}^*=q_{sc}^*$ 成立，即实现了供应链协调。

(2) 当供应商受到风险约束时，其最优投入量为 $q_{s(w,\alpha,\beta)}^*=q_{s(w,\alpha,\beta),sd}^*$，且满足 $SD[\pi_s(q_{s(w,\alpha,\beta),sd}^*)]=k_s$。令 $q_{s(w,\alpha,\beta),sd}^*=q_{sc}^*$，则 $SD[\pi_s(q_{sc}^*)]=k_s$，可得 $\beta=1-\frac{2\sqrt{3}k_sq_{sc}^*}{dw\sqrt{4dq_{sc}^*-3d^2}}+\frac{h_s}{w}$。此时，若集成供应链的最优投入量 q_{sc}^* 满足 $SD[\pi_s(q_{sc}^*)]\leqslant k_s$，则 $q_{s(w,\alpha,\beta)}^*=q_{s(w,\alpha,\beta),sd}^*=q_{sc}^*$ 且 $SD[\pi_s(q_{s(w,\alpha,\beta)}^*)]=k_s$ 成

立，即实现了供应链协调。**证毕。**

命题13.8表明，当风险规避的供应商选择供应链集成时的最优投入量时，其面临的风险若处于自身承受能力范围内，则总是存在着合适的 $\{w, \alpha, \beta\}$ 契约设计方案，能够实现供应链协调；其面临的风险若超过自身承受能力范围，则供应链无法实现协调。特别地，当供应商受到风险约束时，由于供应商在风险承受能力范围内选择的最优投入量仅和批发价折扣 β 有关，而与成本共担因子 α 无关。根据命题13.8可知，在一定的条件下，供应商在受到风险约束时仍然可以通过 $\{w, \alpha, \beta\}$ 契约设计方案来协调供应链。此时，能够实现供应链协调的批发价折扣 β 是唯一的，但供应链可以通过调整成本共担因子 α，实现集成供应链期望利润在购买商和供应商之间的合理分配。进一步分析产品的成本共担因子和批发价格对产品批发价折扣的影响，能够得到命题13.9。

命题13.9 在 $SD[\pi_s(q_{sc}^*)] \leqslant k_s$ 的情况下：①若供应商不受风险约束，则 $\frac{\partial \beta}{\partial \alpha} > 0$，$\frac{\partial \beta}{\partial w} \geqslant 0$；②若供应商受到风险约束，则 β 与 α 无关，$\frac{\partial \beta}{\partial w} \geqslant 0$。

证明： 根据命题13.8可知，若 $SD[\pi_s(q_{sc}^*)] \leqslant k_s$，则对于供应商而言，可能存在如下两种情况：

1. 当供应商不受风险约束时，其最优投入量为 $q_{s(w,\alpha,\beta)}^* = q_{s(w,\alpha,\beta),n}^* = d\sqrt{\frac{(1-\beta)w + h_s}{2(1-\alpha)c}}$。令 $q_{s(w,\alpha,\beta),n}^* = q_{sc}^*$，可得 $\beta = 1 - \frac{2(1-\alpha)cq_{sc}^{*2}}{wd^2} + \frac{hs}{w}$。此时，始终有 $q_{s(w,\alpha,\beta)}^* = q_{s(w,\alpha,\beta),n}^* = q_{sc}^*$ 成立，即供应链能够实现协调。并且，$\frac{\partial \beta}{\partial \alpha} = $

$$\frac{2c\left[\frac{d^2A}{6k_{sc}^2}\left(dA + \sqrt{d^2A^2 - 9k_{sc}^2}\right)\right]^2}{wd^2} > 0。$$

接下来对 β 和 w 的关系进行分析，具体讨论如下：

（1）当集成供应链不受风险约束时，$q_{s(w,\alpha,\beta)}^* = q_{sc}^* = q_{sc,n}^* = d\sqrt{\frac{A}{2c}}$。由此可得，满足 $\beta = 1 - \frac{2(1-\alpha)cq_{sc}^{*2}}{wd^2} + \frac{hs}{w} = \frac{w - (1-\alpha)(p + h_r + h_s) + h_s}{w}$

时，能够实现供应链协调。进一步求 β 关于 w 的一阶导，可以得 $\frac{\partial \beta}{\partial w} = \frac{(1-\alpha)(p+h_r+h_s)-h_s}{w^2}$。由于 $0 \leqslant \beta \leqslant 1$，则 α 需满足 $\frac{p+h_r-w}{p+h_r+h_s} \leqslant \alpha \leqslant \frac{p+h_r}{p+h_r+h_s}$。此时，显然有 $\frac{\partial \beta}{\partial w} \geqslant 0$。

（2）当集成供应链受风险约束时，供应商的最优投入量存在两种可能的情形，分别是 $q^*_{s(w,\alpha,\beta)} = q^*_{sc} = q_{sc,sd1}$ 或 $q^*_{s(w,\alpha,\beta)} = q^*_{sc} = q_{sc,sd2}$。进一步讨论如下：

①若 $q^*_{sc} = q_{sc,sd1} = \frac{d^2A}{6k^2_{sc}}\left(dA - \sqrt{d^2A^2 - 9k^2_{sc}}\right)$，则可以得到 $\beta = 1 - \frac{2(1-\alpha)c\left[\frac{d^2A}{6k^2_{sc}}\left(dA - \sqrt{d^2A^2-9k^2_{sc}}\right)\right]^2}{wd^2} + \frac{h_s}{w}$。进一步求 β 关于 w 的一阶导，可得 $\frac{\partial \beta}{\partial w} = \frac{(1-\alpha)cd^2A^2\left(2d^2A^2 - 2dA\sqrt{d^2A^2-9k^2_{sc}} - 9k^2_{sc}\right) - 18h_sk^4_{sc}}{18\,w^2k^4_{sc}}$。由于 $0 \leqslant \beta \leqslant 1$，需满足 $1 - \frac{(w+h_s)18k^4_{sc}}{cd^2A^2\left(2d^2A^2 - 2dA\sqrt{d^2A^2-9k^2_{sc}} - 9k^2_{sc}\right)} \leqslant \alpha \leqslant 1 - \frac{18h_sk^4_{sc}}{cd^2A^2\left(2d^2A^2 - 2dA\sqrt{d^2A^2-9k^2_{sc}} - 9k^2_{sc}\right)}$。此时，显然有 $\frac{\partial \beta}{\partial w} \geqslant 0$。

②若 $q^*_{sc} = q_{sc,sd2} = \frac{d^2A}{6k^2_{sc}}\left(dA + \sqrt{d^2A^2 - 9k^2_{sc}}\right)$，则可以得到 $\beta = 1 - \frac{2(1-\alpha)c\left[\frac{d^2A}{6k^2_{sc}}\left(dA - \sqrt{d^2A^2-9k^2_{sc}}\right)\right]^2}{wd^2} + \frac{h_s}{w}$。进一步求 β 关于 w 的一阶导，可得 $\frac{\partial \beta}{\partial w} = \frac{(1-\alpha)cd^2A^2\left(2d^2A^2 + 2dA\sqrt{d^2A^2-9k^2_{sc}} - 9k^2_{sc}\right) - 18h_sk^4_{sc}}{18\,w^2k^4_{sc}}$。由于 $0 \leqslant \beta \leqslant 1$，需满足 $1 - \frac{(w+h_s)\ 18k^4_{sc}}{cd^2A^2\left(2d^2A^2 + 2dA\sqrt{d^2A^2-9k^2_{sc}} - 9k^2_{sc}\right)} \leqslant \alpha \leqslant 1 - \frac{18h_sk^4_{sc}}{cd^2A^2\left(2d^2A^2 + 2dA\sqrt{d^2A^2-9k^2_{sc}} - 9k^2_{sc}\right)}$。此时，显然有 $\frac{\partial \beta}{\partial w} \geqslant 0$。

2. 当供应商受风险约束时，其最优投入量为 $q^*_{s(w,\alpha,\beta)} = q^*_{s(w,\alpha,\beta),sd}$，且满足

$SD[\pi_s(q^*_{s(w,\alpha,\beta),sd})]=k_s$。根据命题 13.8 可知，$\beta=1-\dfrac{2\sqrt{3}k_sq^*_{sc}}{dw\sqrt{4dq^*_{sc}-3d^2}}+\dfrac{h_s}{w}$ 时，能够实现供应链协调。此时，总是有 $q^*_{s(w,\alpha,\beta)}=q^*_{s(w,\alpha,\beta),sd}=q^*_{sc}$ 成立。由此可知，β 与 α 无关。

接下来，对 β 和 w 的关系进行分析，具体如下：

（1）当集成供应链不受风险约束时，$q^*_{sc}=q^*_{sc,n}=d\sqrt{\dfrac{A}{2c}}$。此时，可以得到 $\beta=1-\dfrac{2\sqrt{3}k_sq^*_{sc}}{dw\sqrt{4dq^*_{sc}-3d^2}}+\dfrac{h_s}{w}=1-\dfrac{2k_s\sqrt{\dfrac{3A}{2c}}}{dw\sqrt{4\sqrt{\dfrac{A}{2c}}-3}}+\dfrac{h_s}{w}$。进一步求 β 关于 w 的一阶导，可得：$\dfrac{\partial\beta}{\partial w}=\dfrac{2k_s\sqrt{\dfrac{3A}{2c}}-dh_s\sqrt{4\sqrt{\dfrac{A}{2c}}-3}}{dw^2\sqrt{4\sqrt{\dfrac{A}{2c}}-3}}=\dfrac{2k_s\sqrt{\dfrac{6A}{c}\sqrt{\dfrac{A}{2c}}-\dfrac{9A}{c}}-dh_s\left(4\sqrt{\dfrac{A}{2c}}-3\right)}{dw^2\left(4\sqrt{\dfrac{A}{2c}}-3\right)}$。由于 $0\leqslant\beta\leqslant1$，需满足 $\dfrac{dh_s}{3A}\sqrt{\dfrac{6A\sqrt{2Ac}-9Ac}{2}}\leqslant k_s\leqslant\dfrac{d(w+h_s)}{3A}\sqrt{\dfrac{6A\sqrt{2Ac}-9Ac}{2}}$。此时，显然有 $\dfrac{\partial\beta}{\partial w}\geqslant0$。

（2）当集成供应链受风险约束时，供应商的最优投入量存在两种可能的情形，分别是 $q^*_{s(w,\alpha,\beta)}=q^*_{sc}=q_{sc,sd1}$ 或 $q^*_{s(w,\alpha,\beta)}=q^*_{sc}=q_{sc,sd2}$。进一步讨论如下：

①如果 $q^*_{sc}=q_{sc,sd1}=\dfrac{d^2A}{6k^2_{sc}}(dA-\sqrt{d^2A^2-9k^2_{sc}})$，则可以得到 $\beta=1-\dfrac{2\sqrt{3}k_sq^*_{sc}}{dw\sqrt{4dq^*_{sc}-3d^2}}+\dfrac{h_s}{w}=1-\dfrac{k_sA(dA-\sqrt{d^2A^2-9k^2_{sc}})}{k_{sc}w\sqrt{2dA(dA-\sqrt{d^2A^2-9k^2_{sc}})}}+\dfrac{h_s}{w}$。进一步求 β 关于 w 的一阶导，可得 $\dfrac{\partial\beta}{\partial w}=\dfrac{k_sA(dA-\sqrt{d^2A^2-9k^2_{sc}})}{w^2k_{sc}\sqrt{2dA(dA-\sqrt{d^2A^2-9k^2_{sc}})}}-\dfrac{h_s}{w^2}$。由于 $0\leqslant\beta\leqslant1$，

则 k_s 需满足 $\frac{h_s}{3A}\sqrt{2dA(dA+\sqrt{d^2A^2-9k_{sc}^2})}\leqslant k_s\leqslant\frac{w+h_s}{3A}\sqrt{2dA(dA+\sqrt{d^2A^2-9k_{sc}^2})}$。此时，显然有 $\frac{\partial\beta}{\partial w}\geqslant 0$。

②如果 $q_{sc}^*=q_{sc,sd2}=\frac{d^2A}{6k_{sc}^2}(dA+\sqrt{d^2A^2-9k_{sc}^2})$，则可以得到 $\beta=1-\frac{2\sqrt{3}k_sq_{sc}^*}{dw\sqrt{4dq_{sc}^*-3d^2}}+\frac{h_s}{w}=1-\frac{k_sA(dA+\sqrt{d^2A^2-9k_{sc}^2})}{k_{sc}w\sqrt{2dA(dA+\sqrt{d^2A^2-9k_{sc}^2})}}+\frac{h_s}{w}$。进一步求 β 关于 w 的一阶导，可得 $\frac{\partial\beta}{\partial w}=\frac{k_sA(dA+\sqrt{d^2A^2-9k_{sc}^2})}{w^2k_{sc}\sqrt{2dA(dA+\sqrt{d^2A^2-9k_{sc}^2})}}-\frac{h_s}{w^2}$。由于 $0\leqslant\beta\leqslant 1$，则 k_s 需满足 $\frac{h_s}{3A}\sqrt{2dA(dA-\sqrt{d^2A^2-9k_{sc}^2})}\leqslant k_s\leqslant\frac{w+h_s}{3A}\sqrt{2dA(dA-\sqrt{d^2A^2-9k_{sc}^2})}$。此时，显然有 $\frac{\partial\beta}{\partial w}\geqslant 0$。**证毕。**

命题 13.9 表明：①当供应商不受风险约束时，随着购买商成本共担因子的增加，供应商愿意提供更高的批发价折扣。这是由于购买商成本共担因子增加能够降低供应商生产成本，从而激励供应商为购买商提供更高批发价折扣。同时，随着供应商批发价格的增加，供应商愿意提供更高的批发价折扣从而促进购买商向其购买产品。②当供应商受到风险约束时，改变成本共担因子尽管会造成供应商期望利润的变化，但与产出不确定带来的风险并不相关，因此此时供应商的批发价折扣和购买商的成本共担因子并无关系。与供应商不受风险约束时的情况类似，随着供应商批发价格的增加，供应商也愿意提供更高的批发价折扣来促进产品的销售。

二、期权契约的设计及协调策略

本章 $\{w,\ \alpha,\ \beta\}$ 契约是基于纯批发价契约的改进契约，且涉及三个契约参数，因此在实施过程中具有一定的难度。一些企业希望引入灵活性更强的契约来改进供应链性能。目前，期权契约得到了企业界和学术界的普遍关注。实际上，期权契约允许购买商首先向供应商支付部分定金，在生产完成后按照供应商的实际产出支付尾款，这种契约方案被广泛应用于存在产出不确定现象的行业中（Tang and Kouvelis，2014；Hu et al.，2014）。为此，本小节试图设计合理的期权契约来协调供应链，重点分析期权契约在供应商风险规避情形下的协调和优化能力。

期权契约包括期权价格 o 和执行价格 e 两个参数，即 $\{o, e\}$。这里假设期权契约的参数均为外生变量，可以由作为供应链主导者的购买商单独决定，也可以由购买商和供应商共同协商决定。同时，为确保期权契约下供应商和购买商均能够获利，并避免出现供应商通过无限生产赚取定金的极端情况，必须满足 $o<c<o+e<p$。基于以上假设，引入期权契约后供应链的博弈过程可以描述如下：购买商根据观察到的市场需求向供应商确定订购量为 d 的订单，并提供期权契约 $\{o, e\}$；供应商考虑自身产能和风险承受能力，确定投入量 q。

在期权契约下，供应商的期望利润可表示为：

$$E[\pi_{s(e,o)}(q)] = ed - (c-o)q - (e+h_s)q\int_0^{\frac{d}{q}} F(x)\,\mathrm{d}x \quad (13-13)$$

购买商期望利润可表示为：

$$E[\pi_{r(e,o)}(q)] = (p-e)d - oq - (p-e+h_r)q\int_0^{\frac{d}{q}} F(x)\,\mathrm{d}x \quad (13-14)$$

此时，供应商面临的风险为 $SD[\pi_{s(e,o)}(q)] = (e+h_s)\sqrt{\xi(q)}$。显然，给定任意投入量 q，随着执行价格 e 的增加供应商面临的风险将不断增加。

下面对期权契约下，供应商在不同风险承受能力下的最优投入决策进行讨论。供应商风险中性时，存在着唯一的最优投入量 $q^*_{s(e,o),n} = d\sqrt{\frac{e+h_s}{2(c-o)}}$。供应商风险规避时，其决策目标仍是在利润标准差约束下获得最高的期望利润。此时，构建供应商的 MV 模型如下：

$$\begin{cases} \max\limits_{q\geqslant 0} E[\pi_{s(e,o)}(q)] \\ \text{s. t. } SD[\pi_{s(e,o)}(q)] \leqslant k_s \end{cases} \quad (13-15)$$

类似于 $\{w, \alpha, \beta\}$ 契约下的分析，在期权契约下，将供应商期望利润为 0 时面临的最低风险表示为 $k^0_{s(e,o)}$；当供应商的期望利润最大时，其面临的

风险可表示为 $k^*_{s(e,o)} = SD[\pi_{s(e,o)}(q^*_{s(e,o),n})] = Ld\sqrt{\frac{T_4}{3}-\frac{c-o}{2L}}$，其中 $T_4 = \sqrt{\frac{2(c-o)}{e+h_s}}$，$L=e+h_s$。当 $k^0_{s(e,o)} \leqslant k_s < k^*_{s(e,o)}$ 时，供应商受到风险约束，这里用 $q^*_{s(e,o),sd}$ 表示供应商在其风险承受能力满足 $k^0_{s(e,o)} \leqslant k_s < k^*_{s(e,o)}$ 时的最优决策。此时，令 $SD[\pi_{s(e,o)}(q)] = k_s$，可得 $q_{s(e,o),sd1} = \frac{d^2L}{6k_s^2}(dL - \sqrt{d^2L^2-9k_s^2})$，$q_{s(e,o),sd2} = \frac{d^2L}{6k_s^2}(dL + \sqrt{d^2L^2-9k_s^2})$。同时，存在着一个 $\tilde{k}_{s(e,o)} = d\sqrt{\frac{(c-o)L}{2}}$，使得 $E[\pi_{s(e,o)}(q_{s(e,o),sd1})] = E[\pi_{s(e,o)}(q_{s(e,o),sd2})]$。根据以上分析，可以得到供应商的最优投入量 $q^*_{s(e,o)}$，具体如命题 13.10 所示。

命题 13.10 在期权契约下，供应商的最优投入量 $q^*_{s(e,o)}$ 满足：

1. 当 $k_s \geqslant k^*_{s(e,o)}$ 时，$q^*_{s(e,o)} = q^*_{s(e,o),n}$。

2. 当 $k^0_{s(e,o)} < k_s < k^*_{s(e,o)}$ 时，$q^*_{s(e,o)} = q^*_{s(e,o),sd}$，其中：

（1）当 $\tilde{k}_{s(e,o)} \geqslant k^*_{s(e,o)}$ 时，$q^*_{s(e,o),sd} = q_{s(e,o),sd1}$；

（2）当 $k^0_{(e,o)} \leqslant \tilde{k}_{s(e,o)} < k^*_{s(e,o)}$ 时，

$$q^*_{s(e,o),sd} = \begin{cases} q_{s(e,o),sd1}, & k_s < \tilde{k}_{s(e,o)} \\ q_{s(e,o),sd1} \text{或} q_{s(e,o),sd2}, & k_s = \tilde{k}_{s(e,o)} \\ q_{s(e,o),sd2}, & k_s > \tilde{k}_{s(e,o)} \end{cases} \tag{13-16}$$

（3）当 $\tilde{k}_{s(e,o)} < k^0_s$ 时，$q^*_{s(e,o),sd} = q_{s(e,o),sd2}$。

证明：命题 13.10 证明过程与命题 13.5 类似，这里予以省略。**证毕。**

引入期权契约后，供应商受到风险约束时的最优投入决策与自身风险承受能力 k_s、执行价格 e 有关，但与期权价格 o 无关。这是由于期权价格 o 是购买商需要对供应商的全部投入量支付的预付款，尽管改变期权价格 o 的大小会导致供应商的期望利润发生变化，但与供应商产出不确定所造成的风险并不相关。而执行价格 e 是购买商对供应商在市场需求范围内的实际产出所支付的尾款，对于给定投入量，增加执行价格 e 将会导致产出不确定造成的供应商利润波动变大，进而导致其面临的风险增大。命题 13.11 总结了供应商受到风险约束时，其最优投入量随执行价格 e 的变化情况。

命题 13.11 在期权契约下，当供应商风险承受能力满足 $k_{s(e,o)}^0 \leqslant k_s < k_{s(e,o)}^*$ 时，最优投入量 $q_{s(e,o),sd}^*$ 和执行价格 e 的关系满足：$q_{s(e,o),sd1}$ 随着执行价格 e 的增加而单调递减；$q_{s(e,o),sd2}$ 随着执行价格 e 的增加而单调递增。

证明： 命题 13.11 证明过程与命题 13.7 类似，这里予以省略。**证毕。**

命题 13.11 说明了供应商受到风险约束时最优投入量随着执行价格 e 的变化情况。①当供应商的最优投入量为 $q_{s(e,o),sd1}$ 时，在给定投入量的情形下，随着执行价格 e 的增加，供应商面临的产出不确定风险不断增加，因此供应商为保证风险处于承受能力范围内将会减小投入量；②当供应商最优投入量为 $q_{s(e,o),sd2}$ 时，在给定投入量的情形下，随着执行价格 e 的增加，供应商面临的产出不确定风险也不断增加，此时供应商为保证风险处于承受能力范围内，将会增加投入量。

下面讨论引入期权契约后的供应链协调情况。当集成供应链和 VMI 供应链中供应商均为风险中性时，满足 $e = p + h_r - \dfrac{o(p + h_r + h_s)}{c}$，则能够实现供应链协调；当集成供应链和 VMI 供应链中供应商均为风险规避时，实现供应链协调的期权契约如命题 13.12 所示。

命题 13.12 ①若 $SD[\pi_s(q_{sc}^*)] > k_s$，期权契约始终无法协调供应链。②若 $SD[\pi_s(q_{sc}^*)] \leqslant k_s$，则有：(a) 当供应商不受风险约束时，满足 $e = \dfrac{2(c-o)(q_{sc}^*)^2}{d^2} - h_s$，始终有 $q_{s(e,o)}^* = q_{s(e,o),n}^* = q_{sc}^*$ 成立，此时供应链实现协调；(b) 当供应商受到风险约束时，满足 $e = \dfrac{2\sqrt{3}k_s q_{sc}^*}{d\sqrt{4dq_{sc}^* - 3d^2}} - h_s$，始终有 $q_{s(e,o)}^* = q_{s(e,o),sd}^* = q_{sc}^*$ 且 $SD[\pi_s(q_{s(e,o)}^*)] = k_s$ 成立，此时供应链实现协调。

证明： 命题 13.12 证明过程与命题 13.8 类似，这里予以省略。**证毕。**

由命题 13.12 可知，期权契约只有在风险规避的供应商选择供应链集成时的最优投入量，且其面临的风险处于自身承受能力范围时才能协调供应链。当供应商不受风险约束时，通过期权契约设计方案（a）能够协调供应链；当供应商受到风险约束时，通过期权契约设计方案（b）能够协调供应链。特别地，当供应链实现协调时，供应链可以通过调整期权价格 o，实现集成供应链期望利润在购买商和供应商间的合理分配。

第三节　数值分析

本节通过数值分析对上述研究结论的有效性进行检验。为了更直观地展示集成供应链在不同风险承受能力下最优投入决策的差异，假设3组参数组合 $\tau_1=\{p=50,\ c=15,\ h_s=2,\ h_r=4,\ d=100\}$，$\tau_2=\{p=50,\ c=10,\ h_s=10,\ h_r=12,\ d=100\}$，$\tau_3=\{p=80,\ c=20,\ h_s=20,\ h_r=30,\ d=100\}$，其中参数组合 τ_1 反映了集成供应链面临风险约束时的最优投入量仅出现在风险中性时最优投入量左侧的情形；参数组合 τ_2 反映了集成供应链面临风险约束时的最优投入量可能出现在风险中性时最优投入量左右两侧的情形；参数组合 τ_3 反映了集成供应链面临风险约束时的最优投入量仅出现在风险中性时最优投入量右侧的情形。以上三组参数全面涵盖了集成供应链的最优投入量可能出现的三种情况，基于此可以更清楚地分析集成供应链最优期望利润随风险承受能力的变化情况，具体如图13.3所示。

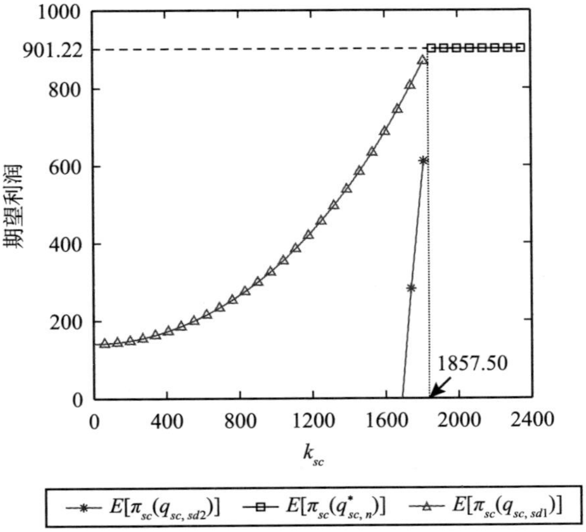

(a) $\tilde{k}_{sc} \geqslant k^*_{sc}$

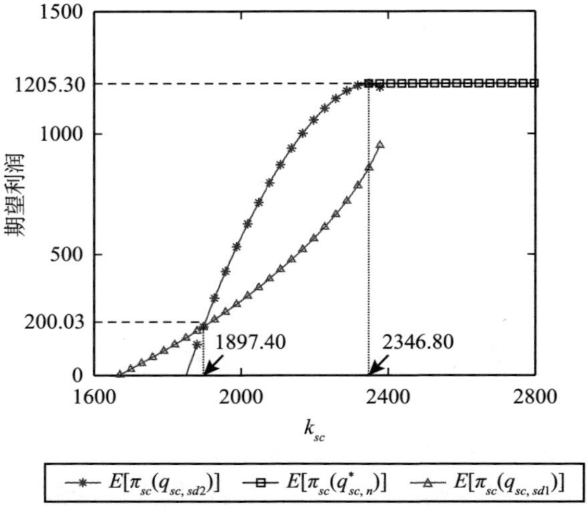

（b）$k^0_{sc} \leqslant \tilde{k}_{sc} < k^*_{sc}$

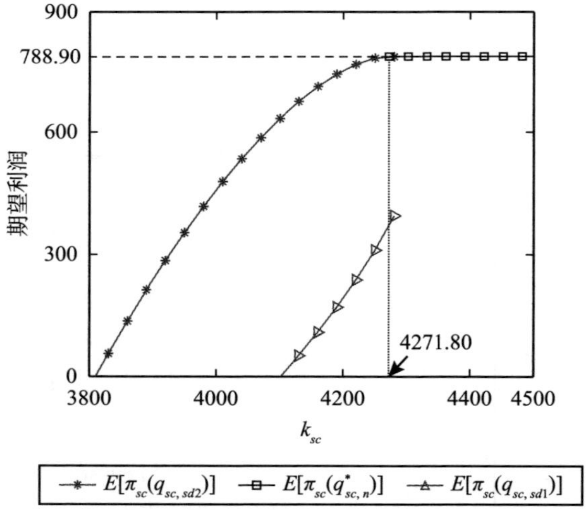

（c）$\tilde{k}_{sc} < k^0_{sc}$

图 13.3　不同风险承受能力下集成供应链最优期望利润随 k_{sc} 的变化情况

根据图 13. 3 可知，当集成供应链的风险承受能力 k_{sc} 大于其投入量为 $q_{sc,n}^*$ 时面临的风险，则风险约束无效。此时，集成供应链风险规避时的最优投入量等于风险中性时的最优投入量 $q_{sc,n}^*$。而当集成供应链的风险承受能力小于风险中性时选择最优投入量所面临的风险时，不同参数组合下的最优投入决策存在差异，从而导致最优期望利润有所不同。图 13. 3（a）为参数组合 τ_1 下集成供应链的最优期望利润。此时，集成供应链选择 $q_{sc,n}^*$ 能够获得的期望利润为 901. 22，而面临的风险为 $k_{sc}^* = 1857.50$。当 $k_{sc} \geqslant 1857.50$ 时，集成供应链不受风险约束，则选择风险中性时的最优投入量来获得最高的期望利润。由于 $\tilde{k}_{sc} = 2049.39$，有 $\tilde{k}_{sc} > k_{sc}^*$。当 $k_{sc} < 1857.70$ 时，集成供应链选择 $q_{sc,sd2}$ 获得的期望利润始终小于选择 $q_{sc,sd1}$ 获得的期望利润，因此满足风险约束的最优投入量为 $q_{sc,sd1}$。图 13. 3（b）为参数组合 τ_2 下集成供应链的最优投入决策。此时，集成供应链选择 $q_{sc,n}^*$ 能够获得的期望利润为 1205. 30，而面临的风险为 $k_{sc}^* = 2346.80$。当 $k_{sc} \geqslant 2346.80$ 时，集成供应链不受风险约束，则选择风险中性时的最优投入量来获得最高的期望利润。当集成供应链面临的风险为 $\tilde{k}_{sc} = 1897.40$ 时，集成供应链选择投入 $q_{sc,sd1}$ 或 $q_{sc,sd2}$ 都能够获得相同的期望利润 200. 03。而当 $k_{sc} < 1897.40$ 时，集成供应链选择 $q_{sc,sd1}$ 能够获得较高的期望利润；当 $k_{sc} > 1897.40$ 时，集成供应链选择 $q_{sc,sd2}$ 能够获得较高的期望利润。图 13. 3（c）为参数组合 τ_3 下集成供应链的最优期望利润。此时，集成供应链选择 $q_{sc,n}^*$ 能够获得的期望利润为 788. 90，而面临的风险为 $k_{sc}^* = 4271.80$。当 $k_{sc} \geqslant 4271.80$ 时，集成供应链不受风险约束，则选择风险中性时的最优投入量来获得最高的期望利润。由于 $\tilde{k}_{sc} = 3605.55$，$k_{sc}^0 = 3809.50$，显然有 $\tilde{k}_{sc} < k_{sc}^0$。此时集成供应链选择 $q_{sc,sd1}$ 获得的期望利润始终小于选择 $q_{sc,sd2}$ 获得的期望利润，因此满足风险约束的最优投入量为 $q_{sc,sd2}$。根据上述分析，命题 13. 2 的结论得到验证。同时，可以发现在上述不同参数组合下，随着风险承受能力增加，集成供应链选择 $q_{sc,sd1}$ 或 $q_{sc,sd2}$ 能够获得的期望利润均不断提高。

给定参数组合 τ_2，可得 $\tilde{k}_{sc} = 1897.40$，$k_{sc}^* = 2346.80$，$k_{sc}^0 = 1670.50$，且有 $k_{sc}^0 < \tilde{k}_{sc} < k_{sc}^*$。图 13. 4 为集成供应链受到风险约束时的最优投入量随风险承受能力的变化情况。根据命题 13. 2，当风险承受能力在 $k_{sc} \in [1670.50, 1897.40)$ 区间内波动时，集成供应链的最优投入量为 $q_{sc,sd1}$，且 $q_{sc,sd1}$ 随着风险

承受能力的增加而单调递增。当风险承受能力为 $\tilde{k}_{sc}=1897.40$ 时，集成供应链选择 $q_{sc,sd1}$ 和 $q_{sc,sd2}$ 均能够获得风险承受能力范围内的最优期望利润。当 $k_{sc}\in(1897.40,2346.80)$ 时，满足风险约束条件的最优投入量为 $q_{sc,sd2}$，且 $q_{sc,sd2}$ 随着风险承受能力的增加而单调递减。这与命题 13.3 的解析结论一致。

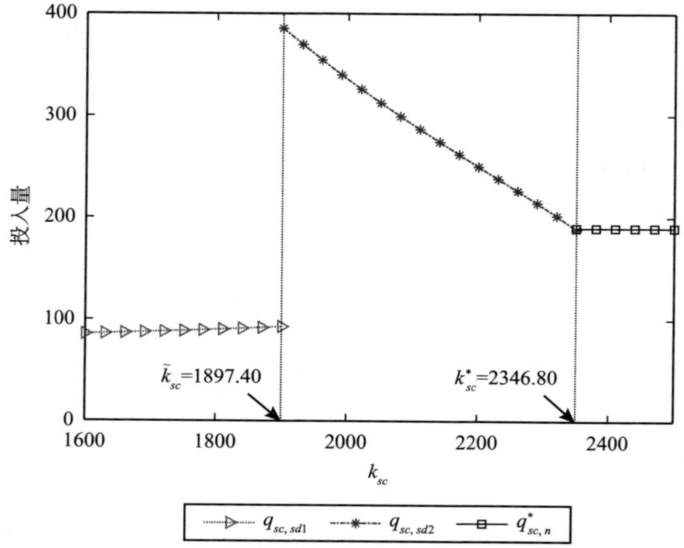

图 13.4　集成供应链最优投入量在不同风险承受能力下的变动情况

由于集成供应链和供应商的风险承受能力处于不同范围时，可能实现供应链协调的最优投入量有三种，分别是 $q^*_{sc,n}$，$q^*_{sc,sd1}$，$q^*_{sc,sd2}$。接下来，选择参数组合 $\tau_4=\{p=70,\ w=40,\ c=15,\ h_s=8,\ h_r=10,\ d=100\}$ 来验证 $\{w,\ \alpha,\ \beta\}$ 契约和期权契约下实现供应链协调的条件。在参数组合 τ_4 中，通过设置不同的供应商和集成供应链的风险承受能力组合，能够在分别选择这三种最优投入量的情况下实现供应链协调。接下来，分别对不同风险承受能力组合下的契约协调能力以及供应商和购买商的帕累托改进效果进行分析，从而对命题 13.8 和命题 13.12 进行验证。

当购买商成本共担因子 $\alpha=0.5$ 时，在不同风险承受能力组合下能够实现供应链协调的批发价折扣 β 如表 13.1 所示。由此可知，当集成供应链和 VMI 供应链中供应商受到风险约束时，给定某一特定风险承受能力 k_{sc} 和 k_s 的组合，存在着唯一的批发价折扣 β，能够实现风险承受范围内的供应链协调。此时，VMI 供应链中购买商和供应商期望利润的总和等于集成供应链的期望利润，VMI 供应链中购买商和供应商面临的风险总和等于集成供应链面临的风险，且 VMI 供应链中供应商和集成供应链都处于各自的风险承受范围之内。

进一步对 $\{w, \alpha, \beta\}$ 契约的帕累托改进效果进行分析。给定 4 组不同的风险承受能力 k_{sc} 和 k_s 组合，图 13.5 展示了供应链处于协调状态时，引入 $\{w, \alpha, \beta\}$ 契约后和纯批发价契约中供应链成员期望利润的比较。图 13.5（a）为集成供应链和 VMI 供应链中供应商均不受风险约束时，购买商和供应商期望利润随成本共担因子 α 的变化情况。此时，供应商的最优投入量为集成供应链的最优投入量 $q_{sc,n}^* = 171.27$。当 $\alpha \in [0.66, 0.73]$ 时，供应商和购买商的期望利润相对于纯批发价契约下的期望利润均有所增加，且供应链期望利润增加幅度为 237.78。图 13.5（b）为集成供应链不受风险约束，供应商受到风险约束（$k_{sc} = 3000$，$k_s = 1500$）时，购买商和供应商的期望利润随成本共担因子 α 的变化情况。此时，供应商的最优投入量为集成供应链风险中性时的最优投入量 $q_{sc,n}^* = 171.27$。当 $\alpha \in [0.60, 0.73]$ 时，供应商和购买商的期望利润相对于纯批发价契约均有所增加，且供应链期望利润增加幅度为 575.03。图 13.5（c）为集成供应链和 VMI 供应链中供应商均受到风险约束（$k_{sc} = 2800$，$k_s = 1500$）时，购买商和供应商期望利润随成本共担因子 α 的变化情况。此时 $\tilde{k}_{sc} = 2569.04 < 2800$，根据命题 13.2 可知，供应商会选择相对较高的投入量 $q_{sc,sd2} = 213.70$。当 $\alpha \in [0.18, 0.29]$ 时，供应商和购买商的期望利润相对于纯批发价契约下的期望利润均有所增加，且供应链期望利润增加幅度为 358.78。图 13.5（d）也为集成供应链和供应商均受到风险约束（$k_{sc} = 2500$，$k_s = 1300$）时，购买商和供应商期望利润随成本共担因子 α 的变化情况。此时 $\tilde{k}_{sc} = 2569.04 > 2500$，根据命题 13.2 可知，供应商将会选择较小的投入量 $q_{sc,sd1} = 98.48$。当 $\alpha \in [0.05, 0.13]$ 时，供应商和购买商的期望利润能实现帕累托改进，且供应链期望利润增加幅度为 225.27。上述分析表明，必定存在着一个区间，当成本共担因子 α 在该区间内波动时，供应商和购买商期望利润均得到提高，即实现供应链性能的帕累托改进，但在不同风险承受能力组合下，$\{w, \alpha, \beta\}$ 契约的改进效果存在差异。特别地，在参数组合 τ_4 下，当 $k_s < 1222.30$ 时，纯批发价契约下供应商获得的期望利润小于 0，此时其将不

再继续为购买商供货。引入 $\{w, \alpha, \beta\}$ 契约后，如表 13.1 所示，当 $k_s=1200$ 时，仍能够通过设置合理的成本共担因子 α 和批发价折扣 β，从而使购买商和供应商均能够获得大于 0 的期望利润，并实现供应链协调。

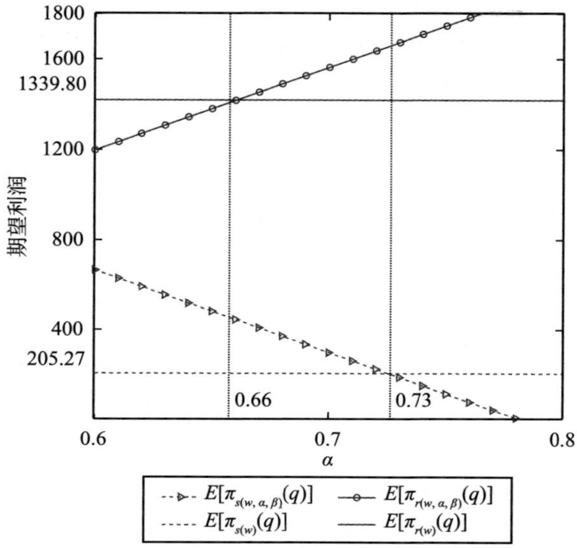

（a）$k_{sc}=+\infty$，$k_s=+\infty$

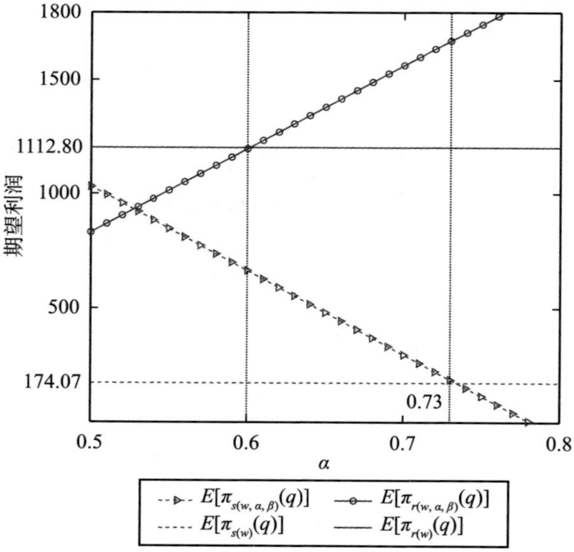

（b）$k_{sc}=3000$，$k_s=1500$

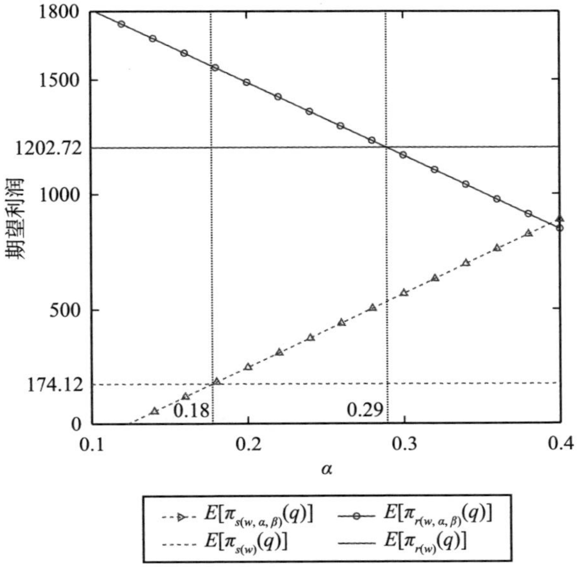

（c）k_{sc}=2800，k_s=1500

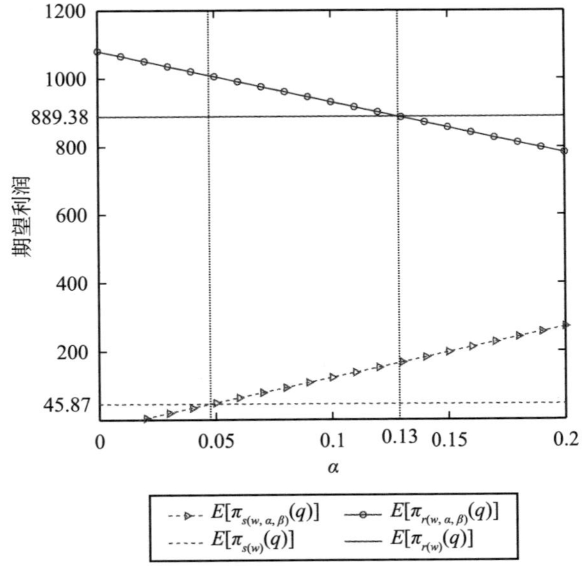

（d）k_{sc}=2500，k_s=1300

图 13.5　VMI 供应链成员期望利润随成本共担因子的变化情况

表 13.1　不同风险承受能力组合下协调 VMI 供应链的批发价折扣 β

风险承受能力组合			批发价折扣和最优决策		期望利润			风险		
k_{sc}	k_s	k_r	β	q_{sc}^*	$E[\pi_{sc}(q_{sc}^*)]$	$E[\pi_{s(w,\alpha,\beta)}(q_{sc}^*)]$	$E[\pi_{r(w,\alpha,\beta)}(q_{sc}^*)]$	$SD[\pi_{sc}(q_{sc}^*)]$	$SD[\pi_{s(w,\alpha,\beta)}(q_{sc}^*)]$	$SD[\pi_{r(w,\alpha,\beta)}(q_{sc}^*)]$
$+\infty$	$+\infty$	$+\infty$	10.00%	171.27	1861.90	830.95	1031.00	2910.60	1455.30	1455.30
3000	1500	$+\infty$	10.00%	171.27	1861.90	830.95	1031.00	2910.60	1455.30	1455.30
2800	1500	$+\infty$	2.14%	213.70	1735.50	526.94	1208.60	2800.00	1300.00	1500.00
2800	1400	$+\infty$	10.00%	213.70	1735.50	767.77	967.77	2800.00	1400.00	1400.00
2600	1400	$+\infty$	2.14%	279.32	1234.90	239.63	995.28	2600.00	1200.00	1400.00
2600	1300	$+\infty$	10.00%	279.32	1234.90	517.45	717.45	2600.00	1300.00	1300.00
2500	1300	$+\infty$	5.60%	98.48	1055.00	340.85	714.14	2500.00	1200.00	1300.00
2500	1200	$+\infty$	14.40%	98.48	1055.00	514.14	540.85	2500.00	1300.00	1200.00
2400	1200	$+\infty$	10.00%	95.24	951.51	375.75	575.75	2400.00	1200.00	1200.00

进一步对期权契约在不同风险承受能力组合下的协调能力进行分析。在参数组合 τ_4 下，当期权价格 $o=6$ 时，在不同风险承受能力组合下能够实现供应链协调的执行价格 e 如表 13.2 所示。从表 13.2 中可知，当集成供应链或 VMI 供应链中供应商受到风险约束时，给定某一特定的风险承受能力 k_{sc} 和 k_s 组合，存在着唯一的执行价格 e 能够实现风险承受范围内的供应链协调。

接下来，对期权契约的帕累托改进效果进行分析。给定 4 组不同的风险承受能力 k_{sc} 和 k_s 组合，图 13.6 展示了当供应链处于协调状态时，引入期权契约后和纯批发价契约中供应链成员期望利润的比较。图 13.6（a）为集成供应链和供应商均不受风险约束时，购买商和供应商期望利润随期权价格 o 的变化情况。此时，供应商的最优投入量为集成供应链风险中性时的最优投入量 $q_{sc,n}^*=171.27$。当 $o\in[9.91, 10.88]$ 时，供应商和购买商的期望利润相对于纯批发价契约下的期望利润均有所增加，且供应链期望利润增加幅度为 237.78。图 13.6（b）为集成供应链不受风险约束，供应商受到风险约束（$k_{sc}=3000$，$k_s=1500$）时，购买商和供应商的期望利润随期权价格 o 的变动情况。此时，供应商的最优投入量为集成供应链风险中性时的最优投入量 $q_{sc,n}^*=171.27$。当 $o\in[1.94, 4.95]$ 时，供应商和购买商的期望利润在期权契约下均有所增加，且供应链期望利润增加幅度为 575.03。可以发现，此时供应商面临的风险为 1500，高于引入 $\{w, \alpha, \beta\}$ 契约后所面临的风险 1455.30，但仍处于其风险承受范围内。这说明当集成供应链不受风险约束时，引入期权契约协调供应链时供应商需承担的风险相对较高。图 13.6（c）和图 13.6（d）为集成供应链和供应商均受到风险约束时各成员在两种契约下的期望利润比较。可以发现，此时引入期权契约和 $\{w, \alpha, \beta\}$ 契约能够达到相同的供应链性能改进效果。综合以上分析，还发现引入 $\{w, \alpha, \beta\}$ 契约和期权契约来协调供应链各有优劣。在 $\{w, \alpha, \beta\}$ 契约下，供应商在一定条件下需要承担的风险较低，但契约参数较多，可能在实施过程中具有一定的难度；而期权契约参数较少且灵活性更强，更易于实施。因此，企业需要结合实际应用场景和原有的合作机制来选择恰当的契约模式，并且需要结合具体的参数条件来选择最优的契约设计方案。

表 13.2　不同风险承受能力组合下协调 VMI 供应链的执行价格

风险承受能力组合			执行价格和最优投入决策		期望利润			风险		
k_{sc}	k_s	k_r	e	q_{sc}^*	$E[\pi_{sc}(q_{sc}^*)]$	$E[\pi_{s(e,o)}(q_{sc}^*)]$	$E[\pi_{r(e,o)}(q_{sc}^*)]$	$SD[\pi_{sc}(q_{sc}^*)]$	$SD[\pi_{s(e,o)}(q_{sc}^*)]$	$SD[\pi_{r(e,o)}(q_{sc}^*)]$
$+\infty$	$+\infty$	$+\infty$	44.80	171.27	1861.90	1397.10	464.76	3000.00	1746.40	1164.30
3000	2000	$+\infty$	44.80	171.27	1861.90	1397.10	464.76	3000.00	1746.40	1164.30
3000	1500	$+\infty$	37.35	171.27	1861.90	869.72	992.19	2910.60	1500.00	1410.60
2800	1500	$+\infty$	39.14	213.70	1735.60	887.99	847.57	2800.00	1500.00	1300.00
2800	1400	$+\infty$	36.00	213.70	1735.60	647.24	1088.30	2800.00	1400.00	1400.00
2600	1400	$+\infty$	39.38	279.32	1234.90	576.34	658.56	2600.00	1400.00	1200.00
2600	1300	$+\infty$	36.00	279.32	1234.90	298.47	936.44	2600.00	1300.00	1300.00
2500	1300	$+\infty$	37.76	98.48	1055.00	566.42	488.58	2500.00	1300.00	1200.00
2500	1200	$+\infty$	34.24	98.48	1055.00	393.13	661.87	2500.00	1200.00	1300.00
2400	1200	$+\infty$	36.00	95.24	951.51	432.89	518.62	2400.00	1200.00	1200.00

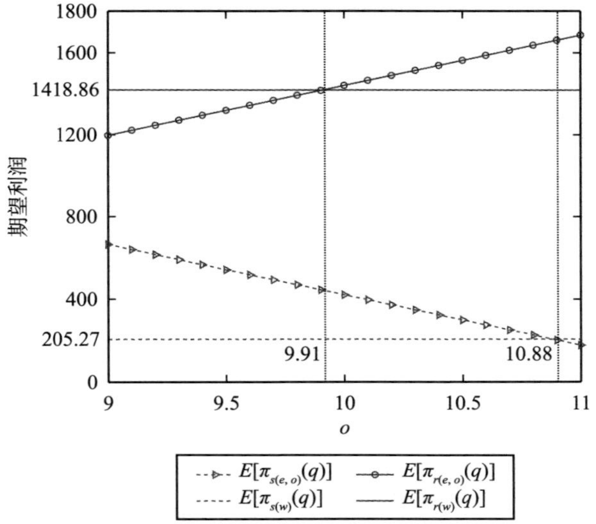

（a）k_{sc}=+∞，k_s=+∞

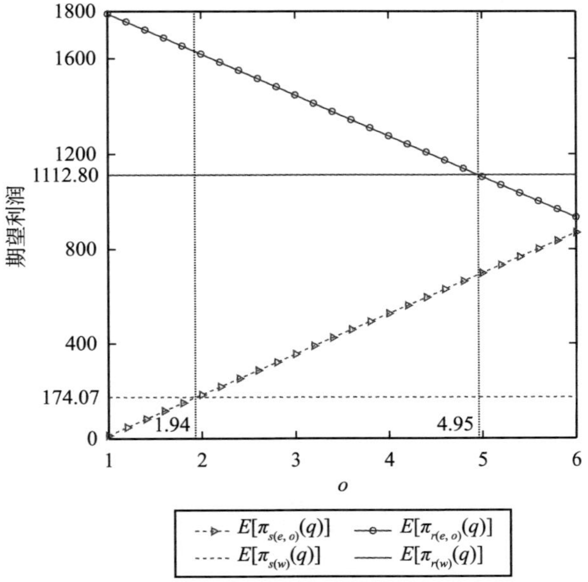

（b）k_{sc}=3000，k_s=1500

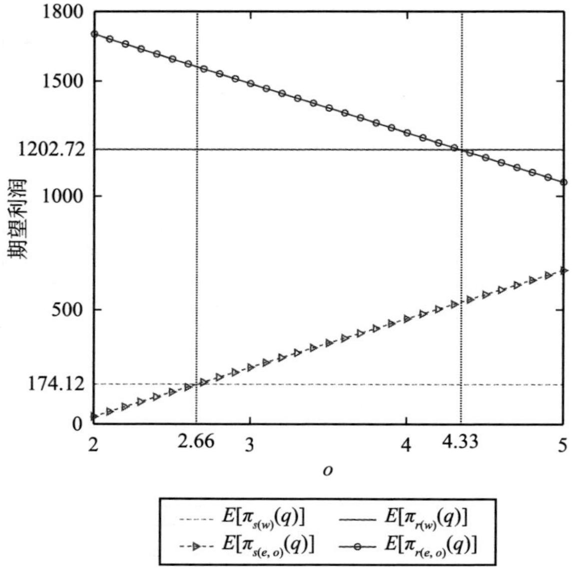

（c）k_{sc}=2800，k_s=1500

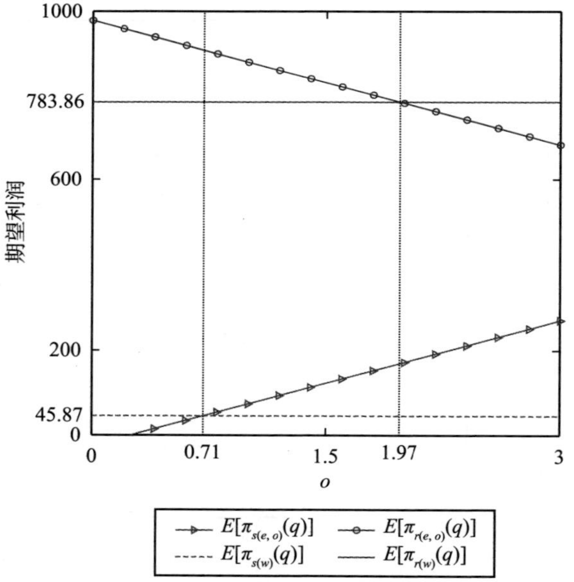

（d）k_{sc}=2500，k_s=1300

图 13.6　VMI 供应链成员期望利润随期权价格的变化情况

第四节 本章小结

本章研究了在产出不确定环境下，考虑决策者风险规避态度时的供应链最优投入决策以及协调策略。结合以往学者的理论研究成果和实际生产活动中面临产出不确定时企业愿意牺牲部分利益来规避风险的现实问题，本章构建了由一个购买商和一个面临产出不确定的供应商组成的VMI供应链，并采用MV模型对决策者的风险规避态度进行量化。本章讨论了集成供应链在不同风险承受能力下的最优投入决策，研究了VMI供应链中引入成本共担－批发价折扣联合契约和期权契约时供应链的协调和优化情况，分析了实现供应链协调的契约参数条件。本章的研究结论可以为产出不确定环境下企业实际生产经营过程中的投入决策和合作契约方案设计提供重要的借鉴。

本章的研究结论主要包含以下几个方面：①当集成供应链风险中性时，存在着唯一的最优投入量能够使其获得最高的期望利润；当集成供应链受到风险约束时，其获得的最优期望利润总是小于风险中性时的最优期望利润。由于集成供应链面临的风险随着投入量的增加先增大后减小，因此给定风险承受能力时存在两种可能的投入备选方案。此时，若缺货造成的利润损失较低，供应链将选择相对较低的投入量；若库存积压造成的损失较低，供应链将选择相对较高的投入量。②在VMI供应链中，供应商的投入决策和集成供应链类似。并且，引入成本共担－批发价折扣联合契约和期权契约能够协调供应链，且在一定的参数区间范围内可以实现供应链性能的改进。研究发现，当风险中性时，引入成本共担－批发价折扣联合契约和期权契约总是能够实现供应链的协调和帕累托改进。当风险规避时，集成供应链以及供应商可能受到风险承受能力的限制，成本共担－批发价折扣联合契约和期权契约只能在特定条件下才能实现供应链的协调和帕累托改进。并且，通过调整特定契约参数，能够实现集成供应链的期望利润在供应商和购买商之间的合理分配。但在不同的风险承受能力组合下，上述两种契约的帕累托改进区间以及能够实现的改进效果存在差异。

以上研究结论揭示了风险规避对供应链成员最优决策的影响，对产出不确定环境下 VMI 供应链成员的决策制定具有一定的指导意义和参考价值。本章为供应商在不同风险承受能力下制定能使自身期望利润最大化的投入决策提出了合理的建议，同时还为购买商设计适合不同风险承受能力的供应商的契约方案，以促进供应链成员之间的高效合作提供了借鉴。对于供应商而言，在风险规避情况下，需要权衡选择较高投入量所面临的库存积压损失和选择较低投入量所面临的缺货损失，进而选择合适的投入量。而对于购买商而言，可根据供应商的不同风险承受能力选择提供成本共担 - 折扣联合契约或期权契约来实现供应链的帕累托改进。

本章潜在的几个研究方向包括：考虑风险承受能力为私有信息时的决策情形，设计契约来实现信息共享；考虑购买商同样具有风险规避态度时的决策情形，研究实现供应链性能改进的契约设计方案；还可以引入其他风险量化工具（如 CVaR）来进行建模。

第十四章
基于条件风险价值的供应链管理策略

近年来，电子商务保持稳步增长，特别是新冠肺炎疫情的暴发对线下商品交易造成了巨大冲击，电子商务的优势不断凸显，越来越多的消费者选择通过电商平台来购买商品。例如，来自经济合作与发展组织的数据显示，2019 年 4 月至 2020 年 4 月，欧盟的网络销售额增长了 30%，而美国、英国和中国等地区的增长率也大致相同。[①] 2020 年上半年，全国网上零售额 51501 亿元，同比增长 7.3%。其中，实物商品网上零售额 43481 亿元，增长 14.3%。[②]

对消费者而言，通过电商平台可以轻而易举地浏览和对比众多同类商品，并据此确定自己的最优购买方案。随着消费者越来越偏好通过电商平台进行购物，“新型线上经济”迎来了巨大的发展机遇，同时也加剧了线上市场的竞争。直播带货、门店到家、社区团购、非接触配送等新模式新业态不断涌现，成为消费市场上的一抹亮色。对品牌供应商而言，一方面，电商平台能够促使其产品销往全国各地，扩大产品的销售市场；另一方面，造成其必须面对更多其他供应商所提供的同类商品的激烈竞争。从电商平台的角度来看，与优质供应商进行深层次合作，确保产品销量成为重中之重。因此，供应商和电商平台都有动力通过进行合作来增强供应链的竞争力。

---

① 新常态：面对新冠疫情 物流配送领域加速机器人自动化转型［EB/OL］. https：//new.abb.com/news/zh－CHS/detail/85246/logistics-whitepaper-cn，2022－01－07.

② 上半年受疫情影响线下消费受阻——网上零售增 7.3% 释放哪些信号［N］. 经济日报，2020－07－22.

为达到吸引消费者并扩大市场需求的目的，许多电商平台及其供应商不断进行不同形式的销售努力来刺激消费者的需求。在传统销售努力模式下，供应链成员通常会通过广告、产品展览和雇佣销售人员进行导购等方式来实施销售活动，最终提升供应链的竞争力（Taylor，2002）。当前，“新型线上经济”催生了一系列新型的销售努力行为，例如基于大数据进行产品推荐、电商直播等（Jiang et al.，2015；Liu et al.，2015）。在这个过程中，供应商和电商平台都有意愿以各种形式参与到销售努力中来，通过积极影响市场需求来增加自身的收益。可以发现，对于一个由供应商和电商平台所组成的供应链而言，考虑不同供应链成员投入销售努力，并在此基础上研究供应链竞争与合作机制具有重要的现实意义。本章以京东平台上销售的伊利牛奶为例，进一步说明所关注问题的现实背景。如何完成品牌价值与市场销量的突围增长是伊利等奶制品企业所面对的难题。伊利作为京东平台的乳制品供应商之一，为提高产品销量，往往会选择招募明星进行直播来宣传产品。为提升产品销量，伊利选择尹正作为直播明星，围绕人群、场景、内容等方面进行深度运营，为消费者奉上了一场有趣好玩又超值的直播购物体验，进而带动品牌销量。① 而京东作为线上平台，也会利用其信息优势，不断通过大数据技术进行产品推荐、提供折扣券和返现促销等新型销售努力行为来促进产品销售（Cao et al.，2019；Xu et al.，2017）。这种供应商与电商平台的协同模式，给供应商和电商平台都带来了可观的收益。

由于供应商和电商平台通常可以较为容易地获得对方的销售努力信息，当一个供应链成员主导促销活动时，另一个成员往往会选择“搭便车”，从而降低成本。因此，很多时候供应链的销售努力通常会由某一供应链成员来主导。通过伊利牛奶的案例能够看到，供应商和电商平台都有可能主导销售努力。因此，本章做出如下假设：供应链成员之间达成合作默契，且主要由其中一个成员来投入销售努力，而另一个成员通过“搭便车”的方式共享销售努力可能带来的收益。但是，供应链成员可能需要思考一个现实管理问题：供应商主导销售努力和电商平台主导销售努力对供应链性能会造成怎样的差

① 霸屏全渠道玩转整合营销！伊利倍畅打造闭环营销新思路［EB/OL］. 中国日报网，https：//caijing. chinadaily. com. cn/a/202110/22/WS61722c2ca3107be4979f41c6. html，2021 - 10 - 22.

异性影响？

目前，许多学者已经意识到销售努力对供应链性能带来的重要影响，并从不同的角度对线上/线下供应链成员投入销售努力的多种决策情形进行了研究。目前，在供应链管理领域，学者们主要关注了零售商投入销售努力对供应链性能的影响。在传统的供应链中，泰勒（Taylor，2002）发现制造商可以通过引入渠道返利契约来激励零售商选择更合理的销售努力水平。巴西尔和埃达里（Basiri and Heydari，2017）研究了绿色渠道协调问题，并假设零售商决定绿色产品的销售价格和销售努力水平，而产品的绿色水平由制造商决定。曹兵兵和樊治平（Cao and Fan，2018）研究了零售商在一个典型的报童模型中对温度敏感产品的最优销售努力投资和订购策略。刘保山等（Liu et al.，2018）讨论了单个零售商的销售努力承诺（提前承诺和延迟承诺）对公司投资和定价决策的时间效应。胡婧等（Hu et al.，2019）通过比较供应链中四种降低成本的投资模式，揭示了供应链成员在零售商进行销售努力时对四种投资模式的偏好。林强等（Lin et al.，2018）考虑需求不确定且受零售商销售努力的影响，设计了改进的保兑仓融资模式（Confirming Warehouse Financing，CWF）来协调供应链。他们发现，现金预付折扣补偿CWF、存款预提 CWF、双向补偿 CWF 均可以有效提升供应链性能，但只有双向补偿 CWF 能够实现供应链协调。

随着电子商务的发展，许多学者开始关注线上渠道的供应链管理。周永务等（Zhou et al.，2018b）构建由一个制造商和一个传统零售商组成的双渠道供应链，其中零售商向消费者提供售前服务来扩大市场需求，制造商可以通过分担零售商的服务努力成本进行“搭便车”。他们重点分析了“搭便车”效应如何影响供应链成员的定价决策和服务水平决策。兰詹和贾（Ranjan and Jha，2019）将需求表示为与线上销售价格、线下销售价格、绿色水平和销售努力相关的线性函数，讨论了双渠道供应链成员的定价策略和供应链协调机制。晏妮娜等（Yan et al.，2021）提出了双渠道供应链模型，研究了“搭便车”行为对线下零售商和线上平台的订购数量、市场份额、渠道结构和定价决策的影响。总体而言，以上大多数研究都假设零售商投入销售努力，并据此构建供应链模型，而较少考虑供应商投入销售努力时的决策情形。本章不仅考虑电商平台投入销售努力时的决策情形，还进一步研究了供应商投入销售努力时的决策情形，并将不同供应链成员投入销售努力的情形进行对比研究。

此外，本章认为两级供应链的库存决策与销售努力决策存在着密切关系。因此，对比分析不同库存管理模式下销售努力决策的差异具有重要的现实意义。在由电商平台和供应商组成的两级供应链中，主要存在两种常见的库存管理模式，分别是 VMI 模式和零售商管理库存（Retailer-Managed Inventory，RMI）模式。天猫超市主要通过 VMI 模式与供应商构建合作机制。在中国，天猫超市设立了 30 多个菜鸟仓库，为构建 VMI 模式提供了基础条件。在 VMI 模式下，供应商需要提前将货物放入菜鸟仓库，但仓库内商品的所有权仍然归供应商所有，天猫超市仅根据商品的实际销售数量向供应商进行付款。这意味着供应商需要对无法销售出去的剩余商品进行回收，并承担所有的库存风险。与天猫超市不同的是，京东主要基于 RMI 模式与供应商构建合作机制。在 RMI 模式下，京东在销售季节之前通过批发价契约直接向供应商采购商品，然后将这些商品存放到其在全国各地的仓库中。京东提前向供应商购买了所需商品，这意味着其需要承担所有的库存风险。对于京东而言，如果季末不能将所有商品销售出去，只能自行承担库存损失并低价处理剩余商品。需要说明的是，无论是天猫超市还是京东，它们都不会仅仅采用单一的库存管理模式。例如，天猫超市与某些供应商的合作可能是采用 RMI 模式，而京东与某些供应商的合作也可能采用 VMI 模式。这些现象，不仅不会影响本章的研究结论，反而进一步论证了本章采用对比研究方法的必要性。特别地，本章合理假设承担库存风险的决策者具有风险规避意识，即期望能够在决策过程中将利润风险控制在一定的范围之内。

综合以上讨论，可以基本明确：电商平台供应链中存在不同的销售努力模式和库存管理模式。本章基于供应链管理理念分析了不同的销售努力模式和库存管理模式下电商平台与供应商之间的竞争与合作关系。供应链管理是用于支持供应商、制造商、分销商、零售商等成员企业构建合作关系，以提升供应链竞争力的理论与方法体系（Simchi-Levi et al.，2003）。供应链管理的理论与方法体系不仅可以帮助供应链成员分析其最优的决策方案，还可以在此基础上找出提升供应链竞争力的优化方案。供应链管理的关键要素包括信息共享管理、风险和回报分析、目标和战略设定、关系管理、合作机制设计，以及过程和行为的整合（Reefke and Trocchi，2013）。通过适当的设计，供应链上下游企业可以通过更好的产品、更契合的服务战略、更高效的需求规划和预测，以及更有效的决策来提高供应链性能（Reefke and Trocchi，2013）。在这个过程中，需要完成一个基础性的工作，就是应用博弈论来分析供应链成员的最优决策。博弈论既是一种理论，也是一种方法，主要用于研究竞争关系中的决策者如何做出最优决策（Amulu et al.，2021；Chatterjee and Samuelson，2013；Esmaeili et al.，2009）。随着供应链管理的发展，博弈论开始在供应链模型中得到广泛的应用，成为制定供应链成员最优决策方案重要理论基础（Chung and Lee，2017；Laaksonen et al.，2009）。

根据上述案例和理论研究能够发现，对于大多数提供服装、电子产品等消费品的供应链来说，供应商和电商平台可能面临以下典型的管理问题：

1. 在不同的库存管理模式下，当库存管理者风险规避时，供应链成员如何选择最优供应量和最优销售努力水平？

2. 在 VMI 供应链或 RMI 供应链中，供应链成员愿意自身投入销售努力，还是希望对方投入销售努力？

3. 在不同的销售努力模式下，供应链成员对库存管理模式的偏好是什么？

为了从供应链管理的角度回答这些研究问题，本章引入 CVaR 来量化库存管理者的风险态度（Amulu et al.，2021；Fan et al.，2020a）。在此基础上，构建考虑库存管理者风险规避时的供应链竞争模型，对比分析不同的销售努力模式（即电商平台投入销售努力和供应商投入销售努力）以及不同的库存管理模式（即 VMI 模式和 RMI 模式）对供应链成员最优决策的影响。同时，引入成本共担契约来优化不同供应链的性能。

目前，由于大量企业意识到运营管理中风险控制的必要性，越来越多的学者开始在构建报童模型时考虑供应链成员的风险规避态度。陈新等（Chen et al.，2007）首先将 CVaR 风险量化方法引入报童模型中。目前，CVaR 工具已经在报童模型的各种扩展研究中得到了广泛应用（Chen et al.，2009；Mafusalov and Uryasev，2016；Wu et al.，2013）。黄福友等（Huang et al.，2020）应用 CVaR 工具研究了由一个占主导地位的零售商和一个风险规避的制造商所组成供应链的协调和风险共担问题，他们假设需求是随机的并依赖于销售努力。杨雷等（Yang et al.，2018）研究了企业的风险规避态度对供应链性能的影响，发现基于 CVaR 的推式供应链和拉式供应链都可以通过回购契约和三部制关税收益分享契约实现协调。刘忠轶等（Liu et al.，2020a）通过引入 CVaR 工具，研究了由风险规避零售商和风险中性供应商组成供应链的期权定价和生产、订货问题。宋杨等（Song et al.，2021）引入 CVaR，研究了规避风险的零售商对质量信息的获取策略和订货决策。王大澳等（Wang et al.，2020）采用 CVaR 来量化风险态度并研究规避风险的零售商在提供无人值守计划时的订购决策。类似的研究也可以在其他学者的研究中找到（Chen et al.，2015；Li et al.，2015b；Wu et al.，2014；Xu et al.，2015；Xue et al.，2015；Fan et al.，2020a）。

供应链契约是事先约定供应链成员拟共同遵守的基本规则，通过设计合理的契约方案能够有效改善供应链性能。其中，成本共担契约是一种应用简单，广受企业欢迎的供应链契约。实证研究表明，成本共担契约是在供应商关系管理中能够产生竞争优势的重要策略（Zhang et al.，2015）。将成本共担契约融入供应链以优化供应链性能的研究已引起学术界的广泛关注。戈什和沙阿（Ghosh and Shah，2015）讨论了绿色供应链协调问题，并分析了成本共担契约对实施绿色投资的供应链成员关键决策的影响。罗玛和佩龙（Roman and Perrone，2016）引入了基于结果与基于事前的成本共担契约，并通过构建博弈模型研究了这两个契约对竞争公司的盈利能力和整体福利的影响。刘国伟等（Liu et al.，2020b）构建了一个差异化博弈框架，发现零售商可以通过引入成本共担契约有效激励制造商提高产品的绿色度。汪忠瑞等（Wang et al.，2020）构建了考虑限额和交易制度的单一和组合碳减排模型，发现双向成本共担契约可以提高供应链利润、产品数量和碳减排水平。这一契约也可以在其他研究中看到（Fan et al.，2020b；Liu et al.，2021；Moon et al.，2018；Padilla et al.，2017；Rezayat et al.，2020；Yang et al.，2018）。

同时，已经有一些学者关注了零售商投入销售努力时供应商的成本共担机制。柏庆国等（Bai et al.，2017）和林强等（Lin et al.，2018）在零售商投入销售努力的两级供应链中，通过引入成本共担契约来实现供应链协调。周永务等（Zhou et al.，2018b）研究了双渠道供应链中，制造商分担零售商的销售努力成本并免费获得零售商的预售服务时，供应链成员的定价问题。潘等（Phan et al.，2019）建立了一个两级 VMI 供应链模型，考虑制造商的企业社会责任和零售商的销售努力水平，设计了一种新的收益分享和成本共担相结合的契约方案来协调供应链。何鹏等（He et al.，2020）通过建立微分博弈模型，研究了三种成本共担契约下生鲜农产品供应链的最优投资决策与协调。事实上，当供应商投入销售努力时，零售商也可以分担销售努力的成本，但相关的研究比较缺乏。因此，本章考虑了两种销售努力模式来说明电商平台和供应商都可能投入销售努力，并引入成本共担契约来优化供应链性能。如果供应商投入销售努力，则电商平台可能通过选择适当的成本共担因子来分担销售努力的成本；如果电商平台进行销售努力，供应商同样可能会通过选择一定的成本共担因子来分担销售努力的成本，从而优化供应链性能。

本章分析和比较了 VMI 和 RMI 供应链中，考虑销售努力和风险规避时供应链成员的最优决策，并提出了相应的帕累托改进方案，以帮助供应链选择最合适的运作模式。本章的研究与切尔诺格等（Chernonog et al.，2015）、朱丽晶和李（Zhu and Lee，2017）的研究最为密切。切尔诺格等（Chernonog et al.，2015）建立了具有虚拟产品的两级供应链随机模型，重点研究了需求不确定环境下风险敏感型供应链成员在定价和销售努力水平方面的决策。该模型以虚拟产品为研究对象，且不考虑库存决策。朱丽晶和李（Zhu and Lee，2017）基于 CVaR 构建了一个由风险规避的零售商和风险中性的供应商组成的斯坦伯格博弈模型。他们探讨了错位库存对供应链的影响，并引入了成本共担契约来实现供应链协调。但是，他们没有引入销售努力这一供应链成员的主观能动行为。与切尔诺格等（Chernonog et al.，2015）、朱丽晶和李（Zhu and Lee，2017）的研究不同，本章基于库存管理者风险规避的前提假设，注重对比分析两种不同的库存管理模式。同时，进一步假设两个供应链成员分别投入销售努力的情形，比较不同库存管理模式和销售努力模式下供应链成员的销售努力水平和供应量决策。值得注意的是，在供应链成员进行销售努力的相关研究中，“搭便车”行为在许多不同类型的供应链中十分常见（Lin et al.，2018；Yan et al.，2021；Zhou et al.，2018a）。因此，本章假设只有一个供应链成员投入销售努力，而另一供应链成员选择“搭便车”。此外，许多研究表明，提高库存与市场需求匹配度可以提升供应链的运行效率，减少因库存积压而造成的供应链损失（Dittfeld et al.，2021；Ho et al.，2015）。由于市场需求的不确定性，库存管理者往往需要承担库存闲置造成的损失，而在 VMI 供应链或 RMI 供应链中只有一个供应链成员负责库存管理。因此，本章合理假设库存管理者是风险规避的。总的来说，本章主要分析比较了考虑销售努力和风险规避时 VMI 供应链和 RMI 供应链的最优决策和帕累托改进方案。

第一节　模型描述

本章考虑由一个供应商和一个电商平台组成的两级供应链，其中电商平台向供应商采购产品，并在单个销售季节将产品销售给消费者。在销售季节开始之前，供应商和电商平台都可能投入一定程度的销售努力，以提高销售数量。令 $e(e\geqslant 0)$ 表示销售努力水平，且相应的销售努力成本为 $g(e)=\eta e^2/2$。其中，η 表示销售努力的成本系数，且 $\eta\geqslant 0$。假设电商平台和供应商的销售努力成本系数分别为 η_r 和 η_s，进一步假设有且只有一个成员投入销售努力，类似的假设在许多其他研究中可以看到（Basiri and Heydari，2017；Cao and Fan，2018；Hu et al.，2019；Liu et al.，2018）。考虑到市场需求与销售努力密切相关，假设市场需求由两部分组成：确定部分 $d(e)$ 和随机部分 ξ，即 $D=d(e)+\xi$。其中，$d(e)=A+\gamma e$ 为市场需求的确定部分，A 为基本市场需求，$\gamma(\gamma\geqslant 0)$ 表示销售努力的弹性系数，用于描述销售努力的单位变化对需求的影响程度。随机变量 ξ 定义在区间 $[0,+\infty)$ 内，且令 $F(\xi)$ 和 $f(\xi)$ 分别为 ξ 的累积分布函数和概率密度函数。ξ 的均值为 μ，即 $E(\xi)=\mu$。进一步假设 q 为供应量，h_c 为单位缺货成本。供应商的单位生产成本为 c，产品的批发价格为 w，销售价格为 p。假设 c、w 和 p 均是外生的，且 $p>w>c$。

一般来说，供应链存在两种不同的库存管理模式：VMI 模式和 RMI 模式。在 VMI 供应链中，供应商决定供应量并承担所有的库存风险；因此，可以合理假设供应商是风险规避的，而电商平台是风险中性的。在 RMI 供应链中，电商平台决定供应量并承担所有库存风险；因此，可以合理假设电商平台是风险规避的，而供应商是风险中性的。本章首先构建 VMI 供应链竞争模型，并引入成本共担契约来提高供应链性能。然后，构建 RMI 供应链竞争模型并设计协调机制。最后，对 VMI 供应链与 RMI 供应链进行比较分析。表

14.1 列出了不同的决策情形。

表 14.1　　本章涉及的不同决策情形

批发价契约		引入成本共担契约
VMI 供应链	电商平台决定销售努力	本章第二节第一部分
	供应商决定销售努力	本章第二节第二部分
RMI 供应链	电商平台决定销售努力	本章第三节第一部分（一）
	供应商决定销售努力	本章第三节第一部分（二）

接下来，采用 CVaR 工具来量化库存管理者的风险态度。令 $\pi(q, e)$ 表示决策者的利润函数，R 为一个实数集。根据陈友华等（Chen et al., 2009）、李波等（Li et al., 2018）和薛巍立等（Xue et al., 2015）对 CVaR 的定义，风险规避决策者的期望效用可以表示为：

$$\mathrm{CVaR}_{\lambda}[\pi(e, q)] = \max_{q \geqslant 0, N \in R}\left\{N - \frac{1}{\lambda}E[N - \pi(e, q)]^{+}\right\}, \ \lambda \in (0, 1] \tag{14-1}$$

其中，$\lambda \in (0, 1]$ 表示决策者的风险规避程度（λ 越小，表示决策者越风险规避）。当 λ 接近于 0 时，决策者是极度风险规避的；相反，当 $\lambda = 1$ 时，决策者是风险中性的。N 表示在风险规避程度为 λ 时利润的阈值。当 $\lambda = 1$ 时，决策者的期望效用等于期望利润（Yang et al., 2018）。因此，风险中性实际上是风险规避的一种特殊情况。显然，风险中性决策者的期望效用函数就等于期望利润函数。因此，为了统一本章中的表达，当决策者风险中性时，仍然用期望效用函数来表达期望利润函数。表 14.2 列出了本章模型涉及的参数和决策变量。

表 14.2　　参数和决策变量的符号及相关含义

符号	含义
p	销售价格
w	批发价格

续表

符号		含义
c		单位生产成本
ξ		需求的随机部分
A		基本市场需求
γ		销售努力水平的弹性系数
h_c		单位缺货成本
η_i		销售努力的成本系数
λ_i		风险规避程度
ϕ_i		销售努力成本共担因子
π_{ij}		无成本共担契约时供应链成员的利润
$\pi_{ij}^{\phi_i}$		成本共担契约下供应链成员的利润
下标 i		供应链成员类型索引；$i=r$，s 分别表示电商平台和供应商
下标 j		销售努力类型索引；$j=1$，2，3，4 分别表示 VMI 供应链中电商平台进行销售努力，VMI 供应链中供应商进行销售努力，RMI 供应链中电商平台进行销售努力，RMI 供应链中供应商进行销售努力
上标 ϕ_i		ϕ_r，ϕ_s 分别表示电商平台和供应商提供成本共担契约的情形
上标 *		决策变量或利润函数的最优值
决策变量	e_i	无成本共担契约时的销售努力
	$e_i^{\phi_i}$	成本共担契约下的销售努力
	q_j	无成本共担契约时的供应量
	$q_j^{\phi_i}$	成本共担契约下的供应量

第二节　VMI 供应链：电商平台投入销售努力和供应商投入销售努力

在 VMI 供应链中，供应商承担着库存风险，而电商平台不需要承担库存风险。因此，假设供应商总是风险规避的，而电商平台总是风险中性的。接下来，首先分析电商平台投入销售努力时的决策情形，进一步分析供应商投入销售努力时的决策情形。最后，对以上两种决策情形进行对比分析。

一、电商平台投入销售努力

本节重点研究电商平台投入销售努力时的决策情形，并假设电商平台的成本函数为 $g(e)=\eta_r e^2/2$。在该情形中，供应链成员之间的博弈过程如下：①电商平台作为主导者决定销售努力水平；②风险规避的供应商作为追随者，采用 CVaR 工具来量化其风险态度，在此基础上决定供应量。通过逆向归纳法来求解供应链成员的最优解，首先可以得到供应商的利润为：

$$\pi_{s1}(e,\ q)=w\min(D,\ q)-cq \tag{14-2}$$

采用（14－1）式中的 CVaR 工具来量化供应商的风险规避态度。此时，供应商的期望效用可以表示为：

$$\text{CVaR}_{\lambda_s}[\pi_{s1}(e,\ q)]=\max_{q\geqslant 0,N\in R}\left\{N-\frac{1}{\lambda_s}E[N-\pi_{s1}(e,\ q)]^+\right\},\ \lambda_s\in(0,\ 1] \tag{14-3}$$

预料到供应商的最优供应量，风险中性电商平台的期望效用可表示为：

$$\text{U}[\pi_{r1}(e,\ q)]=(p-w)E\min(D,\ q)-h_cE(D-q)^+-g(e) \tag{14-4}$$

命题 14.1　在 VMI 供应链中，如果电商平台投入销售努力，则电商平台和风险规避供应商的最优决策分别为 $e_r^*=\dfrac{(p-w)\gamma}{\eta_r}$，$q_1^*=F^{-1}\left(\dfrac{(w-c)\lambda_s}{w}\right)+d(e_r^*)$。

证明：结合考虑（14－3）式，设定如下关于 N 和 q 的函数：$k_{s1}(N,\ q)=N-\dfrac{1}{\lambda_s}E[N-\pi_{s1}(e,\ q)]^+$，则得到：

$$\begin{aligned}k_{s1}(N,\ q)=&N-\frac{1}{\lambda_s}\int_0^{q-d(e)}\{N+cq-w[\xi+d(e)]\}^+f(\xi)\mathrm{d}\xi\\&-\frac{1}{\lambda_s}\int_{q-d(e)}^{+\infty}(N-wq+cq)^+f(\xi)\mathrm{d}\xi\end{aligned}$$

进一步讨论如下：

1. 当 $N\leqslant(w-c)q$ 时，可以得到：

$$
\begin{aligned}
k_{s1}(N,\ q) &= N - \frac{1}{\lambda_s}\int_0^{\frac{N+cq-wd(e)}{w}} \{N + cq - w[\xi + d(e)]\}^+ f(\xi)\mathrm{d}\xi \\
&= N - \frac{w}{\lambda_s}\int_0^{\frac{N+cq-wd(e)}{w}} F(\xi)\mathrm{d}\xi
\end{aligned}
$$

求 $k_{s1}(N,\ q)$ 关于 N 的一阶导和二阶导，可以得到 $\frac{\partial k_{s1}(N,\ q)}{\partial N} = 1 - \frac{1}{\lambda_s}F\left(\frac{N+cq-wd(e)}{w}\right)$，$\frac{\partial^2 k_{s1}(N,\ q)}{\partial^2 N} = -\frac{1}{w\lambda_s}f\left(\frac{N+cq-wd(e)}{w}\right) < 0$。进一步，可得 $\left.\frac{\partial k_{s1}(N,\ q)}{\partial N}\right|_{N=-\infty} = 1 > 0$，$\left.\frac{\partial k_{s1}(N,\ q)}{\partial N}\right|_{N=(w-c)q} = 1 - \frac{1}{\lambda_s}F(q-d(e))$。

2. 当 $N > (w-c)q$ 时，可以得到：

$$
\begin{aligned}
k_{s1}(N,\ q) &= N - \frac{1}{\lambda_s}E[N - \pi_{s1}(e,q)]^+ \\
&= N - \frac{1}{\lambda_s}\int_0^{q-d(e)} \{N + cq - w[\xi + d(e)]\}^+ f(\xi)\mathrm{d}\xi \\
&\quad - \frac{1}{\lambda_s}\int_{q-d(e)}^{+\infty} (N - wq + cq)^+ f(\xi)\mathrm{d}\xi \\
&= \frac{N\lambda_s - N - cq + wq}{\lambda_s} - \frac{w}{\lambda_s}\int_0^{q-d(e)} F(\xi)\mathrm{d}\xi
\end{aligned}
$$

显然，$\frac{\partial k_{s1}(N,\ q)}{\partial N} = 1 - \frac{1}{\lambda_s} < 0$。因此，当 $1 - \frac{1}{\lambda_s}F(q-d(e)) \geqslant 0$ 时，$N_1^* = (w-c)q$，且 $q \leqslant d(e) + F^{-1}(\lambda_s)$。当 $1 - \frac{1}{\lambda_s}F(q-d(e)) < 0$ 时，$N_2^* = wF^{-1}(\lambda_s) + wd(e) - cq$，且 $q > d(e) + F^{-1}(\lambda_s)$。进一步讨论如下：

（1）当 $N_1^* = (w-c)q$ 时，$k_s(N,\ q) = (w-c)q - \frac{w}{\lambda_s}\int_0^{q-d(e)} F(\xi)\mathrm{d}\xi$。求 $k_{s1}(N,\ q)$ 关于 q 的一阶导和二阶导，可以得到 $\frac{\partial k_{s1}(N,\ q)}{\partial q} = (w-c) - \frac{w}{\lambda_s}F(q-d(e))$，$\frac{\partial^2 k_{s1}(N,\ q)}{\partial q^2} = -\frac{w}{\lambda_s}f(q-d(e)) < 0$。因此，$k_{s1}(N,\ q)$ 是关于 q 的凹函数。通过求解 $\frac{\partial k_{s1}(N,\ q)}{\partial q} = 0$，得到 $q_1 = F^{-1}\left(\frac{(w-c)\lambda_s}{w}\right) + d(e)$。

（2）当 $N_2^* = wF^{-1}(\lambda_s) + wd(e) - cq$ 时，$k_{s1}(N,\ q) = wF^{-1}(\lambda_s) + wd(e) -$

$cq - \frac{w}{\lambda_s}\int_0^{F^{-1}(\lambda_s)} F(\xi)\mathrm{d}\xi$。由此可得，$\frac{\partial k_{s1}(N, q)}{\partial q} = -c < 0$。显然，$k_{s1}(N, q)$ 随 q 递减。

通过以上分析可以发现，供应商的最优生产量为 $q_1 = F^{-1}\left(\frac{(w-c)\lambda_s}{w}\right) + d(e)$。预料到供应商的最优生产量，电商平台的期望效用可以写成：

$$\begin{aligned}
\mathrm{U}[\pi_{r1}(e, q)] &= (p-w)E\min(D, q) - h_c E(D-q)^+ - g(e) \\
&= (p + h_c - w)\left[q - \int_0^{q-d(e)} F(\xi)\mathrm{d}\xi\right] - h_c[d(e) + u] - \frac{\eta_r}{2}e^2 \\
&= (p + h_c - w)\left[F^{-1}\left(\frac{(w-c)\lambda_s}{w}\right) + d(e) - \int_0^{F^{-1}\left(\frac{(w-c)\lambda_s}{w}\right)} F(\xi)\mathrm{d}\xi\right] \\
&\quad - h_c[d(e) + u] - \frac{\eta_r}{2}e^2
\end{aligned}$$

求 $\mathrm{U}[\pi_{r1}(e, q)]$ 关于 e 的二阶导，可以得到$\frac{\partial^2 \mathrm{U}[\pi_{r1}(e, q)]}{\partial e^2} = -\eta_r < 0$。因此，电商平台的期望效用为 e 的凹函数。令$\frac{\partial \mathrm{U}[\pi_{r1}(e, q)]}{\partial e} = (p-w)\gamma - \eta_r e = 0$，可得电商平台的最优销售努力水平为 $e_r^* = \frac{(p-w)\gamma}{\eta_r}$，进而得到供应商的最优供应量为 $q_1^* = F^{-1}\left(\frac{(w-c)\lambda_s}{w}\right) + d(e_r^*)$。**证毕。**

接下来，通过引入成本共担契约来提升 VMI 供应链的性能。根据成本共担契约可知，供应商承诺以成本共担因子 $\phi_s(0 \leqslant \phi_s \leqslant 1)$ 来分担电商平台的部分销售努力成本。如果销售努力成本为 $g(e)$，则供应商分担 $\phi_s g(e)$，电商平台实际承担 $(1-\phi_s)g(e)$。这里，我们将这种契约称为 VMI $-\phi_s$ 契约。进一步假设 ϕ_s 是外生的，且 ϕ_s 可以通过供应商和电商平台之间的协商决定。基于上述假设，该契约中供应链成员之间的博弈过程可以描述如下：①给定 ϕ_s，电商平台决定销售努力水平；②供应商基于 CVaR 工具来确定供应量。令 $\pi_{s1}^{\phi_s}(e, q)$ 和 $\pi_{r1}^{\phi_s}(e, q)$ 分别表示供应商和电商平台在 VMI $-\phi_s$ 契约下的利润。通过逆向归纳法可得，电商平台的最优销售努力水平为 $e_r^{\phi_s *} = \frac{(p-w)\gamma}{(1-\phi_s)\eta_r}$，进一步得到供应商的最优供应量为 $q_1^{\phi_s *} = F^{-1}\left(\frac{(w-c)\lambda_s}{w}\right) +$

$d(e_r^{\phi_s *})$。

推论 14.1 在 VMI 供应链中，如果电商平台决定销售努力水平，则风险规避供应商的最优供应量和电商平台的最优销售努力水平具有以下性质：

1. $\dfrac{\partial e_r^{\phi_s *}}{\partial \phi_s} > 0$；$\dfrac{\partial q_1^{\phi_s *}}{\partial \phi_s} > 0$。

2. $\dfrac{\partial e_r^*}{\partial \gamma} > 0$ 和 $\dfrac{\partial e_r^{\phi_s *}}{\partial \gamma} > 0$；$\dfrac{\partial q_1^*}{\partial \gamma} > 0$ 和 $\dfrac{\partial q_1^{\phi_s *}}{\partial \gamma} > 0$。

3. $\dfrac{\partial e_r^*}{\partial \eta_r} < 0$ 和 $\dfrac{\partial e_r^{\phi_s *}}{\partial \eta_r} < 0$；$\dfrac{\partial q_1^*}{\partial \eta_r} < 0$ 和 $\dfrac{\partial q_1^{\phi_s *}}{\partial \eta_r} < 0$。

4. $\dfrac{\partial q_1^*}{\partial \lambda_s} > 0$ 和 $\dfrac{\partial q_1^{\phi_s *}}{\partial \lambda_s} > 0$。

证明：当电商平台投入销售努力时，对 VMI 供应链中供应商和电商平台的最优供应量和最优销售努力水平进行如下分析：

1. 求 $e_r^{\phi_s *}$ 关于 ϕ_s 的一阶导，可以得到 $\dfrac{\partial e_r^{\phi_s *}}{\partial \phi_s} = \dfrac{(p-w)\gamma}{(1-\phi_s)^2 \eta_r} > 0$；求 $q_1^{\phi_s *}$ 关于 ϕ_s 的一阶导，可以得到 $\dfrac{\partial q_1^{\phi_s *}}{\partial \phi_s} = \dfrac{(p-w)\gamma^2}{(1-\phi_s)^2 \eta_r} > 0$。

2. 求 e_r^* 和 $e_r^{\phi_s *}$ 关于 γ 的一阶导，可以得到 $\dfrac{\partial e_r^*}{\partial \gamma} = \dfrac{p-w}{\eta_r} > 0$，$\dfrac{\partial e_r^{\phi_s *}}{\partial \gamma} = \dfrac{(p-w)}{(1-\phi_s)\eta_r} > 0$；求 q_1^* 和 $q_1^{\phi_s *}$ 关于 γ 的一阶导，可以得到 $\dfrac{\partial q_1^*}{\partial \gamma} = \dfrac{2\gamma(p-w)}{\eta_r} > 0$，$\dfrac{\partial q_1^{\phi_s *}}{\partial \gamma} = \dfrac{2\gamma(p-w)}{(1-\phi_s)\eta_r} > 0$。

3. 求 e_r^* 和 $e_r^{\phi_s *}$ 关于 η_r 的一阶导，可以得到 $\dfrac{\partial e_r^*}{\partial \eta_r} = -\dfrac{(p-w)\gamma}{\eta_r^2} < 0$，$\dfrac{\partial e_r^{\phi_s *}}{\partial \eta_r} = -\dfrac{(p-w)\gamma}{(1-\phi_s)\eta_r^2} < 0$；求 q_1^* 和 $q_1^{\phi_s *}$ 关于 η_r 的一阶导，可以得到 $\dfrac{\partial q_1^*}{\partial \eta_r} = -\dfrac{(p-w)\gamma^2}{\eta_r^2} < 0$，$\dfrac{\partial q_1^{\phi_s *}}{\partial \eta_r} = -\dfrac{(p-w)\gamma^2}{(1-\phi_s)\eta_r^2} < 0$。

4. 求 q_1^* 和 $q_1^{\phi_s *}$ 关于 λ_s 的一阶导，可以得到 $\dfrac{\partial q_1^*}{\partial \lambda_s} = \dfrac{w-c}{wf(q_1^* - d(e_r^*))} > 0$，

$\frac{\partial q_1^{\phi_s *}}{\partial \lambda_s}=\frac{w-c}{wf(q_{s1}^{\phi_s *}-d(e_r^{\phi_s *}))}>0$。**证毕。**

推论 14.1 中性质 1 表明，电商平台的销售努力水平和供应商的供应量都随着成本共担因子 ϕ_s 递增。这意味着，如果成本共担因子增加，电商平台就会有动力提高销售努力水平，从而促进市场需求。同时，供应商也会选择增加供应量来满足市场需求。推论 14.1 中性质 2 表明，对于电商平台而言，如果销售努力水平对市场需求的影响相对较高，则会选择相对较高的销售努力水平来促进市场需求。同时，供应商也会选择一个相对较高的供应量，以获得较高的期望效用。推论 14.1 中性质 3 表示电商平台的销售努力水平和供应商的供应量随 η_r 递减。这是因为，给定相同的销售努力水平，相对较高的 η_r 表示电商平台需要付出相对较高的销售努力成本。推论 14.1 中性质 4 反映出，供应商风险规避程度对其供应量决策具有负面影响。因此，当供应商风险规避程度较高时，则供应商倾向于减少供应量来控制风险。

推论 14.2 在 VMI 供应链中，如果电商平台投入销售努力，则供应商风险规避程度对电商平台和供应商最优期望效用的影响如下：

1. $\frac{\partial \mathrm{CVaR}_{\lambda_s}[\pi_{s1}(e_r^*, q_1^*)]}{\partial \lambda_s}>0$ 和 $\frac{\partial \mathrm{CVaR}_{\lambda_s}[\pi_{s1}^{\phi_s}(e_r^{\phi_s *}, q_1^{\phi_s *})]}{\partial \lambda_s}>0$。

2. $\frac{\partial \mathrm{U}[\pi_{r1}(e_r^*, q_1^*)]}{\partial \lambda_s}>0$ 和 $\frac{\partial \mathrm{U}[\pi_{r1}^{\phi_s}(e_r^{\phi_s *}, q_1^{\phi_s *})]}{\partial \lambda_s}>0$。

证明： 在 VMI 供应链中，当电商平台投入销售努力时，供应商的最优期望效用和电商平台的期望效用随供应商风险规避程度的变化情况如下：

1. $\frac{\partial \mathrm{CVaR}_{\lambda_s}[\pi_{s1}(e_r^*, q_1^*)]}{\partial \lambda_s} = \left[w-c-\frac{w}{\lambda_s}F(q_1^*-d(e_r^*))\right]\frac{\partial q_1^*}{\partial \lambda_s} + \frac{w}{\lambda_s^2}\int_0^{q_1^*-d(e_r^*)}F(\xi)\mathrm{d}\xi = \frac{w}{\lambda_s^2}\int_0^{q_1^*-d(e_r^*)}F(\xi)\mathrm{d}\xi > 0$; $\frac{\partial \mathrm{CVaR}_{\lambda_s}[\pi_{s1}^{\phi_s}(e_r^{\phi_s *}, q_1^{\phi_s *})]}{\partial \lambda_s} = \left[w-c-\frac{w}{\lambda_s}F(q_1^{\phi_s *}-d(e_r^{\phi_s *}))\right]\frac{\partial q_1^{\phi_s *}}{\partial \lambda_s} + \frac{w}{\lambda_s^2}\int_0^{q_1^{\phi_s *}-d(e_r^{\phi_s *})}F(\xi)\mathrm{d}\xi = \frac{w}{\lambda_s^2}\int_0^{q_1^{\phi_s *}-d(e_r^{\phi_s *})}F(\xi)\mathrm{d}\xi > 0$。

2. $\frac{\partial \mathrm{U}[\pi_{r1}(e_r^*, q_1^*)]}{\partial \lambda_s} = (p+h_c-w)[1-F(q_1^*-d(e_r^*))]\frac{\partial q_1^*}{\partial \lambda_s}>0$;

$$\frac{\partial U[\pi_{r1}^{\phi_s}(e_r^{\phi_s *},\ q_1^{\phi_s *})]}{\partial \lambda_s} = (p + h_c - w)[1 - F(q_1^{\phi_s *} - d(e_r^{\phi_s *}))]\frac{\partial e_r^{\phi_s *}}{\partial \lambda_s} > 0。$$

证毕。

推论 14.2 表明，随着供应商风险规避程度的降低，无论是否引入 VMI-ϕ_s 契约，电商平台和供应商的期望效用均会增加。

二、供应商投入销售努力

本部分中，进一步分析供应商投入销售努力时的决策情形。假设供应商的销售努力成本函数为 $g(e) = \eta_s e^2/2$。此时，风险规避的供应商需要同时决定最优供应量和最优销售努力水平。这里，供应商的利润可以表示为：

$$\pi_{s2}(e,\ q) = w\min(D,\ q) - cq - g(e) \tag{14-5}$$

类似地，通过（14－1）式的 CVaR 工具，可以得到供应商的期望效用为：

$$\text{CVaR}_{\lambda_s}[\pi_{s2}(e,\ q)] = \max_{q \geq 0, N \in R}\left\{N - \frac{1}{\lambda_s}E[N - \pi_{s2}(e,\ q)]^+\right\},\ \lambda_s \in (0,\ 1] \tag{14-6}$$

命题 14.2 在 VMI 供应链中，如果风险规避的供应商同时决定销售努力水平和供应量，则其最优决策为 $q_2^* = F^{-1}\left(\frac{(w-c)\lambda_s}{w}\right) + d(e_s^*)$，$e_s^* = \frac{(w-c)\gamma}{\eta_s}$。

证明：结合考虑（14－6）式，设定如下关于 N，e 和 q 的函数：

$$\begin{aligned} k_{s2}(N,\ e,\ q) &= N - \frac{1}{\lambda_s}E[N - \pi_{s2}(e,\ q)]^+ \\ &= N - \frac{1}{\lambda_s}\int_0^{q-d(e)} \left\{N + cq + \frac{\eta_s}{2}e^2 - w[\xi + d(e)]\right\}^+ f(\xi)\mathrm{d}\xi \\ &\quad - \frac{1}{\lambda_s}\int_{q-d(e)}^{+\infty}\left(N - wq + cq + \frac{\eta_s}{2}e^2\right)^+ f(\xi)\mathrm{d}\xi \end{aligned}$$

进一步讨论如下：

1. 当 $N \leq (w-c)q - \frac{\eta_s}{2}e^2$ 时，可以得到：

$$k_{s2}(N, e, q) = N - \frac{1}{\lambda_s}\int_0^{\frac{N+cq-wd(e)+\frac{\eta_s}{2}e^2}{w}} \left\{N + cq + \frac{\eta_s}{2}e^2 - w[\xi + d(e)]\right\}^+ f(\xi)\mathrm{d}\xi$$

$$= N - \frac{w}{\lambda_s}\int_0^{\frac{N+cq-wd(e)+\frac{\eta_s}{2}e^2}{w}} F(\xi)\mathrm{d}\xi$$

$k_{s2}(N, e, q)$ 关于 N 的一阶导和二阶导分别为：

$$\frac{\partial k_{s2}(N, e, q)}{\partial N} = 1 - \frac{1}{\lambda_s}F\left(\frac{N + cq - wd(e) + \eta_s e^2/2}{w}\right)$$

$$\frac{\partial^2 k_{s2}(N, e, q)}{\partial^2 N} = -\frac{1}{w\lambda_s}f\left(\frac{N + cq + \eta_s e^2/2 - wd(e)}{w}\right) < 0$$

进一步得到 $\left.\frac{\partial k_{s2}(N, e, q)}{\partial N}\right|_{N=-\infty} = 1 > 0$，$\left.\frac{\partial k_{s2}(N, e, q)}{\partial N}\right|_{N=(w-c)q-\frac{\eta_s}{2}e^2} = 1 - \frac{1}{\lambda_s}F(q - d(e))$。

2. 当 $N > (w-c)q - \frac{\eta_s}{2}e^2$ 时，可以得到：

$$k_s(N, e, q) = N - \frac{1}{\lambda_s}\int_0^{q-d(e)} \left\{N + cq + \frac{\eta_s}{2}e^2 - w[\xi + d(e)]\right\}^+ f(\xi)\mathrm{d}\xi$$

$$- \frac{1}{\lambda_s}\int_{q-d(e)}^{+\infty} \left(N - wq + cq + \frac{\eta_s}{2}e^2\right)^+ f(\xi)\mathrm{d}\xi$$

$$= N - \frac{N + cq + \frac{\eta_s}{2}e^2 - wq}{\lambda_s} - \frac{w}{\lambda_s}\int_0^{q-d(e)} F(\xi)\mathrm{d}\xi$$

显然，$\frac{\partial k_s(N, e, q)}{\partial N} = 1 - \frac{1}{\lambda_s} < 0$。因此，当 $1 - \frac{1}{\lambda_s}F(q - d(e)) \geqslant 0$ 时，$N_3^* = (w-c)q - \frac{\eta_s}{2}e^2$，且 $q < d(e) + F^{-1}(\lambda_s)$。当 $1 - \frac{1}{\lambda_s}F(q - d(e)) < 0$ 时，$N_4^* = wF^{-1}(\lambda_s) + wd(e) - cq - \frac{\eta_s}{2}e^2$，且 $q > d(e) + F^{-1}(\lambda_s)$。进一步讨论如下：

（1）当 $N_3^* = (w-c)q - \frac{\eta_s}{2}e^2$ 时，$k_{s2}(N, e, q) = (w-c)q - \frac{\eta_s}{2}e^2 - \frac{w}{\lambda_s}\int_0^{q-d(e)} F(\xi)\mathrm{d}\xi$。求 $k_{s2}(N, e, q)$ 关于 e 和 q 的一阶导和二阶导，可以得到：

$$\frac{\partial k_{s2}(N, e, q)}{\partial q} = (w-c) - \frac{w}{\lambda_s}F(q-d(e))$$

$$\frac{\partial k_{s2}(N, e, q)}{\partial e} = -\eta_s e + \frac{w\gamma}{\lambda_s}F(q-d(e))$$

$$\frac{\partial^2 k_{s2}(N, e, q)}{\partial q^2} = -\frac{w}{\lambda_s}f(q-d(e)) < 0$$

$$\frac{\partial^2 k_{s2}(N, e, q)}{\partial e^2} = -\eta_s - \frac{w\gamma^2}{\lambda_s}f(q-d(e)) < 0$$

$$\frac{\partial^2 k_{s2}(N, e, q)}{\partial q \partial e} = \frac{\partial^2 k_{s2}(N, e, q)}{\partial e \partial q} = \frac{w\gamma}{\lambda_s}f(q-d(e)) > 0$$

由此可得，海塞矩阵为：

$$H(e, q) = \begin{pmatrix} \frac{\partial^2 k_{s2}(N, e, q)}{\partial q^2} & \frac{\partial^2 k_{s2}(N, e, q)}{\partial q \partial e} \\ \frac{\partial^2 k_{s2}(N, e, q)}{\partial e \partial q} & \frac{\partial^2 k_{s2}(N, e, q)}{\partial e^2} \end{pmatrix}$$

通过求解发现，海塞矩阵 $H(e, q)$ 是负定的。因此，$k_{s2}(N, e, q)$ 是关于 e 和 q 的联合凹函数。令 $\frac{\partial k_{s2}(N, e, q)}{\partial q} = 0$，$\frac{\partial k_{s2}(N, e, q)}{\partial e} = 0$，并联立方程，可得在 CVaR 标准下，供应商的最优销售努力水平和供应量分别为 $e_s^* = \frac{(w-c)\gamma}{\eta_s}$，$q_2^* = F^{-1}\left(\frac{(w-c)\lambda_s}{w}\right) + d(e_s^*)$。

（2）当 $N_4^* = wF^{-1}(\lambda_s) + wd(e) - cq - \frac{\eta_s}{2}e^2$ 时，$k_{s2}(N, e, q) = wF^{-1}(\lambda_s) + wd(e) - cq - \frac{\eta_s}{2}e^2 - \frac{w}{\lambda_s}\int_0^{F^{-1}(\lambda_s)} F(\xi)\mathrm{d}\xi$。求 $k_{s2}(N, e, q)$ 关于 q 的一阶导，可以得到 $\frac{\partial k_{s2}(N, e, q)}{\partial q} = -c < 0$。显然，$k_{s2}(N, e, q)$ 随着 q 的增加而单调递

减。进一步求 $k_{s2}(N, e, q)$ 关于 e 的一阶导和二阶导，可以得到 $\frac{\partial k_{s2}(N, e, q)}{\partial e}=(w-c)\gamma-\eta_s e$，$\frac{\partial^2 k_{s2}(N, e, q)}{\partial^2 e}=-\eta_s<0$。此时，可得供应商的最优销售努力水平 $e_s^*=\frac{(w-c)\gamma}{\eta_s}$，最优供应量 $q_2^*=F^{-1}\left(\frac{(w-c)\lambda_s}{w}\right)+d(e_s^*)$。**证毕。**

给定供应商的最优供应量和销售努力水平，电商平台的期望效用可以表示为：

$$U[\pi_{r2}(e_s^*, q_2^*)]=(p-w)\left[q_2^*-\int_0^{q_2^*-d(e_s^*)}F(\xi)\mathrm{d}\xi\right] \tag{14-7}$$

类似地，为了提高 VMI 供应链成员的期望效用，电商平台引入成本共担因子 $\phi_r(0\leqslant\phi_r\leqslant1)$ 来分担供应商的部分销售努力成本。如果销售努力的总成本为 $g(e)$，则电商平台分担 $\phi_r g(e)$，供应商实际承担 $(1-\phi_r)g(e)$。这里，我们将该契约称为 VMI－ϕ_r 契约。进一步假设 ϕ_r 是外生的，可以由供应商和电商平台协商确定的。基于上述假设，供应链成员之间的博弈过程可描述如下：①销售季节开始之前，VMI 供应链成员协商确定成本共担因子 ϕ_r；②供应商采用 CVaR 标准来决定销售努力水平 $e_s^{\phi_r}$ 和供应量 $q_2^{\phi_r}$。类似地，令 $\pi_{s2}^{\phi_r}(e, q)$ 和 $\pi_{r2}^{\phi_r}(e, q)$ 分别表示 VMI－ϕ_r 契约下供应商和电商平台的利润。根据（14－1）式的 CVaR 工具，可以得到供应商的销售努力水平和最优供应量分别为 $e_s^{\phi_r*}=\frac{(w-c)\gamma}{(1-\phi_r)\eta_s}$ 和 $q_2^{\phi_r*}=F^{-1}\left(\frac{(w-c)\lambda_s}{w}\right)+d(e_s^{\phi_r*})$。

推论 14.3　在 VMI 供应链中，如果规避风险的供应商投入销售努力水平，则其最优供应量和销售努力水平具有以下性质：

1. $\frac{\partial e_s^{\phi_r*}}{\partial\phi_r}>0$；$\frac{\partial q_2^{\phi_r*}}{\partial\phi_r}>0$。

2. $\frac{\partial e_s^*}{\partial\gamma}>0$ 和 $\frac{\partial e_s^{\phi_r*}}{\partial\gamma}>0$；$\frac{\partial q_1^*}{\partial\gamma}>0$ 和 $\frac{\partial q_2^{\phi_r*}}{\partial\gamma}>0$。

3. $\frac{\partial e_s^*}{\partial\eta_s}<0$ 和 $\frac{\partial e_s^{\phi_r*}}{\partial\eta_s}<0$；$\frac{\partial q_1^*}{\partial\eta_s}<0$ 和 $\frac{\partial q_2^{\phi_r*}}{\partial\eta_s}<0$。

4. $\frac{\partial q_2^*}{\partial\lambda_s}>0$ 和 $\frac{\partial q_2^{\phi_r*}}{\partial\lambda_s}>0$。

推论 14.3 中性质 1 表明，供应商的最优销售努力水平和最优供应量随成本共担比例 ϕ_r 递增。这意味着，如果成本共担比例增加，供应商就有动力提高销售努力水平，从而促进市场需求。同时，供应商也会选择增加供应量来满足市场需求。推论 14.3 中性质 2 表明，如果销售努力水平对市场需求的影响相对较高，则供应商有动机选择相对较高的销售努力水平和供应量，从而获得尽可能高的期望效用。推论 14.3 中性质 3 表明，供应商的销售努力水平随 η_s 递减。这是因为，给定相同的销售努力水平，相对较高的 η_s 意味着供应商进行销售努力的成本相对较高。推论 14.3 中性质 4 表明，供应商的风险规避程度对其供应量决策具有负面影响。因此，如果风险规避程度较高，供应商则倾向于降低供应量来控制风险。

推论 14.4 在 VMI 供应链中，如果风险规避的供应商投入销售努力水平，供应商的风险规避程度对供应商和电商平台最优期望效用的影响如下：

1. $\frac{\partial \mathrm{CVaR}_{\lambda_s}[\pi_{s2}(e_s^*,\ q_2^*)]}{\partial \lambda_s}>0$，$\frac{\partial \mathrm{CVaR}_{\lambda_s}[\pi_{s2}^{\phi_r}(e_s^{\phi_r *},\ q_2^{\phi_r *})]}{\partial \lambda_s}>0$；

2. $\frac{\partial \mathrm{U}[\pi_{r1}(e_s^*,\ q_2^*)]}{\partial \lambda_s}>0$，$\frac{\partial \mathrm{U}[\pi_{r1}^{\phi_r}(e_s^{\phi_r *},\ q_2^{\phi_r *})]}{\partial \lambda_s}>0$。

推论 14.4 表明，无论是否引入 VMI-ϕ_r 契约，随着供应商的风险规避程度降低，电商平台和供应商的期望效用均会增加。

三、综合分析

在本节中，我们通过比较分析电商平台和供应商投入销售努力这两种不同情形中 VMI 供应链成员的最优决策和期望效用，以得到更多的管理启示。

（一）销售努力模式的比较分析

在没有引入成本共担契约时，通过对比分析 VMI 供应链成员的最优决策，可以得到如下命题。

命题 14.3 在没有引入成本共担契约的 VMI 供应链中，如果 $c<w<\frac{p\eta_s+c\eta_r}{\eta_s+\eta_r}$，则 $e_r^*>e_s^*$，$q_1^*>q_2^*$；如果 $\frac{p\eta_s+c\eta_r}{\eta_s+\eta_r}\leqslant w<p$，则 $e_r^*\leqslant e_s^*$，$q_1^*\leqslant q_2^*$。

证明：在没有引入成本共担契约的VMI供应链中，比较电商平台或供应商投入销售努力时供应链的销售努力水平和供应量，可以得到：

$$e_r^* - e_s^* = \frac{(p-w)\gamma}{\eta_r} - \frac{(w-c)\gamma}{\eta_s} = \frac{\gamma}{\eta_r\eta_s}[(p-w)\eta_s - (w-c)\eta_r]$$

$$q_1^* - q_2^* = \gamma(e_r^* - e_s^*) = \frac{\gamma^2}{\eta_r\eta_s}[(p-w)\eta_s - (w-c)\eta_r]$$

显然，如果 $c < w < \frac{p\eta_s + c\eta_r}{\eta_s + \eta_r}$，则有 $e_r^* > e_s^*$，$q_1^* > q_2^*$；如果$\frac{p\eta_s + c\eta_r}{\eta_s + \eta_r} \leqslant w < p$，则有 $e_r^* \leqslant e_s^*$，$q_1^* \leqslant q_2^*$。**证毕。**

根据命题14.3可知，与供应商投入销售努力的模式相比，电商平台投入销售努力的模式具有以下特点：①给定一个相对较低的批发价格，即 $c < w < \frac{p\eta_s + c\eta_r}{\eta_s + \eta_r}$，电商平台会选择相对较高的销售努力水平，供应商会选择相对较高的供应量；②给定一个相对较高的批发价格，即$\frac{p\eta_s + c\eta_r}{\eta_s + \eta_r} \leqslant w < p$，电商平台会选择相对较低的销售努力水平，供应商会选择相对较低的供应量。

命题14.4　在没有引入成本共担契约的VMI供应链中，通过比较风险规避的供应商投入销售努力和电商平台投入销售努力时VMI供应链成员的期望效用，可以得到如下结论：①如果 $c < w < \frac{p\eta_s + 2c\eta_r}{2\eta_r + \eta_s}$，则 $\mathrm{CVaR}_{\lambda_s}[\pi_{s2}(e_s^*, q_2^*)] < \mathrm{CVaR}_{\lambda_s}[\pi_{s1}(e_r^*, q_1^*)]$，$\mathrm{U}[\pi_{r2}(e_s^*, q_2^*)] < \mathrm{U}[\pi_{r1}(e_r^*, q_1^*)]$；②如果$\frac{p\eta_s + 2c\eta_r}{2\eta_r + \eta_s} \leqslant w < \frac{2\eta_s p + c\eta_r}{2\eta_s + \eta_r}$，则 $\mathrm{CVaR}_{\lambda_s}[\pi_{s2}(e_s^*, q_2^*)] < \mathrm{CVaR}_{\lambda_s}[\pi_{s1}(e_r^*, q_1^*)]$，$\mathrm{U}[\pi_{r2}(e_s^*, q_2^*)] \geqslant \mathrm{U}[\pi_{r1}(e_r^*, q_1^*)]$；③如果$\frac{2\eta_s p + c\eta_r}{2\eta_s + \eta_r} \leqslant w < p$，则 $\mathrm{CVaR}_{\lambda_s}[\pi_{s2}(e_s^*, q_2^*)] \geqslant \mathrm{CVaR}_{\lambda_s}[\pi_{s1}(e_r^*, q_1^*)]$，$\mathrm{U}[\pi_{r2}(e_s^*, q_2^*)] > \mathrm{U}[\pi_{r1}(e_r^*, q_1^*)]$。

证明：在没有引入成本共担契约的情况下，比较供应商投入销售努力和电商平台投入销售努力时VMI供应链成员的期望效用。

1. 比较不同成员投入销售努力时供应商的期望效用：

$$\begin{aligned}&\mathrm{CVaR}_{\lambda_s}[\pi_{s2}(e_s^*,\ q_2^*)]\\&-\mathrm{CVaR}_{\lambda_s}[\pi_{s1}(e_r^*,\ q_1^*)]\end{aligned}=(w-c)(q_2^*-q_1^*)-\frac{\eta_s}{2}e_s^{*2}$$

$$=\frac{(w-c)\gamma^2}{2\eta_s\eta_r}[\eta_r(w-c)-2\eta_s(p-w)]$$

如果$\frac{2\eta_s p+c\eta_r}{2\eta_s+\eta_r}\leqslant w<p$，则 $\mathrm{CVaR}_{\lambda_s}[\pi_{s2}(e_s^*,\ q_2^*)]\geqslant\mathrm{CVaR}_{\lambda_s}[\pi_{s1}(e_r^*,\ q_1^*)]$。因此，当批发价格相对较高时，供应商愿意投入销售努力。

如果 $c\leqslant w<\frac{2\eta_s p+c\eta_r}{2\eta_s+\eta_r}$，则 $\mathrm{CVaR}_{\lambda_s}[\pi_{s2}(e_s^*,\ q_2^*)]<\mathrm{CVaR}_{\lambda_s}[\pi_{s1}(e_r^*,\ q_1^*)]$。因此，当批发价格相对较低时，供应商不愿意投入销售努力。

2. 比较不同成员投入销售努力时电商平台的期望效用：

$$\mathrm{U}[\pi_{r2}(e_s^*,\ q_2^*)]-\mathrm{U}[\pi_{r1}(e_r^*,\ q_1^*)]=\frac{(p-w)\gamma^2}{2\eta_r\eta_s}[2\eta_r(w-c)-(p-w)\eta_s]$$

如果$\frac{p\eta_s+2c\eta_r}{2\eta_r+\eta_s}\leqslant w<p$，则 $\mathrm{U}[\pi_{r2}(e_s^*,\ q_2^*)]\geqslant\mathrm{U}[\pi_{r1}(e_r^*,\ q_1^*)]$。因此，当批发价格相对较高时，电商平台不愿投入销售努力。

如果 $c<w<\frac{p\eta_s+2c\eta_r}{2\eta_r+\eta_s}$，则 $\mathrm{U}[\pi_{r2}(e_s^*,\ q_2^*)]<\mathrm{U}[\pi_{r1}(e_r^*,\ q_1^*)]$。因此，当批发价格相对较低时，电商平台愿意投入销售努力。

根据上述分析，可以发现：①如果 $c<w<\frac{p\eta_s+2c\eta_r}{2\eta_r+\eta_s}$，则 $\mathrm{CVaR}_{\lambda_s}[\pi_{s2}(e_s^*,\ q_2^*)]<\mathrm{CVaR}_{\lambda_s}[\pi_{s1}(e_r^*,\ q_1^*)]$，$\mathrm{U}[\pi_{r2}(e_s^*,\ q_2^*)]<\mathrm{U}[\pi_{r1}(e_r^*,\ q_1^*)]$；②如果$\frac{2p\eta_s+c\eta_r}{2\eta_s+\eta_r}\leqslant w<p$，则 $\mathrm{CVaR}_{\lambda_s}[\pi_{s2}(e_s^*,\ q_2^*)]\geqslant\mathrm{CVaR}_{\lambda_s}[\pi_{s1}(e_r^*,\ q_1^*)]$，$\mathrm{U}[\pi_{r2}(e_s^*,\ q_2^*)]>\mathrm{U}[\pi_{r1}(e_r^*,\ q_1^*)]$；③比较$\frac{p\eta_s+2c\eta_r}{2\eta_r+\eta_s}$和$\frac{2p\eta_s+c\eta_r}{2\eta_s+\eta_r}$，可以得到$\frac{p\eta_s+2c\eta_r}{2\eta_r+\eta_s}-\frac{2p\eta_s+c\eta_r}{2\eta_s+\eta_r}=\frac{3(c-p)\eta_r\eta_s}{(2\eta_r+\eta_s)(2\eta_s+\eta_r)}>0$。这意味着如果$\frac{p\eta_s+2c\eta_r}{2\eta_r+\eta_s}\leqslant w<\frac{2p\eta_s+c\eta_r}{2\eta_s+\eta_r}$，则有 $\mathrm{CVaR}_{\lambda_s}[\pi_{s2}(e_s^*,\ q_2^*)]<\mathrm{CVaR}_{\lambda_s}[\pi_{s1}(e_r^*,\ q_1^*)]$，$\mathrm{U}[\pi_{r2}(e_s^*,\ q_2^*)]\geqslant\mathrm{U}[\pi_{r1}(e_r^*,\ q_1^*)]$。**证毕。**

图 14. 1 展示了命题 14. 4 的比较结果。可以发现：①给定一个相对较低

的批发价格，即 $c < w < \frac{p\eta_s + 2c\eta_r}{2\eta_r + \eta_s}$，供应商和电商平台均可以在电商平台投入销售努力的模式下获得更高的期望效用。因此，我们合理地建议在这种情形下，由电商平台来投入销售努力；②当 $\frac{p\eta_s + 2c\eta_r}{2\eta_r + \eta_s} \leqslant w < \frac{2p\eta_s + c\eta_r}{2\eta_s + \eta_r}$ 时，通过比较 VMI 供应链成员在不同销售努力模式下的期望效用，不难发现，VMI 供应链下的任何一种模式都无法实现供应商和电商平台的双赢；③给定一个相对较高的批发价格，即 $\frac{2p\eta_s + c\eta_r}{2\eta_s + \eta_r} \leqslant w < p$，供应商和电商平台均可以在供应商投入销售努力的模式下获得更高的期望效用。因此，我们建议这种情况下应该安排供应商来投入销售努力。

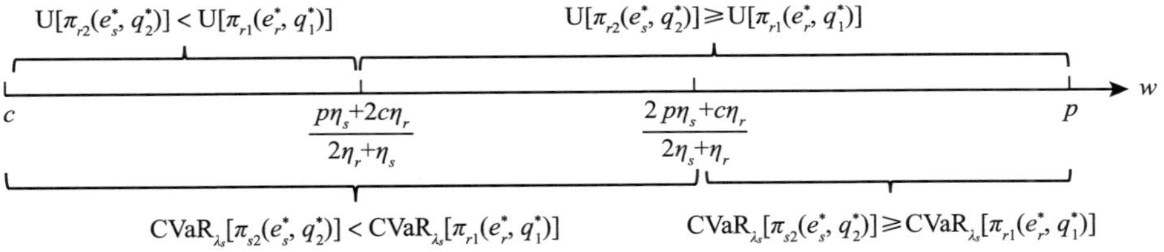

图 14.1　VMI 供应链中电商平台期望效用与供应商的期望效用比较

命题 14.5　在引入成本共担契约的 VMI 供应链中，如果 $0 \leqslant \phi_s < \max\left\{0,\ 1 - \frac{(1-\phi_r)(p-w)\eta_s}{(w-c)\eta_r}\right\}$，则 $e_r^{\phi_s *} < e_s^{\phi_r *}$，$q_1^{\phi_s *} < q_2^{\phi_r *}$；如果 $\max\left\{0,\ 1 - \frac{(1-\phi_r)(p-w)\eta_s}{(w-c)\eta_r}\right\} \leqslant \phi_s \leqslant 1$，则 $e_r^{\phi_s *} \geqslant e_s^{\phi_r *}$，$q_1^{\phi_s *} \geqslant q_2^{\phi_r *}$。

证明：在引入成本共担契约的 VMI 供应链中，比较电商平台或供应商投入销售努力时供应链成员的销售努力水平和供应量，可以得到：

$$e_r^{\phi_s *} - e_s^{\phi_r *} = \frac{(p-w)\gamma}{(1-\phi_s)\eta_r} - \frac{(w-c)\gamma}{(1-\phi_r)\eta_s}$$

$$= \frac{\gamma[(p-w)(1-\phi_r)\eta_s - (w-c)(1-\phi_s)\eta_r]}{(1-\phi_s)(1-\phi_r)\eta_r\eta_s}$$

$$q_1^{\phi_s *} - q_2^{\phi_r *} = \gamma(e_r^{\phi_s *} - e_s^{\phi_r *})$$

显然，如果 $1-\frac{(1-\phi_r)(p-w)\eta_s}{(w-c)\eta_r}\leqslant\phi_s\leqslant 1$，则有 $e_r^{\phi_s *}\geqslant e_s^{\phi_r *}$，$q_1^{\phi_s *}\geqslant q_2^{\phi_r *}$；如果 $0\leqslant\phi_s<1-\frac{(1-\phi_r)(p-w)\eta_s}{(w-c)\eta_r}$，则有 $e_r^{\phi_s *}<e_s^{\phi_r *}$，$q_1^{\phi_s *}<q_2^{\phi_r *}$。由于 $\phi_s\in[0,1]$，进一步比较 $1-\frac{(1-\phi_r)(p-w)\eta_s}{(w-c)\eta_r}$ 和 0 的大小关系，可得引入成本共担契约的 VMI 供应链中，如果 $\max\left\{0,\ 1-\frac{(1-\phi_r)(p-w)\eta_s}{(w-c)\eta_r}\right\}\leqslant\phi_s\leqslant 1$，则有 $e_r^{\phi_s *}\geqslant e_s^{\phi_r *}$，$q_1^{\phi_s *}\geqslant q_2^{\phi_r *}$；如果 $0\leqslant\phi_s<\max\left\{0,\ 1-\frac{(1-\phi_r)(p-w)\eta_s}{(w-c)\eta_r}\right\}$，则有 $e_r^{\phi_s *}<e_s^{\phi_r *}$，$q_1^{\phi_s *}<q_2^{\phi_r *}$。**证毕。**

命题 14.5 表明，引入成本共担契约后，与供应商投入销售努力时的决策情形相比，电商平台投入销售努力时的决策具有以下特点：①如果销售努力成本共担因子相对较低，即 $0\leqslant\phi_s<\max\left\{0,\ 1-\frac{(1-\phi_r)(p-w)\eta_s}{(w-c)\eta_r}\right\}$，则电商平台会选择相对较低的销售努力水平，供应商会选择相对较低的供应量；②如果销售努力成本共担因子相对较高，即 $1-\max\left\{0,\ \frac{(1-\phi_r)(p-w)\eta_s}{(w-c)\eta_r}\right\}\leqslant\phi_s\leqslant 1$，则电商平台会选择相对较高的销售努力水平，供应商会选择相对较高的供应量。研究表明，在两种不同的销售努力模式下，引入成本共担因子对 VMI 供应链成员的销售努力水平和供应量决策具有重要影响。

命题 14.6 在引入成本共担契约的 VMI 供应链中，①如果 $\phi_s\in[0,M_1)$，则 $\mathrm{U}[\pi_{r1}^{\phi_s}(e_r^{\phi_s *},\ q_1^{\phi_s *})]<\mathrm{U}[\pi_{r2}^{\phi_r}(e_s^{\phi_r *},\ q_2^{\phi_r *})]$；否则 $\mathrm{U}[\pi_{r1}^{\phi_s}(e_r^{\phi_s *},\ q_1^{\phi_s *})]\geqslant\mathrm{U}[\pi_{r2}^{\phi_r}(e_s^{\phi_r *},\ q_2^{\phi_r *})]$；②如果 $\phi_s\in[0,\ \max(0,\ M_2))$ 或 $\phi_s\in(\min(M_3,\ 1),\ 1]$，则 $\mathrm{CVaR}_{\lambda_s}[\pi_{s1}^{\phi_s}(e_r^{\phi_s *},\ q_1^{\phi_s *})]<\mathrm{CVaR}_{\lambda_s}[\pi_{s2}^{\phi_r}(e_s^{\phi_r *},\ q_2^{\phi_r *})]$；否则 $\mathrm{CVaR}_{\lambda_s}[\pi_{s1}^{\phi_s}(e_r^{\phi_s *},\ q_1^{\phi_s *})]\geqslant\mathrm{CVaR}_{\lambda_s}[\pi_{s2}^{\phi_r}(e_s^{\phi_r *},\ q_2^{\phi_r *})]$。这里，$M_1=1-\frac{(p-w)^2(1-\phi_r)^2\eta_s}{2\eta_r\eta_s(1-\phi_r)(p-w)(w-c)-(w-c)^2\eta_r\phi_r}$，$M_2=1-\frac{Z_2+Z_3+\sqrt{(Z_2+Z_3-2Z_1)^2-4Z_1(Z_1-Z_2)}}{2Z_1}$，$M_3=1-$

$\dfrac{Z_2+Z_3-\sqrt{(Z_2+Z_3-2Z_1)^2-4Z_1(Z_1-Z_2)}}{2Z_1}$；$Z_1=(w-c)^2\eta_s\eta_r^2$，$Z_2=2(p-w)(w-c)(1-\phi_r)\eta_r\eta_s^2$，$Z_3=(1-\phi_r)(p-w)^2\eta_r\eta_s^2$。

证明：在引入成本共担契约的 VMI 供应链中，比较供应商投入销售努力和电商平台投入销售努力时 VMI 供应链成员的期望效用。

1. 比较不同成员投入销售努力时电商平台的期望效用：

$$\begin{aligned}&U[\pi_{r2}^{\phi_r}(e_s^{\phi_r*},q_2^{\phi_r*})]-U[\pi_{r1}^{\phi_s}(e_r^{\phi_s*},q_1^{\phi_s*})]\\&=(p-w)[q_2^{\phi_r*}-q_1^{\phi_s*}-\int_0^{q_2^{\phi_r*}-d(e_s^{\phi_r*})}F(\xi)\mathrm{d}\xi+\int_0^{q_1^{\phi_s*}-d(e_r^{\phi_s*})}F(\xi)\mathrm{d}\xi]\\&\quad-\phi_r g(e_s^{\phi_r*})+(1-\phi_s)g(e_r^{\phi_s*})\\&=\frac{\gamma^2[2\eta_r\eta_s(1-\phi_s)(1-\phi_r)(p-w)(w-c)-\eta_s(p-w)^2(1-\phi_r)^2-\eta_r\phi_r(1-\phi_s)(w-c)^2]}{2\eta_r\eta_s(1-\phi_r)^2(1-\phi_s)^2}\end{aligned}$$

如果 $U[\pi_{r2}^{\phi_r}(e_s^{\phi_r*},q_2^{\phi_r*})]>U[\pi_{r1}^{\phi_s}(e_r^{\phi_s*},q_1^{\phi_s*})]$，则应满足 $2\eta_r\eta_s(1-\phi_s)(1-\phi_r)(p-w)(w-c)-\eta_s(p-w)^2(1-\phi_r)^2-\eta_r\phi_r(1-\phi_s)(w-c)^2>0$。令 $M_1=1-\dfrac{(p-w)^2(1-\phi_r)^2\eta_s}{2\eta_r\eta_s(1-\phi_r)(p-w)(w-c)-(w-c)^2\eta_r\phi_r}$，进一步得到如下结论：如果 $\phi_s\in[0,M_1)$，则 $U[\pi_{r2}^{\phi_r}(e_s^{\phi_r*},q_2^{\phi_r*})]>U[\pi_{r1}^{\phi_s}(e_r^{\phi_s*},q_1^{\phi_s*})]$；否则 $U[\pi_{r2}^{\phi_r}(e_s^{\phi_r*},q_2^{\phi_r*})]\leqslant U[\pi_{r1}^{\phi_s}(e_r^{\phi_s*},q_1^{\phi_s*})]$。

2. 比较不同成员投入销售努力时供应商的期望效用：

$$\begin{aligned}&\mathrm{CVaR}_{\lambda_s}[\pi_{s2}^{\phi_r}(e_s^{\phi_r*},q_2^{\phi_r*})]-\mathrm{CVaR}_{\lambda_s}[\pi_{s1}^{\phi_s}(e_r^{\phi_s*},q_1^{\phi_s*})]\\&=(w-c)(q_2^{\phi_r*}-q_1^{\phi_s*})-\frac{w}{\lambda_s}[\int_0^{q_2^{\phi_r*}-d(e_s^{\phi_r*})}F(\xi)\mathrm{d}\xi-\int_0^{q_1^{\phi_s*}-d(e_r^{\phi_s*})}F(\xi)\mathrm{d}\xi]\\&\quad-(1-\phi_r)g(e_s^{\phi_r*})+\phi_s g(e_r^{\phi_s*})\\&=\frac{\gamma^2[(w-c)^2(1-\phi_s)^2\eta_s\eta_r^2-2(p-w)(w-c)(1-\phi_r)(1-\phi_s)\eta_r\eta_s^2+(1-\phi_r)\phi_s\eta_r\eta_s^2(p-w)^2]}{2\eta_r\eta_s(1-\phi_r)(1-\phi_s)^2}\end{aligned}$$

令 $T=(w-c)^2(1-\phi_s)^2\eta_s\eta_r^2-2(p-w)(w-c)(1-\phi_r)(1-\phi_s)\eta_r\eta_s^2+(1-\phi_r)\phi_s\eta_r\eta_s^2(p-w)^2$。如果 $T>0$，则 $\mathrm{CVaR}_{\lambda_s}[\pi_{s2}^{\phi_r}(e_s^{\phi_r*},q_2^{\phi_r*})]\geqslant\mathrm{CVaR}_{\lambda_s}[\pi_{s1}^{\phi_s}(e_r^{\phi_s*},q_1^{\phi_s*})]$；否则，$\mathrm{CVaR}_{\lambda_s}[\pi_{s2}^{\phi_r}(e_s^{\phi_r*},q_2^{\phi_r*})]<\mathrm{CVaR}_{\lambda_s}[\pi_{s1}^{\phi_s}(e_r^{\phi_s*},q_1^{\phi_s*})]$。

设 $Z_1=(w-c)^2\eta_s\eta_r^2$，$Z_2=2(p-w)(w-c)(1-\phi_r)\eta_r\eta_s^2$，$Z_3=(1-\phi_r)\eta_r\eta_s^2(p-w)^2$。进一步可得，若要 $T>0$，应满足 $\phi_s\in[0,\ \max(0,\ M_2))$ 或 $\phi_s\in(\min(M_3,\ 1),\ 1]$。这里，$M_2=1-\dfrac{Z_2+Z_3+\sqrt{(Z_2+Z_3-2Z_1)^2-4Z_1(Z_1-Z_2)}}{2Z_1}$，$M_3=1-\dfrac{Z_2+Z_3-\sqrt{(Z_2+Z_3-2Z_1)^2-4Z_1(Z_1-Z_2)}}{2Z_1}$。这意味着，如果 $\phi_s\in[0,\ \max(0,\ M_2))$ 或 $\phi_s\in(\min(M_3,\ 1),\ 1]$，则 $CVaR_{\lambda_s}[\pi_{s2}^{\phi_r}(e_s^{\phi_r *},\ q_2^{\phi_r *})]>CVaR_{\lambda_s}[\pi_{s1}^{\phi_s}(e_r^{\phi_s *},\ q_1^{\phi_s *})]$；否则 $CVaR_{\lambda_s}[\pi_{s2}^{\phi_r}(e_s^{\phi_r *},\ q_2^{\phi_r *})]\leqslant CVaR_{\lambda_s}[\pi_{s1}^{\phi_s}(e_r^{\phi_s *},\ q_1^{\phi_s *})]$。**证毕。**

命题 14.6 表明，引入成本共担契约后，①如果销售努力成本共担因子相对较低，即 $\phi_s\in[0,\ M_1)$，则电商平台在供应商投入销售努力时可以获得比电商平台投入销售努力时更高的期望效用；否则，电商平台在电商平台投入销售努力时可以获得比供应商投入销售努力时更多的期望效用；②如果销售努力成本共担因子很低或相对较高，即 $\phi_s\in[0,\ \max(0,\ M_2))$ 或 $\phi_s\in(\min(M_3,\ 1),\ 1]$，则供应商在自身投入销售努力时可以获得比电商平台投入销售努力时更高的期望效用；否则，供应商在电商平台投入销售努力时可以获得比自身投入销售努力时更高的期望效用。命题 14.6 的结论可以为 VMI 供应链在成本共担契约中选择合适的成员来投入销售努力提供了有力的依据。

（二）契约效果的比较分析

综上，本章提出了两种成本共担契约，即 VMI-ϕ_s 契约和 VMI-ϕ_r 契约。其中，分析 VMI-ϕ_s 契约或 VMI-ϕ_r 契约在不同条件下对 VMI 供应链成员的作用至关重要。

对于供应商而言，引入 VMI-ϕ_s 契约后的期望效用变化可以用 $\Delta CVaR_{\lambda_s}[\pi_{s1}^{\phi_s}]=CVaR_{\lambda_s}[\pi_{s1}^{\phi_s}(e_r^{\phi_s *},\ q_1^{\phi_s *})]-CVaR_{\lambda_s}[\pi_{s1}(e_r^*,\ q_1^*)]=\dfrac{\phi_s(p-w)\gamma^2}{(1-\phi_s)\eta_r}\left[w-c-\dfrac{p-w}{2(1-\phi_s)}\right]$来表示。如果 $\Delta CVaR_{\lambda_s}[\pi_{s1}^{\phi_s}]>0$，则供应商可以从 VMI－$\phi_s$ 契约中受益。对于电商平台而言，引入 VMI-ϕ_s 契约后的期望效用变化可以用 $\Delta U[\pi_{r1}^{\phi_s}]=U[\pi_{r1}^{\phi_s}(e_r^{\phi_s *},\ q_1^{\phi_s *})]-U[\pi_{r1}(e_r^*,\ q_1^*)]=$

$\dfrac{(p-w)^2\gamma^2\phi_s}{2\eta(1-\phi_s)}$来表示。如果 $\Delta U[\pi_{r1}^{\phi_s}]>0$，则电商平台可以从 VMI-$\phi_s$ 契约中受益。

命题 14.7　在 VMI 供应链中，当电商平台投入销售努力时，如果 $w\in\left(\dfrac{p+2c}{3},\ p\right)$，则在引入 VMI-$\phi_s$ 契约后，始终存在着一个帕累托改进区间，即 $\phi_s\in\left[0,\ \dfrac{3w-p-2c}{2(w-c)}\right)$。

证明：

1. 在 VMI 供应链中，分析引入 VMI-ϕ_s 契约前后供应商期望效用的变化为：

$$\begin{aligned}\Delta \mathrm{CVaR}_{\lambda_s}[\pi_{s1}^{\phi_s}]&=\mathrm{CVaR}_{\lambda_s}[\pi_{s1}^{\phi_s}(e_r^{\phi_s*},\ q_1^{\phi_s*})]-\mathrm{CVaR}_{\lambda_s}[\pi_{s1}(e_r^*,\ q_1^*)]\\&=\frac{\phi_s(p-w)\gamma^2}{(1-\phi_s)\eta_r}\left[w-c-\frac{p-w}{2(1-\phi_s)}\right]\end{aligned}$$

只有当 $\mathrm{CVaR}_{\lambda_s}[\pi_{s1}^{\phi_s}(e_r^{\phi_s*},\ q_1^{\phi_s*})]>\mathrm{CVaR}_{\lambda_s}[\pi_{s1}(e_r^*,\ q_1^*)]$ 时，供应商才愿意引入成本共担契约，此时可以得到 $\phi_s<\dfrac{3w-p-2c}{2(w-c)}$。也就是说，当 $\phi_s\in\left[0,\ \dfrac{3w-p-2c}{2(w-c)}\right)$时，供应商选择分担电商平台的销售努力成本。考虑到 $\phi_s\in[0,\ 1]$，进一步得到 $w\in\left(\dfrac{p+2c}{3},\ p\right)$。

2. 在 VMI 供应链下，分析引入 VMI-ϕ_s 契约后电商平台期望效用的变化为：

$$\Delta U[\pi_{r1}^{\phi_s}]=U[\pi_{r1}^{\phi_s}(e_r^{\phi_s*},\ q_1^{\phi_s*})]-U[\pi_{r1}(e_r^*,\ q_1^*)]=\frac{(p-w)^2\gamma^2\phi_s}{2\eta_r(1-\phi_s)}$$

因为 $\phi_s\in[0,\ 1]$，$U[\pi_{r1}(e_r^{\phi_s*},\ q_1^{\phi_s*})]\geqslant U[\pi_{r1}(e_r^*,\ q_1^*)$ 始终成立。进一步求 $\Delta U[\pi_{r1}^{\phi_s}]$ 关于 ϕ_s 的一阶导，可以得到$\dfrac{\partial\Delta U[\pi_{r1}^{\phi_s}]}{\partial\phi_s}=\dfrac{(p-w)^2\gamma^2}{2\eta_r(1-\phi_s)^2}>0$。随着供应商成本分担因子的增加，VMI-$\phi_s$ 契约引入前后电商平台最优期望效用的差值不断增大。根据 1 和 2 的讨论，可以得到：当 $w\in\left(\dfrac{p+2c}{3},\ p\right)$和

$\phi_s \in \left[0,\ \dfrac{3w-p-2c}{2(w-c)}\right)$时，供应商可以获得额外的期望效用，且 $U[\pi_{r1}^{\phi_s}(e_r^{\phi_s *},\ q_1^{\phi_s *})] \geqslant U[\pi_{r1}(e_r^*,\ q_1^*)]$ 始终成立。因此，如果供应商引入成本共担契约来分担电商平台的销售努力成本，当 $w \in \left(\dfrac{p+2c}{3},\ p\right)$时，总是存在着一个帕累托改进区间 $\phi_s \in \left[0,\ \dfrac{3w-p-2c}{2(w-c)}\right)$。**证毕。**

在 VMI 供应链中，当电商平台投入销售努力时，始终有 $\Delta U[\pi_{r1}^{\phi_s}] > 0$，且 $\Delta U[\pi_{r1}^{\phi_s}]$ 随 ϕ_s 递增。根据命题 14.7 可知，满足 $w \in \left(\dfrac{p+2c}{3},\ p\right)$时，供应链有可能通过引入 VMI-$\phi_s$ 契约来实现帕累托改进，且必须满足成本共担因子相对较低的条件。也就是说，在 VMI-ϕ_s 契约中，一个相对较高的批发价格和一个相对较低的成本共担因子可以共同作用从而实现 VMI 供应链成员的双赢。

命题 14.7 表明，当电商平台投入销售努力时，可以通过引入 VMI-ϕ_s 契约来实现供应链帕累托改进。在 VMI 供应链中，帮助供应商判断以下两种情况也是十分重要的：①独自投入销售努力；②引入成本共担契约来诱导供应商共同投入销售努力。

令 $\Delta \text{CVaR}_{\lambda_s}[\pi_{s1}^{rs}] = \text{CVaR}_{\lambda_s}[\pi_{s1}^{\phi_s}(e_r^{\phi_s *},\ q_1^{\phi_s *})] - \text{CVaR}_{\lambda_s}[\pi_{s2}(e_s^*,\ q_2^*)]$，可得：

$$\Delta \text{CVaR}_{\lambda_s}[\pi_{s1}^{rs}] = \frac{\beta^2[2(p-w)(w-c)(1-\phi_s)\eta_s - (w-c)^2(1-\phi_s)^2\eta_r - (p-w)^2\phi_s^2\eta_s]}{2\eta_r\eta_s(1-\phi_s)^2} \tag{14-8}$$

如果 $\Delta \text{CVaR}_{\lambda_s}[\pi_{s1}^{rs}] > 0$，则供应商在 VMI-$\phi_s$ 契约下，通过诱导电商平台共同投入销售努力可以获得更高的期望效用。通过上述比较分析，可以得到推论 14.5。

推论 14.5 如果 $\phi_s \in (\max(0,\ H_1),\ H_2)$，则规避风险的供应商更愿意通过提供 VMI-$\phi_s$ 契约来分担电商平台的销售努力，而不是独立投入销售努力。特别地，若满足 $\eta_s = \eta_r = \eta$，则在区间 $w \in (w_1^*,\ p)$ 内，$\phi_s \in (\max(0,$

H_1），H_2）等同于 $\phi_s \in (H_1, H_2)$；在区间 $w \in \left(\frac{p+2c}{3}, w_1^*\right]$ 内，$\phi_s \in (\max(0, H_1), H_2)$ 等同于 $\phi_s \in [0, H_2)$。这里，$H_1 = \frac{N_1-(p-w)\sqrt{\eta_s N_2}}{2\eta_r(w-c)^2}$，$H_2 = \frac{N_1+(p-w)\sqrt{\eta_s N_2}}{2\eta_r(w-c)^2}$；$N_1 = 2\eta_r(w-c)^2 + \eta_s(w^2-p^2+2cp-2cw)$，$N_2 = \eta_s(p+w)^2 - 4\eta_r(w-c)^2 + 4\eta_s c(c-p-w)$；且 w_1^* 满足 $2cp - 6cw^* + 2c^2 - p^2 + 3w^{*2} - \sqrt{(p+3w^*-4c)(p-w^*)^3} = 0$。

证明：比较 $\mathrm{CVaR}_{\lambda_s}[\pi_{s1}^{\phi_s}(e_r^{\phi_s *}, q_1^{\phi_s *})]$ 和 $\mathrm{CVaR}_{\lambda_s}[\pi_{s2}(e_s^*, q_2^*)]$ 的大小关系，可得：

$$\mathrm{CVaR}_{\lambda_s}[\pi_{s1}^{\phi_s}(e_r^{\phi_s *}, q_1^{\phi_s *})] - \mathrm{CVaR}_{\lambda_s}[\pi_{s2}(e_s^*, q_2^*)]$$
$$= (w-c)(q_1^{\phi_s *} - q_2^*) - \phi_s g(e_r^{\phi_s *}) + g(e_s^{\phi_r *})$$
$$= \frac{\gamma^2[2(p-w)(w-c)(1-\phi_s)\eta_s - (w-c)^2(1-\phi_s)^2\eta_r - (p-w)^2\phi_s^2\eta_s]}{2\eta_r\eta_s(1-\phi_s)^2}$$

只有当 $\mathrm{CVaR}_{\lambda_s}[\pi_{s1}^{\phi_s}(e_r^{\phi_s *}, q_1^{\phi_s *})] > \mathrm{CVaR}_{\lambda_s}[\pi_{s2}(e_s^*, q_2^*)]$ 时，在 VMI 供应链中，供应商更愿意引入成本共担契约，而不是承担全部销售努力成本。

令 $\mathrm{CVaR}_{\lambda_s}[\pi_{s1}^{\phi_s}(e_r^{\phi_s *}, q_1^{\phi_s *})] > \mathrm{CVaR}_{\lambda_s}[\pi_{s2}(e_s^*, q_2^*)]$，可以得到 $\phi_s \in (H_1, H_2)$。这里，$H_1 = \frac{N_1-(p-w)\sqrt{\eta_s N_2}}{2\eta_r(w-c)^2}$，$H_2 = \frac{N_1+(p-w)\sqrt{\eta_s N_2}}{2\eta_r(w-c)^2}$；$N_1 = 2\eta_r(w-c)^2 + \eta_s(w^2-p^2+2cp-2cw)$，$N_2 = \eta_s(p+w)^2 - 4\eta_r(w-c)^2 + 4\eta_s c(c-p-w)$。

由于 0 和 H_1 的大小关系不能确定，因此若 $\phi_s \in (\max(0, H_1), H_2)$，则供应商更倾向于通过成本共担契约诱导电商平台投入销售努力，而不是自己进行销售努力。特别是，如果 $\eta_s = \eta_r = \eta$，进一步比较 H_1 和 0。令 $T_1 = 2cp - 6cw + 2c^2 - p^2 + 3w^2 - \sqrt{(p+3w-4c)(p-w)^3}$，可得 $\frac{\partial T_1}{\partial w} = 6(w-c) + 6\frac{(p-w)^2(w-c)}{\sqrt{(p+3w-4c)(p-w)^3}} > 0$。由此可知，$\frac{\partial H_1}{\partial w} = \frac{3(w-c)^2(p-w) + \sqrt{(p+3w-4c)(p-w)}(p-c)^2 + (p+3w-4c)(p-w)^2}{2(w-c)}$。

根据命题 14.7 的证明，可以得到 $w \in \left(\frac{p+2c}{3}, p\right)$。因此，在该区间内，总是有$\frac{\partial H_1}{\partial w}>0$。当 w 接近于$\frac{p+2c}{3}$时，$H_1<0$；当 w 接近 p 时，$H_1>0$。因此，存在 $w=w_1^*$ 使得 $H_1=0$。当 $w>w_1^*$ 时，有 $H_1>0$，则 $\phi_s \in (H_1, H_2)$；当 $w \leqslant w_1^*$ 时，有 $H_1 \leqslant 0$，则 $\phi_s \in [0, H_2)$。这里，w_1^* 满足等式 $2cp-6cw^*+2c^2-p^2+3w^{*2}-\sqrt{(p+3w^*-4c)(p-w^*)^3}=0$。**证毕。**

推论 14.5 表明，供应商是否愿意分担电商平台的销售努力成本与 ϕ_s 的取值密切相关。如果 $\phi_s \notin (\max(0, H_1), H_2)$，则供应商宁愿独自投入销售努力，也不愿意电商平台来分担其销售努力成本。类似于命题 14.7，接下来讨论引入 VMI-ϕ_s 契约是否能够实现供应链帕累托改进，进一步可以得到如下命题。

命题 14.8 在 VMI 供应链中，供应商投入销售努力时，如果 $w \in \left(c, \frac{2p+c}{3}\right)$，则引入 VMI-$\phi_r$ 契约后，始终存在着一个帕累托改进区间，即 $\phi_r \in \left[0, \frac{2p-3w+c}{2(p-w)}\right)$。

证明：

1. 在 VMI 供应链中，比较供应商投入销售努力时电商平台在引入成本共担契约前后的最优期望效用，可以得到：

$$\mathrm{U}[\pi_{r2}^{\phi_r}(e_s^{\phi_r *}, q_2^{\phi_r *})]-\mathrm{U}[\pi_{r2}(e_s^*, q_2^*)]=\frac{\phi_r(w-c)\gamma^2}{(1-\phi_r)\eta_s}\left[p-w-\frac{w-c}{2(1-\phi_r)}\right]$$

由于只有满足 $\mathrm{U}[\pi_{r2}^{\phi_r}(e_s^{\phi_r *}, q_2^{\phi_r *})]>\mathrm{U}[\pi_{r2}(e_s^*, q_2^*)]$ 时，电商平台才愿意引入成本共担契约。由此可得，当 $\phi_r \in \left[0, \frac{2p-3w+c}{2(p-w)}\right)$时，电商平台选择分担供应商的销售努力成本。由于 $\phi_r \in [0, 1]$，可以得到 $w \in \left[c, \frac{2p+c}{3}\right)$。

2. 在 VMI 供应链中，比较供应商投入销售努力时供应商在引入成本共担契约前后的最优期望效用，可以得到：

$$\begin{aligned}\Delta \mathrm{CVaR}_{\lambda_s}[\pi_{s2}^{\phi_r}] &= \mathrm{CVaR}_{\lambda_s}[\pi_{s2}^{\phi_r}(e_s^{\phi_r *}, q_2^{\phi_r *})]-\mathrm{CVaR}_{\lambda_s}[\pi_{s2}(e_s^*, q_2^*)]\\ &=\frac{(w-c)^2\gamma^2\phi_r^2}{2\eta_s(1-\phi_r)}\end{aligned}$$

由于 $\phi_r \in [0, 1]$，总是可以得到 $\Delta\mathrm{CVaR}_{\lambda_s}[\pi_{s2}^{\phi_r}] \geqslant 0$。因此，$\frac{\partial\mathrm{CVaR}_{\lambda_s}[\pi_{s2}^{\phi_r}]}{\partial\phi_r} = \frac{(w-c)^2\gamma^2\phi_r(2-\phi_r)}{2\eta_s(1-\phi_r)} \geqslant 0$。

综上所述，在 VMI 供应链中，如果电商平台提供成本共担契约来分担供应商的销售努力成本，当 $w \in \left[c, \frac{2p+c}{3}\right)$ 时，总是存在着一个帕累托区间 $\phi_r \in \left[0, \frac{2p-3w+c}{2(p-w)}\right)$。**证毕。**

命题 14.8 表明，在 VMI 供应链中，当供应商投入销售努力时，引入 VMI-ϕ_r 契约是十分必要的。如果 $w \in \left[c, \frac{2p+c}{3}\right)$，则 VMI 供应链可以通过引入 VMI-$\phi_r$ 契约实现帕累托改进。其中，一个相对较高的批发价格和一个相对较低的成本共担因子可以共同作用来实现 VMI 供应链成员的双赢。与推论 14.5 类似，帮助电商平台在 VMI 供应链中判断以下两种情况也是十分重要的：①独立投入销售努力；②通过引入 VMI-ϕ_r 契约来诱导供应商投入销售努力。首先，令

$$\Delta U[\pi_{r1}^{sr}] = U[\pi_{r2}^{\phi_r}(e_s^{\phi_r *}, q_2^{\phi_r *})] - U[\pi_{r1}(e_r^*, q_1^*)]$$
$$= \frac{\gamma^2[2\eta_r(w-c)(p-w)(1-\phi_r) - (p-w)^2(1-\phi_r)^2\eta_s - \phi_r\eta_r(w-c)^2]}{2\eta_r\eta_s(1-\phi_r)^2} \tag{14-9}$$

如果 $\Delta U[\pi_{r1}^{sr}] > 0$，则电商平台在 VMI-$\phi_r$ 契约下，可以通过诱导供应商投入销售努力来获得更高的期望效用。通过上述比较分析，可以得到推论 14.6。

推论 14.6 如果 $\phi_r \in (\max(0, H_3), H_4)$，电商平台更愿意通过引入成本共担契约来诱导风险规避的供应商投入销售努力，而不是独自投入销售努力。特别地，在区间 $w \in (c, w_2^*)$ 内，当 $\eta_s = \eta_r = \eta$ 时，$\phi_r \in (\max(0, H_3), H_4)$ 等于 $\phi_r \in (H_3, H_4)$；在区间 $w \in \left[w_2^*, \frac{2p+c}{3}\right)$ 内，$\phi_r \in (\max(0, H_3), H_4)$ 等于 $\phi_r \in [0, H_4)$。这里，$H_3 = \frac{N_3 - (w-c)\sqrt{\eta_r N_4}}{2\eta_s(p-w)^2}$，$H_4 = \frac{N_3 + (w-c)\sqrt{\eta_r N_4}}{2\eta_s(p-w)^2}$，$N_3 = 2\eta_s(p-w)^2 + \eta_r(w^2 - c^2 + 2cp - 2pw)$，$N_4 = \eta_r(c+w)^2 - 4\eta_s(p-w)^2 -$

$4\eta_r p(c-p+w)$；同时，w_2^* 满足 $2cp-6pw-c^2+2p^2+3w^2-\sqrt{(4p-3w-c)(w-c)^3}=0$。

证明：比较 $U[\pi_{r2}^{\phi_r}(e_s^{\phi_r*}, q_2^{\phi_r*})]$ 和 $U[\pi_{r1}(e_r^*, q_1^*)]$，可以发现：

$$\Delta U[\pi_{r1}^{sr}]=U[\pi_{r2}^{\phi_r}(e_s^{\phi_r*}, q_2^{\phi_r*})]-U[\pi_{r1}(e_r^*, q_1^*)]$$
$$=\frac{\gamma^2[2\eta_r(w-c)(p-w)(1-\phi_r)-(p-w)^2(1-\phi_r)^2\eta_s-\phi_r\eta_r(w-c)^2]}{2\eta_r\eta_s(1-\phi_r)^2}$$

只有当 $U[\pi_{r2}^{\phi_r}(e_s^{\phi_r*}, q_2^{\phi_r*})]>U[\pi_{r1}(e_r^*, q_1^*)]$ 时，电商平台才愿意提供成本共担契约来分担供应商的销售努力成本，而不是自己承担全部的销售努力成本。令 $U[\pi_{r2}^{\phi_r}(e_s^{\phi_r*}, q_2^{\phi_r*})]>U[\pi_{r1}(e_r^*, q_1^*)]$，可以得到 $\phi_r\in(H_3, H_4)$，这里 $N_3=2\eta_s(p-w)^2+\eta_r(w^2-c^2+2cp-2pw)$，$N_4=\eta_r(c+w)^2-4\eta_s(p-w)^2-4\eta_r p(c-p+w)$，$H_3=\frac{N_3-(w-c)\sqrt{\eta_r N_4}}{2\eta_s(p-w)^2}$，$H_4=\frac{N_3+(w-c)\sqrt{\eta_r N_4}}{2\eta_s(p-w)^2}$。

由于 0 和 H_3 的大小关系无法确定，因此如果满足 $\phi_r\in(\max(0, H_3), H_4)$，则电商平台更倾向于通过成本共担契约来诱导供应商分担销售努力成本，而不是自己投入销售努力。

特别是，如果 $\eta_s=\eta_r=\eta$，进一步比较 H_3 和 0。令 $T_3=2pc-6pw-c^2+2p^2+3w^2-\sqrt{(4p-3w-c)(w-c)^3}$，可以得到 $\frac{\partial T_3}{\partial w}=-6(p-w)-\frac{6(p-w)(w-c)}{\sqrt{(4p-3w-c)(w-c)}}<0$。因此，可以得到 $\frac{\partial H_3}{\partial w}=\frac{-6(p-w)^2\left(1+\frac{1}{4p-3w-c}\right)-2T_3}{2(p-w)^3}<0$。由于 $w\in\left(c, \frac{2p+c}{3}\right)$，故 $\frac{\partial H_3}{\partial w}<0$ 始终成立。当 w 接近 $\frac{2p+c}{3}$ 时，有 $H_3=-c^2-2p^2+\frac{4p^2+4pc+c^2-2\sqrt{3}(p-c)}{3}<0$；当 w 接近 c 时，有 $H_3=\frac{2p^2-4pc+2c^2}{2(p-c)^2}=1>0$。因此，存在 $w=w_2^*$ 使得 $H_3=0$。当 $w\geqslant w_2^*$ 时，有 $H_3\leqslant 0$，且 $\phi_r\in[0, H_4)$；当 $w<w_2^*$ 时，有 $H_3>0$，且 $\phi_r\in(H_3, H_4)$。这里，w_2^* 满足 $2cp-6pw-c^2+2p^2+3w^2-\sqrt{(4p-3w-c)(w-c)^3}=0$。

综上所述，如果 $\phi_r \notin (\max(0, H_3), H_4)$，电商平台将更愿意分担供应商的销售努力成本，而不是自己进行销售努力。特别是，如果 $\eta_s = \eta_r = \eta$，当 $w \in (c, w_2^*)$ 时，$\phi_r \in (H_3, H_4)$；当 $w \in \left[w_2^*, \frac{2p+c}{3}\right)$时，$\phi_r \in [0, H_4)$。

证毕。

推论 14.6 表明，电商平台是否愿意分担供应商的销售努力成本与 ϕ_r 的具体取值密切相关。如果 $\phi_r \notin (\max(0, H_3), H_4)$，则电商平台宁愿独自进行销售努力，也不愿意供应商来分担其销售努力成本。

第三节　VMI 供应链与 RMI 供应链的比较

RMI 是一种传统的库存管理模式，在本章的 RMI 供应链中，电商平台负责管理库存。由于其简单易实施，RMI 已经广泛应用于实践。本节进一步构建一个 RMI 供应链竞争模型，并对 VMI 供应链和 RMI 供应链的竞争决策进行比较分析。不同于 VMI 供应链，这里假设电商平台是风险规避的，而供应商是风险中性的。

一、RMI 供应链

（一）电商平台投入销售努力

本节考虑电商平台投入销售努力时的决策情形。此时，电商平台的销售努力成本函数为 $g(e) = \eta_r e^2/2$。因此，电商平台的利润可以表示为：

$$\pi_{r3}(e, q) = p\min(D, q) - wq - h_c(D-q)^+ - g(e) \qquad (14-10)$$

根据 CVaR 的定义，电商平台的期望效用可以表示为：

$$\mathrm{CVaR}_{\lambda_r}[\pi_{r3}(e, q)] = \max_{q \geq 0, N \in R}\left\{N - \frac{1}{\lambda_r}E[N - \pi_{r3}(e, q)]^+\right\}, \lambda_r \in (0, 1]$$

$$(14-11)$$

类似于命题 14. 2 的证明，可以得到电商平台的最优销售努力水平和供应量分别为 $e_r^* = \frac{(p-w)\gamma}{\eta_r}$，$q_3^* = F^{-1}\left(\frac{(p-w+h_c)\lambda_r}{p+h_c}\right) + d(e_r^*)$。

给定电商平台的最优供应量和销售努力水平，供应商的期望效用可以表示为：

$$\mathrm{U}[\pi_{s3}(e_r^*, q_{r1}^*)] = (w-c)q_3^* = (w-c)\left[F^{-1}\left(\frac{(p-w+h_c)\lambda_r}{p+h_c}\right) + d(e_r^*)\right] \tag{14-12}$$

为了提高 RMI 供应链成员的期望效用，假设供应商提出一个成本共担因子 $\phi_s(0\leqslant\phi_s\leqslant1)$ 来分担电商平台的销售努力成本。给定 ϕ_s，电商平台决定最优的销售努力水平和供应量。这里，我们将这种契约称为RMI-ϕ_s 契约，并假设 ϕ_s 是外生的，可以由供应商和电商平台协商确定。此时，RMI 供应链成员之间的博弈过程可以描述为：①在销售季节开始之前，RMI 供应链成员协商 ϕ_s 的取值；②电商平台采用 CVaR 工具来决定销售努力水平和供应量。同样地，令 $\pi_{s3}^{\phi_s}(e, q)$ 和 $\pi_{r3}^{\phi_s}(e, q)$ 分别表示 RMI-ϕ_s 契约中供应商和电商平台的利润。进一步可得，电商平台的最优销售努力水平和供应量分别为 $e_r^{\phi_s *} = \frac{(p-w)\gamma}{(1-\phi_s)\eta_r}$，$q_3^{\phi_s *} = F^{-1}\left[\frac{(p-w+h_c)\lambda_r}{p+h_c}\right] + d(e_r^{\phi_s *})$。

（二）供应商投入销售努力

这里，供应商首先作为供应链主导者决定销售努力水平，然后电商平台作为追随者决定供应量。根据逆向归纳法，电商平台的利润可以表示为：

$$\pi_{r4}(e, q) = p\min(D, q) - wq - h_c(D-q)^+ \tag{14-13}$$

根据 CVaR 的定义，电商平台的期望效用可以表示为：

$$\mathrm{CVaR}_{\lambda_r}[\pi_{r4}(e, q)] = \max_{q\geqslant0, N\in R}\left\{N - \frac{1}{\lambda_r}E[N-\pi_{r4}(e, q)]^+\right\}, \lambda_r \in (0, 1) \tag{14-14}$$

根据上式，电商平台决定使其效用最大化的供应量。此外，供应商的期望效用可以表示为：

$$\mathrm{U}[\pi_{s4}(e, q)] = (w-c)q - g(e) \tag{14-15}$$

在RMI供应链中，类似于命题14.1的证明，如果供应商投入销售努力，则供应商和电商平台的最优决策分别为$e_s^* = \frac{(w-c)\gamma}{\eta_s}$，$q_4^* = F^{-1}\left(\frac{(p-w+h_c)\lambda_r}{p+h_c}\right) + d(e_s^*)$。

接下来，引入RMI-ϕ_r契约来提升供应链性能。在该契约中，电商平台提出了通过成本共担因子$\phi_r(0 \leqslant \phi_r \leqslant 1)$来分担供应商的销售努力成本。给定$\phi_r$，供应商首先决定最优的销售努力水平，然后电商平台决定最优的供应量。令$\pi_{s4}^{\phi_r}(e, q)$和$\pi_{r4}^{\phi_r}(e, q)$分别表示RMI-ϕ_r契约下供应商和电商平台的利润。通过逆向归纳法，可以得到供应商的最优销售努力水平为$e_s^{\phi_r *} = \frac{(w-c)\gamma}{(1-\phi_s)\eta_r}$，电商平台的最优供应量为$q_4^{\phi_r *} = F^{-1}\left(\frac{(p-w+h_c)\lambda_r}{p+h_c}\right) + d(e_s^{\phi_r})$。

二、VMI供应链和RMI供应链的比较分析

本节进一步分析不同库存管理模式对供应链成员最优供应量和期望效用的影响。首先，比较电商平台投入销售努力时VMI供应链和RMI供应链中的最优供应量；其次，比较供应商投入销售努力时VMI供应链和RMI供应链中的最优供应量。

命题14.9 分析VMI供应链和RMI供应链的最优供应量，可以得到：①如果$\lambda_r > \frac{(p+h_c)(w-c)}{w(p+h_c-w)}\lambda_s$，则$q_3^* > q_1^*$，$q_3^{\phi_s *} > q_1^{\phi_s *}$，$q_2^* > q_4^*$，$q_2^{\phi_r *} > q_4^{\phi_r *}$；②否则，$q_3^* \leqslant q_1^*$，$q_3^{\phi_s *} \leqslant q_1^{\phi_s *}$，$q_2^* \leqslant q_4^*$，$q_2^{\phi_r *} \leqslant q_4^{\phi_r *}$。

证明： 首先，比较VMI供应链和RMI供应链的最优供应量$q_1^* = F^{-1}\left(\frac{(w-c)\lambda_s}{w}\right) + d(e_r^*)$和$q_3^* = F^{-1}\left(\frac{(p-w+h_c)\lambda_r}{p+h_c}\right) + d(e_r^*)$，可以得到$q_1^* - q_3^* = F^{-1}\left(\frac{(p-w+h_c)\lambda_r}{p+h_c}\right) - F^{-1}\left(\frac{(w-c)\lambda_s}{w}\right)$。

由于$F(x)$是递增函数，$F^{-1}(x)$也随x递增。因此，如果$q_1^* > q_3^*$，则$F^{-1}\left(\frac{(p-w+h_c)\lambda_r}{p+h_c}\right) > F^{-1}\left(\frac{(w-c)\lambda_s}{w}\right)$，即$\frac{(p-w+h_c)\lambda_r}{p+h_c} > \frac{(w-c)\lambda_s}{w}$。显然，

当 $\lambda_r > \dfrac{(p+h_c)(w-c)}{w(p+h_c-w)}\lambda_s$ 时，有 $q_3^* > q_1^*$；否则，有 $q_3^* \leqslant q_1^*$。同样地，比较 $q_2^* = F^{-1}\left(\dfrac{(w-c)\lambda_s}{w}\right) + d(e_s^*)$ 和 $q_4^* = F^{-1}\left(\dfrac{(p-w+h_c)\lambda_r}{p+h_c}\right) + d(e_s^*)$ 可得，当 $\lambda_r > \dfrac{(p+h_c)(w-c)}{w(p+h_c-w)}\lambda_s$ 时，有 $q_2^* > q_4^*$；否则，有 $q_2^* \leqslant q_4^*$。在引入成本共担契约后，上述结论仍然成立。**证毕。**

结合考虑推论 14.1 中性质 4 和推论 14.3 中性质 4 可知，在 VMI 供应链中，供应商的最优供应量随其风险规避程度（λ_s）递减。类似地，在 RMI 供应链中，随着电商平台风险规避程度（λ_r）的降低，电商平台的最优供应量逐渐增加。

命题 14.9 比较了电商平台或供应商投入销售努力时，给定不同的电商平台和供应商的风险规避程度组合条件下 VMI 供应链和 RMI 供应链中供应量的大小关系。根据命题 14.9 可知：①对于电商平台投入销售努力时的 VMI 供应链和 RMI 供应链而言，如果电商平台在 RMI 供应链中的风险规避程度较低，而供应商在 VMI 供应链中的风险规避程度相对较高，即 $\lambda_r > \dfrac{(p+h_c)(w-c)}{w(p+h_c-w)}\lambda_s$，则 RMI 供应链的最优供应量高于 VMI 供应链的最优供应量；引入成本共担契约后，上述结论仍然成立。②对于供应商投入销售努力时的 VMI 供应链和 RMI 供应链而言，如果供应商在 VMI 供应链中的风险规避程度较低，而电商平台在 RMI 供应链中的风险规避程度较高，即 $\lambda_s \geqslant \dfrac{w(p+h_c-w)}{(p+h_c)(w-c)}\lambda_r$，则 VMI 供应链的最优供应量高于 RMI 供应链的最优供应量；引入成本共担契约后，上述结论仍然成立。

通过上述分析可以发现，风险规避程度对供应链成员的供应量决策具有重要影响。下列命题进一步说明了在不同库存管理模式下，风险规避程度如何影响供应链成员的期望效用。该结论可以为不同风险规避程度下的库存管理模式选择提供理论依据。

命题 14.10 分析 VMI 供应链和 RMI 供应链成员的期望效用可得：①如

果 $0<\lambda_r<\dfrac{(p+h_c)\int_0^{M_4}F(\xi)\mathrm{d}\xi}{(p+h_c-w)\left[M_4-M_5+\int_0^{M_5}F(\xi)\mathrm{d}\xi\right]}$，则 $\mathrm{CVaR}_{\lambda_r}[\pi_{r3}(e_r^*, q_3^*)]<\mathrm{U}[\pi_{r1}(e_r^*, q_1^*)]$，$\mathrm{CVaR}_{\lambda_r}[\pi_{r4}(e_s^*, q_4^*)]<\mathrm{U}[\pi_{r2}(e_s^*, q_2^*)]$；如果 $\dfrac{(p+h_c)\int_0^{M_4}F(\xi)\mathrm{d}\xi}{(p+h_c-w)\left[M_4-M_5+\int_0^{M_5}F(\xi)\mathrm{d}\xi\right]}\leqslant\lambda_r\leqslant 1$，则 $\mathrm{CVaR}_{\lambda_r}[\pi_{r3}(e_r^*, q_3^*)]\geqslant\mathrm{U}[\pi_{r1}(e_r^*, q_1^*)]$，$\mathrm{CVaR}_{\lambda_r}[\pi_{r4}(e_s^*, q_4^*)]\geqslant\mathrm{U}[\pi_{r2}(e_s^*, q_2^*)]$；②如果 $0<\lambda_r<\dfrac{p+h_c}{p+h_c-w}F\left(M_5-\dfrac{w}{\lambda_s(w-c)}\int_0^{M_5}F(\xi)\mathrm{d}\xi\right)$，则 $\mathrm{U}[\pi_{s3}(e_r^*, q_3^*)]<\mathrm{CVaR}_{\lambda_r}[\pi_{s1}(e_r^*, q_1^*)]$，$\mathrm{U}[\pi_{s4}(e_s^*, q_4^*)]<\mathrm{CVaR}_{\lambda_s}[\pi_{s2}(e_s^*, q_2^*)]$；如果 $\dfrac{p+h_c}{p+h_c-w}F\left(M_5-\dfrac{w}{\lambda_s(w-c)}\int_0^{M_5}F(\xi)\mathrm{d}\xi\right)\leqslant\lambda_r\leqslant 1$，则 $\mathrm{U}[\pi_{s3}(e_r^*, q_3^*)]\geqslant\mathrm{CVaR}_{\lambda_s}[\pi_{s1}(e_r^*, q_1^*)]$，$\mathrm{U}[\pi_{s4}(e_s^*, q_4^*)]\geqslant\mathrm{CVaR}_{\lambda_s}[\pi_{s2}(e_s^*, q_2^*)]$。这里，$M_4=F^{-1}\left(\dfrac{\lambda_r(p+h_c-w)}{p+h_c}\right)$，$M_5=F^{-1}\left(\dfrac{\lambda_s(w-c)}{w}\right)$。

证明：

1. 电商平台投入销售努力时，分析 VMI 供应链和 RMI 供应链中电商平台最优期望效用的差值，具体如下：

$$
\begin{aligned}
&\mathrm{CVaR}_{\lambda_r}[\pi_{r3}(e_r^*, q_3^*)]-\mathrm{U}[\pi_{r1}(e_r^*, q_1^*)]\\
&=(p+h_c-w)\left[q_3^*-q_1^*+\int_0^{q_1^*-d(e_r^*)}F(\xi)\mathrm{d}\xi\right]-\frac{p+h_c}{\lambda_r}\int_0^{q_3^*-d(e_r^*)}F(x)\mathrm{d}x\\
&=(p+h_c-w)\left[F^{-1}\left(\frac{(p-w+h_c)\lambda_r}{p+h_c}\right)-F^{-1}\left(\frac{(w-c)\lambda_s}{w}\right)\right]\\
&\quad-\frac{p+h_c}{\lambda_r}\int_0^{F^{-1}\left(\frac{(p-w+h_c)\lambda_r}{p+h_c}\right)}F(x)\mathrm{d}x
\end{aligned}
$$

由此可得，当 $\dfrac{(p+h_c)\int_0^{M_4}F(\xi)\mathrm{d}\xi}{(p+h_c-w)\left[M_4-M_5+\int_0^{M_5}F(\xi)\mathrm{d}\xi\right]}\leqslant\lambda_r\leqslant 1$ 时，$\mathrm{CVaR}_{\lambda_r}[\pi_{r3}(e_r^*, q_3^*)]\geqslant\mathrm{U}[\pi_{r1}(e_r^*, q_1^*)]$。这里 $M_4=F^{-1}\left(\dfrac{\lambda_r(p+h_c-w)}{p+h_c}\right)$，$M_5=$

$F^{-1}\left(\frac{\lambda_s(w-c)}{w}\right)$。由于$\lambda_r \in (0, 1]$，因此$\lambda_r \in \left[\frac{(p+h_c)\int_0^{M_4}F(\xi)d\xi}{(p+h_c-w)[M_4-M_5+\int_0^{M_5}F(\xi)d\xi]}, 1\right]$。

当供应商投入销售努力时，电商平台期望效用的比较与上述分析类似。

2. 电商平台进行销售努力时，分析 VMI 和 RMI 供应链中供应商最优期望效用的差值，具体如下：

$$
\begin{aligned}
&U[\pi_{s3}(e_r^*, q_3^*)] - \mathrm{CVaR}_{\lambda_s}[\pi_{s1}(e_r^*, q_1^*)] \\
&= (w-c)(q_3^* - q_1^*) + \frac{w}{\lambda_s}\int_0^{q_1^*-d(e_r^*)} F(\xi)\,d\xi \\
&= (w-c)\left[F^{-1}\left(\frac{(p-w+h_c)\lambda_r}{p+h_c}\right) - F^{-1}\left(\frac{(w-c)\lambda_s}{w}\right)\right] \\
&\quad + \frac{w}{\lambda_s}\int_0^{F^{-1}\left(\frac{(w-c)\lambda_s}{w}\right)} F(x)\,dx
\end{aligned}
$$

由此可得，当$\frac{p+h_c}{p+h_c-w}F\left(M_5 - \frac{w}{\lambda_s(w-c)}\int_0^{M_5}F(\xi)d\xi\right) \leqslant \lambda_r \leqslant 1$时，$U[\pi_{s3}(e_r^*, q_3^*)] \geqslant \mathrm{CVaR}_{\lambda_s}[\pi_{s1}(e_r^*, q_1^*)]$。由于$\lambda_r \in (0, 1]$，因此$\lambda_r \in \left[\frac{p+h_c}{p+h_c-w}F(M_5 - \frac{w}{\lambda_s(w-c)}\int_0^{M_5}F(\xi)d\xi), 1\right]$。当电商平台投入销售努力时，供应商期望效用的比较与上述分析类似。**证毕。**

根据命题 14.10，通过比较 VMI 供应链和 RMI 供应链中各成员的期望效用，可以发现：①当电商平台或供应商投入销售努力时，如果电商平台的风险规避程度相对较高，即$0 < \lambda_r < \frac{(p+h_c)\int_0^{M_4}F(\xi)d\xi}{(p+h_c-w)[M_4-M_5+\int_0^{M_5}F(\xi)d\xi]}$，则电商平台在 RMI 供应链中的最优期望效用总是低于其在 VMI 供应链中的最优期望效用；如果电商平台的风险规避程度相对较低，即$\frac{(p+h_c)\int_0^{M_4}F(\xi)d\xi}{(p+h_c-w)[M_4-M_5+\int_0^{M_5}F(\xi)d\xi]} \leqslant \lambda_r \leqslant 1$，则电商平台在 RMI 供应链中的最优期望效用总是高于其在 VMI 供应链中的最优期望效用。②当电商平

台或供应商投入销售努力时，如果电商平台的风险规避程度相对较高，即 $0<\lambda_r<\frac{p+h_c}{p+h_c-w}F\left(M_5-\frac{w}{\lambda_s(w-c)}\int_0^{M_5}F(\xi)\mathrm{d}\xi\right)$，则供应商在RMI供应链中的最优期望效用总是低于其在VMI供应链中的最优期望效用；如果电商平台的风险规避程度相对较低，即 $\frac{p+h_c}{p+h_c-w}F\left(M_5-\frac{w}{\lambda_s(w-c)}\int_0^{M_5}F(\xi)\mathrm{d}\xi\right)\leqslant\lambda_r\leqslant1$，则供应商在RMI供应链中的最优期望效用总是高于其在VMI供应链中的最优期望效用。显然，引入成本共担契约后，上述结论仍然成立。

第四节 数值分析

进一步通过数值分析来验证上述解析结论，假设需求的确定部分满足 $d(e)=200+50e$，需求的随机部分服从参数为 $\frac{1}{1000}$ 的指数分布。因此，随机部分 ξ 的概率密度函数和累积分布函数为：

$$f(\xi)=\begin{cases}\frac{1}{1000}e^{-\frac{\xi}{1000}},\ \xi>0\\0,\ \xi\leqslant0\end{cases}$$

$$F(\xi)=\begin{cases}1-e^{-\frac{\xi}{1000}},\ \xi>0\\0,\ \xi\leqslant0\end{cases}$$

假设 $f(0)=0$，$F(0)=0$。其他参数设定如下：$\rho_1=\{c=5,\ p=25,\ h_c=2,\ \lambda_s=0.7,\ \lambda_r=0.8,\ \eta_r=110,\ \eta_s=100\}$。首先，在未引入成本共担契约的VMI供应链中，比较分析了两种销售努力模式下供应链的最优销售努力水平和供应量，具体如图14.2（a）所示。由此可知，如果 $5<w<14.52$，则 $e_r^*>e_s^*$，$q_1^*>q_2^*$；如果 $14.52\leqslant w\leqslant25$，则 $e_r^*\leqslant e_s^*$，$q_1^*\leqslant q_2^*$。接下来，假设批发价格 $w=15$，进一步讨论引入成本共担契约后，给定 $\phi_r=0.3$ 的情况下，ϕ_s 对最优决策的影响。随着 ϕ_s 的增加，两种销售努力模式下最优决策的比较如图14.2（b）所示。如果 $0<\phi_s<0.36$，则 $e_r^{\phi_s*}<e_s^{\phi_r*}$，$q_1^{\phi_s*}<q_2^{\phi_r*}$；如果 $0.36\leqslant\phi_s\leqslant1$，则 $e_r^{\phi_s*}\geqslant e_s^{\phi_r*}$，$q_1^{\phi_s*}\geqslant q_2^{\phi_r*}$。

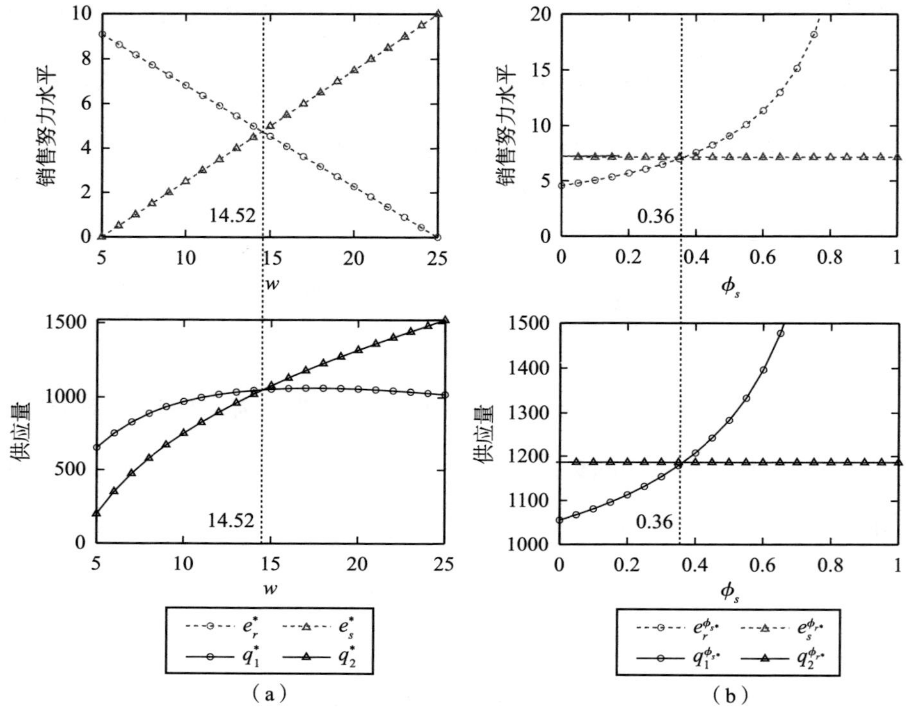

图 14.2　VMI 供应链的最优销售努力水平和供应量

在未引入成本共担契约的情况下，VMI 供应链成员在两种销售努力模式下的最优期望效用比较如图 14.3 所示。如果 $5 \leqslant w < 11.25$，则供应商和电商平台均可以在供应商投入销售努力时获得更高的期望效用；如果 $17.90 \leqslant w \leqslant 25$，则供应商和电商平台均可以在电商平台投入销售努力时获得更高的期望效用；如果 $11.25 \leqslant w < 17.90$，则供应商投入销售努力时，电商平台可以获得比其自身投入销售努力时更高的期望效用。

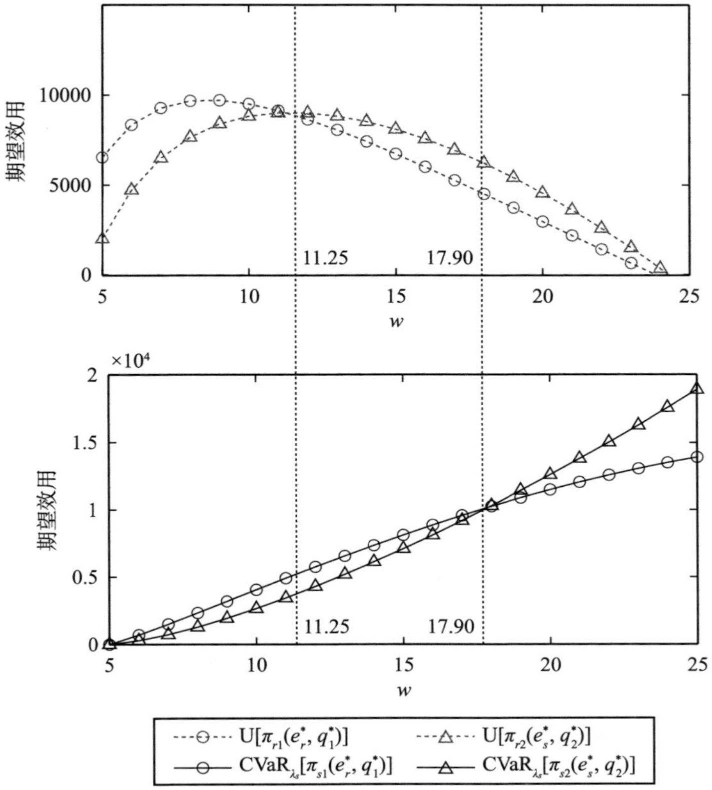

图 14.3　VMI 供应链最优期望效用随 w 的变化情况

在 VMI 供应链中引入成本共担契约后，重点讨论 ϕ_s 对供应链成员最优决策的影响。其中，在参数集 ρ_1 的基础上进一步假设 $w=15$。如图 14.4 所示，令 $\phi_r=0.15$，可以得到 $M_1=0.57$，$M_2=-0.91$，$M_3=0.60$。图 14.4（a）表明，对于电商平台而言，如果 $\phi_s\in[0,\ 0.57)$，则 $\mathrm{U}[\pi_{r1}^{\phi_s}(e_r^{\phi_s*},\ q_1^{\phi_s*})]<\mathrm{U}[\pi_{r2}^{\phi_r}(e_s^{\phi_r*},\ q_2^{\phi_r*})]$；如果 $\phi_s\in[0.57,\ 1]$，则 $\mathrm{U}[\pi_{r1}^{\phi_s}(e_r^{\phi_s*},\ q_1^{\phi_s*})]\geqslant\mathrm{U}[\pi_{r2}^{\phi_r}(e_s^{\phi_r*},\ q_2^{\phi_r*})]$。对于供应商而言，如果 $\phi_s\in[0,\ 0.60)$，则 $\mathrm{CVaR}_{\lambda_s}[\pi_{s1}^{\phi_s}(e_r^{\phi_s*},\ q_1^{\phi_s*})]>\mathrm{CVaR}_{\lambda_s}[\pi_{s2}^{\phi_r}(e_s^{\phi_r*},\ q_2^{\phi_r*})]$；如果 $\phi_s\in[0.60,\ 1]$，则 $\mathrm{CVaR}_{\lambda_s}[\pi_{s1}^{\phi_s}(e_r^{\phi_s*},\ q_1^{\phi_s*})]\leqslant\mathrm{CVaR}_{\lambda_s}[\pi_{s2}^{\phi_r}(e_s^{\phi_r*},\ q_2^{\phi_r*})]$。综上所述，给定 $\phi_r=0.15$，在不同的 ϕ_s 下，供应链成员的期望效用存在三种不同的比较结果：如果 $0\leqslant$

$\phi_s<0.57$，则电商平台在供应商投入销售努力时可以获得高于其自身投入销售努力时的期望效用，但供应商自身投入销售努力时获得的期望效用低于电商平台投入销售努力时的期望效用；如果 $0.57 \leqslant \phi_s<0.60$，则供应商和电商平台均可以在电商平台投入销售努力时获得更高的期望效用；如果 $0.60 \leqslant \phi_s \leqslant 1$，则电商平台在供应商投入销售努力时获得的期望效用比其自身投入销售努力时更低的期望效用，但是供应商可以在其自身投入销售努力时获得更高的期望效用。若假设 $\phi_r=0.5$，则得到 $M_1=0.55$，$M_2=0.22$，$M_3=0.42$。图 14.4（b）显示，给定相对较低的 ϕ_s 或相对较高的 ϕ_s，供应商在其自身投入销售努力时可以获得比电商平台投入销售努力时更高的期望效用。

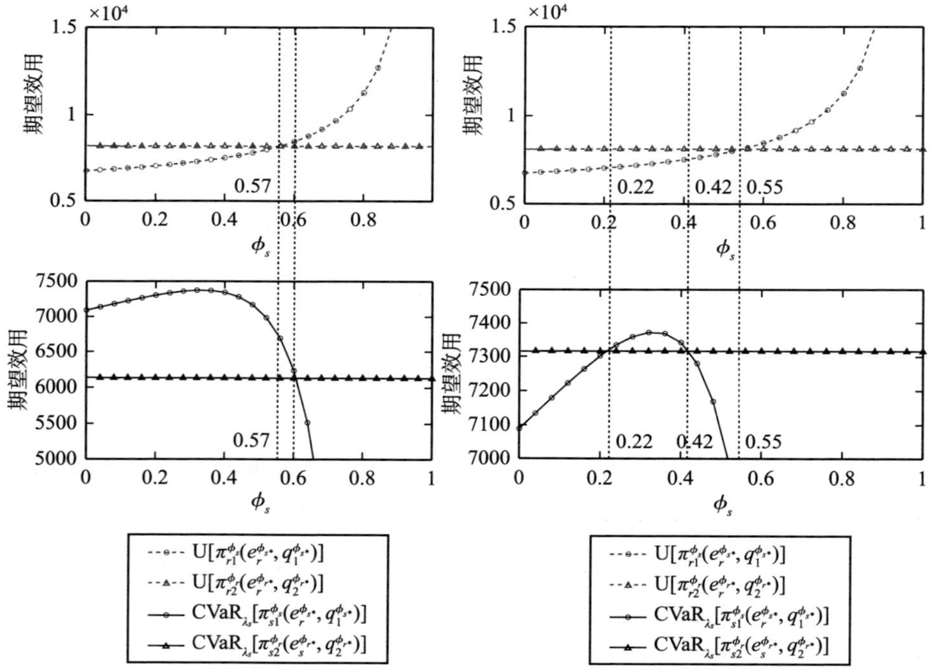

（a）　　　　（b）

图 14.4　VMI 供应链的最优期望效用比较分析

接下来，引入一个新的参数集 $\rho_2=\{c=5, w=16, p=23, h_c=2, \lambda_s=0.6, \lambda_r=0.8, \eta_r=110, \eta_s=80\}$ 来进行数值分析。图 14.5 展示了电商平

台或供应商投入销售努力时，VMI 供应链的帕累托改进区间，如命题 14.7 和命题 14.8 所述。图 14.5（a）表明，给定参数集 ρ_2，当电商平台投入销售努力时，电商平台和供应商均可以通过引入 VMI-ϕ_s 契约获得更高的期望效用，且帕累托改进区间为 $\phi_s \in [0, 0.68)$。类似地，图 14.5（b）表明，给定参数集 ρ_2，当供应商投入销售努力时，电商平台和供应商均可以通过引入 VMI-ϕ_r 契约获得更高的期望效用，且帕累托改进区间为 $\phi_r \in [0, 0.21)$。进一步比较图 14.5（a）和图 14.5（b）可知，在区间 $\phi_s \in (0.11, 0.67)$ 内，供应商可以通过诱导电商平台在 VMI-ϕ_s 契约下分担部分销售努力成本来获得更高的期望效用，正如推论 14.5 所述。

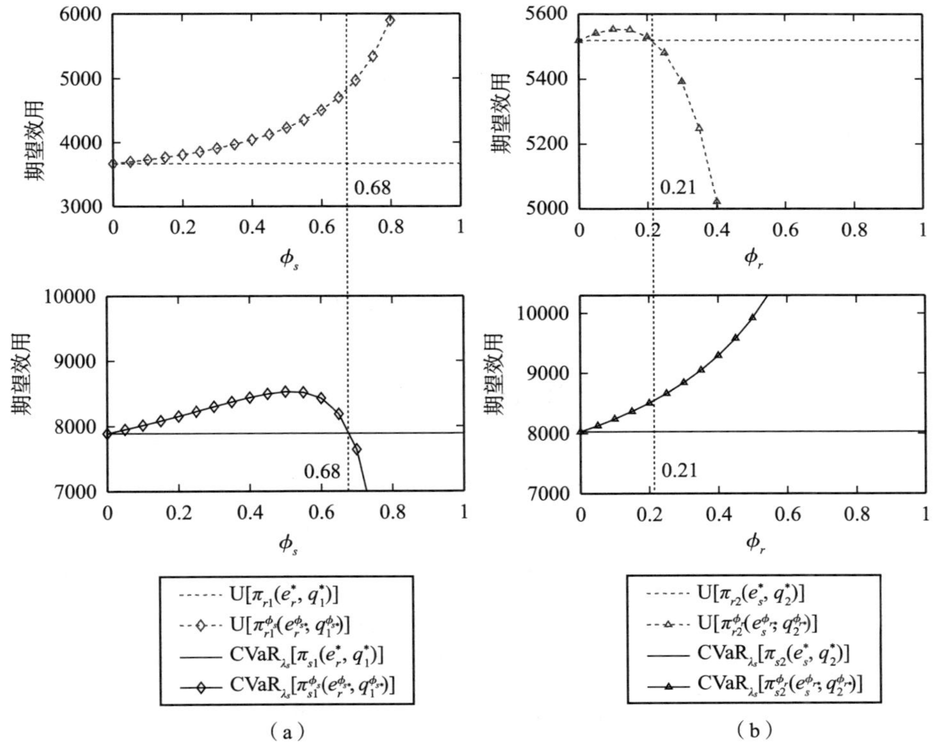

图 14.5　VMI 供应链中引入成本共担契约时的帕累托改进区间

接下来，讨论风险规避程度 λ_r 对最优供应量决策的影响，进而验证命题

14.9 的结论。这里，设定参数集 $\rho_3=\{c=5,\ p=30,\ h_c=2,\ \eta_r=110,\ \eta_s=100,\ w=16,\ \phi_s=0.3,\ \phi_r=0.4\}$ 来进行数值分析。给定 $\lambda_s=0.3$，进一步讨论 λ_r 对最优决策的影响，具体如图 14.6 所示。如果 $\lambda_r>0.41$，则无论电商平台还是供应商投入销售努力，RMI 供应链的最优供应量均高于 VMI 供应链的最优供应量。引入成本共担契约后，上述结论仍然成立。如果 $\lambda_r\leqslant 0.41$，则可以得到相反的结论。

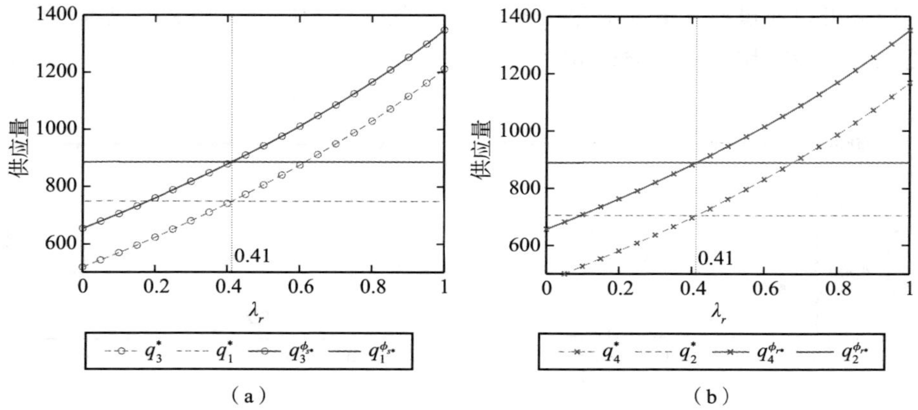

图 14.6　VMI 供应链和 RMI 供应链的最优供应量

进一步比较给定不同风险规避程度下供应链成员的期望效用。图 14.7（a）显示了电商平台投入销售努力时，VMI 供应链和 RMI 供应链成员的期望效用随 λ_r 的变化情况。通过比较分析可知，如果 $0<\lambda_r\leqslant 0.72$，则 $CVaR_{\lambda_r}[\pi_{r3}(e_r^*,\ q_3^*)]\leqslant U[\pi_{r1}(e_r^*,\ q_1^*)]$；如果 $0<\lambda_r\leqslant 0.21$，则 $U[\pi_{s3}(e_r^*,\ q_3^*)]\leqslant CVaR_{\lambda_s}[\pi_{s1}(e_r^*,\ q_1^*)]$。从供应链整体来看，当电商平台的风险规避程度不同时，供应链成员的期望效用比较存在着三种可能的结果：如果 $0<\lambda_r\leqslant 0.21$，则电商平台和供应商均可以在 VMI 供应链中获得更高的期望效用；如果 $0.21<\lambda_r\leqslant 0.72$，则电商平台可以 VMI 供应链中获得更高的期望效用，而供应商可以在 RMI 供应链中获得更高的期望效用；如果 $0.72<\lambda_r\leqslant 1$，则电商平台和供应商均可以在 RMI 供应链中获得更高的期望效用。当供应商投入销售努力时，可以得到类似的结论，具体如图 14.7（b）所示。

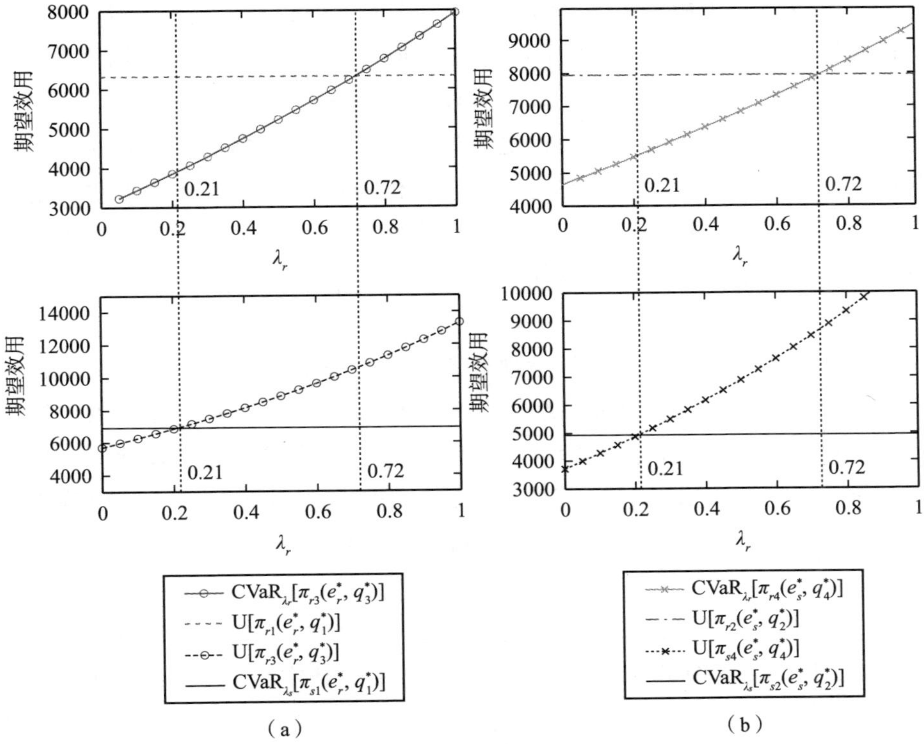

图 14.7　VMI 供应链和 RMI 供应链成员的期望效用随 λ_r 的变化情况

第五节　本章小结

本章在假设库存管理者风险规避的前提下，构建了由一个电商平台和一个供应商组成的两级供应链，比较了电商平台或供应商投入销售努力时供应链的供应量和销售努力水平决策。进一步地，通过引入成本共担契约来优化不同运作模式下的供应链。研究发现，在引入成本共担契约后，供应链可以实现帕累托改进。此外，本章还比较了 VMI 供应链和 RMI 供应链之间的决策差异。最后，在数值分析的基础上，给出了不同批发价格、不同成本共担因子、不同风险规避程度下供应链的最优库存管理模式和销售努力模式的具体选择方案。本章的主要工作和研究结论可以概括如下：

1. 当销售努力由不同的 VMI 供应链成员承担时，比较了供应量和销售努力的决策差异。可以发现，在不同的批发价格下，供应链成员对销售努力投入的偏好是不同的。在批发价格相对较低的情况下，当电商平台投入销售努力时，VMI 供应链成员均获得更高的期望效用。在批发价格相对较高的情况下，当供应商投入销售努力时，VMI 供应链成员均能够获得更高的期望效用。当批发价格处于中间水平时，通过对比 VMI 供应链成员在不同销售努力模式下的期望效用，发现没有一种模式能够实现供应商和电商平台之间的双赢。

2. 本章将库存管理者的风险规避态度引入进来，丰富了 VMI 供应链和 RMI 供应链管理理论。研究发现，库存管理者的风险规避程度对供应链成员的库存管理模式具有重要影响。当供应商的风险规避程度较低时，供应链成员可以在 VMI 供应链中获得更高的期望效用。相比之下，当电商平台的风险规避程度较低时，供应链成员可以在 RMI 供应链中获得更高的期望效用。

3. 本章研究强调了成本共担契约在优化 VMI 供应链和 RMI 供应链性能方面的价值。在 VMI 供应链和 RMI 供应链中引入成本共担契约，分析得到了不同供应链下的帕累托改进方案。可以发现，总是存在着一个合适的成本共担因子区间，能够使供应链成员的期望效用均得到提升。

本章主要的管理启示有以下三点：第一，在 VMI 供应链中，供应链成员的销售努力偏好与产品的批发价格密切相关。当批发价格相对较低时，供应链成员可以在电商平台投入销售努力时获得更高的期望效用；当批发价格相对较高时，供应链成员可以在供应商投入销售努力时获得更高的期望效用。这些研究结果有助于提高不同类型的 VMI 供应链的性能。第二，库存管理者的风险规避程度对供应链成员的库存管理模式偏好具有重要影响。当库存管理者的风险规避程度相对较低时，VMI 模式优于 RMI 模式；而当库存管理者的风险规避程度相对较低时，RMI 模式优于 VMI 模式。第三，本章为不同库存管理模式和销售努力模式下引入成本共担契约时，供应链成员成本共担因子的确定提出了合理的建议。

最后，本章还讨论了潜在的研究方向。首先，当前的研究只考虑了需求不确定。但是，由于技术水平和生产环境中存在的风险，产出不确定也可能是不可避免的。今后的研究可以同时考虑需求和产出不确定性来构建竞争模型。此外，还可以考虑供应链所有成员风险规避的情况。最后，考虑到电商平台更贴近市场，更有可能获得私有的需求信息。因此，在模型中引入需求信息不对称将是一项非常有趣的工作。

本篇参考文献

[1] 陈旭，李珊珊．药品供应链质量规制策略研究［J］．信息与管理研究，2019，4（1）：1－18．

[2] 伏红勇，但斌，王磊，等．CVaR 准则下“公司＋农户”模式的天气看跌期权契约［J］．管理科学学报，2020，23（11）：59－73．

[3] 黄河，曾能民，徐鸿雁．独占、授权还是共享？——存在随机产出风险的高技术企业专利运作战略研究［J］．管理科学学报，2020，23（6）：1－17．

[4] Adhikari A，Bisi A，Avittathur B. Coordination mechanism，risk sharing，and risk aversion in a five-level textile supply chain under demand and supply uncertainty［J］. European Journal of Operational Research，2020，282（1）：93－107.

[5] Amulu P S，Maheswari V，Balaji V. Operations research for supply chain management－An overview of issue and contributions［J］. Journal of Physics. Conference Series，2021，1964（2）：22010.

[6] Anderson E，Monjardino M. Contract design in agriculture supply chains with random yield［J］. European Journal of Operational Research，2019，277（3）：1072－1082.

[7] Arifoğlu K，Deo S，Seyed M R，et al. Consumption externality and yield uncertainty in the influenza vaccine supply chain：Interventions in demand and supply sides［J］. Management Science，2012，58（6）：1072－1091.

[8] Bai Q，Chen M，Xu L. Revenue and promotional cost-sharing contract versus

two-part tariff contract in coordinating sustainable supply chain systems with deteriorating items [J]. International Journal of Production Economics, 2017, 187: 85 – 101.

[9] Bai Q, Xu J, Chauhan S S. Effects of sustainability investment and risk aversion on a two-stage supply chain coordination under a carbon tax policy [J]. Computers & Industrial Engineering, 2020, 142: 106324.

[10] Basiri Z, Heydari J. A mathematical model for green supply chain coordination with substitutable products [J]. Journal of Cleaner Production, 2017, 145: 232 – 249.

[11] Cao B, Fan Z. Ordering and sales effort investment for temperature-sensitive products considering retailer's disappointment aversion and elation seeking [J]. International Journal of Production Research, 2018, 56 (7): 2411 – 2436.

[12] Cao K, Xu X, Bian Y, et al. Optimal trade-in strategy of business-to-consumer platform with dual-format retailing model [J]. Omega, 2019, 82: 181 – 192.

[13] Charnes A, Cooper W. Chance-constrained programming [J]. Management Science, 1959, 6 (1): 73 – 79.

[14] Chatterjee K, Samuelson W. Game theory and business applications [M]. New York, NY: Springer, 2013.

[15] Chen L G, Long D Z, Perakis G. The impact of a target on newsvendor decisions [J]. Manufacturing & Service Operations Management, 2015, 17 (1): 78 – 86.

[16] Chen X, Sim M, Simchi-Levi D, et al. Risk aversion in inventory management [J]. Operations Research, 2007, 55 (5): 828 – 842.

[17] Chen Y, Xu M, Zhang Z G. A risk-averse newsvendor model under the CVaR criterion [J]. Operations Research, 2009, 57 (4): 1040 – 1044.

[18] Chernonog T, Avinadav T, Ben-Zvi T. Pricing and sales-effort investment under bi-criteria in a supply chain of virtual products involving risk [J]. European Journal of Operational Research, 2015, 246 (2): 471 – 475.

[19] Chiu C H, Choi T M, Hao G, et al. Innovative menu of contracts for coordinating a supply chain with multiple mean-variance retailers [J]. European Journal of Operational Research, 2015, 246 (3): 815-826.

[20] Chiu C H, Choi T M. Supply chain risk analysis with mean-variance models: A technical review [J]. Annals of Operations Research, 2016, 240 (2): 489-507.

[21] Choi T M, Chiu C H. Mean-downside-risk and mean-variance newsvendor models, Implications for sustainable fashion retailing [J]. International Journal of Production Economics, 2012, 135 (2): 552-560.

[22] Choi T M, Li D, Yan H. Mean-variance analysis for the newsvendor problem [J]. IEEE Transactions on Systems, Man, and Cybernetics - Part A, Systems and Humans, 2008a, 38 (5): 1169-1180.

[23] Choi T M, Li D, Yan H. Mean-variance analysis of a single supplier and retailer supply chain under a return policy [J]. European Journal of Operational Research, 2008b, 184 (1): 356-376.

[24] Choi T M, Li D, Yan H, et al. Channel coordination in supply chains with agents having mean-variance objectives [J]. Omega, 2008c, 36 (4): 565-576.

[25] Chung H, Lee E. Asymmetric relationships with symmetric suppliers: Strategic choice of supply chain price leadership in a competitive market [J]. European Journal of Operational Research, 2017, 259 (2): 564-575.

[26] Dittfeld H, Scholten K, Van Donk D P. Proactively and reactively managing risks through sales & operations planning [J]. International Journal of Physical Distribution & Logistics Management, 2021, 51 (6): 566-584.

[27] Eskandarzadeh S, Eshghi K, Bahramgiri M. Risk shaping in production planning problem with pricing under random yield [J]. European Journal of Operational Research, 2016, 253: 108-120.

[28] Esmaeili M, Aryanezhad M, Zeephongsekul P. A game theory approach in seller-buyer supply chain [J]. European Journal of Operational Research, 2009, 195 (2): 442-448.

[29] Fagundes M V C, Teles E O, Vieira de Melo S A B, et al. Supply chain risk management modelling: A systematic literature network analysis review [J]. IMA Journal of Management Mathematics, 2020, 31 (4): 387 - 416.

[30] Fan J, Ni D, Fang X. Liability cost sharing, product quality choice, and coordination in two-echelon supply chains [J]. European Journal of Operational Research, 2020b, 284 (2): 514 - 537.

[31] Fan K, Li X, Wang L, et al. Two-stage supply chain contract coordination of solid biomass fuel involving multiple suppliers [J]. Computers & Industrial Engineering, 2019, 135: 1167 - 1174.

[32] Fan Y, Feng Y, Shou Y. A risk-averse and buyer-led supply chain under option contract: CVaR minimization and channel coordination [J]. International Journal of Production Economics, 2020a, 219: 66 - 81.

[33] Felfel H, Ayadi O, Masmoudi F. Multi-objective stochastic multi-site supply chain planning under demand uncertainty considering downside risk [J]. Computers & Industrial Engineering, 2016, 102: 268 - 279.

[34] Gan X, Sethi S P, Yan H. Channel coordination with a risk-neutral supplier and a downside-risk-averse retailer [J]. Production and Operations Management, 2005, 14 (1): 80 - 89.

[35] Ghosh D, Shah J. Supply chain analysis under green sensitive consumer demand and cost sharing contract [J]. International Journal of Production Economics, 2015, 164: 319 - 329.

[36] Giri B C, Bardhan S. Coordinating a supply chain under uncertain demand and random yield in presence of supply disruption [J]. International Journal of Production Research, 2015, 53 (16): 5070 - 5084.

[37] Giri B C, Sarker B R. Improving performance by coordinating a supply chain with third party logistics outsourcing under production disruption [J]. Computers & Industrial Engineering, 2017, 103: 168 - 177.

[38] Giri B C. Managing inventory with two suppliers under yield uncertainty and risk aversion [J]. International Journal of Production Economics, 2011,

133 (1): 80 –85.

[39] Golmohammadi A, Hassini E. Capacity, pricing and production under supply and demand uncertainties with an application in agriculture [J]. European Journal of Operational Research, 2019, 275 (3): 1037 –1049.

[40] Gotoh J, Takano Y. Newsvendor solutions via conditional value-at-risk minimization [J]. European Journal of Operational Research, 2007, 179 (1): 80 –96.

[41] Grootveld H, Hallerbach W. Variance vs downside risk: Is there really that much difference? [J]. European Journal of Operational Research, 1999, 114 (2): 304 –319.

[42] Güler M G, Keskin M E. On coordination under random yield and random demand [J]. Expert Systems with Applications, 2013, 40 (9): 3688 –3695.

[43] He P, He Y, Shi C, et al. Cost-sharing contract design in a low-carbon service supply chain [J]. Computers & Industrial Engineering, 2020, 139: 106160.

[44] He Y. Supply risk sharing in a closed-loop supply chain [J]. International Journal of Production Economics. 2017, 183: 39 –52.

[45] Ho W, Zheng T, Yildiz H, et al. Supply chain risk management: A literature review [J]. International Journal of Production Economics, 2015, 53 (16): 5031 –5069.

[46] Hu F, Lim C C, Lu Z. Coordination of supply chains with a flexible ordering policy under yield and demand uncertainty [J]. International Journal of Production Economics, 2013, 146 (2): 686 –693.

[47] Hu F, Lim C C, Lu Z. Optimal production and procurement decisions in a supply chain with an option contract and partial backordering under uncertainties [J]. Applied Mathematics and Computation, 2014, 232 (1): 1225 –1234.

[48] Hu J, Hu Q, Xia Y. Who should invest in cost reduction in supply chains? [J]. International Journal of Production Economics, 2019, 207: 1 –18.

[49] Huang F, He J, Lei Q. Coordination in a retailer-dominated supply chain with a risk-averse manufacturer under marketing dependency [J]. International Transactions in Operational Research, 2020, 27 (6): 3056 - 3078.

[50] Huang F, He J, Wang J. Coordination of VMI supply chain with a loss-averse manufacturer under quality-dependency and marketing-dependency [J]. Journal of Industrial and Management Optimization, 2019, 15 (4): 1753 - 1772.

[51] Jiang Y, Shang J, Liu Y, et al. Redesigning promotion strategy for e-commerce competitiveness through pricing and recommendation [J]. International Journal of Production Economics, 2015, 167: 257 - 270.

[52] Laaksonen T, Jarimo T, Kulmala H I. Cooperative strategies in customer-supplier relationships: The role of interfirm trust [J]. International Journal of Production Economics, 2009, 120 (1): 79 - 87.

[53] Lau H S. The newsboy problem under alternative optimization objectives [J]. Journal of Operational Research Society, 1980, 31 (6): 525 - 535.

[54] Li B, An S, Song D. Selection of financing strategies with a risk-averse supplier in a capital-constrained supply chain [J]. Transportation Research Part E: Logistics and Transportation Review, 2018, 118: 163 - 183.

[55] Li J, Zhou Y, Huang W. Production and procurement strategies for seasonal product supply chain under yield uncertainty with commitment-option contracts [J]. International Journal of Production Economics, 2017, 183: 208 - 222.

[56] Li X, Li Y, Cai X. Remanufacturing and pricing decisions with random yield and random demand [J]. Computers & Operations Research, 2015a, 54: 195 - 203.

[57] Li Y, Ye F, Lin Q. Optimal lead time policy for short life cycle products under Conditional Value-at-Risk criterion [J]. Computers & Industrial Engineering, 2015b, 88: 354 - 365.

[58] Lin Q, He J. Supply chain contract design considering the supplier's asset structure and capital constraints [J]. Computers & Industrial Engineering,

2019, 137: 106044.

[59] Lin Q, Su X, Peng Y. Supply chain coordination in confirming warehouse financing [J]. Computers & Industrial Engineering, 2018, 118: 104 - 111.

[60] Lin Q, Zhao Q, Lev B. Influenza vaccine supply chain coordination under uncertain supply and demand [J]. European Journal of Operational Research, 2022, 297 (3): 930 - 948.

[61] Liu B, Ma S, Guan X, et al. Timing of sales commitment in a supply chain with manufacturer-quality and retailer-effort induced demand [J]. International Journal of Production Economics, 2018, 195: 249 - 258.

[62] Liu G, Yang H, Dai R. Which contract is more effective in improving product greenness under different power structures: Revenue sharing or cost sharing? [J]. Computers & Industrial Engineering, 2020b, 148: 106701.

[63] Liu W, Hou J, Yan X, et al. Smart logistics transformation collaboration between manufacturers and logistics service providers: A supply chain contracting perspective [J]. Journal of Management Science and Engineering, 2021, 6 (1): 25 - 52.

[64] Liu Y, Li H, Peng G, et al. Online purchaser segmentation and promotion strategy selection: Evidence from Chinese E-commerce market [J]. Annals of Operations Research, 2015, 233 (1): 263 - 279.

[65] Liu Z, Hua S, Zhai X. Supply chain coordination with risk-averse retailer and option contract: Supplier-led vs. Retailer-led [J]. International Journal of Production Economics, 2020a, 223: 107518.

[66] Luo J, Chen X. Coordination of random yield supply chains with improved revenue sharing contracts [J]. European Journal of Industrial Engineering, 2016, 10 (1): 81 - 102.

[67] Mafusalov A, Uryasev S. CVaR (superquantile) norm: Stochastic case [J]. European Journal of Operational Research, 2016, 249 (1): 200 - 208.

[68] Moon I, Jeong Y J, Saha S. Investment and coordination decisions in a supply chain of fresh agricultural products [J]. Operations Research, 2018, 20

(4): 1 -25.

[69] Padilla T S V, Creemers S, Boute R N. Collaborative shipping under different cost-sharing agreements [J]. European Journal of Operational Research, 2017, 263 (3): 827 -837.

[70] Phan D A, Vo T L H, Lai A N, et al. Coordinating contracts for VMI systems under manufacturer - CSR and retailer-marketing efforts [J]. International Journal of Production Economics, 2019, 211: 98 -118.

[71] Ranjan A, Jha J K. Pricing and coordination strategies of a dual-channel supply chain considering green quality and sales effort [J]. Journal of Cleaner Production, 2019, 218: 409 -424.

[72] Ray P, Jenamani M. Mean-variance analysis of sourcing decision under disruption risk [J]. European Journal of Operational Research, 2016, 250 (2): 679 -689.

[73] Reefke H, Trocchi M. Balanced scorecard for sustainable supply chains: Design and development guidelines [J]. International Journal of Productivity and Performance Management, 2013, 62 (8): 805 -826.

[74] Rezayat M R, Yaghoubi S, Fander A. A hierarchical revenue-sharing contract in electronic waste closed-loop supply chain [J]. Waste management (Elmsford), 2020, 115: 121 -135.

[75] Roma P, Perrone G. Cooperation among competitors: A comparison of cost-sharing mechanisms [J]. International Journal of Production Economics, 2016, 180: 172 -182.

[76] Rubio-Herrero J, Baykal-Gürsoy M. Mean-variance analysis of the newsvendor problem with price-dependent, isoelastic demand [J]. European Journal of Operational Research, 2020, 283 (3): 942 -953.

[77] Schweitzer M E, Cachon G P. Decision bias in the newsvendor problem with a known demand distribution, experimental evidence [J]. Management Science, 2000, 46 (3): 404 -420.

[78] Shu L, Wu F, Ni J, et al. On the risk-averse procurement strategy under unreliable supply [J]. Computers & Industrial Engineering, 2015, 84:

113 – 121.

[79] Simchi-Levi D, Kaminsky P, Simchi-Levi E. Designing and managing the supply chain concepts, strategies and case studies [M]. New York: McGraw-Hill Publishing, 2003.

[80] Song Y, Fan T, Tang Y, et al. Quality information acquisition and ordering decisions with risk aversion [J]. International Journal of Production Research, 2021, 59 (22): 6864 – 6880.

[81] Tang S Y, Kouvelis P. Pay-back-revenue-sharing contract in coordinating supply chains with random yield [J]. Production and Operations Management, 2014, 23 (12): 2089 – 2102.

[82] Tapiero C S. Value at risk and inventory control [J]. European Journal of Operational Research, 2005, 163 (3): 769 – 775.

[83] Taylor T A. Supply chain coordination under channel rebates with sales effort effects [J]. Management Science, 2002, 48 (8): 992 – 1007.

[84] Wang C X, Webster S. The loss-averse newsvendor problem [J]. Omega, 2009, 37 (1): 93 – 105.

[85] Wang D, Dimitrov S, Jian L. Optimal inventory decisions for a risk-averse retailer when offering layaway [J]. European Journal of Operational Research, 2020, 284 (1): 108 – 120.

[86] Wang Z, Brownlee A, Wu Q. Production and joint emission reduction decisions based on two-way cost-sharing contract under cap-and-trade regulation [J]. Computers & Industrial Engineering, 2020, 146: 106549.

[87] Wei Y, Choi T M. Mean-variance analysis of supply chains under wholesale pricing and profit sharing schemes [J]. European Journal of Operational Research, 2010, 204 (2): 255 – 262.

[88] Wu M, Zhu S X, Teunter R H. A risk-averse competitive newsvendor problem under the CVaR criterion [J]. International Journal of Production Economics, 2014, 156: 13 – 23.

[89] Wu M, Zhu S X, Teunter R H. The risk-averse newsvendor problem with random capacity [J]. European Journal of Operational Research, 2013,

231 (2): 328 - 336.

[90] Xiao Y. Horizontal mergers under yield uncertainty [J]. Production and Operations Management, 2020, 29 (1): 24 - 34.

[91] Xie L, Ma J, Goh M. Supply chain coordination in the presence of uncertain yield and demand [J]. International Journal of Production Research, 2020, 59 (14): 4342 - 4358.

[92] Xu X, Li Q, Peng L, et al. The impact of informational incentives and social influence on consumer behavior during Alibaba's online shopping carnival [J]. Computers in Human Behavior, 2017, 76: 245 - 254.

[93] Xu X, Meng Z, Shen R, et al. Optimal decisions for the loss-averse newsvendor problem under CVaR [J]. International Journal of Production Economics, 2015, 164: 146 - 159.

[94] Xue W, Choi T M, Ma L. Diversification strategy with random yield suppliers for a mean-variance risk-sensitive manufacturer [J]. Transportation Research Part E: Logistics and Transportation Review, 2016, 90: 90 - 107.

[95] Xue W, Ma L, Shen H. Optimal inventory and hedging decisions with CVaR consideration [J]. International Journal of Production Economics, 2015, 162: 70 - 82.

[96] Yan B, Jin Z J, Liu Y P, et al. Decision on risk-averse dual-channel supply chain under demand disruption [J]. Communications in Nonlinear Science and Numerical Simulation, 2018, 55: 206 - 244.

[97] Yan N, Zhang Y, Xu X, et al. Online finance with dual channels and bidirectional free-riding effect [J]. International Journal of Production Economics, 2021, 231: 107834.

[98] Yang L, Cai G, Chen J. Push, pull, and supply chain risk-averse attitude [J]. Production and Operations Management, 2018, 27 (8): 1534 - 1552.

[99] Yano C A, Lee H L. Lot sizing with random yields: A review [J]. Operations Research, 1995, 43 (2): 311 - 334.

[100] Ye F, Lin Q, Li Y. Coordination for contract farming supply chain with

stochastic yield and demand under CVaR criterion [J]. Operational Research, 2017, 20 (1): 1-29.

[101] Yin Z, Ma S. Incentives to improve the service level in a random yield supply chain: The role of bonus contracts [J]. European Journal of Operational Research, 2015, 244 (3): 778-791.

[102] Zhang C, Henke J W, Viswanathan S. Reciprocity between buyer cost sharing and supplier technology sharing [J]. International Journal of Production Economics, 2015, 163: 61-70.

[103] Zhou C, Tang W, Lan Y. Supply chain contract design of procurement and risk-sharing under random yield and asymmetric productivity information [J]. Computers & Industrial Engineering, 2018a, 126: 691-704.

[104] Zhou Y, Guo J, Zhou W. Pricing/service strategies for a dual-channel supply chain with free riding and service-cost sharing [J]. International Journal of Production Economics, 2018b, 196: 198-210.

[105] Zhu L, Lee C. Risk analysis of a two-level supply chain subject to misplaced inventory [J]. Applied Sciences, 2017, 7 (7): 676.

[106] Zhuo W, Shao L, Yang H. Mean-variance analysis of option contracts in a two-echelon supply chain [J]. European Journal of Operational Research, 2018, 271 (2): 535-547.

第五篇

运营能力驱动下的供应链竞争与合作机制设计

本篇为运营能力驱动下的供应链竞争与合作机制设计，包括第十五章到第十七章。本篇关注了一个重要的管理活动，即供应链能够通过自身的运营管理活动对市场做出主动响应，从而提升竞争力。

首先，本篇通过对李宁、沃尔玛等典型案例的分析发现：一方面，消费者会策略性地选择在销售季节以常规价格购买产品，或者在销售旺季过后以折扣价格购买产品；另一方面，供应链成员企业会通过投入销售努力等形式来刺激市场需求。因此，我们同时关注消费者策略选择行为和供应链成员通过投入销售努力来提升运营能力的行为，构建基于两种模式的供应链竞争模型，即供应商投入销售努力和零售商投入销售努力。基于此，分析供应链成员在不同销售努力模式下的最优决策和期望利润，并研究各成员在不同批发价格下对两种模式的偏好。最后，引入成本共担契约来提高供应链在不同销售努力模式下的性能。研究表明，供应商和零售商需要认识到在两种不同销售努力模式下的决策差异，以确保在面对策略型消费者时投入恰当的销售努力。同时，供应链成员必须保持紧密的合作关系，以实现高水平的双赢结果。

其次，本篇通过调研宝武钢铁、海尔等案例，提出了绿色努力驱动下的供应链建模方案。这里，构建了一个风险规避的绿色供应链，其中供应商生产绿色产品并通过零售商进行销售。我们引入均值－方差模型，并采用风险容忍度来反映决策者的风险规避程度。基于此，首先对比分析了集成供应链风险中性和风险规避时的最优决策。并且发现，绿色供应链规避风险时的期望利润总是低于风险中性时的期望利润。进一步地，对比研究了分散供应链风险中性和风险规避时的最优决策。结果显示，在特定条件下，绿色供应链成员风险规避时的期望利润高于风险中性时的期望利润。在此基础上，设计了收益分享－成本共担组合契约来优化风险中性绿色供应链和风险规避绿色供应链。研究表明，该组合契约方案可以实现风险中性绿色供应链协调利润在成员之间的任意分配；但是对于风险规避绿色供应链而言，只有在特定条件下该组合契约是有效的，而当供应商的风险容忍度是零售商的风险容忍度两倍时，该组合契约无效。

最后，本篇通过调研浙江省造纸行业相关企业，分析了供应链通过跨期库存运营能力来增强竞争力的管理案例。为此，我们综合考虑需求不确定和零售商之间的横向竞争，分别基于动态批发价契约和承诺批发价契约构建了供应链跨期库存决策模型，且考虑了以下两种情形：第一，没有零售商具有跨期库存能力；第二，只有一个零售商具有跨期库存能力。在此基础上，分析了不同契约下供应商和零售商之间的竞争均衡，并进行了敏感性分析。研究表明，当单位库存持有成本和两销售周期不确定需求均值满足一定条件时，零售商在两种契约方案中均会持有跨期库存。同时，供应链成员对两种契约的偏好是有差异的，但也存在着一些特殊情况，如其中所有成员均偏好同一种契约，即对契约的选择达成一致协议。此外，在两种契约下，零售商的跨期库存能力会对所有成员的期望利润带来影响。在动态批发价契约下，存在着一定的条件，其中零售商的跨期库存能力对所有成员均有利。而在承诺批发价契约下，零售商的跨期库存能力对供应商总是不利的。

第十五章 销售努力驱动下的供应链：成本共担契约

随着互联网技术的蓬勃发展，消费者可以通过各种渠道来获取产品的相关信息。例如，消费者可以及时了解产品的价格信息，并在恰当的时间进行购买，从而最大限度地提高自身效用。这反映了消费者的策略选择行为，即考虑到零售商会在销售季节结束时降价，消费者可以策略性地选择在销售季节以常规价格购买产品，也可以在销售旺季过后以折扣价格购买产品。其中，在销售季节购买时支付的价格更高，但获得产品的可能性更大，而在销售季末购买时消费者支付的价格较低，但存在产品售罄的风险（Levin et al.，2009；Khouja and Liu，2021）。在实际经济活动中，消费者的这种策略选择行为是普遍存在的。例如，在电脑游戏行业，折扣零售商（如 Steam 和 Origin）已经把玩家“训练”成了等待折扣的玩家，且有半数的电脑游戏玩家在购买游戏之前会选择等待折扣（Lin et al.，2018）。这类现象还可以在服装、电子产品、节日礼品和其他季节性产品的销售中见到（Song and Zhao，2016；Cai et al.，2021；Wu et al.，2022）。消费者策略选择行为对供应链决策的影响是不容忽视的，且可能造成负面影响（Du et al.，2015）。如果零售商忽视消费者的策略选择行为，可能会带来约 20% 的收益损失（Aviv and Pazgal，2008；Cachon and Feldman，2015；Parlakturk，2012）。因此，在供应链管理中，企业进行决策时考虑消费者策略选择行为的影响是十分必要的。此外，本章将具有策略选择行为的消费者称为策略型消费者。

另外，面临激烈的市场竞争时，供应链成员会采取措施来刺激市场需求，从而提升供应链整体竞争力。为了反映企业的这种主观能动作用，本章引入销售努力水平。实际上，有可能是供应商投入销售努力来吸引消费者，具体包括通过广告来提升品牌知名度等。例如，2021 年李宁（中国）体育用品有限公司投资 17.8 亿元进行广告宣传来刺激消费。[①] 华为通过邀请易烊千玺做代言人、投入广告等方式提高知名度。[②] 此外，也有可能是零售商投入销售努力来扩大市场需求，具体包括促销、产品展示和导购等方式。沃尔玛首席运营官朱迪斯·麦肯纳曾说过希望让顾客消费变得更容易。[③] 为了实现这一目标，沃尔玛招聘了购物助理来提升实体店的服务水平，具体包括缩短消费者付款的等待时间，在繁忙时间额外开设商品存储点，帮助消费者找回丢失的物品等。可以说，在供应链运作过程中，供应商和零售商均可以通过销售努力的投入来刺激市场需求。因此，本章考虑以下两种典型的销售努力模式：供应商投入销售努力（Supplier Conducts Sales Effort，SCSE），零售商投入销售努力（Retailer Conducts Sales Effort，RCSE）。假设在上述模式中，总是只有一个供应链成员投入销售努力，而另一个成员会选择“搭便车”。类似的假设也可以在其他文献中见到（Jia et al.，2007；Huang and Hong，2020；Cao et al.，2021）。

实际上，尽管供应链成员投入销售努力来扩大市场需求，但仍然存在着一些策略型消费者愿意冒着缺货的风险来等待季末的折扣产品。例如，我们总是可以在奥特莱斯或者电商平台上看到李宁的产品正在降价处理，且折扣力度可以达到 6～7 折。而很多消费者就会寻找这样的折扣店来购买需要的产品。这实际上给李宁及其下游零售商带来了很大的利润损失。因此，本章考虑销售努力和策略型消费者的综合影响来分析供应链成员之间的竞争决策，并且试图解决以下几方面的管理问题：

1. 在 SCSE 和 RCSE 这两种不同销售努力模式下，供应链成员的最优决策是如何的？

2. 考虑消费者策略选择行为时，供应链成员对不同销售努力模式的偏好是如何的？

---

① 李宁公司官网，https://www.lining.com/。

② 华为公司官网，https://www.huawei.com/cn/。

③ 美国节日销售旺季临近，看沃尔玛如何应对［EB/OL］. 联商网，http://www.linkshop.com/news/2016362124.shtml，2016-10-31.

3. 考虑策略型消费者和销售努力综合影响时，成本共担契约可以实现供应链的帕累托改进吗？

为了解决上述问题，本章构建了由供应商和零售商组成的两级供应链竞争模型。首先，分析了两种销售努力模式下供应链成员的竞争均衡解；然后，通过对比研究，分析了供应链成员对不同销售努力模式的偏好；最后，分别基于两种销售努力模式，引入成本共担契约来提升面向策略型消费者的供应链性能。

需要说明的是，本章关注的是一类特殊的策略型消费者，即价格敏感型消费者，他们主要通过对比立即购买和延迟购买的获益情况来做出最优的购买决策（Levin et al.，2010；Wang et al.，2017；Tang et al.，2018）。目前，已经有很多学者研究了面向价格敏感型消费者的供应链定价和订购决策。李田和于漫（Li and Yu，2017）分析了面向策略型消费者的供应链竞争决策，发现由于存在双边际化效应，策略型消费者会给供应链带来负面影响。巴扎诺夫等（Bazhanov et al.，2019）考虑供应链向消费者销售短生命周期产品的情形，对比研究了集成供应链和基于转售价格维持（Resale Price Maintenance，RPM）的分散供应链。他们发现，制造商在基于 RPM 的分散供应链中能够获得比其在集成供应链或者没有 RPM 的分散供应链中更高的利润。杨道箭等（Yang et al.，2015）研究了面向策略型消费者时，快速响应如何影响不同运行结构下的供应链。他们发现，当实施快速响应产生的额外成本不高时，快速响应对集成供应链带来的价值要高于其对分散供应链带来的价值。喀布尔和帕拉克图尔克（Kabul and Parlakturk，2019）考虑面向策略型消费者的两周期分散供应链，研究了价格承诺和数量承诺对供应链成员的价值，但结果表明承诺可能会损害供应链。

此外，还有许多学者基于其他视角对消费者策略选择行为进行了研究。来国明等（Lai et al.，2010）研究了一种事后价格匹配策略，即消费者发现购买的产品若降价，则卖家将对其进行补差价。他们发现，这种策略可以有效降低策略型消费者的等待行为。宋亚楠和赵晓波（Song and Zhao，2016）通过实验研究表明，消费者是有界理性的，为了获得折扣，他们在一定程度上会表现出跨期替代行为。黄宗盛等（Huang et al.，2021）研究面向策略型消费者的卖方退款保证（Money-Back Guarantee，MBG）问题，发现 MBG 可以有效降低消费者策略选择行为带来的负面影响。法什巴夫－杰兰马耶等（Farshbaf-Geranmayeh et al.，2019）考虑制造商和零售商在面临策略型消费者时采取合作广告策略的情形，讨论了合作广告刺激消费者提前购买的作用，并且发现合作广告可以提升面向策略型消费者的供应链性能。本章也考虑了策略型消费者和销售努力的综合影响。但不同于法什巴夫－杰兰马耶等（Farshbaf-Geranmayeh et al.，2019）的研究，本章重点关注 SCSE 模式和 RCSE 模式下供应链成员的决策差异。

最后，本章还涉及供应链销售努力的相关研究。在现代经济环境下，供应链成员希望通过投入销售努力来刺激市场需求，从而提高利润。而销售努力既可以是供应商投入的，也可以是零售商投入的。一些学者研究了供应商投入销售努力的情况。例如，曹（Tsao，2015）考虑制造商投入促销努力的情况，构建需求不确定环境下的供应链竞争模型，分别研究了销售价格外生和销售价格内生时促销成本分担策略对供应链成员的影响。研究表明，促销成本分担策略可以激励制造商提高促销努力，且零售商也会订购更多的产品。但是，当销售价格为外生变量时，零售商不愿意分担制造商的促销成本，因为其利润会降低。也有学者研究了零售商投入销售努力的情况，发现在均衡状态下，零售商的销售努力不仅可以有效提高产品的销售价格，还能提高零售商和制造商的利润（Huang and Hong，2020）。王要玉等（Wang et al.，2013）构建了由一个制造商和一个决定努力投入时间的零售商组成的供应链。他们发现，零售商总是倾向于推迟努力投入决策直到制造商承诺批发价格，因为这样可以为所有成员带来更多利润。陈麟等（Chen et al.，2016）构建了由一个零售商和一个制造商组成的供应链，并假设零售商投入销售努力来刺激市场需求。分别考虑制造商有相对较大的议价能力、零售商有相对较大的议价能力、制造商和零售商具有平等议价能力这三种情形，分析了供应链成员的均衡决策，进一步讨论了销售价格弹性、销售努力成本、单位生产成本等参数对供应链成员决策的影响。

本章假设只有一个供应链成员投入销售努力，而另一个成员选择“搭便车”的情况。因此，每个供应链成员可能想要明确这样一个问题：SCSE 和 RCSE 这两种模式中，哪种销售努力模式对其自身更有利，特别是面向策略型消费者时。此外，对于供应链成员来说，由于投入销售努力带来的额外收益可能无法弥补由此产生的额外成本。因此，他们必须在收益和成本之间进行权衡，并且可能不愿意进行销售努力，这将影响供应链性能。

因此，本章引入成本共担契约来优化面向策略型消费者且投入销售努力的供应链。事实上，成本共担契约对优化供应链具有重要作用。例如，成本共担契约能够激励零售商订购更多的产品，鼓励制造商提高销售努力水平（Tsao，2015）。马鹏等（Ma et al.，2013）设计了一个努力成本共担契约来协调供应链，其中零售商分担制造商的质量努力成本，而制造商分担零售商的销售努力成本。王小斌等（Wang et al.，2019）考虑零售商投入销售努力的供应链，设计了一个由促销成本共担契约和回购契约组成的组合契约来协调供应链。与上述研究工作不同，本章直面消费者策略选择行为和销售努力的联合影响，设计了成本共担契约来提升供应链性能。

综合上述文献研究发现，在供应链管理领域，大多数考虑策略型消费者的相关文献主要研究了传统的定价和库存决策，很少将销售努力与消费者策略行为进行关联，并在此基础上展开相关研究。与本章研究密切相关的如蔡建湖等（Cai et al.，2021），他们考虑策略型消费者的影响，关注了两种不同的库存管理模式，即供应商管理库存（Vendor-Managed Inventory，VMI）模式和零售商管理库存（Retailer-Managed Inventory，RMI）模式，并对两种模式下供应链成员的最优决策进行了对比分析。但是，他们没有引入销售努力来反映供应链成员在影响市场需求方面的主观能动作用。法什巴夫-杰兰马耶等（Farshbaf-Geranmayeh et al.，2019）研究了零售商投入广告以诱导策略型消费者以全价购买产品的情况。但是，他们只考虑零售商进行销售努力的情况，而忽略了供应商也可能进行销售努力以刺激市场需求的情况。并且，他们的工作缺乏对零售商投入销售努力和供应商投入销售努力这两种模式的对比研究。

本章同时将策略型消费者和销售努力引入到供应链中，分析了 SCSE 模式下和 RCSE 模式下供应商和零售商之间的动态博弈。通过比较供应链成员在不同模式下的最优决策和期望利润，研究了他们在不同批发价格下对这两种销售努力模式的偏好。最后，引入了成本共担契约来提高供应链在不同销售努力模式下的性能。提出的契约之所以有效，是因为它不仅实现了帕累托改进，而且解决了供应链成员之间的矛盾，促使他们积极地投入销售努力。

第一节　模型描述

考虑由一个供应商和一个零售商组成的两级供应链，其中零售商决定产品的供应量 Q 以及销售价格 p。假设消费者是策略型的，即他们意识到可以在销售季节以常规价格购买产品，或者在销售季节末以低价购买产品。但如果消费者选择在销售季节末购买产品，则可能面临产品缺货的风险。类似的描述可以在其他学者的研究中看到（Su and Zhang，2008；Cai et al.，2021）。这里，进一步假设所有消费者都是同质的。

在本章中，结合考虑供应链成员通过投入销售努力来影响市场需求的实际案例，令 $e(e\geqslant 0)$ 表示销售努力水平，则市场需求可表示为 $D=d(e)+\xi$。其中，需求函数包括两个部分：①确定部分 $d(e)$，且 $d(e)=\beta e$，β 表示销售努力敏感性系数；②随机部分 ξ，其概率密度函数为 $f(x)$，累积分布函数为 $F(x)$。假设 $f(x)\geqslant 0$，$F(0)=0$。当供应链成员投入销售努力时，会产生一定的成本。即给定销售努力水平为 e，相应的成本为 $g(e)=\eta e^2/2$，其中 $\eta(\eta\geqslant 0)$ 是销售努力成本系数。

令 v 表示消费者的单位效用，r 表示消费者的产品保留价格；这里，$r<v$（Su and Zhang，2008）。同时，零售商与策略型消费者之间的博弈可以看作是一个同时决策的过程，其中零售商决定销售价格 p 以及产品供应量 Q，策略型消费者决定在销售季节中购买还是等到销售季节末再购买。令 c 表示产品的单位生产成本，s 表示销售季节末产品的残值。这里，$p>c>s$。在理性预期均衡中，零售商的销售价格可以表示为 $p=v-(v-s)F(Q-d(e))$。表 15.1 列出了本章模型中涉及的参数和决策变量。

表 15.1　　参数与决策变量的符号及相关含义

符号	含义
c	单位生产成本
w	批发价格

续表

符号	含义
p	销售价格
s	残值
r	保留价格
Q	供应量
v	消费者的单位效用
D	市场需求
e	销售努力水平
β，η	销售努力敏感性系数、销售努力成本系数
$f(x)$，$F(x)$	ξ 的概率密度函数和累积分布函数

在本章中，我们考虑了一个多阶段博弈，具体的博弈过程可描述为：①在 SCSE（RCSE）模式下，供应商（零售商）决定销售努力水平 e。②零售商决定产品的供应量 Q 以及销售价格 p。同时，策略型消费者决定在销售季节以正常价格购买，还是在销售季节末以低价购买。特别地，我们重点关注销售努力决策总是在定价和库存决策之前做出的情况。许多学者认为，这种假设在实践中是比较常见的，并在此基础上开展了相关的建模工作。例如，曹（Tsao，2015）构建了一个由制造商和零售商组成的两级供应链，其中制造商进行销售努力决策。在他们的研究中，供应链成员之间的博弈过程可以描述为：首先，制造商决定销售努力水平；然后，零售商选择销售价格和订购量。也有学者构建的供应链模型中，制造商通过招聘销售经理来帮助其代理商刺激市场需求，并且销售经理的努力水平决策先于供应链其他成员的决策（Duan et al.，2021）。在实践中，也存在着许多销售努力决策先于其他决策的情形。例如，“双 11”是由天猫发起的大型促销活动，知名主播总是提前通过社交媒体来宣传品牌。“黑色星期五”是美国一年中最疯狂的购物日，许多卖家采取不同的销售努力方式来吸引消费者，例如广告、发行优惠券、购物方案指导等。基于上述讨论，本章假设供应链成员的销售努力决策先于其定价或库存决策。

第二节　销售努力驱动下的供应链竞争决策

接下来，基于下列两种不同的销售努力模式来构建供应链竞争模型，即SCSE 模式和 RCSE 模式。此外，假设 w 是一个外生变量，且反映了供应商和零售商双方的谈判能力。

一、SCSE 模式

在 SCSE 模式下，主要由供应商投入销售努力。此时，在供应商和零售商之间博弈过程中，首先供应商作为主导者决定销售努力水平；然后零售商作为追随者决定产品的供应量，同时，零售商与策略型消费者之间进行博弈。这里，采用逆向归纳法进行求解，可以得到给定 e，零售商的期望利润为：

$$\pi_{r1}(Q, e) = (p-w)Q-(p-s)\int_0^{Q-d(e)} F(\xi)\mathrm{d}\xi \tag{15-1}$$

$\pi_{r1}(Q, e)$ 关于 Q 的二阶导为$\frac{\partial^2\pi_{r1}(Q, e)}{\partial Q^2} = -(p-s)f(Q-d(e))<0$。因此，$\pi_{r1}(Q, e)$ 是关于 Q 的凹函数。通过求解$\frac{\partial\pi_{r1}(Q, e)}{\partial Q}=0$，可以得到零售商的供应量 Q 满足：

$$F(Q-d(e))=\frac{p-w}{p-s} \tag{15-2}$$

考虑到消费者的策略选择行为，销售价格满足下式：

$$p=v-(v-s)F(Q-d(e)) \tag{15-3}$$

通过分析（15-2）式和（15-3）式，可以得到：

$$p_1=s+\sqrt{(v-s)(w-s)} \tag{15-4}$$

$$Q_1=F^{-1}\left(1-\sqrt{\frac{w-s}{v-s}}\right)+d(e) \tag{15-5}$$

预料到零售商的最优决策，供应商的期望利润可以表示为：

$$\pi_{s1}(Q_1, e)=(w-c)Q_1-g(e) \tag{15-6}$$

由此可得，$\pi_{s1}(Q_1, e)$ 关于 e 的二阶导为 $\frac{\partial^2\pi_{s1}(Q_1, e)}{\partial e^2} = -\eta < 0$。因此，$\pi_{s1}(Q_1, e)$ 是关于 e 的凹函数。通过求解 $\frac{\partial\pi_{s1}(Q_1, e)}{\partial e} = 0$，可以得到供应商的均衡销售努力水平 e_1^* 为：

$$e_1^* = \frac{(w-c)\beta}{\eta} \tag{15-7}$$

均衡销售价格和供应量可以表示为：

$$p_1^* = s + \sqrt{(v-s)(w-s)} \tag{15-8}$$

$$Q_1^* = F^{-1}\left(1 - \sqrt{\frac{w-s}{v-s}}\right) + \frac{(w-c)\beta^2}{\eta} \tag{15-9}$$

在 SCSE 模式下，供应商、零售商和供应链的均衡期望利润分别为 $\pi_{s1}^*(Q_1^*, e_1^*)$，$\pi_{r1}^*(Q_1^*, e_1^*)$ 和 $\pi_{t1}^*(Q_1^*, e_1^*)$。

二、RCSE 模式

在 RCSE 模式下，主要由零售商来投入销售努力。类似地，采用逆向归纳法求解博弈模型。首先，给定 e，可以得到零售商的最优决策。预料到在第二阶段的最优决策，零售商在第一阶段的期望利润可以表示为：

$$\pi_{r2}(Q_2, e) = (p_2 - w)Q_2 - (p_2 - s)\int_0^{Q_2 - d(e)} F(\xi)\mathrm{d}\xi - g(e) \tag{15-10}$$

在（15－10）式中，$p_2 = p_1$，$Q_2 = Q_1$。因此，可以得到 $\frac{\partial^2\pi_{r2}(Q_2, e)}{\partial e^2} = -\eta < 0$，即 $\pi_{r2}(Q_2, e)$ 是关于 e 的凹函数。通过求解 $\frac{\partial\pi_{r2}(Q_2, e)}{\partial e} = 0$，可以得到零售商的均衡销售努力水平 e_2^* 为：

$$e_2^* = \frac{(p_2 - w)\beta}{\eta} \tag{15-11}$$

均衡销售价格和产品供应量可以表示为：

$$p_2^* = p_1^* = s + \sqrt{(v-s)(w-s)} \tag{15-12}$$

$$Q_2^* = F^{-1}\left(1 - \sqrt{\frac{w-s}{v-s}}\right) + \frac{(p_2^* - w)\beta^2}{\eta} \tag{15-13}$$

在 RCSE 模式下，供应商、零售商和供应链的均衡期望利润分别为 $\pi_{s2}^*(Q_2^*, e_2^*)$，$\pi_{r2}^*(Q_2^*, e_2^*)$ 和 $\pi_{t2}^*(Q_2^*, e_2^*)$。

三、比较分析

本节中，我们重点比较分析 SCSE 模式和 RCSE 模式下供应链成员的期望利润。可以发现，无论是供应商还是零售商投入销售努力，均衡销售价格始终保持不变。令 $p^* = p_1^* = p_2^* = s + \sqrt{(v-c)(w-s)}$。显然，为了确保零售商愿意参与供应链运作，$p^* > w$ 必须成立。令 $T_1 = \frac{3c+4s+2v+2\sqrt{(3c-4s+v)(v-s)}}{9}$，可以得到如下命题。

命题 15.1　若批发价格在区间 $w \in (c, T_1)$ 内，则供应商希望零售商投入销售努力；若批发价格在区间 $w \in (T_1, v)$ 内，则供应商宁愿自己投入销售努力。

证明： 供应商在 SCSE 模式和 RCSE 模式下的期望利润差值可以写成：

$$\pi_{s1}^*(Q_1^*, e_1^*) - \pi_{s2}^*(Q_2^*, e_2^*) = -\frac{(c+2p^* - 3w)(w-c)\beta^2}{2\eta}$$
$$= -\frac{[2\sqrt{(v-s)(w-s)} - (3w-c-2s)](w-c)\beta^2}{2\eta}$$

令 $G_1(w) = 4(v-s)(w-s) - (3w-c-2s)^2$，可以得到 $\frac{\partial G_1(w)}{\partial w} = 6c + 8s + 4v - 18w$，$\frac{\partial^2 G_1(w)}{\partial w^2} = -18 < 0$。因此，$G_1(w)$ 是关于 w 的凹函数。通过求解 $\frac{\partial G_1(w)}{\partial w} = 0$，可得 $w^* = \frac{6c+8s+4v}{18}$。由于 $G_1(w^*) = \frac{4(v-s)(3c-4s+v)}{9} > 0$，令 $G_1(w) = 0$ 时可以得到两个实数根，即 $\frac{3c+4s+2v-2\sqrt{(3c-4s+v)(v-s)}}{9}$ 和 $\frac{3c+4s+2v+2\sqrt{(3c-4s+v)(v-s)}}{9}$。令 $T_1 = \frac{3c+4s+2v+2\sqrt{(3c-4s+v)(v-s)}}{9}$。

显然，有$\frac{3c+4s+2v-2\sqrt{(3c-4s+v)(v-s)}}{9}<c<T_1<v$。进一步得到，如果$w\in(c, T_1)$，则有$G_1(w)>0$，即$\pi_{s1}^*(Q_1^*, e_1^*)<\pi_{s2}^*(Q_2^*, e_2^*)$；如果$w\in(T_1, v)$，则有$G_1(w)<0$，即$\pi_{s1}^*(Q_1^*, e_1^*)>\pi_{s2}^*(Q_2^*, e_2^*)$。**证毕。**

命题15.1展示了给定不同批发价格时，供应商对两种不同销售努力模式的偏好。可以得到，在批发价格相对较低的前提下，供应商可以在RCSE模式下获得更高的期望利润。因此，若批发价格在区间$w\in(c, T_1)$内，则供应商希望零售商投入销售努力。随着批发价格的上升，供应商可以在SCSE模式下获得更高的期望利润。因此，若批发价格在区间$w\in(T_1, v)$内，则供应商宁愿自己投入销售努力。令$T_2=\frac{12c+5s+v+\sqrt{(24c-25s+v)(v-s)}}{18}$，可以得到如下命题。

命题15.2 若批发价格在区间$w\in(c, T_2)$内，则零售商宁愿自己投入销售努力；若批发价格在区间$w\in(T_2, v)$内，则零售商希望供应商投入销售努力。

证明：零售商在SCSE模式和RCSE模式下的期望利润差值可以表示为：

$$\pi_{r1}^*(Q_1^*, e_1^*)-\pi_{r2}^*(Q_2^*, e_2^*)=-\frac{(p^*-3w+2c)(p^*-w)\beta^2}{2\eta}\left[\sqrt{(v-s)(w-s)}-(3w-2c-s)\right]$$
$$=-\frac{\left[s+\sqrt{(v-s)(w-s)}-w\right]\beta^2}{2\eta}$$

令$G_2(w)=(v-s)(w-s)-(3w-2c-s)^2$，可以得到$\frac{\partial G_2(w)}{\partial w}=12c+5s+v-18w$，$\frac{\partial^2 G_2(w)}{\partial w^2}=-18<0$。因此，$G_2(w)$是关于$w$的凹函数。通过求解$\frac{\partial G_2(w)}{\partial w}=0$，可得$w^*=\frac{12c+5s+v}{18}$。由于$G_2(w^*)=\frac{(v-s)(24c-25s+v)}{36}>0$，令$G_2(w)=0$可以得到两个实数根，即$\frac{12c+5s+v-\sqrt{(24c-25s+v)(v-s)}}{18}$和$\frac{12c+5s+v+\sqrt{(24c-25s+v)(v-s)}}{18}$。

令 $T_2 = \frac{12c+5s+v+\sqrt{(24c-25s+v)(v-s)}}{18}$，显然有 $\frac{12c+5s+v}{18} - \frac{\sqrt{(24c-25s+v)(v-s)}}{18} < c < T_2 < v$。进一步得到，如果 $w \in (c, T_2)$，则有 $G_2(w) > 0$，即 $\pi_{r1}^*(Q_1^*, e_1^*) < \pi_{r2}^*(Q_2^*, e_2^*)$；如果 $w \in (T_2, v)$，则有 $G_2(w) < 0$，即 $\pi_{r1}^*(Q_1^*, e_1^*) > \pi_{r2}^*(Q_2^*, e_2^*)$。**证毕**。

命题15.2展示了给定不同批发价格时，零售商对两种不同销售努力模式的偏好。可以得到，在批发价格相对较低的前提下，零售商偏好RCSE模式。这是因为，相对较低的批发价格可以支持零售商在投入销售努力时获得更高的期望利润。因此，若批发价格在区间 $w \in (c, T_2)$ 内，则零售商宁愿自己投入销售努力。随着批发价格的上升，零售商可以在SCSE模式下获得比RCSE模式下更高的期望利润。因此，若在批发价格在区间 $w \in (T_2, v)$ 内，则零售商希望供应商投入销售努力。

令 $T = T_1 - T_2$，$a = v - s$，$b = c - s$。显然，$a > b$ 恒成立。因此，可以得到 $T = \frac{(3a+4\sqrt{3ab+a^2}) - (6b+\sqrt{24ab+a^2})}{18}$。令 $\hat{T} = (3a+4\sqrt{3ab+a^2})^2 - (6b+\sqrt{24ab+a^2})^2$，对其进行化简进一步得到 $\hat{T} = 12(2a^2 - 3b^2 + 2ab + 2a\sqrt{3ab+a^2} - b\sqrt{24ab+a^2})$。因为 $a > b$，所以有 $2a^2 - 3b^2 + ab > 0$，$ab + 2a\sqrt{3ab+a^2} > 5ab$ 和 $b\sqrt{24ab+a^2} < 5ab$。由此可以推断出 $\hat{T} > 0$，即 $T_1 > T_2$ 恒成立。综合考虑 $T_1 > T_2$ 以及命题15.1～命题15.2，可以得到如下结论：①$(T_1, v) \subset (T_2, v)$，即在区间 $w \in (T_1, v)$ 内，供应商偏好SCSE模式，而零售商在一个更大的区间范围内偏好SCSE模式，即 $w \in (T_2, v)$；②$(c, T_2) \subset (c, T_1)$，即在区间 $w \in (c, T_2)$ 内，零售商偏好RCSE模式，而供应商在一个更大的区间范围内偏好RCSE模式，即 $w \in (c, T_1)$。事实上，批发价格的大小反映了零售商和供应商双方之间的议价能力。此外，在特定条件下，可以得到一个批发价格区间，其中供应商和零售商都不愿意投入销售努力。

命题15.3　①若批发价格在区间 $w \in (c, T_2)$ 内，则供应商和零售商都希望零售商投入销售努力；②若批发价格在区间 $w \in (T_1, v)$ 内，则供应商和零售商都希望供应商投入销售努力；③若批发价格在区间 $w\in(T_2, T_1)$ 内，则供应商和零售商均不愿意投入销售努力。

证明：结合之前的讨论，本命题显然成立。**证毕**。

从命题 15.3 可以推断出，供应链成员对两种销售努力模式的偏好均受到批发价格的影响。若批发价格在区间 $w\in(c, T_2)$ 内，供应链成员均偏好 RCSE 模式，若批发价格在区间 $w\in(T_1, v)$ 内，供应链成员均偏好 SCSE 模式。此外，存在着一个区间 $w\in(T_2, T_1)$，其中所有供应链成员均不愿意投入销售努力。表 15.2 列出了本章的结论。

表 15.2　供应链成员在不同批发价格下对两种销售努力模式的偏好

模式	供应商的偏好	零售商的偏好	供应链成员的共同偏好	供应链成员均不愿投入销售努力
SCSE	$w\in(T_1, v)$	$w\in(T_2, v)$	$w\in(T_1, v)$	$w\in(T_2, T_1)$
RCSE	$w\in(c, T_1)$	$w\in(c, T_2)$	$w\in(c, T_2)$	

显然，无论是供应商还是零售商投入销售努力，与不投入销售努力的情况相比，供应链的期望利润均可以得到提高。因此，研究如何引导零售商或供应商积极投入销售努力就显得十分必要。接下来，我们试图引入成本共担契约来解决该问题。

第三节　成本共担契约优化供应链

当前，对成本共担契约的研究大多集中于构建供应链成员之间密切的关系。例如，在光伏供应链中，成本共担契约可以帮助装配商有效控制模块制造商的交付提前期（Zhao and Zhang，2021）。在农产品供应链中，成本共担契约有助于激励生产商投入更多的绿色努力，或者激励零售商投入更多的保鲜努力来保持产品新鲜度（Tan et al.，2020）。本节引入成本共担契约来优化供应链性能，且该契约包含一个成本共担因子 $\phi(0<\phi\leqslant1)$。根据成本共担契约，如果一个供应链成员投入销售努力，则另一个成员按比例 ϕ 分摊销

售努力成本。在该契约中，供应链成员之间的博弈可描述如下：①在 SCSE（RCSE）模式下，供应商和零售商就成本共担契约（w，ϕ）达成一致协议，其中 $w>0$，$0<\phi\leq 1$。如果供应商（零售商）的销售努力成本为 $g(e)$，则零售商（供应商）需要分摊的销售努力成本为 $\phi g(e)$。②供应商（零售商）确定销售努力水平 e。③零售商决定产品供应量 Q 和销售价格 p；同时，策略型消费者决定在销售季节以常规价格购买，还是在销售季节末以低价购买产品。

一、SCSE 模式下引入成本共担契约

在 SCSE 模式下引入成本共担契约，此时供应商负责投入销售努力，零售商分担部分销售努力成本。根据博弈过程，可以采用逆向归纳法得出最优决策。给定 e，零售商的期望利润可表示为：

$$\pi_{r1}^{C}(Q, e) = (p-w)Q - (p-s)\int_{0}^{Q-d(e)} F(\xi)\mathrm{d}\xi - \phi g(e) \quad (15-14)$$

类似地，可以得到零售商的最优决策为 $p_1^C = p_1$，$Q_1^C = Q_1$。预料到零售商的反应函数，供应商的期望利润可表示为：

$$\pi_{s1}^{C}(Q_1^C, e) = (w-c)Q_1^C - (1-\phi)g(e) \quad (15-15)$$

由此可知，$\pi_{s1}^{C}(Q_1^C, e)$ 关于 e 的二阶导为 $\frac{\partial^2 \pi_{s1}^{C}(Q_1^C, e)}{\partial e^2} = -(1-\phi)\eta < 0$。因此，$\pi_{s1}^{C}(Q_1^C, e)$ 是关于 e 的凹函数。通过求解 $\frac{\partial \pi_{s1}^{C}(Q_1^C, e)}{\partial e} = 0$，可以得到供应商的均衡销售努力水平 e_1^{C*} 为：

$$e_1^{C*} = \frac{(w-c)\beta}{(1-\phi)\eta} \quad (15-16)$$

均衡销售价格和供应量可以表示为：

$$p_1^{C*} = s + \sqrt{(v-s)(w-s)} \quad (15-17)$$

$$Q_1^{C*} = F^{-1}\left(1 - \sqrt{\frac{w-s}{v-s}}\right) + \frac{(w-c)\beta^2}{(1-\phi)\eta} \quad (15-18)$$

在 SCSE 模式下引入成本共担契约，供应商、零售商和供应链的均衡期望利润分别为 $\pi_{s1}^{C*}(Q_1^{C*}, e_1^{C*})$，$\pi_{r1}^{C*}(Q_1^{C*}, e_1^{C*})$ 和 $\pi_{t1}^{C*}(Q_1^{C*}, e_1^{C*})$。

二、RCSE 模式下引入成本共担契约

在 RCSE 模式下引入成本共担契约，此时零售商负责投入销售努力，供应商分担部分销售努力成本。类似地，根据逆向归纳法，首先可以得到零售商的最优决策。预料到在第二阶段的最优决策，零售商在第一阶段的期望利润可表示为：

$$\pi_{r2}^{C}(p_2^C,\ e) = (p_2^C - w)Q_2^C - (p_2^C - s)\int_0^{Q_2^C - d(e)} F(\xi)\mathrm{d}\xi - (1-\phi)g(e) \tag{15-19}$$

在（15－19）式中，$p_2^C = p_1$，$Q_2^C = Q_1$。那么，$\pi_{r2}^C(p_2^C,\ e)$ 关于 e 的二阶导为$\frac{\partial^2 \pi_{r2}^C(p_2^C,\ e)}{\partial e^2} = -(1-\phi)\eta < 0$。因此，$\pi_{r2}^C(p_2^C,\ e)$ 是关于 e 的凹函数。通过求解$\frac{\partial \pi_{r2}^C(p_2^C,\ e)}{\partial e} = 0$，可以得到零售商的均衡销售努力水平为：

$$e_2^{C*} = \frac{(p_2^C - w)\beta}{(1-\phi)\eta} \tag{15-20}$$

均衡销售价格和供应量可以表示为：

$$p_2^{C*} = s + \sqrt{(v-s)(w-s)} \tag{15-21}$$

$$Q_2^{C*} = F^{-1}\left(1 - \sqrt{\frac{w-s}{v-s}}\right) + \frac{(p_2^{C*} - w)\beta^2}{(1-\phi)\eta} \tag{15-22}$$

在 RCSE 模式下引入成本共担契约后，供应商、零售商和供应链的均衡期望利润可以分别表示为 $\pi_{s2}^C(Q_2^{C*},\ e_2^{C*})$，$\pi_{r2}^C(Q_2^{C*},\ e_2^{C*})$ 和 $\pi_{t2}^C(Q_2^{C*},\ e_2^{C*})$。

三、比较分析

（一）成本共担契约对基于 SCSE 模式的供应链的影响

本节针对 SCSE 模式，分析成本共担契约对供应链成员的影响，可以得

到如下命题。

命题 15.4　当供应商投入销售努力时，总是可以从成本共担契约中获益。此外，零售商分担的销售努力成本越多，供应商可以获得的期望利润就越高。

证明：在 SCSE 模式下，供应商在引入和不引入成本共担契约时的期望利润差值可以表示为：$\Delta_1 = \pi_{s1}^{C*}(Q_1^{C*}, e_1^{C*}) - \pi_{s1}^{*}(Q_1^{*}, e_1^{*}) = \frac{(w-c)^2\beta^2\phi}{2\eta(1-\phi)} > 0$。由此可得，$\pi_{s1}^{C*}(Q_1^{C*}, e_1^{C*}) > \pi_{s1}^{*}(Q_1^{*}, e_1^{*})$。此外，还可以得到$\frac{\partial \Delta_1}{\partial \phi} = \frac{(w-c)^2\beta^2}{2\eta(1-\phi)^2} > 0$，即 Δ_1 随着 ϕ 的增加而递增。**证毕**。

命题 15.4 揭示了在 SCSE 模式下成本共担契约对供应商的影响。显然，如果零售商能够分担销售努力成本，则供应商可以获得更高的期望利润。此外，根据命题 15.4 可以发现，供应商的期望利润随成本共担因子的增加而递增。总体而言，在 SCSE 模式下，在面向策略型消费者时，供应商愿意接受成本共担契约。

命题 15.5　当供应商投入销售努力时，给定任意批发价格或成本共担因子，必定存在着一个成本共担因子区间或批发价格区间，其中供应链可以通过引入成本共担契约实现帕累托改进。

证明：在 SCSE 模式下，零售商在引入和不引入成本共担契约时的期望利润差值可以表示为：$\pi_{r1}^{C*}(Q_1^{C*}, e_1^{C*}) - \pi_{r1}^{*}(Q_1^{*}, e_1^{*}) = \frac{(w-c)^2\beta^2\phi}{2\eta(1-\phi)}\left[2(p^*-w) - \frac{w-c}{(1-\phi)}\right]$。由此可得，如果 $\phi < \frac{2p^*+c-3w}{2(p^*-w)}$，则有 $\pi_{r1}^{C*}(Q_1^{C*}, e_1^{C*}) > \pi_{r1}^{*}(Q_1^{*}, e_1^{*})$。令 $G_3(w) = 2(p^*-w) - \frac{w-c}{(1-\phi)}$，则有 $\frac{\partial G_3(w)}{\partial w} = -2 - \frac{1}{1-\phi} + \sqrt{\frac{v-s}{w-s}}$，$\frac{\partial^2 G_3(w)}{\partial w^2} = -\frac{v-s}{2(w-s)\sqrt{(w-s)(v-s)}} < 0$。因此，$G_3(w)$ 是关于 w 的凹函数。通过求解 $\frac{\partial G_3(w)}{\partial w} = 0$，可以得到 $w^* = \frac{v(1-\phi)^2 + s(8-10\phi+3\phi^2)}{(3-2\phi)^2}$，$G_3(w^*) = \frac{c(3-2\phi) - s(\phi-2)^2 + v(1-\phi)^2}{3-5\phi+2\phi^2}$。

令 $H_1(\phi)=c(3-2\phi)-s(\phi-2)^2+v(1-\phi)^2$，得到$\frac{\partial H_1(\phi)}{\partial\phi}=-2c-2s(\phi-2)+2v(\phi-1)$，$\frac{\partial^2 H_1(\phi)}{\partial\phi^2}=2v-2s>0$。因此$\frac{\partial H_1(\phi)}{\partial\phi}$是关于 ϕ 的单调递增函数。因为$\frac{\partial H_1(\phi)}{\partial\phi}\Big|_{\phi=1}=-2c+2s<0=-2c-2s<0$，所以有$\frac{\partial H_1(\phi)}{\partial\phi}<0$。因此，$H_1(\phi)$ 是关于 ϕ 的单调递减函数。因为 $H_1(1)=c-s>0$，可以得到 $H_1(\phi)>0$，进一步得到 $G_3(w^*)>0$。此外，$\lim\limits_{w\to+\infty}G_3(w)=2(p^*-w)-\frac{w-c}{1-\phi}=-\infty<0$。因此，必定存在着一个批发价格区间使得 $G_3(w)>0$，即 $\pi_{r1}^{C*}(Q_1^{C*},e_1^{C*})>\pi_{r1}^*(Q_1^*,e_1^*)$。**证毕。**

命题 15.5 表明，面向策略型消费者时，在 SCSE 模式下，供应链可以通过引入成本共担契约来实现帕累托改进。根据命题 15.4 可知，在 SCSE 模式下，如果引入成本共担契约，供应商可以获得更高的期望利润。因此，为了实现帕累托改进，需要确保零售商在引入成本共担契约后也能够获得比不引入契约时更高的期望利润。由命题 15.5 可知，供应链可以通过两种方式实现帕累托改进：一种是给定任意批发价格，使得成本共担因子位于一个特定的区间；另一种是给定任意成本共担因子，使得批发价格位于一个特定的区间。总而言之，在 SCSE 模式下，成本共担契约是实现面向策略型消费者的供应链性能提升的有效手段。

（二）成本共担契约对基于 RCSE 模式的供应链的影响

本节针对 RCSE 模式，分析成本共担契约对供应链成员的影响，可以得到如下命题。

命题 15.6 当零售商投入销售努力时，总是能够从成本共担契约中获益。此外，供应商分担的销售努力成本越多，零售商可以获得的期望利润就越高。

证明：在 SCSE 模式下，零售商在引入和不引入成本共担契约时的期望利润差值可以表示为：$\Delta_2=\pi_{r2}^{C*}(Q_2^{C*},e_2^{C*})-\pi_{r2}^*(Q_2^*,e_2^*)=\frac{(p^*-w)^2\beta^2\phi}{2\eta(1-\phi)}>0$，

即 $\pi_{r2}^{C*}(Q_2^{C*}, e_2^{C*}) > \pi_{r2}^{*}(Q_2^{*}, e_2^{*})$。此外，可以得到$\frac{\partial \Delta_2}{\partial \phi} = \frac{(p^* - w)^2 \beta^2}{2\eta(1-\phi)^2} > 0$。因此，$\Delta_2$ 随着 ϕ 的增加而递增。**证毕。**

命题 15.6 揭示了在 RCSE 模式下，成本共担契约对零售商的影响。显然，如果供应商能够分担销售努力成本，则零售商可以获得更高的期望利润。此外，根据命题 15.6 可以发现，零售商的期望利润随着成本共担因子的增加而递增。总体而言，在 RCSE 模式下，面向策略型消费者时，零售商愿意接受成本共担契约。

命题 15.7　当零售商投入销售努力时，给定任意批发价格或任意成本共担因子，必定存在着一个成本共担因子区间或批发价格区间，其中供应链可以通过引入成本共担契约实现帕累托改进。

证明：在 RCSE 模式下，供应商在引入和不引入成本共担契约时的期望利润差值可以表示为：$\pi_{s2}^{C*}(Q_2^{C*}, e_2^{C*}) - \pi_{s2}^{*}(Q_2^{*}, e_2^{*}) = -\frac{\beta^2\phi(p^* - w)(2c + p^* - 3w - 2c\phi + 2w\phi)}{2\eta(1-\phi)^2}$。由此可得，如果 $\phi < \frac{p^* + 2c - 3w}{2(c-w)}$，则有 $\pi_{s2}^{C*}(Q_2^{C*}, e_2^{C*}) > \pi_{s2}^{*}(Q_2^{*}, e_2^{*})$。令 $G_4(w) = 2c + p^* - 3w - 2c\phi + 2w\phi$，可以得到 $\frac{\partial G_4(w)}{\partial w} = -3 + 2\phi - \sqrt{\frac{v-s}{4(w-s)}}$，$\frac{\partial^2 G_4(w)}{\partial w^2} = -\frac{v-s}{4(w-s)\sqrt{(w-s)(v-s)}} < 0$。因此，$G_4(w)$ 是关于 w 的凹函数。通过求解 $\frac{\partial G_4(w)}{\partial w} = 0$，可得 $w^* = \frac{v + s(35 - 48\phi + 16\phi^2)}{4(3-2\phi)^2}$，且 $G_4(w^*) = \frac{-v + s(5-4\phi)^2 - 8c(3 - 5\phi + 2\phi^2)}{4(2\phi - 3)}$。令 $H_2(\phi) = -v + s(5-4\phi)^2 - 8c(3 - 5\phi + 2\phi^2)$，则$\frac{\partial H_2(\phi)}{\partial \phi} = 8(c-s)(5-4\phi)$，$\frac{\partial^2 H_2(\phi)}{\partial \phi^2} = -32(c-s) < 0$。因此，$\frac{\partial H_2(\phi)}{\partial \phi}$是关于 ϕ 的单调递减函数。因为$\left.\frac{\partial H_2(\phi)}{\partial \phi}\right|_{\phi=1} = 8(c-s) > 0$，由此可得$\frac{\partial H_2(\phi)}{\partial \phi} > 0$。因此，$H_2(\phi)$ 是关于 ϕ 的单调递增函数。因为 $H_2(1) = -v + s < 0$，可以得到 $H_2(\phi) < 0$，所以 $G_4(w^*) > 0$。此外，$\lim_{w \to +\infty} G_4(w) =$

$2c+p^*-3w-2c\phi+2w\phi=-\infty<0$，必定存在着一个批发价格区间使得 $G_4(w)<0$，即 $\pi_{s2}^{C*}(Q_2^{C*},\ e_2^{C*})>\pi_{s2}^{*}(Q_2^{*},\ e_2^{*})$。**证毕。**

命题 15.7 表明，在 RCSE 模式下引入成本共担契约后，面向策略型消费者的供应链可以实现帕累托改进。根据命题 15.6 可知，在 RCSE 模式下，如果引入成本共担契约，零售商可以获得更高的期望利润。因此，为了实现帕累托改进，需要确保供应商在引入成本共担契约后也能获得更高的期望利润。从命题 15.7 中可以发现，供应链可以通过两种方式实现帕累托改进：一种是给定任意批发价格，使得成本共担因子位于一个特定的区间；另一种是给定任意成本共担因子，使得批发价格位于一个特定的区间。总体而言，在 RCSE 模式下，成本共担契约也是实现面向策略型消费者的供应链性能提升的有效手段。

（三）RCSE 模式与引入成本共担契约后的 SCSE 模式进行比较

根据上述讨论可知，在一定条件下零售商不愿意投入销售努力。因此，我们比较 RCSE 模式和引入成本共担契约后的 SCSE 模式，从而找到优化方案。首先，提出了一个合理的假设，即零售商可能希望通过承担部分销售努力成本，以此转移供应商的部分销售努力责任。令 $K_1=\dfrac{c+2p^*-3w}{2(p^*-w)}$，可以得到如下命题。

命题 15.8 在 RCSE 模式下，满足 $w\in(c,\ T_1)$，如果零售商在区间 $\phi\in(K_1,\ 1)$ 内选择一个合理的成本共担因子来分担供应商的销售努力成本，则供应商愿意投入销售努力。

证明：供应商在引入成本共担契约后的 SCSE 模式与不引入成本共担契约的 RCSE 模式之间的期望利润差值可以表示为：

$$\pi_{s1}^{C*}(Q_1^{C*},\ e_1^{C*})-\pi_{s2}^{*}(Q_2^{*},\ e_2^{*})=-\frac{\beta^2(w-c)[c+2(1-\phi)p^*-3w+2w\phi]}{2\eta(1-\phi)}$$

令 $H_3(\phi)=c+2(1-\phi)p^*-3w+2w\phi$，可以得到$\dfrac{\partial H_3(\phi)}{\partial\phi}=-2p^*+2w<0$。因此，$H_3(\phi)$ 是关于 ϕ 的单调递减函数，并且有 $H_3(1)=c-w<0$，$\lim\limits_{\phi\to0}H_3(\phi)=c+2p^*-3w$。根据命题 15.1 的证明可知，当批发价格在区间

$w\in(c,\ T_1)$ 内时，有 $c+2p^*-3w>0$。因此，存在着一个成本共担因子的区间，其中 $H_3(\phi)<0$。通过求解 $H_3(\phi)=0$，可以得到 $\phi=\frac{c+2p^*-3w}{2(p^*-w)}$。令 $K_1=\frac{c+2p^*-3w}{2(p^*-w)}$，则在区间 $\phi\in(K_1,\ 1)$ 内，$H_3(\phi)<0$ 恒成立，即 $\pi_{s1}^{C*}(Q_1^{C*},\ e_1^{C*})>\pi_{s2}^*(Q_2^*,\ e_2^*)$。**证毕。**

命题 15.8 表明，成本共担因子对供应商投入销售努力具有重要的激励作用。当且仅当成本共担因子在区间 $\phi\in(K_1,\ 1)$ 内时，供应商可以在引入成本共担契约后的 SCSE 模式下获得比没有引入成本共担契约时的 RCSE 模式下更高的期望利润。

对于零售商而言，也需要判断是自己投入销售努力，还是承担部分销售努力成本来转移对销售努力的责任。令 $K_2=\frac{-c^2+2cp^*+2p^{*2}-6p^*w+3w^2+\sqrt{(c-w)^3(c-4p^*+3w)}}{2(p^*-w)^2}$，可以得到如下命题。

命题 15.9　在 RCSE 模式下，满足 $w\in(T_2,\ v)$ 时，与自身投入销售努力相比，如果成本共担因子在区间 $\phi\in(0,\ K_2)$ 内，则零售商更愿意分担销售努力成本，以支持供应商投入销售努力。

证明：零售商在引入成本共担契约的 SCSE 模式与不引入成本共担契约的 RCSE 模式之间的期望利润差值可以表示成：

$$\pi_{r1}^{C*}(Q_1^{C*},\ e_1^{C*})-\pi_{r2}^*(Q_2^*,\ e_2^*)=-\frac{\beta^2[2cp^*+p^{*2}-2cw-4p^*w+3w^2+(c^2-2cp^*-2p^{*2}+6p^*w-3w^2)\phi+(p^*-w)^2\phi^2]}{2\eta(1-\phi)^2}$$

令 $H_4(\phi)=2cp^*+p^{*2}-2cw-4p^*w+3w^2+(c^2-2cp^*-2p^{*2}+6p^*w-3w^2)\phi+(p^*-w)^2\phi^2$。由于 $(c-w)^3(c-4p^*+3w)>0$，则令 $H_4(\phi)=0$ 可以得到两个实数根。通过求解 $H_4(\phi)=0$，可得 $\phi=\frac{-c^2+2cp^*+2p^{*2}-6p^*w+3w^2\pm\sqrt{(c-w)^3(c-4p^*+3w)}}{2(p^*-w)^2}$。同时，可以得到 $H_4(0)=2cp^*+p^{*2}-2cw-4p^*w+3w^2=(p^*-w)(p^*-3w+2c)$。根据命题 15.2 的证明可知，当批发价格在区间 $w\in$

$\left(\frac{12c+5s+v+\sqrt{(24c-25s+v)(v-s)}}{18},\ v\right)$内时，有 $p^*-3w+2c<0$。因此，令 $K_2=\frac{-c^2+2cp^*+2p^{*2}-6p^*w+3w^2+\sqrt{(c-w)^3(c-4p^*+3w)}}{2(p^*-w)^2}$，且落在区间 $\phi\in(0,1]$ 内。由此可知，必定存在着一个成本共担因子的区间 $\phi\in(0,K_2)$，其中 $H_4(\phi)<0$，即 $\pi_{r1}^{C*}(Q_1^{C*},e_1^{C*})>\pi_{r2}^*(Q_2^*,e_2^*)$。**证毕。**

根据命题15.9中可以推断，当成本共担因子落在区间 $\phi\in(0,K_2)$ 内时，在引入成本共担契约后的SCSE模式中，零售商可以获得比其在没有引入成本共担契约的RCSE模式下更高的期望利润。这意味着在该区间内，零售商宁愿分担销售努力成本，以激励供应商投入销售努力，也不愿自己投入销售努力。

令 $K'=K_1-K_2$，可以得到 $K'=\frac{(w-c)[p^*-c-\sqrt{(4p^*-3w-c)(w-c)}]}{2(p^*-w)^2}$。令 $\hat{K}'=(p^*-c)^2-(4p^*-3w-c)(w-c)$。对其进行简化，可以进一步得到 $\hat{K}'=(p^*-w)(p^*+2c-3w)=(p^*-w)[\sqrt{(v-s)(w-s)}-(3w-2c-s)]$。根据命题15.2的证明可知，当 $w\in(T_2,v)$ 时，有 $G_2(w)=(v-s)(w-s)-(3w-2c-s)^2<0$。因此，可以推断出 $\hat{K}'<0$，即在区间 $w\in(T_2,v)$ 内，$K_1<K_2$ 恒成立。

命题15.10 在RCSE模式下，满足 $w\in(T_2,v)$ 时，存在着一个成本共担因子区间 $\phi\in(K_1,K_2)$；其中，不仅供应商愿意投入销售努力，零售商也愿意分担供应商的销售努力成本。

证明：结合之前的讨论，本命题显然成立。**证毕。**

根据命题15.3可知，当批发价格在区间 $w\in(T_2,T_1)$ 内时，供应商和零售商都不愿意投入销售努力。引入成本共担契约后，尽管批发价格在区间 $w\in(T_2,T_1)\subset(T_2,v)$ 内，仍然存在着一个成本共担因子区间 $\phi\in(K_1,K_2)$，其中供应商愿意投入销售努力，零售商也愿意分担供应商的销售努力成本。这意味着，当批发价格在区间 $w\in(T_2,T_1)$ 内时，成本共担契约可以有效解决供应链成员均不愿意投入销售努力的问题。

（四）SCSE 模式与引入成本共担契约后的 RCSE 模式进行比较

根据上述讨论可知，在一定条件下供应商不愿意投入销售努力。因此，我们比较 SCSE 模式和引入成本共担契约后的 RCSE 模式，从而找到优化方案。首先，提出了一个合理的假设，即供应商可能希望通过承担部分销售努力成本，以此转移部分的销售努力责任。令 $K_3=\dfrac{3w-p^*-2c}{2(w-c)}$，可以得到如下命题。

命题 15.11　在 SCSE 模式下，满足 $w\in(T_2,\ v)$ 时，如果供应商在区间 $\phi\in(K_3,\ 1)$ 内选择一个合理的成本共担因子来分担零售商的销售努力成本，则零售商愿意投入销售努力。

证明：零售商在引入成本共担契约的 RCSE 模式与没有引入成本共担契约时的 SCSE 模式之间的期望利润差值可以表示成：

$$\pi_{r2}^{C*}(Q_2^{C*},\ e_2^{C*})-\pi_{r1}^*(Q_1^*,\ e_1^*)=\frac{\beta^2(p^*-w)(2c+p^*-3w-2c\phi+2w\phi)}{2\eta(1-\phi)}$$

令 $H_5(\phi)=p^*-3w+2c+2(w-c)\phi$，可以得到 $\dfrac{\partial H_5(\phi)}{\partial\phi}=2(w-c)>0$。因此，$H_5(\phi)$ 是关于 ϕ 的单调递增函数，且有 $H_5(1)=p^*-w>0$，$\lim\limits_{\phi\to0}H_5(\phi)=p^*-3w+2c$。根据命题 15.2 的证明可知，当批发价格在区间 $w\in(T_2,\ v)$ 内时，有 $2c+p^*-3w<0$。因此，存在着一个成本共担因子的区间，其中 $H_5(\phi)>0$。通过求解 $H_5(\phi)=0$，可以得到 $\phi=\dfrac{3w-p^*-2c}{2(w-c)}$。令 $K_3=\dfrac{3w-p^*-2c}{2(w-c)}$，则在区间 $\phi\in(K_3,\ 1)$ 内，$H_5(\phi)>0$ 恒成立，即 $\pi_{r2}^{C*}(Q_2^{C*},\ e_2^{C*})>\pi_{r1}^*(Q_1^*,\ e_1^*)$。**证毕。**

命题 15.11 表明，成本共担因子对零售商投入销售努力具有重要的激励作用。只有当成本共担因子在区间 $\phi\in(K_3,\ 1)$ 内时，零售商可以在引入成本共担契约的 RCSE 模式下获得比其在没有引入成本共担契约的 SCSE 模式下更高的期望利润。

对于供应商而言，还需要判断是自己投入销售努力，还是承担部分销售努力成本，以转移部分销售努力责任。令 $K_4 = \frac{2c^2 - p^{*2} + 3w^2 + 2cp^* - 6cw + \sqrt{(p^* - w)^3(p^* - 4c + 3w)}}{2(w-c)^2}$，可以得到如下命题。

命题 15.12 在 SCSE 模式下，满足 $w \in (c, T_1)$ 时，与其自身投入销售努力相比，如果成本共担因子在区间 $\phi \in (0, K_4)$ 内，则供应商更愿意分担销售努力成本，以支持零售商投入销售努力。

证明：供应商在引入成本共担契约的 RCSE 模式与没有引入成本共担契约时的 SCSE 模式之间的期望利润差值可以表示成：

$$\begin{array}{l}\pi_{s2}^{C*}(p_2^{C*}, e_2^{C*}) \\ -\pi_{s1}^{*}(p_1^{*}, e_1^{*})\end{array} = -\frac{\begin{array}{c}\beta^2[2cp^* + c^2 - 4cw - 2p^*w + 3w^2 \\ + (p^{*2} - 2cp^* - 2c^2 + 6cw - 3w^2)\phi + (w-c)^2\phi^2]\end{array}}{2\eta(1-\phi)^2}$$

令 $H_6(\phi) = 2cp^* + c^2 - 4cw - 2p^*w + 3w^2 + (p^{*2} - 2cp^* - 2c^2 + 6cw - 3w^2)\phi + (w-c)^2\phi^2$。若 $-(4c - p^* - 3w)(p^* - w)^3 > 0$，则令 $H_6(\phi) = 0$ 可以得到两个实数根，即 $\phi = \frac{2c^2 + 2cp^* - p^* - 6cw + 3w^2 \pm \sqrt{(p^* - w)^3(-4c + p^* + 3w)}}{2(w-c)^2}$。其中，$H_6(0) = 2cp^* + c^2 - 4cw - 2p^*w + 3w^2 = (c - w)(c + 2p^* - 3w)$。根据命题 15.1 的证明可知，当批发价格在区间 $w \in (c, T_1)$ 内时，有 $c + 2p^* - 3w > 0$，即 $H_6(0) < 0$。进一步令 $K_4 = \frac{2c^2 + 2cp^* - p^{*2} + 3w^2 - 6cw + \sqrt{(p^* - w)^3(p^* - 4c + 3w)}}{2(w-c)^2}$，必定存在着一个成本共担因子的区间 $\phi \in (0, K_4)$，其中 $H_6(\phi) < 0$，即 $\pi_{s2}^{C*}(p_2^{C*}, e_2^{C*}) > \pi_{s1}^{*}(p_1^{*}, e_1^{*})$。**证毕**。

根据命题 15.12 可以推断，当成本共担因子在区间 $\phi \in (0, K_4)$ 内时，相对于没有引入成本共担契约的 SCSE 模式，供应商在引入成本共担契约后的 RCSE 模式下可以获得更高的期望利润。这意味着，在该区间内，供应商宁愿分担销售努力成本以激励零售商投入销售努力，也不愿意自己投入销售努力。

令 $K'' = K_3 - K_4$，可以得到 $K'' = \frac{(p^* - w)[p^* - c - \sqrt{(p^* + 3w - 4c)(p^* - w)}]}{2(w-c)^2}$。令 $\hat{K}'' = (p^* - c)^2 - (p^* + 3w - 4c)(p^* - w)$。并对其进行简化，进一步得到 $\hat{K}'' = (p^* - c)^2 - (p^* + 3w - 4c)(p^* - w)$。根据命题 15.1 的证明可知，当

$w \in (c, T_1)$ 时，$G_1(w) = 4(v-s)(w-s) - (3w-c-2s)^2 > 0$。因此，可以推断 $\hat{K}'' < 0$，即在区间 $w \in (c, T_1)$ 内，$K_3 < K_4$。

命题 15.13 在 SCSE 模式下，满足 $w \in (c, T_1)$ 时，存在着一个成本共担因子区间 $\phi \in (K_3, K_4)$，其中不仅零售商愿意投入销售努力，供应商也愿意分担零售商的销售努力成本。

证明：结合之前的讨论，本命题显然成立。**证毕**。

与命题 15.10 的结论类似，根据命题 15.3 可知，当批发价格在区间 $w \in (T_2, T_1)$ 内时，供应商和零售商都不愿意投入销售努力。在引入成本共担契约后，尽管批发价格在区间 $w \in (T_2, T_1) \subset (c, T_1)$ 内，仍然存在着一个成本共担因子的区间 $\phi \in (K_3, K_4)$，其中零售商愿意投入销售努力，供应商也愿意分担销售努力成本。这意味着，当批发价格在区间 $w \in (T_2, T_1)$ 内时，成本共担契约可以有效解决供应链成员不愿意投入销售努力的问题。

第四节　数 值 分 析

本节主要通过数值分析来验证上述解析结论。首先，设定如下参数：$c = 20$，$s = 15$，$v = 60$，$\beta = 35$，$\eta = 200$。随机部分的需求 ξ 服从正态分布，且有 $\xi \sim N(200, 30^2)$。

一、SCSE 模式和 RCSE 模式之间的比较

图 15.1（a）显示了在不同销售努力模式下，供应商期望利润随批发价格的变化情况。显然，在区间 $w \in (20.0, 38.2)$ 内，供应商在 RCSE 模式下获得的期望利润更高；而在区间 $w \in (38.2, 60.0)$ 内，供应商在 SCSE 模式下获得的期望利润更高。因此，命题 15.1 的结论得到了验证。图 15.1（b）显示了在不同销售努力模式下，零售商期望利润随批发价格的变化情况。显然，在区间 $w \in (20.0, 25.6)$ 内，零售商在 RCSE 模式下获得的期望利润更高；而在区间 $w \in (25.6, 60.0)$ 内，零售商在 SCSE 模式下获得的期望利润更

高。因此，命题 15. 2 的结论得到了验证。此外，存在着一个区间 $w \in (25.6, 38.2)$，其中供应链成员均希望另一方投入销售努力，从而导致了供应链管理困境。因此，我们进一步引入成本共担契约来解决该问题。

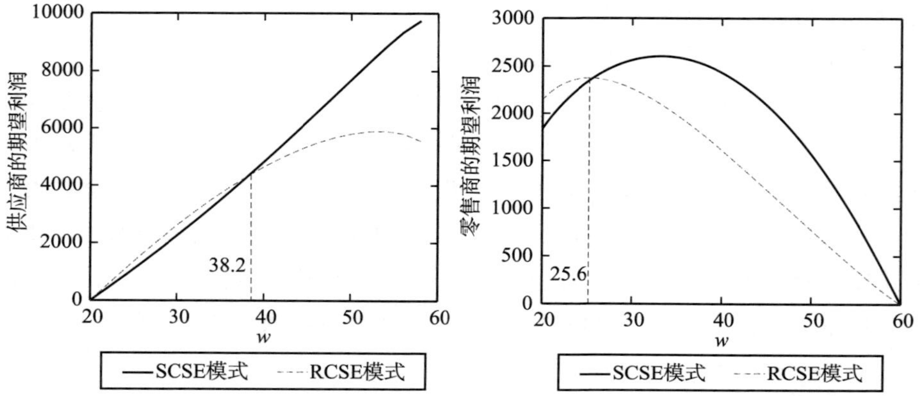

（a）供应商的期望利润　　　　（b）零售商的期望利润

图 15. 1　供应链成员的期望利润在不同销售努力模式下随 *w* 的变化情况

二、成本共担契约

本章解析分析表明，成本共担契约对供应链成员的期望利润具有重要的影响。并且，可以通过恰当的契约设计来提升供应链性能。本节进一步通过数值分析来展示两种销售努力模式下，成本共担契约对供应链成员的影响。

（一）SCSE 模式和引入成本共担契约的 SCSE 模式进行比较

图 15. 2（a）显示，在 SCSE 模式下，无论是否引入成本共担契约，供应商的期望利润始终随着批发价格的增加而增加。并且，与没有引入成本共担契约时的 SCSE 模式相比，给定任意批发价格，供应商都可以从该契约中获益。图 15. 2（b）显示，在 SCSE 模式下，无论是否引入成本共担契约，零售商的期望利润始终是关于批发价格的凹函数。并且，在区间 $w \in (20.0, 30.9)$ 内，成本共担契约有利于零售商；而在区间 $w \in (30.9, 60.0)$ 内，成

本共担契约会损害零售商的期望利润。给定 $\phi=0.5$，存在着一个帕累托改进区间 $w\in(20.0,\ 30.9)$，其中供应链成员的期望利润均可以得到提升。

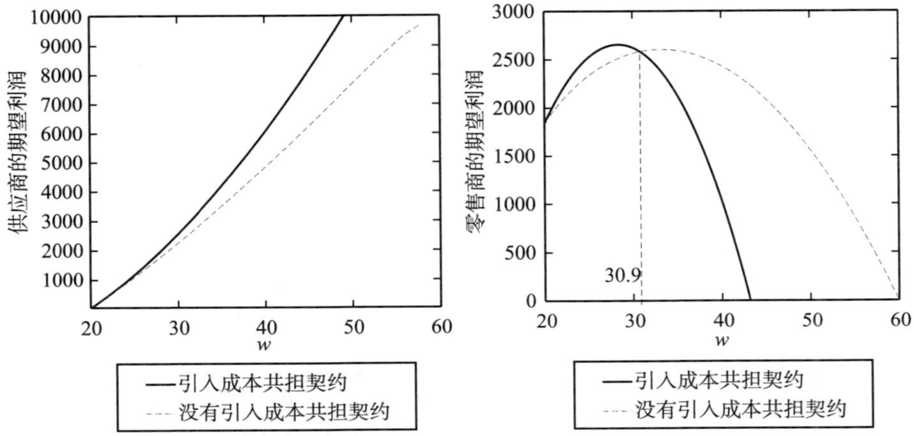

（a）供应商的期望利润　　（b）零售商的期望利润

图 15.2　给定 $\phi=0.5$，供应链成员的期望利润在 SCSE 模式下随 w 的变化情况

图 15.3 显示了 SCSE 模式下供应链期望利润随批发价格的变化情况。可以发现，给定 $\phi=0.5$，存在着一个批发价格区间 $w\in(20.0,\ 38.2)$；其中，供应链期望利润在引入成本共担契约后可以得到提升。显然，这里有 $(20.0,\ 30.9)\subset(20.0,\ 38.2)$。因此，从供应链的角度来看，成本共担契约可以在更大的批发价格区间内提高供应链的性能。

图 15.4（a）表明，在 SCSE 模式下，供应商的期望利润总是随着成本共担因子的增加而递增；与没有引入成本共担契约时的 SCSE 模式相比，给定任意成本共担因子，供应商均可以从成本共担契约中获益。图 15.4（b）表明，零售商的期望利润是关于成本共担因子的凹函数。并且，在区间 $\phi\in(0,\ 0.54)$ 内，成本共担契约有利于零售商；在区间 $\phi\in(0.54,\ 1)$ 内，成本共担契约会损害零售商的期望利润。给定 $w=30$，存在着一个帕累托改进区间 $\phi\in(0,\ 0.54)$，其中供应链成员的期望利润均可以得到提升。因此，命题 15.5 的结论得到了验证。

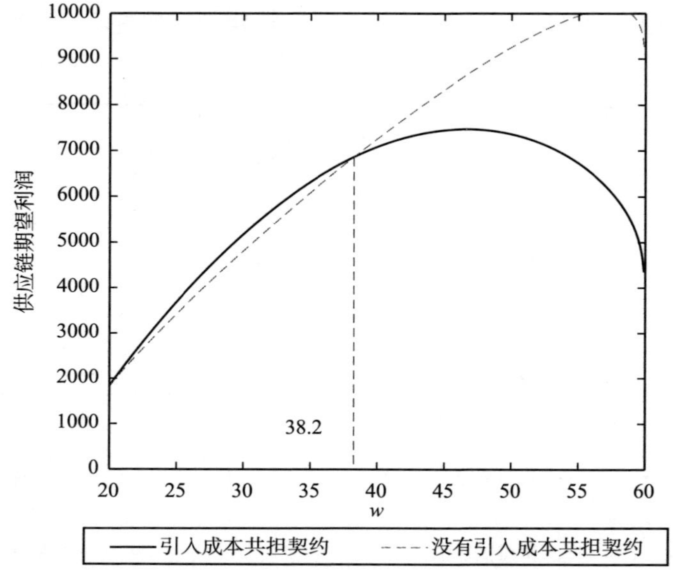

图 15.3　给定 $\phi=0.5$，供应链期望利润在 SCSE 模式下随 w 的变化情况

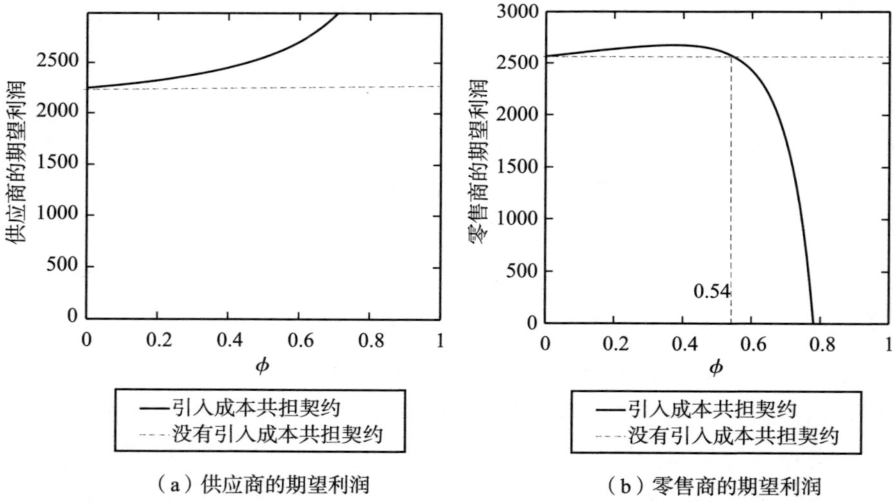

图 15.4　给定 $w=30$，供应链成员的期望利润在 SCSE 模式下随 ϕ 的变化情况

图 15.5 显示了在 SCSE 模式下，供应链期望利润随成本共担因子的变化情况。可以发现，给定 $w = 30$，存在着一个成本共担因子区间 $\phi \in (0, 0.69)$，其中供应链期望利润相对于没有引入成本共担契约时得到了提升。显然，这里有 $(0, 0.54) \subset (0, 0.69)$。因此，从供应链的角度来看，成本共担契约可以在更大的成本共担因子区间内提高供应链的性能。

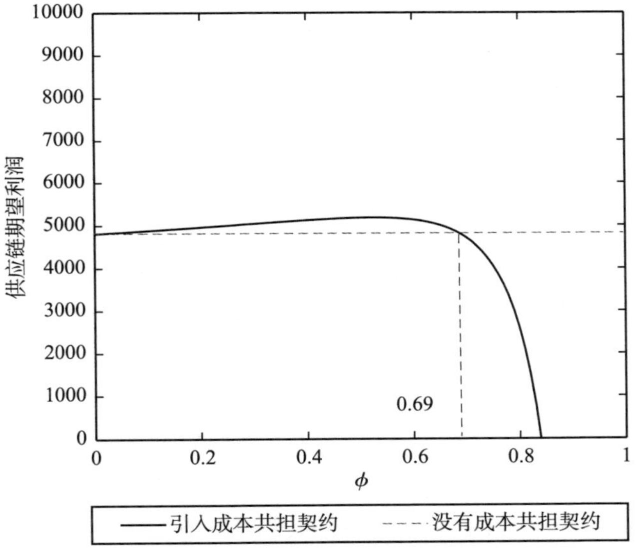

图 15.5　给定 $w = 30$，供应链期望利润在 SCSE 模式下随 ϕ 的变化情况

（二）RCSE 模式和引入成本共担契约的 RCSE 模式进行比较

图 15.6（a）显示，在 RCSE 模式下，无论是否引入成本共担契约，零售商的期望利润都是关于批发价格的凹函数；与没有引入成本共担契约的 RCSE 模式相比，给定任意批发价格，零售商总能从中获益。图 15.6（b）显示，在 RCSE 模式下，无论是否引入成本共担契约，供应商的期望利润也是关于批发价格的凹函数；且在区间 $w \in (20.0, 30.9)$ 内，成本共担契约会损害供应商的利益，而在区间 $w \in (30.9, 60.0)$ 内，成本共担契约有利于供应商。给定 $\phi = 0.5$，存在着一个帕累托改进区间 $w \in (30.9, 60.0)$，其中供应

链成员的期望利润均可以得到提升。

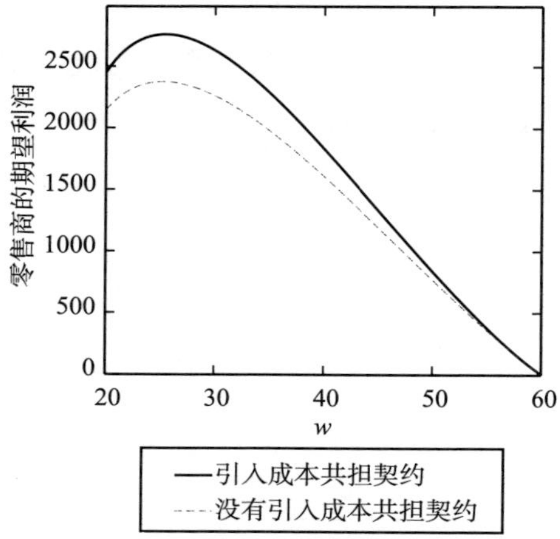

（a）零售商的期望利润

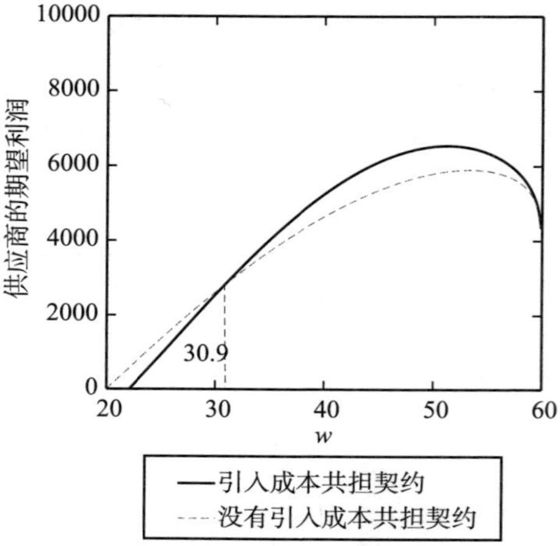

（b）供应商的期望利润

图 15.6　给定 $\phi=0.5$，供应链成员的期望利润在 RCSE 模式下随 w 的变化情况

图 15.7 显示了在 RCSE 模式下，供应链期望利润随批发价格的变化情况。可以发现，给定 $\phi=0.5$，存在着一个批发价格区间 $w\in(25.6,\ 60.0)$，其中供应链期望利润得到提升。显然，这里有 $(30.9,\ 60.0)\subset(25.6,\ 60.0)$。因此，从供应链的角度来看，成本共担契约可以在更大的批发价格区间内提高供应链的性能。

图 15.8（a）表明，在 RCSE 模式下，零售商的期望利润随着成本共担因子的增加而增加；与没有引入成本共担契约时的 RCSE 模式相比，给定任意成本共担因子，零售商均可以从该契约中获益。图 15.8（b）表明，供应商的期望利润是关于成本共担因子的凹函数；且在区间 $\phi\in(0,\ 0.45)$ 内，成本共担契约有利于供应商，而在区间 $\phi\in(0.45,\ 1)$ 内，成本共担契约会损害供应商的期望利润。给定 $w=30$，存在着一个帕累托改进区间 $\phi\in(0,\ 0.45)$，其中供应链成员的期望利润均可以得到提升。因此，命题 15.7 的结论得到了验证。

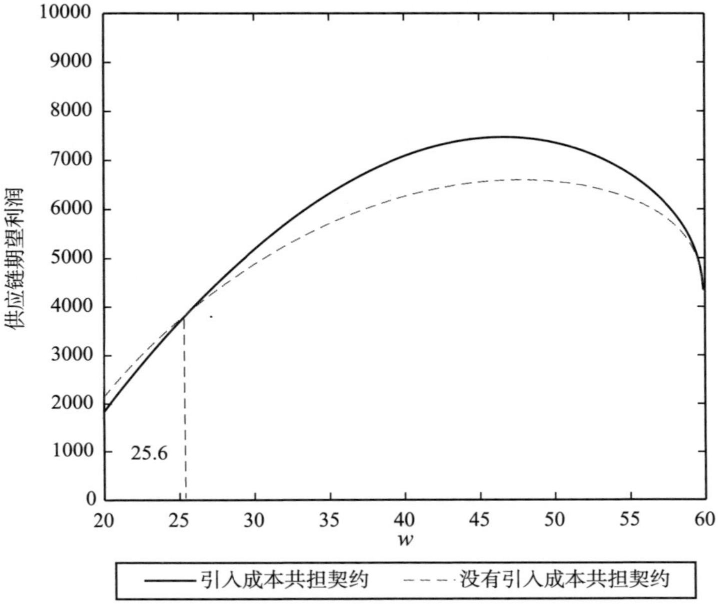

图 15.7　给定 $\phi=0.5$，供应链期望利润在 RCSE 模式下随 w 的变化情况

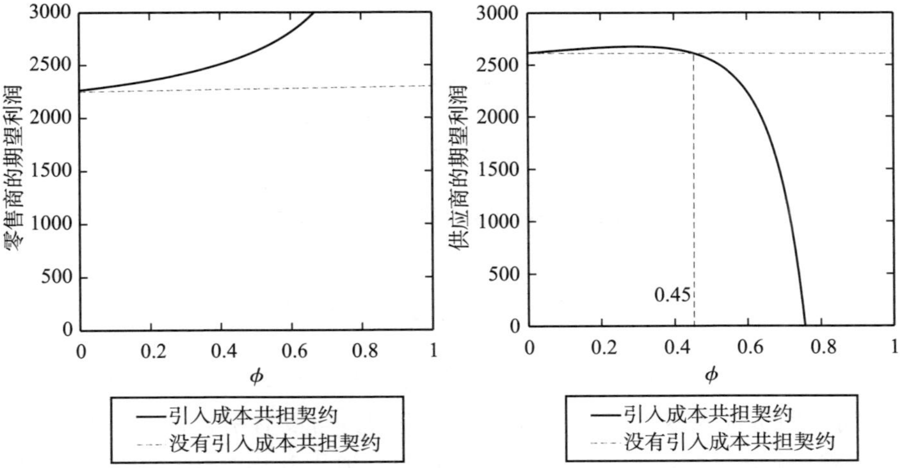

（a）零售商的期望利润　　（b）供应商的期望利润

图 15.8　给定 $w=30$，供应链成员的期望利润在 RCSE 模式下随 ϕ 的变化情况

图 15.9 显示了在 RCSE 模式下，供应链期望利润随成本共担因子的变化情况。可以发现，给定 $w=30$，存在着一个成本共担因子区间 $\phi \in (0, 0.65)$，其中供应链期望利润可以得到提升。显然，这里有 $(0, 0.45) \subset (0, 0.65)$。因此，从供应链的角度来看，成本共担契约可以在更大的成本共担因子区间内提高供应链的性能。

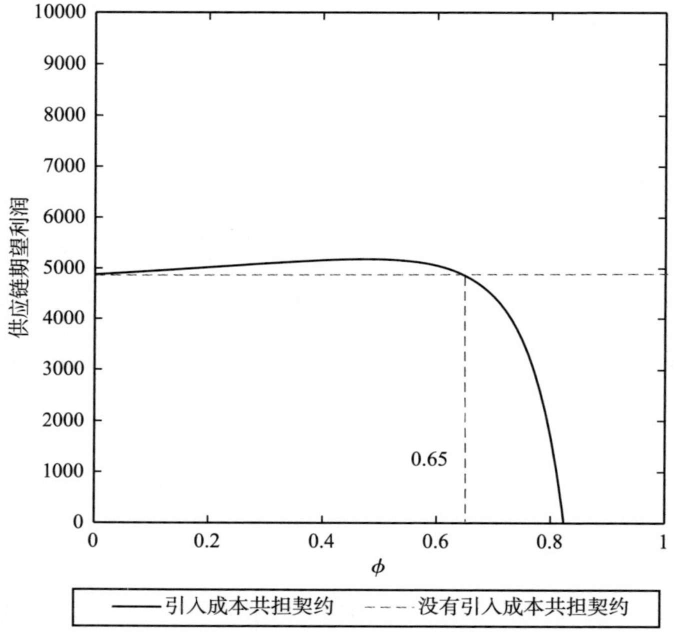

图 15.9　给定 $w=30$，供应链期望利润在 RCSE 模式下随 ϕ 的变化情况

（三）RCSE 模式与引入成本共担契约的 SCSE 模式进行比较

图 15.10（a）表明，在引入成本共担契约的 SCSE 模式下，供应商的期望利润总是随着成本共担因子的增加而递增；与没有引入成本共担契约的 RCSE 模式相比，在区间 $\phi \in (0, 0.54)$ 内，成本共担契约会损害供应商的期望利润；在区间 $\phi \in (0.54, 1)$ 内，成本共担契约能使供应商获益。给定 $w=30$，存在着一个成本共担因子区间 $\phi \in (0.54, 1)$，其中供应商的期望利润可以得到提升。也就是说，如果零售商能够在区间 $\phi \in (0.54, 1)$ 内选择

一个成本共担因子来分担供应商的销售努力成本，则供应商愿意投入销售努力。因此，命题 15.8 的结论得到了验证。

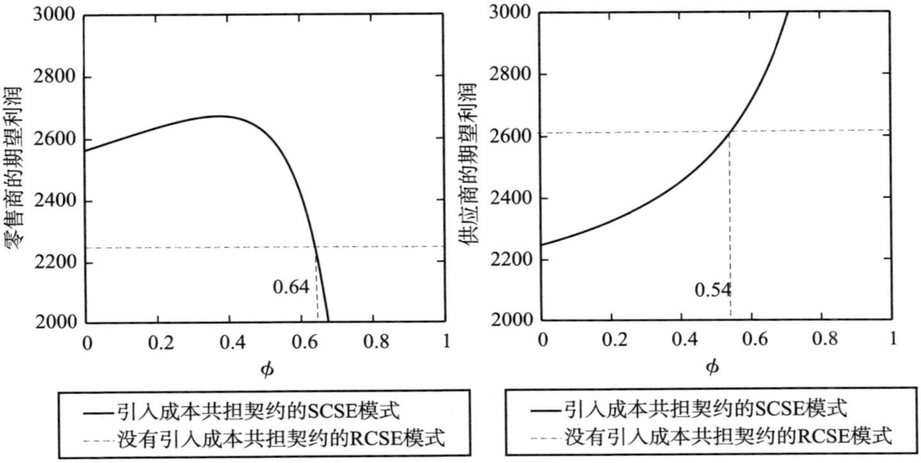

（a）供应商的期望利润　　（b）零售商的期望利润

图 15.10　给定 $w=30$，供应链成员的期望利润在引入成本共担契约的 SCSE 模式和没有引入成本共担契约的 RCSE 模式下随 ϕ 的变化情况

图 15.10（b）表明，在引入成本共担契约的 SCSE 模式下，零售商的期望利润是关于成本共担因子的凹函数；并且，在区间 $\phi \in (0, 0.64)$ 内，成本共担契约能使零售商获益，而在区间 $\phi \in (0.64, 1)$ 内，成本共担契约会损害零售商的期望利润。给定 $w=30$，存在着一个成本共担因子区间 $\phi \in (0, 0.64)$，其中零售商的期望利润可以得到提升。也就是说，与其自身投入销售努力的情形相比，如果成本共担因子在区间 $\phi \in (0, 0.64)$ 内，则零售商愿意分担供应商的销售努力成本，以支持供应商投入销售努力。因此，命题 15.9 的结论得到了验证。

接下来，我们发现存在着一个成本共担因子区间 $\phi \in (0.54, 0.64)$，其中不仅供应商愿意投入销售努力，零售商也愿意分担供应商的销售努力成本。并且，当没有引入成本共担契约的 RCSE 模式转变为引入成本共担契约的 SCSE 模式时，可以实现帕累托改进。因此，命题 15.10 的结论得到了验证。

如图 15.11 所示，给定 $w=30$，存在着一个成本共担因子区间 $\phi\in(0, 0.68)$，其中供应链期望利润可以得到提升。显然，这里有 $(0.54, 0.64)\subset(0, 0.68)$。因此，从供应链的角度来看，成本共担契约可以在更大的成本共担因子区间内提高供应链的性能。

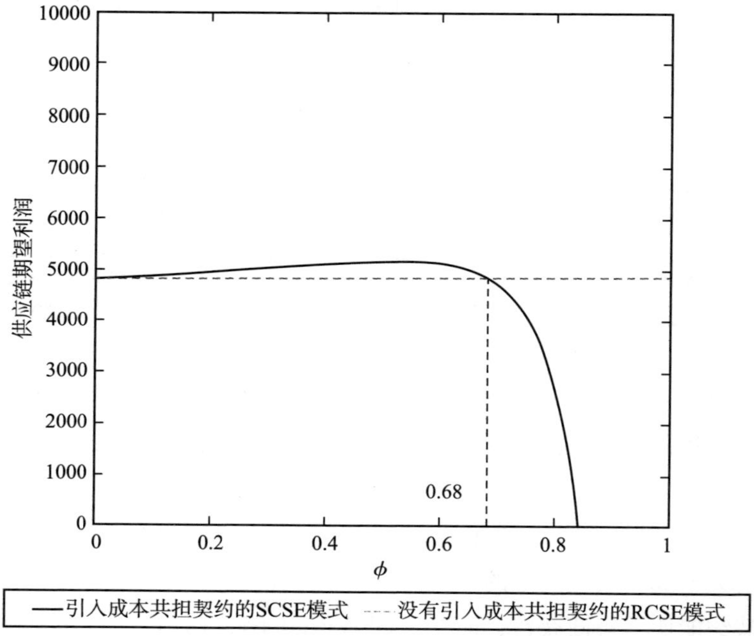

图 15.11　给定 $w=30$，供应链期望利润在引入成本共担契约的 SCSE 模式和没有引入成本共担契约的 RCSE 模式下随 ϕ 的变化情况

（四）SCSE 模式与引入成本共担契约的 RCSE 模式进行比较

图 15.12（a）表明，在引入成本共担契约的 RCSE 模式下，零售商的期望利润总是随着成本共担因子的增加而递增；与没有引入成本共担契约的 SCSE 模式相比，在区间 $\phi\in(0, 0.45)$ 内，成本共担契约会损害零售商的期望利润，而在区间 $\phi\in(0.45, 1)$ 内，成本共担契约能使零售商获益。给定 $w=30$，存在着一个成本共担因子的区间 $\phi\in(0.45, 1)$，其中零售商的期望

利润可以得到提升。也就是说，如果供应商能够在区间 $\phi \in (0.45, 1)$ 内选择一个合理的成本共担因子来分担零售商的销售努力成本，则零售商愿意投入销售努力。因此，命题 15.11 的结论得到了验证。

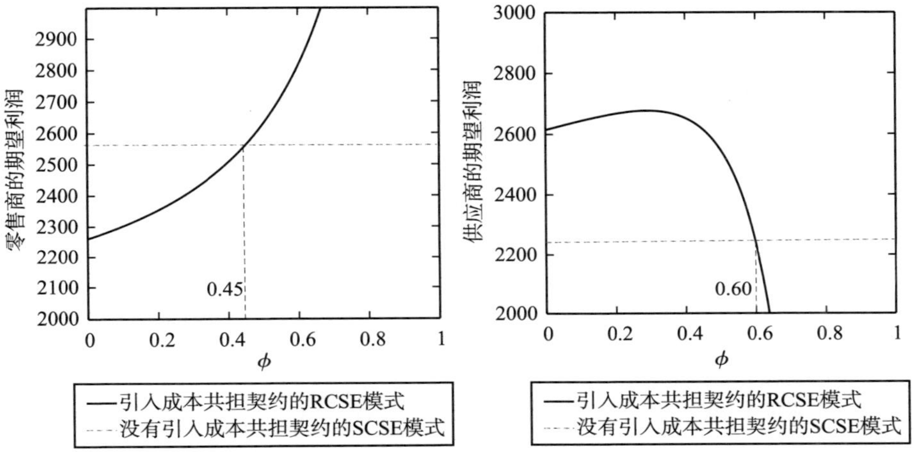

（a）零售商的期望利润　　（b）供应商的期望利润

图 15.12　给定 $w = 30$，供应链成员的期望利润在引入成本共担契约的 RCSE 模式和没有引入成本共担契约的 SCSE 模式下随 ϕ 的变化情况

图 15.12（b）显示，在引入成本共担契约的 RCSE 模式下，供应商的期望利润是关于成本共担因子的凹函数；并且，在区间 $\phi \in (0, 0.60)$ 内，成本共担契约能使供应商获益，而在区间 $\phi \in (0.60, 1)$ 内，成本共担契约会损害供应商的期望利润。给定 $w = 30$，存在着一个成本共担因子区间 $\phi \in (0, 0.60)$，其中供应商的期望利润可以得到提升。也就是说，与其自身投入销售努力相比，如果成本共担因子在区间 $\phi \in (0, 0.60)$ 内，则供应商更愿意分担零售商的销售努力成本，以支持零售商投入销售努力。因此，命题 15.12 的结论得到了验证。

接下来，我们发现存在着一个成本共担因子区间 $\phi \in (0.45, 0.60)$。其中，不仅零售商愿意投入销售努力，供应商也愿意分担零售商的销售努力成本，并且当没有引入成本共担契约的 SCSE 模式转变为引入成本共担契约的 RCSE 模式时，可以实现帕累托改进。因此，命题 15.13 的结论得到了验证。

如图 15. 13 所示，给定 $w=30$，存在着一个成本共担因子区间 $\phi \in (0, 0.66)$。其中，供应链期望利润可以得到提升。显然，这里有 $(0.45, 0.60) \subset (0, 0.66)$。因此，从供应链的角度来看，成本共担契约可以在更大的成本共担因子区间内提高供应链的性能。

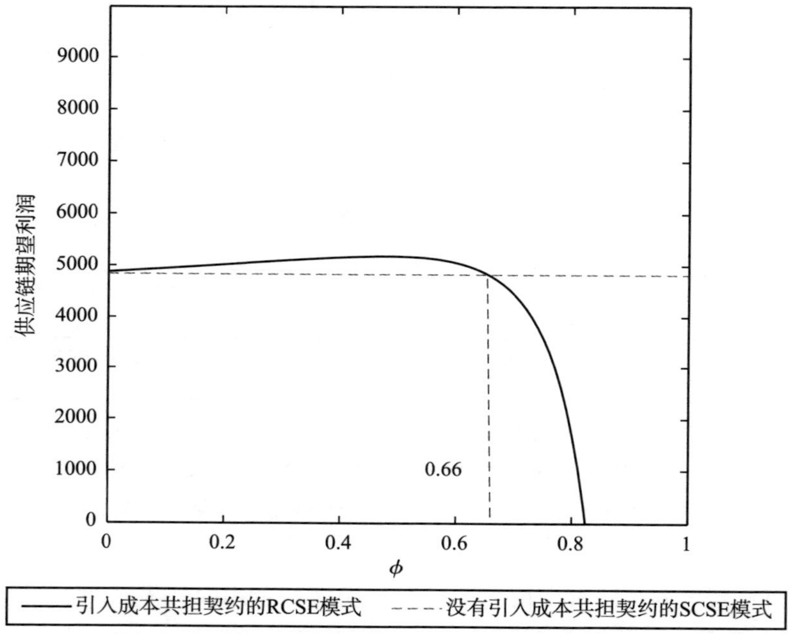

图 15. 13　给定 $w=30$，供应链期望利润在引入成本共担契约的 RCSE 模式和不引入成本共担契约的 SCSE 模式下随 ϕ 的变化情况

第五节　本章小结

本章考虑消费者策略选择行为的影响，构建了一个由供应商和零售商组成的两级供应链。分析了两种不同销售努力模式下供应链成员之间的竞争决策，即 SCSE 模式和 RCSE 模式。其中，在 SCSE 模式下，供应商投入销售努力，零售商选择“搭便车”；而在 RCSE 模式下，零售商投入销售努力，供应商选择“搭便车”。通过对比分析发现，供应商和零售商在不同批发价格下投入销售努力的意愿不同。如果批发价格相对较低，则两个成员均希望零售商投入销售努力；如果批发价格相对较高，则两个成员均希望供应商投入销售努力。同时，还存在着一个有争议的批发价格中间区间，其中供应商和零售商都不愿意投入销售努力。

因此，本章引入成本共担契约来缓解不同销售努力模式下策略型消费者对供应链的负面影响。通过设计合理的成本共担契约，存在一个帕累托区间，其中供应链成员的期望利润均得到提升，这意味着该契约可以有效降低策略型消费者带来的不利影响。此外，还讨论了当一种销售努力模式转变为另一种销售努力模式时，如何利用成本共担契约来改善供应链。结果表明，当销售努力模式发生变化时，成本共担契约仍然有效。

本章的研究具有重要管理意义，具体如下：

1. 对于供应链而言，需要主动响应策略型消费者。本章研究表明，销售努力对需求产生积极影响，可以进一步提高可能的需求潜力。在此过程中，供应链需要合理安排不同成员投入销售努力的责任分配问题。

2. 对于供应商和零售商来说，需要认识到在两种不同销售努力模式下的决策差异，以确保在面对策略型消费者时投入恰当的销售努力。本章研究表明，当销售努力由不同成员投入时，其对供应链成员期望利润的影响是不同的。根据本章结论，供应链成员可以在不同条件下找到其对销售努力模式的偏好。

3. 对于供应商和零售商来说，当面临策略型消费者时，可以通过引入成本共担契约来实现帕累托改进。因此，供应链成员必须保持紧密的合作关系，以实现高水平的双赢结果。

在未来的工作中，可以将本章研究的内容扩展到具有多个零售商或多个供应商的竞争模型。还可以考虑商品的可替代性对供应链成员决策的影响。此外，引入信息不对称也是未来可能的研究方向。

第十六章
绿色努力驱动下的供应链：组合契约

随着经济的快速发展和能源消耗的急剧增加，温室效应、海洋污染、生态环境恶化、能源危机等问题已经受到社会各界的关注。绿色生产和清洁能源开发已成为保护全球环境的优先事项。与此同时，人们的环境保护与健康意识正在逐渐增强，并表现出越来越强的绿色消费趋势（Hong and Guo，2019；Bai et al.，2020；Li et al.，2021a；Wang et al.，2021）。因此，结合下游零售商反馈的消费者绿色需求，企业越来越有动力生产绿色产品（Wang et al.，2021）。实际上，已经有很多企业开始进行绿色生产。例如，巴塔哥尼亚是服装行业中一家典型的绿色产品生产企业。在生产环保防雨紧身夹克时，巴塔哥尼亚与其供应商通力合作，努力在原材料方面进行改进，并用聚酯和聚氨酯来替代全氟辛酸，从而降低对环境的污染。巴塔哥尼亚还与中石科技进行合作，更有效地为消费者提供服务，并提高库存周转率，从而增加收益（Ghosh and Shah，2012）。在中国，许多企业已经开始把绿色可持续发展作为社会责任，并且开始进行绿色转型。例如，出于环保的考虑，中国领先的钢铁制造商——中国宝武钢铁集团有限公司，已经应用宝钢产品环境指数来推动绿色产品的发展。宝武通过宝钢叠层钢和宝钢淬火隔板钢来降低碳排放量，实现绿色产品的大幅增长。另一个例子是来自白色家电行业的领先品牌——海尔集团。目前，海尔已经实施“绿色设计、绿色生产、绿色经营、绿色回收、绿色处置、绿色采购”的6G战略，驱动全产业链绿色发展，实现人与自然的和谐共处。此外，海尔开发的磁悬浮中央空调、“无外桶”免清洗洗衣机等高效节能的绿色产品，受到了许多消费者的青睐。①

一般来说，生产绿色产品会改变供应链的竞争结构和最优决策。目前，许多学者开始研究绿色供应链竞争模型与合作机制（Ghosh and Shah，2012；Ghosh and Shah，2015；Swami and Shah，2013；Huang et al.，2016；Taleizadeh et al.，2018；Liu，2019；Qu et al.，2019；Hong and Guo，2019；Heydari et al.，2019；Li et al.，2021a；Li et al.，2021b；Chen et al.，2021）。特别地，许多学者认为，当绿色产品被生产出来并销售给消费者时，其需求函数与普通产品是不同的，因此构建了具有绿色产品特性的需求函数。例如，戈什和沙阿（Ghosh and Shah，2012）将绿色产品的需求表达成与绿色水平和销售价格密切相关的线性函数，从而来反映消费者的价格敏感性和产品绿色水平敏感性。在此基础上，他们对比研究了不同渠道结构下的绿色供应链竞争均衡，并设计了一个两部定价契约来提高绿色供应链性能。此外，当企业通过研发投入来提升产品的绿色水平时，会产生额外的成本。学者们将这部分额外成本称为绿色成本（Ghosh and Shah，2012；Liu et al.，2021）。斯瓦米和沙阿（Swami and Shah，2013）发现，供应链成员投入的最优绿色努力水平等于绿色努力敏感性系数和绿色努力成本系数的比值。戈什和沙阿（Ghosh and Shah，2015）研究了绿色供应链的协调问题，他们重点引入了两种成本共担契约：一种是由零售商提供的，另一种是通过议价决定的。巴西尔和埃达里（Basiri and Heydari，2017）考虑了供应链在同一渠道中同时销售传统非绿色产品和绿色产品的情况，并提出了一种制造商和零售商的合作策略。研究表明，这种合作策略能够提升供应链利润，使其接近于集成供应链的水平并且保证双方均能获得更高的利润。除了生产绿色产品外，降低碳排放也可以被视为绿色生产的关键过程，并且属于绿色供应链管理的范畴。徐小平等（Xu et al.，2017）考虑碳总量管制和交易规则的影响，构建了由一个制造商和一个零售商组成的绿色供应链，重点研究了绿色供应链的生产和碳减排决策。进一步地，他们设计并引入了成本共担契约来协调绿色供应链。塔利扎德等（Taleizadeh et al.，2018）考虑一个销售低碳产品的两级供应链，分析了制造商和零售商之间的竞争决策，并设计了三种不同的契约方

① 海尔公司官网。

案来协调供应链。

风险管理在当今复杂的供应链运作中变得越来越重要（Yang et al.，2021）。也有越来越多的研究开始强调将风险管理考虑到企业的决策过程中，特别是对于面临需求不确定或供应不确定的大多数供应链而言，风险管理变得十分重要。谢刚等（Xie et al.，2011）研究发现，风险规避显著影响供应链的产品质量决策和定价决策。肖条军和杨丹琴（Xiao and Yang，2009）的研究表明，在制造商风险分担成本较高的情况下，风险规避程度高的零售商会比风险规避程度低的零售商选择更高的批发价格。杨磊等（Yang et al.，2018）发现，当供应商的风险规避程度高于零售商时，拉式报童模型的最优订购量低于推式报童模型的最优订购量，且这一结论与风险中性供应链恰好相反。

为了反映决策者的风险态度，学者们提出了许多量化方式，例如均值－方差（Mean-Variance，MV）（Choi et al.，2008；Choi et al.，2019；Xu et al.，2014；Liu et al.，2016；Zhuo et al.，2018），风险价值（Value at Risk，VaR）（Tapiero，2005；Wang et al.，2009；Kellner and Rösch，2016），条件风险价值（Conditional Value at Risk，CVaR）（Li et al.，2016a；Zhu et al.，2020；Fan et al.，2020；Liu et al.，2020；Zhao et al.，2020），以及下行风险规避（Downside Risk Aversion，DRA）（Yao et al.，2016）等。其中，MV量化方法最早是在金融领域投资组合风险管理中提出的开创性理论（Markowitz，1952）。当时，马科维茨（Markowitz，1952）的投资组合理论认为，投资者期望获得最大的回报，但他们是风险规避的。因此，投资者建立投资组合的原则是在给定风险水平下实现收益最大化，这个给定风险水平即为风险容忍度。近几十年来，马科维茨（Markowitz，1952）的MV框架理论的应用已经从金融领域扩展到供应链管理领域（Chiu and Choi，2016）。由于投资组合研究的核心是在风险承受范围内追求投资组合收益最大化，因此对于供应链中的风险规避决策者而言，其目的是在风险承受能力范围内进行决策。

目前，MV模型被广泛用于研究风险规避供应链的最优决策分析（Chiu and Choi，2016；Bai et al.，2020）。例如，魏莹和蔡灿明（Wei and Choi，2010）采用MV框架来衡量决策者的风险规避态度，并引入批发价和利润分享机制来协调供应链。徐广业等（Xu et al.，2014）构建了一个双渠道供应链，求解了MV模型中风险规避成员的最优决策。在此基础上，他们提出了一个双向收益分享契约来实现供应链协调。卓文燚等（Zhuo et al.，2018）运用 MV 来量化供应链成员的风险规避态度，发现在期权契约下，相对较高的风险容忍度可以激励供应商降低执行价格。一些学者认为，绿色供应链关联企业可能面临比传统供应链关联企业更大的风险，因此他们将风险态度引入绿色供应链中。柏庆国等（Bai et al.，2020）采用 MV 来量化制造商和零售商的风险规避态度，在此基础上分析了制造商引入绿色技术和不引入绿色技术时的供应链竞争模型。进一步地，引入收益分享契约和两部定价契约来协调引入绿色技术的供应链。王玮等（Wang et al.，2021）也采用了 MV 方法，并引入效用函数来量化绿色供应链成员的风险规避态度，基于此分析了成员的绿色水平和销售价格决策。本章也考虑了一个绿色供应链，并采用了 MV 方法来量化成员的风险规避态度。此外，我们采用风险容忍度来反映绿色供应链成员的风险规避程度。

实际上，MV 模型通常有两种方式来反映决策者的风险态度。第一种是在随机利润方差约束下最大化期望利润（Xie et al.，2011；Xu et al.，2014；Liu et al.，2016；Zhuo et al.，2018；Raza and Govindaluri，2019）；第二种是引入效用函数并最大化决策者的效用（Bai et al.，2020；Wang et al.，2021）。在报童模型中，由于通过第一种量化方式得到的最优解是有边界的，且不会出现效用为负的情况（Chiu and Choi，2016）。因此，本章采用第一种量化方式来反映绿色供应链成员的风险规避态度。

综合以上讨论，本章构建了由一个风险规避供应商和风险规避零售商组成的绿色供应链。其中，供应商首先决定绿色水平和批发价格，然后零售商决定销售价格。同时，为了更清晰地展示决策者风险规避态度对绿色供应链的影响，构建了风险中性的绿色供应链作为基本模型，并对比研究了风险中性和风险规避绿色供应链的均衡决策。进一步地，设计并引入了收益分享和成本共担组合契约来提升风险中性和风险规避的绿色供应链性能。

第一节　模型构建

考虑由一个供应商和一个零售商组成的绿色供应链。其中，零售商向供应商采购绿色产品，并将产品出售给消费者。假设产品的单位生产成本为 c，批发价格为 w，销售价格为 p。进一步假设市场需求函数为 $q=a-bp+\gamma e$，这里 a 表示市场需求潜量，为一个随机变量，且均值为 μ，方差为 σ^2；b 为销售价格敏感性系数，e 表示绿色水平，γ 为绿色水平敏感性系数。并且，较高的绿色水平和较低的销售价格有助于扩大产品的市场需求。进一步假设绿色成本是产品绿色水平的二次函数，且与生产数量无关，即为 $\frac{1}{2}\eta e^2$（Li et al.，2016b；Zhu and He，2017；Song and Gao，2018）。这里，$\eta>0$ 表示绿色水平的成本效率。

本章假设供应链成员均是风险规避的，并采用 MV 模型来量化风险规避态度。在 MV 模型中，引入参数 $R(R>0)$ 来表示决策者的风险容忍度。其中，R 越大，表示决策者风险容忍度越高，也意味着决策者对不确定性的敏感性越低，且更具冒险精神。特别地，$R=\infty$ 表示决策者是完全风险中性的，$R=0$ 表示决策者是完全风险规避的。表 16.1 列出了本章的主要参数与决策变量。

表 16.1　　　　主要参数与决策变量的符号及其含义

符号	含义
a	市场需求潜量
μ	市场需求潜量的均值
σ	市场需求潜量的标准差
c	单位生产成本
p	销售价格
w	批发价格
q	订购量
e	绿色水平
φ	收益分享因子
ϕ	成本共担因子
η	绿色水平成本系数
b，γ	销售价格敏感性系数、绿色水平敏感性系数

续表

符号		含义
R_t，R_s，R_r		绿色供应链、供应商和零售商的风险容忍度
π		利润
下标	r	零售商
	s	供应商
	t	绿色供应链
上标	d	分散供应链
	s	收益分享和成本共担联合契约
	R	风险规避的绿色供应链
	$*$	最优解

不失一般性，进一步假设：①$p>w$ 和 $w>c>0$，这确保了供应链成员均能够获得利润；②$b>\gamma$ 和 $\eta>\gamma$，这表明消费者对销售价格的敏感性比对绿色水平的敏感性更强，且供应商需要进行大量投资才能达到一定的绿色水平；③$R_t=R_s+R_r$，即绿色供应链的风险容忍度等于供应商的风险容忍度和零售商的风险容忍度之和；④$q=\mu-bc>0$，这确保了市场对非绿色产品的需求为正。

一、集成绿色供应链

本节重点关注绿色供应链集中决策时的情形，即供应商和零售商联合决策以优化绿色供应链的整体性能。令 π_t 表示绿色供应链的随机利润。此时，对于风险中性的集成供应链而言，其期望利润为：

$$E(\pi_t)=(p-c)(\mu-bp+\gamma e)-\frac{1}{2}\eta e^2 \tag{16-1}$$

根据 MV 模型可知，当绿色供应链风险规避时，需要在随机利润标准差的约束下最大化期望利润，即

$$\begin{aligned}&\max E(\pi_t)\\ \text{s. t.}\ &\sqrt{\text{Var}(\pi_t)}\leqslant R_t\end{aligned} \tag{16-2}$$

这里，$R_t \geqslant 0$ 是绿色供应链的风险容忍度。R_t 越高，表示绿色供应链的风险容忍度越高，即风险规避程度越低。其中，$\mathrm{Var}(\pi_t)$ 为绿色供应链随机利润的方差，可以表示为：

$$\mathrm{Var}(\pi_t) = E[\pi_t - E(\pi_t)]^2 = (p-c)^2\sigma^2 \tag{16-3}$$

通过分析上述风险中性和风险规避的绿色供应链，可以得到其关于销售价格和绿色水平的最优决策，具体如命题 16.1 所示。

命题 16.1 当绿色供应链风险中性时，最优的销售价格和绿色水平分别为 $p_t^* = \dfrac{(\mu - bc)\eta}{2b\eta - \gamma^2} + c$ 和 $e_t^* = \dfrac{(\mu - bc)\gamma}{2b\eta - \gamma^2}$；当绿色供应链风险规避时，若满足 $R_t < R'$，则最优的销售价格和绿色水平分别为 $p_t^{R*} = \dfrac{R_t}{\sigma} + c$ 和 $e_t^{R*} = \dfrac{\gamma R_t}{\sigma\eta}$，这里 $R' = \dfrac{(\mu - bc)\sigma\eta}{2b\eta - \gamma^2}$。

证明：当绿色供应链风险中性时，求 $E(\pi_t)$ 关于 p 和 e 的一阶导和二阶导，可以得到如下海塞矩阵：

$$H = \begin{pmatrix} \dfrac{\partial^2 E(\pi_t)}{\partial p^2} & \dfrac{\partial^2 E(\pi_t)}{\partial p \partial e} \\ \dfrac{\partial^2 E(\pi_t)}{\partial e \partial p} & \dfrac{\partial^2 E(\pi_t)}{\partial e^2} \end{pmatrix} = \begin{pmatrix} -\eta & \gamma \\ \gamma & -2b \end{pmatrix}$$

显然，$\dfrac{\partial^2 E(\pi_t)}{\partial p^2} < 0$，$\dfrac{\partial^2 E(\pi_t)}{\partial e^2} < 0$。同时，由于 $\eta > \gamma$，$b > \gamma$，可得 $|H| = 2b\eta - \gamma^2 > 0$。因此，海塞矩阵 H 是负定的，即 $E(\pi_t)$ 是关于 p 和 e 的联合凹函数。通过联立 $\dfrac{\partial E(\pi_t)}{\partial p} = 0$ 和 $\dfrac{\partial E(\pi_t)}{\partial e} = 0$，可以得到绿色供应链风险中性时的最优销售价格和绿色水平：

$$p_t^* = \frac{(\mu - bc)\eta}{2b\eta - \gamma^2} + c$$

$$e_t^* = \frac{(\mu - bc)\gamma}{2b\eta - \gamma^2}$$

当绿色供应链风险规避时，由于 $E(\pi_t)$ 是关于 p 和 e 的凹函数，且约束条件 $\sqrt{\mathrm{Var}(\pi_t)} \leqslant R_t$ 是凸的，因此供应链的优化问题是一个凸规划问题，其最优解可以通过卡罗需－库恩－塔克（Karush-Kuhn-Tucker，KKT）条件得出。首先，构造如下拉格朗日函数：

$$L^R(p,\ e,\ r_0)=E(\pi_t)+r_0[R_t-\sqrt{\mathrm{Var}(\pi_t)}]$$

这里，r_0 表示拉格朗日乘子。由 KKT 条件，可以得到 $p_t^{R*}=\frac{R_t}{\sigma}+c$，$e_t^{R*}=\frac{\gamma R_t}{\sigma\eta}$，$r_0=\frac{\mu-bc}{\sigma}-\frac{2bR_t}{\sigma^2}+\frac{\gamma^2 R_t}{\sigma^2\eta}$。

由于 $R_t<R'$，其中 $R'=\frac{(\mu-bc)\sigma\eta}{2b\eta-\gamma^2}$，可得 $r_0>0$。因此，绿色供应链风险规避时的最优决策为 $p_t^{R*}=\frac{R_t}{\sigma}+c$，$e_t^{R*}=\frac{\gamma R_t}{\sigma\eta}$。**证毕。**

命题 16.1 表明，当绿色供应链风险中性时，存在着唯一的均衡解。此外，绿色供应链风险规避时，若风险容忍度 R_t 相对较低，即 $R_t<R'$，则约束条件（16－2）有效，且存在着唯一的均衡解；若风险容忍度 R_t 相对较高，即 $R_t\geqslant R'$，则约束条件（16－2）失效，此时风险规避的绿色供应链决策问题变成风险中性的绿色供应链决策问题。显然，绿色供应链风险规避时的最优绿色水平和销售价格均小于风险中性时的最优绿色水平和销售价格。因此，在本章其余部分中，我们只考虑供应链受风险约束的情况，即风险容忍度有效。根据命题 16.1，可以进一步得到推论 16.1 的结论。

推论 16.1　①对于风险中性的绿色供应链而言，p_t^* 和 e_t^* 均随 μ 和 γ 递增，而随 b 和 η 递减，且与 σ 无关；对于风险规避的绿色供应链而言，p_t^{R*} 和 e_t^{R*} 均随 R_t 递增，而随 σ 递减，且与 μ 和 b 无关；同时，p_t^{R*} 与 γ 和 η 无关，e_t^{R*} 随 γ 递增，而随 η 递减。②风险容忍度的阈值 R' 随 μ、γ 和 σ 递增，而随 b 递减。

证明：该证明过程比较简单，这里予以省略。**证毕。**

由推论 16.1 中①可知，风险中性的绿色供应链在选择其最优销售价格和绿色水平时会考虑 μ、γ、b 和 η 这些因素的影响。其中 μ 和 γ 的增加会激励供应链选择较高的销售价格和绿色水平，而 b 和 η 的增加会引导供应链选择较低的销售价格和绿色水平。由于风险中性的绿色供应链关注的是自身期望利润最大化，因此市场需求潜量的标准差（即需求波动的大小）不会影响其最优决策；但是，对于风险规避的绿色供应链而言，其最优销售价格和绿色水平均与μ和b无关，而主要与R_t和σ相关。其中，R_t的增加会产生积极的影响，而σ的增加会带来负面的影响。有趣的是，最优销售价格与γ无关，而最优绿色水平随γ递增。这主要是因为，最优绿色水平不直接影响随机利润的标准差。且风险规避时，γ的增加必然会激励供应链提高绿色水平。类似的管理启示也可以用来解释为什么供应链风险规避时的最优销售价格与η无关，而最优绿色水平随η递减。

推论16.1中②表明，随着μ，γ和σ的增加，风险规避的绿色供应链将面临风险容忍阈值R'的增加。一个相对较高的R'意味着风险规避的绿色供应链对风险更敏感，这是因为此时$R_t<R'$更容易成立。相反，随着b的增加，风险规避的绿色供应链将面临风险容忍阈值R'的降低。一个相对较低的R'则意味着风险规避的绿色供应链对风险不那么敏感，这是因为此时$R_t<R'$更难成立。

推论16.2 将风险中性的绿色供应链与风险规避的绿色供应链最优决策进行比较，可以得到$p_t^{R*}<p_t^*$，$e_t^{R*}<e_t^*$和$E(\pi_t^{R*})<E(\pi_t^*)$。

证明：因为$p_t^*-p_t^{R*}=\frac{(\mu-bc)\eta}{2b\eta-\gamma^2}-\frac{R_t}{\sigma}>0$，可以得到$p_t^{R*}<p_t^*$。又因为$\frac{e_t^*}{e_t^{R*}}=\frac{\sigma\eta(\mu-bc)}{(2b\eta-\gamma^2)R_t}>1$，可得$e_t^{R*}<e_t^*$。

考虑到$E(\pi_t)$是关于R_t的凹函数，如果$R_t=\frac{(\mu-bc)\sigma\eta}{2b\eta-\gamma^2}$，则可以得到$E(\pi_t^{R*})=\frac{\eta(\mu-bc)^2}{2(2b\eta-\gamma^2)}$。因为$R_t<R'$，故$E(\pi_t^{R*})<E(\pi_t^*)$。**证毕。**

推论16.2的结论表明，当风险容忍度有效时，风险规避的绿色供应链选择的绿色水平和销售价格均比风险中性的绿色供应链更低。相应地，风险规避的绿色供应链获得的期望利润比风险中性的绿色供应链更低。这意味着，风险规避使绿色供应链在决策时更加谨慎，从而降低了期望利润。

二、分散绿色供应链

在分散的绿色供应链中，两个成员均从自身的视角出发进行决策。当供应链成员均风险中性时，其寻求自身利益最大化。零售商风险中性时的期望利润为：

$$E(\pi_r^d)=(p-w)(\mu-bp+\gamma e) \tag{16-4}$$

对于风险规避的零售商而言，需要在随机利润标准差的约束下最大化自身期望利润，即

$$\max E(\pi_r^d)$$
$$\text{s. t.}\quad \sqrt{\mathrm{Var}(\pi_r^d)}\leqslant R_r \tag{16-5}$$

这里，$R_r\geqslant 0$ 表示零售商的风险容忍度。R_r 越高，则零售商的风险规避程度越低。$\mathrm{Var}(\pi_r^d)$ 是零售商随机利润的方差，且可以表示为：

$$\mathrm{Var}(\pi_r^d)=E[\pi_r^d-E(\pi_r^d)]^2=(p-w)^2\sigma^2 \tag{16-6}$$

类似地，风险中性供应商的期望利润可以表示如下：

$$E(\pi_s^d)=(w-c)(\mu-bp+\gamma e)-\frac{1}{2}\eta e^2 \tag{16-7}$$

对于风险规避的供应商而言，则需要在随机利润标准差的约束下来最大化自身期望利润，即

$$\max E(\pi_s^d)$$
$$\text{s. t.}\quad \sqrt{\mathrm{Var}(\pi_s^d)}\leqslant R_s \tag{16-8}$$

这里，$R_s\geqslant 0$ 表示供应商的风险容忍度。R_s 越高，则供应商的风险规避程度越低。$\mathrm{Var}(\pi_s^d)$ 是供应商随机利润的方差，且可以表示为：

$$\mathrm{Var}(\pi_s^d)=E[\pi_s^d-E(\pi_s^d)]^2=(w-c)^2\sigma^2 \tag{16-9}$$

根据逆向归纳法，可以得到供应链成员风险中性和风险规避时的最优决策，具体如命题 16.2 所示。

命题 16.2　当绿色供应链成员均为风险中性时，其最优的批发价格、绿色水平和销售价格分别为 $w^{d*}=\frac{2(\mu-bc)\eta}{4b\eta-\gamma^2}+c$，$e^{d*}=\frac{(\mu-bc)\gamma}{4b\eta-\gamma^2}$ 和 $p^{d*}=\frac{3(\mu-bc)\eta}{4b\eta-\gamma^2}+c$；当绿色供应链成员均为风险规避时，若满足 $R_s<R_s^{d'}$ 和 $R_r<R_r^{d'}$，则最优的批发价格、绿色水平和销售价格分别为 $w^{dR*}=\frac{R_s}{\sigma}+c$，$e^{dR*}=\frac{R_s\gamma}{\sigma\eta}$ 和 $p^{dR*}=\frac{R_r+R_s}{\sigma}+c$。这里，$R_s^{d'}=R_r^{d'}=\frac{(\mu-bc)\sigma\eta}{3b\eta-\gamma^2}$。

证明： 当绿色供应链成员风险中性时，求 $E(\pi_r^d)$ 关于 p 的二阶导，可以得到：

$$\frac{\partial^2 E(\pi_r^d)}{\partial p^2} = -2b < 0$$

因此，$E(\pi_r^d)$ 是关于 p 的凹函数。令 $\frac{\partial E(\pi_r^d)}{\partial p} = 0$，可得零售商的最优销售价格为：

$$p^{d*}(w, e) = \frac{\mu + bw + \gamma e}{2b}$$

将 $p^{d*}(w, e)$ 代入（16-7）式，求 $E(\pi_s^d)$ 关于 w 和 e 的一阶导和二阶导，可以得到如下海塞矩阵：

$$H = \begin{pmatrix} \frac{\partial^2 E(\pi_s^d)}{\partial e^2} & \frac{\partial^2 E(\pi_s^d)}{\partial e \partial w} \\ \frac{\partial^2 E(\pi_s^d)}{\partial w \partial e} & \frac{\partial^2 E(\pi_s^d)}{\partial w^2} \end{pmatrix} = \begin{pmatrix} -\eta & \frac{\gamma}{2} \\ \frac{\gamma}{2} & -b \end{pmatrix}$$

因为 $\frac{\partial^2 E(\pi_s^d)}{\partial e^2} < 0$，$\frac{\partial^2 E(\pi_s^d)}{\partial w^2} < 0$，且有 $|H| = \eta b - \frac{\gamma^2}{4} > 0$，因此海塞矩阵 H 是负定的，即 $E(\pi_s^d)$ 是关于 w 和 e 的联合凹函数。通过联立 $\frac{\partial E(\pi_s^d)}{\partial w} = 0$ 和 $\frac{\partial E(\pi_s^d)}{\partial e} = 0$，可以得到绿色供应链风险中性时的最优批发价格和绿色水平分别为：

$$w^{d*} = \frac{2\eta(\mu - bc)}{4b\eta - \gamma^2} + c, \quad e^{d*} = \frac{\gamma(\mu - bc)}{4b\eta - \gamma^2}$$

将 w^{d*} 和 e^{d*} 代入 $p^{d*}(w, e)$ 的表达式中，进一步得到：

$$p^{d*} = \frac{3(\mu - bc)\eta}{4b\eta - \gamma^2} + c$$

因此，分散绿色供应链风险中性时的最优决策为：

$$p^{d*} = \frac{3(\mu - bc)\eta}{4b\eta - \gamma^2} + c, \quad w^{d*} = \frac{2\eta(\mu - bc)}{4b\eta - \gamma^2} + c, \quad e^{d*} = \frac{\gamma(\mu - bc)}{4b\eta - \gamma^2}$$

当绿色供应链成员均为风险规避时，$E(\pi_r^d)$ 是关于 p 的凹函数，且约束条件$\sqrt{\mathrm{Var}(\pi_r^d)} \leqslant R_r$是凸的，由此可得零售商风险规避时的优化问题是一个凸规划问题，其最优解可以通过 KKT 条件得到。此时，构造如下拉格朗日函数：

$$L_r^d(p, r_1) = E(\pi_r^d) + r_1[R_r - \sqrt{\mathrm{Var}(\pi_r^d)}]$$

这里，r_1 是拉格朗日乘子。由 KKT 条件可得：

$$p^{dR*}(w, e) = \frac{R_r}{\sigma} + w, \quad r_1 = \frac{\mu + \gamma e - bw}{\sigma} - \frac{2bR_r}{\sigma^2}$$

将 $p^{dR*}(w, e)$ 代入供应商的期望利润函数，然后求 $E(\pi_s^d)$ 关于 w 和 e 的一阶导和二阶导，可得如下海塞矩阵：

$$H = \begin{pmatrix} \frac{\partial^2 E(\pi_s^d)}{\partial e^2} & \frac{\partial^2 E(\pi_s^d)}{\partial e \partial w} \\ \frac{\partial^2 E(\pi_s^d)}{\partial w \partial e} & \frac{\partial^2 E(\pi_s^d)}{\partial w^2} \end{pmatrix} = \begin{pmatrix} -\eta & \gamma \\ \gamma & -2b \end{pmatrix}$$

因为$\frac{\partial^2 E(\pi_s^d)}{\partial e^2} < 0$，$\frac{\partial^2 E(\pi_s^d)}{\partial w^2} < 0$，以及$|H| = 2b\eta - \gamma^2 > 0$，可得海塞矩阵 H 是负定的，即 $E(\pi_s^d)$ 是关于 w 和 e 的联合凹函数。同时，由于约束条件$\sqrt{\mathrm{Var}(\pi_s^d)} \leqslant R_s$是凸的，因此供应商风险规避时的优化问题是一个凸规划问题，其最优解也可以由 KKT 条件得到。此时，构造如下拉格朗日函数：

$$L_s^d(w, e, r_2) = E(\pi_s^d) + r_2[R_s - \sqrt{\mathrm{Var}(\pi_s^d)}]$$

其中，r_2 为拉格朗日乘子。由 KKT 条件可得：

$w^{dR*} = \frac{R_s}{\sigma} + c$，$e^{dR*} = \frac{R_s \gamma}{\sigma \eta}$，$r_1 = \frac{\mu - bc}{\sigma} - \frac{1}{\sigma^2}\left(2bR_r + bR_s - \frac{R_s \gamma^2}{\eta}\right)$，$r_2 = \frac{\mu - bc}{\sigma} - \frac{1}{\sigma^2}\left(bR_r + 2bR_s - \frac{R_s \gamma^2}{\eta}\right)$。

由于 $R_r < R_r^{d'}$ 和 $R_s < R_s^{d'}$，其中 $R_r^{d'} = \frac{(\mu - bc)\sigma\eta}{3b\eta - \gamma^2}$ 和 $R_s^{d'} = \frac{(\mu - bc)\sigma\eta}{3b\eta - \gamma^2}$，并且得到 $r_1 > 0$ 和 $r_2 > 0$。将 w^{dR*} 和 e^{dR*} 代入 $p^{dR*}(w, e)$ 的表达式中，可以得到：

$$p^{dR*} = \frac{R_r + R_s}{\sigma} + c$$

因此，绿色供应链成员风险规避时的最优决策为：

$$p^{dR*}=\frac{R_r+R_s}{\sigma}+c,\ w^{dR*}=\frac{R_s}{\sigma}+c,\ e^{dR*}=\frac{R_s\gamma}{\sigma\eta}$$

证毕。

命题 16.2 表明，在风险中性的分散绿色供应链中存在着唯一的均衡解。对于分散绿色供应链而言，当风险约束有效时，也存在着唯一的均衡解。通过分析分散绿色供应链风险中性和风险规避时的最优决策，可以进一步得到以下推论。

推论 16.3 ①当绿色供应链成员风险中性时，p^{d*}，e^{d*}和w^{d*}均随μ和γ递增，而随b递减，且与σ无关；当绿色供应链成员风险规避时，p^{dR*}，e^{dR*}和w^{dR*}均随R_s递增，而随σ递减，且与μ无关；同时，e^{dR*}随γ递增，p^{dR*}随R_r递增。②$R_s^{d'}$和$R_r^{d'}$随μ，γ和σ递增，而随b递减。

证明：该证明过程比较简单，这里予以省略。**证毕。**

推论 16.3 中①可以解释如下：对于风险中性的分散绿色供应链而言，市场需求潜量的均值越高，表明市场需求越乐观；绿色水平敏感性系数越高，消费者对绿色水平的敏感度越高。因此，随着μ和γ的增加，供应商倾向于提高绿色水平和批发价格，从而促使零售商选择更高的销售价格。同时，绿色供应链成员风险中性时，其决策不受市场需求潜量标准差的影响，即不受市场需求波动大小的影响。

当绿色供应链成员风险规避时，其最优决策不受市场需求潜量均值的影响，但受到市场需求潜量标准差和成员风险容忍度的重要影响。这是因为，风险规避的成员更关注市场需求的波动，所以他们的决策与σ和风险容忍度密切相关。特别地，供应商风险容忍度的增加对各成员的决策会带来积极影响，而市场需求潜量标准差的增加会对各成员的决策带来消极影响。此外，最优的绿色水平随绿色水平敏感性系数递增，最优的销售价格随零售商的风险容忍度递增。

由推论 16.3②中可知，随着μ、γ和σ的增加，供应商和零售商对风险的敏感性均降低了，而随着b的增加，两个成员对风险的敏感性均提高了。这一结论与集成绿色供应链中的结论是一致的。

通过对比分析绿色供应链成员风险中性和风险规避时的决策差异，进一步得到如下推论。

推论 16.4　满足 $R_s < R_s^{d'}$ 和 $R_r < R_r^{d'}$ 时，存在：①$p^{dR*} < p^{d*}$，$w^{dR*} < w^{d*}$；②如果 $0 < R_s < \frac{(\mu - bc)\sigma\eta}{4b\eta - \gamma^2}$，则有 $e^{dR*} < e^{d*}$；如果 $\frac{(\mu - bc)\sigma\eta}{4b\eta - \gamma^2} \leqslant R_s < R_s^{d'}$，则有 $e^{dR*} \geqslant e^{d*}$；③如果 $0 < R_r < R_r^{dt}$，则有 $E(\pi_r^{d*}) > E(\pi_r^{dR*})$；如果 $R_r^{dt} \leqslant R_r < R_r^{d'}$，则有 $E(\pi_r^{d*}) \leqslant E(\pi_r^{dR*})$；④如果 $0 < R_r < \frac{(\mu - bc)\sigma}{b}\left(1 - \sqrt{\frac{2b\eta - \gamma^2}{4b\eta - \gamma^2}}\right)$ 和 $0 < R_s < R_s^{dt}$ 同时成立，或 $\frac{(\mu - bc)\sigma}{b}\left(1 - \sqrt{\frac{2b\eta - \gamma^2}{4b\eta - \gamma^2}}\right) < R_r < R_r^{d'}$ 成立，则有 $E(\pi_s^{d*}) > E(\pi_s^{dR*})$；如果 $0 < R_r \leqslant \frac{(\mu - bc)\sigma}{b}\left(1 - \sqrt{\frac{2b\eta - \gamma^2}{4b\eta - \gamma^2}}\right)$ 和 $R_s^{dt} \leqslant R_s < R_s^{d'}$ 同时成立，则有 $E(\pi_s^{d*}) \leqslant E(\pi_s^{dR*})$。

这里，$R_r^{dt} = \frac{(\mu - bc)\sigma\eta - (b\eta - \gamma^2)R_s}{2b\eta} - \sqrt{\left[\frac{(\mu - bc)\sigma\eta - (b\eta - \gamma^2)R_s}{2b\eta}\right]^2 - \frac{(\mu - bc)^2\sigma^2\eta^2}{(4b\eta - \gamma^2)^2}}$，$R_s^{dt} = \frac{\eta}{2b\eta - \gamma^2}\left[(\mu - bc)\sigma - bR_r - \sqrt{[(\mu - bc)\sigma - bR_r]^2 - \frac{(\mu - bc)^2\sigma^2(2b\eta - \gamma^2)}{4b\eta - \gamma^2}}\right]$。

证明：

①因为 $\frac{p^{d*} - c}{p^{dR*} - c} = \frac{3\eta(\mu - bc)}{4b\eta - \gamma^2}\frac{\sigma}{R_r + R_s} > \frac{9b\eta - 3\gamma^2}{8b\eta - 2\gamma^2} > 1$，可以得到 $p^{dR*} < p^{d*}$。同时，因为 $\frac{w^{d*} - c}{w^{dR*} - c} = \frac{2(\mu - bc)\eta}{4b\eta - \gamma^2}\frac{\sigma}{R_s} > \frac{2(\mu - bc)\eta}{4b\eta - \gamma^2}\frac{3b\eta - \gamma^2}{(\mu - bc)\ \eta} > 1$，可以得到 $w^{dR*} < w^{d*}$。

②当 $e^{d*} = e^{dR*}$ 时，可以得到 $\frac{(\mu - bc)\gamma}{4b\eta - \gamma^2} = \frac{R_s\gamma}{\sigma\eta}$，即 $R_s = \frac{(\mu - bc)\sigma\eta}{4b\eta - \gamma^2}$。综合考虑 $R_s < R_s^{d'}$，可知给定 $\frac{(\mu - bc)\sigma\eta}{4b\eta - \gamma^2} \leqslant R_s < R_s^{d'}$，有 $e^{d*} \leqslant e^{dR*}$；给定 $R_s < \frac{(\mu - bc)\sigma\eta}{4b\eta - \gamma^2}$，有 $e^{d*} > e^{dR*}$。

③零售商风险中性时与风险规避时的最优期望利润之差为：

$\Delta E(\pi_r^{d*}) = E(\pi_r^{d*}) - E(\pi_r^{dR*})$

$$=\frac{b\eta^2(\mu-bc)^2}{(4b\eta-\gamma^2)^2}-\frac{(u-bc)\sigma\eta-(b\eta-\gamma^2)R_s}{\sigma^2\eta}R_r+\frac{b}{\sigma^2}R_r^2$$

令 $\Delta E(\pi_r^{d*})=0$，可以得到：

$$R_r^{dt}=\frac{(\mu-bc)\sigma\eta-(b\eta-\gamma^2)R_s}{2b\eta}-\sqrt{\left[\frac{(\mu-bc)\sigma\eta-(b\eta-\gamma^2)R_s}{2b\eta}\right]^2-\frac{\sigma^2\eta^2(\mu-bc)^2}{(4b\eta-\gamma^2)^2}}$$

由此可知，给定 $0<R_r<R_r^{dt}$，有 $\Delta E(\pi_r^{d*})>0$，即 $E(\pi_r^{d*})>E(\pi_r^{dR*})$；给定 $R_r^{dt}\leqslant R_r<R_r^{d'}$，有 $\Delta E(\pi_r^{d*})\leqslant 0$，即 $E(\pi_r^{d*})\leqslant E(\pi_r^{dR*})$。

④供应商风险中性时与风险规避时的最优期望利润之差为：

$$\Delta E(\pi_s^{d*})=E(\pi_s^{d*})-E(\pi_s^{dR*})=\frac{\eta(\mu-bc)^2}{2(4b\eta-\gamma^2)}-R_s\frac{(\mu-bc)\sigma-bR_r}{\sigma^2}+R_s^2\frac{2b\eta-\gamma^2}{2\eta\sigma^2}$$

进一步讨论如下：首先，给定 $\frac{(\mu-bc)\sigma}{b}\left(1-\sqrt{\frac{2b\eta-\gamma^2}{4b\eta-\gamma^2}}\right)<R_r<R_r^{d'}$，始终有 $E(\pi_s^{d*})>E(\pi_s^{dR*})$。其次，给定 $R_r\leqslant\frac{(\mu-bc)\sigma}{b}\left(1-\sqrt{\frac{2b\eta-\gamma^2}{4b\eta-\gamma^2}}\right)$，当 $R_s^{dt}\leqslant R_s<R_s^{d'}$ 时，有 $\Delta E(\pi_s^{d*})\leqslant 0$，即 $E(\pi_s^{d*})\leqslant E(\pi_s^{dR*})$；当 $0<R_s<R_s^{dt}$ 时，有 $\Delta E\ (\pi_s^{d*})>0$，即 $E(\pi_s^{d*})>E(\pi_s^{dR*})$。这里，$R_s^{dt}=\frac{\eta}{2b\eta-\gamma^2}\left[(\mu-bc)\sigma-bR_r-\sqrt{[(\mu-bc)\sigma-bR_r]^2-\frac{\sigma^2(\mu-bc)^2(2b\eta-\gamma^2)}{4b\eta-\gamma^2}}\right]$。

证毕。

推论 16.4 中的结论①表明，当风险约束有效时，分散绿色供应链的最优销售价格和批发价格均低于风险中性时的最优销售价格和批发价格。这是因为，绿色供应链成员在风险规避时做决策会更加谨慎。通过降低最优销售价格和绿色水平，供应链成员可以根据风险容忍度来控制风险，从而实现风险规避。

推论 16.4 中的结论②表明，供应商风险中性和风险规避时最优绿色水平之间的相对大小取决于 R_s 的值。如果供应商的风险容忍度相对较高，即 $\frac{(\mu-bc)\sigma\eta}{4b\eta-\gamma^2}\leqslant R_s<R_s^{d'}$，则其选择的绿色水平将高于风险中性时的绿色水平。但是，如果供应商的风险容忍度相对较低，即 $0<R_s<\frac{(\mu-bc)\sigma\eta}{4b\eta-\gamma^2}$，则其选择

的绿色水平将低于风险中性时的绿色水平。因此，一个相对较高的风险容忍度，即$\frac{(\mu-bc)\sigma\eta}{4b\eta-\gamma^2}\leqslant R_s<R_s^{d'}$，可以激励风险规避的供应商选择相对较高的绿色水平。

推论 16.4 中的结论③表明，零售商风险中性和风险规避时最优期望利润之间的相对大小取决于零售商的风险容忍度。相对较高的风险容忍度，即 $R_r^{dt}\leqslant R_r<R_r^{d'}$，有利于风险规避的零售商获得更高的期望利润。相反，相对较低的风险容忍度，即 $0<R_r<R_r^{dt}$，会损害风险规避的零售商的利益。

根据推论 16.4 中的结论④可知，如果零售商的风险容忍度相对较高，即$\frac{(\mu-bc)\sigma}{b}\left(1-\sqrt{\frac{2b\eta-\gamma^2}{4b\eta-\gamma^2}}\right)<R_r<R_r^{d'}$，则供应商风险规避时的期望利润低于风险中性时的期望利润。但是，如果零售商的风险容忍度相对较低，即 $0<R_r<\frac{(\mu-bc)\sigma}{b}\left(1-\sqrt{\frac{2b\eta-\gamma^2}{4b\eta-\gamma^2}}\right)$，则当且仅当供应商的风险容忍度较高，即 $R_s^{dt}\leqslant R_s<R_s^{d'}$ 时，供应商风险规避时的期望利润高于风险中性时的期望利润。

推论 16.5　如果 $0<R_r<R_r^{dh}$ 和 $0<R_s<R_s^{dh}$ 同时成立，则有 $E(\pi_t^{d*})>E(\pi_t^{dR*})$；如果 $0<R_r<R_r^{dh}$ 和 $R_s^{dh}\leqslant R_s<R_s^{d'}$ 同时成立，或 $R_r^{dh}\leqslant R_r<R_r^{d'}$ 成立，则有 $E(\pi_t^{d*})\leqslant E(\pi_t^{dR*})$。这里，$R_r^{dh}=\frac{(\mu-bc)\sigma\eta\left[4b\eta-\gamma^2-\sqrt{(2b\eta-\gamma^2)(5b\eta-\gamma^2)}\right]}{2b\eta(4b\eta-\gamma^2)}$，

$$R_s^{dh}=\frac{(\mu-bc)\sigma\eta-(2b\eta-\gamma^2)R_r}{2b\eta-\gamma^2}-\frac{\sqrt{\frac{4(\mu-bc)^2b^2\eta^2\sigma^2\eta^2}{(4b\eta-\gamma^2)^2}-\gamma^2(2b\eta-\gamma^2)R_r^2}}{2b\eta-\gamma^2}。$$

证明：绿色供应链风险中性与风险规避时的最优期望利润之差为：

$$\Delta E(\pi_t)=E(\pi_t^{d*})-E(\pi_t^{dR*})=\frac{\eta(6b\eta-\gamma^2)(\mu-bc)^2}{2(4b\eta-\gamma^2)^2}-\frac{R_r(\mu-bc)}{\sigma}+\frac{bR_r^2}{\sigma^2}$$
$$+R_s\frac{(2b\eta-\gamma^2)R_r-(\mu-bc)\delta\eta}{\sigma^2\eta}+R_s^2\frac{2b\eta-\gamma^2}{2\sigma^2\eta}$$

进一步讨论如下：首先，给定 $R_r^{dh}<R_r<R_r^{d'}$，始终有 $E(\pi_t^{d*})<E(\pi_t^{dR*})$。其次，给定 $R_r\leqslant R_r^{dh}$，当 $R_s^{dh}\leqslant R_s<R_s^{d'}$ 时，有 $\Delta E(\pi_t)\leqslant 0$，即 $E(\pi_t^{d*})\leqslant E(\pi_t^{dR*})$；当 $0<R_s<R_s^{dh}$ 时，有 $\Delta E(\pi_t)>0$，即 $E(\pi_t^{d*})>E(\pi_t^{dR*})$。这

里，$R_r^{dh} = \frac{(\mu - bc)\sigma\eta[(4b\eta - \gamma^2) - \sqrt{(2b\eta - \gamma^2)(5b\eta - \gamma^2)}]}{2b\eta(4b\eta - \gamma^2)}$，$R_s^{dh} = \frac{(\mu - bc)\sigma\eta - (2b\eta - \gamma^2)R_r - \sqrt{\frac{4(\mu - bc)^2 b^2\eta^2\sigma^2\eta^2}{(4b\eta - \gamma^2)^2} - \gamma^2(2b\eta - \gamma^2)R_r^2}}{2b\eta - \gamma^2}$。

证毕。

推论 16.5 表明，如果零售商的风险容忍度较高，即$R_r^{dh} \leqslant R_r < R_r^{d'}$，则分散绿色供应链风险规避时的期望利润高于风险中性时的期望利润。但是，如果零售商的风险容忍度相对较低，即 $0 < R_r < R_r^{dh}$，则当且仅当供应商的风险容忍度相对较高，即 $R_s^{dh} \leqslant R_s < R_s^{d'}$ 时，分散绿色供应链风险规避时的期望利润高于风险中性时的期望利润。

此外，通过比较命题 16.1 和命题 16.2 中的结论，可以得到如下推论。

推论 16.6 满足 $R_t < R'$，$R_s < R_s^{d'}$ 和 $R_r < R_r^{d'}$ 时，存在：①$e^{d*} < e_t^*$，$e^{dR*} < e_t^{R*}$；②$p_t^* < p^{d*}$，$p_t^{R*} = p^{dR*}$；③$E(\pi_t^{d*}) < E(\pi_t^*)$，$E(\pi_t^{dR*}) < E(\pi_t^{R*})$；④$R^{d'} > R'$，其中 $R^{d'} = R_r^{d'} + R_s^{d'}$。

证明：我们讨论如下：

①显然，有 $e^{d*} < e_t^*$。同时，由于 $e^{dR*} = \frac{R_s\gamma}{\sigma\eta}$和 $e_t^{R*} = \frac{R_t\gamma}{\sigma\eta}$，可以得到 $e^{dR*} < e_t^{R*}$。

②因为 $p^{d*} - p_t^* = \frac{\eta(\mu - bc)(2b\eta - 2\gamma^2)}{(4b\eta - \gamma^2)(2b\eta - \gamma^2)} > 0$，可以得到 $p_t^* < p^{d*}$。类似地，因为 $p^{dR*} - p_t^{R*} = \frac{(R_s + R_r - R)}{\sigma} = 0$，可以得到 $p_t^{R*} = p^{dR*}$。

③因为$\frac{E(\pi_t^{d*})}{E(\pi_t^*)} = \frac{(6b\eta - \gamma^2)(2b\eta - \gamma^2)}{(4b\eta - \gamma^2)^2} < 1$，可以得到 $E(\pi_t^{d*}) < E(\pi_t^*)$。类似地，因为$\frac{E(\pi_t^{dR*})}{E(\pi_t^{R*})} = \frac{(4b\eta - \gamma^2)(2b\eta - \gamma^2)}{(3b\eta - \gamma^2)^2} < 1$，可以得到 $E(\pi_t^{dR*}) < E(\pi_t^{R*})$。

④由于 $R^{d'} = R_r^{d'} + R_s^{d'} = \frac{2(\mu - bc)\sigma\eta}{3b\eta - \gamma^2}$和 $R' = \frac{(\mu - bc)\sigma\eta}{2b\eta - \gamma^2}$，可以得到$\frac{R^{d'}}{R'} =$

$\frac{4b\eta-2\gamma^2}{3b\eta-\gamma^2}>1$。因此 $R^{d'}>R'$。

证毕。

推论 16.6 表明，①无论是否考虑决策者的风险规避态度，集成供应链的最优绿色水平均高于分散供应链的最优绿色水平，且集成供应链获得比分散供应链更高的期望利润。与集成供应链相比，分散供应链中供应商选择的绿色水平相对较低，且分散供应链的双边际化效应比较明显。②不考虑决策者风险规避态度的情况下，集成供应链的最优销售价格低于分散供应链的最优销售价格。如果考虑决策者风险规避态度，集成供应链的最优销售价格等于分散供应链的最优销售价格。这一结果表明，集中决策有助于激励风险中性的绿色供应链设定一个相对较低的销售价格来扩大市场需求，但风险规避的集成供应链仍然保持与分散供应链相同的销售价格，这样有利于其控制风险。③推论 16.6 揭示了 $R^{d'}$ 和 R' 之间的特殊关系，即 $R_r^{d'}+R_s^{d'}>R'$。这表明，与风险规避的分散供应链相比，风险规避的集成供应链面临着相对较低的风险容忍度阈值，即集中决策可能有助于绿色供应链增强其抗风险的能力。

第二节　契约设计方案

本节中，引入一个收益分享和成本共担（Revenue-and-Cost Sharing，RCS）组合契约来提高绿色供应链性能。目前，这种契约方案已经广泛应用于众多行业中，包括化工、服装和医药等。例如，在医药行业中，复星医药与德国 BioNTech 就 mRNA 新冠肺炎疫苗 BNT162 达成合作协议。复星医药承担一定比例的研发费用，并分享一定比例的销售收益，通过这样的方式来提高供应链的性能。在本节中，我们采用这样的契约来提高风险中性和风险规避绿色供应链的性能。在 RCS 组合契约中，假设 φ 为收益分享因子，ϕ 为成本共担因子。因此，零售商分享 φ 比例的销售收益，供应商分享其余的 $1-\varphi$ 比例的销售收益。同时，零售商承担 ϕ 比例的绿色成本，供应商承担剩余 $1-\phi$ 比例的绿色成本。当 $\varphi=1$ 和 $\phi=0$ 时，RCS 组合契约可以被简化为分散绿色供应链中的纯批发价契约，且两个成员之间不分享销售收益或分担绿色成本。当 $\varphi=0$ 和 $\phi=1$ 时，零售商和供应商都不接受该契约。这里，进一步假设 $0<\varphi<1$ 和 $0<\phi<1$。根据上述讨论，零售商风险中性时的期望利润为：

$$E(\pi_r^s)=(\varphi p-w)(\mu-bp+\gamma e)-\frac{1}{2}\phi\eta e^2 \tag{16-10}$$

对于风险规避的零售商而言，需要在随机利润标准差的约束下最大化自身期望利润：

$$\max E(\pi_r^s)$$
$$\text{s. t. } \sqrt{\mathrm{Var}(\pi_r^s)}\leqslant R_r \tag{16-11}$$

这里，$\mathrm{Var}(\pi_r^s)$ 是 RCS 组合契约下零售商随机利润的方差，且可以表示为：

$$\mathrm{Var}(\pi_r^s)=E[\pi_r^s-E(\pi_r^s)]^2=(\varphi p-w)^2\sigma^2 \tag{16-12}$$

供应商风险中性时的期望利润为：

$$E(\pi_s^s)=[(1-\varphi)p+w-c](\mu-bp+\gamma e)-\frac{1}{2}(1-\phi)\eta e^2 \tag{16-13}$$

对于风险规避的供应商而言，需要在随机利润标准差的约束下最大化自身期望利润：

$$\max E(\pi_s^s)$$
$$\text{s. t. } \sqrt{\mathrm{Var}(\pi_s^s)}\leqslant R_s \tag{16-14}$$

这里，$\mathrm{Var}(\pi_s^s)$ 是 RCS 组合契约下供应商随机利润的方差，且可以表示为：

$$\mathrm{Var}(\pi_s^s)=E[\pi_s^s-E(\pi_s^s)]^2=[(1-\varphi)p+w-c]^2\sigma^2 \tag{16-15}$$

根据逆向归纳法，可以得到风险中性和风险规避绿色供应链的最优决策。表 16.2 总结了绿色供应链在不同情形下的均衡解。接下来，进一步分析风险中性和风险规避绿色供应链通过 RCS 组合契约来改进供应链性能的条件，具体结论如下命题所示。

命题 16.3 当 $\frac{\gamma^2}{2b\eta}<\frac{1-\phi}{1-\varphi}$，$\varphi=\phi$ 和 $w=\phi c$ 同时成立时，RCS 组合契约可以协调风险中性的绿色供应链。

证明：求 $E(\pi_r^s)$ 关于 p 的二阶导，可以得到：

表 16.2　　不同情况下绿色供应链的均衡解

项目	集成供应链		分散供应链		RCS 契约	
	风险中性	风险规避	风险中性	风险规避	风险中性	风险规避
销售价格	$\frac{(\mu-bc)\eta}{2b\eta-\gamma^2}+c$	$\frac{R_t}{\sigma}+c$	$\frac{3(\mu-bc)\eta}{4b\eta-\gamma^2}+c$	$\frac{R_r+R_s}{\sigma}+c$	$\frac{(\mu-bc)\eta}{2b\eta-\gamma^2}+c$	$\frac{R_r+R_s}{\sigma}+c$
绿色水平	$\frac{(\mu-bc)\gamma}{2b\eta-\gamma^2}$	$\frac{\gamma R_t}{\sigma\eta}$	$\frac{(\mu-bc)\gamma}{4b\eta-\gamma^2}$	$\frac{R_s\gamma}{\sigma\eta}$	$\frac{(\mu-bc)\gamma}{2b\eta-\gamma^2}$	$\frac{R_s\gamma}{\sigma(1-\phi)\eta}$
批发价格	—	—	$\frac{2(\mu-bc)\eta}{4b\eta-\gamma^2}+c$	$\frac{R_s}{\sigma}+c$	—	$\frac{\varphi(R_s+c\sigma)+(\varphi-1)R_r}{\sigma}$
零售商的期望利润	—	—	$\frac{b\eta^2(\mu-bc)^2}{(4b\eta-\gamma^2)^2}$	$\frac{R_r}{\sigma}\left[\mu-bc-\frac{b(R_r+R_s)}{\sigma}+\frac{R_s\gamma^2}{\sigma\eta}\right]$	$\varphi\frac{\eta(\mu-bc)^2}{2(2b\eta-\gamma^2)}$ or $\phi\frac{\eta(\mu-bc)^2}{2(2b\eta-\gamma^2)}$	$\frac{R_s\gamma^2[2(1-\phi)R_r-\phi R_s]}{2\eta(1-\phi)^2\sigma^2}+\frac{(1-\phi)^2R_r[\mu\sigma-b(c\sigma+R_r+R_s)]}{(1-\phi)^2\sigma^2}$
供应商的期望利润	—	—	$\frac{\eta(\mu-bc)^2}{2(4b\eta-\gamma^2)}$	$\frac{R_s}{\sigma}\left[\mu-bc-\frac{b(R_r+R_s)}{\sigma}+\frac{R_s\gamma^2}{2\sigma\eta}\right]$	$(1-\varphi)\frac{\eta(\mu-bc)^2}{2(2b\eta-\gamma^2)}$或$(1-\phi)\frac{\eta(\mu-bc)^2}{2(2b\eta-\gamma^2)}$	$\frac{R_s[\gamma^2R_s-2b\eta(1-\phi)(c\sigma+R_r+R_s)+2\mu\eta\sigma(1-\phi)]}{2\eta(1-\phi)\sigma^2}$
绿色供应链的期望利润	$\frac{\eta(\mu-bc)^2}{2(2b\eta-\gamma^2)}$	$\frac{R_t}{\sigma}\left(\mu-bc-\frac{bR_t}{\sigma}\right)+\frac{(R_t)^2\gamma^2}{2\sigma^2\eta}$	$\frac{\eta(6b\eta-\gamma^2)(\mu-bc)^2}{2(4b\eta-\gamma^2)^2}$	$\frac{R_r+R_s}{\sigma}\left[\mu-bc-\frac{b(R_r+R_s)}{\sigma}\right]+\frac{R_s(2R_r+R_s)\gamma^2}{2\sigma^2\eta}$	$\frac{\eta(\mu-bc)^2}{2(2b\eta-\gamma^2)}$	$\frac{R_s\gamma^2[2(1-\phi)R_r-\phi R_s]+2\eta(1-\phi)^2R_r[\mu\sigma-b(c\sigma+R_r+R_s)]}{2\eta(1-\phi)^2\sigma^2}+\frac{R_s[\gamma^2R_s-2b\eta(1-\phi)(c\sigma+R_r+R_s)+2\mu\eta\sigma(1-\phi)]}{2\eta(1-\phi)\sigma^2}$

$$\frac{\partial^2 E(\pi_r^s)}{\partial p^2} = -2\varphi b < 0$$

因此，$E(\pi_r^s)$ 是关于 p 的凹函数，且零售商的最优销售价格为：

$$p^{s*}(e) = \frac{\mu + e\gamma}{2b} + \frac{w}{2\varphi}$$

将 $p^{s*}(e)$ 代入（16－13）式，然后求 $E(\pi_s^s)$ 关于 e 的二阶导，可以得到$\frac{\partial^2 E(\pi_s^s)}{\partial e^2} = (1-\varphi)\frac{\gamma^2}{2b} - (1-\phi)\eta$。由此可知，当$\frac{1-\phi}{1-\varphi} > \frac{\gamma^2}{2b\eta}$成立时，有$\frac{\partial E^2(\pi_s^s)}{\partial e^2} < 0$。因此，$E(\pi_s^s)$ 是关于 e 的凹函数，进一步得到：

$$e^{s*} = \frac{\mu\gamma(1-\varphi) + b\gamma(w-c)}{2b(1-\phi)\eta - (1-\varphi)\gamma^2}$$

将 e^{s*} 代入 $p^{s*}(e)$ 的表达式中，可以得到：

$$p^{s*} = \frac{2(1-\phi)\eta\mu + \gamma^2(w-c)}{2[2b\eta(1-\phi) - (1-\varphi)\gamma^2]} + \frac{w}{2\varphi}$$

由于风险中性绿色供应链的协调条件为 $e_t^* = e^{s*}$，$p_t^* = p^{s*}$。因此，需要满足 $\varphi = \phi$ 和 $w = c\phi = c\varphi$。

根据上述分析可知，当$\frac{1-\phi}{1-\varphi} > \frac{\gamma^2}{2b\eta}$，$\varphi = \phi$ 和 $w = \phi c$ 同时成立时，RCS 组合契约可以协调风险中性的绿色供应链。**证毕。**

命题 16.3 表明，在一定条件下，RCS 组合契约可以有效协调风险中性的绿色供应链。此时，绿色供应链的期望利润达到了集成时的最高水平。此外，绿色供应链成员可以通过对契约参数的协商，合理分配协调利润，并获得比其在分散供应链中更高的期望利润。

推论 16.7 当风险中性的绿色供应链实现协调时，$E(\pi_s^{s*}) = (1-\varphi)E(\pi_t^*) = (1-\phi)E(\pi_t^*)$，$E(\pi_r^{s*}) = \varphi E(\pi_t^*) = \phi E(\pi_t^*)$，且使得各成员期望利润均得到提高的帕累托区间为 $\varphi \in \left[\frac{2b\eta(2b\eta-\gamma^2)}{(4b\eta-\gamma^2)^2}, \frac{2b\eta}{4b\eta-\gamma^2}\right]$或 $\phi \in \left[\frac{2b\eta(2b\eta-\gamma^2)}{(4b\eta-\gamma^2)^2}, \frac{2b\eta}{4b\eta-\gamma^2}\right]$。

证明： 将 e_t^* 和 p_t^* 代入供应商的期望利润函数（16－13）式和零售商的

期望利润函数（16-10）式，可以得到：

$$E(\pi_s^{s*})=(1-\phi)E(\pi_t^*)=(1-\varphi)E(\pi_t^*)$$

$$E(\pi_r^{s*})=\phi E(\pi_t^*)=\varphi E(\pi_t^*)$$

考虑到绿色供应链成员实现帕累托改进的条件是：$E(\pi_s^{s*})\geqslant E(\pi_s^{d*})$，$E(\pi_r^{s*})\geqslant E(\pi_r^{d*})$。这里，不等式 $E(\pi_s^{s*})\geqslant E(\pi_s^{d*})$ 可以表示为 $(1-\phi)E(\pi_t^*)\geqslant E(\pi_s^{d*})$ 或 $(1-\varphi)E(\pi_t^*)\geqslant E(\pi_s^{d*})$；不等式 $E(\pi_r^{s*})\geqslant E(\pi_r^{d*})$ 可以表示为 $\phi E(\pi_t^*)\geqslant E(\pi_r^{d*})$ 或 $\varphi E(\pi_t^*)\geqslant E(\pi_r^{d*})$。因此，可以得到 $\frac{2b\eta(2b\eta-\gamma^2)}{(4b\eta-\gamma^2)^2}\leqslant\phi\leqslant\frac{2b\eta}{4b\eta-\gamma^2}$ 或 $\frac{2b\eta(2b\eta-\gamma^2)}{(4b\eta-\gamma^2)^2}\leqslant\varphi\leqslant\frac{2b\eta}{4b\eta-\gamma^2}$。**证毕。**

推论 16.7 表明，在 RCS 组合契约下，供应商风险中性时的期望利润随收益分享因子或成本共担因子的增加而递减，而零售商风险中性时的期望利润则随收益分享因子或成本共担因子的增加而递增。这意味着，绿色供应链风险中性时的协调利润可以通过调整契约参数在成员之间实现任意分配。因此，在 RCS 组合契约下，可以得到一个帕累托区间，其中双方均能获得比在其分散供应链中更高的期望利润。

命题 16.4　对于风险规避的绿色供应链而言，在区间 $\phi\in\left(0,\ \max\left\{0,\ 1-\frac{R_s}{2R_r}\right\}\right]\cap\left(0,\ \min\left\{1+\frac{R_s\gamma^2}{\eta[\mu\sigma-b(c\sigma+2R_s+R_r)]},\ 1-\frac{\varphi R_s\gamma^2}{\eta[\varphi\mu\sigma-b\varphi(c\sigma+R_s+R_r)-bR_r]}\right\}\right)$ 和区间 $\varphi\in(0,\ 1)$ 内，有 $E(\pi_r^{sR*})\geqslant E(\pi_r^{R*})$ 和 $E(\pi_s^{sR*})\geqslant E(\pi_s^{R*})$。

证明： $E(\pi_r^s)$ 是关于 p 的凹函数，且约束条件 $\sqrt{\mathrm{Var}(\pi_r^s)}\leqslant R_r$ 是凸的，因此 RCS 契约下零售商的优化问题是一个凸规划问题，其最优解可以通过 KKT 条件得到。此时，构造如下拉格朗日函数：

$$L_r^s(p,\ r_3)=E(\pi_r^s)+r_3[R_r-\sqrt{\mathrm{Var}(\pi_r^s)}]$$

这里，r_3 是拉格朗日乘子。由 KKT 条件可得：

$$p^{sR*}=\frac{w\sigma+R_r}{\varphi\sigma},\ r_3=\frac{\varphi\mu\sigma-bw\sigma-2bR_r+\varphi\sigma\gamma e}{\varphi\sigma^2}$$

将 p^{sR*} 代入供应商的期望利润，然后求 $E(\pi_s^s)$ 关于 w 和 θ 的二阶导，可以得到如下海塞矩阵：

$$H=\begin{pmatrix}\dfrac{\partial^2 E(\pi_s^s)}{\partial e^2} & \dfrac{\partial^2 E(\pi_s^s)}{\partial e\partial w}\\ \dfrac{\partial^2 E(\pi_s^s)}{\partial w\partial e} & \dfrac{\partial^2 E(\pi_s^s)}{\partial w^2}\end{pmatrix}=\begin{pmatrix}-\eta(1-\phi) & \dfrac{\gamma}{\varphi}\\ \dfrac{\gamma}{\varphi} & \dfrac{-2b}{\varphi^2}\end{pmatrix}$$

当 $2b\eta(1-\phi)-\gamma^2>0$ 时，有 $|H|=\dfrac{2b\eta(1-\phi)-\gamma^2}{\varphi^2}>0$。因为 $\dfrac{\partial^2 E(\pi_s^s)}{\partial e^2}<0$，$\dfrac{\partial^2 E(\pi_s^s)}{\partial w^2}<0$，可知海塞矩阵 H 是负定的，即 $E(\pi_s^s)$ 是关于 w 和 e 的联合凹函数。同时，约束条件 $\sqrt{\mathrm{Var}(\pi_s^s)}\leqslant R_s$ 是凸的，所以 RCS 组合契约下供应商的优化问题是一个凸规划问题，其最优解可以由 KKT 条件得到。此时，构造如下拉格朗日函数：

$$L_s^s(w,\ e,\ r_4)=E(\pi_s^s)+r_4\left[R_s-\sqrt{\mathrm{Var}(\pi_s^s)}\right]$$

这里，r_4 是拉格朗日乘子。由 KKT 条件可得：

$$w^{sR*}=\frac{\varphi(R_s+c\sigma)+(\varphi-1)R_r}{\sigma},\quad e^{sR*}=\frac{R_s\gamma}{\sigma(1-\phi)\eta}$$

进而得到 $p^{sR*}=\dfrac{c\sigma+R_s+R_r}{\sigma}$，$r_3=\dfrac{\varphi R_s\gamma^2+\eta(1-\phi)[\varphi\mu\sigma-b\varphi(c\sigma+R_s+R_r)-bR_r]}{\sigma^2(1-\phi)\eta\varphi}$，$r_4=\dfrac{R_s\gamma^2+\eta(1-\phi)[\mu\sigma-b(c\sigma+2R_s+R_r)]}{\sigma^2(1-\phi)\eta}$。这里，$\phi<1+\dfrac{\varphi R_s\gamma^2}{\eta[\varphi\mu\sigma-b\varphi(c\sigma+R_s+R_r)-bR_r]}$ 和 $\phi<1-\dfrac{R_s\gamma^2}{\eta[\mu\sigma-b(c\sigma+2R_s+R_r)]}$ 必须成立。

根据上述均衡解，得到以下结论：

$$E(\pi_s^{sR*})=\frac{R_s[\gamma^2R_s-2b\eta(1-\phi)(c\sigma+R_r+R_s)+2\mu\eta\sigma(1-\phi)]}{2\eta(1-\phi)\sigma^2}>E(\pi_s^{dR*})$$

$$E(\pi_r^{sR*})=\frac{R_s\gamma^2[2(1-\phi)R_r-\phi R_s]+2\eta(1-\phi)^2R_r[\mu\sigma-b(c\sigma+R_r+R_s)]}{2\eta(1-\phi)^2\sigma^2}$$

因为

$$\Delta E(\pi_r^R)=E(\pi_r^{sR*})-E(\pi_r^{dR*})$$

$$=\frac{R_s\gamma^2[2(1-\phi)R_r-\phi R_s]+2\eta(1-\phi)^2R_r[\mu\sigma-b(c\sigma+R_r+R_s)]}{2\eta(1-\phi)^2\sigma^2}$$

$$-\frac{R_r}{\sigma}\left[\mu-bc-\frac{b(R_r+R_s)}{\sigma}+\frac{R_s\gamma^2}{\sigma\eta}\right]$$

$$=\frac{\phi\gamma^2R_s[2(1-\phi)R_r-R_s]}{2\eta(1-\phi)^2\sigma^2}$$

由此可得，在区间 $\phi\in\left(0,\ \max\left\{0,\ 1-\frac{R_s}{2R_r}\right\}\right]\cap\left(0,\ \min\left\{1+\frac{R_s\gamma^2}{\eta[\mu\sigma-b(c\sigma+2R_s+R_r)]},\ 1+\frac{\varphi R_s\gamma^2}{\eta[\varphi\mu\sigma-b\varphi(c\sigma+R_s+R_r)-bR_r]}\right\}\right)$ 内，有 $\Delta E(\pi_r^R)\geqslant0$，即 $E(\pi_r^{sR*})\geqslant E(\pi_r^{R*})$。基于以上讨论，在区间 $\phi\in\left(0,\ \max\left\{0,\ 1-\frac{R_s}{2R_r}\right\}\right]\cap\left(0,\ \min\left\{1+\frac{R_s\gamma^2}{\eta[\mu\sigma-b(c\sigma+2R_s+R_r)]},\ 1+\frac{\varphi R_s\gamma^2}{\eta[\varphi\mu\sigma-b\varphi(c\sigma+R_s+R_r)-bR_r]}\right\}\right)$ 内，RCS 组合契约可以提高风险规避的绿色供应链成员的期望利润。**证毕。**

命题 16.4 表明，在特定条件下，RCS 组合契约能够有效提高风险规避绿色供应链的性能。同时，如果 $R_s\geqslant2R_r$ 成立，则有 $1-\frac{R_s}{2R_r}\leqslant0$，这意味着 $\phi\leqslant0$。但是，这一条件与 $0<\phi<1$ 的假设是相互矛盾的。因此，当且仅当 $R_s<2R_r$ 时，RCS 组合契约是有效的，且可以提高风险规避绿色供应链的性能。

通过以上讨论，可以得出如下结论：通过合理设计 RCS 组合契约，可以协调风险中性的绿色供应链，且协调利润可以在两个成员之间任意分配。与此同时，RCS 组合契约能够协调风险规避的绿色供应链，但只有在特定条件下才能提高供应链的性能。

第三节 数值分析

在本节中，进一步通过数值分析来验证解析结论。假设 $\mu=500$，$R_r=550$，$R_s=550$，$R_t=1100$，$\sigma=20$，$b=5$，$\gamma=4$，$c=6$ 和 $\eta=8$。在上述参数

条件下，风险中性的绿色供应链在集成时的最优决策为 $p_t^* = 64.75$ 和 $e_t^* = 29.38$，相应的期望利润为 $E(\pi_t^*) = 13806.25$。当风险约束有效时，风险规避的绿色供应链在集成时的最优决策为 $p_t^{R*} = 61$ 和 $e_t^{R*} = 27.5$，相应的期望利润为 $E(\pi_t^{R*}) = 13750$。显然，可以得到 $p_t^* > p_t^{R*}$，$e_t^* > e_t^{R*}$ 和 $E(\pi_t^*) > E(\pi_t^{R*})$。以下所有数值分析均基于上述参数设置。

一、集成绿色供应链的敏感性分析

本节通过敏感性分析，研究关键参数对集成绿色供应链最优决策和期望利润的影响。特别地，我们重点关注风险约束有效的情况，即 $R_t < R'$。根据上述参数设置，可以得到 $R' = 1175$。接下来，仅改变一个参数并保持其他参数不变，可以得到风险规避的集成绿色供应链中不同参数的有效范围如下：$\mu > 470$，$b < 5.26$，$\gamma > 3.41$，$\eta < 11$，$\sigma > 18.72$，$R_t < 1175$。

图 16.1 显示了集成绿色供应链最优销售价格随关键参数的变化情况。①对于风险中性的集成供应链而言，最优销售价格随 μ 和 γ 递增，而随 b 和 η 递减；②对于风险规避的集成供应链而言，满足 $R_t < 1175$ 时，最优销售价格随 σ 递减，而随 R_t 递增。此外，满足 $R_t < 1175$ 时，绿色供应链风险规避时的最优销售价格低于风险中性时的最优销售价格。

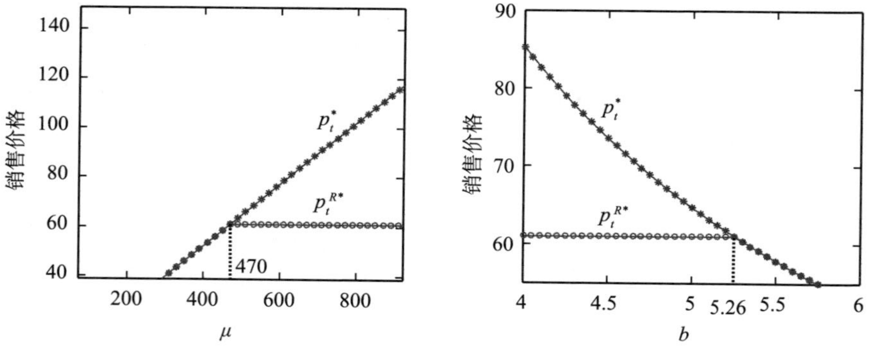

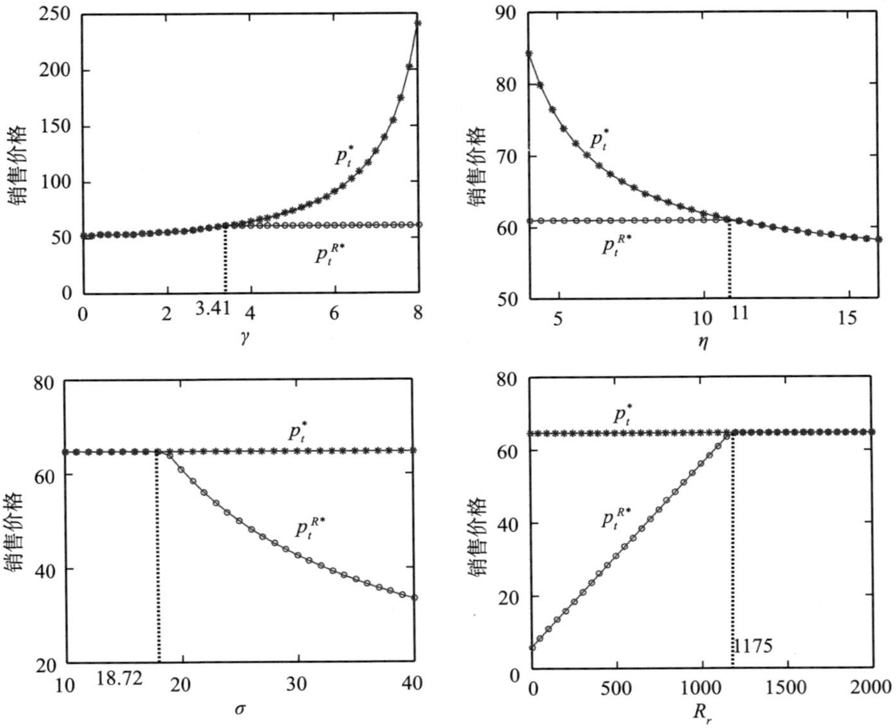

图 16.1　集成绿色供应链的销售价格决策：风险中性和风险规避

图 16.2 显示了集成绿色供应链最优绿色水平随关键参数的变化情况。①对于风险中性的集成绿色供应链而言，最优绿色水平随 μ 和 γ 递增，而随 b 和 η 递减；②对于风险规避的集成绿色供应链而言，满足 $R_t<1175$ 时，最优绿色水平随 γ 和 R_t 递增，而随 η 和 σ 递减。此外，满足 $R_t<1175$ 时，绿色供应链风险规避时的最优绿色水平低于风险中性时的最优绿色水平。

图 16.3 显示了集成绿色供应链最优期望利润随关键参数的变化情况。①显然，集成绿色供应链风险中性时的最优期望利润随 μ 和 γ 递增，而随 b 和 η 递减；②对于风险规避的集成绿色供应链而言，满足 $R_t<1175$ 时，最优期望利润随 μ、γ 和 R_t 递增，而随 b、η 和 σ 递减。此外，满足 $R_t<1175$ 时，集成绿色供应链风险规避时的最优期望利润低于风险中性时的最优期望利润。

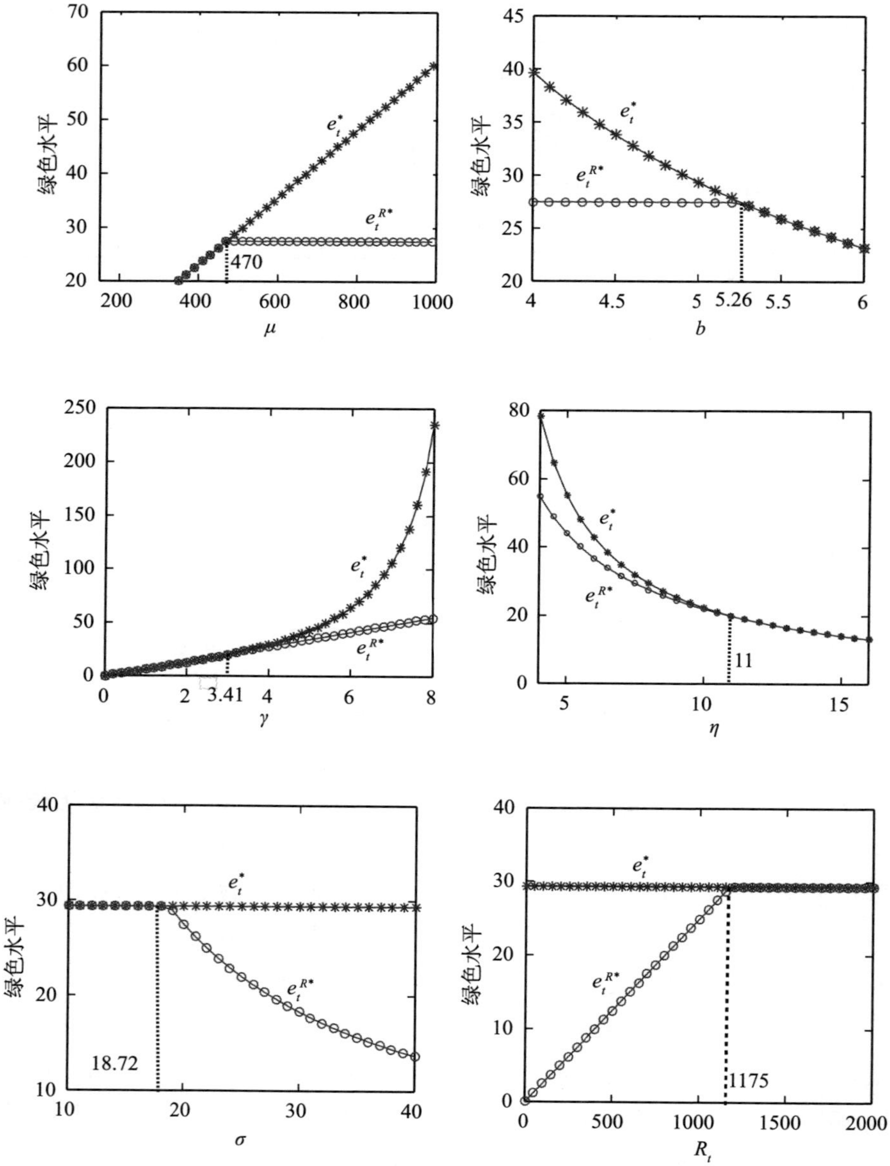

图 16.2　集成绿色供应链的绿色水平决策：风险中性和风险规避

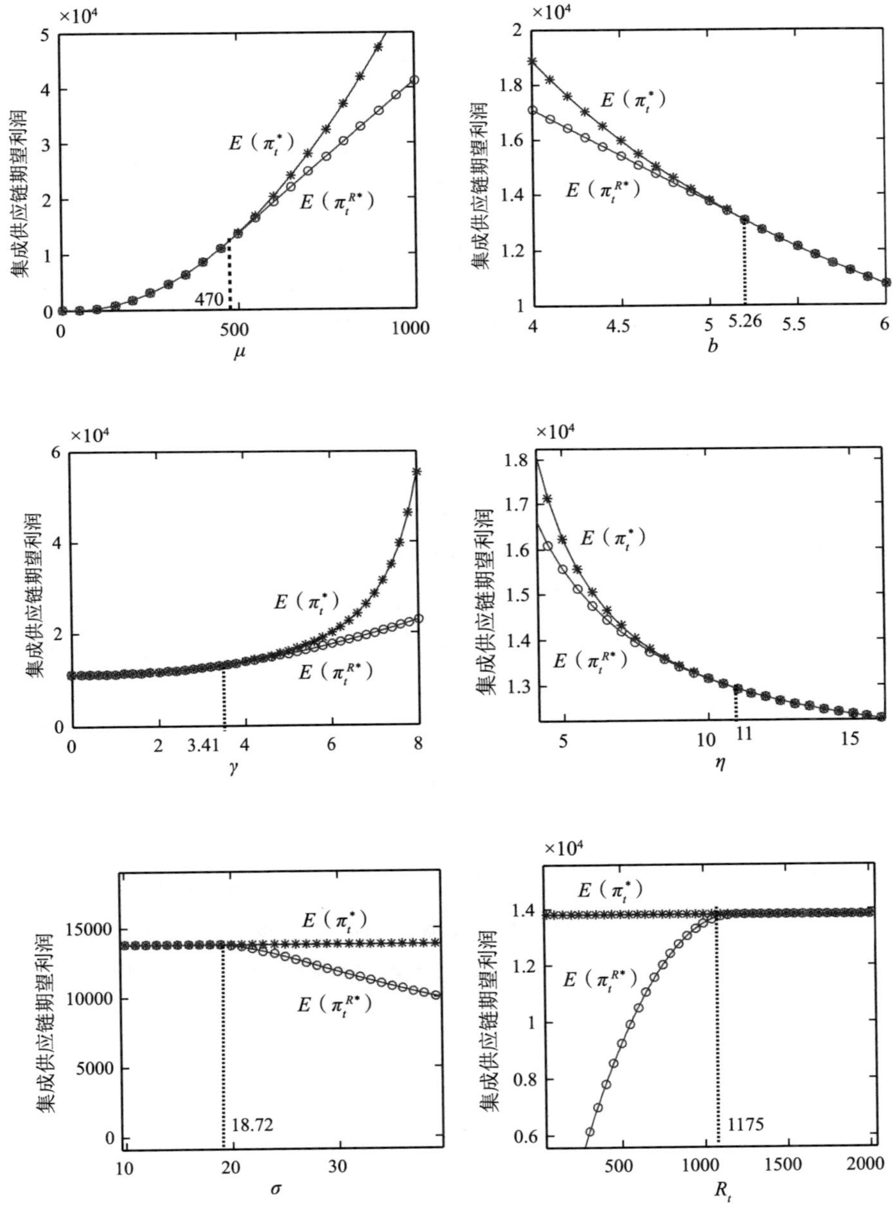

图 16.3　集成绿色供应链的期望利润：风险中性和风险规避

二、分散绿色供应链的敏感性分析

本节重点分析分散绿色供应链的最优决策和期望利润随关键参数的变化情况。给定以上参数设置，可以得到 $R_r^{d'}=723$，$R_s^{d'}=723$，$R_r^{dt}=202.37$，$R_s^{dt}=553.1$，$R_r^{dh}=231.62$，$R_s^{dh}=32.97$ 和 $\frac{(\mu-bc)\sigma}{b}\left(1-\sqrt{\frac{2b\eta-\gamma^2}{4b\eta-\gamma^2}}\right)=626.67$。

首先，对于风险中性的分散绿色供应链而言，其最优决策为 $e^{d*}=13.06$，$p^{d*}=84.33$ 和 $w^{d*}=58.22$。进一步可知，零售商、供应商和绿色供应链的最优期望利润分别为 $E(\pi_r^{d*})=3408.95$，$E(\pi_s^{d*})=6136.11$，$E(\pi_t^{d*})=9545.06$。对于风险规避的分散绿色供应链而言，首先分析风险容忍度有效的条件，即 $R_r<723$，$R_s<723$。进一步假设 $R_r=550$，$R_s=550$，可以得到供应链成员的最优决策分别为 $e^{dR*}=13.75$，$p^{dR*}=61$，$w^{dR*}=33.5$。进一步可知，零售商、供应商和绿色供应链的最优期望利润分别为 $E(\pi_r^{dR*})=6875$，$E(\pi_s^{dR*})=6118.75$，$E(\pi_t^{dR*})=12993.75$。显然，$e^{d*}<e^{dR*}$，$p^{d*}>p^{dR*}$，$w^{d*}>w^{dR*}$。此外，可以得到 $E(\pi_r^{dR*})>E(\pi_r^{d*})$，$E(\pi_s^{dR*})<E(\pi_s^{d*})$，$E(\pi_t^{dR*})>E(\pi_t^{d*})$。

接下来，改变一个参数并保持其他参数不变，可以得到风险规避的分散绿色供应链中参数的有效变化范围如下：$\mu>387.5$，$b<6.79$，$\gamma>0$，$\sigma>15.21$，$R_r<723$，$R_s<723$。可以发现，分散绿色供应链的市场需求潜量均值、绿色水平敏感性系数、销售价格敏感性系数、市场需求潜量标准差和风险容忍度对零售商风险规避时最优销售价格的影响与集成绿色供应链相似。图 16.4 显示了当 $R_r<723$ 和 $R_s<723$ 时，零售商风险规避时最优销售价格随两个成员风险容忍度的变化情况。给定 $R_r=550$，零售商风险规避时的最优销售价格随 R_s 递增。类似地，给定 $R_s=550$，零售商风险规避时的最优销售价格随 R_r 递增。特别地，当两个成员的风险容忍度分别满足 $R_r<723$ 和 $R_s<723$ 时，零售商风险规避时的最优销售价格总是低于风险中性时的最优销售价格。这表明，风险规避的零售商在决策时更加谨慎，会选择一个相对较低的销售价格。该数值分析验证了推论 16.4①关于销售价格的结论。

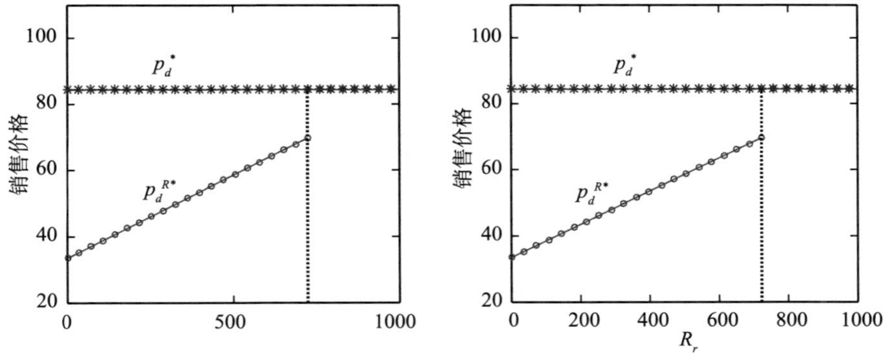

图 16.4　分散绿色供应链的销售价格决策：风险中性和风险规避

图 16.5 显示了分散绿色供应链最优绿色水平随关键参数的变化情况。由此可知，分散绿色供应链的市场需求潜量均值、绿色水平敏感性系数、销售价格敏感性系数和市场需求潜量标准差对最优绿色水平的影响与集成绿色供应链相似。但是，对于风险规避的分散绿色供应链而言，最优绿色水平与 R_s 密切相关，而与 R_r 无关。此外，在给定参数条件下，满足 $387.5<\mu\leqslant525$，或 $4.78\leqslant b<6$，或 $0<\gamma\leqslant4.82$，或 $15.21<\sigma\leqslant21.06$，或 $R_s\geqslant522$，或 $R_r\leqslant723$ 时，有 $e^{dR*}\geqslant e^{d*}$；满足 $525<\mu<1000$，或 $0<b<4.78$，或 $4.82<\gamma<8$，或 $21.06<\sigma<40$，或 $R_s<522$ 时，有 $e^{dR*}<e^{d*}$。因此，推论 16.4 中的结论②得到了验证。

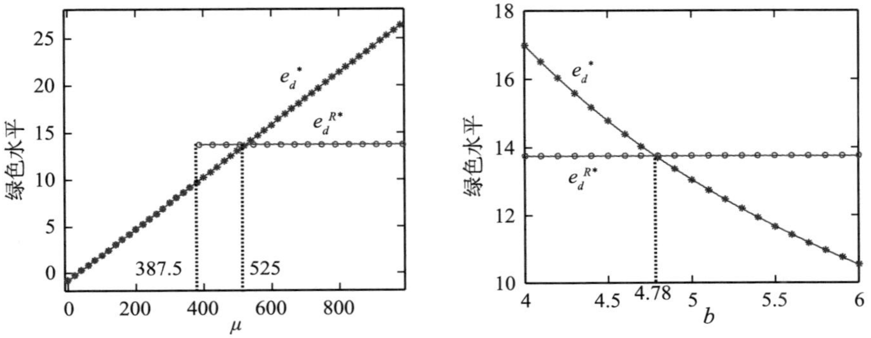

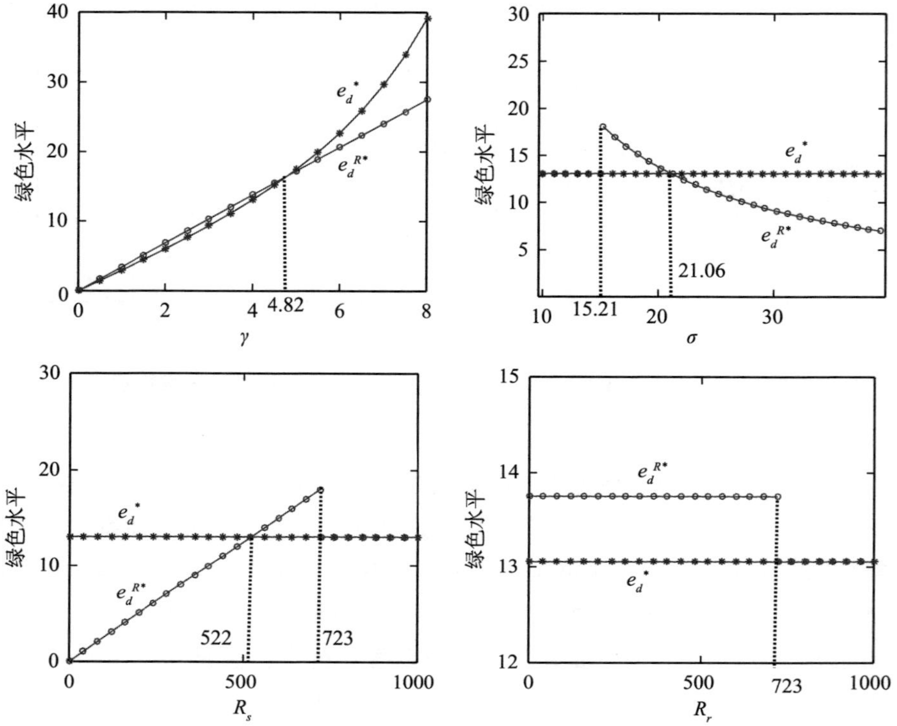

图 16.5　分散绿色供应链的绿色水平决策：风险中性和风险规避

图 16.6 显示了分散绿色供应链最优批发价格随关键参数的变化情况。①对于风险中性的分散绿色供应链而言，最优批发价格随 μ 和 γ 递增，而随 b 递减；②对于风险规避的分散绿色供应链而言，最优批发价格随 R_s 递增，而随 σ 递减。此外，图 16.6 表明，满足 $R_r<723$ 和 $R_s<723$ 时，供应商风险规避时的最优批发价格低于风险中性时的最优批发价格。因此，推论 16.4 中①关于批发价格的结论得到了验证。

接下来，我们通过敏感性分析进一步比较风险中性和风险规避的绿色供应链中所有成员期望利润之间的差异。图 16.7 显示了零售商最优期望利润随关键参数的变化情况。①对于风险中性的分散绿色供应链而言，零售商的最优期望利润随 μ 和 γ 递增，而随 b 递减；②对于风险规避的分散绿色供应链而言，零售商的最优期望利润随 μ、γ、R_r 递增，而随 b、R_s 递减；并且，满

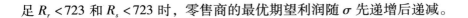

足 $R_r < 723$ 和 $R_s < 723$ 时，零售商的最优期望利润随 σ 先递增后递减。

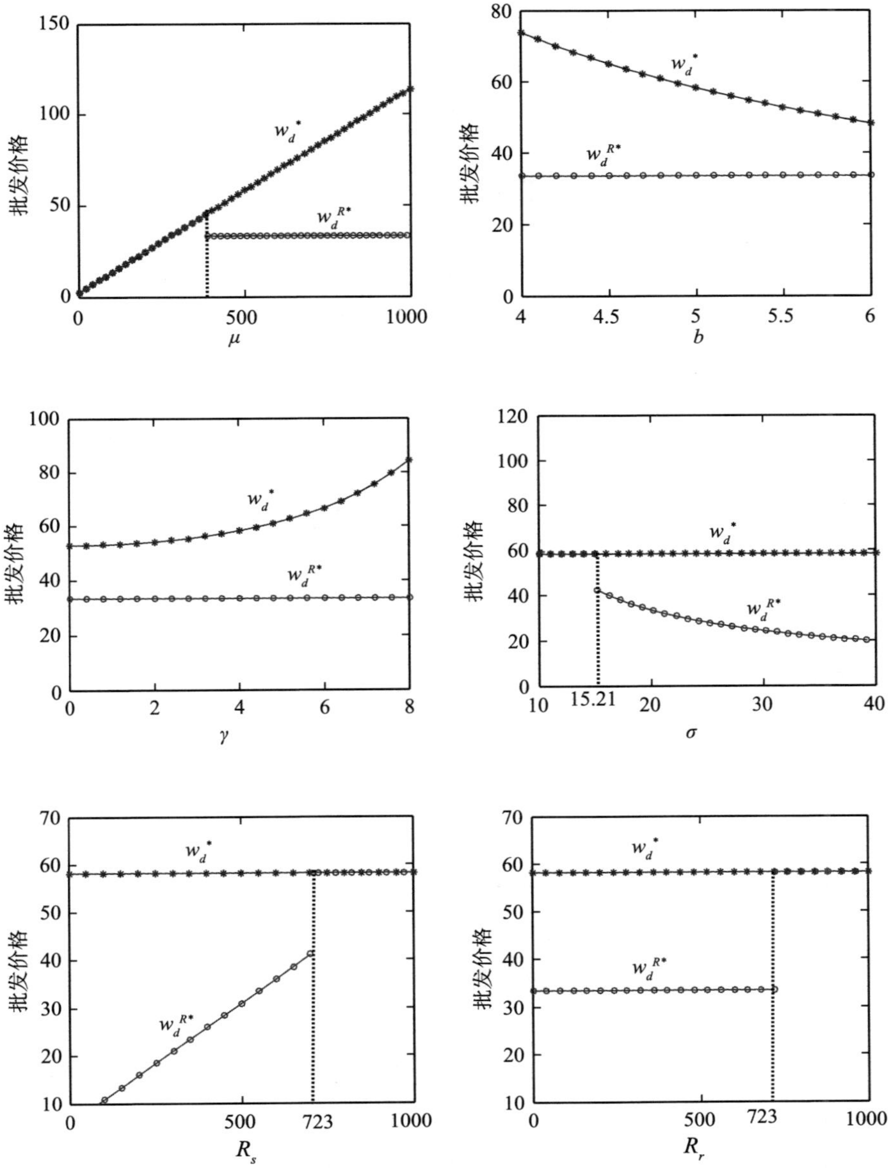

图 16.6　分散绿色供应链的批发价格决策：风险中性和风险规避

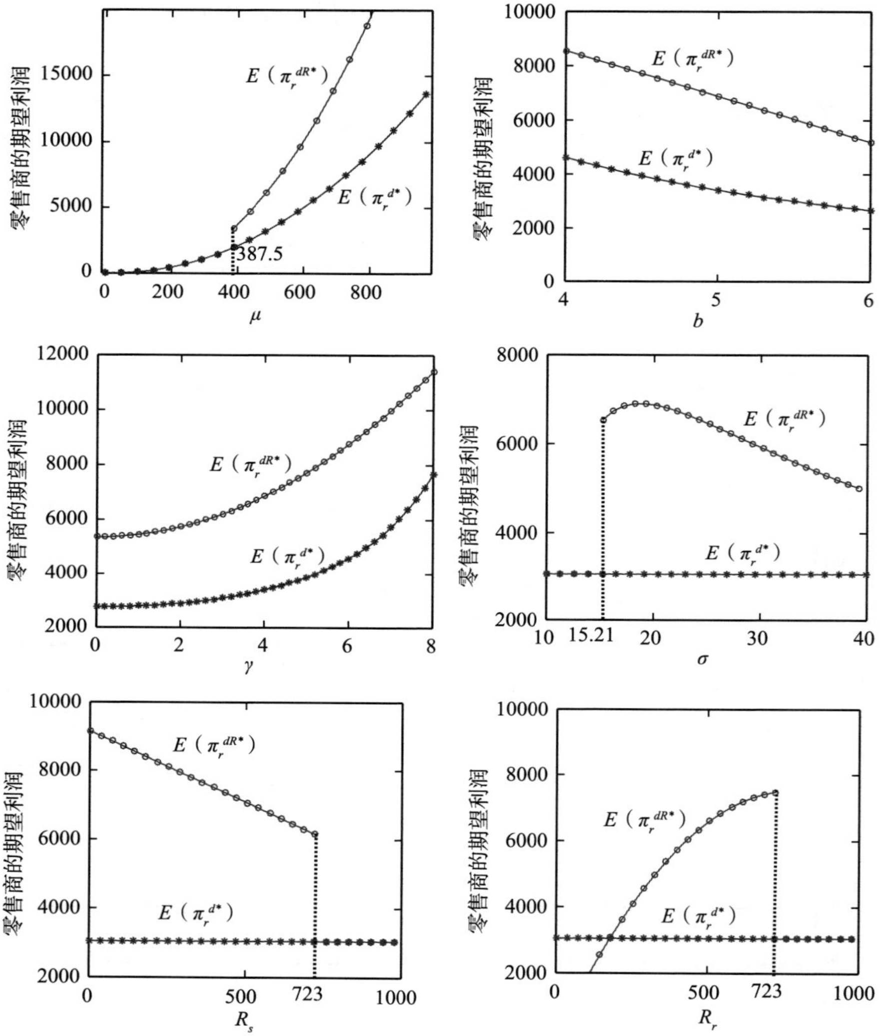

图 16.7　分散绿色供应链中零售商的期望利润：风险中性和风险规避

给定 $R_s=550$，如果满足 $0<R_r<202.37$，则零售商风险规避时的最优期望利润低于风险中性时的最优期望利润；给定 $R_s=550$，如果满足 $202.37<R_r<723$，则得到相反的结论。因此，推论 16.4 中的结论③得到了验证。

图 16.8 显示了分散绿色供应链中供应商最优期望利润随关键参数的变化

情况。①对于风险中性的分散绿色供应链而言，供应商的最优期望利润随μ和γ递增，而随b递减；②对于风险规避的分散绿色供应链而言，供应商的最优期望利润随μ、γ和R_s递增，而随b和R_r递减；并且，满足$R_r<723$和$R_s<723$时，供应商的最优期望利润随σ先递增后递减。

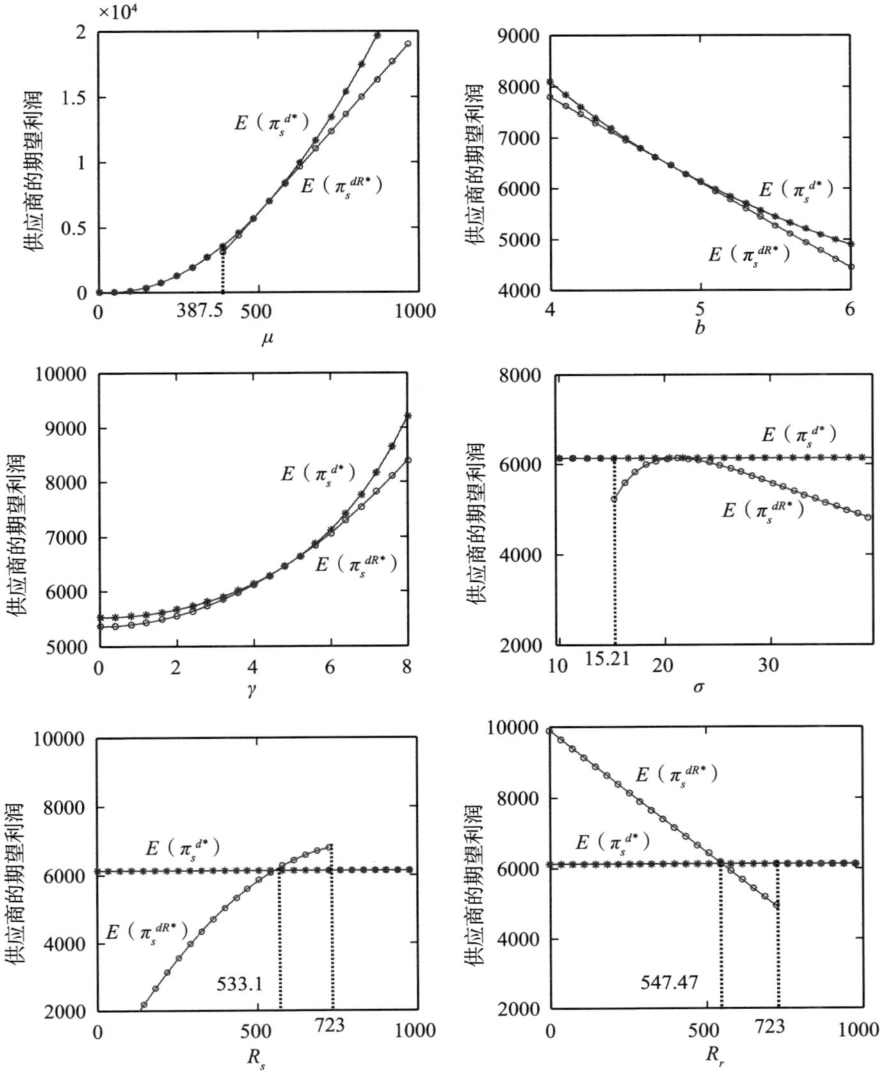

图 16.8 分散绿色供应链中供应商的期望利润：风险中性和风险规避

给定 $R_r=550$，如果满足 $0<R_s<553.1$，则供应商风险规避时的期望利润低于风险中性时的期望利润；如果满足 $553.1<R_s<723$，则得到相反的结论。给定 $R_s=550$，如果满足$0<R_r\leqslant 547.47$，则有 $0<R_s^{dt}\leqslant 550$ 和 $R_s^{dt}\leqslant R_s<723$，因此供应商风险规避时的期望利润高于风险中性时的期望利润；如果满足$547.47<R_r<626.67$，则有 $550<R_s^{dt}<723$ 和 $R_s<R_s^{dt}$，因此供应商风险规避时的期望利润低于风险中性时的期望利润；如果满足$626.67\leqslant R_r<723$，则供应商风险规避时的期望利润低于风险中性时的期望利润。因此，推论 16.4 中④的结论得到了验证。

图 16.9 显示了分散绿色供应链的期望利润随关键参数的变化情况。①对于风险中性的绿色供应链而言，其期望利润随 μ 和 γ 递增，而随 b 递减；②对于风险规避的绿色供应链而言，其期望利润随 μ 和 γ 递增，而随 b 递减；并且，满足 $R_r<723$ 和 $R_s<723$ 时，其期望利润随 σ、R_s 和 R_r 先递增后递减。

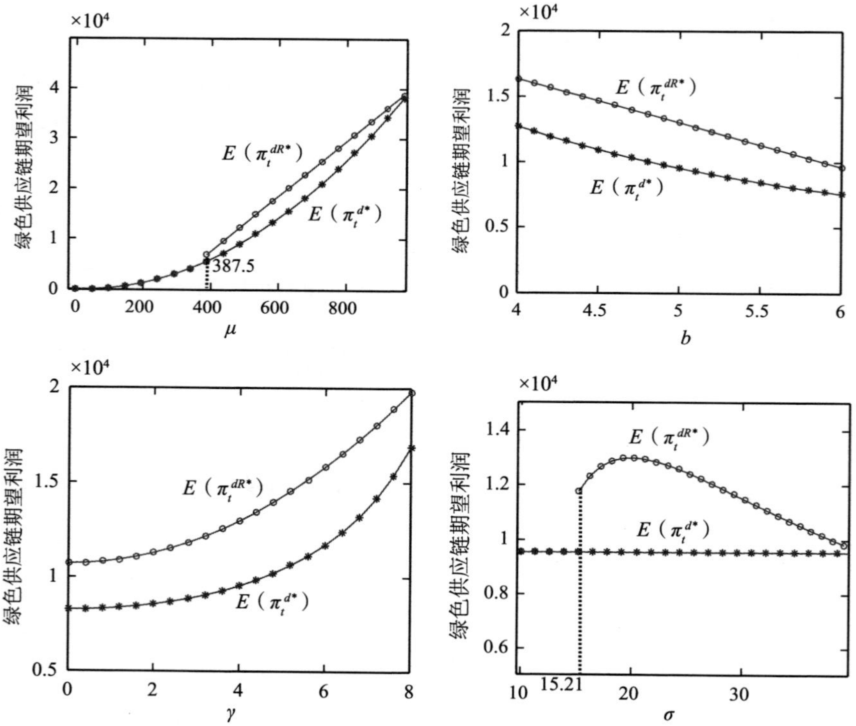

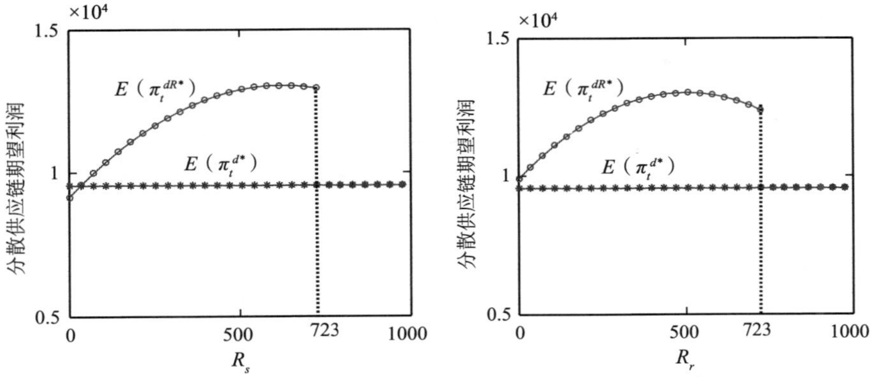

图 16.9　分散绿色供应链的期望利润：风险中性和风险规避

给定 $R_r=550$，即满足 $231.62\leqslant R_r<723$。因此，满足 $R_s<723$ 时，分散绿色供应链风险规避时的期望利润高于风险中性时的期望利润。给定 $R_s=550$，即满足 $R_s>32.97$。因此，满足 $R_r<723$ 时，分散绿色供应链风险规避时的期望利润高于风险中性时的期望利润。因此，推论 16.4 中的结论得到了验证。

三、协调机制

本章提出了一种 RCS 组合契约来协调绿色供应链。其中，满足 $\frac{\gamma^2}{2b\eta}<\frac{1-\phi}{1-\varphi}$，$\varphi=\phi$ 和 $w=\phi c$ 时，风险中性的绿色供应链可以实现协调。给定上述参数，对于风险中性的绿色供应链而言，由 $\frac{\gamma^2}{2b\eta}<\frac{1-\phi}{1-\varphi}$ 和 $\varphi=\phi$ 这两个条件可得，ϕ 的值可以在区间（0，1）内变化。图 16.10 显示了风险中性的绿色供应链协调时，各个成员的期望利润随 ϕ 的变化情况。可以发现，在 RCS 组合契约下，零售商风险中性时的期望利润随 ϕ 递增，而供应商风险中性时的期望利润随 ϕ 递减。由此可得，绿色供应链风险中性时的帕累托区间为 $\phi\in[0.2469,\ 0.5556]$。图 16.11 显示了绿色供应链成员风险规避时的期望利润随 φ 和 ϕ 的变化情况。可以发现，当 ϕ 相对较小时，引入 RCS 组合契约

后，风险规避的成员均可以获得比其在分散供应链中更高的期望利润，即实现了帕累托改进。

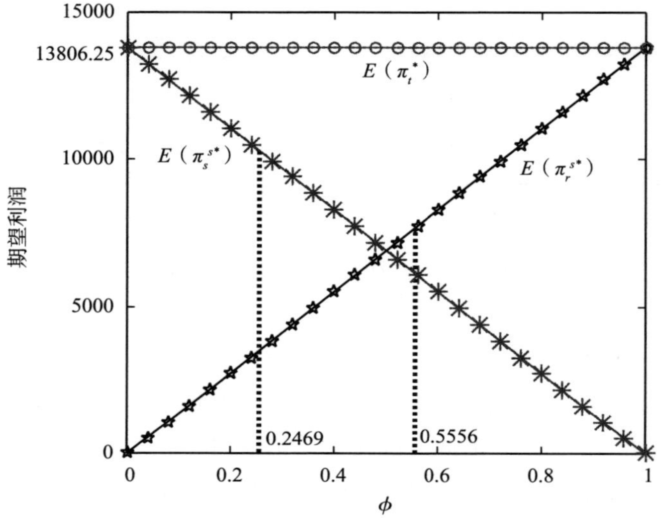

图 16.10　绿色供应链成员风险中性时的期望利润随 ϕ 的变化情况

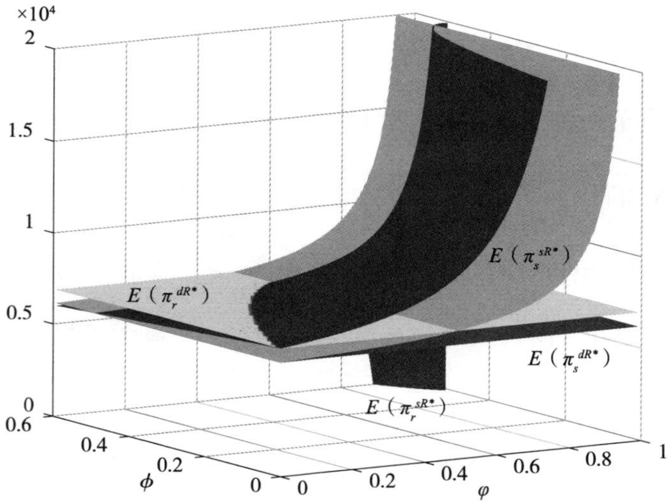

图 16.11　绿色供应链成员风险规避时的期望利润随 φ 和 ϕ 的变化情况

第四节 本章小结

本章构建了一个风险规避的绿色供应链，其中供应商生产绿色产品并通过零售商在市场上进行销售。为了量化供应链成员的风险规避态度，我们引入了 MV 模型，并采用风险容忍度来反映其风险规避程度。在此基础上，首先分析了集成供应链风险中性和风险规避时的最优决策。研究表明，当风险容忍度有效时，风险规避的集成供应链总是比风险中性的集成供应链选择更低的绿色水平和销售价格。因此，当供应链集成时，绿色供应链规避风险时的期望利润低于风险中性时的期望利润。

接下来，对比研究了风险规避和风险中性的分散绿色供应链。首先，分别求得了供应商的绿色水平和批发价格决策，以及零售商的销售价格决策。研究结论表明，当供应链成员的风险容忍度有效时，供应商风险规避时的批发价格低于风险中性时的批发价格，零售商风险规避时的销售价格低于风险中性时的销售价格。但是，当供应商风险规避程度相对较低时，可能会选择比风险中性时更高的绿色水平。同时，在特定条件下，绿色供应链成员风险规避时的期望利润高于风险中性时的期望利润。

本章进一步提出了 RCS 组合契约来优化风险中性和风险规避的绿色供应链。研究发现，无论成员是风险规避还是风险中性的，RCS 契约都可以有效改进绿色供应链。具体来说，RCS 组合契约能够协调风险中性的绿色供应链，且协调利润可以通过调整收益分享因子或成本共担因子实现在两个成员之间的灵活分配。但是，对于风险规避的绿色供应链而言，RCS 组合契约只有在特定条件下是有效的，且当供应商的风险容忍度是零售商的风险容忍度两倍时，RCS 组合契约可能无效。总体来说，本章研究的主要贡献可以总结如下：

1. 引入 MV 模型，并采用风险容忍度来反映绿色供应链成员的风险规避态度。这样的研究视角可以同时考虑决策者的期望利润最大化目标和风险规避态度。因此，研究结论可以帮助企业根据自身的风险容忍度做出最优决策。

2. 通过设计 RCS 组合契约来提高风险规避的绿色供应链性能。该契约方案可以较容易地应用于实践中，搭建风险规避的绿色供应链成员之间紧密的合作关系，进一步提升绿色供应链的综合竞争力。

3. 通过对比研究绿色供应链风险中性和风险规避时的竞争均衡，明确了决策者风险规避态度对绿色供应链带来的影响。研究结论可以帮助企业更清晰地认识决策者风险规避态度对绿色供应链的影响，并且应用到实践中来支持企业的决策。

第十七章

跨期运营驱动下的供应链：动态契约与承诺契约

供应链管理中库存在产品供需匹配方面起着重要的作用。供应商可以通过库存零部件或原材料来维持稳定的生产，从而满足购买商的订单需求。零售商可以通过储存产成品来维持较高的库存水平，从而满足消费者的购买需求。但是，持有库存必然会产生相应的成本。因此，大多数企业认为降低库存来节约成本是十分必要的。实践证明，在现代物流和信息技术的支持下，企业在特定销售周期内持有少量库存甚至零库存是可以实现的。结合以上两种矛盾，许多学者发现企业在多阶段交易中持有库存并不总是有利的，且大多数企业只有在能够获得附加价值时才愿意持有库存（Hartwig et al.，2015；Moon et al.，2018；Nielsen and Saha，2018）。本章重点关注跨期库存，即企业从第一个周期开始持有直到下一个周期去销售的产品。多数学者研究了需求确定时供应链中跨期库存的价值，并将这种跨期库存定义为战略库存（Anand et al.，2008；Mantin and Jiang，2017）。例如，安纳德等（Anand et al.，2008）在需求确定环境下，构建了由一个供应商和一个购买商组成的两阶段供应链，并且探讨了战略库存的影响。他们发现，在一定条件下，战略库存是一种提高供应链成员利润的激励机制。本章将安纳德等（Anand et al.，2008）的模型扩展到更加贴近现实的情况，即考虑需求不确定和零售商竞争。

在实践中，跨期库存可以帮助企业有效缓解由需求不确定和批发价格波动带来的风险。一个典型的例子来自浙江省的造纸行业，嘉兴东恒包装有限公司和湖州力维纸箱包装有限公司是从景兴纸业股份有限公司采购原纸的两家竞争对手，且这两家企业生产的瓦楞纸板均面向湖州市的个人和企业。2019 年 8 月，原纸的批发价格相对较低，因此东恒储备了大量的原纸。到了 9 月份，由于原纸价格和瓦楞纸板需求的增加，东恒通过持有这种跨期库存获得了很大的收益。相反，力维由于缺乏跨期库存能力而遭受巨大的损失。这一典型案例说明了跨期库存对面临不确定环境的企业的重要意义。类似的管理问题也是其他供应链关联企业经常面临的。例如，实耐宝工具制造（浙江）有限公司通常会跨期持有一定数量的圆钢，主要原因有两个：批发价格变动和需求不确定。在另一个例子中，浙江凤凰庄纺织品有限公司预测 2018 年春季市场需求旺盛，因此在 2017 年冬季持有了一些面料库存，从而获得了更多的收益。通过上述案例可以发现，适当的跨期库存对企业是有利的。但是，面对复杂的市场环境时，企业如何决定跨期库存量仍然是一项具有挑战性的工作。

另外，上游供应商可能会因为下游零售商持有跨期库存而遭受利润损失。其主要原因是：零售商在与供应商进行博弈时，可以通过持有跨期库存获得更有利的竞争地位，并针对供应商的批发价格作出快速应对之策。因此，当零售商具有跨期库存能力时，供应商的批发价格策略就显得尤为重要。实际上，动态批发价（Dynamic Wholesale-price，DW）契约和承诺批发价（Commitment Wholesale-price，CW）契约是两种常见的供应链批发价契约，且在当前的研究中引起了广泛关注（Hartwig et al.，2015；Moon et al.，2018；Nielsen and Saha，2018；Anand et al.，2008；Mantin and Jiang，2017）。在 DW 契约下，供应商在每个销售周期开始时依次公布批发价格。例如，景兴基于 DW 契约与东恒和力维进行交易，由于景兴在每个销售周期确定批发价格，东恒和力维只能得知当期的批发价格，而无法获知下一个周期的批发价格。因此，DW 契约一般可以看作是一种短期的合作机制（Anand et al.，2008）。在 CW 契约下，供应商在第一个销售周期开始时同时公布两个周期的批发价格。因此，CW 契约被视为一种长期的合作机制（Mantin and Jiang，2017）。

本章构建了一个跨期库存决策模型来支持供应商和零售商的决策，且直面不同企业可能拥有不同跨期库存能力的现实情况。假设两个零售商中只有一个零售商拥有跨期库存能力，并基于此提出了 DW 契约和 CW 契约这两种契约方案。总体来看，本章通过模型的构建与分析，试图解决以下管理问题：

1. 当零售商具有跨期库存能力且面临横向竞争时，如何做出最优的订购决策和库存决策？

2. 单位库存持有成本如何影响供应链成员的最优决策及其期望利润？

3. 对于供应链成员而言，采用哪种契约更适合：DW 契约还是 CW 契约？

4. 零售商跨期库存能力如何影响供应链性能？是否存在提高供应链性能的可能性？

为了解决上述问题，本章结合考虑需求不确定和零售商竞争的影响，分别基于 DW 契约和 CW 契约构建了供应链竞争模型，且考虑了以下两种情形：①没有零售商具有跨期库存能力；②只有一个零售商具有跨期库存能力。在此基础上，分析了不同供应链的竞争均衡。进一步通过敏感性分析，研究了单位库存持有成本对供应链成员决策的影响。研究结果表明，两种契约的效率不仅受单位库存持有成本的影响，还受两个销售周期中随机需求均值的影响。此外，通过对比研究，分析了不同条件下所有成员对 DW 契约和 CW 契约的偏好，研究结论能够帮助供应链成员选择对自身有利的契约方案。最后，本章还分析了零售商跨期库存能力对所有成员期望利润和供应链性能的影响。

目前，两周期供应链的库存决策问题已经引起了学者们的广泛关注。切伊图等（Cheaitou et al.，2009）基于不同的生产模式构建了一个两周期生产与库存决策模型，并假设每个周期的需求均是独立的随机变量。科根和塔皮罗（Kogan and Tapiero，2011）研究了供应商（产品提供商或制造商）和零售商之间的跨期库存竞争，并且重点关注了面临季节性需求时产能限制对供应链成员的影响。钟等（Chung et al.，2015）构建了一个多周期价格折扣模型，分析了供应商的最优批发价格决策和购买商的最优销售价格决策和订购决策。该模型为供应链成员在产品生命周期内最优策略的制定提供了系统的决策工具。戈尼姆和马达赫（Ghoniem and Maddah，2015）构建了一个多周期决策模型，并假设一个市场中存在着多个细分客户，零售商则需要考虑存在多个可替代产品的情况，以此来优化某一产品的品类规划、定价和库存策略。普罗托帕帕-西克等（Protopappa-Sieke et al.，2016）建立了由一个制造商和多个零售商组成的两周期模型，研究发现制造商持有一定比例的跨期库存是十分有利的。董骏峰和吴德胜（Dong and Wu，2019）研究了快速响应系统中的两周期定价和库存决策，其中考虑消费者具有策略性且是异质的，而产品具有差异化价值期。德勇和卡塔尼（DeYong and Cattani，2018）研究了两周期报童模型中制造商的库存决策，重点分析了需求信息更新对跨周期库存决策的影响。亨达兰普尔（Hendalianpour，2020）提出了一种基于双区间灰数的博弈模型，用于分析零售商的多周期定价和批量订购决策。在本章的研究中，我们重点关注零售商的跨期库存决策及其对供应链的影响。

在两周期供应链管理中，安纳德等（Anand et al.，2008）用战略库存来描述这样一类库存，即供应链不是因为固定（非线性）的生产或者采购成本、提前期、不确定供应、不确定市场需求、产能限制等传统因素而持有的库存。研究表明，购买商的最优策略是持有跨越两个周期的战略库存，而供应商也没有办法阻止购买商的这种行为。还有一些学者在安纳德等（Anand et al.，2008）的模型基础上进行了扩展研究。艾莉亚和米特多夫（Arya and Mittendorf，2013）进一步考虑制造商回扣的影响，分析了供应链成员的竞争决策。结果表明，当供应链因零售商持有战略库存而导致性能低下时，制造商回扣就会变得十分重要。艾莉亚等（Arya et al.，2015）研究表明，当企业依赖外部供应商并战略性地持有库存时，分散供应链看似不完美，但实际上可能对供应链成员是有利的。穆恩等（Moon et al.，2018）考虑市场需求受销售价格和需求增长努力的影响，研究了两周期供应链的战略库存决策模型。尼尔森等（Nielsen et al.，2019）考虑由一个制造商、一个占主导地位的中间商和一个具有跨期库存能力的零售商组成的三级绿色供应链，并且假设市场需求与产品的销售价格和绿色水平密切相关。研究发现，中间商的存在会导致制造商降低产品的绿色水平，因此设计了一个利润分享机制，激励制造商最大限度地提高产品的绿色水平，从而实现可持续发展的目标。戴伊等（Dey et al.，2019）考虑两周期绿色供应链，重点分析了权力结构和战略库存对开发密集型和边际成本密集型绿色产品的影响。上述研究工作较少综合考虑需求不确定和单位库存持有成本对跨期库存决策的影响。总体而言，本章考虑两个销售周期中市场需求均不确定以及零售商相互竞争时的跨期库存决策模型，具有一定的新颖性。

此外，本章的研究还涉及多个零售商竞争的供应链决策模型。事实上，同一个市场中存在多个零售商是普遍现象，且零售商竞争已经得到许多学者的关注（Mateen and Chatterjee，2015；Moon and Feng，2017；Tayebi et al.，2018）。曹二保等（Cao et al.，2013）考虑生产成本和市场需求同时扰动的情况，建立了由一个制造商和多个零售商组成的供应链，并引入收益分享契约来协调供应链。郑琪等（Zheng et al.，2019）考虑由一个供应商和多个零售商组成的绿色供应链，并基于数量折扣契约构建竞争模型。他们通过比较供应链成员在独立采购和联合采购策略下的利润，发现联合采购可以保证各成员取得双赢的结果。上述研究假设多个竞争的零售商具有相同的特性，例如均有补货能力，且他们的研究侧重于分析供应链在零售商竞争环境下的最优决策。也有学者关注零售商之间的能力是不同的情形。例如，蔡建湖等（Cai et al.，2010）讨论了一个供应商和多个购买商组成的供应链，假设只有一个购买商有能力在销售季节开始之前进行提前订购，并在此基础上分析了提前订购策略如何影响供应链成员之间的竞争决策。格洛克和金（Glock and Kim，2015）构建了由一个供应商和多个零售商组成的供应链，并考虑供应商与其中一个零售商进行整合的情况。他们重点研究了零售商竞争下纵向整合对供应链的影响。此外，许多学者考虑供应链中仅有两个零售商的情形，或者考虑两条供应链相互竞争的情形。乔瓦尼（Giovanni，2018）针对电池行业中零售商可以通过提供联合机制来激励制造商推动绿色制造项目的情况，构建了由一个制造商和两个零售商组成的供应链，并且发现两个零售商竞争时，这种联合机制会变得更加有效。王启飞等（Wang et al.，2020）研究了由一个制造商和两个竞争零售商组成的闭环供应链，其中竞争同时存在于正向渠道和逆向渠道中。他们通过构建三种博弈模型分析了串通对两个零售商是否有利的问题。库玛等（Kumar et al.，2018）考虑一条集成供应链和一条分散供应链进行竞争的情形，且分散供应链中零售商可以向两个供应商进行采购。综合考虑供应中断的风险，分析了零售商如何应用定价决策和采购策略来与供应稳定的集成供应链进行竞争。亨达兰普尔等（Hendalianpour et al.，2020）研究了由两个制造商和两个面临灰色随机需求的零售商组成的两级供应链，其中每个零售商均可以向两个制造商采购产品，因此零售商之间存在着横向竞争关系。亨达兰普尔等（Hendalianpour et al.，2022）还关注如何优化全渠道分销网络以及网络内产品的运输流程，因此构建了一个多目标规划模型来最小化供应链成本及最大化消费者满意度。其中，他们考虑了由多种产品和多种分销渠道组成的复杂零售系统。本章构建由一个供应商和两个零售商组成的供应链，并考虑零售商之间是异质的，即只有一个零售商具有跨期库存能力。

实际上，定价和订购决策是运营管理领域中学者们广泛关注的研究主题。例如，尼尔森和萨哈（Nielsen and Saha，2018）基于制造商主导的斯坦伯格博弈模型，分别研究了两级供应链和三级供应链的竞争均衡。其中，供应链成员需要考虑四个连续的销售周期并执行综合采购计划。他们考虑三种不同的采购策略，基于不同供应链成员的视角求解了最优的定价和采购计划。亨达兰普尔（Hendalianpour，2020）探讨了多个零售商对易腐产品的联合定价和批量订购决策。董骏峰和吴德胜（Dong and Wu，2019）研究了消费者策略选择行为对供应链两周期定价和库存决策的影响。安纳德等（Anand et al.，2008）考虑市场需求确定的情形，分析了两周期供应链中供应商的最优批发价格决策和零售商的最优订购量和战略库存决策。与上述研究不同，本章在安纳德等（Anand et al.，2008）的研究基础上，进一步考虑市场需求不确定和零售商竞争，抓住了现实中众多供应链的关键特征。

本章的主要贡献在于关注了需求不确定和零售商竞争环境下其中一个零售商具有跨期库存能力对供应链的影响。与本章研究密切相关的是安纳德等（Anand et al.，2008）的工作。他们考虑零售商可以进行战略库存，分别基于 DW 契约和 CW 契约构建了两周期供应链竞争模型。研究表明，在 DW 契约下，给定一个相对较低的单位库存持有成本，零售商总是愿意持有战略库存，且供应商无法阻止零售商的这种行为；而在 CW 契约下，零售商不会持有任何跨期库存。此外，当单位库存持有成本相对较低时，所有成员均能够在 DW 契约下获得比在 CW 契约下更高的利润。但是，上述文献研究主要考虑需求是确定的，且只有一个零售商和一个供应商进行博弈，忽略了需求不确定以及零售商竞争环境对供应链决策带来的影响。

第一节　模型构建

考虑由一个供应商和两个零售商组成的两级供应链，其中产品在两个销售周期内由零售商销售给消费者。令两个销售周期中产品的逆需求函数分别为 $p_1 = \xi - bQ_1$ 和 $p_2 = \zeta - bQ_2$，类似的假设可以在其他学者的研究中见到（Corbett and Karmarkar，2001；Anand et al.，2008；Cho，2014）。这里，ξ 和 ζ 分别表示第一个销售周期和第二个销售周期中的市场需求潜量（Li and Zhang，2015；Matsui，2018）。为了便于说明，本章将其称为市场需求。假设 ξ 和 ζ 均为随机变量，且均值分别为 μ_1 和 μ_2；Q_1 和 Q_2 分别为第一个销售周期和第二个销售周期的销售量；b 为销售价格敏感性系数。这里，假设同一市场中存在着两个零售商，即零售商 g 和零售商 k，其中只有零售商 g 具有跨期库存能力，且会产生相应的单位库存持有成本 h。为了聚焦于单位库存持有成本 h 对供应链成员决策的影响，假设在特定的销售周期内没有库存持有成本。此外，令供应商的单位生产成本为 0，且假设产品的单位残值也为 0。因此，每个零售商在两个销售周期内都可以将所有产品销售出去。

类似于安纳德等（Anand et al.，2008）的研究，本章提出 DW 和 CW 这两种契约方案。在 DW 契约下，所有成员的决策都是按照时间顺序做出的，且供应链成员之间的博弈过程可以描述如下（如图 17.1 所示）：

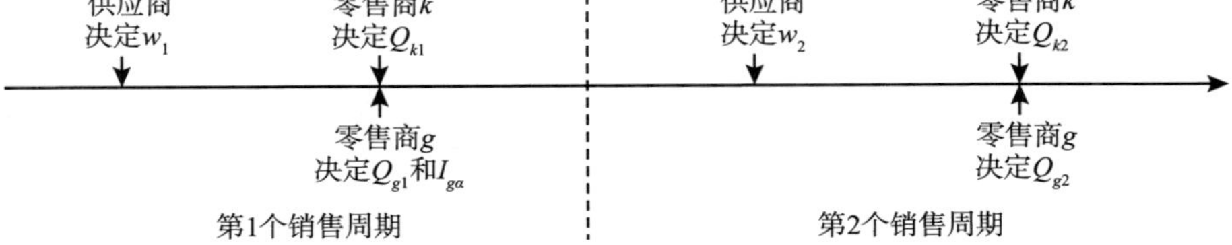

图 17.1　DW 契约下供应链成员之间的博弈过程

1. 供应商在第一个销售周期开始之前决定产品的批发价格 w_1；
2. 零售商 k 决定订购量 Q_{k1}，零售商 g 决定订购量 Q_{g1} 以及跨期库存量 $I_{g\alpha}$；

3. 供应商在第二个销售周期开始之前决定批发价格 w_2；

4. 零售商 g 和零售商 k 分别决定订购量 Q_{g2} 和 Q_{k2}。

不同于 DW 契约，在 CW 契约下，所有成员的决策都是在第一个销售周期开始之前做出的，且事件的顺序可以描述如下（如图 17.2 所示）：

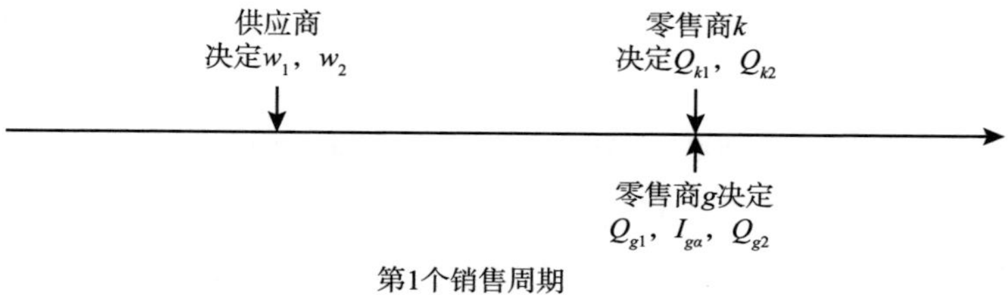

图 17.2　DW 契约下供应链成员之间的博弈过程

1. 供应商在第一个销售周期开始之前决定批发价格 w_1 和 w_2；

2. 零售商 k 决定订购量 Q_{k1} 和 Q_{k2}，零售商 g 决定订购量 Q_{g1} 和 Q_{g2} 以及跨期库存量 $I_{g\alpha}$。

在上述两种契约方案中，供应商均在第一个销售周期开始之前向两个零售商分别交付产品数量 Q_{g1} 和 Q_{k1}；在第二个销售周期开始之前向两个零售商分别交付产品数量 Q_{g2} 和 Q_{k2}。因此，第一个销售周期的实际销售量为 $Q = Q_{g1} + Q_{k1} - I_{g\alpha}$，第二个销售周期的实际销售量为 $Q = Q_{g2} + Q_{k2} + I_{g\alpha}$。

为了研究零售商跨期库存能力对供应链的影响，首先分析零售商没有跨期库存能力时的库存决策模型。此时，在 DW 契约和 CW 契约下，供应链成员将做出相同的决策，且存在着唯一的均衡解。在均衡条件下，供应商在两个销售周期中的批发价格为 $\{w_1^n, w_2^n\} = \left\{\frac{\mu_1}{2}, \frac{\mu_2}{2}\right\}$；零售商 g 和零售商 k 的订购量分别为 $\{Q_{g1}^n, Q_{g2}^n\} = \left\{\frac{\mu_1}{6b}, \frac{\mu_2}{6b}\right\}$，$\{Q_{k1}^n, Q_{k2}^n\} = \left\{\frac{\mu_1}{6b}, \frac{\mu_2}{6b}\right\}$；产品的销售价格为 $\{p_1^n, p_2^n\} = \left\{\frac{2\mu_1}{3}, \frac{2\mu_2}{3}\right\}$。由此可得，供应商的期望利润为 $\pi_s^n = \frac{\mu_1^2 + \mu_2^2}{6b}$；两个零售商的期望利润为 $\pi_k^n = \pi_g^n = \frac{\mu_1^2 + \mu_2^2}{36b}$；供应链的期望利润为

$\pi_T^n=\frac{2(\mu_1^2+\mu_2^2)}{9b}$。这里，上标 n 表示零售商没有跨期库存能力的情形。接下来，讨论零售商 g 具有跨期库存能力的情形。

第二节　DW 契约

根据 DW 契约下供应链成员之间的博弈过程，供应商在每个销售周期开始之前依次公布批发价格，然后零售商在不同销售周期开始之前根据供应商的批发价格做出订购决策。采用逆向归纳法来分析上述竞争模型，具体如下：

1. 在第二个销售周期，零售商 k 和零售商 g 分别选择最优的订购量来最大化自身期望利润：

$$\begin{aligned}\pi_{k,2}&=E\{[\zeta-b(Q_{g2}+Q_{k2}+I_{g\alpha})]Q_{k2}-w_2Q_{k2}\}\\&=[\mu_2-b(Q_{g2}+Q_{k2}+I_{g\alpha})]Q_{k2}-w_2Q_{k2}\\\pi_{g,2}&=E\{[\zeta-b(Q_{g2}+Q_{k2}+I_{g\alpha})](Q_{g2}+I_{g\alpha})-w_2Q_{g2}\}\\&=[\mu_2-b(Q_{g2}+Q_{k2}+I_{g\alpha})](Q_{g2}+I_{g\alpha})-w_2Q_{g2}\end{aligned}$$

由此可得，零售商 k 和零售商 g 的订购量分别为 $Q_{k2}=\frac{\mu_2-w_2}{3b}$ 和 $Q_{g2}=\frac{\mu_2-w_2}{3b}-I_{g\alpha}$。然后，考虑以下两种情形：情形 1 $Q_{g2}=0$；情形 2 $Q_{g2}>0$。进一步讨论如下：

情形 1：$Q_{g2}=0$，即 $\frac{\mu_2-w_2}{3b}\leq I_{g\alpha}$。预料到两个零售商的反应函数，供应商选择 $w_2^{Id}=\frac{\mu_2}{2}$ 来最大化其在第二个销售周期中的期望利润 $\pi_{s,2}=\frac{w_2(\mu_2-w_2)}{3b}$。

情形 2：$Q_{g2}>0$，即 $\frac{\mu_1-w_2}{3b}>I_{g\alpha}$。类似地，供应商选择 $w_2=\frac{\mu_2}{2}-\frac{3bI_{g\alpha}}{4}$ 来最大化其在第二个销售周期中的期望利润 $\pi_{s,2}=\frac{2w_2(\mu_2-w_2)}{3b}-w_2I_{g\alpha}$。

2. 在第一个销售周期，零售商 k 选择最优的订购量来最大化自身期望利润，而零售商 g 选择最优的订购量和跨期库存量来最大化自身期望利润。这里，根据以上第一部分中的两种情形，讨论如下：

情形 1：预料到供应商在第二个周期中的反应函数，零售商 k 的期望利润为：

$$\begin{aligned}\pi_k &= E\{[\xi - b(Q_{g1} + Q_{k1} - I_{g\alpha})]Q_{k1} - w_1 Q_{k1} + \pi_{k,2}\}\\ &= [\mu_1 - b(Q_{g1} + Q_{k1} - I_{g\alpha})]Q_{k1} - w_1 Q_{k1} + \frac{\mu_2^2}{18b} - \frac{\mu_2 I_{g\alpha}}{6}\end{aligned}$$

零售商 g 的期望利润为：

$$\begin{aligned}\pi_g &= E\{[\xi - b(Q_{g1} + Q_{k1} - I_{g\alpha})](Q_{g1} - I_{g\alpha}) - w_1 Q_{g1} - hI_{g\alpha} + \pi_{g,2}\}\\ &= [\mu_1 - b(Q_{g1} + Q_{k1} - I_{g\alpha})](Q_{g1} - I_{g\alpha}) - w_1 Q_{g1} - hI_{g\alpha} + \frac{5\mu_2}{6}I_{g\alpha} - bI_{g\alpha}^2\end{aligned}$$

由此可得，π_k 是关于 Q_{k1} 的凹函数。令 $\frac{\partial \pi_k}{\partial Q_{k1}}=0$，可以得到零售商 k 在第一个周期中的最优订购量。同时，π_g 是关于 Q_{g1} 和 $I_{g\alpha}$ 的联合凹函数，令 $\frac{\partial \pi_g}{\partial Q_{g1}}=0$ 和 $\frac{\partial \pi_g}{\partial I_{g\alpha}}=0$，并与 $\frac{\partial \pi_k}{\partial Q_{k1}}=0$ 联立方程，可以得到 $Q_{k1}=\frac{\mu_1 - w_1}{3b}$，$Q_{g1}=\frac{\mu_1 - w_1}{3b}+\frac{5\mu_2 - 6w_1 - 6h}{12b}$，$I_{g\alpha}=\frac{5\mu_2 - 6w_1 - 6h}{12b}$。

预料到零售商的反应函数，供应商在第一个周期中的期望利润为：

$$\pi_s = w_1\frac{8\mu_1 + 5\mu_2 - 14w_1 - 6h}{12b} + \frac{\mu_2^2}{12b}$$

由此可知，π_s 是关于 w_1 的凹函数。令 $\frac{\partial \pi_s}{\partial w_1}=0$，得到供应商的最优批发价格为 $w_{1i}^{Id}=\frac{8\mu_1 + 5\mu_2 - 6h}{28}$。将其代入两个零售商在两个销售周期中的订购决策和跨期库存决策，以及供应商在第二个周期的批发价决策中，可得到内部均衡解 $w_{2i}^{Id}=\frac{\mu_2}{2}$，$Q_{k1i}^{Id}=\frac{20\mu_1 - 5\mu_2 + 6h}{84b}$，$Q_{k2i}^{Id}=\frac{\mu_2}{6b}$，$Q_{g1i}^{Id}=\frac{16\mu_1 + 45\mu_2 - 54h}{168b}$，$I_{g\alpha i}^{Id}=\frac{-24\mu_1 + 55\mu_2 - 66h}{168b}$，$Q_{g2i}^{Id}=0$。

此时，条件 $\frac{\mu_2 - w_2}{3b} \leqslant I_{g\alpha}$ 可以写成 $h \leqslant \frac{9\mu_2 - 8\mu_1}{22}$。为了简化表达，令 $h_I=$

$\frac{9\mu_2-8\mu_1}{22}$。当 $h>h_I$时，可以得到一个边界解 $I_{g\alpha}=\frac{\mu_2-w_2}{3b}$。因此，可得边界均衡解 $w_{1b}^{Id}=\frac{\mu_2-2h}{2}$，$w_{2b}^{Id}=\frac{\mu_2}{2}$，$Q_{k1b}^{Id}=\frac{2\mu_1-\mu_2+2h}{6b}$，$Q_{k2b}^{Id}=\frac{\mu_2}{6b}$，$Q_{g1b}^{Id}=\frac{\mu_1+h}{3b}$，$Q_{g2b}^{Id}=0$，$I_{g\alpha b}^{Id}=\frac{\mu_2}{6b}$。表 17.1 列出了该情形下供应链成员之间的竞争均衡。

表 17.1　给定 $Q_{g1}>0$，$I_{g\alpha}>0$，$Q_{g2}=0$，$Q_{k1}>0$，$Q_{k2}>0$ 时 DW 契约下的均衡解

均衡解	内部均衡解（$h\leq h_I$）	边界均衡解（$h>h_I$）
$\{w_1^{Id},\ w_2^{Id}\}$	$\left\{\frac{8\mu_1+5\mu_2-6h}{28},\ \frac{\mu_2}{2}\right\}$	$\left\{\frac{\mu_2-2h}{2},\ \frac{\mu_2}{2}\right\}$
$\{Q_{g1}^{Id},\ Q_{g2}^{Id},\ I_{g\alpha}^{Id}\}$	$\left\{\frac{16\mu_1+45\mu_2-54h}{168b},\ 0,\ \frac{55\mu_2-24\mu_1-66h}{168b}\right\}$	$\left\{\frac{\mu_1+h}{3b},\ 0,\ \frac{\mu_2}{6b}\right\}$
$\{Q_{k1}^{Id},\ Q_{k2}^{Id}\}$	$\left\{\frac{20\mu_1-5\mu_2+6h}{84b},\ \frac{\mu_2}{6b}\right\}$	$\left\{\frac{2\mu_1-\mu_2+2h}{6b},\ \frac{\mu_2}{6b}\right\}$
$\{p_1^{Id},\ p_2^{Id}\}$	$\left\{\frac{22\mu_1+5\mu_2-6h}{42},\ \frac{24\mu_1+85\mu_2+66h}{168}\right\}$	$\left\{\frac{\mu_1+\mu_2-2h}{3},\ \frac{2\mu_2}{3}\right\}$

注：上标 Id 表示该情形下的均衡。

情形 2：预料到供应商在第二个周期中的反应函数，零售商 k 的期望利润为：

$$\pi_k=[\mu_1-b(Q_{g1}+Q_{k1}-I_{g\alpha})]Q_{k1}-w_1Q_{k1}+\frac{(2\mu_2+3bI_{g\alpha})^2}{144b}$$

零售商 g 的期望利润为：

$$\pi_g=[\mu_1-b(Q_{k1}+Q_{g1}-I_{g\alpha})](Q_{g1}-I_{g\alpha})-w_1Q_{g1}-hI_{g\alpha}+\frac{4\mu_2^2+84\mu_2bI_{g\alpha}-99b^2I_{g\alpha}^2}{144b}$$

由此可知，π_k 是关于 Q_{k1}的凹函数。令$\frac{\partial\pi_k}{\partial Q_{k1}}=0$，可以得到零售商 k 在第一个周期中的最优订购量。同时，π_g 是关于 Q_{g1} 和 $I_{g\alpha}$的联合凹函数，令$\frac{\partial\pi_g}{\partial Q_{g1}}=$

0 和$\frac{\partial \pi_g}{\partial I_{g\alpha}}=0$，并与$\frac{\partial \pi_k}{\partial Q_{k1}}=0$联立方程，可以得到 $Q_{k1}=\frac{\mu_1-w_1}{3b}$，$Q_{g1}=\frac{\mu_1-w_1}{3b}+\frac{14\mu_2-24(w_1+h)}{33b}$，$I_{g\alpha}=\frac{14\mu_1-24(w_1+h)}{33b}$。

接下来，采用拉格朗日函数和互补松弛条件，考虑以下两种情况：①$I_{g\alpha}>0$；②$I_{g\alpha}=0$。具体讨论如下：

①若 $I_{g\alpha}>0$，即 $w_1+h<\frac{7\mu_2}{12}$，则供应商的期望利润为：

$$\pi_s=\frac{2(121\mu_1 w_1+101\mu_2 w_1-60hw_1-217w_1^2+4\mu_2^2+24\mu_2 h+36h^2)}{33b}$$

显然，供应商的最优批发价格为 $w_{1i}^{IId}=\frac{121\mu_1+101\mu_2-60h}{434}$。将其代入两个零售商在两个销售周期中的订购决策和跨期库存决策，以及供应商在第二个周期的批发价决策中，可得到内部均衡解 $Q_{k1i}^{IId}=\frac{313\mu_1-101\mu_2+60h}{1302b}$，$Q_{k2i}^{IId}=\frac{-11\mu_1+50\mu_2-34h}{217b}$，$Q_{g2i}^{IId}=\frac{99\mu_1-16\mu_2+306h}{651b}$，$I_{g\alpha i}^{IId}=\frac{-132\mu_1+166\mu_2-408h}{651b}$，$w_{2i}^{IId}=\frac{33\mu_1+67\mu_2+102h}{217}$，$Q_{g1i}^{IId}=\frac{7\mu_1+33\mu_2-108h}{186b}$。

此时，条件 $w_1+h<\frac{7\mu_2}{12}$可以写成 $h<\frac{83\mu_2-66\mu_1}{204}$。为了简化表达，令 $h_{II}=\frac{83\mu_2-66\mu_1}{204}$。当 $h\geqslant h_{II}$时，可以得到一个边界解 $w_{1b}^{IId}=\frac{7\mu_2}{12}-h$。因此，可得边界均衡解 $w_{2b}^{IId}=\frac{\mu_2}{2}$，$Q_{k1b}^{IId}=Q_{g1b}^{IId}=\frac{12\mu_1-7\mu_2+12h}{36b}$，$Q_{k2b}^{IId}=Q_{g2b}^{IId}=\frac{\mu_2}{6b}$，$I_{g\alpha b}^{IId}=0$。表 17.2 列出了该情形下供应链成员之间的竞争均衡。

表 17.2　给定 $Q_{g1}>0$，$I_{g\alpha}>0$，$Q_{g2}>0$，$Q_{k1}>0$，$Q_{k2}>0$ 时 DW 契约下的均衡解

均衡解	内部均衡解（$h<h_{II}$）	边界均衡解（$h\geqslant h_{II}$）
$\{w_1^{IId},\ w_2^{IId}\}$	$\left\{\frac{121\mu_1+101\mu_2-60h}{434},\ \frac{33\mu_1+67\mu_2+102h}{217}\right\}$	$\left\{\frac{7\mu_2}{12}-h,\ \frac{\mu_2}{2}\right\}$

续表

均衡解	内部均衡解（$h<h_{II}$）	边界均衡解（$h\geqslant h_{II}$）
$\{Q_{g1}^{IId}, Q_{g2}^{IId}, I_{g\alpha}^{IId}\}$	$\left\{\frac{7\mu_1+33\mu_2-108h}{186b}, \frac{99\mu_1-16\mu_2+306h}{651b}, \frac{166\mu_2-132\mu_1-408h}{651b}\right\}$	$\left\{\frac{12\mu_1-7\mu_2+12h}{36b}, \frac{\mu_2}{6b}, 0\right\}$
$\{Q_{k1}^{IId}, Q_{k2}^{IId}\}$	$\left\{\frac{313\mu_1-101\mu_2+60h}{1302b}, \frac{-11\mu_1+50\mu_2-34h}{217b}\right\}$	$\left\{\frac{12\mu_1-7\mu_2+12h}{36b}, \frac{\mu_2}{6b}\right\}$
$\{p_1^{IId}, p_2^{IId}\}$	$\left\{\frac{338\mu_1+101\mu_2-60h}{651}, \frac{22\mu_1+117\mu_2+68h}{217}\right\}$	$\left\{\frac{6\mu_1+7\mu_2-12h}{18}, \frac{2\mu_2}{3}\right\}$

注：上标 IId 表示该情形下的均衡。

②若 $I_{g\alpha}=0$，则有 $w_1+h\geqslant\frac{7\mu_2}{12}$。显然，可以得到供应商在第二个周期中的最优批发价格为 $w_2^{IIId}=\frac{\mu_2}{2}$，由此可得两个零售商的最优订购量为 $Q_{g1}=Q_{k1}=\frac{\mu_1-w_1}{3b}$。因此，供应商在第一个周期中的期望利润为 $\pi_s=\frac{2w_1(\mu_1-w_1)}{3b}+\frac{\mu_2^2}{6b}$，进一步得到供应商在第一个周期中的最优批发价格为 $w_{1i}^{IIId}=\frac{\mu_1}{2}$。最后，得到内部均衡解 $Q_{k1i}^{IIId}=Q_{g1i}^{IIId}=\frac{\mu_1}{6b}$，$w_{2i}^{IIId}=\frac{\mu_2}{2}$，$Q_{k2i}^{IIId}=Q_{g2i}^{IIId}=\frac{\mu_2}{6b}$，$I_{g\alpha i}^{IIId}=0$。

此时，条件 $w_1+h\geqslant\frac{7\mu_2}{12}$可以写成 $h\geqslant\frac{7\mu_2-6\mu_1}{12}$。为了简化表达，令 $h_{III}=\frac{7\mu_2-6\mu_1}{12}$。当 $h<h_{III}$时，可以得到一个边界解 $w_{1b}^{IIId}=\frac{7\mu_2}{12}-h$。因此，可得边界均衡解为 $w_{2b}^{IIId}=\frac{\mu_2}{2}$，$Q_{k1b}^{IIId}=Q_{g1b}^{IIId}=\frac{12\mu_1-7\mu_2+12h}{36b}$，$Q_{k2b}^{IIId}=Q_{g2b}^{IIId}=\frac{\mu_2}{6b}$，$I_{g\alpha b}^{IIId}=0$。表 17.3 列出了该情形下供应链成员之间的竞争均衡。

表 17.3　给定 $Q_{g1}>0$，$I_{g\alpha}=0$，$Q_{g2}>0$，$Q_{k1}>0$，$Q_{k2}>0$ 时 DW 契约下的均衡解

均衡解	内部均衡解（$h \geqslant h_{III}$）	边界均衡解（$h < h_{III}$）
$\{w_1^{IIId}, w_2^{IIId}\}$	$\left\{\frac{\mu_1}{2}, \frac{\mu_2}{2}\right\}$	$\left\{\frac{7\mu_2}{12}-h, \frac{\mu_2}{2}\right\}$
$\{Q_{g1}^{IIId}, Q_{g2}^{IIId}, I_{g\alpha}^{IIId}\}$	$\left\{\frac{\mu_1}{6b}, \frac{\mu_2}{6b}, 0\right\}$	$\left\{\frac{12\mu_1-7\mu_2+12h}{36b}, \frac{\mu_2}{6b}, 0\right\}$
$\{Q_{k1}^{IIId}, Q_{k2}^{IIId}\}$	$\left\{\frac{\mu_1}{6b}, \frac{\mu_2}{6b}\right\}$	$\left\{\frac{12\mu_1-7\mu_2+12h}{36b}, \frac{\mu_2}{6b}\right\}$
$\{p_1^{IIId}, p_2^{IIId}\}$	$\left\{\frac{2\mu_1}{3}, \frac{2\mu_2}{3}\right\}$	$\left\{\frac{6\mu_1+7\mu_2-12h}{18}, \frac{2\mu_2}{3}\right\}$

注：上标 $IIId$ 表示该情形下的均衡。

根据上述讨论可知，给定不同的 μ_1 和 μ_2 定义区间，h_I，h_{II} 和 h_{III} 之间的相对大小是不同的，且会影响供应链成员的最优决策。接下来，我们首先分析 h_{II} 和 h_{III} 之间的相对大小，可得：

$$\Delta_{h_{II}-h_{III}}=\frac{83\mu_2-66\mu_1}{204}-\frac{7\mu_2-6\mu_1}{12}=\frac{36(\mu_1-\mu_2)}{204}$$

给定 $\mu_2 \geqslant \mu_1$，有 $h_{II} \leqslant h_{III}$；给定 $\mu_2<\mu_1$，有 $h_{II}>h_{III}$。

其次，分析 h_I 和 h_{II} 之间的相对大小，可得：

$$\Delta_{h_I-h_{II}}=\frac{27\mu_2-24\mu_1}{66}-\frac{83\mu_2-66\mu_1}{204}=\frac{5\mu_2-90\mu_1}{2244}$$

给定 $\mu_2 \geqslant 18\mu_1$，有 $h_I \geqslant h_{II}$；给定 $\mu_2<18\mu_1$，有 $h_I<h_{II}$。

最后，分析 h_I 和 h_{III} 之间的相对大小，可得：

$$\Delta_{h_I-h_{III}}=\frac{27\mu_2-24\mu_1}{66}-\frac{7\mu_2-6\mu_1}{12}=\frac{18\mu_1-23\mu_2}{132}$$

给定 $\mu_2 \geqslant \frac{18\mu_1}{23}$，有 $h_I \leqslant h_{III}$；给定 $\mu_2<\frac{18}{23}\mu_1$，有 $h_I>h_{III}$。

此外，给定 $\mu_2<\frac{6\mu_1}{7}$，有 $h_{III}<0$；给定 $\mu_2<\frac{8\mu_1}{9}$，有 $h_I<0$；给定 $\mu_2<\frac{66\mu_1}{83}$，有 $h_{II}<0$。综上所述，可以得到六种 h_I，h_{II}，h_{III} 之间的相对大小关系，具体如表 17.4 所示。

表 17.4　　　　h_I，h_{II}，h_{III}所有可能的相对大小关系

序号	μ_1 和 μ_2 的定义区间	h_I，h_{II}和 h_{III}的相对大小关系
1	$\mu_2 < \frac{66\mu_1}{83}$	$h_I < 0$，$h_{II} < 0$，$h_{III} < 0$
2	$\frac{66\mu_1}{83} \leqslant \mu_2 < \frac{6\mu_1}{7}$	$h_{II} \geqslant 0$，$h_I < 0$，$h_{III} < 0$
3	$\frac{6\mu_1}{7} \leqslant \mu_2 < \frac{8\mu_1}{9}$	$0 \leqslant h_{III} < h_{II}$，$h_I < 0$
4	$\frac{8\mu_1}{9} \leqslant \mu_2 < \mu_1$	$0 \leqslant h_I \leqslant h_{III} < h_{II}$
5	$\mu_1 \leqslant \mu_2 < 18\mu_1$	$0 < h_I < h_{II} \leqslant h_{III}$
6	$\mu_2 \geqslant 18\mu_1$	$0 < h_{II} \leqslant h_I < h_{III}$

1. 当$\mu_2 < \frac{66\mu_1}{83}$时，有 $h_I < 0$，$h_{II} < 0$，$h_{III} < 0$。因此，给定 $h \geqslant 0$，零售商 g 将不持有跨期库存。此时，零售商 g 的最优决策是 $\{Q_{g1}^{IIId}, Q_{g2}^{IIId}, I_{g\alpha}^{IIId} = 0\}$。相应地，可以得到供应商的最优决策为 $\{w_{1i}^{IIId}, w_{2i}^{IIId}\}$。

2. 当$\frac{66\mu_1}{83} \leqslant \mu_2 < \frac{6\mu_1}{7}$时，有 $h_{II} \geqslant 0$，$h_I < 0$，$h_{III} < 0$。因此，讨论如下：

（1）在区间 $h \in [0, h_{II})$ 内，零售商 g 有两种决策选择：$\{Q_{g1}^{IId}, I_{g\alpha}^{IId}, Q_{g2}^{IId}\}$ 或 $\{Q_{g1}^{IIId}, Q_{g2}^{IIId}, I_{g\alpha}^{IIId} = 0\}$。给定零售商 g 和零售商 k 的决策，供应商作出相应的决定。在此基础上，通过对比分析不同决策情形下的期望利润，供应商选择最优的批发价格。这里，给定零售商 g 的两种决策，供应商的期望利润之差为：

$$\Delta\pi_{sI} = \pi_{si}^{IId} - \pi_{si}^{IIId} = \frac{-48\mu_1^2 - 52\mu_2^2 + 101\mu_1\mu_2 - 60\mu_1 h + 36\mu_2 h + 144h^2}{651b}$$

$\Delta\pi_{sI}$关于 h 的一阶导为$\frac{\partial \Delta\pi_{sI}}{\partial h} = \frac{96h - 20\mu_1 + 12\mu_2}{217b}$。通过求解$\frac{\partial \Delta\pi_{sI}}{\partial h} = 0$，可以得到 $h_{sI} = \frac{5\mu_1 - 3\mu_2}{24}$。这里，给定$\frac{66\mu_1}{83} \leqslant \mu_2 < \frac{6\mu_1}{7}$，$h_{sI} > h_{II}$。因此，在区间 $h \in [0, h_{II})$ 内，$\Delta\pi_{sI}$随着 h 的增加而递减。并且，得到 $\Delta\pi_{sI}(h = 0) =$

$\dfrac{-48\mu_1^2-52\mu_2^2+101\mu_1\mu_2}{651b}$，$\lim\limits_{h\to h_{II}}\Delta\pi_{sI}<0$。又因为给定$\dfrac{66\mu_1}{83}\leqslant\mu_2<\dfrac{6\mu_1}{7}$，$\Delta\pi_{sI}(h=0)$关于$\mu_2$的一阶导为$\dfrac{\partial\Delta\pi_{sI}(h=0)}{\partial\mu_2}=\dfrac{-104\mu_2+101\mu_1}{651b}>0$。通过求解$\Delta\pi_{sI}(h=0)=0$，可以得到$\mu_{2sI}=\dfrac{(101-\sqrt{217})\mu_1}{104}$。因此，

①当$\dfrac{66\mu_1}{83}\leqslant\mu_2<\mu_{2sI}$时，$\Delta\pi_{sI}<0$，供应商的最优决策为$\{w_{1i}^{IIId},\ w_{2i}^{IIId}\}$。

②当$\mu_{2sI}\leqslant\mu_2<\dfrac{6\mu_1}{7}$时，存在着一个特殊值$h_{aI}=\dfrac{5\mu_1-3\mu_2+\sqrt{217}(\mu_1-\mu_2)}{24}$满足$\Delta\pi_{sI}=0$。进一步得到：

(a) 在区间$h\in[0,\ h_{aI})$内，$\Delta\pi_{sI}>0$，供应商的最优决策为$\{w_{1i}^{IId},\ w_{2i}^{IId}\}$。

(b) 在区间$h\in[h_{aI},\ h_{II})$内，$\Delta\pi_{sI}\leqslant0$，供应商的最优决策为$\{w_{1i}^{IIId},\ w_{2i}^{IIId}\}$。

(2) 在区间$h\in[h_{II},\ +\infty)$内，$\pi_{si}^{IIId}>\pi_{sb}^{Id}$，$\pi_{si}^{IIId}>\pi_{sb}^{IId}$，供应商的最优决策为$\{w_{1i}^{IIId},\ w_{2i}^{IIId}\}$。

3. 当$\dfrac{6\mu_1}{7}\leqslant\mu_2<\dfrac{8\mu_1}{9}$时，有$h_{II}>h_{III}\geqslant0$，$h_I<0$。因此，讨论如下：

(1) 在区间$h\in[0,\ h_{III})$内，$\pi_{si}^{IId}>\pi_{sb}^{IVd}$，$\pi_{si}^{IId}>\pi_{sb}^{Id}$，供应商的最优决策为$\{w_{1i}^{IId},\ w_{2i}^{IId}\}$。

(2) 在区间$h\in[h_{III},\ h_{II})$内，零售商g有两种决策选择：$\{Q_{g1}^{IId},\ I_{g\alpha}^{IId},\ Q_{g2}^{IId}\}$或$\{Q_{g1}^{IIId},\ Q_{g2}^{IIId},\ I_{g\alpha}^{IIId}=0\}$。类似地，分析供应商的期望利润之差$\Delta\pi_{sII}=\Delta\pi_{sI}$，可得存在着一个特殊值$h_{aI}$满足$\Delta\pi_{sII}=0$。显然，可以发现：

①在区间$h\in[h_{III},\ h_{aI})$内，$\Delta\pi_{sII}>0$，供应商的最优决策为$\{w_{1i}^{IId},\ w_{2i}^{IId}\}$。

②在区间$h\in[h_{aI},\ h_{II})$内，$\Delta\pi_{sII}\leqslant0$，供应商的最优决策为$\{w_{1i}^{IIId},\ w_{2i}^{IIId}\}$。

(3) 在区间$h\in[h_{II},\ +\infty)$内，$\pi_{si}^{IIId}>\pi_{sb}^{IVd}$，$\pi_{si}^{IIId}>\pi_{sb}^{Id}$，供应商的最优决策为$\{w_{1i}^{IIId},\ w_{2i}^{IIId}\}$。

4. 当$\frac{8\mu_1}{9}\leqslant\mu_2<\mu_1$时，有$h_{II}>h_{III}\geqslant h_I$。此外，在区间$h\in[0,\ +\infty)$内，$\pi_{si}^{IId}>\pi_{sb}^{IVd}$，$\pi_{si}^{IId}>\pi_{sb}^{Id}$，$\pi_{si}^{IIId}>\pi_{sb}^{Id}$，$\pi_{si}^{IIId}>\pi_{sb}^{IVd}$。进一步讨论如下：

（1）在区间$h\in[0,\ h_I)$内，零售商g有两种决策选择：$\{Q_{g1}^{IId},\ I_{g\alpha}^{IId},\ Q_{g2}^{IId}\}$或$\{Q_{g1}^{Id},\ I_{g\alpha}^{Id},\ Q_{g2}^{Id}=0\}$。此时，供应商的期望利润之差为：

$$\Delta\pi_{sIV}=\pi_{si}^{IId}-\pi_{si}^{Id}=\frac{-48\mu_1^2+752\mu_1\mu_2-703\mu_2^2+1056\mu_1 h+3012\mu_2 h+3492h^2}{20832b}$$

由此可知，$\Delta\pi_{sIV}$关于h的一阶导为$\frac{\partial\Delta\pi_{sIV}}{\partial h}=\frac{88\mu_1+251\mu_2+582h}{1736b}>0$。给定$\frac{8\mu_1}{9}\leqslant\mu_2<\mu_1$，有$\Delta\pi_{sIV}(h=0)>0$。因此，供应商的最优决策为$\{w_{1i}^{IId},\ w_{2i}^{IId}\}$。

（2）在区间$h\in[h_I,\ h_{III})$内，$\pi_{si}^{IId}>\pi_{sb}^{IVd}$，$\pi_{si}^{IId}>\pi_{sb}^{Id}$，供应商的最优决策为$\{w_{1i}^{IId},\ w_{2i}^{IId}\}$。

（3）在区间$h\in[h_{III},\ h_{II})$内，π_{si}^{IId}和π_{si}^{IIId}的差值为$\Delta\pi_{sIII}=\Delta\pi_{sI}$，很容易发现：

①在区间$h\in[h_{III},\ h_{aI})$内，$\Delta\pi_{sIII}>0$，供应商的最优决策为$\{w_{1i}^{IId},\ w_{2i}^{IId}\}$。

②在区间$h\in[h_{aI},\ h_{II})$内，$\Delta\pi_{sIII}\leqslant 0$，供应商的最优决策为$\{w_{1i}^{IIId},\ w_{2i}^{IIId}\}$。

（4）在区间$h\in[h_{II},\ +\infty)$内，$\pi_{si}^{IIId}>\pi_{sb}^{Id}$，$\pi_{si}^{IIId}>\pi_{sb}^{IVd}$，供应商的最优决策为$\{w_{1i}^{IIId},\ w_{2i}^{IIId}\}$。

5. 当$\mu_1\leqslant\mu_2<18\mu_1$时，有$h_{III}\geqslant h_{II}>h_I$，因此讨论如下：

（1）在区间$h\in[0,\ h_I)$内，有$\pi_{si}^{IId}>\pi_{sb}^{IVd}$，而$\pi_{si}^{IId}$和$\pi_{si}^{Id}$的差值为$\Delta\pi_{sV}=\Delta\pi_{sIV}$。显然，$\Delta\pi_{sV}$随着$h$的增加而递增。给定$\mu_1\leqslant\mu_2<18\mu_1$，$\Delta\pi_{sV}(h=0)$随着$\mu_2$的增加而递减。又因为$\Delta\pi_{sV}(h=0,\ \mu_2=\mu_1)>0$，$\lim\limits_{\mu_2\to 18\mu_1}\Delta\pi_{sV}(h=0)<0$，必定存在着一个特定值$\mu_{2sV}=\frac{4\ (31\sqrt{7}+94)\ \mu_1}{703}$且满足$\Delta\pi_{sV}(h=0)=0$。因此，可得如下结论：

①当$\mu_1\leqslant\mu_2<\mu_{2sV}$时，$\Delta\pi_{sV}>0$，供应商的最优决策为$\{w_{1i}^{IId},\ w_{2i}^{IId}\}$。

②当 $\mu_{2sV} \leqslant \mu_2 < 18\mu_1$ 时，因为 $\Delta\pi_{sV}(h=0) \leqslant 0$，$\lim\limits_{h\to h_I} \Delta\pi_{sV} = \dfrac{450\mu_1^2 - 14372\mu_1\mu_2 + 16843\mu_2^2}{315084b} > 0$，必定存在着一个特殊值 $h_b = \dfrac{\sqrt{3100\mu_1^2 - 7192\mu_1\mu_2 + 32798\mu_2^2}}{291} - \dfrac{251\mu_2 + 88\mu_1}{582}$且满足 $\Delta\pi_{sV}=0$。进一步可得：

（a）在区间 $h \in [0, h_b)$ 内，$\Delta\pi_{sV} < 0$，供应商的最优决策为 $\{w_{1i}^{Id}, w_{2i}^{Id}\}$。

（b）在区间 $h \in [h_b, h_I)$ 内，$\Delta\pi_{sV} \geqslant 0$，供应商的最优决策为 $\{w_{1i}^{IId}, w_{2i}^{IId}\}$。

（2）在区间 $h \in [h_I, h_{II})$ 内，$\pi_{si}^{IId} > \pi_{sb}^{IVd}$，$\pi_{sb}^{IVd} > \pi_{sb}^{Id}$，供应商的最优决策为 $\{w_{1i}^{IId}, w_{2i}^{IId}\}$。

（3）在区间 $h \in [h_{III}, h_{II})$ 内，$\pi_{sb}^{IVd} > \pi_{sb}^{Id}$，供应商的最优决策为 $\{w_{1b}^{IVd}, w_{2b}^{IVd}\}$。

（4）在区间 $h \in [h_{II}, +\infty)$ 内，$\pi_{si}^{IIId} > \pi_{sb}^{IVd}$，$\pi_{sb}^{IVd} > \pi_{sb}^{Id}$，供应商的最优决策为 $\{w_{1i}^{IIId}, w_{2i}^{IIId}\}$。

6. 当 $\mu_2 \geqslant 18\mu_1$ 时，有 $h_{III} > h_I \geqslant h_{II}$，进一步讨论如下：

（1）在区间 $h \in [0, h_{II})$ 内，π_{si}^{IId} 和 π_{si}^{Id} 的差值为 $\Delta\pi_{sVI} = \Delta\pi_{sV}$。很容易发现：

①在区间 $h \in [0, h_b)$ 内，$\Delta\pi_{sVI} < 0$，供应商的最优决策为 $\{w_{1i}^{Id}, w_{2i}^{Id}\}$。

②在区间 $h \in [h_b, h_{II})$ 内，$\Delta\pi_{sVI} \geqslant 0$，供应商的最优决策为 $\{w_{1i}^{IId}, w_{2i}^{IId}\}$。

（2）在区间 $h \in [h_{II}, h_I)$ 内，π_{sb}^{IVd} 和 π_{si}^{Id} 的差值为：

$$\Delta\pi_{sVII} = \pi_{sb}^{IVd} - \pi_{si}^{Id} = -\frac{576\mu_1^2 - 1632\mu_1\mu_2 + 1093\mu_2^2 + 3168\mu_1 h - 5244\mu_2 h + 4356h^2}{6048b}$$

$\Delta\pi_{sVII}$关于 h 的一阶导为 $\dfrac{\partial\Delta\pi_{sVII}}{\partial h} = \dfrac{-264\mu_1 + 437\mu_2 - 726h}{504b}$。通过求解 $\dfrac{\partial\Delta\pi_{sVI}}{\partial h} = 0$，可以得到 $h_{sVII} = \dfrac{-264\mu_1 + 437\mu_2}{726}$。显然，$h_{sVII} > h_I$。因此，在区间 $h \in [h_{II}, h_I)$ 内，$\Delta\pi_{sVII}$随着 h 的增加而递增。给定 $\mu_2 \geqslant 18\mu_1$，有 $\Delta\pi_{sVII}(h = h_{II}) =$

$\frac{41039\mu_2^2-26556\mu_1\mu_2-900\mu_1^2}{776832b}>0$。因此，$\Delta\pi_{sVII}>0$，供应商的最优决策为 $\{w_{1b}^{IVd},\ w_{2b}^{IVd}\}$。

（3）在区间 $h\in[h_I,\ h_{III})$ 内，$\pi_{sb}^{IVd}>\pi_{sb}^{Id}$，供应商的最优决策为 $\{w_{1b}^{IVd},\ w_{2b}^{IVd}\}$。

（4）在区间 $h\in[h_{III},\ +\infty)$ 内，类似于第5部分中（4）的讨论，供应商的最优决策为 $\{w_{1i}^{IIId},\ w_{2i}^{IIId}\}$。

综合上述讨论，表17.5列出了在给定 μ_1 和 μ_2 的不同定义区间和 h 的不同取值范围时的精炼纳什均衡解。

表17.5　　DW契约下的精炼纳什均衡解

条件	h 区间	$\{w_1^{d*},\ w_2^{d*}\}$	$\{Q_{g1}^{d*},\ Q_{g2}^{d*}\}$	$I_{g\alpha}^{d*}$	$\{Q_{k1}^{d*},\ Q_{k2}^{d*}\}$
$\mu_2<\mu_{2sI}$	$h\in[0,\ +\infty)$	$\{w_{1i}^{IIId},\ w_{2i}^{IIId}\}$	$\{Q_{g1i}^{IIId},\ Q_{g2i}^{IIId}\}$	0	$\{Q_{k1i}^{IIId},\ Q_{k2i}^{IIId}\}$
$\mu_{2sI}\leq\mu_2<\mu_1$	$h\in[0,\ h_{aI})$	$\{w_{1i}^{IId},\ w_{2i}^{IId}\}$	$\{Q_{g1i}^{IId},\ Q_{g2i}^{IId}\}$	$I_{g\alpha i}^{IId}$	$\{Q_{k1i}^{IId},\ Q_{k2i}^{IId}\}$
	$h\in[h_{aI},\ +\infty)$	$\{w_{1i}^{IIId},\ w_{2i}^{IIId}\}$	$\{Q_{g1i}^{IIId},\ Q_{g2i}^{IIId}\}$	0	$\{Q_{k1i}^{IIId},\ Q_{k2i}^{IIId}\}$
$\mu_1\leq\mu_2<\mu_{2sV}$	$h\in[0,\ h_{II})$	$\{w_{1i}^{IId},\ w_{2i}^{IId}\}$	$\{Q_{g1i}^{IId},\ Q_{g2i}^{IId}\}$	$I_{g\alpha i}^{IId}$	$\{Q_{k1i}^{IId},\ Q_{k2i}^{IId}\}$
	$h\in[h_{II},\ h_{III})$	$\{w_{1b}^{IVd},\ w_{2b}^{IVd}\}$	$\{Q_{g1b}^{IVd},\ Q_{g2b}^{IVd}\}$	0	$\{Q_{k1b}^{IVd},\ Q_{k2b}^{IVd}\}$
	$h\in[h_{III},\ +\infty)$	$\{w_{1i}^{IIId},\ w_{2i}^{IIId}\}$	$\{Q_{g1i}^{IIId},\ Q_{g2i}^{IIId}\}$	0	$\{Q_{k1i}^{IIId},\ Q_{k2i}^{IIId}\}$
$\mu_2\geq\mu_{2sV}$	$h\in[0,\ h_b)$	$\{w_{1i}^{Id},\ w_{2i}^{Id}\}$	$\{Q_{g1i}^{Id},\ Q_{g2i}^{Id}\}$	$I_{g\alpha i}^{Id}$	$\{Q_{k1i}^{Id},\ Q_{k2i}^{Id}\}$
	$h\in[h_b,\ h_{II})$	$\{w_{1i}^{IId},\ w_{2i}^{IId}\}$	$\{Q_{g1i}^{IId},\ Q_{g2i}^{IId}\}$	$I_{g\alpha i}^{IId}$	$\{Q_{k1i}^{IId},\ Q_{k2i}^{IId}\}$
	$h\in[h_{II},\ h_{III})$	$\{w_{1b}^{IVd},\ w_{2b}^{IVd}\}$	$\{Q_{g1b}^{IVd},\ Q_{g2b}^{IVd}\}$	0	$\{Q_{k1b}^{IVd},\ Q_{k2b}^{IVd}\}$
	$h\in[h_{III},\ +\infty)$	$\{w_{1i}^{IIId},\ w_{2i}^{IIId}\}$	$\{Q_{g1i}^{IIId},\ Q_{g2i}^{IIId}\}$	0	$\{Q_{k1i}^{IIId},\ Q_{k2i}^{IIId}\}$

注：$\{w_1^{d*},\ w_2^{d*}\}$，$\{Q_{g1}^{d*},\ Q_{g2}^{d*},\ I_{g\alpha}^{d*}\}$ 和 $\{Q_{k1}^{d*},\ Q_{k2}^{d*}\}$ 分别表示供应商，零售商 g 和零售商 k 在DW契约下的精炼纳什均衡解。

根据表17.5可知，当第二个销售周期中不确定需求的均值大于第一个销售周期中不确定需求的均值（$\mu_2\geq\mu_1$）时，给定相对较低的单位库存持有成本（$h\in[0,\ h_{II})$），零售商 g 总是愿意持有跨期库存。表17.5还表明，给定相对较低的单位库存持有成本（$h\in[0,\ h_{aI})$），即使第二个销售周期中不确定需求的均值相对较小（$\mu_{2sI} \leq \mu_2 < \mu_1$），零售商 g 仍然愿意持有跨期库存。这样的管理结论表明，零售商 g 的跨期库存决策受到两个主要因素的影响，即市场需求前景和单位库存持有成本。

第三节　CW 契约

在 CW 契约下，供应商在第一个销售周期开始之前同时决定不同销售周期中产品的批发价格，然后零售商决定两个销售周期的订购量，且零售商 g 还同时决定跨期库存量。类似于 DW 契约，这里采用逆向归纳法来分析竞争模型。给定供应商两个周期的批发价格，零售商 k 和零售商 g 的期望利润分别为：

$$\begin{aligned}\pi_k = E\{&[\xi - b(Q_{g1} + Q_{k1} - I_{g\alpha})]Q_{k1} - w_1 Q_{k1}\\ &+ [\zeta - b(Q_{g2} + Q_{k2} + I_{g\alpha})]Q_{k2} - w_2 Q_{k2}\}\end{aligned}$$

$$\begin{aligned}\pi_g = E\{&[\xi - b(Q_{g1} + Q_{k1} - I_{g\alpha})](Q_{g1} - I_{g\alpha}) - w_1 Q_{g1}\\ &+ [\zeta - b(Q_{g2} + Q_{k2} + I_{g\alpha})](Q_{g2} + I_{g\alpha}) - w_2 Q_{g2} - hI_{g\alpha}\}\end{aligned}$$

显然，π_k 是关于 Q_{k1} 和 Q_{k2} 的联合凹函数。因此，零售商 k 在两个周期中的最优订购量分别为：

$$Q_{k1} = \frac{\mu_1 + bI_{g\alpha} - w_1}{2b} - \frac{Q_{g1}}{2} \qquad (17-1)$$

$$Q_{k2} = \frac{\mu_2 - bI_{g\alpha} - w_2}{2b} - \frac{Q_{g2}}{2} \qquad (17-2)$$

不同于零售商 k 的选择，零售商 g 需要决定是否持有跨期库存。类似于安纳德等（Anand et al.，2008）的研究，该问题可以简化为两种可能的情形：情形 1 $w_2 \leq w_1 + h$；情形 2 $w_2 > w_1 + h$。进一步讨论如下：

情形 1：当 $w_2 \leq w_1 + h$ 时，有 $I_{g\alpha} = 0$，且零售商 g 在第二个周期中的订购量为 $Q_{g2} > 0$。因此，零售商 g 的期望利润可以写成：

$$\pi_g = [\mu_1 - b(Q_{g1} + Q_{k1})]Q_{g1} - w_1 Q_{g1} + [\mu_2 - b(Q_{g2} + Q_{k2})]Q_{g2} - w_2 Q_{g2}$$

显然，π_g 是关于 Q_{g1} 和 Q_{g2} 的联合凹函数。通过求解 $\frac{\partial \pi_g}{\partial Q_{g1}} = 0$ 和 $\frac{\partial \pi_g}{\partial Q_{g2}} = 0$，

并联立（17－1）式和（17－2）式，可以得到 $Q_{g1}=Q_{k1}=\frac{\mu_1-w_1}{3b}$ 和 $Q_{g2}=Q_{k2}=\frac{\mu_2-w_2}{3b}$。

预料到两个零售商的反应函数，供应商再选择两个周期的批发价格来最大化自身期望利润：

$$\pi_s=\frac{2w_1(\mu_1-w_1)}{3b}+\frac{2w_2(\mu_2-w_2)}{3b}$$

由此可得，供应商的最优批发价格分别为 $w_{1i}^{Ic}=\frac{\mu_1}{2}$ 和 $w_{2i}^{Ic}=\frac{\mu_2}{2}$。进一步可得，两个零售商的最优决策分别为 $Q_{k1i}^{Ic}=\frac{\mu_1}{6b}$，$Q_{g1i}^{Ic}=\frac{\mu_1}{6b}$，$Q_{k2i}^{Ic}=\frac{\mu_2}{6b}$，$Q_{g2i}^{Ic}=\frac{\mu_2}{6b}$，$I_{g\alpha i}^{Ic}=0$。

此时，条件 $w_2\leqslant w_1+h$ 可以写成 $h\geqslant\frac{\mu_2-\mu_1}{2}$。为了简化表达，令 $h_1=\frac{\mu_2-\mu_1}{2}$。当 $h<h_1$ 时，可以得到一个边界解 $w_2=w_1+h$。因此，供应商的期望利润可以表达为：

$$\pi_s=\frac{2w_1(\mu_1-w_1)}{3b}+\frac{2(w_1+h)(\mu_2-w_1-h)}{3b}$$

显然，可以得到 $w_{1b}^{Ic}=\frac{\mu_1+\mu_2-2h}{4}$ 和 $w_{2b}^{Ic}=\frac{\mu_1+\mu_2+2h}{4}$。进一步可得，两个零售商的最优决策分别为 $Q_{g1b}^{Ic}=Q_{k1b}^{Ic}=\frac{3\mu_1-\mu_2+2h}{12b}$，$Q_{g2b}^{Ic}=Q_{k2b}^{Ic}=\frac{-\mu_1+3\mu_2-2h}{12b}$。表 17.6 列出了该情形下供应链成员之间的竞争均衡解。

表 17.6　给定 $Q_{g1}>0$，$I_{g\alpha}=0$，$Q_{g2}=0$，$Q_{k1}>0$，$Q_{k2}>0$ 时 CW 契约下的均衡解

均衡解	内部均衡解（$h\geqslant h_1$）	边界均衡解（$h<h_1$）
$\{w_1^{Ic},\ w_2^{Ic}\}$	$\left\{\frac{\mu_1}{2},\ \frac{\mu_2}{2}\right\}$	$\left\{\frac{\mu_1+\mu_2-2h}{4},\ \frac{\mu_1+\mu_2+2h}{4}\right\}$

续表

均衡解	内部均衡解（$h \geqslant h_1$）	边界均衡解（$h < h_1$）
$\{Q_{g1}^{Ic}, Q_{g2}^{Ic}, I_{g\alpha}^{Ic}\}$	$\left\{\frac{\mu_1}{6b}, \frac{\mu_2}{6b}, 0\right\}$	$\left\{\frac{3\mu_1-\mu_2+2h}{12b}, \frac{-\mu_1+3\mu_2-2h}{12b}, 0\right\}$
$\{Q_{k1}^{Ic}, Q_{k2}^{Ic}\}$	$\left\{\frac{\mu_1}{6b}, \frac{\mu_2}{6b}\right\}$	$\left\{\frac{3\mu_1-\mu_2+2h}{12b}, \frac{-\mu_1+3\mu_2-2h}{12b}\right\}$
$\{p_1^{Ic}, p_2^{Ic}\}$	$\left\{\frac{2\mu_1}{3}, \frac{2\mu_2}{3}\right\}$	$\left\{\frac{3\mu_1+\mu_2-h}{6}, \frac{\mu_1+3\mu_2+2h}{6}\right\}$

注：用上标 Ic 表示该情形下的均衡。

情形2：当 $w_2 > w_1 + h$ 时，有 $I_{g\alpha} > 0$，即零售商 g 在第二个周期只销售第一个周期持有的跨期库存 $I_{g\alpha}$，即 $Q_{g2} = 0$。此时，零售商的期望利润可以表示为：

$$\pi_g = [\mu_1 - b(Q_{g1} + Q_{k1} - I_{g\alpha})](Q_{g1} - I_{g\alpha}) - w_1 Q_{g1} + [\mu_2 - b(Q_{k2} + I_{g\alpha})]I_{g\alpha} - hI_{g\alpha}$$

显然，π_g 是关于 Q_{g1} 和 $I_{g\alpha}$ 的联合凹函数。通过求解 $\frac{\partial \pi_g}{\partial Q_{g1}} = 0$ 和 $\frac{\partial \pi_g}{\partial I_{g\alpha}} = 0$，并联立（17-1）式和（17-2）式，可以得到 $Q_{g1} = \frac{\mu_1 + \mu_2 - 3w_1 + w_2 - 2h}{3b}$，$I_{g\alpha} = \frac{\mu_2 - 2w_1 + w_2 - 2h}{3b}$，$Q_{k1} = \frac{\mu_1 - w_1}{3b}$，$Q_{k2} = \frac{\mu_2 + w_1 - 2w_2 + h}{3b}$。

预料到两个零售商的反应函数，供应商的期望利润可表示为：

$$\pi_s = \frac{w_1(2\mu_1 + \mu_2 - 4w_1 + w_2 - 2h)}{3b} + \frac{w_2(\mu_2 + w_1 - 2w_2 + h)}{3b}$$

显然，供应商的最优批发价格决策为 $w_{1i}^{IIc} = \frac{4\mu_1 + 3\mu_2 - 3h}{14}$ 和 $w_{2i}^{IIc} = \frac{2\mu_1 + 5\mu_2 + 2h}{14}$。进一步可得，两个零售商的最优决策分别为 $Q_{k1i}^{IIc} = \frac{10\mu_1 - 3\mu_2 + 3h}{42b}$，$Q_{g1i}^{IIc} = \frac{4\mu_1 + 10\mu_2 - 17h}{42b}$，$Q_{g2i}^{IIc} = 0$，$Q_{k2i}^{IIc} = \frac{\mu_2 + h}{6b}$，$I_{g\alpha i}^{IIc} = \frac{-6\mu_1 + 13\mu_2 - 20h}{42b}$。

此时，条件 $w_1+h<w_2$ 可以写成 $h<\frac{2(\mu_2-\mu_1)}{9}$。为了简化表达，令 $h_2=\frac{2(\mu_2-\mu_1)}{9}$。当 $h\geqslant h_2$ 时，可以得到 $w_2\leqslant w_1+h$，即供应商的边界解满足 $w_2=w_1+h$。因此，可以得到边界解 $w_{1b}^{IIc}=\frac{2\mu_1+2\mu_2-3h}{8}$，$w_{2b}^{IIc}=\frac{2\mu_1+2\mu_2+5h}{8}$，$Q_{g1b}^{IIc}=\frac{2\mu_1+2\mu_2-h}{12b}$，$Q_{g2b}^{IIc}=0$，$I_{g\alpha b}^{IIc}=\frac{-2\mu_1+6\mu_2-5h}{24b}$，$Q_{k1b}^{IIc}=\frac{6\mu_1-2\mu_2+3h}{24b}$，$Q_{k2b}^{IIc}=\frac{-2\mu_1+6\mu_2-5h}{24b}$。表 17.7 列出了该情形下供应链成员之间的竞争均衡解。

表 17.7　给定 $Q_{g1}>0$，$I_{g\alpha}>0$，$Q_{g2}=0$，$Q_{k1}>0$，$Q_{k2}>0$ 时 CW 契约下的均衡解

均衡解	内部均衡解（$h<h_2$）	边界均衡解（$h\geqslant h_2$）
$\{w_1^{IIc}, w_2^{IIc}\}$	$\left\{\frac{4\mu_1+3\mu_2-3h}{14}, \frac{2\mu_1+5\mu_2+2h}{14}\right\}$	$\left\{\frac{2\mu_1+2\mu_2-3h}{8}, \frac{2\mu_1+2\mu_2+5h}{8}\right\}$
$\{Q_{g1}^{IIc}, Q_{g2}^{IIc}, I_{g\alpha}^{IIc}\}$	$\left\{\frac{4\mu_1+10\mu_2-17h}{42b}, 0, \frac{-6\mu_1+13\mu_2-20h}{42b}\right\}$	$\left\{\frac{2\mu_1+2\mu_2-h}{12b}, 0, \frac{-2\mu_1+6\mu_2-5h}{24b}\right\}$
$\{Q_{k1}^{IIc}, Q_{k2}^{IIc}\}$	$\left\{\frac{10\mu_1-3\mu_2+3h}{42b}, \frac{\mu_2+h}{6b}\right\}$	$\left\{\frac{6\mu_1-2\mu_2+3h}{24b}, \frac{-2\mu_1+6\mu_2-5h}{24b}\right\}$
$\{p_1^{IIc}, p_2^{IIc}\}$	$\left\{\frac{11\mu_1+3\mu_2-3h}{21}, \frac{6\mu_1+22\mu_2+13h}{42}\right\}$	$\left\{\frac{6\mu_1+2\mu_2-3h}{12}, \frac{2\mu_1+6\mu_2+5h}{12}\right\}$

注：用上标 IIc 表示该情形下的均衡。

类似于 DW 契约下的讨论，进一步分析给定不同条件时供应链的最优决策。

1. 当 $\mu_2<\mu_1$ 时，有 h_1，$h_2\leqslant 0$。因此，在区间 $h\in[0, +\infty)$ 内，$\pi_{si}^{Ic}>\pi_{sb}^{IIc}$，供应商的最优决策为 $\{w_{1i}^{Ic}, w_{2i}^{Ic}\}$。

2. 当 $\mu_2\geqslant\mu_1$ 时，有 $0\leqslant h_2<h_1$。因此，讨论如下：

（1）在区间 $h\in[0, h_2)$ 内，π_{sb}^{Ic} 和 π_{si}^{IIc} 的差值为：

$$\Delta\pi_{scII}=\pi_{sb}^{Ic}-\pi_{si}^{IIc}=\frac{-\mu_1^2+2\mu_1\mu_2-\mu_2^2-16\mu_1h+30\mu_2h-36h^2}{84b}$$

由此可知，$\Delta\pi_{scII}$关于 h 的一阶导为$\frac{\partial\Delta\pi_{scII}}{\partial h}=\frac{-16\mu_1+30\mu_2-72h}{84b}$。通过求解$\frac{\partial\Delta\pi_{scII}}{\partial h}=0$，可以得到 $h_c'=\frac{15\mu_2-8\mu_1}{36}>h_2$。进一步得到，在区间 $h\in[0,\ h_2)$ 内，$\Delta\pi_{scII}$随着 h 的增加而递增。因为 $\Delta\pi_{scII}(h=0)\leqslant 0$ 和$\lim\limits_{h\to h_2}\Delta\pi_{scII}\geqslant 0$，通过求解 $\Delta\pi_{scII}=0$，存在着一个特殊值 $h_c=\frac{5\mu_2}{12}-\frac{2\mu_1}{9}-\frac{\sqrt{7(2\mu_1-3\mu_2)(2\mu_1-9\mu_2)}}{36}$。因此，在区间 $h\in[0,\ h_c)$ 内，供应商的最优决策为 $\{w_{1i}^{IIc},\ w_{2i}^{IIc}\}$；在区间 $h\in[h_c,\ h_2)$ 内，供应商的最优决策为 $\{w_{1b}^{Ic},\ w_{2b}^{Ic}\}$。

（2）在区间 $h\in[h_2,\ h_1)$ 内，$\pi_{sb}^{Ic}>\pi_{sb}^{IIc}$，供应商的最优决策为 $\{w_{1b}^{Ic},\ w_{2b}^{Ic}\}$。

（3）在区间 $h\in[h_1,\ +\infty)$ 内，$\pi_{si}^{Ic}>\pi_{sb}^{IIc}$，供应商的最优决策为 $\{w_{1i}^{Ic},\ w_{2i}^{Ic}\}$。

综合上述讨论，表 17.8 列出了给定 μ_1 和 μ_2 的不同定义区间和 h 的不同取值范围时供应链的精炼纳什均衡解。

表 17.8　　CW 契约下的精炼纳什均衡解

条件	h 区间	$\{w_1^{c*},\ w_2^{c*}\}$	$\{Q_{g1}^{c*},\ Q_{g2}^{c*}\}$	$I_{g\alpha}^{c*}$	$\{Q_{k1}^{c*},\ Q_{k2}^{c*}\}$
$\mu_2<\mu_1$	$h\in[0,\ +\infty)$	$\{w_{1i}^{Ic},\ w_{2i}^{Ic}\}$	$\{Q_{g1i}^{Ic},\ Q_{g2i}^{Ic}\}$	0	$\{Q_{k1i}^{Ic},\ Q_{k2i}^{Ic}\}$
$\mu_2\geqslant\mu_1$	$h\in[0,\ h_c)$	$\{w_{1i}^{IIc},\ w_{2i}^{IIc}\}$	$\{Q_{g1i}^{IIc},\ Q_{g2i}^{IIc}\}$	$I_{g\alpha i}^{IIc}$	$\{Q_{k1i}^{IIc},\ Q_{k2i}^{IIc}\}$
	$h\in[h_c,\ h_1)$	$\{w_{1b}^{Ic},\ w_{2b}^{Ic}\}$	$\{Q_{g1b}^{Ic},\ Q_{g2b}^{Ic}\}$	0	$\{Q_{k1b}^{Ic},\ Q_{k2b}^{Ic}\}$
	$h\in[h_1,\ +\infty)$	$\{w_{1i}^{Ic},\ w_{2i}^{Ic}\}$	$\{Q_{g1i}^{Ic},\ Q_{g2i}^{Ic}\}$	0	$\{Q_{k1i}^{Ic},\ Q_{k2i}^{Ic}\}$

注：$\{w_1^{c*},\ w_2^{c*}\}$，$\{Q_{g1}^{c*},\ Q_{g2}^{c*},\ I_{g\alpha}^{c*}\}$ 和 $\{Q_{k1}^{c*},\ Q_{k2}^{c*}\}$ 分别为供应商，零售商 g 和零售商 k 在 CW 契约下的精炼纳什均衡解。

根据表 17.8 可知，在 CW 契约下，仅当第二个销售周期中不确定需求的均值大于第一个销售周期中不确定需求的均值（$\mu_2\geqslant\mu_1$），且单位库存持有成本相对较低（$h\in[0,\ h_c)$）时，零售商 g 才愿意持有跨期库存；否则，零售

商 g 就不愿意持有跨期库存。因此，如果第二个销售周期市场前景较好且单位库存持有成本相对较低，则零售商 g 就有可能持有跨期库存。这一结论与安纳德等（Anand et al.，2008）的结论不同，他们的研究表明零售商始终不愿意在 CW 契约下持有跨期库存，而本节研究表明在满足一定条件时，零售商在 CW 契约下仍然愿意持有跨期库存。

第四节 契约偏好

契约的选择往往是供应链成员之间协商的结果，这关系到供应链成员之间的交易能否顺利进行。因此，十分有必要通过比较供应链成员在两种契约下获得的期望利润来分析他们对契约的偏好。本节通过敏感性分析来研究供应链成员对 DW 契约和 CW 契约的偏好问题，进一步得到所有成员就同一契约达成一致协议的条件。其中，供应链成员的契约偏好分析需要考虑不同的单位库存持有成本 h 以及 μ_1 和 μ_2 的不同定义区间。总体来看，需要讨论以下四种情况：

1. 当 $\mu_2<\mu_{2sI}$ 时，供应链成员的精炼纳什均衡决策在 DW 契约下与在 CW 契约下是相同的。因此，所有成员对于这两种契约的偏好是没有区别的。

2. 当 $\mu_{2sI}\leqslant\mu_2<\mu_1$ 时，存在两个区间，即 $h\in[0,\ h_{aI})$ 和 $h\in[h_{aI},\ +\infty)$。其中，在区间 $h\in[h_{aI},\ +\infty)$ 内，供应链成员的精炼纳什均衡决策在 DW 契约下与在 CW 契约下是相同的。因此，所有成员对于这两种契约的偏好是没有区别的。为方便起见，接下来忽略对类似区间的讨论。在区间 $h\in[0,\ h_{aI})$ 中，对两个成员的契约偏好进行如下讨论：

（1）对于供应商而言，其在 DW 契约和 CW 契约下的期望利润之差为：

$$\Delta\pi_{s2}^{A}=\pi_{si}^{IId}-\pi_{si}^{Ic}=\frac{-48\mu_1^2+101\mu_1\mu_2-52\mu_2^2-60\mu_1 h+36\mu_2 h+144h^2}{651b}$$

令 $\frac{\partial\Delta\pi_{s2}^{A}}{\partial h}=\frac{-20\mu_1+12\mu_2+96h}{217b}=0$，得到 $h_{s2}^{A}=\frac{5\mu_1-3\mu_2}{24}$。显然，$0<h_{s2}^{A}<h_{aI}$。因此，$\Delta\pi_{s2}^{A}$ 是关于 h 的凸函数，且有 $\Delta\pi_{s2\min}^{A}=\Delta\pi_{s2}^{A}(h=h_{s2}^{A})=\frac{-(\mu_1-\mu_2)^2}{12b}<0$。给定 $\mu_{2sI}\leqslant\mu_2<\mu_1$，可得 $\lim\limits_{h\to h_{aI}}\Delta\pi_{s2}^{A}=0$ 和 $\Delta\pi_{s2}^{A}(h=0)>0$。因

此，存在着唯一一个 $h'^{A}_{s2}=\frac{5\mu_1-3\mu_2-\sqrt{217}(\mu_1-\mu_2)}{24}$ 且满足 $\Delta\pi^{A}_{s2}=0$。因此，在区间 $h\in[0,\ h'^{A}_{s2})$ 内，$\Delta\pi^{A}_{s2}>0$，即供应商更倾向于 DW 契约；在区间 $h\in[h'^{A}_{s2},\ h_{aI})$ 内，$\Delta\pi^{A}_{s2}\leqslant 0$，即供应商更倾向于 CW 契约。

（2）对于零售商 g 而言，其在 DW 契约和 CW 契约下的期望利润之差为：

$$\Delta\pi^{A}_{g2}=\pi^{IId}_{gi}-\pi^{Ic}_{gi}$$
$$=\frac{49398\mu_1^2-91871\mu_1\mu_2+42990\mu_2^2+166884h\mu_1-192312h\mu_2+230688h^2}{847602b}$$

由此可知，$\Delta\pi^{A}_{g2}$ 关于 h 的一阶导为 $\frac{\partial\Delta\pi^{A}_{g2}}{\partial h}=\frac{27814\mu_1-32052\mu_2+76896h}{141267b}$。令 $\frac{\partial\Delta\pi^{A}_{g2}}{\partial h}=0$，得到 $h^{A}_{g2}=\frac{16026\mu_2-13907\mu_1}{38448}$。显然，$0<h^{A}_{g2}<h_{aI}$。因此，$\Delta\pi^{A}_{g2}$ 是关于 h 的凸函数，且有 $\Delta\pi^{A}_{g2\min}=\Delta\pi^{A}_{g2}(h=h^{A}_{g2})=\frac{2615\mu_1^2-3036\mu_1\mu_2+396\mu_2^2}{115344b}$。进一步得到 $\frac{\partial\Delta\pi^{A}_{g2\min}}{\partial\mu_2}=\frac{66\mu_2-253\mu_1}{9612b}$。给定 $\mu_{2sI}\leqslant\mu_2<\mu_1$，有 $\frac{\partial\Delta\pi^{A}_{g2\min}}{\partial\mu_2}<0$。由于 $\Delta\pi^{A}_{g2\min}(\mu_2=\mu_{2sI})>0$ 且 $\lim\limits_{\mu_2\to\mu_1}\Delta\pi^{A}_{g2\min}<0$，必定存在着唯一一个 $\mu^{A}_{g2}=\frac{(253-6\sqrt{979})\mu_1}{66}$ 且满足 $\Delta\pi^{A}_{g2\min}=0$。进一步得到如下结论：

①当 $\mu_{2sI}\leqslant\mu_2<\mu^{A}_{g2}$ 时，$\Delta\pi^{A}_{g2\min}>0$，零售商 g 在区间 $h\in[0,\ h_{aI})$ 内更倾向于 DW 契约。

②当 $\mu^{A}_{g2}\leqslant\mu_2<\mu_1$ 时，$\Delta\pi^{A}_{g2\min}\leqslant 0$。同时，还可以得到 $\lim\limits_{h\to h_{aI}}\Delta\pi^{A}_{g2}>0$，以及 $\Delta\pi^{A}_{g2}(h=0)=\frac{49398\mu_1^2-91871\mu_1\mu_2+42990\mu_2^2}{847602b}$。又因为 $\frac{\partial\Delta\pi^{A}_{g2}(h=0)}{\partial\mu_2}=\frac{-91871\mu_1+85980\mu_2}{847602b}$，故给定 $\mu^{A}_{2g}\leqslant\mu_2<\mu_1$，有 $\frac{\partial\Delta\pi^{A}_{g2}(h=0)}{\partial\mu_2}<0$。因为 $\lim\limits_{\mu_2\to\mu_1}\Delta\pi^{A}_{g2}(h=0)=\frac{517\mu_1^2}{847602b}>0$，所以 $\Delta\pi^{A}_{g2}(h=0)>0$。通过求解 $\Delta\pi^{A}_{g2}=0$ 可以得到两个实数根 h'^{A}_{g2} 和 h''^{A}_{g2}（$h'^{A}_{g2}<h''^{A}_{g2}$），其中，

$$h'^{A}_{g2} = -\frac{13907\mu_1}{38448} + \frac{2671\mu_2}{6408} - \frac{217\sqrt{-2615\mu_1^2 + 3036\mu_1\mu_2 - 396\mu_2^2}}{38448}$$

$$h''^{A}_{g2} = -\frac{13907\mu_1}{38448} + \frac{2671\mu_2}{6408} + \frac{217\sqrt{-2615\mu_1^2 + 3036\mu_1\mu_2 - 396\mu_2^2}}{38448}$$

因此，在区间 $h \in [h'^{A}_{g2}, h''^{A}_{g2}]$ 内，$\Delta\pi^A_{g2} \leqslant 0$，零售商 g 更倾向于 CW 契约；在区间 $h \in [0, h'^{A}_{g2}) \cup (h''^{A}_{g2}, h_{aI})$ 内，$\Delta\pi^A_{g2} > 0$，零售商 g 更倾向于 DW 契约。

（3）对于零售商 k 而言，其在 DW 契约和 CW 契约下的期望利润之差为：

$$\Delta\pi^A_{k2} = \pi^{IId}_{ki} - \pi^{Ic}_{ki}$$
$$= \frac{27618\mu_1^2 - 51413\mu_1\mu_2 + 26556\mu_2^2 + 32244\mu_1 h - 67260\mu_2 h + 22608h^2}{847602b}$$

由此可知，$\Delta\pi^A_{k2}$关于 h 的一阶导为$\frac{\partial\Delta\pi^A_{k2}}{\partial h} = \frac{5374\mu_1 - 11210\mu_2 + 7536h}{141267b}$。令$\frac{\partial\Delta\pi^A_{k2}}{\partial h} = 0$，可得 $h^A_{k2} = \frac{5605\mu_2 - 2687\mu_1}{3768}$。显然，给定$\mu_{2sI} \leqslant \mu_2 < \mu_1$，有 $h^A_{k2} > h_{aI}$。因此，在区间 $h \in [0, h_{aI})$ 内，$\frac{\partial\Delta\pi^A_{k2}}{\partial h} < 0$。因为 $\Delta\pi^A_{k2}(h=0) > 0$ 且有$\lim\limits_{h \to h_{aI}} \Delta\pi^A_{k2} < 0$，故存在着唯一的 $h'^{A}_{k2} = \frac{-2687\mu_1 + 5605\mu_2 - 217\sqrt{-215\mu_1^2 + 46\mu_1\mu_2 + 313\mu_2^2}}{3768}$且满足 $\Delta\pi^A_{k2} = 0$。那么，在区间 $h \in [0, h'^{A}_{k2})$ 内，$\Delta\pi^A_{k2} > 0$，零售商 k 更倾向于 DW 契约；在区间 $h \in [h'^{A}_{k2}, h_{aI})$ 内，$\Delta\pi^A_{k2} \leqslant 0$，零售商 k 更倾向于 CW 契约。

（4）对于供应链而言，在 DW 契约和 CW 契约下的期望利润之差为：

$$\Delta\pi^A_{T2} = \pi^{IId}_{Ti} - \pi^{Ic}_{Ti} = \frac{7260\mu_1^2 - 5891\mu_1\mu_2 + 921\mu_2^2 + 60504\mu_1 h - 106350\mu_2 h + 220392h^2}{423801b}$$

由此可知，$\Delta\pi^A_{T2}$关于 h 的一阶导为$\frac{\partial\Delta\pi^A_{T2}}{\partial h} = \frac{20168\mu_1 - 35450\mu_2 + 146928h}{141267b}$。

令$\frac{\partial\Delta\pi^A_{T2}}{\partial h} = 0$，可得 $h^A_{T2} = \frac{17725\mu_2 - 10084\mu_1}{73464}$。显然，$0 < h^A_{T2} < h_{aI}$。给定 $\mu_{2sI} \leqslant \mu_2 < \mu_1$，$\Delta\pi^A_{T2}$是关于 h 的凸函数。同时，得到 $\Delta\pi^A_{T2\min} = \Delta\pi^A_{T2}(h = h^A_{T2}) =$

$\frac{1616\mu_1^2+4528\mu_1\mu_2-6193\mu_2^2}{220392b}$，且 $\Delta\pi_{T2\min}^A$ 关于 μ_2 的一阶导为 $\frac{\partial\Delta\pi_{T2\min}^A}{\partial\mu_2}=\frac{2264\mu_1-6193\mu_2}{110196b}$。令 $\frac{\partial\Delta\pi_{T2\min}^A}{\partial\mu_2}=0$，可得 $\mu_2=\frac{2264\mu_1}{6193}<\mu_{2sI}$。给定 $\mu_{2sI}\leqslant\mu_2<\mu_1$，$\Delta\pi_{T2\min}^A$ 是关于 μ_2 的递减函数。又因为 $\lim\limits_{\mu_2\to\mu_1}\Delta\pi_{T2\min}^A<0$，$\Delta\pi_{T2\min}^A(\mu_2=\mu_{2sI})>0$，故存在着唯一的 $\mu_2=\frac{4(566+\sqrt{945849})\mu_1}{6193}$ 且满足 $\Delta\pi_{T2\min}^A=0$。因此，可以得到如下结论：

①当 $\mu_{2sI}\leqslant\mu_2<\frac{4(566+\sqrt{945849})\mu_1}{6193}$ 时，有 $\Delta\pi_{T2\min}^A>0$。因此，始终有 $\Delta\pi_{T2}^A>0$，即供应链在 DW 契约下更优。

②当 $\frac{4(566+\sqrt{945849})\mu_1}{6193}\leqslant\mu_2<\mu_1$ 时，有 $\Delta\pi_{T2\min}^A\leqslant0$。此外，有 $\lim\limits_{h\to h_{aI}}\Delta\pi_{T2}^A>0$，$\Delta\pi_{T2}^A(h=0)>0$。因此，令 $\Delta\pi_{T2}^A=0$，可以得到两个实数根 $h_{T2}'^A$ 和 $h_{T2}''^A$（$h_{T2}'^A<h_{T2}''^A$）。其中，

$$h_{T2}'^A=\frac{17725\mu_2-10084\mu_1-217\sqrt{-1616\mu_1^2-4528\mu_1\mu_2+6193\mu_2^2}}{73464}$$

$$h_{T2}''^A=\frac{17725\mu_2-10084\mu_1+217\sqrt{-1616\mu_1^2-4528\mu_1\mu_2+6193\mu_2^2}}{73464}$$

因此，在区间 $h\in[h_{T2}'^A,\ h_{T2}''^A]$ 内，$\Delta\pi_{T2}^A\leqslant0$，供应链在 CW 契约下更优；在区间 $h\in[0,\ h_{T2}'^A)\cup(h_{T2}''^A,\ h_{aI})$ 内，$\Delta\pi_{T2}^A>0$，供应链在 DW 契约下更优。

综合以上讨论，当 $\mu_{2sI}\leqslant\mu_2<\mu_1$ 时，供应链成员对 DW 契约和 CW 契约的偏好具体如命题 17.1 所示。

命题 17.1 当 $\mu_{2sI}\leqslant\mu_2<\mu_1$ 时，供应链成员在区间 $h\in[0,\ h_{aI})$ 内对两种契约的偏好如下：

1. 对于供应商而言，满足 $0\leqslant h<h_{s2}'^A$，则更倾向于 DW 契约：否则，更倾向于 CW 契约。

2. 对于零售商 g 而言，如果满足下列条件之一，则更倾向于 DW 契约；否则，更倾向于 CW 契约。

①$\mu_{2sI} \leqslant \mu_2 < \mu_{g2}^{A}$，$0 \leqslant h < h_{aI}$；②$\mu_{g2}^{A} \leqslant \mu_2 < \mu_1$，$0 \leqslant h < h_{g2}'^{A}$；③$\mu_{g2}^{A} \leqslant \mu_2 < \mu_1$，$h_{g2}''^{A} < h < h_{aI}$。

3. 对于零售商 k 而言，满足 $0 \leqslant h < h_{k2}'^{A}$，则更倾向于 DW 契约；否则，更倾向于 CW 契约。

4. 对于供应链而言，如果满足下列条件之一，则在 DW 契约下更优；否则，在 CW 契约下更优。

①$\mu_{2sI} \leqslant \mu_2 < \mu_{T2}^{A}$，$0 \leqslant h < h_{aI}$；②$\mu_{T2}^{A} \leqslant \mu_2 < \mu_1$，$0 \leqslant h < h_{T2}'^{A}$；③$\mu_{T2}^{A} \leqslant \mu_2 < \mu_1$，$h_{T2}''^{A} < h < h_{aI}$。

为了说明命题 17.1 的结论，设定如下参数进行数值分析：$\mu_1 = 100$，$\mu_2 = 90$，$b = 0.01$。进一步计算得到 $\mu_{2sI} = 82.95$，$\mu_{g2}^{A} = 98.89$，$h_{s2}'^{A} = 3.45$，$h_{k2}'^{A} = 11.08$，$h_{aI} = 15.72$。给定上述参数，图 17.3 显示了供应链成员的期望利润在两种契约下随 h 的变化情况。因此，可以得出如下结论：①当 $0 \leqslant h < h_{s2}'^{A}$ 时，供应商更倾向于 DW 契约；②当 $0 \leqslant h < h_{aI}$ 时，零售商 g 更倾向于 DW 契约；③当 $0 \leqslant h < h_{k2}'^{A}$ 时，零售商 k 更倾向于 DW 契约。

命题 17.1 表明，当第二个销售周期中不确定需求的均值小于第一个销售周期中不确定需求的均值（$\mu_{2sI} \leqslant \mu_2 < \mu_1$）时，给定较低的单位库存持有成本（$h \in [0, \min\{h_{s2}'^{A}, h_{g2}'^{A}, h_{k2}'^{A}\})$），供应链成员均更倾向于 DW 契约。同时，如果单位库存持有成本相对较高（$h \in [\max\{h_{s2}'^{A}, h_{g2}''^{A}, h_{k2}'^{A}\}, h_{aI})$），则只有零

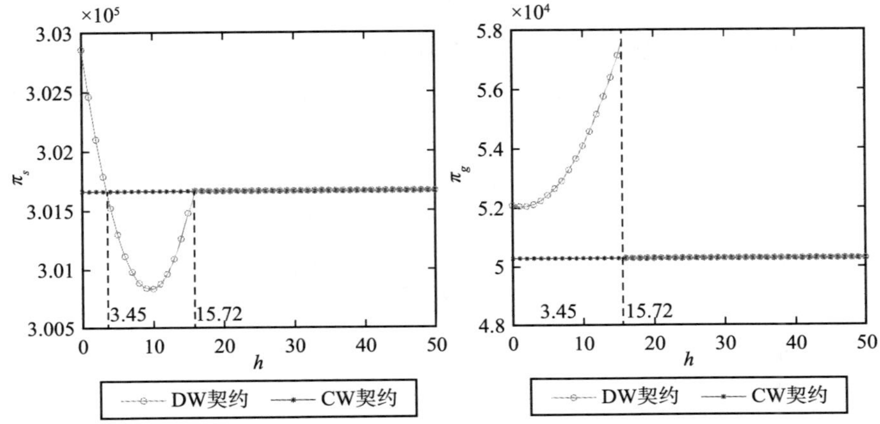

（a）供应商　　（b）零售商g

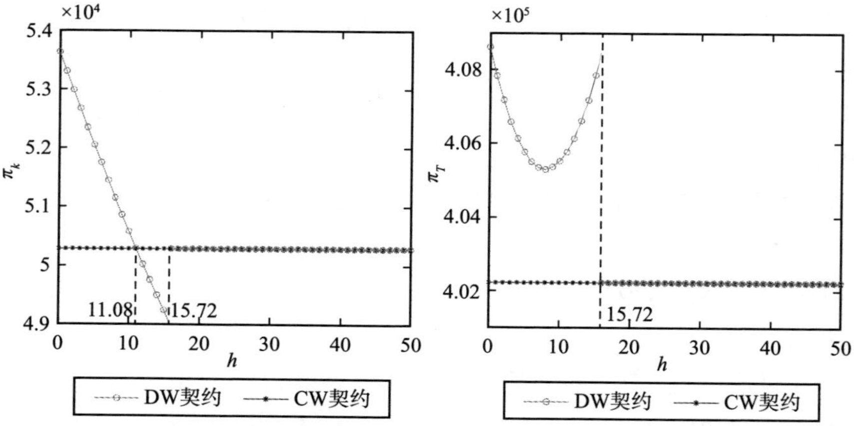

（c）零售商k　　　　（d）供应链

图 17.3　给定$\mu_1=100$，$\mu_2=90$，$b=0.01$，供应链成员期望利润随h的变化情况

售商g更倾向于DW契约，而供应商和零售商k更倾向于CW契约。上述结论表明，满足$\mu_{2sI}\leqslant\mu_2<\mu_1$和$0\leqslant h<h_{aI}$时，若单位库存持有成本相对较低，则各成员可以就DW契约达成一致协议；但如果单位库存持有成本相对较高，则各成员很难就某一契约达成一致协议。

3. 当$\mu_1\leqslant\mu_2<\mu_{2sV}$时，$h_c$，$h_1$，$h_{II}$和$h_{III}$的相对大小关系为$h_c<h_1<h_{II}<h_{III}$。接下来，分析供应链成员对DW契约和CW契约的偏好，具体讨论如下：

（1）在$h\in[0,\ h_c)$，$h\in[h_c,\ h_1)$，$h\in[h_1,\ h_{II})$，$h\in[h_{II},\ h_{III})$这四个区间分别讨论供应商的契约偏好，具体如下：

①在区间$h\in[0,\ h_c)$内，供应商在DW契约和CW契约下的期望利润之差为：

$$\Delta\pi_{s3}^{A}=\pi_{si}^{IId}-\pi_{si}^{IIc}=\frac{-3\mu_1^2+16\mu_1\mu_2-11\mu_2^2+66\mu_1h+103\mu_2h+164h^2}{1302b}$$

由此可得，$\Delta\pi_{s3}^{A}$关于h的一阶导为$\frac{\partial\Delta\pi_{s3}^{A}}{\partial h}=\frac{328h+66\mu_1+103\mu_2}{1302b}>0$。给定$\mu_1\leqslant\mu_2<\mu_{2sV}$，得到$\Delta\pi_{s3}^{A}(h=0)>0$，因此始终有$\Delta\pi_{s3}^{A}>0$，即供应商更倾向于DW契约。

②在区间$h\in[h_c,\ h_1)$内，供应商在DW契约和CW契约下的期望利润

之差为：

$$\Delta\pi_{s3}^{B}=\pi_{si}^{IId}-\pi_{sb}^{Ic}=\frac{25\mu_1^2-30\mu_1\mu_2+9\mu_2^2+628\mu_1 h-724\mu_2 h+1444h^2}{2604b}$$

由此可得，$\Delta\pi_{s3}^{B}$ 关于 h 的一阶导为 $\frac{\partial\Delta\pi_{s3}^{B}}{\partial h}=\frac{722h+157\mu_1-181\mu_2}{651b}$。令 $\frac{\partial\Delta\pi_{s3}^{B}}{\partial h}=0$，可以得到 $h_{s3}^{B}=\frac{-157\mu_1+181\mu_2}{722}$。显然，给定 $\mu_1\leqslant\mu_2<\mu_{2sV}$，有 $h_{s3}^{B}>h_1$。因此，在区间 $h\in[h_c,\ h_1)$ 内，$\Delta\pi_{s3}^{B}$ 是关于 h 的递减函数。又因为 $\lim\limits_{h\to h_1}\Delta\pi_{s3}^{B}>0$，故始终有 $\Delta\pi_{s3}^{B}>0$，即供应商更倾向于 DW 契约。

③在区间 $h\in[h_1,\ h_{II})$ 内，供应商在 DW 契约和 CW 契约下的期望利润之差为：$\Delta\pi_{s3}^{C}=\pi_{si}^{IId}-\pi_{si}^{Ic}=\Delta\pi_{s2}^{A}$。令 $\frac{\partial\Delta\pi_{s3}^{C}}{\partial h}=0$，可得 $h_{s3}^{C}=h_{s2}^{A}$。给定 $\mu_1\leqslant\mu_2<\mu_{2sV}$，则在区间 $h\in[h_1,\ h_{II})$ 内，$\Delta\pi_{s3}^{C}$ 是关于 h 的凸函数。因为 $\Delta\pi_{s3}^{C}(h=h_{s3}^{C})<0$，$\Delta\pi_{s3}^{C}(h=h_1)>0$，$\Delta\pi_{s3}^{C}(h=h_{II})<0$，令 $\Delta\pi_{s3}^{C}=0$，则存在着唯一一个 $h_{s3}'^{C}=h_{s2}'^{A}$。因此，在区间 $h\in[h_1,\ h_{s3}'^{C})$ 内，$\Delta\pi_{s3}^{C}>0$，即供应商更倾向于 DW 契约；在区间 $h\in[h_{s3}'^{C},\ h_{II})$ 内，$\Delta\pi_{s3}^{C}\leqslant 0$，即供应商更倾向于 CW 契约。

④在区间 $h\in[h_{II},\ h_{III})$ 内，供应商在 DW 契约和 CW 契约下的期望利润之差为 $\Delta\pi_{s3}^{D}=\pi_{sb}^{IVd}-\pi_{si}^{Ic}=\frac{-(6\mu_1-7\mu_2+12h)^2}{216b}<0$。因此，供应商更倾向于 CW 契约。

（2）在 $h\in[0,\ h_c)$，$h\in[h_c,\ h_1)$，$h\in[h_1,\ h_{II})$，$h\in[h_{II},\ h_{III})$ 这四个区间分别讨论零售商 g 的契约偏好，具体如下：

①在区间 $h\in[0,\ h_c)$ 内，零售商 g 在 DW 契约和 CW 契约下的期望利润之差为：

$$\begin{aligned}\Delta\pi_{g3}^{A}&=\pi_{gi}^{IId}-\pi_{gi}^{IIc}\\&=\frac{15189\mu_1^2+23834\mu_1\mu_2-37989\mu_2^2+45468h\mu_1+132394h\mu_2+68327h^2}{1695204b}\end{aligned}$$

由此可知，$\Delta\pi_{g3}^{A}$ 关于 h 的一阶导为 $\frac{\partial\Delta\pi_{g3}^{A}}{\partial h}=\frac{22734\mu_1+66197\mu_2+668327h}{847602b}>0$。因此，在区间 $h\in[0,\ h_c)$ 内，$\Delta\pi_{g3}^{A}$ 是关于 h 的递增函数。给定 $\mu_1\leqslant\mu_2<$

μ_{2sV}，可以得到 $\Delta\pi_{g3}^{A}(h=0)=\dfrac{15189\mu_1^2+23834\mu_1\mu_2-37989\mu_2^2}{1695204h}>0$，则始终有 $\Delta\pi_{g3}^{A}>0$，即零售商 g 更倾向于 DW 契约。

②在区间 $h\in[h_c,\ h_1)$ 内，零售商 g 在 DW 契约和 CW 契约下的期望利润之差为：

$$\Delta\pi_{g3}^{B}=\pi_{gi}^{IId}-\pi_{gb}^{Ic}$$
$$=\frac{56325\mu_1^2-84950\mu_1\mu_2+30693\mu_2^2+290824h\mu_1-392536h\mu_2+734396h^2}{3390408b}$$

由此可知，$\Delta\pi_{g3}^{B}$ 关于 h 的一阶导为 $\dfrac{\partial h_{g3}^{B}}{\partial h}=\dfrac{36353\mu_1-49067\mu_2+183599h}{423801b}$。令 $\dfrac{\partial\Delta\pi_{g3}^{B}}{\partial h}=0$，可得 $h_{g3}^{B}=\dfrac{-36353\mu_1+49067\mu_2}{183599}>h_1$。给定 $\mu_1\leqslant\mu_2<\mu_{2sV}$，$\Delta\pi_{g3}^{B}$ 在区间 $h\in[h_c,\ h_1)$ 内是关于 h 的递减函数。又因为 $\Delta\pi_{g3}^{B}(h=h_1)>0$，故始终有 $\Delta\pi_{g3}^{B}>0$，即零售商 g 更倾向于 DW 契约。

③在区间 $h\in[h_1,\ h_{II})$ 内，零售商 g 在 DW 契约和 CW 契约下的期望利润之差为 $\Delta\pi_{g3}^{C}=\pi_{gi}^{IId}-\pi_{gi}^{Ic}=\Delta\pi_{g2}^{A}$。令 $\dfrac{\partial\Delta\pi_{g3}^{C}}{\partial h}=0$，可得 $h_{g3}^{C}=h_{g2}^{A}$。给定 $\mu_1\leqslant\mu_2<\mu_{2sV}$，有 $h_1<h_{g3}^{C}<h_{II}$。因此，在区间内 $h\in[h_1,\ h_{II})$ 内，$\Delta\pi_{g3}^{C}$ 是关于 h 的凸函数。又因为 $\Delta\pi_{g3}^{C}(h=h_1)>0$，$\lim\limits_{h\to h_{II}}\Delta\pi_{g3}^{C}<0$，故存在着唯一一个 $h_{g3}'^{C}=h_{g3}'^{A}$ 且满足 $\Delta\pi_{g3}^{C}=0$。因此，在区间 $h\in[h_1,\ h_{g3}'^{C})$ 内，$\Delta\pi_{g3}^{C}>0$，即零售商 g 更倾向于 DW 契约；在区间 $h\in[h_{g3}'^{C},\ h_{II})$ 内，$\Delta\pi_{g3}^{C}\leqslant0$，即零售商 g 更倾向于 CW 契约。

④在区间 $h\in[h_{II},\ h_{III})$ 内，零售商 g 在 DW 契约和 CW 契约下的期望利润之差为：

$$\Delta\pi_{g3}^{D}=\pi_{gb}^{IVd}-\pi_{gi}^{Ic}=\frac{(6\mu_1-7\mu_2+12h)(18\mu_1-7\mu_2+12h)}{1296b}$$

由此可知，$\Delta\pi_{g3}^{D}$ 关于 h 的一阶导为 $\dfrac{\partial\Delta\pi_{g3}^{D}}{\partial h}=\dfrac{12\mu_1-7\mu_2+12h}{54b}$。令 $\dfrac{\partial\Delta\pi_{g3}^{D}}{\partial h}=0$，可得 $h_{g3}^{D}=\dfrac{-12\mu_1+7\mu_2}{12}<h_{II}$。因此，在区间 $h\in[h_{II},\ h_{III})$ 内，$\Delta\pi_{g3}^{D}$ 是关

于 h 的递增函数。又因为 $\lim\limits_{h\to h_{III}}\Delta\pi_{g3}^{D}=0$，则始终有 $\Delta\pi_{g3}^{D}>0$，即零售商 g 更倾向于 CW 契约。

（3）在 $h\in[0,\ h_c)$，$h\in[h_c,\ h_1)$，$h\in[h_1,\ h_{II})$，$h\in[h_{II},\ h_{III})$ 这四个区间分别讨论零售商 k 的契约偏好，具体如下：

①在区间 $h\in[0,\ h_c)$ 内，零售商 k 在 DW 契约和 CW 契约下的期望利润之差为：

$$\Delta\pi_{k3}^{A}=\pi_{ki}^{IId}-\pi_{ki}^{IIc}=\frac{6225\mu_1^2-45166\mu_1\mu_2+44463\mu_2^2+6828h\mu_1-211400h\mu_2-10522h^2}{1695204b}$$

给定 $\mu_1\leqslant\mu_2<\mu_{2sV}$，可得 $\dfrac{\partial\Delta\pi_{k3}^{A}}{\partial h}=\dfrac{1707\mu_1-52850\mu_2-5261h}{423801b}<0$。又因为 $\lim\limits_{h\to h_c}\Delta\pi_{k3}^{A}>0$，故始终有 $\Delta\pi_{k3}^{A}>0$，即零售商 k 更倾向于 DW 契约。

②在区间 $h\in[h_c,\ h_1)$ 内，零售商 k 在 DW 契约和 CW 契约下的期望利润之差为：

$$\begin{aligned}\Delta\pi_{k3}^{B}&=\pi_{ki}^{IId}-\pi_{kb}^{Ic}\\&=\frac{30795\mu_1^2-76882\mu_1\mu_2+35043\mu_2^2+247736h\mu_1-107672h\mu_2+97924h^2}{3390408b}\end{aligned}$$

由此可知，$\Delta\pi_{k3}^{B}$ 关于 h 的一阶导为 $\dfrac{\partial\Delta\pi_{k3}^{B}}{\partial h}=-\dfrac{30967\mu_1-13459\mu_2+24481h}{423801b}$。令 $\dfrac{\partial\Delta\pi_{k3}^{B}}{\partial h}=0$，可得 $h_{k3}^{B}=\dfrac{-30967\mu_1+13459\mu_2}{24481}$。给定 $\mu_1\leqslant\mu_2<\mu_{2sV}$，有 $h_{k3}^{B}<h_c$。因此，在区间 $h\in[h_c,\ h_1)$ 内，$\Delta\pi_{k3}^{B}$ 是关于 h 的递增函数。又因为 $\Delta\pi_{k3}^{B}(h=h_c)>0$，故始终有 $\Delta\pi_{k3}^{B}>0$，即零售商 k 更倾向于 DW 契约。

③在区间 $h\in[h_1,\ h_{II})$ 内，零售商 k 在 DW 契约和 CW 契约下的期望利润之差为 $\Delta\pi_{k3}^{C}=\pi_{ki}^{IId}-\pi_{ki}^{Ic}=\Delta\pi_{k2}^{A}$。给定 $\mu_1\leqslant\mu_2<\mu_{2sV}$，在区间 $h\in[h_1,\ h_{II})$ 内有 $\dfrac{\partial\Delta\pi_{k3}^{C}}{\partial h}=\dfrac{5374\mu_1-11210\mu_2+7536h}{141267b}<0$。又因为 $\Delta\pi_{k3}^{C}$（$h=h_1$）>0，$\lim\limits_{h\to h_{II}}\Delta\pi_{k3}^{C}<0$，故存在着唯一一个 $h_{k3}^{\prime C}=h_{k2}^{\prime A}$ 且满足 $\Delta\pi_{k3}^{C}=0$。因此，在区间 $h\in[h_1,\ h_{k3}^{\prime C})$ 内，$\Delta\pi_{k3}^{C}>0$，即零售商 k 更倾向于 DW 契约；在区间 $h\in[h_{k3}^{\prime C},\ h_{II})$ 内，$\Delta\pi_{k3}^{C}\leqslant0$，即零售商 k 更倾向于 CW 契约。

④在区间 $h\in[h_{II},\ h_{III})$ 内，零售商 k 在 DW 契约和 CW 契约下的期望利润

润之差为：

$$\Delta\pi_{k3}^{D}=\pi_{kb}^{IVd}-\pi_{ki}^{Ic}=\frac{(6\mu_1-7\mu_2+12h)(18\mu_1-7\mu_2+12h)}{1296b}$$

类似于相同条件下针对零售商 g 的讨论，可知零售商 k 更倾向于 CW 契约。

（4）在 $h\in[0,\ h_c)$，$h\in[h_c,\ h_1)$，$h\in[h_1,\ h_{II})$，$h\in[h_{II},\ h_{III})$ 这四个区间分别讨论供应链的契约偏好，具体如下：

①在区间 $h\in[0,\ h_c)$ 和 $h\in[h_c,\ h_1)$ 内，所有成员均偏好 DW 契约，因此供应链在 DW 契约下更优。

②在区间 $h\in[h_1,\ h_{II})$ 内，供应链在 DW 契约和 CW 契约下的期望利润之差为 $\Delta\pi_{T3}^{C}=\pi_{Ti}^{IId}-\pi_{Ti}^{Ic}=\Delta\pi_{T2}^{A}$。给定 $\mu_1\leqslant\mu_2<\mu_{2sV}$，有 $\frac{\partial\Delta\pi_{T3}^{C}}{\partial h}<0$。同时，有 $\Delta\pi_{T3}^{C}(h=h_1)>0$，$\lim\limits_{h\to h_{II}}\Delta\pi_{T3}^{C}<0$，因此存在着唯一一个 $h_{T3}'^{C}=h_{T3}'^{A}$ 且满足 $\Delta\pi_{T3}^{C}=0$。因此，在区间 $h\in[h_1,\ h_{T3}'^{C})$ 内，$\Delta\pi_{T3}^{C}>0$，即供应链在 DW 契约下更优；在区间 $h\in[h_{T3}'^{C},\ h_{II})$ 内，$\Delta\pi_{T3}^{C}\leqslant0$，即供应链在 CW 契约下更优。

③在区间 $h\in[h_{II},\ h_{III})$ 内，所有成员均偏好 CW 契约，因此供应链在 CW 契约下更优。

综合上述分析可以得到满足 $\mu_1\leqslant\mu_2<\mu_{2sV}$ 时，供应链成员对 DW 契约和 CW 契约的偏好，具体如下命题所示。同时，可以得到 $h_{s3}'^{C}=h_{s2}'^{A}$，$h_{g3}'^{C}=h_{g2}'^{A}$，$h_{k3}'^{C}=h_{k2}'^{A}$。

命题 17.2 当 $\mu_1\leqslant\mu_2<\mu_{2sV}$ 时，供应链成员在区间 $h\in[0,\ h_{III})$ 内对两种契约的偏好如下：

1. 对于供应商而言，满足 $0\leqslant h<h_{s3}'^{C}$，则更倾向于 DW 契约；否则，更倾向于 CW 契约。

2. 对于零售商 g 而言，满足 $0\leqslant h<h_{g3}'^{C}$，则更倾向于 DW 契约；否则，更倾向于 CW 契约。

3. 对于零售商 k 而言，满足 $0\leqslant h<h_{k3}'^{C}$，则更倾向于 DW 契约；否则，更倾向于 CW 契约。

4. 对于供应链而言，满足 $0\leqslant h<h_{T3}'^{C}$，则在 DW 契约下更优；否则，在 CW 契约下更优。

设置如下参数：$\mu_1 = 100$，$\mu_2 = 100.15$ 和 $b = 0.01$。由此可得 $h'^{C}_{s3} = 8.2$，$h'^{C}_{g3} = 2.57$，$h'^{C}_{k3} = 8.31$。图 17.4 显示了供应链成员的期望利润在两种契约下随 h 的变化情况。由此可以得到如下结论：①当 $0 \leqslant h < h'^{C}_{s3}$ 时，供应商更倾向于 DW 契约；②当 $0 \leqslant h < h'^{C}_{g3}$ 时，零售商 g 更倾向于 DW 契约；③当 $0 \leqslant h < h'^{C}_{k3}$ 时，零售商 k 更倾向于 DW 契约。

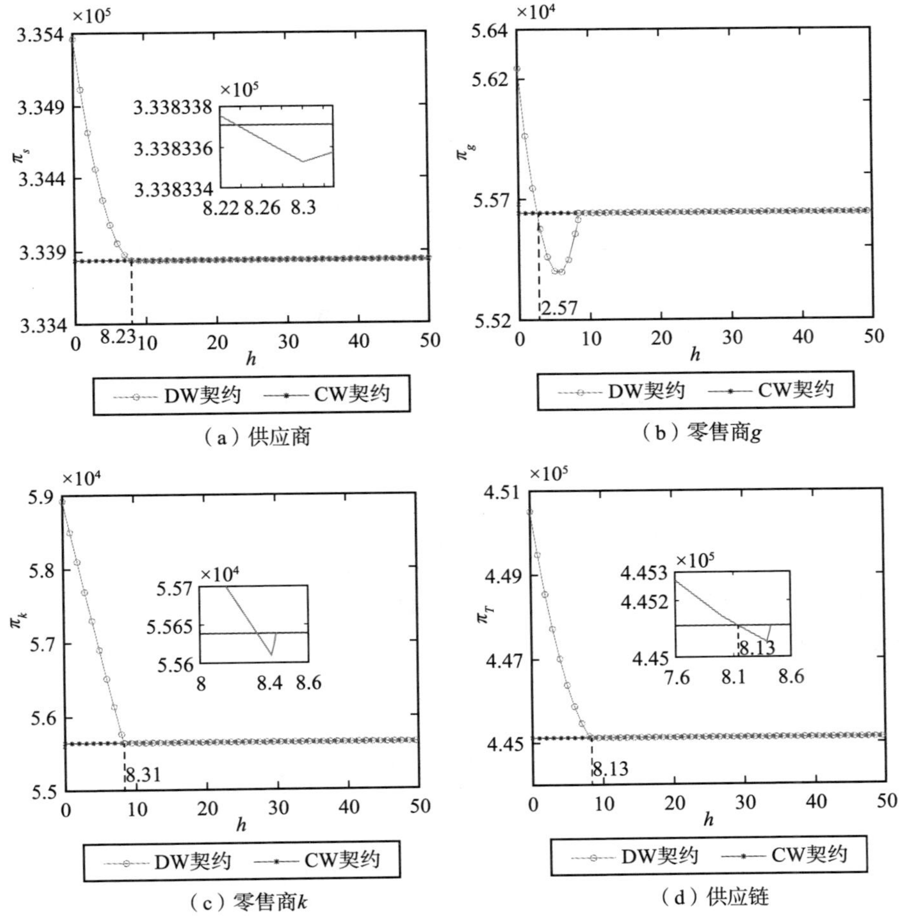

图 17.4　给定 $\mu_1 = 100$，$\mu_2 = 100.15$，$b = 0.01$，供应链成员期望利润随 h 的变化情况

命题 17.2 表明，给定 $\mu_1 \leqslant \mu_2 < \mu_{2sV}$，即第二个销售周期中不确定需求的均值略大于第一个销售周期中不确定需求的均值时，每个成员分别为 h 设定一个门槛（$h_{s3}'^{C}$，$h_{g3}'^{C}$，$h_{k3}'^{C}$）。如果单位库存持有成本低于他们设置的门槛，则对应的成员更倾向于 DW 契约；否则，更倾向于 CW 契约。总体来看，命题 17.2 表明，当单位库存持有成本相对较低或相对较高时，所有成员可以就同一契约达成协议。

4. 当 $\mu_2 \geqslant \mu_{2sV}$ 时，h_b，h_{II}，h_{III}，h_c 和 h_1 的相对大小关系有三种情况，我们讨论如下：

（1）当 $\mu_{2sV} \leqslant \mu_2 < \mu_{bc}$ 时①，h_b，h_{II}，h_{III}，h_c 和 h_1 的相对大小关系为 $h_b < h_c < h_1 < h_{II} < h_{III}$。在这种情况下，所有成员对两种契约的偏好与命题 17.2 中的结论相同。

（2）当 $\mu_{bc} \leqslant \mu_2 < \frac{36\mu_1}{19}$ 时，h_b，h_{II}，h_{III}，h_c 和 h_1 的相对大小关系为 $h_c \leqslant h_b < h_1 < h_{II} < h_{III}$。接下来，分析供应链成员对 DW 契约和 CW 契约的偏好。

①在区间 $h \in [0, h_c)$，$h \in [h_c, h_b)$，$h \in [h_b, h_1)$，$h \in [h_1, h_{II})$，$h \in [h_{II}, h_{III})$ 内分别讨论供应商的契约偏好，具体如下：

（a）在区间 $h \in [0, h_c)$ 内，供应商在 DW 契约和 CW 契约下的期望利润之差为 $\Delta\pi_{s5}^{A} = \pi_{si}^{Id} - \pi_{si}^{IIc} = \Delta\pi_{s4}^{A}$。因为 $\Delta\pi_{s5}^{A}$ 随着 h 的增加而递减，且有 $\lim\limits_{h \to h_c} \Delta\pi_{s5}^{A} > 0$。因此，供应商更倾向于 DW 契约。

（b）在区间 $h \in [h_c, h_b)$ 内，供应商在 DW 契约和 CW 契约下的期望利润之差为：

$$\Delta\pi_{s5}^{B} = \pi_{si}^{Id} - \pi_{sb}^{Ic} = \frac{8\mu_1^2 - 32\mu_1\mu_2 + 25\mu_2^2 + 128\mu_1 h - 284\mu_2 h + 260h^2}{672b}$$

$\Delta\pi_{s5}^{B}$ 关于 h 的一阶导为 $\frac{\partial \Delta\pi_{s5}^{B}}{\partial h} = \frac{32\mu_1 - 71\mu_2 + 130h}{168b}$。可以发现，给定 $\mu_{bc} \leqslant \mu_2 < \frac{36\mu_1}{19}$，在区间 $h \in [h_c, h_b)$ 内，$\Delta\pi_{s5}^{B}$ 随着 h 的增加而递减，且有 $\lim\limits_{h \to h_b} \Delta\pi_{s5}^{B} > 0$。因此，供应商更倾向于 DW 契约。

① $\mu_{bc} \approx 1.00153\mu_1$，是通过求解 $h_b = h_c$ 来决定的。

（c）在区间 $h\in[h_b,\ h_1)$ 内，供应商在 DW 契约和 CW 契约下的期望利润之差为 $\Delta\pi_{s5}^{C}=\pi_{si}^{IId}-\pi_{sb}^{Ic}=\Delta\pi_{s4}^{C}$。通过求解 $\frac{\partial\Delta\pi_{s5}^{C}}{\partial h}=0$，得到 $h_{s5}^{C}=h_{s4}^{C}$。显然，$h_{s5}^{C}>h_b$。又因为 $h_{s5}^{C}-h_1=\frac{102\mu_1-90\mu_2}{361}$，我们讨论如下：

- 当 $\mu_{bc}\leqslant\mu_2<\frac{17\mu_1}{15}$ 时，有 $h_{s5}^{C}>h_1$。因此，在区间 $h\in[h_b,\ h_1)$ 内，$\Delta\pi_{s5}^{C}$ 随着 h 的增加而递减。又因为 $\Delta\pi_{s5\min}^{C}=\lim\limits_{h\to h_1}\Delta\pi_{s5}^{C}=\frac{18\mu_1^2-19\mu_1\mu_2+2\mu_2^3}{651b}$。可以发现，给定 $\mu_{bc}\leqslant\mu_2<\frac{17\mu_1}{15}$，$\Delta\pi_{s5\min}^{C}$ 随着 μ_2 的增加而递减。同时，有 $\Delta\pi_{s5\min}^{C}(\mu_2=\mu_{bc})>0$ 和 $\lim\limits_{\mu_2\to\frac{17\mu_1}{15}}\Delta\pi_{s5\min}^{C}<0$，即存在着唯一的 $\mu_{s5}'^{C}=\frac{(19-\sqrt{217})\mu_1}{4}$ 且满足 $\Delta\pi_{s5\min}^{C}=0$。当 $\mu_{bc}\leqslant\mu_2<\mu_{s5}'^{C}$ 时，在区间 $h\in[h_b,\ h_1)$ 内，$\Delta\pi_{s5}^{C}>0$，即供应商更倾向于 DW 契约。当 $\mu_{s5}'^{C}\leqslant\mu_2<\frac{17\mu_1}{15}$ 时，存在着唯一的 $h_{s5}^{C'}=\frac{-157\mu_1+181\mu_2-2\sqrt{217(18\mu_1-17\mu_2)(\mu_1-2\mu_2)}}{722}$ 且满足 $\Delta\pi_{s5}^{C}=0$。因此，在区间 $h\in[h_b,\ h_{s5}'^{C})$ 内，$\Delta\pi_{s5}^{C}>0$，即供应商更倾向于 DW 契约；在区间 $h\in[h_{s5}'^{C},\ h_1)$ 内，$\Delta\pi_{s5}^{C}\leqslant0$，即供应商倾向于 CW 契约。

- 当 $\frac{17\mu_1}{15}\leqslant\mu_2<\frac{36\mu_1}{19}$ 时，有 $h_{s5}^{C}\leqslant h_1$。因此，$\Delta\pi_{s5}^{C}$ 是关于 h 的凸函数。又因为 $\lim\limits_{h\to h_1}\Delta\pi_{s5}^{C}<0$ 和 $\Delta\pi_{s5}^{C}(h=h_b)<0$，故供应商更倾向于 CW 契约。

（d）在区间 $h\in[h_1,\ h_{II})$ 内，供应商在 DW 契约和 CW 契约下的期望利润之差为 $\Delta\pi_{s5}^{D}=\pi_{si}^{IId}-\pi_{si}^{Ic}=\Delta\pi_{s4}^{D}$。通过求解 $\frac{\partial\Delta\pi_{s5}^{D}}{\partial h}=0$，可以得到 $h_{s5}^{D}=h_{s3}^{C}$。显然，$h_{s5}^{D}<h_{II}$。由于 $h_{s5}^{D}-h_1=\frac{17\mu_1-15\mu_2}{24}$，我们讨论如下：

- 当 $\mu_{bc}\leqslant\mu_2<\frac{17\mu_1}{15}$ 时，h_{s5}^{D}，h_1 和 h_{II} 的相对大小关系为 $h_1<h_{s5}^{D}<h_{II}$，即 $\Delta\pi_{s5}^{D}$ 是关于 h 的凸函数。进一步得到 $\Delta\pi_{s5}^{D}(h=h_1)=\frac{18\mu_1^2-19\mu_1\mu_2+2\mu_2^2}{651b}$，

$\Delta\pi_{s5}^{D}(h=h_{s5}^{D})<0$，$\lim\limits_{h\to h_{II}}\Delta\pi_{s5}^{D}<0$。给定 $\mu_{bc}\leqslant\mu_2<\frac{17\mu_1}{15}$，$\Delta\pi_{s5}^{D}(h=h_1)$ 关于 μ_2 的一阶导为$\frac{\partial\Delta\pi_{s5}^{D}(h=h_1)}{\partial\mu}=\frac{-19\mu_1+4\mu_2}{651b}<0$。又因为 $\Delta\pi_{s5}^{D}(h=h_1,\ \mu_2=\mu_{bc})>0$，$\lim\limits_{\mu_2\to\frac{17\mu_1}{15}}\Delta\pi_{s5}^{D}(h=h_1)<0$，通过求解 $\Delta\pi_{s5}^{D}(h=h_1)=0$，存在着唯一的 $\mu_{s5}'^{D}=\mu_{s5}'^{C}$。当 $\mu_{bc}\leqslant\mu_2<\mu_{s5}'^{D}$时，存在着唯一的 $h_{s5}'^{D}=h_{s4}'^{D}$且满足 $\Delta\pi_{s5}^{D}=0$。因此，在区间 $h\in[h_1,\ h_{s5}'^{D})$ 内，$\Delta\pi_{s5}^{D}>0$，即供应商更倾向于 DW 契约；在区间 $h\in[h_{s5}'^{D},\ h_{II})$ 内，$\Delta\pi_{s5}^{D}\leqslant 0$，即供应商更倾向于 CW 契约。

- 当$\frac{17\mu_1}{15}\leqslant\mu_2<\frac{36\mu_1}{19}$时，有 $h_{s5}^{D}\leqslant h_1$，因此 $\Delta\pi_{s5}^{D}$随着 h 的增加而递增。因为$\lim\limits_{h\to h_{III}}\Delta\pi_{s5}^{D}<0$，供应商更倾向于 CW 契约。

（e）在区间 $h\in[h_{II},\ h_{III})$ 内，供应商在 DW 契约和 CW 契约下的期望利润之差为 $\Delta\pi_{s5}^{E}=\pi_{sb}^{IVd}-\pi_{si}^{Ic}=\Delta\pi_{s4}^{E}<0$。因此，供应商更倾向于 CW 契约。

②在区间 $h\in[0,\ h_c)$，$h\in[h_c,\ h_b)$，$h\in[h_b,\ h_1)$，$h\in[h_1,\ h_{II})$，$h\in[h_{II},h_{III})$ 内分别讨论零售商 g 的契约偏好，具体如下：

（a）在区间 $h\in[0,\ h_c)$ 内，给定 $\mu_{bc}\leqslant\mu_2<\frac{36\mu_1}{19}$，零售商 g 在 DW 契约和 CW 契约下的期望利润之差为 $\Delta\pi_{g5}^{A}=\pi_{gi}^{Id}-\pi_{gi}^{IIc}=\Delta\pi_{g4}^{A}>0$。因此，供应商更倾向于 DW 契约。

（b）在区间 $h\in[h_c,\ h_b)$ 内，零售商 g 在 DW 契约和 CW 契约下的期望利润之差为：

$$\Delta\pi_{g5}^{B}=\pi_{gi}^{Id}-\pi_{gb}^{Ic}=\frac{216\mu_1^2-1088\mu_1\mu_2+1165\mu_2^2+992\mu_1 h-4364\mu_2 h+2932h^2}{28224b}$$

$\Delta\pi_{g5}^{B}$关于 h 的一阶导为$\frac{\partial\Delta\pi_{g5}^{B}}{\partial h}=\frac{248\mu_1-1091\mu_2+1466h}{7056b}$。通过求解$\frac{\partial\Delta\pi_{g5}^{B}}{\partial h}=0$，可以得到 $h_{g5}^{B}=\frac{-248\mu_1+1091\mu_2}{1466b}$。给定 $\mu_2\geqslant\mu_{bc}$，有 $h_{g5}^{B}>h_b$。因此，在区间 $h\in[h_c,\ h_b)$ 内，$\Delta\pi_{g5}^{B}$随着 h 的增加而递减。给定 $\mu_2\geqslant\mu_{bc}$，有$\lim\limits_{h\to h_b}\Delta\pi_{g5}^{B}>0$，因此零售商 g 更倾向于 DW 契约。

（c）在区间 $h\in[h_b,\ h_1)$ 内，零售商 g 在 DW 契约和 CW 契约下的期望

利润之差为 $\Delta\pi_{g5}^{C}=\pi_{gi}^{IId}-\pi_{gb}^{Ic}=\Delta\pi_{g4}^{C}$。通过求解$\frac{\partial\Delta\pi_{g5}^{C}}{\partial h}=0$，可以得到 $h_{g5}^{C}=h_{g4}^{C}$。显然，$h_{g5}^{C}>h_{b}$。由于 $h_{g5}^{C}-h_{1}=\frac{110893\mu_1-85465\mu_2}{367198}$，我们讨论如下：

- 当$\mu_{bc}\leqslant\mu_2<\frac{110893\mu_1}{85465}$时，有 $h_{g5}^{C}>h_{1}$。因此，在区间 $h\in[h_b,\ h_1)$ 内，$\Delta\pi_{g5}^{C}$随着 h 的增加而递减，且有$\lim\limits_{h\to h_1}\Delta\pi_{g5}^{C}=\frac{23628\mu_1^2-27617\mu_1\mu_2+4506\mu_2^2}{847602b}$。通过求解$\lim\limits_{h\to h_1}\Delta\pi_{g5}^{C}=0$，存在着唯一的 $\mu_{g5}'^{C}=\frac{(27617-217\sqrt{7153})\mu_1}{9012}$。同时，可以得到：

$$\Delta\pi_{g5}^{C}(h=h_b)=\frac{153044\mu_1^2-321282726\mu_1\mu_2+1696398888\mu_2^2}{3390408b}+\frac{(64525\mu_1-9631012\mu_2)\sqrt{3100\mu_1^2-6960\mu_1\mu_2+32798\mu_2^2}}{3390408b}$$

由此可知，$\Delta\pi_{g5}^{C}(h=h_b)$ 随着 μ_2 的增加而递减。因为 $\Delta\pi_{g5}^{C}(h=h_b,\ \mu_2=\mu_{bc})>0$ 和 $\lim\limits_{\mu_2\to\frac{110893\mu_1}{85465}}\Delta\pi_{g5}^{C}(h=h_b)<0$，故存在着唯一的 $\mu_{g5}''^{C}\approx1.051347\mu_1$ 且满足 $\Delta\pi_{g5}^{C}(h=h_b)=0$。接下来，我们讨论如下：当 $\mu_{bc}\leqslant\mu_2<\mu_{g5}'^{C}$ 时，$\lim\limits_{h\to h_1}\Delta\pi_{g5}^{C}>0$，零售商 g 更倾向于 DW 契约。当 $\mu_{g5}'^{C}\leqslant\mu_2<\mu_{g5}''^{C}$ 时，$\lim\limits_{h\to h_1}\Delta\pi_{g5}^{C}\leqslant0$，$\Delta\pi_{g5}^{C}(h=h_b)>0$。令 $\Delta\pi_{g5}^{C}=0$，存在着唯一的 $h_{g5}'^{C}=\frac{-36353\mu_1+49067\mu_2}{183599}-\frac{217\sqrt{-107351\mu_1^2+28178\mu_1\mu_2+84841\mu_2^2}}{367198}$。因此，在区间 $h\in[h_b,\ h_{g5}'^{C})$ 内，$\Delta\pi_{g5}^{C}>0$，零售商 g 更倾向于 DW 契约；在区间 $h\in[h_{g5}'^{C},\ h_1)$ 内，$\Delta\pi_{g5}^{C}\leqslant0$，零售商 g 更倾向于 CW 契约。当 $\mu_{g5}''^{C}\leqslant\mu_2<\frac{110893\mu_1}{85465}$时，$\Delta\pi_{g5}^{C}(h=h_b)\leqslant0$，零售商 g 更倾向于 CW 契约。

- 当$\frac{110893\mu_1}{85465}\leqslant\mu_2<\frac{36\mu_1}{19}$时，$h_{g5}^{C}$和 h_1 的相对大小关系为 $h_{g5}^{C}\leqslant h_1$。在区间 $h\in[h_b,\ h_1)$内，$\Delta\pi_{g5}^{C}$是关于 h 的凸函数。给定$\frac{110893\mu_1}{85465}\leqslant\mu_2<\frac{36\mu_1}{19}$，

$\Delta\pi_{g5}^{C}(h=h_b)<0$，$\lim_{h\to h_1}\Delta\pi_{g5}^{C}<0$，零售商 g 更倾向于 CW 契约。

（d）在区间 $h\in[h_1, h_{II})$ 内，零售商 g 在 DW 契约和 CW 契约下的期望利润之差为 $\Delta\pi_{g5}^{D}=\pi_{gi}^{IId}-\pi_{gi}^{Ic}=\Delta\pi_{g4}^{D}$。通过求解 $\frac{\partial\Delta\pi_{g5}^{D}}{\partial h}=0$，可以得到 $h_{g5}^{D}=h_{g4}^{D}$。显然，$h_{g5}^{D}<h_{II}$。由于 $h_{g5}^{D}-h_1=\frac{5317\mu_1-3198\mu_2}{38448}$，我们讨论如下：

- 当 $\mu_{bc}\leqslant\mu_2<\frac{5317\mu_1}{3198}$ 时，有 $h_1<h_{g5}^{D}$。因此，在区间 $h\in[h_1, h_{II})$ 内，$\Delta\pi_{g5}^{D}$ 是关于 h 的凸函数。进一步得到 $\Delta\pi_{g5}^{D}(h=h_1)=\frac{23628\mu_1^2-27617\mu_1\mu_2+4506\mu_2^2}{847602b}$，$\lim_{h\to h_{II}}\Delta\pi_{g5}^{D}<0$。给定 $\mu_{bc}\leqslant\mu_2<\frac{5317\mu_1}{3198}$，可得 $\frac{\partial\Delta\pi_{g5}^{D}(h=h_1)}{\partial\mu_2}<0$。因此，存在着唯一的 $\mu_{g5}'^{D}=\frac{(27617-217\sqrt{7153})\mu_1}{9012}$ 且满足 $\Delta\pi_{g5}^{D}(h=h_1)=0$。当 $\mu_{g5}'^{D}\leqslant\mu_2<\frac{5317\mu_1}{3198}$ 时，$\Delta\pi_{g5}^{D}(h=h_1)\leqslant0$，则在区间 $h\in[h_1, h_{II})$ 内，$\Delta\pi_{g5}^{D}\leqslant0$，即零售商 g 更倾向于 CW 契约。当 $\mu_{bc}\leqslant\mu_2<\mu_{g5}'^{D}$ 时，$\Delta\pi_{g5}^{D}(h=h_1)>0$，则存在着唯一的 $h_{g5}'^{D}=h_{g4}'^{D}$ 且满足 $\Delta\pi_{g5}^{D}=0$。当 $\mu_{bc}\leqslant\mu_2<\mu_{g5}'^{D}$ 时，在区间 $h\in[h_1, h_{g5}'^{D})$ 内，$\Delta\pi_{g5}^{D}>0$，即零售商 g 更倾向于 DW 契约；在区间 $h\in[h_{g5}'^{D}, h_{II})$ 内，$\Delta\pi_{g5}^{D}\leqslant0$，即零售商 g 更倾向于 CW 契约。
- 当 $\frac{5317\mu_1}{3198}\leqslant\mu_2<\frac{36\mu_1}{19}$ 时，有 $h_{g5}^{D}\leqslant h_1$，则 $\Delta\pi_{g5}^{D}$ 随着 h 的增加而递增。由于 $\lim_{h\to h_{II}}\Delta\pi_{g5}^{D}<0$，则在区间 $h\in[h_1, h_{II})$ 内，零售商 g 更倾向于 CW 契约。

（e）在区间 $h\in[h_{II}, h_{III})$ 内，零售商 g 在 DW 契约和 CW 契约下的期望利润之差为 $\Delta\pi_{g5}^{E}=\pi_{gb}^{IVd}-\pi_{gi}^{Ic}=\Delta\pi_{g4}^{E}<0$。因此，零售商 g 更倾向于 CW 契约。

③在区间 $h\in[0, h_c)$，$h\in[h_c, h_b)$，$h\in[h_b, h_1)$，$h\in[h_1, h_{II})$，$h\in[h_{II}, h_{III})$ 内分别讨论零售商 k 的契约偏好，具体如下：

（a）在区间 $h\in[0, h_c)$ 内，零售商 k 在 DW 契约和 CW 契约下的期望利润之差为 $\Delta\pi_{k5}^{A}=\pi_{ki}^{Id}-\pi_{ki}^{IIc}=\Delta\pi_{k4}^{A}$。给定 $\mu_{bc}\leqslant\mu_2<\frac{36\mu_1}{19}$，在区间 $h\in[0, h_c)$ 内，

有$\frac{\partial \Delta\pi_{k5}^{A}}{\partial h}>0$。同时，可得$\Delta\pi_{k5\min}^{A}=\Delta\pi_{k5}^{A}(h=0)=\frac{-100\mu_2^2+104\mu_1\mu_2}{3528b}$和$\Delta\pi_{k5\max}^{A}=\lim_{h\to h_c}\Delta\pi_{k5}^{A}=-\frac{8086\mu_1^2-51675\mu_1\mu_2+37008\mu_2^2+(1121\mu_1-366\mu_2)\sqrt{7(4\mu_1^2-24\mu_1\mu_2+27\mu_2^2)}}{1143072b}$。

给定$\mu_{bc}\leqslant\mu_2<\frac{36\mu_1}{19}$，有$\frac{\partial\Delta\pi_{k5\min}^{A}}{\partial\mu_2}<0$和$\frac{\partial\Delta\pi_{k5\max}^{A}}{\partial\mu_2}<0$。令$\Delta\pi_{k5\min}^{A}=0$，得到$\mu_2=\frac{26\mu_1}{25}$；令$\Delta\pi_{k5\max}^{A}=0$，得到$\mu_{2k}\approx1.040126\mu_1$。我们讨论如下：

- 当$\mu_{bc}\leqslant\mu_2<\frac{26\mu_1}{25}$时，$\Delta\pi_{k5\min}^{A}>0$，零售商$k$更倾向于DW契约。
- 当$\frac{26\mu_1}{25}\leqslant\mu_2<\mu_{2k}$时，有$\Delta\pi_{k5\min}^{A}\leqslant0$和$\Delta\pi_{k5\max}^{A}>0$。因此，存在着唯一的$h_{k5}'^{A}=\frac{81\mu_1}{196}+\frac{41\mu_2}{196}-\frac{\sqrt{6561\mu_1^2+47410\mu_1\mu_2-37519\mu_2^2}}{196}$且满足$\Delta\pi_{k5}^{A}=0$。在区间$h\in[0,\ h_{k5}'^{A}]$内，$\Delta\pi_{k5}^{A}\leqslant0$，即零售商$k$更倾向于CW契约；在区间$h\in(h_{k5}'^{A},\ h_c)$内，$\Delta\pi_{k5}^{A}>0$，即零售商$k$更倾向于DW契约。
- 当$\mu_{2k}\leqslant\mu_2<\frac{36\mu_1}{19}$时，$\Delta\pi_{k5\max}^{A}<0$，即零售商$k$更倾向于CW契约。

（b）在区间$h\in[h_c,\ h_b)$内，零售商k在DW契约和CW契约下的期望利润之差为：

$$\Delta\pi_{k5}^{B}=\pi_{ki}^{Id}-\pi_{kb}^{Ic}=\frac{-45\mu_1^2+278\mu_1\mu_2-229\mu_2^2-191\mu_1 h+593\mu_2 h-178h^2}{3528b}$$

$\Delta\pi_{k5}^{B}$关于h的一阶导为$\frac{\partial\Delta\pi_{k5}^{B}}{\partial h}=\frac{-191\mu_1+593\mu_2-356h}{3528b}$。通过求解$\frac{\partial\Delta\pi_{k5}^{B}}{\partial h}=0$，可以得到$h_{k5}^{B}=\frac{-191\mu_1+593\mu_2}{356}$。显然，给定$\mu_{bc}\leqslant\mu_2<\frac{36\mu_1}{19}$，有$h_{k5}^{B}>h_b$。因此，在区间$h\in[h_c,\ h_b)$内，$\Delta\pi_{k5}^{B}$随着$h$的增加而递增。又因为$\lim_{h\to h_b}\Delta\pi_{k5}^{B}<0$，则零售商$k$更倾向于CW契约。

（c）在区间$h\in[h_b,\ h_1)$内，零售商k在DW契约和CW契约下的期望利润之差为$\Delta\pi_{k5}^{C}=\pi_{ki}^{IId}-\pi_{kb}^{Ic}=\Delta\pi_{k4}^{C}$。给定$\mu_{bc}\leqslant\mu_2<\frac{36\mu_1}{19}$，令$\frac{\partial\Delta\pi_{k5}^{C}}{\partial h}=0$，可以得到

$h_{k5}^{C}=h_{k4}^{C}<0$。又因为 $\Delta\pi_{k5\min}^{C}=\lim\limits_{h\to h_1}\Delta\pi_{k4}^{C}$，令 $\Delta\pi_{k5\min}^{C}=0$，则存在着唯一的 $\mu_{k5}'^{C}=\frac{(217\sqrt{5641}-12965)\mu_1}{2844}$。当 $\mu_{bc}\leqslant\mu_2<\mu_{k5}'^{C}$时，$\Delta\pi_{k5}^{C}>0$，即零售商 k 更倾向于 DW 契约。当 $\mu_{k5}'^{C}\leqslant\mu_2<\frac{36\mu_1}{19}$时，存在着唯一的 $h_{k5}'^{C}=\frac{-30967\mu_1+13459\mu_2}{24481}+\frac{217\sqrt{65449\mu_1^2-30838\mu_1\mu_2-2831\mu_2^2}}{48962}$且满足 $\Delta\pi_{k5}^{C}=0$。因此，在区间 $h\in[h_b,h_{k5}'^{C})$ 内，有 $\Delta\pi_{k5}^{C}>0$，零售商 k 更倾向于 DW 契约；在区间 $h\in[h_{k5}'^{C},h_1)$ 内，有 $\Delta\pi_{k4}^{A}\leqslant0$，零售商 k 更倾向于 CW 契约。

（d）在区间 $h\in[h_1,h_{II})$ 内，零售商 k 在 DW 契约和 CW 契约下的期望利润之差为 $\Delta\pi_{k5}^{D}=\pi_{ki}^{IId}-\pi_{ki}^{Ic}=\Delta\pi_{k4}^{D}$。通过求解$\frac{\partial\Delta\pi_{k5}^{D}}{\partial h}=0$，可以得到 $h_{k5}^{D}=h_{k4}^{D}$。显然，$h_{k5}^{D}>h_{II}$。因此，$\Delta\pi_{k5}^{D}$随着 h 的增加而递减。给定 $\mu_{bc}\leqslant\mu_2<\frac{36\mu_1}{19}$，有 $\lim\limits_{h\to h_{II}}\Delta\pi_{k5}^{D}<0$ 和 $\Delta\pi_{k5}^{D}(h=h_1)=\frac{17148\mu_1^2-12965\mu_1\mu_2-1422\mu_2^2}{847602b}$，所以存在着唯一的 $\mu_{k5}'^{D}=\mu_{k5}'^{C}$且满足 $\Delta\pi_{k5}^{D}(h=h_1)=0$。接下来，我们讨论如下：

- 当 $\mu_{bc}\leqslant\mu_2<\mu_{k5}'^{D}$ 时，存在着唯一的 $h_{k5}'^{D}=\frac{-2687\mu_1+5605\mu_2}{3768}-\frac{217\sqrt{-215\mu_1^2+46\mu_1\mu_2+313\mu_2^2}}{3768}$且满足 $\Delta\pi_{k5}^{D}=0$。因此，在区间 $h\in[h_1,h_{k5}'^{D})$ 内，有 $\Delta\pi_{k5}^{D}>0$，零售商 k 更倾向于 DW 契约；在区间 $h\in[h_{k5}'^{D},h_{II})$ 内，又 $\Delta\pi_{k5}^{D}\leqslant0$，零售商 k 更倾向于 CW 契约。
- 当 $\mu_{k5}'^{D}\leqslant\mu_2<\frac{36\mu_1}{19}$时，$\Delta\pi_{k5\max}^{D}\leqslant0$，零售商 k 更倾向于 CW 契约。

（e）在区间 $h\in[h_{II},h_{III})$ 内，零售商 k 在 DW 契约和 CW 契约下的期望利润之差为 $\Delta\pi_{k5}^{E}=\pi_{kb}^{IVd}-\pi_{ki}^{Ic}=\Delta\pi_{k5}^{D}<0$。因此，零售商 k 更倾向于 CW 契约。

④在区间 $h\in[0,h_c)$，$h\in[h_c,h_b)$，$h\in[h_b,h_1)$，$h\in[h_1,h_{II})$，$h\in[h_{II},h_{III})$ 内分别讨论供应链的契约偏好，具体如下：

（a）在区间 $h\in[0,h_c)$ 内，供应链在 DW 契约和 CW 契约下的期望利润之差为：

$$\Delta\pi_{T5}^{A}=\Delta\pi_{Ti}^{Id}-\Delta\pi_{Ti}^{IIc}=\frac{176\mu_1\mu_2+191\mu_2^2-24\mu_1 h-412\mu_2 h-4004h^2}{28224b}$$

因为$\frac{\partial\Delta\pi_{T5}^{A}}{\partial h}=-\frac{6\mu_1+103\mu_2+2002h}{7056b}<0$，且有$\lim\limits_{h\to h_c}\Delta\pi_{T5}^{A}>0$，因此供应链在DW契约下更优。

（b）在区间$h\in[h_c,\ h_b)$内，供应链在DW契约和CW契约下的期望利润之差为：

$$\Delta\pi_{T5}^{B}=\pi_{Ti}^{Id}-\pi_{Tb}^{Ic}=\frac{192\mu_1^2-208\mu_1\mu_2+383\mu_2^2+4840\mu_1 h-11548\mu_2 h+12428h^2}{28224\text{b}}$$

$\Delta\pi_{T5}^{B}$关于h的一阶导为$\frac{\partial\Delta\pi_{T5}^{B}}{\partial h}=\frac{1210\mu_1-2887\mu_2+6214h}{7056\text{b}}<0$。因此，在区间$h\in[h_c,\ h_b)$内，$\Delta\pi_{T5}^{B}$随着$h$的增加而递减。因为$\Delta\pi_{T5\min}^{B}=\lim\limits_{h\to h_b}\Delta\pi_{T5}^{B}>0$，因此供应链在DW契约下更优。

（c）在区间$h\in[h_b,\ h_1)$内，供应链在DW契约和CW契约下的期望利润之差为$\Delta\pi_{T5}^{C}=\pi_{Ti}^{IId}-\pi_{Tb}^{Ic}=\Delta\pi_{T4}^{C}$。通过求解$\frac{\partial\Delta\pi_{T5}^{C}}{\partial h}=0$，可以得到$h_{T5}^{C}=h_{T4}^{C}$。由于$h_{T5}^{C}-h_1=\frac{206977\mu_1-161131\mu_2}{629140}$，我们讨论如下：

- 当$\mu_{bc}\leqslant\mu_2<\frac{206977\mu_1}{161131}$时，有$h_{T5}^{C}>h_1$，则$\Delta\pi_{T5}^{C}$随着$h$的增加而递减。又因为$\Delta\pi_{T5\min}^{C}=\lim\limits_{h\to h_1}\Delta\pi_{T4}^{C}$，则$\Delta\pi_{T5\min}^{C}$随着$\mu_2$的增加而递减。由于$\Delta\pi_{T5\min}^{C}(\mu_2=\mu_{bc})>0$且$\lim\limits_{\mu_2\to\frac{206977\mu_1}{161131}}\Delta\pi_{T5\min}^{C}<0$，存在着唯一的$\mu_{T5}'^{C}=\frac{(8165-1519\sqrt{19})\mu_1}{1422}$且满足$\Delta\pi_{T5\min}^{C}=0$。当$\mu_{bc}\leqslant\mu_2<\mu_{T5}'^{C}$时，$\Delta\pi_{T5}^{C}>0$，供应链在DW契约下更优。当$\mu_{T5}'^{C}\leqslant\mu_2<\frac{206977\mu_1}{161131}$时，存在着唯一的$h_{T5}'^{C}=\frac{-107593\mu_1+153439\mu_2}{629140}-\frac{217\sqrt{51841\mu_1^2-543766\mu_1\mu_2+475369\mu_2^2}}{629140}$且满足$\Delta\pi_{T5}^{C}=0$。因此，在区间$h\in[h_b,\ h_{T5}'^{C})$内，有$\Delta\pi_{T5}^{C}>0$，供应链在DW契约下更优；在区间$h\in[h_{T5}'^{C},\ h_1)$

内，有 $\Delta\pi_{T5}^{C}\leqslant 0$，供应链在 CW 契约下更优。

• 当$\frac{206977\mu_1}{161131}\leqslant\mu_2<\frac{36\mu_1}{19}$时，有 $h_{T5}^{C}\leqslant h_1$ 和 $h_b<h_{T5}^{C}$。因此，在区间 $h\in[h_b, h_1)$ 内，$\Delta\pi_{T5}^{C}$是关于 h 的凸函数。又因为$\lim\limits_{h\to h_1}\Delta\pi_{T5}^{C}<0$，$\Delta\pi_{T5}^{C}(h=h_b)<0$，供应链在 CW 契约下更优。

（d）在区间 $h\in[h_1, h_{II})$ 内，供应链在 DW 契约和 CW 契约下的期望利润之差为 $\Delta\pi_{T5}^{D}=\pi_{Ti}^{IId}-\pi_{Ti}^{Ic}=\Delta\pi_{T4}^{D}$。通过求解$\frac{\partial\Delta\pi_{T5}^{D}}{\partial h}=0$，可以得到 $h_{T5}^{D}=h_{T4}^{D}$。因为 $h_{T5}^{D}-h_{II}=\frac{232624\mu_1-206801\mu_2}{1248888}$，$h_{T5}^{D}-h_1=\frac{26648\mu_1-19007\mu_2}{73464}$，我们讨论如下：

• 当$\mu_{bc}\leqslant\mu_2<\frac{232624\mu_1}{206801}$时，$h_{T5}^{D}$、$h_{II}$和 h_1 的相对大小关系为 $h_{T5}^{D}>h_1>h_{II}$，在区间 $h\in[h_1, h_{II})$ 内，$\Delta\pi_{T5}^{D}$随着 h 的增加而递减。进一步得到 $\Delta\pi_{T5\max}^{D}=\Delta\pi_{T5}^{D}(h=h_1)=\frac{32106\mu_1^2-32660\mu_1\mu_2+2844\mu_2^2}{423801b}$和 $\Delta\pi_{T5\min}^{D}=\lim\limits_{h\to h_{II}}\Delta\pi_{T5}^{D}<0$。因此，存在着唯一的 $\mu_{T5}'^{D}=\mu_{T5}'^{C}$且满足 $\Delta\pi_{T5\max}^{D}=0$。当 $\mu_{bc}\leqslant\mu_2<\mu_{T5}'^{D}$时，存在着唯一的 $h_{T5}'^{D}=h_{T4}'^{D}$且满足 $\Delta\pi_{T5}^{D}=0$。在区间 $h\in[h_1, h_{T5}'^{D})$ 内，有 $\Delta\pi_{T5}^{D}>0$，供应链在 DW 契约下更优；在区间 $h\in[h_{T5}'^{D}, h_{II})$ 内，有 $\Delta\pi_{T5}^{D}\leqslant 0$，供应链在 CW 契约下更优。当 $\mu_{T5}'^{D}\leqslant\mu_2<\frac{232624\mu_1}{206801}$时，有 $\Delta\pi_{T5}^{D}<0$，供应链在 CW 契约下更优。

• 当$\frac{232624\mu_1}{206801}\leqslant\mu_2<\frac{26648\mu_1}{19007}$时，$h_{T5}^{D}$、$h_{II}$和 h_1 的相对大小关系为 $h_1<h_{T5}^{D}\leqslant h_{II}$。在区间 $h\in[h_1, h_{II})$ 内，$\Delta\pi_{T5}^{D}$是关于 h 的凸函数。由于 $\Delta\pi_{T5}^{D}(h=h_1)<0$，$\lim\limits_{h\to h_{II}}\Delta\pi_{T5}^{D}<0$，可得在区间 $h\in[h_1, h_{II})$ 内，有 $\Delta\pi_{T5}^{D}<0$，供应链在 CW 契约下更优。

• 当$\frac{26648\mu_1}{19007}\leqslant\mu_2<\frac{36\mu_1}{19}$时，$h_{T5}^{D}$、$h_{II}$和 h_1 的相对大小关系为 $h_{T5}^{D}\leqslant h_1<h_{II}$。在区间 $h\in[h_1, h_{II})$ 内，$\Delta\pi_{T5}^{D}$随着 h 的增加而递增。因为$\lim\limits_{h\to h_{II}}\Delta\pi_{T5}^{D}<0$，

因此供应链在 CW 契约下更优。

（e）在区间 $h \in [h_{II}, h_{III})$ 内，所有成员均偏好 CW 契约，因此供应链在 CW 契约下更优。

综合上述讨论，可得 $\mu_{bc} \leqslant \mu_2 < \frac{36\mu_1}{19}$ 时供应链成员对 DW 契约和 CW 契约的偏好，具体如下命题所示。同时，可知 $\mu_{g5}'^{C} < \mu_{g5}''^{C} < \mu_{s5}'^{C} < \mu_{k5}'^{C}$。

命题 17.3　当 $\mu_{bc} \leqslant \mu_2 < \frac{36\mu_1}{19}$ 时，供应链成员在区间 $h \in [0, h_{III})$ 内对两种契约的偏好如下。

1. 对于供应商而言，如果满足下列条件之一，则更倾向于 DW 契约；否则，更倾向于 CW 契约。

①$0 \leqslant h < h_b$；②$\mu_{bc} \leqslant \mu_2 < \mu_{s5}'^{C}$，$h_b \leqslant h < h_{s5}'^{D}$；③$\mu_{s5}'^{C} \leqslant \mu_2 < \frac{17\mu_1}{15}$，$h_b \leqslant h < h_{s5}'^{C}$。

2. 对于零售商 g 而言，如果满足下列条件之一，则更倾向于 DW 契约；否则，更倾向于 CW 契约。

①$0 \leqslant h < h_b$；②$\mu_{bc} \leqslant \mu_2 < \mu_{g5}'^{C}$，$h_b \leqslant h < h_{g5}'^{D}$；③$\mu_{g5}'^{C} \leqslant \mu_2 < \mu_{g5}''^{C}$，$h_b \leqslant h < h_{g5}'^{C}$。

3. 对于零售商 k 而言，如果满足下列条件之一，则更倾向于 DW 契约；否则，更倾向于 CW 契约。

①$\mu_{bc} \leqslant \mu_2 < \frac{26\mu_1}{25}$，$0 \leqslant h < h_c$；②$\frac{26\mu_1}{25} \leqslant \mu_2 < \mu_{2k}$，$h_{k5}'^{A} \leqslant h < h_c$；③$\mu_{bc} \leqslant \mu_2 < \mu_{k5}'^{C}$，$h_b \leqslant h < h_{k5}'^{D}$；④$\mu_{k5}'^{C} \leqslant \mu_2 < \frac{36\mu_1}{19}$，$h_b \leqslant h < h_{k5}'^{C}$。

4. 对于供应链而言，如果满足下列条件之一，则在 DW 契约下更优；否则，在 CW 契约下更优。

①$0 \leqslant h < h_b$；②$\mu_{bc} \leqslant \mu_2 < \mu_{T5}'^{C}$，$h_b \leqslant h < h_{T5}'^{C}$；③$\mu_{T5}'^{C} \leqslant \mu_2 < \frac{206977\mu_1}{161131}$，$h_b \leqslant h < h_{T5}'^{C}$。

接下来，设置如下参数来进行数值分析：$\mu_1 = 100$，$\mu_2 = 110$，$b = 0.01$。由此可得 $h_b = 1.61$，$h_{s5}'^{C} = 2.09$，$h_{k5}'^{C} = 8.28$。给定上述参数条件，图 17.5 显

示了供应链成员的期望利润在两种契约下随 h 的变化情况。因此，可以得到如下结论：①当 $0 \leqslant h < h'^{C}_{s5}$ 时，供应商更倾向于 DW 契约；②当 $0 \leqslant h < h_b$ 时，零售商 g 更倾向于 DW 契约；③当 $h_b \leqslant h < h'^{C}_{k5}$ 时，零售商 k 更倾向于 DW 契约。

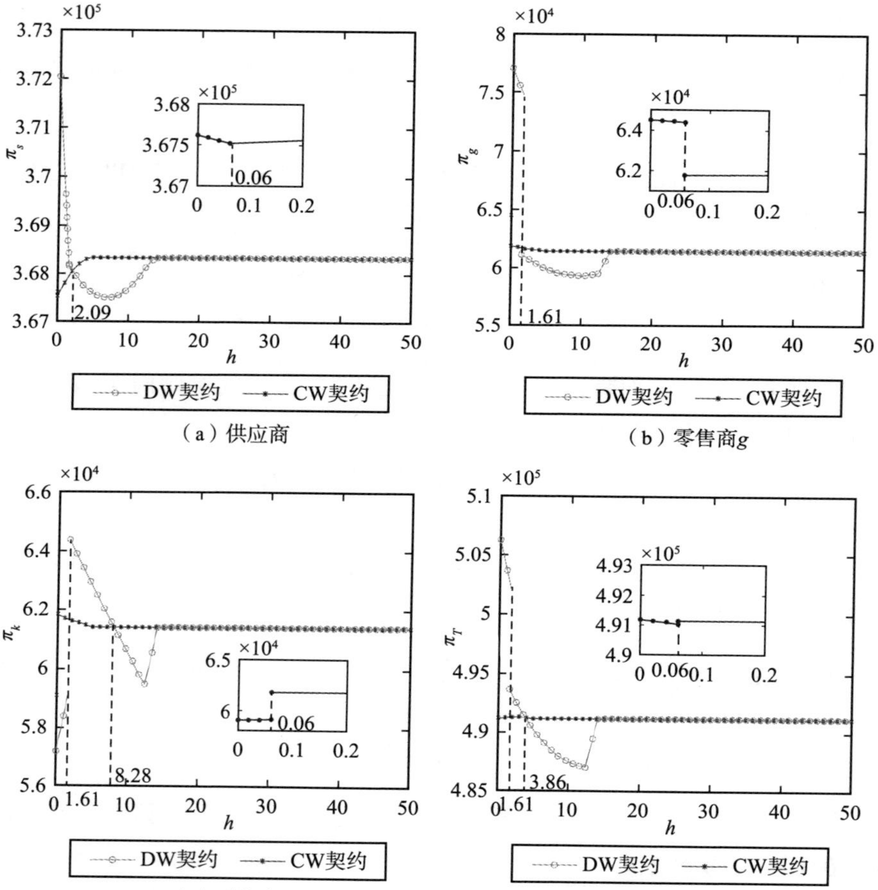

（a）供应商

（b）零售商g

（c）零售商k

（d）供应链

图 17.5 给定 $\mu_1 = 100$，$\mu_2 = 110$，$b = 0.01$，供应链成员期望利润随 h 的变化情况

命题 17.3 表明，至少存在着一种情况，其中所有成员都倾向于 DW 契约

（例如，当 $\mu_{bc} \leqslant \mu_2 < \frac{26\mu_1}{25}$ 和 $0 \leqslant h < h_c$ 同时成立时）。此外，至少存在着一种情况，其中所有成员都倾向于 CW 契约（例如，当 $\mu_{k5}'^{C} \leqslant \mu_2 < \frac{36\mu_1}{19}$ 和 $h_{k5}'^{C} \leqslant h < h_{III}$ 同时成立时）。此外，命题 17.3 展示了多样性的结论。我们以下面这种特殊情况为例来阐述其中的含义：给定 $\mu_{k5}'^{C} \leqslant \mu_2 < \frac{36\mu_1}{19}$ 和 $0 \leqslant h < h_b$，供应商和零售商 g 都更倾向于 DW 契约，而零售商 k 更倾向于 CW 契约。这是由以下几方面原因造成的：首先，供应商在 DW 契约下第一个销售周期中的最优批发价格低于其在 CW 契约下的最优批发价格，因此零售商 g 选择 DW 契约就可以以较低的批发价格订购两个销售周期所需要的产品数量，并在第二个销售周期销售跨期库存。其次，从零售商 k 的角度来看，由于没有跨期库存能力，不能避免价格风险。但是，零售商 k 可以在第一个销售周期开始之前获知两个批发价格，可以在 CW 契约下拥有比其在 DW 契约下更多的主动权，所以更倾向于 CW 契约。最后，由于 DW 契约下零售商在两个销售周期中的总订购量大于 CW 契约下的总订购量，因此供应商可能会在 DW 契约中获益更多，从而更倾向于 DW 契约。

（3）当 $\mu_2 \geqslant \frac{36\mu_1}{19}$ 时，h_b，h_{II}，h_{III}，h_c 和 h_1 的相对大小关系为 $h_c < h_b < h_{II} \leqslant h_1 < h_{III}$。接下来，进一步分析供应链成员对 DW 契约和 CW 契约的偏好。

①在区间 $h \in [0, h_c)$，$h \in [h_c, h_b)$，$h \in [h_b, h_{II})$，$h \in [h_{II}, h_1)$，$h \in [h_1, h_{III})$ 内分别分析供应商的契约偏好，具体如下：

（a）在区间 $h \in [0, h_c)$ 内，供应商在 DW 契约和 CW 契约下的期望利润之差为 $\Delta\pi_{s6}^{A} = \pi_{si}^{Id} - \pi_{si}^{IIc} = \Delta\pi_{s5}^{A} > 0$。因此，供应商更倾向于 DW 契约。

（b）在区间 $h \in [h_c, h_b)$ 内，供应商在 DW 契约和 CW 契约下的期望利润之差为 $\Delta\pi_{s6}^{B} = \Delta\pi_{s5}^{B}$。可得，在区间 $h \in [h_c, h_b)$ 内，$\Delta\pi_{s6}^{B}$ 随着 h 的增加而递减。因此，给定 $\mu_2 \geqslant \frac{36\mu_1}{19}$，有 $\Delta\pi_{s6}^{B}(h = h_c) > 0$ 和 $\Delta\pi_{s6}^{B}(h = h_b) < 0$。通过求解 $\Delta\pi_{s6}^{B} = 0$，可以得到 $h_{s6}'^{B} = \frac{-32\mu_1 + 71\mu_2}{130} - \frac{\sqrt{126\mu_1^2 - 616\mu_1\mu_2 + 854\mu_2^2}}{65}$。因

此，在区间 $h\in[h_c, h'^B_{s6})$ 内，$\Delta\pi^B_{s6}>0$，供应商更向于 DW 契约；在区间 $h\in[h_b, h'^B_{s6})$ 内，$\Delta\pi^B_{s6}\leqslant 0$，供应商更倾向于 CW 契约。

（c）在区间 $h\in[h_b, h_{II})$ 内，供应商在 DW 契约和 CW 契约下的期望利润之差为 $\Delta\pi^C_{s6}=\pi^{IId}_{si}-\pi^{Ic}_{sb}=\Delta\pi^C_{s5}$。通过求解 $\frac{\partial\Delta\pi^C_{s6}}{\partial h}=0$，可以得到 $h^C_{s6}=h^C_{s5}$。显然，$h_b<h^C_{s6}<h_{II}$。因此，在区间 $h\in[h_b, h_{II})$ 内，$\Delta\pi^C_{s6}$ 是关于 h 的凸函数。因为 $\lim\limits_{h\to h_{II}}\Delta\pi^C_{s6}<0$ 且 $\Delta\pi^C_{s6}(h=h_b)<0$，则供应商更倾向于 CW 契约。

（d）在区间 $h\in[h_{II}, h_1)$ 内，供应商在 DW 契约和 CW 契约下的期望利润之差为 $\Delta\pi^D_{s6}=\pi^{IVd}_{sb}-\pi^{Ic}_{sb}=-\frac{18\mu_1^2-48\mu_1\mu_2+31\mu_2^2+72\mu_1 h-96\mu_2 h+72h^2}{216b}$。可得，$\Delta\pi^D_{s6}$ 关于 h 的一阶导为 $\frac{\partial\Delta\pi^D_{s6}}{\partial h}=\frac{-3\mu_1+4\mu_2-6h}{9b}$。通过求解 $\frac{\partial\Delta\pi^D_{s6}}{\partial h}=0$，可以得到 $h^D_{s6}=\frac{-3\mu_1+4\mu_2}{6}>h_1$。因此，在区间 $h\in[h_{II}, h_1)$ 内，$\Delta\pi^D_{s6}$ 随着 h 的增加而递减。给定 $\mu_2\geqslant\frac{36\mu_1}{19}$，$\Delta\pi^D_{s6}(h=h_{II})<0$，供应商更倾向于 CW 契约。

（e）在区间 $h\in[h_1, h_{III})$ 内，供应商在 DW 契约和 CW 契约下的期望利润之差为 $\Delta\pi^E_{s6}=\pi^{IVd}_{sb}-\pi^{Ic}_{si}=\Delta\pi^E_{s5}<0$。因此，供应商更倾向于 CW 契约。

②在区间 $h\in[0, h_c)$，$h\in[h_c, h_b)$，$h\in[h_b, h_{II})$，$h\in[h_{II}, h_1)$，$h\in[h_1, h_{III})$ 内分别分析零售商 g 的契约偏好，具体如下：

（a）在区间 $h\in[0, h_c)$ 内，零售商 g 在 DW 契约和 CW 契约下的期望利润之差为 $\Delta\pi^A_{g6}=\pi^{Id}_{gi}-\pi^{IIc}_{gi}=\Delta\pi^A_{g5}>0$。因此，零售商 g 更倾向于 DW 契约。

（b）在区间 $h\in[h_c, h_b)$ 内，零售商 g 在 DW 契约和 CW 契约下的期望利润之差为 $\Delta\pi^B_{g6}=\pi^{Id}_{gi}-\pi^{Ic}_{gb}=\Delta\pi^B_{g5}$。通过求解 $\frac{\partial\Delta\pi^B_{g6}}{\partial h}=0$，可以得到 $h^B_{g6}=h^B_{g5}$。可以发现，给定 $\mu_2\geqslant\frac{36\mu_1}{19}$，有 $h^B_{g6}>h_b$。因此，在区间 $h\in[h_c, h_b)$ 内，$\Delta\pi^B_{g6}$ 随着 h 的增加而递减。给定 $\mu_2\geqslant\frac{36\mu_1}{19}$，有 $\Delta\pi^B_{g6}(h=h_b)>0$。因此，零售商 g 更倾向于 DW 契约。

（c）在区间 $h\in[h_b, h_{II})$ 内，零售商 g 在 DW 契约和 CW 契约下的期望

利润之差为 $\Delta\pi_{g6}^{C}=\pi_{gi}^{IId}-\pi_{gb}^{Ic}=\Delta\pi_{g5}^{C}$。通过求解$\frac{\partial\Delta\pi_{g6}^{C}}{\partial h}=0$，可以得到 $h_{g6}^{C}=\frac{-36353\mu_1+49067\mu_2}{183599}$。显然，$h_b<h_{g6}^{C}<h_{II}$。在区间 $h\in[h_b,\ h_{II})$ 内，$\Delta\pi_{g6}^{C}$是关于 h 的凸函数。因为 $\Delta\pi_{g6}^{C}(h=h_b)<0$ 且$\lim\limits_{h\to h_{II}}\Delta\pi_{g6}^{C}<0$，则零售商 g 更倾向于 CW 契约。

（d）在区间 $h\in[h_{II},\ h_1)$ 内，零售商 g 在 DW 契约和 CW 契约下的期望利润之差为 $\Delta\pi_{g6}^{D}=\pi_{gb}^{IVd}-\pi_{gb}^{Ic}=\frac{54\mu_1^2-60\mu_1\mu_2-5\mu_2^2+144\mu_1h-24\mu_2h+72h^2}{1296b}$。可得，$\Delta\pi_{g6}^{D}$关于 h 的一阶导为$\frac{\partial\Delta\pi_{g6}^{D}}{\partial h}=\frac{6\mu_1-\mu_2+6h}{54b}$。通过求解$\frac{\partial\Delta\pi_{g6}^{D}}{\partial h}=0$，可以得到 $h_{g6}^{D}=\frac{-6\mu_1+\mu_2}{6}$。显然，给定 $\mu_2\geqslant\frac{36\mu_1}{19}$，$h_{g6}^{D}<h_{II}$。因此，在区间 $h\in[h_{II},\ h_1)$ 内，$\Delta\pi_{g6}^{D}$随着 h 的增加而递增。给定 $\mu_2\geqslant\frac{36\mu_1}{19}$，有 $\Delta\pi_{g6\min}^{D}=\Delta\pi_{g5}^{D}$（$h=h_{II}$）$<0$。由于$\lim\limits_{h\to h_1}\Delta\pi_{g6}^{D}=\frac{\mu_2^2-12\mu_1\mu_2}{1296b}$，当$\frac{36\mu_1}{19}\leqslant\mu_2<12\mu_1$ 时，$\lim\limits_{h\to h_1}\Delta\pi_{g6}^{D}<0$；当 $\mu_2\geqslant12\mu_1$ 时，$\lim\limits_{h\to h_1}\Delta\pi_{g6}^{D}\geqslant0$。因此，当$\frac{36\mu_1}{19}\leqslant\mu_2<12\mu_1$ 时，$\Delta\pi_{g6}^{D}<0$，零售商 g 更倾向于 CW 契约；当 $\mu_2\geqslant12\mu_1$ 时，求解 $\Delta\pi_{g6}^{D}=0$，存在着唯一的 $h_{g6}'^{D}=\frac{-6\mu_1+\mu_2}{6}+\frac{\sqrt{36\mu_1^2+72\mu_1\mu_2+14\mu_2^2}}{12}$。因此，在区间 $h\in[h_{II},\ h_{g6}'^{D}]$ 内，$\Delta\pi_{g6}^{D}\leqslant0$，零售商 g 更倾向于 *CW* 契约；在区间 $h\in(h_{g6}'^{D},\ h_1)$ 内，$\Delta\pi_{g6}^{D}>0$，零售商 g 更倾向于 DW 契约。

（e）在区间 $h\in[h_1,\ h_{III})$ 内，零售商 g 在 DW 契约和 CW 契约下的期望利润之差为 $\Delta\pi_{g6}^{E}=\pi_{gb}^{IVd}-\pi_{gi}^{Ic}=\Delta\pi_{g4}^{E}$。通过求解$\frac{\partial\Delta\pi_{g6}^{E}}{\partial h}=0$，可以得到 $h_{g6}^{E}=\frac{-12\mu_1+7\mu_2}{12}$。由于 $h_{g6}^{E}-h_1=\frac{\mu_2-6\mu_1}{12}$，我们讨论如下：

- 当 $\mu_2>6\mu_1$ 时，h_{g6}^{E}、h_1 和 h_{III}的相对大小关系为 $h_1<h_{g6}^{E}<h_{III}$。因此，在区间 $h\in[h_1,\ h_{III})$ 内，$\Delta\pi_{g6}^{E}$是关于 h 的凸函数，且有 $\Delta\pi_{g6}^{E}(h=h_1)=$

$\frac{\mu_2^2-12\mu_1\mu_2}{1296b}$。当 $6\mu_1<\mu_2\leqslant 12\mu_1$ 时，$\Delta\pi_{g6}^{E}\leqslant 0$，零售商 g 更倾向于 CW 契约。当 $\mu_2>12\mu_1$ 时，$\Delta\pi_{g6}^{E}(h=h_1)>0$，通过求解 $\Delta\pi_{g6}^{E}=0$，在区间 $h\in[h_1,\ h_{III})$ 内，存在着唯一的 $h_{g6}'^{E}=\frac{-18\mu_1+7\mu_2}{12}$。在区间 $h\in[h_1,\ h_{g6}'^{E})$ 内，$\Delta\pi_{g6}^{E}>0$，零售商 g 更倾向于 DW 契约；在区间 $h\in[h_{g6}'^{E},\ h_{III})$ 内，$\Delta\pi_{g6}^{E}\leqslant 0$，零售商 g 更倾向于 CW 契约。

• 当 $\frac{36\mu_1}{19}\leqslant\mu_2\leqslant 6\mu_1$ 时，h_{g6}^{E}、h_1 和 h_{III} 的相对大小关系为 $h_{g6}^{E}\leqslant h_1<h_{III}$。因此，在区间 $h\in[h_1,\ h_{III})$ 内，$\Delta\pi_{g6}^{E}$ 随着 h 的增加而递增。因为 $\lim_{h\to h_{III}}\Delta\pi_{g6}^{D}=0$，则零售商 g 更倾向于 CW 契约。

③在区间 $h\in[0,\ h_c)$，$h\in[h_c,\ h_b)$，$h\in[h_b,\ h_{II})$，$h\in[h_{II},\ h_1)$，$h\in[h_1,\ h_{III})$ 内分别分析零售商 k 的契约偏好，具体如下：

（a）在区间 $h\in[0,\ h_c)$ 内，零售商 k 在 DW 契约和 CW 契约下的期望利润之差为 $\Delta\pi_{k6}^{A}=\pi_{ki}^{Id}-\pi_{ki}^{IIc}=\Delta\pi_{k5}^{A}<0$。因此，零售商 k 更倾向于 CW 契约。

（b）在区间 $h\in[h_c,\ h_b)$ 内，零售商 k 在 DW 契约和 CW 契约下的期望利润之差为 $\Delta\pi_{k6}^{B}=\pi_{ki}^{Id}-\pi_{kb}^{Ic}=\Delta\pi_{k5}^{B}$。在区间 $h\in[h_c,\ h_b)$ 内，$\Delta\pi_{k6}^{B}$ 随着 h 的增加而递增。给定 $\mu_2\geqslant\frac{36\mu_1}{19}$，$\lim_{h\to h_b}\Delta\pi_{k6}^{B}<0$，则零售商 k 更倾向于 CW 契约。

（c）在区间 $h\in[h_b,\ h_{II})$ 内，零售商 k 在 DW 契约和 CW 契约下的期望利润之差为 $\Delta\pi_{k6}^{C}=\pi_{ki}^{IId}-\pi_{kb}^{Ic}=\Delta\pi_{k5}^{C}$。通过求解 $\frac{\partial\Delta\pi_{k6}^{C}}{\partial h}=0$，得到 $h_{k6}^{C}=h_{k5}^{C}$。显然，$h_{k6}^{C}>h_b$。因此，可得 $h_{k6}^{C}-h_{II}=\frac{713713\mu_2}{4994124}-\frac{783587\mu_1}{832354}$。接下来，我们讨论如下：

• 当 $\mu_2\geqslant\frac{942\mu_1}{143}$ 时，有 $h_{k6}^{C}\geqslant h_{II}$。因此，在区间 $h\in[h_b,\ h_{II})$ 内，$\Delta\pi_{k6}^{C}$ 随着 h 的增加而递增。因为 $\lim_{h\to h_{II}}\Delta\pi_{k6}^{C}<0$，则零售商 k 更倾向于 CW 契约。

• 当 $\frac{36\mu_1}{19}\leqslant\mu_2<\frac{942\mu_1}{143}$ 时，有 $h_{k6}^{C}<h_{II}$。因此，在区间 $h\in[h_b,\ h_{II})$ 内，$\Delta\pi_{k6}^{C}$ 是关于 h 的凸函数。因为 $\Delta\pi_{k6}^{B}(h=h_{k6}^{B})<0$，零售商 k 更倾向于 CW 契约。

（d）在区间 $h\in[h_{II},\ h_1)$ 内，零售商 k 在 DW 契约和 CW 契约下的期望

利润之差为 $\Delta\pi_{k6}^{D}=\pi_{kb}^{IVd}-\pi_{kb}^{Ic}=\dfrac{54\mu_1^2-60\mu_1\mu_2-5\mu_2^2+144\mu_1 h-24\mu_2 h+72h^2}{1296\text{b}}$。由此可得，当 $\dfrac{36\mu_1}{19}\leqslant\mu_2<12\mu_1$ 时，零售商 k 更倾向于 CW 契约；当 $\mu_2\geqslant12\mu_1$ 时，通过求解 $\Delta\pi_{k6}^{D}=0$，存在着唯一的 $h_{k6}'^{D}=h_{g6}'^{D}$。因此，在区间 $h\in[h_{II},\ h_{k6}'^{D}]$ 内，$\Delta\pi_{k6}^{D}\leqslant0$，零售商 k 更倾向于 CW 契约；在区间 $h\in(h_{k6}'^{D},\ h_1)$ 内，$\Delta\pi_{k6}^{D}>0$，零售商 k 更倾向于 DW 契约。

（e）在区间 $h\in[h_1,\ h_{III})$ 内，零售商 k 在 DW 契约和 CW 契约下的期望利润之差为 $\Delta\pi_{k6}^{E}=\pi_{kb}^{IVd}-\pi_{ki}^{Ic}=\Delta\pi_{k5}^{D}$。通过求解 $\dfrac{\partial\Delta\pi_{k6}^{E}}{\partial h}=0$，可以得到 $h_{k6}^{E}=\dfrac{-12\mu_1+7\mu_2}{12}$。给定 $\mu_2\geqslant\dfrac{36\mu_1}{19}$，有 $h_{k6}^{E}<h_{III}$ 和 $h_{k6}^{E}-h_1=\dfrac{\mu_2-6\mu_1}{12}$。接下来，我们讨论如下：

- 当 $\dfrac{36\mu_1}{19}\leqslant\mu_2<6\mu_1$ 时，有 $h_{k6}^{E}<h_1<h_{III}$。因此，在区间 $h\in[h_1,\ h_{III})$ 内，$\Delta\pi_{k6}^{E}$ 随着 h 的增加而递增。因为 $\lim\limits_{h\to h_{III}}\Delta\pi_{k6}^{E}=0$，则零售商 k 更倾向于 CW 契约。

- 当 $\mu_2\geqslant6\mu_1$ 时，有 $h_1\leqslant h_{k6}^{E}<h_{III}$。因此，在区间 $h\in[h_1,\ h_{III})$ 内，$\Delta\pi_{k6}^{E}$ 是关于 h 的凸函数。进一步得到 $\lim\limits_{h\to h_{III}}\Delta\pi_{k6}^{E}=0$，$\Delta\pi_{k6}^{E}(h=h_1)=\dfrac{-12\mu_1\mu_2+\mu_2^2}{1296b}$。当 $6\mu_1\leqslant\mu_2<12\mu_1$ 时，在区间 $h\in[h_1,\ h_{III})$ 内，$\Delta\pi_{k6}^{E}<0$，零售商 k 更倾向于 CW 契约。当 $\mu_2\geqslant12\mu_1$ 时，存在着唯一的 $h_{k6}'^{E}=h_{g6}'^{E}$ 且满足 $\Delta\pi_{k6}^{E}=0$。因此，在区间 $h\in[h_1,\ h_{k6}'^{E})$ 内，$\Delta\pi_{k6}^{E}>0$，零售商 k 更倾向于 DW 契约；在区间 $h\in[h_{k6}'^{E},\ h_{III})$ 内，$\Delta\pi_{k6}^{E}\leqslant0$，零售商 k 更倾向于 CW 契约。

④在区间 $h\in[0,\ h_c)$，$h\in[h_c,\ h_b)$，$h\in[h_b,\ h_{II})$，$h\in[h_{II},\ h_1)$，$h\in[h_1,\ h_{III})$ 内分别分析供应链的契约偏好，具体如下：

（a）在区间 $h\in[0,\ h_c)$ 内，供应链在 DW 契约和 CW 契约下的期望利润之差为 $\Delta\pi_{T6}^{A}=\pi_{Ti}^{Id}-\pi_{Ti}^{IIc}=\Delta\pi_{T5}^{A}$。在区间 $h\in[0,\ h_c)$ 内，$\Delta\pi_{T6}^{A}$ 随着 h 的增加而递减。因为 $\lim\limits_{h\to h_c}\Delta\pi_{T6}^{A}>0$，则供应链在 DW 契约下更优。

（b）在区间 $h\in[h_c,\ h_b)$ 内，供应链在 DW 契约和 CW 契约下的期望

利润之差为 $\Delta\pi_{T6}^{B}=\pi_{Ti}^{Id}-\pi_{Tb}^{Ic}=\Delta\pi_{T5}^{B}$。通过求解$\frac{\partial\Delta\pi_{T6}^{B}}{\partial h}=0$，可以得到 $h_{T6}^{B}=\frac{2887\mu_2-1210\mu_1}{6214}$。显然，有 $h_{T6}^{B}>h_b$。因此，在区间 $h\in[h_c,\ h_b)$ 内，$\Delta\pi_{T6}^{B}$随着 h 的增加而递减。因为 $\Delta\pi_{T6}^{B}(h=h_c)>0$ 和$\lim\limits_{h\to h_b}\Delta\pi_{T6}^{B}<0$，通过求解 $\Delta\pi_{T6}^{B}=0$，存在着唯一的 $h_{T6}'^{B}=\frac{-1210\mu_1+2887\mu_2}{6214}-\frac{\sqrt{216889\mu_1^2-1585071\mu_1\mu_2+1786197\mu_2^2}}{3107}$。因此，在区间 $h\in[0,\ h_{T6}'^{B})$ 内，$\Delta\pi_{T6}^{B}>0$，供应链在 DW 契约下更优；在区间 $h\in[h_{T6}'^{B},\ h_b)$ 内，$\Delta\pi_{T6}^{B}\leqslant0$，供应链在 CW 契约下更优。

（c）区间 $h\in[h_b,\ h_{II})$ 内，所有成员都倾向于 CW 契约，所以供应链在 CW 契约下更优。

（d）在区间 $h\in[h_{II},\ h_1)$ 内，供应链在 DW 契约和 CW 契约下的期望利润之差为 $\Delta\pi_{T6}^{D}=\pi_{Tb}^{IVd}-\pi_{Tb}^{Ic}=-\frac{-42\mu_1\mu_2+49\mu_2^2+36\mu_1h-132\mu_2h+72h^2}{324b}$。$\Delta\pi_{T6}^{D}$关于 h 的一阶导为$\frac{\partial\Delta\pi_{T6}^{D}}{\partial h}=\frac{-(3\mu_1-11\mu_2+12h)}{27b}$。通过求解$\frac{\partial\Delta\pi_{T6}^{D}}{\partial h}=0$，可以得到 $h_{T6}^{D}=\frac{-3\mu_1+11\mu_2}{12}$。显然，有 $h_{T6}^{D}>h_1$。在区间 $h\in[h_{II},\ h_1)$ 内，$\Delta\pi_{T6}^{D}$随着 h 的增加而递增。因为$\lim\limits_{h\to h_1}\Delta\pi_{T6}^{D}<0$，供应链在 CW 契约下更优。

（e）在区间 $h\in[h_1,\ h_{III})$ 内，供应链在 DW 契约和 CW 契约下的期望利润之差为 $\Delta\pi_{T6}^{E}=\pi_{Tb}^{IVd}-\pi_{Ti}^{Ic}=\frac{(7\mu_2-12h)(6\mu_1-7\mu_2+12h)}{324b}$。$\Delta\pi_{T6}^{E}$关于 h 的一阶导为$\frac{\partial\Delta\pi_{T6}^{E}}{\partial h}=\frac{-2(3\mu_1-7\mu_2+12h)}{27b}$。通过求解$\frac{\partial\Delta\pi_{T6}^{E}}{\partial h}=0$，得到 $h_{T6}^{E}=\frac{-3\mu_1+7\mu_2}{12}$。显然，有 $h_{T6}^{E}>h_{III}$。在区间 $h\in[h_1,\ h_{III})$ 内，$\Delta\pi_{T6}^{E}$随着 h 的增加而递增。因为$\lim\limits_{h\to h_{III}}\Delta\pi_{T6}^{E}=0$，供应链在 CW 契约下更优。

根据上述讨论，我们定义如下关于单位库存持有成本的具体值：$h_{s6}'^{B}$，$h_{g6}'^{D}$，$h_{k6}'^{D}$，$h_{g6}'^{E}$，$h_{k6}'^{E}$。其中，$h_{s6}'^{B}<h_{g6}'^{D}=h_{k6}'^{D}$，$h_{g6}'^{E}=h_{k6}'^{E}$。进一步可以得到如下命题。

命题 17.4 当$\mu_2\geqslant\frac{36\mu_1}{19}$时，供应链成员在区间 $h\in[0,\ h_{III})$ 内对两种契

约的偏好如下：

1. 对于供应商而言，满足 $0 \leqslant h < h_{s6}'^{B}$，则更倾向于 DW 契约；否则，更倾向于 CW 契约。

2. 对于零售商 g 而言，如果满足下列条件之一，则更倾向于 DW 契约；否则，更倾向于 CW 契约。

①$0 \leqslant h < h_b$；②$\mu_2 \geqslant 12\mu_1$，$h_{g6}'^{D} < h < h_{g6}'^{E}$。

3. 对于零售商 k 而言，满足 $\mu_2 \geqslant 12\mu_1$ 和 $h_{k6}'^{D} < h < h_{k6}'^{E}$，则更倾向于 DW 契约；否则，更倾向于 CW 契约。

4. 对于供应链而言，满足 $0 \leqslant h < h_{T6}'^{B}$，则在 DW 契约下更优；否则，在 CW 契约下更优。

接下来，设定如下参数进行数值分析：$\mu_1 = 100$，$\mu_2 = 200$，$b = 0.01$。由此可得 $h_c = 2.32$，$h_b = 17.62$，$h_{s6}'^{B} = 10.67$。给定上述参数条件，图 17.6 显示了供应链成员期望利润在两种契约下随 h 的变化情况。进一步可以得到如下结论：①当 $0 \leqslant h < h_{s6}'^{B}$ 时，供应商更倾向于 DW 契约；②当 $0 \leqslant h < h_b$ 时，零售商 g 更倾向于 DW 契约；③零售商 k 更倾向于 CW 契约。在这样的参数条件下，当单位库存持有成本较高时，所有成员都更倾向于 CW 契约，即对 CW 契约达成一致协议。

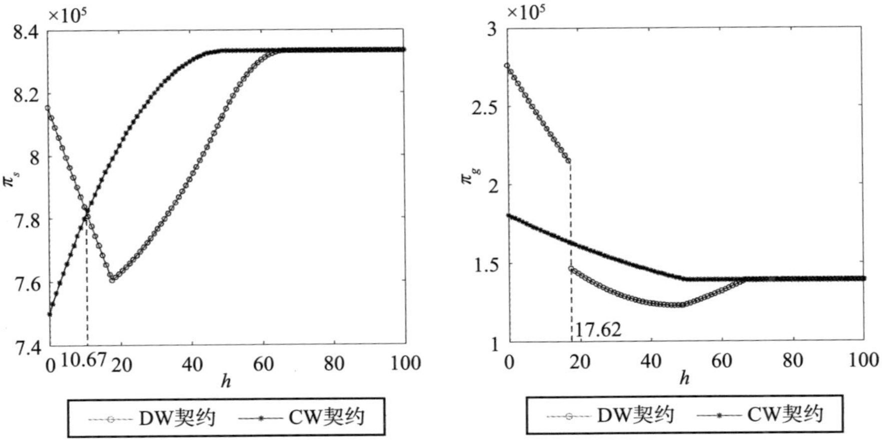

（a）供应商　　（b）零售商g

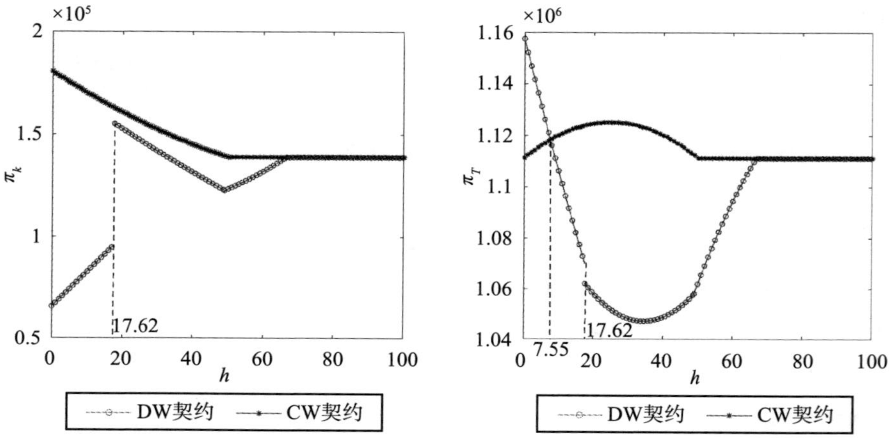

（c）零售商k　　（d）供应链

图 17.6　给定$\mu_1=100$，$\mu_2=200$，$b=0.01$，供应链成员期望利润随h的变化情况

命题 17.4 表明，当第二个销售周期中不确定需求均值的非常大$\left(\mu_2 \geqslant \frac{36\mu_1}{19}\right)$时，不存在一个单位库存持有成本的区间，使得所有成员都更倾向于 DW 契约。例如，给定一个相对较低的单位库存持有成本（$h \in [0, h_b)$），供应商和零售商g都更倾向于 DW 契约，而零售商k更倾向于 CW 契约。同时，至少存在着一个单位库存持有成本的区间（$h \in [h'^E_{g6}, h_{III})$），其中所有成员都更倾向于 CW 契约。

在表 17.4 中，给定不同的h值以及μ_1和μ_2的不同定义区间，我们总结了所有供应链成员的契约偏好。需要说明的是，这里忽略零售商g在两种契约下都不持有跨期库存的情况，因为此时供应链成员在 DW 契约下的决策与 CW 契约下的决策是相同的。根据表 17.4 中的总结和上述敏感性分析，可以得出如下结论：

1. 当单位库存持有成本h很高时，由于总成本的提高使得持有跨期库存变得不可行，因此 DW 契约和 CW 契约的效果是一样的，这与安纳德等（Anand et al.，2008）的研究结论类似。

2. 供应链成员对 DW 契约和 CW 契约的偏好是不同的，在μ_1和μ_2的不同定义区间内，每个成员的偏好随零售商的单位库存成本h的变化而变化。

3. 给定相对较低的单位库存持有成本 h，当 $\mu_2 \geqslant \mu_{2sI}$ 时，供应商和零售商 g 总是更倾向于 DW 契约，而零售商 k 在特定的 μ_1 和 μ_2 定义区间内可能更倾向于 CW 契约。例如，当 $\frac{26\mu_1}{25} \leqslant \mu_2 < \mu_{2k}$ 和 $0 \leqslant h < h'^{A}_{k5}$ 同时成立时，零售商 k 更倾向于 CW 契约。

4. 当第二个销售周期中不确定需求的均值小于或略高于第一个销售周期中不确定需求的均值（$\mu_{2sI} \leqslant \mu_2 < \mu_1$ 或 $\mu_1 \leqslant \mu_2 < \mu_{bc}$）时，如果单位持有成本相对较低，则所有成员可以就 DW 契约达成一致协议；但是，当第二个销售周期中不确定需求的均值大于第一个销售周期中不确定需求的均值（$\mu_2 \geqslant \mu_{bc}$）时，供应链成员之间很难达成一致协议。

第五节　零售商跨期库存能力的影响

根据本章第四节的讨论可以发现，当零售商 g 具有跨期库存能力时，给定不同的 h 值以及 μ_1 和 μ_2 的不同定义区间时，供应链成员会做出不同的均衡决策。本节进一步分析零售商 g 的跨期库存能力对供应链的影响。

首先，分析 DW 契约下零售商 g 的跨期库存能力对供应链成员的影响。这里，比较下列两种情况下供应链成员的期望利润：零售商没有跨期库存能力；零售商 g 具有跨期库存能力。

1. 当 $\mu_2 < \mu_{2sI}$ 时，零售商 g 的跨期库存能力对供应链成员的期望利润和供应链性能没有影响。

2. 当 $\mu_2 \geqslant \mu_{2sI}$ 时，讨论如下：

（1）当 $\mu_{2sI} \leqslant \mu_2 < \mu_1$ 时，讨论与命题 17.1 类似，这里给予省略。

（2）当 $\mu_1 \leqslant \mu_2 < \mu_{2sV}$ 时，讨论零售商 g 具有跨期库存能力对供应链成员期望利润和供应链性能的影响如下：

①在区间 $h \in [0, h_{II})$ 和 $h \in [h_{II}, h_{III})$ 内分析供应商的期望利润，具体如下：

（a）在区间 $h \in [0, h_{II})$ 内，供应商在两种情况下的期望利润之差为 $\Delta\pi_{sd} = \Delta\pi^{A}_{s2}$。显然，$\Delta\pi_{sd}$ 随着 h 的增加而递减。进一步得到 $\Delta\pi_{sd}(h=0) > 0$

和$\lim_{h \to h_{II}} \Delta\pi_{sd} < 0$。可以发现，存在着唯一的$h''^{A}_{s2} = \dfrac{5\mu_1 - 3\mu_2 + \sqrt{217}(\mu_1 - \mu_2)}{24}$且满足$\Delta\pi_{sd} = 0$。因此，在区间$h \in [0,\ h''^{A}_{s2})$内，有$\Delta\pi_{sd} > 0$。

（b）在区间$h \in [h_{II},\ h_{III})$内，可以得到供应商在零售商g具有跨期库存能力时的期望利润更低。

②在区间$h \in [0,\ h_{II})$和$h \in [h_{II},\ h_{III})$内分析零售商g的期望利润，具体如下：

（a）在区间$h \in [0,\ h_{II})$，零售商g在两种情况下的期望利润之差为$\Delta\pi_{gd} = \Delta\pi^{A}_{g2}$。显然，$\Delta\pi_{gd}$是关于$h$的凹函数。进一步得到$\Delta\pi_{gd}(h=0) > 0$和$\lim_{h \to h_{II}} \Delta\pi_{gd} < 0$。可以发现，存在着唯一的$h'^{A}_{g2}$且满足$\Delta\pi_{gd} = 0$。因此，在区间$h \in [0,\ h'^{A}_{g2})$内，有$\Delta\pi_{gd} > 0$。

（b）在区间$h \in [h_{II},\ h_{III})$内，可以得到零售商g在具有跨期库存能力时的期望利润更低。

③在区间$h \in [0$和$h_{II})$和$h \in [h_{II},\ h_{III})$内分析零售商k的期望利润，具体如下：

（a）在区间$h \in [0,\ h_{II})$内，零售商k在两种情况下的利润之差为$\Delta\pi_{kd} = \Delta\pi^{A}_{k2}$。显然，$\Delta\pi_{kd}$随着$h$的增加而递减。进一步得到$\Delta\pi_{kd}(h=0) > 0$和$\lim_{h \to h_{II}} \Delta\pi_{kd} < 0$。可以发现，存在着唯一的$h'^{A}_{k2}$且满足$\Delta\pi_{kd} = 0$。因此，在区间$h \in [0,\ h'^{A}_{k2})$内，有$\Delta\pi_{kd} > 0$。

（b）在区间$h \in [h_{II},\ h_{III})$内，可以得到零售商k在零售商g具有跨期库存能力时的期望利润更低。

④在区间$h \in [0,\ h_{II})$和$h \in [h_{II},\ h_{III})$内分析供应链的期望利润，具体如下：

（a）在区间$h \in [0,\ h_{II})$内，供应链在两种情况下的期望利润之差为$\Delta\pi_{Td} = \Delta\pi^{A}_{T2}$。显然，$\Delta\pi_{Td}$随着$h$的增加而递减。进一步得到$\Delta\pi_{Td}(h=0) > 0$和$\lim_{h \to h_{II}} \Delta\pi_{Td} < 0$。可以发现，存在着唯一的$h'^{A}_{T2}$且满足$\Delta\pi_{Td} = 0$。因此，在区间$h \in [0,\ h'^{A}_{T2})$内，有$\Delta\pi_{Td} > 0$。

（b）在区间$h \in [h_{II},\ h_{III})$内，因为零售商g具有跨期库存能力时，所有成员的期望利润均更低。因此，供应链的性能也更差。

（3）当 $\mu_2 \geqslant \mu_{2sV}$ 时，讨论零售商 g 具有跨期库存能力对供应链成员期望利润和供应链性能的影响如下：

①在区间 $h \in [0, h_b)$，$h \in [h_b, h_{II})$，$h \in [h_{II}, h_{III})$ 内分析供应商的期望利润，具体如下：

（a）在区间 $h \in [0, h_b)$ 内，供应商在两种情况下的期望利润之差为 $\Delta\pi_{sd}^{I} = \Delta\pi_{s4}^{A}$。显然，$\Delta\pi_{sd}^{I}$ 随着 h 的增加而递减。进一步得到 $\lim_{h \to h_b} \Delta\pi_{sd}^{I} < 0$ 和 $\Delta\pi_{sd}^{I}(h = 0) = \frac{-48\mu_1^2 + 80\mu_1\mu_2 - 31\mu_2^2}{672b}$。通过求解 $\Delta\pi_{sd}^{I}(h = 0) = 0$，可以得到 $\mu_2 = \frac{40 + 4\sqrt{7}}{31}\mu_1$。给定 $\mu_{2sV} \leqslant \mu_2 < \frac{40 + 4\sqrt{7}}{31}\mu_1$，有 $\Delta\pi_{sd}^{I}(h = 0) > 0$。通过求解 $\Delta\pi_{sd}^{I} = 0$，可以得到 $h_s' = \frac{4\mu_1}{3} + \frac{5\mu_2}{6} - \frac{\sqrt{28\mu_1^2 + 14\mu_2^2}}{3}$。因此，在区间 $h \in [0, h_s')$ 内，有 $\Delta\pi_{sd}^{I} > 0$。

（b）在区间 $h \in [h_b, h_{II})$ 内，讨论与命题 17.2 类似，这里给予省略。

（c）在区间 $h \in [h_{II}, h_{III})$ 内，供应商在两种情况下的期望利润之差为 $\Delta\pi_{sd}^{III} = \Delta\pi_{s3}^{D} < 0$。

②在区间 $h \in [0, h_b)$，$h \in [h_b, h_{II})$，$h \in [h_{II}, h_{III})$ 内分析零售商 g 的期望利润，具体如下：

（a）在区间 $h \in [0, h_b)$ 内，零售商 g 在两种情况下的期望利润之差为 $\Delta\pi_{gd}^{I} = \Delta\pi_{g4}^{A}$。显然，$\Delta\pi_{gd}^{I}$ 随着 h 的增加而递减。显然，有 $\Delta\pi_{gd}^{I} > 0$。

（b）在区间 $h \in [h_b, h_{II})$ 内，讨论与命题 17.2 类似，这里给予省略。

（c）在区间 $h \in [h_{II}, h_{III})$ 内，零售商 g 在两种情况下的期望利润之差为 $\Delta\pi_{gd}^{III} = \Delta\pi_{g3}^{D}$。给定 $\mu_2 \geqslant \frac{23}{6}\mu_1$，$\Delta\pi_{gd}^{III}$ 是关于 h 的凹函数。给定 $\mu_{2sV} \leqslant \mu_2 < \frac{23}{6}\mu_1$，$\Delta\pi_{gd}^{III}$ 随着 h 的增加而递减。进一步得到 $\Delta\pi_{gd}^{III}(h = h_{II}) = \frac{20\mu_1^2 - 23\mu_1\mu_2 + 3\mu_2^2}{867b}$ 和 $\lim_{h \to h_{III}} \Delta\pi_{gd}^{III} = 0$。可以发现，给定 $\mu_{2sV} \leqslant \mu_2 < \frac{20}{3}\mu_1$，在区间 $h \in [h_{II}, h_{III})$ 内，$\Delta\pi_{gd}^{III} > 0$ 总是成立；给定 $\mu_2 \geqslant \frac{20}{3}\mu_1$，在区间 $h \in$

$\left[h_{II},\ \frac{7\mu_2-18\mu_1}{12}\right)$内，有 $\Delta\pi_{gd}^{III}>0$。

③在区间 $h\in[0,\ h_b)$，$h\in[h_b,\ h_{II})$，$h\in[h_{II},\ h_{III})$ 内分析零售商 k 的期望利润，具体如下：

（a）在区间 $h\in[0,\ h_b)$ 内，零售商 k 在两种情况下的期望利润之差为 $\Delta\pi_{kd}^{I}=\Delta\pi_{k4}^{A}$。显然，$\Delta\pi_{kd}^{I}$随着 h 的增加而递增。进一步得到：

$$\Delta\pi_{kd}^{I}(h=0)=\frac{51\mu_1^2-8\mu_1\mu_2-41\mu_2^2}{1764b}$$

$$\lim_{h\to h_b}\Delta\pi_{kd}^{I}=\frac{1367668\mu_1^2-2488841\mu_1\mu_2-2980132\mu_2^2}{66389904b}+\frac{(12646\mu_1+11994\mu_2)\sqrt{62(50\mu_1^2-116\mu_1\mu_2+529\mu_2^2)}}{66389904b}$$

给定 $\mu_{2sV}\leqslant\mu_2<\frac{-4+7\sqrt{43}}{41}\mu_1$，在区间 $h\in[0,\ h_b)$ 内，$\Delta\pi_{kd}^{I}>0$ 总是成立。此外，存在着唯一的 μ'_{2k}且满足 $1367668\mu_1^2-2488841\mu_1\mu'_{2k}-2980132\mu'^2_{2k}+(12646\mu_1+11994\mu'_{2k})\sqrt{62(50\mu_1^2-116\mu_1\mu'_{2k}+529\mu'^2_{2k})}=0$。进一步得到，给定 $\frac{-4+7\sqrt{43}}{41}\mu_1\leqslant\mu_2<\mu'_{2k}$，存在着唯一的 $h'_k=\frac{\sqrt{3673\mu_1^2+9106\mu_1\mu_2+5145\mu_2^2}-67\mu_2-67\mu_1}{12}$且满足 $\Delta\pi_{kd}^{I}=0$。因此，在区间 $h\in[0,\ h'_k)$ 内，有 $\Delta\pi_{kd}^{I}>0$。

（b）在区间 $h\in[h_b,\ h_{II})$ 内，讨论与命题 17.2 类似，这里给予省略。

（c）在区间 $h\in[h_{II},\ h_{III})$ 内，零售商 k 在两种情况下的期望利润之差为 $\Delta\pi_{kd}^{III}=\Delta\pi_{gd}^{III}$。因此，可以得出如下结论：给定 $\mu_{2sV}\leqslant\mu_2<\frac{20}{3}\mu_1$，在区间 $h\in[h_{II},\ h_{III})$ 内，有 $\Delta\pi_{kd}^{III}>0$；给定$\mu_2\geqslant\frac{20}{3}\mu_1$，在区间 $h\in\left[h_{II},\ \frac{7\mu_2-18\mu_1}{12}\right)$内，有 $\Delta\pi_{kd}^{III}>0$。

④在区间 $h\in[0,\ h_b)$，$h\in[h_b,\ h_{II})$，$h\in[h_{II},\ h_{III})$ 内分析供应链的期望利润，具体如下：

（a）在区间 $h\in[0,\ h_b)$ 内，供应链在两种情况下的期望利润之差为

$\Delta\pi_{Td}^{I}=\Delta\pi_{T4}^{A}$。显然，$\Delta\pi_{Td}^{I}$随着 h 的增加而递减。进一步得到 $\Delta\pi_{Td}^{I}(h=0)>0$，以及

$$\lim_{h\to h_b}\Delta\pi_{Td}^{I}=\frac{706732\mu_1^2+1432655\mu_1\mu_2+17736286\mu_2^2}{66389904b}-\frac{(1274\mu_1+110918\mu_2)\sqrt{62(50\mu_1^2-116\mu_1\mu_2+529\mu_2^2)}}{66389904b}$$

因此，存在着唯一的μ_{2T}''且满足：

$$706732\mu_1^2+1432655\mu_1\mu_{2T}''+17736286\mu_{2T}''^2-(1274\mu_1+110918\mu_{2T}'')\sqrt{62(50\mu_1^2-116\mu_1\mu_{2T}''+529\mu_{2T}''^2)}=0$$

给定$\mu_{2sV}\leqslant\mu_2<\mu_{2T}''$，在区间 $h\in[0,\ h_b)$ 内，$\Delta\pi_{Td}^{A}>0$ 总是成立。给定$\mu_2\geqslant\mu_{2T}''$，存在着唯一的 $h_T'=\frac{701\mu_2-142\mu_1-2\sqrt{-3167\mu_1^2+40879\mu_1\mu_2+106477\mu_2^2}}{1026}$且满足 $\Delta\pi_{Td}^{I}=0$。因此，在区间 $h\in[0,\ h_T')$ 内，有 $\Delta\pi_{Td}^{I}>0$。

(b) 在区间 $h\in[h_b,\ h_{II})$ 内，讨论与命题 17.2 类似，这里给予省略。

(c) 在区间 $h\in[h_{II},\ h_{III})$ 内，供应链在两种情况下的期望利润之差为 $\Delta\pi_{Td}^{III}=\Delta\pi_{T3}^{D}$。显然，有 $\Delta\pi_{Td}^{III}\leqslant0$。

综合上述讨论，定义如下关于不确定需求均值和单位库存持有成本的特定取值：μ_{2s}'，μ_{2g}'，μ_{2g}''，μ_{2k}'，μ_{2T}'，μ_{2T}''，$h_{2s}''^{A}$，h_s'，h_k'，h_T'，进一步得到如下命题。

命题 17.5　在 DW 契约下，当零售商 g 具有跨期库存能力时，供应链成员的性能比较如下：

1. 如果满足下列条件之一，零售商 g 具有跨期库存能力对供应商而言是有利的。

①$\mu_{2sI}\leqslant\mu_2<\mu_1$，$0\leqslant h<h_{s2}'^{A}$；②$\mu_1\leqslant\mu_2<\mu_{2s}'$，$0\leqslant h<h_{s2}''^{A}$；③$\mu_{2s}'\leqslant\mu_2<\frac{40+4\sqrt{7}}{31}\mu_1$，$0\leqslant h<h_s'$。

2. 如果满足下列条件之一，零售商 g 具有跨期库存能力对其自身而言是有利的。

①$\mu_{2sI}\leqslant\mu_2<\mu_{g2}^{A}$，$0\leqslant h<h_{aI}$；②$\mu_{g2}^{A}\leqslant\mu_2<\mu_{2g}'$，$0\leqslant h<h_{g2}''^{A}$；③$\mu_{g2}^{A}\leqslant\mu_2<$

μ_1，$h''^{A}_{g2} < h < h_{aI}$；④$\mu_2 \geqslant \frac{20\mu_1}{3}$，$h_b \leqslant h < \frac{7\mu_2 - 18\mu_1}{12}$；⑤$\mu''_{2g} \leqslant \mu_2 < \frac{20}{3}\mu_1$，$h_b \leqslant h < h'^{A}_{g2}$；⑥$\mu_2 \geqslant \mu'_{2g}$，$0 \leqslant h < h_b$。

3. 如果满足下列条件之一，零售商 g 具有跨期库存能力对零售商 k 而言是有利的。

①$\mu_{2sI} \leqslant \mu_2 < \mu_{2sV}$，$0 \leqslant h < h'^{A}_{k2}$；②$\mu_{2sV} \leqslant \mu_2 < \frac{20\mu_1}{3}$，$h_b \leqslant h < h'^{A}_{k2}$；③$\mu_2 \geqslant \frac{20\mu_1}{3}$，$h_b \leqslant h < \frac{7\mu_2 - 18\mu_1}{12}$；④$\mu_{2sV} \leqslant \mu_2 < \frac{-4+7\sqrt{43}}{41}\mu_1$，$0 \leqslant h < h_b$；⑤$\frac{-4+7\sqrt{43}}{41}\mu_1 \leqslant \mu_2 < \mu'_{2k}$，$h'_k \leqslant h < h_b$。

4. 如果满足以下条件之一，零售商 g 具有跨期库存能力对供应链整体而言是有利的。

①$\mu_{2sI} \leqslant \mu_2 < \mu^{A}_{T2}$，$0 \leqslant h < h_{aI}$；②$\mu^{A}_{T2} \leqslant \mu_2 < \mu_{2sV}$，$0 \leqslant h < h'^{A}_{T2}$；③$\mu^{A}_{T2} \leqslant \mu_2 < \mu_1$，$h''^{A}_{T2} \leqslant h < h_{aI}$；④$\mu_{2sV} \leqslant \mu_2 < \mu'_{2T}$，$h_b \leqslant h < h'^{A}_{T2}$；⑤$\mu_{2sV} \leqslant \mu_2 < \mu''_{2T}$，$0 \leqslant h < h_b$；⑥$\mu_2 \geqslant \mu''_{2T}$，$0 \leqslant h < h'_T$。

命题 17.5 表明，在 DW 契约下，当零售商 g 具有跨期库存能力时，总是存在着一些特殊条件，其中所有成员的性能均能得到提升，因此供应链性能更优（例如，当 $\mu_{2sV} \leqslant \mu_2 < \frac{-4+7\sqrt{43}}{41}\mu_1$ 和 $h \in [0, \min\{h''^{A}_{s2}, h'^{A}_{g2}, h'^{A}_{k2}\})$ 同时成立时）。这是因为，在 DW 契约下，供应商在每个销售周期开始之前依次公布批发价格，当零售商 g 具有跨期库存能力时，可以通过持有跨期库存来迫使供应商降低第二个销售周期中的批发价格，同时也可能降低供应商在第一个销售周期中的批发价格。这可以使得零售商 g 和零售商 k 都能从中受益。从供应商的角度出发，与零售商没有跨期库存能力相比，当零售商 g 具有跨期库存能力时，尤其是单位库存持有成本相对较低时，两个零售商的总订购量可能会增加。因此，如果需求增加所带来的收益大于批发价格降低所带来的损失，则供应商仍然可能获得更多的收益。值得注意的是，当零售商 g 具有跨期库存能力时，即使供应商在一定条件下可能会遭受利润损失，也无法防止这种情况发生。这表明，跨期库存在限制供应商市场支配力方面起

着至关重要的作用。表 17.9 总结了 DW 契约下零售商 g 跨期库存能力对供应链成员性能的影响。类似地，我们忽略零售商 g 即使具有跨期库存能力也没有持有跨期库存的情况，因为此时供应链成员的决策与零售商 g 没有跨期库存能力时的决策相同。

表 17.9　　DW 契约下零售商 g 跨期库存能力对供应链成员性能的影响

类别	条件		影响
供应商	$\mu_{2sI} \leqslant \mu_2 < \mu_1$	$0 \leqslant h < h_{s2}'^{A}$	✓
		$h_{s2}'^{A} \leqslant h < h_{aI}$	⊕
	$\mu_1 \leqslant \mu_2 < \mu_{2s}'$	$0 \leqslant h < h_{s2}''^{A}$	✓
		$h_{s2}''^{A} \leqslant h < h_{III}$	⊕
	$\mu_{2s}' \leqslant \mu_2 < \frac{40+4\sqrt{7}}{31}\mu_1$	$0 \leqslant h < h_s'$	✓
		$h_s' \leqslant h < h_{III}$	⊕
	$\mu_2 \geqslant \frac{40+4\sqrt{7}}{31}\mu_1$	$0 \leqslant h < h_{III}$	⊕
零售商 g	$\mu_{2sI} \leqslant \mu_2 < \mu_{g2}^{A}$	$0 \leqslant h < h_{aI}$	✓
	$\mu_{g2}^{A} \leqslant \mu_2 < \mu_1$	$0 \leqslant h < h_{g2}'^{A}$	✓
		$h_{g2}'^{A} \leqslant h < h_{g2}''^{A}$	⊕
		$h_{g2}''^{A} \leqslant h < h_{aI}$	✓
	$\mu_1 \leqslant \mu_2 < \mu_{2sV}$	$0 \leqslant h < h_{g2}'^{A}$	✓
		$h_{g2}'^{A} \leqslant h < h_{III}$	⊕
	$\mu_{2sV} \leqslant \mu_2 < \frac{20}{3}\mu_1$	$0 \leqslant h < h_{g3}'$	✓
		$h_{g3}' \leqslant h < h_{II}$	⊕
		$h_{II} \leqslant h < h_{III}$	✓
	$\mu_2 \geqslant \frac{20}{3}\mu_1$	$0 \leqslant h < h_{g3}'$	✓
		$h_{g3}' \leqslant h < h_{II}$	⊕
		$h_{II} \leqslant h < \frac{7\mu_2 - 8\mu_1}{12}$	✓
		$\frac{7\mu_2 - 8\mu_1}{12} \leqslant h < h_{III}$	⊕

续表

类别	条件		影响
零售商 k	$\mu_{2sI} \leqslant \mu_2 < \mu_1$	$0 \leqslant h < h_{k2}^{\prime A}$	✓
		$h_{k2}^{\prime A} \leqslant h < h_{aI}$	⊕
	$\mu_1 \leqslant \mu_2 < \mu_{2sV}$	$0 \leqslant h < h_{k2}^{\prime A}$	✓
		$h_{k2}^{\prime A} \leqslant h < h_{III}$	⊕
	$\mu_{2sv} \leqslant \mu_2 < \frac{-4+7\sqrt{43}}{41}\mu_1$	$0 \leqslant h < h_{k3}^{\prime C}$	✓
		$h_{k3}^{\prime C} \leqslant h < h_{II}$	⊕
		$h_{II} \leqslant h < h_{III}$	✓
	$\frac{-4+7\sqrt{43}}{41}\mu_1 \leqslant \mu_2 < \mu_{2k}^{\prime}$	$0 \leqslant h < h_k^{\prime}$	✓
		$h_k^{\prime} \leqslant h < h_b$	⊕
		$h_b \leqslant h < h_{k3}^{\prime C}$	✓
		$h_{k3}^{\prime C} \leqslant h < h_{II}$	⊕
		$h_{II} \leqslant h < h_{III}$	✓
	$\mu_{2k}^{\prime} \leqslant \mu_2 < \frac{20}{3}\mu_1$	$0 \leqslant h < h_b$	⊕
		$h_b \leqslant h < h_{k3}^{\prime C}$	✓
		$h_{k3}^{\prime C} \leqslant h < h_{II}$	⊕
		$h_{II} \leqslant h < h_{III}$	✓
	$\mu_2 \geqslant \frac{20}{3}\mu_1$	$0 \leqslant h < h_b$	⊕
		$h_b \leqslant h < h_{k3}^{\prime C}$	✓
		$h_{k3}^{\prime C} \leqslant h < h_{II}$	⊕
		$h_{II} \leqslant h < \frac{7\mu_2 - 8\mu_1}{12}$	✓
		$\frac{7\mu_2 - 8\mu_1}{12} \leqslant h < h_{III}$	⊕

续表

类别	条件		影响
供应链	$\mu_{2sI} \leqslant \mu_2 < \mu_{T2}^A$	$0 \leqslant h < h_{aI}$	✓
	$\mu_{T2}^A \leqslant \mu_2 < \mu_1$	$0 \leqslant h < h_{T2}'^A$	✓
		$h_{T2}'^A \leqslant h < h_{T2}''^A$	⊕
		$h_{T2}''^A \leqslant h < h_{aI}$	✓
	$\mu_1 \leqslant \mu_2 < \mu_{2sV}$	$0 \leqslant h < h_{T2}'^A$	✓
		$h_{T2}'^A \leqslant h < h_{III}$	⊕
	$\mu_2 \geqslant \mu_{2sV}$	$0 \leqslant h < h_T'$	✓
		$h_T' \leqslant h < h_b$	⊕
		$h_b \leqslant h < h_{T3}'^C$	✓
		$h_{T3}'^C \leqslant h < h_{III}$	⊕

注："✓"表示在 DW 契约下，零售商 g 具有跨期库存能力时供应链成员的性能更优；"⊕"表示零售商没有跨期库存能力时供应链成员的性能更优。

接下来，我们研究 CW 契约下零售商 g 跨期库存能力对供应链成员的影响。重点比较了下列两种情况下所有供应链成员的期望利润：零售商没有跨期库存能力；零售商 g 具有跨期库存能力。

1. 当 $\mu_2 < \mu_1$ 时，零售商 g 跨期库存能力对供应链成员的期望利润和供应链的性能没有影响。

2. 当 $\mu_2 \geqslant \mu_1$ 时，我们讨论如下：

（1）当零售商 g 具有跨期库存能力时，在区间 $h \in [0, h_1)$ 内，供应商的期望利润相对于零售商 g 没有跨期库存能力时更低，而零售商 g 的期望利润更高。

（2）在区间 $h \in [0, h_c)$ 和 $h \in [h_c, h_1)$ 内分析零售商 k 的期望利润，具体如下：

①在区间 $h \in [0, h_c)$ 内，零售商 k 在两种情况下的期望利润之差为 $\Delta\pi_{kc} = \dfrac{58h^2 + 60h\mu_1 + 80h\mu_2 + 51\mu_1^2 - 60\mu_1\mu_2 + 9\mu_2^2}{1764b}$。可以发现，$\Delta\pi_{kc}$ 随着 h 的增加而递增。并且，可以得到：

$$\Delta\pi_{kc}(h=0)=\frac{51\mu_1^2-60\mu_1\mu_2+9\mu_2^2}{1764b}$$

$$\lim_{h\to h_c}\Delta\pi_{kc}=\frac{1934\mu_1^2-3288\mu_1\mu_2+2817\mu_2^2-(44\mu_1+165\mu_2)\sqrt{7(4\mu_1^2-24\mu_1\mu_2+27\mu_2^2)}}{81648b}$$

给定 $\mu_2>\frac{17}{3}\mu_1$，有 $\Delta\pi_{kc}(h=0)>0$。因此，在区间 $h\in[0, h_c)$ 内，有 $\Delta\pi_{kc}>0$。

给定 $\mu_1<\mu_2\leqslant\frac{17}{3}\mu_1$，有 $\Delta\pi_{kc}(h=0)\leqslant0$。通过求解 $\lim\limits_{h\to h_c}\Delta\pi_{kc}=0$，存在着唯一的 μ''_{2k} 且由下式决定：

$$1934\mu_1^2-3288\mu_1\mu''_{2k}+2817\mu''^2_{2k}-(44\mu_1+165\mu''_{2k})\sqrt{7(4\mu_1^2-24\mu_1\mu''_{2k}+27\mu''^2_{2k})}=0$$

给定 $\mu_1\leqslant\mu_2<\mu''_{2k}$，有 $\lim\limits_{h\to h_c}\Delta\pi_{kc}<0$。因此，在区间 $h\in[0, h_c)$ 内，$\Delta\pi_{kc}<0$ 总是成立。

给定 $\mu''_{2k}<\mu_2\leqslant\frac{17}{3}\mu_1$，有 $\lim\limits_{h\to h_c}\Delta\pi_{kc}\geqslant0$。通过求解 $\Delta\pi_{kc}=0$，存在着唯一的 $h''_k=\frac{-40\mu_2-30\mu_1+7\sqrt{2(-21\mu_1^2+60\mu_1\mu_2+11\mu_2^2)}}{58}$。因此，在区间 $h\in[h''_k, h_c)$ 内，有 $\Delta\pi_{kc}>0$。

②在区间 $h\in[h_c, h_1)$ 内，当零售商 g 具有跨期库存能力时，零售商 k 的期望利润更高。

（3）在区间 $h\in[0, h_c)$ 和 $h\in[h_c, h_1)$ 内分析供应链的期望利润，具体如下：

①在区间 $h\in[0, h_c)$ 内，供应链在两种情况下的期望利润之差为 $\Delta\pi_{kc}=\frac{635h^2+108h\mu_1-500h\mu_2+12\mu_1^2-24\mu_1\mu_2+12\mu_2^2}{1764b}$。可以发现，$\Delta\pi_{kc}$ 随着 h 的增加而递减。进一步得到，$\Delta\pi_{kc}(h=0)\geqslant0$ 和 $\lim\limits_{h\to h_c}\Delta\pi_{kc}\leqslant0$。通过求解 $\Delta\pi_{kc}=0$，存在着唯一的 $h''_T=\frac{50\mu_2}{127}-\frac{54\mu_1}{635}-\frac{28\sqrt{-6\mu_1^2-15\mu_1\mu_2+70\mu_2^2}}{635}$。因此，在区间 $h\in[0, h''_T)$ 内，有 $\Delta\pi_{kc}\geqslant0$。

②在区间 $h\in[h_c, h_1)$ 内，当零售商 g 具有跨期库存能力时，供应链的

性能更优。

综合上述分析，定义如下关于不确定需求均值和单位库存持有成本的具体取值：μ''_{2k}，h''_k，h''_T。进一步得到如下命题。

命题 17.6　在 CW 契约下，当零售商 g 具有跨期库存能力时，供应链成员的性能比较如下：

1. 零售商 g 具有跨期库存能力对供应商而言是不利的。

2. 零售商 g 具有跨期库存能力对其自身而言是有利的。

3. 如果满足以下条件之一，零售商 g 具有跨期库存能力对零售商 k 而言是有利的。

①$\mu''_{2k} \leqslant \mu_2 < \frac{17}{3}\mu_1$，$h''_k \leqslant h < h_c$；②$\mu_2 \geqslant \frac{17}{3}\mu_1$，$0 \leqslant h < h_c$；③$h_c \leqslant h < h_1$。

4. 当 $0 \leqslant h < h''_T$ 或 $h_c \leqslant h < h_1$ 时，零售商 g 具有跨期库存能力对供应链而言是有利的。

命题 17.6 表明，当零售商 g 具有跨期库存能力时，存在一些特殊条件，其中两个零售商的性能均变得更好。但是，不同于 DW 契约中的结论，供应商的性能变得更差。这是因为，在 CW 契约下，供应商在第一个销售周期开始之前就给出了两个销售周期中的批发价格，这样两个零售商就可以做出比其在 DW 契约下更合理的应对策略。特别是，如果第二个销售周期中的批发价格相对较高，零售商 g 可以通过跨期库存决策，减少由于批发价格增加而带来的损失。总之，当零售商 g 具有跨期库存能力时，供应商很难在 CW 契约下获得最优的期望利润。因此，零售商 g 的跨期库存能力显著降低了供应商的垄断能力。表 17.10 总结了 CW 契约下零售商 g 具有跨期库存能力和没有跨期库存能力这两种情况下供应链成员的性能比较结果。

表 17.10　　CW 契约下零售商 g 跨期库存能力对供应链成员性能的影响

类别	条件		影响
供应商	$\mu_2 \geqslant \mu_1$	$0 \leqslant h < h_1$	⊕
零售商 g	$\mu_2 \geqslant \mu_1$	$0 \leqslant h < h_1$	○

续表

类别	条件		影响
零售商 k	$\mu_1 \leqslant \mu_2 < \mu''_{2k}$	$0 \leqslant h < h_c$	⊕
		$h_c \leqslant h < h_1$	○
	$\mu''_{2k} \leqslant \mu_2 < \frac{7}{13}\mu_1$	$0 \leqslant h < h''_k$	⊕
		$h''_k \leqslant h < h_c$	○
		$h_c \leqslant h < h_1$	○
	$\mu_2 \geqslant \frac{7}{13}\mu_1$	$0 \leqslant h < h_1$	○
供应链	$\mu_2 \geqslant \mu_1$	$0 \leqslant h < h''_T$	○
		$h''_T \leqslant h < h_c$	⊕
		$h_c \leqslant h < h_1$	○

注："○"表示在 CW 契约下，零售商 g 具有跨期库存能力时供应链成员的性能更优；"⊕"表示当零售商没有跨期库存能力时供应链成员的性能更优。

第六节　本章小结

本章分析了综合考虑需求不确定和零售商竞争影响时的跨期库存决策模型。其中，假设同一市场中存在着两个零售商，即零售商 g 和零售商 k，且只有零售商 g 具有跨期库存能力。同时，提出了 DW 契约和 CW 契约这两种契约方案，并结合两个销售周期中市场需求均值之间的大小关系，求解了每种契约下的精炼纳什均衡。在此基础上，同时考虑跨期库存的单位库存持有成本和两周期随机需求均值的影响，讨论了供应链成员的契约偏好。进一步研究了零售商 g 的跨期库存能力对供应链的影响。本章的主要结论具体如下：

1. 当第二个销售周期的不确定需求均值相对较大时，给定一个单位库存持有成本区间，零售商 g 在两种契约下均愿意持有跨期库存；而当第二个销售周期的不确定需求均值足够小时，零售商 g 在两种契约下均不愿意持有跨期库存。

2. 供应链成员的契约偏好是有差异的。在大多数情况下，如果单位库存持有成本相对较低，则供应商和零售商 g 均更倾向于 DW 契约。当第二个销售周期的不确定需求均值足够大时，如果单位库存持有成本相对较低，则零售商 k 更倾向于 CW 契约。此外，本章得到了一个反直觉的结论，即第二个销售周期的不确定需求均值相对较小（$\mu_{g2}^{A} \leqslant \mu_2 < \mu_1$）时，给定一个较高或较低的单位库存持有成本，零售商 g 更倾向于 DW 契约；但是给定一个单位库存持有成本的中间值，零售商 g 更倾向于 CW 契约。同时，存在着一些特殊情况，其中所有成员均偏好相同的契约，此时他们可以对契约的选择达成一致协议。

3. 在两种契约下，零售商 g 的跨期库存能力会对所有成员的期望利润带来影响。在 DW 契约下，存在着一定的条件，其中零售商 g 的跨期库存能力对所有成员均有利。而在 CW 契约下，零售商 g 的跨期库存能力对供应商总是不利的，但存在着一定的条件使得两个零售商均受益。

总体来看，本章研究工作的主要贡献为：

1. 本章将需求不确定和零售商竞争这两个特性关联到供应链跨期库存决策模型中，并且直面了不同企业可能拥有不同跨期库存能力的情况，这使得本章的研究更加贴近实际。

2. 本章在新的供应链运作环境下对比研究了 DW 契约和 CW 契约，并且综合考虑单位库存持有成本和两个销售周期中的不确定需求均值，获得了供应链成员对两种契约的所有可能偏好。基于本研究，企业可以较为容易地根据所处供应链的成本结构、市场需求和竞争结构等实际情况找到适合自身的最优契约方案。

3. 通过详细的比较研究，强调了零售商跨期库存能力对供应链的影响。对比分析了所有成员在以下两种情况下的期望利润：没有零售商具有跨期库存能力；只有一个零售商具有跨期库存能力。本章的研究可以为供应链实践提供一个新的管理视角，即零售商的跨期库存能力在不同的契约方案下对供应链成员的影响是不同的。

本篇参考文献

[1] Anand K, Anupindi R, Bassok Y. Strategic inventories in vertical contracts [J]. Management Science, 2008, 54 (10): 1792 – 1804.

[2] Arya A, Frimor H, Mittendorf B. Decentralized procurement in light of strategic inventories [J]. Management Science, 2015, 61 (3): 578 – 585.

[3] Arya A, Mittendorf B. Managing strategic inventories via manufacturer-to-consumer rebates [J]. Management Science, 2013, 59 (4): 813 – 818.

[4] Aviv Y, Pazgal A. Optimal pricing seasonal products in the presence of forward-looking consumers [J]. Manufacturing & Service Operations Management, 2008, 10 (3): 339 – 359.

[5] Bai Q, Xu J, Chauhan S S. Effects of sustainability investment and risk aversion on a two-stage supply chain coordination under a carbon tax policy [J]. Computers and Industrial Engineering, 2020, 142: 106324.

[6] Basiri Z, Heydari J. A mathematical model for green supply chain coordination with substitutable products [J]. Journal of Cleaner Production, 2017, 145: 232 – 249.

[7] Bazhanov A, Levin Y, Nediak M. Resale price maintenance with strategic customers [J]. Production and Operations Management, 2019, 28 (3): 535 – 549.

[8] Cachon G P, Feldman P. Price commitments with strategic consumers: Why it can be optimal to discount more frequently than optimal [J]. Manufacturing & Service Operations Management, 2015, 17 (3): 399 – 410.

[9] Cai J, Wang L, Han Y, et al. Advance order strategies: Effects on competition structure in a two-echelon supply chain [J]. Applied Mathematics Modelling, 2010, 34: 2465 - 2476.

[10] Cai J, Zhou Q, Sun J, et al. Competition model and coordination mechanism considering strategic customer behavior under vendor managed inventory [J]. International Transactions in Operational Research, 2021, 28 (5): 2782 - 2809.

[11] Cao E, Wan C, Lai M. Coordination of a supply chain with one manufacturer and multiple competing retailers under simultaneous demand and cost disruptions [J]. International Journal of Production Economics, 2013, 141: 425 - 433.

[12] Cao X, Wang Y, Xue F, et al. Coordination strategies for dual-channel supply chain of fresh agricultural products considering the fresh-keeping effort of supplier [J]. Chinese Journal of Management Science, 2021, 29 (3): 109 - 118.

[13] Cheaitou A, Delft C, Dallery Y, et al. Two-period production planning and inventory control [J]. International Journal of Production Economics, 2009, 118: 118 - 130.

[14] Chen L, Peng J, Liu Z, et al. Pricing and effort decisions for a supply chain with uncertain information [J]. International Journal of Production Research, 2016, 55 (1): 264 - 284.

[15] Chen M H, Wei H, Wei M, et al. Modeling a green supply chain in the hotelindustry: An evolutionary game theory approach [J]. International Journal of Hospitality Management, 2021, 92: 102716.

[16] Chiu C H, Choi T M. Supply chain risk analysis with mean-variance models: a technical review [J]. Annals of Operations Research, 2016, 240 (2): 489 - 507.

[17] Cho S H. Horizontal mergers in multitier decentralized supply chains [J]. Management Science, 2014, 60 (2): 356 - 379.

[18] Choi T M, Li D, Yan H, et al. Channel coordination in supply chains with

agents having mean-variance objectives [J]. Omega, 2008, 36 (4): 565 - 576.

[19] Choi T M, Wen X, Sun X, et al. The mean-variance approach for global supply chain risk analysis with air logistics in the blockchain technology era [J]. Transportation Research Part E: Logistics and Transportation Review, 2019, 127: 178 - 191.

[20] Chung W, Talluri S, Narasimhan R. Optimal pricing and inventory strategies with multiple price markdowns over time [J]. European Journal Operational Research, 2015, 243 (1): 130 - 141.

[21] Corbett C J, Karmarkar U S. Competition and structure in serial supply chains with deterministic demand [J]. Management Science, 2001, 47 (7): 966 - 978.

[22] Dey K, Roy S, Saha S. The impact of strategic inventory and procurement strategies on green product design in a two-period supply chain [J]. International Journal of Production Research, 2019, 57 (7): 1915 - 1948.

[23] DeYong G D, Cattani K D. The unlimited newsvendor: A general solution to a class of two-period newsvendor problems [J]. International Journal of Production Economics, 2018, 201: 173 - 192.

[24] Dong J, Wu D. Two-period pricing and quick response with strategic customers [J]. International Journal of Production Economics, 2019, 215: 165 - 173.

[25] Du J, Zhang J, Hua G. Pricing and inventory management in the presence of strategic customers with risk preference ang decreasing value [J]. International Journal of Production Economics, 2015, 164: 160 - 166.

[26] Duan H, Deng S, Song H, et al. The impacts of sales efforts and mode of payment on the competition between agent and retailer [J]. Omega, 2021, 103: 102416.

[27] Fan Y, Feng Y, Shou Y. A risk-averse and buyer-led supply chain under optioncontract: CVaR minimization and channel coordination [J]. International Journal of Production Economics, 2020, 219: 66 - 81.

[28] Farshbaf-Geranmayeh A, Rabbani M, Taleizadeh A A. Cooperative advertising to induce strategic customers for purchase at the full price [J]. International Transactions in Operational Research, 2019, 26 (6): 2248 -2280.

[29] Ghoniem A, Maddah B. Integrated retail decisions with multiple selling periods and customer segments: Optimization and insights [J]. Omega, 2015, 55: 38 -52.

[30] Ghosh D, Shah J. A comparative analysis of greening policies across supply chain structures [J]. International Journal of Production Economics, 2012, 135: 568 -583.

[31] Ghosh D, Shah J. Supply chain analysis under green sensitive consumer demand and cost sharing contract [J]. International Journal of Production Economics, 2015, 164: 319 -329.

[32] Giovanni P D. A joint maximization incentive in closed-loop supply chains with competing retailers: The case of spent-battery recycling [J]. European Journal of Operational Research, 2018, 268: 128 -147.

[33] Glock C H, Kim T. The effect of forward integration on a single-vendor-multi-retailer supply chain under retailer competition [J]. International Journal of Production Economics, 2015, 164: 179 -192.

[34] Hartwig R, Inderfurth K, Sadrieh A, et al. Strategic inventory and supply chain behavior [J]. Production and Operations Management, 2015, 24 (8): 1329 -1345.

[35] Hendalianpour A, Fakhrabadi M, Sangari M S, et al. A combined Benders Decomposition and Lagrangian Relaxation algorithm for optimizing a multi-product, multi-level omni-channel distribution system [J]. Scientia Iranica, 2022, 29 (1): 355 -371.

[36] Hendalianpour A, Hamzehlou M, Feylizadeh M R, et al. Coordination and competition in the two-echelon supply chain using grey revenue-sharing contracts [J]. Grey Systems-Theory and Application, 2020, 11 (4): 681 -706.

[37] Hendalianpour A. Optimal lot-size and price of perishable goods: A novel

game-theoretic model using Double Interval Grey Numbers [J]. Computers & Industrial Engineering, 2020, 149: 106780.

[38] Heydari J, Govindan K, Aslani A. Pricing and greening decisions in a three-tier dual channel supply chain [J]. International Journal of Production Economics, 2019, 217: 185 - 196.

[39] Hong Z, Guo X. Green product supply chain contracts considering environmental responsibilities [J]. Omega, 2019, 83: 155 - 166.

[40] Huang X, Hong M. Stackelberg game considering selling effort in supply chain led by retailers in fuzzy environment [J]. Operations Research and Management Science, 2020, 29 (1): 57 - 68.

[41] Huang Y, Wang K, Zhang T, et al. Green supply chain coordination with greenhouse gases emissions management: A game-theoretic approach [J]. Journal of Cleaner Production, 2016, 112: 2004 - 2014.

[42] Huang Z, Huang L, Zhao Y, et al. Money-back guarantee in the presence of strategic customer behavior [J]. International Journal of Production Economics, 2021, 239: 108191.

[43] Jia T, Zhang C, Xu Y. Supply chain revenue sharing contract under consignment with supplier's sales effort [J]. Journal of Management Science, 2007, 5: 2 - 8.

[44] Kabul M O, Parlakturk A K. The value of commitments when selling to strategic consumers: A supply chain perspective [J]. Management Science, 2019, 65 (10): 4754 - 4770.

[45] Kellner R, Rösch D. Quantifying market risk with Value-at-Risk or Expected Shortfall? —Consequences for capital requirements and model risk [J]. Journal of Economic Dynamics and Control, 2016, l68: 45 - 63.

[46] Khouja M, Liu X. A price adjustment policy for maximizing revenue and countering strategic consumer behavior [J]. International Journal of Production Economics, 2021, 236: 108116.

[47] Kogan K, Tapiero C. Inter-temporal inventory competition and the effects of capacity constraints [J]. International Journal of Production Economics,

2011, 131 (2): 682 –688.

[48] Kumar M, Basu P, Avittathur B. Pricing and sourcing strategies for competing retailers in supply chains under disruption risk [J]. European Journal of Operational Research, 2018, 265 (2): 533 –543.

[49] Lai G, Debo L G, Sycara K. Buy now and match later: Impact of posterior price matching on profit with strategic consumers [J]. Manufacturing & Service Operations Management, 2010, 12 (1): 33 –55.

[50] Levin Y, McGill J, Nediak M. Dynamic pricing in the presence of strategic consumers and oligopolistic competition [J]. Management Science, 2009, 55 (1): 32 –46.

[51] Levin Y, McGill J, Nediak M. Optimal dynamic pricing of perishable items by a monopolist facing strategic consumers [J]. Production and Operations Management, 2010, 19 (1): 40 –60.

[52] Li B, Hou P W, Chen P, et al. Pricingstrategy and coordination in a dual channel supply chain with a risk-averse retailer [J]. International Journal of Production Economics, 2016a, 178: 154 –168.

[53] Li B, Zhu M, Jiang Y, et al. Pricing policies of a competitive dual-channel green supply chain [J]. Journal of Cleaner Production, 2016b, 112: 2029 – 2042.

[54] Li G, Wu H, Sethi S P, et al. Contracting green product supply chains considering marketing efforts in the circular economy era [J]. International Journal of Production Economics, 2021a, 234: 108041.

[55] Li P, Rao C, Goh M, et al. Pricingstrategies and profit coordination under a double echelon green supply chain [J]. Journal of Cleaner Production, 2021b, 278: 123694.

[56] Li T, Yu M. Coordinating a supply chain when facing strategic consumers [J]. Decision Sciences, 2017, 48 (2): 336 –355.

[57] Li T, Zhang H. Information sharing in a supply chain with a make-to-stock manufacturer [J]. Omega, 2015, 50: 115 –125.

[58] Lin Y, Parlakturk A K, Swaminathan J M. Are strategic customers bad for a

supply chain [J]. Manufacturing & Service Operations Management, 2018, 20 (3): 481-497.

[59] Liu K, Li W, Cao E, et al. Abehaviour-based pricing model of the green product supply chain [J]. Environmental Science and Pollution Research, 2021, 28 (46): 65923-65934.

[60] Liu M, Cao E, Salifou C K. Pricing strategies of a dual-channel supply chain with risk aversion [J]. Transportation Research Part E: Logistics and Transportation Review, 2016, 90: 108-120.

[61] Liu P. Pricing policies and coordination of low-carbon supply chain considering targeted advertisement and carbon emission reduction costs in the big data environment [J]. Journal of Cleaner Production, 2019, 210: 343-357.

[62] Liu Y, Wang D, Xu Q. A supply chain coordination mechanism with suppliers' effort performance level and fairness concern [J]. Journal of Retailing Consumer Services, 2020, 53: 101950.

[63] Ma P, Wang H, Shang J. Contract design for two-stage supply chain coordination: Integrating manufacturer-quality and retailer-marketing efforts [J]. International Journal of Production Economics, 2013, 146 (2): 745-755.

[64] Mantin B, Jiang L. Strategic inventories with quality deterioration [J]. European Journal Operational Research, 2017, 258 (1): 155-164.

[65] Markowitz H. Portfolio selection [J]. Journal of Finance, 1952, 7: 77-91.

[66] Mateen A, Chatterjee A K. Vendor managed inventory for single-vendor multi-retailer supply chains [J]. Decision Support Systems, 2015, 70: 31-41.

[67] Matsui K. When and what wholesale and retail prices should be set in multichannel supply chains [J]. European Journal Operational Research, 2018, 267 (2): 540-554.

[68] Moon I, Dey K, Saha S. Strategic inventory: Manufacture vs. retailer investment [J]. Transportation Research Part E: Logistics and Transportation

Review, 2018, 109: 63 -82.

[69] Moon I, Feng X. Supply chain coordination with a single supplier and multiple retailers considering customer arrival times and route selection [J]. Transportation Research Part E: Logistics and Transportation Review, 2017, 106: 78 -97.

[70] Nielsen I, Majumder S, Saha S. Exploring the intervention of intermediary in a green supply chain [J]. Journal Cleaner Production, 2019, 233: 1525 -1544.

[71] Nielsen I, Saha S. Procurement planning in a multi-period supply chain: An epiphany [J]. Operations Research Perspectives, 2018, 5: 383 -398.

[72] Parlakturk A K. The value of product variety when selling to strategic consumers [J]. Manufacturing & Service Operations Management, 2012, 14 (3): 371 -385.

[73] Protopappa-Sieke M, Sieke M A, Thonemann U W. Optimal two-period inventory allocation under multiple service level contracts [J]. European Journal Operational Research, 2016, 252 (1): 145 -155.

[74] Qu S, Zhou Y, Zhang Y, et al. Optimal strategy for a green supply chain considering shipping policy and default risk [J]. Computers and Industrial Engineering, 2019, 131: 172 -186.

[75] Raza S A, Govindaluri S M. Pricing strategies in a dual-channel green supply chain with cannibalization and risk aversion [J]. Operations Research Perspectives, 2019, 6: 100118.

[76] Song H, Gao X. Green supply chain game model and analysis under revenue-sharing contract [J]. Journal of Cleaner Production, 2018, 170: 183 -192.

[77] Song Y, Zhao X. Strategic customer behavior facing possible stockout: An experimental study [J]. International Journal of Production Economics, 2016, 180: 57 -67.

[78] Su X, Zhang F. Strategic customer behavior, commitment, and supply chain performance [J]. Management Science, 2008, 54 (10): 1759 -

1773.

[79] Swami S, Shah J. Channel coordination in green supply chain management [J]. Journal of The Operational Research Society, 2013, 64: 336 - 351.

[80] Taleizadeh A A, Alizadeh-Basban N, Sarker B R. Coordinated contracts in a two-echelon green supply chain considering pricing strategy [J]. Computers and Industrial Engineering, 2018, 124: 249 - 275.

[81] Tan M, Tu M, Wang B, et al. A two-echelon agricultural product supply chain with freshness and greenness concerns: A cost-sharing contract perspective [J]. Complexity, 2020, 2020: 8560102.

[82] Tang Y, Fan T, Liu S. Pricing and inventory decision-making for fresh agricultural products with strategic consumers [J]. Chinese Journal of Management Science, 2018, 26 (11): 105 - 113.

[83] Tapiero C S. Value at risk and inventory control [J]. European Journal of Operational Research, 2005, 163 (3): 769 - 775.

[84] Tayebi H, Haji R, Jeddi B G. Joint order (1, T) policy for a two-echelon, single-item, multi-retailer inventory system with Poisson demand [J]. Computers & Industrial Engineering, 2018, 119: 353 - 359.

[85] Tsao Y C. Cooperative promotion under demand uncertainty [J]. International Journal of Production Economics, 2015, 167: 45 - 49.

[86] Wang Q, Hong X, Gong Y, et al. Collusion or not: The optimal choice of competing retailers in a closed-loop supply chain [J]. International Journal of Production Economics, 2020, 225: 107580.

[87] Wang S, Watada J, Pedrycz W. Value-at-risk-based two-stage fuzzy facility location problems [J]. IEEE Transactions on Industrial Informatics, 2009, 5: 465 - 482.

[88] Wang W, Zhang Y, Zhang W, et al. Incentive mechanisms in a green supply chain under demand uncertainty [J]. Journal of Cleaner Production, 2021, 279: 123636.

[89] Wang X, Liu Z, Chen H. A composite contract for coordinating a supply chain with sales effort-dependent fuzzy demand [J]. International Journal of

Machine Learning and Cybernetics, 2019, 10 (5): 949 -965.
[90] Wang X, Ma P, Zhang Y. Pricing and inventory strategies under quick response with strategic and myopic consumers [J]. International Transactions in Operational Research, 2017, 27 (3): 1729 -1750.
[91] Wang Y, Wang J, Shou B. Pricing and effort investment for a newsvendor type product [J]. European Journal of Operational Research, 2013, 229 (2): 422 -432.
[92] Wei Y, Choi T M. Mean-variance analysis of supply chains under wholesale pricing and profit sharing schemes [J]. European Journal of Operational Research, 2010, 204 (2): 255 -262.
[93] Wu M, Ran Y, Zhu S X. Optimal pricing strategy: How to sell to strategic consumers [J]. International Journal of Production Economics, 2022, 244: 108367.
[94] Xiao T, Yang D. Risk sharing and information revelation mechanism of a one-manufacturer and one-retailer supply chain facing an integrated competitor [J]. European Journal of Operational Research, 2009, 196 (3): 1076 -1085.
[95] Xie G, Yue W, Wang S, et al. Quality investment and price decision in a risk-averse supply chain [J]. European Journal of Operational Research, 2011, 214: 403 -410.
[96] Xu G, Dan B, Zhang X, et al. Coordinating a dual-channel supply chain with risk-averse under a two-way revenue sharing contract [J]. International Journal of Production Economics, 2014, 147: 171 -179.
[97] Xu X, He P, Xu H, et al. Supply chain coordination with green technology under cap-and-trade regulation [J]. International Journal of Production Economics, 2017, 183: 433 -442.
[98] Yang D, Qi E, Li Y. Quick response and supply chain structure with strategic consumers [J]. Omega, 2015, 52: 1 -14.
[99] Yang H, Zhuo W, Shao L, et al. Mean-variance analysis of wholesale price contracts with a capital-constrained retailer: Trade credit financing vs. Bank

credit financing [J]. European Journal of Operational Research, 2021, 294: 525 - 542.

[100] Yang L, Cai G, Chen J. Push, pull, and supply chain risk-averse attitude [J]. Production and Operations Management, 2018, 27 (8): 1534 - 1552.

[101] Yao Z, Xu X, Luan J. Impact of the downside risk of retailer on the supply chain coordination [J]. Computers and Industrial Engineering, 2016, 102: 340 - 350.

[102] Zhao H, Song S, Zhang Y, et al. Optimal decisions in supply chains with a call option contract under the carbon emissions tax regulation [J]. Journal of Cleaner Production, 2020, 271: 122199.

[103] Zhao J, Zhang Q. The effect of contract methods on the lead time of a two-level photovoltaic supply chain: Revenue-sharing vs. Cost-sharing [J]. Energy, 2021, 231: 120930.

[104] Zheng Q, Zhou L, Fan T, et al. Joint procurement and pricing of fresh produce for multiple retailers with a quantity discount contract [J]. Transportation Research Part E: Logistics and Transportation Review, 2019, 130: 16 - 36.

[105] Zhu B, Wen B, Ji S, et al. Coordinating a dual-channel supply chain with conditional value-at-risk under uncertainties of yield and demand [J]. Computers and Industrial Engineering, 2020, 139: 106181.

[106] Zhu W, He Y. Green product design in supply chains under competition [J]. European Journal of Operational Research, 2017, 258: 165 - 180.

[107] Zhuo W, Shao L, Yang H. Mean-variance analysis of option contracts in a two-echelon supply chain [J]. European Journal of Operational Research, 2018, 271 (2): 535 - 547.

第六篇

需求信息不对称环境下的供应链竞争与合作机制设计

本篇为需求信息不对称环境下的供应链竞争与合作机制设计，包括第十八章到第二十章。对需求信息不对称环境下的供应链管理进行了系统梳理，通过技术性文献综述与建模方案相结合的方式，形成了系统的研究理论。

首先，本篇确定这样一个定位，即需求信息不对称问题仍然是学者们关注的重点。因此，我们意图通过文献综述为需求信息不对称领域下一阶段研究工作的开展提供理论支持。通过文献梳理发现，虽然大数据等信息技术的应用提高了企业获取信息的能力，但需求信息不对称始终是供应链中普遍存在的现象，且随着商业模式的创新表现出新的特征。因此，针对新经济环境下的具体供应链运作模式，深入挖掘有价值的管理问题，将是未来研究的重要内容。针对此，我们开展了如下工作：第一，理清了需求信息不对称的典型研究视角，特别是通过对契约设计方案的梳理，发现当前仍然缺乏对承诺契约、期权契约等灵活契约的设计与引入，尚未充分探讨其在信息不对称环境下优化供应链性能的重要作用；第二，探讨了需求信息共享模型的建模思路，强调了不同视角下建模方案的差异与创新点挖掘，有助于深化学术界对信息共享模型建模方案的理解，以及对当前研究现状的把握；第三，总结了当前文献中学者们关注的现实案例，强调需求信息不对称研究领域在建模过程中需要充分理解现实问题，提升研究成果的实践应用价值。

接着，本篇探索了需求信息不对称环境下供应链成员定价决策和订购决策之间的差异性。在动态博弈中，制造商作为主导者首先设定批发价格，然后零售商作为跟随者设定销售价格或订购量。引入均值－方差法来量化零售商的风险规避态度，运用逆向归纳法来分析供应链内部信息共享和信息不共享时的均衡决策以及事前期望效用，并通过对比研究分析了零售商在两种不同决策情形中的需求信息共享策略。研究表明，风险规避程度的增加使得零售商在决定销售价格（订购量）时更加保守，且总是会损害零售商的利益；而制造商可以在定价决策情形下从零售商风险规避程度的增加中受益。此外，在定价决策下，如果零售商的风险规避程度超过一个特殊阈值，零售商则有动机与制造商共享需求信息。

最后，本篇基于现实案例调研，研究了信息不对称环境下双渠道供应链的建模方案。我们关注上游制造商主导产品质量提升且拥有私有需求信息时的合作机制设计问题。基于零售商的视角，分别提出了两部定价契约和质量激励契约，并通过构建信息甄别模型研究了实现信息共享的最优方案。进一步通过对比双渠道供应链成员的均衡决策和事前期望利润，讨论了两种契约方案的效率，以及需求信息不对称对双渠道供应链产生的影响。研究表明，制造商掌握私有需求信息不利于提高产品质量水平，但产品的批发价格小于信息对称时的批发价格。需求信息不对称环境下，制造商在获得保留利润的同时能够获得信息租金，而零售商也能够通过设计合理的契约方案，在一定条件下获得比信息对称时更高的事前期望利润。因此，若满足一定条件，双渠道供应链的性能在需求信息不对称时相对于需求信息对称时更优。

第十八章 需求信息不对称环境下的供应链管理理论

“信息不对称理论”产生于20世纪70年代的经济学领域，论述了信息在交易双方之间的不对称分布或在某方的不完全性，对市场交易行为和市场运行效率产生的一系列重要影响（江世银，2000）。仵志忠（1997）认为，信息不对称理论的基本内容可以概括为两点：第一，有关交易的信息在交易双方之间的分布是不对称的，即一方比另一方拥有更多的相关信息；第二，交易双方对于各自在信息拥有方面的相对地位都是清楚的。实际上，鉴于现代供应链的复杂性和跨地域性，一家企业通常会缺乏另一家企业所拥有的重要信息（Cachon，2003）。可以说，信息不对称是供应链运作中普遍存在的现象。而不同供应链运作环境下，成员企业之间出现的不对称信息类型是非常多样化的，例如需求信息、成本信息、质量信息、库存信息等。在当前的文献研究中，需求信息不对称问题仍然是学者们关注的重点。并且，在新的经济环境下出现了很多新的特征，需要从新的视角重新审视。鉴于此，本书意图通过文献综述为需求信息不对称领域下一阶段的研究提供理论支持。

在需求信息不对称的相关研究中，很多学者认为相对于上游制造商而言，下游零售商掌握了产品的销售数据，具有获取需求信息的优势（Feng et al.，2015）。事实上，上游制造商也可以拥有需求信息，特别是很多大型制造企业为了提升对市场需求的响应能力，通过信息系统、市场调研等方面的投入获取了大量的需求信息（Jiang et al.，2016）。例如，苹果公司在新产品上市之前，会通过发布会公开新产品的信息，以此来获得潜在顾客的偏好和需求，而这些信息是下游零售商无法获取的（Liu and Özer，2010）。在电子产品行业中，许多制造企业都会通过这样的方式来获取需求信息，例如华为、小米等。此外，上游企业通过开通直销渠道直接接触消费端的方式也掌握了大量需求信息（Yan and Pei，2012）。当然，随着电子商务和大数据的迅速发展，一些数据供应商专门从事消费者网购数据收集和整理的工作，用来预测市场需求并向企业销售这些信息（Montes et al.，2019）。可以说，需求信息可能掌握在供应链不同成员企业的手中，且这些企业掌握信息的程度不一致。特别是随着信息技术的发展，任何企业均有可能通过投入一定的成本来获得需求信息，并且获取途径更加便利，获取方式逐渐多样化。但是，随着企业获取需求信息的渠道越来越多，供应链成员之间的需求信息不对称问题可能更加突出。

目前，已有许多学者研究表明，需求信息共享有助于处于信息劣势的供应链成员降低成本并提高期望利润（Zhu and Thonemann，2004；Lee et al.，2000）。事实上，企业在技术层面进行了许多尝试来实现需求信息在供应链成员之间的共享。早在20世纪末，制造商华纳兰伯特和零售商沃尔玛就采用协同式供应链库存管理模式进行需求信息共享，以此减少过多的库存（Esther et al.，2008）。在当前经济环境中，互联网、电子标签、条码技术以及各种应用软件组合起来的信息网络，已经使得供应链成员之间的实时信息共享成为可能（Basco and Mestieri，2018）。但是，技术上的可行性并不意味着供应链成员之间的信息共享会畅通无阻。如果拥有私有信息的一方能够通过持有私有信息来获得竞争优势，则不愿意进行信息共享，因此要实现供应链信息共享还需要解决一个激励机制的设计问题（Lee and Whang，2000）。

本章在运用文献计量法分析当前研究总体趋势的基础上，从信息共享的典型研究视角出发，对相关文献进行总结与归纳，有望推进需求信息不对称领域的理论研究。同时，重点分析契约设计方案和案例实践的文献，并对建模方案和创新点挖掘进行详细阐述，有助于把握当前需求信息不对称领域的典型研究思路和研究热点。

第一节　需求信息不对称领域的总体研究趋势

本章选取“demand information asymmetry”“incomplete demand information""asymmetric demand information"等主题词，对 Web of Science 核心数据库进行文献检索，共收集 2005～2019 年与需求信息不对称相关的英文文献 2852 篇。将数据导入 Vosviewer 软件进行分析，提取了词频数前 20 的关键词（见表 18.1）。将"asymmetric information""information asymmetry"等关键词删除后，通过 Vosviewer 的密度视图功能，可以直观地反映 15 年间该领域的研究热点。图 18.1 为需求信息不对称研究领域高频关键词密度视图，颜色由浅至深表示关键词的共词密度越来越高，即研究热度越来越高。

表 18.1　中英文文献关于需求信息不对称相关研究词频前 20 关键词统计

英文文献			中文文献		
序号	关键词	词频	序号	关键词	词频
1	asymmetric information	356	1	信息不对称	138
2	information	327	2	信息共享	117
3	information asymmetry	297	3	供应链	61
4	demand	255	4	信息需求	35
5	model	236	5	信息获取	30
6	market	157	6	牛鞭效应	26
7	management	149	7	非对称信息	26
8	performance	144	8	供应链管理	24
9	competition	135	9	需求	21
10	impact	135	10	需求分析	19
11	uncertainty	127	11	不对称信息	18
12	risk	125	12	用户需求	18
13	coordination	112	13	供应链协调	17
14	contracts	104	14	信息服务	17
15	quality	103	15	不完全信息	15
16	supply chain	100	16	需求预测	13
17	policy	97	17	道德风险	12
18	models	97	18	中小企业	11
19	price	90	19	数据共享	10
20	behavior	89	20	共享需求	10

（a）英文文献　　　　　　　　　　（b）中文文献

图 18.1　需求信息不对称研究领域高频关键词密度

结合表 18.1 和图 18.1（a）可以看出，在英文文献中，建立模型是需求信息不对称领域的主要研究方法，学者们重点研究需求信息不对称下，供应链成员企业之间的竞争关系以及如何设计契约方案来实现供应链性能的提升。本章还选取了“需求信息不对称”“非对称需求信息”“需求信息共享”等主题词，对 CNKI 数据库进行文献搜索，共收集 2005～2019 年与需求信息不对称相关的中文文献 684 篇，并提取了表 18.1 所示的词频数前 20 的关键词。这些关键词反映出当前中文文献中学者们主要关注供应链中需求信息不对称造成的牛鞭效应问题，以及如何实现成员之间的信息共享。此外，中文文献还反映出学者们对中小企业面临的需求信息不对称问题的关注，这种理论研究贴合了中国经济发展的实际需求。但是，目前中文文献关于需求信息不对称问题的研究比较分散，且缺乏系统性。

接下来，利用 Citespace 对获得的关键词进行聚类并命名。其中，聚类的好坏一般由聚类模块值（Q）和聚类平均轮廓值（S）这两个关键值决定。当 $Q>0.3$ 时，表示聚类结构显著；当 $S>0.5$ 时，表示聚类合理，当 $S>0.7$ 时，表示聚类令人信服。本研究通过对 Web of Science 数据库获得的数据进行聚类，得到 $Q=0.899$，$S=0.9613$；对 CNKI 数据库获得的数据进行聚类，得到 $Q=0.761$，$S=0.9557$，说明聚类结果是可信的。同时，本章借助时间线视图来呈现聚类后的关键词随时间的演变趋势和关联关系。最后，为了使知识图谱能够更加清晰地展示，对于 Web of Science 数据库中得到的数据，剔除文献篇数小于等于 7 的关键词；对于 CNKI 数据库中得到的数据，剔除文献篇数小于等于 2 的关键词，最终得到了需求信息不对称研究领域的关键词聚类（见图 18.2）。图 18.2（a）通过对英文文献的分析，可以发现需求信息不对称呈现出多样化的研究方向，且各个研究方向一直以来都受到学者们的普遍关注。总体来看，英文文献的关键词被聚为 10 类，其中聚类#0 为资本成本（cost of capital）相关研究，聚类#1 为道德风险（moral hazard）相关研究，聚类#2 为供应链管理（supply chain management）相关研究，聚类#3 为信息不对称（information asymmetry）相关研究，聚类#4 为不完全信息（incomplete information）相关研究，聚类#5 为分析师跟踪（analyst coverage）相关研究，聚类#6 为自愿透露（voluntary disclosure）相关研究，聚类#7 为不对称信息（asymmetric information）相关研究，聚类#8 为信息共享（information sharing）相关研究，聚类#9 为供应链（supply chain）相关研究。图 18.2（b）通过对中文文献的分析，发现国内对需求信息不对称的研究热度也保持较高水平。总的来说，中文文献的关键词被聚为 10 类，其中聚类#0 为供应链相关研究，聚类#1 为信息需求相关研究，聚类#2 为数据共享相关研究，聚类#3 为需求相关研究，聚类#4 为信贷市场相关研究，聚类#5 为需求分析相关研究，聚类#6 为信息组织相关研究，聚类#7 为信息相关研究，聚类#8 为博弈相关研究，聚类#9 为建设策略相关研究。

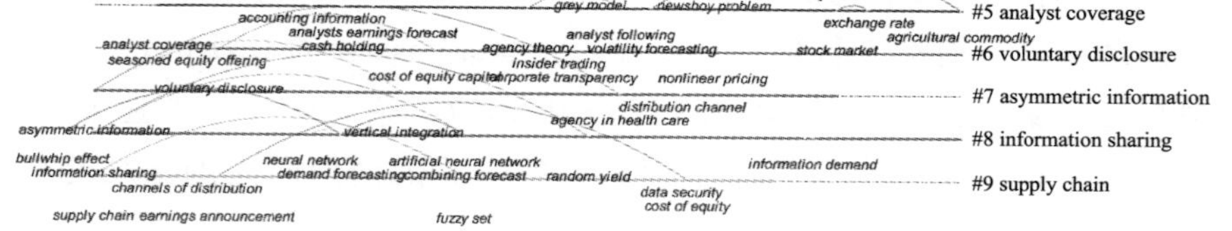

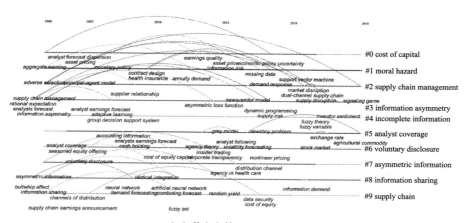

（a）英文文献

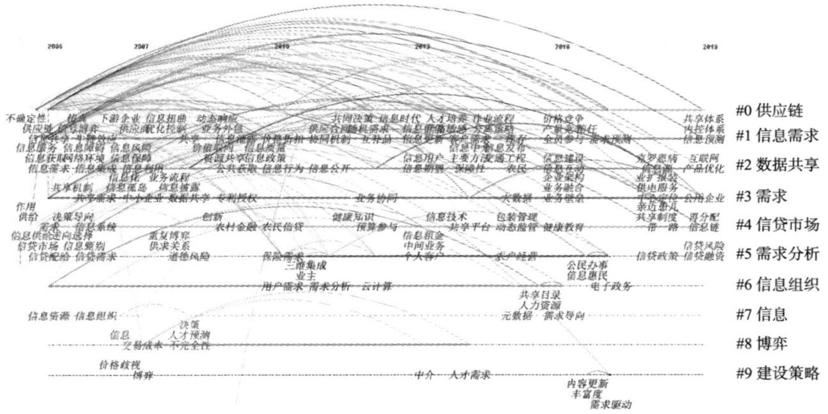

（b）中文文献

图 18.2　2005~2019 年关键词时间线

基于对关键词聚类的观察和分析，可以看到近年来需求信息不对称领域的关键词主要有大数据、双渠道供应链、风险态度、融资、共享平台等。本章认为这些关键词不仅反映了需求信息不对称领域当前的研究热点，还在一定程度上代表了未来的研究趋势。提出这样的观点，主要是基于以下两个方面的动因：第一，互联网技术的进步推动了平台经济的迅速发展，促进了众多企业商业模式的变革，同时也给供应链需求信息不对称问题带来了新的特征。例如，在电商供应链中，电商平台通过大数据等各种信息技术的运用，在获取产品销售数据的同时还掌握了关于消费者消费习性的海量信息，这使得不对称需求信息的内涵更加丰富，也给电商供应链管理带来了新的挑战。第二，经济社会发展至今，众多企业在商业机会不断增多的同时，也面临着更为突出的资金短缺问题，这是需求信息不对称下的供应链管理所不容忽视的。此时，供应链的上下游企业都有可能出现资金短缺问题，而有些实力雄厚的企业为了确保业务的顺利进行，也会提供融资服务，当然也可能是第三方（如银行）来提供资金服务。当供应链成员受资金约束时，传统契约设计方案往往会失去效力，需要寻找更加灵活的契约来提升供应链性能。鉴于以上两点考虑，本书认为立足于大数据等信息技术和创新商业模式快速发展的现状，研究需求信息不对称下新出现的供应链管理问题，很可能激发更高的研究热度。

第二节　供应链需求信息共享模型的研究视角

在供应链运作过程中，普遍存在着信息不对称现象且产生了许多管理问题。本研究以需求信息为切入点，对信息不对称领域的研究进行归纳与总结，为今后在新经济环境下的进一步研究提供理论支撑。具体选取了以下 3 个典型研究视角：信息共享方法、信息共享价值研究、契约设计方案。

一、信息共享方法

本章重点关注逆向选择问题，以及解决该问题的两种典型方法：信息甄别和信号传递。通过这两种方法解决信息不对称问题的模型，可以分别表述为信息甄别模型和信号传递模型（张维迎，2004）。

信息甄别主要是运用激励机制获取信息拥有者私有信息的一种方法。有学者引入信息甄别模型来研究供应链需求信息共享问题，他们假设下游制造商拥有私有需求信息，基于产能保留契约清单构建了信息甄别模型，其中涉及两个关键的约束条件，即激励相容约束和参与约束，以此确保制造商总是基于真实私有信息从契约清单中选择相应的契约。该模型的最优解表示，供应商设计的契约方案可以在甄别制造商私有信息的同时，获得最优的期望利润（Özer and Wei，2006）。许多学者运用信息甄别模型，通过构建各种类型的契约来实现不同供应链运作环境下的需求信息共享。例如，在供应商管理库存（Vendor-Managed Inventory，VMI）的供应链中，供应商可以通过引入适当的契约来甄别零售商关于消费者购买行为的相关信息，确保 VMI 模式的真正落地（Kadiyala et al.，2020）。阿尔普和申（Alp and Sen，2021）考虑了上游零售商在需求信息不对称下将库存决策委托给店铺经理的情形，基于信息甄别模型研究了零售商如何激励店铺经理充分利用其拥有的私有需求信息来进行合理的库存决策，最终实现零售商的成本最小化。此外，刘露和李勇建（2019）通过构建信息甄别模型，解决了融资系统中生产商与零售商之间的需求信息不对称问题，提高了各成员的收益。信息甄别模型还可以用于同时甄别两种不同类型的信息。科斯塔米斯和杜尼亚斯（Kostamis and Duenyas，2011）假设代工厂同时掌握私有的需求信息和成本信息，基于供应商的视角设计了合理的契约方案来甄别代工厂的两种私有信息。

信号传递主要是私有信息拥有者通过决策变量传递出私有信息的一种方法。姜宝军等（Jiang et al.，2016）发现上游制造商掌握着私有需求信息，并假设市场需求有高、中和低三种可能的情况，通过引入批发价契约，研究了信号传递模型的分离均衡、混同均衡和准分离均衡。其中，准分离均衡涵盖了分离均衡和混同均衡的特性。还有很多学者针对不同的供应链运作环境，分析了其他一些有趣的需求信息传递问题。例如，在团购模式中拥有私有需求信息的零售商先行动时会通过订购量传递出其私有信息（Yan et al.，2017）；在渠道入侵中，拥有需求信息的在位者可以通过订购量向供应商传递信息，但面临着供应商向市场进入者泄露信息的风险（Aviv and Shamir，2021）。运用信号传递模型来分析信息共享问题的方法还可以在其他学者的研究中看到（Özer and Wei，2006）。

信息甄别和信号传递被学者们广泛用于供应链信息共享研究，且他们关注的问题是多样化的。许多学者通过构建模型来研究需求信息的获取、泄露等问题（Aviv and Shamir，2021；Huang et al.，2018b）。同时，一些学者开始关注同时对两种不对称信息进行甄别的信息共享模型的构建问题（Kostamis and Duenyas，2011）。总体而言，信息甄别和信号传递能够用于解决多样化的信息不对称问题，也是解决新经济环境下需求信息不对称问题的有效途径。特别地，同时运用上述两种方法来解决供应链中的需求信息不对称问题，并对不同契约方案进行比较分析，将是十分有趣的研究视角，还可以丰富信息甄别和信号传递理论研究的内涵。目前，这样的研究视角已经得到了部分学者的关注（Özer and Wei，2006），但相关的研究仍然十分缺乏。今后，在构建需求信息共享模型过程中，可以从以下两方面对比研究信息甄别和信号传递模型：第一，基于不同的供应链权力结构；第二，根据不同契约中供应链成员的决策方式。

二、信息共享价值研究

不同于信号传递和信息甄别，很多学者通过比较供应链成员信息共享与不共享时的最优决策及相应的收益来分析信息共享的价值，并在此基础上研究如何激励供应链成员共享私有信息。为此，假设信息拥有者共享的信息总是真实的。这一类研究属于竞争环境中的信息共享研究范畴（Chen，2003）。维维斯（Vives，1984）和李乐德（Li，1985）等学者在这一领域做了开创性的工作。这里以李乐德（Li，1985）学者的工作为例来进行说明，该研究关注多个企业组成的寡头垄断市场，并假设市场的真实状态是一个随机变量，且每个企业都拥有私有需求信息。根据所获得的私有需求信息，每个企业可以更新对市场需求的信念。基于这样的假设，分别研究了企业之间信息共享和信息不共享时的最优解，并通过比较两种情形下成员的最优期望利润得出最终结论。在维维斯（Vives，1984）、李乐德（Li，1985）等学者的基础上，众多学者在本领域做了许多扩展研究。总体来说，存在着以下两种典型研究思路：第一，分析不同运作管理因素对供应链需求信息共享的影响（Ha et al.，2011；Ha et al.，2017）；第二，分析需求信息拥有者不愿共享信息时，如何通过设计契约方案来激励其共享信息，从而提高供应链的性能（Zhou et al.，2017；Guan et al.，2020b）。当然，学者们研究的现实情景是多样化的，例如，团购组织中的需求信息不对称（Zhou et al.，2017）、港航供应链的需求信息不对称（Zheng et al.，2020）、电商供应链的需求信息不对称（贾俊秀等，2021）等。

总体来看，需求信息拥有者是否愿意共享信息取决于多方面的条件和因素。基于信息共享价值的研究视角，可以对多样化的供应链进行理论建模分析，剖析成员进行信息共享的主要驱动力，反映现实中一些企业自愿进行信息共享，而另一些企业希望通过持有私有信息来获得优势的现象。这样的研究视角还有利于处于信息劣势的企业辨析关键影响因素，从而提高契约设计的效率，激励信息拥有者共享信息。特别是在新经济环境下，企业获取的私有需求信息内涵更丰富，驱动企业进行信息共享的因素更加多元化，因此需要明确影响企业进行信息共享的关键因素。例如，电商平台与上游企业实施反向定制来生产适销产品的过程中，电商平台将网络消费数据以及消费者购买行为和偏好等信息共享给上游企业，助力上游企业精准定位产品的研发与生产，从而实现双赢。但是，并不是所有上游企业均能够获得电商平台掌握的私有需求信息。因此，竞争环境下分析影响电商平台共享需求信息的关键因素，以及这些因素对其决策的影响效果，是十分必要的。这里，关键因素可以体现在上游企业的创新能力、退货策略、渠道权力结构等方面。

三、契约设计方案

契约是供应链成员确立交易关系的基础，有效的契约方案是激励供应链成员进行信息共享的重要手段。这里归纳了需求信息不对称研究领域的多样化契约方案，具体见表 18. 2。

表 18. 2　　需求信息不对称下的供应链契约方案

序号	契约
1	批发价契约（Jiang et al. , 2016；Liu and Özer，2010；Yan and Pei，2012；Esther et al. , 2008；Aviv and Shamir，2021；Ha et al. , 2011；Ha et al. , 2017；Zhou et al. , 2017；Guan et al. , 2020b；Zhang，2002；赵燕飞等，2021）
2	两部定价契约（刘露和李勇建，2019；Zheng et al. , 2020；Zhang，2002；吕飞和海峰，2019）
3	回购契约（Liu and Özer，2010；Babich et al. , 2012）
4	数量折扣契约（Yan et al. , 2017）
5	收益分享契约（Zhang and Chen，2013；金亮等，2017；Kong et al. , 2013）
6	数量柔性契约（Liu and Özer，2010）
7	期权契约（Zhao et al. , 2018）
8	订购量 – 转移支付契约（Feng et al. , 2015；Kostamis et al. , 2011；Huang et al. , 2018b）
9	承诺契约（Özer and Wei，2006；Gan et al. , 2010）
10	多参数的复杂契约（Kadiyala et al. , 2020；Alp and Sen，2021；刘露和李勇建，2019；Kalkanci and Erhun，2012；谢文明等，2016；Chen et al. , 2016；Khanjari et al. , 2014）

在众多契约中，批发价契约具备简单易执行的特性而被广泛应用于构建信息不对称基准模型（Zhang，2002；赵燕飞等，2021）。但是，纯批发价契约不一定能够实现供应链成员之间的信息共享，而转移支付是一种有效的激励方式（Zhang，2002）。实际上，两部定价契约是实现信息共享的有效方案（吕飞和海峰，2019），转移支付就属于两部定价契约的范畴。此外，收益分享契约作为一种广泛应用于实践的契约方案，不仅可以用于激励信息拥有者共享信息（Zhang and Chen，2013；金亮等，2017），还可以降低信息泄露带来的负面影响（Kong et al.，2013）。上述这些契约方案都比较简单，且在实践应用中具有较高的灵活性。但是在很多情况下，面向需求信息不对称供应链的契约设计方案的目的是多重的，例如实现信息共享并提升供应链性能甚至协调供应链。因此，学者们引入的契约往往包含了两个及以上的契约参数。卡尔坎奇和尔浑（Kalkanci and Erhun，2012）构建由一个制造商和两个供应商组成的装配系统，设计了包含制造商向其中一个供应商支付的总采购费用和采购量的契约清单，使得供应商能够降低信息不对称带来的负面影响以及双边际化效应，并增加期望利润。谢文明等（2016）基于供应商的视角，设计了包含总产能、产能分配比例和产能预定支付的契约清单，甄别了分销商的真实需求预测信息，并实现了供应商的利润最大化。陈方若等（Chen et al.，2016）研究了制造商如何设计基于预测的契约方案和线性契约清单来激励零售商共享需求信息。汉贾里等（Khanjari et al.，2014）设计了包含批发价契约和线性契约清单的方案来实现需求信息共享。巴比奇等（Babich et al.，2012）通过设计包含批发价格、回购价格、一次性转移支付的契约清单，实现了供应商对零售商私有需求信息的甄别。此外，有些情况下企业获得的需求信息是随着时间的推移而不断更新的，因此需要基于多阶段来设计契约方案。例如，赵映雪等（Zhao et al.，2018）构建了由单个制造商和单个零售商组成的两阶段供应链，其中零售商可以更新市场需求信息，在此背景下设计了期权契约来协调供应链。此外，承诺契约这种具有高度灵活性和实际应用价值的契约形式也引起了部分学者的关注，且承诺契约可以有不同的表现形式，例如产能保留契约清单（Özer and Wei，2006）、承诺-惩罚契约清单（Gan et al.，2010）等。

在以上文献中，学者们针对需求信息不对称环境下不同类型的供应链管理问题，设计了多样化的契约方案。可以发现，在需求信息不对称下，契约参数越多，其在实现信息共享时的灵活性越强，因此许多学者设计的契约方案包含了多个参数。但是，契约参数的增加降低了契约的可实施性。当然，也有学者开始关注如何设计简单的契约方案，以此来提升理论研究的实践应用价值。但总体而言，仍然十分缺乏灵活且易实施的契约设计方案。目前，在信息对称环境下，作为灵活性较强的期权契约和承诺契约已被众多学者关注，并在实践中具有较强的可实施性。因此，今后的研究可以重点关注这两种契约在需求信息不对称研究领域的灵活应用。其中，期权契约的形式是多样化的，包括看跌期权、看涨期权等；而承诺契约也有多种类型，例如，数量承诺、价格承诺、提前期承诺等。

第三节 需求信息共享模型的建模思路与创新点挖掘

从上述文献分析来看，尽管学者们关注的管理问题不同，但关于需求信息共享的研究思路大体是一致的。本节重点选取信息甄别、信号传递模型以及信息共享价值研究这三方面，来分析需求信息共享模型的建模思路以及创新点的挖掘。

一、信息甄别

以巴比奇等（Babich et al.，2012）为例分析信息甄别模型的建模思路。假设市场需求不确定，且有低（L）和高（H）两种可能的状态。零售商知道真实的需求状态，而供应商只能判断低需求的概率是ρ，高需求的概率是$1-\rho$。在此假设前提下，该研究考虑如下博弈过程：第一，零售商观察到市场需求状态；第二，供应商提供契约清单（w_i，b_i，T_i），$i=\{H, L\}$，其中w_i是批发价格，b_i是回购价格，T_i是转移支付；第三，零售商选择契约组合并决定相应的订购量Q；第四，供应商生产产品；第五，市场需求实现；第六，零售商将未售出的产品退还给供应商。该博弈过程是典型的信息甄别博弈，可以通过逆向归纳法进行求解。零售商预测到i需求状态且选择契约（w_j，

b_j，T_j)，$j=\{H, L\}$ 时获得的期望利润为 $\Pi_i^r(w_j, b_j, T_j, Q)$，因此可得最优订购量为 $Q_{ij}=\underset{Q}{\operatorname{argmax}}\Pi_i^r(w_j, b_j, T_j, Q)$。其中，上标 r 表示零售商。预料到零售商的反应函数，供应商构建如下委托代理模型：

$$\max_{w_L, b_L, T_L, w_H, b_H, T_H} \Pi^s = p\Pi_L^s(w_L, b_L, T_L) + (1-p)\Pi_H^s(w_H, b_H, T_H)$$

$$\text{s.t.}\begin{cases}\Pi_L^r(w_L, b_L, T_L, Q_{LL}) \geqslant \pi_r^o \\ \Pi_H^r(w_H, b_H, T_H, Q_{HH}) \geqslant \pi_r^o \\ \Pi_L^r(w_L, b_L, T_L, Q_{LL}) \geqslant \Pi_L^r(w_H, b_H, T_H, Q_{LH}) \\ \Pi_H^r(w_H, b_H, T_H, Q_{HH}) \geqslant \Pi_H^r(w_L, b_L, T_L, Q_{HL})\end{cases}$$

式中，π_r^o 为零售商的保留利润，上标 s 表示供应商。通过求解该模型可以得到最优的契约清单，使得供应商获得零售商的需求信息，并最大化自身期望利润。这里，作者引入了经济活动中常见的回购契约，即在两部定价契约的基础上加入回购价格。这样的契约方案，既实现了需求信息的甄别，又协调了供应链。

二、信号传递

以姜宝军等（Jiang et al.，2016）为例分析信号传递模型的建模思路。在这类模型中，分离均衡和混同均衡是两个重要的均衡解。假设市场需求有高（H）和低（L）两种可能的状态，制造商可以获得市场需求信号（这里，信号是 H 或 L）。为简便起见，称获得市场需求信号为 H 的制造商为高类型制造商；反之，为低类型制造商。在批发价契约中，制造商在获得需求信息后进行决策，会通过批发价格 w 传递出私有信息，且零售商可以推断出制造商拥有的私有信息，因此作者分析了分离均衡。为求解该均衡解，首先构建如下信念结构：存在一个批发价格门槛 $\hat{w}_1^{se}$；若制造商选择的批发价格 w 满足 $w \leqslant \hat{w}_1^{se}$，则零售商认为需求信号为 L；若制造商选择的批发价格 w 满足 $w > \hat{w}_1^{se}$，则零售商认为需求信号为 H。基于此，分离均衡必须满足以下条件：

$$\begin{cases}\max_w \hat{\pi}_M^{se}(w > \hat{w}_1^{se} \mid H) \geqslant \max_w \hat{\pi}_M^{se}(w \leqslant \hat{w}_1^{se} \mid H) \\ \max_w \hat{\pi}_M^{se}(w \leqslant \hat{w}_1^{se} \mid L) \geqslant \max_w \hat{\pi}_M^{se}(w > \hat{w}_1^{se} \mid L) \\ \hat{w}_1^{se} \geqslant 0\end{cases}$$

这里，$\hat{\pi}_M^{se}(w>\hat{w}_1^{se}|H)$ 表示分离均衡中高类型制造商选择 $w>\hat{w}_1^{se}$ 时获得的利润，其他利润符号的含义可以依次类推。其中，上标 se 表示分离均衡，下标 M 表示制造商。

除此之外，制造商也可能不会通过批发价 w 传递出其拥有的需求信号，即为混同均衡。为求解该均衡解，首先构建如下信念结构：存在一个批发价门槛 $\hat{w}_1^p$；若 $w\leqslant\hat{w}_1^p$，则零售商无法判断出制造商的类型；若 $w>\hat{w}_1^p$，则零售商认为需求信号为 H。基于此，混同均衡必须满足以下条件：

$$\begin{cases}\max_w\hat{\pi}_M^p(w\leqslant\hat{w}_1^p|H)=\hat{\pi}_M^p(w=\hat{w}_1^p|H)\\ \max_w\hat{\pi}_M^p(w\leqslant\hat{w}_1^p|L)=\hat{\pi}_M^p(w=\hat{w}_1^p|L)\\ \max_w\hat{\pi}_M^p(w\leqslant\hat{w}_1^p|H)\geqslant\max_w\hat{\pi}_M^p(w>\hat{w}_1^p|H)\\ \max_w\hat{\pi}_M^p(w\leqslant\hat{w}_1^p|L)\geqslant\max_w\hat{\pi}_M^p(w>\hat{w}_1^p|L)\\ \hat{w}_1^p\geqslant0\end{cases}$$

这里，$\hat{\pi}_M^p(w\leqslant\hat{w}_1^p|H)$ 表示混同均衡中高类型制造商选择 $w\leqslant\hat{w}_1^p$ 时获得的利润，其他利润符号的含义可以依次类推。其中，上标 p 表示混同均衡。

以上分别为分离均衡和混同均衡必须满足的条件，基于此可以通过逆向归纳法求出分离均衡解和混同均衡解。该研究进一步对混同均衡和分离均衡进行精炼，最终得到精炼贝叶斯均衡。在该研究中，结合实际案例和文献研究，提炼出有趣的管理问题，主要创新点表现为：第一，通过案例分析发现，新产品的上游制造商比下游零售商拥有更多的需求信息，因此假设制造商拥有私有需求信息。第二，通过简单的批发价契约构建成员之间的交易关系，并假设制造商可以在获取信息之后决定是否与零售商共享信息；若不共享信息，制造商也有可能通过批发价来传递出其拥有的私有信息。第三，进一步分析信息精确度和零售商风险规避态度对产品定价和制造商信息共享决策的影响。这样的研究视角符合当前企业的实际需求，设计的批发价契约具有普遍适用性，丰富的研究结论和管理启示可以为企业提供重要的借鉴意义。

三、信息共享价值研究

在需求信息共享价值的相关研究中，很多学者假设市场需求潜量为 a +

θ，且 θ 是一个均值为 0，方差为 σ^2 的随机变量。假设零售商能够获得市场需求预测信号 Y，且在获得需求信号前决定是否与供应商共享信息。假设信号结构如下：第一，Y 是 θ 的无偏估计量，即 $E[Y|\theta]=\theta$；第二，定义 $t\equiv 1/E[\mathrm{Var}[Y|\theta]]$，表示零售商需求信号的精确度；第三，当零售商获得需求信号后，可以通过贝叶斯法则更新对市场需求的判断，即 $E[\theta|Y]=t\sigma^2Y/(1+t\sigma^2)$。基于以上假设，构建由供应商和零售商组成的多阶段供应链竞争模型，并将该博弈过程分成信息和运作两个子博弈。在信息子博弈中，拥有私有需求信息的零售商决定是否进行信息共享；在运作子博弈中，供应链成员基于批发价契约进行竞争决策。而在模型的具体求解中，首先分析在给定信息共享机制下，运作子博弈中供应链成员的最优决策；然后得到信息共享和信息不共享机制下供应链成员的先验利润；最后比较不同机制下零售商的先验利润，分析信息共享策略。若零售商不愿意进行信息共享，则可以基于供应商的视角，设计有效的契约方案，激励零售商进行信息共享。

根据以上建模方案的分析可知，结合供应链的实际运作以及需要解决的具体问题，选择合适的信息共享模型是展开相关研究的必要条件。而在具体建模过程中，合理的需求信息量化方式和契约方案是关键要素。特别地，在信息甄别和信号传递模型中，契约方案的设计必须满足激励相容约束，才能实现需求信息的共享。在信息共享价值研究视角中，不同信息共享机制下供应链成员先验利润的对比是研究的核心。

总体而言，上述三种建模方案是开展需求信息不对称领域相关研究的典型思路，而研究的创新性不仅体现在模型构建的本身，还在于对实际管理问题的深刻理解与挖掘。在信息技术变革以及商业模式不断创新的情况下，尽管企业获取信息的能力不断增强，但面临的竞争也愈加激烈，出现了许多新的供应链管理问题。因此，在当前的供应链实践中，需求信息不对称的表现形式和内容变得越来越多样化，需要用更深入的视角去观察实际情况并提炼管理问题，从而丰富理论研究体系。因此，在今后的研究中，需要紧紧围绕需求信息不对称领域的经典建模方案，深入分析现实问题，构建创新的信息共享模型。

第四节　学者们关注的典型案例

本节对文献中涉及的案例进行总结与归纳，分析当前需求信息不对称领域关注的管理问题，为今后的研究方向提供借鉴。通过文献分析可知，很多学者关注了沃尔玛、家乐福、亚马逊等大型零售企业与上游供应商之间的需求信息不对称问题，其中供应商获取这些信息将有利于其制定更加准确的生产决策、定价决策、促销策略等，但零售商有动机选择隐藏这些信息来获得更多的利润（Esther et al.，2008；Huang et al.，2018b；Özer et al.，2018）。也有学者研究了制造企业的需求信息获取以及信息共享问题，典型的企业包括电子产品行业中的苹果、联想、戴尔等（Liu and Özer，2010；Kadiyala et al.，2020；Guan et al.，2020b），服装行业的飒拉（Zara）（Jiang et al.，2016），汽车行业的特斯拉、丰田、通用汽车等（Zhou et al.，2017；Khanjari et al.，2014），以及日用品行业的宝洁等（Jiang et al.，2016；Kadiyala et al.，2020；金亮等，2017）。其中，他们关注的问题主要有两类：一类是上游企业在拥有私有需求信息时，可能有动机隐藏信息从而获得竞争优势，因此需要设计契约方案来激励上游企业向下游企业进行信息共享（Jiang et al.，2016；Liu and Özer，2010）；另一类是实现下游企业私有需求信息共享的供应链契约方案设计（Kadiyala et al.，2020；Zhou et al.，2017；Guan et al.，2020b；Khanjari et al.，2014）。可以发现，学者们研究供应链需求信息共享的视角比较多样化。同时，随着信息技术以及电子商务的快速发展，企业可以通过不同的方式和途径来获取需求信息。卡迪亚拉等（Kadiyala et al.，2020）认为，虽然VMI模式中下游零售商与上游供应商共享销售数据，但通过信息技术手段还可以获取消费者的其他相关数据，因此需要重新设计契约方案来确保VMI的落实。此外，刘露和李勇建（2019）以海尔与中信等商业银行合作推出产业链融资服务，解决旗下2万多家经销商资金短缺的问题为例，认为在融资保兑供应链中需求信息不对称问题也十分突出且影响着企业的决策，鉴于此他们开展了相关研究。

通过文献梳理可以发现，学者们关注的实践问题比较多样化。但总体来说，虽然大数据等信息技术的应用提高了企业获取需求信息的能力，但需求信息不对称始终是供应链中普遍存在的现象，且随着商业模式的创新表现出新的特征。因此，针对新经济环境下的具体供应链运作模式，深入挖掘有价值的管理问题，将是未来研究的重要内容。特别地，中国拥有丰富的案例研究土壤。例如，在中国市场中电子商务的迅速发展和供应链金融的创新发展，给中小企业带来了新的机遇，同时也给供应链管理带来了新的挑战。还有比较典型的是新能源汽车行业，由于新能源汽车市场尚不成熟，供应链成员企业之间也可能会产生需求信息不对称问题。因此，立足于中国本土案例的调研，开展需求信息不对称问题的建模与优化，具有重要的现实意义。

第五节 研究展望

需求信息不对称研究领域吸引了很多学者的关注，出现了众多研究成果。本章认为，结合供应链的实际运作，设计有效的契约方案促进成员之间的信息共享，具有重要的理论意义和实践价值。在此背景下，本章通过文献计量法梳理了需求信息不对称领域的研究现状和趋势，对信息共享方法、信息共享价值研究、契约设计方案这三个典型的研究视角进行了综述，在此基础上重点分析了三类需求信息共享模型的建模思路与创新点挖掘问题。结合当前的研究现状与运营管理实践，本章认为今后存在着以下可扩展的研究方向：

1. 研究电子商务发展对供应链需求信息共享模型构建的影响。电子商务的发展拓宽了产品的销售渠道，企业可以通过线下实体店、电商平台，以及自建线上直营渠道等方式来销售产品，如图 18.3 所示。可以说，电子商务本身就是信息技术革新的产物，不仅丰富了供应链的零售模式，还扩大了供应链成员企业获取信息的渠道，也因此出现了更加多样化的需求信息不对称问题。现实中，供应商、电商平台均有获取需求信息的能力，且这些需求信息可以有效支持电商供应链成员企业的运作决策，包括：支持供应商的研发投入和库存决策，支持电商平台的订购决策和促销策略等。目前，已经有部分学者关注了电子商务环境下的供应链信息不对称问题，并开展了相关研究。本章重点关注需求信息不对称，并且发现虽然电子商务环境下供应链成员企业获取与共享需求信息具有更大的便捷性与实时性，但不对称的需求信息仍然普遍存在。因此，有必要结合电子商务发展过程中涌现出的创新零售模式，进一步挖掘需求信息不对称下多样化的管理问题，并开展系统研究。具体可研究的内容包括：第一，促销情境下电商供应链需求信息共享模型；第二，反向定制模式下电商平台与上游企业之间的需求信息共享问题；第三，全渠道供应链中的需求信息共享模型。

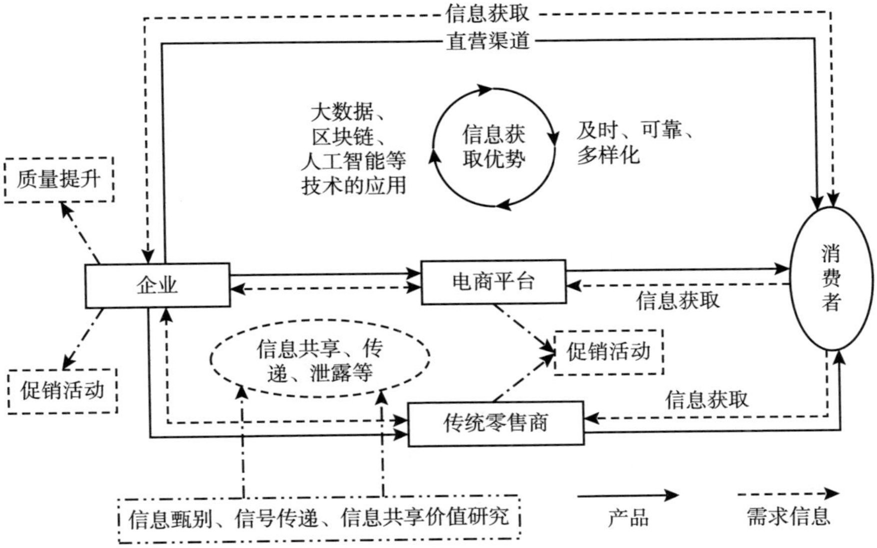

图 18.3　电商供应链的需求信息不对称问题

这里，以“双 11”购物狂欢节等电商促销活动为例进行说明。构建由一个上游企业和一个电商平台组成的电商供应链，考虑供应链通过价格折扣和促销努力来刺激市场需求的情形。假设在促销活动正式开始之前，电商平台和上游企业通过协议确定产品的折扣力度，电商平台投入促销努力来刺激市场需求，企业则准备适当库存以满足促销活动中消费者的需求。假设电商平台掌握了私有需求信息，且可以选择持有私有信息或共享信息给上游企业。这里，考虑以下两种建模方案：第一，电商平台在进行促销努力投入决策之后获取准确的需求信息，而企业需要在信息不对称下决定备货量，因此可以研究上游企业获取电商平台私有需求信息的契约方案；第二，考虑电商平台自营产品，则获取的需求信息可以用于支持其自营产品的库存决策，但如果这些信息透露给上游企业则可能削弱其自身竞争力，因此需要权衡信息透露带来的利益和损失。同时，由于获取需求信息需要付出一定的成本，因此电商平台需要进一步考虑是否获取信息，以及是选择提前获取还是延迟获取的问题。

2. 研究资金约束供应链中的需求信息不对称问题。企业发展对推动我国经济社会的发展起着重要的作用，但企业在运作过程中往往面临着资金约束的问题。为了解决资金问题，很多融资模式已经在实践中得到了应用，特别是随着大数据、云计算、区块链、人工智能等信息技术的不断突破，电商平台可以识别上游企业的经营能力和信用状况，形成一套完善的“征信”系统，从而为上游中小微企业提供快速的贷款服务。在这种电商平台提供融资服务的模式中，供应链上游企业可以直接向电商平台进行贷款，大大提高了融资效率，并且已经在电商供应链中得到了普遍应用。可以说，在当前经济环境下，受资金约束企业的融资方式逐渐变得多样化。目前，有学者开始关注供应链成员在信息不对称环境下的融资策略。但总体来看，较少出现需求信息不对称下受资金约束供应链管理方面的相关研究。在该研究方向上，具体可研究的内容包括以下几种情形：第一，拥有私有需求信息的零售商面临着资金约束问题；第二，零售商拥有私有需求信息，而供应商面临着资金约束问题；第三，拥有私有需求信息的供应商面临着资金约束问题；第四，供应商拥有私有需求信息，而零售商面临着资金约束问题。

图 18.4 展示了由单个供应商和单个零售商组成的资金约束供应链中的需求信息不对称问题。在现实生产活动中，受资金约束的既可能是零售商，也可能是供应商，甚至是双方。同时，需求信息既可能掌握在零售商手中，也可能掌握在供应商手中，或者同时掌握在双方手中。因此，在该研究方向上，针对具体情况可以构建不同的信息共享模型，并得到多样化的研究结论。特别是，需要针对供应链运作的实际情况，引入相应的融资模式并开展系列研究。

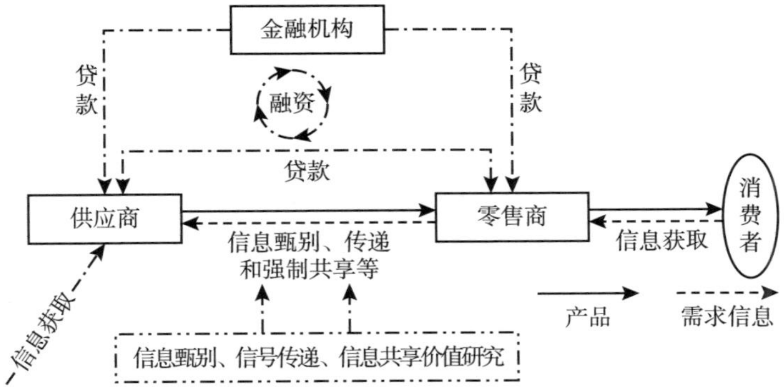

图 18.4　资金约束供应链中的需求信息不对称问题

这里，以供应商面临资金短缺，电商平台可以提供融资服务且拥有私有需求信息的情形为例，对研究方案进行说明。当供应商受资金约束时，为了确保交易的顺利开展，可以选择向电商平台进行融资。当电商平台拥有私有需求信息时，为了让供应商准备充足的产品来满足消费者的需求以及从融资服务中获得收益，则有动机隐藏真实的需求预测；但是对供应商而言，若库存过多，既要承担库存积压的风险，又要支付高昂的贷款利息，若库存过少，则会失去部分销售收益，因此希望获取真实的需求信息，并做出准确的库存决策以及融资策略。基于此，需要设计合理的契约方案来实现资金约束供应链中的需求信息共享。

通过对现有文献的梳理，本章在需求信息不对称研究领域做出了一定程度的理论推进。第一，理清了需求信息不对称的典型研究视角，特别是通过对契约设计方案的梳理，发现当前仍然缺乏对承诺契约、期权契约等灵活契约的设计与引入，尚未充分探讨这些契约在信息不对称环境下优化供应链性能的重要作用；第二，基于典型研究探讨了需求信息共享模型的建模思路，强调了不同视角下建模方案的差异与创新点挖掘，有助于学术界对信息共享模型建模方案的理解，以及对当前研究现状的把握；第三，总结了当前文献中学者们关注的现实案例，强调需求信息不对称研究领域在建模过程中需要充分理解现实问题，增强研究成果的实践应用价值。本书还存在一些不足。例如，尚未对道德风险问题进行系统梳理，而这也是今后可以重点关注的研究方向。

第十九章

供应链需求信息共享：定价决策与订购决策

需求不确定存在于各个行业，且为了做出更好的决策，很多企业投入大量资金来收集数据，并对需求进行预测（Guo，2009；Guo and Iyer，2010；Guo et al.，2014）。由于不同企业的数据收集与处理能力不同，供应链成员企业之间的数据共享就显得十分必要。现实中，已经有许多企业之间实现了数据共享。例如，凯捷咨询公司研究了北美和欧洲共 16 家零售商，发现 40% 的零售商与制造商之间共享销售数据（Keifer，2010）。当供应链成员之间共享销售数据后，他们可以根据更全面的信息来预测市场需求。实际上，供应链成员企业之间共享数据等同于共享信息（Shang et al.，2016）。从直觉上来说，通过这种信息共享可以提升供应链的性能。但是，李乐德和张洪涛（Li and Zhang，2008）指出，如果零售商与制造商共享需求信息，则供应链双边际化效应将更加明显，且只有制造商能够从信息共享中受益。因此，零售商如果共享信息，则需要向制造商收取必要的费用来弥补其损失（Keifer，2010）。而这种补偿也可以通过制造商向零售商提供一次性转移支付来实现（Munves，2013）。

本章重点关注了定价决策和订购决策之间的差异性。现实中，零售商可以通过确定合理的销售价格来刺激产品需求。例如，沃尔玛和家乐福以定价策略闻名，它们通过降价的方式来影响产品销量（Zhao et al.，2012；Wei et al.，2013）。一些实践者认为，订购决策对企业的意义也是十分重要的，其中 Z 品牌就是一个典型的例子。在实际运营中，Z 品牌每年推出 5 万种新款，每2周更新款式。为了降低库存积压的风险，Z品牌必须决定合适的生产数量，即根据实时的市场需求数据来进行补货，并对库存产品进行实时调货，满足不同渠道的销售需求（Zhang et al.，2017）。此外，各种品牌的限量版产品在消费者群体中也很受欢迎。例如，耐克和阿迪达斯等大品牌经常通过产品数量决策，推出限量版产品，以此来刺激消费者的购买意愿（Chae et al.，2020）。从以上案例中可以发现，定价决策和订购决策在现实中十分常见。夏耀祥等（Ha et al.，2011）研究表明，在给定需求信息共享或不共享的特定情况下，若生产成本是线性的，则企业在定价决策和订购决策下的均衡收益是相同的；当企业生产面临规模不经济时，上游企业在这两种不同决策情形中的均衡收益是不同的。

在实际运营过程中，企业面临不确定环境时可能会持有风险中性、风险规避或风险冒进等不同的风险态度（Schweitzer and Cachon，2000）。其中，风险中性的企业往往追求期望利润最大化。对于风险规避的企业而言，期望利润最大化并不是唯一目标，他们还会关注利润偏差（Wei and Choi，2010；Chiu et al.，2015；Yan et al.，2018）。麦肯锡公司曾对来自90个国家的1500名经理进行了一项调查，发现这些经理一般都持有风险规避态度（Liu et al.，2020）。这进一步说明了供应链成员企业通常不是风险中性的。施韦泽和卡琼（Schweitzer and Cachon，2000）也发现，风险规避的企业在决定订购量时不仅只关注利润最大化。蔡灿明等（Choi et al.，2019a）分析了风险规避型供应链的定价策略，发现供应链成员的批发价格和销售价格均低于风险中性型供应链的批发价格和销售价格。

目前，尽管供应链需求信息共享的相关研究已经较多，但许多学者通常假设供应链成员是风险中性的。很少基于供应链成员风险规避的假设来研究需求信息共享问题。鉴于此，本章假设零售商拥有私有需求信息且持有风险规避态度，分析零售商需求信息共享和不共享这两种情况下供应链成员在不同决策情形中的决策差异。为此，本章试图解决以下几个问题：

1. 给定零售商需求信息共享或不共享，风险规避程度如何影响供应链成员的最优决策？

2. 给定零售商需求信息共享或不共享，风险规避程度如何影响供应链成员的事前期望效用？

3. 零售商风险规避和风险中性时的信息共享策略有何不同?

为了解决上述管理问题，本章构建由一个风险规避的零售商和一个风险中性的制造商组成的两级供应链，并引入均值 - 方差（Mean Variance，MV）法和效用函数来量化零售商的风险规避态度。假设市场需求是不确定的，且零售商可以在销售季节开始之前获得私有需求信息。此外，零售商还需要在获得需求信息之前决定是否与制造商共享信息。如果零售商共享需求信息，则称供应链是可沟通的；否则，供应链是不可沟通的。基于上述假设，本章提出了制造商和零售商之间的斯坦伯格博弈模型：制造商作为主导者首先决定批发价格；然后零售商作为跟随者决定销售价格或订购量。采用逆向归纳法求解两种不同决策情形下，可沟通和不可沟通供应链中各个成员的均衡决策和事前期望效用。进一步通过比较可沟通供应链和不可沟通供应链中各成员的事前期望效用，分析零售商的需求信息共享策略。

本章研究的供应链信息共享问题已经引起了众多学者的关注，且根据研究视角的不同形成了不同的研究领域（Chen，2003）。总体来看，信息共享有两个主要研究领域：一是基于多样化的契约方案设计，通过信号传递或信息甄别来实现信息共享（Özer and Wei，2006；Ha and Tong，2008；Khanjari et al.，2014；Jiang et al.，2016；Zhang et al.，2020）；二是供应链信息共享价值研究，包括事后信息共享和事前信息共享（Ha and Tong，2008；Ha et al.，2011；Jiang and Hao，2016）。

在供应链信息共享价值研究领域中，事后信息共享即拥有私有信息的一方在获得信息后决定是否进行信息共享。例如，有学者研究制造商在获取产出率私有信息后决定是否与购买商共享信息（Gao et al.，2014）。曹欢等（Cao et al.，2019）假设制造商拥有私有质量信息，分析了制造商获取到准确的质量信息后的信息披露策略。也有学者考虑供应链下游企业的事后信息共享策略。还有一些学者从不同角度讨论了供应链事后信息共享问题，例如基于多样化的供应链结构和其他类型的不对称信息等（Guo et al.，2014；Guan et al.，2020a）。

事前信息共享即拥有私有信息的一方在获得信息之前决定信息共享策略。例如，米特多夫等（Mittendorf et al.，2013）构建了一个两级供应链，假设零售商拥有私有需求信息，且在获取信息之前决定是否与成员企业进行信息共享。进一步地，他们考虑制造商投入需求增长努力的情形，研究了需求增长努力对零售商市场信息共享策略的影响。黄松等（Huang et al.，2018a）分别研究了制造商开通线上渠道和不开通线上渠道这两种情形中零售商的事前需求信息共享策略，并且发现当零售商预料到制造商开通线上渠道时，会自愿进行信息共享。黄松等（Huang et al.，2020）发现，当制造商的需求增长努力投入有效时，零售商可以通过共享需求信息来激励制造商开通线上直销渠道。余玉刚等（Yu et al.，2020）假设零售商拥有私有需求信息，分析了供应商碳减排对零售商需求信息共享决策的影响。此外，还有部分学者基于更加复杂的供应链运行结构研究了事前信息共享问题（Li，2002；Zhang，2002；Ha et al.，2011；Shang et al.，2016；Ha et al.，2017；Wu et al.，2019；Guan et al.，2020b）。例如，夏耀祥等（Ha et al.，2017）考虑分别包含一个制造商和一个零售商的两条竞争供应链，假设两个制造商分别投入努力来降低生产成本，且两个零售商各自拥有私有需求信息。研究发现，当制造商能够有效降低生产成本时供应链内部的事前信息共享有利于供应链成员。

本章内容属于事前需求信息共享的研究范畴，但不同于大多数研究假设供应链成员风险中性的情形，本章假设零售商持有风险规避态度。目前，考虑供应链成员风险规避的需求信息共享研究十分缺乏。现实中，企业持有风险规避态度又是很常见的现象（Liu et al.，2020；Choi et al.，2019a）。并且，这些风险规避的企业在进行定价和订购决策时更加谨慎（Xiao and Yang，2009；Ma et al.，2012；Fu，2015）。为了量化风险规避态度，学者们提出了下行风险规避（Downside Risk Aversion，DRA）、条件风险价值（Conditional Value at Risk，CVaR）、风险价值（Value at Risk，VaR）、MV 等方法，并将其广泛应用于供应链管理研究中（Shen et al.，2018；Choi et al.，2019b；Liu et al.，2020）。例如，蔡灿明等（Choi et al.，2019b）采用 MV 方法，研究了区块链时代下，考虑航空物流的全球供应链管理问题。柏庆国等（Bai et al.，2020）基于 MV 方法构建考虑决策者风险规避的低碳供应链，分析了风险规避对供应链协调的影响。黄福友等（Huang et al.，2020）通过 CVaR 方法来量化制造商的风险规避态度，设计并引入一个由期权和成本共担组成的契约方案来实现供应链协调。此外，MV 方法中风险规避态度还可以通过效用函数的方式来反映（Xiao and Yang，2009；Choi et al.，2019a）。本章重点关注需求信息不对称的实际情况，进一步考虑零售商持有风险规避态度，研究零售商风险规避对其需求信息共享策略的影响。

因此，本章考虑由一个风险中性的制造商和一个风险规避的零售商组成的两级供应链，且零售商在销售季节开始之前获取私有需求信息。在此基础上，研究定价决策和订购决策这两种决策情形中供应商需求信息共享的激励问题。此外，比较分析了零售商风险中性和风险规避情况下其需求信息共享策略的差异。为了进一步展示本章研究的理论创新性，表 19.1 对相关文献和本章研究工作进行了比较。

表 19.1　　与本章研究密切相关的文献

文献	不对称信息类型	参与者	风险态度	决策变量	时间
曹欢等（Cao et al.，2019）	质量信息	一个制造商 + 一个零售商	风险中性	批发价格，销售价格	事后
郭亮（Guo，2009）	需求信息	一个制造商 + 一个零售商	风险中性	批发价格，订购量	事后
黄松等（Huang et al.，2018a）	需求信息	一个供应商 + 一个零售商	风险中性	批发价格，订购量	事前
黄松等（Huang et al.，2020）	需求信息	一个零售商 + 一个零售商	风险中性	批发价格，投资水平，订购量	事前
姜力和郝忠原（Jiang and Hao，2016）	需求信息	一个供应商 + 一个零售商；一个供应商 + 两个零售商；两个供应商 + 一个零售商；两个供应链	风险中性	批发价格，订购量	事前
米特多夫等（Mittendorf et al.，2013）	需求信息	一个制造商 + 一个零售商	风险中性	批发价格，需求增强投资，销售价格	事前
余玉刚等（Yu et al.，2020）	需求信息	一个供应商 + 一个零售商	风险中性	批发价格，订购量，销售价格	事前
张洪涛（Zhang，2002）	需求信息	一个制造商 + 两个零售商	风险中性	批发价格，销售价格，订购量	事前
本章研究	需求信息	一个制造商 + 一个零售商	风险规避	批发价格，销售价格，订购量	事前

总体来看，本章的创新性主要体现在以下三个方面：

1. 本章考虑零售商持有风险规避态度，为分析定价决策和订购决策这两种情形中供应链成员的决策差异提供了新的研究视角。研究结论强调了风险规避态度在供应链成员决策过程中的重要影响。

2. 本章的理论价值还体现于分析了需求信息不对称环境下风险规避零售商的信息共享动机。研究结论为需求信息不对称环境下供应链成员风险规避时的决策提供了理论支持。

3. 本章通过确定需求波动与供应链成员事前期望效用之间的关系，丰富了考虑风险态度的供应链管理理论。

第一节　模型构建

一、问题描述

考虑由一个风险规避的零售商和一个风险中性的制造商组成的两级供应链。假设需求函数为 $q=a+\Theta-p$ 或逆需求函数为 $p=a+\Theta-q$。其中，市场需求潜量为 $a+\Theta$，a 为确定的市场需求潜量，Θ 为随机的市场需求潜量，且服从均值为 0，方差为 σ_{Θ}^{2} 的正态分布，即 $\Theta\sim N(0,\ \sigma_{\Theta}^{2})$。类似的假设可以在其他文献中看到（Jiang et al.，2016；Shang et al.，2016；Ha et al.，2017）。为了保证均衡解是正的，假设确定的市场需求潜量 a 足够大。在销售季节开始之前，零售商获得需求信号 s，且 s 为关于 Θ 的无偏估计量。此外，$s=\Theta+\varepsilon$，其中 ε 表示观测误差，是一个独立且服从正态分布的随机变量，即 $\varepsilon\sim N(0,\ \sigma_{\varepsilon}^{2})$。基于上述假设可得，$s=\Theta+\varepsilon\sim N(0,\ \sigma_{\Theta}^{2}+\sigma_{\varepsilon}^{2})$。类似的假设可以在姜力和郝忠原（Jiang and Hao，2016）、卞文良等（Bian et al.，2016）的研究中看到。给定上述两个线性需求函数，零售商需要决定销售价格或者订购量，即 p 或 q。本章中，将上述两种不同决策情形分别描述为定价决策和订购决策。与夏耀祥等（Ha et al.，2011）的研究不同，本章的研究表明，零售商风险规避时，定价决策和订购决策这两种不同的决策情形之

间存在着很大的差异。假设零售商在观察到 s 的实际取值之前做出需求信息共享的决策。根据卞文良等（Bian et al.，2016）和姜宝军等（Jiang et al.，2016）的假设，可以得到条件期望为 $E[\Theta|s]=\sigma s$，其中 $\sigma=\frac{\sigma_\Theta^2}{\sigma_\Theta^2+\sigma_\varepsilon^2}$。此外，基于需求信号 s，Θ 的条件方差为 $\mathrm{Var}[\Theta|s]=\sigma\sigma_\varepsilon^2$。假设制造商的单位生产成本为 c。除需求信号 s 外，上述所有信息均为供应链成员的共同知识。基于上述假设条件，供应链成员之间的多阶段博弈过程如下所示：

1. 在零售商获取需求信息之前，供应链成员就需求信息共享问题进行协商。当零售商不与制造商共享需求信息时，供应链是不可沟通的；否则，供应链是可沟通的。

2. 零售商获得需求信息 s。如果供应链是可沟通的，则零售商与制造商共享需求信息；否则，零售商不会与制造商共享需求信息。

3. 无论需求信息是否共享，制造商首先决定批发价格 w，然后零售商决定销售价格 p 或订购量 q。

4. 市场需求最终实现，且所有成员获得相应的收益。

二、均衡结果

类似于蔡灿明等（Choi et al.，2019a）、肖条军和杨丹琴（Xiao and Yang，2009）的研究，本章用效用函数来描述零售商的风险规避态度，即风险规避的零售商同时关注随机利润的期望和方差。这里，下标 $p(q)$ 表示零售商的决策变量为销售价格（订购量）的情形。在获取需求信息之后，零售商的效用函数可以表示为：

$$\mathrm{U}_{p(q)}=E[\pi_{p(q)}|s]-\lambda\mathrm{Var}[\pi_{p(q)}|s] \tag{19-1}$$

这里，λ 是风险规避程度。$\lambda>0$ 表示零售商是风险规避的，$\lambda=0$ 表示是零售商是风险中性的。$\pi_{p(q)}$ 是零售商的随机利润，且有 $\pi_p=(p-w)(a+\Theta-p)$，$\pi_q=(a+\Theta-q-w)q$。

给定制造商的批发价格 w，在定价决策情形下，零售商的效用函数可以表示为：

$$\mathrm{U}_p=(p-w)(a+\sigma s-p)-(p-w)^2\lambda\sigma\sigma_\varepsilon^2 \tag{19-2}$$

在订购决策下，零售商的效用函数可以表示为：

$$U_q = q(a + \sigma s - q - w) - q^2 \lambda \sigma \sigma_\varepsilon^2 \tag{19-3}$$

（19－2）式和（19－3）式表明，零售商基于私有需求信息 s 来更新其效用函数。在此基础上，可以得到零售商在两种不同决策情形下的最优反应函数。为了方便起见，定义 $A = \lambda \sigma \sigma_\varepsilon^2$。在定价决策下，零售商最大化（19－2）式的最优反应函数可以表示为：

$$p_1 = \frac{a + \sigma s}{2 + 2A} + \frac{1 + 2A}{2 + 2A} w \tag{19-4}$$

给定（19－4）式，零售商的最优订购量为 $q = a + \Theta - p_1$。此外，在订购决策下，零售商最大化（19－3）式的最优反应函数可以表示为：

$$q_1 = \frac{1}{2 + 2A}(a - w + \sigma s) \tag{19-5}$$

得到零售商在定价（订购）决策下的反应函数后，制造商决定最优的批发价格来最大化自身效用。由于制造商是风险中性的，即 $\lambda = 0$，因此期望利润函数等于效用函数。上标 $N(S)$ 表示供应链是不可沟通的（可沟通的）。如果供应链是不可沟通的，则在定价决策下，制造商的效用函数可以表示为：

$$\Pi_p^N = E[(w - c)(a + \Theta - p_1)] \tag{19-6}$$

在订购决策下，制造商的效用函数可以表示为：

$$\Pi_q^N = E[(w - c) q_1] \tag{19-7}$$

如果供应链是可沟通的，则在定价决策下，制造商的效用函数可以表示为：

$$\Pi_p^S = E[(w - c)(a + \Theta - p_1) | s] \tag{19-8}$$

在订购决策下，制造商的效用函数可以表示为：

$$\Pi_q^S = E[(w - c) q_1 | s] \tag{19-9}$$

根据（19－6）式～（19－9）式，可以求解得到制造商在不同决策情形下的最优批发价格。表 19.2 总结了供应链成员的均衡解，其中 $\bar{w}_p = \bar{w}_q = \frac{a + c}{2}$，$\bar{p} = \frac{(3 + 2A)a + (1 + 2A)c}{4(1 + A)}$，$\bar{q} = \frac{a - c}{4(1 + A)}$，$B_p^N = B_q^N = \frac{1}{2(1 + A)}$，$B_p^S = \frac{3 + 2A}{4(1 + A)}$，$B_q^S = \frac{1}{4(1 + A)}$，$C_p^S = C_q^S = \frac{1}{2}$，$C_p^N = C_q^N = 0$。

表 19.2　　供应链成员的均衡解

项目	定价决策		订购决策	
	批发价格	销售价格	批发价格	订购量
不可沟通的供应链	$w_p^N = \bar{w}_p + C_p^N \sigma s$	$p^N = \bar{p} + B_p^N \sigma s$	$w_q^N = \bar{w}_q + C_q^N \sigma s$	$q^N = \bar{q} + B_q^N \sigma s$
可沟通的供应链	$w_p^S = \bar{w}_p + C_p^S \sigma s$	$p^S = \bar{p} + B_p^S \sigma s$	$w_q^S = \bar{w}_q + C_q^S \sigma s$	$q^S = \bar{q} + B_q^S \sigma s$

从表 19.2 中可以看出，在不可沟通的供应链中，制造商的最优批发价格与需求信号 s 无关；在可沟通的供应链中，制造商的最优批发价格随需求信号 s 的增加而递增。较大的需求信号 s 可以促使制造商提高批发价格，从而提升可沟通供应链的边际利润。此外，无论供应链是可沟通的还是不可沟通的，均衡销售价格（订购量）均随 s 的增加而递增。特别地，与不可沟通的供应链相比，可沟通供应链的均衡销售价格（订购量）对需求信号更敏感（更不敏感），即 $B_p^S > B_p^N$（$B_q^S < B_q^N$）。类似的结论也可以在其他研究中看到（Ha et al.，2011；Shang et al.，2016；Ha et al.，2017）。但是，本章考虑零售商规避风险时，获得了更有趣的管理启示。

第二节　综合比较

一、均衡解的比较分析

在获得供应链成员的竞争均衡后，进一步比较分析定价决策和订购决策这两种决策情形。在本章中，我们发现零售商风险规避时，供应链成员在信息不对称环境下的决策出现了一些新的特征。

命题 19.1　无论供应链是可沟通的还是不可沟通的，①随着 λ 的增加，均衡销售价格（订购量）对需求信号越来越不敏感；②均衡销售价格（p^N 和 p^S）和均衡订购量（q^N 和 q^S）均随 λ 的增加而递减；③制造商在定价决策情形中的最优批发价格等于其在订购决策情形中的最优批发价格。

证明：

1. 根据表 19.2 可知，$\frac{\partial B_p^N}{\partial A}=-\frac{1}{2(1+A)^2}<0$，$\frac{\partial B_p^S}{\partial A}=-\frac{1}{4(1+A)^2}<0$，即 B_p^N 和 B_p^S 随着 A 的增加而递减。这里，$A=\lambda\sigma\sigma_\varepsilon^2$。由此可得，$B_p^N$ 和 B_p^S 随着 λ 的增加而递减。类似地，可以得到 B_q^N 和 B_q^S 随着 λ 的增加而递减。因此，随着 λ 的增加，均衡销售价格（订购量）对需求信号都越来越不敏感。

2. 根据表 19.2 中的均衡销售价格可得：

$$\frac{\partial p^N}{\partial A}=\frac{\partial \bar{p}}{\partial A}+\frac{\partial B_p^N}{\partial A}\sigma s=-\frac{(a-c)}{4(1+A)^2}-\frac{\sigma s}{2(1+A)^2}$$

$$\frac{\partial p^S}{\partial A}=\frac{\partial \bar{p}}{\partial A}+\frac{\partial B_p^S}{\partial A}\sigma s=-\frac{(a-c)}{4(1+A)^2}-\frac{\sigma s}{4(1+A)^2}$$

根据前面的假设，a 是一个足够大的正值。因此，尽管需求信号 s 可能为负值，仍然可以得到$\frac{\partial p^N}{\partial A}<0$ 和$\frac{\partial p^S}{\partial A}<0$ 恒成立。同时，由于 A 随着 λ 的增加而递增，可得 p^N 和 p^S 随着 λ 的增加而递减。类似地，q^N 和 q^S 随着 λ 的增加而递减。

3. 根据表 19.2 可以得到 $w_p^N=w_q^N$，$w_p^S=w_q^S$。**证毕。**

根据命题 19.1 中的结论①可知，零售商风险规避程度的增加使得均衡销售价格（订购量）对需求信号越来越不敏感，即$\frac{\partial B_p^N}{\partial \lambda}<0$，$\frac{\partial B_p^S}{\partial \lambda}<0\left(\frac{\partial B_q^N}{\partial \lambda}<0\right.$ 和 $\left.\frac{\partial B_p^S}{\partial \lambda}<0\right)$。这表明，尽管零售商掌握着私有需求信息，但随着风险规避程度的增加，其在决定销售价格（订购量）时变得更加保守。因此，与风险中性的零售商相比，风险规避的零售商决定的销售价格更接近于 $\bar{p}$。当需求信号上下波动时，风险规避的零售商决定的销售价格仅在 $\bar{p}$ 附近较小的范围内波动。命题 19.1 中的结论②表明，给定一个相对较高的风险规避程度，风险规避的零售商更倾向于选择一个相对较低的销售价格（p^N 和 p^S）或相对较低的订购量（q^N 和 q^S），这表明降低随机利润的方差对风险规避的零售商的影响是比较大的。命题 19.1 中的结论③表明，在可沟通供应链（或不可沟通供应链）中，制造商在两种不同决策情形下的最优批发价格保持不变。

命题 19.2　无论供应链是可沟通还是不可沟通的，给定需求信号 s，零售商在定价决策情形中的期望订购量高于订购决策情形中的期望订购量，并且零售商在定价（订购）决策情形中的期望订购量随 λ 的增加而递增（递减）。

证明：在定价决策情形中，零售商在不可沟通（可沟通）供应链中的订购量为 $a+\Theta-p^N(a+\Theta-p^S)$。因此，给定需求信号 s，零售商在不可沟通（可沟通）供应链中的期望订购量为 $E[a+\Theta-p^N|s]=\frac{(1+2A)(a-c+2\sigma s)}{4(1+A)}$ $\left(E[a+\Theta-p^S|s]=\frac{(1+2A)(a-c+\sigma s)}{4(1+A)}\right)$。因为 $A=\lambda\sigma\sigma_\varepsilon^2$，可以发现在定价决策情形中，零售商的期望订购量随着 λ 的增加而递增。

在订购决策情形中，零售商在不可沟通（可沟通）供应链的订购量为 $q^N(q^S)$。因此，需求信号 s，零售商在不可沟通（可沟通）供应链的期望订购量为 $E[q^N|s]=\frac{a-c+2\sigma s}{4(1+A)}$ $\left(E[q^S|s]=\frac{(a-c+\sigma s)}{4(1+A)}\right)$。类似地，因为 $A=\lambda\sigma\sigma_\varepsilon^2$，可以发现在订购决策情形中，零售商的期望订购量随着 λ 的增加而递减。

显然，可以得到 $E[a+\Theta-p^N|s]>E[q^N|s]$ 和 $E[a+\Theta-p^S|s]>E[q^S|s]$。**证毕**。

命题 19.2 表明，零售商风险中性时，无论供应链是可沟通还是不可沟通的，其在定价决策情形中的期望订购量与其在订购决策情形中的期望订购量相同，这使得供应链在两种不同决策情形中的均衡收益相同（Ha et al.，2011）。此外，在定价决策情形中，考虑到需求信号 s 是不完美的，且零售商无法准确预测 Θ，零售商的最优订购量是不确定的。因此，与风险中性零售商类似，风险规避零售商也面临相同的需求信号特征。

回顾命题 19.1 可知，均衡销售价格（p^N 和 p^S）和均衡订购量（q^N 和 q^S）均随零售商风险规避程度的增加而递减。因此，命题 19.2 的结论是直观的，因为在定价（订购）决策情形中的期望订购量是减少（增加）的。

二、事前期望效用的比较分析

求解得到均衡解后，可以进一步计算得到供应链成员的事前期望效用。

表 19.3 列出了所有决策情形中供应链成员的事前期望效用，其中 $\overline{U}_p=\overline{U}_q=\frac{(a-c)^2}{16(1+A)}$，$\overline{\Pi}_q=\frac{(a-c)^2}{8(1+A)}$，$\overline{\Pi}_p=\frac{(1+2A)(a-c)^2}{8(1+A)}$，$\overline{Y}_q=\frac{3(a-c)^2}{16(1+A)}$，$\overline{Y}_p=\frac{(3+4A)(a-c)^2}{16(1+A)}$，$X_q^N=X_p^N=Z_q^N=Z_p^N=\frac{1}{4(1+A)}$，$Y_p^N=Y_q^N=0$，$X_p^S=X_q^S=\frac{1}{16(1+A)}$，$Y_q^S=\frac{1}{8(1+A)}$，$Y_p^S=\frac{1+2A}{8(1+A)}$，$Z_q^S=\frac{3}{16(1+A)}$，$Z_p^S=\frac{3+4A}{16(1+A)}$，$\rho=\sigma\sigma_\Theta^2$。

表 19.3　　　　供应链成员的事前期望效用

项目	成员	不可沟通供应链	可沟通供应链
定价决策	零售商	$E[U_p^N]=\overline{U}_p+X_p^N\rho$	$E[U_p^S]=\overline{U}_p+X_p^S\rho$
	制造商	$E[\Pi_p^N]=\overline{\Pi}_p+Y_p^N\rho$	$E[\Pi_p^S]=\overline{\Pi}_p+Y_p^S\rho$
	供应链	$E[Y_p^N]=\overline{Y}_p+Z_p^N\rho$	$E[Y_p^S]=\overline{Y}_p+Z_p^S\rho$
订购决策	零售商	$E[U_q^N]=\overline{U}_q+X_q^N\rho$	$E[U_q^S]=\overline{U}_q+X_q^S\rho$
	制造商	$E[\Pi_q^N]=\overline{\Pi}_q+Y_q^N\rho$	$E[\Pi_q^S]=\overline{\Pi}_q+Y_q^S\rho$
	供应链	$E[Y_q^N]=\overline{Y}_q+Z_q^N\rho$	$E[Y_q^S]=\overline{Y}_q+Z_q^S\rho$

命题 19.3　①对于零售商而言，在两种不同决策情形中，在可沟通供应链中的事前期望效用低于其在不可沟通供应链中的事前期望效用，即 $E[U_p^N]>E[U_p^S]$，$E[U_q^N]>E[U_q^S]$。②对于制造商而言，在两种不同决策情形中，在可沟通供应链中的事前期望效用高于其在不可沟通供应链中的事前期望效用，即 $[\Pi_p^S]>E[\Pi_p^N]$，$E[\Pi_q^S]>E[\Pi_q^N]$。③对于制造商而言，无论供应链是可沟通还是不可沟通的，其在定价决策情形中的事前期望效用总是高于其在订购决策情形中的事前期望效用，即 $E[\Pi_p^N]>E[\Pi_q^N]$，$E[\Pi_p^S]>E[\Pi_q^S]$。

证明： 通过比较表 19.3 中的事前期望效用，本命题显然成立。**证毕。**

命题 19.3 中的结论①可以解释如下：在可沟通供应链中，制造商可以在获取需求信息后决定批发价格。因此，供应链的双边际化效应可能会更加明显，从而损害零售商的利益。命题 19.3 中的结论②表明，制造商可以通过获取需求信息来获得更高的期望效用。命题 19.3 中的结论③发现，在两种不同的决策情形中，制造商可能面临不同的利润改善空间。根据命题 19.2 可知，在可沟通和不可沟通的供应链中，零售商在定价决策情形中的期望订购量高于其在订购决策情形中的期望订购量。因此，可以合理判断制造商在定价决策情形中可以获得比订购决策情形中更高的收益，正如命题 19.3 中的结论③所示。

命题 19.4 无论供应链是可沟通还是不可沟通的：①在定价（订购）决策情形中，零售商的事前期望效用随着 λ 的增加而递减；②在定价（订购）决策情形中，制造商的事前期望效用随着 λ 的增加而递增（递减）。

证明：

1. 回顾表 19.3 中零售商的事前期望效用，可以发现 $E[U_p^N]$ 和 $E[U_p^S]$（$E[U_q^N]$ 和 $E[U_q^S]$）均随着 A 的增加而递减。因为 $A=\lambda\sigma\sigma_\varepsilon^2$，可得 $E[U_p^N]$ 和 $E[U_p^S]$（$E[U_q^N]$ 和 $E[U_q^S]$）均随着 λ 的增加而递减。

2. 在定价决策情形中，通过求解 $E[\Pi_p^N]$ 和 $E[\Pi_p^S]$ 关于 A 的一阶导，可以得到 $\frac{\partial E[\Pi_p^N]}{\partial A}=\frac{(a-c)^2}{8(1+A)^2}>0$，$\frac{\partial E[\Pi_p^S]}{\partial A}=\frac{(a-c)^2}{8(1+A)^2}+\frac{\rho}{8(1+A)^2}>0$。

因此，$E[\Pi_p^N]$ 和 $E[\Pi_p^S]$ 随着 A 的增加而递增，进一步得到 $E[\Pi_p^N]$ 和 $E[\Pi_p^S]$ 随着 λ 的增加而递增。

类似地，在订购决策情形中，$E[\Pi_q^N]$ 和 $E[\Pi_q^S]$ 随着 λ 的增加而递减。**证毕。**

命题 19.4 中的结论①比较直观。随着风险规避程度的增加，零售商的决策越来越保守；此外，零售商随机利润的方差对期望效用函数的影响也越来越大。因此，在定价（订购）决策情形中，零售商的事前期望效用随着 λ 的增加而递减。对于命题 19.4 中的结论②，可以从另外一个视角去分析。回顾命题 19.2 可知，在定价（订购）决策情形中，零售商的期望订购量随风险规避程度的增加而递增（递减）。因此，制造商的事前期望效用也随风险规避程度的增加而递增（递减）。

命题 19.5 ①无论供应链是可沟通还是不可沟通的，在两种不同决策情形中，零售商的事前期望效用均是关于 σ_Θ^2 的凸函数。②无论供应链是可沟通还是不可沟通的，在定价决策情形下，制造商的事前期望效用均随 σ_Θ^2 的增加而递增。③在不可沟通的供应链中，在订购决策情形下，制造商的事前期望效用随 σ_{Θ}^{2} 的增加而递减；在可沟通的供应链中，在订购决策情形下，制造商的事前期望效用是关于 σ_{Θ}^{2} 的凸函数。

证明：

1. 根据表 19.3 中的事前期望效用，可以得到 $\frac{\partial E[U_{p}^{N}]}{\partial \sigma_{\Theta}^{2}}=\frac{4(1+\lambda\sigma_{\varepsilon}^{2})\sigma_{\Theta}^{4}+8\sigma_{\Theta}^{2}\sigma_{\varepsilon}^{2}-\lambda(a-c)^{2}\sigma_{\varepsilon}^{4}}{16(\sigma_{\Theta}^{2}+\sigma_{\varepsilon}^{2}+\lambda\sigma_{\Theta}^{2}\sigma_{\varepsilon}^{2})^{2}}$。根据上述表达式，首先构建一个函数 $f_{1}(\sigma_{\Theta}^{2})=4(1+\lambda\sigma_{\varepsilon}^{2})\sigma_{\Theta}^{4}+8\sigma_{\Theta}^{2}\sigma_{\varepsilon}^{2}-\lambda(a-c)^{2}\sigma_{\varepsilon}^{4}$。这里，有 $f_{1}(0)<0$。令 $f_{1}(\sigma_{\Theta}^{2})=0$，可以得到两个解，其中有一个正解为 $\sigma_{\Theta 1}^{2}=\frac{-2\sigma_{\varepsilon}^{2}+\sigma_{\varepsilon}^{2}\sqrt{4+\lambda(1+\lambda\sigma_{\varepsilon}^{2})(a-c)^{2}}}{2(1+\lambda\sigma_{\varepsilon}^{2})}$。进一步可得，在区间 $\sigma_{\Theta}^{2}\in(0, \sigma_{\Theta 1}^{2}]$ 内，有 $\frac{\partial E[U_{p}^{N}]}{\partial \sigma_{\Theta}^{2}}\leqslant 0$；在区间 $\sigma_{\Theta}^{2}\in(\sigma_{\Theta 1}^{2}, +\infty)$ 内，有 $\frac{\partial E[U_{p}^{N}]}{\partial \sigma_{\Theta}^{2}}>0$。因此，$E[U_{p}^{N}]$ 是关于 σ_{Θ}^{2} 的凸函数。通过类似的方式，可以得到 $E[U_{q}^{N}]$ 是关于 σ_{Θ}^{2} 的凸函数。

根据表 19.3 中的事前期望效用，可以得到 $\frac{\partial E[U_{p}^{S}]}{\partial \sigma_{\Theta}^{2}}=\frac{(1+\lambda\sigma_{\varepsilon}^{2})\sigma_{\Theta}^{4}+2\sigma_{\varepsilon}^{2}\sigma_{\Theta}^{2}-\lambda(a-c)^{2}\sigma_{\varepsilon}^{4}}{16(\sigma_{\Theta}^{2}+\sigma_{\varepsilon}^{2}+\lambda\sigma_{\Theta}^{2}\sigma_{\varepsilon}^{2})^{2}}$。根据上述表达式，首先构建一个函数 $f_{2}(\sigma_{\Theta}^{2})=(1+\lambda\sigma_{\varepsilon}^{2})\sigma_{\Theta}^{4}+2\sigma_{\varepsilon}^{2}\sigma_{\Theta}^{2}-\lambda(a-c)^{2}\sigma_{\varepsilon}^{4}$。这里，有 $f_{2}(0)<0$。令 $f_{2}(\sigma_{\Theta}^{2})=0$，可以得到两个解，其中有一个正解为 $\sigma_{\Theta 2}^{2}=\frac{-\sigma_{\varepsilon}^{2}+\sigma_{\varepsilon}^{2}\sqrt{1+\lambda(1+\lambda\sigma_{\varepsilon}^{2})(a-c)^{2}}}{1+\lambda\sigma_{\varepsilon}^{2}}$。进一步可得，在区间 $\sigma_{\Theta}^{2}\in(0, \sigma_{\Theta 2}^{2}]$ 内，有 $\frac{\partial E[U_{p}^{S}]}{\partial \sigma_{\Theta}^{2}}\leqslant 0$；在区间 $\sigma_{\Theta}^{2}\in(\sigma_{\Theta 2}^{2}, +\infty)$ 内，有 $\frac{\partial E[U_{p}^{S}]}{\partial \sigma_{\Theta}^{2}}>0$。因此，$E[U_{p}^{S}]$ 是关于 σ_{Θ}^{2} 的凸函数。通过类似的方式，可以得到 $E[U_{q}^{S}]$ 是关于 σ_{Θ}^{2} 的凸函数。

2. 在不可沟通的供应链中，根据表 19.3 中的事前期望效用，可以得到

$\frac{\partial E[\Pi_p^N]}{\partial\sigma_\Theta^2}=\frac{\lambda(a-c)^2\sigma_\varepsilon^4}{8(\sigma_\Theta^2+\sigma_\varepsilon^2+\lambda\sigma_\Theta^2\sigma_\varepsilon^2)}>0$。在可沟通的供应链中，根据表 19.3 中的事前期望效用，可以得到$\frac{\partial E[\Pi_p^S]}{\partial\sigma_\Theta^2}=\frac{\lambda(a-c)^2\sigma_\varepsilon^4}{8(\sigma_\Theta^2+\sigma_\varepsilon^2+\lambda\sigma_\Theta^2\sigma_\varepsilon^2)^2}+\frac{\partial}{\partial\sigma_\Theta^2}\left[\frac{(1+2A)\rho}{8(1+A)}\right]>0$。因此，不管供应链是可沟通还是不可沟通的，在定价决策情形中，制造商的事情期望效用均随着 σ_Θ^2 的增加而递增。

3. 在不可沟通的供应链中，根据表 19.3 中的事前期望效用，可以得到 $\frac{\partial E[\Pi_q^N]}{\partial\sigma_\Theta^2}=-\frac{\lambda(a-c)^2\sigma_\varepsilon^4}{8(\sigma_\Theta^2+\sigma_\varepsilon^2+\lambda\sigma_\Theta^2\sigma_\varepsilon^2)}<0$。在可沟通的供应链中，根据表 19.3 中的事前期望效用，可以得到$\frac{\partial E[\Pi_q^S]}{\partial\sigma_\Theta^2}=\frac{(1+\lambda\sigma_\varepsilon^2)\sigma_\Theta^4+2\sigma_\varepsilon^2\sigma_\Theta^2-\lambda(a-c)^2\sigma_\varepsilon^4}{8(\sigma_\Theta^2+\sigma_\varepsilon^2+\lambda\sigma_\Theta^2\sigma_\varepsilon^2)^2}$。进一步可得，在区间 $\sigma_\Theta^2\in(0,\ \sigma_{\Theta2}^2]$ 内，有$\frac{\partial E[\Pi_q^S]}{\partial\sigma_\Theta^2}\leqslant 0$；在区间 $\sigma_\Theta^2\in(\sigma_{\Theta2}^2,\ +\infty)$ 内，有$\frac{\partial E[\Pi_q^S]}{\partial\sigma_\Theta^2}>0$。因此，$E[\Pi_q^S]$ 是关于 σ_Θ^2 的凸函数。**证毕。**

对于风险中性的零售商（即 $\lambda=0$）而言，无论供应链是可沟通还是不可沟通的，在两种不同决策情形中，零售商的事前期望效用均随 σ_Θ^2 的增加而递增。给定 Θ 的均值，较高的 σ_Θ^2 不仅表示需求波动程度较高，而且还意味着可能有更高的市场需求。此时，风险中性的零售商获取需求信息之后，可以根据需求信号做出精准的决策，并从这种需求波动中受益。因此，随着 σ_Θ^2 的增加，零售商更有可能从需求信号中受益。与风险中性的零售商不同，风险规避零售商的事前期望效用与 σ_Θ^2 之间存在一些新的关系。对于风险规避的零售商而言，σ_Θ^2 增加带来的影响是两面性的：一方面，σ_Θ^2 的增加会导致零售商可能面临的风险增加，这可能会损害零售商；另一方面，σ_Θ^2 的增加会导致更大范围的利润波动，而零售商可以合理利用需求信息来获得更高的收益。根据命题 19.5 中的结论①可知，当 σ_Θ^2 从一个相对较低的值逐渐增加时，其对零售商的消极影响会逐渐抵消其带来的积极影响。因此，在两种不同决策情形中，零售商的事前期望效用随 σ_Θ^2 的增加而递减；当 σ_Θ^2 从一个相对较高的值逐渐增加时，其对零售商的积极影响会逐渐抵消其带来的消极影响。因此，在两种不同决策情形中，零售商的事前期望效用随 σ_Θ^2 的增加而递增。最终，命题 19.5 中的结论①表明在两种不同决策情形中，零售商的事前期望效用是关于 σ_Θ^2 的凸函数。

对于风险中性的零售商（即 $\lambda=0$）而言，当供应链不可沟通时，在两种不同决策情形中，制造商的事前期望效用与 σ_Θ^2 无关。这是因为，当供应链不可沟通时，制造商无法获得零售商预测的需求信息。因此，制造商是在没有需求信息的前提下做出决策的，也无法从需求波动中获益。当供应链可沟通时，与零售商风险中性时的情况类似，在两种决策情形中，制造商的事前期望效用随 σ_Θ^2 的增加而递增。当零售商持有风险规避态度时，可以找到制造商的事前期望效用和 σ_Θ^2 之间新的关系。在定价决策情形中，制造商在可沟通和不可沟通供应链中的事前期望效用均随 σ_Θ^2 的增加而递增。在订购决策情形中，制造商在不可沟通供应链中的事前期望效用随 σ_Θ^2 的增加而递减；而制造商在可沟通供应链中的事前期望效用随 σ_Θ^2 的增加先递减后递增。得出上述这些结论的主要原因有以下几方面：

1. 在定价决策情形中，根据表 19.2 中的均衡解可以发现，不可沟通和可沟通供应链中零售商的均衡销售价格（p^N 和 p^S）由两部分组成：一部分独立于需求信号，即 $\bar{p}$；另一部分与需求信号相关，即 $B_p^N\sigma s$ 或 $B_p^S\sigma s$。同时，$\bar{p}$ 随 σ_Θ^2 的增加而递减。这表明，在不考虑需求信号的情况下，随着需求波动的增加，零售商在决定销售价格时变得越来越保守。也就是说，给定相对较高的 σ_Θ^2，零售商倾向于选择相对较低的销售价格以确保稳定的需求。还可以发现，$B_p^N\sigma$ 和 $B_p^S\sigma$ 均随 σ_Θ^2 的增加而递增。这表明，随着需求波动的增加，零售商可以越来越充分地利用需求信号，这使得零售商在决定销售价格时越来越积极。最后，在定价决策情形中，随着 σ_Θ^2 的不断增加，$\bar{p}$ 不断减少；与此同时，零售商的均衡销售价格围绕 $\bar{p}$ 波动的范围逐渐扩大。可以判断，制造商可以从 σ_Θ^2 的增加中受益，主要基于以下两个方面的考虑：一方面，当 σ_Θ^2 从一个相对较低的值逐渐增加时，随着 $\bar{p}$ 的减少零售商更有可能选择增加订购量；另一方面，当 σ_Θ^2 从一个相对较高的值逐渐增加时，随着需求波动的增加，零售商更有可能通过合理利用需求信号来发现市场机会。最终，制造商可以从 σ_Θ^2 的增加中受益。

2. 在订购决策情形中，根据表 19.2 中的均衡解可以发现，不可沟通和可沟通供应链中零售商的均衡订购量（q^N 和 q^S）由两部分组成：一部分独立于需求信号，即 $\bar{q}$；另一部分依赖于需求信号，即 $B_q^N\sigma s$ 或 $B_q^S\sigma s$。类似地，$\bar{q}$ 随 σ_Θ^2 的增加而递减，$B_q^N\sigma$ 和 $B_q^S\sigma$ 均随 σ_Θ^2 的增加而递增。因此，在订购决策情形中，零售商的均衡订购量围绕一个逐渐递减的 $\bar{q}$ 波动，且其波动范围随 σ_Θ^2 的增加而递增。在不可沟通供应链中，制造商无法根据需求信号决定批发价格。由于需求方差 σ_Θ^2 可以很容易地降低零售商的订购量。因此，在不可沟通的供应链中，制造商的事前期望效用随 σ_Θ^2 的增加而递减。在可沟通的供应链中，类似于零售商利用需求信号的情形，制造商面临着以下两种情况：一方面，当 σ_Θ^2 从一个相对较低的值逐渐增加时，随着 $\bar{q}$ 的降低，零售商更有可能降低订购量。因此，在订购决策情形中，制造商的事前期望随 σ_Θ^2 的增加而递减；另一方面，当 σ_Θ^2 从一个相对较高的值逐渐增加时，随着需求波动的增加，零售商更有可能通过合理利用需求信号来发现市场机会。因此，在订购决策情形中，制造商的事前期望效用随 σ_Θ^2 的增加而递增。

命题 19.6 ①当供应链可沟通时，在定价决策情形中，供应链的事前期望效用随 λ 的增加而递增。②当供应链不可沟通时，给定 $\rho<\frac{(a-c)^2}{4}$，在定价决策情形中，供应链的事前期望效用随 λ 的增加而递增；否则，供应链的事前期望效用随 λ 的增加而递减。③无论供应链是可沟通还是不可沟通的，在订购决策情形中，供应链的事前期望效用均随 λ 的增加而递减。

证明：

1. 在可沟通的供应链中，根据表 19.3 的事前期望效用，可以得到 $\frac{\partial E[Y_p^S]}{\partial A}=\frac{(a-c)^2+4\rho}{16(1+A)^2}>0$。因此，$E[Y_p^S]$ 随着 A 的增加而递增，进一步可得 $E[Y_p^S]$ 随着 λ 的增加而递增。

2. 在不可沟通的供应链中，根据表 19.3 的事前期望效用，可以得到 $\frac{\partial E[Y_p^N]}{\partial A}=\frac{(a-c)^2-4\rho}{16(1+A)^2}$。因此，①如果 $\rho<\frac{(a-c)^2}{4}$，则 $\frac{\partial E[Y_p^N]}{\partial A}>0$，即供应链的事前期望效用随着 λ 的增加而递增；②如果 $\rho\geqslant\frac{(a-c)^2}{4}$，则 $\frac{\partial E[Y_p^N]}{\partial A}\leqslant 0$，即供应链的事前期望效用随着 λ 的增加而递减。

3. 在可沟通和不可沟通的供应链中，根据表 19.3 的事前期望效用，可以得到$\frac{\partial E[Y_q^N]}{\partial A}=-\frac{3(a-c)^2}{16(1+A)^2}-\frac{3\rho}{4(1+A)^2}<0$，$\frac{\partial E[Y_q^S]}{\partial A}=-\frac{3(a-c)^2}{16(1+A)^2}-\frac{3\rho}{16(1+A)^2}<0$。因此，$E[Y_q^N]$ 和 $E[Y_q^S]$ 随着 A 的增加而递减，进一步得到 $E[Y_q^N]$ 和 $E[Y_q^S]$ 随着 λ 的增加而递减。**证毕。**

根据命题 19.6 可以发现，在两种不同的决策情形中，风险规避程度对供应链事前期望效用的影响是不同的。命题 19.6 中的结论①可以解释如下：回顾命题 19.4 可知，无论供应链是可沟通还是不可沟通的，在两种不同决策情形中，零售商的事前期望效用均随 λ 的增加而递减，在定价（订购）决策情形中，制造商的事前期望效用随 λ 的增加而递增（递减）。在可沟通的供应链中，供应链成员之间的需求信息是对称的，因此在定价决策情形中，制造商事前期望效用的增加可以补偿零售商事前期望效用的减少。但是，在不可沟通的供应链中，制造商不能根据需求信号调整其批发价格；因此，如果需求的波动相对较高$\left(即\ \rho\geqslant\frac{(a-c)^2}{4}\right)$，则制造商事前期望效用的增加不能弥补零售商事前期望效用的减少，如果$\rho<\frac{(a-c)^2}{4}$，则如命题 19.6 中的②所示，可以得出相反的结论。根据命题 19.4 还可以得出，在订购决策情形中，供应链成员的事前期望效用随 λ 的增加而递减，因此供应链的事前期望效用随 λ 的增加而递减，正如命题 19.6 中的结论③所示。

三、信息共享策略

虽然零售商在可沟通供应链中的事前期望效用总是低于在不可沟通供应链中的事前期望效用，但制造商可以通过向零售商支付一定的费用来补偿零售商因共享需求信息而造成的损失。接下来，本节基于供应链事前期望效用的视角，来分析两种不同决策情形中零售商的信息共享策略。

命题 19.7　①在定价决策情形中，当且仅当$A>\frac{1}{4}$时，零售商倾向于共享需求信息；②在订购决策情形中，零售商不与制造商共享需求信息。

证明：根据表 19.3 中供应链的事前期望效用，在定价决策情形中，可以得到 $E[Y_p^S]-E[Y_p^N]=\frac{(3+4A)\rho}{16(1+A)}-\frac{\rho}{4(1+A)}=\frac{(4A-1)\rho}{16(1+A)}$。因此，当且仅当 $A>\frac{1}{4}$ 时，有 $E(Y_p^S)-E(Y_p^N)>0$。在订购决策情形中，可以得到 $E[Y_q^S]-E[Y_q^N]=\frac{3\rho}{16(1+A)}-\frac{\rho}{4(1+A)}=-\frac{\rho}{16(1+A)}<0$。因此，零售商不会与制造商共享需求信息。**证毕。**

对于风险中性的零售商（$\lambda=0$）而言，供应链可沟通时的事前期望效用总是低于不可沟通时的事前期望效用。李乐德和张洪涛（Li and Zhang，2008）指出，零售商的需求信息共享会导致更加严重的双边际化效应，从而损害零售商和供应链整体的利益，但是这种信息共享有利于制造商。因此，零售商不会与制造商共享需求信息。但是，本章研究表明，当零售商风险规避时，结论是不同的。如命题 19.7 所示，①在定价决策情形中，如果 $A>\frac{1}{4}$，则制造商因信息共享而增加的收益可以弥补零售商造成的损失。因此，制造商可以通过提供转移支付，使零售商在可沟通供应链中的事前期望效用高于或等于不可沟通供应链中的事前期望效用。因此，只要制造商提供的转移支付足够大，零售商愿意向制造商共享需求信息。②在订购决策情形中，虽然制造商在可沟通的供应链中可以获得更高的收益，但他无法补偿零售商因双边际化效应而造成的损失，这意味着制造商无法为获得需求信息支付足够的费用给零售商，因此零售商不会与制造商共享需求信息。

第三节　数值分析

一、风险规避程度对供应链成员的影响

本节通过数值分析来验证上述解析结论。这里，设置如下参数：$a=30$，$\Theta\sim N(0,\ 20)$，$\varepsilon\sim N(0,\ 10)$，$c=5$。图 19.1 显示了定价（订购）决策情形

中，零售商事前期望效用随风险规避程度的变化情况。可以发现，$E[U_p^N]$ 和 $E[U_p^S]$ 均随风险规避程度的增加而递减。此外，$E[U_p^S]$ 总是低于 $E[U_p^N]$。一方面，风险规避程度的增加会导致随机利润方差对期望效用函数的影响更强。另一方面，当需求信息共享时，双边际化效应更为严重，从而损害零售商的利益。

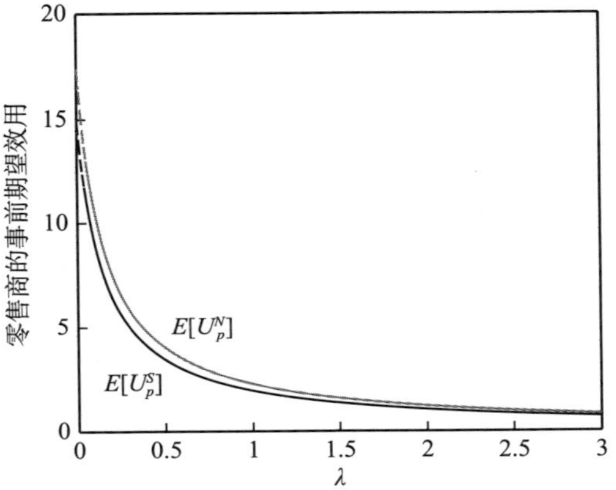

图 19.1　定价决策情形中，零售商的事前期望效用随 λ 的变化情况

图 19.2 显示了在定价决策情形中，制造商的事前期望效用随风险规避程度的变化情况。由此可以发现，$E[\Pi_p^N]$ 和 $E[\Pi_p^S]$ 均随风险规避程度的增加而递增。此外，$E[\Pi_p^S]$ 总是高于 $E[\Pi_p^N]$。根据命题 19.2，在定价决策情形中，风险规避程度的增加会导致零售商期望订购量的增加，因此制造商总是受益于零售商的风险规避态度。此外，在可沟通供应链中，制造商可以根据需求信号设定最优的批发价格。因此，制造商在可沟通供应链中的收益比在不可沟通供应链中的收益更高。

图 19.3 显示了在订购决策情形中，制造商的事前期望效用随风险规避程度的变化情况。显然，$E[\Pi_q^N]$ 和 $E[\Pi_q^S]$ 均随风险规避程度的增加而递减。此外，$E[\Pi_q^S]$ 总是高于 $E[\Pi_q^N]$。根据命题 19.2，在订购决策情形中，风险规避程度的增加会导致零售商期望订购量的降低。因此，制造商的事前期望效用总是因期望订购量的降低而受损。此外，在可沟通供应链中，制造商可

以根据需求信号决定批发价格。因此，制造商在可沟通供应链中的事前期望效用高于不可沟通供应链中的事前期望效用。

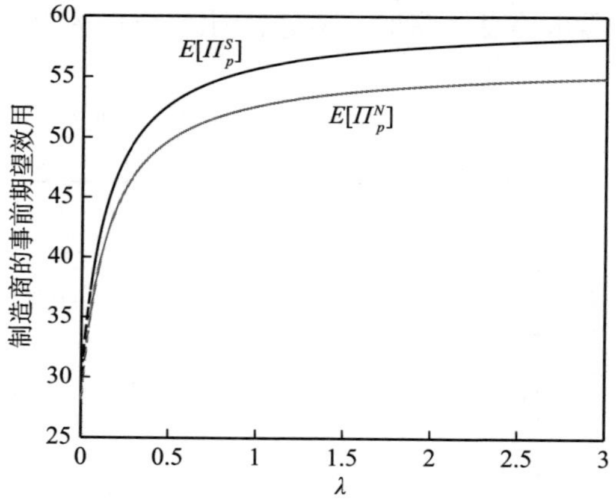

图 19.2　定价决策情形中，制造商的事前期望效用随 λ 的变化情况

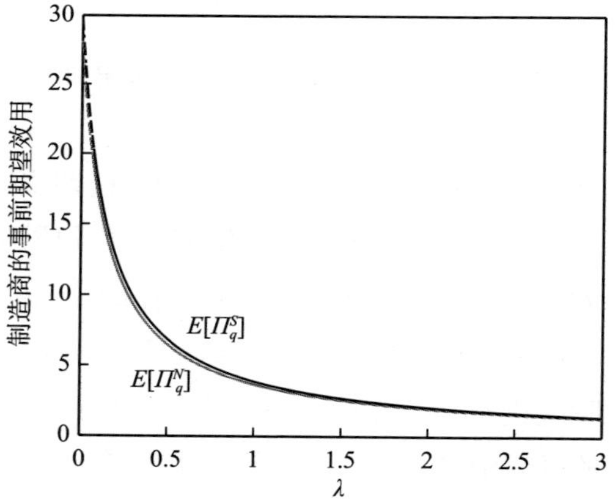

图 19.3　订购决策情形中，制造商的事前期望效用随 λ 的变化情况

进一步分析两种不同决策情形中，可沟通和不可沟通供应链的事前期望效用。图 19.4 显示了可沟通和不可沟通供应链的事前期望效用随风险规避程度的变化情况。一般而言，如果不引入合理的转移支付，共享需求信息总是有利于制造商而不利于零售商。综合考虑命题 19.4 和命题 19.5 中的结论，可以合理判断出，在定价决策情形中，当风险规避程度和需求方差均相对较高时，即 $A>\frac{1}{4}$，制造商从需求信息共享中获得的收益可以补偿零售商由此而造成的损失。因此，对于制造商来说，可以通过提供转移支付来激励零售商共享需求信息。但是，在订购决策情形中，需求信息共享给制造商带来的收益无法弥补零售商由此而造成的损失。这表明制造商没有能力向零售商共享的需求信息支付补偿费用，因此零售商不会与制造商共享需求信息。命题 19.7 的结论也可以从图 19.4 中得出。只有当 $A>\frac{1}{4}$时，在定价决

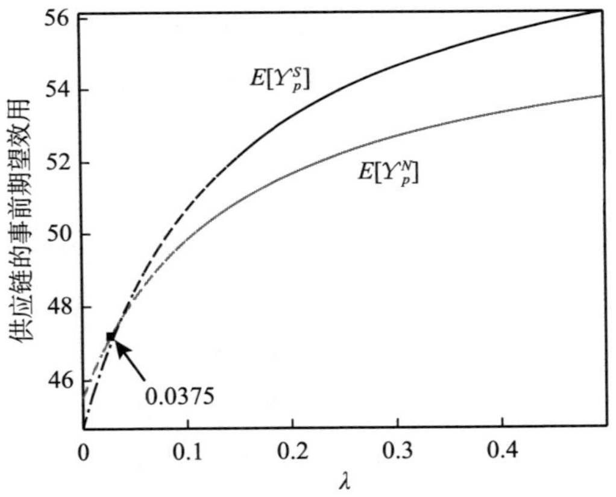

（a）定价决策

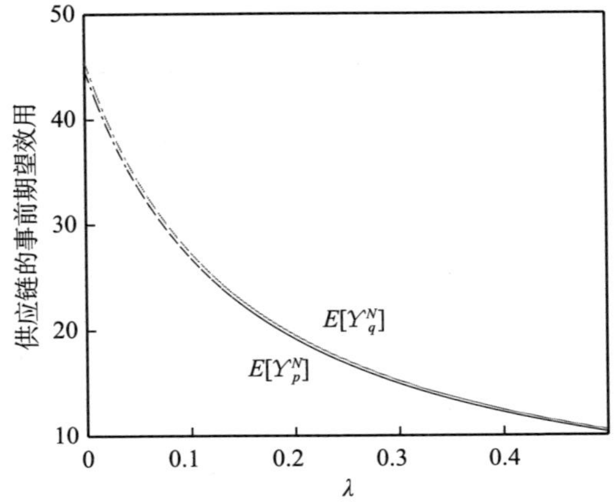

（b）订购决策

图 19.4　两种决策情形中，供应链的事前期望效用随 λ 的变化情况

策情形中，可沟通供应链的事前期望效用高于不可沟通供应链的事前期望效用。这也意味着从供应链的角度来看，风险规避程度的增加可以鼓励零售商共享需求信息。

二、需求方差对供应链成员的影响

接下来，分析定价（订购）决策情形中，需求方差对供应链成员事前期望效用的影响。图 19.5 描述了在不可沟通和可沟通的供应链中，零售商事前期望效用随需求方差的变化情况。可以发现，在可沟通和不可沟通的供应链中，零售商的事前期望效用随着需求方差的增加先递减后递增。特别地，与风险规避程度相对较低的情况相比，零售商总是在风险规避程度相对较高的情况下获得相对较低的事前期望效用。此外，当风险规避程度增加时，零售商的事前期望效用随需求方差的增加而递减的区间逐渐扩大。可以推断，需求方差对零售商事前期望效用的影响与风险规避程度有关。在风险规避程度相对较低的情况下，零售商可以基于掌握的需求信息而更好地利用需求波动，以此来获得更高的收益。但是随着风险规避程度的增加，零售商基于需求信息来利用需求波动从而获得更高收益会变得越来越困难。此外，与不可沟通的供应链相比，可沟通供应链中零售商的事前期望效用有更大的下降区间。这一结果表明，信息共享会导致零售商面临来自制造商更强的竞争压力。

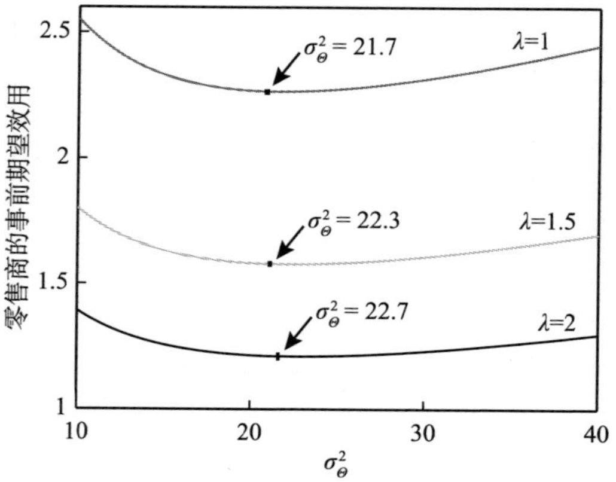

（a）不可沟通的供应链

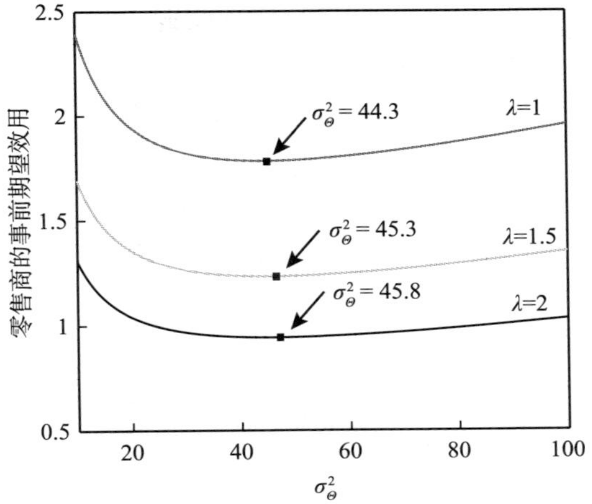

（b）可沟通的供应链

图 19.5　定价决策情形中，零售商的事前期望效用随 σ_Θ^2 的变化情况

图 19.6 显示了定价决策情形中，不可沟通和可沟通供应链中制造商的事前期望效用随需求方差的变化情况。可以发现，不可沟通和可沟通供应链中，制造商的事前期望效用均随需求方差的增加而递增。特别地，与零售商风险规避程度相对较低时相比，制造商总是能够在零售商风险规避程度相对较高时获得更高的事前期望效用。此外，无论零售商风险规避程度如何，制造商的事前期望效用和需求方差之间的关系都是不变的。随着风险规避程度和需求方差的增加，零售商的订购量会随销售价格的降低而增加。因此，无论供应链是可沟通还是不可沟通的，制造商总是可以从 σ_Θ^2 的增加中获得更多的收益。

图 19.7 显示了订购决策情形中，不可沟通和可沟通供应链中制造商的事前期望效用随需求方差的变化情况。可以发现，不可沟通和可沟通供应链中，需求方差对制造商事前期望效用的影响是不同的。在不可沟通的供应链中，需求方差的增加总是会导致制造商事前期望效用的降低。在可沟通的供应链中，制造商的事前期望效用随需求方差的增加先递减后递增。但在不可沟通的供应链中，制造商无法根据需求信号调整批发价格。因此，风险规避程度和需求方差的增加会降低零售商的订购量。在可沟通的供应链中，与零售商风险规避相对较低的情况相比，制造商总是在零售商风险规避程度相对较高的情况下获得相对较低的事前期望效用。此外，当风险规避程度增加时，制

造商的事前期望效用随需求方差的增加而递减的区间会扩大。因此，需求方差对制造商事前期望效用的影响与风险规避程度有关。在可沟通的供应链中，制造商可以从零售商处获得需求信息。类似于零售商利用需求信号的情况，若零售商风险规避程度相对较低，则制造商也能够受益于需求波动。但是，随着零售商风险规避程度的增加，制造商利用需求信号从需求波动中获益会变得越来越难。

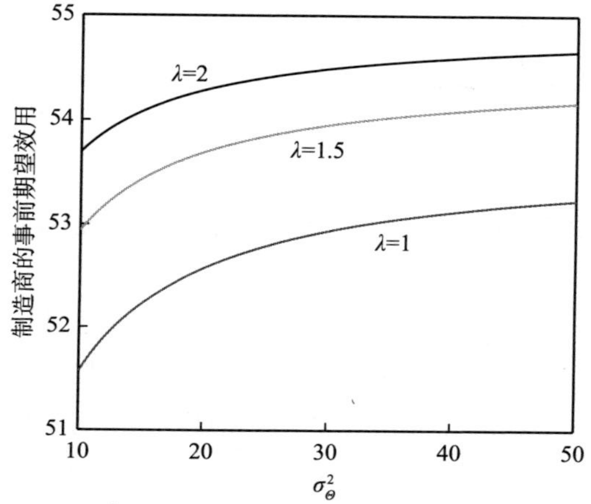

（a）不可沟通的供应链

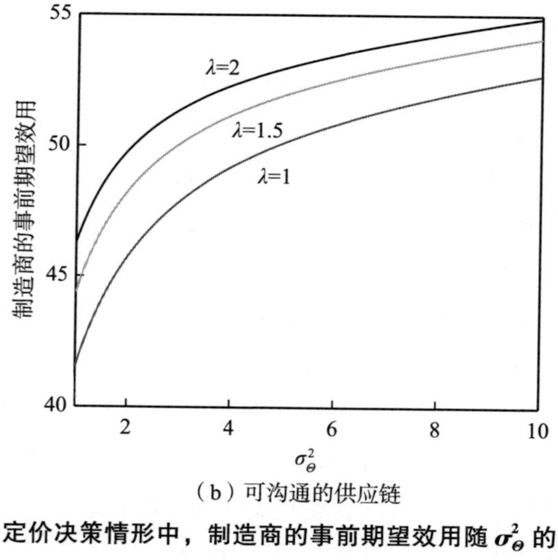

（b）可沟通的供应链

图 19.6　定价决策情形中，制造商的事前期望效用随 σ_Θ^2 的变化情况

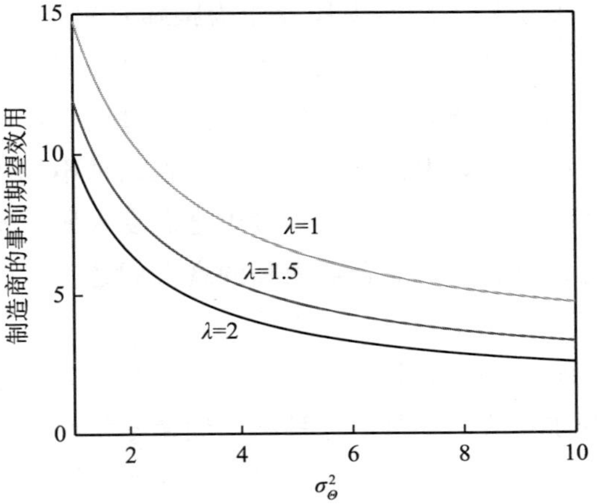

（a）不可沟通的供应链

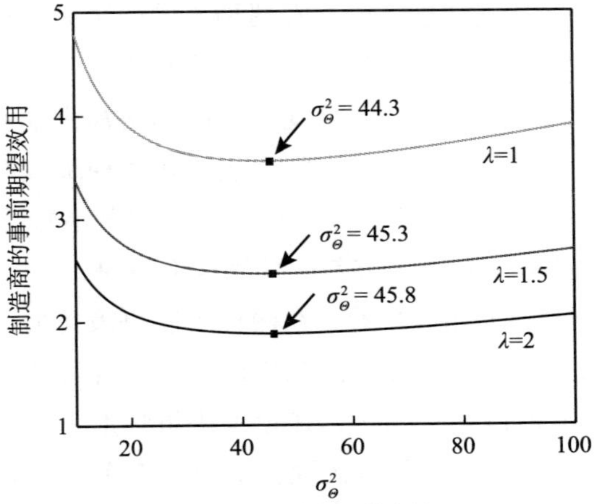

（b）可沟通的供应链

图 19.7　订购决策情形中，制造商的事前期望效用随 σ_{Θ}^2 的变化情况

第四节　本 章 小 结

本章建立了由一个风险中性制造商和一个风险规避零售商组成的两级供应链，并假设零售商拥有市场需求信息。我们重点关注需求信息不对称环境下供应链成员定价决策和订购决策之间的差异。在动态博弈中，制造商作为主导者首先决定批发价格，然后零售商作为跟随者决定销售价格或订购量。根据以上博弈过程，通过逆向归纳法求解了供应链成员的均衡解。此外，还得到了供应链成员和供应链的事前期望效用。通过比较可沟通和不可沟通供应链中各成员的事前期望效用，分析了零售商在两种不同决策情形中的需求信息共享策略。此外，本章通过引入风险规避态度来研究不同决策情形中的需求信息共享问题，直面了当前企业面临的现实问题。本章的主要研究结论可以总结如下：

1. 从均衡解的角度来看，风险规避程度的增加使得零售商在决定销售价格（订购量）时更加保守。此外，这种增加使得零售商在定价决策下的期望订购量高于订购决策下的期望订购量。同时，定价（订购）决策下的期望订购量随风险规避程度的增加而递增（递减）。

2. 从事前期望效用的角度来看，在两种不同的决策情形中，风险规避程度的增加总是会损害零售商的利益，但是会给制造商带来不同的影响，特别是在定价决策下，制造商可以从风险规避程度的增加中受益。此外，需求方差的增加给零售商和制造商带来不同的影响。在两种决策情形下，零售商在可沟通和不可沟通供应链中的事前期望效用随需求方差的增加先递减后递增，而制造商的事前期望效用随需求方差的变化是不同的。

3. 从信息共享策略的角度来看，在两种不同决策情形下，与风险中性零售商从不与制造商共享需求信息的情况相比，风险规避的零售商具有不同的需求信息共享策略。值得注意的是，在定价决策情形下，如果零售商的风险规避程度超过一个特殊阈值，则可沟通供应链的事前期望效用高于不可沟通供应链的事前期望效用。因此，从供应链的角度来看，零售商有动机与制造商共享需求信息。

今后，还值得从以下两个方面继续开展研究工作：一是假设所有供应链成员都是风险规避的，进一步研究供应链中零售商共享需求信息的动机；二是考虑制造商可以根据库存做出订购决策，基于此研究风险规避的供应链成员共享需求信息的动机。

第二十章 需求信息不对称环境下的供应链信息甄别

对众多制造商而言，持续改进产品质量是提高市场竞争力的关键，而在这个过程中获取准确的市场需求信息是至关重要的。因此，制造商可能有强烈的动机对市场需求预测进行较大的投入，并通过前期的市场调研、访谈、产品测试等方式来获得消费者偏好和销售数据等信息。尤其是对更新换代速度较快的产品，制造商必须在需求信息获取方面投入更大的成本以设计出符合市场潮流的新产品，因此相对于零售商而言往往具有需求信息优势，例如手机、服装等行业（Avinadav et al.，2020；Guan and Chen；2017）。目前，制造商作为供应链上游企业拥有私有需求信息的现实情况已经得到了部分学者的关注。王云阶等（Wang et al.，2022）发现，制造企业通常会通过市场调查、焦点访谈等传统方式，以及 Facebook 和 Twitter 等社交媒体来收集消费者数据，因此比零售商掌握着更多的需求信息。杰恩（Jain，2022）认为，许多制造商会在新产品上市之前通过接收提前订单或者产品测试来获取市场需求信息，也可能会通过密切跟踪多个市场中的消费者行为来预测市场需求，因此有能力获取比零售商更多的需求信息。

这里引用一个家电行业中的案例来说明本章拟解决的管理问题。定位于“萌家电”的小熊家电可以从多种渠道中获取销售数据，并通过不断积累消费者的行为数据来预测市场需求，从而支持其新产品开发或者产品改进。目前，小熊家电采用线上、线下两种渠道进行产品销售。在线上，小熊家电主要通过以下两种方式来销售产品：第一，通过授权广东易积网络股份有限公司等经销商在电商平台开设店铺来销售产品，或者直接与京东、苏宁易购等电商平台通过经销模式进行合作，由平台来销售产品；第二，在京东等电商平台上直接开设自营店铺来销售产品。在线下，小熊家电主要授权经销商进行产品销售，即包括超市、母婴店、药店等在内的线下零售门店先采购产品，然后销售给消费者。小熊家电线上经销占比约 81.48%，线上直销占比约 8.93%，线下经销占比 9.59%，其中线上经销毛利率水平偏低。[①] 图 20.1 展示了小熊家电的供应链结构。小熊家电必须要持续改进产品质量、推出符合市场需求的产品系列来保持竞争力，因此有动力获取市场需求信息；同时，小熊家电线上线下双渠道的销售方式，使其有能力获取相对于经销商更多的市场需求信息。对于经销商而言，在小熊家电的双渠道销售模式下，也有动力通过契约方案的设计来甄别小熊家电的私有需求信息，甚至引导小熊家电提高产品质量以扩大市场需求，从而获得更高的利润。

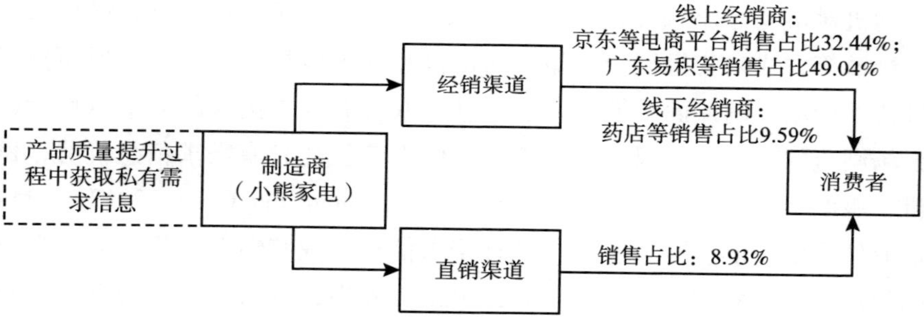

图 20.1　小熊家电销售模式

在电子商务快速发展的今天，类似的管理问题可以在其他双渠道供应链中观察到。KY 公司是一家服装制造企业，拥有 B 品牌和 K 品牌两个服装品牌，它一方面通过线下零售商来销售服装，另一方面在天猫等电商平台开通旗舰店来销售服装。为了准确把握时尚趋势，KY 公司会在设计产品之前通过下列途径来预测市场需求：第一，整理往季订单数据，分析消费者喜爱的色彩、基础面料等信息；第二，参加大型时装周，整理与分析服装的流行趋

① 市场为何偏爱小家电？小熊电器这份财报够争气［EB/OL］. 华尔街见闻，2020 - 08 - 28.

势。通过前期信息获取以及需求预测，KY 公司能够灵敏地对服装流行趋势作出快速响应，设计与生产出高质量产品来吸引更多的消费者。但是，KY 公司是否会将其掌握的需求信息共享给下游零售商，取决于 KY 公司能否从共享信息中获利。如果 KY 公司不愿共享需求信息，则零售商需要在需求信息不对称环境下进行决策。

结合小熊家电和 KY 公司的案例分析，本章认为对双渠道供应链而言，关注上游制造商主导产品质量提升且拥有私有需求信息时的合作机制设计问题具有重要意义。本章拟从两个方面的视角来提出双渠道供应链的研究方案：第一，从制造商的视角来看，关注其相对于零售商拥有需求信息优势时的产品质量决策与直销渠道库存量决策；第二，从零售商的视角来看，关注其在制造商拥有私有需求信息时的订购决策，以及如何将批发价格和质量水平引入激励契约的设计方案中去甄别制造商的私有需求信息。本章的研究视角适应了当前众多双渠道供应链在信息不对称环境下的运营管理需求。

供应链需求信息不对称领域的相关研究主要涉及三个方面：一是私有需求信息拥有者通过契约方案的设计来传递信息，即信号传递（Li et al.，2014b；邓明荣和卢秀娟，2016；Jiang et al.，2016；Sun et al.，2019）；二是处于信息劣势的一方通过契约方案的设计来甄别拥有私有信息一方的信息，即信息甄别（Babich et al.，2012；Gan et al.，2010；Özer and Wei，2006）；三是信息共享和信息不共享这两种不同机制下，求解供应链成员的竞争均衡，进一步对比研究不同机制，分析私有需求信息拥有者的信息共享决策，即信息共享价值研究（Jiang and Hao，2016；Ha et al.，2017；刘竞和傅科，2019；林志炳，2020）。本章属于第二类研究范畴，即通过构建信息甄别模型，研究处于信息劣势的一方甄别另一方私有信息的最优契约设计方案。在该研究领域，已经有较多学者开展了不同形式的研究工作，在研究方案设计上形成了较为成熟的理论与方法体系。汉贾里等（Khanjari et al.，2014）考虑由制造商、销售机构和零售商组成的三级供应链，假设销售机构和零售商拥有需求信息，提出了一个线性契约清单，并通过委托代理模型的求解，得到了制造商甄别需求信息的最优方案。李田等（Li et al.，2014a）假设零售商具有需求信息获取能力，基于此研究供应链上游的制造商如何设计订购量和转移支付的捆绑契约清单来甄别零售商的私有需求信息。陈方若等（Chen et al. ，2016）从上游供应商的视角出发，分析了基于预测的契约清单和线性契约清单这两种契约方案对下游卖家需求信息共享和销售努力投入的激励作用。楼高翔等（2016）假设需求与销售价格和单位产品碳减排水平相关，研究了零售商拥有消费者低碳偏好私有信息时，制造商的信息共享激励机制设计问题。莫比利等（Mobini et al. ，2019）假设零售商同时拥有私有需求信息和成本信息，基于供应商的视角设计了简单易实施的契约清单来影响零售商的订购计划，并实现了双重信息的共享。

目前，部分学者开始关注双渠道供应链的需求信息不对称问题。例如，黄松等（Huang et al. ，2018b）构建了由制造商和零售商组成的双渠道供应链，假设零售商获取需求信息需要付出一定的成本，并基于制造商的视角设计了契约方案来激励零售商获取需求信息。周建亨和赵瑞娟（2018）考虑制造商拥有私有需求信息，分析了双渠道供应链中制造商通过调整入场费和批发价向零售商进行信号传递的决策，并且发现制造商线上直销渠道的引入可以降低其信号传递成本。颜迎晨等（Yan et al. ，2019）考虑电商平台拥有私有需求信息且制造商销售能力相对较弱的情况，分别构建信号传递模型和信息甄别模型，分析了实现电商平台需求信息共享的契约方案。但是，上述学者均假设双渠道供应链下游成员掌握私有需求信息，只有个别学者关注了上游成员拥有私有需求信息的情况，并通过构建信号传递模型开展了相关研究（周建亨和赵瑞娟，2018）。本章拟从双渠道供应链下游成员的视角出发，通过构建信息甄别模型，设计契约方案来实现需求信息的共享。

也有学者将产品质量水平关联进来研究供应链需求信息共享问题。例如，张建雄等（Zhang et al. ，2019a）运用信号传递模型研究了零售商拥有私有需求信息时制造商的渠道入侵问题，其中制造商需要决定产品质量。研究表明，渠道入侵可能会降低产品质量，而需求信息不对称在一定条件下会提高产品质量。张峤等（Zhang et al. ，2019b）考虑制造商决定产品质量并通过双渠道进行产品销售的两级供应链，假设制造商和零售商均拥有私有需求信息，重点研究了制造商为避免泄露信息而放弃批发价定价权的条件。值得注意的是，产品质量水平、绿色水平、服务水平、企业社会责任等均属于需求增长努力，很多学者采用同样的量化方式来描述这些需求增长努力水平与市场需求之间的关联性（Wang et al. ，2022；Kaya and Özer，2009；Zhang et al. ，

2021）。在需求信息不对称领域，学者们考虑需求增长努力水平的研究工作为本章提供了值得借鉴的思路。例如，颜迎晨等（Yan et al.，2019）考虑制造商投入销售努力，电商平台拥有私有需求信息的情形，分别运用信息甄别和信号传递模型分析了实现电商平台需求信息共享时的均衡解。薛木森等（Xue et al.，2020）假设零售商通过提供销售服务来刺激市场需求，且这种服务效应会外溢到制造商的直销渠道中。在此基础上，他们采用信号传递模型研究了制造商先决定库存量和零售商先决定订购量这两种情形时的均衡解。类似的研究还可以在丁军飞和王文宾（Ding and Wang，2020）、孟晓阁等（Meng et al.，2022）的研究中看到。总体来看，上述研究关注了供应链下游成员拥有私有需求信息的情况，而上游成员拥有私有需求信息将对供应链决策以及契约设计带来重要影响，因此需要从新的视角进行研究。

本章结合实际情况，将由一个制造商和一个零售商组成的双渠道供应链作为研究对象，并假设制造商拥有私有需求信息。考虑到获取制造商的需求信息可能有利于零售商进行准确的运营管理决策，零售商有动力通过契约方案的设计来甄别制造商的私有信息，并激励制造商提高产品质量水平。因此，本章基于零售商的视角设计两部定价（TT）契约来甄别制造商的私有需求信息。其中，该契约包含了批发价格和一次性转移支付这两个参数。进一步设计质量激励（TQ）契约来实现信息甄别，该契约包含批发价格、一次性转移支付和产品质量水平这三个参数。也就是说，在该契约方案中，由零售商来引导制造商的产品质量水平决策。值得注意的是，一次性转移支付可能是由零售商向制造商支付的（程永宏和熊中楷，2015；杨道箭等，2010），也可能是由制造商向零售商支付的（张令荣等，2022）。此外，把原本由制造商主导的决策变量转换为零售商的重要契约参数已经得到部分学者的关注。例如，余和张（Yoo and Cheong，2018）从零售商的视角出发，设计了包含目标质量水平的激励契约，以此来提高供应商的产品质量。张盼等（Zhang et al.，2021）发现，产品绿色创新在很多情况下是供应商主导的，但也有可能是零售商主导的。因此，他们针对供应商掌握产品绿色创新效率私有信息的实际情况，基于零售商的视角分别设计了两部定价契约和创新努力需求契约来实现信息甄别，其中创新努力需求契约是在两部定价契约的基础上增加了绿色创新水平这一契约参数。

综合以上分析，本章的创新点主要在于以下几个方面：第一，正视了制造商可能拥有私有需求信息的实际情况，继而研究信息不对称环境下的双渠道供应链信息甄别模型，适应了当前经济环境下众多供应链面临的实际问题；第二，从零售商视角出发，设计和引入两种不同类型的契约方案来实现对制造商私有需求信息的甄别，为构建双渠道供应链成员之间的密切合作关系提供了多样化的可选方案；第三，通过对比研究，分析两种契约方案在提高双渠道供应链成员绩效方面的效率，为增强双渠道供应链在需求信息不对称环境下的竞争力提供了可行方案。

第一节　模型假设与变量描述

考虑由一个制造商和一个零售商组成的双渠道供应链，制造商一方面通过零售商来销售产品，另一方面通过开通直销渠道来销售产品，且这两种渠道形成竞争关系。假设需求潜量由 a 和 θ 两部分组成，其中零售商和制造商均知道 a 是一个随机变量，而 θ 是制造商掌握的私有信息。也就是说，制造商知道 θ 的确切取值，而零售商只知道 θ 的可能取值以及相应的概率，类似的假设可以在其他学者的研究中看到（Geng and Minutolo，2010；Xia and Niu，2021；Li et al.，2021）。本章进一步假设随机变量 a 的均值为 $\tilde{a}$，θ 存在着两个可能的值 θ_H 和 θ_L（$\theta_H > \theta_L$）。其中，θ_H 表示高需求状态，其概率为 ρ；θ_L 表示低需求状态，其概率为 $1-\rho$。假设产品质量水平为 e，相应的投入成本为 $C=\frac{1}{2}\eta e^2$，其中 η 表示产品质量提升的效率，η 越小，则效率越高；此外，假设市场需求与产品质量水平成正相关。结合上述讨论，假设市场逆需求函数为 $p_i = a + \theta_i - b(q_{ri} + q_{mi}) + \gamma e_i$，$i = H$，$L$。$p_i$ 为销售价格，q_{ri} 和 q_{mi} 分别为零售商的订购量和制造商直销渠道的库存量，b 为销售价格 p_i 对产品总供应量的敏感系数。其中，$b>0$ 表示销售价格与产品总供应量呈负相关；同时，销售价格对产品质量水平的敏感系数为 γ。假设产品的单位生产成本为 c_0，批发价格为 w，制造商在直销渠道中进行产品销售时会产生单位运营成本 c_1。这里，必须满足 $p_i - c_0 - c_1 > 0$，否则制造商不会通过直销渠道来销售产品。此外，为了确保双渠道供应链成员的均衡解为正值，假设 $\tilde{a}$ 远大于 c_0 和 c_1。类似于夏耀祥等（Ha et al.，2017）、马鹏等（Ma et al.，2017）的研究，为了保证能够获得有效均衡解，假设 $2b\eta-\gamma^2>0$。此外，本章基于零售商的视角分别设计 TT 契约和 TQ 契约来实现对制造商私有需求信息的甄别。进一步通过对比研究，分析上述两种契约方案的效率及需求信息不对称对双渠道供应链产生的影响。

第二节　TT　契　约

在 TT 契约中，零售商和制造商之间的博弈过程可以描述为：①零售商向制造商提供 TT 契约 $\{w_i, \tau_i\}$，$i=H, L$，其中 w_i 为批发价格，τ_i 为一次性转移支付。如果制造商接受该契约后获得的期望利润大于保留利润，则制造商接受该契约；否则，制造商不接受该契约，且交易终止。②制造商接受 TT 契约后，决定产品质量水平 e_i，并选择直销渠道库存量 q_{mi}。③零售商决定订购量 q_{ri}。④制造商生产产品并将产品配送至零售商处，零售商则在销售季节开始后将产品销售给消费者；同时，制造商在直销渠道将产品销售给消费者。具体如图 20.2 所示。

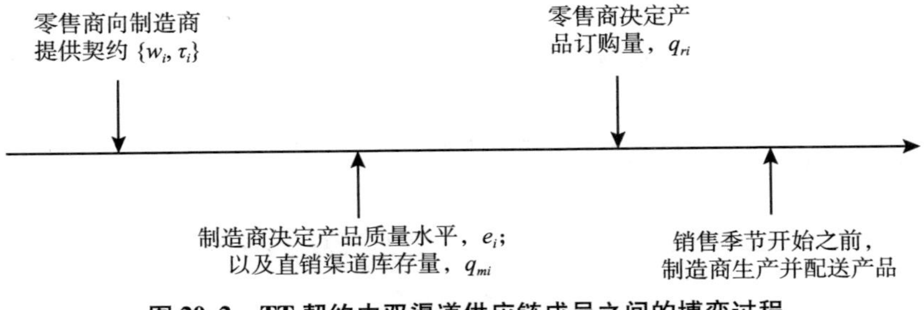

图 20.2　TT 契约中双渠道供应链成员之间的博弈过程

一、需求信息对称

本节考虑需求信息对称时双渠道供应链成员之间的竞争决策，重点分析零售商的最优 TT 契约设计方案。此时，由于需求信息对称，零售商和制造商均知道市场需求的真实状态。根据图 20.2 可知，制造商和零售商之间的竞争是一个三阶段动态博弈。其中，给定高需求和低需求状态时，制造商的期望利润函数为：

$$\pi_{mi}=E\left[(w_i-c_0)q_{ri}+(a+\theta_i-b(q_{ri}+q_{mi})+\gamma e_i-c_0-c_1)q_{mi}-\frac{1}{2}\eta e_i^2\right]+\tau_i \tag{20-1}$$

零售商的期望利润函数为：

$$\pi_{ri}=E[(a+\theta_i-b(q_{ri}+q_{mi})-w_i)q_{ri}]-\tau_i \tag{20-2}$$

这里，下标 m 表示制造商，下标 r 表示零售商。当制造商接受 TT 契约后，制造商和零售商进行独立决策，且其决策行为无法被对方证实。因此，这里存在道德风险问题，即制造商无法证实零售商的订购决策，而零售商也无法证实制造商的产品质量水平和直销渠道库存量决策。类似的决策顺序和道德风险问题可以在埃利祖尔等（Elizur et al.，2012）、高杰等（2020）的研究中看到。参考上述学者的分析，本章合理假设：制造商在接受 TT 契约后，其产品质量水平和直销渠道库存量决策与零售商的订购决策可以看作是同时做出的。

接下来，通过逆向归纳法来分析供应链成员的竞争决策，可得博弈第 2 阶段零售商和制造商的最优决策如引理 20.1 所示。其中，下标 T 表示 TT 契约。

引理 20.1 制造商的产品质量水平为 $e_{Ti}=\dfrac{\gamma(\tilde{a}+\theta_i+w_i-2c_0-2c_1)}{3b\eta-\gamma^2}$，直销渠道库存量为 $q_{Tmi}=\dfrac{\eta(\tilde{a}+\theta_i+w_i-2c_0-2c_1)}{3b\eta-\gamma^2}$，零售商的订购量为 $q_{Tri}=\dfrac{b\eta(\tilde{a}+\theta_i-2w_i+c_0+c_1)+\gamma^2(w_i-c_0-c_1)}{b(3b\eta-\gamma^2)}$，产品销售价格为 $p_{Ti}=\dfrac{b\eta(\tilde{a}+\theta_i+w_i+c_0+c_1)-\gamma^2(c_0+c_1)}{3b\eta-\gamma^2}$。

证明： 分析（20－1）式可得，若满足 $2b\eta-\gamma^2>0$，则 π_{mi} 是关于 q_{mi} 和 e_i 的联合凹函数。令 $\dfrac{\partial\pi_{mi}}{\partial q_{mi}}=0$ 和 $\dfrac{\partial\pi_{mi}}{\partial e_i}=0$，可得 $\tilde{a}+\theta_i-2bq_{mi}-bq_{ri}+$

$\gamma e_i - c_0 - c_1 = 0$，$\gamma q_{mi} - \eta e_i = 0$。分析（20－2）式可得，$\tilde{a} + \theta_i - bq_{mi} - 2bq_{ri} + \gamma e_i - w_i = 0$。通过联立方程可得 $e_{Ti} = \dfrac{\gamma(\tilde{a} + \theta_i + w_i - 2c_0 - 2c_1)}{3b\eta - \gamma^2}$，$q_{Tmi} = \dfrac{\eta(\tilde{a} + \theta_i + w_i - 2c_0 - 2c_1)}{(3b\eta - \gamma^2)}$，$q_{Tri} = \dfrac{b\eta(\tilde{a} + \theta_i - 2w_i + c_0 + c_1) + \gamma^2(w_i - c_0 - c_1)}{(3b\eta - \gamma^2)}$，进一步可以得到 $p_{Ti} = \dfrac{b\eta(\tilde{a} + \theta_i + w_i + c_0 + c_1) - \gamma^2(c_0 + c_1)}{4b\eta - \gamma^2}$。**证毕**。

给定引理 20.1 中双渠道供应链成员的竞争决策，制造商和零售商的期望利润函数可进一步表示为：

$$\pi_{Tmi} = (w_i - c_0)\frac{b\eta(\tilde{a} + \theta_i - 2w_i + c_0 + c_1) + \gamma^2(w_i - c_0 - c_1)}{b(3b\eta - \gamma^2)} + \frac{\eta(2b\eta - \gamma^2)(\tilde{a} + \theta_i + w_i - 2c_0 - 2c_1)^2}{2(3b\eta - \gamma^2)^2} + \tau_i \tag{20-3}$$

$$\pi_{Tri} = \frac{[b\eta(\tilde{a} + \theta_i - 2w_i + c_0 + c_1) + \gamma^2(w_i - c_0 - c_1)]^2}{b(3b\eta - \gamma^2)^2} - \tau_i \tag{20-4}$$

此时，双渠道供应链的期望利润为：

$$\pi_{Tti} = (w_i - c_0)\frac{b\eta(\tilde{a} + \theta_i - 2w_i + c_0 + c_1) + \gamma^2(w_i - c_0 - c_1)}{b(3b\eta - \gamma^2)} + \frac{\eta(2b\eta - \gamma^2)(\tilde{a} + \theta_i + w_i - 2c_0 - 2c_1)^2}{2(3b\eta - \gamma^2)^2} + \frac{[b\eta(\tilde{a} + \theta_i - 2w_i + c_0 + c_1) + \gamma^2(w_i - c_0 - c_1)]^2}{b(3b\eta - \gamma^2)^2} \tag{20-5}$$

为简便起见，令

$$\pi_{Tm}(w_i, \theta_i) = (w_i - c_0)\frac{b\eta(\tilde{a} + \theta_i - 2w_i + c_0 + c_1) + \gamma^2(w_i - c_0 - c_1)}{b(3b\eta - \gamma^2)} + \frac{\eta(2b\eta - \gamma^2)(\tilde{a} + \theta_i + w_i - 2c_0 - 2c_1)^2}{2(3b\eta - \gamma^2)^2}$$

$$\pi_{Tr}(w_i, \theta_i) = \frac{[b\eta(\tilde{a} + \theta_i - 2w_i + c_0 + c_1) + \gamma^2(w_i - c_0 - c_1)]^2}{b(3b\eta - \gamma^2)^2}$$

在博弈第 1 阶段，零售商选择最优的契约方案，一方面保证制造商能够获得保留利润 π_m^0，另一方面最大化自身期望利润。结合考虑（20－3）式和

（20－4）式，零售商的决策问题可描述为：

$$\max_{w_i,\tau_i}\pi_{Tri}=\frac{[b\eta(\tilde{a}+\theta_i-2w_i+c_0+c_1)+\gamma^2(w_i-c_0-c_1)]^2}{b(3b\eta-\gamma^2)^2}-\tau_i$$

$$\text{s.t. } \pi_{Tmi}\geqslant\pi_m^0 \tag{20-6}$$

由于零售商可以通过降低一次性转移支付 τ_i 来增加自身的期望利润。同时，制造商的期望利润也会随之减小，但必须满足 $\pi_{Tmi}\geqslant\pi_m^0$。因此，零售商会选择一次性转移支付 $\tau_{Ti}=\pi_m^0-\pi_{Tmi}$。此时，零售商的期望利润可写成：

$$\pi_{Tri}=\pi_{Tti}-\pi_m^0 \tag{20-7}$$

对（20－7）式进行分析，可得零售商设计的最优批发价格，进而得到制造商的最优产品质量水平和直销渠道库存量，零售商的最优订购量和转移支付也可随之获得，具体如命题 20.1 所示。

命题 20.1 在 TT 契约中，当需求信息对称时，零售商的最优契约方案为 $\{w_{Ti}^{s*},\tau_{Ti}^{s*}\}$；其中，$w_{Ti}^{s*}=\frac{b\eta[b\eta(\tilde{a}+\theta_i+c_0)-\gamma^2c_0]-(5b^2\eta^2-4b\eta\gamma^2+\gamma^4)c_1}{b\eta(2b\eta-\gamma^2)}$，$\tau_{Ti}^{s*}=\pi_m^0-\frac{[b\eta(\tilde{a}+\theta_i-c_0-3c_1)+\gamma^2c_1]^2}{2b^2\eta(2b\eta-\gamma^2)}$。

零售商的均衡订购量为 $q_{Tri}^{s*}=\frac{(2b\eta-\gamma^2)c_1}{b^2\eta}$，制造商的均衡产品质量水平和直销渠道库存量分别为 $e_{Ti}^{s*}=\frac{\gamma[b\eta(\tilde{a}+\theta_i-c_0-3c_1)+\gamma^2c_1]}{b\eta(2b\eta-\gamma^2)}$ 和 $q_{Tmi}^{s*}=\frac{b\eta(\tilde{a}+\theta_i-c_0-3c_1)+\gamma^2c_1}{b(2b\eta-\gamma^2)}$。

证明：根据（20－7）式可知，给定 $2b\eta-\gamma^2>0$，π_{Tri}是关于 w_i 的凹函数，则必定存在唯一一个最优解，使得零售商的期望利润最大。令$\frac{\partial\pi_{Tri}}{\partial w_i}=\frac{b\eta[b\eta(\tilde{a}+\theta_i+c_0)-(2b\eta-\gamma^2)w_i-\gamma^2c_0]-(5b^2\eta^2-4b\eta\gamma^2+\gamma^4)c_1}{b(\gamma^2-3b\eta)^2}=0$，可得 $w_{Ti}^{s*}=\frac{b\eta[b\eta(\tilde{a}+\theta_i+c_0)-\gamma^2c_0]-(5b^2\eta^2-4b\eta\gamma^2+\gamma^4)c_1}{b\eta(2b\eta-\gamma^2)}$。结合引理 20.1 可得，制造商的产品质量水平为 $e_{Ti}^{s*}=\frac{\gamma[b\eta(\tilde{a}+\theta_i-c_0-3c_1)+\gamma^2c_1]}{b\eta(2b\eta-\gamma^2)}$，直销

渠道库存量为 $q_{Tmi}^{s*}=\frac{b\eta(\tilde{a}+\theta_i-c_0-3c_1)+\gamma^2c_1}{b(2b\eta-\gamma^2)}$，零售商的订购量为 $q_{Tri}^{s*}=\frac{(2b\eta-\gamma^2)c_1}{b^2\eta}$，产品的销售价格为 $p_{Ti}^{s*}=\frac{b\eta(\tilde{a}+\theta_i+c_0-c_1)-c_0\gamma^2}{2b\eta-\gamma^2}$。给定上述均衡解，可得 $\tau_{Ti}^{s*}=\pi_m^0-\frac{[b\eta(\tilde{a}+\theta_i-c_0-3c_1)+\gamma^2c_1]^2}{2b^2\eta(2b\eta-\gamma^2)}$。**证毕。**

命题20.1给出了零售商的最优TT契约方案，以及在该契约中双渠道供应链成员的均衡决策。由此可知，均衡销售价格为 $p_{Ti}^{s*}=\frac{b\eta(\tilde{a}+\theta_i+c_0-c_1)-\gamma^2c_0}{2b\eta-\gamma^2}$。根据上述结论，可以进一步得到以下结论：$w_{Ti}^{s*}$，$e_{Ti}^{s*}$，$q_{Tmi}^{s*}$，$p_{Ti}^{s*}$ 均是 θ_i 的递增函数，τ_{Ti}^{s*} 是 θ_i 的递减函数，而 q_{Tri}^{s*} 独立于 θ_i。考虑到本章采用的是逆需求函数，即 θ_i 是一个关于价格的参数，因此该结论蕴含着下列管理意义。当需求信息对称时，无论 θ_i 如何变动，零售商出于以下原因，会保持相同的订购量：①在TT契约中，如果 θ_i 增加，表明市场前景比较乐观，则零售商可以通过增加批发价格来激励制造商提高产品质量水平，并促使制造商选择一个较高的直销渠道库存量，最终导致实际销售价格上升。即零售商保持一个稳定的订购量，但通过定价策略来应对市场需求的增加，从而最大化自身期望利润。②在TT契约中，如果 θ_i 降低，表明市场前景不太乐观，则零售商可以通过降低批发价格来约束制造商选择较低的产品质量水平，并促使制造商选择一个较低的直销渠道库存量，最终导致实际销售价格下降。此时，零售商仍然保持一个稳定的订购量，但通过定价策略来应对市场需求的降低，从而最大化自身期望利润。总体来看，由于零售商掌握着批发价格的主导权，能够对产品销售价格产生一定的影响，因此在博弈过程中主要通过定价策略来最大化自身期望利润。此外，在需求信息对称下，零售商可以通过调节批发价格和一次性转移支付使得制造商始终只能获得保留利润，即 $\pi_{Tmi}^{s*}=\pi_m^0$。根据上述结论可得到双渠道供应链成员的事前均衡决策如下：$E[w_T^{s*}]=\rho w_{TH}^{s*}+(1-\rho)w_{TL}^{s*}$，$E[e_T^{s*}]=\rho e_{TH}^{s*}+(1-\rho)e_{TL}^{s*}$，$E[\tau_T^{s*}]=\rho\tau_{TH}^{s*}+(1-\rho)\tau_{TL}^{s*}$，$E[q_{Tm}^{s*}]=\rho q_{TmH}^{s*}+(1-\rho)q_{TmL}^{s*}$，$E[q_{Tr}^{s*}]=\rho q_{TrH}^{s*}+(1-\rho)q_{TrL}^{s*}$，$E[p_T^{s*}]=\rho p_{TH}^{s*}+(1-\rho)p_{TL}^{s*}$。因此，零售商的事前期望利润为：

$$E[\pi_{Tr}^{s*}]=\rho\frac{b^2\eta^2(\tilde{a}+\theta_H-c_0-c_1)^2+(2b\eta-\gamma^2)^2c_1^2}{2b^2\eta(2b\eta-\gamma^2)}+(1-\rho)\frac{b^2\eta^2(\tilde{a}+\theta_L-c_0-c_1)^2+(2b\eta-\gamma^2)^2c_1^2}{2b^2\eta(2b\eta-\gamma^2)}-\pi_m^0 \quad (20-8)$$

双渠道供应链的事前期望利润为：

$$E[\pi_{Tt}^{s*}]=\rho\frac{b^2\eta^2(\tilde{a}+\theta_H-c_0-c_1)^2+(2b\eta-\gamma^2)^2c_1^2}{2b^2\eta(2b\eta-\gamma^2)}+(1-\rho)\frac{b^2\eta^2(\tilde{a}+\theta_L-c_0-c_1)^2+(2b\eta-\gamma^2)^2c_1^2}{2b^2\eta(2b\eta-\gamma^2)} \quad (20-9)$$

二、需求信息不对称

当需求信息不对称时，零售商的目标是设计 TT 契约方案来甄别制造商的私有需求信息，并最大化自身期望利润，即持有私有需求信息的制造商通过选择契约清单中的特定契约组合，能够传递出真实的需求信息。在契约设计过程中，零售商要确保制造商愿意参与供应链的运作，即保证制造商能够获得保留利润 π_m^0。我们将零售商和制造商之间的博弈过程描述如下：①零售商向制造商提供 TT 契约清单 $\{w_i, \tau_i\}$，$i=H, L$。②制造商选择一个特定的契约组合（w_j, τ_j），$j=H, L$ 来最大化自身期望利润，并且通过这个契约组合向零售商传递出其私有需求信息，其中 $j\neq i$。③制造商选择特定的契约组合后，决定产品质量水平，以及直销渠道库存量。④零售商决定订购量。⑤制造商生产产品并将产品配送至零售商处，零售商则在销售季节开始后将产品销售给消费者；同时，制造商通过直销渠道将产品销售给消费者。在博弈第 1 阶段，零售商需要解决如下问题：

$$\max_{w_H,\tau_H,w_L,\tau_L}\rho[\pi_{Tr}(w_H,\theta_H)-\tau_H]+(1-\rho)[\pi_{Tr}(w_L,\theta_L)-\tau_L] \quad (20-10)$$

$$\text{s.t.}\begin{cases}\text{IC-H}:\ \pi_{Tm}(w_H,\theta_H)+\tau_H\geqslant\pi_{Tm}(w_L,\theta_H)+\tau_L\\ \text{IC-L}:\ \pi_{Tm}(w_L,\theta_L)+\tau_L\geqslant\pi_{Tm}(w_H,\theta_L)+\tau_H\\ \text{IR-H}:\ \pi_{Tm}(w_H,\theta_H)+\tau_H\geqslant\pi_m^0\\ \text{IR-L}:\ \pi_{Tm}(w_L,\theta_L)+\tau_L\geqslant\pi_m^0\end{cases}$$

在上述委托代理模型中，IC-H 和 IC-L 约束保证了制造商选择的契约能够反映其拥有的真实需求信息，即零售商能够甄别制造商的私有信息；IR-H 和 IR-L 约束确保了拥有私有需求信息的制造商愿意参与供应链的运作。通过求解该委托代理模型，可以得到零售商的最优契约方案。首先，得到如下引理。

引理 20.2　（20－10）式中零售商的目标函数可进一步表示为：

$$\max_{w_H, w_L} \rho[\pi_{Tr}(w_H,\ \theta_H) - \pi_{Tm}(w_L,\ \theta_H) + \pi_{Tm}(w_L,\ \theta_L) + \pi_{Tm}(w_H,\ \theta_H)] + (1-\rho)[\pi_{Tr}(w_L,\ \theta_L) + \pi_{Tm}(w_L,\ \theta_L)] - \pi_m^0 \qquad (20-11)$$

$$\text{s.t. } w_H \geqslant w_L$$

证明： 根据（20－3）式可知，π_{Tmi} 是 θ_i 的递增函数。因此，结合 IC-H 和 IR-L 可得 $\pi_{Tm}(w_H,\ \theta_H) + \tau_H \geqslant \pi_{Tm}(w_L,\ \theta_H) + \tau_L \geqslant \pi_{Tm}(w_L,\ \theta_L) + \tau_L \geqslant \pi_m^0$。由此可知，只要 IR-L 满足，IC-H 始终成立。对于零售商而言，可以通过降低 τ_L 使得 $\pi_{Tm}(w_L,\ \theta_L) + \tau_L = \pi_m^0$，即 $\tau_L = \pi_m^0 - \pi_{Tm}(w_L,\ \theta_L)$。零售商还可以通过降低 τ_H 来获得更高的利润。此时，只要满足 IC-H 约束，IC-L 将始终满足。因此，可得 $\tau_H = \pi_m^0 - \pi_{Tm}(w_L,\ \theta_L) + \pi_{Tm}(w_L,\ \theta_H) - \pi_{Tm}(w_H,\ \theta_H)$。此时，还需要满足 $\pi_{Tm}(w_H,\ \theta_L) - \pi_{Tm}(w_H,\ \theta_H) + \pi_{Tm}(w_L,\ \theta_H) - \pi_{Tm}(w_L,\ \theta_L) \leqslant 0$，即 $w_H \geqslant w_L$。这里，将 τ_H 和 τ_L 代入到（20－10）式中，可得 $E[\pi_{Tr}] = \rho[\pi_{Tr}(w_H,\ \theta_H) - \pi_{Tm}(w_L,\ \theta_H) + \pi_{Tm}(w_L,\ \theta_L) + \pi_{Tm}(w_H,\ \theta_H)] + (1-\rho)[\pi_{Tr}(w_L,\ \theta_L) + \pi_{Tm}(w_L,\ \theta_L)] - \pi_m^0$。**证毕。**

根据引理 20.2 可以得到实现制造商需求信息共享的最优契约方案，具体如命题 20.2 所示。

命题 20.2　需求信息不对称时，零售商的最优契约清单为 $\{w_{Ti}^{a*},\ \tau_{Ti}^{a*}\}$，$i = H,\ L$，其中，$w_{TH}^{a*} = \dfrac{b\eta[b\eta(\tilde{a} + \theta_H + c_0) - \gamma^2 c_0] - (5b^2\eta^2 - 4b\eta\gamma^2 + \gamma^4)c_1}{b\eta(2b\eta - \gamma^2)}$，

$$w_{TL}^{a*} = \frac{b\eta[b\eta(\tilde{a} + \theta_L + c_0) - \gamma^2 c_0] - (5b^2\eta^2 - 4b\eta\gamma^2 + \gamma^4)c_1}{b\eta(2b\eta - \gamma^2)} - \frac{\rho(5b\eta - 2\gamma^2)(\theta_H - \theta_L)}{(1-\rho)(2b\eta - \gamma^2)};$$

$$\tau_{TH}^{a*} = \pi_m^0 - (w_{TH}^{a*} - c_0)\frac{b\eta(\tilde{a} + \theta_H - 2w_{TH}^{a*} + c_0 + c_1) + \gamma^2(w_{TH}^{a*} - c_0 - c_1)}{b(3b\eta - \gamma^2)} + \frac{\eta(\theta_H - \theta_L)(w_{TL}^{a*} - c_0)}{(3b\eta - \gamma^2)} - \frac{\eta(2b\eta - \gamma^2)(\tilde{a} + \theta_L + w_{TL}^{a*} - 2c_0 - 2c_1)^2}{2(3b\eta - \gamma^2)^2} -$$

$\dfrac{\eta(2b\eta-\gamma^2)(w_{TH}^{a*}-w_{TL}^{a*})(2\tilde{a}+2\theta_H+w_{TH}^{a*}+w_{TL}^{a*}-4c_0-4c_1)}{2(3b\eta-\gamma^2)^2}$，$\tau_{TL}^{a*}=\pi_m^0-(w_{TL}^{a*}-c_0)$

$\dfrac{b\eta(\tilde{a}+\theta_L-2w_{TL}^{a*}+c_0+c_1)+\gamma^2(w_{TL}^{a*}-c_0-c_1)}{b(3b\eta-\gamma^2)}-\dfrac{\eta(2b\eta-\gamma^2)(\tilde{a}+\theta_L+w_{TL}^{a*}-2c_0-2c_1)^2}{2(3b\eta-\gamma^2)^2}$。

证明：根据引理 20.2，可以进一步求解零售商甄别制造商私有需求信息的最优 TT 契约清单。首先，我们忽略约束条件 $w_H\geqslant w_L$。此时，目标函数可进一步写成两部分：

$$\max_{w_H}\rho[\pi_{Tr}(w_H,\ \theta_H)+\pi_{Tm}(w_H,\ \theta_H)]$$

$$\max_{w_L}\rho[-\pi_{Tm}(w_L,\ \theta_H)+\pi_{Tm}(w_L,\ \theta_L)]+(1-\rho)[\pi_{Tr}(w_L,\ \theta_L)+\pi_{Tm}(w_L,\ \theta_L)]$$

分析上述两式可分别得到：

$$w_{TH}^{a*}=\frac{b\eta[b\eta(\tilde{a}+\theta_H+c_0)-\gamma^2c_0]-(5b^2\eta^2-4b\eta\gamma^2+\gamma^4)c_1}{b\eta(2b\eta-\gamma^2)}$$

$$w_{TL}^{a*}=\frac{b\eta[b\eta(\tilde{a}+\theta_L+c_0)-\gamma^2c_0]-(5b^2\eta^2-4b\eta\gamma^2+\gamma^4)c_1}{b\eta(2b\eta-\gamma^2)}-\frac{\rho(5b\eta-2\gamma^2)(\theta_H-\theta_L)}{(1-\rho)(2b\eta-\gamma^2)}$$

此外，可得 $w_H\geqslant w_L$ 始终满足。**证毕**。

通过命题 20.2 中给定的 TT 契约清单 $\{w_{Ti}^{a*},\ \tau_{Ti}^{a*}\}$，$i=H,\ L$，零售商可以有效甄别出制造商的私有需求信息，并最大化自身期望利润。同时，可以得到如下双渠道供应链成员的均衡决策。当制造商预测到高需求时，其直销渠道库存量和产品质量水平、零售商的订购量、产品的销售价格分别为：$q_{TmH}^{a*}=\dfrac{b\eta(\tilde{a}+\theta_H-c_0-3c_1)+\gamma^2c_1}{b(2b\eta-\gamma^2)}$，$e_{TH}^{a*}=\dfrac{\gamma[b\eta(\tilde{a}+\theta_H-c_0-3c_1)+\gamma^2c_1]}{b\eta(2b\eta-\gamma^2)}$，$q_{TrH}^{a*}=\dfrac{(2b\eta-\gamma^2)c_1}{b^2\eta}$，$p_{TH}^{a*}=\dfrac{b\eta(\tilde{a}+\theta_H+c_0-c_1)-\gamma^2c_0}{2b\eta-\gamma^2}$。

当制造商预测到低需求时，其直销渠道库存量和产品质量水平、零售商的订购量、产品的销售价格分别为：$q_{TmL}^{a*}=\dfrac{b\eta(\tilde{a}+\theta_L-c_0-3c_1)+\gamma^2c_1}{b(2b\eta-\gamma^2)}-\dfrac{\rho\eta(5b\eta-2\gamma^2)(\theta_H-\theta_L)}{(1-\rho)(2b\eta-\gamma^2)(3b\eta-\gamma^2)}$，$e_{TL}^{a*}=\dfrac{\gamma[b\eta(\tilde{a}+\theta_L-c_0-3c_1)+\gamma^2c_1]}{b\eta(2b\eta-\gamma^2)}-\dfrac{\rho\gamma(5b\eta-2\gamma^2)(\theta_H-\theta_L)}{(1-\rho)(2b\eta-\gamma^2)(3b\eta-\gamma^2)}$，$q_{TrL}^{a*}=\dfrac{(2b\eta-\gamma^2)c_1}{b^2\eta}+\dfrac{\rho(5b\eta-2\gamma^2)(\theta_H-\theta_L)}{(1-\rho)b(3b\eta-\gamma^2)}$，

$$p_{TL}^{a^*}=\frac{b\eta(\tilde{a}+\theta_L+c_0-c_1)-\gamma^2c_0}{2b\eta-\gamma^2}-\frac{\rho b\eta(5b\eta-2\gamma^2)(\theta_H-\theta_L)}{(1-\rho)(2b\eta-\gamma^2)(3b\eta-\gamma^2)}。$$

进一步分析可得：$w_{TH}^{a^*}>w_{TL}^{a^*}$，$\tau_{TH}^{a^*}<\tau_{TL}^{a^*}$，$e_{TH}^{a^*}>e_{TL}^{a^*}$，$q_{TmH}^{a^*}>q_{TmL}^{a^*}$，$q_{TrH}^{a^*}<q_{TrL}^{a^*}$，$p_{TH}^{a^*}>p_{TL}^{a^*}$。这表明，当制造商预测到高需求状态时，为了实现信息甄别，零售商需要向制造商支付更高的批发价格，但是为了补偿其相应的损失，零售商可以降低一次性转移支付。特别地，高需求状态下的均衡产品质量水平和直销渠道库存量均高于低需求状态下的均衡产品质量水平和直销渠道库存量。这是因为，当制造商预测到高需求状态时，一方面表明市场需求较大，另一方面零售商支付的批发价格增加了，有利于激励制造商提高产品质量水平，并增加直销渠道库存量。但是，对于零售商而言，虽然高需求状态下市场需求更加乐观，但其支付的批发价格更高，其订购成本提高了，特别是制造商直销渠道库存量的增加削弱了零售商的竞争力，因此零售商的订购量反而降低了。此外，高需求状态下的产品销售价格显然高于低需求状态下的产品销售价格。

根据上述结论，可得到双渠道供应链成员的事前均衡决策为：$E[w_T^{a^*}]=\rho w_{TH}^{a^*}+(1-\rho)w_{TL}^{a^*}$，$E[\tau_T^{a^*}]=\rho\tau_{TH}^{a^*}+(1-\rho)\tau_{TL}^{a^*}$，$E[e_T^{a^*}]=\rho e_{TH}^{a^*}+(1-\rho)e_{TL}^{a^*}$，$E[q_{Tm}^{a^*}]=\rho q_{TmH}^{a^*}+(1-\rho)q_{TmL}^{a^*}$，$E[q_{Tr}^{a^*}]=\rho q_{TrH}^{a^*}+(1-\rho)q_{TrL}^{a^*}$，$E[p_T^{a^*}]=\rho p_{TH}^{a^*}+(1-\rho)p_{TL}^{a^*}$。因此，零售商的事前期望利润为：

$$E[\pi_{Tr}^{a^*}]=\rho\left\{\frac{[b\eta(\tilde{a}+\theta_H-2w_{TH}^{a^*}+c_0+c_1)+\gamma^2(w_{TH}^{a^*}-c_0-c_1)]^2}{b(3b\eta-\gamma^2)^2}-\tau_{TH}^{a^*}\right\}+(1-\rho)\left\{\frac{[b\eta(\tilde{a}+\theta_L-2w_{TL}^{a^*}+c_0+c_1)+\gamma^2(w_{TL}^{a^*}-c_0-c_1)]^2}{b(3b\eta-\gamma^2)^2}-\tau_{TL}^{a^*}\right\} \tag{20-12}$$

制造商的事前期望利润为：

$$E[\pi_{Tm}^{a^*}]=\frac{\rho\eta(\theta_H-\theta_L)}{3b\eta-\gamma^2}\left\{w_{TL}^{a^*}-c_0+\frac{(2b\eta-\gamma^2)(2\tilde{a}+\theta_H+\theta_L+2w_{TL}^{a^*}-4c_0-4c_1)}{2(3b\eta-\gamma^2)}\right\}+\pi_m^0 \tag{20-13}$$

双渠道供应链的事前期望利润为：

$$E[\pi_{Tt}^{a^*}]=E[\pi_{Tr}^{a^*}]+E[\pi_{Tm}^{a^*}] \tag{20-14}$$

不同于需求信息对称时制造商只能获得保留利润的情况，在需求信息不对称下制造商除了获得保留利润外还能获得 $R_1 = \frac{\rho\eta(\theta_H - \theta_L)}{3b\eta - \gamma^2}$ $\left\{\frac{(2b\eta - \gamma^2)(2\tilde{a} + \theta_H + \theta_L + 2w_{TL}^{a*} - 4c_0 - 4c_1)}{2(3b\eta - \gamma^2)} + w_{TL}^{a*} - c_0\right\}$。这部分费用实际上是零售商为了获取制造商的私有需求信息而向制造商支付的额外费用，也是制造商获得的信息租金。可以推断，若制造商获取需求信息的成本低于 R_1，其将有动力通过市场调研等方式来预测市场需求，并以持有私有信息的方式来获得更高的事前期望利润。

第三节 TQ 契约

在 TQ 契约中，零售商和制造商的博弈过程可以描述为：①零售商提供契约 $\{w_i, e_i, \tau_i\}$，$i = H, L$。如果制造商接受该契约后获得的期望利润大于保留利润，则制造商接受该契约；否则，制造商不接受该契约，且交易终止。②当制造商接受 TQ 契约后，决定直销渠道库存量 q_{mi}。③零售商决定订购量 q_{ri}。④制造商生产产品并将产品配送至零售商处，零售商则在销售季节开始后将产品销售给消费者；同时，制造商通过直销渠道将产品销售给消费者。具体博弈过程如图 20.3 所示。

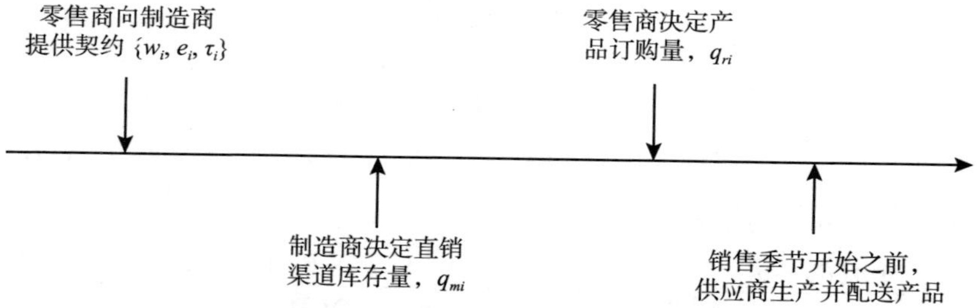

图 20.3 TQ 契约中双渠道供应链成员之间的博弈过程

一、需求信息对称

需求信息对称时，在高需求或低需求状态下，制造商和零售商的期望利

润函数分别为 π_{mi}和 π_{ri}。根据逆向归纳法分析双渠道供应链成员之间的竞争决策，可得第 2 阶段竞争结果如引理 20.3 所示。其中，下标 Q 表示 TQ 契约。

引理 20.3　在博弈第 2 阶段，制造商的直销渠道库存量为 $q_{Qmi}=\frac{\tilde{a}+\theta_i+w_i+\gamma e_i-2c_1-2c_0}{3b}$，零售商的订购量为 $q_{Qri}=\frac{\tilde{a}+\theta_i-2w_i+\gamma e_i+c_1+c_0}{3b}$，产品的销售价格为 $p_{Qi}=\frac{\tilde{a}+\theta_i+w_i+\gamma e_i+c_0+c_1}{3}$。

证明：该证明过程与引理 20.1 的证明类似，这里予以省略。**证毕。**

引理 20.3 的结论与引理 20.1 类似，即制造商的直销渠道库存量 q_{Qmi}，零售商的订购量 q_{Qri}，以及产品的销售价格 p_{Qi}均是 θ_i 的递增函数。同时，制造商的直销渠道库存量和产品的销售价格均是 w_i 的递增函数，而零售商的订购量是 w_i 的递减函数。由于在 TQ 契约中，产品质量水平是由零售商决定的，制造商投入相应的成本来实现零售商确定的产品质量水平，因此在博弈第 2 阶段制造商的直销渠道库存量 q_{Qmi}，零售商的订购量 q_{Qri}，以及产品的销售价格 p_{Qi}均是 e_i 的函数，且随着 e_i 的增加而递增。根据上述结论可以推断，制造商的直销渠道库存量和产品的销售价格受到 θ_i、e_i 和 w_i 的正向影响；零售商的订购量受到 θ_i 和 e_i 的正向影响，而受到 w_i 的反向作用。这表明，乐观的市场需求预测以及较高的产品质量水平可以激励制造商和零售商提高产品数量。同时，对于制造商而言，批发价格的增加可以提高边际收益，但对于零售商而言，批发价格的增加会提高其边际成本，从而使其降低订购量。此外，当零售商的订购量降低时，制造商会通过增加直销渠道库存量来满足市场需求。根据引理 20.3 的结论，还可以进一步得到博弈第 2 阶段中制造商和零售商的期望利润函数分别为：

$$\pi_{Qmi}=\frac{(w-c_0)(\tilde{a}+\theta_i-2w_i+\gamma e_i+c_0+c_1)}{3b}+\frac{(\tilde{a}+\theta_i+w_i+\gamma e_i-2c_0-2c_1)^2}{9b}-\frac{\eta e_i^2}{2}+\tau_i \tag{20-15}$$

$$\pi_{Qri}=\frac{(\tilde{a}+\theta_i-2w_i+\gamma e_i+c_0+c_1)^2}{9b}-\tau_i \tag{20-16}$$

双渠道供应链的期望利润为 $\pi_{Qti}=\pi_{Qmi}+\pi_{Qri}$。为简便起见，令

$$\pi_{Qm}(w_i,\ e_i,\ \theta_i)=\frac{(w_i-c_0)(\tilde{a}+\theta_i-2w_i+\gamma e_i+c_0+c_1)}{3b}+\frac{(\tilde{a}+\theta_i+w_i+\gamma e_i-2c_0-2c_1)^2}{9b}-\frac{\eta e_i^2}{2}$$

$$\pi_{Qr}(w_i,\ e_i,\ \theta_i)=\frac{(\tilde{a}+\theta_i-2w_i+\gamma e_i+c_0+c_1)^2}{9b}$$

接下来，分析第1阶段中零售商选择的最优契约方案。结合（20－15）式和（20－16）式，零售商的决策问题可描述为：

$$\max_{w_i,e_i,\tau_i}\pi_{Qri}=\frac{(\tilde{a}+\theta_i-2w_i+\gamma e_i+c_0+c_1)^2}{9b}-\tau_i$$

$$\text{s. t. } \pi_{Qmi}\geqslant\pi_m^0 \tag{20－17}$$

通过对上述问题进行分析，可得零售商设计的最优契约方案，进而得到制造商的均衡直销渠道库存量，以及零售商的均衡订购量。这里，零售商的最优契约方案以及双渠道供应链成员的均衡决策如命题20.3所示。

命题20.3 在TQ契约中，需求信息对称时，零售商的最优契约方案为$\{w_{Qi}^{s*},\ e_{Qi}^{s*},\ \tau_{Qi}^{s*}\}$，其中 $w_{Qi}^{s*}=\frac{b\eta(\tilde{a}+\theta_i+c_0-5c_1)-\gamma^2(c_0-2c_1)}{2b\eta-\gamma^2}$，$e_{Qi}^{s*}=\frac{\gamma(\tilde{a}+\theta_i-c_0-c_1)}{2b\eta-\gamma^2}$，$\tau_{Qi}^{s*}=\pi_m^0-\frac{b\eta[(\tilde{a}+\theta_i-c_1-c_0)^2+4c_1^2]-2\gamma^2c_1^2}{2b(2b\eta-\gamma^2)}$。制造商的均衡直销渠道库存量为$q_{Qmi}^{s*}=\frac{b\eta(\tilde{a}+\theta_i-c_0-3c_1)+\gamma^2c_1}{b(2b\eta-\gamma^2)}$，零售商的均衡订购量为$q_{Qri}^{s*}=\frac{2c_1}{b}$。

证明：该证明过程与命题20.1的证明类似，这里予以省略。**证毕。**

结合命题20.3中零售商的最优契约方案和双渠道供应链成员的均衡决策，可进一步得到产品的销售价格为$p_{Qi}^{s*}=\frac{b\eta(\tilde{a}+\theta_i+c_0-c_1)-\gamma^2c_0}{2b\eta-\gamma^2}$。由此可得，$w_{Qi}^{s*}$，$e_{Qi}^{s*}$，$q_{Qmi}^{s*}$，$p_{Qi}^{s*}$均是$\theta_i$的递增函数，$\tau_{Qi}^{s*}$是$\theta_i$的递减函数，$q_{Qri}^{s*}$独立于$\theta_i$。该结论与命题20.1类似，即在TQ契约中，零售商主要通过定价策略来最大化自身期望利润。这里，零售商可以通过TQ契约方案的设计使得制造商只获得保留利润，即$\pi_{Qmi}^{s*}=\pi_m^0$。根据上述结论可知，双渠道供应链成员的事前均衡决策为：$E[w_Q^{s^*}]=\rho w_{QH}^{s^*}+(1-\rho)w_{QL}^{s^*}$，$E[e_Q^{s^*}]=\rho e_{QH}^{s^*}+(1-\rho)e_{QL}^{s^*}$，$E[\tau_Q^{s^*}]=\rho\tau_{QH}^{s^*}+(1-\rho)\tau_{QL}^{s^*}$，$E[q_{Qm}^{s^*}]=\rho q_{QmH}^{s^*}+(1-\rho)q_{QmL}^{s^*}$，$E[q_{Qr}^{s^*}]=\rho q_{QrH}^{s^*}+(1-\rho)q_{QrL}^{s^*}$，$E[p_Q^{s^*}]=\rho p_{QH}^{s^*}+(1-\rho)p_{QL}^{s^*}$。在此基础上，可以得到零售商的事前期望利润为：

$$E[\pi_{Qr}^{s^*}]=\rho\frac{b\eta[(\tilde{a}+\theta_H-c_1-c_0)^2+4c_1^2]-2\gamma^2c_1^2}{2b(2b\eta-\gamma^2)}+(1-\rho)\frac{b\eta[(\tilde{a}+\theta_L-c_1-c_0)^2+4c_1^2]-2\gamma^2c_1^2}{2b(2b\eta-\gamma^2)}-\pi_m^0 \quad (20-18)$$

双渠道供应链的事前期望利润为：

$$E[\pi_{Qt}^{s^*}]=\rho\frac{b\eta[(\tilde{a}+\theta_H-c_1-c_0)^2+4c_1^2]-2\gamma^2c_1^2}{2b(2b\eta-\gamma^2)}+(1-\rho)\frac{b\eta[(\tilde{a}+\theta_L-c_1-c_0)^2+4c_1^2]-2\gamma^2c_1^2}{2b(2b\eta-\gamma^2)} \quad (20-19)$$

二、需求信息不对称

在需求信息不对称下，零售商和制造商之间的博弈过程可描述如下：①零售商向制造商提供 TQ 契约清单 $\{w_i, e_i, \tau_i\}$，$i=H, L$。②制造商选择一个特定的契约组合（w_j，e_j，τ_j）来最大化自身期望利润，并且通过这个契约组合向零售商传递出其真实的私有需求信息，其中 $j=H, L$，且 $j\neq i$。③制造商选择特定契约组合后，决定直销渠道的库存量。④零售商决定订购量。⑤制造商生产产品并将产品配送至零售商处，零售商则在销售季节开始后将产品销售给消费者；同时，制造商在直销渠道将产品销售给消费者。因此，在博弈第 1 阶段，零售商需要解决如下问题：

$$\max_{w_H,e_H,\tau_H,w_L,e_L,\tau_L}\rho[\pi_{Qr}(w_H, e_H, \theta_H)-\tau_H]+(1-\rho)[\pi_{Qr}(w_L, e_L, \theta_L)-\tau_L]$$

$$\text{s. t.}\begin{cases}\text{IC-H}: \pi_{Qm}(w_H, e_H, \theta_H)+\tau_H\geqslant\pi_{Qm}(w_L, e_L, \theta_H)+\tau_L\\ \text{IC-L}: \pi_{Qm}(w_L, e_L, \theta_L)+\tau_L\geqslant\pi_{Qm}(w_H, e_H, \theta_L)+\tau_H\\ \text{IR-H}: \pi_{Qm}(w_H, e_H, \theta_H)+\tau_H\geqslant\pi_m^0\\ \text{IR-L}: \pi_{Qm}(w_L, e_L, \theta_L)+\tau_L\geqslant\pi_m^0\end{cases}$$

(20-20)

引理 20.4 （20－20）式中零售商的目标函数可进一步表示为：

$$\max_{w_H,e_H,w_L,e_L} \rho[\pi_{Qr}(w_H, e_H, \theta_H) - \pi_{Qm}(w_L, e_L, \theta_H) + \pi_{Qm}(w_H, e_H, \theta_H)$$
$$+ \pi_{Qm}(w_L, e_L, \theta_L)] + (1-\rho)[\pi_{Qr}(w_L, e_L, \theta_L) + \pi_{Qm}(w_L, e_L, \theta_L)] - \pi_m^0$$
$$\text{s. t. } 5(w_H - w_L) + 2\gamma(e_H - e_L) \geqslant 0 \quad (20-21)$$

证明：该证明过程与引理 20.2 的证明类似，这里予以省略。**证毕**。

根据引理 20.4 可得零售商设计的最优契约清单，具体如命题 20.4 所示。

命题 20.4 需求信息不对称时，零售商的最优 TQ 契约清单为 $\{w_{Qi}^{a*}, e_{Qi}^{a*}, \tau_{Qi}^{a*}\}$，$i = H, L$。其中，$w_{QH}^{a*} = \dfrac{b\eta(\tilde{a} + \theta_H + c_0 - 5c_1) - \gamma^2(c_0 - 2c_1)}{2b\eta - \gamma^2}$，$w_{QL}^{a*} = \dfrac{b\eta(\tilde{a} + \theta_L + c_0 - 5c_1) - \gamma^2(c_0 - 2c_1)}{2b\eta - \gamma^2} - \dfrac{\rho(5b\eta - \gamma^2)(\theta_H - \theta_L)}{(1-\rho)(2b\eta - \gamma^2)}$；$e_{QH}^{a*} = \dfrac{\gamma(\tilde{a} + \theta_H - c_0 - c_1)}{2b\eta - \gamma^2}$，$e_{QL}^{a*} = \dfrac{\gamma(\tilde{a} + \theta_L - c_0 - c_1)}{2b\eta - \gamma^2} - \dfrac{\gamma\rho(\theta_H - \theta_L)}{(1-\rho)(2b\eta - \gamma^2)}$；$\tau_{QH}^{a*} = \pi_m^0 - \dfrac{(w_{QH}^{a*} - c_0)(\tilde{a} + \theta_H - 2w_{QH}^{a*} + \gamma e_{QH}^{a*} + c_0 + c_1)}{3b} - \dfrac{(\tilde{a} + \theta_H + w_{QH}^{a*} + \gamma e_{QH}^{a*} - 2c_0 - 2c_1)^2}{9b} + \dfrac{\eta(e_{QH}^{a*})^2}{2} - \dfrac{(\theta_H - \theta_L)(2\tilde{a} + \theta_H + \theta_L + 5w_{QL}^{a*} + 2\gamma e_{QL}^{a*} - 7c_0 - 4c_1)}{9b}$，$\tau_{QL}^{a*} = \pi_m^0 - \dfrac{(w_{QL}^{a*} - c_0)(\tilde{a} + \theta_L - 2w_{QL}^{a*} + \gamma e_{QL}^{a*} + c_0 + c_1)}{3b} - \dfrac{(\tilde{a} + \theta_L + w_{QL}^{a*} + \gamma e_{QL}^{a*} - 2c_0 - 2c_1)^2}{9b} + \dfrac{\eta e_{QL}^{a*2}}{2}$。

证明：根据（20－15）式可知，π_{Qmi}是 θ_i 的递增函数。因此，结合 IC-H 和 IR-L 可得 $\pi_{Qm}(w_H, e_H, \theta_H) + \tau_H \geqslant \pi_{Qm}(w_L, e_L, \theta_H) + \tau_L \geqslant \pi_{Qm}(w_L, e_L, \theta_L) + \tau_L \geqslant \pi_m^0$。由此可知，只要 IR-L 满足，IC-H 始终成立。对于零售商而言，可以通过降低 τ_L 使得 $\pi_{Qm}(w_L, e_L, \theta_L) + \tau_L = \pi_m^0$，即 $\tau_L = \pi_m^0 - \pi_{Qm}(w_L, e_L, \theta_L)$。零售商还可以通过降低 τ_H 来获得更高的利润。此时，只要满足 IC-H 约束，IC-L 将始终满足。因此，可得 $\tau_H = \pi_{Qm}(w_L, e_L, \theta_H) - \pi_{Qm}(w_H, e_H, \theta_H) - \pi_{Qm}(w_L, e_L, \theta_L) + \pi_m^0$。此时，还需要满足 $\pi_{Qm}(w_H, e_H, \theta_L) + \pi_{Qm}(w_L, e_L, \theta_H) - \pi_{Qm}(w_H, e_H, \theta_H) - \pi_{Qm}(w_L, e_L, \theta_L) \leqslant 0$，即 $5(w_H - w_L) + 2\gamma(e_H - e_L) \geqslant 0$。

根据引理 20.4，可以进一步求解零售商甄别制造商私有需求信息的最优契约清单。首先，我们忽略约束条件 $5(w_H - w_L) + 2\gamma(e_H - e_L) \geq 0$。此时，目标函数可进一步写成两部分：

$$\max_{w_H, e_H} \rho[\pi_{Qr}(w_H, e_H, \theta_H) + \pi_{Qm}(w_H, e_H, \theta_H)]$$

$$\max_{w_L, e_L} \rho[-\pi_{Qm}(w_L, e_L, \theta_H) + \pi_{Qm}(w_L, e_L, \theta_L)] + (1-\rho)[\pi_{Qr}(w_L, e_L, \theta_L) + \pi_{Qm}(w_L, e_L, \theta_L)]$$

分析上述两式可分别得到：$w_{QH}^{a^*} = \dfrac{b\eta(\tilde{a} + \theta_H + c_0 - 5c_1) - \gamma^2(c_0 - 2c_1)}{2b\eta - \gamma^2}$，$e_{QH}^{a^*} = \dfrac{\gamma(\tilde{a} + \theta_H - c_0 - c_1)}{2b\eta - \gamma^2}$；$w_{QL}^{a^*} = \dfrac{b\eta(\tilde{a} + \theta_L + c_0 - 5c_1) - \gamma^2(c_0 - 2c_1)}{2b\eta - \gamma^2} - \dfrac{\rho(5b\eta - 2\gamma^2)(\theta_H - \theta_L)}{(1-\rho)(2b\eta - \gamma^2)}$，$e_{QL}^{a^*} = \dfrac{\gamma(\tilde{a} + \theta_L - c_0 - c_1)}{2b\eta - \gamma^2} - \dfrac{\gamma\rho(\theta_H - \theta_L)}{(1-\rho)(2b\eta - \gamma^2)}$。此外，可得 $5(w_H - w_L) + 28(e_H - e_L) \geq 0$ 始终满足。**证毕。**

当制造商为高类型时，其直销渠道库存量，零售商的订购量，以及产品的销售价格分别为：$q_{QmH}^{a^*} = \dfrac{b\eta(\tilde{a} + \theta_H - c_0 - 3c_1) + \gamma^2 c_1}{b(2b\eta - \gamma^2)}$，$q_{QrH}^{a^*} = \dfrac{2c_1}{b}$，$p_{QH}^{a^*} = \dfrac{b\eta(\tilde{a} + \theta_H + c_0 - c_1) - \gamma^2 c_0}{2b\eta - \gamma^2}$。

当制造商为低类型时，其直销渠道库存量，零售商的订购量，以及产品的销售价格分别为：$q_{QmL}^{a^*} = \dfrac{b\eta(\tilde{a} + \theta_L - c_0 - 3c_1) + \gamma^2 c_1}{b(2b\eta - \gamma^2)} - \dfrac{\rho(5b\eta - \gamma^2)(\theta_H - \theta_L)}{3b(1-\rho)(2b\eta - \gamma^2)}$，$q_{QrL}^{a^*} = \dfrac{2c_1}{b} + \dfrac{5\rho(\theta_H - \theta_L)}{3b(1-\rho)}$，$p_{QL}^{a^*} = \dfrac{b\eta(\tilde{a} + \theta_L + c_0 - c_1) - \gamma^2 c_0}{2b\eta - \gamma^2} - \dfrac{\rho(5b\eta - \gamma^2)(\theta_H - \theta_L)}{3(1-\rho)(2b\eta - \gamma^2)}$。

根据上述均衡解，可进一步得到：$w_{QH}^{a^*} > w_{QL}^{a^*}$，$e_{QH}^{a^*} > e_{QL}^{a^*}$，$\tau_{QH}^{a^*} < \tau_{QL}^{a^*}$，$q_{QmH}^{a^*} > q_{QmL}^{a^*}$，$q_{QrH}^{a^*} < q_{QrL}^{a^*}$，$p_{QH}^{a^*} > p_{QL}^{a^*}$。

根据上述结论，可以得到双渠道供应链成员的事前均衡决策为：$E[w_Q^{a^*}] = \rho w_{QH}^{a^*} + (1-\rho) w_{QL}^{a^*}$，$E[\tau_Q^{a^*}] = \rho\tau_{QH}^{a^*} + (1-\rho)\tau_{QL}^{a^*}$，$E[e_Q^{a^*}] = \rho e_{QH}^{a^*} + (1-\rho) e_{QL}^{a^*}$，$E[q_{Qm}^{a^*}] = \rho q_{QmH}^{a^*} + (1-\rho) q_{QmL}^{a^*}$，$E[q_{Qr}^{a^*}] = \rho q_{QrH}^{a^*} + (1-\rho) q_{QrL}^{a^*}$，$E[p_Q^{a^*}] = \rho p_{QH}^{a^*} + (1-\rho) p_{QL}^{a^*}$。因此，零售商的事前期望利润为：

$$E[\pi_{Qr}^{a*}]=\rho\left[\frac{(\tilde{a}+\theta_H-2w_{QH}^{a*}+\gamma e_{QH}^{a*}+c_0+c_1)^2}{9b}-\tau_{QH}^{a*}\right]+(1-\rho)\left[\frac{(\tilde{a}+\theta_L-2w_{QL}^{a*}+\gamma e_{QL}^{a*}+c_0+c_1)^2}{9b}-\tau_{QL}^{a*}\right] \tag{20-22}$$

制造商的事前期望利润为：

$$E[\pi_{Qm}^{a*}]=\frac{\rho(\theta_H-\theta_L)(2\tilde{a}+\theta_H+\theta_L+5w_{QL}^{a*}+2\gamma e_{QL}^{a*}-7c_0-4c_1)}{9b}+\pi_m^0 \tag{20-23}$$

双渠道供应链的事前期望利润为：

$$E[\pi_{Qt}^{a*}]=E[\pi_{Qr}^{a*}]+E[\pi_{Qm}^{a*}] \tag{20-24}$$

此时，制造商在需求信息不对称下也可以获得高于保留利润的事前期望利润，即获得额外的 $R_2=\frac{\rho(\theta_H-\theta_L)(2\tilde{a}+\theta_H+\theta_L+5w_{QL}^{a*}+2\gamma e_{QL}^{a*}-7c_0-4c_1)}{9b}$。这部分费用实际上是零售商为了获取制造商私有需求信息而支付给制造商的，也是制造商的信息租金。

第四节　综合分析

一、契约方案的对比

本节通过双渠道供应链成员在不同契约方案中事前均衡决策和事前期望利润的对比研究，分析不同条件下这两种契约方案的效率。首先比较需求信息对称时零售商和制造商在上述两种契约方案中的事前均衡决策和事前期望利润，并得到如下命题。

命题 20.5　需求信息对称时，TT 契约和 TQ 契约中双渠道供应链成员的事前均衡决策和事前期望利润比较结果如下：$E[w_T^{s*}]>E[w_Q^{s*}]$，$E[e_T^{s*}]<E[e_Q^{s*}]$，$E[\tau_T^{s*}]>E[\tau_Q^{s*}]$，$E[q_{Tm}^{s*}]=E[q_{Qm}^{s*}]$，$E[q_{Tr}^{s*}]<E[q_{Qr}^{s*}]$，$E[p_T^{s*}]=$

$E[p_Q^{s*}]$，$E[\pi_{Tm}^{s*}]=E[\pi_{Qm}^{s*}]$，$E[\pi_{Tr}^{s*}]<E[\pi_{Qr}^{s*}]$，$E[\pi_{Tt}^{s*}]<E[\pi_{Qt}^{s*}]$。

证明：$E[w_T^{s*}]-E[w_Q^{s*}]=\dfrac{\gamma^2 c_1}{b\eta}>0$，$E[q_{Tr}^{s*}]-E[q_{Qr}^{s*}]=\dfrac{-\gamma^2 c_1}{b^2\eta}<0$，$E[e_T^{s*}]-E[e_Q^{s*}]=\dfrac{-\gamma c_1}{b\eta}<0$，$E[q_{Tm}^{s*}]-E[q_{Qm}^{s*}]=0$，$E[p_T^{s*}]-E[p_Q^{s*}]=0$，$E[\tau_T^{s*}]-E[\tau_Q^{s*}]=\dfrac{c_1[2b\eta(\tilde{a}+\rho\theta_H+(1-\rho)\theta_L-c_0-5c_1)+\gamma^2 c_1]}{2b^2\eta}>0$，$E[\pi_{Tr}^{s*}]-E[\pi_{Qr}^{s*}]=E[\pi_{Tt}^{s*}]-E[\pi_{Qt}^{s*}]=\dfrac{-c_1^2}{b}<0$。**证毕。**

根据命题20.5可知，当需求信息对称时，零售商在TQ契约中设计的批发价格和一次性转移支付低于TT契约中设计的批发价格和一次性转移支付，而零售商在TQ契约中设计的产品质量水平高于制造商在TT契约中决定的产品质量水平。这是因为，零售商在TQ契约中对产品质量水平的决策具有主动权，因此会选择较高的产品质量水平从而刺激市场需求；而在TT契约中，制造商对产品质量水平的决策具有主动权，因此会选择较低的产品质量水平从而降低成本。此外，制造商的事前直销渠道库存量和产品的事前销售价格在两种契约方案中保持一致，而零售商在TQ契约中选择更高的事前订购量。这是由于在TQ契约中，产品的批发价格更低而其产品质量水平更高，因此零售商会订购更多的产品。接下来，进一步分析双渠道供应链成员的事前期望利润。首先，由于需求信息对称时零售商可以通过调整一次性转移支付使得制造商只能获得保留利润，因此在两种契约方案中制造商的事前期望利润保持不变。其次，对于零售商而言，一方面在TQ契约中支付的批发价格更低，因此产品的单位成本更低；另一方面产品的销售价格与TT契约保持一致。综合考虑上述原因，零售商在TQ契约中可以获得更高的事前期望利润。总体而言，双渠道供应链在TQ契约中获得更高的事前期望利润。

接下来，比较需求信息不对称时零售商和制造商在上述两种契约方案中的事前均衡决策，并得到如下命题。

命题20.6　需求信息不对称时，TT契约和TQ契约中双渠道供应链成员的事前均衡决策比较结果如下：$E[w_T^{a*}]>E[w_Q^{a*}]$，$E[e_T^{a*}]<E[e_Q^{a*}]$，$E[q_{Tm}^{a*}]<E[q_{Qm}^{a*}]$，$E[q_{Tr}^{a*}]<E[q_{Qr}^{a*}]$。

证明： $E[w_T^{a*}]-E[w_Q^{a*}]=\dfrac{\gamma^2 c_1}{b\eta}>0$，$E[e_T^{a*}]-E[e_Q^{a*}]=-\dfrac{\gamma c_1}{b\eta}-\dfrac{\rho\gamma(\theta_H-\theta_L)}{(3b\eta-\gamma^2)}<0$，$E[q_{Tm}^{a*}]-E[q_{Qm}^{a*}]=\dfrac{-\rho\gamma^2(5b\eta-2\gamma^2)(\theta_H-\theta_L)}{3b(2b\eta-\gamma^2)(3b\eta-\gamma^2)}<0$，$E[q_{Tr}^{a*}]-E[q_{Qr}^{a*}]=\dfrac{-\gamma^2 c_1}{b^2\eta}-\dfrac{\rho\gamma^2(\theta_H-\theta_L)}{3b(3b\eta-\gamma^2)}<0$。**证毕。**

类似于命题20.5，当需求信息不对称时，零售商在TQ契约中设计的批发价格低于TT契约中设计的批发价格；零售商在TQ契约中设计的产品质量水平低于制造商在TT契约中决定的产品质量水平；而零售商在TQ契约中选择的订购量小于其在TT契约中选择的订购量。但不同于命题20.5的结论，当需求信息不对称时，制造商在TQ契约中决定的直销渠道库存量大于在TT契约中决定的直销渠道库存量。此时，虽然TQ契约中产品的批发价格更低且产品质量水平更高，更有利于零售商，但由于制造商掌握了需求信息优势，期望通过选择更高的事前直销渠道库存量使其拥有更大的竞争力。

根据前文的分析可知，制造商通过掌握一定的信息优势，获得了高于保留利润的额外利润，而零售商需要通过付出一定的代价来获得制造商的私有信息。考虑到需求信息不对称时双渠道供应链成员的事前期望利润表达式比较复杂，本节进一步通过数值分析，对两种契约方案中零售商和制造商的事前期望利润进行比较。这里，设定如下参数：$\tilde{a}=60$，$c_0=3$，$c_1=2$，$b=0.7$，$\gamma=0.4$，$\theta_H=5$，$\theta_L=1$，$\pi_m^0=1000$。重点分析双渠道供应链成员的事前期望利润随η和ρ的变化情况。其中，η表示制造商提升产品质量水平的效率，ρ表示高需求状态的先验概率。为了确保在η和ρ的波动范围内，双渠道供应链成员能够获得正向的均衡决策，设定$\eta\in[0.3,1.2]$，$\rho\in[0,0.7]$。图20.4显示了两种契约方案中双渠道供应链成员的事前期望利润随η和ρ的变化情况。图20.4（a）表明，$E[\pi_{Tm}^{a*}]<[\pi_{Qm}^{a*}]$，即在给定参数条件下，制造商在TQ契约中能够获得更高的事前期望利润。图20.4（b）表明，给定较高的η，有$E[\pi_{Tr}^{a*}]<[\pi_{Qr}^{a*}]$；反之，有$E[\pi_{Tr}^{a*}]\geqslant[\pi_{Qr}^{a*}]$。这说明，当制造商的产品质量提升效率较低时，零售商在TQ契约中能够获得更高的事前期望利润；当制造商的产品质量提升效率较高

时，零售商在 TT 契约中能够获得更高的事前期望利润。图 20.4（c）表明，给定较高的 $\boldsymbol{\eta}$，有 $E[\boldsymbol{\pi}_{Tt}^{a^*}]<[\boldsymbol{\pi}_{Qt}^{a^*}]$；反之，有 $E[\boldsymbol{\pi}_{Tt}^{a^*}]\geqslant[\boldsymbol{\pi}_{Qt}^{a^*}]$。由上述分析可知，存在着一定的区域（较高的 $\boldsymbol{\eta}$），其中双渠道供应链成员均在 TQ 契约中能够获得更高的事前期望利润，即 TQ 契约占优于 TT 契约。

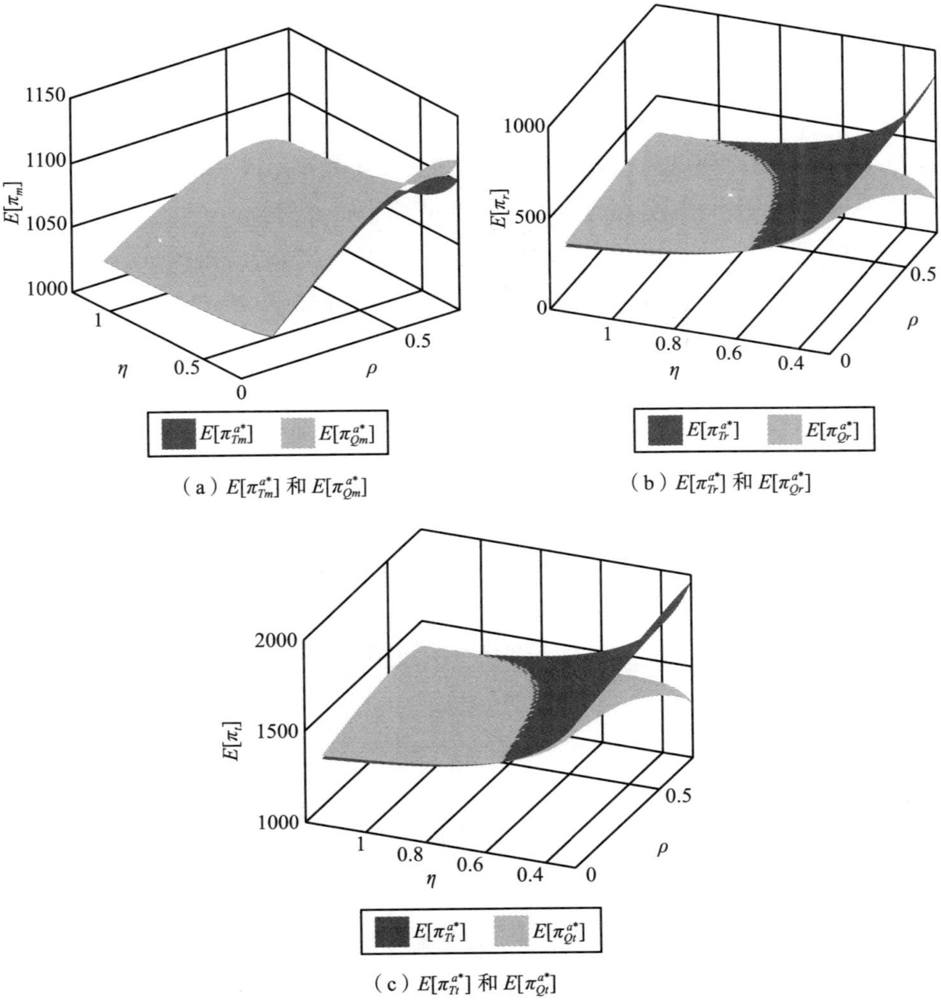

（a）$E[\pi_{Tm}^{a*}]$ 和 $E[\pi_{Qm}^{a*}]$

（b）$E[\pi_{Tr}^{a*}]$ 和 $E[\pi_{Qr}^{a*}]$

（c）$E[\pi_{Tt}^{a*}]$ 和 $E[\pi_{Qt}^{a*}]$

图 20.4　两种契约中供应链成员的事前期望利润

二、需求信息不对称的影响

本节分析需求信息不对称对双渠道供应链成员均衡决策和事前期望利润的影响。在不同契约方案中，对比分析需求信息对称时和需求信息不对称时零售商的最优契约方案以及供应链成员的均衡决策，可得如下命题。

命题 20.7 ①在 TT 契约中，通过对比分析可得：$E[w_T^{s*}]>E[w_T^{a*}]$，$E[e_T^{s*}]>E[e_T^{a*}]$，$E[q_{Tm}^{s*}]>E[q_{Tm}^{a*}]$，$E[q_{Tr}^{s*}]>E[q_{Tr}^{a*}]$，$E[p_T^{s*}]>E[p_T^{a*}]$。②在 TQ 契约中，通过对比分析可得：$E[w_Q^{s*}]>E[w_Q^{a*}]$，$E[e_Q^{s*}]>E[e_Q^{a*}]$，$E[q_{Qm}^{s*}]>E[q_{Qm}^{a*}]$，$E[q_{Qr}^{s*}]<E[q_{Qr}^{a*}]$，$E[p_Q^{s*}]>E[p_Q^{a*}]$。

证明：

1. 在 TT 契约中，$E[w_T^{s*}]-E[w_T^{a*}]=\dfrac{\rho(5b\eta-2\gamma^2)(\theta_H-\theta_L)}{(2b\eta-\gamma^2)}>0$，$E[e_T^{s*}]-E[e_T^{a*}]=\dfrac{\rho\gamma(5b\eta-2\gamma^2)(\theta_H-\theta_L)}{(2b\eta-\gamma^2)(3b\eta-\gamma^2)}>0$，$E[q_{Tm}^{s*}]-E[q_{Tm}^{a*}]=\dfrac{\rho\eta(5b\eta-2\gamma^2)(\theta_H-\theta_L)}{(2b\eta-\gamma^2)(3b\eta-\gamma^2)}>0$，$E[q_{Tr}^{s*}]-E[q_{Tr}^{a*}]=\dfrac{\rho(5b\eta-2\gamma^2)(\theta_H-\theta_L)}{b(3b\eta-\gamma^2)}>0$，$E[p_T^{s*}]-E[p_T^{a*}]=\dfrac{\rho(5b\eta-2\gamma^2)(\theta_H-\theta_L)}{(2b\eta-\gamma^2)(3b\eta-\gamma^2)}>0$。

2. 在 TQ 契约中，$E[w_Q^{s*}]-E[w_Q^{a*}]=\dfrac{\rho(5b\eta-\gamma^2)(\theta_H-\theta_L)}{(2b\eta-\gamma^2)}>0$，$E[e_Q^{s*}]-E[e_Q^{a*}]=\dfrac{\gamma\rho(\theta_H-\theta_L)}{2b\eta-\gamma^2}>0$，$E[q_{Qm}^{s*}]-E[q_{Qm}^{a*}]=\dfrac{\rho(5b\eta-\gamma^2)(\theta_H-\theta_L)}{3b(2b\eta-\gamma^2)}$，$E[q_{Qr}^{s*}]-E[q_{Qr}^{a*}]=-\dfrac{5\rho(\theta_H-\theta_L)}{3b}<0$，$E[p_Q^{s*}]-E[p_Q^{a*}]=\dfrac{\rho(5b\eta-\gamma^2)(\theta_H-\theta_L)}{3(2b\eta-\gamma^2)}>0$。

证毕。

根据命题 20.7 的结论可以发现，在两种不同的契约方案中，零售商在需求信息不对称时设计的批发价格均低于在需求信息对称时设计的批发价格，表明需求信息不对称时，通过合理的契约方案设计能够降低双边际化效应，这有利于供应链性能的提升。但是，需求信息不对称时的产品质量水平低于需求信息对称时的产品质量水平。一方面，尽管零售商甄别了制造商的需求信息，但需求信息不对称仍然不利于制造商产品质量水平的提升。另一方面，制造商掌握私有需求信息不利于其提升产品质量水平来扩大市场需求，从而不利于双渠道供应链性能的提升。结合上述分析可知，需求信息不对称时，双渠道供应链受到批发价格降低带来的正面影响，另外，还受到产品质量水平降低带来的负面影响。因此，有可能存在一定的区间使得需求信息不对称时双渠道供应链的性能优于需求信息对称时双渠道供应链的性能。此外，相对于需求信息对称的情况，制造商在需求信息不对称时会选择更低的直销渠道库存量。这是由以下两方面的原因造成的：一是制造商掌握私有需求信息时，其产品质量水平相对较低，不利于刺激市场需求；二是制造商掌握私有需求信息时，批发价格相对较低，这有利于零售商降低订购成本并选择较高的订购量，增强了零售商的竞争力，不利于制造商。对于零售商的订购决策而言，在 TT 契约中，零售商在需求信息对称时的订购量大于需求信息不对称时的订购量；而在 TQ 契约中，零售商在需求信息对称时的订购量小于需求信息不对称时的订购量。

接下来，进一步比较不同契约方案中零售商和供应商在需求信息对称时和需求信息不对称时的事前期望利润，从而分析需求信息不对称对供应链成员以及双渠道供应链性能产生的影响。首先，对比分析两种契约方案中制造商在需求信息对称和不对称时的事前期望利润，得到 $E[\pi_{Tm}^{s*}]<E[\pi_{Tm}^{a*}]$ 和 $E[\pi_{Qm}^{s*}]<E[\pi_{Qm}^{a*}]$。这表明，制造商在需求信息不对称时能够获得更高的事前期望利润，即掌握私有需求信息对制造商而言是有利的。图 20.5 为两种不同契约方案中双渠道供应链成员的事前期望利润随 η 和 ρ 的变化情况。给定参数条件下，在 TT 契约中，有 $E[\pi_{Tr}^{s*}]>E[\pi_{Tr}^{a*}]$；在 TQ 契约中，若 η 较大且 ρ 较小，则有 $E[\pi_{Qr}^{s*}]<E[\pi_{Qr}^{a*}]$，否则，有 $E[\pi_{Qr}^{s*}]\geqslant E[\pi_{Qr}^{a*}]$。这表明，在 TQ 契约中，存在着一定的条件，只要零售商能够甄别制造商的私有需求信息，即可以获得相对需求信息对称时更高的事前期望利润。结合考虑制造商，我们可以发现对双渠道供应链成员而言，只要合理设计契约方案，给定一定条件时可以在需求信息不对称下获得比需求信息对称时更高的事前期望利润，即供应链的整体性能在需求信息不对称下更优。

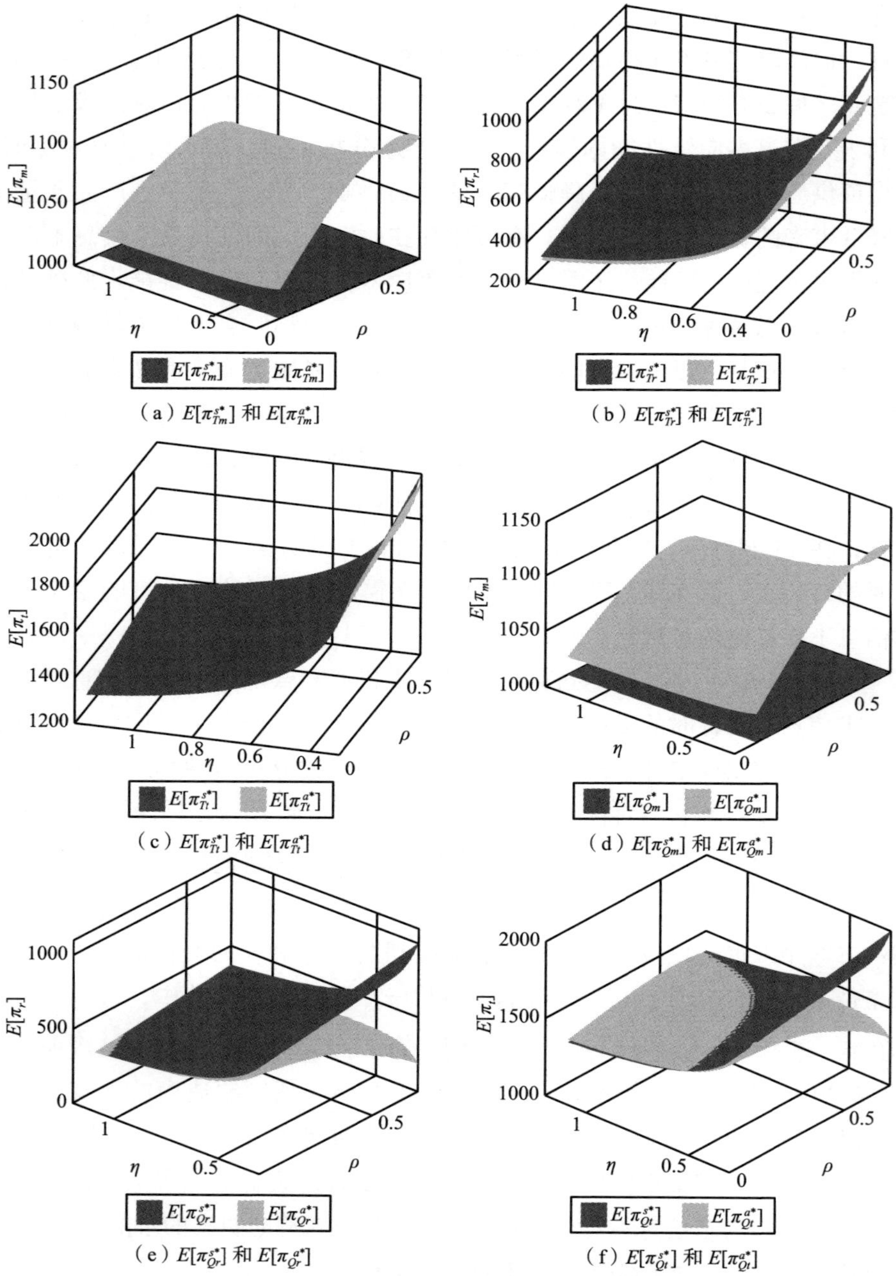

（a）$E[\pi_{Tm}^{s*}]$ 和 $E[\pi_{Tm}^{a*}]$　（b）$E[\pi_{Tr}^{s*}]$ 和 $E[\pi_{Tr}^{a*}]$

（c）$E[\pi_{Tt}^{s*}]$ 和 $E[\pi_{Tt}^{a*}]$　（d）$E[\pi_{Qm}^{s*}]$ 和 $E[\pi_{Qm}^{a*}]$

（e）$E[\pi_{Qr}^{s*}]$ 和 $E[\pi_{Qr}^{a*}]$　（f）$E[\pi_{Qt}^{s*}]$ 和 $E[\pi_{Qt}^{a*}]$

图 20.5　两种契约中需求信息对称和不对称时双渠道供应链成员的事前期望利润

第五节　本章小结

本章考虑制造商拥有私有需求信息的现实情况，构建由一个制造商和一个零售商组成的双渠道供应链，假设供应链可以通过提升产品质量水平来扩大市场需求。如果零售商在信息不对称环境下进行决策，则不利于其获得最优的期望利润，因此有动机设计契约方案来甄别制造商的私有需求信息。

本章基于零售商的视角，分别提出了 TT 契约和 TQ 契约。在需求信息不对称下，通过构建委托代理模型，求解了甄别制造商私有需求信息的最优契约方案，并实现了零售商期望利润的最大化。本章还分析了需求信息对称下 TT 契约和 TQ 契约的最优设计方案。在此基础上，比较分析了两种不同契约方案中双渠道供应链成员的均衡决策和事前期望利润。研究发现，在需求信息对称下，零售商能够在 TQ 契约中获得比 TT 契约中更高的事前期望利润，即 TQ 契约占优于 TT 契约。在需求信息不对称下，制造商能够获得保留利润之外的信息租金，而零售商也能够在一定条件下通过契约方案的设计实现制造商需求信息甄别的同时，获得更高的事前期望利润。类似于需求信息对称时的情形，在需求信息不对称下，满足一定条件时，TQ 契约占优于 TT 契约。另外，不同于张盼等（Zhang et al.，2021）的研究，本章的研究表明，零售商在设计契约方案时引入产品质量这一个关键参数，有利于提高供应链的产品质量水平，即 TQ 契约下的产品质量水平高于 TT 契约下的产品质量水平。

最后，分析需求信息不对称对双渠道供应链产生的影响。研究发现，需求信息不对称下，虽然零售商可以设计契约方案实现信息的甄别，但需求信息不对称仍然不利于产品质量水平的提升。同时，需求信息不对称下零售商会选择较低的批发价格，这可以降低双边际化效应。可以说，需求信息不对称对双渠道供应链会产生两种相互矛盾的影响。本章通过进一步比较分析发现，存在着一定的条件，使得零售商可以通过契约方案的设计，既甄别制造商的私有信息，又能保证双渠道供应链成员在需求信息不对称下获得的事前期望利润高于需求信息对称下获得的事前期望利润。

本章的研究还存在着一定的局限性，今后还可以从以下几方面进行扩展研究：①进一步设计契约方案来解决道德风险问题；②设计其他多样化的契约方案来实现双渠道供应链中制造商的需求信息共享；③在双渠道供应链中，考虑上游制造商拥有产品质量成本相关的私有信息，采用信息甄别或信号传递模型来开展相关研究。

本篇参考文献

[1] 程永宏，熊中楷．碳税政策下基于供应链视角的最优减排与定价策略及协调［J］. 2015，36（6）：81－91.

[2] 邓明荣，卢秀娟．需求信息不对称下基于信号博弈的双渠道供应链研究［J］. 运筹与管理，2016，25（4）：125－133.

[3] 高杰，樊慧荣，李萧萧．信息不对称下医药营销服务外包契约设计［J］. 管理科学学报，2020，23（8）：109－119.

[4] 贾俊秀，孟庆钦，吴涛．考虑电商平台潜在需求信息共享的促销及定价策略研究［J］. 管理学报，2021，18（10）：1562－1572.

[5] 江世银．论信息不对称条件下的消费信贷市场［J］. 经济研究，2000，6：19－26.

[6] 金亮，张旭梅，李诗杨．不对称信息线下到线上O2O供应链佣金契约设计［J］. 管理学报，2017，14（6）：908－915.

[7] 林志炳．信息不对称下的制造商返利策略研究［J］. 系统工程理论与实践，2020，40（2）：324－333.

[8] 刘竞，傅科．信息不对称下零售商自有品牌引入问题研究［J］. 管理科学学报，2019，22（9）：39－51.

[9] 刘露，李勇建．市场需求信息不对称下的保兑仓融资风险控制策略［J］. 运筹与管理，2019，28（6）：136－143.

[10] 楼高翔，张洁琼，范体军，等．非对称信息下供应链减排投资策略及激励机制［J］. 管理科学学报，2016，19（2）：42－52.

[11] 吕飞，海峰．双重信息不对称下供应链中的信息揭示机制［J］. 计算机

集成制造系统，2019，25（10）：2676－2684.

［12］仵志忠．信息不对称理论及其经济学意义［J］．经济学动态，1997，1：66－69.

［13］谢文明，江志斌，褚熠冰，等．需求信息不对称下存在直销模式的产能管理研究［J］．管理工程学报，2016，30（1）：197－204.

［14］杨道箭，齐二石，姜宏．基于顾客策略行为的供货水平与供应链绩效［J］．计算机集成制造系统，2010，16（9）：1984－1991.

［15］张令荣，刘笑言，王锋，等．碳配额交易政策下闭环供应链谎报决策与协调研究［J］．管理工程学报，2022（1）：172－180.

［16］张维迎．博弈论与信息经济学［M］．上海：上海人民出版社，2004.

［17］赵燕飞，王勇，文悦，等．需求信息不对称下考虑公平关切的供应链产品定价决策研究［J］．管理学报，2021，18（6）：919－928.

［18］周建亨，赵瑞娟．考虑引入渠道竞争的双渠道信号传递策略［J］．系统工程理论与实践，2018，38（2）：414－428.

［19］Alp O，Sen A. Delegation of stocking decisions under asymmetric demand information［J］. Manufacturing & Service Operations Management，2021，23（1）：55－69.

［20］Avinadav T，Chernonog T，Khmelnitsky E. Revenue-sharing between developers of virtual products and platform distributors［J］. European Journal of Operational Research，2020，290（3）：927－945.

［21］Aviv Y，Shamir N. Financial cross-ownership and information dissemination in a supply chain［J］. Manufacturing & Service Operations Management，2021，23（6）：1524－1538.

［22］Babich V，Li H，Ritchken P，et al. Contracting with asymmetric demand information in supply chains［J］. European Journal of Operational Research，2012，217（2）：333－341.

［23］Bai Q，Xu J，Chauhan S S. Effects of sustainability investment and risk aversion on a two-stage supply chain coordination under a carbon tax policy［J］. Computer & Industrial Engineering，2020，142：106324.

［24］Basco S，Mestieri M. Mergers alone the global supply chain：Information technologies and routine tasks [J]. Oxford Bulletin of Economics and Statistics, 2018, 80 (2): 406 -433.

[25] Bian W, Shang J, Zhang J. Two-way information sharing under supply chain competition [J]. International Journal of Production Economics, 2016, 178: 82 -94.

[26] Cachon G P. Supply chain coordination with contracts [J]. Handbooks in Operations Research and Management Science, 2003, 11: 227 -339.

[27] Cao H, Guan X, Fan T, et al. The acquisition of quality information in a supply chain with voluntary vs. mandatory disclosure [J]. Production and Operations Management, 2019, 29 (3): 595 -616.

[28] Chae H, Kim S, Lee J, et al. Impact of product characteristics of limited edition shoes on perceived value, brand trust, and purchase intention; focused on the scarcity message frequency [J]. Journal of Business Research, 2020, 120: 398 -406.

[29] Chen F, Lai G, Xiao W. Provision of incentives for information acquisition: forecast-based contracts vs. Menus of linear contracts [J]. Management Science, 2016, 62 (7): 1899 -1914.

[30] Chen F. Information sharing and supply chain coordination [J]. Handbooks in Operations Research and Management Science, 2003, 11: 341 -421.

[31] Chiu C H, Choi T M, Hao G, et al. Innovative menu of contracts for coordinating a supply chain with multiple mean-variance retailers [J]. European Journal of Operational Research, 2015, 246 (3): 815 -826.

[32] Choi T M, Ma C, Shen B, et al. Optimal pricing in mass customization supply chains with risk-averse agents and retail competition [J]. Omega, 2019a, 88: 150 -161.

[33] Choi T M, Wen X, Sun X, et al. The mean-variance approach for global supply chain risk analysis with air logistics in the blockchain technology era [J]. Transportation Research Part E: Logistics and Transportation Review, 2019b, 127: 178 -191.

[34] Ding J, Wang W. Information sharing in a green supply chain with promo-

tional effort [J]. Kybernetes, 2020, 49 (11): 2683 - 2712.

[35] Elitzur R, Gavious A, Wensley A K P. Information systems outsourcing projects as a double moral hazard problem [J]. Omega, 2012, 40 (3): 379 - 389.

[36] Esther G O, Tansev G, Anthony J D. Information sharing in a channel with partially informed retailers [J]. Marketing Science, 2008, 27 (4): 642 - 658.

[37] Feng Q, Lai G, Lu L X. Dynamic bargaining in a supply chain with asymmetric demand information [J]. Management Science, 2015, 61 (2): 301 - 315.

[38] Fu Q. The impact of alternative performance measures on portfolio procurement with contingent option contracts [J]. International Journal of Production Economics, 2015, 167: 128 - 138.

[39] Gan X, Sethi S P, Zhou J. Commitment-penalty contracts in drop-shipping supply chains with asymmetric demand information [J]. European Journal of Operational Research, 2010, 204 (3): 449 - 462.

[40] Gao L, Li Z, Shou B. Information acquisition and voluntary disclosure in an export-processing system [J]. Production and Operations Management, 2014, 23: 595 - 616.

[41] Geng Q, Minutolo M C. Failure fee under stochastic demand and information asymmetry [J]. International Journal of Production Economics, 2010, 128: 269 - 279.

[42] Guan X, Chen Y. The interplay between information acquisition and quality disclosure [J]. Production and Operations Management, 2017, 26 (3): 389 - 408.

[43] Guan X, Wang Y, Yi Z, et al. Inducing consumer online reviews via disclosure [J]. Production and Operations Management, 2020a, 29 (8): 1956 - 1971.

[44] Guan Z, Zhang X, Zhou M, et al. Demand information sharing in competing supply chains with manufacturer-provided service [J]. International

Journal of Production Economics, 2020b, 220: 107450.

[45] Guo L, Iyer G. Information acquisition and sharing in a vertical relationship [J]. Marketing Science, 2010, 29 (3): 483 -506.

[46] Guo L, Li T, Zhang H. Strategic information sharing in competing channels [J]. Production and Operations Management, 2014, 23 (10): 1719 -1731.

[47] Guo L. The benefits of downstream information acquisition [J]. Marketing Science, 2009, 28 (3): 457 -471.

[48] Ha A Y, Tian Q, Tong S. Information sharing in competing supply chains with production cost reduction [J]. Manufacturing & Service Operations Management, 2017, 19 (2): 246 -262.

[49] Ha A Y, Tong S, Zhang H. Sharing demand information in competing supply chains with production diseconomies [J]. Management Science, 2011, 57 (3): 566 -581.

[50] Ha A Y, Tong S. Contracting and information sharing under supply chain competition [J]. Management Science, 2008, 54 (4): 701 -715.

[51] Huang F, He J, Lei Q. Coordination in a retailer-dominated supply chain with a risk-averse manufacturer under marketing dependency [J]. International Transactions in Operational Research, 2020, 27 (6): 3056 -3078.

[52] Huang S, Chen S, Guan X. Retailer information sharing under endogenous channel structure with investment spillovers [J]. Computers & Industrial Engineering, 2020, 142: 106346.

[53] Huang S, Guan X, Chen Y J. Retailer information sharing with supplier encroachment [J]. Production and Operations Management, 2018a, 27 (6): 1133 -1147.

[54] Huang S, Guan X, Xiao B. Incentive provision for demand information acquisition in a dual-channel supply chain [J]. Transportation Research Part E: Logistics and Transportation Review, 2018b, 116: 42 -58.

[55] Jain A. Sharing Demand information with retailer under upstream competition [J]. Management Science, 2022, 68 (7): 4983 -5001.

[56] Jiang B, Tian L, Xu Y, et al. To share or not to share: Demand forecast sharing in a distribution channel [J]. Marketing Science, 2016, 35 (5): 800 - 809.

[57] Jiang L, Hao Z. Incentive-driven information dissemination in two-tier supply chains [J]. Manufacturing & Service Operations Management, 2016, 18 (3): 393 - 413.

[58] Kadiyala B, Özer Ö, Bensoussan A. A mechanism design approach to vendor managed inventory [J]. Management Science, 2020, 66 (6): 2628 - 2652.

[59] Kalkanci B, Erhun F. Pricing games and impact of private demand information in decentralized assembly systems [J]. Operations Research, 2012, 60 (5): 1142 - 1156.

[60] Kaya M, Özer Ö. Quality risk in outsourcing: Noncontractible product quality and private quality cost information [J]. Naval Research Logistics, 2009, 56: 669 - 685.

[61] Keifer S. Beyond point of sale data: Looking forward, not backwards for demand forecasting [R]. White Paper, GXS, Middlesex, UK, 2010.

[62] Khanjari N E, Iravani S, Shin H. The impact of the manufacturer-hired sales agent on a supply chain with information asymmetry [J]. Manufacturing & Service Operations Management, 2014, 16 (1): 76 - 88.

[63] Kong G, Rajagopalan S, Zhang H. Revenue sharing and information leakage in a supply chain [J]. Management Science, 2013, 59 (3): 556 - 572.

[64] Kostamis D, Duenyas I. Purchasing under asymmetric demand and cost information: When is more private information better? [J]. Operations Research, 2011, 59 (4): 914 - 928.

[65] Lee H L, So K C, Tang C S. The value of information sharing in a two-level supply chain [J]. Management Science, 2000, 46 (5): 626 - 643.

[66] Lee H L, Whang S. Information sharing in a supply chain [J]. International Journal of Technology Management, 2000, 1 (1): 79 - 93.

[67] Li G, Tian L, Zheng H. Information sharing in an online marketplace with

coopetitive sellers [J]. Production and Operations Management, 2021, 30 (10): 3713 - 3734.

[68] Li L, Zhang H. Confidentiality and information sharing in a supply chain coordination [J]. Management Science, 2008, 54 (8): 1467 - 1481.

[69] Li L. Cournot oligopoly with information sharing [J]. Rand Journal of Economics, 1985, 16 (4): 521 - 535.

[70] Li L. Information sharing in a vertical supply chain with horizontal competition [J]. Management Science, 2002, 48 (9): 1196 - 1212.

[71] Li T, Tong S, Zhang H. Transparency of information acquisition in a supply chain [J]. Manufacturing & Service Operations Management, 2014a, 16 (3): 412 - 424.

[72] Li Z, Gilbert S M, Lai G. Supplier encroachment under asymmetric information [J]. Management Science, 2014b, 60 (2): 449 - 462.

[73] Liu H, Özer Ö. Channel incentives in sharing new product demand information and robust contracts [J]. European Journal of Operational Research, 2010, 207 (3): 1341 - 1349.

[74] Liu Z, Hua S, Xin Z. Supply chain coordination with risk-averse retailer and option contract: Supplier-led vs. Retailer-led [J]. International Journal of Production Economics, 2020, 223: 107518.

[75] Ma L, Liu F, Li S, et al. Channel bargaining with risk-averse retailer [J]. International Journal of Production Economics, 2012, 139 (1): 155 - 167.

[76] Ma P, Shang J, Wang H. Enhancing corporate social responsibility: Contract design under information asymmetry [J]. Omega, 2017, 67: 19 - 30.

[77] Meng X, Zhao L, Zhao Y. Information sharing and sales format strategy under platform economy and cap-and-trade [J]. Computers & Industrial Engineering, 2022, 174: 108774.

[78] Mittendorf B, Shi J, Yoon D H. Manufacturer marketing initiatives and retailer information sharing [J]. Quantitative Marketing and Economics, 2013, 11 (2): 263 - 287.

[79] Mobini Z, van den Heuvel W, Wagelmans A. Designing multi-period supply contracts in a two-echelon supply chain with asymmetric information [J]. European Journal of Operational Research, 2019, 277 (2): 542-560.

[80] Montes R, Sand-Zantman W, Valletti T. The value of personal information in online markets with endogenous privacy [J]. Management Science, 2019, 65 (3): 1342-1362.

[81] Munves D. Wake up, retailers! Make money from your big data [EB/OL]. Chain Store Age, http://www.chainstorage.com/article/wake-retailers-make-money-your-big-data, 2013-04-03.

[82] Schweitzer M E, Cachon G P. Decision bias in the newsvendor problem with a known demand distribution: Experimental evidence [J]. Management Science, 2000, 46 (3): 404-420.

[83] Shang W, Ha A Y, Tong S. Information sharing in a supply chain with a common retailer [J]. Management Science, 2016, 62 (1): 245-263.

[84] Shen Y, Shi X, Malamakkavu H, et al. Risk transmission mechanism between energy market: A VAR for VaR approach [J]. Energy Economics, 2018, 75: 377-388.

[85] Sun X, Tang W, Chen J, et al. Manufacturer encroachment with production cost reduction under asymmetric information [J]. Transportation Research Part E: Logistics and Transportation Review, 2019, 128: 191-211.

[86] Vives X. Duopoly information equilibrium: Cournot and Bertrand [J]. Journal of Economic Theory, 1984, 34 (1): 71-94.

[87] Wang Y, Ha A Y, Tong S. Sharing manufacturer's demand information in a supply chain with price and service effort competition [J]. Manufacturing & Service Operations Management, 2022, 24 (3): 1698-1713.

[88] Wei J, Zhao J, Li Y. Pricing decisions for complementary products with firms' different market powers [J]. European Journal of Operational Research, 2013, 224 (3): 507-519.

[89] Wei Y, Choi T M. Mean-variance analysis of supply chains under wholesale pricing and profit sharing schemes [J]. European Journal of Operational Re-

search, 2010, 204 (2): 255 -262.

[90] Wu J, Wang H, Shang J. Multi-sourcing and information sharing under competition and supply uncertainty [J]. European Journal of Operational Research, 2019, 278 (2): 658 -671.

[91] Xia J, Niu W. Carbon-reducing contract design for a supply chain with environmental responsibility under asymmetric information [J]. Omega, 2021, 102: 102390.

[92] Xiao T, Yang D. Risk sharing and information revelation mechanism of a one-manufacturer and one-retailer supply chain facing an integrated competitor [J]. European Journal of Operational Research, 2009, 196 (3): 1076 -1085.

[93] Xue M, Zhang J, Zhu G. Quantity decision timing with spillover effect and asymmetric demand information [J]. Transportation Research Part E: Logistics and Transportation Review, 2020, 142: 102048.

[94] Yan B, Jin Z, Liu Y, et al. Decision on risk-averse dual-channel supply chain under demand disruption [J]. Communications in Nonlinear Science and Numerical Simulation, 2018, 55: 206 -224.

[95] Yan R, Pei Z. Incentive-compatible information sharing by dual-channel retailers [J]. International Journal of Electronic Commerce, 2012, 17 (2): 127 -157.

[96] Yan Y, Zhao R, Lan Y. Asymmetric retailers with different moving sequences: group buying vs. individual purchasing [J]. European Journal of Operational Research, 2017, 261 (3): 903 -917.

[97] Yan Y, Zhao R, Xing T. Strategic introduction of the marketplace channel under dual upstream disadvantages in sales efficiency and demand information [J]. European Journal of Operational Research, 2019, 273 (3): 968 -982.

[98] Yoo S H, Cheong T. Quality improvement incentive strategies in a supply chain [J]. Transportation Research Part E: Logistics and Transportation Review, 2018, 114: 331 -342.

[99] Yu Y, Zhou S, Shi Y. Information sharing or not across the supply chain: the role of carbon emission reduction [J]. Transportation Research Part E: Logistics and Transportation Review, 2020, 137: 101915.

[100] Zhang H. Vertical information exchange in a supply chain with duopoly retailers [J]. Production and Operations Management, 2002, 11 (4): 531-546.

[101] Zhang J, Chen J. Coordination of information sharing in a supply chain [J]. International Journal of Production Economics, 2013, 143 (1): 178-187.

[102] Zhang J, Li S, Zhang S, et al. Manufacturer encroachment with quality decision under asymmetric demand information [J]. European Journal of Operational Research, 2019a, 273: 217-236.

[103] Zhang J, Onal S, Das S. Price differentiated channel switching in a fixed period fast fashion supply chain [J]. International Journal of Production economics, 2017, 193: 31-39.

[104] Zhang P, Xiong Y, Zhou Y. The dark sides of environmental requirement in a supply chain with information asymmetry [J]. Computers & Industrial Engineering, 2021, 153: 107087.

[105] Zhang Q, Chen J, Zaccour G. Market targeting and information sharing with social influences in a luxury supply chain [J]. Transportation Research Part E: Logistics and Transportation Review, 2020, 133: 101822.

[106] Zhang Q, Tang W, Zaccour G, et al. Should a manufacturer give up pricing power in a vertical information-sharing channel? [J]. European Journal of Operational Research, 2019b, 276 (3): 910-928.

[107] Zhao J, Tang W, Wei J. Pricing decision for substitutable products with retail competition in a fuzzy environment [J]. International Journal of Production Economics, 2012, 135: 144-153.

[108] Zhao Y, Choi T M, Cheng T C E, et al. Supply option contracts with spot market and demand information updating [J]. European Journal of Operational Research, 2018, 266 (3): 1062-1071.

[109] Zheng S, Ge Y, Fu X, et al. Demand information sharing in port concession arrangements [J]. Transportation Research Part B: Methodological, 2020, 138: 118-143.

[110] Zhou M, Dan B, Ma S, et al. Supply chain coordination with information sharing: The informational advantage of GPOs [J]. European Journal of Operational Research, 2017, 256 (3): 785-802.

[111] Zhu K, Thonemann U W. Modeling the benefits of sharing future demand information [J]. Operations Research, 2004, 52 (1): 136-147.

[112] Özer Ö, Subramanian U, Wang Y. Information sharing, advice provision, or delegation: What leads to higher trust and trustworthiness? [J]. Management Science, 2018, 64 (1): 474-493.

[113] Özer Ö, Wei W. Strategic commitment for an optimal capacity decision under asymmetric forecast information [J]. Management Science, 2006, 52 (8): 1238-1257.

第七篇

典型行业的供应链管理：以新能源汽车为例

本篇为典型行业的供应链管理：以新能源汽车为例，包括第二十一章和第二十二章。在这篇内容里面，运用实证研究与建模研究相结合的方式，对新能源汽车行业进行了系统研究。

首先，聚焦于纯电动汽车这一特殊的新能源汽车类型，运用实证研究方法分析了政府政策对新能源汽车供应链关联主体的影响。重点探讨了当前政府在纯电动汽车领域实施的主要激励政策，以及其对纯电动汽车价格价值和购车福利价值的影响，从而更好地了解消费者的真实心理状态，为后补贴时代政府在纯电动汽车相关政策的调整与完善方面提供理论借鉴。具体地，提出了下列政策建议：第一，提高消费者获得的购车福利水平，实施“政府主导、企业参与”的充、换电基础设施建设战略，不断促进投资结构优化，加大政府以及纯电动汽车供应链相关企业的研发投入；第二，加大对企业的研发补贴力度，鼓励高性能充电设施和纯电动汽车的研发；第三，通过政府宣传等手段向消费者普及税收政策的重要性，增强消费者对税收政策的了解。

接着，本篇以2014～2018年沪深两市A股新能源汽车核心企业及配套企业数据为基础，分别研究两类企业中研发人员冗余和研发资金投入的关系，以及财务冗余和政府补贴对其发挥的调节作用。通过实证分析，获得了一系列重要的管理结论：首先，对于新能源汽车产业生态系统中的核心企业和配套企业，研发人员冗余均能有效促进其增加研发资金投入；其次，对于新能源汽车核心企业，政府补贴能够显著强化研发人员冗余对研发资金投入的促进作用。与此同时，财务冗余对二者的关系并无显著影响；第三，对于新能源汽车配套企业，财务冗余显著削弱研发人员冗余对研发资金投入的促进作用。而政府补贴对主效应并无显著影响。我们的研究工作拓展了组织冗余理论相关研究，为企业研发人员冗余对研发资金投入的积极影响提供了实证支持，并对研发人员冗余相关研究做出了贡献。此外，丰富了政府补贴的相关研究，揭示了政府补贴应当注意企业之间的差异。

最后，本篇调研了我国的新能源汽车共享平台（NSP）供应链，用建模方法研究了由一个NSP和一个原始设备制造商（OEM）组成的两级供应链竞争模型，重点分析了NSP的两种运营模式：重资产运营模式和轻资产运营模式。在重资产运营模式下，NSP向OEM采购车辆来提供汽车共享服务。因此，假设NSP面临资金约束且风险规避，且NSP通过以下两种供应链金融融资策略来获取资金支持：OEM 融资策略和 OEM 投资策略。我们对以上两种融资策略进行了深入讨论，获得了供应链成员的最优决策。在轻资产运营模式下，OEM 向 NSP 免费提供车辆。因此，假设 NSP 资金充足且风险中性，在此基础上分析了供应链成员的最优决策。最后，通过比较供应链成员的最优决策和收益，分析其对供应链金融融资策略和运营模式的偏好。研究发现，在重资产运营模式下，存在一个利率区间或一个补充投资区间，其中供应链成员均可以受益于某一特定的融资策略。此外，供应链成员对不同运营模式的偏好也与轻资产运营模式下的收益分享因子密切相关。并且，存在着特定的收益分享因子区间，其中两个成员均可以在某一特定的运营模式下受益。

第二十一章 政府政策对新能源汽车供应链关联主体的影响

党的十八大以来，我国在新发展理念指引下坚定不移走绿色低碳发展道路，着力推动社会经济全面绿色转型。新能源汽车采用新型动力系统，完全或主要依靠新型能源驱动，在推进绿色发展，构建市场导向的绿色技术创新体系方面发挥着重要作用。目前，新能源汽车主要包括纯电动汽车、插电式混合动力汽车和燃料电池汽车。与传统燃油汽车相比，新能源汽车具有两大优势：其一，新能源汽车对石油依赖程度较低、污染物排放较少，具有环保优势；其二，新能源汽车的经济性，即因采用电能替代热能而具有成本优势，特别是在油价一路飙升的情况下，新能源汽车的能耗成本具有明显优势。以紧凑型纯电动汽车能耗为例，上汽大众 ID. 4X 平均耗电为 18 千瓦时/百公里，若每度电区间为 0. 98 ~1. 48 元，行驶每百公里需要 17. 64 ~26. 46 元的电费，平均每公里 0. 22 元，远远低于燃油车的费用。[①] 实际上，新能源汽车作为代表性的绿色低碳产品，其发展不仅能有效缓解碳排放问题，还能带动关联产业转型升级，促进电池、充电桩等绿色配套产业的发展，具有良好的经济效益与社会效益。

我国政府高度重视新能源汽车的发展，制定了多重政策来引导行业快速发展，相关汽车企业的开发与应用能力也得到了大幅提升。目前，市场上已

① 新能源汽车电耗知多少［EB/OL］. 易车网，https：//news. yiche. com/hao/wenzhang/66863500/，2022 -05 -06.

投入商业运营的新能源汽车主要包括纯电动汽车、混合动力汽车和燃料电池汽车这三类，且都具有节能、安全、高效、轻量化的特点。尽管推广得力，但是新能源汽车在实际应用过程中还未充分发挥出其应有的优势。例如，从生产研发上看，由于在实际使用中多次出现事故，使得整车制造企业在面临成本压力的同时，还遭受着消费者对汽车质量的质疑；从推广上看，现有的商业模式未能帮助我国全面普及新能源汽车，充电设施网点分布、兼容性和充电价格都未能照顾到大多数用户。总体来说，昂贵的零售价格、相对拙劣的产品质量、低效的推广模式以及较低的品牌辨识度等均反映出新能源汽车供应链成本控制能力较差、企业合作机制有待完善、品牌塑造亟须创新等问题。

2017 年 10 月 13 日，国务院办公厅发布的《关于积极推进供应链创新与应用的指导意见》提到，为加快供应链创新与应用，促进产业组织方式、商业模式和政府治理方式创新，任务之一就是要推动制造企业应用精益供应链等管理技术，完善从研发设计、生产制造到售后服务的全链条供应链体系，推动供应链上下游企业实现协同采购、协同制造、协同物流。因此，基于供应链的视角来关注新能源汽车企业具有特殊意义，能够帮助关联企业在协同合作中增强竞争力。

如图 21.1 所示，新能源汽车供应链是一种结构复杂的功能网链结构，它既包含了与新能源汽车电池、电机和电控“三大电”直接相关的研发、制造、组配、流通企业，又涵盖了充电运营商、电池租赁企业、互联网及金融等其他关联企业。李科松（2012）认为，新能源汽车产业链可以分为三个部分：上游、中游和下游。其中，上游主要包括零部件的生产与供应，中游主要是进行整车的生产与供应，下游包括产品销售活动及其相关的售后服务。从图 21.1 中可以看出，政府在新能源汽车产业链供应链发展的各个方面都体现出了重要的支撑作用。特别是在当前国家“双碳”战略目标下，新能源汽车产业有着越来越好的发展前景。目前，亟须进一步挖掘新能源汽车供应链运营管理的内在机理，继而从政策与运营管理两方面来驱动新能源汽车产业的健康发展。一方面，新能源汽车产业在早期得到了国家各类补贴政策的支持，但是目前国家已经开始逐渐从单纯的资金补贴向更加规范的综合治理模式转变，补贴幅度也不断降低。因此，研究“后补贴时代”政府政策对消费者购买意愿的影响有助于理解当前新能源汽车产业的市场特征。另一方面，新能源汽车产业主要包括两类企业，第一类是处于新能源汽车供应链重要位置的整车制造商和核心零部件供应商；第二类是充电设施企业，这些企业属于新能源汽车供应链的外围成员。这两类企业都需要关注研发投入问题，而研发投入究竟受哪些因素的影响是值得研究的一个管理问题，并且这些影响对这两类企业来说存在着什么差异也需要进一步探索。

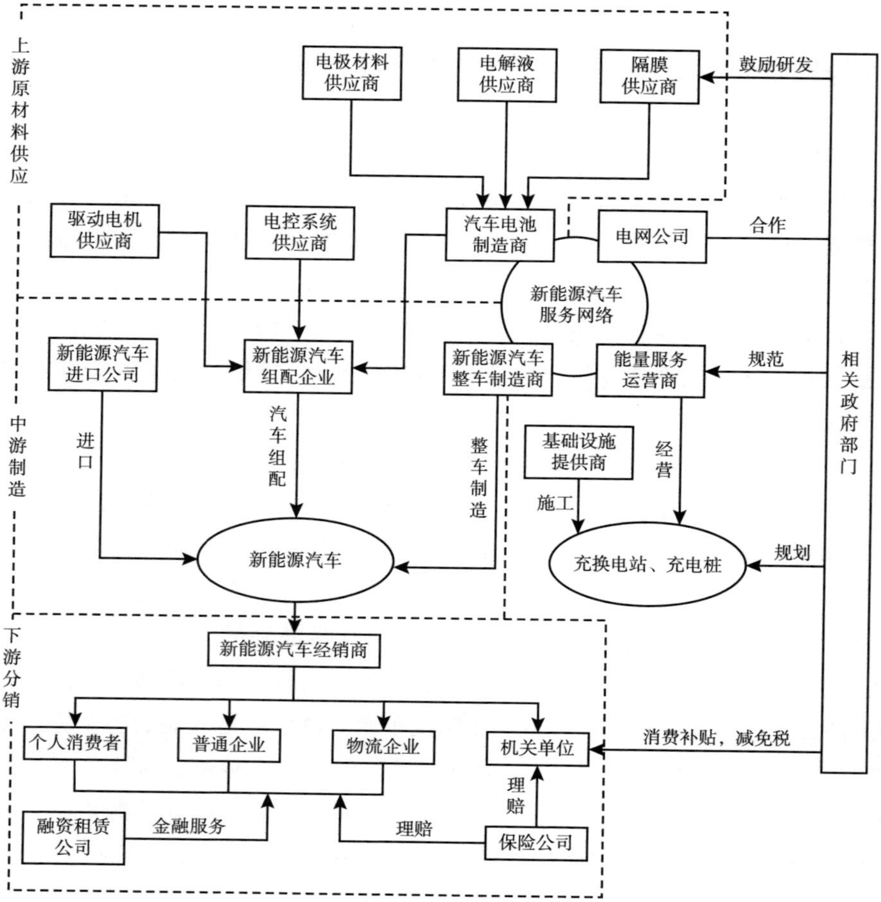

图 21.1　典型新能源汽车供应链网络

资料来源：根据网络资料整理得到。

第一节　政府政策对消费者购买意愿的影响

近年来，我国新能源汽车发展已进入完全市场化和高质量发展攻坚期，“市场+政策”双轮驱动已经成为推动新能源汽车可持续发展的关键（Huang and Ge，2019）。受新冠肺炎疫情影响，我国新能源汽车补贴政策实施期限延长至2022年底，并在此基础上进行平缓退坡，这意味着新能源汽车产业进入了“后补贴时代”。因此，政府需要重新调整相关激励政策，为新能源汽车的可持续发展保驾护航。特别地，在新能源汽车的发展中，纯电动汽车凭借安全性高、能耗低的优势，成为消费者的首选。据中国汽车工业协会统计显示，2019年我国纯电动汽车产量102万辆，同比增长3.4%；销量97.2万辆，在各类新能源汽车中位列第一，是未来新能源汽车主要的发展目标。鉴于此，本节以纯电动汽车这一特殊类型的新能源汽车为研究对象，分析政府激励政策对消费者购买纯电动汽车意愿的影响，进而为政府调整补贴政策提供依据，稳定纯电动汽车的价格、保障消费者的购车福利，确保“后补贴时代”纯电动汽车市场的可持续发展。当前关于消费者购车意愿的研究中，黄向前和葛建平（Huang and Ge，2019）、林伯强和吴微（Lin and Wu，2018）、韩柳等（Han et al.，2017）主要集中在车辆属性、环境属性、心理属性、政策属性等方面的综合性分析，但缺乏对各项政策作用机理的探讨以及对不同政策激励效果的深入对比分析。而纯电动汽车相关政策重点从生产者到消费者的转变，需要面向消费者针对政府激励政策的优化改进进行综合性分析（Xu and Su，2016）。在现有政府激励政策对纯电动汽车发展影响的研究中，张兴平等（Zhang et al.，2017）将我国纯电动汽车发展政策分为财政政策、基础设施建设和研发投资。王善勇等（Wang et al.，2017a）将政策措施分为金融激励、信息提供和便利政策措施，并对这些政策措施如何激励消费者购买电动汽车进行了研究。孙晓华和徐帅（2018）、李国栋等（2019）研究发现，政府推广政策完全退出很可能导致需求的大幅下降。以上研究表明，政府政策能够在一定程度上有效激励消费者的购买意愿，从而促进纯电动汽车的发展。但是，目前的激励措施并不能支持纯电动汽车的长足发展，特别是在“后补贴时代”，需要创新的激励方式来提高消费者的购买意愿。

综合以上分析，本节以消费者感知价值理论为基础，利用问卷调查与结构方程模型建模相结合的方式，探讨当前政府在纯电动汽车领域实施的主要激励政策，及其对纯电动汽车价格价值以及购车福利价值的影响，从而更好地了解消费者的真实心理状态，为“后补贴时代”政府对纯电动汽车相关政策的调整与完善方面提供理论借鉴。

一、理论基础与研究假设

消费者感知价值是指产品购买者基于自身利得和损失的感知，对产品效用做出的总体评价（Zeithaml，2018）。斯威尼和苏塔（Sweeney and Soutar，2001）基于总体价值角度对消费者感知价值进行分析，将感知价值划分为质量、价格、社会、情感四个方面的价值。冯建英等（2006）认为，购买者在做出购买决策时，将选择使自身获得最大感知价值的产品。张和曾（Chang and Tseng，2013）将感知价值划分为效用价值和享乐价值，并基于此分析了不同维度感知价值对消费者购买意愿的影响。吴锦峰等（2014）将感知价值划分为线上结果性、程序性和情感性价值，进一步分析了消费者对多渠道整合质量构成的评价如何通过线上消费者感知价值来影响其线上购买意愿。本节以纯电动汽车为研究对象，结合产品自身特点和消费者的购买意图，将感知价值定义为消费者感知购买电动汽车能够实现其目的和意图程度的总体评估，具体包括价格价值和福利价值。这里，价格价值指消费者对感知购买纯电动汽车能够达到的价格节约程度的总体评估，主要体现在消费者感知购买纯电动汽车物有所值，能够在购买过程中节约一定数量的资金投入。福利价值指消费者对感知购买纯电动汽车能够获得的便利程度的总体评估，主要体现在消费者能够在车辆使用过程中获得出行、充电等方面的便利。目前，政府采取的激励政策主要包括消费补贴、研发补贴、税收政策、基础设施建设，通过上述激励政策对消费者感知购车福利价值和价格价值进行调控，进而激励消费者对纯电动汽车的购买意愿。本节构建理论概念模型如图 21.2 所示。

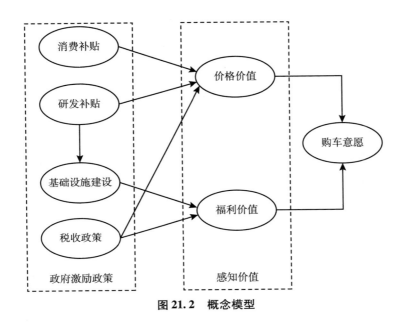

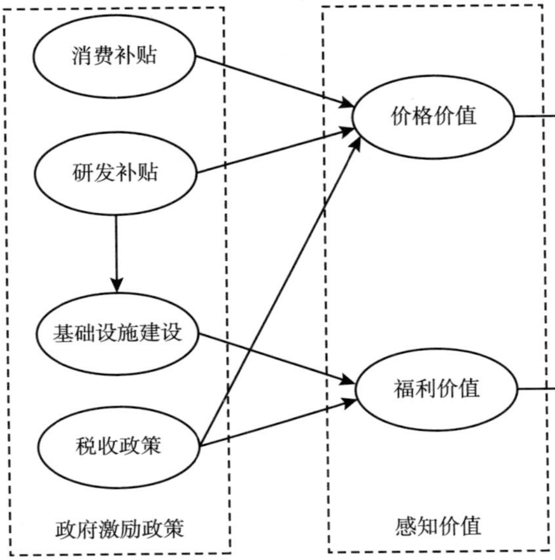

图 21.2　概念模型

（一）消费者感知价值与购车意愿

1. 纯电动汽车价格价值。

在特定的收入水平下，消费者的购买欲望和购买能力主要取决于产品的价格水平。价格价值作为产品最关键的外部线索之一受到了很多学者的关注。科斯坦蒂尼等（Costantini et al.，2015）认为，基于价格的需求拉动激励对新兴产业的发展具有明显的促进作用。李佳敏和张晓飞（2020）认为，理性消费者在购物时总是希望能够以最低的价格获得最好的产品及服务。通常情况下，价格高意味着消费者购买产品需要付出较多的货币，这将会导致消费者对于产品的感知价格价值下降，从而降低其购买意愿（冯建英等，2006）。而在电动汽车行业，影响消费者购车意愿的价格因素包括汽车整车价格和电池价格（Kim et al.，2018）。首先，纯电动汽车研发投入高等因素，使得整车价格居高不下，导致消费者对于购买电动汽车的感知价格价值下降。除了整车购置费用外，电池的更换费用也是消费者选择电动汽车必须要考虑的因素。当前，纯电动汽车的配套锂电池产能远不及需求，成本居高不下，这也降低了消费者感知价格价值。从政府的视角出发，一系列补贴政策的出台降低了电动汽车以及电池的销售价格，进而增加了消费者的价格价值，影响了其购买纯电动汽车的意愿。基于以上分析，本节提出如下假设：

假设 21. 1. 1a：消费者感知纯电动汽车的价格价值与其购车意愿正相关。

2. 福利价值。

福利是指政府为提高社会公民的物质以及精神生活水平而采取的各种措施，它与消费者的效用水平密切相关（安起光和孟庆春，2002）。消费者通过购买和使用纯电动汽车能够享受的福利包括：不受限牌政策约束、不受错峰限行政策影响、通过高速公路或桥梁时免收过路过桥费等。尾崎和谢瓦斯基季诺娃（Ozaki and Sevastyanova，2011）发现与交通政策相关的经济因素是影响消费者购买意愿的关键。王兆华等（Wang et al.，2013）认为对交通费用的减免能够增强消费者的购车意愿。由此可见，通过提高消费者感知购买产品获取的社会福利，能够有效提升消费者对此类产品的购买意愿。在纯电动汽车行业，消费者由于购买纯电动汽车而获得的出行、停车等方面的便利会增加消费者感知的福利价值，从而影响消费者购买纯电动汽车的意愿。因此，本节提出如下假设：

假设 21. 1. 1b：消费者感知纯电动汽车的福利价值与其购车意愿正相关。

（二）政府激励措施与感知价值

1. 消费补贴、研发补贴、税收政策与纯电动汽车价格价值。

当前，纯电动汽车在电池、电机、电控等关键技术方面还存在着较大的不足，企业解决技术难题需要承担较高的成本。高昂的研发成本导致纯电动汽车在与传统燃料汽车的竞争中存在明显的价格劣势。基于上述问题，政府对纯电动汽车高性能电池、高速发动机等核心组件研发进行了补贴，缓解了企业研发投入的资金压力。这有效加速了企业进行电池等关键零部件的研发进展，促进了纯电动汽车性能的提升和价格的降低，从而增加消费者所感知的价格价值。同时，政府还提供车辆购买和使用过程中的消费补贴，主要包括：按行车里程数对消费者进行补贴、对废旧电池回收进行补贴、对充电电费进行补贴。除补贴政策外，购买纯电动汽车还享受税收减免政策，具体包括免收购置税、增值税以及车船税。消费补贴和税收减免大大降低了纯电动汽车的购买与使用成本，从而增加了消费者的感知价格价值，提升了其购买纯电动汽车的意愿。

税收优惠和财政补贴是政府对纯电动汽车行业进行扶持的主要激励政策（Wang et al.，2013）。李磊（2018）将政府补贴分为研发补贴和消费补贴，并发现研发补贴会促进新能源汽车企业技术创新产出。张蕾和秦全德（Zhang and Qin，2018）指出应调整中央和地方政府的协调机制，将政策重点放在基础设施建设、研发、电池回收等方面。孙新宇（2014）认为政策调控作用在促进消费需求、提高消费水平等方面非常显著，合理的税收制度能增强居民的消费能力与意愿。由此可以看出，政府税收优惠和财政补贴政策在降低纯电动汽车价格，提升消费者感知价格价值等方面发挥着重要作用。因此，本节提出如下假设：

假设 21.1.2a：消费补贴通过提升消费者感知纯电动汽车价格价值进而对购车意愿产生正向影响。

假设 21.1.2b：研发补贴通过提升消费者感知纯电动汽车价格价值进而对购车意愿产生正向影响。

假设 21.1.2c：税收政策通过提升消费者感知纯电动汽车价格价值进而对购车意愿产生正向影响。

2. 充电基础设施建设、研发补贴、税收政策与纯电动汽车购车福利价值。

当前，加快进行充电基础设施的建设已经成为促进纯电动汽车行业发展的关键（Zhang and Qin，2018；王江波，2018）。目前，充电基础设施建设主要包括：在停车场、住宅区、城市周边干道、高速路沿线安装充电桩；建设大型充、换电站；开发充电设施位置查询 App 等。但还需要充分结合纯电动汽车的发展，合理规划充电设施的布局，实现充电设施的有效配置，加大充电设施使用率。

为推进充电基础设施建设，提高充电设施性能，国家和地方政府出台了《加快充电基础设施建设指导意见》《提升新能源汽车充电保障能力行动计划》等一系列研发促进政策，根据充电桩性能的不同为企业提供差异化的研发补贴（宋小凤，2020；前瞻产业研究院，2019）。这给充电设施企业带来了丰厚的可用资金，进而促进充电设施企业加大基础设施研发建设力度，实现行业良性发展。

纯电动汽车购买和使用过程中的税收减免政策能够有效降低车辆价格，提高消费者感知的价格价值和福利价值，从而扩大纯电动汽车消费需求。购买燃油汽车需要缴纳购置税、燃油税等多种税费，而纯电动汽车的减免政策使消费者获得了更大的购车福利价值，增加了消费者的感知利得。李文博等（Li et al.，2017）指出，在市场推广阶段，纯电动汽车的销售很大程度上依赖于政府的税收优惠，这些政策对消费者的购买意愿产生了积极影响。综合上述分析，本节提出以下假设：

假设 21. 1. 3a：充电基础设施建设通过提升消费者感知购车福利价值进而对购车意愿产生正向影响。

假设 21. 1. 3b：研发补贴通过促进充电基础设施建设进而对消费者感知购车福利价值产生正向影响。

假设 21. 1. 3c：税收政策通过提升消费者感知购车福利价值进而对购车意愿产生正向影响。

二、研究设计与假设检验

（一）量表设计

本节采用问卷法调查政府激励政策和消费者纯电动汽车购买意愿之间的关系，使用 SPSS 22. 0 和 AMOS 24 对调查问卷收集到的数据进行分析。在量表设计的部分，以概念模型为基础，参考经典量表并结合本研究重点关注的消费者纯电动汽车购车意愿的问题，进一步对问项进行讨论和修改，形成初始问卷。通过向具有购车需求的 MBA 学生发放初始问卷，对问卷表述的准确性进行检验，并依据获得的有效建议对问卷存在的问题做出修改，确定问卷最终的问项。调查问卷主要包括调查对象的基本信息和影响其购车意愿的主要因素两方面。选择李克特（Likert）七级量表作为评判标准，保证获取数据的精准度（Preston and Colman，2000）。最终量表的问项设计如表 21. 1 所示。

表 21.1　　测量项目

潜变量	观测变量编码	观测变量对应问项
福利价值	A1	购买纯电动汽车免摇号会促进我购买纯电动汽车
	A2	驾驶具有绿色牌照的汽车出行免限行会促进我购买纯电动汽车
	A3	驾驶纯电动汽车出行免过路过桥费会促进我购买纯电动汽车
基础设施建设	B1	在停车场、住宅区安装公共充电桩，会促进我购买纯电动汽车
	B2	查询充电桩位置 App 上线，会促进我购买纯电动汽车
	B3	大型换电站的建设，会促进我购买纯电动汽车
	B4	在城市周边干道、高速公路沿线建设充电桩、充电站，会促进我购买纯电动汽车
研发补贴	C1	驾驶体验、舒适度的提升会促进我购买纯电动汽车
	C2	充电速度的加快会促进我购买纯电动汽车
	C3	行驶里程的增加会促进我购买纯电动汽车
	C4	电池使用年限的增加会促进我购买纯电动汽车
消费补贴	D1	购车补贴会促进我购买纯电动汽车
	D2	充电补贴会促进我购买纯电动汽车
	D3	废旧电池付费回收会促进我购买纯电动汽车
政府税收	E1	免收购置税、增值税会促进我购买纯电动汽车
	E2	免收车船税会促进我购买纯电动汽车
	E3	燃料汽车缴纳燃油税、排放税会促进我购买纯电动汽车
价格价值	F1	购车价格的降低会促进我购买纯电动汽车
	F2	电池价格的降低会促进我购买纯电动汽车
购车意愿	G1	我打算在不久的将来购买纯电动汽车
	G2	我会考虑购买纯电动汽车
	G3	我愿意向周围人推荐购买纯电动汽车

（二）数据收集与描述性分析

样本问卷主要通过网络及线下两种方式进行收集，目标共收集线下问卷

200 份，线上问卷 200 份。线下问卷主要通过走访杭州汽车城及车展现场，对具有购车意向的人群进行问卷调查；线上问卷主要通过问卷星平台，对浙江省范围内的人群进行有偿问卷发放，以保证问卷的质量。经删除无效问卷，共获得有效问卷 332 份，问卷的回收率达到 83%，样本数量符合进行实证研究的要求。利用 SPSS 22.0 对获取的样本进行描述性统计，结果如表 21.2 所示。问卷主要调查对象为处于中等收入水平且工作稳定的群体，这类群体通常具有较大的购车需求。通过以上分析可知，本次问卷调查获得的数据具有较高的代表性。

表 21.2　　样本人口统计特征分布状况

统计信息	类别	样本数（份）	样本比例（%）
性别	男	176	53
	女	156	47
职业	企业员工	159	47.9
	政府、事业单位职工	50	15.1
	私营业主	66	19.9
	学生	31	9.3
	其他	26	7.8
工资水平	5000 元以下	61	18.4
	5001～10000 元	125	37.7
	10001～15000 元	73	22.0
	15001～20000 元	50	15.1
	20001～25000 元	23	6.9

（三）信度与效度检验

本节使用 SPSS 22.0 和 AMOS 24 对获取的有效数据进行信度和效度检验，具体如表 21.3 所示。通过 SPSS 22.0 计算可知，所有变量的 Cronbach'α 值均大于 0.7，量表拥有很好的内部一致性。为进一步确保量表的可用性，接下来通过 AMOS 24 展开验证性因子分析，各个观测变量的 CR 值均处于 0.751 ~ 0.851 之间，满足大于 0.7 的要求，量表拥有较高的信度。

表 21.3　　量表的信度与效度分析

潜变量	观测变量编码	标准化因子载荷	Cronbach'α 值	CR 值	AVE 值
福利价值	A1	0.582	0.793	0.756	0.511
	A2	0.809			
	A3	0.735			
基础设施建设	B1	0.763	0.881	0.826	0.543
	B2	0.712			
	B3	0.745			
	B4	0.726			
研发补贴	C1	0.728	0.885	0.844	0.574
	C2	0.780			
	C3	0.765			
	C4	0.758			
消费补贴	D1	0.776	0.878	0.803	0.577
	D2	0.802			
	D3	0.696			
政府税收	E1	0.840	0.896	0.851	0.656
	E2	0.805			
	E3	0.783			
价格价值	F1	0.825	0.775	0.753	0.605
	F2	0.727			

续表

潜变量	观测变量编码	标准化因子载荷	Cronbach'α 值	CR 值	AVE 值
购车意愿	G1	0.739	0.845	0.845	0.646
	G2	0.871			
	G3	0.796			

通过表21.3可以看出，每个变量的标准化因子载荷都大于0.5，全部潜变量的AVE值均高于0.5，量表聚敛效度较好。通过表21.4可以看出，对角线上为每一个潜变量AVE值的平方根均大于各潜变量的相关系数，量表具有较好的区分效度。通过上述分析可知，本问卷具有较好的信度和效度。

表21.4　　量表区分效度检验结果

潜变量	福利价值	基础设施建设	研发补贴	消费补贴	政府税收	价格价值	购车意愿
福利价值	0.778						
基础设施建设	0.514	0.760					
研发补贴	0.460	0.649	0.804				
消费补贴	0.507	0.548	0.660	0.715			
政府税收	0.500	0.589	0.516	0.556	0.810		
价格价值	0.456	0.520	0.642	0.631	0.471	0.737	
购车意愿	0.480	0.395	0.373	0.369	0.302	0.441	0.758

三、结构方程模型与假设检验

（一）模型拟合度分析

本节利用AMOS 24构建初始结构方程模型，分析各个潜变量之间的相互作用。使用极大似然估计法对模型的拟合度和路径的显著性做出检验，通过对最初模型的修正，形成最终的结构方程模型运行情况如图21.3所示。

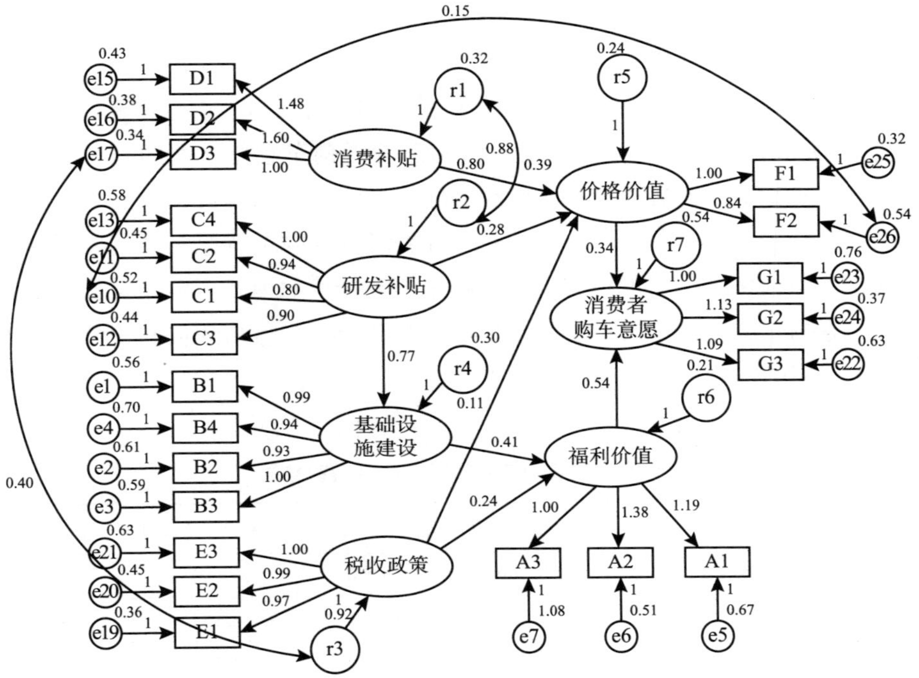

图 21.3　最终模型的运行情况

参考杰克逊等（Jackson et al.，2009）的研究，本节选取 CMIN/DF、GFI、AGFI、IFI、CFI、RMSEA 作为结构方程模型拟合指标，模型的拟合指数估计值如表 21.5 所示。通过对比各项指标的判断标准，发现最终结构方程模型各项指标的拟合指数均处于可接受范围内，说明模型与数据间的拟合度良好，能够用于进行假设检验。

表 21.5　　　　　　　　　　结构方程模型拟合指数

指标	CMIN/DF	GFI	AGFI	IFI	CFI	RMSEA
判断标准	<3	>0.8	>0.8	>0.9	>0.9	<0.1
估计值	2.921	0.876	0.842	0.901	0.901	0.076

（二）直接效应路径检验

利用 AMOS 24 对模型的标准化路径系数和显著性水平进行分析，结果如表 21.6 所示。由该表可知，价格价值和消费者购车意愿之间的路径系数为 0.335，$p<0.05$，表明消费者感知价格价值对消费者购车意愿具有显著正向影响，假设 21.1.1a 成立。购车福利价值和消费者购车意愿之间的路径系数为 0.539，$p<0.05$，表明消费者感知购车福利价值对消费者购车意愿具有显著正向影响，假设 21.1.1b 成立。此外，消费者购车感知的福利价值对消费者购车意愿的影响程度大于价格价值。

表 21.6　结构方程模型各直接效应路径检验结果

标准化路径	实际估计值	近似标准误差	临界比率	p 值
基础设施建设←研发补贴	0.769	0.070	10.995	***
价格价值←消费补贴	0.883	0.177	4.984	***
价格价值←研发补贴	0.278	0.099	2.798	0.005
价格价值←税收政策	0.106	0.044	2.398	0.016
福利价值←基础设施建设	0.411	0.063	6.551	***
福利价值←税收政策	0.236	0.048	4.938	***
购车意愿←价格价值	0.335	0.071	4.724	***
购车意愿←福利价值	0.539	0.106	5.100	***

注：*** $p<0.001$。

消费补贴和价格价值之间的标准化路径系数为 0.883，研发补贴和价格价值之间的路径系数为 0.278，p 值均小于 0.05，税收政策和价格价值之间的路径系数为 0.106，p 值为 0.016，表明消费补贴和研发补贴对消费者感知纯电动汽车的价格价值具有显著正向影响，而税收政策并不会对其产生显著影响。特别地，消费补贴对于感知价格价值的影响高于研发补贴。研发补贴和基础设施建设之间的路径系数为 0.769，p 值均小于 0.05，表明研发补贴对充电基础设施建设具有显著正向影响。基础设施建设和购车福利价值之间的路径系数为0.411，税收政策和购车福利价值之间的路径系数为0.236，p值均小于0.05，表明基础设施建设和税收政策对消费者感知购车后获得的福利价值都具有显著正向影响。

（三）中介效应路径检验

除上述直接效应外，价格价值可能会在消费补贴、研发补贴、税收政策和购车意愿之间起到中介作用；购车福利价值可能会在基础设施建设、税收政策和购车意愿之间起到中介作用；而基础设施建设可能在研发补贴和社会福利之间起到中介作用；另外，研发补贴和购车意愿之间可能还存在着基础设施建设和社会福利价值双重中介作用。本节进一步利用 Bootstrap 分析法对存在的中介作用进行检验，在95%置信度下 Bootstrap（自抽样2000次）进行运算，数据迭代10次后收敛，得到检验结果如表21.7所示。

表21.7　Bootstrap 中介效应检验结果

路径	标准化路径系数	95%置信区间	p值
购买意愿←价格价值←消费补贴	0.296	（0.110，0.602）	0.002
购买意愿←福利价值←基础设施建设	0.222	（0.117，0.384）	0.000
购买意愿←税收政策	0.163	（0.081，0.288）	0.000
购买意愿←研发补贴	0.264	（0.154，0.386）	0.001

通过表21.7可知，当价格价值作为购车意愿和消费补贴之间的中介时，间接效应的置信区间为（0.110，0.602），不包含0值，$p<0.05$，间接效应显著，说明消费补贴通过影响消费者感知价格价值来提升购车意愿，假设21.1.2a成立。当福利价值作为购车意愿和基础设施建设之间的中介时，间接效应的置信区间为（0.117，0.384），不包含0值，p值为0.00，间接效应显著，基础设施建设通过影响消费者感知购车福利价值进而对购车意愿产生积极影响，假设21.1.3a成立。税收政策、研发补贴与购买意愿之间中介效应显著，但中介变量均存在多个，接下来对此进一步分析。

研发补贴和购车意愿之间可能存在三种不同的中介效应，即以价格价值作为中介变量，以基础设施建设作为中介变量和同时以基础设施建设和福利价值作为双重中介变量三种情况，本节参考对中介变量检验方法的研究，利用 SPSS 22.0 以偏差校正的非参数百分位 Bootstrap 法对上述三种可能存在的中介效应进行检验，结果如表 21.8 所示。"购买意愿←价格价值←研发补贴"之间的中介路径显著（0.1612，0.4215），说明研发补贴通过影响价格价值进而对购车意愿产生积极影响，假设 21.1.2b 成立。"购车意愿←基础设施建设←研发补贴"之间中介路径不显著（-0.0084，0.2414）。"购车意愿←福利价值←基础设施建设←研发补贴"之间的中介路径显著（0.0534，0.1838），说明研发补贴通过影响基础设施建设和消费者感知福利价值进而对购车意愿产生积极影响，假设 21.1.3b 成立。

表 21.8　　研发补贴和购车意愿间的中介效应检验结果

路径	Bootstrap				间接效应显著性
	Effect	SE	LLCI	UPCI	
购车意愿←价格价值←研发补贴	0.2829	0.0662	0.1612	0.4215	显著
购车意愿←基础设施建设←研发补贴	0.1107	0.0635	-0.0084	0.2414	不显著
购车意愿←福利价值←基础设施建设←研发补贴	0.1049	0.0328	0.0534	0.1838	显著

注：样本量 2000，置信度 95%。

税收政策对购车意愿的影响存在两条路径，为研究两条路径对购车意愿影响的差异，同样选择 SPSS 22.0 以偏差校正的非参数百分位 Bootstrap 法对税收政策对购车意愿影响的两条路径进行检验，结果如表 21.9 所示。"购车意愿←价格价值←税收政策"之间的中介路径显著（0.0855，0.2188），说明税收政策通过影响消费者感知纯电动汽车的价格价值进而对购车意愿产生积极影响，假设 21.1.2c 成立。"购车意愿←福利价值←税收政策"之间中介路径显著（0.1245，0.2797），说明税收政策通过影响消费者感知购车福利价值进对购车意愿产生积极影响，假设 21.1.3c 成立。

表 21.9　　税收政策和购车意愿间的中介效应检验结果

路径	Bootstrap				间接效应显著性
	Effect	SE	LLCI	UPCI	
购车意愿←价格价值←税收政策	0.1455	0.0339	0.0855	0.2188	显著
购车意愿←福利价值←税收政策	0.1945	0.0397	0.1245	0.2797	显著

注：样本量 2000，置信度 95%。

四、结论与政策建议

（一）研究结论

1. 消费者感知购买纯电动汽车的价格价值和福利价值对其购车意愿具有显著影响，且价格价值对于消费者购车意愿的影响明显低于福利价值。目前，国内一二线城市为减缓交通压力而实施的汽车上牌摇号以及限行等政策大大影响了消费者的购车意愿和出行行为，而纯电动汽车的相关福利政策消除了消费者这方面的顾虑，增加了购买纯电动汽车所感知的福利价值，从而增强了其购车意愿。另外，基础设施建设的不断完善降低了纯电动汽车的充电难度，减轻了购买纯电动汽车可能带来的出行不便。此外，购买纯电动汽车的税收优惠也增加了消费者感知的福利价值。

2. 政府激励政策对消费者感知购买纯电动汽车的价格价值和福利价值具有显著影响。消费补贴、研发补贴降低了纯电动汽车的价格水平，进而增加了消费者感知的价格价值。同时，消费补贴带来的影响高于研发补贴，这是由于消费补贴能够直接降低消费者购买纯电动汽车的费用，而研发补贴需要通过激励企业增加研发投入来实现纯电动汽车性价比的提升，这需要较长的发展周期。此外，对于充电基础设施的研发有利于缩短充电时间，延长充电桩使用寿命，而充电设施的合理规划布局将提升充电桩的使用效率。因此，对充电基础设施的研发补贴将有利于基础设施的完善，为消费者出行提供便利条件。总体而言，充电基础设施建设和税收政策可以提高消费者对于自身获取福利的认知。研究还表明，税收政策不会显著影响购买纯电动汽车获得的价格价值，但会对购车福利造成显著影响，而充电基础设施建设对福利价值的影响大于税收政策的影响。这说明充电设施的完善程度对于消费者是否选择纯电动汽车而言尤为重要。但大部分消费者缺乏足够的税收意识，对税收政策带来的优惠也缺乏足够的了解。

3. 政府激励政策通过影响纯电动汽车的价格价值和福利价值进而对消费者购车意愿产生显著影响。通过中介效应分析可知，消费补贴通过增强感知价格价值进而显著提升消费者的购车意愿，基础设施建设通过增强感知福利价值进而显著提升消费者的购车意愿。研发补贴不仅影响消费者感知价格价值，还会通过影响基础设施建设进而提升消费者的购车意愿，但其对消费者感知价格价值的影响相对较大。税收政策可以通过影响消费者感知价格价值和福利价值提升消费者购车意愿，且对福利价值的影响相对较大。通过上述对消费者购买纯电动汽车意愿的影响因素分析可知，政府消费补贴的激励作用最强，其次分别为研发补贴、基础设施建设、税收政策。

（二）政策建议

基于以上分析，本节认为虽然购车补贴仍是对消费者购车意愿影响最大的激励政策，但是由于补贴政策的退坡，需要结合消费者的关注重点，对其他激励政策进行优化调整，从而降低购车补贴完全退坡后对纯电动汽车消费需求带来的冲击。本节基于上述研究结论，提出以下政策建议。

1. 提高消费者获得的购车福利水平，实施“政府主导、企业参与”的充、换电基础设施建设战略，不断促进投资结构优化，加大政府以及纯电动汽车供应链相关企业的研发投入。开发覆盖范围较广的充、换电设施查询App，提高充电基础设施使用效率，打造充电迅速、设施布局完善的充、换电网络。在大中型城市实施纯电动汽车购车免摇号，出行免限号、限行政策的同时，规划一批建有公共充电桩的免费停车位。另外，通过设置纯电动汽车专用车道等新型激励措施，为居民的出行提供便利，从而增加消费者购买纯电动汽车获得的购车福利。

2. 加大对企业的研发补贴力度，鼓励高性能充电设施和纯电动汽车的研发。把纯电动汽车核心零部件、电池、发动机等研发制造企业纳入财政补贴范围，设置车辆续航能力、动力电池能量密度等车辆、电池性能标准，对于生产不符合相关标准的企业取消补贴。鼓励新型充电设施的研发，如研发充电车道，使纯电动汽车实现边行驶、边充电，从而节约汽车充电时间并增加车辆行驶里程。上述方案在提升车辆性能和充电便利的同时能够降低使用成本，进而提高消费者的购车意愿。

3. 通过政府宣传等手段向消费者普及税收政策的重要性，增强消费者对税收政策的了解。同时，不断提升对燃油汽车的税收要求，根据使用年限、尾气排放量等指标增加燃油税、排放税的收取额度，并增收环保税等税种，从而提高消费者对纯电动汽车的购买意愿。

第二节　新能源汽车企业研发资金投入：财务冗余与政府补贴的不同调节作用

当前，新能源汽车成为世界各国汽车产业发展的重要方向（Wang et al.，2017b）。2010 年 10 月，新能源汽车产业被我国确定为国家战略性新兴产业。[①] 在《节能与新能源汽车产业发展规划（2012—2020 年）》中，除将整车与核心零部件（例如电池、电机、电控）企业列为关键创新主体外，还进一步强调了应对具有高度互补性的充电基础设施进行技术研发与建设。[②] 在 2016 年 12 月发布的《“十三五”国家战略性新兴产业发展规划》中，再次重申了新能源汽车产业所处的战略地位，要求加快新能源汽车企业整体技术水平提升速度，形成具有竞争优势的新能源汽车整车与核心零部件企业；加快构建规范便捷的基础设施体系，加快推动高性能充、换电技术及其配套设备的研发。然而，我国新能源汽车产业的整体市场环境十分复杂，整车制造成本较高、产品性能有待提升、充电设施技术仍需优化（Van der Kam et al.，2019；Li et al.，2018）。因此，如何打造核心竞争优势，推动我国新能源汽车产业实现更快更好的发展备受关注。

新能源汽车企业形成竞争优势的关键在于技术创新，而创新活动离不开

① 国务院关于加快培育和发展战略性新兴产业的决定［EB/OL］. 中央政府门户网站，http：//www. gov. cn/zwgk/2010 - 10/18/content_1724848. htm，2010 - 10 - 18.

② 国务院关于印发节能与新能源汽车产业发展规划（2012 — 2020 年）的通知［EB/OL］. 中央政府门户网站，http：//www. gov. cn/zwgk/2012 - 07/09/content_2179032. htm，2012 - 07 - 09.

企业对于研发人员和研发资金的投入。以往有关企业研发管理的研究，主要关注政府政策（路春城和吕慧，2019；佟爱琴和陈蔚，2016）、资金冗余（陈晓红等，2012）等因素对研发资金投入造成的影响，但对研发人员这一关键因素的研究相对较少。研发人员是掌握企业特有技术且具有较强组织黏性的专业化人力资源，对于企业竞争优势的形成起到关键作用（Gambardella et al.，2015；Kryscynski et al.，2021）。企业培养研发人员需要较长时间，且难以快速从市场上获得补充。研发人员冗余是指企业研发人员占比就行业平均水准而言的相对水平，高研发人员冗余意味着企业拥有相对较高的研发人员储备（Shahzad et al.，2016）。作为一种非流动性资源，研发人员对企业具有较大的黏性，能够使企业控制更多难以复制的关键技术并形成知识优势（Lecuona and Reitzig，2014）。基于行为理论的相关研究认为，研发人员冗余能够提高企业对研发过程中风险的应对能力，保障企业研发活动的顺利开展。同时，研发人员冗余还能够为新产品和新市场的开发提供技术保障，促进企业实现产品优化（Shahzad et al.，2016；Lecuona and Reitzig，2014）。研发人员冗余有利于企业形成并保持竞争优势，并抓住新的市场机会，故部分企业会倾向于储备较多的研发人员。尽管研发人员冗余有利于企业形成竞争优势，但也会带来一定程度的负面影响。基于代理理论的相关研究认为，研发人员冗余会导致研发人员的可替代性增强，使得研发人员难以利用研发能力来争取薪酬增长、岗位提升以及企业对研发活动的支持等（Zhang et al.，2020；Wang et al.，2016）。另外，由于研发工作的产出在短期内很难衡量，当公司财务前景不乐观时，研发人员冗余会加大企业资金压力，导致企业更有可能削减用于研发的资源投入（Wang et al.，2016；Morris et al.，2017）。可以看到，研发人员冗余消极效应的产生与企业研发资金投入不足密切相关，这最终会导致研发人员工作动力的下降。基于行为理论和代理理论，综合分析研发人员冗余带来的正反两方面效果，企业需要加大研发资金投入来激发研发人员工作动力，并为研发活动的开展提供资金保障，从而消除代理问题所产生的不良影响。基于以上分析，本节拟从促进研发人员冗余的正面效应、抑制和消除其负面效应这一角度出发，对研发人员冗余和研发资金投入这两种新能源汽车企业技术创新关键因素之间的关联性进行研究。

新能源汽车产业生态系统主要包括两类企业：第一类是处于新能源汽车供应链重要位置的整车制造商和核心零部件供应商，这些企业通过供应链为消费者提供最终产品即新能源汽车；第二类是充电设施企业，这些企业属于新能源汽车供应链的外围成员，作为配套企业为新能源汽车消费者提供配套的充电服务。这两类企业共同构成了新能源汽车的产业生态系统（Adner and Kapoor，2010）。因此，基于生态系统理论（Adner and Kapoor，2010；Jacobides et al.，2018），本节将新能源汽车企业划分为核心企业（包括整车企业及核心零部件企业）和配套企业（即充电设施企业）。上述两类新能源汽车企业的研发活动在战略地位、研发风险、研发周期等方面存在较大区别。核心企业属于技术密集型企业，为实现企业核心技术突破，解决新能源汽车核心领域技术难点、技术瓶颈，必须进行核心技术的创新，所以研发在企业发展战略中占有核心地位。同时，核心技术创新面临着较大的风险，研发周期较长，需要较大的资金投入（毕晓方等，2017）。配套企业主要进行充电基础设施的开发及运营，属于资源密集型企业。对于此类企业，充电设施的布局与建设是抢占市场先机、获得市场份额的关键，处于企业发展战略核心地位。因此，配套企业往往会在充电设施建设和运营上投入更多资金（Wang et al.，2017b）。在技术研发方面，配套企业主要是在现有技术基础上进行优化升级，创新产出更具确定性，研发风险相对较低，能够更快地获得研发成果（毕晓方等，2017）。表 21.10 简要总结了上述两类企业在研发活动方面的差异。

表 21.10　　两类新能源汽车企业的研发活动

项目	核心企业	配套企业
研发投入优先级	高	低
研发周期	长	短
研发风险	高	低

对核心企业与配套企业来说，尽管研发活动存在着差异性，但从每一类企业的视角来看，其从事的研发活动都面临着较大的不确定性并需要相对较

大的资金投入。研发动机的差异可能会对核心企业与配套企业研发人员冗余和研发资金投入的关系造成不同影响。同时，从自身可用资金的视角来看，企业财务冗余和政府补贴作为分别来自企业内部和外部的可支配财务资源，不仅对解决企业研发资金投入时面临的财务资源限制困境发挥着巨大作用，还会对企业研发活动的动机造成影响。这两类财务资源对不同类型企业开展研发活动的影响有何异同？导致差异的原因何在？当前还未有文献对此进行深入探讨。

为了回答上述研究问题，本节以2014～2018年沪深两市A股新能源汽车核心企业及配套企业数据为基础，分别研究两类企业中研发人员冗余和研发资金投入的关系，以及财务冗余和政府补贴对其发挥的调节作用。结果发现，对于新能源汽车核心企业和配套企业而言，研发人员冗余均显著促进了企业研发资金投入；财务冗余会削弱配套企业研发人员冗余对研发资金投入的促进作用，但其对核心企业并无显著影响；政府补贴能够强化核心企业研发人员冗余对研发资金投入的促进作用，但对于配套企业并无显著影响。

本节的贡献主要体现在以下几方面：①丰富了组织冗余理论的相关研究，通过中国上市新能源汽车企业二手数据回归分析，证实了研发人员冗余对企业研发资金投入的促进作用以及财务冗余的调节作用，为组织冗余的相关研究提供了新的思路。②将政府补贴和财务冗余作为调节变量，发现尽管两者都是企业财务资源，但是对研发资金投入的影响机制存在差异，加深了对政府补贴影响机制的认识。③基于生态系统理论区分核心企业和配套企业，发现两者研发战略的差异造成了财务冗余和政府补贴在不同类型企业间作用效果的显著区别，丰富了企业研发管理的相关研究。

一、文献回顾与研究假设

（一）组织冗余理论

组织冗余被定义为超出一定时间段内实现计划产出所需最低限度资源的额外资源存积（Voss et al.，2008）。基于不同视角，组织冗余有利有弊。一方面，它能够为企业带来可灵活支配的资源，为企业内部战略调整和面临外部威胁冲击时提供资源缓冲，提升企业对于风险的应对能力。同时，组织冗余还能够提升企业对新战略目标追求的动力，是企业竞争优势形成的必要条件（Shahzad et al.，2016；Carnes et al.，2018）。另一方面，组织冗余可能会造成工作效率低下，降低企业竞争优势的可持续性（Iyer and Miller，2008）。

组织冗余可分为人力资源冗余和财务冗余（Lecuona and Reitzig，2014；Wang et al.，2016）。人力资源和财务资源在组织黏性上存在较大的差异，这两类资源冗余对于企业的作用各不相同。由于员工的知识和技能一般被应用于特定的工作和组织环境当中，人力资源往往具有较高的组织黏性，能够为企业带来短期内难以复制的专业技能，并在短时间内难以从外界获得补充（Vanacker et al.，2017）。在之前有关人力资源冗余的研究中，通常将其视为一个整体性概念，但实际上人力资源冗余包括了蓝领人员冗余、管理人员冗余和研发人员冗余（Zhang et al.，2020）。其中，研发人员作为企业人力资源的关键部分，对企业创新活动有着重要影响。近年来，研发人员冗余问题开始受到学者们的关注。莱库奥纳和雷兹格（Lecuona and Reitzig，2014）发现，拥有隐性知识和特定技术的研发人员冗余能够为企业突发性技术需要提供资源保障，这些冗余人员自身的价值可能会随企业竞争压力的增加而提升。此外，研发人员冗余能够帮助企业控制更多难以复制的技术资源，从而保证企业突发性技术需求得以满足，并在与其他企业的外部竞争中保持优势（Zhang et al.，2020）。但是，王鹤丽等（Wang et al.，2016）研究发现，当研发人员冗余程度较高时，会导致研发人员面临的企业机会主义行为风险和财务风险增加，从而造成这类员工工作动机下降。上述研究表明：研发人员冗余一方面能够为企业带来技术优势，为企业突发性技术需求提供保障；另一方面，也将加大研发人员面临的风险，削弱研发人员进行技术创新的动机。因此，研发人员冗余对企业造成的影响既有积极的一面，又存在着消极的一面。当前文献中，较少研究同时关注研发人员冗余可能产生的上述两种不同类型的效应，以及研发人员冗余对研发资金投入的综合影响。

财务冗余是指企业未充分利用和未使用的资金，这些资金具有较高的灵活性，很容易重新部署以协助运营和实现组织目标（Carnes et al.，2018；

Kim et al.，2008）。部分研究从降低企业内部资金竞争压力，增强企业风险抵抗能力的视角研究了财务冗余作为调节变量所发挥的作用。例如，财务冗余能够放大正向绩效反馈对企业创新行为的激励信号，同时还能够降低企业内部的资金竞争压力，对绩效反馈和企业创新行为的关系起到积极的调节作用（Lu and Wong，2019）。此外，在家族企业国际化过程中，财务冗余能够通过提供财务支持，激励企业对外扩张（Xu and Hitt，2018）。伦贾努等（Lungeanu et al.，2016）对创新绩效和技术采购方式间的关系进行了研究，发现财务冗余能够增强企业风险偏好程度，促进企业通过增加技术采购的数量和种类来应对创新绩效差的问题。由于只有当企业拥有可灵活支配的资金时，才能够保障企业有足够的资金和动力进行研发资金投入，故本节将财务冗余这一企业内部可自由支配的资金作为调节变量，研究其对采用不同研发战略企业的研发人员冗余和研发资金投入关系的影响。

除来自企业内部的财务冗余可能影响研发人员冗余和研发资金投入的关系外，政府补贴作为来自企业外部的资金补充，也可能对以上关系产生影响。张秀峰等（2019）在对融资约束和产学研合作创新绩效的研究中，将政府补贴作为调节变量。研究发现，政府补贴的高低在一定程度上反映了企业技术创新水平的高低，较高的政府补贴能够帮助企业吸引外部机构的合作，从而提升创新绩效。郭峰等（Guo et al.，2020）将政府补贴作为调节变量，认为政府补贴能够通过向外界传递积极信号为企业提供获取更多资源的机会，从而对企业财务冗余与其财务绩效的关系产生正向影响。本节同样将政府补贴作为调节变量，探索其对研发人员冗余和研发资金投入关系的调节作用。

（二）研发人员冗余和研发资金投入

当前新能源汽车产业技术发展尚未成熟，能够为企业带来知识资源并提高企业创新能力的研发人员对企业发展至关重要。由于满足企业需求的研发人员需要一定的培养时间且行业内优质研发人员较为稀缺，一旦出现不足难以在短时间内快速补充，企业为确保研发的可持续性通常会进行一定的研发人员储备，从而导致研发人员冗余。综合目前的研究成果，我们认为研发人员冗余对企业技术创新具有以下正反两方面的影响：

首先，研发人员冗余能促进企业形成竞争优势，增强企业的研发动力。由于企业对掌握特有技术的研发人员进行培养需要较长时间，难以快速从市场上获得补充，故研发人员在企业间不易流动并难以复制，是促使企业形成特有竞争优势的重要因素（Lecuona and Reitzig，2014；Zhang et al.，2020）。研发人员冗余能够使企业拥有充足的知识储备和技术资源，增强企业对其他研发资源的转化能力，帮助企业更好地理解新技术、新市场，提高企业对研发和市场风险的抵抗能力。同时，研发人员冗余能够丰富企业知识库，为企业带来更多的创新思维，有助于企业发现更多前景良好的创新机会（Carnes et al.，2018；Garcia - Martinez et al.，2017）。这为研发资金效能的充分发挥提供了保障，使企业决策者对自身创新能力形成积极评价，从而增强其进行研发资金投入的动机，进一步加大研发资金投入（Shahzad et al.，2016；Carnes et al.，2018）。

其次，研发人员冗余可能会削弱研发人员的工作动机，从而对企业研发产出造成负面影响。企业需要通过激发研发人员的工作动机来促进企业和研发人员之间的利益协同，从而提升研发人员的创新动力（Gambardella et al.，2015）。对于研发人员而言，工作动机主要受到两个方面风险的影响，分别是企业事后机会主义行为风险和财务风险（Wang et al.，2016）。一方面，由于研发人员掌握的技术往往和企业目前正在追求的技术方向具有一致性，对于企业具有较大的黏性，故其在当前工作环境中能够发挥出比在其他工作环境中更高的价值。因此，企业中可能存在的调岗、裁员、晋升限制等事后机会主义行为会导致研发人员面临较大的道德风险。另一方面，由于研发工作的产出在短期内很难进行衡量，当一家公司的财务前景不乐观时，研发人员将会担心企业削减研发资金投入，背弃之前承诺的回报，从而导致其面临较大的财务风险。而这两种风险的产生都和企业研发资金投入的不足密切相关（Morris et al.，2017）。研发人员冗余加剧了研发人员面临的由于企业机会主义行为造成的道德风险，以及财务风险。当企业研发人员冗余时，由于可替代性增强，研发人员辞职对企业的威胁将会降低，其难以利用研发能力来争取更高的薪酬、工作保障，以及企业对研发活动的支持等（Wang et al.，2016）。因此，出现研发人员冗余时，面临更大不确定性风险的研发人员的工作动机将会被削弱，需要管理者提供更多的激励（He et al.，2014）。研发人员冗余造成的风险增加将会导致技术创新的动力下降，阻碍其创新潜能的发挥。为保证竞争优势的可持续性，企业将期望通过有效的激励方式来增强研发人员的工作动力。

由于研发人员面临的两种主要威胁均和研发资金投入不足密切相关（Wang et al.，2016）。企业通过增加研发资金投入能够传递其对于研发活动支持的信号，并减轻研发人员对于薪酬和工作保障的担忧。另一方面，加大研发资金投入能够使员工获得更大的研发工作支持，从内在动机和外在动机两方面对研发人员的工作动力产生正向的影响。综上，当企业存在研发人员冗余时，企业为了获取可持续竞争优势，消除研发人员冗余的负面影响，将会在资金允许的情况下通过加大研发资金投入来激励研发人员。

基于以上分析，可以合理推断，研发人员冗余对企业研发资金投入具有重要影响。当企业研发人员冗余较多时，将会倾向于增加研发资金投入。因此，本节提出以下假设：

假设 21.2.1a：新能源汽车核心企业的研发人员冗余能够促进企业增加研发资金投入。

假设 21.2.1b：新能源汽车配套企业的研发人员冗余能够促进企业增加研发资金投入。

（三）财务冗余的调节作用

由于新能源汽车企业的发展面临较强不确定性，企业通过外部融资来获得资金支持面临较大的困难，因此企业各项战略活动的实施更多地会依赖于自身可用资金的支持（Czarnitzki and Hottenrott，2011）。财务冗余作为企业拥有的超过当前生产经营所需的财务资源，能够被企业灵活支配和使用（Wood et al.，2017）。

通过表 21.10 的总结能够看到，核心企业和配套企业在研发战略、研发周期以及所面临的研发风险等方面存在较大差异。新能源汽车核心企业属于技术密集型企业，企业间面临着激烈的技术竞争。企业为改进产品技术缺陷、降低整车成本，从而获得核心竞争力，需要不断进行探索式创新，故研发战略在企业战略中占有核心地位。然而，核心企业所面临的产品研发周期相对较长，且技术难度更高。例如，比亚迪汽车对绝缘栅双极型晶体管（IGBT）

核心芯片的研发就是一个典型案例。从结果来看，IGBT4.0 的成功研发使比亚迪全新一代新能源汽车“唐”的百公里电耗降低约 3%，显著提升了车辆性能，成为车规级 IGBT 的标杆。但 IGBT 从研发到应用的过程十分漫长，经过了数十年的努力：比亚迪在 2005 年组建 IGBT 研发团队；2009 年实现 IGBT 芯片技术的突破；到 2018 年车规级产品 IGBT4.0 才研发成功。[①] 在这样的背景下，新能源汽车核心企业需要充分利用其研发资源，寻求企业研发产出的最大化。财务冗余能够增强核心企业对于研发风险的抵抗能力，进一步增强企业通过自主研发获得核心竞争力的动机。同时，可自由支配的财务冗余为加大研发资金投入提供了资金保障，促使企业通过增加研发资金投入为研发人员提供充足的可用资源（设备、平台等），从而激发研发人员的工作动力，实现研发产出的最大化（Xiao et al.，2018）。

与之相对，对于配套企业而言，研发活动多为在现有技术基础上的开发式创新，产品研发周期相对较短，技术难度相对较低。以特锐德为例，企业致力于产品研发和迭代升级，优化研发费用、缩短研发周期。2018 年特锐德的重大新品开发和核心技术研究科研立项十余项，当年市场成果转化率达到 91%。[②] 相比产品研发，充电桩投建、运营效率改善以及市场占有率提升是配套企业关注的重点，在这方面对资金的需求更高且处于更重要的战略地位。以奥特迅为例，在企业 2020 年拟定的定增方案中，2.53 亿元资金投入到深圳市电动汽车集中式充电设施建设运营项目，1.37 亿元投向纯电动汽车充电设施研发及扩产项目，设施建设和运营的投入费用远高于研发费用。[③] 因此，当配套企业财务冗余较多时，可能导致企业管理者对企业未来发展过于乐观，因而忽视研发资金投入。此时，企业可能会将更多的资金投入到设备采购和运营管理中以提高市场占有率，而通过加大研发资金投入来激发研发人员工作动力的动机减弱。此外，当配套企业拥有较多的冗余资金时，会倾向于选择购买成熟的技术而非自主研发，以降低风险（章元等，2018）。这也将进一步导致提升研发人员工作动力的需求降低，从而对研发人员冗余与研发资

① 比亚迪汽车官网。

② 青岛特锐德电气股份有限公司年报。

③ 奥特迅：最纯正的充电桩设备制造商，侧重于硬件制造和技术积累［EB/OL］. http：//guba.eastmoney.com/news，002227，901347625.html，2020－02－05.

金投入的关系产生负面影响。因此，对于配套企业，财务冗余可能会削弱研发人员冗余对研发资金投入的促进作用。

基于以上分析，本节针对两类新能源汽车企业财务冗余的调节作用分别提出如下假设：

假设 21. 2. 2a：新能源汽车核心企业财务冗余强化研发人员冗余对研发资金投入的影响。

假设 21. 2. 2b：新能源汽车配套企业财务冗余削弱研发人员冗余对研发资金投入的影响。

（四）政府补贴的调节作用

在《“十三五”国家战略性新兴产业发展规划》《电动汽车充电基础设施发展指南（2015—2020 年）》《中国制造 2025》《新能源汽车产业发展规划（2021—2035 年）》中，都要求推进新能源汽车整车及零部件关键技术研发，加快充、换电技术和装备的研发，构建完善便捷的基础设施体系。为进一步落实以上发展目标，中央和地方政府都制定了一系列补贴政策，根据各省市新能源汽车推广数量的不同给予不同程度的奖励和补贴，2016 ~ 2020 年最高补贴资金达到 1. 2 亿 ~ 2 亿元。①

对于新能源汽车核心企业和配套企业而言，一方面，政府补贴所带来的额外资金和政策支持能够增强企业对研发风险的抵抗能力，为企业加大研发资金投入带来资金方面的支持，从而增强企业进行研发活动的动力。此时企业为实现研发人员的充分利用，将在研发人员冗余较高时加大研发资金投入。另一方面，政府补贴还传递了政府对于企业研发活动的支持态度（郑吉川等，2019）。在政府补贴的支持作用下，企业对研发战略的重视程度可能进一步增强，并可能进一步帮助企业吸引外部的融资（Lee and Cin，2010；杨洋等，2015；Kleer，2010；伍健等，2018）。在此情况下，企业更有动力通过激励研发人员提高创新动力来确保企业技术优势的充分发挥，从而对研发人员冗余与研发资金投入的关系产生积极影响。基于以上两个方面的分析，我

① 2020 年新能源充电桩补贴政策一览：最高奖补资金达 2 亿元（附表）[EB/OL]. https://www.zhev.com.cn/news/show-1591063530.html，2020-06-02.

们认为政府补贴能够强化研发人员冗余对企业研发资金投入的促进作用。因此，本节提出假设：

假设 21. 2. 3a：新能源汽车核心企业获得的政府补贴强化了研发人员冗余对研发资金投入的影响。

假设 21. 2. 3b：新能源汽车配套企业获得的政府补贴强化了研发人员冗余对研发资金投入的影响。

综上所述，本节研究框架如图 21. 4 所示。

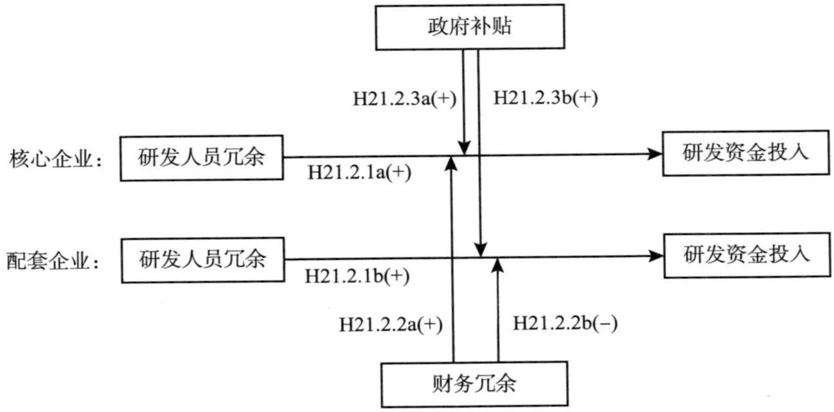

图 21. 4　研究框架

二、研究设计

（一）样本选择与数据来源

本节选取沪深两市 A 股上市的新能源汽车整车与核心零部件企业、充电设施企业作为研究对象。首先，根据东方财富网公布的新能源汽车和充电桩概念股，确定了 307 家新能源汽车企业，其中包含 215 家新能源整车与核心零部件企业、92 家充电设施企业。[①] 由于 2014 年我国新能源汽车技术创新进

① 东方财富网是专业财经证券门户网站，数据具有较高可信度，因此本节选取其发布的概念股企业作为初始样本。

入了全速发展阶段①，且沪市上市企业年报中对研发人员数量的披露普遍始于2014年，因此选择2014～2018年的样本进行研究。然后，在初始样本基础上进行人工筛选，剔除以下企业：①样本期间为ST类型的企业；②主营业务与新能源汽车无关的企业；③存在研发人员数量、政府补贴金额等重要信息缺失的样本数据。最终样本包括156家企业，包括109家新能源汽车整车与核心零部件企业、47家充电设施企业。最后，考虑到研发人员冗余对企业研发的直接作用，取值时采用研发人员冗余的当期数据；考虑到财务冗余和政府补贴对企业投资行为的影响存在一定的滞后性，在调节变量取值时滞后一期，即解释变量、被解释变量与控制变量取2015～2018年的数据，调节变量取2014～2017年的数据。总体上，本研究涵盖2014～2018年数据，共623个观察值。

本节所需数据中，研发人员数量、企业研发资金投入和政府补贴数据来自对企业年报的手工收集。经济政策不确定性（Economic Policy Uncertainty，EPU）指数构造方式参考贝克等（Baker et al.，2016）的研究，数据来自斯坦福和芝加哥大学联合公布的EPU指数。② 其他数据来自国泰安数据库。为降低异常值对数据分析造成的干扰，对所有连续变量进行了上下1%幅度的缩尾处理。

（二）变量及其测量

1. 被解释变量。

研发资金投入（R&D Intensity，RDI）：对研发资金投入的测量方式，采用企业研发资金投入金额和主营业务收入的比值来反映企业研发资金投入相对强度，作为衡量企业研发资金投入高低的指标（伍健等，2018；Shaikh et al.，2018）。

2. 解释变量。

研发人员冗余（R&D human resource slack，RHRS）：指企业研发人力资

① 中国新能源汽车技术路线的回顾与展望2019版［EB/OL］. https：//www.sohu.com/a/295101657_372592，2019-02-15.

② 全球经济不确定指数（Economic Policy Uncertainty）。

源水平超过行业平均水平的程度。本节采用研发人员占总员工的比例来衡量企业研发人力资源水平（周艳和曾静，2011）；而在冗余资源的衡量方面，将研发人员冗余定义为企业研发人力资源水平减去总样本研发人力资源水平的均值（Zhang et al. , 2020；Meyer and Leitner，2018）。

$$RHRS_{i,t} = \frac{企业研发人员数量_{i,t}}{企业员工总数_{i,t}} - \frac{1}{N}\sum_{i=1}^{N}\frac{企业研发人员数量_{i,t}}{企业员工总数_{i,t}}$$

3. 调节变量。

财务冗余（financial slack，FS）：对财务冗余的测量方式，用企业财务比率（现金及现金等价物/总资产）减去总样本财务比率均值来测量财务冗余（Vanacker et al. , 2017）。由于财务冗余在发挥作用时存在一定的滞后性，所以选择前一期的财务冗余用于数据分析。

$$FS_{i,t} = \frac{现金及现金等价物_{i,t}}{资产总额_{i,t}} - \frac{1}{N}\sum_{i=1}^{N}\frac{现金及现金等价物_{i,t}}{资产总额_{i,t}}$$

政府补贴（subsidy）：对政府补贴的测量方式，采用企业所获得的政府补贴金额占其总资产的相对大小来衡量新能源汽车企业获得的政府补贴水平（佟爱琴和陈蔚，2016；Wu，2017）。由于政府补贴在发挥作用时存在一定的滞后，因此选择前一期的政府补贴用于数据分析。

4. 控制变量。

企业绩效反馈（performance feedback，PF）：企业资产收益率高于期望值的水平。当企业实际资产收益率高于预期时，将倾向于减少创新投入，因此本节对企业绩效反馈进行控制，并且将绩效反馈定义为企业实际资产收益率减去期望企业资产收益率（Lu and Wong，2019）。

$$PF_{i,t} = ROA_{i,t} - [I(ROA_{i,t-1} < ROAM_{i,t-1}) \times ROAM_{i,t-1} + I(ROA_{i,t-1} > ROAM_{i,t-1}) \times 1.05 \times ROA_{i,t-1}]$$

其中，$ROA_{i,t}$表示企业 i 在第 t 年的资产收益率，$ROAM_{i,t-1}$表示企业 i 在第 $t-1$ 年的资产收益率均值；$I(\cdot)$ 表示逻辑函数，如果括号中条件为真，取值为 1，否则为 0。当企业前一年资产收益率低于平均水平时，选择前一年资产收益率为当年期望资产收益率；当企业前一年资产收益率高于平均水平时，选择前一年资产收益率的 1.05 倍为当年期望资产收益率（Lu and Wong，2019）。

经济政策不确定性（EPU）：研发投资作为高风险项目，对外部经济政策具有较高的敏感性，外部经济政策不确定性可能对企业的研发投资决策造成影响。本节采用斯坦福和芝加哥大学联合公布的 EPU 指数衡量我国宏观经济政策不确定性，并参考孟庆斌和师倩（2017）的处理方式，将 12 个月度数据的几何均值除以 100 作为年度指标。

此外，参考现有文献研究，选择企业规模（Size）、资产负债率（Lev）、企业成立年限（Age）、企业财务绩效（FP）、资本密集度（CI）作为控制变量（Liu et al.，2020；Shou et al.，2020；Zhang et al.，2014；Bradley et al.，2011）。企业规模由资产总额的对数表示；企业资产负债率由负债总额占资产总额的比例表示；企业成立年限由成立时间的对数表示；企业财务绩效采用企业营业利润和资产总额的比值；企业资本密集度采用固定资产占资产总额的比值。这些变量都可能对企业的研发资金投入决策造成影响。最后，加入时间变量控制时间因素对新能源汽车企业研发资金投入的潜在影响。

各变量的符号及测量详见表 21.11。

表 21.11　　　　变量测量

变量名称	符号	测量方式
研发资金投入	*RDI*	研发资金投入/主营业务收入
研发人员冗余	*RHRS*	企业研发人员数量/企业员工总量 - 行业研发人员占比均值
财务冗余	*FS*	企业现金及其等价物总额/企业资产总额 - 行业现金及其等价物占资产总额比例均值
政府补贴	*Subsidy*	政府补贴金额/企业资产总额
企业绩效反馈	*PF*	企业实际资产收益率 - 期望企业资产收益率
经济政策不确定性	*EPU*	斯坦福和芝加哥大学联合公布的经济政策不确定性指数 12 个月月度数据的几何均值除以 100 作为年度指标
资产负债率	*Lev*	负债总额/资产总额
企业规模	*Size*	企业资产总额的对数
企业成立年限	*Age*	企业成立时间的对数

续表

变量名称	符号	测量方式
企业财务绩效	*FP*	企业营业利润/资产总额
资本密集度	*CI*	固定资产/资产总额

（三）模型构建

本节将总样本分为新能源汽车核心企业和配套企业两个子样本，构建以下模型，应用分层多元回归分析对两个子样本分别进行回归分析，以检验所提出的假设。

$$
\begin{aligned}
RDI_{i,t} = {} & \alpha_0 + \alpha_1 RHRS_{i,t} + \alpha_2 Subsidy_{i,t-1} + \alpha_3 FS_{i,t-1} + \alpha_4 RHRS_{i,t} \times Subsidy_{i,t-1} \\
& + \alpha_5 RHRS_{i,t} \times FS_{i,t-1} + \alpha_6 PF_{i,t} + \alpha_7 EPU_{i,t} + \alpha_8 FP_{i,t} + \alpha_9 CI_{i,t} \\
& + \alpha_{10} Lev_{i,t} + \alpha_{11} Size + \alpha_{12} Age_{i,t} + \alpha_{13} Year_{i,t} + \varepsilon_{i,t}
\end{aligned}
$$

三、实证分析

（一）描述性统计与变量相关性分析

表 21.12 为全样本的均值、标准差与相关系数。从表中可以看出，我国新能源汽车企业研发资金投入占主营业务收入的平均比重为 2.49%，而一般认为企业为获得竞争优势其研发资金投入占主营业务收入的比例需达到 5%（陈晓红等，2012）。2017 年及 2018 年上半年公布的主要跨国车企研发资金投入占主营业务收入比例数据也显示，半数以上跨国车企研发资金投入占比达 4% 以上。[①] 这说明我国新能源汽车企业的研发资金投入占比仍处于较低水平，需要加大研发资金投入来提高竞争力。研发人员冗余和财务冗余标准差较大，说明由于不同新能源汽车企业发展存在差异，企业研发人员冗余和财务冗余状况存在较大的不同。所有变量之间的相关系数均小于 0.6，对全部变量进行方差膨胀系数（VIF）检验，结果显示所有变量的 VIF 值均小于 2，说明变量间并不存在明显的共线性问题（O'Brien，2007）。

① 电科技，http：//www.diankeji.com；谁最“用心”造车　2018 车企研发投入排行榜［N］. 广州日报，2018－11－26.

表 21.12　均值、标准差与相关系数

变量	均值	标准差	*RDI*	*RHRS*	*FS*	*Subsidy*	*PF*	*EPU*	*FD*	*CI*	*Lev*	*Size*	*Age*
RDI	0.0249	0.0150	1.000										
RHRS	-3.12e-10	0.1058	0.290***	1.000									
FS	-0.0002	0.0891	0.188***	0.163***	1.000								
Subsidy	0.0054	0.0063	0.322***	0.114***	0.182***	1.000							
PF	-0.0110	0.0428	-0.224***	-0.079**	-0.092**	-0.001	1.000						
EPU	3.4262	1.0115	0.079**	0.000	0.004	-0.031	-0.257***	1.000					
FP	0.1297	0.0563	0.502***	0.076*	0.049	-0.005	-0.425***	-0.054	1.000				
CI	0.1928	0.1078	-0.127***	-0.145***	-0.123***	0.064	0.066	-0.036	-0.093***	1.000			
Lev	0.4632	0.1810	-0.030	-0.209***	-0.177***	-0.015	0.222***	0.078*	-0.164***	-0.135***	1.000		
Size	13.4266	1.1753	0.038	-0.225***	0.016	-0.060	-0.141**	0.149***	-0.001	-0.129***	0.520***	1.000	
Age	2.8471	0.3096	0.025	-0.086**	0.019	0.060	-0.008	0.205***	-0.026	-0.031	0.251***	0.233***	1.000

注：$*p<0.05$，$**p<0.01$，$***p<0.001$。

（二）回归分析

利用新能源汽车核心企业、配套企业两个子样本，采用层次回归分析对假设进行检验。表 21.13 和表 21.14 中，模型（1）~模型（5）为核心企业模型，模型（6）~模型（10）为配套企业模型。通过 Hausman 检验，发现所有模型的结果均拒绝随机效应模型，因此选择固定效应模型进行回归分析，结果如表 21.13 所示。其中，模型（1）和模型（6）仅包含控制变量，模型（2）和模型（7）加入解释变量（研发人员冗余）及调节变量（政府补贴与财务冗余），模型（3）~模型（5）与模型（8）~模型（10）加入了研发人员冗余和调节变量（政府补贴、财务冗余）之间的交互项。

模型（2）和模型（7）回归结果均显示，研发人员冗余（*RHRS*）回归系数显著为正（核心企业 $\beta=0.0306$，$p<0.01$；配套企业 $\beta=0.0316$，$p<0.001$），说明对于核心企业和配套企业，研发人员冗余都显著促进企业进行研发资金投入，假设 21.2.1a 和假设 21.2.1b 成立。

模型（3）回归结果显示，前一期财务冗余和研发人员冗余交乘项（$FS\times RHRS$）回归系数不显著；模型（4）的回归结果显示，前一期政府补贴和研发人员冗余的交乘项（$Subsidy\times RHRS$）回归系数显著为正（$\beta=1.384$，$p<0.05$）。说明对于核心企业，政府补贴显著强化研发人员冗余对研发资金投入的促进作用，但财务冗余对二者的关系并无显著影响，假设 21.2.2a 不成立，假设 21.2.3a 成立。模型（5）进一步将 $Subsidy\times RHRS$ 和 $FS\times RHRS$ 都纳入模型中进行估计。结果表明，$Subsidy\times RHRS$ 回归系数显著为正（$\beta=1.382$，$p<0.05$），$FS\times RHRS$ 回归系数不显著，和模型（3）、模型（4）中回归结果一致，验证了调节效应的稳健性。政府补贴对核心企业的调节作用如图 21.5 所示。

模型（8）回归结果显示，前一期财务冗余和研发人员冗余交乘项（$FS\times RHRS$）回归系数显著为负（$\beta=-0.138$，$P<0.01$）；模型（9）回归结果显示，前一期政府补贴和研发人员冗余的交乘项（$Subsidy\times RHRS$）回归系数不显著。说明对于配套企业，财务冗余显著削弱研发人员冗余对研发资金投入

表 21.13 层次回归分析结果

变量	核心企业					配套企业				
	(1)	(2)	(3)	(4)	(5)	(6)	(7)	(8)	(9)	(10)
常数项	0.0350 (0.0290)	0.0270 (0.0287)	0.0273 (0.0287)	0.0273 (0.0286)	0.0276 (0.0285)	0.167 *** (0.0487)	0.181 *** (0.0486)	0.173 *** (0.0475)	0.178 *** (0.0485)	0.170 *** (0.0473)
Year	Included	Included	Included	Included	Included	Included	Included	Included	Included	Included
EPU	0.00261 *** (0.000689)	0.00248 *** (0.000683)	0.00248 *** (0.000682)	0.00248 *** (0.000679)	0.00247 *** (0.000679)	0.167 *** (0.00168)	0.181 *** (0.00161)	0.173 *** (0.00157)	0.178 *** (0.00162)	0.170 *** (0.00158)
Size	0.000895 (0.00109)	0.00109 (0.00109)	0.00106 (0.00109)	0.00101 (0.00108)	0.000980 (0.00108)	-0.00641 *** (0.00189)	-0.00761 *** (0.00188)	-0.00818 *** (0.00185)	-0.00790 *** (0.00189)	-0.00852 *** (0.00185)
Age	-0.0157 (0.00984)	-0.0137 (0.00973)	-0.0136 (0.00972)	-0.0136 (0.00968)	-0.0136 (0.00967)	-0.0309 * (0.0152)	-0.0301 * (0.0147)	-0.0247 (0.0145)	-0.0273 (0.0148)	-0.0213 (0.0146)
PF	-0.0169 (0.00983)	-0.0137 (0.00991)	-0.0144 (0.00993)	-0.0127 (0.00987)	-0.0134 (0.00989)	0.0471 * (0.0213)	0.0449 * (0.0202)	0.0509 * (0.0198)	0.0443 * (0.0201)	0.0504 * (0.0197)
FP	0.0652 *** (0.00898)	0.0675 *** (0.00891)	0.0669 *** (0.00892)	0.0688 *** (0.00889)	0.0683 *** (0.00890)	0.0900 *** (0.0157)	0.0737 *** (0.0152)	0.0736 *** (0.0148)	0.0705 *** (0.0153)	0.0700 *** (0.0149)
CI	0.0329 *** (0.00790)	0.0315 *** (0.00784)	0.0313 *** (0.00784)	0.0311 *** (0.00781)	0.0309 *** (0.00781)	-0.0126 (0.00754)	-0.0168 * (0.00716)	-0.0185 ** (0.00701)	-0.0166 * (0.00714)	-0.0183 ** (0.00697)
Lev	-0.000764 (0.00392)	-0.000237 (0.00390)	-0.000240 (0.00389)	0.000100 (0.00388)	0.0000962 (0.00388)	-0.00321 (0.00507)	-0.000929 (0.00480)	0.000259 (0.00470)	-0.00111 (0.00479)	0.0000918 (0.00468)

续表

变量	核心企业					配套企业				
	(1)	(2)	(3)	(4)	(5)	(6)	(7)	(8)	(9)	(10)
RHRS		0.0306 ** (0.00950)	0.0293 ** (0.00956)	0.0218 * (0.0104)	0.0206 * (0.0104)		0.0316 *** (0.00700)	0.0390 *** (0.00733)	0.0235 * (0.00947)	0.0300 ** (0.00948)
FS		0.00356 (0.00500)	0.00437 (0.00505)	0.00305 (0.00498)	0.00386 (0.00503)		-0.00632 (0.00730)	-0.000440 (0.00743)	-0.00443 (0.00743)	0.00193 (0.00756)
Subsidy		0.0996 (0.0598)	0.104 (0.0600)	0.123 * (0.0606)	0.128 * (0.0607)		-0.00658 (0.144)	-0.0442 (0.141)	-0.0223 (0.144)	-0.0635 (0.141)
FS × *RHRS*			0.0621 (0.0560)		0.0618 (0.0557)			-0.138 ** (0.0497)		-0.142 ** (0.0496)
Subsidy × *RHRS*				1.384 * (0.672)	1.382 * (0.672)				1.534 (1.198)	1.752 (1.168)
样本数	435	435	435	435	435	188	188	188	188	188
R^2	0.2972	0.3236	0.3262	0.3326	0.3352	0.3404	0.4373	0.4691	0.4444	0.4783
F	27.82 ***	19.94 ***	19.96 ***	19.06 ***	18.99 ***	18.40 ***	17.74 ***	18.82 ***	17.72 ***	18.84 ***

注：* $p<0.05$，** $p<0.01$，*** $p<0.001$。

表 21.14 稳健性检验结果

变量	核心企业					配套企业				
	(1)	(2)	(3)	(4)	(5)	(6)	(7)	(8)	(9)	(10)
常数项	0.0350 (0.0290)	0.0467 (0.0276)	0.0488 (0.0277)	0.0454 (0.0276)	0.0478 (0.0276)	0.172 *** (0.0473)	0.238 *** (0.0442)	0.235 *** (0.0434)	0.241 *** (0.0440)	0.238 *** (0.0432)
Year	Included	Included	Included	Included	Included	Included	Included	Included	Included	Included
EPU	0.00261 *** (0.000689)	0.00340 *** (0.000673)	0.00344 *** (0.000674)	0.00331 *** (0.000673)	0.00336 *** (0.000672)	0.00514 *** (0.00118)	0.00637 *** (0.00108)	0.00634 *** (0.00106)	0.00644 *** (0.00107)	0.00640 *** (0.00105)
Size	0.000895 (0.00109)	0.000488 (0.00106)	0.000449 (0.00106)	0.000356 (0.00106)	0.000292 (0.00106)	-0.00641 *** (0.00189)	-0.0110 *** (0.00192)	-0.0110 *** (0.00188)	-0.0110 *** (0.00191)	-0.0110 *** (0.00187)
Age	-0.0157 (0.00984)	-0.0195 * (0.00930)	-0.0202 * (0.00931)	-0.0186 * (0.00929)	-0.0193 * (0.00928)	-0.0309 * (0.0152)	-0.0334 * (0.0131)	-0.0324 * (0.0128)	-0.0344 ** (0.0130)	-0.0334 * (0.0128)
PF	-0.0169 (0.00983)	-0.00236 (0.0132)	-0.00427 (0.0133)	-0.00186 (0.0132)	-0.00413 (0.0133)	0.0471 * (0.0213)	0.0445 * (0.0206)	0.0474 * (0.0202)	0.0401 (0.0206)	0.0433 * (0.0203)
FP	0.0652 *** (0.00898)	0.0783 *** (0.00939)	0.0778 *** (0.00940)	0.0789 *** (0.00936)	0.0783 *** (0.00936)	0.0900 *** (0.0157)	0.0765 *** (0.0151)	0.0767 *** (0.0148)	0.0757 *** (0.0150)	0.0761 *** (0.0148)
CI	0.0329 *** (0.00790)	0.0308 *** (0.00815)	0.0314 *** (0.00817)	0.0312 *** (0.00813)	0.0320 *** (0.00814)	-0.0126 (0.00754)	-0.0162 * (0.00651)	-0.0171 ** (0.00639)	-0.0165 * (0.00648)	-0.0173 ** (0.00637)
Lev	-0.000764 (0.00392)	-0.000399 (0.00407)	-0.000486 (0.00407)	0.0000118 (0.00407)	-0.0000478 (0.00406)	-0.00321 (0.00507)	-0.00372 (0.00443)	-0.00409 (0.00435)	-0.00498 (0.00448)	-0.00519 (0.00440)

续表

变量	核心企业					配套企业				
	(1)	(2)	(3)	(4)	(5)	(6)	(7)	(8)	(9)	(10)
RHRS		0.00209 (0.00108)	0.00188 (0.00110)	0.00152 (0.00113)	0.00120 (0.00116)		0.00675 *** (0.00137)	0.00688 *** (0.00135)	0.00535 ** (0.00163)	0.00562 *** (0.00161)
FS		-0.000000304 (0.0000245)	0.0000276 (0.0000352)	0.00000139 (0.0000245)	0.0000355 (0.0000354)		0.000306 * (0.000140)	0.000574 ** (0.000177)	0.000332 * (0.000141)	0.000585 ** (0.000176)
Subsidy		0.0203 (0.0255)	0.0206 (0.0255)	0.0646 (0.0374)	0.0699 (0.0375)		0.000162 (0.000159)	0.000156 (0.000156)	0.0703 (0.0447)	0.0628 (0.0440)
FS × *RHRS*			0.000104 (0.0000946)		0.000127 (0.0000951)			-0.000413 * (0.000171)		-0.000395 * (0.000171)
Subsidy × *RHRS*				0.0626 * (0.0388)	0.0696 * (0.0391)				0.174 (0.111)	0.155 (0.109)
样本数	385	385	385	385	385	177	177	177	177	177
R^2	0.2972	0.3653	0.3682	0.3715	0.3758	0.3404	0.5299	0.5523	0.5396	0.5599
F	27.82 ***	17.65 ***	17.50 ***	17.18 ***	17.02 ***	18.40 ***	19.79 ***	20.40 ***	19.76 ***	20.24 ***

注：* $p<0.05$，** $p<0.01$，*** $p<0.001$。

的促进作用，但政府补贴对二者的关系并无显著影响。假设 21. 2. 2b 成立，假设 21. 2. 3b 不成立。模型（10）进一步将 *Subsidy* × *RHRS* 和 *FS* × *RHRS* 都纳入模型，回归结果和模型（8）、模型（9）一致，说明调节效应具有稳健性。财务冗余对配套企业的调节作用如图 21. 6 所示。

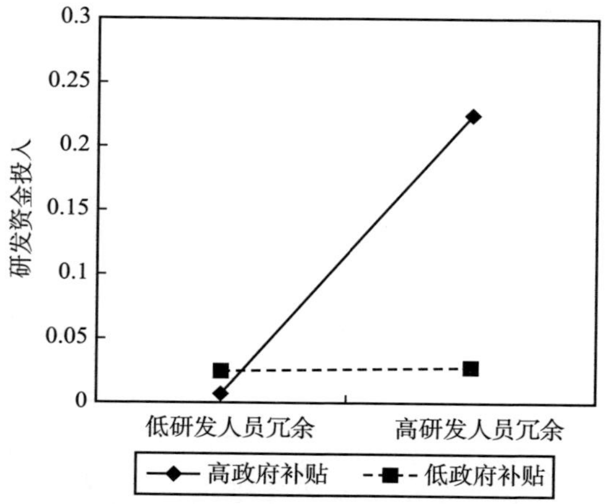

图 21. 5　政府补贴对核心企业的调节作用

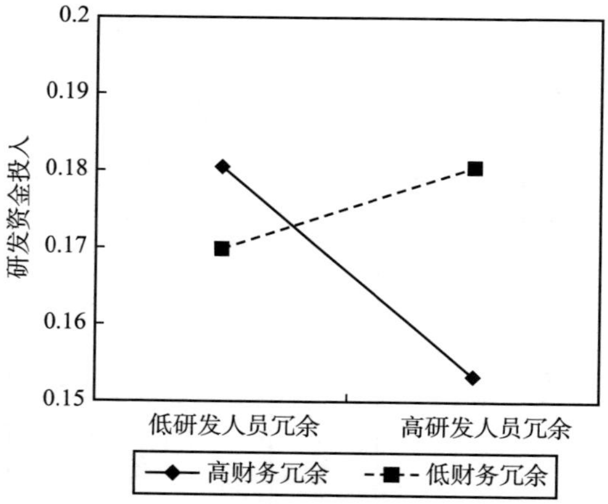

图 21. 6　财务冗余对配套企业的调节作用

（三）稳健性检验

接下来对研究可能存在的内生性问题进行分析。首先，考虑到可能存在反向因果关系，借鉴杨洋等（2015）和贝尔德伯斯等（Belderbos et al.，2014）的做法进行内生性检验，用 T 期（当期）研发人员冗余对 $T-1$ 期（上一期）企业研发资金投入的样本均值做回归，同时用研发人员冗余的变化（T 期研发人员冗余 $-T-1$ 期研发人员冗余）对 $T-1$ 期企业研发资金投入样本均值做回归。结果显示核心企业与配套企业以上回归系数均不显著（$p>0.6$），说明不存在反向因果问题。其次，借鉴已有研究，采用企业现金储备和全样本企业平均现金储备的比值来表示企业财务冗余（*FS*），采用政府补贴金额和企业主营业务收入的比率来表示政府补贴水平（*Subsidy*）（Guo et al.，2020）。使用企业规模、成立时间、资本密集度、主营业务收入和资产的成长性来估计研发人员的期望水平，并用实际企业研发人员数目和期望水平的差值表示研发人员冗余（*RHRS*）（Zhang et al.，2020）。由于企业现金储备数据存在 9.8% 的缺失值，本节将包含缺失值的样本进行删除，最终用于回归分析的观察值为 562 个。在采用以上测量方式之后，回归结果如表 21.14 所示。由此可见，在改变测量方法之后，研发人员冗余对研发资金投入的促进作用依然显著，政府补贴对核心企业的正向调节、财务冗余对配套企业的负向调节作用均仍然成立。

四、结论与启示

（一）研究发现

本节以 2014～2018 年沪深两市 A 股上市的新能源汽车企业为样本，基于组织冗余理论实证检验了新能源汽车产业生态系统两类企业中研发人员冗余对研发资金投入的影响，以及政府补贴和财务冗余调节作用的差异。

对于新能源汽车产业生态系统中的两类企业，假设 21.2.1a 和假设 21.2.1b 都得到了实证研究支持，发现研发人员冗余能有效促进企业增加研发资金投入。研发人员冗余一方面能够增强企业创新潜力，激发企业研发动机（Shahzad et al.，2016；Carnes et al.，2018；Garcia-Martinez et al.，2017）；另一方面能够刺激企业通过增加研发资金投入来降低其所造成的负面影响（Wang et al.，2016）。而企业通过加大研发资金投入，可以保障研发活动所需资源，激发研发人员工作动力，提升研发产出以获取竞争优势。

对于新能源汽车核心企业，本节发现政府补贴能够显著强化研发人员冗余对研发资金投入的促进作用（假设 21.2.3a）。政府补贴作为企业的外部资金支持，一方面能够增强企业对于研发不确定性所造成风险的抵抗能力，为企业带来资金方面的支持；另一方面还将释放政府对于企业技术创新的支持信号，这种来自政府的政策导向能够强化企业的研发倾向，并可能进一步帮助企业吸引外部融资（郑吉川等，2019；Lee and Cin，2010；杨洋等，2015；Kleer，2010；伍健等，2018）。所以，政府补贴能够显著强化研发人员冗余对研发资金投入的促进作用。与此同时，本节发现财务冗余对二者的关系并无显著影响，假设 21.2.2a 没有得到支持。这可能是因为我国新能源汽车核心企业仍处于发展初期，大多数企业并不具备雄厚的资金实力。企业当前的财务冗余作为企业内部可自由支配资金，主要是为企业应对突发状况提供储备资金，以保证企业对于各类不确定风险的综合应对能力，尚不足以为加大研发资金投入提供额外的资金支持。

对于新能源汽车核心企业而言，本节研究发现财务冗余显著削弱研发人员冗余对研发资金投入的促进作用（假设 21.2.2b）。对于配套企业而言，充电设施的建设与运营是制约配套企业发展的关键。当配套企业拥有冗余资金时，更有可能将资金投入到充电设施的建造和运营中，以提高产品的市场占有率。同时，较高的财务冗余可能会导致企业管理者对企业未来发展过于乐观而忽视技术创新，将更多的资金投入到设备投放和运营中，此时企业通过加大研发资金投入来刺激研发人员工作动力的期望降低（Lu and Wong，2019；Kim and Rhee，2017）。此外，本节发现政府补贴对主效应并无显著影响，假设 21.2.3b 没有得到支持。一个可能的解释是，政府所提供的补贴资金可能挤出企业原计划用于研发活动的资金。这是由于研发活动在配套设施企业发展战略中并不占据核心地位，而政府补贴在提供给企业后缺乏对资金使用情况的严格审查，因此此类资金可能被用于和研发无关的活动（章元等，2018；武咸云等，2016；Garcia-Quevedo，2004）。此时，政府补贴整体上并不能增强研发人员冗余对研发资金投入的促进作用，无法实现政府预期的激励效果。

（二）理论贡献

本节对组织冗余、政府补贴及研发管理的相关研究均有理论贡献。首先，本节拓展了组织冗余理论相关研究，通过对中国上市新能源汽车企业二手数据的回归分析，为企业研发人员冗余对研发资金投入的积极影响提供了实证支持，对研发人员冗余相关研究做出了贡献。以往研究较少关注研发人员冗余这一对于技术创新特别重要的资源冗余（Zhang et al.，2020）。在少数有关研发人员冗余的研究中，基于行为理论和基于代理理论的研究对研发人员冗余和技术创新的关系持有相反的观点。基于行为理论的研究认为，研发人员冗余能够为技术创新带来优势（Lecuona and Reitzig，2014；Zhang et al.，2020），为企业带来更大的自由去探索新的产品或市场并及时抓住有利可图的机会，从而对创新产生积极影响。而基于代理理论的研究则认为，研发人员冗余会导致研发效率低下进而抑制创新活动（Wang et al.，2016）。考虑到以上两种不同观点，本节尝试分析研发人员冗余对研发资金投入的综合影响，并希望通过实证研究对上述观点进行检验。基于中国新能源汽车产业的实证研究表明，尽管研发人员冗余对于企业技术创新可能存在正负两个方面的效用，但其对企业研发资金投入的作用效果整体上是正向的。由此可见，在中国新能源汽车产业中，行为理论可以更好地解释企业研发人员冗余的作用，我们的研究也因此丰富了研发人员冗余的相关研究。此外，现有文献中若干研究分析了财务冗余和研发资金投入之间的关系，但得到了不同的结论（陈晓红等，2012；Kim et al.，2008；Shaikh et al.，2018；Lee，2015）。本节将财务冗余作为调节变量，发现对于研发战略不同的企业，财务冗余在研发人员冗余和研发资金投入二者关系中的调节作用存在着显著差异。这一发现也有助于解释以往有关财务冗余和研发资金投入关系研究中的不同结论。

其次，本节加深了对政府补贴作用机制的理解。我国政府积极支持和鼓励新能源汽车企业的研发创新，并给予大量补贴。在现有关于新能源汽车政府补贴的研究中，分别基于交易费用理论、竞争优势理论，以及决策异质性等不同视角分析了政府补贴对汽车交易费用、研发资金投入和企业效率的直接影响（周燕和潘遥，2019；熊勇清等，2018；Li et al.，2019）。已有研究很少关注政府补贴在新能源汽车企业中的调节作用。在现有少量将政府补贴作为调节变量的研究中，张秀峰等（2019）的研究表明政府补贴能够缓解企业融资约束对产学研创新的负面影响，郭峰等（Guo et al.，2020）则发现政府补贴会削弱财务冗余对研发投入的促进作用。以上研究从不同角度分析了政府补贴的调节效应，展示了政府补贴在不同场景中可能存在不同的调节作用。不过，上述研究并未探讨政府补贴的调节作用在不同类型的企业中是否存在差异性，更是缺乏对不同调节作用的理论解释。本节基于生态系统理论将新能源汽车企业分为两类，发现政府补贴能够促进新能源汽车核心企业研发人员冗余对研发投入的正向影响，但对新能源汽车配套企业并无显著作用。这表明，对于不同类型的新能源汽车企业，政府补贴的调节作用存在显著差异，而主要原因在于企业自身研发战略与能力的不同。本研究丰富了政府补贴的相关研究，揭示了政府补贴应当注意企业自身差异，为后续关于政府补贴的相关研究提供了新的研究方向。

最后，本节的发现还说明研发战略对企业可支配资金的使用具有重要影响。在现有以财务冗余或政府补贴为调节变量的研究中，学者们主要从资金支持（Lu and Wong，2019；Xu and Hitt，2018）、风险承受能力（Xu and Hitt，2018；Lungeanu et al.，2016）、信号效应（Lu and Wong，2019；张秀峰等，2019；Guo et al.，2020）、挤出效应（Guo et al.，2020）等角度来分析这两种可支配资金的调节作用。我们注意到在不同研究中财务冗余和政府补贴发挥的调节作用存在着差异，而当前尚未有学者将政府补贴和财务冗余同时作为调节变量，对造成这种差异的原因进行深入分析。本节基于生态系统理论区分了新能源汽车产业中的核心企业和配套企业，并将政府补贴和财务冗余这两种企业可支配资金同时作为调节变量，分析了不同类型企业可支配资金调节作用的差异性。通过对两种不同类型新能源企业研发战略的分析，我们注意到这两类企业研发战略的差异是造成财务冗余和政府补贴在不同类型企业中调节作用显著不同的重要原因。这说明产业生态系统中不同类型企业研发战略的差异能够导致企业财务资源配置上的差异。本节研究有利于加深学术界和企业界对研发战略重要性的理解，尤其是在新能源汽车等新兴技术领域，需要对不同类型企业的研发战略进行更加系统和深入的研究。

（三）管理启示

本节对新能源汽车企业研发管理和政府政策制定提供了有价值的启示。

首先，对于新能源汽车企业而言，技术创新是获取竞争优势的重要途径。例如，比亚迪在2019年研发人员达到35788人，研发人员占比高达15.62%，远超同行企业。[①] 比亚迪相对较高的研发人员冗余为企业保持可持续竞争优势提供了保证。新能源汽车产业作为战略性新兴产业，企业尤其应当增强对研发人力资源的重视程度，确保企业拥有充足的研发人员储备，为企业通过技术创新获取竞争优势提供人员保障。另外，企业应当合理分配财务资源，包括自身财务冗余与政府补贴，保障研发活动顺利开展，充分激发研发人员工作动力，从而提升企业技术创新绩效。

其次，对于政府而言，针对新能源汽车研发活动的政策制定应当注意核心企业和配套企业的显著差异。在当前阶段，新能源汽车产业核心企业的研发活动尚离不开政府的支持。但是，为了更有效地促进企业开展技术创新，在针对新能源汽车核心企业制定补贴政策时，可以考虑将研发人员冗余程度纳入核心企业补贴发放的衡量指标，设定对研发人员占比要求的最低标准。同时，进一步完善企业研发人员界定标准，如设置研发人员的学历要求、技术等级认证、专利申请数量等硬性指标（史欣向等，2012；梁镇和李丽，2007；郑毅等，2020；Chen et al.，2018）。

另外，充电设施作为新能源汽车的配套设施，在整个产业的健康发展中不可或缺。政府应对现有充电设施企业的激励政策进行调整，考虑通过非财政补贴和专项财政补贴相结合的方式对充电设施企业进行激励，重视对政府补贴的科技绩效评估。具体包括：将企业研发充电设施的功率密度、转换效率、适用性等作为充电设施的性能评判指标并进行等级划分，针对不同等级的充电设施提供分级的电价优惠并对对应的充电设施企业进行适当的税收减免（Ma and Fan，2020）。鼓励企业开展电网双向互动、桩群协同控制、无线充电，移动充电等新型技术和关键技术研究，对此类研究提供专项资金进行资助并对研究成果分阶段审查（Ji and Huang，2018）。对于未达到预期标准

① 比亚迪股份有限公司2019年年报。

的企业削减或取消研发资金的提供，对于研究成果突出的企业进行重点扶持，打造示范企业，从而促进企业进行研发资金投入，提升充电设施的技术水平（冯辉，2017）。

（四）研究局限与未来研究方向

本节专注于对新能源汽车产业的研究，所得研究结论在该产业内有很好的稳健性，但未必可以简单推广到其他产业，后续可在其他产业复制本研究以检验研究结论的可推广性。其次，新能源汽车产业目前仍在发展初期，随着技术与市场的逐步成熟，研究结论是否会有变化值得追踪研究。再次，由于数据可得性问题，本节研究样本仅包括新能源汽车产业上市公司，未覆盖该产业所有企业。很多未上市的新能源汽车企业在近几年得到了快速发展，后续可以尽量补充相关企业数据从而进一步检验本章研究结论。此外，本节主要关注研发人员冗余、财务冗余及政府补贴对研发资金投入的影响，未来可进一步研究外部经济政策、融资约束等因素对新能源汽车企业研发资金投入的作用。

第二十二章
新能源汽车共享平台供应链融资策略

近年来，汽车共享已经成为共享经济发展中最活跃的领域之一，在中国乃至全球范围内保持着良好的发展趋势。2020 年 Statista 的报告预计，2025 年中国汽车共享市场的收益将达到 25.06 亿美元，而 2025 年全球范围内汽车共享市场的收益预计将达到 150.59 亿美元。[①] 与公共交通不同，基于汽车共享服务，消费者可以在指定网点租赁汽车，即通过分时租赁（Time-Sharing Rent，TSR）获得共享汽车的使用权，且在使用结束后归还汽车并支付相应的费用（Bellos et al.，2017；He et al.，2021；Xu et al.，2021）。与传统出租车和私家车相比，汽车共享在价格和灵活性方面具有较大优势，满足了消费者个性化的用车需求（Stokkink and Geroliminis，2021；Zhang et al.，2021）。在这样的背景下，许多汽车共享平台正在不断涌现，为消费者提供灵活多样的用车服务。埃森哲 2019 年发布的《出行服务：消费者视角》报告指出，到 2030 年，全球出行服务的营收总规模预计接近 1.2 万亿欧元，若自动驾驶技术的发展逐渐成熟，出行服务的市场规模还将呈指数级增长。[②] 目前，以 TSR 服务为主的汽车共享模式在国外已相对成熟，在中国兴起的时间并不长，但发展势头良好。总体来说，平台经济的兴起极大地推动了新能源汽车产业的发展。消费者选择共享汽车作为出行工具，可以大大提升出行便捷度，节省购车成本及养车费用。因此，TSR 服务受到了消费者的普遍认可。

① https：//www.statista.com/forecasts/1236115/revenue-car-sharing-global-country。

② 中国人对新型出行服务兴趣更强烈——埃森哲发布《出行服务：消费者视角》报告［EB/OL］. https：//www.sohu.com/a/348425691_100011329，2019-10-21.

此外，对各大车企而言，通过 TSR 服务可以为潜在消费者提供深度试驾的体验机会，缩短用户购车的决策链条，创造更多购买转化率，是一个极具吸引力的服务形式。

同时，一个不可忽视的事实是，随着环保意识的增强，越来越多的消费者在选择 TSR 服务时，不仅考虑租赁价格，还会考虑车辆的绿色低碳水平。在这一方面，新能源汽车受到了许多年轻消费者的欢迎。在中国，汽车共享平台提供的汽车超过 90% 是新能源汽车。① 这里，绿色水平可以解释为新能源汽车对环境友好的程度。也就是说，汽车的绿色水平主要表现为在汽车生产与使用过程中，资源节约、碳排放量减少或环境污染减轻的程度等（Liu and Chen，2019；Chen et al.，2022）。在这样的背景下，很多新能源汽车原始设备制造商（Original Equipment Manufacturer，OEM）开始不断提高新能源汽车的绿色水平，适应当前社会低碳发展趋势的同时，吸引更多的消费者。

因此，本章重点关注新能源汽车共享平台（New Energy Vehicle Sharing Platform，NSP），即依托信息平台，向消费者提供便捷的 TSR 服务。为了提升服务水平与服务能力，NSP 一方面需要设计好其面向消费者的服务模式，另一方面需要与 OEM 建立紧密的合作关系来确保其车辆来源的稳定性。鉴于此，通过引入 NSP 来研究供应链的竞争与合作机制就变得非常有意义，并且能够适应当前的新能源汽车产业的发展需求。

目前，NSP 主要存在两种运营模式，即重资产运营模式和轻资产运营模式。在重资产运营模式下，NSP 直接从 OEM 处购买新能源汽车，并获得新能源汽车的所有权。在总服务时间结束时，NSP 将报废的新能源汽车出售给二手车公司，并获得所有残值。例如，戴姆勒旗下的 Car2Go 通过分钟计费方式向消费者提供汽车短期租赁共享服务，提供的车辆以奔驰和 Smart 为主，业务范围覆盖罗马、华盛顿和柏林等多个地区。EVCARD 拥有荣威、奇瑞 EQ、别克、大众等多种品牌汽车，并提供按分钟或小时收费的新能源汽车 TSR 服务。上述这些平台均采用重资产运营模式，即负责购置车辆并实现车辆运营，因此承担着高昂的车辆购置成本以及包括运营网点建设、保险费用、车辆维

① 王丰．超 90% 分时租赁汽车为新能源汽车　考验城市公共配套［EB/OL］. http：//www.itdcw.com/news/focus/0Q4QDH017.html，2017－08－14.

护等在内的运营费用。① 可以说，高购置成本、高运营成本导致重资产运营模式下的汽车共享平台饱受资金压力，其发展面临着严峻的挑战。在轻资产运营模式下，OEM 与 NSP 进行深度合作，OEM 向 NSP 免费提供新能源汽车供其运营使用。② 其中，NSP 可以获得新能源汽车的使用权，但所有权仍然属于 OEM。在该模式下，NSP 与 OEM 分享提供新能源汽车 TSR 服务产生的收益，并最终帮助 OEM 将报废的新能源汽车出售给二手车公司，而 OEM 获得所有报废新能源汽车的残值。目前，轻资产运营模式已经在实践中引起了广泛关注。例如，首汽集团旗下的汽车共享平台 GoFun 出行在这方面进行了探索。2019 年 4 月，GoFun 与东风启辰、东风风光等车企合作开展轻资产运营模式：东风启辰和东风风光以收益分享的方式免费提供车辆给 GoFun 进行运营。这种合作模式使得 GoFun 不必承受购买车辆的资产压力，且能够专注于平台的精细化运营。同年 5 月，GoFun 与上汽大众合作，共同完成汽车的轻资产运营模式转型，即由上汽大众提供车辆，平台实现运营，在已有技术平台基础上互相补充。在汽车完成服务周期后，由大众易手车回收车辆，实现汽车制造、运营、回收的深度合作，促进全产业链上下游企业之间的融合。③ 轻资产运营模式在帮助 OEM 消化库存、盘活汽车资产的同时，也帮助平台降低了车辆购置投入的资金压力，使其能够获得更多的新能源汽车来满足市场需求。

在实践中，NSP 供应链会根据自身发展情况和所处环境来选择重资产或轻资产运营模式。而在数学建模过程中，也必须要理解这种决策差异，设置合理的建模方案。在重资产运营模式下，NSP 由于需要采购新能源汽车并承担运营成本，可能面临较大的资金压力。因此，在建模过程中，假设 NSP 初始资金无法满足其运营需求是合理的。显然，NSP 面临资金约束时，需要寻求外部融资或者改变其运营模式。而在轻资产运营模式下，NSP 只需要承担运

① 王婵. 关于共享汽车路人皆知的困惑，和 EVCARD 不为人知的打算 [EB/OL]. https://cn.technode.com/post/2017-03-28/evcard/, 2017-03-28.

② GoFun 出行联手建元资本与东风启辰东风风光达成战略合作 [EB/OL]. https://www.163.com/dy/article/ED1OS1Q10518QIRA.html, 2019-04-18.

③ 1.6 万辆新车入列 GoFun　上汽大众跨界合作打造出行新生态 [EB/OL]. https://chejiahao.autohome.com.cn/info/3851936, 2019-05-21.

营成本，不需要支付新能源汽车的采购费用。因此，在建模过程中，假设初始资金能够满足 NSP 在轻资产运营模式下的要求。综上所述，对比分析重资产运营模式和轻资产运营模式，继而为新能源汽车平台供应链提供决策支持和优化方案，具有重要的现实意义。特别地，直面 NSP 可能面临的资金约束问题，在此基础上构建供应链建模方案，探索成员企业的融资决策，能够适应当前众多 NSP 的迫切需求。

以上管理问题在众多 NSP 的运营实践中可以观察到。例如，GoFun 在重资产运营模式下面临着资金约束问题，因此需要进行外部融资。2017 年，大众（中国）投资公司决定投资 GoFun，收购该公司 20% 的股份。2019 年，GoFun 与上汽大众、大众新动力投资有限公司、易手车（北京）互联网信息服务公司签署战略合作备忘录，形成了包括新能源汽车研究、平台建设、平台融资、二手车回收等在内的闭环生态系统布局。其中，大众新动力投资有限公司是大众旗下的金融服务公司，如果 GoFun 向大众订购新能源汽车，则可以通过大众新动力投资有限公司寻求金融服务，而易手车主要负责废旧新能源汽车的处置。图 22.1 显示了 GoFun 在重资产运营模式下的供应链运作过程。

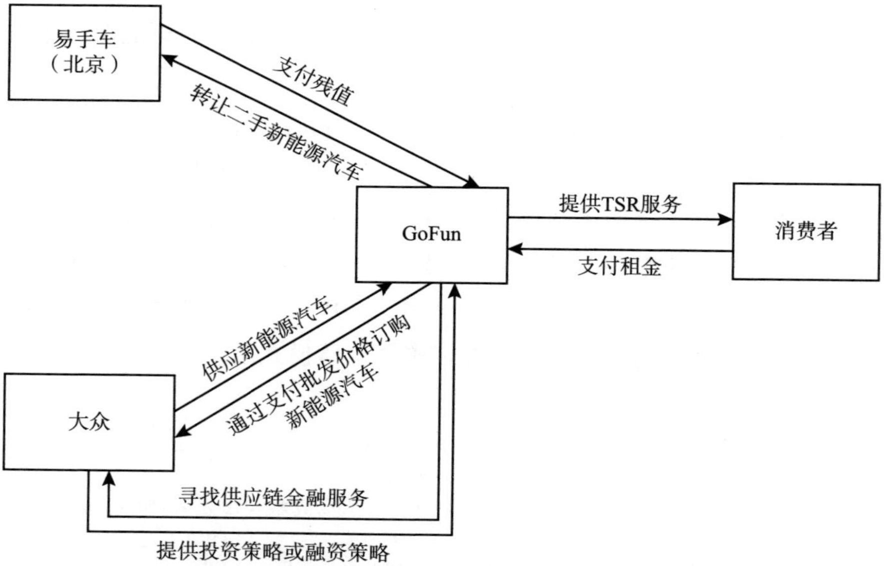

图 22.1　GoFun 在重资产运营模式下的供应链运作过程

除了重资产运营模式外，GoFun 正在积极探索向资金要求较低的轻资产运营模式转型。在轻资产运营模式下，GoFun 不再直接向 OEM 采购新能源汽车，而是可以免费从 OEM 处获得合理数量的新能源汽车，但需要与 OEM 分享 TSR 服务的收益。图 22.2 显示了 GoFun 在轻资产运营模式下的供应链运作过程。

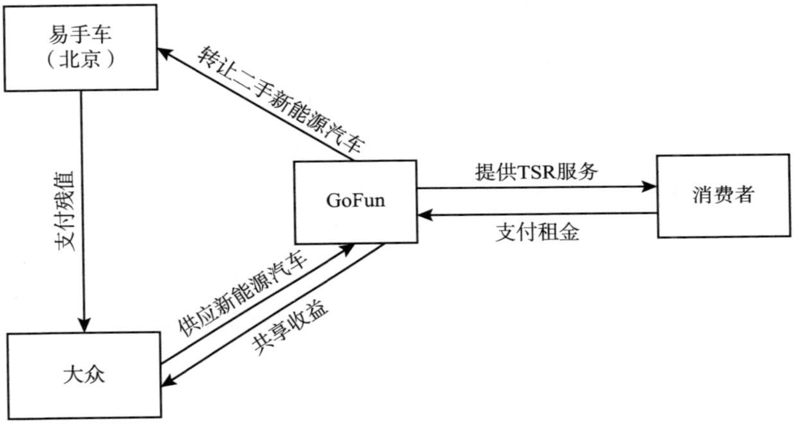

图 22.2　GoFun 在轻资产运营模式下的供应链运作过程

基于上述案例，本章拟研究由一个 NSP 和一个 OEM 组成的两级供应链，并且考虑 NSP 的两种运营模式：重资产运营模式和轻资产运营模式。在重资产运营模式下，进一步假设 NSP 面临资金约束，而 OEM 有能力向 NSP 提供可能的资金支持。在此基础上考虑两种不同的融资策略：OEM 融资（MF）策略和 OEM 投资（MI）策略。在 MF 策略下，由 OEM 向面临资金约束且风险规避的 NSP 提供融资服务，即 OEM 向 NSP 提供贷款，并允许 NSP 在服务期结束时偿还贷款和利息。MF 策略比较简单，本质上是 OEM 在供应链合作的基础上在扮演通常由银行来扮演的资金支持角色。此外，较大型的 OEM 也希望获得对 NSP 的更大控制权。因此，这里考虑 OEM 可能提供的另一种供应链金融融资策略，即 OEM 投资（MI）策略。在 MI 策略下，OEM 向面临资金约束且风险规避的 NSP 提供延期付款服务和补充投资，以换取 NSP 在服务期结束时的收益分享。

对比以上两种融资策略，能够发现 MF 策略和 MI 策略的主要区别在于：在 MF 策略下，NSP 根据其所缺少的资金向 OEM 进行借款，并需要在运营结束后向 OEM 偿还本金和利息；而在 MI 策略下，OEM 允许 NSP 对其购买新能源汽车所缺少的资金进行延迟付款，并直接向 NSP 提供了一定额度的投资，而 NSP 在运营结束后需要向 OEM 偿还所欠账款，并分享一定比例的收益。我们将对以上两种融资策略进行深入讨论，获取供应链成员的最优决策。在轻资产运营模式下，OEM 向风险中性的 NSP 免费提供新能源汽车。因此，我们合理地假设 NSP 拥有足够的资金，在此基础上研究供应链成员的最优决策。最后，通过比较供应链成员的最优决策和收益，分析供应链成员在不同情况下对供应链金融融资策略和运营模式的偏好。

目前，对汽车共享平台的研究主要涉及两个方面：汽车共享平台的运营模式和汽车共享经济下 OEM 的商业模式。蔡灿明等（Choi et al.，2020）构建了一个双寡头模型，分析了两个租赁服务平台之间产品信息披露的纳什博弈问题，进一步讨论了产品信息披露对平台之间竞争决策的影响。阿布伊 - 梅赫里兹等（Abouee-Mehrizi et al.，2021）构建了一个由追求利润最大化的汽车共享公司和追求效用最大化的消费者群体组成的竞争模型，研究了汽车共享公司如何设定电动汽车数量、燃油汽车数量和租赁价格，以实现利润最大化。进一步，他们讨论了在汽车共享市场中引入电动汽车对碳排放造成的影响，并发现只有在充电速度足够快、充电站数量足够多和电动汽车续航里程足够高的情况下，使用电动汽车才是最佳选择。孙守恒和尔茨（Sun and Ertz，2021）使用系统动力学建模框架，从系统的角度模拟运输平台的内部结构和增长机制，并分析不同运营策略对打车平台关键性能指标的影响。也有学者针对打车服务平台，通过将排队模型的稳态等待时间性能引入到客户效用函数中，分析了能够最大化平台利润的最优定价和司机工资水平（Bai et al.，2019）。以上研究主要集中在汽车共享平台的运营模式上，还有一些学者在共享经济背景下分析了 OEM 的商业模式。贝洛斯等（Bellos et al.，2017）开发了一个由垄断 OEM 和消费者组成的模型，在考虑平均燃油经济性（CAFE）标准的标准，通过平衡驾驶性能和燃油效率来确定 OEM 的最优商业模式。李勇建等（Li et al.，2020）认为共享经济不仅改变了消费者的购买和使用行为，也改变了 OEM 的运营模式。他们关注了 P2P 和 B2C 两种商业模式，研究了共享经济背景下 OEM 的商业模式选择问题。研究发现，如果价值感知因素较高或边际成本较低，OEM 应该选择与 B2C 平台合作；如果价值感知因素在中等范围，边际成本较高，则 OEM 应该选择 P2P 平台合作；如果价值感知因子较低，边际成本较高，OEM 不应与任何共享平台合作。田林等（Tian et al. , 2021）关注了基于在线平台的产品共享问题，并将制造商之间提供租赁服务和消费者之间（C2C）的共享进行比较。通过构建博弈模型，发现当 C2C 共享的交易成本较低且制造商的边际生产成本不是很高时，发现制造商向消费者提供租赁服务并不是最优的。相反，当 C2C 共享交易成本高或制造商的边际生产成本高时，制造商应该提供足够的出租服务以挤出 C2C 共享。

目前与平台经济有关的众多研究中，很少有学者关注基于平台的供应链金融决策问题。在为数不多的基于平台的供应链金融决策研究中，所关注的平台主要为电商平台（Tunca and Zhu，2018）。晏妮娜等（Yan et al. , 2020a）考虑面临资金约束的供应商与电子零售商之间的横向或纵向竞争问题，构建了由一个资金约束的供应商和一个提供融资的电子零售商组成的双渠道供应链模型，研究了供应链成员在双渠道中的最优决策和最优期望利润。也有学者将专业的融资平台引入到建模过程中来进行讨论。甄学平等（Zhen et al. , 2020）开发了一个由制造商、零售商、第三方平台和银行组成的模型，其中制造商向平台、零售商或银行寻求融资。然后，通过比较制造商在不同融资策略下的利润，研究制造商的融资策略选择。进一步有研究关注了共享经济下，入驻平台的卖家资金约束问题，宫大庆等（Gong et al. , 2020）考虑了一个在线共享经济系统，该系统由一个提供融资的电子零售平台和一个预算约束的卖家组成，然后建立了一个理论模型来研究该平台的信用额度决策和卖家的销售价格决策。以上研究主要关注了平台的产品提供商面临资金约束，而平台作为供应链金融提供者的情形。然而，在重资产运营模式下，需要向制造商购买产品并向消费者提供服务的汽车共享平台也有可能面临资金约束，并且需要寻求外部融资。因此，本章主要关注了重资产运营模式下，面临资金约束的共享汽车平台的融资问题。

此外，在供应链金融的相关研究中，一些研究开始关注供应链成员的风险规避问题。李波等（Li et al. , 2018）认为，供应商在向受资金约束的零售商提供贷款时更倾向于风险规避，并使用条件风险价值（Conditional Value-at-Risk，CVaR）方法来衡量供应商的风险规避行为。晏妮娜等（Yan et al.，2019）研究了资金约束零售商的两种供应链金融融资策略，即供应商融资和供应商投资，并使用分段效用函数的形式来描述零售商的损失规避。同样，晏妮娜等（Yan et al.，2020b）也使用分段效用函数的形式来描述零售商的损失规避，然后通过博弈论方法分析和比较了零售商的两种融资方案：零售商向制造商提供贷款和零售商投资。从上述研究中，我们发现，在供应链金融领域，常使用 CVaR 和分段效用函数的形式来量化风险。然而，与分段效用函数的形式相比，CVaR 方法强调损失超过风险水平的价值。作为一项新的发展，CVaR 广泛用于衡量经济、金融和保险的风险规避行为（Fan et al.，2020）。在本章中，我们也选择了 CVaR 来量化受资金约束的 NSP 的风险规避行为。

本章的工作与晏妮娜等（Yan et al.，2019）关系最为密切，他们在两种不同的供应链金融融资策略下研究了资金约束零售商的订货决策和供应商的定价决策。然而，与他们的模型不同，我们考虑了 NSP 的两种运营模式，即重资产运营模式和轻资产运营模式，以及 OEM 的两种供应链金融融资策略，即 MF 策略和 MI 策略。然后，我们使用 CVaR 来量化在重资产运营模式下 NSP 的风险规避程度。当 OEM 提供不同的供应链金融融资策略时，我们得到了 NSP 的最优订购量和 OEM 的绿色水平。同时，我们进一步得到了轻资产运营模式下 OEM 的最优供应量和绿色水平。本研究通过对两种运营模式的比较分析，为 NSP 提供了合理的运营建议。综合以上分析，本章的工作既继承了当前的最新研究成果，又在以下几个方面具有明显的特色：

首先，很少有论文探讨平台的不同运营模式，本章以 NSP 供应链为研究对象，同时关注了重资产运营模式和轻资产运营模式，继而对比分析成员企业的最优决策方案。通过考虑两种不同的运营模式，丰富了对 NSP 运营策略的相关研究。找出了重资产和轻资产运营模式之间的差异，相应的结果可以帮助制造商和 NSP 建立更加灵活的协作关系。

其次，虽然一些研究已经开始关注与平台相关的供应链金融决策问题，但现有研究大多认为平台是资金充足的供应链金融服务提供商，很少有研究关注平台的资金约束和风险规避问题。本章抓住了重资产运营模式下 NSP 可能风险规避和面临资金约束的这一重要特征，并引入制造商提供融资和投资两种不同的供应链金融融资策略来开展建模工作，创新性明确。这种研究视角适应了国家战略计划的实际要求，丰富了供应链财务战略的研究。

最后，本章利用 CVaR 对重资产模式下 NSP 的风险规避程度进行量化，抓住了 NSP 的关键特征。研究结论能够帮助规避风险的 NSP 提高竞争力，并引导更多企业进入新能源汽车行业。

第一节　模型描述和基本假设

近年来，新能源汽车在节能减排方面的表现突出，其发展得到了政府的大力扶持以及企业的积极响应。许多实证研究表明，销售价格和绿色水平是影响产品市场需求的关键因素（Wang et al.，2013；Sierzchula et al.，2014；Lin and Wu，2018；Zhang et al.，2018）。因此，假设新能源汽车分时租赁的市场需求为 $D=a-bp+\gamma e+\xi$（Li et al.，2012；Liu and Chen，2019；Fang and Xu，2020）。这里，a 为市场需求潜量，p 为每辆新能源汽车的单位时间租赁价格，b 表示需求对租赁价格 p 的敏感性，γ 表示需求对绿色水平 e 的敏感性。此外，市场需求受到随机因素 ξ 的影响，且假设 ξ 在区间（0，n）内服从均匀分布（Li et al.，2012；Qi et al.，2020）。其中，ξ 的概率密度函数为 $f(x)$，累积分布函数为 $F(x)$。令 $z=a-bp+\gamma e$，则市场需求可以写成 $D=z+\xi$。

考虑由一个 OEM 和一个 NSP 组成的两级供应链，其中 NSP 可能在两种不同的运营模式运作，即重资产运营模式和轻资产运营模式。其中，在重资产运营模式下，OEM 以批发价格 w 将新能源汽车出售给 NSP，然后 NSP 向消费者提供 TSR 服务，且 NSP 最终在服务时间结束时获得所有新能源汽车的残值。而在轻资产运营模式下，OEM 向 NSP 免费提供新能源汽车，最终 NSP 与 OEM 分享运营新能源汽车所产生的收益，且 OEM 最终在服务时间结束时获得所有新能源汽车的残值。这里，假设收益分享因子为 ψ，并进一步假设批发价格 w 和收益分享因子均是外生变量。

假设 NSP 的初始资金为 K，且能满足其在轻资产运营模式下的资金需求，但不能满足其在重资产运营模式下的资金需求。进一步假设在两种运营模式下，OEM 拥有足够的资金来支持其生产活动。在重资产运营模式下，由于 NSP 面临着相对较大的资金压力，且在寻求投融资过程中往往会面临破产的风险，因此假设 NSP 在重资产运营模式下是风险规避的，而在轻资产运营模式下是风险中性的。同时，OEM 始终是风险中性的。令 q 表示新能源汽车的供应量，c_0 表示 OEM 的单位生产成本。对于 OEM 而言，其总成本主要包括两部分：生产成本 c_0q 和绿色成本 $\frac{1}{2}\eta e^2$。这里，η 是绿色水平的成本系数。此外，假设 NSP 管理和维护每辆新能源汽车的运营成本为 c_1。考虑到新能源汽车可能会出现损坏且需要一定的维护，假设实际可用车辆为 uq，其中 u 表示单位时间内新能源汽车的正常运行率。每辆新能源汽车的实际运行时间为 αT，其中 α 表示每辆新能源汽车的有效服务率，T 表示总服务时间。在新能源汽车达到总服务时间 T 后，以残值 s 在二手车市场出售。此外，为了确保 NSP 和 OEM 都愿意参与供应链运作，假设 $up\alpha T + s - c_1 > w(1 + r) > c_0(1 + r)$，$up\alpha T - s + c_1 > (1 - \psi) up\alpha T + s > c_0$。表 22.1 列出了本章的主要参数与决策变量。

表 22.1　　参数和决策变量的符号及其含义

符号	含义
a	市场需求潜量
b	需求对租赁价格的敏感性
p	新能源汽车单位时间租赁价格
γ	需求对绿色水平的敏感性
ξ	需求的随机因素
T	总服务时间
s	每辆新能源汽车的残值
c_1	NSP 的单位运营成本
u	单位时间内新能源汽车的正常运行率
α	每辆新能源汽车的有效服务率
D	分时租赁市场需求

续表

符号	含义
w	新能源汽车的批发价格
K	NSP 的初始资金
r	利率
I	MI 策略下 OEM 的补充投资
λ	NSP 的风险规避程度
η	绿色成本系数
c_0	新能源汽车的单位生产成本
φ	MI 策略下的收益分享因子，$0 \leqslant \varphi \leqslant 1$
ψ	轻资产运营模式下的收益分享因子，$0 \leqslant \psi \leqslant 1$
π_P	NSP 的利润
π_M	OEM 的利润
上标 i	供应链金融融资策略索引，$i = B$，F，I 分别表示基准模型、MF 策略和 MI 策略
下标 j	运营模式索引，$j = H$，L 分别表示重资产运营模式和轻资产运营模式
决策变量 q_j^i	新能源汽车的订购量或供应量
决策变量 e_j^i	新能源汽车的绿色水平

第二节　重资产运营模式

在重资产运营模式下，批发价格是外生的。当 NSP 受到资金约束时，OEM 考虑提供两种供应链金融融资策略：一种是 MF 策略，即 OEM 以利率 r 向 NSP 提供资金支持。这里，r 通常低于银行等金融机构提供的利率；另一种是 MI 策略，即 OEM 允许资金约束的 NSP 延迟支付资金缺口，并向 NSP 提供补充投资 I，以换取在服务期结束时与 NSP 分享 φ 比例收益的权利。

在重资产运营模式下，假设 NSP 是风险规避的，并采用条件风险价值（Conditional Value at Risk，CVaR）工具来量化 NSP 的期望效用。CVaR 是在 VaR（风险价值）的基础上发展而来的一种风险量化方法，满足次可加性、正齐次性、单调性及传递不变性等特性。CVaR 用于衡量低于 λ 分位数水平的利润平均值，因此具有较好的计算特性（Chen et al. ，2009）。本章采用以下辅助函数的最大化目标来作为 CVaR 量化工具下风险规避决策者的目标（Chen et al. ，2009；Kouvelis et al. ，2021；Yang et al. ，2021）：

$$\mathrm{CVaR}_{\lambda}[\pi_P(q)] = \max_{N \in R}\left\{N - \frac{1}{\lambda}E[N - \pi_P(q)]^+\right\},\ \lambda \in (0,\ 1] \tag{22-1}$$

类似于李波等（Li et al. ，2018）和刘忠轶等（Liu et al. ，2020）的研究，本章将 $\mathrm{CVaR}_{\lambda}[\pi_P(q)]$ 定义为 NSP 的期望效用函数。在（22－1）式中，R 表示一个实数，并且 $\lambda \in (0,\ 1]$ 反映了决策者的风险规避程度（λ 越小，决策者越规避风险）。当 $\lambda = 1$ 时，$\mathrm{CVaR}_{\lambda}[\pi_P(q)] = E[\pi_P(q)]$。

一、基准模型

在基准模型中，假设 NSP 持有初始资金 K，并向 OEM 采购新能源汽车，进而向消费者提供 TSR 服务。这里，不考虑 NSP 向 OEM 进行融资或 OEM 向 NSP 进行投资的情形。此时，OEM 与 NSP 之间进行斯坦伯格博弈，其中 OEM 首先决定汽车的绿色水平，然后 NSP 决定汽车的订购量。根据逆向归纳法进行求解分析，可得 NSP 的随机利润函数为：

$$\pi_P(q_H^B) = p\alpha T\min(D,\ uq_H^B) + sq_H^B - c_1 q_H^B - wq_H^B$$
$$\text{s. t. } wq_H^B \leqslant K \tag{22-2}$$

结合（22－1）式中关于 CVaR 的量化方式，可得 NSP 的期望效用函数可以表示为：

$$\mathrm{U}_P(q_H^B) := \mathrm{CVaR}_{\lambda}[\pi_P(q_H^B)] = \max_{v \in R}\left\{N - \frac{1}{\lambda}E[N - \pi_P(q_H^B)]^+\right\},\ \lambda \in (0,\ 1]$$
$$\text{s. t. } wq_H^B \leqslant K \tag{22-3}$$

根据（22－3）式，令

$$\begin{aligned} Z_P(N, q_H^B) &= N - \frac{1}{\lambda}E\left[N - \pi_P(q_H^B)\right]^+ \\ &= N - \frac{1}{\lambda}\int_0^{uq_H^B - z_B}\left[N + wq - sq_H^B - c_1 q_H^B - p\alpha T(x + z_B)\right]^+ f(x)\,\mathrm{d}x \end{aligned}$$

$$-\frac{1}{\lambda}\int_{uq_H^B-z_B}^{+\infty}(N+wq-sq_H^B-p\alpha Tq)^+f(x)\mathrm{d}x$$

这里，$z_B=a-bp+\gamma e_H^B$。进一步讨论如下：

1. 如果 $0<N\leqslant(up\alpha T+s-c_1-w)q_H^B$，则有：

$$Z_P(N,\ q_H^B)=N-\frac{p\alpha T}{\lambda}\int_0^{\frac{N+(w-s+c_1)q_H^B}{p\alpha T}-z_B}F(x)\mathrm{d}x$$

$Z_P(N,\ q_H^B)$ 关于 N 的一阶导和二阶导分别为：

$$\frac{\partial Z_P(N,\ q_H^B)}{\partial N}=1-\frac{1}{\lambda}F\left(\frac{N+(w-s+c_1)q_H^B}{p\alpha T}-z_B\right)$$

$$\frac{\partial^2 Z_P(N,\ q_H^B)}{\partial N^2}=-\frac{1}{\lambda p\alpha T}f\left(\frac{N+(w-s+c_1)q_H^B}{p\alpha T}-z_B\right)<0$$

进一步得到：

$$\frac{\partial Z_P(N,\ q_H^B)}{\partial N}\Big|_{N=-\infty}=1,\quad \frac{\partial Z_P(N,\ q_H^B)}{\partial N}\Big|_{N=(up\alpha T-w+s-c_1)q_H^B}=1-\frac{1}{\lambda}F(uq_H^B-z_B)$$

2. 如果 $N>(up\alpha T-w+s-c_1)q_H^B$，则有：

$$Z_P(N,\ q_H^B)=N-\frac{1}{\lambda}[N-(up\alpha T-w+s-c_1)q_H^B]$$

$$-\frac{p\alpha T}{\lambda}\int_0^{uq_H^B-z_B}F(x)\mathrm{d}x$$

$Z_P(N,\ q_H^B)$ 关于 N 的一阶导为：

$$\frac{\partial Z_P(N,\ q_H^B)}{\partial N}=1-\frac{1}{\lambda}<0$$

根据以上讨论可知，当 $1-\frac{1}{\lambda}F(uq_H^B-z_B)>0$ 时，有 $N_1^*=(up\alpha T-w+s-c_1)q_H^B$；这里，$q_H^B\leqslant\frac{n\lambda+z_B}{u}$。当 $1-\frac{1}{\lambda}F(uq_H^B-z_B)<0$ 时，有 $N_2^*=p\alpha Tn\lambda+p\alpha Tz_B-(w-s+c_1)q_H^B$；这里，$q_H^B>\frac{n\lambda+z_B}{u}$。进一步讨论如下：

（1）当 $N_1^*=(up\alpha T-w+s-c_1)q_H^B$ 时，可得：

$$Z_P(N_1^*,\ q_H^B)=(up\alpha T-w+s-c_1)q_H^B-\frac{p\alpha T}{\lambda}\int_0^{\frac{N+(w-s+c_1)q_H^B}{p\alpha T}-z_B}F(x)\mathrm{d}x$$

$Z_P(N_1^*, q_H^B)$ 关于 q_H^B 的一阶导和二阶导分别为：

$$\frac{\partial Z_P(N_1^*, q_H^B)}{\partial q_H^B}=(up\alpha T-w+s-c_1)-\frac{up\alpha T}{\lambda}F(uq_H^B-z_B)$$

$$\frac{\partial^2 Z_P(N_1^*, q_H^B)}{\partial q_H^{B2}}=-\frac{u^2p\alpha T}{\lambda}f(uq_H^B-z_B)<0$$

显然，$Z_P(N_1^*, q_H^B)$ 是关于 q_H^B 的凹函数，令 $\frac{\partial Z_P(N_1^*, q_H^B)}{\partial q_H^B}=0$，可得 $q_H^B=\frac{n\lambda(up\alpha T-w+\delta)}{u^2p\alpha T}+\frac{(a-bp)+\gamma e}{u}$。

（2）当 $N_2^*=p\alpha Tn\lambda+p\alpha Tz_B-(w-s+c_1)q_H^B$ 时，可得：

$$Z_P(N_2^*, q_H^B)=p\alpha Tn\lambda+p\alpha Tz_B-(w-s+c_1)q_H^B-\frac{p\alpha T}{\lambda}\int_0^{n\lambda}F(x)\mathrm{d}x$$

$Z_P(N_2^*, q_H^B)$ 关于 q_H^B 的一阶导为：

$$\frac{\partial Z_P(N_2^*, q_H^B)}{\partial q_H^B}=-(w-s+c_1)<0$$

显然，$Z_P(N_2^*, q_H^B)$ 随 q_H^B 的增加而递减。因此，可以从下式中得到NSP的最优损失阈值为：$N_1^*=(up\alpha T-w+s-c_1)q_H^B$。根据 $Z_P(N_1^*, q_H^B)=(up\alpha T-w+s-c_1)q_H^B-\frac{p\alpha T}{\lambda}\int_0^{uq_H^B-z_F}F(x)\mathrm{d}x$ 可得，使其最大化的订购量为 $q_H^B=\frac{n\lambda(up\alpha T-w+\delta)}{u^2p\alpha T}+\frac{a-bp+\gamma e}{u}$。如果NSP受资金约束，则无法达到该订购量，且其最大订购量为 $q_H^B=\frac{K}{w}$。令 $\Lambda=\frac{n\lambda(up\alpha T-w+\delta)}{u^2p\alpha T}+\frac{a-bp}{u}$，其中 $\delta=s-c_1$，可得给定绿色水平 e 时风险规避NSP的最优订购量为：

$$q_H^B=\begin{cases}\Lambda+\frac{\gamma e}{u}, & 若\ K\geqslant w\left[\Lambda+\frac{(w-c_0)\gamma^2}{u^2\eta}\right]\\ \frac{K}{w}, & 若\ K<w\left[\Lambda+\frac{(w-c_0)\gamma^2}{u^2\eta}\right]\end{cases}$$

预料到NSP的最优订购量，OEM选择最优的绿色水平来最大化自身期望利润。此时，OEM的期望利润为：

$$E[\pi_M(e_H^B)]=(w-c_0)q_H^B-\frac{1}{2}\eta e_H^{B2}$$

$$\text{s. t. } wq_H^B \leqslant K$$

这里，可以构造如下拉格朗日函数：

$$L(e_H^B,\ \varsigma) = (w - c_0)\left(\Lambda + \frac{\gamma e}{u}\right) - \frac{1}{2}\eta e_H^{B2} - \varsigma\left(w\Lambda + \frac{w\gamma}{u}e_H^B - K\right)$$

其中，ς 为拉格朗日乘子。对上述拉格朗日函数进行分析，得到：

$$\frac{\partial L(e_H^B,\ \varsigma)}{\partial e_H^B} = \frac{\gamma(w - c_0)}{u} - \eta e_H^B - \frac{\varsigma w\gamma}{u} = 0$$

$$\frac{\partial L(e_H^B,\ \varsigma)}{\partial \varsigma} = w\Lambda + \frac{w\gamma}{u}e_H^B - K = 0$$

由此可得，$\varsigma = 0$，$e_H^{B*} = \dfrac{(w - c_0)\gamma}{u\eta}$；或者 $\varsigma = \dfrac{w\gamma^2(w - c_0) - u^2\eta(K - w)\Lambda}{(w\gamma)^2}$，$e_H^{B*} = \dfrac{uK - u\Lambda w}{\gamma w}$。因此，可以得到如下结论：①如果 $K \geqslant w\left[\Lambda + \dfrac{(w - c_0)\gamma^2}{u^2\eta}\right]$，则 $e_H^{B*} = \dfrac{(w - c_0)\gamma}{u\eta}$，$q_H^{B*} = \Lambda + \dfrac{(w - c_0)\gamma^2}{u^2\eta}$；②如果 $\Lambda \leqslant K < w\left[\Lambda + \dfrac{(w - c_0)\gamma^2}{u^2\eta}\right]$，则 $e_H^{B*} = \dfrac{uK - u\Lambda w}{\gamma w}$，$q_H^{B*} = \dfrac{K}{w}$；③如果 $K < w\Lambda$，那么 $e_H^{B*} = 0$，$q_H^{B*} = \dfrac{K}{w}$。

根据上述分析，得到了风险规避 NSP 的最优订购量和 OEM 的最优绿色水平，具体如命题 22.1 所示。

命题 22.1　当 NSP 不向 OEM 寻求融资或投资时，供应链成员的最优决策为：

$$\begin{cases} q_H^{B*} = \Lambda + \dfrac{(w - c_0)\gamma^2}{u^2\eta},\ e_H^{B*} = \dfrac{(w - c_0)\gamma}{u\eta},\ \text{若 } K \geqslant w\left[\Lambda + \dfrac{(w - c_0)\gamma^2}{u^2\eta}\right] \\ q_H^{B*} = \dfrac{K}{w},\ e_H^{B*} = \dfrac{uK - u\Lambda w}{\gamma w},\ \text{若 } w\Lambda \leqslant K < w\left[\Lambda + \dfrac{(w - c_0)\gamma^2}{u^2\eta}\right] \\ q_H^{B*} = \dfrac{K}{w},\ e_H^{B*} = 0,\ \text{若 } 0 < K < w\Lambda \end{cases}$$

命题 22.1 表明，与资金充足的情形相比，如果 NSP 的初始资金不足，则其最优订购量和 OEM 的最优绿色水平均会降低。同时，若 NSP 初始资金不足且无法获得融资，则供应链的最优订购量和绿色水平均随初始资金的增加而递增。但是，如果 NSP 的初始资金极低，即 $0 < K < w\Lambda$，则 OEM 的绿色

水平为0。这是比较符合直觉的，因为当NSP的初始资金极低时，OEM投入的绿色水平将变得毫无意义。因此，在基准模型中，OEM缺乏足够的动机来提高新能源汽车的绿色水平。

显然，当NSP缺乏资金且无法获得融资时，NSP的最优期望效用可表示为：①若$K\geqslant w\left[\Lambda+\frac{(w-c_0)\gamma^2}{u^2\eta}\right]$，则$U_P(q_H^{B*})=(up\alpha T-w+\delta)\left[\Lambda+\frac{(w-c_0)\gamma^2}{u^2\eta}\right]-\frac{p\alpha T}{\lambda}\int_0^{\frac{n\lambda(up\alpha T-w+\delta)}{up\alpha T}}F(x)\mathrm{d}x$；②若$w\Lambda\leqslant K<w\left[\Lambda+\frac{(w-c_0)\gamma^2}{u^2\eta}\right]$，则$U_P(q_H^{B*})=\frac{(up\alpha T-w+\delta)K}{w}-\frac{p\alpha T}{\lambda}\int_0^{\frac{n\lambda(up\alpha T-w+\delta)}{up\alpha T}}F(x)\mathrm{d}x$；③若$0<K<w\Lambda$，则$U_P(q_H^{B*})=\frac{(up\alpha T-w+\delta)K}{w}-\frac{p\alpha T}{\lambda}\int_0^{\frac{uK}{w}-a+bp}F(x)\mathrm{d}x$。

此时，OEM的最优期望利润可表示为：①若$K\geqslant w\left[\Lambda+\frac{(w-c_0)\gamma^2}{u^2\eta}\right]$，则$E[\pi_M(e_H^{B*})]=(w-c_0)\Lambda+\frac{(w-c_0)^2\gamma^2}{2u^2\eta}$；②若$w\Lambda\leqslant K<w\left[\Lambda+\frac{(w-c_0)\gamma^2}{u^2\eta}\right]$，则$E[\pi_M(e_H^{B*})]=\frac{K(w-c_0)}{w}-\frac{1}{2}\eta\left(\frac{uK-u\Lambda w}{\gamma w}\right)^2$；③若$0<K<w\Lambda$，则$E[\pi_M(e_H^{B*})]=\frac{K(w-c_0)}{w}$。

接下来，进一步分析$U_P(q_H^{B*})$和$E[\pi_M(e_H^{B*})]$随初始资金K的变化情况，得到如下推论。

推论22.1 当NSP资金不足且无法获得融资时，①若$K\geqslant w\left[\Lambda+\frac{(w-c_0)\gamma^2}{u^2\eta}\right]$，则$U_P(q_H^{B*})$和$E[\pi_M(e_H^{B*})]$不受$K$的影响；②若$K<\left[\Lambda+\frac{(w-c_0)\gamma^2}{u^2\eta}\right]$，则$U_P(q_H^{B*})$和$E[\pi_M(e_H^{B*})]$随$K$的增加而递增。

证明：在基准模型中，进一步分析如下：

1. 如果$K\geqslant w\left[\Lambda+\frac{(w-c_0)\gamma^2}{u^2\eta}\right]$，显然可以得到$U_P(q_H^{B*})$和$E[\pi_M(e_H^{B*})]$均不受$K$的影响。

2. 如果 $w\Lambda \leqslant K < w\left[\Lambda + \frac{(w-c_0)\gamma^2}{u^2\eta}\right]$，则有 $\frac{\partial U_P q_H^{B*}}{\partial K} = \frac{up\alpha T - w + \delta}{w} > 0$，$\frac{\partial E[\pi_M(e_H^{B*})]}{\partial K} = \frac{w-c_0}{w} - \frac{u\eta(uK - uw\Lambda)}{\gamma^2 w^2}$。此外，可以得到 $\frac{\partial^2 E[\pi_M(e_H^{B*})]}{\partial K^2} = -\frac{u^2\eta}{\gamma^2 w^2} < 0$。因为 $\frac{\partial E[\pi_M(e_H^{B*})]}{\partial K}\Big|_{K=w\Lambda} = \frac{w-c_0}{w} > 0$，$\frac{\partial E[\pi_M(e_H^{B*})]}{\partial K}\Big|_{K\to w\left[\Lambda + \frac{(w-c_0)\gamma^2}{u^2\eta}\right]} = 0$，可得 $\frac{\partial E[\pi_M(e_H^{B*})]}{\partial K} > 0$。因此，$U_P(q_H^{B*})$ 和 $E[\pi_M(e_H^{B*})]$ 随 K 的增加而递增。

3. 如果 $K < w\Lambda$，则有 $\frac{\partial U_P(q_H^{B*})}{\partial K} = \frac{n\lambda w(up\alpha T - w + \delta) - u^2 p\alpha TK + up\alpha Tw(a-bp)}{n\lambda w^2} > 0$，$\frac{\partial E[\pi_M(e_H^{B*})]}{\partial K} = \frac{w-c_0}{w} > 0$。**证毕。**

图 22.3（a）和图 22.3（b）描述了风险规避 NSP 的期望效用和 OEM 的期望利润随 K 的变化情况。根据推论 22.1 可知，当 NSP 的初始资金不足时，NSP 的最优期望效用和 OEM 的最优期望利润均随 K 的增加而递增。这一结论表明，给定一个受资金约束的 NSP，所有供应链成员均可以通过引入 MF 策略或 MI 策略来获得更高的收益。接下来，我们假设 NSP 始终面临资金约束，进一步讨论 OEM 提供 MF 策略或 MI 策略时的决策情形。

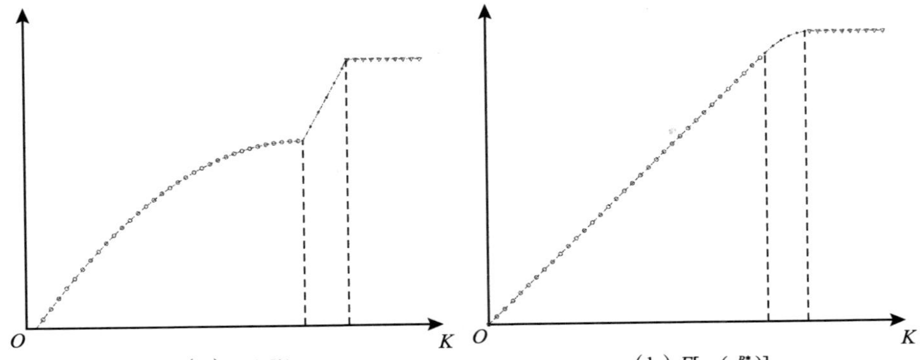

（a）$U_p(q_H^{B*})$　　（b）$E[\pi_M(e_H^{B*})]$

图 22.3　NSP 最优期望效用和 OEM 最优期望利润随 K 的变化情况

二、MF 策略

在 MF 策略下，NSP 在采购新能源汽车时用初始资金 K 向 OEM 支付采购费用。同时，若 NSP 缺乏足够的资金来采购新能源汽车，则 OEM 向 NSP 提供利率为 r 的 MF 策略。基于该融资策略，若订购量为 q_H^F，则 NSP 需要向 OEM 贷款的资金为 wq_H^F-K。在运营期结束且处理报废的新能源汽车后，NSP 获得利润 $p\alpha T\min(D, uq_H^F)+sq_H^F-c_1q_H^F$。同时，NSP 向 OEM 的应还本利和为 $(wq_H^F-K)(1+r)$。这里，若 $p\alpha T\min(D, uq_H^F)+sq_H^F-c_1q_H^F\geqslant(wq_H^F-K)(1+r)$，则 NSP 实际偿还 $(wq_H^F-K)(1+r)$；若 $p\alpha T\min(D, uq_H^F)+sq_H^F-c_1q_H^F<(wq_H^F-K)(1+r)$，则 NSP 面临破产且需要将其所有利润偿还给 OEM。根据上述讨论，OEM 和 NSP 之间的博弈过程可以描述如下：首先，OEM 决定新能源汽车的绿色水平 e_H^F；然后，NSP 决定订购量 q_H^F。具体的事件顺序如图 22.4 所示。

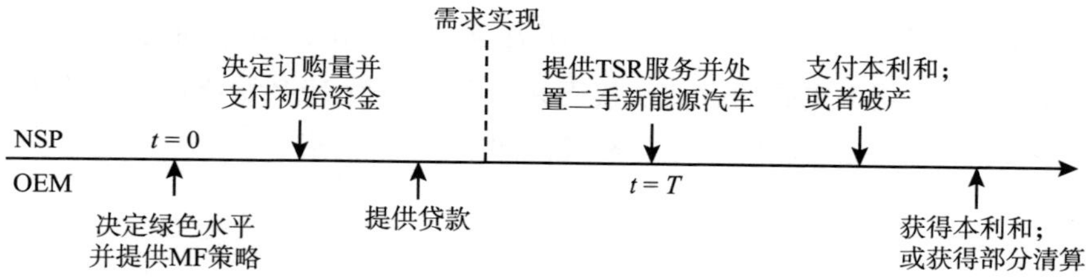

图 22.4　MF 策略下 OEM 和 NSP 之间的博弈过程

基于上述分析可知，在 MF 策略下 NSP 的随机利润函数可以表示为：

$$\pi_P(q_H^F)=p\alpha T\min(D, uq_H^F)+\delta q_H^F-\min[p\alpha T\min(D, uq_H^F)+\delta q_H^F,\ (wq_H^F-K)(1+r)]-K$$

$$\text{s. t. } wq_H^F\geqslant K \tag{22-4}$$

基于（22－1）式中关于 CVaR 的量化方式，可得 NSP 的期望效用函数为：

$$\mathrm{U}_P(q_H^F):=\mathrm{CVaR}_\lambda[\pi_P(q_H^F)]=\max_{N\in R}\left\{N-\frac{1}{\lambda}E[N-\pi_P(q_H^F)]^+\right\},\ \lambda\in(0, 1]$$

$$\text{s. t. } wq_H^F\geqslant K \tag{22-5}$$

根据（22 -5）式，令

$$\begin{aligned} Z_P(N,\ q_H^F) &= N - \frac{1}{\lambda}E[N - \pi_P(q_H^F)]^+ \\ &= N - \frac{1}{\lambda}\int_0^{x_F}(N+K)^+ f(x)\mathrm{d}x - \frac{1}{\lambda}\int_{x_F}^{uq_H^F - z_F}(N + K - \{[p\alpha TD \\ &\quad - w(1+r) + \delta]q_H^F - K(1+r)\})^+ f(x)\mathrm{d}x - \frac{1}{\lambda}\int_{uq_H^F - z_F}^{+\infty}(N+K \\ &\quad - \{[up\alpha T - w(1+r) + \delta]q_H^F + K(1+r)\})^+ f(x)\mathrm{d}x \end{aligned}$$

这里，$x_F = \dfrac{(wq_H^F - K)(1+r) - \delta q_H^F}{Tp\alpha} - z_F$，$z_F = a - bp + \gamma e_H^F$。令 $G_1 = up\alpha T + w(1+r) - \delta$，$G_2 = up\alpha T - w(1+r) + \delta$，$G_3 = c_0 n + up\alpha T\gamma(a-bp) + (uK - nw)(1+r)$。进一步讨论如下：

1. 如果 $0 < N \leqslant G_2 q_H^F + Kr$，则得到：

$$Z_P(N,\ q_H^F) = N - \frac{p\alpha T}{\lambda}\int_{x_F}^{\frac{N-Kr+[w(1+r)-\delta]q_H^F}{p\alpha T} - z_F} F(x)\mathrm{d}x$$

$Z_P(N,\ q_H^F)$ 关于 N 的一阶导和二阶导分别为：

$$\frac{\partial Z_P(N,\ q_H^F)}{\partial N} = 1 - \frac{1}{\lambda}F\left(\frac{N - Kr + [w(1+r) - \delta]q_H^F}{p\alpha T} - z_F\right)$$

$$\frac{\partial^2 Z_P(N,\ q_H^F)}{\partial N^2} = -\frac{1}{\lambda p\alpha T}f\left(\frac{N - Kr + [w(1+r) - \delta]q_H^F}{p\alpha T} - z_F\right) < 0$$

进一步得到：

$$\frac{\partial Z_P(N,\ q_H^F)}{\partial N}\Big|_{N=-\infty} = 1,\quad \frac{\partial Z_P(N,\ q_H^F)}{\partial N}\Big|_{N = G_2 q_H^F + Kr} = 1 - \frac{1}{\lambda}F(uq_H^F - z_F)$$

2. 如果 $N > G_2 q_H^F + Kr$，则得到：

$$Z_P(N,\ q_H^F) = N - \frac{1}{\lambda}(N - G_2 q_H^F - Kr) - \frac{p\alpha T}{\lambda}\int_{x_F}^{uq_H^F - z_F} f(x)\mathrm{d}x$$

$Z_P(N,\ q_H^F)$ 关于 N 的一阶导为：

$$\frac{\partial Z_P(N,\ q_H^F)}{\partial N} = 1 - \frac{1}{\lambda} < 0$$

根据以上讨论可知，当 $1 - \frac{1}{\lambda}F(uq_H^F - z_F) > 0$ 时，有 $N_1^* = G_2 q_H^F + Kr$；这

里，$q_H^F \leqslant \frac{n\lambda + z_F}{u}$。当 $1 - \frac{1}{\lambda}F(uq_H^F - z_F) < 0$ 时，有 $N_2^* = p\alpha Tn\lambda - p\alpha Tx_F - K$；这里，$q_H^F > \frac{n\lambda + z_F}{u}$。进一步讨论如下：

（1）当 $N_1^* = G_2 q_H^F + Kr$ 时，则得到：

$$Z_P(N_1^*,\ q_H^F) = G_2 q_H^F + Kr - \frac{p\alpha T}{\lambda}\int_{x_F}^{uq_H^F - z_F} f(x)\mathrm{d}x$$

$Z_P(N_1^*,\ q_H^F)$ 关于 q_H^F 的一阶导和二阶导分别为：

$$\frac{\partial Z_P(N_1^*,\ q_H^F)}{\partial q_H^F} = G_2 - \frac{up\alpha T}{\lambda}F(uq_H^F - z_F) + \frac{w(1+r) - \delta}{\lambda}F(x_F)$$

$$\frac{\partial^2 Z_P(N_1^*,\ q_H^F)}{\partial q_H^{F2}} = -\frac{1}{\lambda p\alpha T}\{(p\alpha T)^2 f(uq_H^F - z_F) - [w(1+r) - \delta]^2 f(x_F)\} < 0$$

显然，$Z_P(N_1^*,\ q_H^F)$ 是关于 q_H^F 的凹函数。令 $\frac{\partial Z_P(N_1^*,\ q_H^F)}{\partial q_H^F} = 0$，则得到 $q_H^{F*} = \frac{p\alpha TG_2(n\lambda + a - bp + \gamma e_H^F) - [w(1+r) - \delta]K(1+r)}{G_1 G_2}$。

（2）当 $N_2^* = p\alpha Tn\lambda - p\alpha Tx_F - K$ 时，则得到：

$$Z_P(N_2^*,\ q_H^F) = p\alpha Tn\lambda - p\alpha Tx_F - K - \frac{p\alpha T}{\lambda}\int_{x_F}^{n\lambda} F(x)\mathrm{d}x$$

$$\frac{\partial Z_P(N_2^*,\ q_H^F)}{\partial q_H^F} = \frac{w(1+r) - \delta}{\lambda}[F(x_F) - \lambda] < 0$$

显然，$Z_P(N_2^*,\ q_H^F)$ 随 q_H^F 的增加而递减。因此，NSP 的最优损失阈值满足下式：$N_1^* = G_2 q_H^F + Kr$。根据 $Z_P(N_2^*,\ q_H^F) = G_2 q_H^F + Kr - \frac{p\alpha T}{\lambda}\int_{x_F}^{uq_H^F - z_F} f(x)\mathrm{d}x$ 可知，使其最大化的订购量为 $q_H^F = \frac{p\alpha TG_2(n\lambda + a - bp + \gamma e_H^F) - [w(1+r) - \delta]K(1+r)}{G_1 G_2}$，这就是风险规避 NSP 的最优订购量。

预料到 NSP 的最优反应函数，OEM 决定最优的绿色水平来最大化自身期望利润。令 $E[\pi_M(e_H^F)]$ 为 OEM 在 MF 策略下的期望利润，则可以得到：

$$E[\pi_M(e_H^F)] = E\Big\{\min[p\alpha T\min(D,\ uq_H^F) + \delta q_H^F,\ (wq_H^F - K)(1+r)] - c_0 q_H^F$$

$$-\frac{1}{2}\eta e_H^{F2}+K\Big\}$$

$$=(wq_H^F-K)(1+r_F)+K-c_0q_H^F-\frac{1}{2}\eta e_H^{F2}-Tp\alpha\int_0^{x_F}F(x)\mathrm{d}x \tag{22-6}$$

$E[\pi_M(e_H^F)]$ 关于 e_H^F 的一阶导和二阶导分别为：

$$\frac{\partial E[\pi_M(e_H^F)]}{\partial e_H^F}=\frac{p\alpha T\gamma[w(1+r)-c_0+up\alpha TF(x_F)]}{G_1}-\eta e_H^F$$

$$\frac{\partial^2 E[\pi_M(e_H^F)]}{\partial e_H^{F2}}=-\frac{u^2(p\alpha T)^3\gamma^2}{G_1^2}-p\alpha T\eta<0$$

显然，$E[\pi_M(e_H^F)]$ 是关于 e_H^F 的凹函数。令 $\frac{\partial E[\pi_M(e_H^F)]}{\partial e_H^F}=0$，可以得到 OEM 的最优绿色水平为

$$e_H^{F*}=\frac{p\alpha T\gamma[u(p\alpha T)^2\gamma^4+n\eta G_1]\{up\alpha T[w(1+r)-\delta]G_2(n\lambda+a-bp)-u[w(1+r)-\delta]^2K(1+r)-G_1G_2G_3\}}{G_1G_2[u(p\alpha T)^2\gamma^4+n\eta G_1]-u[w(1+r)-\delta](p\alpha T\gamma)^2G_2}$$

进一步将 e_H^{F*} 代入风险规避 NSP 的订购量 q_H^F 中，则得到 NSP 的最优订购量为 $q_H^{F*}=\frac{[u(p\alpha T)^2\gamma^4+n\eta G_1][p\alpha TG_2(n\lambda+a-bp)-K(1+r)]-(p\alpha T\gamma)^2G_2G_3}{G_1G_2[u(p\alpha T)^2\gamma^4+n\eta G_1]-u(p\alpha T\gamma)^2G_2[w(1+r)-\delta]}$。

根据上述分析，可以得到 OEM 的最优绿色水平 e_H^{F*} 和风险规避 NSP 的最优订购量 q_H^{F*}，具体如命题 22.2 所示。

命题 22.2　给定 $wq_H^F>K$，在 MF 策略下，OEM 的最优绿色水平和 NSP 的最优订购量可以表示为：

$$e_H^{F*}=\frac{p\alpha T\gamma[u(p\alpha T)^2\gamma^4+n\eta G_1]\{up\alpha T[w(1+r)-\delta]G_2(n\lambda+a-bp)-u[w(1+r)-\delta]^2K(1+r)-G_1G_2G_3\}}{G_1G_2[u(p\alpha T)^2\gamma^4+n\eta G_1]-u[w(1+r)-\delta](p\alpha T\gamma)^2G_2}$$

$$q_H^{F*}=\frac{[u(p\alpha T)^2\gamma^4+n\eta G_1][p\alpha TG_2(n\lambda+a-bp)-K(1+r)]-(p\alpha T\gamma)^2G_2G_3}{G_1G_2[u(p\alpha T)^2\gamma^4+n\eta G_1]-u(p\alpha T\gamma)^2G_2[w(1+r)-\delta]}$$

根据命题 22.2 可知，在 MF 策略下，OEM 的最优绿色水平和 NSP 的最优订购量均受到 NSP 的初始资金 K，风险规避程度 λ 和 OEM 的绿色成本系数 η 的综合影响。进一步地，可以得到如下推论。

推论 22.2 给定 $wq_H^F > K$，在 MF 策略下，OEM 和 NSP 的最优决策具有以下特性：

1. $\frac{\partial e_H^{F*}}{\partial K}<0$；$\frac{\partial q_H^{F*}}{\partial K}<0$。

2. $\frac{\partial e_H^{F*}}{\partial \lambda}>0$；$\frac{\partial q_H^{F*}}{\partial \lambda}>0$。

3. $\frac{\partial e_H^{F*}}{\partial \eta}<0$；$\frac{\partial q_H^{F*}}{\partial \eta}<0$。

证明：

1. e_H^{F*} 和 q_H^{F*} 关于 K 的一阶导分别为：

$$\frac{\partial e_H^{F*}}{\partial K} = -\frac{u\gamma(1+r)(up\alpha T)^3}{G_2[u\eta nG_1^2+(up\alpha T)^3\gamma^2]}<0$$

$$\frac{\partial q_H^{F*}}{\partial K} = -\frac{\gamma^2(1+r)(up\alpha T)^4+[w(1+r)-\delta](1+r)[u\eta nG_1^2+(up\alpha T)^3\gamma^2]}{[u\eta nG_1^2+(up\alpha T)^3\gamma^2]G_1G_2}<0$$

2. e_H^{F*} 和 q_H^{F*} 关于 λ 的一阶导分别为：

$$\frac{\partial e_H^{F*}}{\partial \lambda} = \frac{n(u\gamma p\alpha T)^2[w(1+r)-\delta]}{u\eta nG_1^2+(up\alpha T)^3\gamma^2}>0$$

$$\frac{\partial q_H^{F*}}{\partial \lambda} = \frac{p\alpha T}{G_1}\left(n+\gamma\frac{\partial e_H^{F*}}{\partial \lambda}\right)>0$$

3. e_H^{F*} 和 q_H^{F*} 关于 η 的一阶导分别为：

$$\frac{\partial e_H^{F*}}{\partial \eta} = -\frac{nue_H^{F*}G_1^2}{u\eta nG_1^2+(up\alpha T)^3\gamma^2}<0$$

$$\frac{\partial q_H^{F*}}{\partial \eta} = -\frac{nup\alpha T\gamma e_H^{F*}G_1}{u\eta nG_1^2+(up\alpha T)^3\gamma^2}<0$$

证毕。

推论 22.2 中特性 1 表明，OEM 的最优绿色水平和风险规避 NSP 的最优订购量均随 NSP 初始资金 K 的增加而递减。因此，随着资金缺口的缩小，MF 策略的激励作用会逐渐减弱。这一结论表明，给定较大的资金缺口，MF 策略有利于激励供应链成员提供较高质量的 TSR 服务，提升新能源汽车的绿色水平，从而搭建更加紧密的供应链合作机制。推论 22.2 中特性 2 表明，随着风险规避程度的降低，OEM 愿意通过提高新能源汽车的绿色水平来刺激市场需求。同时，NSP 也会向 OEM 订购更多的新能源汽车来满足市场需求。因此，可以合理判断出，如果 NSP 保持较低的风险规避程度，供应链更有积极性来促进技术的进步和服务能力的提升。推论 22.2 中特性 3 表明，OEM 的最优绿色水平和 NSP 的最优订购量均随绿色成本系数的增加而递减。这一结论表明，较高的绿色成本系数说明 OEM 需要投入较高的成本来达到一定的绿色水平，即 OEM 的技术还不够成熟，因此可能会阻碍新能源汽车的绿色发展和推广应用。针对此，OEM 需要进一步提高绿色投资的效率，从而促进 NSP 供应链的可持续发展。

三、MI 策略

在 MI 策略下，若 NSP 缺乏足够的资金来采购新能源汽车，则可以延迟付款，且额度为 wq_H^I-K；同时，OEM 可以向 NSP 投资 I，并获得比例为 φ 的 NSP 收益。为了防止 NSP 对冲，OEM 的投资额度需要满足 $0\leqslant I\leqslant(w-\delta)q_H^I-K$，并且假设 NSP 没有其他投资。当运营期结束后，若 NSP 的利润高于 wq_H^I-K，即 $p\alpha T\min(D, uq_H^I)+\delta q_H^I+I\geqslant wq_H^I-K$，则 NSP 向 OEM 偿还延期付款，并按比例 φ 分享利润，此时 OEM 获得收益 $\varphi[p\alpha T\min(D, uq_H^I)+\delta q_H^I+I-(wq_H^I-K)]+wq_H^I-I$；若 NSP 的利润低于 wq_H^I-K，即 $p\alpha T\min(D, uq_H^I)+\delta q_H^I+I<wq_H^I-K$，则 NSP 面临破产，且将其总利润（包括补充投资 I）全部偿还给 OEM。因此，在 MI 策略下，OEM 和风险规避的 NSP 之间的博弈过程可以描述如下：首先，OEM 决定新能源汽车的绿色水平 e_H^I；然后，NSP 决定订购量 q_H^I。具体的事件顺序如图 22.5 所示。

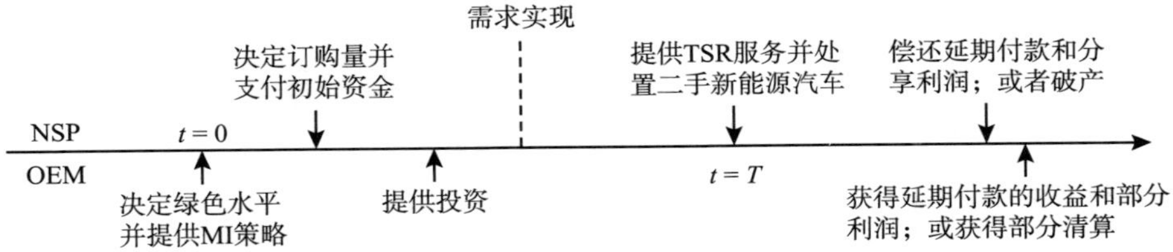

图 22.5　MI 策略下 OEM 和 NSP 之间的博弈过程

根据上述博弈过程，MI 策略下 NSP 的随机利润函数可表示如下：

$$\pi_P(q_H^I) = (1-\varphi)\{p\alpha T\min(D,\ uq_H^I) + \delta q_H^I + I - \min[p\alpha T\min(D,\ uq_H^I) + \delta q_H^I + I,\ (wq_H^I - K)]\} - K$$

$$\text{s. t. } wq_H^I \geqslant K \tag{22-7}$$

由于 NSP 是风险规避的，采用（22－1）式中的 CVaR 来量化 NSP 的风险规避态度。此时，NSP 的期望效用函数可以表示为：

$$\mathrm{U}_P(q_H^I) = \mathrm{CVaR}_\lambda[\pi_P(q_H^I)] = \max_{N\in R}\left\{N - \frac{1}{\lambda}E[N - \pi_P(q_H^I)]^+\right\},\ \lambda\in(0,\ 1]$$

$$\text{s. t. } wq_H^I \geqslant K \tag{22-8}$$

证明：首先，令

$$\begin{aligned} Z_P(N,\ q_H^I) &= N - E[N - \pi_P(q_H^I)]^+ \\ &= N - \frac{1}{\lambda}\int_{uq_H^I - z_I}^{+\infty}[N + K - (1-\varphi)(\theta_1 q_H^I + K + I)]^+ f(x)\mathrm{d}x \\ &\quad - \frac{1}{\lambda}\int_{x_I}^{uq_H^I - z_I}[N + K - (1-\varphi)(p\alpha T z_I + p\alpha T x - wq_H^I + K + I \\ &\quad + \delta q_H^I)]^+ f(x)\mathrm{d}x - \frac{1}{\lambda}\int_0^{x_I}(N+K)^+ f(x)\mathrm{d}x \end{aligned}$$

这里，$x_I = \dfrac{(w-\delta)q_H^I - K - I}{M} - z_I$，$z_I = a - bp + \gamma e_H^I$，$\theta_1 = up\alpha T - w + \delta$，$\theta_2 = up\alpha T + w - \delta$。进一步讨论如下：

1. 如果 $0 < N \leqslant (1-\varphi)(\theta_1 q_H^I + K + I) - K$，则得到：

$$Z_P(N,\ q_H^I) = N - \frac{(1-\varphi)p\alpha T}{\lambda}\int_{x_I}^{\frac{N+K+(1-\varphi)p\alpha T x_I}{p\alpha T(1-\varphi)}} F(x)\mathrm{d}x$$

$Z_P(N,\ q_H^I)$ 关于 N 的一阶导和二阶导分别为：

$$\frac{\partial Z_P(N,\ q_H^I)}{\partial N} = 1 - \frac{1}{\lambda}F\left(\frac{N + K + (1-\varphi)p\alpha T x_I}{p\alpha T(1-\varphi)}\right)$$

$$\frac{\partial^2 Z_P(N,\ q_H^I)}{\partial N^2} = -\frac{1}{\lambda p\alpha T(1-\varphi)}f\left(\frac{N + K + (1-\varphi)p\alpha T x_I}{p\alpha T(1-\varphi)}\right) < 0$$

进一步得到：

$$\frac{\partial Z_P(N,\ q_H^I)}{\partial N}\bigg|_{N=-\infty} = 1$$

$$\frac{\partial Z_P(N,\ q_H^I)}{\partial N}\Big|_{N=(1-\varphi)(\theta_1 q_H^I+K+I)-K}=1-\frac{1}{\lambda}F\left(\frac{(1-\varphi)(\theta_1 q_H^I+K+I+p\alpha Tx_I)}{p\alpha T(1-\varphi)}\right)$$

2. 如果 $N>(1-\varphi)(\theta_1 q_H^I+K+I)-K$，则得到：

$$Z_P(N,\ q_H^I)=N-\frac{N+K}{\lambda}+(1-\varphi)(\theta_1 q_H^I+K+I)-\frac{(1-\varphi)p\alpha T}{\lambda}\int_{x_I}^{uq_H^I-z_I}F(x)\mathrm{d}x$$

$Z_P(N,\ q_H^I)$ 关于 N 的一阶导为：

$$\frac{\partial Z_P(N,\ q_H^I)}{\partial N}=1-\frac{1}{\lambda}<0$$

根据以上讨论可知，当 $1-\frac{1}{\lambda}F(uq_H^I-z_I)>0$ 时，有 $N_1^*=(1-\varphi)(\theta_1 q_H^I+K+I)+K$；这里，$q_H^I\leqslant\frac{n\lambda+z_I}{u}$。当 $1-\frac{1}{\lambda}F(uq_H^I-z_I)<0$ 时，有 $N_2^*=p\alpha T(1-\varphi)(n\lambda-x_I)-K$；这里，$q_H^I>\frac{n\lambda+z_I}{u}$。进一步讨论如下：

（1）当 $N_1^*=(1-\varphi)(\theta_1 q_H^I+K+I)-K$ 时，则得到：

$$Z_P(N_1^*,\ q_H^I)=(1-\varphi)(\theta_1 q_H^I+K+I)-K-\frac{(1-\varphi)p\alpha T}{\lambda}\int_{x_I}^{uq_H^I-z_I}F(x)\mathrm{d}x$$

$Z_P(N_1^*,\ q_H^I)$ 关于 q_H^I 的一阶导和二阶导分别为：

$$\frac{\partial Z_P(N_1^*,\ q_H^I)}{\partial q_H^I}=(1-\varphi)\theta_1-\frac{(1-\varphi)up\alpha T}{\lambda}F(uq_H^I-z_I)+\frac{(1-\varphi)(w-\delta)}{\lambda}F(x_I)$$

$$\frac{\partial^2 Z_P(N_1^*,\ q_H^I)}{\partial q_H^{I2}}=-\frac{1-\varphi}{\lambda p\alpha T}\theta_1\theta_2<0$$

显然，$Z_P(N_1^*,\ q_H^I)$ 是关于 q_H^I 的凹函数。令 $\frac{\partial Z_P(N_1^*,\ q_H^I)}{\partial q_H^I}=0$，可以得到 $q_H^I=\frac{p\alpha T(up\alpha T-w+\delta)(n\lambda+a-bp+\gamma e_H^I)-(w-\delta)(K+I)}{(up\alpha T)^2-(w-\delta)^2}$。

（2）当 $N_2^*=p\alpha T(1-\varphi)(n\lambda-x_I)-K$ 时，则得到：

$$Z_P(N_2^*,\ q_H^I)=p\alpha T(1-\varphi)(n\lambda-x_I)-K-\frac{p\alpha T(1-\varphi)}{\lambda}\int_{x_I}^{n\lambda}F(x)\mathrm{d}x$$

$Z_P(N_2^*,\ q_H^I)$ 关于 q_H^I 的一阶导为：

$$\frac{\partial Z_P(N_2^*,\ q_H^I)}{\partial q_H^I}=\frac{(w-\delta)(1-\varphi)}{\lambda}[F(x_I)-\lambda]<0$$

显然，$Z_P(N_2^*,\ q_H^I)$ 随 q_H^I 的增加而递减。因此，NSP 的最优损失阈值为 $N_1^*=(1-\varphi)(\theta_1 q_H^I+K+I)-K$。特别地，最大化 $Z_P(N_2^*,\ q_H^I)=(1-\varphi)(\theta_1 q_H^I+K+I)-K-\frac{(1-\varphi)p\alpha T}{\lambda}\int_{x_I}^{uq_H^I-z_I}F(x)\mathrm{d}x$ 的订购量为 $q_H^I=\frac{p\alpha T(up\alpha T-w+\delta)(n\lambda+a-bp+\gamma e_H^I)-(w-\delta)(K+I)}{(up\alpha T)^2-(w-\delta)^2}$，这就是风险规避 NSP 的最优订购量。

预料到 NSP 的最优订购量 q_H^I，OEM 的期望利润可以表示为：

$$\begin{aligned}E[\pi_M(e_H^I)] &= \int_0^{x_I}(p\alpha TD+\delta q_H^I+K)f(x)\mathrm{d}x-c_0 q_H^I-\frac{1}{2}\eta e_H^{I2}\\&\quad+\int_{x_I}^{+\infty}\{\varphi[p\alpha T\min(D,\ uq_H^I)+I+\delta q_H^I-(wq_H^I-K)]\\&\quad+wq_H^I-I\}f(x)\mathrm{d}x\\&=(w-c_0)q_H^I+\varphi(\theta_1 q_H^I+K+I)-I-\frac{1}{2}\eta e_H^{I2}\\&\quad-p\alpha T\int_0^{x_I}F(x)\mathrm{d}x-\varphi p\alpha T\int_{x_I}^{uq_H^I-z_I}F(x)\mathrm{d}x\end{aligned}\tag{22-9}$$

$E[\pi_M(e_H^I)]$ 关于 e_H^I 的一阶导和二阶导分别为：

$$\begin{aligned}\frac{\partial E[\pi_M(e_H^I)]}{\partial e_H^I}&=\varphi p\alpha T\gamma F(uq_H^I-z_I)-p\alpha T\gamma(\varphi-1)F(x_I)-\eta e_H^I+\frac{p\alpha T\gamma}{\theta_2}[\varphi\theta_1+w\\&\quad-c_0-\varphi up\alpha TF(uq_H^I-z_I)+(\varphi-1)(w-\delta)F(x_I)]\end{aligned}$$

$$\frac{\partial^2 E[\pi_M(e_H^I)]}{\partial e_H^{I2}}=-\eta-\frac{\varphi p\alpha T\gamma^2(w-\delta)^2}{\theta_2^2}-\frac{(1-\varphi)(up\alpha T\gamma)^2}{\theta_2^2}<0$$

显然，$E[\pi_M(e_H^I)]$ 是关于 e_H^I 的凹函数。令 $\frac{\partial E[\pi_M(e_H^I)]}{\partial e_H^I}=0$，得到 OEM 的最优绿色水平为 $e_H^{I*}=\frac{p\alpha T\gamma G_4\theta_1\theta_2+up\alpha T\gamma(w-\delta)[p\alpha T(n\lambda+a-bp)\theta_1+(w-\delta)(K+I)]}{\theta_1\{\{n\eta\theta_2^2-\theta_2[u(\varphi-1)+\varphi(w-\delta)](p\alpha T\gamma)^2\}-u\theta_1(w-\delta)(p\alpha T\gamma)^2\}}$。这里，$G_4=n(\varphi\theta_2+w-c_0)+u(\varphi-1)[K+I+p\alpha T(a-bp+n\lambda)]-\varphi(w-\delta)(a-bp)$。进一步得到 NSP 的最优订购量为：

$$q_H^{I*}=\frac{\{n\eta\theta_2-[u(\varphi-1)+\varphi(w-\delta)](p\alpha T\gamma)^2\}\{G_4\theta_1\theta_2+u[p\alpha T(n\lambda+a-bp)\theta_1+(w-\delta)(K+I)](w-\delta)\}}{u(w-\delta)\theta_1\{[n\eta\theta_2^2-\theta_2(u(\varphi-1)+\varphi(w-\delta))(p\alpha T\gamma)^2]-u(w-\delta)(p\alpha T\gamma)^2\}}$$

$$-\frac{G_4}{u(w-\delta)}$$

根据上述分析，可以得到 OEM 的最优绿色水平 e_H^{I*} 和风险规避 NSP 的最优订购量 q_H^{I*}，具体如命题 22.3 所示。

命题 22.3　给定 $wq_H^I \geqslant K$，在 MI 策略下，OEM 的最优绿色水平和 NSP 的最优订购量可以表示为：

$$e_H^{I*}=\frac{p\alpha T\gamma G_4\theta_1\theta_2+up\alpha T\gamma(w-\delta)[p\alpha T(n\lambda+a-bp)\theta_1+(w-\delta)(K+I)]}{\theta_1\{n\eta\,\theta_2^2-\theta_2[u(\varphi-1)+\varphi(w-\delta)](p\alpha T\gamma)^2\}-u\theta_1(w-\delta)(p\alpha T\gamma)^2}$$

$$q_H^{I*}=\frac{\{n\eta\theta_2-[u(\varphi-1)+\varphi(w-\delta)](p\alpha T\gamma)^2\}\{G_4\theta_1\theta_2+u[p\alpha T(n\lambda+a-bp)\theta_1+(w-\delta)(K+I)](w-\delta)\}}{u(w-\delta)\theta_1\{[n\eta\theta_2^2-\theta_2(u(\varphi-1)+\varphi(w-\delta))(p\alpha T\gamma)^2]-u(w-\delta)(p\alpha T\gamma)^2\}}-\frac{G_4}{u(w-\delta)}$$

显然，在 MI 策略下，OEM 的最优绿色水平和 NSP 的最优订购量均受到 NSP 初始资金 K 和收益分享因子 φ 的影响。此外，NSP 的风险规避程度 λ 和 OEM 的绿色成本系数 η 等其他因素也会影响供应链成员的最优决策。结合考虑命题 22.2，可以得到以下推论。

推论 22.3　给定 $wq_H^I > K$，在 MI 策略下，OEM 和 NSP 的最优决策具有以下特性：

1. $\frac{\partial e_H^{I*}}{\partial K}<0$；$\frac{\partial q_H^{I*}}{\partial K}<0$。

2. $\frac{\partial e_H^{I*}}{\partial \lambda}>0$；$\frac{\partial q_H^{I*}}{\partial \lambda}>0$。

3. $\frac{\partial e_H^{I*}}{\partial \eta}<0$；$\frac{\partial q_H^{I*}}{\partial \eta}<0$。

4. $\frac{\partial e_H^{I*}}{\partial \varphi}>0$；$\frac{\partial q_H^{I*}}{\partial \varphi}>0$。

5. $\frac{\partial e_H^{I*}}{\partial I}<0$；$\frac{\partial q_H^{I*}}{\partial I}<0$。

6. $\frac{\partial E[\pi_M(e_H^{I*})]}{\partial I}<0$；$\frac{\partial \mathrm{U}_P(q_H^{I*})}{\partial I}>0$。

证明：

1. e_H^{I*} 和 q_H^{I*} 关于 K 的一阶导分别为：

$$\frac{\partial e_H^{I*}}{\partial K}=\frac{-u^2 p\alpha T\gamma\left[(1-\varphi)\theta_2+\frac{(w-\delta)}{\theta_1}\right]}{un\eta\theta_2^2+(up\alpha T-\varphi\theta_1)\theta_2\, up\alpha T\gamma^2+(up\alpha T\gamma)^2}<0$$

$$\frac{\partial q_H^{I*}}{\partial K}=-\frac{(up\alpha T\gamma)^2\left[(1-\varphi)\theta_2+\frac{(w-\delta)}{\theta_1}\right]}{\theta_2\left[un\eta\theta_2^2+(up\alpha T-\varphi\theta_1)\theta_2\, up\alpha T\gamma^2+(up\alpha T\gamma)^2\right]}-\frac{w-\delta}{\theta_1\theta_2}<0$$

2. e_H^{I*} 和 q_H^{I*} 关于 λ 的一阶导分别为：

$$\frac{\partial e_H^{I*}}{\partial\lambda}=\frac{un\gamma(p\alpha T)^2}{n\eta\theta_2^2+\theta_2\, p\alpha T\gamma^2\left[(1-\varphi)up\alpha T+\varphi(w-\delta)\right]+u(p\alpha T)^2\gamma^2}>0$$

$$\frac{\partial q_H^{I*}}{\partial\lambda}=\frac{p\alpha T}{\theta_2}\left[n+\frac{\gamma n(p\alpha T)^2}{un\eta\theta_2^2+(up\alpha T-\varphi\theta_1)\theta_2\, up\alpha T\gamma^2+(up\alpha T\gamma)^2}\right]>0$$

3. e_H^{I*} 和 q_H^{I*} 关于 η 的一阶导分别为：

$$\frac{\partial e_H^{I*}}{\partial\eta}=-\frac{un\theta_2^2}{un\eta\theta_2^2+(up\alpha T-\varphi\theta_1)\theta_2\, up\alpha T\gamma^2+(up\alpha T\gamma)^2}<0$$

$$\frac{\partial q_H^{I*}}{\partial\eta}=\frac{p\alpha T\gamma}{\theta_2}\frac{\partial e_H^{I*}}{\partial\eta}<0$$

4. e_H^{I*} 和 q_H^{I*} 关于 φ 的一阶导分别为：

$$\frac{\partial e_H^{I*}}{\partial\varphi}=\frac{up\alpha T\gamma\theta_2\left[u(K+I)+\theta_1(a-bp)+\theta_1\theta_2 p\alpha T\gamma^2 e_H^{I*}\right]}{un\eta\theta_2^2+(up\alpha T-\varphi\theta_1)\theta_2\, up\alpha T\gamma^2+(up\alpha T\gamma)^2}>0$$

$$\frac{\partial q_H^{I*}}{\partial\varphi}=\frac{p\alpha T\gamma}{\theta_1}\frac{\partial e_H^{I*}}{\partial\varphi}>0$$

5. e_H^{I*} 和 q_H^{I*} 关于 I 的一阶导分别为：

$$\frac{\partial e_H^{I*}}{\partial I}=\frac{u^2 p\alpha T\left[up\alpha T\theta_1(\varphi-1)-(w-\delta)\right]}{\theta_1\theta_2\{un\eta\theta_2+up\alpha T\gamma^2\left[up\alpha T(1-\varphi)+\varphi(w-\delta)\right]+(up\alpha T\gamma)^2\}}<0$$

$$\frac{\partial q_H^{I*}}{\partial I}=\frac{p\alpha T\gamma}{\theta_2}\frac{\partial e_H^{I*}}{\partial I}<0$$

6. 首先，分析 $E[\pi_M(e_H^{I*})]$ 关于 I 的一阶导：

考虑到 $\frac{\partial X_H^{I*}}{\partial I}=\frac{(w-\delta-\theta_2)\gamma}{\theta_2}\frac{\partial e_H^{I*}}{\partial I}-\frac{(w-\delta+\theta_1\theta_2)(w-\delta)}{p\alpha T\theta_1\theta_2}$，$u\frac{\partial q_H^{I*}}{\partial I}-\gamma\frac{\partial e_H^{I*}}{\partial I}=$

$\frac{(up\alpha T-\theta_2)\gamma}{\theta_2}\frac{\partial e_H^{I*}}{\partial I}-\frac{u(w-\delta)}{\theta_1\theta_2}$，可以得到：

$$\frac{\partial E[\pi_M(e_H^{I*})]}{\partial I}=\frac{\begin{array}{c}p\alpha T\gamma(w-c_0+\varphi\theta_1)+p\alpha T\gamma\theta_2(w-\delta)F(X_H^{I*})(1-\varphi)\\-\theta_2(up\alpha T-\theta_2)\varphi p\alpha T\gamma F(uq_H^{I*}-Z_H^{I*})\end{array}}{\theta_2^2}\frac{\partial e_H^{I*}}{\partial I}$$
$$+(\varphi-1)[1-F(X_H^{I*})]$$

由于 $p\alpha T\gamma(w-c_0+\varphi\theta_1)+p\alpha T\gamma\theta_2(w-\delta)F(X_H^{I*})(1-\varphi)-\theta_2\varphi p\alpha T\gamma(up\alpha T-\theta_2)F(uq_H^{I*}-Z_H^{I*})=p\alpha T\gamma(w-c_0+\varphi\theta_1)+p\alpha T\gamma\theta_2(w-\delta)F(X_H^{I*})-\varphi p\alpha T\gamma\theta_2(w-\delta)F(X_H^{I*})-\varphi p\alpha T\gamma\theta_2(up\alpha T-\theta_2)(uq_H^{I*}-Z_H^{I*})>p\alpha T\gamma[w-c_0+\varphi\theta_1+\theta_2(w-\delta)F(X_H^{I*})]>0$，显然可得$\frac{\partial E[\pi_M(e_H^{I*})]}{\partial I}<0$。

其次，$U_P(q_H^{I*})$ 关于 I 的一阶导为：

$$\frac{\partial U_P(q_H^{I*})}{\partial I}=(1-\varphi)\left(\frac{\theta_1 p\alpha T\gamma}{\theta_2}\frac{\partial e_H^{I*}}{\partial I}-\frac{w-\delta}{\theta_2}+1\right)$$
$$-\frac{p\alpha T(1-\varphi)}{\lambda}\frac{F(uq_H^{I*}-Z_H^{I*})(up\alpha T-\theta_2)\gamma}{\theta_2}\frac{\partial e_H^{I*}}{\partial I}$$
$$-\frac{p\alpha T(1-\varphi)}{\lambda}\left[\frac{F(X_H^{I*})(w-\delta-\theta_2)\gamma}{\theta_2}\frac{\partial e_H^{I*}}{\partial I}+F(X_H^{I*})\frac{u(w-\delta)}{\theta_1\theta_2}\right]$$
$$>0$$

证毕。

推论 22.3 中特性 1 表明，在 MI 策略下，OEM 的最优绿色水平和 NSP 的最优订购量随 NSP 初始资金 K 的增加而递减。因此，随着资金缺口的缩小，MI 策略的激励作用也会逐渐减弱。这说明在资金缺口较大时，MI 策略能够促使 OEM 选择较高的绿色水平，并且激励 NSP 订购更多的新能源汽车，有助于受资金约束的 NSP 和 OEM 之间建立更加紧密的合作关系。推论 22.3 中特性 2 表明，随着 NSP 风险规避程度的降低，OEM 愿意通过提高新能源汽车的绿色水平来刺激市场需求。同时，NSP 可能会向 OEM 订购更多的新能源汽车来满足市场需求。因此，能够合理判断出，如果 NSP 保持较低的风险规避程度，供应链成员更有积极性来促进技术的进步和服务能力的提升。同时，推论 22.3 中特性 3 表明，OEM 的最优绿色水平和 NSP 的最优订购量随绿色成本系数的增加而递减。这是因为，较高的绿色成本系数表明 OEM 的绿色投资效率较低，可能会阻碍新能源汽车的绿色发展和推广应用。因此，OEM 需要提升绿色投资效率来有效促进新能源汽车 TSR 服务的发展。推论 22.3 中特性 1 ~ 特性 3 的结论与推论 22.2 类似，可见在 MF 和 MI 这两种供应链金融融资策略下，供应链成员的最优决策对 K，λ 和 η 表现出相似的敏感性。

推论 22.3 中特性 4 表明，OEM 的最优绿色水平和 NSP 的最优订购量均随收益分享因子的增加而递增。这说明，一个相对较高的收益分享因子可以激发 OEM 提高绿色水平的积极性，进而激励 NSP 增加新能源汽车的订购量以保持其对市场需求的响应能力。此外，还可以合理判断出，由于这里的收益分享因子表示 OEM 从 NSP 处分享的收益比例，因此收益分享因子的提高可能会损害 NSP 的利益，而 OEM 可能会从收益分享因子的提高中获益。因此，收益分享因子的协商反映出两个供应链成员之间的相对竞争力。推论 22.3 中特性 5 表明，一个相对较高的投资额度可能会使得 OEM 在决定绿色水平时更加谨慎，即 OEM 的最优绿色水平随其投资额度的增加而递减。进一步地，NSP 会选择降低订购量以保持其对市场需求的响应能力。根据推论 22.3 中特性 6 可知，给定收益分享因子，随着 OEM 投资额度的增加，OEM 的期望利润逐渐降低，而 NSP 的期望效用逐渐增加。这一结论表明，在 MI 策略下，OEM 倾向于通过最低限度的投资额度来帮助 NSP。

四、综合比较

这里重点对比分析重资产运营模式下给定不同供应链金融融资策略时 OEM 的最优绿色水平、NSP 的最优订购量，以及供应链成员的期望利润和期望效用，进一步得到了更加丰富的管理启示。

（一）供应链最优决策的比较

首先，比较不同供应链金融融资策略下 OEM 的最优绿色水平和 NSP 的最优订购量。令 $H_1=\dfrac{\theta_1 p\alpha T\gamma[u(p\alpha T)^2\gamma^4+n\eta G_1]\{n\eta\theta_2^2-\theta_2[u(\varphi-1)+\varphi(w-\delta)](p\alpha T\gamma)^2-u(w-\delta)(p\alpha T\gamma)^2\}}{G_1G_2[u(p\alpha T)^2\gamma^4+n\eta G_1]-u[w(1+r)-\delta](p\alpha T\gamma)^2G_2}$;

$H_2 = up\alpha T[w(1+r)-\delta]G_2(n\lambda+a-bp)-u[w(1+r)-\delta]^2K(1+r)$；$H_3 = up\alpha T\gamma(w-\delta)[p\alpha T(n\lambda+a-bp)\theta_1+(w-\delta)(K+I)]$；$H_4 = c_0 n + up\alpha T\gamma(a-bp)-nw(1+r)$；$H_5 = n(\varphi\theta_2+w-c_0)-\varphi(w-\delta)(a-bp)$。进一步假设 $K_1 = \dfrac{H_1(H_4G_1G_2-H_2)+H_3+p\alpha T\gamma\theta_1\theta_2H_5+H_6}{H_1G_1G_2u(1+r)+p\alpha T\gamma\theta_1\theta_2u(\varphi-1)}$；$K_2 = \dfrac{w[u(p\alpha T)^2\gamma^4+n\eta G_1][p\alpha TG_2(n\lambda+a-bp)]-wG_2(p\alpha T\gamma)^2[c_0n+up\alpha T\gamma(a-bp)-nw(1+r)]}{w[u(p\alpha T)^2\gamma^4+n\eta G_1][w(1+r)-\delta](1+r)+G_1G_2[u(p\alpha T)^2\gamma^4+n\eta G_1]-u[w(1+r)-\delta](p\alpha T\gamma)^2G_2}$。在此基础上，得到如下命题。

命题 22.4 给定 $0<K<\min(wq_H^{F*},\ wq_H^{I*})$，则

1. e_H^{F*}，e_H^{I*} 和 e_H^{B*} 之间的大小关系为：如果 $0<K<\min(wq_H^{F*},\ wq_H^{I*},\ K_1)$，则 $e_H^{F*}>e_H^{I*}>e_H^{B*}$；如果 $K_1\leqslant K<\min(wq_H^{F*},\ wq_H^{I*})$，则 $e_H^{I*}\geqslant e_H^{F*}>e_H^{B*}$。

2. q_H^{F*}，q_H^{I*} 和 q_H^{B*} 之间的大小关系为：如果 $0<K<\min(wq_H^{F*},\ wq_H^{I*},\ K_2)$，则 $q_H^{F*}>q_H^{I*}>q_H^{B*}$；如果 $K_2\leqslant K<\min(wq_H^{F*},\ wq_H^{I*})$，则 $q_H^{I*}\geqslant q_H^{F*}>q_H^{B*}$。

证明：在重资产运营模式下，若 NSP 受资金约束，我们讨论如下：

1. 给定 $0<K<\min(wq_H^{F*},\ wq_H^{I*})$，比较最优绿色水平和最优订购量如下：

（1）如果 $K<w\Lambda$，则 $e_H^{B*}=0$。显然，可以得到 $e_H^{F*}>e_H^{B*}$，$e_H^{I*}>e_H^{B*}$。

（2）如果 $w\Lambda\leqslant K<w\left[\Lambda+\dfrac{(w-c_0)\gamma^2}{u^2\eta}\right]<\min(K_1,\ K_2)$，则 $e_H^{B*}=\dfrac{uK-u\Lambda w}{\gamma w}$。根据推论 22.2 可得，$\dfrac{\partial e_H^{F*}}{\partial K}<0$，即 e_H^{F*} 随 K 的增加而递减。因此，当 K 接近于 wq_H^{F*} 时，e_H^{F*} 取到最小值，即 $e_H^{F*}\mid_{K\to wq_H^{F*}}=\dfrac{uwq_H^{F*}-u\Lambda w}{\gamma w}$。显然，$\dfrac{uwq_H^{F*}-u\Lambda w}{\gamma w}>\dfrac{uK-u\Lambda w}{\gamma w}$。由于 $K<w\left[\Lambda+\dfrac{(w-c_0)\gamma^2}{u^2\eta}\right]<\min(wq_H^{F*},\ wq_H^{I*})$，则有 $e_H^{F*}>e_H^{B*}$。此外，根据推论 22.3 可得，$\dfrac{\partial e_H^{I*}}{\partial K}<0$，即 e_H^{I*} 随 K 的增加而递减。因此，当 K 接近于 wq_H^{I*} 时，e_H^{I*} 取到最小值，即 $e_H^{I*}\mid_{K\to wq_H^{I*}}=\dfrac{uwq_H^{I*}-u\Lambda w}{\gamma w}$。显然，$\dfrac{uwq_H^{I*}-u\Lambda w}{\gamma w}>$

$\frac{uK-u\Lambda w}{\gamma w}$。因此，$e_H^{I*}>e_H^{B*}$。

（3）如果 $w\left[\Lambda+\frac{(w-c_0)\gamma^2}{u^2\eta}\right]\leqslant K<\min(wq_H^{F*},\ wq_H^{I*})$，则 $e_H^{B*}=\frac{(w-c_0)\gamma}{u\eta}$。根据推论 22.2 可知，$\frac{\partial e_H^{F*}}{\partial K}<0$，即 e_H^{F*} 随 K 的增加而递减。因此，当 K 接近于 wq_H^{F*} 时，e_H^{F*} 取到最小值，即 $e_H^{F*}\mid_{K\to wq_H^{F*}}=\frac{uwq_H^{F*}-u\Lambda w}{\gamma w}>e_H^{B*}$。根据推论 22.3 可知，$\frac{\partial e_H^{I*}}{\partial K}<0$，即 e_H^{I*} 随 K 的增加而递减。因此，当 K 接近于 wq_H^{I*} 时，e_H^{I*} 取到最小值，即 $e_H^{I*}\mid_{K\to wq_H^{I*}}=\frac{uwq_H^{I*}-u\Lambda w}{\gamma w}>e_H^{B*}$。

根据上述讨论可知，当 $K<\min(wq_H^{F*},\ wq_H^{I*})$ 时，始终有 $e_H^{F*}>e_H^{B*}$，$e_H^{I*}>e_H^{B*}$。

（4）进一步分析 e_H^{F*} 和 e_H^{I*} 之间的大小关系，可得：

$$e_H^{F*}-e_H^{I*}=\frac{p\alpha T\gamma[u(p\alpha T)^2\gamma^4+n\eta G_1]\{up\alpha T[w(1+r)-\delta]G_2(n\lambda+a-bp)-u[w(1+r)-\delta]^2K(1+r)-G_1G_2G_3\}}{G_1G_2[u(p\alpha T)^2\gamma^4+n\eta G_1]-u[w(1+r)-\delta](p\alpha T\gamma)^2G_2}-\frac{p\alpha T\gamma G_4\theta_1\theta_2+up\alpha T\gamma(w-\delta)[p\alpha T(n\lambda+a-bp)\theta_1+(w-\delta)(K+I)]}{\theta_1\{n\eta\theta_2^2-\theta_2[u(\varphi-1)+\varphi(w-\delta)](p\alpha T\gamma)^2\}-u\theta_1(w-\delta)(p\alpha T\gamma)^2}$$

设 $H_1=\frac{\theta_1 p\alpha T\gamma[u(p\alpha T)^2\gamma^4+n\eta G_1]\{n\eta\theta_2^2-\theta_2[u(\varphi-1)+\varphi(w-\delta)](p\alpha T\gamma)^2-u(w-\delta)(p\alpha T\gamma)^2\}}{G_1G_2(u(p\alpha T)^2\gamma^4+n\eta G_1)-u(w(1+r)-\delta)(p\alpha T\gamma)^2G_2}$，$H_2=up\alpha T[w(1+r)-\delta]G_2(n\lambda+a-bp)-u[w(1+r)-\delta]^2K(1+r)$，$H_3=up\alpha T\gamma(w-\delta)[p\alpha T(n\lambda+a-bp)\theta_1+(w-\delta)(K+I)]$，$H_4=c_0n+up\alpha T\gamma(a-bp)-nw(1+r)$，$H_5=n(\varphi\theta_2+w-c_0)-\varphi(w-\delta)(a-bp)$。

令 $e_H^{F*}-e_H^{I*}=0$，可得 $K=K_1$。这里，$K_1=\frac{H_1(H_4G_1G_2-H_2)+H_3+p\alpha T\gamma\theta_1\theta_2H_5+H_6}{H_1G_1G_2u(1+r)+p\alpha T\gamma\theta_1\theta_2u(\varphi-1)}$。显然，如果 $0<K<K_1$，则有 $e_H^{F*}>e_H^{I*}$；如果 $K\geqslant K_1$，则有 $e_H^{F*}\leqslant e_H^{I*}$。

2. 如果 $K<\min(wq_H^{F*},\ wq_H^{I*})$，则 $q_H^{B*}<\min(q_H^{I*},\ q_H^{F*})$ 恒成立。进一步

比较 q_H^{F*} 和 q_H^{I*} 的大小关系，可以得到：

$$q_H^{F*}-q_H^{I*}=\frac{[u(p\alpha T)^2\gamma^4+n\eta G_1][p\alpha TG_2(n\lambda+a-bp)-K(1+r)]-(p\alpha T\gamma)^2G_2G_3}{G_1G_2[u(p\alpha T)^2\gamma^4+n\eta G_1]-u(p\alpha T\gamma)^2G_2[w(1+r)-\delta]}$$

$$+\frac{G_4}{u(w-\delta)}-\frac{\{n\eta\theta_2-[u(\varphi-1)+\varphi(w-\delta)](p\alpha T\gamma)^2\}\{G_4\theta_1\theta_2+u[p\alpha T(n\lambda+a-bp)\theta_1+(w-\delta)(K+I)](w-\delta)\}}{u(w-\delta)\theta_1\{[n\eta\theta_2^2-\theta_2(u(\varphi-1)+\varphi(w-\delta))(p\alpha T\gamma)^2]-u(w-\delta)(p\alpha T\gamma)^2\}}。$$

令 $q_H^{F*}-q_H^{I*}=0$，可得 $K=K_2$；这里，$K_2=\frac{w[u(p\alpha T)^2\gamma^4+n\eta G_1][p\alpha TG_2(n\lambda+a-bp)]-wG_2(p\alpha T\gamma)^2[c_0n+up\alpha T\gamma(a-bp)-nw(1+r)]}{w[u(p\alpha T)^2\gamma^4+n\eta G_1][w(1+r)-\delta](1+r)+G_1G_2[u(p\alpha T)^2\gamma^4+n\eta G_1]-u[w(1+r)-\delta](p\alpha T\gamma)^2G_2}$。因此，当 $K<K_2$ 时，有 $q_H^{F*}>q_H^{I*}$；当 $K\geqslant K_2$ 时，有 $q_H^{F*}\leqslant q_H^{I*}$。此外，通过比较 q_H^{B*}，q_H^{F*} 和 q_H^{I*} 可得：①如果 $0<K<\min(wq_H^{F*},\ wq_H^{I*},\ K_2)$，则有 $q_H^{F*}>q_H^{I*}>q_H^{B*}$；②如果 $K_2\leqslant K<\min(wq_H^{F*},\ wq_H^{I*})$，则有 $q_H^{I*}\geqslant q_H^{F*}>q_H^{B*}$。**证毕。**

根据命题22.4可知，在不同供应链金融融资策略下，OEM的最优绿色水平和NSP的最优订购量均与NSP的初始资金 K 密切相关。当NSP面临资金约束时，给定任意初始资金 K，基准模型中供应链成员的最优绿色水平和最优订购量始终低于MF策略和MI策略下供应链成员的最优绿色水平和最优订购量。这些结论是直观的，因为对于受资金约束的NSP而言，若无法获得额外的资金支持，将阻碍其业务的顺利开展。

命题22.4中的结论1表明，如果NSP的初始资金相对较低，即 $0<K<\min(wq_H^{F*},\ wq_H^{I*},\ K_1)$，则OEM在MI策略下决定绿色水平时更谨慎，因此 $e_H^{F*}>e_H^{I*}$。这是因为OEM希望选择一个相对较低的绿色水平来控制总成本。相反，如果NSP的初始资金相对较高，即 $K_1\leqslant K<\min(wq_H^{F*},\ wq_H^{I*})$，则OEM在MI策略下选择的最优绿色水平高于其在MF策略下选择的最优绿色水平。这一结论意味着，如果NSP的资金缺口相对较低，OEM将更加乐观，并愿意在MI策略下提高新能源汽车的绿色水平。

结合考虑命题22.4中的结论1，命题22.4中的结论2可以解释如下：NSP的最优订购量与OEM的最优绿色水平是密切相关的。对于MF策略和MI

策略而言，如果 NSP 的初始资金相对较低，则 OEM 可能会在 MF 策略下选择一个相对较低的绿色水平，进而导致 NSP 选择一个相对较低的订购量；如果 NSP 的初始资金相对较高，则 OEM 可能会在 MI 策略下选择一个相对较高的绿色水平，进而激励 NSP 选择更高的订购量。此外，K_1 是不等于 K_2 的，这表明初始资金对供应链成员的最优绿色水平和最优订购量具有不同的影响。

接下来，为了帮助 OEM 和 NSP 找到最优的供应链金融融资策略，我们进一步比较不同供应链金融融资策略下 NSP 的期望效用和 OEM 的期望利润。这里，分别从三种不同的视角来进行比较。

1. 从 OEM 的角度出发：帮助 OEM 引入恰当的供应链金融融资策略；

2. 从 NSP 的角度出发：帮助 NSP 判断是否应该接受 OEM 提供的供应链金融融资策略；

3. 从供应链的角度出发：帮助供应链判断是否应该引入供应链金融融资策略。

（二）供应链成员的融资策略选择

本部分中，通过对比供应链成员在不同融资策略下的期望利润和期望效用，分析其融资策略的最优选择方案。

首先，将 MF 策略作为主要的供应链金融融资策略来进行讨论。这里，令 $r^{FI}=\dfrac{\Theta}{wq_H^{F*}-K}$，其中 $\Theta=\dfrac{1}{2}\eta(e_H^{F*2}-e_H^{I*2})+(\varphi\theta_1+w)q_H^{I*}+c_0(q_H^{F*}-q_H^{I*})+p\alpha T\int_{x_I^*}^{x_F^*}F(x)\mathrm{d}x-\varphi p\alpha T\int_{x_I^*}^{uq_H^{I*}-z_I^*}F(x)\mathrm{d}x-(K+I)(1-\varphi)$；

$r^{FB}=\begin{cases}r^{FB1}，若\ w\Lambda\leqslant K<w\left[\Lambda+\dfrac{(w-c_0)\gamma^2}{u^2\eta}\right]\\ r^{FB2}，若\ 0<K<w\Lambda\end{cases}$，其中 $r^{FB1}=\dfrac{2wp\alpha T\int_0^{x_F^*}F(x)\mathrm{d}x+\eta\left[e_H^{F*2}-\left(\dfrac{uK-u\Lambda w}{\gamma w}\right)^2\right]-2(w-c_0)(K-q_H^{F*})}{2w(wq_H^{F*}-K)}$，$r^{FB2}=\dfrac{w\eta e_H^{F*2}+2wp\alpha T\int_0^{x_F^*}F(x)\mathrm{d}x-2(wq_H^{F*}-K)(w-c_0)}{2w(wq_H^{F*}-K)}$；

$r^{p}=\begin{cases}r^{p1}\text{，若 } w\Lambda\leqslant K<w\left[\Lambda+\dfrac{(w-c_0)\gamma^2}{u^2\eta}\right]\\ r^{p2}\text{，若 } 0<K<w\Lambda\end{cases}$，其中 $r^{p1}=\dfrac{\theta_1\left(q_H^{F*}-\dfrac{K}{w}\right)-\dfrac{p\alpha T}{\lambda}\int_{x_F^*}^{uq_H^{F*}-z_F^*}F(x)\mathrm{d}x+\dfrac{p\alpha T}{\lambda}\int_0^{\frac{n\lambda(up\alpha T-w+\delta)}{up\alpha T}}F(x)\mathrm{d}x}{wq_H^{F*}-K}$，$r^{p2}=\dfrac{\theta_1\left(q_H^{F*}-\dfrac{K}{w}\right)-\dfrac{p\alpha T}{\lambda}\int_{x_F^*}^{uq_H^{F*}-z_F^*}F(x)\mathrm{d}x+\dfrac{p\alpha T}{\lambda}\int_0^{\frac{uK}{w}-a+bp}F(x)\mathrm{d}x}{wq_H^{F*}-K}$。

接下来，比较 OEM 在 MF 策略下和基准模型中的最优期望利润。可以发现，如果 $r\geqslant r^{FB}$，则 OEM 可以通过提供 MF 策略获得更高的期望利润。其次，比较在 MF 策略和 MI 策略下 OEM 的最优期望利润，可以得到如下结论：如果 $r\geqslant r^{FI}$，则 OEM 可以通过提供 MF 策略获得更高的期望利润。令 $\Delta E\pi_M^{FB}=E[\pi_M(e_H^{F*})]-E[\pi_M(e_H^{B*})]$，$\Delta E\pi_M^{IB}=E[\pi_M(e_H^{I*})]-E[\pi_M(e_H^{B*})]$，进一步得到如下命题。

命题 22.5　在重资产运营模式下，当且仅当 $r\geqslant\max(r^{FI},\ r^{FB})$ 时，有 $E[\pi_M(e_H^{F*})]\geqslant\max(E[\pi_M(e_H^{B*})],\ E[\pi_M(e_H^{I*})])$，即 OEM 的最优策略是提供 MF 策略。这里，若 $\max(r^{FI},\ r^{FB})=r^{FI}$，则满足 $E[\pi_M(e_H^{F*})]\geqslant E[\pi_M(e_H^{I*})]\geqslant E[\pi_M(e_H^{B*})]$；若 $\max(r^{FI},\ r^{FB})=r^{FB}$，则满足 $E[\pi_M(e_H^{F*})]\geqslant E[\pi_M(e_H^{B*})]\geqslant E[\pi_M(e_H^{I*})]$。

证明：

1. 比较基准模型和 MF 策略下 OEM 的期望利润，我们讨论如下：

（1）当 $w\Lambda\leqslant K<w\left[\Lambda+\dfrac{(w-c_0)\gamma^2}{u^2\eta}\right]$时，可以得到：

$$\begin{aligned}\Delta E\pi_M^{FB}&=E[\pi_M(e_H^{F*})]-E[\pi_M(e_H^{B*})]\\&=(wq_H^{F*}-K)(1+r)-c_0q_H^{F*}-\frac{1}{2}\eta e_H^{F*2}-p\alpha T\int_0^{x_F^*}F(x)\mathrm{d}x\\&\quad-\frac{c_0K}{w}+\frac{1}{2}\eta\left(\frac{uK-u\Lambda w}{\gamma w}\right)^2。\end{aligned}$$

根据上式可知，当 $r\geqslant r^{FB1}$时，有 $\Delta E\pi_M^{FB}\geqslant0$；其中，

$$r^{FB1}=\frac{2wp\alpha T\int_0^{x_F^*}F(x)dx+\eta\left[e_H^{F*2}-\left(\frac{uK-u\Lambda w}{\gamma w}\right)^2\right]-2(w-c_0)(K-q_H^{F*})}{2w(wq_H^{F*}-K)}。$$

（2）当 $0<K<w\Lambda$ 时，可以得到：

$$\begin{aligned}\Delta E\pi_M^{FB}&=E[\pi_M(e_H^{F*})]-E[\pi_M(e_H^{B*})]\\&=(wq_H^{F*}-K)(1+r)-c_0q_H^{F*}-\frac{1}{2}\eta e_H^{F*2}-p\alpha T\int_0^{x_F^*}F(x)\mathrm{d}x-\frac{c_0K}{w}。\end{aligned}$$

由此可知，当 $r\geqslant r^{FB2}$ 时，有 $\Delta E\pi_M^{FB}\geqslant 0$；其中，

$$r^{FB2}=\frac{w\eta e_H^{F*2}+2wp\alpha T\int_0^{x_F^*}F(x)\mathrm{d}x-2(wq_H^{F*}-K)(w-c_0)}{2w(wq_H^{F*}-K)}。$$

2. 比较 MI 策略和 MF 策略下 OEM 的期望利润，可以得到：

$$\begin{aligned}\Delta E\pi_M^{FI}&=E[\pi_M(e_H^{F*})]-E[\pi_M(e_H^{I*})]\\&=(wq_H^{F*}-K)(1+r)-c_0q_H^{F*}-\frac{1}{2}\eta e_H^{F*2}-p\alpha T\int_0^{x_F^*}F(x)\mathrm{d}x\\&\quad-\left[\varphi(K+I)-I-\frac{1}{2}\eta e_H^{I*2}+(\varphi\theta_1+w-c_0)q_H^{I*}-\varphi p\alpha T\int_{x_I^*}^{uq_H^{I*}-z_I^*}F(x)\mathrm{d}x\right.\\&\quad\left.-p\alpha T\int_0^{x_I^*}F(x)\mathrm{d}x\right]\end{aligned}$$

由此可知，当 $r\geqslant r^{FI}$ 时，有 $\Delta E\pi_M^{FI}\geqslant 0$；这里，$r^{FI}=\frac{\Theta}{wq_H^{F*}-K}-1$，且 $\Theta=\frac{1}{2}\eta(e_H^{F*2}-e_H^{I*2})+(\varphi\theta_1+w)q_H^{I*}+c_0(q_H^{F*}-q_H^{I*})+p\alpha T\int_{x_I^*}^{x_F^*}F(x)\mathrm{d}x-\varphi p\alpha T\int_{x_I^*}^{uq_H^{I*}-z_I^*}F(x)\mathrm{d}x-(K+I)(1-\varphi)$。

结合以上的讨论可知，如果 $w\Lambda\leqslant K<w\left[\Lambda+\frac{(w-c_0)\gamma^2}{u^2\eta}\right]$，当 $r\geqslant\max\{r^{FI},r^{FB1}\}$ 时，OEM 可以通过提供 MF 策略获得更高的期望利润；如果 $0<K<w\Lambda$，当 $r\geqslant\max\{r^{FI},r^{FB2}\}$ 时，OEM 可以通过提供 MF 策略获得更高的期望利润。

考虑到当 $w\Lambda\leqslant K<w\left[\Lambda+\frac{(w-c_0)\gamma^2}{u^2\eta}\right]$ 时，$r^{FB}=r^{FB1}$；当 $0<K<w\Lambda$ 时，$r^{FB}=r^{FB2}$。进一步比较 MI 策略与基准模型中 OEM 的期望利润，可以得到：

$$\begin{aligned}\Delta E\pi_M^{IB} &= E[\pi_M(e_H^{I*})] - E[\pi_M(e_H^{B*})] \\ &= \{E[\pi_M(e_H^{F*})] - E[\pi_M(e_H^{B*})]\} - \{E[\pi_M(e_H^{F*})] - E[\pi_M(e_H^{I*})]\} \\ &= (wq_H^{F*} - K)(r^{FI} - r^{FB})\end{aligned}$$

这里，若 $\max(r^{FI}, r^{FB}) = r^{FI}$，则 $\Delta E\pi_M^{IB} \geqslant 0$；若 $\max(r^{FI}, r^{FB}) = r^{FB}$，则 $\Delta E\pi_M^{IB} < 0$。进一步得到：

（1）当 $w\Lambda \leqslant K < w\left[\Lambda + \dfrac{(w-c_0)\gamma^2}{u^2\eta}\right]$ 时，如果 $r \geqslant r^{FI} \geqslant r^{FB1}$，则有 $E[\pi_M(e_H^{F*})] \geqslant E[\pi_M(e_H^{I*})] \geqslant E[\pi_M(e_H^{B*})]$；如果 $r \geqslant r^{FB1} \geqslant r^{FI}$，则有 $E[\pi_M(e_H^{F*})] \geqslant E[\pi_M(e_H^{B*})] \geqslant E[\pi_M(e_H^{I*})]$。

（2）当 $0 < K < w\Lambda$ 时，如果 $r \geqslant r^{FI} \geqslant r^{FB2}$，则有 $E[\pi_M(e_H^{F*})] \geqslant E[\pi_M(e_H^{I*})] \geqslant E[\pi_M(e_H^{B*})]$；如果 $r \geqslant r^{FB2} \geqslant r^{FI}$，则有 $E[\pi_M(e_H^{F*})] \geqslant E[\pi_M(e_H^{B*})] \geqslant E[\pi_M(e_H^{I*})]$。

证毕。

命题 22.5 的结论为 OEM 是否选择 MF 策略提供了判断标准。通过比较 OEM 在两种供应链金融融资策略和基准模型下的期望利润，可以发现只有当利率高于某一阈值水平，即 $r \geqslant \max(r^{FI}, r^{FB})$ 时，OEM 才愿意向 NSP 提供 MF 策略。当 NSP 的初始资金不足时，这一结论是直观的。这是因为，给定任意初始资金，利率越高对 OEM 越有利。

接下来，进一步讨论 OEM 提供 MF 策略时，NSP 是否愿意接受该策略。

令 $K_3 = \dfrac{w\left[(w+\theta_1)q_H^{F*} - \Theta - \dfrac{p\alpha T}{\lambda}\displaystyle\int_{x_F^*}^{uq_H^{F*}-z_F^*} F(x)\mathrm{d}x + \dfrac{p\alpha T}{\lambda}\int_0^{\frac{n\lambda(up\alpha T - w + \delta)}{up\alpha T}} F(x)\mathrm{d}x\right]}{w+\theta_1}$；

$K_4 = \dfrac{w\left\{(w+\theta_1-c_0)q_H^{F*} - \dfrac{1}{2}\eta\left[e_H^{F*2} - \left(\dfrac{uK-u\Lambda w}{\gamma w}\right)^2\right]p\alpha T\displaystyle\int_0^{x_F^*} F(x)\mathrm{d}x - \dfrac{p\alpha T}{\lambda}\int_{x_F^*}^{uq_H^{F*}-z_F^*} F(x)\mathrm{d}x - \dfrac{p\alpha T}{\lambda}\int_0^{\frac{n\lambda(up\alpha T - w + \delta)}{up\alpha T}} F(x)\mathrm{d}x\right\}}{w+\theta_1-c_0}$；$K_5 =$

$$\frac{w\left[(w+\theta_1)q_H^{F*}-\Theta-\frac{p\alpha T}{\lambda}\int_{x_F^*}^{uq_H^{F*}-z_F^*}F(x)\mathrm{d}x+\frac{p\alpha T}{\lambda}\int_0^{\frac{uK}{w}-a+bp}F(x)\mathrm{d}x\right]}{w+\theta_1};\quad K_6=$$

$$\frac{w\left[(w+\theta_1-c_0)q_H^{F*}-\frac{1}{2}\eta e_H^{F*2}-p\alpha T\int_0^{x_F^*}F(x)\mathrm{d}x-\frac{p\alpha T}{\lambda}\int_{x_F^*}^{uq_H^{F*}-z_F^*}F(x)\mathrm{d}x+\frac{p\alpha T}{\lambda}\int_0^{\frac{uK}{w}-a+bp}F(x)\mathrm{d}x\right]}{w+\theta_1-c_0}。$$

通过比较 NSP 在 MF 策略和基准模型下的期望效用，可以得到命题 22.6。

命题 22.6 在重资产运营模式下，与基准模型相比，满足 $0\leqslant r\leqslant r^p$ 时，有 $U_P(q_H^{F*})\geqslant U_P(q_H^{B*})$，即 NSP 愿意接受 MF 策略。

证明：比较基准模型和 MF 策略下 NSP 的期望效用，具体讨论如下：

1. 如果 $w\Lambda\leqslant K<w\left[\Lambda+\frac{(w-c_0)\ \gamma^2}{u^2\eta}\right]$，则得到：

$$\Delta U_p^{FB}=U_P(q_H^{F*})-U_P(q_H^{B*})$$
$$=\theta_1 q_H^{F*}-(wq_H^{F*}-K)r-\frac{p\alpha T}{\lambda}\int_{x_F^*}^{uq_H^{F*}-z_F^*}F(x)\mathrm{d}x-\frac{\theta_1 K}{w}+\frac{p\alpha T}{\lambda}\int_0^{\frac{n\lambda(up\alpha T-w+\delta)}{up\alpha T}}F(x)\mathrm{d}x$$

由此可知，满足 $r\leqslant r^{p1}$ 时，$\Delta U_p^{FB}\geqslant 0$。其中，$r^{p1}=$

$$\frac{\theta_1\left(q_H^{F*}-\frac{K}{w}\right)-\frac{p\alpha T}{\lambda}\int_{x_F^*}^{uq_H^{F*}-z_F^*}F(x)\mathrm{d}x+\frac{p\alpha T}{\lambda}\int_0^{\frac{n\lambda(up\alpha T-w+\delta)}{up\alpha T}}F(x)\mathrm{d}x}{wq_H^{F*}-K}。$$

2. 如果 $0<K<w\Lambda$，则得到：

$$\Delta U_p^{FB}=U_P(q_H^{F*})-U_P(q_H^{B*})$$
$$=\theta_1 q_H^{F*}-(wq_H^{F*}-K)r-\frac{p\alpha T}{\lambda}\int_{x_F^*}^{uq_H^{F*}-z_F^*}F(x)\mathrm{d}x-\frac{\theta_1 K}{w}+\frac{p\alpha T}{\lambda}\int_0^{\frac{uK}{w}-a+bp}F(x)\mathrm{d}x$$

由此可知，满足 $r\leqslant r^{p2}$时，$\Delta U_p^{FB}\geqslant 0$。其中，

$$r^{p2}=\frac{\theta_1\left(q_H^{F*}-\frac{K}{w}\right)-\frac{p\alpha T}{\lambda}\int_{x_F^*}^{uq_H^{F*}-z_F^*}F(x)\mathrm{d}x+\frac{p\alpha T}{\lambda}\int_0^{\frac{uK}{w}-a+bp}F(x)\mathrm{d}x}{wq_H^{F*}-K}。$$

综合考虑以上的分析，若 $w\Lambda\leqslant K<w\left[\Lambda+\frac{(w-c_0)\ \gamma^2}{u^2\eta}\right]$，则 $r^p=r^{p1}$；若

$0<K<w\Lambda$，则 $r^p=r^{p2}$。结合考虑 OEM 的策略选择可知，满足 $\max\{r^{FI}, r^{FB}\}\leqslant r\leqslant r^p$ 时，NSP 可以通过选择 MF 策略来获得更高的期望效用。接下来，我们进一步讨论如下：

（1）如果 $w\Lambda\leqslant K<w\left[\Lambda+\dfrac{(w-c_0)\gamma^2}{u^2\eta}\right]$，则得到：

①满足 $r^{FI}\geqslant r^{FB1}$ 时，有 $\Delta E\pi_M^{IB}\geqslant 0$。此外，比较 r^{FI} 和 r^{p1} 可得：

$$r^{p1}-r^{FI}=\frac{\theta_1\left(q_H^{F*}-\dfrac{K}{w}\right)-\dfrac{p\alpha T}{\lambda}\displaystyle\int_{x_F^*}^{uq_H^{F*}-z_F^*}F(x)\,\mathrm{d}x+\dfrac{p\alpha T}{\lambda}\displaystyle\int_0^{\frac{n\lambda(up\alpha T-w+\delta)}{up\alpha T}}F(x)\,\mathrm{d}x-\Theta}{wq_H^{F*}-K}+1$$

由此可知，满足 $K\leqslant K_3$ 时，有 $r^{p1}\geqslant r^{FI}$。这里，$K_3=\dfrac{w\left[(w+\theta_1)q_H^{F*}-\Theta-\dfrac{p\alpha T}{\lambda}\displaystyle\int_{x_F^*}^{uq_H^{F*}-z_F^*}F(x)\,\mathrm{d}x+\dfrac{p\alpha T}{\lambda}\displaystyle\int_0^{\frac{n\lambda(up\alpha T-w+\delta)}{up\alpha T}}F(x)\,\mathrm{d}x\right]}{w+\theta_1}$。

②满足 $r^{FI}<r^{FB1}$ 时，有 $\Delta E\pi_M^{IB}<0$。此时，比较 r^{FB1} 和 r^{p1} 可得：

$$r^{p1}-r^{FB1}=\frac{\theta_1\left(q_H^{F*}-\dfrac{K}{w}\right)-\dfrac{p\alpha T}{\lambda}\displaystyle\int_{x_F^*}^{uq_H^{F*}-z_F^*}F(x)\,\mathrm{d}x+\dfrac{p\alpha T}{\lambda}\displaystyle\int_0^{\frac{n\lambda(up\alpha T-w+\delta)}{up\alpha T}}F(x)\,\mathrm{d}x}{wq_H^{F*}-K}$$
$$-\frac{2wp\alpha T\displaystyle\int_0^{x_F^*}F(x)\,\mathrm{d}x+\eta\left[e_H^{F*2}-\left(\dfrac{uK-u\Lambda w}{\gamma w}\right)^2\right]-2(w-c_0)(K-q_H^{F*})}{2w(wq_H^{F*}-K)}$$

由此可知，满足 $K\leqslant K_4$ 时，有 $r^{p1}\geqslant r^{FB1}$。这里，$K_4=\dfrac{w\left\{(w+\theta_1-c_0)q_H^{F*}-\dfrac{1}{2}\eta\left[e_H^{F*2}-\left(\dfrac{uK-u\Lambda w}{\gamma w}\right)^2\right]-p\alpha T\displaystyle\int_0^{x_F^*}F(x)\,\mathrm{d}x-\dfrac{p\alpha T}{\lambda}\displaystyle\int_{x_F^*}^{uq_H^{F*}-z_F^*}F(x)\,\mathrm{d}x+\dfrac{p\alpha T}{\lambda}\displaystyle\int_0^{\frac{n\lambda(up\alpha T-w+\delta)}{up\alpha T}}F(x)\,\mathrm{d}x\right\}}{w+\theta_1-c_0}$。

结合考虑以上①和②的讨论可知，当 $w\Lambda<K\leqslant\min\left\{K_3, K_4, w\left[\Lambda+\dfrac{(w-c_0)\gamma^2}{u^2\eta}\right]\right\}$时，满足 $r\in[\max(r^{FI}, r^{FB1}), r^{p1}]$，供应链成员均会选择 MF 策略。

（2）如果 $K<w\Lambda$，则得到：

①满足 $r^{FI}\geqslant r^{FB2}$ 时，有 $\Delta E\pi_M^{IB}\geqslant 0$。此外，比较 r^{FI} 和 r^{p2} 可得：

$$r^{p2}-r^{FI}=\frac{\theta_1\left(q_H^{F*}-\dfrac{K}{w}\right)-\dfrac{p\alpha T}{\lambda}\int_{x_F^*}^{uq_H^{F*}-z_F^*}F(x)\mathrm{d}x+\dfrac{p\alpha T}{\lambda}\int_0^{\frac{uK}{w}-a+bp}F(x)\mathrm{d}x-\Theta}{wq_H^{F*}-K}+1$$

由此可知，满足 $K\leqslant K_5$，则有 $r^{p2}\geqslant r^{FI}$。这里，$K_5=\dfrac{w\left[(w+\theta_1)q_H^{F*}-\Theta-\dfrac{p\alpha T}{\lambda}\int_{x_F^*}^{uq_H^{F*}-z_F^*}F(x)\mathrm{d}x+\dfrac{p\alpha T}{\lambda}\int_0^{\frac{uK}{w}-a+bp}F(x)\mathrm{d}x\right]}{w+\theta_1}$。

②满足 $r^{FI}<r^{FB2}$ 时，有 $\Delta E\pi_M^{IB}<0$。此外，比较 r^{FB2} 和 r^{p2} 可得：

$$r^{p2}-r^{FB2}=\frac{\theta_1\left(q_H^{F*}-\dfrac{K}{w}\right)-\dfrac{p\alpha T}{\lambda}\int_{x_F^*}^{uq_H^{F*}-z_F^*}F(x)\mathrm{d}x+\dfrac{p\alpha T}{\lambda}\int_0^{\frac{uK}{w}-a+bp}F(x)\mathrm{d}x}{wq_H^{F*}-K}-\frac{\dfrac{1}{2}\eta e_H^{F*2}+p\alpha T\int_0^{x_F^*}F(x)\mathrm{d}x-\dfrac{c_0K}{w}-(w-c_0)q_H^{F*}+K}{wq_H^{F*}-K}$$

由此可知，满足 $K\leqslant K_6$，则有 $r^{p2}\geqslant r^{FB2}$。这里，$K_6=\dfrac{w\left[(w+\theta_1-c_0)q_H^{F*}-\dfrac{1}{2}\eta e_H^{F*2}-p\alpha T\int_0^{x_F^*}F(x)\mathrm{d}x-\dfrac{p\alpha T}{\lambda}\int_{x_F^*}^{uq_H^{F*}-z_F^*}F(x)\mathrm{d}x+\dfrac{p\alpha T}{\lambda}\int_0^{\frac{uK}{w}-a+bp}F(x)\mathrm{d}x\right]}{w+\theta_1-c_0}$。

结合考虑以上①和②的讨论可知，当 $0<K\leqslant\min(K_5,K_6,w\Lambda)$ 时，满足 $r\in[\max(r^{FI},r^{FB2}),r^{p2}]$，供应链成员均会选择 MF 策略。

证毕。

命题 22.6 的结论为 NSP 提供了是否接受 MF 策略的标准。如果利率 r 低于阈值 r^p，则 NSP 可以获得比其在基准模型中更高的期望效用，因此 NSP 会接受 MF 策略。

结合考虑命题 22.5 和命题 22.6，进一步分析供应链成员均选择 MF 策略的区间，可以得到如下结论。

1. 当 $w\Lambda < K \leqslant \min\left\{K_3,\ K_4,\ w\left[\Lambda + \frac{(w-c_0)\gamma^2}{u^2\eta}\right]\right\}$ 时，若满足 $r < \max(r^{FI},\ r^{FB1})$，则 NSP 可以从 MF 策略中受益，但 OEM 可能会拒绝提供 MF 策略。这是因为，满足 $r < r^{FI}$，与 MF 策略相比，OEM 可以通过提供 MI 策略获得更高的期望利润；而满足 $r < r^{FB1}$，与 MF 策略相比，OEM 在基准模型下可以获得更高的期望利润。显然，当初始资金满足 $w\Lambda < K \leqslant \min\left\{K_3,\ K_4,\ w\left[\Lambda + \frac{(w-c_0)\gamma^2}{u^2\eta}\right]\right\}$时，OEM 总是选择 MF 策略并将利率设置在区间 $r \in [\max(r^{FI},\ r^{FB1}),\ r^{p1}]$ 内，进而使得 NSP 能够获得资金，且 NSP 可以从 MF 策略中获益。在这种情况下，OEM 和 NSP 都愿意接受 MF 策略。根据上述分析可以发现，如果 OEM 只能提供 MF 策略，满足 $r \geqslant r^{FB1}$时，其愿意向 NSP 提供该融资策略。同时，只要满足 $r^{FB1} \leqslant r \leqslant r^{p1}$，NSP 就愿意接受 MF 策略。因此，如果 OEM 只能提供 MF 策略，当 $w\Lambda < K \leqslant \min\left\{K_3,\ w\left[\Lambda + \frac{(w-c_0)\gamma^2}{u^2\eta}\right]\right\}$ 时，只要满足 $r^{FB1} \leqslant r \leqslant r^{p1}$，则可以使供应链实现帕累托改进。

2. 当 $0 < K \leqslant \min(K_5,\ K_6,\ w\Lambda)$ 时，若满足 $r < \max(r^{FI},\ r^{FB2})$，则 NSP 可以从 MF 策略中受益，但 OEM 可能会拒绝提供 MF 策略。这是因为，满足 $r < r^{FI}$，与 MF 策略相比，OEM 可以通过提供 MI 策略获得更高的期望利润，而满足 $r < r^{FB1}$，与 MF 策略相比，OEM 在基准模型下可以获得更高的期望利润。因此，与 MI 策略和基准模型相比，当初始资金满足 $0 < K \leqslant \min(K_5,\ K_6,\ w\Lambda)$ 时，OEM 会选择 MF 策略并将利率设置在区间 $r \in [\max(r^{FI},\ r^{FB2}),\ r^{p2}]$ 内，进而使得 NSP 也可以从 MF 策略中获益。此时，如果 OEM 只能提供 MF 策略，当 $0 < K \leqslant \min(K_5,\ w\Lambda)$ 时，只要满足 $r^{FB2} \leqslant r \leqslant r^{p2}$，则可以使供应链实现帕累托改进。

如果 OEM 有能力提供两种供应链金融融资策略，则需要比较分析这两种融资策略的优劣势。但是 NSP 只能通过与基准模型的比较来判断是否接受供应链金融融资策略，而不能影响 OEM 对供应链金融融资策略的选择。

接下来，将 MI 策略作为主要的供应链金融融资策略来进行讨论。这里，令

$$I^{IF} = \frac{2\varphi K - 2(\varphi\theta_1 + w - c_0)q_H^{I*} - 2p\alpha T[\varphi\int_{x_I^*}^{uq_H^{I*} - z_I^*} F(x)\mathrm{d}x - \int_{x_F^*}^{x_I^*} F(x)\mathrm{d}x] + \eta(e_H^{I*2} - e_H^{F*2})}{2(1-\varphi)} -$$

$\dfrac{(wq_H^{F*} - K)(1+r) - c_0 q_H^{F*}}{1-\varphi}$；$I^{IB} = \begin{cases} I^{IB1}，若\ w\Lambda \leqslant K < w\left[\Lambda + \dfrac{(w-c_0)\gamma^2}{u^2\eta}\right] \\ I^{IB2}，若\ 0 < K < w\Lambda \end{cases}$，其中，

$$I^{IB1} = \frac{\gamma^2 w^2\left[2\varphi K - \eta e_H^{I*} + 2(\varphi\theta_1 + w - c_0)q_H^{I*} - 2\varphi p\alpha T\int_{x_I^*}^{uq_H^{I*}-z_I^*} F(x)\mathrm{d}x - p\alpha T\int_0^{x_I^*} F(x)\mathrm{d}x\right]}{2\gamma^2 w^2(1-\varphi)} - \frac{2\gamma^2 wK(w-c_0) - \eta(uK - u\Lambda w)^2}{2\gamma^2 w^2(1-\varphi)},$$

$$I^{IB2} = \frac{2w\left[(w-c_0)q_H^{I*} + \varphi(\theta_1 q_H^{I*} + K) - p\alpha T\int_0^{x_I^*} F(x)\mathrm{d}x - \varphi p\alpha T\int_{x_I^*}^{uq_H^{I*}-z_I^*} F(x)\mathrm{d}x\right]}{2w(1-\varphi)} - \frac{w\eta e_H^{I*2} + 2K(w-c_0)}{2w(1-\varphi)};$$

$$I^p = \begin{cases} I^{p1}，若\ w\Lambda \leqslant K < w\left[\Lambda + \dfrac{(w-c_0)\gamma^2}{u^2\eta}\right] \\ I^{p2}，若\ 0 < K < w\Lambda \end{cases}，其中，I^{p1} = \frac{p\alpha T}{\lambda}\int_{x_I^*}^{uq_H^{I*}-z_I^*} F(x)\mathrm{d}x - \theta_1 q_H^{I*} + \frac{w\varphi K + \theta_1 K}{w(1-\varphi)} - \frac{p\alpha T}{\lambda(1-\varphi)}\int_0^{\frac{n\lambda(up\alpha T - w + \delta)}{up\alpha T}} F(x)\mathrm{d}x，I^{p2} = \frac{2n\varphi wK(w\varphi + \theta_1 K)}{2n\lambda w^2(1-\lambda)} -$$

$$\frac{p\alpha T[uK - (a-bp)w]^2 - 2n\varphi w^2(1-\varphi)\theta_1 q_H^{I*} + 2nw^2(1-\varphi)p\alpha T\int_{x_I^*}^{uq_H^{I*}-z_I} F(x)\mathrm{d}x}{2n\lambda w^2(1-\lambda)}。$$

进一步对比分析 OEM 在 MI 策略和基准模型下的最优期望利润。如果 $I \geqslant I^{IB}$，则 OEM 可以在 MI 策略下获得比其在基准模型下更高的期望利润，因此会选择提供 MI 策略。比较 OEM 在 MF 策略和 MI 策略下的最优期望利润，可以得到如下结论：如果 $I \geqslant I^{IF}$，则 OEM 在提供 MI 策略时获得比提供 MF 策略时更高的期望利润，因此会选择提供 MI 策略。结合上述分析，可以得到如下命题。

命题 22.7 在重资产运营模式下，OEM 的最优选择是提供 MI 策略，当且仅当 $I \leqslant \min(I^{IF}, I^{IB})$ 时，有 $E[\pi_M(e_H^{I*})] \geqslant \max(E[\pi_M(e_H^{B*})], E[\pi_M(e_H^{F*})])$。这里，若 $\min(I^{IF}, I^{IB}) = I^{IB}$，则满足 $E[\pi_M(e_H^{I*})] \geqslant E[\pi_M(e_H^{F*})] \geqslant E[\pi_M(e_H^{B*})]$；若 $\min(I^{IF}, I^{IB}) = I^{IF}$，则满足 $E[\pi_M(e_H^{I*})] \geqslant E[\pi_M(e_H^{B*})] \geqslant E[\pi_M(e_H^{F*})]$。

证明：

1. 比较基准模型和 MI 策略下 OEM 的期望利润，具体讨论如下：

（1）如果 $w\Lambda \leqslant K < w\left[\Lambda + \frac{(w-c_0)\gamma^2}{u^2\eta}\right]$，则得到：

$$
\begin{aligned}
\Delta E\pi_M^{IB} &= E[\pi_M(e_H^{I*})] - E[\pi_M(e_H^{B*})] \\
&= \varphi(K+I) - I - \frac{1}{2}\eta e_H^{I*2} + (\varphi\theta_1 + w - c_0)q_H^{I*} - \varphi p\alpha T\int_{x_I^*}^{uq_H^{I*}-z_I^*} F(x)\,\mathrm{d}x \\
&\quad - p\alpha T\int_0^{x_I^*} F(x)\,\mathrm{d}x - \frac{K(w-c_0)}{w} + \frac{1}{2}\eta\left(\frac{uK-u\Lambda w}{\gamma w}\right)^2
\end{aligned}
$$

由此可知，满足 $I \leqslant I^{IB1}$ 时，有 $\Delta E\pi_M^{IB} \geqslant 0$。这里，$I^{IB1} = \frac{\gamma^2 w^2[2\varphi K - \eta e_H^{I*} + 2(\varphi\theta_1 + w - c_0)q_H^{I*} - 2\varphi p\alpha T\int_{x_I^*}^{uq_H^{I*}-z_I^*} F(x)dx - p\alpha T\int_0^{x_I^*} F(x)\,\mathrm{d}x]}{2\gamma^2 w^2(1-\varphi)} - \frac{2\gamma^2 wK(w-c_0) - \eta(uK-u\Lambda w)^2}{2\gamma^2 w^2(1-\varphi)}$。

（2）如果 $0 < K < w\Lambda$，则得到：

$$
\begin{aligned}
\Delta E\pi_M^{IB} &= E[\pi_M(e_H^{I*})] - E[\pi_M(e_H^{B*})] \\
&= (w-c_0)q_H^{I*} + \varphi(\theta_1 q_H^{I*} + K + I) - I - \frac{1}{2}\eta e_H^{I*2} - p\alpha T\int_0^{x_I^*} F(x)\,\mathrm{d}x \\
&\quad - \varphi p\alpha T\int_{x_I^*}^{uq_H^{I*}-z_I^*} F(x)\,\mathrm{d}x - \frac{K(w-c_0)}{w}
\end{aligned}
$$

由此可知，满足 $I \leqslant I^{IB}$ 时，有 $\Delta E\pi_M^{IB} \geqslant 0$。这里，$I^{IB2} = \frac{2w[(w-c_0)q_H^{I*} + \varphi(\theta_1 q_H^{I*} + K) - p\alpha T\int_0^{x_I^*} F(x)\,\mathrm{d}x - \varphi p\alpha T\int_{x_I^*}^{uq_H^{I*}-z_I^*} F(x)\,\mathrm{d}x]}{2w(1-\varphi)} - \frac{w\eta e_H^{I*2} - 2K(w-c_0)}{2w(1-\varphi)}$。

2. 比较 MI 策略和 MF 策略下 OEM 的期望利润，具体讨论如下：

$$
\begin{aligned}
\Delta E\pi_M^{IF} &= E[\pi_M(e_H^{I*})] - E[\pi_M(e_H^{F*})] \\
&= \varphi(K+I) - I - \frac{1}{2}\eta e_H^{I*2} + (\varphi\theta_1 + w - c_0)q_H^{I*} - \varphi p\alpha T\int_{x_I^*}^{uq_H^{I*}-z_I^*} F(x)\,\mathrm{d}x \\
&\quad - p\alpha T\int_0^{x_I^*} F(x)\,\mathrm{d}x - [(wq_H^{F*} - K)(1+r) - c_0 q_H^{F*} - \frac{1}{2}\eta e_H^{F*2}
\end{aligned}
$$

$$- p\alpha T\int_{0}^{x_F^*} F(x)\,\mathrm{d}x]$$

由此可知，满足 $I \leqslant I^{IF}$ 时，有 $\Delta E\pi_M^{IF} \geqslant 0$。这里，$I^{IF} = \frac{\varphi K - (\varphi\theta_1 + w - c_0)q_H^{I*} - (1+r)(wq_H^{F*} - K) + c_0 q_H^{F*}}{1-\varphi} + \frac{\eta(e_H^{I*2} - e_H^{F*2})}{2(1-\varphi)} - \frac{p\alpha T[\varphi\int_{x_I^*}^{uq_H^{I*} - z_I^*} F(x)\,\mathrm{d}x - \int_{x_F^*}^{x_I^*} F(x)\,\mathrm{d}x]}{1-\varphi}$。

因此，如果 $\varphi \leqslant \min(I^{IF}, I^{IB1})$，且满足 $w\Lambda \leqslant K < w\left[\Lambda + \frac{(w-c_0)\gamma^2}{u^2\eta}\right]$，则 OEM 可以通过提供 MI 策略获得更高的期望利润；如果 $\varphi \leqslant \min(I^{IF}, I^{IB2})$，且满足 $0 < K < w\Lambda$，则 OEM 可以通过提供 MI 策略获得更高的期望利润。

进一步设 $w\Lambda \leqslant K < w\left[\Lambda + \frac{(w-c_0)\gamma^2}{u^2\eta}\right]$时，$I^{IB} = I^{IB1}$；$0 < K < w\Lambda$ 时，$I^{IB} = I^{IB2}$。接下来，比较在 MF 策略和基准模型下 OEM 的期望利润，得到：

$$\begin{aligned}\Delta E\pi_M^{FB} &= E[\pi_M(e_H^{F*})] - E[\pi_M(e_H^{B*})]\\ &= \{E[\pi_M(e_H^{I*})] - E[\pi_M(e_H^{B*})]\} - \{E[\pi_M(e_H^{I*})] - E[\pi_M(e_H^{F*})]\}\end{aligned}$$

这里，若 $\min(I^{IF}, I^{IB}) = I^{IB}$，则 $E[\pi_M(e_H^{I*})] - E[\pi_M(e_H^{B*})] \geqslant E[\pi_M(e_H^{I*})] - E[\pi_M(e_H^{F*})]$，此时 $E[\pi_M(e_H^{F*})] \geqslant E[\pi_M(e_H^{B*})]$。若 $\min(I^{IF}, I^{IB}) = I^{IF}$，则 $E[\pi_M(e_H^{I*})] - E[\pi_M(e_H^{B*})] \leqslant E[\pi_M(e_H^{I*})] - E[\pi_M(e_H^{F*})]$，此时 $E[\pi_M(e_H^{F*})] \leqslant E[\pi_M(e_H^{B*})]$。进而得到：

（1）当 $w\Lambda \leqslant K < w\left[\Lambda + \frac{(w-c_0)\gamma^2}{u^2\eta}\right]$时，如果 $I \leqslant I^{IF} \leqslant I^{IB1}$，则有 $E[\pi_M(e_H^{I*})] \geqslant E[\pi_M(e_H^{F*})] \geqslant E[\pi_M(e_H^{B*})]$；如果 $I \geqslant I^{IB1} \geqslant I^{IF}$，则有 $E[\pi_M(e_H^{I*})] \geqslant E[\pi_M(e_H^{B*})] \geqslant E[\pi_M(e_H^{F*})]$。

（2）当 $0 < K < w\Lambda$ 时，如果 $I \leqslant I^{IF} \leqslant I^{IB2}$，则有 $E[\pi_M(e_H^{I*})] \geqslant E[\pi_M(e_H^{F*})] \geqslant E[\pi_M(e_H^{B*})]$；如果 $I \geqslant I^{IB2} \geqslant I^{IF}$，则有 $E[\pi_M(e_H^{I*})] \geqslant E[\pi_M(e_H^{B*})] \geqslant E[\pi_M(e_H^{F*})]$。

证毕。

命题 22.7 从 OEM 的角度分析了其最优的供应链金融融资策略选择方案。

通过与 MF 策略和基准模型比较，可以发现当 OEM 的投资金额相对较低时，OEM 可以在 MI 策略下获得更高的期望利润。这样的结论是直观的，因为给定任意收益分享因子，OEM 可以通过提供较低的投资金额而获得更高的期望利润。

接下来，首先设

$$\varphi_1=\frac{(1+2w^2)p\alpha T\int_0^{\frac{n\lambda(up\alpha T-w+\delta)}{up\alpha T}}F(x)\mathrm{d}x-2w^2p\alpha T\int_0^{uq_H^{I*}-z_I^*}F(x)\mathrm{d}x}{4\lambda p\alpha T\int_{x_I^*}^{uq_H^{I*}-z_I^*}F(x)\mathrm{d}x-2\lambda nw^2p\alpha T\int_0^{uq_H^{I*}-z_I^*}F(x)\mathrm{d}x}+\frac{\lambda w^2[2(\theta_1-w+c_0)q_H^{I*}-\eta e_H^{I*}]-p\alpha Tw^2x_I^{*2}}{4\lambda p\alpha T\int_{x_I^*}^{uq_H^{I*}-z_I^*}F(x)\mathrm{d}x-2\lambda nw^2p\alpha T\int_0^{uq_H^{I*}-z_I^*}F(x)\mathrm{d}x},$$

$$\varphi_2=\frac{2n\lambda w\theta_1K-\frac{p\alpha T}{\lambda(1-\varphi)}\int_0^{\frac{n\lambda(up\alpha T-w+\delta)}{up\alpha T}}F(x)\mathrm{d}x-2nw^2[\lambda\theta_1q_H^{I*}-p\alpha T\int_{x_I^*}^{uq_H^{I*}-z_I^*}F(x)\mathrm{d}x]}{2(1-\lambda)nw^2[\theta_1+p\alpha T\int_{x_I^*}^{uq_H^{I*}-z_I^*}F(x)\mathrm{d}x]}+\frac{n\lambda w^2[2(w-c_0)q_H^{I*}-2p\alpha T\int_{x_F^*}^{x_I^*}F(x)\mathrm{d}x-\eta(e_H^{I*2}-e_H^{F*2})]}{2(1-\lambda)nw^2[\theta_1+p\alpha T\int_{x_I^*}^{uq_H^{I*}-z_I^*}F(x)\mathrm{d}x]},$$

$$\varphi_3=\frac{2p\alpha T[uK-(a-bp)w]^2-2nw^2p\alpha T\int_0^{uq_H^{I*}-z_I^*}F(x)\mathrm{d}x+n\lambda w^2[2(\theta_1-w+c_0)q_H^{I*}-\eta e_H^{I*}]-p\alpha Tw^2x_I^{*2}}{4p\alpha T\int_{x_I^*}^{uq_H^{I*}-z_I^*}F(x)\mathrm{d}x-2nw^2p\alpha T\int_0^{uq_H^{I*}-z_I^*}F(x)\mathrm{d}x},$$

$$\varphi_4=\frac{2n\lambda w\theta_1K-p\alpha T[uK-(a-bp)w]^2-2nw^2[\lambda\theta_1q_H^{I*}-p\alpha T\int_{x_I^*}^{uq_H^{I*}-z_I^*}F(x)\mathrm{d}x]}{2(1-\lambda)nw^2[\theta_1+p\alpha T\int_{x_I^*}^{uq_H^{I*}-z_I^*}F(x)\mathrm{d}x]}+\frac{n\lambda w^2[2(w-c_0)q_H^{I*}-2p\alpha T\int_{x_F^*}^{x_I^*}F(x)\mathrm{d}x-\eta(e_H^{I*2}-e_H^{F*2})]}{2(1-\lambda)nw^2[\theta_1+p\alpha T\int_{x_I^*}^{uq_H^{I*}-z_I^*}F(x)\mathrm{d}x]}。$$

然后，分析 NSP 是否愿意接受 MI 策略。通过比较 NSP 在 MI 策略和基准模型下的期望效用，可以得到如下命题。

命题 22.8 在重资产运营模式下，与基准模型相比，满足 $I \geqslant I^{p}$ 时，有 $U_P(q_H^{I*}) \geqslant U_P(q_H^{B*})$，即 NSP 愿意接受 MI 策略。

证明：比较基准模型和 MI 策略下 NSP 的期望效用，具体讨论如下：

1. 如果 $w\Lambda \leqslant K < w\left[\Lambda + \frac{(w-c_0)\gamma^2}{u^2\eta}\right]$，则得到：

$$\begin{aligned}\Delta U_p^{IB} &= U_P(q_H^{I*}) - U_P(q_H^{B*}) \\ &= (1-\varphi)\left[\theta_1 q_H^{I*} + I - \frac{p\alpha T}{\lambda}\int_{x_I^*}^{uq_H^{I*}-z_I^*} F(x)\,\mathrm{d}x - \varphi K - \frac{\theta_1 K}{w}\right. \\ &\quad \left. + \frac{p\alpha T}{\lambda}\int_0^{\frac{n\lambda(up\alpha T - w + \delta)}{up\alpha T}} F(x)\,\mathrm{d}x\right]\end{aligned}$$

由此可知，满足 $I \geqslant I^{p1}$ 时，有 $\Delta U_p^{IB} \geqslant 0$。这里，$I^{p1} = \frac{p\alpha T}{\lambda}\int_{x_I^*}^{uq_H^{I*}-z_I^*} F(x)\,\mathrm{d}x - \theta_1 q_H^{I*} + \frac{w\varphi K + \theta_1 K}{w(1-\varphi)} - \frac{p\alpha T}{\lambda(1-\varphi)}\int_0^{\frac{n\lambda(up\alpha T - w + \delta)}{up\alpha T}} F(x)\,\mathrm{d}x$。

2. 如果 $K < w\Lambda$，则得到：

$$\begin{aligned}\Delta U_p^{IB} &= U_P(q_H^{I*}) - U_P(q_H^{B*}) \\ &= (1-\varphi)\left[\theta_1 q_H^{I*} + I - \frac{p\alpha T}{\lambda}\int_{x_I^*}^{uq_H^{I*}-z_I^*} F(x)\,\mathrm{d}x\right] - \varphi K - \frac{\theta_1 K}{w} \\ &\quad + \frac{p\alpha T}{\lambda}\int_0^{\frac{uK}{w}-(a-bp)} F(x)\,\mathrm{d}x\end{aligned}$$

由此可知，满足 $I \geqslant I^{p2}$ 时，有 $\Delta U_p^{IB} \geqslant 0$。这里，$I^{p2} = \frac{2n\varphi wK(w\varphi + \theta_1 K) - p\alpha T[uK-(a-bp)w]^2 - 2n\varphi w^2(1-\varphi)\theta_1 q_H^{I*}}{2n\varphi w^2(1-\varphi)} + \frac{2nw^2(1-\varphi)p\alpha T\int_{x_I^*}^{uq_H^{I*}-z_I^*} F(x)\,\mathrm{d}x}{2n\varphi w^2(1-\varphi)}$。

结合考虑以上分析可知，如果 $w\Lambda \leqslant K < w\left[\Lambda + \frac{(w-c_0)\gamma^2}{u^2\eta}\right]$，则 $I^{p} = I^{p1}$；如果 $K < w\Lambda$，则 $I^{p} = I^{p2}$。因此，满足 $I^{p} \leqslant I \leqslant \min\{I^{IB}, I^{IF}\}$ 时，NSP 可以通过提供 MI 策略获得更高的期望效用。接下来，我们讨论如下：

（1）如果 $w\Lambda \leqslant K < w\left[\Lambda + \frac{(w-c_0)\gamma^2}{u^2\eta}\right]$，则得到：

①满足 $I^{IF} \geqslant I^{IB1}$ 时，有 $\Delta E\pi_M^{FB} \geqslant 0$。进一步比较 I^{IB1} 和 I^{p1}，可得：

$$I^{p1} - I^{IB1} = \frac{p\alpha T}{\lambda}\int_{x_I^*}^{uq_H^{I*}-z_I^*} F(x)\,dx - \theta_1 q_H^{I*} + \frac{w\varphi K + \theta_1 K}{w(1-\varphi)} - \frac{p\alpha T}{\lambda(1-\varphi)}\int_0^{\frac{n\lambda(up\alpha T - w + \delta)}{up\alpha T}} F(x)\,dx + \frac{2\gamma^2 wK(w-c_0) + \eta(uK - u\Lambda w)^2}{2\gamma^2 w^2(1-\varphi)} - \frac{\gamma^2 w^2\left[2\varphi K - \eta e_H^{I*} + 2(\varphi\theta_1 + w - c_0)q_H^{I*} - 2\varphi p\alpha T\int_{x_I^*}^{uq_H^{I*}-z_I^*} F(x)\,dx - p\alpha T\int_0^{x_I^*} F(x)\,dx\right]}{2\gamma^2 w^2(1-\varphi)}$$

由此可知，满足 $\varphi \leqslant \varphi_1$，则有 $I^{p1} \leqslant I^{IB1}$。这里，

$$\varphi_1 = \frac{2w^2 p\alpha T\left[\int_0^{\frac{n\lambda(up\alpha T-w+\delta)}{up\alpha T}} F(x)\,dx - \int_0^{uq_H^{I*}-z_I^*} F(x)\,dx\right] + p\alpha T\int_0^{\frac{n\lambda(up\alpha T-w+\delta)}{up\alpha T}} F(x)\,dx}{4\lambda p\alpha T\int_{x_I^*}^{uq_H^{I*}-z_I^*} F(x)\,dx - 2\lambda n w^2 p\alpha T\int_0^{uq_H^{I*}-z_I^*} F(x)\,dx} + \frac{\lambda w^2\left[2(\theta_1 - w + c_0)q_H^{I*} - \eta e_H^{I*}\right] - p\alpha T w^2 x_I^{*2}}{4\lambda p\alpha T\int_{x_I^*}^{uq_H^{I*}-z_I^*} F(x)\,dx - 2\lambda n w^2 p\alpha T\int_0^{uq_H^{I*}-z_I^*} F(x)\,dx}。$$

②满足 $I^{IF} < I^{IB1}$ 时，有 $\Delta E\pi_M^{FB} < 0$。进一步比较 I^{IF} 和 I^{p1}，可得：

$$I^{p1} - I^{IF} = \frac{p\alpha T}{\lambda}\int_{x_I^*}^{uq_H^{I*}-z_I^*} F(x)\,dx - \theta_1 q_H^{I*} + \frac{w\varphi K + \theta_1 K}{w(1-\varphi)} - \frac{p\alpha T}{\lambda(1-\varphi)}\int_0^{\frac{n\lambda(up\alpha T-w+\delta)}{up\alpha T}} F(x)\,dx - \frac{2\varphi K - 2(\varphi\theta_1 + w - c_0)q_H^{I*} - 2p\alpha T\left[\varphi\int_{x_I^*}^{uq_H^{I*}-z_I^*} F(x)\,dx - \int_{x_F^*}^{x_I^*} F(x)\,dx\right]}{2(1-\varphi)} - \frac{2(wq_H^{F*} - K)(1+r) - \eta(e_H^{I*2} - e_H^{F*2}) - 2c_0 q_H^{F*}}{2(1-\varphi)}$$

由此可知，满足 $\varphi \leqslant \varphi_2$，则有 $I^{p1} \leqslant I^{IF}$。这里，

$$\varphi_2 = \frac{2n\lambda w\theta_1 K - \frac{p\alpha T}{\lambda(1-\varphi)}\int_0^{\frac{n\lambda(up\alpha T-w+\delta)}{up\alpha T}} F(x)\,dx - 2nw^2\left[\lambda\theta_1 q_H^{I*} - p\alpha T\int_{x_I^*}^{uq_H^{I*}-z_I^*} F(x)\,dx\right]}{2(1-\lambda)nw^2\left[\theta_1 + p\alpha T\int_{x_I^*}^{uq_H^{I*}-z_I^*} F(x)\,dx\right]}$$

$$+\frac{n\lambda w^2[2(w-c_0)q_H^{I^*}-2p\alpha T\int_{x_F^*}^{x_I^*}F(x)\mathrm{d}x-\eta(e_H^{I^*2}-e_H^{F^*2})]}{2(1-\lambda)nw^2[\theta_1+p\alpha T\int_{x_I^*}^{uq_H^{I^*}-z_I^*}F(x)\mathrm{d}x]}。$$

根据以上①和②的讨论可知，当 $0<\varphi\leqslant\min(\varphi_1，\varphi_2，1)$ 时，在区间 $I\in[I^{p1}，\min(I^{IF}，r^{IB1})]$ 内，供应链成员均愿意参与 MI 策略。

（2）如果 $0<K<w\Lambda$，则得到：

①满足 $I^{IF}\geqslant I^{IB2}$ 时，有 $\Delta E\pi_M^{FB}\geqslant 0$。进一步比较 I^{IB2} 和 I^{p2}：

$$I^{p2}-I^{IB2}=\frac{\begin{array}{c}2n\lambda wK(w\varphi+\theta_1K)-p\alpha T[uK-(a-bp)w]^2-2n\lambda w^2(1-\varphi)\theta_1q_H^{I^*}\\+2nw^2(1-\varphi)p\alpha T\int_{x_I^*}^{uq_H^{I^*}-z_I^*}F(x)\mathrm{d}x\end{array}}{2n\lambda w^2(1-\varphi)}$$

$$-\frac{nw^2[2\varphi K-\eta e_H^{I^*}+2(\varphi\theta_1+w-c_0)q_H^{I^*}-2\varphi p\alpha T\int_{x_I^*}^{uq_H^{I^*}-z_I^*}F(x)\mathrm{d}x]}{2nw^2(1-\varphi)\{-p\alpha Tw^2x_I^{*2}-2nw\theta_1K+p\alpha T[uK-(a-bp)w]^2\}}。$$

由此可知，满足 $\varphi\leqslant\varphi_3$，则有 $I^{p2}\leqslant I^{IB2}$。这里，$\varphi_3=$

$$\frac{2nw^2p\alpha T[\int_0^{\frac{uK}{w}-a+bp}F(x)\mathrm{d}x-\int_0^{uq_H^{I^*}-z_I^*}F(x)\mathrm{d}x]+p\alpha T[uK-(a-bp)w]^2}{4p\alpha T\int_{x_I^*}^{uq_H^{I^*}-z_I^*}F(x)\mathrm{d}x-2nw^2p\alpha T\int_0^{uq_H^{I^*}-z_I^*}F(x)\mathrm{d}x}+$$

$$\frac{n\lambda w^2[2(\theta_1-w+c_0)q_H^{I^*}-\eta e_H^{I^*}]-p\alpha Tw^2x_I^{*2}}{4p\alpha T\int_{x_I^*}^{uq_H^{I^*}-z_I^*}F(x)\mathrm{d}x-2nw^2p\alpha T\int_0^{uq_H^{I^*}-z_I^*}F(x)\mathrm{d}x}。$$

②满足 $I^{IF}<I^{IB2}$ 时，有 $\Delta E\pi_M^{FB}<0$。进一步比较 I^{IF} 和 I^{IB2} 可得：

$$I^{p2}-I^{IF}=\frac{\chi}{2n\lambda w^2(1-\varphi)}$$

其中，$\chi=2n\lambda w\theta_1K-p\alpha T[uK-(a-bp)w]^2+n\lambda w^2\{2(\varphi\theta_1+w-c_0)q_H^{I^*}+2p\alpha T[\varphi\int_{x_I^*}^{uq_H^{I^*}-z_I^*}F(x)\mathrm{d}x-\int_{x_F^*}^{x_I^*}F(x)\mathrm{d}x]-\eta(e_H^{I^*2}-e_H^{F^*2})-2(wq_H^{F^*}-K)(1+r)-2c_0q_H^{F^*}\}-2(1-\varphi)nw^2[\lambda\theta_1q_H^{I^*}-p\alpha T\int_{x_I^*}^{uq_H^{I^*}-z_I^*}F(x)\mathrm{d}x]$。

由此可知，满足 $\varphi \leqslant \varphi_4$，则有 $I^{p2} \leqslant I^{IF}$。这里，$\varphi_4 = \dfrac{2n\lambda w\theta_1 K - p\alpha T[uK-(a-bp)w]^2 - 2nw^2[\lambda\theta_1 q_H^{I*} - p\alpha T\int_{x_I^*}^{uq_H^{I*}-z_I^*}F(x)\mathrm{d}x]}{2(1-\lambda)nw^2[\theta_1 + p\alpha T\int_{x_I^*}^{uq_H^{I*}-z_I^*}F(x)\mathrm{d}x]} + \dfrac{n\lambda w^2[2(w-c_0)q_H^{I*} - 2p\alpha T\int_{x_F^*}^{x_I^*}F(x)\mathrm{d}x - \eta(e_H^{I*2} - e_H^{F*2})]}{2(1-\lambda)nw^2[\theta_1 + p\alpha T\int_{x_I^*}^{uq_H^{I*}-z_I^*}F(x)\mathrm{d}x]}$。

根据以上①和②的讨论可知，当 $0<\varphi\leqslant\min(\varphi_3, \varphi_4, 1)$ 时，在区间为 $I\in[I^{p2}, \min(I^{IF}, I^{IB2})]$ 内，两个供应链成员均愿意参与 MI 策略。**证毕。**

命题 22.8 为 NSP 提供了是否接受 MI 策略的判断依据。当 OEM 的投资额度高于 I^p 时，NSP 愿意接受 MI 策略并获得更高的期望效用。

结合命题 22.7 和命题 22.8 的结论，进一步分析两个供应链成员均愿意采用 MI 策略的条件。这里，可以发现：

1. 当 $w\Lambda<K\leqslant w\left[\Lambda+\dfrac{(w-c_0)\ \gamma^2}{u^2\eta}\right]$ 和 $0<\varphi\leqslant\min(\varphi_1, \varphi_2, 1)$ 时，若满足 $I>\min(I^{IF}, I^{IB1})$，则 NSP 可以受益于 MI 策略，但 OEM 可能不愿意提供 MI 策略。这是因为，如果 $I>I^{IF}$，则 OEM 提供 MF 策略获得的期望利润高于提供 MI 策略时获得的期望利润；如果 $I>I^{IB1}$，则 OEM 提供 MI 策略时获得的期望利润低于其在基准模型中获得的期望利润。显然，当 $w\Lambda<K\leqslant w\left[\Lambda+\dfrac{(w-c_0)\gamma^2}{u^2\eta}\right]$ 和 $0<\varphi\leqslant\min(\varphi_1, \varphi_2, 1)$ 时，OEM 总是选择提供 MI 策略并将投资额度约束在 $I^{p1}\leqslant I\leqslant\min(I^{IF}, I^{IB1})$ 范围内，以此来引导 NSP 进行融资，且 NSP 可以从 MI 策略中获益。在这种情况下，OEM 和 NSP 都愿意参与 MI 策略。根据上述分析可知，如果 OEM 只能提供 MI 策略，则满足 $I\leqslant I^{IB1}$ 时，其愿意向 NSP 提供该融资服务。同时，只要满足 $I^{p1}\leqslant I\leqslant I^{IB1}$，NSP 就愿意接受 MI 策略。因此，如果 OEM 只能提供 MI 策略，当 $w\Lambda<K\leqslant w\left[\Lambda+\dfrac{(w-c_0)\gamma^2}{u^2\eta}\right]$ 和 $0<\varphi\leqslant\min(\varphi_1, 1)$ 同时成立时，只要满足 $I^{p1}\leqslant I\leqslant I^{IB1}$，则可以实现供应链的帕累托改进。

2. 当$0<K\leqslant w\Lambda$和$0<\varphi\leqslant\min(\varphi_3,\ \varphi_4,\ 1)$时，若满足$I>\min(I^{IF},\ I^{IB2})$，则 NSP 可以受益于 MI 策略，但 OEM 可能不愿意提供 MI 策略。这是因为，如果$I>I^{IF}$，则 OEM 提供 MF 策略获得的期望利润高于提供 MI 策略时获得的期望利润；如果$I>I^{IB2}$，则 OEM 提供 MI 策略获得的期望利润低于其在基准模型中获得的期望利润。显然，当$0<K\leqslant w\Lambda$和$0<\varphi\leqslant\min(\varphi_3,\ \varphi_4,\ 1)$时，OEM 总是愿意提供 MI 策略并将投资额度设置在$I^{p2}\leqslant I\leqslant\min(I^{IF},\ I^{IB2})$范围内。类似地，如果 OEM 只能提供 MI 策略，当$0<K\leqslant w\Lambda$和$0<\varphi\leqslant\min(\varphi_3,\ 1)$同时成立时，只要满足$I^{p2}\leqslant I\leqslant I^{IB2}$，则可以实现供应链的帕累托改进。

如果 OEM 有能力提供两种供应链金融融资策略，则必须比较这两种供应链金融融资策略的优劣势。而 NSP 只能通过与基准模型进行比较来判断是否接受 OEM 提供的融资策略，但不能影响 OEM 对供应链金融融资策略的选择。

第三节　轻资产运营模式

在轻资产运营模式下，NSP 不需要从 OEM 处采购新能源汽车。此时，NSP 只专注于平台的运营管理并与 OEM 分享其提供汽车租赁服务获得的收益。在该运营模式下，由于 NSP 的资金需求低，因此不需要进行融资。此外，假设 NSP 和 OEM 都是风险中性的。考虑到 NSP 和 OEM 进行收益分享，对于新能源汽车的单位时间租赁服务，NSP 获得收益ψp，OEM 获得收益$(1-\psi)p$。这里，OEM 的总生产成本为c_0q_L，绿色成本为$\frac{\eta}{2}e_L^2$。在轻资产运营模式下，OEM 需要决定新能源汽车的供应量q_L和绿色水平e_L。NSP 则以单位时间租赁价格p向消费者出租新能源汽车，并且产生运营成本c_1q_L。新能源汽车达到总服务时间T后，OEM 可以获得新能源汽车的残值sq_L。在轻资产运营模式下，OEM 和 NSP 之间的博弈顺序如图 22.6 所示。

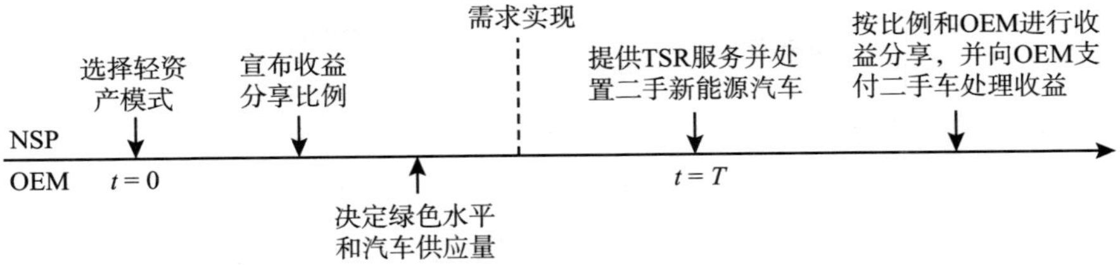

图 22.6　轻资产运营模式下 OEM 和 NSP 之间的博弈顺序

根据上述假设，可以得到 OEM 和 NSP 的目标函数。为了便于比较分析不同运营模式下 NSP 的收益，这里仍然用期望效用来反映风险中性 NSP 的收益。此时，OEM 的期望利润和 NSP 的期望效用分别为：

$$E[\pi_M(q_L,\ e_L)] = E\left[(1-\psi)p\alpha T\min(uq_L,\ D) - c_0q_L + sq_L - \frac{1}{2}\eta e_L^2\right]$$

$$\mathrm{U}_P^L = E(\pi_P) = E[\psi p\alpha T\min(uq_L,\ D) - c_1q_L]$$

命题 22.9　在轻资产运营模式下，OEM 的最优绿色水平和供应量分别为：

$$e_L^* = \frac{[(1-\psi)up\alpha T + s - c_0]\gamma}{u\eta}$$

$$q_L^* = \frac{[(1-\psi)up\alpha T + s - c_0][(1-\psi)p\alpha T\gamma^2 + n\eta]}{u^2\eta(1-\psi)p\alpha T} + \frac{a-bp}{u}$$

证明：OEM 的期望利润可以表示为：

$$E[\pi_M(q_L,\ e_L)] = (1-\psi)p\alpha T[uq_L - \int_0^{uq_L-z_L}F(x)\mathrm{d}x] - c_0q_L + sq_L - \frac{1}{2}\eta e_L^2$$

求 $E[\pi_M(q_L,\ e_L)]$ 关于 q_L 和 e_L 的一阶导和二阶导，分别得到：

$$\frac{\partial E[\pi_M(q_L,\ e_L)]}{\partial q_L} = up\alpha T(1-\psi)\overline{F}(uq_L - z_L) + s - c_0$$

$$\frac{\partial E[\pi_M(q_L,\ e_L)]}{\partial e_L} = (1-\psi)p\alpha T\gamma + \frac{\gamma(s-c_0)}{u} - \eta e$$

$$\frac{\partial^2 E[\pi_M(q_L,\ e_L)]}{\partial q_L^2} = -uf(uq_L - z_L)$$

$$\frac{\partial^2 E[\pi_M(q_L,\ e_L)]}{\partial e_L^2} = -\eta$$

$$\frac{\partial^2 E[\pi_M(q_L, e_L)]}{\partial q_L \partial e_L}=0$$

由此可得，$E[\pi_M(q_L, e_L)]$ 的海塞矩阵：

$$H(q_L, e_L)=\begin{pmatrix} -uf(uq_L-z_L) & 0 \\ 0 & -\eta \end{pmatrix}$$

进一步得到，$|H(q_L, e_L)| = u^2 p\alpha T\eta(1-\psi)>0$。又因为 $\frac{\partial^2 E[\pi_M(q_L, e_L)]}{\partial q_L^2}<0$，$\frac{\partial^2 E[\pi_M(q_L, e_L)]}{\partial e_L^2}<0$，因此 $E[\pi_M(q_L, e_L)]$ 是关于 q_L 和 e_L 的联合凹函数。联立 $\frac{\partial E[\pi_M(q_L, e_L)]}{\partial q_L}=0$ 和 $\frac{\partial E[\pi_M(q_L, e_L)]}{\partial e_L}=0$，可得 $q_L^* = \frac{[(1-\psi)up\alpha T+s-c_0][n\eta+p\alpha T\gamma^2(1-\psi)]}{u^2 p\alpha T\eta(1-\psi)}+\frac{a-bp}{u}$，$e_L^* = \frac{(1-\psi)up\alpha T+s-c_0}{u\eta}\gamma$。

证毕。

命题 22.9 显示了 OEM 在轻资产运营模式下的最优决策。可以发现，OEM 的最优供应量和绿色水平受到收益分享因子、OEM 的绿色成本系数、新能源汽车的有效服务率和单位时间运行率的影响。根据命题 22.9，可以得到如下推论。

推论 22.4 在轻资产运营模式下，OEM 的最优决策具有如下特性：

1. $\frac{\partial e_L^*}{\partial \psi}<0$；$\frac{\partial q_L^*}{\partial \psi}<0$。

2. $\frac{\partial e_L^*}{\partial \eta}<0$；$\frac{\partial q_L^*}{\partial \eta}<0$。

3. $\frac{\partial e_L^*}{\partial \alpha}>0$；$\frac{\partial q_L^*}{\partial \alpha}>0$。

4. $\frac{\partial e_L^*}{\partial u}>0$；如果 $c_0>\frac{u\eta p\alpha T(a-bp)(1-\psi)}{2n\eta+2p\alpha T\gamma^2(1-\psi)}+\frac{up\alpha T(1-\psi)}{2}+s$，则 $\frac{\partial q_L^*}{\partial u}>0$；如果 $c_0\leqslant\frac{u\eta p\alpha T(a-bp)(1-\psi)}{2n\eta+2p\alpha T\gamma^2(1-\psi)}+\frac{up\alpha T(1-\psi)}{2}+s$，则 $\frac{\partial q_L^*}{\partial u}\leqslant 0$。

证明：结合之前的讨论，本推论显然成立。**证毕**。

推论 22.4 中特性 1 表明，由于这里的收益分享因子是指 NSP 从提供服务中获得的收益比例，因此 OEM 的最优绿色水平和最优供应量随着收益分享因子的增加而递减。显然，为了激励 OEM 提高绿色水平并提供更多的新能源汽车，NSP 需要选择一个相对较低的收益分享因子。推论 22.4 中特性 2 表明，OEM 的最优绿色水平和最优供应量随着绿色成本系数的增加而递减。因此，OEM 需要不断提高技术水平，增强新能源汽车的绿色水平，并提升效率。推论 22.4 中特性 3 表明，OEM 的最优绿色水平和最优供应量随着新能源汽车有效服务率的增加而递增。因此，NSP 应不断提高新能源汽车的有效服务率，这样可以激励 OEM 提高新能源汽车的绿色水平和供应量。推论 22.4 中特性 4 的结论比较多样化：首先，OEM 的最优绿色水平始终随着新能源汽车单位时间运行率的增加而递增。其次，满足 $c_0 > \frac{u\eta p\alpha T(a-bp)(1-\psi)}{2n\eta+2p\alpha T\gamma^2(1-\psi)}+\frac{up\alpha T(1-\psi)}{2}+s$，即新能源汽车的生产成本相对较高时，随着单位时间运行率的增加，OEM 愿意向 NSP 提供更多的车辆，以获得更多的市场份额；但是满足 $c_0 \leqslant \frac{u\eta p\alpha T(a-bp)(1-\psi)}{2n\eta+2p\alpha T\gamma^2(1-\psi)}+\frac{up\alpha T(1-\psi)}{2}+s$，即新能源汽车的生产成本相对较低时，随着单位时间运行率的增加，OEM 向 NSP 提供的新能源汽车数量逐渐降低。这是因为，当新能源汽车的生产成本相对较低时，OEM 的供应量相对较高。此时，随着新能源汽车单位时间运行率的增加，OEM 适当减少供应量仍然可以获得更高的期望利润。

接下来，令 $\varpi_1 = u\eta p\alpha T(a-bp)w - u^2K\eta p\alpha T$，$\varpi_2 = nu\eta p\alpha Tw + (s-c_0)p\alpha T\gamma^2$，$\varpi_3 = un\eta p\alpha T(1-\lambda) + p\alpha T\gamma^2(s-w) + n\lambda\eta(w-\delta)$。进一步假设 $\psi_{B1} = 1 - \frac{\sqrt{(\varpi_1+\varpi_2)^2+4n\eta(c_0-s)(wp\alpha Tu)^2}-(\varpi_1+\varpi_2)}{2(up\alpha T)^2w}$，$\psi_{B2} = \frac{(up\alpha T+s-c_0)w\gamma^2-(K-w\Lambda)\eta u^2}{uwp\alpha T\gamma^2}$，$\psi_{B3} = 1-\frac{\sqrt{\varpi_3{}^2+4un\eta\ (p\alpha T\gamma)^2\ (c_0-s)}}{2u\ (p\alpha T\gamma)^2}-\frac{\varpi_3}{2u(p\alpha T\gamma)^2}$。通过比较 OEM 和 NSP 在轻资产运营模式和基准模型中的最优决策，可以得到如下命题。

命题 22.10　供应链成员在轻资产运营模式和基准模型中的最优决策比较结果如下：

1. 当$0<K<w\Lambda$时：①如果$\psi\in(0,\ \psi_{B1})$，则$q_L^*>q_H^{B*}$；如果$\psi\in[\psi_{B1},\ 1)$，则$q_L^*\leqslant q_H^{B*}$；②$e_L^*>e_H^{B*}$。

2. 当$w\Lambda\leqslant K<w\left[\Lambda+\frac{(w-c_0)\gamma^2}{u^2\eta}\right]$时：①如果$\psi\in(0,\ \psi_{B1})$，则$q_L^*>q_H^{B*}$；如果$\psi\in[\psi_{B1},\ 1)$，则$q_L^*\leqslant q_H^{B*}$；②如果$\psi\in(0,\ \psi_{B2})$，则$e_L^*>e_H^{B*}$；如果$\psi\in[\psi_{B2},\ 1)$，则$e_L^*\leqslant e_H^{B*}$。

3. 当$K\geqslant w\left[\Lambda+\frac{(w-c_0)\gamma^2}{u^2\eta}\right]$时：①如果$\psi\in(0,\ \psi_{B3})$，则$q_L^*>q_H^{B*}$；如果$\psi\in[\psi_{B3},\ 1)$，则$q_L^*\leqslant q_H^{B*}$；②如果$\psi\in\left(0,\ \frac{up\alpha T-w+\delta}{up\alpha T}\right)$，则$e_L^*>e_H^{B*}$；如果$\psi\in\left[\frac{up\alpha T-w+\delta}{up\alpha T},\ 1\right)$，则$e_L^*\leqslant e_H^{B*}$。

证明：

1. 比较重资产运营模式和轻资产运营模式下的最优供应量，具体如下：

（1）当$0<K<w\Lambda$时：首先令$\varpi_1=u\eta p\alpha T(a-bp)w-u^2K\eta p\alpha T$，$\varpi_2=nu\eta p\alpha Tw+(s-c_0)p\alpha T\gamma^2$，则得到：

$$q_L^*-q_H^{B*}=\frac{(up\alpha T\gamma)^2w(1-\psi)^2+(\varpi_1+\varpi_2)(1-\psi)+(s-c_0)n\eta w}{u^2\eta p\alpha T(1-\psi)w}$$

令$q_L^*-q_H^{B*}=0$，则得到$\psi_{B1}=1-\frac{\sqrt{(\varpi_1+\varpi_2)^2+4\eta n(c_0-s)(wp\alpha Tu)^2}-(\varpi_1+\varpi_2)}{2(up\alpha T)^2w}$，

$\psi'_{B1}=1+\frac{\sqrt{(\varpi_1+\varpi_2)+4(p\alpha Tu)^2(c_0-s)w\eta nw}-(\varpi_1+\varpi_2)}{2(up\alpha T)^2w}$。显然，$0<\psi_{B1}<1$，$\psi'_{B1}>1$。由于$0<\psi<1$，因此$\psi'_{B1}$不满足该条件，需要舍去。进一步得到，如果$\psi\in[\psi_{B1},\ 1)$，则$q_L^*\leqslant q_H^{B*}$；如果$\psi\in(0,\ \psi_{B1})$，则$q_L^*>q_H^{B*}$。

（2）当$w\Lambda\leqslant K<w\left[\Lambda+\frac{(w-c_0)\gamma^2}{u^2\eta}\right]$时，可以得到：

$$q_L^*-q_H^{B*}=\frac{u[(1-\psi)up\alpha T+s-c_0][(1-\psi)p\alpha T\gamma^2+n\eta]}{u^3\eta(1-\psi)p\alpha T}+\frac{a-bp}{u}-\frac{K}{w}$$

该结论类似于$0<K<w\Lambda$时的情况，这里不再详细说明。

（3）当$K\geqslant w\left[\Lambda+\frac{(w-c_0)\gamma^2}{u^2\eta}\right]$时，可以得到：

$$q_L^* - q_H^{B*} = \frac{[(1-\psi)up\alpha T + s - c_0][(1-\psi)p\alpha T\gamma^2 + n\eta] - (w-c_0)(1-\psi)p\alpha T\gamma^2 - n\lambda(up\alpha T - w + \delta)\eta(1-\psi)}{u^2\eta(1-\psi)p\alpha T}$$

设 $\varpi_3 = un\eta p\alpha T(1-\lambda) + p\alpha T\gamma^2(s-w) + n\lambda\eta(w-\delta)$。令 $q_L^* - q_H^{B*} = 0$，可得 $\psi_{B3} = \frac{2u(p\alpha T\gamma)^2 - \varpi_3 - \sqrt{\varpi_3^2 + 4un\eta(p\alpha T\gamma)^2(c_0-s)}}{2u(p\alpha T\gamma)^2}$，$\psi'_{B3} = \frac{2u(p\alpha T\gamma)^2 - \varpi_3 + \sqrt{\varpi_3^2 + 4un\eta(p\alpha T\gamma)^2(c_0-s)}}{2u(p\alpha T\gamma)^2}$。显然，$0 < \psi_{B3} < 1$，$\psi'_{B3} > 1$。由于 $0 < \psi < 1$，因此 ψ'_{B3} 不满足该条件，需要舍去。进一步可得，如果 $\psi \in [\psi_{B3}, 1)$，则 $q_L^* \leqslant q_H^{B*}$；如果 $\psi \in (0, \psi_{B3})$，则 $q_L^* > q_H^{B*}$。

2. 比较重资产运营模式和轻资产运营模式下的最优绿色水平，具体如下：

（1）当 $0 < K < w\Lambda$ 时，显然可以得到 $e_L^* > e_H^{B*}$。

（2）当 $w\Lambda \leqslant K < w\left[\Lambda + \frac{(w-c_0)\gamma^2}{u^2\eta}\right]$ 时，可以得到：$e_L^* - e_H^{B*} = \frac{[(1-\psi)up\alpha T + s - c_0]w\gamma^2 - (K - \Lambda w)\eta u^2}{u\eta\gamma w}$。令 $e_L^* - e_H^{B*} = 0$，可得 $\psi_{B2} = \frac{(up\alpha T + s - c_0)w\gamma^2 - (K - w\Lambda)\eta u^2}{uwp\alpha T\gamma^2}$。如果 $\psi \in (0, \psi_{B2})$，则 $e_L^* > e_H^{B*}$；如果 $\psi \in [\psi_{B2}, 1)$，则 $e_L^* \leqslant e_H^{B*}$。

（3）当 $K \geqslant w\left[\Lambda + \frac{(w-c_0)\gamma^2}{u^2\eta}\right]$ 时，可以得到：$e_L^* - e_H^{B*} = \frac{[(1-\psi)up\alpha T + s - w]\gamma}{u\eta}$。由此可知，如果 $\psi \in \left(0, \frac{up\alpha T - w + \delta}{up\alpha T}\right)$，则 $e_L^* > e_H^{B*}$；如果 $\psi \in \left[\frac{up\alpha T - w + \delta}{up\alpha T}, 1\right)$，则 $e_L^* \leqslant e_H^{B*}$。

证毕。

命题 22.10 表明，供应链成员在不同运营模式下的最优决策相对大小与收益分享因子密切相关。命题 22.10 中的结论 1 ~ 结论 3 表明，如果收益分享因子相对较低，则 OEM 在轻资产运营模式下提供的新能源汽车数量高于基准模型中 NSP 采购的新能源汽车数量，反之亦然。命题 22.10 中的结论 2 和结论 3 表明，当且仅当收益分享因子相对较低时，OEM 在轻资产运营模式下选择的绿色水平高于其在基准模型中选择的绿色水平，反之亦然。这是因为，如果收益分享因子相对较低，则在轻资产运营模式下，OEM 可以通过增加新能源汽车供应量来获得更多的收益；如果收益分享因子相对较高，则 OEM 供应一辆新能源汽车能获得的收益相对较少，同时还需要承担绿色水平，因此面临着较大的资金压力。

命题 22.10 中的结论 1 还表明，与基准模型相比，当初始资金很低（$0 < K < w\Lambda$）时，OEM 总是会在轻资产运营模式下选择一个更高的绿色水平。这是因为，当初始资金很低时，在基准模型下 OEM 缺乏足够的动力来进行绿色投资，因此 OEM 投入的绿色水平等于 0。但是，在轻资产运营模式下，如果 OEM 获得 NSP 分享的收益，仍然会愿意投入绿色水平。

接下来，比较分析轻资产运营模式和重资产运营模式（基准模型）下 OEM 和 NSP 的最优期望利润和期望效用。这里，设 $B_0 = \frac{\theta_1 K}{w} - \frac{p\alpha T}{\lambda} \frac{[uK(a-bp)]^2}{2nw^2}$，$B_1 = 2nuq_L^* - u^2 q_L^{*2} + 2uq_L^*(a-bp) - (a-bp)^2 + 2nB_0 + 2\gamma [uq_L^* - (a-bp)] \frac{s-c_0}{u\eta} - \frac{\gamma^2 (s-c_0)^2}{u^2\eta}$，$B_2 = \frac{2p\alpha T\gamma^2}{\eta}[uq_L^* - (a-bp)] - \frac{2p\alpha T\gamma^2(s-c_0)}{u\eta}$，$B_3 = \frac{\gamma^2 (up\alpha T)^2}{u^2\eta}$，$B_4 = 2nu^2\eta(s-c_0)q_L^* - \frac{w-c_0}{w}K$，$B_5 = \frac{\theta_1 K}{w} - \frac{p\alpha T}{\lambda}\int_0^{\frac{n\lambda(up\alpha T-w+\delta)}{up\alpha T}} F(x)\mathrm{d}x$，$B_6 = 2nuq_L^* - u^2 q_L^{*2} + 2uq_L^*(a-bp) - (a-bp)^2 + 2nB_5 + 2\gamma[uq_L^* - (a-bp)]\frac{s-c_0}{u\eta} - \frac{\gamma^2(s-c_0)^2}{u^2\eta}$，$B_7 = 2nu^2\eta(s-c_0)q_L^* - \frac{w-c_0}{w}K + \frac{1}{2}\eta\left(\frac{uK-u\Lambda w}{\gamma w}\right)^2$，$B_8 = (up\alpha T - w + \delta)\left[\Lambda + \frac{(w-c_0)\gamma^2}{u^2\eta}\right] - \frac{p\alpha T}{\lambda}\int_0^{\frac{n\lambda(up\alpha T-w+\delta)}{up\alpha T}} F(x)\mathrm{d}x$，$B_9 = 2nuq_L^* - u^2 q_L^{*2} + 2uq_L^*(a-bp) - (a-bp)^2 + 2nB_8 + 2\gamma[uq_L^* - (a-bp)]\frac{s-c_0}{u\eta} - \frac{\gamma^2(s-c_0)^2}{u^2\eta}$，$B_{10} = 2nu^2\eta(s-c_0)q_L^* - (w-c_0)\Lambda - \frac{(w-c_0)^2\gamma^2}{2u^2\eta}$。进一步可以得到如下命题。

命题 22.11 供应链成员在轻资产运营模式和基准模型中的最优期望利

润和期望效用比较结果如下：

1. 当 $0<K<w\Lambda$ 时：①对于 NSP 而言，如果 $\psi\in[\psi_1,\psi_2]$，则 $U_P^{L*}\geqslant U_P(q_H^{B*})$；如果 $\psi\in(0,\psi_1)\cup(\psi_2,1)$，则 $U_P^{L*}<U_P(q_H^{B*})$；②对于 OEM 而言，如果 $\psi\in[\psi_3,\psi_4]$，则 $E[\pi_M(q_L^*,e_L^*)]\leqslant E[\pi_M(e_H^{B*})]$；如果 $\psi\in(0,\psi_3)\cup(\psi_4,1)$，则 $E[\pi_M(q_L^*,e_L^*)]>E[\pi_M(e_H^{B*})]$。

2. 当 $w\Lambda\leqslant K<w\left[\Lambda+\dfrac{(w-c_0)\gamma^2}{u^2\eta}\right]$ 时：①对于 NSP 而言，如果 $\psi\in[\psi_5,\psi_6]$，则 $U_P^{L*}\geqslant U_P(q_H^{B*})$；如果 $\psi\in(0,\psi_5)\cup(\psi_6,1)$，则 $U_P^{L*}<U_P(q_H^{B*})$。②对于 OEM 而言，如果 $\psi\in[\psi_7,\psi_8]$，则 $E[\pi_M(q_L^*,e_L^*)]\leqslant E[\pi_M(e_H^{B*})]$；如果 $\psi\in(0,\psi_7)\cup(\psi_8,1)$，则 $E[\pi_M(q_L^*,e_L^*)]>E[\pi_M(e_H^{B*})]$。

3. 当 $K\geqslant w\left[\Lambda+\dfrac{(w-c_0)\gamma^2}{u^2\eta}\right]$ 时：①对于 NSP 而言，如果 $\psi\in[\psi_9,\psi_{10}]$，则 $U_P^{L*}\geqslant U_P(q_H^{B*})$；如果 $\psi\in(0,\psi_9)\cup(\psi_{10},1)$，则 $U_P^{L*}<U_P(q_H^{B*})$。②对于 OEM 而言，如果 $\psi\in[\psi_{11},\psi_{12}]$，则 $E[\pi_M(q_L^*,e_L^*)]\leqslant E[\pi_M(e_H^{B*})]$；如果 $\psi\in(0,\psi_{11})\cup(\psi_{12},1)$，则 $E[\pi_M(q_L^*,e_L^*)]>E[\pi_M(e_H^{B*})]$。

证明：

1. 当 $0<K<w\Lambda$ 时，讨论如下：

（1）比较 NSP 在轻资产运营模式和基准模型中的期望效用，可得：

$$U_P^{L*}-U_P(q_H^{B*})=\left[up\alpha Tq_L^*-p\alpha T\int_0^{uq_L^*-z_L^*}F(x)\,\mathrm{d}x\right]\psi-\frac{\theta_1K}{w}+\frac{p\alpha T}{\lambda}\frac{[uK(a-bp)]^2}{2nw^2}$$

令 $B_0=\dfrac{\theta_1K}{w}-\dfrac{p\alpha T}{\lambda}\dfrac{[uK(a-bp)]^2}{2nw^2}$，$B_1=2nuq_L^*-u^2q_L^{*2}+2uq_L^*(a-bp)-(a-bp)^2+2nB_0+2\gamma[uq_L^*-(a-bp)]\dfrac{s-c_0}{u\eta}-\dfrac{\gamma^2(s-c_0)^2}{u^2\eta}$，$B_2=\dfrac{2p\alpha T\gamma^2}{\eta}[uq_L^*-(a-bp)]-\dfrac{2p\alpha T\gamma^2(s-c_0)}{u\eta}$，$B_3=\dfrac{\gamma^2(up\alpha T)^2}{u^2\eta}$。上式可以简化为 $U_P^{L*}-U_P(q_H^{B*})=\dfrac{\psi p\alpha T}{2n}[B_1+B_2(1-\psi)-B_3(1-\psi)^2]$。令 $U_P^{L*}-U_P(q_H^{B*})=$

0，则得到 $\psi_1=1-\dfrac{B_2-\sqrt{B_2^2+4B_1B_3}}{2B_3}$，$\psi_2=1+\dfrac{B_2-\sqrt{B_2^2+4B_1B_3}}{2B_3}$。因此，如果 $\psi_1\leqslant\psi\leqslant\psi_2$，则 $\mathrm{U}_P^{L*}\geqslant\mathrm{U}_P(q_H^{B*})$；如果 $\psi>\psi_2$ 或 $\psi<\psi_1$，则 $\mathrm{U}_P^{L*}<\mathrm{U}_P(q_H^{B*})$。

（2）比较 OEM 在轻资产运营模式和基准模型中的期望利润，可得：

$$
\begin{aligned}
E[\pi_M(q_L^*,\ e_L^*)]-E[\pi_M(e_H^{B*})]=&(1-\psi)[2nu^3\eta p\alpha Tq_L^*-u^3\eta p\alpha Tq_L^*\\
&-u^2p\alpha T\eta(-a+bp)+(s-c_0)up\alpha T\gamma^2]\\
&+[up\alpha T\gamma(1-\psi)]^2+2n\eta(s-c_0)u^2q_L^*\\
&-\frac{w-c_0}{w}K
\end{aligned}
$$

设 $B_4=2nu^2\eta(s-c_0)q_L^*-\dfrac{w-c_0}{w}K$，并令 $E[\pi_M(q_L^*,\ e_L^*)]-E[\pi_M(e_H^{B*})]=0$，则得到 $\psi_3=1-\dfrac{B_2-\sqrt{B_2^2+4B_4B_3}}{2B_3}$，$\psi_4=1+\dfrac{B_2-\sqrt{B_2^2+4B_4B_3}}{2B_3}$。因此，如果 $\psi_3\leqslant\psi\leqslant\psi_4$，则 $E[\pi_M(q_L^*,\ e_L^*)]\leqslant E[\pi_M(e_H^{B*})]$；如果 $0<\psi<\psi_3$ 或 $\psi_4<\psi<1$，则 $E[\pi_M(q_L^*,\ e_L^*)]>E[\pi_M(e_H^{B*})]$。

2. 当 $w\Lambda\leqslant K<w\left[\Lambda+\dfrac{(w-c_0)\gamma^2}{u^2\eta}\right]$时，讨论如下：

（1）比较 NSP 在轻资产运营模式和基准模型中的期望效用，可得：

$$
\begin{aligned}
\mathrm{U}_P^{L*}-\mathrm{U}_P(q_H^{B*})=&\left[up\alpha Tq_L^*-p\alpha T\int_0^{uq_L^*-z_L^*}F(x)\mathrm{d}x\right]\psi-\frac{\theta_1K}{w}\\
&+\frac{p\alpha T}{\lambda}\int_0^{\frac{n\lambda(up\alpha T-w+\delta)}{up\alpha T}}F(x)\mathrm{d}x
\end{aligned}
$$

令 $B_5=\dfrac{\theta_1K}{w}-\dfrac{p\alpha T}{\lambda}\displaystyle\int_0^{\frac{n\lambda(up\alpha T-w+\delta)}{up\alpha T}}F(x)\mathrm{d}x$，$B_6=2nuq_L^*-u^2q_L^{*2}+2uq_L^*(a-bp)-(a-bp)^2+2nB_5+2\gamma[uq_L^*-(a-bp)]\dfrac{s-c_0}{u\eta}-\dfrac{\gamma^2(s-c_0)^2}{u^2\eta}$，$B_2=\dfrac{2p\alpha T\gamma^2}{\eta}[uq_L^*-(a-bp)]-\dfrac{2p\alpha T\gamma^2(s-c_0)}{u\eta}$，$B_3=\dfrac{\gamma^2(up\alpha T)^2}{u^2\eta}$。上式可以简化为 $\mathrm{U}_P^{L*}-\mathrm{U}_P(q_H^{B*})=\dfrac{\psi p\alpha T}{2n}[B_6+B_2(1-\psi)-B_3(1-\psi)^2]$。令 $\mathrm{U}_P^{L*}-\mathrm{U}_P(q_H^{B*})=0$，则得

到 $\psi_5 = 1 - \frac{B_2 - \sqrt{B_2^2 + 4B_6B_3}}{2B_3}$，$\psi_6 = 1 + \frac{B_2 - \sqrt{B_2^2 + 4B_6B_3}}{2B_3}$。因此，如果 $\psi_5 \leqslant \psi \leqslant \psi_6$，则 $U_P^{L*} \geqslant U_P(q_H^{B*})$；如果 $\psi > \psi_6$ 或 $\psi < \psi_5$，则 $U_P^{L*} < U_P(q_H^{B*})$。

（2）比较 OEM 在轻资产运营模式和基准模型中的期望利润，可得：

$$\begin{aligned} E[\pi_M(q_L^*, e_L^*)] - E[\pi_M(e_H^{B*})] = &(1-\psi)[2nu^3\eta p\alpha Tq_L^* - u^3\eta p\alpha Tq_L^* \\ &+ u^2 p\alpha T\eta(a-bp) + (s-c_0)up\alpha T\gamma^2] \\ &+ [up\alpha T\gamma(1-\psi)]^2 + 2n\eta(s-c_0)u^2q_L^* \\ &- \frac{w-c_0}{w}K + \frac{1}{2}\eta\left(\frac{uK - u\Lambda w}{\gamma w}\right)^2 \end{aligned}$$

设 $B_7 = 2nu^2\eta(s-c_0)q_L^* - \frac{w-c_0}{w}K + \frac{1}{2}\eta\left(\frac{uK - u\Lambda w}{\gamma w}\right)^2$，并令 $E[\pi_M(q_L^*, e_L^*)] - E[\pi_M(e_H^{B*})] = 0$，则得到 $\psi_7 = 1 - \frac{B_2 - \sqrt{B_2^2 + 4B_7B_3}}{2B_3}$，$\psi_8 = 1 + \frac{B_2 - \sqrt{B_2^2 + 4B_7B_3}}{2B_3}$。因此，如果 $\psi_3 \leqslant \psi \leqslant \psi_4$，则 $E[\pi_M(q_L^*, e_L^*)] \leqslant E[\pi_M(e_H^{B*})]$；如果 $0 < \psi < \psi_7$ 或 $\psi_8 < \psi < 1$，则 $E[\pi_M(q_L^*, e_L^*)] > E[\pi_M(e_H^{B*})]$。

3. 当 $K > w\left[\Lambda + \frac{(w-c_0)\gamma^2}{u^2\eta}\right]$时，讨论如下：

（1）比较 NSP 在轻资产运营模式和基准模型中的期望效用，可得：

$$\begin{aligned} U_P^{L*} - U_P(q_H^{B*}) = &[up\alpha Tq_L^* - p\alpha T\int_0^{uq_L^* - z_L^*} F(x)\mathrm{d}x]\psi - (up\alpha T - w \\ &+ \delta)\left[\Lambda + \frac{(w-c_0)\gamma^2}{u^2\eta}\right] + \frac{p\alpha T}{\lambda}\int_0^{\frac{n\lambda(up\alpha T - w + \delta)}{up\alpha T}} F(x)\mathrm{d}x \end{aligned}$$

令 $B_8 = (up\alpha T - w + \delta)\left[\Lambda + \frac{(w-c_0)\gamma^2}{u^2\eta}\right] - \frac{p\alpha T}{\lambda}\int_0^{\frac{n\lambda(up\alpha T - w + \delta)}{up\alpha T}} F(x)\mathrm{d}x$，$B_9 = 2nuq_L^* - u^2q_L^{*2} + 2uq_L^*(a-bp) - (a-bp)^2 + 2nB_8 + 2\gamma[uq_L^* - (a-bp)]\frac{s-c_0}{u\eta} - \frac{\gamma^2(s-c_0)^2}{u^2\eta}$。上式可以简化为 $U_P^{L*} - U_P(q_H^{B*}) = \frac{\psi p\alpha T}{2n}[B_9 + B_2(1-\psi) - B_3(1-\psi)^2]$。令 $U_P^{L*} - U_P(q_H^{B*}) = 0$，可得 $\psi_9 = 1 - \frac{B_2 - \sqrt{B_2^2 + 4B_9B_3}}{2B_3}$，$\psi_{10} =$

$1+\frac{B_2-\sqrt{B_2^2+4B_9B_3}}{2B_3}$。因此，如果 $\psi_9 \leqslant \psi \leqslant \psi_{10}$，则 $U_P^{L*} \geqslant U_P(q_H^{B*})$；如果 $\psi > \psi_{10}$ 或 $\psi < \psi_9$，则 $U_P^{L*} < U_P(q_H^{B*})$。

（2）比较 OEM 在轻资产运营模式和基准模型中的期望利润，可得：

$$
\begin{aligned}
E[\pi_M(q_L^*,e_L^*)]-E[\pi_M(e_H^{B*})] = &(1-\psi)[2nu^3\eta p\alpha Tq_L^* - u^3\eta p\alpha Tq_L^* \\
&- u^2 p\alpha T\eta(-a+bp) + (s-c_0)up\alpha T\gamma^2] \\
&+ [up\alpha T\gamma(1-\psi)]^2 + 2n\eta(s-c_0)u^2 q_L^* \\
&- (w-c_0)\Lambda - \frac{(w-c_0)^2\gamma^2}{2u^2\eta}
\end{aligned}
$$

设 $B_{11}=2nu^2\eta(s-c_0)q_L^*-(w-c_0)\Lambda-\frac{(w-c_0)^2\gamma^2}{2u^2\eta}$，并令 $E[\pi_M(q_L^*, e_L^*)]-E[\pi_M(e_H^{B*})]=0$，可得 $\psi_{11}=1-\frac{B_2-\sqrt{B_2^2+4B_{11}B_3}}{2B_3}$，$\psi_{12}=1+\frac{B_2-\sqrt{B_2^2+4B_{11}B_3}}{2B_3}$。因此，如果 $\psi_{11} \leqslant \psi \leqslant \psi_{12}$，则 $E[\pi_M(q_L^*, e_L^*)] \leqslant E[\pi_M(e_H^{B*})]$；如果 $\psi \in 0 < \psi < \psi_{11}$ 或 $\psi_{12} < \psi < 1$，则 $E[\pi_M(q_L^*, e_L^*)] > E[\pi_M(e_H^{B*})]$。

证毕。

命题 22.11 的结论表明，供应链成员的期望利润或期望效用在轻资产运营模式中和基准模型中的相对大小也与收益分享因子密切相关。根据命题 22.11 中的结论 1 可知，当 NSP 的初始资金相对较低时，如果 NSP 的收益分享因子处于中等水平，即 $\psi \in [\psi_1, \psi_2]$，则 NSP 在轻资产运营模式下的期望效用高于其在基准模型中的期望效用。但是，如果 NSP 的收益分享因子相对较低或相对较高，即 $\psi \in (0, \psi_1) \cup (\psi_2, 1)$，则 NSP 在轻资产运营模式下的期望效用低于其在基准模型中的期望效用。命题 22.11 的结论 2 和结论 3 与结论 1 类似。造成上述现象的原因主要是：对于 NSP 而言，如果 NSP 的收益分享因子相对较高，则 OEM 提供单位新能源汽车时，在轻资产运营模式下只能获得较小的收益份额。因此，OEM 没有动力提高新能源汽车的供应量。此时，NSP 只能运营较少的新能源汽车，最终导致 NSP 的期望效用低于其在基准模型中的期望效用。但是，如果 NSP 的收益分享因子相对较低，尽管 OEM 愿意提供更多的新能源汽车，但由于 NSP 获得的收益十分有限，因此 NSP 在轻资产运营模式下的期望效用仍然会低于其在基准模型中的期望效用。如果 NSP 的收益分享因子处于中等水平，则合理的收益分享因子不仅可以调动 OEM 的积极性来提供更多的新能源汽车，而且还确保了 NSP 的收益水平，这可以使得供应链双方均获益。

对于 OEM 而言，我们还得出了一些相反的结论。根据命题 22.11 的结论 1 可知，当 NSP 的初始资金相对较低时，如果 NSP 的收益分享因子位于中等水平，即 $\psi \in [\psi_3, \psi_4]$，则 OEM 在轻资产运营模式下的期望利润低于其在基准模型中的期望利润。但是，如果 NSP 的收益分享因子相对较低或相对较高，即 $\psi \in (0, \psi_3) \cup (\psi_4, 1)$，则 OEM 在轻资产运营模式下的期望利润高于其在基准模型中的期望利润。命题 22.11 的结论 2 和结论 3 与结论 1 类似。对于 OEM 而言，若 NSP 的收益分享因子位于中等水平，则 OEM 在轻资产运营模式下的利润反而较低；若 NSP 的收益分享因子相对较高或相对较低，则 OEM 在轻资产运营模式下能够获得更高的利润。造成这一现象的原因可能是：如果 NSP 的收益分享因子相对较高，则在轻资产运营模式下，OEM 可能会降低新能源汽车的绿色水平，并减少新能源汽车的供应量。这相应地降低了 OEM 的总成本，导致 OEM 在轻资产运营模式下的期望利润高于基准模型下的期望利润。然而，如果 NSP 的收益分享因子相对较低，OEM 可以通过提供更多的新能源汽车获得更多的收益。最后，OEM 在轻资产运营模式下的期望利润高于基准模型中的期望利润。

第四节　数值分析

在本节中，我们通过数值分析来验证上述命题和推论中得到的结论。首先，设置一组参数 Γ：$a=8$，$b=4$，$\gamma=3$，$T=5$，$p=10$，$w=20$，$c_0=10$，$c_1=6$，$s=3$，$\eta=5$，$\alpha=0.9$，$u=0.7$，$\lambda=0.8$。进一步假设随机变量 ξ 在区间 [0，600] 内服从均匀分布。

基于参数设定 Γ，并且给定 $I=800$，$r=0.1$，$\varphi=0.1$，图 22.7 表明当 $K>3521.1$ 时，NSP 有足够的初始资金向 OEM 采购新能源汽车。但是，当 NSP 的初始资金相对较低时，需要寻求外部融资，用以支撑其采购更多的新能源汽车，并激励 OEM 提高新能源汽车的绿色水平。当 $0<K\leqslant 3300$ 时，NSP 在 MI 策略下订购的新能源汽车数量高于其在基准模型中订购的新能源汽

车数量。因此，当且仅当 $0<K\leqslant 3300$ 时，OEM 会引入 MI 策略。当 $0<K\leqslant 2952.9$ 时，NSP 在 MF 策略下订购的新能源汽车数量高于其在基准模型中订购的新能源汽车数量。因此，当且仅当 $0<K\leqslant 2952.9$ 时，OEM 会引入 MF 策略。此外，对比 MF 策略和 MI 策略可以发现：当 $0<K\leqslant 982.07$ 时，NSP 在 MF 策略下选择的订购量更高；否则，NSP 在 MI 策略下选择的订购量更高。当 $0<\mathrm{K}\leqslant 479.93$ 时，OEM 在 MF 策略下选择的绿色水平更高；否则，OEM 在 MI 策略下选择的绿色水平更高。

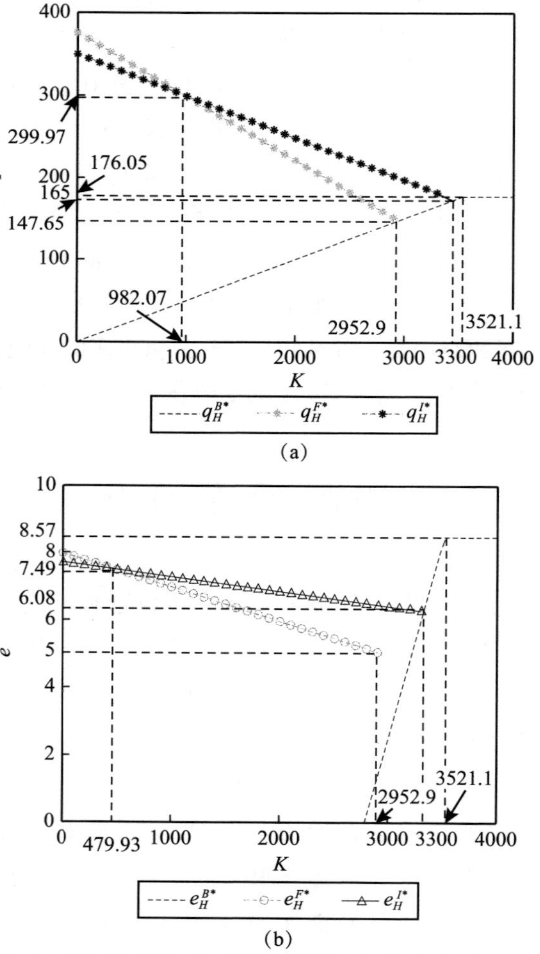

图 22.7　NSP 初始资金 *K* 对供应链成员最优决策的影响

图 22.8 展示了 OEM 的期望利润和 NSP 的期望效用随 NSP 初始资金 K 的变化情况。由此可知，在基准模型中，OEM 的期望利润和 NSP 的期望效用均随 NSP 初始资金 K 的增加而递增；而在 MI 策略和 MF 策略中，OEM 的期望利润和 NSP 的期望效用随 NSP 初始资金 K 增加的变化并不是单调的。根据图 22.8 可知，当 $0 < K \leqslant 2714.4$ 时，OEM 在 MF 策略下获益更多，而 NSP 在 MI

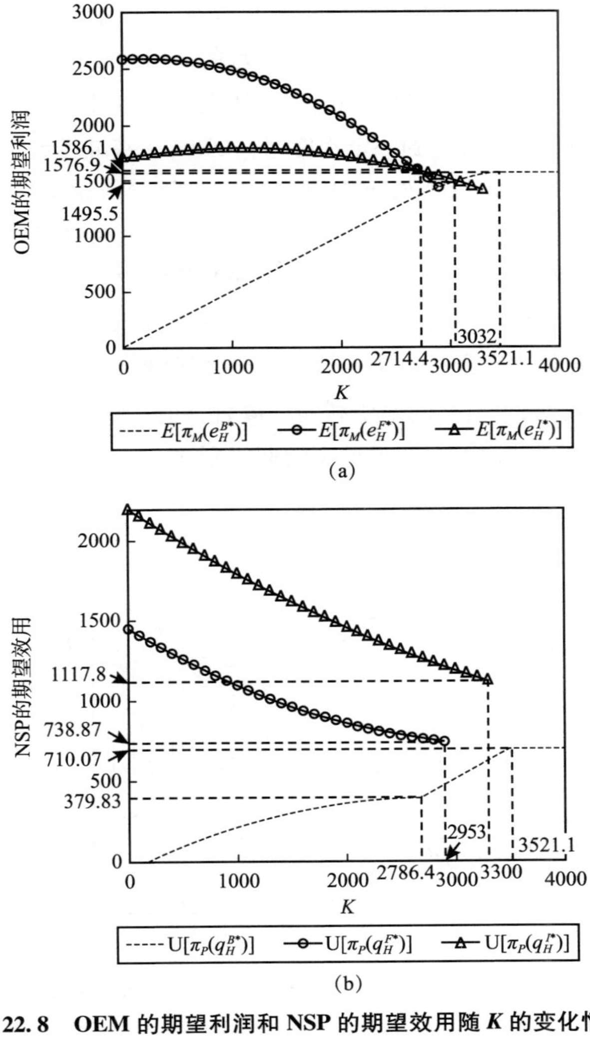

图 22.8　OEM 的期望利润和 NSP 的期望效用随 K 的变化情况

策略下获益更多；当 $2714.4 < K \leqslant 3032$ 时，OEM 和 NSP 在 MI 策略下获益更多；当 $3032 < K \leqslant 3300$ 时，尽管 NSP 在 MI 策略下获益更多，但 OEM 在基准模型下获益更多。因此，当 $3032 < K \leqslant 3300$ 时，OEM 不愿意提供 MI 策略。

显然，可以发现 NSP 总是能够在 MF 策略和 MI 策略下获得比其在基准模型中更高的期望效用。此外，综合考虑 NSP 风险规避程度和初始资金的共同影响，进一步分析 OEM 的供应链金融融资策略，如图 22.9 所示。结合考虑 MF 策略、MI 策略和基准模型，当 NSP 初始资金相对较低时，如果 NSP 的风险规避程度相对较高，则 OEM 在 MF 策略下获得的期望利润最高；随着 NSP 风险规避程度的降低，且达到一定程度时，OEM 在基准模型中获得的期望利润最高。当 NSP 的初始资金处于中等水平时，随着 NSP 风险规避程度的降低，最优策略将会发生改变。当 NSP 的风险规避程度相对较高时，OEM 在基准模型中能够获得最高的期望利润；随着 NSP 的风险规避程度降低，当其风险规避程度处于中间水平时，OEM 选择 MI 策略能够获得最高的期望利润；随着 NSP 的风险规避程度进一步降低，且当其风险规避程度非常低时，OEM 选择 MF 策略能够获得最高的期望利润。最后，当 NSP 初始资金相对较高时，OEM 总是能够在基准模型中获得更高的期望利润。

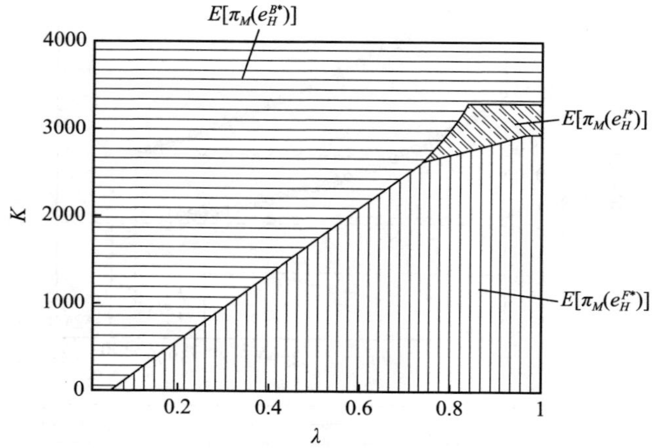

图 22.9　OEM 的最优融资策略随 λ 和 K 的变化情况

给定参数设置 Γ，进一步假设 $K=1500$，$I=800$，$\varphi=0.1$。图 22.10 表明，在 MF 策略下，NSP 的期望效用随利率的增加而递减，OEM 的期望利润随利率的增加先递增后递减。因此，OEM 在提供 MF 策略时应该设定一个比较适中的利率。结合考虑 MF 策略、MI 策略和基准模型可以发现，当 $0<r<0.023$ 时，OEM 通过提供 MF 策略可以获得最高的期望利润，同时 NSP 也通过接受 MF 策略获得最高的期望效用；当 $r>0.16$ 时，OEM 通过提供 MI 策略可以获得最高的期望利润，同时 NSP 也通过接受 MI 策略获得最高的期望效用。

给定参数设置 Γ，假设 $K=1500$，$r=0.1$。图 22.11 表明，OEM 的期望利润随着收益分享因子的增加而递增，同时 NSP 的期望效用随着收益分享因子的增加而递增。结合考虑 MF 策略、MI 策略和基准模型可以发现：图 22.11（a）和（b）显示，当 $0\leqslant\varphi<0.29$ 时，OEM 通过提供 MF 策略可以获得最高的期望利润，同时 NSP 可以通过接受 MI 策略获得最高的期望效用；当 $0.29\leqslant\varphi<0.48$ 时，OEM 可以通过提供 MI 策略获得最高的期望利润，同时 NSP 可以通过接受 MF 策略获得最高的期望效用；当 $\varphi\geqslant0.48$ 时，则 NSP 在 MI 策略下的期望效用低于其在基准模型中的期望效用，即不愿意接受 MI 策略。

此外，图 22.11（c）和（d）表明，在 MI 策略下，OEM 的期望利润随着投资额度的增加而递减，NSP 的期望效用随着投资额度的增加而递增。这

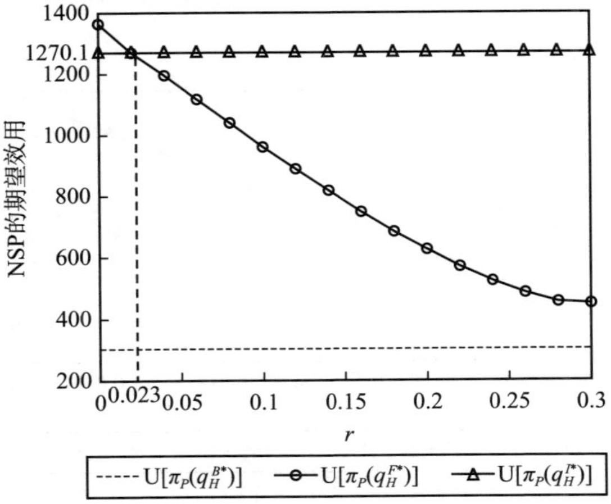

(a)

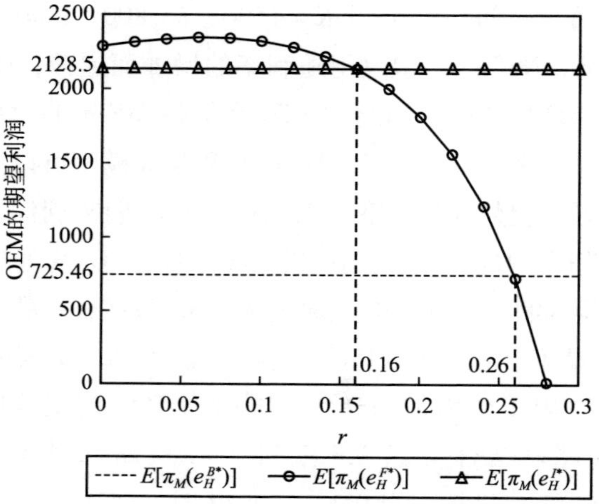

(b)

图 22.10　OEM 的期望利润和 NSP 的期望效用随 r 的变化情况

表明，OEM 不愿意在 MI 策略下选择相对较高的投资额度。当 $0 \leqslant I < 278.41$ 时，OEM 可以通过提供 MI 策略获得最高的期望利润，NSP 也可以通过接受 MI 策略获得最高的期望效用；但是，当 $I \geqslant 1700$ 时，OEM 通过提供 MI 策略获得的期望利润低于其在基准模型中的期望利润，而此时，OEM 在 MF 策略下获得最高的期望利润，因此会提供 MF 策略，且 NSP 在 MF 策略下获得的期望效用高于基准模型中的期望效用，即会接受 MF 策略。

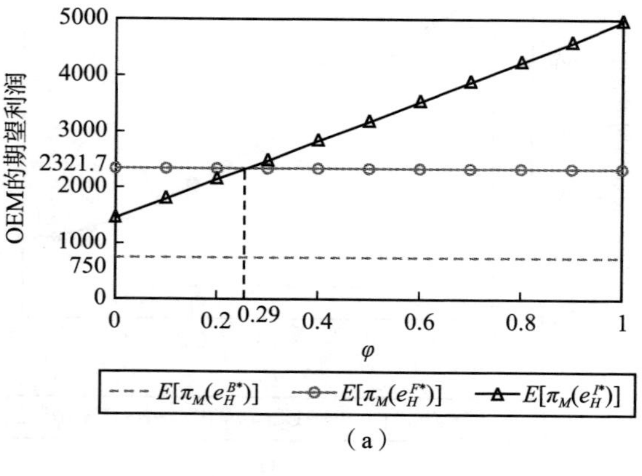

(a)

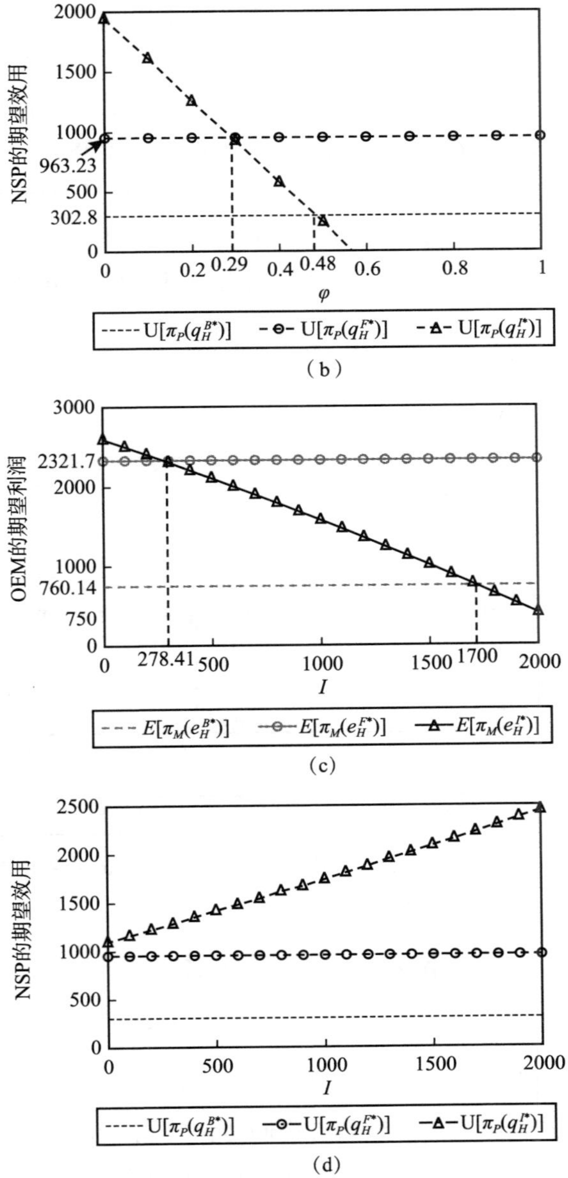

图 22.11　OEM 的期望利润和 NSP 的期望效用随 φ 和 I 的变化情况

最后，我们设置如下参数组合进行数值分析，即 Ω：$a=10$，$b=2$，$\gamma=5$，$T=5$，$p=10$，$w=20$，$c_0=10$，$c_1=6$，$s=5$，$\eta=5$，$\alpha=0.9$，$u=0.75$，$\lambda=0.7$。进一步地，假设随机变量 ξ 在区间［0，200］内服从均匀分布。图 22.12 展示了 NSP 最优期望效用和 OEM 最优期望利润在不同运营模式下随收益分享因子 ψ 的变化情况。由此可得，当 $0.4<\psi\leqslant 0.58$ 时，NSP 可以在轻资产运营模式下获得比其在基准模型中更高的期望效用且 OEM 也可以在轻资产运营模式下获得更高的期望利润；当 $0.8<\psi<0.95$ 时，NSP 可以在基准模型中获得比其在轻资产运营模式下更高的期望效用，而对 OEM 则相反。

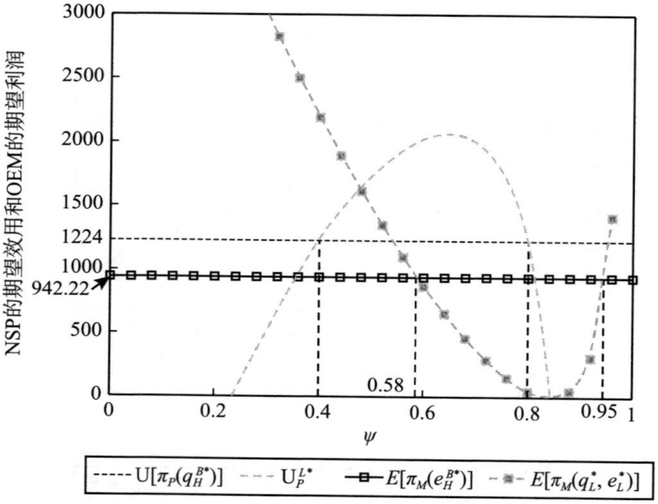

图 22.12　NSP 期望效用和 OEM 期望利润随 ψ 的变化情况

第五节　本章小结

在本章中，我们研究了需求不确定环境下由一个 NSP 和一个 OEM 组成的两级供应链，并提出了 NSP 的两种不同运营模式：重资产运营模式和轻资产运营模式。在重资产运营模式下，研究了风险规避的 NSP 面临资金约束时的两种供应链金融融资策略：MF 策略和 MI 策略。假设 OEM 允许 NSP 使用初始资金支付部分款项，并在达到总服务时间时结算余额，且 OEM 获得 NSP

的利息或以分享的汽车租赁收益作为回报。在此基础上，分析了两种供应链金融融资策略下 NSP 的订购量和 OEM 的绿色水平决策，以及供应链成员参与不同供应链金融融资策略的价值和动机。在轻资产运营模式下，NSP 能够从 OEM 处获得免费的新能源汽车，并通过分享部分汽车租赁收益作为回报。并且，基于轻资产运营模式的供应链主要由 OEM 决定新能源汽车的供应量和绿色水平。本章研究的主要发现可以总结如下：

1. 供应链成员在不同供应链金融融资策略下的最优决策与 NSP 的初始资金密切相关。如果 NSP 的初始资金相对较低（较高），OEM 可以根据 MF（MI）策略确定更高的绿色水平，从而激励 NSP 选择更多的订购量。此外，存在一个利率区间或一个补充投资区间，其中供应链成员均可以受益于某一特定的融资策略。这些结论可以帮助供应链成员引入合理的融资策略，从而实现双赢。

2. 在重资产运营模式下，供应链成员的最优决策均受到 NSP 的风险规避程度影响。随着 NSP 风险规避程度的降低，OEM 愿意提高绿色水平，并促使 NSP 订购更多的新能源汽车。为了选择最优的供应链金融融资策略，OEM 需要考虑 NSP 的风险规避程度和初始资金的综合影响。这些结论可以帮助风险规避的 NSP 找到进入新能源汽车共享行业的最优决策，并引导 OEM 与 NSP 建立更紧密的合作关系。

3. 供应链成员在不同运营模式下的最优决策也与 NSP 的收益分享因子有关。如果收益分享因子相对较低（较高），OEM 可以选择更高的绿色水平，并在轻资产（重资产）运营模式下提供更多的新能源汽车。此外，存在一个收益分享因子区间，在这个区间内两个成员均可以在某一特定的运营模式下受益。这些结论可以帮助供应链成员选择合理的运营模式，进一步提升供应链竞争力。

在今后的研究中，还可以从以下几个方面进行扩展：①进一步考虑 NSP 和 OEM 之间可能存在的不对称信息类型，分析信息不对称环境下的运营模式和融资策略；②考虑提供资金的 OEM 持有风险规避态度，并分析其对供应链决策的影响；③扩展到新能源汽车生态系统，研究新能源汽车生态系统中 NSP、OEM、组件供应商和充电设施企业之间的竞争与合作关系。

本篇参考文献

[1] 安起光，孟庆春. 社会福利最大化与消费者效用最大化的关系研究 [J]. 中国管理科学，2002 (2)：68 – 71.

[2] 毕晓方，翟淑萍，姜宝强. 政府补贴、财务冗余对高新技术企业双元创新的影响 [J]. 会计研究，2017 (1)：46 – 52，95.

[3] 陈晓红，王艳，关勇军. 财务冗余、制度环境与中小企业研发投资 [J]. 科学学研究，2012，30 (10)：1537 – 1545.

[4] 冯辉. 新能源汽车产业政府补贴的法律规制研究 [J]. 政治与法律，2017 (12)：22 – 34.

[5] 冯建英，穆维松，傅泽田. 消费者的购买意愿研究综述 [J]. 现代管理科学，2006 (11)：7 – 9.

[6] 李国栋，罗瑞琦，谷永芬. 政府推广政策与新能源汽车需求：来自上海的证据 [J]. 中国工业经济，2019 (4)：42 – 61.

[7] 李佳敏，张晓飞. 品牌感知价值对顾客重复购买意愿的影响：顾客情绪的中介作用 [J]. 商业经济研究，2020 (18)：63 – 66.

[8] 李科松. 区域创新视角下新能源汽车产业链的完善 [J]. 经济论坛，2012 (9)：131 – 132.

[9] 李磊. 政府研发补贴对新能源汽车产业技术创新产出的影响研究 [J]. 科技管理研究，2018，38 (17)：160 – 166.

[10] 梁镇，李丽. 高新技术企业技术研发人员创新成长评价研究 [J]. 科学学与科学技术管理，2007 (7)：166 – 171.

[11] 路春城，吕慧. 财政补贴促进了中国制造业企业的研发投入吗——基

于2008—2016年上市公司的门槛效应分析［J］. 宏观经济研究，2019（8）：94－103.

［12］孟庆斌，师倩. 宏观经济政策不确定性对企业研发的影响：理论与经验研究［J］. 世界经济，2017，40（9）：75－98.

［13］前瞻产业研究院.2018年中国充电桩行业盈利能力和发展驱动力分析［J］. 电器工业，2019，3：27－31，34.

［14］史欣向，冯莉，梁彤缨. 中国现有的研发资源与科研产出的关系——基于第二次全国R&D资源清查数据的实证研究［J］. 科研管理，2012，33（10）：1－8.

［15］宋小凤. 新能源充电企业融资问题研究［J］. 财富时代，2020（1）：68－70.

［16］孙晓华，徐帅. 政府补贴对新能源汽车购买意愿的影响研究［J］. 大连理工大学学报（社会科学版），2018，39（3）：8－16.

［17］孙新宇. 扩大我国居民消费需求的税收政策研究［D］. 济南：山东大学，2014.

［18］佟爱琴，陈蔚. 政府补贴对企业研发投入影响的实证研究——基于中小板民营上市公司政治联系的新视角［J］. 科学学研究，2016，34（7）：1044－1053.

［19］王江波. 新能源汽车发展态势下的城市规划应对探讨［J］. 城市发展研究，2018，25（8）：19－22.

［20］吴锦峰，常亚平，潘慧明. 多渠道整合质量对线上购买意愿的作用机理研究［J］. 管理科学，2014，27（1）：86－98.

［21］伍健，田志龙，龙晓枫，等. 战略性新兴产业中政府补贴对企业创新的影响［J］. 科学学研究，2018，36（1）：158－166.

［22］武咸云，陈艳，杨卫华. 战略性新兴产业的政府补贴与企业R&D投入［J］. 科研管理，2016，37（5）：19－23.

［23］熊勇清，范世伟，刘晓燕. 新能源汽车财政补贴与制造商研发投入强度差异——制造商战略决策层面异质性视角［J］. 科学学与科学技术管理，2018，39（6）：72－83.

［24］杨洋，魏江，罗来军. 谁在利用政府补贴进行创新？——所有制和要

素市场扭曲的联合调节效应［J］. 管理世界，2015，1：75－86，98，188.

［25］张秀峰，陈光华，海本禄．融资约束、政府补贴与产学研合作创新绩效［J］. 科学学研究，2019，37（8）：1529－1536.

［26］章元，程郁，佘国满．政府补贴能否促进高新技术企业的自主创新？——来自中关村的证据［J］. 金融研究，2018（10）：123－140.

［27］郑吉川，赵骅，李志国．双积分政策下新能源汽车产业研发补贴研究［J］. 科研管理，2019，40（2）：126－133.

［28］郑毅，徐芳，牛华勇．基于行为证据推理的企业研发人员绩效测量方法研究［J］. 科研管理，2020，41（10）：238－247.

［29］周艳，曾静．企业R&D投入与企业价值相关关系实证研究——基于沪深两市上市公司的数据挖掘［J］. 科学学与科学技术管理，2011，32（1）：146－151.

［30］周燕，潘遥．财政补贴与税收减免——交易费用视角下的新能源汽车产业政策分析［J］. 管理世界，2019，35（10）：133－149.

［31］Abouee-Mehrizi H，Baron O，Berman O，et al. Adoption of electric vehicles in car sharing market［J］. Production and Operations Management，2021，30（1）：190－209.

［32］Adner R，Kapoor R. Value creation in innovation ecosystems：How the structure of technological interdependence affects firm performance in new technology generations［J］. Strategic Management Journal，2010，31（3）：306－333.

［33］Bai J，So K C，Tang C S，et al. Coordinating supply and demand on an on-demand service platform with impatient customers［J］. Manufacturing & Service Operations Management，2019，21（3）：556－570.

［34］Baker S R，Bloom N，Davis S J. Measuring economic policy uncertainty［J］. Quarterly Journal of Economics，2016，131（4）：1593－1636.

［35］Belderbos R，Tong T W，Wu S. Multinationality and downside risk：The roles of option portfolio and organization［J］. Strategic Management Journal，2014，35（1）：88－106.

[36] Bellos I, Ferguson M, Toktay L B. The car sharing economy: Interaction of business model choice and product line design [J]. Manufacturing & Service Operations Management, 2017, 19 (2): 185 –201.

[37] Bradley S W, Shepherd D A, Wiklund J. et al. The importance of slack for new organizations facing 'tough' environments [J]. Journal of Management Studies, 2011, 48 (5): 1071 –1097.

[38] Carnes C M, Xu K, Sirmon D G, et al. How competitive action mediates the resource slack-performance relationship: A meta-analytic approach [J]. Journal of Management Studies, 2018, 56 (1): 57 –90.

[39] Chang E C, Tseng Y F. Research note: E-store image, perceived value and perceived risk [J]. Journal of Business Research, 2013, 66 (7): 864 – 870.

[40] Chen S, Su J, Wu Y, et al. Optimal production and subsidy rate considering dynamic consumer green perception under different government subsidy orientations [J]. Computers & Industrial Engineering, 2022, 168: 108073.

[41] Chen X, Liu Z, Zhu Q. Performance evaluation of China's high-tech innovation process: Analysis based on the innovation value chain [J]. Technovation, 2018, 74 –75: 42 –53.

[42] Chen Y, Xu M, Zhang Z G. A risk-averse newsvendor model under the CVaR criterion [J]. Operations Research, 2009, 57 (4): 1040 –1044.

[43] Choi T M, Feng L, Li R. Information disclosure structure in supply chains with rental service platforms in the blockchain technology era [J]. International Journal of Production Economics, 2020, 221: 107473.

[44] Costantini V, Crespi F, Martini C, et al. Demand-pull and technology-push public support for eco-innovation: The case of the biofuels sector [J]. Research Policy, 2015, 44 (3): 577 –595.

[45] Czarnitzki D, Hottenrott H. R&D investment and financing constraints of small and medium-sized firms [J]. Small Business Economics, 2011, 36 (1): 65 –83.

[46] Fan Y, Feng Y, Shou Y. A risk-averse and buyer-led supply chain under

option contract: CVaR minimization and channel coordination [J]. International Journal of Production Economics, 2020, 219: 66 - 81.
[47] Fang L, Xu S. Financing equilibrium in a green supply chain with capital constraint [J]. Computers & Industrial Engineering, 2020, 143: 106390.
[48] Gambardella A, Panico C, Valentini G. Strategic incentives to human capital [J]. Strategic Management Journal, 2015, 36 (1): 37 - 52.
[49] Garcia-Martinez M, Zouaghi F, Garcia Marco T. Diversity is strategy: the effect of R&D team diversity on innovative performance [J]. R&D Management, 2017, 47 (2): 311 - 329.
[50] Garcia-Quevedo J. Do public subsidies complement business R&D? A meta-analysis of the econometric evidence [J]. Kyklos (Basel), 2004, 57 (1): 87 - 102.
[51] Gong D, Liu S, Liu J, et al. Who benefits from online financing? A sharing economy e-tailing platform perspective [J]. International Journal of Production Economics, 2020, 222: 107490.
[52] Guo F, Zou B, Zhang X, et al. Financial slack and firm performance of SMMEs in China: Moderating effects of government subsidies and market-supporting institutions [J]. International Journal of Production Economics, 2020, 223: 107530.
[53] Han L, Wang S, Zhao D, et al. The intention to adopt electric vehicles: Driven by functional and non-functional values [J]. Transportation Research Part A: Policy and Practice, 2017, 103: 185 - 197.
[54] He L, Ma G, Qi W, et al. Charging an electric vehicle-sharing fleet [J]. Manufacturing & Service Operations Management, 2021, 23 (2): 471 - 487.
[55] He Z, Li S, Wei B, et al. Uncertainty, risk, and incentives: Theory and evidence [J]. Management science, 2014, 60 (1): 206 - 226.
[56] Huang X, Ge J. Electric vehicle development in Beijing: An analysis of consumer purchase intention [J]. Journal of Cleaner Production, 2019, 216: 361 - 372.

[57] Iyer D N, Miller K D. Performance feedback, slack, and the timing of acquisitions [J]. Academy of Management Journal, 2008, 51 (4): 808 - 822.

[58] Jackson D L, Gillaspy J R J A, Purc-Stephenson R. Reporting practices in confirmatory factor analysis: An overview and some recommendations [J]. Psychological Methods, 2009, 14 (1): 6 - 23.

[59] Jacobides M G, Cennamo C, Gawer A. Towards a theory of ecosystems [J]. Strategic Management Journal, 2018, 39 (8): 2255 - 2276.

[60] Ji Z, Huang X. Plug-in electric vehicle charging infrastructure deployment of China towards 2020: Policies, methodologies, and challenges [J]. Renewable & Sustainable Energy Reviews, 2018, 90: 710 - 727.

[61] Kim H, Kim H, Lee P M. Ownership structure and the relationship between financial slack and R&D investments: Evidence from Korean firms [J]. Organization Science, 2008, 19 (3): 404 - 418.

[62] Kim M K, Oh J, Park J H, et al. Perceived value and adoption intention for electric vehicles in Korea: Moderating effects of environmental traits and government supports [J]. Energy (Oxford), 2018, 159: 799 - 809.

[63] Kim T, Rhee M. Structural and behavioral antecedents of change: Status, distinctiveness, and relative performance [J]. Journal of Management, 2017, 43 (3): 716 - 741.

[64] Kleer R. Government R&D subsidies as a signal for private investors [J]. Research Policy, 2010, 39 (10): 1361 - 1374.

[65] Kouvelis P, Xiao G, Yang N. Role of risk aversion in price postponement under supply random yield [J]. Management Science, 2021, 67 (8): 4826 - 4844.

[66] Kryscynski D, Coff R, Campbell B. Charting a path between firm-specific incentives and human capital-based competitive advantage [J]. Strategic Management Journal, 2021, 42 (2): 386 - 412.

[67] Lecuona J R, Reitzig M. Knowledge worth having in 'excess': The value of tacit and firm-specific human resource slack [J]. Strategic Management Jour-

nal, 2014, 35 (7): 954 - 73.
[68] Lee E Y, Cin B C. The effect of risk-sharing government subsidy on corporate R&D investment: Empirical evidence from Korea [J]. Technological Forecasting & Social Change, 2010, 77 (6): 881 - 890.
[69] Lee S. Slack and innovation: Investigating the relationship in Korea [J]. Journal of Business Research, 2015, 68 (9): 1895 - 1905.
[70] Li B, An S M, Song D P. Selection of financing strategies with a risk-averse supplier in a capital-constrained supply chain [J]. Transportation Research Part E: Logistics and Transportation Review, 2018, 118: 163 - 183.
[71] Li W, Long R, Chen H, et al. A review of factors influencing consumer intentions to adopt battery electric vehicles [J]. Renewable & Sustainable Energy Reviews, 2017, 78: 318 - 328.
[72] Li W, Yang M, Sandu S. Electric vehicles in China: A review of current policies [J]. Energy and Environment, 2018, 29 (8): 1512 - 1524.
[73] Li Y, Bai X, Xue K. Business modes in the sharing economy: How does the OEM cooperate with third-party sharing platforms? [J]. International Journal of Production Economics, 2020, 221: 107467.
[74] Li Y, Wei C, Cai X. Optimal pricing and order policies with B2B product returns for fashion products [J]. International Journal of Production Economics, 2012, 135 (2): 637 - 646.
[75] Li Y, Zeng B, Wu T, et al. Effects of urban environmental policies on improving firm efficiency: Evidence from Chinese new energy vehicle firms [J]. Journal of Cleaner Production, 2019, 215: 600 - 610.
[76] Lin B, Wu W. Why people want to buy electric vehicle: An empirical study in first-tier cities of China [J]. Energy Policy, 2018, 112: 233 - 241.
[77] Liu B, Wang Y, Shou Y. Trade credit in emerging economies: An interorganizational power perspective [J]. Industrial Management & Data Systems, 2020, 120 (4): 768 - 783.
[78] Liu C, Chen W. Decision making in green supply chains under the impact of the stochastic and multiple-variable dependent reference point [J]. Trans-

portation Research Part E: Logistics and Transportation Review, 2019, 128: 443 -469.

[79] Liu Z, Hua S, Zhai X. Supply chain coordination with risk-averse retailer and option contract: Supplier-led vs. Retailer-led [J]. International Journal of Production Economics, 2020, 223: 107518.

[80] Lu L, Wong P. Performance feedback, financial slack and the innovation behaviorof firms [J]. Asia Pacific Journal of Management, 2019, 36 (4): 1079 -1109.

[81] Lungeanu R, Stern I, Zajac E J. When do firms change technology-sourcing vehicles? The role of poor innovative performance and financial slack [J]. Strategic Management Journal, 2016, 37 (5): 855 -869.

[82] Ma S C, Fan Y. A deployment model of EV charging piles and its impact on EV promotion [J]. Energy Policy, 2020, 146: 111777.

[83] Meyer M, Leitner J. Slack and innovation: The role of human resources in nonprofits [J]. Nonprofit Management and Leadership, 2018, 29 (2): 181 -201.

[84] Morris S S, Alvarez S A, Barney J B, et al. Firm-specific human capital investments as a signal of general value: Revisiting assumptions about human capital and how it is managed [J]. Strategic Management Journal, 2017, 38 (4): 912 -919.

[85] Ozaki R, Sevastyanova K. Going hybrid: An analysis of consumer purchase motivations [J]. Energy Policy, 2011, 39 (05): 2217 -2227.

[86] O'Brien R M. A caution regarding rules of thumb for variance inflation factors [J]. Quality & Quantity, 2007, 41 (5): 673 -690.

[87] Preston C C, Colman A M. Optimal number of response categories in rating scales: reliability, validity, discriminating power, and respondent preferences [J]. Acta Psychologica, 2000, 104 (1): 1 -15.

[88] Qi L, Liu L, Jiang L, et al. Optimal operation strategies under a carbon cap-and-trade mechanism: A capital-constrained supply chain incorporating risk aversion [J]. Mathematical Problems in Engineering, 2020: 9515710.

[89] Shahzad A M, Mousa F T, Sharfman M P. The implications of slack heterogeneity for the slack-resources and corporate social performance relationship [J]. Journal of Business Research, 2016, 69 (12): 5964 -5971.

[90] Shaikh I A, O'Brien J P, Peters L. Inside directors and the underinvestment of financial slack towards R&D-intensity in high-technology firms [J]. Journal of Business Research, 2018, 82: 192 -201.

[91] Shou Y, Shao J, Wang W, et al. The impact of corporate social responsibility on trade credit: Evidence from Chinese small and medium-sized manufacturingenterprises [J]. International Journal of Production Economics, 2020, 230: 107809.

[92] Sierzchula W, Bakker S, Maat K, et al. The influence of financial incentives and other socio-economic factors on electric vehicle adoption [J]. Energy Policy, 2014, 68: 183 -194.

[93] Stokkink P, Geroliminis N. Predictive user-based relocation through incentives in one-way car sharing systems [J]. Transportation Research Part B: Methodological, 2021, 149: 230 -249.

[94] Sun S, Ertz M. Dynamic evolution of ride-hailing platforms from a systemic perspective: Forecasting financial sustainability [J]. Transportation Research Part C: Emerging Technologies, 2021, 125: 103003.

[95] Sweeney J C, Soutar G N. Consumer perceived value: The development of a multiple item scale [J]. Journal of Retailing, 2001, 77 (2): 203 -220.

[96] Tian L, Jiang B, Xu Y. Manufacturer's entry in the product-sharing market [J]. Manufacturing & Service Operations Management, 2021, 23 (3): 553 -68.

[97] Tunca T I, Zhu W. Buyer intermediation in supplier finance [J]. Management Science, 2018, 64 (12): 5631 -5650.

[98] Van der Kam M, Peters A, Van Sark W, et al. Agent-based modelling of charging behaviour of electric vehicle drivers [J]. Journal of Artificial Societies and Social Simulation, 2019, 22 (4): 7.

[99] Vanacker T, Collewaert V, Zahra S A. Slack resources, firm performance,

and the institutional context: Evidence from privately held European firms [J]. Strategic Management Journal, 2017, 38 (6): 1305 – 1326.

[100] Voss G B, Sirdeshmukh D, Voss Z G. The effects of slack resources and environmental threat on product exploration and exploitation [J]. Academy of Management Journal, 2008, 51 (1): 147 – 164.

[101] Wang H, Choi J, Wan G, et al. Slack resources and the rent-generating potential of firm-specific knowledge [J]. Journal of Management, 2016, 42 (2): 500 – 523.

[102] Wang S, Li J, Zhao D. The impact of policy measures on consumer intention to adopt electric vehicles: Evidence from China [J]. Transportation Research. Part A: Policy and Practice, 2017a, 105: 14 – 26.

[103] Wang X, Li C, Shang J, et al. Strategic choices of China's new energy vehicle industry: An analysis based on ANP and SWOT [J]. Energies, 2017b, 10 (4): 537.

[104] Wang Z, Wang C, Hao Y. Influencing factors of private purchasing intentions of new energy vehicles in China [J]. Journal of Renewable and Sustainable Energy, 2013, 5 (6): 063133.

[105] Wood L C, Wang J X, Olesen K, et al. The effect of slack, diversification, and time to recall on stock market reaction to toy recalls [J]. International Journal of Production Economics, 2017, 193: 244 – 58.

[106] Wu A. The signal effect of government R&D subsidies in China: Does ownership matter? [J]. Technological Forecasting & Social Change, 2017, 117: 339 – 345.

[107] Xiao C, Wang Q, Van Donk D P, et al. When are stakeholder pressures effective? An extension of slack resources theory [J]. International Journal of Production Economics, 2018, 199: 138 – 49.

[108] Xu K, Hitt M A. The international expansion of family firms: The moderating role of internal financial slack and external capital availability [J]. Asia Pacific Journal of Management, 2018, 37 (1): 127 – 153.

[109] Xu L, Su J. From government to market and from producer to consumer:

Transition of policy mix towards clean mobility in China [J]. Energy Policy, 2016, 96: 328 -340.

[110] Xu M, Wu T, Tan Z. Electric vehicle fleet size for carsharing services considering on-demand charging strategy and battery degradation [J]. Transportation Research Part C: Emerging Technologies, 2021, 127: 103146.

[111] Yan N, He X, Liu Y. Financing the capital-constrained supply chain with loss aversion: Supplier finance vs. Supplier investment [J]. Omega, 2019, 88: 162 -178.

[112] Yan N, Jin X, Zhong H, et al. Loss-averse retailers' financial offerings to capital-constrained suppliers: Loan vs. Investment [J]. International Journal of Production Economics, 2020b, 227: 107665.

[113] Yan N, Liu Y, Xu X, et al. Strategic dual-channel pricing games with e-retailer finance [J]. European Journal of Operational Research, 2020a, 283 (1): 138 -151.

[114] Yang C, Hu Z, Zhou S X. Multilocation newsvendor problem: Centralization and inventory pooling [J]. Management Science, 2021, 67 (1): 185 -200.

[115] Zeithaml V A. Consumer perceptions of price, quality, and value: A means-end model and synthesis of evidence [J]. Journal of Marketing, 2018, 52 (3): 2 -22.

[116] Zhang H, Li L, Zhou D, et al. Political connections, government subsidies and firm financial performance: Evidence from renewable energy manufacturing in China [J]. Renewable Energy, 2014, 63: 330 -336.

[117] Zhang L, Qin Q. China's new energy vehicle policies: Evolution, comparison and recommendation [J]. Transportation Research Part A: Policy and Practice, 2018, 110: 57 -72.

[118] Zhang X, Bai X, Shang J. Is subsidized electric vehicles adoption sustainable: Consumers' perceptions and motivation toward incentive policies, environmental benefits, and risks [J]. Journal of Cleaner Production, 2018, 192: 71 -79.

[119] Zhang X, Liang Y, Yu E, et al. Review of electric vehicle policies in China: Content summary and effect analysis [J]. Renewable & Sustainable Energy Reviews, 2017, 70: 698 - 714.

[120] Zhang Y, Li J, Hu Y, et al. The effects of slack resource of R&D professionals on firm performance: Evidence from traditional manufacturing firms in an emerging economy [J]. International Journal of Human Resource Management, 2020, 31 (12): 1594 - 616.

[121] Zhang Y, Lu M, Shen S. On the values of vehicle-to-grid electricity selling in electric vehicle sharing [J]. Manufacturing & Service Operations Management, 2021, 23 (2): 488 - 507.

[122] Zhen X, Shi D, Li Y, et al. Manufacturer's financing strategy in a dual-channel supply chain: Third-party platform, bank, and retailer credit financing [J]. Transportation Research Part E: Logistics and Transportation Review, 2020, 133: 101820.

第八篇
研究展望

本篇为研究展望，包括第二十三章到第二十五章。重点结合本书的研究发现和重要结论，通过翔实的文献评述，将供应链面临的具有一定独立性又相互关联的管理问题抽取出来，形成对未来重要供应链管理问题的合理展望。本篇的研究工作可望为今后在本领域开展持续研究提供重要支撑。

首先，本篇展望了新能源汽车共享平台供应链管理理论与研究趋势。我们认为，今后的研究可以针对共享平台的服务特性，研究新能源汽车共享平台供应链竞争模型构建与合作机制设计。同时，考虑供应链成员可能受资金约束的情形，引入适当的供应链金融融资模式，分析供应链竞争决策和融资策略。在此基础上考虑政府激励政策的影响，对新能源汽车共享平台供应链进行深入研究。由于新能源汽车共享平台的服务类型是多样化的，成员企业之间的交易方式也是多样化的，且受到外部政策环境的影响，这使得建模时通过一种方案来反映所有可能的运作情形是不可行的，因此必须基于特定的实践场景来构建供应链模型。今后的研究具体可以关注：第一，基于分时租赁服务的新能源汽车共享平台供应链竞争与融资策略；第二，基于网约车服务的新能源汽车共享平台供应链竞争与融资策略；第三，政府激励政策影响下的新能源汽车共享平台供应链竞争与融资策略。

接着，本篇展望了低碳供应链管理理论与研究趋势。结合政府政策对企业碳减排的影响，并针对低碳供应链关联企业由于进行碳减排而掌握相关私有信息的实际情况，设计合理的契约来实现信息共享，从而提升供应链性能是低碳供应链管理的未来研究趋势。因此，今后的研究可以关注以下几个方面：第一，碳减排成本信息不对称下的供应链信息共享；第二，消费者低碳偏好信息不对称下的供应链信息共享；第三，碳减排水平信息不对称下的信息共享；第四，考虑减排主体风险规避时的信息共享。

最后，本篇讨论了供应链的数字化转型。我们梳理了云制造的基本理念，以及云制造在中小企业数字化转型、提升竞争力方面的重要作用，并以服装企业为例，对中小企业的云制造模式进行了讨论。在此基础上，研究了云制造背景下中小企业的数字化建设思路。继而，综述了区块链支撑下的供应链数字化转型。目前，已经有许多学者对基于区块链的供应链管理进行了一定的研究。他们重点考虑引入区块链对供应链带来的影响，从新的视角研究了供应链成员之间的竞争与合作。但是，在该研究领域仍然存在着许多值得继续探索的研究方向：首先，区块链仍然可以应用于前述文献较少涉及的特色行业，进行基于案例的各类研究；其次，今后的研究可以深入挖掘区块链驱动下供应链中存在的不对称信息类型，在此基础上研究信息共享模型；最后，部分学者开始关注区块链引入之后对供应链金融模式应用的影响，但这个领域还需要进一步开展持续研究。

第二十三章 新能源汽车共享平台供应链管理理论与研究趋势

第一节　研究背景

新能源汽车的发展有助于缓解资源、环境与社会经济发展之间的矛盾。2020 年 10 月 29 日，《中共中央关于制定国民经济和社会发展第十四个五年规划和二〇三五年远景目标的建议》明确提出，要加快汽车电动化、智能化、网联化进程，大力发展新能源汽车产业。11 月 2 日，国务院印发《新能源汽车产业发展规划（2021—2035 年）》，强调要加快新能源汽车在分时租赁、出租汽车等领域的应用，引导汽车生产企业和出行服务企业共建“一站式”服务平台。目前，共享平台已经成为新能源汽车制造商的重要销售通道，也是我国实现碳达峰、碳中和目标的助推剂。实际上，汽车共享平台的概念是十分宽泛的。林晓刚等（Lin et al.，2021）将其理解为对消费者和司机进行匹配的移动 App。刘征驰等（2020）认为汽车共享平台依托互联网技术将消费者和车辆进行快速匹配，从而为消费者提供出行服务。阿布伊 – 梅赫里齐等（Abouee-Mehrizi et al.，2021）以 Car2go 为例，认为能够为消费者提供汽车租赁服务，满足其短途出行需求的租赁公司即为汽车共享公司。在实践中，新能源汽车共享平台（New Energy Vehicle Sharing Platform，NSP）包括以提供分时租赁服务为主的 GoFun 出行、小灵狗出行、Car2go 等平台，

是构建新能源汽车共享平台供应链竞争模型需要考虑的一个重要影响因素，而融资策略也成为融资服务提供方和需求方的重要决策内容。本章关注的融资策略包括以下两层含义：一是融资服务需求方是否进行融资，以及相应的融资模式选择策略；二是融资服务提供方是否提供服务，以及相应的利率决策（Yang et al.，2019；Gong et al.，2020）。目前，已有一些新能源汽车共享平台供应链成员企业开始关注到供应链金融的灵活性，并采用合适的融资模式来缓解资金短缺问题，但相关的理论研究并不多见。

二、低碳政策对新能源汽车行业相关企业的运营管理具有重要影响

新能源汽车产业的发展离不开政府的支持，而政府主要是采用多样化的财政补贴形式来影响新能源汽车共享平台供应链成员企业的发展。因此，财政补贴是新能源汽车产业发展历程中不可忽视的一个因素。实际上，政府既可以补贴新能源汽车的研发环节，也可以补贴新能源汽车的销售环节。虽然近年来财政补贴有所退坡，但补贴形式和方式发生了变化，可以预料在未来几年内财政补贴仍将持续支持新能源汽车产业的发展。同时，2017 年工业和信息化部公布了《乘用车企业平均燃料消耗量与新能源汽车积分并行管理办法》（以下简称“双积分政策”），并于 2018 年开始实施。在该政策下，制造商生产的新能源汽车数量比例超过要求，便可获得相应的新能源汽车（New Energy Vehicle，NEV）正积分；每生产一辆传统燃油汽车，且汽车平均燃料消耗量的实际值低于达标值，便可获得平均燃料消耗量（Company Average Fuel Consumption，CAFC）正积分，反之则获得 CAFC 负积分。在此基础上，建立具体的积分交易规则，形成促进节能与新能源汽车产业协调发展的市场化机制。此外，碳交易也将成为促进新能源汽车产业发展的有效手段。碳交易实际上就是把以二氧化碳为代表的温室气体的排放权作为一种商品，从而形成的排放权交易。目前，新能源汽车由于较低的全生命周期碳排放量，体现出了明显的竞争优势。2020 年，特斯拉因出售碳排放交易额度所得收入高达 14 亿美元，碳交易已经成为其增收新支点。2020 年 12 月 25 日，我国生态环境部公布了《碳排放权交易管理办法（试行）》，并于 2021 年 2 月 1 日开

始实施，这表明我国碳交易市场已经来临。在国家大力发展新能源、加快推进碳排放权交易市场建设的情况下，新能源汽车产业加入碳交易市场将成为必然趋势，且碳交易将成为新能源汽车产业发展的新动力。在此背景下，政府如何合理运用财政补贴、双积分和碳交易等政策来促进新能源汽车产业的发展，以及在这些激励政策下，如何构建新能源汽车共享平台与制造商之间的合作机制，均是未来值得重点关注的研究内容。

第三节 研究现状及发展动态分析

一、新能源汽车共享平台运营管理研究

在当前经济环境下，新能源汽车共享平台逐渐得到了业界和学术界的重视，许多学者从不同的角度对新能源汽车共享平台进行了相关研究。本小节根据平台提供的服务类型不同，从以下两方面对目前的文献研究进行综述：第一，提供分时租赁服务的新能源汽车共享平台；第二，提供网约车服务的新能源汽车共享平台。

（一）提供分时租赁服务的新能源汽车共享平台

一些学者关注提供分时租赁服务的新能源汽车共享平台，开展了相关的研究。黄毅祥等（2020）认为，电动汽车分时租赁可以帮助新能源汽车制造商缓解汽车电动化和市场消费疲软之间的矛盾。因此，他们研究了需求函数为线性情形下的多平台定价博弈，并发现降价策略可以帮助分时租赁平台快速占领市场，但平台应该把握好降价幅度。实际上，汽车共享平台主要通过应用物联网、大数据等信息技术，随时随地为消费者提供汽车租赁服务，因此也被一些学者称为汽车共享公司或汽车租赁公司（Abouee-Mehrizi et al.，2021；戚正清等，2020）。并且，许多汽车共享公司正逐渐将传统燃油汽车替换成新能源汽车，且在进行网点布局及车队配置时会考虑碳排放约束等因素（Chang et al.，2017）。阿布伊－梅赫里齐等（Abouee-Mehrizi et al.，2021）

研究了汽车共享公司与消费者的竞争均衡，发现消费者选择电动汽车的决策与充电速度、充电桩数量、电动汽车数量相关。并且，如果电动汽车的充电速度太慢，则共享公司不会采用电动汽车来开展业务，这一研究结果与美国圣地亚哥的Car2go汽车共享平台的决策一致。戚正清等（2020）基于对上海市政府与上海国际汽车集团合作开通EVCARD电动汽车分时租赁的案例分析，考虑政府参与下由新能源汽车制造商和分时租赁公司组成的供应链，分析租赁公司关于车队配置和租赁价格的最优决策，通过引入成本共担、收益分享和两部收费的联合契约，改进了供应链性能。经有国等（2018）认为新能源汽车的推广离不开政府的大力支持，因此将需求率与政府推广努力水平进行关联，分析新能源汽车租赁公司与政府的竞争决策，并引入成本共担与收益分享联合契约实现供应链的协调和帕累托改进。

（二）提供网约车服务的新能源汽车共享平台

还有一些学者关注了提供网约车服务的新能源汽车共享平台。詹尼（Jenn，2020）通过收集加利福尼亚的优步（Uber）和来福车（Lyft）这两个提供网约车服务的汽车共享平台的相关数据，进行了实证分析，并且发现共享平台采用电动汽车具有重要的碳减排效益，有利于降低对环境的污染。也有学者发现，优步和滴滴等汽车共享平台为了降低碳排放量，已经启动电动汽车计划，但是电动汽车需要频繁地进行充电，其调度过程不同于传统燃油汽车，因此开发了适用于电动汽车车队运营的算法来解决车辆调度问题，并最大限度地减少消费者的等待时间、电动汽车的电力消耗和车辆运营成本（Shi et al.，2020）。坎季等（Al-Kanj et al.，2020）以优步和来福车为例，针对电动汽车和无人驾驶技术结合应用的场景，使用近似动态规划来研究共享平台车辆的调度策略，具体包括特定行程的最优车辆选择、车辆充电和停放等问题。以上学者关注的是共享平台采用新能源汽车开展业务时的车辆调度问题。实际上，新能源汽车共享平台提供网约车服务时，消费者是服务价格和时间敏感型的，司机是收入敏感型的，因此需要对服务价格决策和司机的薪资水平决策进行权衡。目前，已经有一些学者基于这样的视角对汽车共享平台的定价决策进行了研究。例如，卡琼等（Cachon et al.，2017）重点关注共享平台的服务价格决策及其向司机支付的薪资水平决策。周永务等

（Zhou et al.，2019）考虑到共享平台的主要功能是对接服务提供商和消费者，因此研究了不同契约下平台向服务提供商和消费者收取的佣金比例决策。刘征驰等（2020）认为汽车共享平台具有双边市场的典型特征，因此基于双边市场理论研究了其定价策略。莫栋等（Mo et al.，2020）分析了轻资产共享平台和重资产共享平台提供网约车服务时的竞争决策。在他们的研究中，由于共享平台采用的是新能源汽车，因此考虑了政府补贴和充电设施对平台决策的影响。以上研究关注的重点是共享平台的定价决策问题，虽然有些学者没有强调共享平台是否采用新能源汽车，但这样的研究视角为本章基于网约车服务研究新能源汽车共享平台供应链管理提供了重要的理论依据。

从上述文献研究可以看到，学者们主要从新能源汽车共享平台的视角分析了其运作决策，而较少基于供应链的视角来研究共享平台及其供应链成员的最优决策。实际上，新能源汽车作为一个新兴产业，特别需要通过供应链成员之间的紧密合作来提升整体竞争力，从而促进产业的可持续发展。因此，研究新能源汽车共享平台供应链竞争决策模型，并引入合理的契约方案来提升供应链性能，具有重要的现实意义与理论价值。

二、供应链金融

在新能源汽车共享平台供应链管理研究领域，很多竞争模型的构建均是基于成员企业资金充足的前提假设。但实际生产经营活动中，资金短缺且融资困难的问题是普遍存在的，且对新能源汽车共享平台供应链运作决策产生了很大的影响。目前，供应链金融作为解决企业资金问题的有效方式，得到了业界和学术界的广泛关注（宋华和卢强，2017）。本部分对供应链金融领域的相关研究进行综述，期望为研究资金约束背景下的新能源汽车共享平台供应链管理提供理论基础。这里，参考李健等（2020）的分类方式，将供应链金融融资模式按资金来源归纳为以下两类：第一，银行等金融机构提供资金的融资模式；第二，供应链成员提供资金的融资模式。在企业实践中，这些融资模式具体包括订单融资、存货质押融资、保理、反向保理、贸易信贷、直接融资、买方中介融资等。

（一）银行等金融机构提供资金的融资模式

现实中，银行等金融机构是供应链成员企业获取资金支持的主要渠道。王婵等（Wang et al.，2021a）针对国内金融机构对新能源汽车制造商提供绿色金融服务的情形，研究了不采用清洁技术的企业、采用清洁技术的企业、银行这三者之间的竞争关系，分析了银行采用订单融资来支持清洁技术应用时，对企业绿色转型的促进作用。买方中介融资也是一种有银行参与的融资模式，且能够有效提高供应链性能，提升上游供应商和买方的收益（Tunca and Zhu，2018）。在这种融资模式下，买方作为中间商在协调上游供应商和银行的过程中，需要在产品销售之后替供应商偿还所有本息并向供应商支付剩余的采购费用。赵晟莹和卢祥远（2020）构建了由一个资金受约束的制造商和一个零售商组成的两级供应链，且制造商通过应收账款质押向金融机构贷款。他们考虑零售商存在违约风险，需要第三方担保公司为此笔应收账款融资进行担保的情形，研究了无外部担保公司、制造商承担担保费用、零售商承担担保费用时的供应链融资决策模型。通过比较分析发现，零售商承担担保费用可以降低金融机构的利率和制造商的批发价格，从而协调供应链。此外，保理和反向保理也是典型的融资模式，并且有利于提升供应链性能。但有学者研究发现，反向保理可以提高零售商的利润，但并不总是有利于供应商（Kouvelis and Xu，2021）。这可能跟他们的融资机理有关系，其中保理是供应商直接销售应收账款来获得资金的融资模式，而反向保理是在信誉良好的零售商承诺向供应商到期付款的前提下，供应商直接销售应收账款来获得资金的融资模式。

（二）供应链成员提供资金的融资模式

在供应链中，资金充足的一方基于业务往来直接向资金短缺的一方提供资金支持的方式得到了许多学者的关注。其中，贸易信贷是一种典型的融资模式，且能够实现供应链成员的共赢（An et al.，2021）。其主要有两种形式：一种是供应商允许零售商延期付款（Kouvelis and Zhao，2012；李波等，2021）；另一种是零售商向供应商提前支付账款（Li et al.，2019）。总体而言，贸易信贷具有缓解供应链中资金受约束成员的资金压力，激励零售商提高订购量等作用，因此能够提升供应链成员的期望利润（Wang et al.，2016；Yan and He，2020）。丁斌和刘启明（2017）针对由单个汽车制造商和单个汽车租赁商组成的两级供应链，假设租赁商受资金约束，分析了延迟支付融资模式下供应链成员的竞争决策，并且发现租赁商选择延迟支付进行融资时，可以确保汽车的订购量，实现利润最大化。晏妮娜等（Yan et al.，2019）考虑下游零售商受资金约束且风险规避的情形，分别引入供应商直接融资和股权融资这两种模式，构建由零售商和供应商组成的融资决策模型，分析了各成员的最优竞争决策和融资策略。邓兆生等（Tang et al.，2018）构建了由供应商和制造商组成的供应链，并假设供应商受资金约束，在此基础上对比研究买方直接融资和订单融资这两种模式下的供应链竞争决策，他们发现买方直接融资是供应商受资金约束较严重时的首选融资模式，且在该模式下制造商选择采购合同条款时更具灵活性。

为了解决供应链上游中小企业的资金问题，支持电商平台供应链的运作，京东、阿里、苏宁易购等大型电商平台已经涉足金融领域。这些电商平台通过掌握供应商的销售数据等信息，形成了一套比较完善的“征信”系统，并把贷款手续和审批流程进行压缩，为供应商提供快速的融资服务，从而使电商平台供应链能够更好地服务于消费者。宫大庆等（Gong et al.，2020）和晏妮娜等（Yan et al.，2020）研究表明，电商平台向上游供应商提供融资服务对供应链双方成员均有利。甄学平等（Zhen et al.，2020）考虑受资金约束的制造商、零售商和电商平台组成的双渠道供应链，针对制造商可以向电商平台、零售商或银行进行融资的三种情形，分别构建了三种融资决策模型。通过比较不同融资模式下制造商的利润，发现制造商直接向电商平台融资始终优于银行信贷融资，并且随着收益分享比例的提高，电商平台融资更有可能成为其最佳策略。

在上述供应链金融的相关研究中，学者们关注了啤酒、服装、图书、制药等不同行业内相关企业的资金短缺问题（Kouvelis and Xu，2021；李波等，2021；Yan et al.，2019；Tang et al.，2018）。也有部分学者关注了汽车行业（Wang et al.，2021a；Yan and He，2020；丁斌和刘启明，2017），但仅有个别学者研究了资金约束背景下的汽车共享平台供应链管理（丁斌和刘启明，2017）。我们发现汽车共享平台和汽车制造商面临着较大的资金压力，且供应链金融融资模式已经开始在汽车共享平台供应链中得到应用，但缺乏较为系统的理论研究。鉴于此，针对汽车共享平台的具体运营模式及供应链成员企业资金短缺的情形，引入恰当的供应链金融融资模式来研究汽车共享平台供应链竞争模型和融资策略显得十分必要。

三、政府低碳政策

我国汽车行业正在政府政策的激励作用下逐渐转型升级，新能源汽车快速发展且已初具规模。但是，前期的财政补贴政策诱发了汽车制造商“谋补骗补”行为，造成了不良影响。为此，政府逐步取消财政补贴，并在借鉴美国零排放政策和欧盟排放交易体系的基础上，制定了双积分政策（李旭和熊勇清，2021）。此外，我国碳交易市场已经全面开放，不同行业将逐渐加入碳交易市场。因此，本部分重点对双积分政策和碳交易政策影响下汽车行业内相关企业决策的相关研究进行总结与归纳。

（一）双积分政策对汽车行业相关企业的决策影响

双积分政策不仅要求汽车制造商生产燃油汽车时汽车燃料消耗量要达标，还需要完成一定的新能源汽车比例要求，因此对汽车制造商的生产决策具有重要影响。当前，一些学者关注了双积分政策对汽车制造商生产决策和汽车电动化转型的影响（唐金环等，2020；He et al.，2021）。例如，程永伟和穆东（2018a）基于持股比例和内部期权协议建立了双积分政策下的燃油汽车与新能源汽车联合决策模型，分析了汽车制造商的最优定价、产量和内部积分协议价。卢超等（2022）研究了双积分政策下汽车制造商的定价策略和减排决策，并发现双积分政策能够降低新能源汽车的价格，提高新能源汽车制造商的利润，并促进燃油汽车制造商积极减排。程永伟和范体军（Cheng and Fan，2021）考虑双积分政策的影响，研究了燃油汽车制造商和新能源汽车制造商的生产合作策略。黎继子等（Li et al.，2020）考虑电池回收的情况，分析了财政补贴和双积分政策共同影响下新能源汽车和燃油汽车的生产决策。此外，双积分政策下汽车制造商及其与供应链上下游企业的竞争决策得到了重点关注。例如，郑吉川等（2019）考虑财政补贴和双积分政策的联合影响，分析了新能源汽车供应商和制造商的研发投入水平决策和产量决策，并研究了积分价格、市场规模对企业研发投入的影响。于晓辉等（2021b）构建由一个汽车制造商和一个分销商组成的两级供应链，分析了补贴退坡和双积分政策对制造商和分销商最优决策的影响。卢超等（2021）在供给侧考虑双积分政策的约束，在需求侧考虑价格、消费者低碳偏好和续航能力关切对需求的影响，构建由两个汽车制造商和一个汽车经销商组成的两级供应链，分析了供应链成员的最优竞争决策。

（二）碳交易政策对汽车行业相关企业的决策影响

碳交易政策下，企业根据政府分配的碳配额对二氧化碳排放权进行交易（彭春华等，2022）。实际上，双积分政策和碳交易政策均以降低温室气体排放为目的，两者具有一定的相通性（程永伟和穆东，2018a）。当前，供应链管理中关于碳交易机制的理论研究已经比较丰富。例如，本贾法尔等（Benjaafar et al.，2013）、龚锡挺和周翔（Gong and Zhou，2013）、马尼卡斯和克罗斯（Manikas and Kroes，2015）研究了碳交易政策下企业的生产和库存决策。徐小平等（Xu et al.，2017）分析了碳交易政策下供应链的生产决策、碳减排策略以及协调机制。戈什等（Ghosh et al.，2020）研究了政府碳规制和消费者低碳偏好影响下双渠道供应链的竞争决策，并设计了一个回购和减排水平共担契约来提升供应链成员的利润。王新宇等（Wang et al.，2022）考虑碳交易政策的影响，构建由一个制造商和一个零售商组成的两周期供应链，其中制造商进行碳减排并面临不确定的碳排放价格。他们分析了两个成员的最优决策，并设计收益分享和成本共担契约实现了供应链协调。目前，一些学者开始关注汽车行业中碳交易政策的实施方案，并进行了一定的理论研究。程永伟和穆东（2018b）研究了碳交易政策下燃油汽车和新能源汽车的联合生产决策，并分析了碳交易价格对汽车制造商产量、定价和利润的影响。朱晓曦等（Zhu et al.，2019a）分析了碳规制下新能源汽车制造商的最优生产决策和定价策略。李新军等（2020）考虑碳交易政策的影响，构建由环保型政府监管下的汽车闭环供应链决策模型，研究了政府激励汽车制造商进行碳减排、汽车制造商激励回收商努力回收的契约机制。

上述学者的研究重点关注了汽车制造商在政府低碳政策影响下的决策行

为，也有部分学者关注了传统汽车供应链中关联企业之间的竞争决策，但他们的研究都没有将汽车共享平台关联到供应链中。实际上，汽车共享平台通过提供分时租赁服务或网约车服务的方式来获得收益，与汽车经销商的获利方式不同，因此会对供应链竞争模型的构建带来影响。特别地，汽车共享平台在运营车辆过程中也会产生大量的温室气体，具有很大的减排潜力。因此，针对汽车共享平台提供分时租赁和网约车服务的特性，考虑政府低碳政策的影响，研究汽车共享平台供应链竞争模型，并引入合理的契约方案来优化供应链，是今后的重要研究内容之一。

四、文献评述

从文献综述来看，新能源汽车共享平台已经引起了许多学者的重视（Abouee-Mehrizi et al.，2021；Shi et al.，2020；Mo et al.，2020；黄毅祥等，2020；戚正清等，2020；Chang et al.，2017；经有国等，2018；Jenn，2020；Al-Kanj et al.，2020）。但是，这些关于新能源汽车共享平台的成果较少从供应链的视角来开展研究工作。部分涉及新能源汽车共享平台供应链的研究，主要关注的是共享平台视角下如何更好地服务于消费者（戚正清等，2020），或者共享平台与政府之间的博弈等问题（经有国等，2018）。综合来看，本章认为在新能源汽车共享平台供应链管理领域，当前的研究存在着以下几个方面的不足：

1. 在目前的文献中，较少针对新能源汽车共享平台的服务特性，继而从供应链的视角来观察新能源汽车共享平台与制造商之间的竞争与合作问题。实际上，共享平台提供不同类型的服务时，其开展业务的方式和服务的群体不同，会对供应链成员的竞争决策带来影响。在现有文献中，一些学者关注了共享平台提供分时租赁（Abouee-Mehrizi et al.，2021；黄毅祥等，2020；戚正清等，2020；Chang et al.，2017；经有国等，2018）和网约车（Lin et al.，2021；刘征驰等，2020；Shi et al.，2020；Mo et al.，2020；Cachon et al.，2017；Bai et al.，2019a；Jenn，2020；Al-Kanj et al.，2020；Zhou et al.，2019）等不同类型服务时的决策问题。但是，他们主要从提升平台竞争力的视角，研究了汽车共享平台的车辆调度（Shi et al.，2020；Al-Kanj et al.，

2020）、车队配置（Chang et al.，2017）和定价策略（刘征驰等，2020；Mo et al.，2020；Cachon et al.，2017；Bai et al.，2019a；黄毅祥等，2020；Zhou et al.，2019）等问题。并且，仅有少部分研究涉及了新能源汽车共享平台与上游企业的竞争决策（戚正清等，2020）。总体来看，上述这些研究工作尚未针对新能源汽车共享平台的服务特性，从供应链的视角对新能源汽车共享平台和制造商之间的竞争与合作问题进行系统性的研究。此外，新能源汽车共享平台一直在不断探索创新的运营模式，并形成了以下三种典型的模式：轻资产模式、重资产模式、轻资产＋重资产混合模式。在这些不同的运营模式下，共享平台和上游制造商之间采用不同的交易机制，因此需要构建不同的供应链竞争模型来进行相关的研究。

2. 资金短缺是新能源汽车制造商和共享平台面临的实际问题，但现有文献较少关注新能源汽车共享平台供应链的融资策略。新能源汽车共享平台供应链在运作过程中有可能会受到资金约束。目前，已有少数学者开始关注新能源汽车供应链的融资策略问题（Dong et al.，2020；Wang et al.，2021a）。例如，董国姝等（Dong et al.，2020）研究了新能源汽车核心电池供应商联合运用供应链内部融资和外部融资这两种方式获得资金支持的问题。但是，上述学者重点研究的是由新能源汽车制造商和核心零部件供应商组成的供应链，关于新能源汽车共享平台供应链受资金约束的研究仍然十分缺乏。特别地，新能源汽车共享平台的服务特性将对供应链融资决策模型的构建带来重要影响。因此，需要进一步结合考虑新能源汽车制造商和共享平台受资金约束的实际问题，引入恰当的供应链金融融资模式，分析最优的供应链竞争决策和融资策略。这样的研究视角更加切合新能源汽车共享平台供应链运作管理的实际。

3. 现有文献较少考虑政府激励政策对新能源汽车共享平台供应链的竞争模型构建与合作机制设计的影响。政府激励政策是推动新能源汽车产业发展的重要因素。目前，我国已经进入了财政补贴优化和转型的关键时期，且双积分政策逐渐成为新能源汽车产业发展的重要动力。此外，随着碳交易市场的不断完善，碳交易也将成为我国新能源汽车产业发展的新动力。在当前的文献研究中，一些学者关注了财政补贴（熊勇清等，2020）、双积分（唐金环等，2020；Cheng and Fan，2021）和碳交易（程永伟和穆东，2018b；

Zhu et al. , 2019a）等激励政策对新能源汽车供应链成员决策带来的影响。例如，熊勇清等（2020）基于政府对新能源汽车消费者及制造商实施财政补贴的实际情况，研究了不同补贴政策下制造商的定价策略。唐金环等（2020）研究了双积分政策下汽车制造商的最优生产决策。朱晓曦等（Zhu et al. , 2019b）分析了碳交易机制下新能源汽车制造商的最优生产决策和定价策略。但是，鲜有学者考虑政府激励政策对新能源汽车共享平台供应链成员最优决策的影响。事实上，当共享平台作为供应链下游成员时，激励政策有可能直接影响其最优决策。例如，在新能源汽车共享平台供应链中，消费补贴直接降低了汽车的批发价格。总体来说，研究政府激励政策对新能源汽车共享平台供应链的影响是十分必要的。

综上，今后的研究可以针对共享平台的服务特性，研究新能源汽车共享平台供应链竞争模型构建与合作机制设计。同时，考虑供应链成员可能受资金约束的情形，引入适当的供应链金融融资模式，分析供应链竞争决策和融资策略。在此基础上考虑政府激励政策的影响，对新能源汽车共享平台供应链进行深入研究。需要说明的是，新能源汽车共享平台的服务类型是多样化的，成员企业之间的交易方式也是多样化的，且受到外部政策环境的影响，这使得建模时通过一种方案来反映所有可能的运作情形是不可行的，必须基于特定的实践场景来构建供应链模型。因此，与现有研究相比，新能源汽车共享平台供应链管理研究具有重要的实践应用价值，在理论方法上有较为广阔的研究空间，并且具有一定的科学前沿性。

第四节　研究展望

今后的研究可以关注供应链成员受资金约束的情形与政府激励政策的影响，构建一系列体现新能源汽车产业实际情况的共享平台供应链模型。总体来看，未来可以从以下几个方面开展相关研究工作：一是研究基于分时租赁服务的新能源汽车共享平台供应链竞争与融资策略，二是研究基于网约车服务的新能源汽车共享平台供应链竞争与融资策略，三是研究政府激励政策影响下的新能源汽车共享平台供应链竞争与融资策略。具体如下：

一、基于分时租赁服务的新能源汽车共享平台供应链竞争与融资策略

分时租赁服务是指以短时间周期（分钟、小时、天等）计费向消费者提供的随取即用租赁服务，是新能源汽车共享平台一种典型的服务形式。在该服务形式中，共享平台的服务能力可以用单位时间内有效出租时间来反映。图 23.1 展示了新能源汽车共享平台提供分时租赁服务时与消费者之间的交易方式，以及轻资产模式、重资产模式、轻资产 + 重资产混合模式等不同汽车共享平台运营模式下的供应链运作机制。在今后的研究中，可以在此基础上构建竞争模型，设计和引入合理的契约方案来优化供应链性能。特别地，可以对比研究供应链资金充足和受资金约束这两种情形，分析资金短缺对新能源汽车共享平台供应链带来的影响，进一步引入不同类型的供应链金融融资模式，研究供应链成员对不同融资模式的选择策略。其中，当供应链受资金约束时，可以考虑供应链成员可能出现资金短缺的多种情形，并针对不同供应链成员受资金约束的情形，选择适当的供应链金融融资模式来构建模型，具体如下：首先，当制造商受资金约束时，可以引入的融资模式包括：贸易信贷（提前支付）、买方直接融资、应收账款质押融资、买方中介融资等；

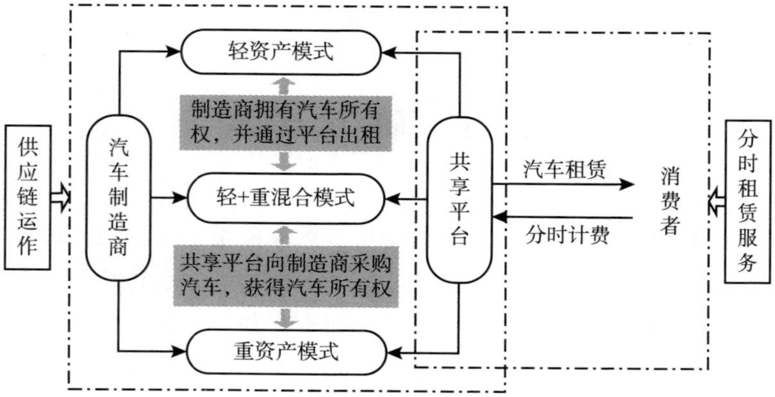

图 23.1　分时租赁服务形式及不同汽车共享平台运营模式下的供应链运作机制

其次，当共享平台受资金约束时，可以引入的融资模式包括：贸易信贷（延迟支付）、制造商直接融资、存货质押融资等。基于此分析供应链成员的竞争决策和融资策略，进一步设计和引入合理的契约方案来优化供应链性能。

二、基于网约车服务的新能源汽车共享平台供应链竞争与融资策略

网约车服务是指平台接入符合条件的司机，通过整合供需信息，为消费者提供预约出租车服务，是新能源汽车共享平台的另一种典型服务形式。在该服务形式中，共享平台的服务能力可以通过与消费者等待时间和服务价格关联的服务水平（Lin et al.，2021）或服务提供者的利用率（Cachon et al.，2017）等不同方式来反映。图 23.2 展示了新能源汽车共享平台提供网约车服务时与司机、消费者之间的交易方式，以及不同汽车共享平台运营模式下的供应链运作机制。在今后的研究中，可以重点关注汽车共享平台雇佣无车司机来提供网约车服务，基于此研究新能源汽车共享平台与制造商之间的竞争与合作问题。这里，可以重点关注资金充足和受资金约束这两种情形下新能源汽车共享平台供应链竞争决策的对比研究，分析资金短缺对新能源汽车共享平台供应链带来的影响。进一步地，可以比较不同供应链金融融资模式下各成员的最优决策与期望利润，对不同融资模式进行对比研究。

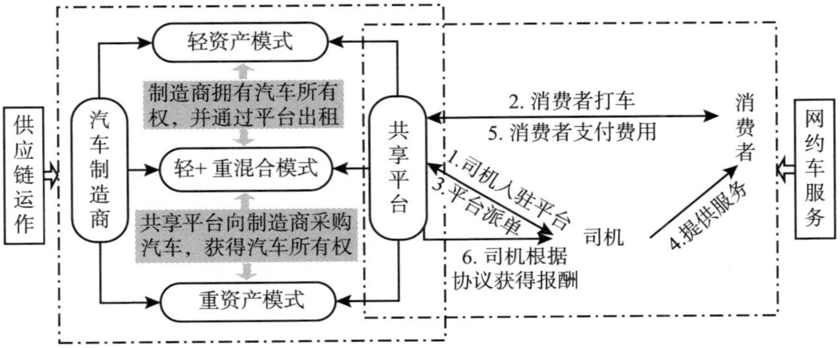

图 23.2　网约车服务形式及不同汽车共享平台运营模式下的供应链运作机制

三、政府激励政策影响下的新能源汽车共享平台供应链竞争与融资策略

在新能源汽车行业，有两种重要的激励政策：一是财政补贴；二是双积分。因此，考虑激励政策的影响，关注汽车共享平台提供不同类型服务的情形，研究新能源汽车共享平台供应链竞争模型的构建与优化方案设计，具有重要的现实意义。此外，今后的研究可以扩展讨论碳交易市场开放对新能源汽车共享平台供应链可能带来的影响，开展相关的理论研究。目前，已有学者关注政府激励政策下的新能源汽车供应链管理问题，并产生了一定的研究成果。但是，将新能源汽车共享平台作为供应链重要成员的相关理论研究仍然十分缺乏。因此，该研究方向具有较强的新颖性。

第二十四章 低碳供应链管理理论与研究趋势

第一节 研究意义

环境与社会经济的和谐发展一直以来都是社会各界关注的重点。当前，碳排放已被当成全球变暖和极端气候变化的主要诱因，加快推进低碳经济发展，降低碳排放量，已经成为国际社会亟待解决的问题（杨惠霄和欧锦文，2020；李新军等，2020）。一直以来，我国政府都十分重视碳减排工作。2017年，党的十九大报告提出，要建立健全绿色低碳循环发展的经济体系，构建清洁低碳、安全高效的能源体系。2020年9月，我国在第75届联合国大会期间提出，中国二氧化碳排放力争于2030年前达到峰值，努力争取2060年前实现碳中和的目标。2020年12月，习近平总书记在中央经济工作会议中再次强调，要做好碳达峰、碳中和工作，加快调整优化产业结构、能源结构，加快建设全国用能权、碳排放权交易市场，完善能源消费双控制度。2021年，“碳中和”首次写入政府工作报告，更是体现了国家绿色发展转型的决心。由此可以看出，碳减排是促进我国经济可持续发展，建设资源节约型、环境友好型社会的重要途径，但这也将是一项长期的战略性工作，需要政府、企业和社会公众的通力合作。

当前，很多企业开始采取减排措施，调整运营模式进行低碳生产。例如，沃尔玛、乐购、IBM等大型企业正在为碳减排相关项目加大投入，在商品设计、生产和销售过程中引入低碳概念（杨玉香等，2021）。又如一些家电企业，积极进行碳减排投入。其中，海尔集团就是一家典型的企业，其投入大量资金开发节能、降噪等技术，并在产品设计、生产、营销、推广等全流程中践行绿色制造的理念。目前，海尔空调已经构建起地域化的舒适节能模型。据统计，已有超过 24 万用户开启智慧节能功能，年累计节电约 260 万度。如果海尔智能空调用户均开启智慧节能功能，每年将可节约用电量 4000 多万度，折合标准煤耗 1.26 万吨，二氧化碳排放减少 3.096 万吨[①]。毫无疑问，海尔是实施节能减排的先锋企业，并取得了显著的成效。

但是，企业开展节能减排，需要研发碳减排技术、优化碳减排成本及改变生产方式和运营决策。因此，企业掌握了相应的私有信息，且这些信息是其他企业难以获取的（楼高翔等，2019）。但是，鉴于较高的碳减排成本及信息的获取优势，减排主体可能会通过隐藏信息从而在供应链中获得竞争优势，以期得到更多的利润。此外，消费者环保意识逐渐增强，并表现出低碳偏好，而供应链中接近消费者的企业可能更精确地掌握消费者对低碳产品的偏好信息。这里，我们将在实施碳减排的供应链中，相关企业掌握的与碳减排水平、成本等有关的信息统称为碳减排信息，具体包括碳减排水平信息、减排成本信息和消费者低碳偏好信息。实际上，碳减排信息不对称是低碳供应链中普遍存在的现象，但这样的信息不对称往往会造成供应链性能低下。因此，如何设计合理的激励机制，实现信息共享，提高供应链整体竞争力，是本章重点关注的研究内容。

事实上，为了激励企业积极实施碳减排，我国出台了许多政策。比较典型的就是财政补贴政策，这是一种有效的政府激励手段，且在实现“碳中和”目标中起到了重要的作用。总体来看，财政补贴可以分为两种：一种是研发补贴，主要集中于低碳产品的研发生产环节，即政府通过科研项目立项资助的形式为企业提供补贴。另一种是消费补贴，主要集中于低碳产品的销售环节，即企业直接按照扣除补贴后的价格来销售低碳产品。同时，碳交易是促进企业进行碳减排的有效手段。目前，全球 31 个国家和超过 11000 家企

① 中国节能协会评选：海尔空调获节能减排科技进步奖［EB/OL］. 消费日报网，2019－12－09.

业加入到了欧盟的碳交易市场之中。① 我国已经于2013年建立8个碳交易试点城市，并于2021年7月16日，全国碳排放权交易正式启动上线交易。随着国内碳交易市场的不断完善，碳排放权交易政策将成为碳减排的高效催化剂。此外，碳税也是一种有效的碳减排促进手段，它是指政府针对企业二氧化碳排放所征收的税，通过约束企业加大碳减排技术的投入，有效控制企业的碳排放量。当前，一些发达国家已经成功实施了碳税政策。例如丹麦，早在20世纪70年代就开始征收碳税。其实施效果表明，如果不征收碳税，企业将多消耗10%的能源。② 我国正在不断探索适合中国国情的碳税政策，也有专家提出构建“碳市场为主，碳税为辅”的碳定价机制。③ 这表明，碳交易和碳税政策将成为未来政府激励企业进行碳减排的重要手段。鉴于此，本章认为在碳减排信息不对称环境下，研究不同政策单一影响或者多重影响下的信息共享模型，将更加贴近企业的实际需求。

在这样的背景下，研究碳减排信息不对称环境下的供应链信息共享模型具有重要的现实意义和理论价值。重点关注碳减排成本、碳减排水平、消费者低碳偏好等不对称信息类型，明确拥有私有信息的成员在供应链中所处的位置，基于多样化的供应链运行模式，构建恰当的信息共享模型，并设计合理的契约方案，实现信息共享。同时，结合实际，将不同的政府政策进行量化并引入模型中。在建模过程中，我们将不仅关注由碳减排成本和消费者低碳偏好等不对称信息引起的逆向选择问题，还关注碳减排水平不受约束时的道德风险问题。这样的研究视角不仅可以丰富信息不对称环境下的低碳供应链管理研究内涵，也更接近于企业面临的实际问题。我们将充分挖掘具有中国特色的管理问题，通过大量的典型案例调研来强调研究的现实价值。

---

① 晏溶，周志璐．环保行业深度报告：全球碳交易市场的前世今生　中国可汲取的教训与面临的挑战［R/OL］. http：//stock. finance. sina. com. cn/stock/go. php/vReport _ Show/kind/lastest/rptid/669473399023/index. phtml，2021 -03 -19.

② 征收碳税是有效推动碳减排的重要经济手段（优缺点对比分析）［EB/OL］. http：//www. tanpaifang. com/tanshui/2013/0806/22873. html，2013 -08 -06.

③ 中金彭文生：建议采取“碳市场为主，碳税为辅”的定价机制［EB/OL］. https：//cj. sina. com. cn/articles/view/5182171545/134e1a999020011erm？from = finance，2021 -04 -22.

第二节　研究现状及发展动态分析

一、低碳供应链竞争与合作

为控制大气中的温室气体含量，进而防止剧烈的气候变化对人类造成伤害，已有 183 个国家加入了《联合国气候变化框架公约》。其中，公约规定发达国家自 2005 年开始承担减少碳排放量的义务，发展中国家则从 2012 年开始承担减排义务。[①] 目前，碳减排已经受到世界各国政府和众多企业的重视，低碳产品也逐渐获得消费者的青睐。许多学者基于供应链的视角对企业碳减排策略进行了系列研究，且主要集中在以下两个方面：消费者低碳偏好驱动背景下的供应链竞争与合作、碳政策驱动背景下的供应链竞争与合作。

（一）消费者低碳偏好驱动背景下的供应链竞争与合作

随着消费者环保意识的增强，他们在消费过程中往往表现出低碳偏好，驱动着低碳供应链的发展。当前，很多学者在此背景下进行了低碳供应链竞争与合作方面的相关研究。例如，刘洽等（2016）建立了考虑消费者低碳偏好的供应链分散决策和集中决策模型，分析了产品的价格决策和企业的低碳投入决策。他们发现，低碳供应链集中决策能够较大程度减少碳排放量。于晓辉等（2021a）构建了由制造商主导的双渠道低碳供应链，重点分析了单位低碳产品碳减排量、零售商销售努力程度、公平关切程度对供应链成员决策和效用的影响。马德青等（Ma et al.，2021）考虑不同低碳供应链成员之间的决策差异，分析了大数据授权、消费者参考效应、渠道偏好和企业利他行为对供应链最优决策和性能的影响。企业进行碳减排需要引入相应的减排技术或设备，这增加了其运营成本，因此会关注减排水平的决策问题。黄帝

---

① 哥本哈根世界气候大会介绍［EB/OL］. https：//www. econ. sdu. edu. cn/info/1532/31144. htm，2009－12－17.

和张菊亮（2021）考虑由两个制造商和一个零售商组成的供应链，分析不同权力结构下供应链的最优减排和定价决策。他们研究发现，在零售商占主导地位的供应链中产品的减排水平和供应链总利润相对较高，且供应链碳排放总量相对较低。王玉燕等（Wang et al.，2021b）构建了由一个占主导地位的零售商和一个中小型制造商组成的低碳供应链，考虑到制造商在进行碳减排时可能会面临较大的资金压力，因此零售商具有利他偏好。基于此，对比分析了集中决策、零售商无利他偏好时的分散决策和零售商利他偏好时的分散决策这三种情形。研究发现，零售商的利他偏好可以提高制造商利润和供应链整体利润，但会降低其自身的利润。

也有一些学者关注了如何通过契约方案的设计，来搭建低碳供应链上下游企业之间高效的合作机制，从而激励企业进行碳减排，提高市场需求，实现供应链整体性能的提升。李友东等（2019）假设制造商同时生产可以相互替代的低碳产品和普通产品，通过引入激励相容机制构建了碳减排合作决策协调模型。研究表明，合作决策协调模型能够在降低产品价格的同时提高供应链的碳减排水平，并实现供应链成员的帕累托改进。董兴林和聂乐杰（2022）考虑消费者低碳偏好的影响，研究线上网络渠道和传统零售渠道的定价决策和协调问题，通过设计收益分享契约解决了全渠道低碳供应链的冲突问题。柏庆国等（Bai et al.，2019b）构建了由一个制造商和两个竞争零售商组成的双渠道低碳供应链，设计了收益分享契约来优化供应链性能，并降低供应链的碳排放量。高希等（Ghosh et al.，2020）研究了政府强制性碳排放总量管制下消费者低碳偏好对市场需求的影响，并通过采用回购契约和减排任务共享契约，协调了分散供应链。

（二）碳政策驱动背景下的供应链竞争与合作

为促进企业进行碳减排，推动低碳经济发展，各国政府制定了一系列碳政策。常见的政策包括碳税、碳抵消、碳限额与碳交易等（Chelly et al.，2019）。目前，大部分学者关注了碳税和碳交易这两种典型的碳政策对供应链决策的影响。

碳税政策的实施比较简单有效，引起了业界和学术界的重视。法瑞杜丁等（Fareeduddin et al.，2017）发现，碳税政策在激励供应链进行碳减排方面具有较强的灵活性，但为了达到一定的碳减排目标，会给企业带来较大的财务负担。黄帝和张菊亮（2021）研究表明，对于低排放行业的制造商来说，提高碳税税率可以提高产品的减排水平，但是对于高排放行业的制造商来说，提高碳税税率反而会降低产品的减排水平。王君等（2021）发现，短视制造商会导致更低的碳排放，而碳税的高低和初始参考碳排放的大小则会影响供应链成员的定价和减排策略。朱晓曦等（Zhu et al., 2019a）研究了碳税和补贴政策对再制造产品需求、企业利润和社会福利的影响，结果表明补贴政策有利于增加再制造产品的需求量，碳税政策则有助于减少企业的碳排放量。

碳交易通过比较灵活的市场机制来约束企业的碳排放量，被认为是激励企业进行碳减排的最有效方式（Hong et al., 2016）。目前，国内外许多学者关注了碳交易政策影响下的供应链运作决策问题。例如，徐小平等（Xu et al., 2017）探讨了在碳总量管制和碳交易背景下供应链成员的生产和定价联合决策。邓万江等（2017）研究发现，技术减排成本系数、碳交易价格和消费者对低碳产品的偏好系数是影响两家碳排放制造企业竞争策略的关键因素，且这三个因素的取值不同甚至会彻底改变均衡状态下两企业相对的减排投资力度和相对的盈利能力。郭军华等（2020）在碳限额交易政策及消费者低碳偏好条件下，分析了碳限额及消费者的低碳产品需求敏感系数对产品销售价格决策和最优碳减排量决策的影响。柴强飞等（Chai et al., 2018）基于一个两阶段随机规划模型研究了碳政策影响下再制造供应链的战略计划和运营决策，发现碳交易政策有助于降低企业的总成本和碳排放量。夏良杰等（2022）构建了碳交易规制下由过度自信制造商和减排服务商组成的供应链，研究了定制和订购两种减排外包模式下制造商和减排服务商之间的竞争均衡，发现制造商和减排服务商的产量、单位产品减排量及利润均随着初始碳排放量与制造商的减排系数增加而降低。夏晶和牛文举（Xia and Niu, 2021）认为信息不对称会影响企业的碳减排策略，因此考虑零售商拥有私有需求信息的情形，构建了由一个进行碳减排的制造商和一个进行绿色营销的零售商组成的供应链，并基于制造商的视角设计了契约方案来甄别零售商的私有需求信息。

二、供应链信息共享模型

信息不对称是指市场交易中交易双方对于对象或内容所拥有的信息（质量或数量）不相等的经济现象（曾国安，1999）。供应链成员在交易过程中，为了获得谈判优势通常会保留某些私有信息（杨治宇和马士华，2001）。不同的供应链运作环境中，在成员企业之间出现的不对称信息类型是非常多样的，例如需求信息、成本信息、质量信息、库存信息等（Babich et al.，2012；Bolandifar et al.，2018；Bakshi et al.，2015；Zhang et al.，2010）。学者们基于不同的研究视角，对信息不对称环境下的供应链进行了一系列研究。典型的研究视角包括信息甄别、信号传递、信息共享价值研究。

信息甄别实际上是没有拥有私有信息的一方通过契约等激励机制的设计来获取另一方的私有信息。欧和奥泽尔（Oh and Özer，2013）考虑了时间在需求信息预测中的作用，通过构建信息甄别模型，研究了动态环境下供应商的生产能力决策问题。博兰迪法尔等（Bolandifar et al.，2018）考虑供应商拥有私有成本信息的情形，构建信息甄别模型，基于制造商的视角设计了包含供应商生产能力和一次性转移支付的契约清单，最终实现了成本信息的有效甄别。信息甄别模型还可以用于同时甄别两种不同类型的信息。崔玉泉和张宪（2016）在供应链应急管理中考虑供应商的生产成本和零售商的市场需求均是不对称信息的情况，构建信息甄别模型进行了相关研究，并揭示了信息不对称造成供应链效率降低的原因。

信号传递是指拥有私有信息的一方通过决策变量向未拥有私有信息的一方传递出信息的一种典型方法。奥泽和魏伟（Özer and Wei，2006）认为在提前订购契约中，制造商先决策时有可能会通过提前订购量向供应商传递出其拥有的需求信息，因此构建信号传递模型并重点关注了分离均衡。他们研究发现，合理设计提前订购契约，能够实现制造商真实需求信息的传递。姜宝军等（Jiang et al.，2016）考虑上游制造商掌握着私有需求信息的情况，假设市场需求有高、中和低三种可能的情形。在此基础上，引入批发价契约，研究了信号传递模型的分离均衡、混同均衡和准分离均衡。其中，准分离均衡涵盖了分离均衡和混同均衡的特性。

在信息共享价值研究中，首先需要假设在信息共享的情况下，拥有私有信息一方会共享真实的信息。在此基础上，分析信息共享和信息不共享两种情况下的竞争均衡解，然后通过比较两种情况下拥有私有信息一方的期望利润来讨论其信息共享的策略。基于这种研究视角，许多学者进行了相应的研究。例如，夏耀祥等（Ha et al.，2017）假设零售商拥有私有需求信息，构建了包含两条供应链的竞争模型。他们通过比较不同情形下供应链成员的均衡利润，研究了不同运作管理因素对供应链成员内部信息共享的影响。杰恩等（Jain et al.，2011）构建了由一个制造商和多个零售商组成的两级供应链，并假设零售商均拥有私有需求信息。在此基础上，通过比较零售商与制造商信息共享和信息不共享两种情况下的竞争均衡解，发现供应链成员之间不会进行信息共享。为此，他们提出了考虑差别定价的批发价契约和两部定价契约，来促进信息共享。王先甲等（2015）基于该研究视角，分析了装配系统中供应商共享成本信息与不共享成本信息时供应链的最优定价与供货决策，并通过对比研究，分析了供应商的最优信息共享策略。也有学者考虑两个制造商将可替代产品销售给同一个零售商的竞争模型，其中零售商拥有私有的需求信息，重点讨论了零售商向两个供应商采用不同信息共享策略的条件（Shang et al.，2016）。

三、文献评述

综合上述文献研究可以发现，低碳供应链管理和信息不对称研究领域均已经出现了丰富的研究成果。目前，也有部分学者开始关注信息不对称环境下的低碳供应链管理。余玉刚等（Yu et al.，2020）构建由一个供应商和一个零售商组成的两级供应链，其中零售商拥有私有需求信息并决定是否与供应商进行信息共享。研究发现，信息共享并不能降低供应链的碳排放量，但能够降低不必要的碳排放。夏良杰等（2018）研究了碳交易规制下，单一制造商和两个零售商组成的供应链。重点分析了供应链成员的碳减排与低碳推广决策，以及零售商向制造商的低碳推广成本系数信息的共享问题。楼高翔等（2019）在碳限额与交易政策下，针对由一个供应商和一个制造商组成的供应链，研究了双向碳减排成本系数信息不对称下，供应商的减排成本系数信息披露与供应合同设计策略。夏晶和牛文举（Xia and Niu，2020）考虑企业的碳减排水平是对政府不可见的，基于政府的视角设计了契约方案来激励企业的碳减排投入。他们进一步考虑企业碳减排能力和减排水平对政府而言均是不可获得的信息，在此基础上构建委托代理模型，基于政府的视角设计契约方案来甄别企业的碳减排能力信息，并确保企业按照约定投入碳减排水平。

总体来看，碳减排信息不对称环境下的供应链管理研究仍然比较缺乏。上述文献关注了低碳供应链中的需求信息不对称、成本信息不对称和碳减排水平不可约束的情况，但并未在不同的政府政策作用下，考虑供应链不同成员进行碳减排并拥有相关私有信息时的信息共享模型进行系统性的研究。特别地，企业进行碳减排时面临着许多不确定性，可能持有一定的风险态度，但相关研究仍然十分缺乏。目前，均值-方差（Mean-Variance，MV）、风险价值（Value at Risk，VaR）、条件风险价值（Conditional Value at Risk，CVaR）、下行风险规避（Downside Risk Aversion，DRA）等风险量化工具已经被许多学者应用于量化决策者风险态度，为本领域今后的研究提供了可行的量化方案（Wu et al.，2009；Gotoh and Takano，2007；Tao et al.，2022；Gan et al.，2005）。

第三节　研究展望

结合上述分析，考虑政府政策对企业碳减排的影响，并针对低碳供应链关联企业由于进行碳减排而掌握相关私有信息的实际情况，设计合理的契约来实现信息共享，提升供应链性能，是低碳供应链管理的未来研究趋势。总体而言，今后可以从以下四个方面开展相关的研究工作：

一、碳减排成本信息不对称下的供应链信息共享

研究碳减排主体掌握私有减排成本信息时的供应链信息共享模型。由于减排成本信息掌握在相应的实施主体手中，因此信息在供应链中的流向会随

着减排主体的不同而改变，从而对供应链竞争模型的构建和契约方案的设计产生一定的影响。今后的研究可以重点关注供应商进行碳减排和制造商进行碳减排这两种不同的情形，基于不同的研究视角构建信息共享模型。这里，根据掌握减排成本信息的成员不同以及供应链成员之间的博弈过程，可选择的研究视角包括信息甄别、信号传递、信息共享价值研究等。特别地，政府政策的不同将对供应链成员之间的竞争带来一定的影响。因此，可以结合现实情况，考虑财政补贴、碳税和碳交易政策的量化与引入。

二、消费者低碳偏好信息不对称下的供应链信息共享

随着环境保护意识的逐渐加强，消费者对低碳产品体现出一定的偏好，且这种偏好往往表现为低碳产品市场需求的提升。同时，消费者的低碳偏好信息是企业通过市场调研或者销售等方式可以获得的，也可能成为低碳供应链中某一成员的私有信息。总体来看，消费者低碳偏好信息可能掌握在制造商手中，也可能掌握在供应商手中。因此，未来的研究可以分别考虑供应商拥有私有信息和制造商拥有私有信息这两种不同的情形，并结合供应链的实际运行模式，基于不同的研究视角构建信息共享模型。这里，也可以考虑不同政府政策对供应链成员之间的竞争带来的影响，并且重点关注财政补贴、碳税和碳交易这三种典型政策。

三、碳减排水平信息不对称下的供应链信息共享

一些情况下，由于减排主体的碳减排水平与非减排主体之间是信息不对称的，即减排水平对其他供应链成员而言是不可证实的，因此减排主体可能存在着道德风险问题。在该研究方向上，今后可以考虑以下两种情形：第一，只存在碳减排水平不可约束的情况，此时未实施碳减排的成员需要设计契约方案来确保碳减排主体如实投入努力水平；第二，同时存在碳减排成本信息不对称和努力水平不可约束的情况，此时未拥有私有信息的成员需要设计契约方案来获取成本信息，并确保碳减排主体如实投入努力水平，这将对供应链契约方案的设计带来新的挑战。此外，该方向上也可以考虑政府政策对信

息共享模型构建带来的影响。

四、考虑减排主体风险规避时的供应链信息共享

低碳供应链中减排主体在研发或引入减排技术时需要付出较高的成本，因此相比于其他主体而言可能会持有风险规避态度。该研究方向可以重点关注碳减排主体的风险规避态度，比较不同类型的风险量化工具在信息共享模型中的引入与应用。这里，可以采用的典型风险量化工具包括 VaR、CVaR、DRA、MV 等。今后可以研究的内容如下：第一，考虑减排主体风险规避态度本身就是私有信息，即研究减排主体风险规避，且该风险态度是其私有信息时的信息共享模型。这里，可以关注多样化的契约方案设计，来实现减排主体私有信息的共享，具体可以考虑的契约包括风险补偿契约、承诺契约等。第二，考虑减排主体风险规避态度对信息共享模型构建的影响，即考虑减排主体的风险规避态度不是其私有信息，重点关注引入合适的风险量化工具来量化减排主体的风险规避态度，研究实现供应链私有信息共享的最优契约方案，讨论风险规避态度对信息共享决策与契约方案设计的影响。

第二十五章
供应链的数字化转型

第一节　云制造技术支撑下的供应链数字化转型

我国作为一个制造业大国，拥有丰富的制造加工资源，但存在着资源消耗高、自主创新能力低、“服务”缺失，以及环境污染严重等问题，亟须加快产业结构调整和发展方式的转变。党的二十大报告提出，坚持把发展经济的着力点放在实体经济上，推进新型工业化，加快建设制造强国、质量强国、航天强国、交通强国、网络强国、数字中国，推动制造业高端化、智能化、绿色化发展。实际上，早在 2009 年，中国工程院李伯虎院士、时任北京航空航天大学自动化科学与电气工程学院副院长张霖教授率领的研究团队，敏锐地意识到云计算、物联网等先进信息技术与制造业进行的深度融合将为制造业带来深刻的变革，并在国际上率先提出了“云制造”的概念。这是一种加速推进我国制造业数字化向网络化、智能化和服务化发展的制造新模式（张霖等，2011；李伯虎等，2010；Xu，2012；Zhang et al.，2014）。

云制造将各类制造资源和制造能力虚拟化、服务化，构成制造云池，并通过服务平台为用户提供随时获取、按需使用的制造全生命周期服务。云制造丰富和拓展了云计算的资源共享和服务模式，使得中小企业能够借助智能化的管理系统来解决融资问题，共享先进技术和资源，实现技术创新和管理创新。航天科技集团总工程师杨海成认为，云制造要面向区域和行业，借助先进的信息技术，实现制造资源的整合，提供标准、规范和可共享的制造服务（杨海成，2010）。云制造这种面向区域和产业的特性，为进一步推进中小企业集聚发展提供了新模式。在中国制造业中，不具备高端加工条件的中小企业总体数量达到90%，提升这些中小企业的制造水平是云制造的精髓所在（崔荣会和李艾艾，2010）。可以说，云制造服务对象更多的是一些高端加工能力不足、实力较弱的中小企业。

云制造的应用模式可以分为两种：一种是基于企业或集团内部的“私有云”，该模式强调企业内部的资源整合；另一种是基于互联网的“公有云”，该模式强调企业间的制造资源和制造能力整合，致力于提高整个社会制造资源和制造能力的使用率（中国制造业信息化编辑部，2011）。“公有云”的主要表现形式就是公共服务平台，它可以解决中小企业在数字化建设方面的资金、技术、人才和管理缺乏等问题。王兴山（2011）强调了中小企业加速融入产业链的需求，指明了建设公共服务平台的必要性。中小企业行业特征明显，其制造流程和资源需求差异大，对市场应变的能力较低。而公共服务平台致力于研究产业的共性关键技术和产业间的差异，为中小企业的发展提供全方位的支持，解决中小企业的发展难题。霍春辉和刘建基（2016）在云制造的模式下根据动态能力框架研究了云制造对于制造企业的绩效影响，并通过案例分析了云制造的应用效果。结果表明，云制造的应用提高了制造企业的绩效。王京等（2018）提出一种基于信息服务平台的新型制造业组织模式——云制造联盟，旨在改善中小企业制造技术水平偏低的现象。

一直以来，很多中小企业都在不断探索新的发展道路。从运作管理的角度来看，主要的措施包括健全企业内部控制，推进企业数字化，采用精益生产等方式来提高自身竞争力（黄慧，2011；杨平宇，2009）。此外，中小企业外部协作能力非常薄弱，以市场经济为导向、块状经济为载体的产业集群也因此逐渐发展起来。例如，在浙江省，产业集群从纺织、服装等传统产业起步，以民营中小企业为主体，且按行业分类主要有纺织、服装、电气、通用设备，以及交通设备等（郭力文，2011）。然而，产业集群在发展过程中存在着许多问题，例如产业层次低、集群内部竞争过度而合作不足、自主创新能力低，以及缺乏现代化管理理念等（袁怡婷，2010）。为此，必须要推进产业关键共性技术创新与共享，实现集群的网络化，从而加快产业集群升级转型。

当前经济环境下，中小企业一方面积极提升自身的制造效率，另一方面也在努力寻求外部环境的支持，谋求资源和能力的共享。无论是企业的内部控制、精益生产，还是产业集聚，都需要将数字化作为发展的基础。特别是在云制造的大背景下，中小企业数字化将扮演更为重要的角色（池毛毛等，2020；邓晰隆和易加斌，2020）。

一、中小企业云制造模式

在集成化和协同化的基础上，敏捷化、服务化、绿色化、知识/技术创新已经成为制造业核心竞争力的关键因素（李伯虎等，2011）。而云制造是一种加快中小企业实现内部发展和外部协作的制造新模式，是中小企业转型升级的必要模式和必然趋势。云制造应用模式中的公共服务平台有利于集中力量进行产业共性技术的研究，增强创新优势和知识产权保护，推动我国产业集群向产业链的高端发展，在全球价值链中取得有利位置。如图 25.1 所示，云制造汲取了现有制造模式的优势，与现有制造模式之间是包含与被包含、相互补充且相互促进的关系。健全企业内部控制、推行企业数字化建设和实施精益生产等制造与管理模式，为加速单个企业升级转型提供了动力，也是企业实施云制造模式的保障。产业集群的发展使企业从竞争走向合作，促进了产业信息沟通与技术交流，为实现云制造模式创造了有利条件。本节将以浙江服装产业为例，分析服装产业的云制造模式，并从数字化的视角研究服装企业如何实现云制造的接入。

二、服装产业云制造模式

服装产业是浙江省重要的支柱产业、民生产业和具有国际竞争优势的产业（陈银林等，2011）。目前，浙江省形成了一批具有专业特色的服装产业集群，如宁波男装、湖州童装、杭州女装、嘉兴桐乡羊毛衫、嘉兴海宁皮草等（章依凌和曹爱娟，2019）。近年来，随着新冠疫情的有效控制和复工复

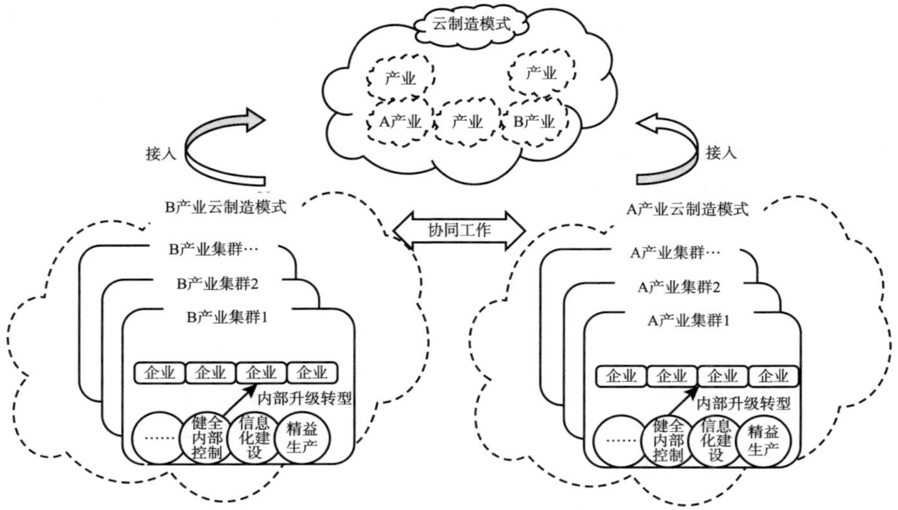

图 25.1　云制造模式

产的稳步推进，浙江省纺织和服装行业生产逐步恢复，达到疫情前水平。2021 年，浙江省纺织和服装行业规模以上企业实现工业总产值 10003 亿元、营业收入 10716 亿元，双双突破万亿大关，规模居全国首位，实现纺织品服装出口额 822 亿美元，居全国第一。① 服装作为一种典型的短周期产品，流行性强、季节性特征明显，对制造技术的要求高，给企业带来了巨大的挑战。并且，服装成衣制造包含生产技术准备过程、基本生产过程、辅助生产过程和生产服务过程等多个逻辑相关的业务流程（马芳和侯东昱，2010）。

在云制造模式设计过程中，必须要考虑服装云制造的过程，整合制造资源，并与云制造平台进行动态交换。如图 25.2 所示，服装云制造运行模式由云制造服务平台、资源提供者及资源使用者三部分组成。其中，资源提供者向平台提供本企业空闲的制造资源和能力，形成产业资源库。服装制造资源和能力包括：计算机辅助设计（Computer Aided Design，CAD）、计算机辅助制造（Computer Aided Manufacturing，CAPP）、柔性制造系统（Flexible Manu-

① 2021 年浙江省纺织和服装行业收获佳绩——将坚持数字化改革，遵循发展趋势［EB/OL］. https：//mp. weixin. qq. com/s/XsGVVn8arCUTTOdglou7Lg，2022 - 04 - 02.

facture System，FMS）、管理信息系统（Management Information System，MIS）、设计人员和操作人员等软资源；加工制造设备、计算设备、物料和运输工具等硬资源；以及服装设计能力、先进管理能力和生产能力等。资源使用者通过服装云制造服务平台发布需求请求，平台根据客户需求从资源库中搜索匹配资源，为资源使用者提供"一站式"的按需服务。

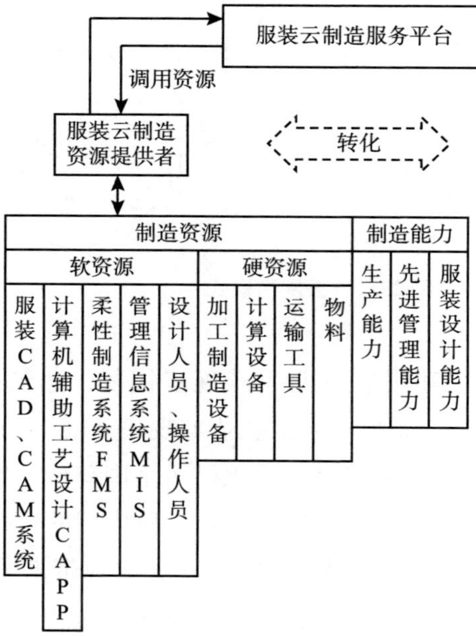

图 25.2　服装云制造运行模式

本节将服装设计、生产过程的特点与云制造模式相结合，提出了服装云制造模式的多层次架构，如图 25.3 所示，该体系架构包含服装设计层、制造分析层和制造运作层三个主要层次。云制造平台的搭建以计算机网络为基础，企业数字化是企业实现云制造接入的必要条件。首先，云制造模式需要企业与云制造服务平台保持生产各方面数据的畅通，企业需求信息的发布、平台对制造资源调度等都需要企业拥有完备的数字化系统。其次，就企业内部而言，生产数据信息的随时获取、生产工序的合理安排，以及将企业生产资源和生产能力虚拟化为云服务等也离不开数字化。

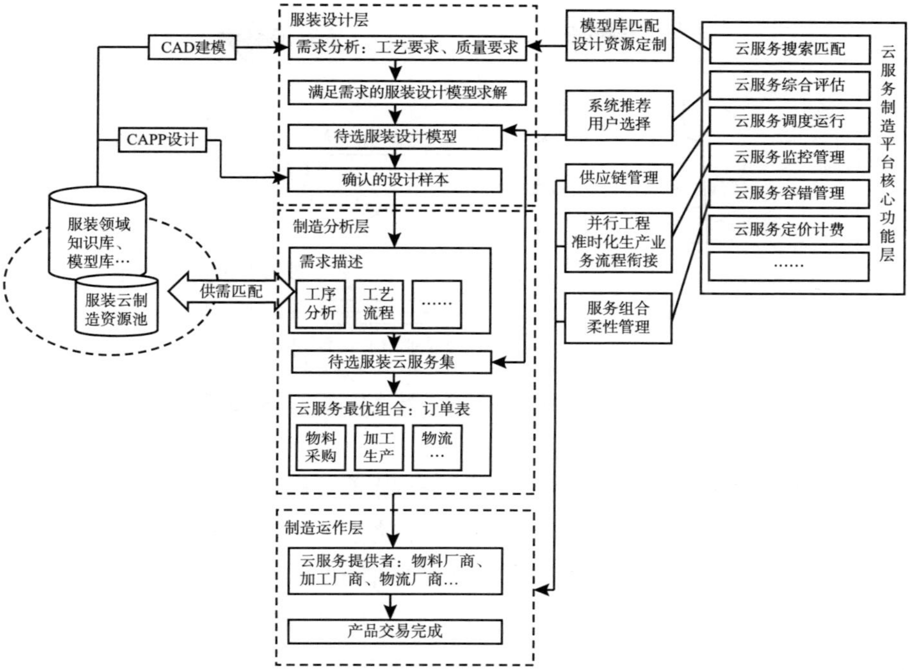

图 25.3　服装云制造模式的多层级架构

三、服装企业接入云制造的数字化探索

云制造模式的推广对中小企业数字化建设提出了更高的要求，中小企业需要建立自己的信息管理平台，满足云制造服务平台对制造资源无缝接入的需求，实现与平台之间的动态交互。在企业数字化过程中，与云制造密切相关的一个内容就是企业资源虚拟化系统的构建，它是企业实现云制造接入的核心。云制造模式下企业数字化建设总体框架如图 25.4 所示，虚拟化系统对企业的制造资源和制造能力进行感知与虚拟接入，形成企业资源虚拟池，通过企业信息管理平台实现资源合理分配，在满足企业自身生产的基础上，将企业富余资源提供给中小企业云制造服务平台，实现资源信息的动态交互和资源使用的松散耦合。

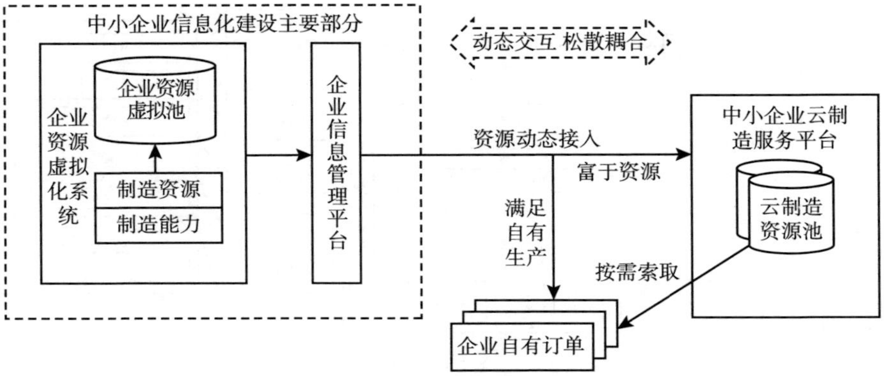

图 25.4 云制造模式下企业数字化建设总体框架

云制造模式中的制造资源虚拟化，是指通过虚拟化技术将物理制造资源转化为逻辑制造资源，以服务的方式存储于云端，通过云制造平台，实现线上交易、线下服务、随时获取和按需使用（汤华茂和郭钢，2016）。在不同行业中，由于产品的生产过程不同，需要根据特定的行业来对制造资源进行虚拟化。这里，以服装企业为例来阐述接入云制造的数字化探索。在浙江省服装产业中，由于中小服装企业的规模和制造工艺等差异，实现统一的资源虚拟化建设存在一定的难度，以企业为单位的资源虚拟化系统的部署既有利于加强企业数字化建设，又能优化云制造资源的管理。服装企业的制造资源可以分为硬资源和软资源，两者的虚拟化方式有所不同，但最终都将集成于企业自身的资源虚拟池中。服装企业资源虚拟化系统结构如图 25.5 所示，主要包含两个方面：第一，对物料、裁剪设备、缝纫设备及整烫设备等硬资源，主要采用无线射频识别技术（Radio Frequency Identification，RFID）和传感技术等感知装置，获取资源的静态属性和动态属性，再通过数据采集、分析和分类等，形成虚拟化的物料资源库、裁剪设备影像、缝纫设备影像和整烫设备影像，提供虚拟化的调度和部署；第二，对服装工艺流程、工艺标准、服装设计模型及人力资源等软资源，通过工艺管理系统、服装 CAD 系统，以及人力资源管理系统等进行数据的采集与管理，并和资源管理系统互通，形成工艺模型库、服装模型库和人力资源库等。

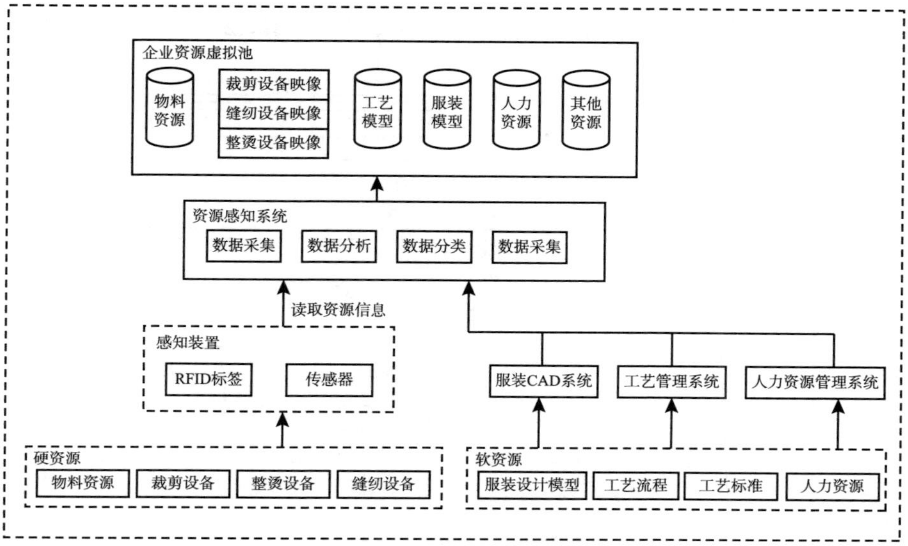

图 25.5　服装企业资源虚拟化系统结构

四、云制造模式下服装企业数字化建设架构

为了实现企业个体与云制造服务平台的完美对接，企业必须尽可能构建高效的信息管理平台，并按照云制造模式需求，开发相适应的订单管理系统和企业资源虚拟化系统，整合企业的信息资源。本节参照服装企业的成衣生产流程，探究了云制造模式下企业信息管理平台的架构及与云制造服务平台的对接。图 25. 6 描述了云制造模式下服装企业数字化建设架构。

云制造模式下服装企业数字化建设架构要素具体如下：

（一）订单管理系统

相比传统企业，云制造模式下的订单管理系统显得更加重要。订单管理系统主要由以下三个功能模块组成：一是管理通过传统渠道所得到的订单；二是管理云制造平台在调用企业资源时所下达的订单；三是管理企业向云制造服务平台发布的资源需求订单。

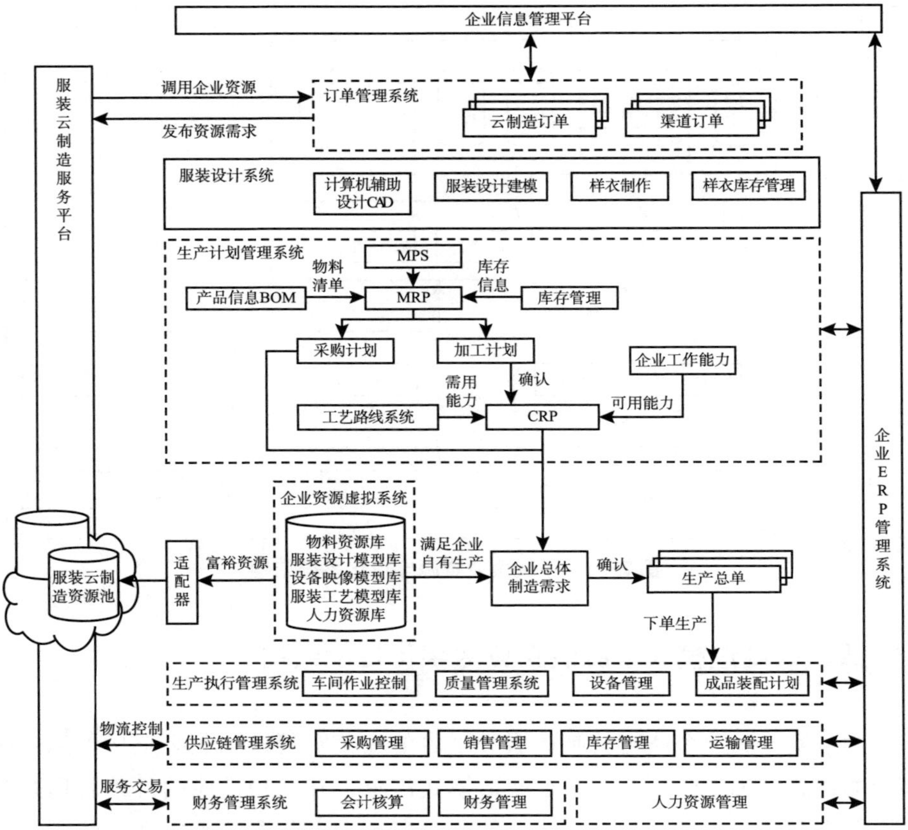

图 25.6　云制造模式下服装企业数字化建设架构

（二）服装设计系统

采用计算机辅助服装设计系统进行款式设计、纸样设计、样片推码和样片排料等。利用建模软件进行服装设计建模，并对服装设计模型和样衣进行管理。服装设计系统除了作为企业传统生产的组成部分，也可以单独为服装云制造服务平台提供服装模型资源和样衣资源。

（三）生产计划管理系统

生产计划管理系统的核心是企业生产的物料需求计划（Material Requirement Planning，MRP）和能力需求计划（Capacity Requirements Planning，CRP）。物料需求计划依据订单所产生的物料清单（Bill of Material，BOM）、主生产计划（Master Production Schedule，MPS）和库存信息等来制定，进而制定采购计划和生产加工计划。能力需求计划依据加工计划、产品工艺路线和企业可用工作能力等来制定，从而确定企业总体制造需求。

（四）企业资源虚拟系统

企业资源虚拟系统根据企业总体制造需求，调用虚拟池的资源来满足企业自身生产，并下达生产总单。另外，企业资源虚拟系统将企业的富余资源通过适配器提供给服装云制造服务平台，作为云制造资源。

（五）生产执行管理系统

生产执行管理系统主要保证企业现场工作的效率，按照下达的生产总单，合理控制车间作业，进行产品生产全流程的质量管理、生产设备维护和成品装配等。

（六）供应链管理系统

供应链管理系统包括采购管理、销售管理、库存管理和运输管理等，以保证生产过程中物流和信息流的畅通。在供应链管理中除了与传统供应商建立密切合作关系外，更注重与云制造服务平台进行线下的物流控制。

（七）财务管理系统

财务管理系统包括传统的会计核算和财务管理，实现数字化财务管理。同时与云制造服务平台进行服务交易管理，支持在线支付与支付协商。

（八）企业资源计划（Enterprise Resource Planning，ERP）管理系统

ERP 管理系统是基于先进的企业管理理念、高度集成化的信息系统，它对于改善企业业务流程、合理调配资源及提高企业核心竞争力具有显著作用。目前许多中小企业的管理人员不够专业，对于一些先进的 ERP 管理理念或技术缺乏认识，而 ERP 管理系统在中小企业应用时间普遍较短，并且财务管理

制度混乱、数据审核落后、资金制度等保障力度不足等等问题进一步限制了ERP在中小企业中的实施应用（孙崇晓，2022）。可以说，ERP管理系统对实现企业与云制造服务平台的成功对接具有举足轻重的作用，但并非必要条件。因此，中小企业可以根据自身的核心业务需求，有选择地采用ERP管理系统的几个子系统。

五、小结

本部分梳理了云制造的基本理念，以及云制造对中小企业数字化转型、提升竞争力方面的重要作用，并以服装企业为例，对中小企业的云制造模式进行了讨论。在此基础上，研究了云制造背景下中小企业的数字化建设思路。在今后的研究中，可以进一步调研中小制造企业的数字化建设现状，结合云制造发展趋势，提出更多有价值的对策和建议。

第二节　区块链支撑下的供应链数字化转型

企业资源计划（ERP）、客户关系管理（CRM）等信息技术已较为全面地进入了各行各业，帮助众多企业提高了运营效率（Ruivo et al.，2020；Sun and Tan，2022）。然而，随着经济和技术的进一步发展，企业需要更多的信息技术投入来保持其竞争优势（Li et al.，2022a）。当前，以云计算、大数据、物联网、区块链为代表的数字技术日益成熟（Iansiti and Lakhani，2014；Paschou et al.，2020；Wang and Chang，2021）。并且，作为信息技术的深层次演进，数字技术开始广泛应用于企业中，从根本上转变企业的运营模式，进一步提升其运营效率。例如，塞特等（Cette et al.，2022）调查和分析了1065家法国企业，发现采用数字技术和雇佣信息与通信技术专家能使企业的生产效率提高约17%。实际上，数字技术不仅可以改变传统工业部门的生产运营模式，也可以改变现代服务业的服务模式。数字技术应用所产生的变化使得几乎所有经济部门都面临着根本性变革（Matt et al.，2015）。随着数字技术逐渐在各个领域中渗透，供应链的数字化转型将成为必然趋势（Jabbour et al.，2020）。

一、区块链概述

区块链是典型的数字技术之一，由日本学者中本聪在 2008 年首次提出（Nakamoto，2008）。区块链的应用有助于企业信息的披露，从而使其获利。在逐渐明晰区块链的巨大应用前景后，学术界掀起了研究区块链的热潮（Casey and Wong，2017）。例如，蔡灿明等（Choi et al.，2020）研究了两个租赁服务平台之间的产品信息披露问题，并且探讨了区块链在其中扮演的重要作用。胥青云和何毅（Xu and He，2021）考虑零售平台可以通过区块链向消费者披露产品质量信息，在此基础上讨论了信息披露策略对零售平台定价和消费者购买决策的影响。王要玉等（Wang et al.，2021c）研究了两个销售可替代产品的零售平台之间的竞争，并假设区块链会影响消费者对平台披露信息的信任度。他们发现，引入区块链不仅可以使平台受益，还可以为市场提供更真实可靠的信息。宋昱光等（Song et al.，2022）构建了由两个电子商务卖家组成的双寡头垄断竞争模型，根据两个卖家是否应用区块链，具体讨论了四种情形。研究发现，当消费者对产品的信任度较低或者区块链应用成本较低时，两个电子商务卖家都会选择采用区块链。闫可等（Yan et al.，2022）通过构建由两个供应商、一个制造商和多个零售商组成的供应链竞争模型，探索了区块链技术对供应链信息协作和运营成本的影响。他们发现区块链技术可以有效降低供应链的运营成本，但如果存在太多或太少对信息敏感的零售商都会降低区块链的使用价值。

在供应链管理中，区块链的可溯源性得到了企业的重点关注。例如，沃尔玛与 IBM 进行技术合作，通过导入区块链，将食品的跟踪时间从几天缩短到几分钟，从而提升了食品的安全性和可溯源性（Kshetri，2018）。一份由京东数科和中欧供应链中心联合发布的报告中显示，品牌商利用区块链对产品进行防伪溯源后受益明显，其中生鲜产品的复购率提高了 47.5%，营养保健品的销量提高了 29.4%。[①] 此外，区块链作为一种分布式数字账本技术，可

① 报告显示：区块链助力生鲜复购率提升 47.5%［EB/OL］. https://www.163.com/dy/article/F92DDVNR0519AKBM.html，2020－03－31.

以确保信息或产品的透明度、可追溯性和安全性，因此在全球供应链管理中起到了重要作用（Wang et al.，2019）。

目前，越来越多的学者开始关注区块链技术对供应链运作带来的影响，并开展了一系列研究工作。奎罗斯等（Queiroz et al.，2020）通过分析2008～2018年的27篇文献，阐述了当前区块链在供应链管理中的应用情况，剖析了区块链应用对供应链管理带来的挑战以及未来区块链在供应链管理中的应用趋势。他们认为，区块链与供应链管理的整合仍然处于起步阶段，学术界和企业界尚未充分认识到区块链对传统商业模式的颠覆作用。谢特里（Kshetri，2018）列举了区块链在阿里巴巴、沃尔玛、易葳录（Everledger）等公司的具体应用案例，阐述了区块链如何影响供应链成本、质量、速度、可靠性、风险、可持续性和灵活性等运营指标。普尔纳德等（Pournader et al.，2020）概述了区块链在供应链、物流和运输管理中的应用现状，并研究了该技术在商业和服务领域中应用的可能性，以及区块链可追溯性在供应链管理中的作用。不可忽视的是，区块链也可以应用于供应链金融（Dong et al.，2022；Saberi et al.，2019）、打击山寨产品（Shen et al.，2021）等，这方面的研究工作也值得重点关注。

总体来看，区块链的应用可以在一定程度上提高供应链成员之间的信息透明度，从而支撑供应链成员更加准确地获取信息，做出更精确的运营决策。但是，区块链的应用具有一定的复杂性，且受到各种因素的影响，如技术投入成本（Giovanni，2020）、产品绿色度（Xu et al.，2021）、消费者对产品可追溯性的时间敏感度（Zhang et al.，2022）、政府补贴（Xu and Duan，2022）等。因此，引入区块链技术后，如何优化与协调供应链仍然是供应链成员企业需要解决的关键问题（Liu，2022；Li et al.，2022b；Fan et al.，2022）。

二、区块链可溯源性在供应链管理中的应用

由于区块链上的信息是不能被篡改的，所以使用区块链进行溯源可以保证产品信息的真实性。目前，已经有越来越多的学者基于对区块链可溯源性的认识，从不同角度来研究其在供应链管理中的应用前景。尼亚等（Niya et al.，2019）提出，基于区块链技术开发的供应链跟踪系统，可以实现对供应

链的生产、加工、运输、存储和销售系统的全过程跟踪。朱青云和库西扎德（Zhu and Kouhizadeh，2019）认为产品管理需要供应链各个环节的信息和数据支持，而区块链具有可追溯性、透明度高、安全性和准确性强的特性，能够支持高效的产品管理工作。戴宾等（Dai et al.，2021）考虑基于区块链等技术支持的可溯源系统应用于供应链中产品召回的场景。在此基础上，分析了由两个竞争制造商和两个竞争零售商组成的供应链竞争模型，并且发现制造商投资可溯源系统对自身而言总是有利的，当投资成本系数较大时也有利于另一个不引入区块链的制造商。

实际上，区块链在不同场景中的应用形式存在着差异性。为此，很多学者针对特定的行业背景来研究区块链在供应链管理中的应用情况。蔡灿明（Choi，2019）考虑区块链在钻石鉴定和认证过程中的应用，构建了一个基于区块链的奢侈品供应链，并且通过对比分析传统零售供应链与区块链技术支持下的平台供应链运营决策，强调了区块链技术支持平台的价值。冯欢欢等（Feng et al.，2020）认为可溯源性在食品质量和安全管理中发挥着至关重要的作用，对基于区块链的食品溯源系统的作用、挑战和未来发展趋势进行了探讨。牛保庄等（Niu et al.，2021a）以面临细菌污染风险的农产品供应链为研究对象，假设区块链可以追踪污染源头，分析了供应链成员同意在供应链中引入区块链的机理。牛保庄等（Niu et al.，2021b）还发现药品供应链中引入区块链有利于消费者获得药品流通全过程的信息，在此基础上研究了区块链对药品供应链总剩余和消费者剩余的影响，最后发现区块链的引入总是有利于消费者。

值得一提的是，区块链的可溯源性对于解决当前市场上出现的假冒伪劣产品问题具有重要意义。区块链技术可以防止数据篡改并且具有交易可溯源性，因此可以应用于商品防伪（Toyoda et al.，2017）。德布瓦西乌等（de Boissieu et al.，2021）认为奢侈品公司往往面临来自假冒产品的挑战，且发现奢侈品公司使用区块链技术可以保证奢侈品的可追溯性，建立起消费者信任机制，从而使公司获利。沈滨等（Shen et al.，2021）研究了区块链技术在打击供应链品牌商模仿者过程中的有效性。结果发现，当且仅当市场中新手消费者足够多时，通过基于区块链技术的平台来销售产品可以有效打击模仿者。

综上，区块链的可溯源性可以为供应链成员和消费者提供清晰、真实的信息，很多时候能够支持供应链获得可观的经济效益，并有效提升社会效益。因此，在权衡投入与产出之后，越来越多的供应链将区块链应用到实际运作中。因此，考虑区块链的影响来分析供应链成员之间的竞争与合作关系就变得十分重要。

三、基于区块链的供应链竞争模型

引入区块链后，供应链成员企业之间的竞争与合作策略将发生变化。因此，将区块链与供应链管理集成起来构建竞争模型并设计合作机制已经成为当前的研究热点。沈滨等（Shen et al.，2020）构建了由一群二手卖家、一个售卖二手产品的平台和一个提供新产品的供应商组成的供应链，通过理论分析研究了区块链在新产品和二手产品竞争中的作用。研究发现，如果没有使用区块链技术，则平台更偏向于出售中等感知和真实质量的二手产品，而不是极高或低质量的二手产品；如果使用区块链技术，则平台更偏向于销售低独特性和低质量（或高独特性和高质量）的二手产品。乔瓦尼等（Giovanni，2020）构建了由一个供应商和一个零售商组成的两级供应链，其中供应商决定服务水平，零售商决定订购量和销售价格。如果不引入区块链，则供应链成员会面临交货和服务方面的风险，且交易成本较高；而引入区块链后，这些风险均可以避免，且降低交易成本。通过对比分析引入和不引入区块链时的供应链竞争决策，发现只有当引入、实施、集成和使用区块链的可变成本不太高时，供应商才有实施区块链的动机。还有学者探讨了两条竞争供应链使用区块链技术的前提条件，并且发现当所有供应链都采用区块链技术后，如果其中一条供应链中的零售商比竞争供应链中的零售商承担更多的区块链使用成本时，则该供应链可以获得竞争优势（Wu et al.，2022）。

部分学者研究了基于区块链的低碳供应链竞争模型。当前，保护环境、碳减排已经成为社会共识，越来越多的企业和消费者开始关注低碳产品，而区块链可望在支撑企业低碳转型过程中扮演关键的角色（Khan et al.，2021）。徐建和段永瑞（Xu and Duan，2022）针对消费者对绿色产品估值的不确定问题，构建了由一个制造商和一个零售商组成的供应链，发现零售商和消费者总是能够从制造商采用区块链技术中受益。徐小平和蔡灿明（Xu and Choi，2021）分析讨论了在碳总量管制和排放交易制度下，制造商通过线下渠道和在线平台进行产品销售的最优经营决策，并对区块链技术的使用进行了研究。结果表明，当跨通道效应较低时，区块链可以带来更多的消费者盈余。刘盼等（Liu et al.，2021a）分析了由一个制造商和一个零售商组成的低碳供应链，并且发现制造商和零售商合作投资需求信息和可追溯性服务是最佳模式。

区块链的应用对双渠道供应链的决策也带来了重要影响，这方面的研究已经得到了许多学者的关注。刘玉红等（Liu et al.，2021b）研究了由一个供应商、一个电商平台和一个零售商组成的双渠道生鲜产品供应链竞争模型。他们发现，传统渠道和在线渠道之间的竞争会激励电商平台和零售商对区块链可溯源系统的投资，从而提高供应链利润。牛保庄等（Niu et al.，2021c）针对跨国公司可以通过销售部门或者与第三方电商平台合作在海外销售产品的情形，研究了渠道竞争和地区税收差距对跨国公司关于区块链使用偏好的影响。张荣等（Zhang et al.，2022）研究了由一个制造商和一个零售商组成的双渠道供应链，其中制造商可以通过线下零售商销售标准产品，或者采用区块链推出线上渠道销售可溯源产品。他们发现，制造商和零售商均可以从区块链的应用中获益。姜永常和刘畅（Jiang and Liu，2022）基于传统零售商双渠道、厂家在线直销双渠道以及第三方电子商务分销双渠道三种双渠道模式，研究了供应链成员关于碳减排与区块链这两种技术联合投资的策略。

此外，区块链技术的应用为供应链金融的顺利开展提供了便利。目前，部分学者开始研究基于区块链的供应链金融系统。例如，霍夫曼等（Hofmann et al.，2018）认为，区块链对优化公司业务流程、改善供应链金融业务、降低融资成本有非常明显的效果。萨贝里等（Saberi et al.，2019）研究发现，应用区块链技术可以解决供应链成员之间的信息壁垒，进而优化供应链金融的操作流程，降低交易成本。董凌秀等（Dong et al.，2022）构建了包含一个一级供应商，一个二级供应商和一个制造商的三级供应链，发现采用区块链能否使所有供应链成员受益取决于所采用的融资方案。并且，只有当二级供应商受到严重的资金约束且区块链运营成本低于某一阈值时，启用区块链的委托融资才能使供应链中所有成员受益。

四、基于区块链的供应链合作机制设计

引入区块链之后，供应链成员之间的合作机制设计将面临新的挑战。目前，一些学者设计并引入了契约方案来增强供应链成员之间的合作关系，从而提升供应链竞争力。其中，收益分享契约作为一种较为简单的契约方案，被许多学者用来提升区块链支撑下的供应链竞争力。例如，刘瑞含等（Liu et al., 2021c）设计了收益分享契约来协调区块链支撑下的疫苗供应链。李志文等（Li et al., 2022b）考虑区块链的影响，构建由一个制造商和两个竞争零售商组成的奢侈品供应链，发现在一定的条件下，收益分享契约可以提升供应链性能。樊治平等（Fan et al., 2022）通过构建由一个供应商、一个制造商和一个零售商组成的三级供应链，研究了供应链采用或不采用区块链情形下的最优定价策略。他们发现，在一定的条件下，收益分享契约可以实现采用区块链时的供应链的帕累托改进。刘盼（Liu, 2022）认为区块链可以实现产品的可溯源性，基于此研究了区块链支撑下的绿色食品供应链决策问题，发现当收益分享因子在一定范围内变化时，收益分享和成本共担契约能够协调绿色食品供应链，并实现帕累托改进。海鲁迪诺夫等（Hayrutdinov et al., 2020）基于区块链背景，研究了由一个供应商和一个零售商组成的供应链协调问题，发现成本共担和收益分享协调机制可以使供应链成员之间保持长期的合作关系。

除了收益分享契约和成本共担契约之外，两部定价契约也是一种应用较为广泛的供应链契约方案。周丽等（Zhou et al., 2022）认为区块链的引入有助于披露产品的信息，因此考虑由一个旅游平台和一个旅游运营商组成的供应链，分析了旅游平台引入和不引入区块链时供应链成员的最优决策，并且设计了两部定价契约来协调供应链。研究发现，两部定价契约可以有效激励平台提高所披露信息的质量。徐小平等（Xu et al., 2021）考虑消费者具有溯源意识的情况，研究了区块链技术支撑下由一个制造商和一个零售商组成的供应链，分析了供应链成员的最优定价决策，并且引入了两部定价契约来实现制造商和零售商利润的双赢。

五、研究展望

综合上述文献研究可知，有许多学者对基于区块链的供应链管理问题进行了一定的研究。他们考虑引入区块链对供应链带来的影响，从新的视角研究了供应链成员之间的竞争与合作。结合文献分析，在该研究领域仍然存在着许多值得继续探索的研究方向。

第一，区块链仍然可以应用于上述文献较少涉及的特色行业，进行基于案例的各类研究。区块链可以记录各种信息，有利于供应链成员利用这些信息作出对自己更有利的决策，例如定价决策、订购决策等，而各行各业都存在着对区块链这些支撑作用的需求。目前，学者们研究了基于区块链的不同类型供应链的竞争与合作问题，例如农产品供应链（Niu et al.，2021a）、奢侈品供应链（Choi，2019；Li et al.，2022）、药品供应链（Niu et al.，2021b）等。但是，较少涉及服装供应链、新能源汽车供应链。实际上，供应链具有鲜明的行业特征，且区块链在不同类型的供应链中起到的作用是不同的，需要结合实际情况，深入剖析区块链对供应链运作带来的具体影响。因此，今后的研究可以针对行业特色问题，对服装供应链、新能源汽车供应链进行扩展研究。

第二，当前学者们主要是在信息对称环境下研究基于区块链的供应链管理，较少考虑信息不对称问题。实际上，区块链的引入并不能完全实现供应链成员之间的信息共享，例如企业质量信息是企业的私有信息，只要企业不愿分享，即使引入区块链也无法被其他成员获取这些信息（Chod et al.，2020）。因此，今后的研究可以进一步关注区块链引入后供应链成员之间的信息共享问题。

第三，部分学者开始关注区块链引入之后对供应链金融模式创新的影响，但这个领域还需要进一步开展持续研究。例如，董凌秀等（Dong et al.，2022）考虑区块链的影响，研究了三级供应链的融资决策。但是，目前学者们的研究主要还是考虑供应链成员资金是充足的，而且较少通过模型构建来研究供应链成员的融资策略。实际上，区块链与供应链金融的结合对于解决传统金融中常见的信息不对称、供需不匹配等问题具有重大意义。已有学者的研究表明，区块链引入之后可以优化供应链金融的业务流程（Hofmann et al.，2018；Saberi et al.，2019）。因此，今后的研究还可以关注区块链对不同类型的供应链金融融资模式带来的影响，并通过模型构建来研究供应链金融在区块链技术支撑下如何有效解决企业的融资难问题。

本篇参考文献

[1] 陈银林，周建迪，蒋楠．浙江省服装产业竞争力分析及对策研究 [J]. 统计科学与实践，2011，7：26－27.

[2] 程永伟，穆东．双积分制下汽车生产商生产决策优化 [J]. 系统工程理论与实践，2018a，38 (11)：2817－2830.

[3] 程永伟，穆东．应对碳价格波动的新能源汽车联合生产策略 [J]. 系统工程学报，2018b，33 (6)：780－792.

[4] 池毛毛，叶丁菱，王俊晶，等．我国中小制造企业如何提升新产品开发绩效——基于数字化赋能的视角 [J]. 南开管理评论，2020，23 (3)：63－75.

[5] 崔荣会，李艾艾．云制造落地 [J]. 中国制造业信息化，2010，6：18－21.

[6] 崔玉泉，张宪．非对称信息下供应链应急管理和信息价值研究 [J]. 中国管理科学，2016，24 (4)：83－93.

[7] 邓万江，马士华，关旭．碳交易背景下存在顾客环保偏好的双企业竞争策略研究 [J]. 中国管理科学，2017，25 (12)：17－26.

[8] 邓晰隆，易加斌．中小企业应用云计算技术推动数字化转型发展研究 [J]. 财经问题研究，2020，8：101－110.

[9] 丁斌，刘启明．资金约束型汽车租赁供应链融资决策 [J]. 工业工程与管理，2017，22 (1)：58－64.

[10] 董兴林，聂乐杰．消费者低碳偏好下基于收益共享契约的全渠道供应链协调研究 [J]. 物流科技，2022，45 (3)：121－128，135.

[11] 郭军华，孙林洋，张诚，等．碳限额交易政策下考虑消费者低碳偏好的供应链定价与协调［J］．工业工程与管理，2020，25（2）：134－145.
[12] 郭力文．浙江省产业集群透视［J］．电动自行车，2011（5）：43－45.
[13] 黄帝，张菊亮．不同权力结构下碳税对供应链减排水平的影响［J］．中国管理科学，2021，29（7）：57－70.
[14] 黄慧．浅议中小企业内部控制存在的问题及对策［J］．时代金融，2011（15）：161－162.
[15] 黄毅祥，蒲勇健，熊艾伦，等．考虑消费者预期的电动汽车分时租赁市场价格竞争模型［J］．中国管理科学，2020，28（5）：212－220.
[16] 霍春辉，刘建基．云制造模式影响制造业集团企业绩效的机理研究［J］．中国科技论坛，2016（10）：78－83.
[17] 经有国，郭培强，秦开大．需求率受推广努力水平影响的新能源汽车租赁系统协调契约［J］．中国管理科学，2018，26（3）：94－100.
[18] 李波，王敏学，安思敏．低碳努力下资金约束供应链的融资选择策略研究［J］．管理工程学报，2021，35（2）：211－220.
[19] 李伯虎，张霖，柴旭东．云制造概论［J］．中兴通讯技术，2010，16（4）：5－8.
[20] 李伯虎，张霖，任磊，等．再论云制造［J］．计算机集成制造系统，2011，17（3）：449－457.
[21] 李健，王亚静，冯耕中，等．供应链金融评述：现状和未来［J］．系统工程理论与实践，2020，40（8）：2801－2819.
[22] 李新军，陈美娜，达庆利．碳交易视角下政府管制的汽车制造其他闭环供应链优化决策［J］．管理评论，2020，32（5）：269－279.
[23] 李旭，熊勇清．“双积分”政策对新能源车企研发投入的影响分析［J］．科学学研究，2021，39（10）：1770－1780.
[24] 李友东，夏良杰，王锋正．基于产品替代的低碳供应链博弈与协调模型［J］．中国管理科学，2019，27（10）：66－76.
[25] 刘浛，赵秋红，马艳红．顾客低碳选择行为对供应链低碳投入决策的影响［J］．系统科学与数学，2016，36（8）：1150－1159.

[26] 刘征驰，蒋贵艳，马滔．服务质量、需求强度与共享出行平台定价——基于平台封闭与开放策略的视角［J］．中国管理科学，2020，29（9）：224－235.

[27] 楼高翔，马海程，万宁，等．碳减排成本信息不对称下的供应合同设计［J］．工业工程与管理，2019，24（6）：34－42.

[28] 卢超，王倩倩，陈强．“双积分”政策下考虑价格、减排和续航的汽车供应链协调［J］．系统工程理论与实践，2021，41（10）：2595－2608.

[29] 卢超，王倩倩，赵梦园，等．“双积分”政策下汽车制造商竞争定价与减排策略研究［J］．中国管理科学，2022，30（1）：64－76.

[30] 马芳，侯东昱．服装生产工艺流程与管理［M］．北京：北京理工大学出版社，2010.

[31] 彭春华，张海洋，孙惠娟，等．碳交易机制下综合能源市场多供能主体均衡竞价策略［J］．电网技术，2022，46（2）：463－471.

[32] 戚正清，经有国，安桂芳，等．需求率依赖价格的新能源汽车租赁系统三方协调契约［J］．系统管理学报，2020，29（6）：1188－1195.

[33] 宋华，卢强．什么样的中小企业能够从供应链金融中获益？——基于网络和能力的视角［J］．管理世界，2017（6）：104－121.

[34] 孙崇晓．应用 ERP 系统提升中小企业财务管理水平的策略［J］．现代商业，2022（30）：146－149.

[35] 汤华茂，郭钢．云制造资源虚拟化描述模型及集成化智能服务模式研究［J］．中国机械工程，2016，27（16）：2172－2178.

[36] 唐金环，杨芳，徐家旺．双积分政策下考虑供需两侧驱动的汽车企业制造决策优化［J］．系统工程，2020，38（4）：59－68.

[37] 王京，陈伟，高长元，等．云制造联盟——一种基于信息服务平台的新型制造业组织模式［J］．科学管理研究，2018，36（6）：62－65.

[38] 王君，程先学，蒋雨珊，等．碳税政策下考虑参考碳排放的供应链成员行为选择策略研究［J］．中国管理科学，2021，29（7）：128－138.

[39] 王先甲，肖露，关旭，等．非对称供应成本信息下装配系统定价与供货策略研究［J］．系统工程理论与实践，2015，35（7）：1689－1697.

[40] 王兴山．大力发展云计算　推动信息产业和制造业转型升级 [J]. 中国制造业信息化，2011 (10)：33 – 34.
[41] 夏良杰，白永万，秦娟娟，等．碳交易规制下信息不对称供应链的减排和低碳推广博弈研究 [J]. 运筹与管理，2018，27 (6)：37 – 45.
[42] 夏良杰，曹云丽，尹文昊，等．碳交易规制下过度自信制造商与减排服务商的减排博弈研究 [J]. 中国管理科学，2022，DOI：10.16381/j.cnki.issn1003 – 207x.2021.1079.
[43] 熊勇清，李小龙，黄恬恬．基于不同补贴主体的新能源汽车制造商定价决策研究 [J]. 中国管理科学，2020，28 (8)：139 – 147.
[44] 杨海成．云制造是一种制造服务 [J]. 中国制造业信息化，2010 (6)：22 – 23.
[45] 杨惠霄，欧锦文．收入共享与谈判权力对供应链碳减排决策的影响 [J]. 系统工程理论与实践，2020，40 (9)：1323 – 1344.
[46] 杨平宇．中小企业实施精益生产的障碍及对策研究——以温州中小制造企业为例 [J]. 改革与战略，2009，25 (11)：148 – 151.
[47] 杨玉香，张宝友，孟丽君，等．不同碳税政策对供应链网络均衡的影响研究 [J]. 计算机集成制造系统，2021，27 (10)：3036 – 3048.
[48] 杨治宇，马士华．供应链企业间的委托代理问题研究 [J]. 计算机集成制造系统，2001，7 (1)：19 – 22.
[49] 于晓辉，李敏，叶兆兴，等．基于公平关切的双渠道低碳供应链博弈分析 [J]. 系统科学与数学，2021a，41 (1)：221 – 237.
[50] 于晓辉，叶兆兴，李敏．补贴退坡 – 双积分政策下两级供应链生产决策优化分析 [J]. 运筹与管理，2021b，30 (3)：43 – 49.
[51] 袁怡婷．浙江制造业发展产业集群的困境与出路 [J]. 企业导报，2010，24：40 – 41.
[52] 曾国安．论信息不对称产生的原因与经济后果 [J]. 经济学动态，1999，11：58 – 60.
[53] 张霖，罗永亮，范文慧，等．云制造及相关先进制造模式分析 [J]. 计算机集成制造系统，2011，17 (3)：458 – 468.
[54] 章依凌，曹爱娟．浙江省服装产业集群发展现状及特点分析 [J]. 时尚

设计与工程，2019，1：38－41.
[55] 赵晟莹，卢祥远．第三方部分担保下的供应链应收账款融资模型［J］．系统工程，2020，38（6）：81－89.
[56] 郑吉川，赵骅，李志国．双积分政策下新能源汽车产业研发补贴研究［J］．科研管理，2019，40（2）：127－133.
[57] 中国制造业信息化编辑部．云制造中国创造新模式——促进敏捷化、服务化、绿色化和智能化［J］．中国制造业信息化，2011，8：14－15.
[58] Abouee-Mehrizi H, Baron O, Berman O, et al. Adoption of electric vehicles in car sharing market [J]. Production and Operations Management, 2021, 30 (1): 190－209.
[59] Al-Kanj L, Nascimento J, Powell W B. Approximate dynamic programming for planning a ride-hailing system using autonomous fleets of electric vehicles [J]. European Journal of Operational Research, 2020, 284 (3): 1099－1106.
[60] An S, Li B, Song D, et al. Green credit financing versus trade credit financing in a supply chain with carbon emission limits [J]. European Journal of Operational Research, 2021, 292: 125－142.
[61] Babich V, Li H, Ritchken P, et al. Contracting with asymmetric demand information in supply chains [J]. European Journal of Operational Research, 2012, 217: 333－341.
[62] Bai J, So K C, Tang C S, et al. Coordinating supply and demand on an on-demand service platform with impatient customers [J]. Manufacturing & Service Operations Management, 2019a, 21 (3): 556－570.
[63] Bai Q, Gong Y, Jin M, et al. Effects of carbon emission reduction on supply chain coordination with vendor-managed deteriorating product inventory [J]. International Journal of Production Economics, 2019b, 208: 83－99.
[64] Bakshi N, Kim S H, Savva N. Signaling new product reliability with after-sales service contracts [J]. Management Science, 2015, 61 (8): 1812－1829.
[65] Benjiaafar S, Li Y, Daskin M. Carbon footprint and the management of sup-

ply chain: Insights from simple models [J]. IEEE Transaction on Automation Science and Engineering, 2013, 10 (1): 99 – 116.

[66] Bolandifar E, Feng T, Zhang F. Simple contracts to assure supply under noncontractible capacity and asymmetric cost information [J]. Manufacturing & Service Operations Management, 2018, 20 (2): 217 – 231.

[67] Cachon G P, Daniels K M, Lobel R. The role of surge pricing on a service platform with self-scheduling capacity [J]. Manufacturing & Service Operations Management, 2017, 19 (3): 368 – 384.

[68] Casey M J, Wong P. Global supply chains are about to get better, thanks to blockchain [J]. Harvard business review, 2017, 13: 1 – 6.

[69] Cette G, Nevoux S, Py L. The impact of ICTs and digitalization on productivity and labor share: Evidence from French firms [J]. Economics of Innovation and New Technology, 2022, 31 (8): 669 – 692.

[70] Chai Q, Xiao Z, Zhou G. Can carbon cap and trade mechanism be beneficial for remanufacturing? [J]. International Journal of Production Economics, 2018, 203: 311 – 321.

[71] Chang J, Yu M, Shen S, et al. Location design and relocation of a mixed carsharing fleet with a CO_2 emission constraint [J]. Service Science, 2017, 9 (3): 205 – 218.

[72] Chelly A, Nouira I, Frein Y, et al. On the consideration of carbon emissions in modelling-based supply chain literature: The state of the art, relevant features and research gaps [J]. International Journal of Production Research. 2019, 57 (15 – 16): 4977 – 5004.

[73] Cheng Y, Fan T. Production coopetition strategies for an FV automaker and a competitive NEV automaker under the dual-credit policy [J]. Omega, 2021, 103: 102391.

[74] Chod J, Trichakis N, Tsoukalas G, et al. On the financing benefits of supply chain transparency and blockchain adoption [J]. Management Science, 2020, 66 (10): 4378 – 4396.

[75] Choi T M, Feng L, Li R. Information disclosure structure in supply chains

with rental service platforms in the blockchain technology era [J]. International Journal of Production Economics, 2020, 221: 107473.

[76] Choi T M. Blockchain-technology-supported platforms for diamond authentication and certification in luxury supply chains [J]. Transportation Research Part E: Logistics and Transportation Review, 2019, 128: 17 -29.

[77] Dai B, Nu Y, Xie X, et al. Interactions of traceability and reliability optimization in a competitive supply chain with product recall [J]. European Journal of Operational Research, 2021, 290 (1): 116 -131.

[78] de Boissieu E, Kondrateva G, Baudier P, et al. The use of blockchain in the luxury industry: supply chains and the traceability of goods [J]. Journal of Enterprise Information Management, 2021, 34 (5): 1318 -1338.

[79] Dong G, Wei L, Xie J, et al. Financing and operational optimization: An example of electric vehicle's major component—Power battery [J]. Computers & Industrial Engineering, 2020, 148: 106751.

[80] Dong L, Qiu Y, Xu F. Blockchain-enabled deep-tier supply chain finance [J]. Manufacturing and Service Operations Management, 2022, DOI: 10.1287/msom. 2022. 1123.

[81] Fan Z, Wu X, Cao B. Considering the traceability awareness of consumers: should the supply chain adopt the blockchain technology? [J]. Annals of Operations Research, 2022, 309 (2): 837 -860.

[82] Fareeduddin M, Shokri Z S, Adnan H, et al. Multi-period planning of closed-loop supply chain with carbon policies under uncertainty [J]. Transportation Research Part D: Transport and Environment, 2017, 51: 146 -172.

[83] Feng H, Wang X, Duan Y, et al. Applying blockchain technology to improve agri-food Trace ability: A review of development methods, benefits and challenges [J]. Journal of Cleaner Production, 2020, 260: 121031.

[84] Gan X, Sethi S P, Yan H. Channel coordination with a risk-neutral supplier and a downside-risk-averse retailer [J]. Production and Operations Management, 2005, 14 (1): 80 -89.

[85] Ghosh S K, Seikh M R, Chakrabortty M. Analyzing a stochastic dual-channel supply chain under consumers' low carbon preferences and cap-and-trade regulation [J]. Computers & Industrial Engineering. 2020, 149: 106765.

[86] Giovanni P D. Blockchain and smart contracts in supply chain management: A game theoretic model [J]. International Journal of Production Economics, 2020, 228: 107855.

[87] Gong D, Liu S, Liu J, et al. Who benefits from online financing? A sharing economy e-tailing platform perspective [J]. International Journal of Production Economics, 2020, 222: 107490.

[88] Gong X, Zhou S X. Optimal production planning with emissions trading [J]. Operations Research, 2013, 61 (4): 908 -924.

[89] Gotoh J Y, Takano Y. Newsvendor solutions via conditional value-at-risk minimization [J]. European Journal of Operational Research, 2007, 179 (1): 80 -96.

[90] Ha A Y, Tian Q, Tong S. Information sharing in competing supply chains with production cost reduction [J]. Manufacturing & Service Operations Management, 2017, 19 (2): 246 -262.

[91] Hayrutdinov S, Saeed M S R, Rajapov A. Coordination of supply chain under blockchain system-based product lifecycle information sharing effort [J]. Journal of Advanced Transportation, 2020, 2020: 5635404.

[92] He H, Li S, Wang S, et al. Electrification decisions of traditional automakers under the dual-credit policy regime [J]. Transportation Research Part D: Transport and Environment, 2021, 98: 102956.

[93] Hofmann E, Strewe U M, Bosia N. Supply chain finance and blockchain technology [M]. Springer, 2018.

[94] Hong Z, Chu C, Yu Y. Dual-mode production planning for manufacturing with emission constraints [J]. European Journal of Operational Research. 2016, 251 (1): 96 -106.

[95] Iansiti M, Lakhani K R. Digital ubiquity: How connections, sensors, and data are revolutionizing business [J]. Harvard Business Review, 2014, 92

(11): 90 -99.

[96] Jabbour C J C, Fiorini P D, Ndubisi N O, et al. Digitally-enabled sustainable supply chains in the 21st century: A review and a research agenda [J]. Science of the Total Environment, 2020, 725: 138177.

[97] Jain A, Seshadri S, Sohoni M. Differential pricing for information sharing under competition [J]. Production and Operations Management, 2011, 20 (2): 235 -252.

[98] Jenn A. Emissions benefits of electric vehicles in Uber and Lyft ride-hailing services [J]. Nature Energy, 2020, 5 (7): 1 -6.

[99] Jiang B, Tian L, Xu Y, et al. To share or not to share: Demand forecast sharing in a distribution channel [J]. Marketing Science, 2016, 35 (5): 800 -809.

[100] Jiang Y, Liu C. Research on carbon emission reduction and blockchain investment under different dual-channel supply chains [J]. Environmental Science and Pollution Research, 2022, 29 (3): 1 -18.

[101] Jing B, Chen X, Cai G G. Equilibrium financing in a distribution channel with capital constraint [J]. Production and Operations Management, 2012, 21 (6): 1090 -1101.

[102] Khan S A R, Godil D I, Jabbour C J C, et al. Green data analytics, blockchain technology for sustainable development, and sustainable supply chain practices: evidence from small and medium enterprises [J]. Annals of Operations Research, 2021, DOI: 10.1007/s10479 -021 -04275 -x.

[103] Kouvelis P, Xu F A. supply chain theory of factoring and reverse factoring [J]. Management Science, 2021, 67 (10): 6071 -6088.

[104] Kouvelis P, Zhao W. Financing the newsvendor: Supplier vs. Bank, and the structure of optimal trade credit contracts [J]. Operations Research, 2012, 60 (3): 566 -580.

[105] Kshetri N. 1 Blockchain's roles in meeting key supply chain management objectives [J]. International Journal of Information Management, 2018, 39: 80 -89.

[106] Li J, Ku Y, Liu C, et al. Dual credit policy: Promoting new energy vehicles with battery recycling in a competitive environment? [J]. Journal of Cleaner Production, 2020, 243: 118456.

[107] Li R, Liu Y, Teng J T, et al. Optimal pricing, lot-sizing and backordering decisions when a seller demands an advance-cash-credit payment scheme [J]. European Journal of Operational Research, 2019, 278: 283 – 295.

[108] Li X, Wang Q, Huang S, et al. The transfer strategy of digital information technology for heterogeneous manufacturers [J]. Journal of Organizational and End User Computing, 2022a, 34 (8): 1 – 22.

[109] Li Z, Xu X, Bai Q, et al. Optimal joint decision of information disclosure and ordering in a blockchain-enabled luxury supply chain [J]. Annals of Operations Research, 2022b, DOI: 10. 1007/s10479 – 022 – 04703 – 6.

[110] Lin X, Sun C, Cao B, et al. Should ride-sharing platforms cooperate with car-rental companies? Implications for consumer surplus and driver surplus [J]. Omega, 2021, 102: 102309.

[111] Liu P, Cui X, Zhang Z, et al. Pricing strategies of low-carbon enterprises in the Yellow River Basin considering demand information and traceability services [J]. Kybernetes, 2021a, DOI: 10. 1108/K – 06 – 2021 – 0529.

[112] Liu P. Investment strategies and coordination for green food supply chain: A further research considering the inputs of the blockchain-based traceability system [J]. Kybernetes, 2022, http: //dx. doi. org/10. 2139/ssrn. 4105132.

[113] Liu R, Tan C, Zhao C. Pricing and coordination of vaccine supply chain based on blockchain technology [J]. Internet Research, 2021c, 31 (6): 2096 – 2119.

[114] Liu Y, Ma D, Hu J, et al. Sales mode selection of fresh food supply chain based on blockchain technology under different channel competition [J]. Computers and Industrial Engineering, 2021b, 162: 107730.

[115] Ma D, Hu J, Yao F. Big data empowering low-carbon smart tourism study on low-carbon tourism O2O supply chain considering consumer behaviors and corporate altruistic preferences [J]. Computers & Industrial Engineer-

ing, 2021, 153: 107061.

[116] Manikas A S, Kroes J R. A newsvendor approach to compliance and production under cap and trade emissions regulation [J]. International Journal of Production Economics, 2015, 159: 274 – 284.

[117] Matt C, Hess T, Benlian A. Digital transformation strategies [J]. Business and Information Systems Engineering, 2015, 57: 339 – 343.

[118] Mo D, Yu J, Chen X M. Modeling and managing heterogeneous ride-sourcing platforms with government subsidies on electric vehicles [J]. Transportation Research Part B: Methodological, 2020, 139: 447 – 472.

[119] Nakamoto S. Bitcoin: A peer-to-peer electronic cash system [J]. White Paper, 2008, https: //bitcoin. org/bitcoin. pdf.

[120] Niu B, Dong J, Liu Y. Incentive alignment for blockchain adoption in medicine supply chains [J]. Transportation Research Part E: Logistics and Transportation Review, 2021b, 152: 102276.

[121] Niu B, Mu Z, Cao B, et al. Should multinational firms implement blockchain to provide quality verification? [J]. Transportation Research Part E: Logistics and Transportation Review, 2021c, 145: 102121.

[122] Niu B, Shen Z, Xie F. The value of blockchain and agricultural supply chain parties' participation confronting random bacteria pollution [J]. Journal of Cleaner Production, 2021a, 319: 128579.

[123] Niya S R, Dordevic D, Nabi A G, et al. A platform-independent, generic-purpose, and blockchain-based supply chain tracking [C]. IEEE International Conference on Blockchain and Cryptocurrency ICBC19, 2019: 11 – 12.

[124] Özer Ö, Wei W. Strategic commitments for an optimal capacity decision under asymmetric forecast information [J]. Management Science, 2006, 52 (8): 1238 – 1257.

[125] Oh S, Özer Ö. Mechanism design for capacity planning under dynamic evolutions of asymmetric demand forecasts [J]. Management Science, 2013, 59 (4): 987 – 1007.

[126] Paschou T, Rapaccini M, Adrodegari F, et al. Digital servitization in manufacturing: A systematic literature review and research agenda [J]. Industrial Marketing Management, 2020, 89: 278 – 292.

[127] Pournader M, Shi Y, Seuring S, et al. Blockchain applications in supply chains, transport and logistics: A systematic review of the literature [J]. International Journal of Production Research, 2020, 58 (7): 2063 – 2081.

[128] Queiroz M M, Telles R, Bonilla S H. Blockchain and supply chain management integration: A systematic review of the literature [J]. Supply Chain Management, 2020, 25 (2): 241 – 254.

[129] Ruivo P, Johansson B, Sarker S, et al. The relationship between ERP capabilities, use, and value [J]. Computers in Industry, 2020, 117: 103209.

[130] Saberi S, Kouhizadeh M, Sarkis J, et al. Blockchain technology and its relationships to sustainable supply chain management [J]. International Journal of Production Research, 2019, 57 (7): 2117 – 2135.

[131] Shang W, Ha A Y, Tong S. Information sharing in a supply chain with a common retailer [J]. Management Science, 2016, 62 (1): 245 – 263.

[132] Shen B, Dong C, Minner S. Combating copycats in the supply chain with permissioned blockchain technology [J]. Production and Operations Management, 2021, 31 (1): 138 – 154.

[133] Shen B, Xu X, Yuan Q. Selling secondhand products through an online platform with blockchain [J]. Transportation Research Part E: Logistics and Transportation Review, 2020, 124: 102066.

[134] Shi J, Gao Y, Wang W, et al. Operating electric vehicle fleet for ride-hailing services with reinforcement learning [J]. IEEE Transactions on Intelligent Transportation Systems, 2020, 21 (11): 4822 – 4834.

[135] Song Y, Liu J, Zhang W, et al. Blockchain's role in e-commerce sellers' decision-making on information disclosure under competition [J]. Annals of Operations Research, 2022, DOI: 10. 1007/s10479 – 021 – 04276 – w.

[136] Sun Y, Tan X. Customer relationship management based on SPRINT classification algorithm under data mining technology [J]. Computational Intelligence and Neuroscience, 2022, 31 (8): 669 - 692.

[137] Tang C S, Yang S A, Wu J. Sourcing from suppliers with financial constraints and performance risk [J]. Manufacturing & Service Operations Management, 2018, 20 (1): 70 - 84.

[138] Tao L, Liu S, Xie N, et al. Optimal position of supply chain delivery window with risk-averse suppliers: A CVaR optimization approach [J]. International Journal of Production Economics, 2022, 232 (19): 107989.

[139] Toyoda K, Mathiopoulos P T, Sasase I, et al. A novel blockchain-based product ownership management system (POMS) for anti-counterfeits in the post supply chain [J]. IEEE Access, 2017, 5: 17462 - 17477

[140] Tunca T I, Zhu W. Buyer intermediation in supplier finance [J]. Management Science, 2018, 64 (12): 5631 - 5650.

[141] Wang C, Li X, Wen H, et al. Order financing for promoting green transition [J]. Journal of Cleaner Production, 2021a, 283: 125415.

[142] Wang X, Sethi S P, Chang S. Pollution abatement using cap-and-trade in a dynamic supply chain and its coordination [J]. Transportation Research Part E: Logistics and Transportation Review, 2022, 158: 102592.

[143] Wang Y, Chang J. Future development trend of "New Retail" and E-commerce based on big data [J]. Journal of Physics: Conference Series, 2021, 1852 (3): 032029.

[144] Wang Y, Han J H, Beynon-Davies P. Understanding blockchain technology for future supply chains: A systematic literature review and research agenda [J]. Supply Chain Management, 2019, 24: 62 - 84.

[145] Wang Y, Sun X, Meng F. On the conditional and partial trade credit policy with capital constraints: A Stackelberg model [J]. Applied Mathematical Modelling, 2016, 40 (1): 1 - 18.

[146] Wang Y, Tao F, Wang J. Information disclosure and blockchain technology adoption strategy for competing platforms [J]. Information and Manage-

ment, 2021c, 59 (7): 103506.

[147] Wang Y, Yu Z, Jin M, et al. Decisions and coordination of retailer-led low-carbon supply chain under altruistic preference [J]. European Journal of Operational Research, 2021b, 293 (3): 910 - 925.

[148] Wu J, Li J, Wang S, et al. Mean-variance analysis of the newsvendor model with stockout cost [J]. Omega, 2009, 37 (3): 724 - 730.

[149] Wu X, Fan Z, Li G. Strategic analysis for adopting blockchain technology under supply chain competition [J]. International Journal of Logistics: Research and Application, 2022, DOI: 10.1080/13675567.2022.2058473.

[150] Xia J, Niu W. Carbon-reducing contract design for a supply chain with environmental responsibility under asymmetric information [J]. Omega, 2021, 102: 102390.

[151] Xia J, Niu W. Pushing carbon footprint reduction along environment with carbon reducing information asymmetry [J]. Journal of Cleaner Production, 2020, 249: 119376.

[152] Xu J, Duan Y. Pricing and greenness investment for green products with government subsidies: when to apply blockchain technology? [J]. Electronic Commerce Research and Applications, 2022, 51: 101108.

[153] Xu Q, He Y. Optimal information disclosure strategies for a retail platform in the blockchain technology era [J]. International Journal of Production Research, 2021, DOI: 10.1080/00207543.2021.1976434.

[154] Xu X, Choi T M. Supply chain operations with online platforms under the cap-and-trade regulation: Impacts of using blockchain technology [J]. Transportation Research Part E: Logistics and Transportation Review, 2021, 155: 102491.

[155] Xu X, He P, Xu H, et al. Supply chain coordination with green technology under cap-and-trade regulation [J]. International Journal of Production Economics. 2017, 183: 433 - 442.

[156] Xu X, Zhang M, Dou G, et al. Coordination of a supply chain with an online platform considering green technology in the blockchain era [J]. Inter-

national Journal of Production Research, 2021, DOI: 10.1080/00207543.2021.1894367.

[157] Xu X. From cloud computing to cloud manufacturing [J]. Robotics and Computer-Integrated Manufacturing, 2012, 28 (1): 75-86.

[158] Yan K, Cui L, Zhang H, et al. Supply chain information coordination based on blockchain technology: A comparative study with the traditional approach [J]. Advances in Production Engineering and Management, 2022, 17 (1): 5-15.

[159] Yan N, He X, Liu Y. Financing the capital-constrained supply chain with loss aversion: Supplier finance vs. supplier investment [J]. Omega, 2019, 88: 162-178.

[160] Yan N, He X. Optimal trade credit with deferred payment and multiple decision attributes in supply chain finance [J]. Computers & Industrial Engineering, 2020, 147: 106627.

[161] Yan N, Liu Y, Xu X, et al. Strategic dual-channel pricing games with e-retailer finance [J]. European Journal of Operational Research, 2020, 283 (1): 138-151.

[162] Yang H, Sun F, Chen J, et al. Financing decisions in a supply chain with a capital-constrained manufacturer as new entrant [J]. International Journal of Production Economics, 2019, 216: 321-332.

[163] Yang S A, Birge J R. Trade credit, risk sharing, and inventory financing portfolios [J]. Management Science, 2018, 64 (8): 3667-3689.

[164] Yu Y, Zhou S, Shi Y. Information sharing or not across the supply chain: The role of carbon emission reduction [J]. Transportation Research Part E: Logistics and Transportation Review, 2020, 137: 101915.

[165] Zhang H, Nagarajan M, Sošić G. Dynamic supplier contracts under asymmetric inventory information [J]. Operations Research, 2010, 58 (5): 1380-1397.

[166] Zhang L, Luo Y, Tao F, et al. Cloud manufacturing: A new manufacturing paradigm [J]. Enterprise Information Systems, 2014, 8 (2): 167-187.

[167] Zhang R, Xia Z, Liu B. Optimal pricing decisions for dual-channel supply chain: blockchain adoption and consumer sensitivity [J]. Complexity, 2022, 6: 1-9.

[168] Zhen X, Shi D, Li Y, et al. Manufacturer's financing strategy in a dual-channel supply chain: Third-party platform, bank, and retailer credit financing [J]. Transportation Research Part E: Logistics and Transportation Review, 2020, 133: 101820.

[169] Zhou L, Tan C, Zhao H. Information disclosure decision for tourism O2O supply chain based on blockchain technology [J]. Mathematics, 2022, 10 (12): 2119.

[170] Zhou Y, Lin X, Zhong Y, et al. Contract selection for a multi-service sharing platform with self-scheduling capacity [J]. Omega, 2019, 86: 198-217.

[171] Zhu Q, Kouhizadeh M. Blockchain technology, supply chain information, and strategic product deletion management [J]. IEEE Engineering Management Review, 2019, 47 (1): 36-44.

[172] Zhu X, Ren M, Chu W, et al. Remanufacturing subsidy or carbon regulation? An alternative toward sustainable production [J]. Journal of Cleaner Production, 2019a, 239: 117988.

[173] Zhu X, Ren M, Wu G, et al. Promoting new energy vehicles consumption: The effect of implementing carbon regulation on automobile industry in China [J]. Computers & Industrial Engineering, 2019b, 135: 211-226.